ENCYCLOPÉDIE DE GESTION

★★

Chez le même éditeur

ENCYCLOPEDIE DE GESTION

DE

GESTION

sous la direction de

Patrick JOFFRE   et   **Yves SIMON**

Professeur à l'IAE de l'Université de Caen   *Professeur à l'Université Paris-Dauphine*
Professeur associé à l'ESC Le Havre-Caen   *Professeur associé au Centre HEC-ISA*

Présentation de
Jean-Maurice Esnault
Président de l'IFG

Ouvrage publié avec le concours du Ministère de la Recherche et de la Technologie (DIST)

ECONOMICA
49, rue Héricart, 75015 Paris

Etats de synthèse du plan comptable révisé

Jacques Richard

Selon la définition même du plan comptable révisé (PCR), les documents comptables de synthèse sont des « états périodiques présentant la situation et les résultats de l'entreprise. Ils comprennent au moins le bilan, le compte de résultat et l'annexe. Ils peuvent être complétés, notamment, par un tableau de financement de l'exercice[1] ». L'un des mérites de cette définition est de montrer clairement que le contenu des états de synthèse est variable. Il s'est modifié en France selon les époques, puisque ce n'est que depuis l'adoption du plan révisé que l'annexe, sous l'influence des pays anglo-saxons, est devenue partie intégrante des états de synthèse. Il évoluera à l'avenir, car le tableau de financement deviendra sans doute un jour un document de synthèse obligatoire. Il varie également selon les pays : si les états de synthèse publiés par les entreprises des pays capitalistes diffèrent entre eux, que dire alors des différences de conception qui les opposent à ceux des pays socialistes[2] ?

Dans les développements qui suivent, nous nous limiterons aux documents actuellement obligatoires en France : le bilan, le compte de résultat et l'annexe. Notre tâche est donc considérablement simplifiée par l'existence d'un nombre de documents « officiels » limité. Elle se trouve en revanche compliquée par l'existence de trois systèmes de présentation des comptes. En effet, les documents de synthèse du PCR peuvent être présentés par référence à un système de base, un système abrégé et un système développé.

Le système de base comporte « les dispositions minimales de la comptabilité que doivent tenir les entreprises moyennes ou de grandes dimensions[3] » : il comprend un modèle de bilan avant et après répartition, un modèle de compte de résultat de l'exercice et une annexe.

Le système abrégé concerne les entreprises dont la dimension ne justifie pas nécessairement le recours au système de base : il comprend un modèle de bilan et un modèle de compte de résultat abrégés ainsi qu'une annexe simplifiée.

---

1. PCR, p. 27.
2. Les états de synthèse de ce dernier groupe de pays sont principalement caractérisés par la présence massive d'informations sur la comptabilité analytique.
3. PCR, p. 154.

Le système développé comprend un bilan et un compte de résultat plus détaillés que ceux du système de base (il n'y a pas d'annexe « développée »), et d'autres documents qui ne font pas partie des états de synthèse obligatoires : le tableau de détermination de la capacité d'autofinancement, le tableau de financement, le tableau des soldes intermédiaires de gestion, le tableau de la variation détaillée des stocks et en-cours et le tableau de répartition fonctionnelle des charges d'exploitation. L'adoption du système développé est totalement facultative. Nous montrerons cependant que la compréhension du système de base passe par la référence au système développé.

Notre objectif est de présenter les documents obligatoires du système de base en mettant en évidence les différences éventuelles avec leurs homologues du système développé. Nous étudierons successivement le bilan, le compte de résultat et l'annexe.

1. Le bilan du plan comptable révisé

Fondamentalement, tout bilan se présente comme un tableau des « stocks » d'emplois et de ressources d'une entité économique à un moment donné. Au-delà de cette identité de base, la conception du bilan peut varier considérablement. Il paraît donc utile, avant de commencer notre étude, de nous donner un référentiel. Nous consacrerons un premier paragraphe à l'étude des diverses conceptions du bilan avant de décrire et de juger le modèle proposé par le PCR.

1.1. Les diverses conceptions possibles du bilan

Les conceptions envisageables dépendent des choix effectués en ce qui concerne le type d'équation emplois-ressources utilisée, le contenu des postes d'actif et de passif, leur classement, leur évaluation et, plus généralement, la plus ou moins grande osmose entre la comptabilité générale et la comptabilité de gestion (analytique).

1.1.1. L'équation emplois-ressources utilisée

On distingue généralement deux types d'équations emplois-ressources : l'équation « en brut », où les emplois figurent pour leur valeur d'acquisition (valeur brute) et où les ressources comprennent l'autofinancement de maintien (amortissement), s'oppose à l'équation « en net », où les emplois figurent pour leur valeur comptable nette (après amortissement) et où les ressources ne comprennent pas les fonds d'amortissement.

Soit, par exemple, une entreprise qui se constitue la première année avec une mise en capital de 100 servant à acquérir des immobilisations d'égal montant et qui dispose en fin de deuxième année d'un fonds d'amortissement lui permettant de racheter ces immobilisations (supposées usées au bout de deux ans). Le bilan après rachat se présentera comme suit selon les deux optiques :

Emplois-ressources en brut

Immobilisations	200	Capital	100
		Amortissements	100
Total de l'actif	200	Total du passif	200

Emplois-ressources en net

	Brut	Amortissement	Net		
Immobilisations	200	100	100	Capital	100
Total de l'actif			100	Total du passif	100

La conception en net est souvent qualifiée de « patrimoniale », car elle indique directement la richesse du propriétaire, après prise en compte de l'usure des actifs. La conception en brut met l'accent sur les flux d'actifs entrés (et restés) au bilan depuis l'origine et les modalités de leur financement : elle permet mieux que la première l'étude des « fonctions » d'investissement et de financement.

1.1.2. *Le contenu des postes d'actif et de passif*

Deux conceptions sont également souvent opposées : une conception « économique », selon laquelle l'actif du bilan doit inclure tous les actifs utilisés par l'entreprise, et une conception « juridique », selon laquelle seuls les actifs qui sont la propriété de l'entreprise peuvent être inscrits au bilan ; dans ce dernier cas, les actifs loués n'y figurent pas, pas plus que leur financement au passif.

1.1.3. *Le classement des postes d'actif*

Les modes de classement des actifs les plus fréquents reposent sur leur nature (terrains, immeubles, stocks de matières, disponibilités, etc.), leur fonction dans le cycle d'activité (investissements [1], actifs circulants), leur liquidité (actifs liquidables à plus ou moins d'un an), leur degré de prévisibilité et de contrôle (actifs planifiables - non planifiables), etc.

1.1.4. *Le classement des postes de passif*

Les postes de passif sont souvent classés en fonction de leur caractéristique juridique (distinction entre les capitaux propres appartenant aux propriétaires et les dettes), de leur exigibilité (à plus ou moins d'un an, par exemple), de leur nature (capital, réserves, dettes fournisseurs, dettes fiscales, etc.), de leur fonction dans le financement des actifs (financement des investissements, des actifs circulants, etc.), ou de leur affectation à la couverture d'une catégorie d'actifs donnée.

---

1. Ou immobilisations, selon le vocabulaire comptable.

1.1.5. L'évaluation des postes d'actif et de passif

Deux grandes conceptions sont encore en présence. La première, souvent qualifiée de juridique, repose sur le principe du nominalisme monétaire. Selon cette conception, les actifs et les passifs correspondants restent inscrits au bilan à leur valeur d'entrée, quelles que soient les fluctuations des prix observées : c'est le principe de l'évaluation au coût historique.

Par opposition, une conception « économique » préconise le traitement de l'inflation par l'une ou l'autre des nombreuses modalités possibles de réévaluation, en fonction d'indices de prix généraux ou spécifiques [1].

1.1.6. La relation avec la comptabilité de gestion

La pratique internationale montre que le bilan peut être aussi bien raccordé à un système de comptabilité de gestion (comptabilité analytique) qu'à un système de comptabilité d'inspiration fiscale et juridique.

Dans le premier cas, le bilan représente une réalité économique et permet le contrôle de la gestion : il est alors possible d'y trouver, par exemple, des normes d'actif ou de passif par rapport auxquelles sont comparés les actifs réels. Tel est le cas des bilans des entreprises des pays à économie planifiée : l'actif possède généralement deux colonnes, l'une réservée aux actifs réels, l'autre aux normes de la planification.

Dans le second cas, le bilan est conçu comme un moyen de contrôle fiscal ou juridique et les préoccupations de gestion passent au second plan.

On peut résumer les développements précédents en opposant deux grandes conceptions de bilan : une conception « économique » et une conception « juridique » ou patrimoniale. Leurs caractéristiques sont schématisées au tableau 1.

La conception juridique met en exergue les droits des propriétaires de l'entreprise mesurés conformément aux principes du droit comptable en vigueur (bien souvent dans une « optique de prudence »). La conception économique met l'accent sur le fonctionnement réel de l'entreprise (indépendamment des règles juridiques d'établissement des comptes) ; elle ne se donne pas pour objectif prioritaire d'évaluer la richesse des propriétaires. Le débat sur le choix entre ces deux conceptions fondamentales est très ancien : il remonte au moins au début du XXe siècle. Il a été marqué par les publications de E. Schmalenbach [2]. Il connaît en France un regain d'actualité avec les propositions de certains organismes et de certains auteurs de privilégier l'analyse « fonctionnelle » du bilan au détriment de l'analyse patrimoniale [3]. Pour utile qu'elle soit, l'opposition des deux

---

1. Voir dans cette Encyclopédie l'article de D. Boussard, « Comptabilité et variation des prix ».
2. Notamment de son ouvrage, *Le bilan dynamique*, Paris, Dunod, 1961.
3. Dans un bilan « fonctionnel » les actifs sont inscrits en brut, les amortissements et provisions figurent au passif du bilan. Par ailleurs, les immobilisations englobent les biens loués et des dépenses à effet à long terme (généralement considérées comme des charges dans l'optique patrimoniale). La classification des actifs et des passifs fait ressortir leur fonction : investissement, exploitation, trésorerie.

conceptions du bilan ne doit pas masquer la complexité du problème : il existe en fait plusieurs variantes de l'approche économique qui dépendent, notamment, du système socio-économique dans lequel s'insère l'entreprise. Ainsi le bilan fonctionnel, tel qu'il est préconisé en France, et le bilan des entreprises socialistes de la République démocratique allemande participent tous deux d'une approche économique sans pouvoir être confondus. Si la conception de l'équation emplois-ressources (en brut), le classement des postes de l'actif (par fonction), leur contenu (actifs utilisés) sont des points communs, il existe par ailleurs de grandes différences, notamment sur la structure du passif et sur le rôle du bilan : ainsi, les bilans des entreprises de la République démocratique allemande privilégient l'affectation des ressources aux emplois et font apparaître des normes d'actif ; tout ceci témoigne d'une utilisation du bilan dans le cadre d'une planification macro-économique, donc d'une conception différente de celle du bilan fonctionnel.

Tableau 1

Les principales caractéristiques des deux grandes conceptions du bilan

Critères de différenciation	Bilan économique	Bilan juridique ou patrimonial
Equation emplois-ressources	En brut	En net
Contenu des postes d'actif	Tous les actifs utilisés	Actifs en propriété
Classement prioritaire des postes d'actif	Par fonction	Par degré de liquidité
Classement prioritaire des postes de passif	Par fonction ou par affectation	Par exigibilité et caractéristique juridique (capitaux propres/dettes)
Evaluation	Avec réévaluation	Coût historique (généralement)
Relation avec la comptabilité de gestion (analytique)	Etroite	Lointaine, et lien fréquent avec la comptabilité fiscale

Il existe aussi de nombreuses variantes de bilans de type juridique selon que leurs utilisateurs principaux sont les propriétaires, les créanciers ou le fisc.

De plus, les conceptions sont rarement pures. L'optique juridique, par exemple, emprunte souvent des éléments à l'optique économique : au bout d'un moment, le droit doit s'adapter aux réalités économiques sous peine de perdre toute force et toute utilité. Ainsi, en période de forte inflation, la nécessité d'une réévaluation s'impose généralement, même dans l'optique juridique. Enfin, certains critères comme le classement des actifs et des passifs par ordre de liquidité ou d'exigibilité, que l'on attribue souvent aux bilans de type patrimonial, peuvent également être retenus dans une perspective économique. Ce schéma ne doit donc pas être pris comme un modèle absolument rigide.

1.2. Les caractéristiques du bilan du PCR

Nous passerons en revue les différents critères énoncés précédemment.

1.2.1. L'équation emplois-ressources retenue est celle en net : il n'y a pas de changement à ce propos par rapport au plan précédent.

1.2.2. Le contenu des actifs reste marqué par la conception patrimoniale : seuls, les actifs détenus en toute propriété peuvent figurer au bilan. C'est en annexe que figurent certains renseignements relatifs aux biens achetés en crédit-bail.

1.2.3. Le classement des postes d'actif s'opère à l'aide de quatre critères fondamentaux.

Le premier critère est celui de la fonction (ou encore destination) : le plan comptable divise l'actif en deux zones principales, celle des actifs immobilisés (investissements) et celle des actifs circulants. Les actifs immobilisés sont destinés à être utilisés à moyen ou long terme, ils ont une rotation lente. Les actifs circulants ont une rotation rapide. Cependant, deux rubriques n'ont pu être classées dans les deux zones principales : il s'agit des comptes de régularisation d'actif (charges constatées d'avance et charges à répartir sur plusieurs exercices) et des écarts de conversion d'actif (qui enregistrent les pertes latentes de change existant à la date d'établissement du bilan). La primauté accordée au critère fonctionnel constitue une nouveauté par rapport à l'ancien plan comptable qui privilégiait le critère de classement par liquidité croissante[1] (du haut en bas de l'actif). Ce dernier critère est relégué à une information succincte sous forme de note en bas de bilan : son étude approfondie ressortit désormais à l'annexe.

Le deuxième critère est celui de la nature des différents actifs.

– L'actif immobilisé est décomposé en immobilisations incorporelles, corporelles et financières.

- • La mise en évidence des immobilisations incorporelles est une autre innovation du PCR : elles comprennent les frais d'établissement, les frais de recherche et de développement, les concessions et droits similaires (brevets, licences, marques), le fonds commercial (y compris le droit au bail) et les autres immobilisations incorporelles. L'existence de cette rubrique pourrait laisser croire que le PCR, contrairement au PCG 57, accorde un statut correct aux investissements immatériels : nous verrons ultérieurement qu'il n'en est rien.
- • Les immobilisations corporelles comprennent des postes dont l'énumération parle d'elle-même. Rappelons que les biens loués n'y figurent pas.

---

1. Les apparences peuvent être trompeuses : les immobilisations du plan comptable de 1957 (PCG 57) ne comprennent pas les mêmes éléments que les actifs immobilisés du PCR : alors que les fractions de l'actif immobilisé venant à liquidité à court terme étaient décalées vers le bas de l'actif (actifs réalisables) dans le PCG 57, elles restent inscrites en actif immobilisé jusqu'à leur terme dans le PCR.

• Les immobilisations financières comprennent plusieurs rubriques. Les titres de participation sont les actions et parts sociales que l'entreprise détient de façon durable dans un but de contrôle ou de participation aux résultats d'une autre entreprise. La présence d'un portefeuille important de titres de participation témoigne d'une stratégie de croissance externe.

Les créances rattachées à des participations sont, pour l'essentiel, des prêts accordés à des sociétés sur lesquelles est détenue une participation.

Les autres titres immobilisés sont des titres conservés de façon durable dans un but autre que celui de contrôle (placement, par exemple). Les prêts hors groupe (au personnel, par exemple) sont isolés à part. Enfin, les autres titres et créances immobilisés sont notamment constitués par des dépôts et cautionnements.

– L'actif circulant regroupe les actifs qui ne sont pas destinés à rester durablement dans l'entreprise.

• Les stocks et en-cours sont classés selon l'ordre du cycle de production : matières premières et consommables, en cours de production, produits intermédiaires[1] et finis, marchandises[2].

• La présence à l'actif des avances et acomptes versés sur commandes d'exploitation indique que l'entreprise finance des livraisons ou des fabrications effectuées pour son compte par ses fournisseurs d'exploitation[3].

• Les créances englobent les créances sur la clientèle (ou créances clients) et les autres créances, qui peuvent être liées à l'exploitation courante (TVA déductible) ou ne pas l'être (subventions d'investissement et d'équilibre à recevoir, créances sur cession d'immobilisations, intérêts échus à recevoir, etc.). Des créances financières peuvent figurer parmi les autres créances : avances en compte courant à des participations, avances à des associés (lorsque la législation le permet), etc. Enfin, le capital souscrit et appelé, mais non versé, représente la créance qu'une société possède sur ses actionnaires au titre du capital déjà appelé et non libéré.

• Les valeurs mobilières de placement comprennent des titres comme des actions et des obligations qui sont acquises par l'entreprise pour en tirer un revenu direct ou des plus-values à court terme.

• Les disponibilités sont composées des comptes en banque, des CCP et de la caisse.

• Les charges constatées d'avance sont des charges enregistrées au cours de l'exercice, mais qui correspondent à des achats de biens ou services dont la fourniture ou la prestation doit intervenir plus

---

1. Les produits intermédiaires, à la différence des en-cours, ont franchi entièrement une ou plusieurs étapes du cycle de production.
2. Les marchandises sont des biens achetés et revendus en l'état.
3. Ces fabrications ne peuvent concerner que des stocks. S'il s'agissait d'immobilisations, les avances et acomptes seraient en actif immobilisé.

tard : ces charges sont donc « stockées » au bilan. Les charges à répartir sur plusieurs exercices participent de la même logique, mais dans le cadre du moyen ou long terme : leur étude sera menée ultérieurement.

Le critère de classement par nature a permis de passer en revue l'essentiel des postes de l'actif. L'examen des derniers critères va permettre d'affiner cette présentation.

Le troisième critère de classement retenu par le PCR est celui du « rattachement au principal » : toutes les opérations réalisées avec une même catégorie de tiers sont regroupées dans un même compte principal. Ainsi, dans les actifs circulants, les effets à recevoir sur des clients et les produits à recevoir (créances n'ayant pas donné lieu à facturation) de ces clients sont regroupés avec le compte client (compte principal) pour donner le poste clients et comptes rattachés. De même, les intérêts à recevoir sur prêts sont inclus dans le montant du poste de prêts figurant en immobilisations financières.

Un dernier critère apparaît, dans le cas du système développé : les créances y sont analysées selon le critère exploitation - hors exploitation. Plus précisément, le poste autres créances du système de base est décomposé en autres créances d'exploitation (TVA déductible, par exemple) et créances diverses (non liées à l'exploitation : avances financières en compte courant, par exemple). Cette distinction est particulièrement utile pour l'analyse financière.

1.2.4. Le classement des postes du passif

– Alors que le PCG 1957 retenait comme critère principal le degré d'exigibilité des postes du passif, le PCR abandonne ce critère pour un critère juridique mettant en évidence les apports des propriétaires et des créanciers. Le passif est donc décomposé en deux masses : les capitaux propres et les dettes. A nouveau, les comptes de régularisation-passif (produits constatés d'avance) et les écarts de conversion-passif (qui enregistrent les gains de change latents) n'ont pu être classés selon les deux grandes masses précitées. Il en va de même des provisions pour risques et charges qui enregistrent des dettes encore incertaines, mais d'un degré de probabilité suffisant pour pouvoir être prises en considération. Du fait de leur nature particulière, ces provisions sont inscrites entre les capitaux propres et les dettes.

– Un deuxième critère est celui de la fonction. Il sert à décomposer les dettes en dettes financières, dettes d'exploitation et dettes diverses (hors exploitation).

– Un troisième critère repose sur la nature des éléments considérés.

• Les capitaux propres comprennent d'abord le capital qui représente l'ensemble des apports en espèce ou en nature effectués par les associés au moment de la création de l'entreprise ou au cours de la vie de l'entreprise (augmentations de capital).

Les primes d'émission d'actions, de fusions et d'apports sont assimilables à des apports en capital : elles représentent le montant versé par les souscripteurs d'une augmentation de capital en sus du nominal pour compenser la perte subie par les anciens associés dans leur droit aux réserves accumulées [1].

Les écarts de réévaluation ne devraient pas exister dans le cadre d'une comptabilité en coût historique [2]. La présence de ce poste témoigne de l'existence de réévaluations effectuées exceptionnellement, sur injonction du législateur. La dernière en date remonte à 1976. L'écart de réévaluation mesure la différence entre les valeurs réévaluées des actifs concernés et leur valeur nominale.

Les réserves correspondent aux bénéfices non distribués conservés dans l'entreprise. Elles peuvent être légales, statutaires, réglementées ou libres.

Le report à nouveau a une signification différente suivant qu'il est positif ou négatif. Dans le premier cas, il s'agit de bénéfices en attente d'affectation (mise en réserve ou distribution) ; dans le deuxième cas, il s'agit de l'ensemble des pertes accumulées au cours des périodes précédentes et non compensées par des réserves.

Dans le PCR, le résultat de l'exercice fait partie des capitaux propres : cela est logique, car il est acquis (en cas de bénéfice) ou supporté (en cas de pertes) par les propriétaires et mesure la variation des capitaux propres résultant de l'exploitation de l'entreprise pendant une période donnée.

Les capitaux propres comprennent également les subventions d'investissement et les provisions réglementées. Les subventions d'investissement peuvent être assimilées à des dons effectués, généralement, par la puissance publique et destinés à soutenir l'effort d'investissement de l'entreprise. Ces dons ne sont pas définitifs ; par un régime complexe, le fisc reprend progressivement la moitié des sommes versées, sous forme d'impôt [3]. Les provisions réglementées ne sont pas de véritables provisions donnant lieu comme les provisions pour risques et charges à débours ultérieurs. Elles doivent être considérées, selon le cas, soit comme des fonds destinés à assurer la reconstitution des actifs (par exemple, la provision pour fluctuation des cours et la provision pour hausse des prix), soit comme une sorte de réserve (c'est le cas, par exemple, des provisions pour investissements). A la différence des réserves « classiques », les provisions réglementaires ne sont pas libérées de l'impôt.

Ainsi constitués, les capitaux propres représentent une évaluation comptable de la masse de fonds investis par les propriétaires à la fin

---

1. Ces réserves, du fait de l'émission de nouveaux titres, sont en effet partagées entre un plus grand nombre d'ayants droit.
2. Ce qui est le cas du PCR (voir *infra*).
3. Sauf cas de pertes.

de l'exercice considéré. Ce chiffrage ne tient toutefois compte ni des distributions à opérer sur le résultat de l'exercice ni de l'existence de postes susceptibles d'être grevés d'obligations fiscales. Pour affiner le calcul de la « richesse » des actionnaires, le PCR propose le concept de situation nette qui s'obtient en déduisant des capitaux propres la partie du résultat distribuée ainsi que les provisions réglementées et les subventions d'investissement (dans la mesure où ces deux postes ne sont pas libérés d'impôt)[1]. La situation nette regroupe donc les éléments suivants : capital ; primes d'émission, de fusion, d'apports ; écarts de réévaluation ; réserves ; report à nouveau.

- Les dettes financières comprennent les emprunts obligataires convertibles, les autres emprunts obligataires, les emprunts et dettes auprès d'établissements de crédit et les emprunts et dettes financières divers. La dissociation classique des dettes à plus ou moins d'un an n'apparaît plus ici en raison de l'abandon du critère fondé sur le degré d'exigibilité : c'est ainsi que les emprunts auprès d'établissements de crédit peuvent aussi bien être des découverts bancaires utilisés que des prêts à long terme. Cependant, un renseignement succinct sur les masses globales de dettes à moins et plus d'un an figure au pied du passif. Pour plus de détail sur l'exigibilité des dettes, il faut consulter l'annexe.
- Les avances et acomptes reçus sur commandes en cours correspondent généralement à des montants versés par des clients pour assurer une partie du financement de commandes d'exploitation en cours.
- Les dettes non financières comprennent les dettes fournisseurs et les comptes rattachés, les dettes fiscales et sociales, les dettes sur immobilisations et les autres dettes. Soulignons qu'aucune distinction n'est faite dans le système de base entre les dettes liées à l'exploitation et celles hors exploitation.
- Les produits constatés d'avance concernent des produits facturés aux clients (ou payés par eux) qui n'ont pas été livrés : l'obligation de livrer s'inscrit logiquement au passif pour son montant correspondant.

– Le quatrième critère, déjà rencontré lors de l'étude de l'actif, est celui du rattachement au principal. Ainsi, les effets à payer dus à des fournisseurs d'exploitation et les montants à régler sur prestations non encore facturées[2] sont regroupés avec les dettes fournisseurs de même type pour former le poste « fournisseurs d'exploitation et comptes rattachés ». De même, les intérêts courus (dus) sur dettes sont adjoints au principal des dettes concernées.

– Un cinquième et dernier critère concerne le système développé. Pour faciliter l'analyse financière, les dettes fiscales et sociales et les autres dettes

---

1. Il serait plus exact de ne déduire que les impôts à payer : le PCR pèche donc par prudence en éliminant la totalité des postes.
2. Charges à payer, dans le vocable comptable.

sont analysées de façon à permettre de différencier les dettes d'exploitation et les dettes diverses (non liées à l'exploitation).

1.2.5. L'évaluation des postes d'actif et de passif

Sauf dérogation, le principe d'évaluation est celui du coût historique. Les actifs sont enregistrés à leur coût d'entrée, c'est-à-dire au coût d'acquisition pour les actifs achetés, au coût de production pour les actifs produits et à la valeur probable d'échange pour les donations. Les dettes sont enregistrées à leur valeur faciale.

1.2.6. Les relations avec la comptabilité de gestion

Dans le PCR, les stocks doivent être en principe évalués à partir de la comptabilité analytique. Si nous exceptons cette question, les liens entre le bilan et la comptabilité de gestion sont relativement faibles : pas de présence de normes d'actif ou de passif ; pas de réévaluation, ce qui conduit généralement à la disparité des montants d'amortissement en comptabilité générale et analytique.

Mais c'est surtout à propos du concept d'investissement que l'optique du PCR se différencie de celle de la comptabilité analytique. Dans une conception économique, le bilan devrait comporter à l'actif l'ensemble des dépenses engagées pour plusieurs exercices, dans la mesure où ces dépenses ont des conséquences bénéfiques sur les exercices suivants.

Le plan comptable révisé n'admet pas cette conception. S'il accepte sans restriction l'inscription à l'actif des immobilisations corporelles des immo-bilisations financières et des immobilisations incorporelles faisant l'objet d'une protection juridique, il n'en va pas de même pour les autres dépenses ayant des effets à long terme. Le PCR prévoit que ces dépenses doivent normalement être passées en charge immédiatement. Cependant, il institue des dérogations : il offre aux entreprises la possibilité d'une inscription à l'actif, selon des modalités variant avec le type de dépense concernée.

Les dépenses de caractère général, non répétitives, concernant la consti-tution de la société, la création au cours de la vie sociale de tout établisse-ment nouveau ou de toute activité nouvelle, les augmentations de capital et opérations diverses (fusions, scissions, transformations) peuvent être inscrites à l'actif à condition d'être amorties selon un plan et dans un délai maximal de cinq ans[1].

Les frais de recherche et de développement ne peuvent être inscrits à l'actif qu'exceptionnellement dans la mesure où il s'agit de recherche appli-quée, portant sur des projets nettement individualisés ayant de sérieuses chances de rentabilité commerciale. En tout état de cause, ces frais sont amortis selon un plan et dans un délai maximal de cinq ans[2]. Les autres dépenses ayant des effets positifs à long terme peuvent éventuellement être

---

1. Ces frais doivent être amortis avant toute distribution de bénéfices.
2. Exceptionnellement, il est possible de porter ce délai à dix ans.

inscrites à l'actif au poste charges à répartir sur plusieurs exercices : ce sera, par exemple, le cas d'une campagne publicitaire importante. Le PCR ne donne aucune indication sur la durée de l'amortissement des charges à répartir, mais la doctrine s'accorde à conseiller une limite maximale de cinq années.

Nous pouvons donc constater que la possibilité d'inscription à l'actif des dépenses incorporelles n'est accordée que du « bout des lèvres ». Dans l'ensemble, la règle de prudence l'emporte : elle conduit le plus souvent les entreprises à passer directement en charges toutes ces dépenses. C'est ce qui fait dire à certains commentateurs que le statut de l'investissement incorporel n'a pas encore reçu la place qu'il mérite en comptabilité générale.

1.3. Conclusion sur le bilan

A en juger par les critères retenus en introduction, le bilan du PCR reste encore assez largement caractérisé par l'optique juridico-patrimoniale, qu'il s'agisse de l'équation emplois-ressources (en net), du contenu des actifs (limité aux biens détenus en toute propriété), de la structure du passif (priorité au concept de capitaux propres), des règles d'évaluation (principe de prudence, absence de réévaluation systématique) ou de la conception des investissements (faible statut des investissements incorporels). Un certain nombre de modifications apportées par le PCR témoignent toutefois d'une évolution, encore modeste, vers une conception plus économique : citons, notamment, les dispositions prises pour tenter d'isoler l'impact des corrections de valeurs purement fiscales, l'introduction de la règle de rattachement aux comptes principaux et, dans le cadre du système développé, la proposition d'une analyse des créances et des dettes permettant de distinguer les éléments liés à l'exploitation.

2. Le compte de résultat du plan comptable révisé

Il est tentant de transposer au compte de résultat les remarques introductives faites lors de l'étude du bilan ; apparemment, rien ne ressemble plus à un compte de résultat qu'un autre compte de résultat : tout compte de résultat apparaît comme une comparaison des produits et des charges de l'entreprise aboutissant à la détermination d'un résultat. Mais ces généralités cachent en fait des pratiques très diversifiées témoignant parfois de conceptions totalement différentes.

Ainsi, pour pouvoir caractériser correctement le compte de résultat du PCR, nous devons nous doter d'un référentiel que la pratique internationale nous aidera à établir. Dans un premier temps, nous analyserons les divers modèles possibles du compte de résultat, puis nous présenterons la structure et le contenu du modèle proposé par le PCR. Nous conclurons par une appréciation de ce modèle.

2.1. Les différents modèles possibles de compte de résultat

La diversité des modèles résulte d'abord de différences fondamentales concernant les concepts de production, de charges et de résultat. Elle résulte ensuite du choix du mode de classement des charges. Elle découle enfin de la technique d'inventaire utilisée et du principe d'évaluation des stocks. Un bon nombre de ces différences provient, plus généralement, de la nature des relations entre la comptabilité générale et la comptabilité analytique.

2.1.1. Le choix d'un concept de production

Nous distinguerons deux possibilités fondamentales de choix en ce domaine. Premièrement, le compte de résultat peut privilégier soit un concept de production vendue (ventes), soit un concept de production globale (comprenant la production stockée de l'exercice). La première optique relève plutôt de la micro-économie et la seconde de la macro-économie.

Deuxièmement, la production vendue peut être une production facturée[1] ou une production encaissée. La plupart des pays adoptent le concept de la production facturée : la notion de produit ne se confond donc pas, dans ce cas, avec celle de recette (ou d'encaissement)[2].

2.1.2. Le choix d'un concept de charges

Le concept de charges dépend d'abord évidemment de celui retenu pour la production. Lorsque le concept de production vendue est retenu, les charges sont relatives aux ventes ; en revanche, si la production globale est privilégiée, les charges englobent aussi les consommations relatives au stockage produit dans la période.

La question du choix entre charges et décaissements se pose également. Dans tous les grands pays, la notion de charges est basée sur la consommation (pour la production vendue ou globale). Les éléments utilisés pour la production sont donc passés en charge lors de leur consommation et non lors de leur paiement : c'est une nécessité absolue si on veut mesurer un résultat périodique correct. Il faut toutefois nuancer cette affirmation. En effet, le concept de charges dépend également de l'optique retenue lors de l'établissement des états de synthèse. Si l'optique juridique est privilégiée, les charges peuvent ne pas refléter systématiquement la consommation réelle de l'exercice. Nous avons montré, lors de l'étude du bilan, que les éléments de type immatériel sont souvent passés en charges lors de leur facturation et non lors de leur consommation. L'identité charges-consommation n'est donc strictement observée que dans le cas d'une optique économique.

Enfin, la notion de charge est étroitement liée à celle de résultat, ce qui nous mène au point suivant.

---

1. Dans la plupart des cas, il faut également que la livraison ait eu lieu.
2. A notre connaissance, l'URSS est le seul grand pays industrialisé où le concept de production vendue encaissée est retenu.

2.1.3. Le choix du concept de résultat

Le concept de résultat qui apparaît dans les états de synthèse est évidemment lié au contexte socio-politique dans lequel s'insère l'entreprise. Prenons deux exemples : dans une société capitaliste, le résultat est celui des propriétaires du capital ; le concept de charges englobe donc logiquement non seulement les consommations intermédiaires, mais également toutes les fractions de la valeur ajoutée qui ne reviennent pas à ce groupe social (salaires, intérêts, etc.). Dans une société socialiste autogestionnaire [1], le résultat correspond à la valeur ajoutée (vendue ou produite) : les salaires (ou, pour être plus exact, les rémunérations des autogestionnaires) ne font pas partie des charges mais apparaissent comme un revenu.

2.1.4. Le mode de classification des charges

La pratique internationale montre que les types les plus courants de classement des charges dans les états de synthèse sont ceux de la nature (consommations de matières, charges de personnel, charges financières, etc.) ou de la fonction [2] (production, commerciale, administrative). Quelques rares pays privilégient le classement par degré de variabilité. Un bon nombre de pays à économie planifiée intègrent dans le compte de résultat des normes de référence (standards) de façon à dégager les écarts par rapport au plan ; le résultat se décompose alors en deux parties : résultat conforme au plan et résultat exceptionnel (hors norme).

Il est bien entendu possible de cumuler, au sein même du compte de résultat, plusieurs types de classement.

2.1.5. La technique d'inventaire utilisée

La présentation du compte de résultat varie avec le type d'inventaire usuellement pratiqué. Si l'inventaire permanent domine, les consommations apparaissent directement en charges. Si c'est au contraire l'inventaire intermittent qui l'emporte, les consommations résultent d'un calcul indirect faisant intervenir des variations de stock.

2.1.6. Les principes d'évaluation des stocks

Généralement, les stocks de produits sont évalués dans l'optique de la prudence : ils n'englobent pas de bénéfice. L'inclusion des bénéfices dans les stocks n'apparaît qu'exceptionnellement dans la pratique internationale, cela pour des raisons principalement fiscales (ne pas imposer un résultat non facturé et donc non liquide).

2.1.7. Les liens entre la comptabilité générale et la comptabilité analytique

Les pays dans lesquels il existe une dissociation des deux types de comptabilité (dualisme) privilégient généralement les concepts de produc-

---

1. Voir les références bibliographiques en fin d'article.
2. Généralement les pays anglo-saxons privilégient le classement par fonctions.

tion globale et la classification des charges par nature ; leurs comptes de résultat sont souvent caractérisés par l'optique juridique. Les pays qui tirent leurs informations de synthèse de la comptabilité de gestion adoptent généralement le concept de la production vendue avec une classification fonctionnelle des charges évaluées selon des modalités plutôt de type économique : c'est le cas le plus souvent des pays anglo-saxons.

Les pays à économie planifiée dans lesquels il n'y a pas de dissociation entre comptabilité générale et analytique (monisme) présentent généralement des comptes de résultat centrés sur la production vendue avec des classements des charges par nature ou par fonction, intégrant des normes de référence permettant de dégager les écarts par rapport au plan ; l'optique d'évaluation des charges est généralement de type économique.

Après ce bref panorama des diverses pratiques, nous pouvons maintenant porter un jugement sur les caractéristiques du compte de résultat du PCR.

2.2. La description du compte de résultat du PCR

Précisons d'abord quelques éléments d'ordre général avant d'aborder la question en détail.

2.2.1. Les règles générales d'établissement du compte de résultat

Ces règles ont une certaine souplesse.

Premièrement, les produits et les charges peuvent être présentés soit sous forme de tableau, soit sous forme de liste. Dans les deux cas, cependant, des regroupements ont lieu permettant de distinguer les charges et les produits d'exploitation (fonction exploitation), les charges et les produits financiers (fonction financière) et le reste des éléments, c'est-à-dire les charges et les produits exceptionnels, la participation des salariés aux fruits de l'expansion et l'impôt sur les bénéfices.

Deuxièmement, l'entreprise a le choix entre un modèle de base et un modèle développé[1]. A vrai dire, c'est moins le modèle développé qui présente un intérêt que le tableau des soldes intermédiaires de gestion l'accompagnant. Ce tableau des soldes[2] constitue en fait l'armature qui sous-tend aussi bien le modèle de base que le modèle développé : paradoxalement, peut-être, le tableau des soldes intermédiaires de gestion est resté un document facultatif. Il reste qu'il n'est pas possible, à notre avis, de décrire correctement le contenu et la forme du compte de résultat français sans le prendre pour référence prioritaire.

2.2.2. L'étude détaillée du compte de résultat du PCR

Comme nous l'avons annoncé précédemment, nous privilégierons ici une présentation axée sur le tableau des soldes intermédiaires de gestion.

---

1. Nous ne parlerons pas ici du modèle simplifié, qui peut être utilisé lorsque l'entreprise ne dépasse pas une certaine taille.
2. Communiqué en annexe.

Nous montrerons que les différents postes de produits et de charges du compte de résultat sont définis et agencés de manière à pouvoir calculer huit soldes fondamentaux constituant les outils de base de toute analyse financière :
- la marge commerciale,
- la production de l'exercice,
- la valeur ajoutée,
- l'excédent brut d'exploitation,
- le résultat d'exploitation,
- le résultat courant avant impôt,
- le résultat exceptionnel,
- le résultat de l'exercice.

Chacun de ces soldes sera l'occasion d'une analyse des charges et des produits du PCR.

2.2.2.1. *Les produits et charges constituant la marge commerciale*

Dans le modèle de compte en tableau, les premiers postes de produits et de charges concernent l'activité commerciale des entreprises, autrement dit l'activité de revente en l'état. Les « ventes de marchandises » sont comparées aux charges de « coût d'achat des marchandises vendues », c'est-à-dire, dans une présentation de type inventaire intermittent, aux achats de marchandises augmentés du stock initial et diminués du stock final correspondant. La différence obtenue représente la marge commerciale.

Ventes de marchandises [1]
- Achats de marchandises [2]
- Variation de stock (Stock initial - Stock final de marchandises)   } Coût d'achat des marchandises vendues

= Marge commerciale

La marge commerciale ne concerne pas seulement les entreprises commerciales ; elle peut aussi apparaître dans des entreprises industrielles ou de services dont une partie de l'activité est purement commerciale.

Cet indicateur reflète à la fois :
- la stratégie suivie par l'entreprise en matière de prix de vente (fortes ventes à bas prix, ventes réduites à prix élevés),
- la position de l'entreprise face à la concurrence (monopole, oligopole, concurrence),
- les politiques et les performances de la gestion des achats.

2.2.2.2. *Les produits constituant la production de l'exercice*

La production de l'exercice s'obtient en sommant les trois postes de produits qui figurent après les ventes de marchandises :

---

1. Evaluées hors TVA et déduction faite des réductions sur ventes accordées.
2. Evalués hors TVA, déduction faite des rabais, remises et ristournes obtenus et après incorporation éventuelle des frais accessoires sur achats directs (incorporation qui n'est obligatoire que dans le système développé).

– la production vendue, qui représente les ventes [1] des entreprises indus-trielles ou de services ;

– la production stockée ou déstockée [2], qui peut concerner des produits finis et/ou des produits en cours de fabrication. Quel que soit le type de production, elle s'obtient en effectuant la différence entre le stock final et le stock initial ;

– la production immobilisée, égale au coût de production des objets fabriqués par l'entreprise et destinés non pas à la vente mais à être utilisés dans l'entreprise pour des activités de production ou de vente (ce qui implique leur inscription à l'actif en immobilisations).

La production de l'exercice caractérise, mieux que ne le fait la production vendue, l'activité totale industrielle de l'entreprise puisqu'elle englobe le stockage (ou le déstockage) de l'exercice et la production immobilisée. Ce concept est cependant parfois d'une utilisation délicate, du fait principalement de son hétérogénéité : alors que la production vendue est évaluée aux prix du marché, les productions stockées et immobilisées sont évaluées aux coûts de production (principe de prudence).

Soulignons, par ailleurs, que l'évaluation du poste production vendue n'est pas non plus toujours exempte de toute critique : beaucoup d'analystes regrettent qu'en soient exclues les subventions d'exploitation. De fait, le traitement de ces subventions est délicat : tantôt elles apparaissent comme une compensation à l'imposition d'un prix de vente en dessous des prix du marché, tantôt elles sont en fait des ressources complémentaires destinées à jouer un véritable rôle de subvention d'équilibre. Si dans le premier cas il paraît logique de les rattacher à la production vendue pour rétablir les valeurs de marché, il n'en va pas de même dans le second cas.

Bien que le tableau des soldes intermédiaires ne le prévoie pas, il est possible de déterminer un indicateur globalisant l'activité industrielle et commerciale en additionnant les ventes de marchandises et la production de l'exercice. La sommation de la marge commerciale et de la production de l'exercice débouche sur un indicateur mixte critiquable qui n'indique ni un niveau d'activité ni une marge. L'indicateur ventes de marchandises plus production de l'exercice doit être distingué du concept de chiffre d'affaires qui regroupe toutes les ventes, qu'elles soient de nature commerciale ou industrielle, mais exclut tout élément de production stockée ou immobilisée. Le chiffre d'affaires n'est donc pas, à ce titre, représentatif de l'activité d'une entreprise au cours d'une période donnée.

2.2.2.3. Les produits et charges constituant la valeur ajoutée

La valeur ajoutée, selon la définition la plus courante, est la différence entre une production et les consommations intermédiaires qui y sont relatives. Cette définition est très générale : il existe un grand nombre de variantes possibles du concept.

---

1. Les ventes sont évaluées hors TVA et déduction faite des réductions sur ventes accordées.
2. La production déstockée est précédée du signe moins.

Pour l'essentiel les diverses solutions dépendent de deux options principales :
— Première option : prend-on en compte uniquement les ventes réalisées sur le marché ou l'ensemble de la production ? Dans le premier cas, on obtient une valeur ajoutée vendue et dans le second une valeur ajoutée produite ;
— Seconde option : comprend-on ou non les amortissements parmi les consommations intermédiaires ? Dans l'affirmative, on obtient une valeur ajoutée nette et dans la négative une valeur ajoutée brute.

La valeur ajoutée retenue par le PCR est une valeur ajoutée produite et brute. Elle s'obtient en cumulant la marge commerciale et la production de l'exercice [1] et en retranchant de la somme ainsi obtenue les consommations intermédiaires [2], assimilées aux consommations de matières premières et autres approvisionnements et aux « autres achats et charges externes ».

Marge commerciale
+ Production de l'exercice
— Consommations de matières premières et autres approvisionnements
— Autres achats et charges externes

= Valeur ajoutée

Les consommations de matières premières et autres approvisionnements englobent toutes les consommations sur stocks, quelle que soit leur destination fonctionnelle [3]. Du fait de la prédominance de la technique de l'inventaire intermittent, elles apparaissent sous deux postes au compte de résultat : achats de matières premières et autres approvisionnements et variation de stock (c'est-à-dire stock initial de matières et autres approvisionnements moins stock final).

Le poste autres achats et charges externes regroupe toutes les autres consommations intermédiaires de l'entreprise, à l'exception des amortissements. Les autres achats englobent la sous-traitance industrielle (qui entre dans le coût direct de production) et les achats non stockés de matières et fournitures (eau, énergie, fournitures administratives, etc.). Les charges externes comprennent la sous-traitance générale et tous les services extérieurs rendus à l'entreprise (locations, travaux d'entretien, primes d'assurance, études et recherches externes, personnel extérieur à l'entreprise, rémunérations d'intermédiaires, publicité, transports, déplacements, missions et réceptions, frais postaux, services bancaires, etc.).

En principe, la valeur ajoutée produite devrait représenter le supplément de richesse créée dans l'entreprise au cours d'une période donnée. Le concept retenu par le nouveau plan comptable s'éloigne de cet idéal en raison, notamment, du traitement des stocks, des amortissements, des loyers, des charges de personnel intérimaire et des redevances sur brevets.

---

1. C'est-à-dire les deux soldes précédemment étudiés.
2. Appelées consommations en provenance de tiers dans le tableau des soldes intermédiaires de gestion.
3. Cette remarque est vraie pour toutes les charges.

- Les stocks. Ils sont évalués au coût de production. La valeur ajoutée produite est donc mal estimée à concurrence de la marge sur coût de production non incluse dans la variation de stock (sous-estimation en cas de stockage et surestimation en cas de déstockage).
- Les amortissements. Le nouveau plan comptable privilégie un concept de valeur ajoutée brute qui, de ce fait, ne peut pas correctement refléter une valeur créée, dans la mesure où la consommation des immobilisations mesurée par leur amortissement n'est pas défalquée. Seul le concept de valeur ajoutée nette peut véritablement « revendiquer » la représentation d'une richesse nouvellement créée.

Normalement, donc, les charges d'amortissement courantes devraient être « remontées » au niveau du poste « autres achats et charges externes » pour former l'ensemble des consommations intermédiaires. Si cette présentation n'est pas retenue, traditionnellement, en France, c'est semble-t-il pour deux raisons.

Premièrement, une mesure correcte des dotations aux amortissements, en comptabilité générale, s'est avérée particulièrement difficile à obtenir, du fait notamment du biais résultant de la pratique d'amortissements fiscaux dérogeant aux normes économiques.

Deuxièmement, la non-déduction des amortissements constitue un moyen d'élaboration d'un solde intermédiaire de gestion représentatif du flux de fonds sécrété par l'exploitation (voir *infra*).

Le maintien de cette pratique paraît cependant critiquable, dans la mesure où le nouveau plan comptable apporte des solutions non négligeables à un meilleur traitement des amortissements. D'autre part, s'agissant d'un compte de « résultat », il ne paraît pas adéquat d'y mêler des indications de type flux de trésorerie qui devraient faire l'objet d'un tableau spécial.

- Les loyers. Lorsqu'une entreprise acquiert ses immobilisations corporelles ou incorporelles, elle en fait passer la charge sous la forme d'amortissements qui n'ont aucun impact sur la valeur ajoutée brute. Il n'en va pas de même lorsque les mêmes biens sont loués : la charge de loyer apparaît alors en déduction de la valeur ajoutée sous la forme des charges externes. Dans ces conditions, toute comparaison entre des entreprises recourant à ces deux modes de financement devient impossible sauf retraitement adéquat. Notons que la question vise toutes les formes de loyers et pas seulement ceux de crédit-bail.

En fait, ce n'est pas tant les loyers qui posent problème que l'adoption d'un raisonnement en brut au niveau de la valeur ajoutée.
- Les charges de personnel intérimaire. Tout comme le personnel de l'entreprise, le personnel intérimaire participe à la production effectuée par l'entreprise. Logiquement, sa rémunération devrait apparaître, à l'instar des charges de personnel, comme une distribution de la valeur ajoutée. Le plan comptable ne retient pas cette optique

économique : il privilégie une solution juridique en inscrivant cette catégorie de rémunération dans les charges externes (en raison de leur paiement à des organismes extérieurs à l'entreprise).
• Les redevances sur brevets, concessions, licences ne figurent pas parmi les charges externes, mais apparaissent dans le calcul du solde intermédiaire suivant. Cette pratique nous semble contradictoire avec une mesure correcte des consommations intermédiaires [1].
Telles sont les principales difficultés que soulève le concept de valeur ajoutée du PCR. Ajoutons, pour conclure sur ce point, que cette valeur ajoutée est calculée avant toute incidence des incidents de paiements (réels ou estimés) sur créances : elle est donc simplement potentielle.

2.2.2.4. Les produits et charges constituant l'excédent brut d'exploitation

L'excédent brut d'exploitation (EBE) est obtenu à partir de la valeur ajoutée brute en défalquant les impôts et taxes et les charges de personnel et en ajoutant, le cas échéant, les subventions d'exploitation :

```
   Valeur ajoutée
 + Subventions d'exploitation
 − Impôts et taxes
 − Charges de personnel
 ─────────────────────────────
 = Excédent brut d'exploitation
```

Les impôts et taxes comprennent toutes les charges fiscales, à l'exception de l'impôt sur les sociétés et des impositions exceptionnelles (amendes fiscales, par exemple). On explique généralement le sort spécial fait à l'impôt sur les sociétés par son caractère d'impôt sur les bénéfices sans rapport avec l'exploitation. Les (autres) « impôts et taxes » seraient, en revanche, des charges d'exploitation rémunérant un service rendu par l'Etat à l'entreprise [2]. Certains analystes financiers vont jusqu'au bout de cette logique en considérant ces impôts et taxes comme des services et en les « remontant » au niveau du poste autres achats et charges externes (ce qui provoque une modification de la valeur ajoutée).

La question est, il est vrai, difficile : à la limite, si on suit ce raisonnement, il faudrait rechercher dans quelle mesure les impôts, y compris l'impôt sur les sociétés et les impôts sur les rémunérations versées, rendent service à l'entreprise étudiée et opèrent un prélèvement destiné à la simple reproduction de ces services. La tâche est insurmontable à ce niveau microéconomique.

Il paraît plus réaliste, comme le fait le PCR, de s'en tenir à une définition restrictive des consommations intermédiaires englobant des services et des consommations ayant un lien direct avec l'activité de l'entreprise : on en

---

1. Elle est cependant cohérente avec le principe du raisonnement en « brut ».
2. Ce qui expliquerait le caractère déductible de ces impôts, par opposition à l'impôt sur les sociétés qui, lui, est non déductible.

revient, en quelque sorte, à l'objectif d'une détermination d'une valeur ajoutée au stade de la production avant prise en compte de la couverture de services de types général[1]. Le mérite du débat est de montrer que la question de la comptabilisation du coût des services généraux est complexe et liée à des choix sociopolitiques : dans des pays où le poids des impôts est faible et où les entreprises paient ces services généraux à des entreprises privées, la valeur ajoutée et l'excédent brut risquent fort d'être inférieurs à ceux d'entreprises homologues implantées dans des pays où le système fiscal joue un rôle important. Par ailleurs, le type de fiscalité choisie joue aussi un rôle déterminant : le niveau de l'EBE sera différent selon que la « collecte budgétaire » s'effectue par le biais d'impôts spécifiques (type impôts d'exploitation) ou d'impôts généraux (type impôt sur les sociétés).

Les charges de personnel englobent l'ensemble des rémunérations en monnaie ou en nature versées au personnel (y compris les indemnités de licenciement[2]) et les charges au profit des salariés, liées à ces rémunérations : cotisations de Sécurité sociale, cotisations pour congés payés, supplément familial, versements aux comités d'entreprise, aux mutuelles, aux caisses de retraite, etc. Les rémunérations du personnel comprennent les rémunérations des dirigeants : rémunérations des PDG de sociétés anonymes, des gérants de SARL (majoritaires ou minoritaires). Elles peuvent aussi comprendre les rémunérations exceptionnelles versées à des administrateurs pour les missions ou mandats qui leur sont confiés[3]. Enfin, une tendance s'est amorcée depuis un certain nombre d'années à faire figurer en charges de personnel la rémunération et les cotisations personnelles de l'exploitant et des membres de sa famille non salariés[4]. Certains guides comptables professionnels (transports routiers, entreprises à commerces multiples) recommandent d'évaluer le coût du travail assuré par le dirigeant et les membres de sa famille non salariés, en fonction des activités qu'ils exercent réellement, du temps effectif consacré à ces activités, du niveau des salaires correspondants, habituellement appliqués dans la région.

Ces pratiques tendent à diminuer le niveau de résultat net. L'analyste financier doit évidemment tenir compte de cette évolution pour l'appréciation des performances de l'entreprise.

Le statut de l'EBE, dans la littérature spécialisée, est fluctuant. Certains auteurs le présentent surtout comme un indicateur de profitabilité de l'entreprise : il serait un bon indice du profit courant avant impôt[5] revenant

---

1. Notons que l'inclusion des impôts d'exploitation dans les charges externes soulève aussi des problèmes ; prenons le cas de deux entreprises, l'une locale, l'autre internationale : la première fera figurer parmi ses consommations intermédiaires le coût d'usure des routes qu'elle emprunte, alors que la seconde n'y affectera qu'une très faible part.
2. Cependant, la pratique fait souvent une distinction entre les indemnités correspondant à un licenciement isolé, qui rentrent en charges de personnel (d'exploitation), et les indemnités correspondant à un licenciement collectif, qui sont inscrites en charges exceptionnelles.
3. Par contre, les rémunérations pour assistance aux conseils d'administration figurent en jetons de présence.
4. L'insertion des salaires et cotisations sociales du conjoint salarié dans les charges de personnel est évidemment prévue par le plan comptable.
5. Il faudrait ajouter avant redevances sur brevets et avant incidents de paiement.

à l'ensemble des apporteurs de capitaux. Il ne peut en être ainsi, à notre avis, dans la mesure où les amortissements et les provisions justifiées de nature courante ne sont pas déduits[1] : la difficulté indéniable de leur évaluation ne doit pas masquer ce problème[2]. D'autres auteurs présentent l'EBE comme un flux de fonds sécrétés par l'exploitation, ce qui explique, dans ces conditions, qu'il soit calculé avant prise en compte des dotations aux amortissements et aux provisions. Cette présentation est, nous semble-t-il, justifiée. Encore faut-il préciser que le flux sécrété ne se confond pas avec un flux de disponibilités[3] : disons qu'il s'agit d'un flux de disponibilités potentielles dont la précision est suffisante lorsqu'on mène des études qui n'impliquent pas une connaissance fine des flux de disponibilités sécrétées par l'exploitation.

Soulignons, toutefois, le problème que soulève le « couple » amortissements/loyers : la comparaison des EBE de deux entreprises dont l'une est propriétaire de ses actifs et l'autre locataire ne peut se faire directement, dans la mesure où le versement des fonds de renouvellement[4] est défalqué dans le cas du loyer, alors qu'il ne l'est pas encore dans le cas de l'achat en toute propriété.

Il reste de toute façon discutable, nous l'avons déjà souligné, d'intercaler un indicateur de flux de fonds dans un tableau d'analyse du résultat.

Un dernier problème peut également être soulevé : qu'est-ce que l'exploitation ? Selon une conception étroite, il s'agirait de l'activité principale économique au sens strict, à l'exclusion, par exemple, du résultat des placements financiers et des revenus accessoires. Selon une conception extensive qui part de l'idée que l'entreprise gère un pool d'actifs aussi bien financiers qu'industriels et aussi bien principaux qu'accessoires, les revenus tirés de l'exploitation engloberaient tous les revenus courants y compris les revenus financiers. Certains analystes font valoir, à l'appui de cette position, que certaines entreprises de distribution ont une politique de placement et de négociation d'escomptes auprès de leur fournisseur qui conditionne la fixation de leurs prix de vente et qu'ainsi gestion financière et gestion de l'exploitation ne sont pas dissociables. Cette question importante doit être résolue au niveau de la technique d'analyse. Le nouveau plan comptable adopte, quant à lui, une attitude simple selon laquelle est exploitation tout ce qui n'est pas financier (ou exceptionnel).

2.2.2.5. *Les produits et charges constituant le résultat d'exploitation (ou résultat avant charges et produits financiers)*

Le résultat d'exploitation s'obtient à partir de l'EBE. Ce dernier est diminué des charges d'amortissement et de provisions d'exploitation ainsi

---

1. C'est la raison pour laquelle il s'agit d'un excédent brut.
2. Précisons, en outre, que les critiques faites à propos de la valeur ajoutée visant l'évaluation des stocks de produits restent valables pour l'EBE.
3. Dans la mesure où les ventes et certaines charges peuvent être à crédit et où les variations de stocks ne donnent pas lieu à un flux de liquidités.
4. Sans parler du profit.

que des autres charges et majoré des reprises sur amortissements et provisions d'exploitation et des autres produits :

EBE
+ Reprises sur amortissements et provisions d'exploitation
+ Autres produits
− Dotations aux amortissements et aux provisions d'exploitation
− Autres charges

= Résultat d'exploitation

Dans le PCR, les dotations aux amortissements figurant en exploitation doivent correspondre, en principe, à l'usure économique des biens concernés : la différence positive ou négative avec la dotation fiscale pratiquée doit être inscrite dans un poste spécial figurant en charges ou produits exceptionnels. Bien que l'énoncé du principe soit intéressant, on peut douter que sa réalisation soit toujours effective : d'une part, il paraît difficile que les habitudes prises de raisonner selon les normes fiscales puissent disparaître du jour au lendemain ; d'autre part, le principe du coût historique constitue une entrave à une détermination correcte des annuités d'amortissement en période d'inflation.

Les dotations aux provisions d'exploitation sont des charges sans contrepartie immédiate destinées à opérer une rétention de ressources pour faire face à des dépréciations d'actifs (provisions dites pour dépréciation) ou à des risques (provisions pour risques) éventuels[1] de nature courante. Elles doivent donc normalement donner lieu à une non-rentrée de ressources (dépréciation) ou à un débours (risque) dans un délai plus ou moins long : c'est ce qui les différencie des mises en réserves correspondant à des flux de bénéfices acquis à l'entreprise.

Les autres charges comprennent les redevances sur brevets, concessions, licences, etc., les jetons de présence et les pertes sur créances. L'assemblage effectué dans cette rubrique est hétéroclite. Les redevances sur brevets devraient, on l'a vu, normalement figurer dans les charges externes, en tant que rémunération d'un service extérieur. Les jetons de présence sont, pour l'essentiel, économiquement comparables à des bénéfices et ne devraient pas être défalqués dans le calcul du résultat revenant aux apporteurs de capitaux ou assimilés. Les pertes sur créances, qui représentent le coût des incidents de paiements de type courant[2], s'inscrivent en revanche logiquement à ce niveau puisqu'elles apparaissent comme une suite aux provisions couvrant des pertes sur créances douteuses[3] : ainsi la prise en compte des incidents de paiement prévisibles ou réels s'effectue-t-elle de façon homogène.

---

1. Ces risques ou ces dépréciations doivent avoir un certain degré de probabilité de survenance : ils ne peuvent être totalement incertains.
2. Par opposition aux non-rentrées consécutives aux incidents de type exceptionnel qui doivent figurer en charges exceptionnelles (voir *infra*).
3. Pour ne pas faire double emploi, la provision correspondante doit être reprise.

Les autres produits ont été conçus par symétrie aux autres charges : ils comprennent les redevances sur brevets reçues, les jetons de présence perçus et les profits sur créances amorties. Pour être esthétique, la symétrie opérée n'en pose pas moins certains problèmes. Les redevances perçues sont considérées par certains analystes comme des revenus, principaux ou accessoires selon le cas, qui devraient rentrer dans la définition du chiffre d'affaires et donc compter pour le calcul de la valeur ajoutée. Cette solution paraît logique, dès lors que les redevances payées figureraient parmi les consommations intermédiaires.

Les jetons de présence ne peuvent, par contre, prétendre au même statut que les redevances sur brevets perçues, dans la mesure où ils représentent rarement la rémunération d'une prestation de service. Leur présence au niveau des constituants du revenu d'exploitation se justifie si on entend celui-ci au sens large comme l'expression de toutes les possibilités d'exploitation de l'entreprise. On a déjà vu qu'il serait alors logique de les intégrer au niveau de l'EBE.

Si nous négligeons la question des produits financiers, le résultat d'exploitation apparaît comme le revenu courant [1] avant impôt sur les sociétés que peuvent se partager l'ensemble des apporteurs de capitaux, qu'ils soient prêteurs ou propriétaires [2].

Dans la littérature financière, ce solde est souvent appelé résultat économique avant impôt. Il revêt une signification importante puisqu'il indique un résultat indépendant de la politique financière (endettement ou financement propre) et du statut fiscal de l'entreprise. Il constitue donc une base de comparaison interentreprise très intéressante.

Pour déterminer le résultat économique net que peuvent se partager les apporteurs de capitaux, il faut enlever l'impôt afférent à ces revenus. Dans le cas d'une société de capitaux, par exemple, l'impôt sur les sociétés peut être déterminé selon deux conceptions. La première consiste simplement à reprendre le montant qui figure au compte de résultat. L'inconvénient est qu'on tient compte alors des éléments de type exceptionnel. Pour rester cohérent avec la notion de résultat courant, il vaut mieux, selon la deuxième conception, recalculer un impôt théorique afférent aux seuls éléments qui constituent le résultat d'exploitation.

2.2.2.6. *Les produits et charges constituant le résultat courant*

Le résultat courant est obtenu à partir du résultat d'exploitation en y intégrant les éléments à caractère financier :

Résultat d'exploitation
+ Produits financiers
– Charges financières
_____

= Résultat courant

_____

1. Les charges et produits exceptionnels ne sont pas encore pris en compte.
2. Toutefois, la rémunération des fournisseurs n'apparaît pas dans ce résultat : elle est intégrée dans les achats comme un supplément du prix d'achat.

Les charges financières comprennent les intérêts versés et assimilés[3], les pertes de change, les dotations aux provisions pour dépréciation et risques financiers[1], les pertes sur cessions de valeurs mobilières de placement.

Les produits financiers comprennent les éléments symétriques. On sait que, dans la mesure où le financier « prime » l'exceptionnel, ces charges et ces produits peuvent aussi bien comporter des éléments de type exceptionnel que de type courant. Une exception bizarre toutefois à cette règle : les gains ou pertes définitifs sur cessions de titres de participation ne figurent pas ici, alors que paradoxalement les provisions ou les reprises de provisions pour dépréciation des mêmes titres y figurent.

La pureté du concept de résultat courant est entachée, nous l'avons vu, par la présence d'éléments financiers de type exceptionnel. A cette restriction près, ce résultat indique le montant de revenu courant avant impôt que peuvent espérer se partager les propriétaires de l'entreprise. Le résultat (brut) courant est la base de calcul du résultat net courant après prise en compte d'un impôt sur les sociétés calculé, d'une manière théorique, en fonction des éléments constituant le résultat brut.

Ce résultat net courant constitue un indice fondamental de la capacité bénéficiaire de l'entreprise. C'est en fait ce solde que cherchent à maximiser les propriétaires (pour une masse de capitaux propres donnée). Son importance détermine la poursuite ou l'arrêt de l'activité de l'entreprise.

2.2.2.7. *Les produits et charges constituant le résultat exceptionnel*

Le PCR et les organismes compétents n'ont pas défini les notions d'exceptionnel et de courant. Il en résulte une incertitude préjudiciable à la rigueur comptable et à l'analyse financière. L'examen de la question peut se faire à partir du schéma 1 de la page suivante.

Il est d'abord possible de discriminer les charges et les produits résultant de l'activité ordinaire de l'entreprise (vente, production, etc.) et des événements extraordinaires (cataclismes naturels, par exemple).

Un deuxième critère, celui de la fréquence, permet de distinguer, au sein des activités ordinaires, celles qui sont de type répétitif (les ventes et la production) et de type non répétitif (les cessions d'immobilisations).

Un troisième critère fait intervenir la référence à une norme (un standard, selon le vocabulaire de la comptabilité analytique). Il aboutit à la distinction des charges et des produits normaux ou anormaux. Remarquons qu'un produit ou une charge provenant d'une activité non répétitive peut très bien être normal(e), si son montant est conforme au standard retenu[2]. Dans les pays sous influence anglaise ou américaine, le résultat courant est celui qui provient des activités ordinaires sans qu'aucun critère de fréquence ou de norme ne soit pris en compte. Le résultat exceptionnel reste

---

3. Les « assimilés » sont principalement les escomptes accordés pour paiement comptant.
1. Exemple de provisions pour dépréciation de type financier : les provisions pour dépréciation des titres de placement et de participation. Exemple de provisions pour risque : les provisions pour risque de change.
2. Ceci suppose une prévisibilité des phénomènes.

étroitement limité aux impacts des seules activités extraordinaires. Dans les pays socialistes, un clivage fondamental tend à se faire entre le résultat conforme aux normes (au plan) et le résultat non conforme aux normes, un tri secondaire permettant d'isoler au sein de ce dernier l'impact des événements extraordinaires.

Schéma 1
Etude du résultat exceptionnel

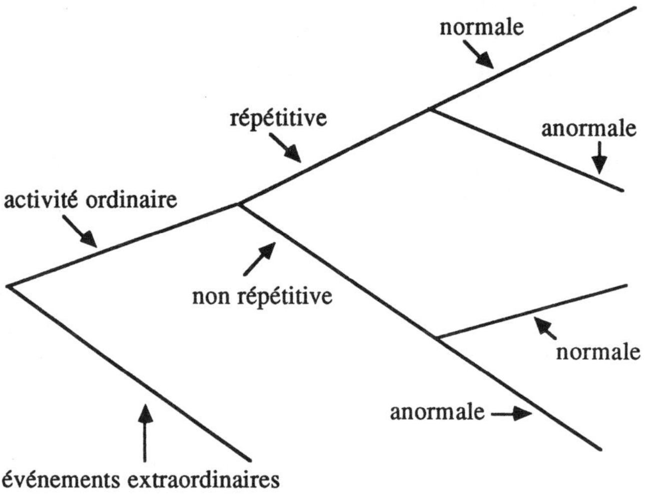

normale

répétitive

anormale

activité ordinaire

non répétitive

normale

anormale →

événements extraordinaires

Le PCR semble opter pour une position différente. Si nous nous référons à la liste des postes du compte de résultat, feraient partie des éléments exceptionnels :
– les éléments provenant des événements extraordinaires,
– les éléments provenant des activités ordinaires non répétitives (charges et produits découlant d'une cession d'immobilisation, par exemple),
– certains éléments provenant d'une activité ordinaire répétitive, dans la mesure où ils sont anormaux par nature (pénalités, par exemple) ou par référence à une norme sectorielle (pertes ou profits sur créances impayées au-delà d'un pourcentage « normal ») et même, très « exceptionnellement », par rapport à une norme interne à l'entreprise (charges de sous-activité). Soulignons cependant qu'il n'est pas question d'aller jusqu'au bout de cette logique en intégrant l'ensemble des écarts observés par rapport aux normes.

Le PCR opère par ailleurs une triple distinction parmi les éléments exceptionnels en isolant ceux qui résultent d'opérations de gestion, d'opérations en capital et d'amortissements ou de provisions.

Les charges et produits exceptionnels sur opérations en capital enregistrent, pour l'essentiel, la valeur comptable nette (en charge) et le prix de vente (en produits) des actifs immobilisés cédés.

Les amortissements exceptionnels (dotations en charges, reprises en produits) peuvent apparaître lors de rectifications de plans d'amortissement. Les provisions exceptionnelles (dotations en charges, reprises en produits) englobent les provisions pour risques et charges exceptionnels et les provisions réglementées ; ces dernières ont été instituées par le fisc. Elles jouent un rôle variable selon leur nature : certaines, comme la provision pour hausse des prix et la provision pour fluctuation des cours, couvrent des risques réels de non-reconstitution d'actifs ; d'autres, comme les dotations aux amortissements dérogatoires, s'apparentent plutôt à des charges fictives destinées à permettre la constitution de réserves en franchise d'impôt.

Les charges et produits exceptionnels sur opération de gestion regroupent tous les autres éléments de type exceptionnel qui ne rentrent pas dans les catégories précédentes : citons, par exemple, les pénalités et les libéralités (versées ou reçues), les créances irrécouvrables et les rentrées sur créances amorties, etc. C'est à ce poste que sont également portées les charges de sous-activité.

2.2.2.8. Les produits et charges constituant le résultat net

Il est établi en sommant le résultat courant et le résultat exceptionnel sous déduction de la participation des salariés aux fruits de l'expansion et des impôts sur les bénéfices. Dernier solde du tableau des soldes intermédiaires de gestion, c'est aussi le solde du compte de résultat auquel il donne son nom.

2.3. Conclusion sur le compte de résultat

Le compte de résultat du PCR est centré sur un concept de production globale. Il a pour objectif essentiel de mesurer la variation de la richesse des propriétaires du capital, mais il permet de mener une analyse intéressante aux différents niveaux de la formation de la valeur. Le classement des charges est fondamentalement par nature : l'optique fonctionnelle reste très secondaire sous la forme d'un tableau facultatif du modèle développé.

L'évaluation des consommations est encore tributaire de l'optique juridique. L'influence de la technique de l'inventaire intermittent reste perceptible.

Finalement, ce compte de résultat reflète bien la perspective dualiste de la comptabilité française, dans laquelle comptabilité générale et comptabilité analytique sont nettement séparées : l'intégration des informations caractéristiques de la comptabilité analytique est faible.

L'intérêt fondamental de ce modèle réside dans l'excellente structuration qu'il propose de la valeur ajoutée et de ses composantes. Mais il est perfectible par une meilleure évaluation des consommations et par l'adjonction d'autres types d'analyses des charges : tout cela suppose que la comptabilité analytique ne reste pas une technique discrète, pour ne pas dire secrète.

3. L'annexe du plan comptable révisé

Bien qu'ils fournissent un grand nombre de renseignements, le bilan et le compte de résultat sont souvent difficiles à interpréter et surtout n'offrent qu'une partie de l'information disponible sur l'entreprise.

Avant l'introduction du PCR, il était déjà habituel, et quelquefois obligatoire, de les accompagner, notamment dans le rapport annuel présenté aux actionnaires et dans la liasse fiscale d'informations extra-comptables supplémentaires. Le PCR systématise cette pratique en lui donnant un support privilégié et obligatoire : l'annexe. Ce document est mis sur un pied d'égalité avec le bilan et le compte de résultat ; le PCR stipule en effet que « les documents de synthèse comprennent nécessairement le bilan, le compte de résultat et l'annexe qui forment un tout[1] ». De même, le nouvel article 8 du titre II du livre premier du Code de commerce, qui impose aux commerçants d'établir des comptes annuels, précise que « ces comptes annuels, comprennent le bilan, le compte de résultat et une annexe : ils forment un tout indissoluble ».

Le PCR précise par ailleurs la nature et le rôle de ce document : « L'annexe est un état qui comporte les explications nécessaires pour une meilleure compréhension des autres documents de synthèse et complète pour autant que de besoin ou présente sous une autre forme les informations qu'ils contiennent[2] ». Cependant, si elle doit compléter les deux autres états de synthèse, l'annexe ne doit pas faire double emploi avec eux : « En principe, aucune inscription dans l'annexe ne peut se substituer à une inscription normalement prévue par le plan comptable général dans les autres documents de synthèse[2] ».

Théoriquement, la liste des informations que doit comporter l'annexe est sans limite puisqu'elle est constituée de toutes les informations ayant une importance significative nécessaires à l'obtention de l'image fidèle du patrimoine, de la situation financière et du résultat de l'entreprise.

Pratiquement, le décret du 29 novembre 1983 (article 24) a fixé un certain nombre d'informations obligatoires, quelle que soit leur importance, qui varient selon la nature et la taille des entreprises concernées.

Certaines informations sont obligatoires pour toutes les entreprises, personnes physiques ou morales. D'autres ne visent que les personnes morales et même, pour certaines d'entre elles, les personnes morales d'une taille importante.

Bien que le contenu de l'annexe ne soit pas limité, nous étudierons la liste de ces informations en distinguant les informations visant à :

– préciser les conditions d'obtention de l'image fidèle ;

– expliquer les conditions d'établissement des postes du bilan ou du compte de résultat ;

– détailler certains postes du bilan ou du compte de résultat ;

---

1. PCR, p. 153.
2. PCR, p. 154.

– donner des informations de type juridique ou économique extra-comptables ;
– fournir des informations d'ordre fiscal.

Nous indiquerons, le cas échéant, les informations ne concernant que les personnes morales ou les personnes morales de taille importante[1].

3.1. Les précisions sur les conditions d'obtention de l'image fidèle

L'annexe doit d'abord fournir des informations lorsque l'application d'une prescription comptable ne suffit pas pour donner une image fidèle. Elle mentionne également la dérogation à l'application d'une prescription comptable, lorsque celle-ci se révèle impropre à donner une image fidèle du patrimoine, de la situation financière ou du résultat avec indication des motifs et de son influence sur le patrimoine, la situation financière et le résultat de l'entreprise. Ces cas de dérogations sont exceptionnels.

Plus fréquemment, l'annexe devra décrire et justifier les modifications intervenues d'un exercice à l'autre, en ce qui concerne la présentation des comptes annuels et les méthodes d'évaluation retenues. Rappelons que ces modifications ne peuvent avoir lieu, en principe, que si elles ont pour objet d'améliorer l'image que donne la comptabilité de la réalité économique. Enfin, l'annexe indique les circonstances qui empêchent de comparer d'un exercice à l'autre certains postes du bilan et du compte de résultat et, le cas échéant, les moyens qui permettent d'en assurer la comparaison.

3.2. Les explications sur les conditions d'établissement des postes du bilan ou du compte de résultat

L'annexe doit indiquer les modes et méthodes d'évaluation appliqués aux divers postes du bilan et du compte de résultat.

Il en découle qu'elle doit préciser les méthodes utilisées pour le calcul des amortissements et des provisions, apporter des commentaires sur les éventuelles dérogations en matière de frais de recherche et de développement aux règles d'amortissement sur une durée maximale de cinq ans et indiquer les motifs de la reprise exceptionnelle d'amortissements. En outre, des indications sur les modalités d'amortissement des primes de remboursement d'emprunts devront être données. Enfin, en cas de réévaluation, la méthode utilisée pour le calcul des valeurs retenues, la liste des postes concernés au bilan et au compte de résultat avec leur montant, font l'objet d'une information particulière.

3.3. Le détail de certains postes du bilan et du compte de résultat

Ces données, rappelons-le, n'apparaissent pas à la simple lecture du bilan ou du compte de résultat.

---

1. Si aucune précision n'est donnée, les informations sont censées concerner toutes les entreprises.

L'annexe doit d'abord comporter des commentaires sur les éléments constitutifs des frais d'établissement, des frais de recherche immobilisés et du fonds commercial.

Elle donne des explications sur les produits et les charges imputables à un autre exercice : produits constatés d'avance, charges constatées d'avance et charges à répartir.

Il en va de même pour les charges à payer et les produits à recevoir rattachés aux postes de dettes et de créances.

L'annexe comporte également des renseignements sur les opérations en crédit-bail.

Les mouvements ayant affecté les divers postes de l'actif immobilisé doivent être indiqués.

Une information particulière doit être donnée sur la nature, le montant et le traitement comptable des écarts de conversion en monnaie nationale d'éléments exprimés en monnaie étrangère.

Les créances et les dettes doivent être classées, selon la durée à courir, jusqu'à leur échéance en distinguant, d'une part, les créances à un an au plus et à plus d'un an et, d'autre part, les dettes à un an au plus, à plus d'un an et cinq au plus, et à plus de cinq ans. Ce type de renseignement revêt une importance d'autant plus grande que le bilan, rappelons-le, ne retient plus comme critère de classement prioritaire la liquidité des actifs et l'exigibilité des dettes. Les postes du bilan concernés également par un élément d'actif ou de passif imputé à un autre poste doivent être indiqués.

La différence entre l'évaluation figurant au bilan et celle qui résulterait des derniers prix de marché connus à la clôture des comptes doit être donnée pour les éléments fongibles de l'actif circulant. Cette information permet de connaître, par exemple, le cours de bourse des titres de placement possédés par l'entreprise.

Des renseignements doivent être également communiqués sur les entreprises liées (consolidables par intégration globale) : la société qui établit l'annexe doit indiquer la fraction des immobilisations financières des créances, des dettes, ainsi que des charges et produits financiers les concernant.

Il en va de même pour le nombre et la valeur nominale des actions, parts sociales et autres titres composant le capital social (regroupés par catégorie selon les droits qu'ils confèrent avec indication de ceux qui ont été créés ou remboursés pendant l'exercice), ainsi que pour le nombre et la valeur des parts bénéficiaires émises par la société.

Les sociétés sont également tenues d'indiquer le montant des avances et des crédits alloués aux dirigeants sociaux avec indication des conditions consenties et des remboursements effectués pendant l'exercice.

Enfin, des informations de type analytique sont requises des sociétés de grande dimension : ventilation du montant net du chiffre d'affaires par secteur d'activité et par marché géographique ainsi que ventilation par catégorie de l'effectif moyen. Elles doivent aussi dévoiler le montant des rémunérations allouées au titre de l'exercice aux membres des organes d'administration, de direction et de surveillance à raison de leurs fonctions (ces informations sont toutefois données de façon globale pour chaque catégorie).

3.4. Informations de type juridique et économique extra-comptable

Les entreprises doivent indiquer pour chacun des postes relatifs aux dettes celles qui sont garanties par des sûretés réelles. Elles doivent également inscrire le montant des engagements financiers classés par catégories en distinguant, le cas échéant, ceux qui concernent les dirigeants, les filiales, les participations et les autres entreprises liées.

L'annexe des sociétés doit comporter la liste des filiales et participations avec indication, pour chacune d'elles, de la part de capital détenue directement ou par prête-nom, du montant des capitaux propres et du résultat du dernier exercice clos[1].

Particulièrement importante est l'obligation pour toute société d'indiquer l'identité de toute entité établissant des comptes consolidés dans lesquels les comptes annuels sont inclus suivant la méthode de l'intégration globale. Les sociétés doivent aussi indiquer le montant des engagements pris en matière de pensions, compléments de retraites et indemnités assimilées en distinguant, d'une part, ceux qui ont fait l'objet de provisions et, d'autre part, ceux qui ont été contractés au profit des dirigeants.

Enfin, les sociétés de taille importante sont tenues d'indiquer les obligations convertibles échangeables et titres similaires qu'elles ont émises avec indication, par catégorie, de leur nombre, de leur valeur nominale et des droits qu'ils confèrent.

3.5. Informations d'ordre fiscal

Les auteurs du plan comptable révisé n'ont pas pu éliminer l'incidence des règles fiscales, mais ils se sont efforcés d'en montrer les incidences soit dans le bilan ou le compte de résultat eux-mêmes, soit dans l'annexe. Ainsi toutes les entreprises doivent indiquer en annexe les amortissements et provisions pratiqués pour l'application de la législation fiscale, ainsi que le traitement fiscal des écarts de réévaluation. Les sociétés de taille importante sont astreintes à trois informations supplémentaires :

– ventilation de l'impôt (sur le bénéfice) entre la partie imputable aux éléments exceptionnels du résultat et la partie imputable aux autres éléments, avec indication de la méthode utilisée (cette information est utile pour la détermination d'un résultat courant net d'impôt) ;

– indication sommaire de la mesure dans laquelle le résultat de l'exercice a été affecté par l'application de dispositions fiscales et des conséquences qui en résultent sur les postes de capitaux propres ;

---

1. Les titres d'une société émettrice représentant moins de 1 % du capital social d'une société détentrice peuvent être regroupés.

– indication des accroissements et des allégements de la dette future d'impôt provenant des décalages dans le temps entre le régime fiscal et le traitement comptable de produits ou de charges et, lorsqu'ils sont d'un montant exceptionnel, de ceux dont la réalisation est éventuelle.

3.6. Conclusion sur l'annexe

L'introduction de l'annexe dans les états de synthèse représente incontestablement un progrès important pour la qualité de l'information comptable. Grâce à elle, le lecteur du bilan et du compte de résultat va pouvoir comprendre comment ces comptes ont été élaborés ; il va connaître les options retenues en matières d'évaluation et de présentation ; il pourra également mieux cerner les limites de la comptabilité.

L'annexe reste cependant un document en retrait par rapport à ce que la « communauté » des utilisateurs pouvait en attendre. Ceci est dû à la double influence d'une conception restrictive du concept d'image fidèle et du secret des affaires.

L'interprétation du concept d'image fidèle pour son application à l'annexe semble en effet quelque peu restrictive. Deux indices paraissent le prouver :

– Un premier indice concerne le fameux alinéa 5 de l'article 9 du Code de commerce selon lequel « lorsque l'application d'une prescription comptable ne suffit pas pour donner une image fidèle du patrimoine, de la situation financière et du résultat de l'entreprise, des informations complémentaires doivent être fournies dans l'annexe ». Une conception extensive de ce texte conduirait les entreprises à communiquer de façon quasi systématique les valeurs économiques (réévaluées), plus particulièrement celles qui concernent les immobilisations (avec leurs amortissements) et les capitaux propres. Bien que certains auteurs, et non des moindres, soient favorables à cette conception, il n'en demeure pas moins que la pratique dominante adopte sur ce point une attitude contraire : il est très rare de voir figurer en annexe des informations sur les valeurs réévaluées des éléments précités [1].

– Un deuxième indice est fourni par le problème des dérogations. Rappelons que « si, dans un cas exceptionnel, l'application d'une prescription comptable se révèle impropre à donner une image fidèle du patrimoine, de la situation financière ou du résultat, il doit y être dérogé ; cette dérogation est mentionnée à l'annexe et dûment motivée, avec l'indication de son influence sur le patrimoine, la situation financière et le résultat de l'entreprise ». (Code de commerce, article 9, alinéa 6.) La doctrine dominante interprète ce texte d'une façon restrictive : d'après elle, le terme exceptionnel se référerait à une particularité propre à une entreprise [2] et

---

1. Il va de soi que la question que nous évoquons est très différente de celle de la réévaluation légale.
2. Les assises nationales du commissariat aux comptes de septembre 1984 donnent un bon exemple d'une telle particularité : normalement, des billets mobilisables constituent des dettes à court terme. Mais si leur renouvellement est assuré pour deux ans, ils pourraient figurer dans les dettes à plus d'un an.

non, par exemple, à celle d'un secteur d'activité, *a fortiori* de l'économie tout entière. Nous sommes loin ici de la conception hollandaise, selon laquelle les dérogations peuvent jouer toutes les fois que le concept d'image fidèle est menacé (et non pas seulement dans des cas exceptionnels).

Le deuxième frein à l'amélioration de l'annexe réside dans ce qu'il est d'usage d'appeler le « secret des affaires ». Rappelons, par exemple, que la réglementation prévoit (conformément d'ailleurs à la quatrième directive) la faculté d'omettre, en raison du préjudice grave qui pourrait résulter de leur divulgation, des informations concernant la liste des filiales et participations et la ventilation du chiffre d'affaires par secteur d'activité et par marché géographique [1]. Il est vrai que la Commission des opérations de bourse a justement indiqué qu'une telle omission devrait normalement avoir un caractère très exceptionnel. Il est vrai aussi que le ministre de la Justice (Réponse Gastines, Assemblée nationale, 14 mai 1984) a souligné que « la publicité de l'information financière, loin de nuire à la marche de l'entreprise, est de nature à renforcer la sécurité des transactions commerciales et à améliorer les relations de l'entreprise avec ses partenaires ». Mais au-delà des principes, force est de constater que des dérogations à la règle d'information (d'image fidèle) ont été prévues par les textes. De plus, ce n'est pas tant au niveau des règles dérogatoires qu'il faut rechercher l'influence du « secret des affaires » qu'au niveau des informations souhaitables qui n'ont pu figurer dans la version définitive de la quatrième directive et des textes réglementaires français. Signalons, par exemple, que les textes préparatoires à la quatrième directive exigeaient non seulement une information sur le chiffre d'affaires, mais également sur les marges par secteur d'activité et zone géographique. Une information analytique sur les résultats semblait donc s'esquisser, mais elle n'a pu prendre effet.

*
* *

Avant l'entrée en vigueur du plan comptable révisé, la comptabilité générale française était largement dominée par la conception juridico-patrimoniale. Cette influence subsiste encore dans le nouveau plan en matière de bilan et d'évaluation. Mais la restructuration du compte de résultat et l'apparition de l'annexe témoignent d'une progression vers une conception plus économique. Cependant, de nombreux freins subsistent à cette évolution, notamment l'incidence du « secret des affaires » : la dissociation de la comptabilité générale de la comptabilité analytique en est une des conséquences néfastes. Actuellement, des tendances se font jour, grâce notamment à l'émergence de la consolidation comme discipline majeure, en faveur d'une intégration des deux comptabilités [2]. Il est encore trop tôt pour dire si ces tendances joueront un rôle favorable : la comptabilité générale française est en quelque sorte au milieu du gué.

---

1. Il est alors fait mention du caractère incomplet de cette information en annexe.
2. Voir sur cette question les numéros 87-4 et 88-1 de la *Revue de Droit Comptable*.

Références

Analyse Financière, *Le nouveau plan comptable* (n° 51, 4e trimestre 1982).

Les Cahiers français, *Entreprise et comptabilité*, Paris, Documentation française, 1983.

Cibert A., *Comptabilité générale*, 7e éd., Paris, Dunod, 1983.

Claveranne J.P., Darne J., *Comptabilité et entreprise*, Paris, Economica, 1983.

Colasse B., *Comptabilité générale*, 2e éd., Paris, Economica, 1988.

Collette C., Richard J., *Le nouveau plan comptable : comptabilité et gestion*, 2e éd., Paris, Dunod, 1985.

Conso P., *Théorie et pratique comptable*, Paris, PUF, 1982.

Gelard G., Pham D., *Comprendre le nouveau plan comptable*, Paris, Monchrestien, 1984.

Kerviler I. (de), *Droit comptable*, Paris, Economica, 1986.

Lauzel P. *Le plan comptable français*, Paris, PUF, « Que sais-je ? », 1973.

Levasseur M., *Initiation à la comptabilité générale et à l'analyse financière*, Paris, Masson, 1980.

Marquès E., *Comptabilité générale*, Paris, Nathan, 1985.

Ordre des experts-comptables et des comptables agréés, *Les principes comptables fondamentaux*, 1981 ; *Les rapports annuels des sociétés françaises*, Editions comptables Malesherbes, 1984.

Perochon C., *Comptabilité générale*, Paris, Foucher, 1983.

Pichard J.P., Chauvet F., *Les documents financiers*, Paris, Sirey, 1987.

Raffegeau J., Dufils P., Corre J., *Mémento comptable*, Paris, Francis Lefebvre, 1987.

Raffegeau J., Dufils P., Lopater L., *L'annexe des comptes annuels*, Paris, Francis Lefebvre, 1985.

Richard J., « Pour un plan comptable moniste », *Revue du Droit Comptable* (n° 88-1, 1988).

Teller R., *Comptabilité générale de l'entreprise*, Paris, Sirey, 1982.

Mots clés

Actif circulant, actif immobilisé, annexe, bilan, compte de résultat, classification des charges, concept de charges, concept de production, concept de résultat, états de synthèse, excédent brut d'exploitation, image fidèle, liens entre comptabilité générale et comptabilité analytique, marge commerciale, résultat courant avant impôt, résultat de l'exercice, résultat d'exploitation, résultat exceptionnel, système de base, système développé, système simplifié, tableau de répartition fonctionnelle des charges d'exploitation, tableau des soldes intermédiaires de gestion, technique d'inventaire, valeur ajoutée.

ANNEXE

Tableau des soldes intermédiaires de gestion

Produits (Colonne 1)	Charges (Colonne 2)	Soldes intermédiaires des exercices (Colonne 1 - Colonne 2)	N	N-1
Vente de marchandises..............	Coût d'achat des marchandises vendues	• Marge commerciale....................		
Production vendue.............. / Production stockée.............. / Production immobilisée.............. / Total..............	ou Déstockage de production [a].............. / Total..............	• Production de l'exercice..................		
• Production de l'exercice.............. / • Marge commerciale.............. / Total..............	Consommation de l'exercice en provenance de tiers	• Valeur ajoutée		
• Valeur ajoutée.............. / Subvention d'exploitation.............. / Total..............	Impôts, taxes et versements assimilés [b]........ / Charges de personnel.............. / Total..............	• Excédent brut (ou Insuffisance brute) d'exploitation		
• Excédent brut d'exploitation.............. / Reprises sur charges et transferts de charges / Autres produits ...... / Total..............	• ou Insuffisance brute d'exploitation / Dotations aux amortissements et aux provisions / Autres charges .... / Total..............	• Résultat d'exploitation (bénéfice ou perte).......		
• Résultat d'exploitation .... / Quotes-parts de résultat sur opérations faites en commun.............. / Produits financiers.............. / Total.............. / Produits exceptionnels	• ou Résultat d'exploitation.............. / ou Quotes-parts de résultat sur opérations en commun ..... / Charges financières.............. / Total.............. / Charges exceptionnelles	• Résultat courant avant impôts (bénéfice ou perte). . / • Résultat exceptionnel (bénéfice ou perte)........		
• Résultat courant avant impôts........ / • Résultat exceptionnel .... / Total..............	• ou Résultat courant avant impôts........ / ou Résultat exceptionnel .... / Participation des salariés .... / Impôts sur les bénéfices .... / Total..............	• Résultat de l'exercice (bénéfice ou pertes) [c]		
Produits des cessions d'éléments d'actif	Valeur comptable des éléments cédés	Plus-values et moins-values sur cessions d'éléments d'actif		

a. En déduction des produits dans le compte de résultat.
b. Pour le calcul de la valeur ajoutée, sont assimilés à des consommations externes les impôts indirects à caractère spécifique inscrits au compte 635 « Impôts, taxes et versements assimilés » et acquittés lors de la mise à la consommation des biens taxables.
c. Soit total général des produits - total général des charges.
Source : PCR II, p. 110.

54

Ethique et gestion

Alexander Bergmann

Le domaine de l'éthique, en gestion comme ailleurs, est celui du bon ou du mauvais, ou du juste et de l'injuste. L'éthique répond à la question : « Comment dois-je me conduire pour être bon ou juste ? » plutôt qu'à cette autre question : « Comment puis-je être efficace ou efficient ? ». Ceci implique que celui qui pose la question ait un choix entre deux ou plusieurs façons d'agir (d'ailleurs pas forcément entre une bonne et une mauvaise, mais aussi entre deux bonnes ou entre plusieurs mauvaises) et qu'il soit libre dans ses choix. En effet, la présomption de toute moralité est que l'homme soit libre et capable d'anticiper les conséquences de ses actes.

En ce sens, la dimension morale est une des caractéristiques les plus essentielles de l'homme : la morale fait l'homme comme l'homme fait la morale. La responsabilité de ses actes est la base de sa dignité. L'homme qui ignore les conséquences de ses actes et/ou refuse d'en assumer les responsabilités se comporte d'une manière indigne de sa condition humaine.

1. L'éthique, le droit et la raison

1.1. L'éthique et le droit

Se comporte d'une manière éthique celui qui s'efforce d'être bon et juste en toute circonstance. Selon Kant, seules les intentions comptent : lorsque les intentions sont bonnes, le comportement est éthique même si ses conséquences sont néfastes ; mais si des résultats bénéfiques découlent de motifs peu louables, le comportement ne peut pour autant être considéré comme éthique. L'éthique est donc une affaire essentiellement personnelle, bien que les standards éthiques individuels reposent sur des standards collectifs, sur des croyances et des pratiques traditionnelles et partagées. L'homme est un être social dont les sentiments et les opinions sont très largement conditionnés par son environnement et qui ne sont donc que marginalement originaux. En ceci l'éthique diffère du droit. Ce dernier relève du domaine social et public. L'arbitre de ce qui est légal ou non n'est pas la conscience, mais le système judiciaire.

D'autres différences existent entre l'éthique et le droit. Tout d'abord, le droit exige souvent moins du comportement individuel que l'éthique. Ensuite, l'application du droit est fondée sur la crainte de la réprobation et de la répression, alors que le comportement éthique est dicté par le sens du devoir. Toutefois, loi et éthique sont proches, car la loi ne devrait pas contredire l'éthique – du moins dans l'idéal – et souvent l'éthique sert à interpréter la loi.

1.2. L'éthique et la raison

L'éthique donne un sens à tout comportement. Cela dit, tout comportement a une dimension éthique, dans la mesure où l'on aurait toujours pu agir autrement (ou pas du tout). Pourtant, cette dimension n'est pas toujours présente. L'éthique ne concerne que les objectifs finaux des comportements. Le comportement de tous ceux dont le but n'est pas exclusivement d'être bon et juste est déterminé surtout par des considérations d'efficacité ou d'efficience par rapport à d'autres objectifs, qui eux ne sont pas, ou du moins pas directement, reliés à d'autres méta-objectifs. Etre éthique signifie donc regarder plus loin dans la chaîne des causalités : *Semper respice finem !*

L'évaluation des buts finaux échappe au rationnel. Ceci signifie que l'éthique est irrationnelle dans la mesure où au bout de la chaîne des causalités, les propositions éthiques ne sont pas vérifiables. La vérité d'une proposition ne peut être appréhendée que sous forme de test de causalité entre moyens et fins. L'impératif échappe à ce genre de test ; il ne peut être ni juste ou faux, ni correct ou incorrect. Pourtant, alors qu'on ne peut sans doute pas préjuger logiquement de ce qui est, sur ce qui devrait être, il semble que toute croyance en des valeurs doive en fin de compte dériver de structures existantes, de ce qu'on pense être en accord avec la nature humaine, la volonté de Dieu, etc. Ainsi, ce qui est et ce qui devrait être sont logiquement distincts, mais psychologiquement interdépendants.

1.3. Le contenu et les sources des règles éthiques

L'éthique définit, d'une part, ce qu'on ne doit pas faire en établissant des interdits et les limites de ces interdits (les cas de conscience). C'est la manière dont elle est le plus souvent présentée et qui a dominé toute la casuistique durant des siècles. D'autre part, elle n'agit pas que négativement, mais détermine positivement la direction de l'action et la façon de progresser. Cette seconde approche est plus rare.

La direction ainsi indiquée a été diversement définie. Aristote nous dit qu'il faut faire ce qu'un homme « prudent » (non en tant qu'individu, mais en tant que membre d'une société dont il partage la sagesse) ferait dans la même situation, parce que cela correspond à sa nature d'être humain rationnel. Cela implique surtout de la modération ; car toute vertu exercée excessivement et exclusivement mène à son contraire. Thomas d'Aquin prescrit également un comportement en accord avec la nature de l'homme, mais en tant qu'enfant de Dieu qui veut lui ressembler le plus possible et qui suit des préceptes d'amour. Kant postule la « règle d'or » selon laquelle chacun doit se comporter vis-à-vis d'autrui de la manière dont il désire lui-même être traité, et d'une façon qui permettrait d'en faire une règle générale. Adam Smith, dans la *Théorie des sentiments moraux* écrit : « Quand le bonheur ou la misère des autres dépend en quoi que ce soit de notre conduite, nous n'oserions pas, même si l'amour de nous-mêmes nous le suggérait, préférer notre intérêt à celui de tous. Notre personnalité intérieure nous signale immédiatement que nous attachons trop d'importance à nous-mêmes et pas assez aux autres, et qu'ainsi nous faisons de nous-mêmes un véritable objet de mépris et d'indignation pour nos frères... Si elle (toute personne) veut agir de manière que tout spectateur impartial épouse les principes de sa conduite... elle doit, pour cela comme en d'autres circonstances, modérer l'arrogance de son égoïsme et le rabaisser jusqu'à un niveau que les autres puissent trouver supportable ». J. Bentham et J.S. Mill donnent comme règle que chaque action doit maximiser le bonheur général. Enfin, J. Habermas estime que tout standard de comportement doit répondre aux conditions suivantes : les conséquences directes et indirectes qui découlent de son application pour tous ceux concernés sont connues et préférées par eux à celles de tout autre standard.

En fait, il existe deux grands courants de la pensée éthique : les approches déontologiques (Platon, Kant, Habermas, etc.) et téléologiques (Aristote, J.S. Mill, J.P. Sartre, etc.).

Les représentants du premier courant estiment que l'homme a le devoir de se conformer à quelques règles, mais ils ne donnent pas à ces règles le même contenu (« ne fais pas à un autre ce que tu ne veux pas qu'il te fasse », Kant ; « respecte certains droits fondamentaux et inaliénables », Locke) ni la même source : nature humaine, contrat social (J.J. Rousseau, J. Rawls), coutume[1]. Notons que si la source est la nature humaine, cela implique que l'homme est naturellement bon ; cela implique aussi l'universalité des règles.

Les représentants du second courant proposent que chaque acte soit évalué en fonction de ses conséquences soit pour l'acteur (égoïsme éthique), soit pour autrui (utilitarisme).

Les approches déontologiques sont des théories d'un contenu déterministe, normatif, mais pas toujours universaliste. Alors que la nature humaine est partout identique, le contrat social et les traditions peuvent varier d'un endroit à un autre et d'une époque à une autre. En revanche, les règles déontologiques sont d'une nature absolue et pour cause. Il serait, en effet, difficile d'admettre le caractère contraignant des normes si l'on ne croyait pas à leur validité absolue dans des circonstances données.

Les approches téléologiques sont des théories de processus. Elles sont descriptives et indéterminées, « situationnistes » ou « personnalistes ».

---

1. Les mots « éthiques » et « morale » ont dans leur racine le mot « coutume » !

Leur difficulté principale réside dans leur relativisme. A la limite, on a même dit qu'il ne s'agit plus d'éthique, mais de prudence ; on fait ce qui, dans la situation donnée, conduit au meilleur résultat et non ce qui est juste et bon (on est honnête quand le risque d'être démasqué est trop grand et on ment, par exemple, par politesse ou par pitié). Toutefois, « il n'est tout simplement pas vrai que tous les bien-pensants, avec toute leur conscience et leur bonne volonté, ont la même vision du bien et jugent les actes moraux de manière identique[1] ; par ailleurs il ne faut pas confondre la relativité du contenu de l'impératif moral (qui est inévitable) et la nature absolue de cet impératif (qui demeure).

Quelle que soit leur approche, la plupart des auteurs seraient probablement d'accord avec les impératifs éthiques suivants[2] pour la vie quotidienne :

– chaque homme est responsable de ses actes, de sa vie, de son salut ;

– il doit croire en la valeur de son destin personnel et en l'utilité de l'accomplir le mieux possible ;

– il doit s'abstenir d'utiliser la violence, la fraude, la tromperie, la contrainte ;

– sauf cas exceptionnels, il doit respecter les lois et règles sociales établies ;

– la bonté et la charité doivent inspirer ses actes : il doit être attentif à son prochain, le connaître, l'aider, l'aimer ; il doit traiter son prochain comme une personne et non comme un objet ;

– il doit savoir renoncer à certaines satisfactions immédiates qui compromettraient l'obtention de satisfactions plus importantes et qui, à plus long terme, doivent être poursuivies avec énergie et persévérance ;

– il doit savoir s'imposer la discipline de vie qui assure l'homogénéité de la conduite, et finalement le bonheur ;

– il doit analyser ses erreurs et celles des autres, et en tirer un enseignement pour mieux régler sa conduite ;

– il doit affronter les épreuves avec la certitude qu'en surgiront des éléments positifs si son attitude est courageuse, active et adaptative.

2. L'éthique en gestion

2.1. Survol historique

On a, depuis toujours, considéré les affaires, ou plus spécifiquement le commerce, comme immorales ou du moins amorales, c'est-à-dire répondant à d'autres règles que celles de l'éthique.

Les Babyloniens semblaient déjà soupçonner les commerçants de viles pratiques qu'ils essayaient d'enrayer par une législation restrictive (*Codex Hammurabi*) ; méfiance retrouvée chez les Grecs et perpétuée jusqu'au

---

1. M. Novak, *Une éthique économique*, Paris, Les Editions du CERF, 1987.
2. O. Gelinier, *Morale de l'entreprise et destin de la nation*, Paris, Plon, 1965.

Moyen-Age ; « L'homme qui achète un bien pour le revendre inchangé, cet homme est comme les marchands qui furent chassés du temple de Dieu » (Thomas d'Aquin). Les banquiers, en particulier, étaient stigmatisés, car tout intérêt était considéré comme usuraire.

Plus tard, cette façon de considérer l'homme d'affaires comme inutile pour la société et s'enrichissant d'une manière peu louable, a été mise en question, notamment par Montesquieu dans *L'esprit des lois* : « Le commerce guérit les préjugés destructeurs, il police et adoucit les mœurs grossières. Il rend les gens moins rustres et plus humains... ».

D'une manière plus générale, c'est le protestantisme, et surtout le calvinisme, qui a complètement bouleversé l'appréciation de l'activité économique. Il reprend l'idée du *ora et labora* ou du *laborare est orare* en l'appliquant non seulement au travail de subsistance, mais encore au travail créateur de richesse. La réussite économique était considérée comme le signe que Dieu avait béni le travail. Puisque cette réussite économique n'était généralement pas possible sans une ténacité et un esprit de sacrifice plus ou moins grands (elle exigeait une vie d'où le vice était absent et où le métier était un genre de sacerdoce) et puisque les fruits de ce succès devaient bénéficier à la communauté, l'activité économique semblait être foncièrement bonne. Il était bon de produire des biens. Le protestantisme « donnait à l'homme d'affaires un sens de sanctification religieuse pour ses activités... il se faisait le champion de la diligence contre l'oisiveté, de l'économie contre la prodigalité, de la modération et de la tempérance contre les vices qui fleurissent dans la luxure [1] ».

Un peu plus tard, Adam Smith affirme dans la *Théorie des sentiments moraux,* que l'égoïsme individuel est tout sauf condamnable, car ainsi « l'ambition court dans les veines de millions qui, sous d'autres régimes, seraient passifs ou moroses. Ces individus se fixent des buts... tandis que l'aristocrate frémit d'horreur à la pensée de devoir exercer un effort patient de manière continue et prolongée... » Notons qu'il parle de l'égoïsme de l'ouvrier (celui qui fait une œuvre) et non de celui du commerçant et qu'il est, bien sûr, le champion de l'économie de marché où une « main invisible » assure que les comportements égoïstes individuels produisent nécessairement, et sans la conscience des acteurs, des conséquences favorables pour la collectivité. Mieux encore : celui qui recherche le profit concurrentiel doit commencer par penser aux autres ; car la seule voie pour soutenir une affaire rentable est de chercher à réaliser une meilleure satisfaction de leurs besoins.

Mais cette appréciation positive ne resta pas sans opposition. K. Marx fut, sinon le premier, du moins le plus sévère des critiques du nouveau système capitaliste. Pour lui, le capitalisme engendre, avec un individualisme exagéré et une concurrence impitoyable, le matérialisme à outrance et la rapacité. L'humanisme y est au mieux un sous-produit accidentel et peu

---

1. R. Niebuhr, *Protestantism, Capitalism and Communism,* in A.L. Swift, (ed.), *Religion Today A Challenging Enigma,* NY, MacGraw-Hill, 1933, pp. 139-154.

certain, alors qu'il devrait être à la base de toute activité, qu'elle soit économique ou non.

Plus récemment, R.H. Tawney[1] fait le même constat : « Un service à la société est supposé résulter de l'exercice du droit de propriété privée et de la poursuite de l'intérêt économique : pourtant, les services rendus ne sont pas les motifs et critères principaux dans l'industrie, mais une conséquence secondaire qui se produit incidemment ». Il regrette que le capitalisme ait créé une civilisation dans laquelle la richesse est devenue une fin plutôt qu'un moyen, et que toute activité économique soit en conséquence devenue estimable, qu'elle rende service ou non ; il constate qu'une industrie qui a pour but le profit plutôt que le service provoque des comportements peu souhaitables.

De même, R.L. Bruckberger[2] critique la perversion du capitalisme qui consiste, selon lui, en l'accumulation d'argent plutôt qu'en un progrès basé sur l'accumulation de savoir, de savoir-faire et de moyens matériels réels. Celui qui produit fait œuvre utile seulement dans la mesure où un bien est (encore) bien, parce qu'il satisfait des désirs qui précèdent son existence et qui existent indépendamment de lui (plutôt que de satisfaire un désir qu'il a d'abord dû susciter).

2.2. La situation actuelle

Parce que les affaires, avec la poursuite de l'argent, la perversion de l'esprit d'acquisition et le climat de guerre qu'elles entraînent, ont souvent été critiquées pour être corrompues et corruptrices, et peut-être parce qu'en même temps le monde des affaires est aujourd'hui (du moins dans les pays occidentaux) sans doute la sphère sociale dominante (nous vivons dans une *Business Society*), l'intérêt porté aux finalités, aux pratiques des affaires et à leurs conséquences non seulement économiques, mais politiques, sociales, culturelles, etc. bref, l'attention accordée à leur dimension éthique, s'accroît depuis un certain temps, en France, mais surtout aux Etats-Unis, en République fédérale d'Allemagne et en Suisse. Ne prenons pour indices que les multiples publications (livres, articles et même périodiques) consacrées exclusivement à la question, les chaires d'éthique créées plus ou moins récemment dans les grandes écoles de gestion, les cours sur l'éthique organisés dans ces écoles et dans les entreprises, ou encore les codes de conduite qui ont foisonné dans des domaines aussi divers que la publicité, le commerce de la nourriture pour enfants ou le travail temporaire.

Au moment où un nombre croissant de « théoriciens » s'inquiètent de la possibilité de survie d'un système économique libéral qui ne s'oriente pas selon des critères humanistes ou de service, donc selon des critères éthiques, un nombre également croissant de « praticiens », de responsables d'entreprises, semblent se rendre compte que la survie et la santé future de leurs entreprises dépendent également de la qualité des considérations

1. R.H. Tawney, *The Acquisitive Society*, NY, Harcourt, Brace + World, rev. édit., 1948.
2. R.L. Bruckberger, *Le capitalisme : mais c'est la vie*, Paris, Plon, 1983.

éthiques introduites dans les stratégies et pratiques de celles-ci. On s'accorde à dire que « dans un monde qui est en évolution rapide, réussiront surtout les dirigeants d'entreprise qui savent naviguer dans des eaux aux valeurs et objectifs multiples qu'on ne comprendra qu'au travers d'analyses éthiques. Les cadres se rendent de plus à l'évidence qu'il existe une relation étroite entre éthique et performance »[1].

Il n'est simplement pas vrai que les entreprises opèrent dans un espace éthiquement neutre, uniquement défini par les lois du marché et par le droit. On peut se demander si les limites ainsi établies sont toujours effectivement opérantes, notamment pour les très grandes entreprises. Aussi n'est-il pas clair, si ces limites sont assez précises et étanches pour indiquer, pour chaque cas, ce qu'il convient de faire ou de ne pas faire et si elles ne laissent pas assez de marge pour être, dans les rapports avec la clientèle ou entre employés, par exemple, ou bien respectueux de l'autre, voire charitable, ou bien irrespectueux et implacable.

Alors qu'il est de plus en plus souvent admis que la gestion n'échappe pas à l'éthique, de nombreux cadres préfèrent d'autres termes (valeurs, responsabilité sociale) à celui d'éthique qu'ils associent à des règles rigides, une philosophie abstraite, des jugements moralisants et une volonté philanthropique. De plus, ils ne savent pas qui est vraiment concerné ni sur quelles règles éthiques se fonder.

2.3. Sujet de l'éthique en gestion

Parle-t-on de l'éthique du gestionnaire ou de ce qui est géré, de l'homme au travail (et surtout du cadre, c'est-à-dire de celui qui a à la fois plus d'autorité et donc de liberté d'action et qui porte une responsabilité à la mesure de l'impact de ses décisions), ou de l'entreprise ? La question est d'un intérêt plus qu'académique.

Si l'éthique est un phénomène essentiellement individuel et psychologi-que, il est difficile de s'imaginer que l'entreprise (une abstraction à laquelle la loi a conféré une personnalité juridique et morale) ait une conduite qui puisse être évaluée en termes éthiques. Pourtant, depuis Platon et Aristote, Amos et Isaïe, il est admis que les collectivités sont des agents moraux, responsables de leurs actions.

Par ailleurs, si les questions éthiques se posent au niveau du décideur individuel, elles seront souvent mal formulées en raison de la nature collective et/ou cumulative des processus de décision dans les entreprises, et notamment des grandes entreprises (car leur taille importante favorise l'anonymat et donc la déresponsabilisation et la perte de conscience morale). L'entreprise est une « technostructure » où collaborent trois types d'acteurs : ceux qui préparent les décisions par des études (mais qui, en éliminant des alternatives, peuvent influencer très sensiblement ces dernières), les décideurs (ou ceux qui cautionnent formellement les actions

---

1. C. McCoy, *Management of Values,* Boston, Pitman, 1983.

entreprises) et les exécutants. A quel moment et pour qui se posent alors les problèmes éthiques ? On demande de plus à l'employé, quels que soient son rang et sa fonction, d'agir d'une manière impersonnelle, en se mettant à la place de l'entreprise et en identifiant ses propres intérêts à ceux de l'entreprise. On lui fait comprendre qu'il est parfaitement remplaçable ; s'il n'agit pas dans l'intérêt unique de l'entreprise, un autre le fera.

Le problème de la discontinuité entre le niveau individuel et le niveau social reste irrésolu. Outre des conflits entre les priorités individuelles, il existe donc des possibilités de conflit entre les critères individuels et les critères collectifs. Mais à la question qui est éthiquement posée, il faut répondre : sont concernés cumulativement l'entreprise aussi bien que tous les organes et employés ayant participé à créer une situation qu'on peut attribuer à l'entreprise.

2.4. *Les standards d'éthique en gestion*

Les études empiriques réalisées aux Etats-Unis et en France sur les standards d'éthique semblent indiquer que les cadres ne nient pas toute dimension éthique à leur activité, contrairement à ce que pensait Howard Hughes en déclarant : « Il va de soi qu'on ne peut pas avoir à la fois des grands principes et des grands bénéfices », ils adhèrent à des règles qu'ils disent dictées par l'environnement. Ces règles semblent comporter les éléments suivants : intérêt propre (qui inclut l'intérêt d'une réputation d'intégrité), responsabilités multiples et vision sociale.

Constatant en outre la fragmentation croissante d'une société qui a perdu, avec la religion, l'orientation vers un pôle commun, la plupart des auteurs postulent que l'éthique en affaires est *sui generis,* différente de la morale qui régit les autres activités humaines non soumises à cette dernière. Ainsi, il est possible que l'homme d'affaires transgresse constamment les règles de l'éthique courante et se sente le plus souvent parfaitement à l'aise ce faisant, car il obéit à d'autres règles, celles des affaires. Cette justification rationnelle est d'ailleurs psychologiquement nécessaire, parce qu'aucun individu ne pourrait travailler longtemps dans des institutions dont les activités seraient incompatibles avec ses désirs[1].

En affaires, on joue simplement un autre jeu : *Business is business.* Comme le poker, ce jeu appelle la méfiance ; il ignore toute amitié ; il fait appel à la capacité de tromper et de cacher sa force et ses intentions plutôt qu'à la gentillesse et la sincérité. Tant que le joueur respecte les règles, il ne fait rien d'amoral (sauf si le jeu est amoral). Il se comporte d'une manière amorale s'il cherche et trouve des façons de gagner un avantage *unfair* (par exemple, en tentant de distraire l'autre). Enfin, il peut transgresser les règles.

La moralité économique permet à chacun de poursuivre son propre intérêt et de profiter des erreurs commises par les autres. Seuls la fraude et

---

1. Voir M. Tanzer, *The Sick Society,* NY, Rinehart-Winston, 1968.

l'usage de la force sont bannis[1]. Même s'il est vrai que les affaires signifient concurrence plutôt que rivalité (la perte subie par un concurrent est souvent la conséquence du succès d'une autre partie, mais cette destruction n'est pas l'objectif initialement poursuivi comme c'est le cas en situation de rivalité), il n'empêche que l'homme d'affaires essaie, la plupart du temps, de faire aux autres (concurrents, fournisseurs, clients, collaborateurs, etc.) ce qu'il n'aimerait pas qu'on lui fasse.

S'il semble donc communément accepté que les règles d'éthique applicables en gestion ne sont pas celles de l'amour du prochain, quelles sont-elles ?

Respecter une certaine éthique en affaires revient à attribuer des valeurs aux diverses conséquences des activités économiques et à établir des priorités entre elles. Dans la mesure où les entreprises ne considèrent pas uniquement leur avantage immédiat mais pensent au long terme ; dans la mesure où elles essaient d'optimiser les relations multiples qu'elles ont avec ceux qui leur fournissent leurs ressources ou avec ceux sur lesquels elles ont un impact direct ou indirect ; dans la mesure où elles reconnaissent non seulement leur rôle économique, mais aussi leur responsabilité sociale, elles se comportent éthiquement : elles seront honnêtes, respecteront leurs collaborateurs, ne chercheront pas d'avantages au détriment de leur environnement naturel et culturel, etc. Ainsi comprise, l'éthique en gestion ne consiste pas en un canon mais en un processus : celui d'une réflexion continue sur les conséquences multiples des actions.

Les domaines où les actions des gestionnaires peuvent avoir des conséquences non économiques qui requièrent un jugement éthique sont au nombre de trois.

2.4.1. Les actions par rapport aux collaborateurs

En effet, les hommes et les femmes sont un « sous-produit » inévitable de toute production de biens ou de services, car nul ne saurait travailler pendant un certain temps dans une entreprise sans en être plus ou moins profondément marqué. La plupart des hommes passent une partie importante de leur vie au travail, que ce soit dans des entreprises ou dans l'administration. Ils y sont des « ressources humaines », c'est-à-dire des objets autant que des sujets, ce qui fait que l'on risque d'oublier qu'ils ont leurs propres objectifs, une valeur intrinsèque et des destins autres que celui de participer à une production matérielle.

Plusieurs questions se posent donc. Le fait que l'homme au travail soit aussi un objet constitue-t-il en soi une atteinte à son intégrité, ou n'est-ce qu'une contrainte comme tant d'autres qui font partie de la condition humaine ? S'il s'agit d'une atteinte à son intégrité, pour qui cela pose-t-il un problème moral ? Pour la personne concernée (l'ouvrier, l'employé qui accepte cette condition) ou pour ses semblables (les cadres, les employeurs)

---

1. D. Braybooke, *Ethics in the World of Business*, Totowa (N.J.), Rownan and Allanheld, 1983.

qui lui proposent ou lui imposent cette condition ? Si on considère qu'il n'y a atteinte à l'intégrité humaine qu'à partir du moment où l'homme au travail est plus un objet qu'un sujet, à partir de quel moment est-ce le cas ? Dans quelles conditions concrètes l'homme est-il davantage un moyen (une place de travail) qu'une fin (un travailleur qui se « fait » lui-même de par ses efforts) ? Quelles sont les situations où le travail devient dégradant et incompatible avec la dignité humaine ?

Une chose est certaine : l'organisation de son travail et la façon dont il est encadré déterminent très largement les relations sociales de l'homme au travail, le respect que l'individu a de lui-même et de ses possibilités de développement. Il faut donc voir dans quelle mesure il peut se réaliser par le travail et dans quelle mesure il travaille comme un homme libre et adulte, et non comme un esclave, un robot ou un enfant. Peut-être doit-on déjà considérer comme amorale toute organisation hiérarchique où les uns décident et les autres subissent. Mais il est certainement éthiquement douteux de créer des conditions qui portent atteinte à la dignité de l'homme, car elles font abstraction de ses dimensions et besoins émotionnels, sociaux, intellectuels, spirituels, etc.

Les multiples études sur le stress et l'aliénation au travail (et non seulement des personnes au bas de l'échelle hiérarchique mais aussi de l'*organisation man,* au sommet de la hiérarchie), font apparaître que trop souvent les conditions de travail induisent un degré élevé d'anxiété et de méfiance, un blocage du développement de la maturité des individus, un appauvrissement effarant de leur capacité, un abrutissement intellectuel et esthétique, un durcissement moral, etc., sans parler de conséquences plus tangibles telles que les divorces, les troubles psychiques ou l'alcoolisme ainsi que les accidents et maladies professionnelles qui auraient pu être évités. « Si les structures et le fonctionnement d'un système économique sont de nature à compromettre la dignité humaine de ceux qui s'y emploient, à émousser en eux le sens des responsabilités, à leur enlever toute initiative personnelle, nous jugeons ce système injuste »[1].

Il faut ajouter à ceci les problèmes de discrimination à l'embauche, dans la promotion ou dans la rémunération, d'autant que l'appréciation du personnel pose souvent des problèmes redoutables, car les standards ne sont ni clairs ni pertinents, l'observation et la collection des données sont peu adéquates, et l'appréciation est subjective ; ainsi que les problèmes de la sécurité de l'emploi et des salaires « justes » (selon la productivité marginale, selon les besoins de chacun, etc. ?).

2.4.2. Les actions par rapport aux clients et aux fournisseurs

Les rapports avec le client sont typiquement moins étroits qu'avec les collaborateurs, et moins imprégnés d'un caractère personnel qui requiert la loyauté mutuelle. *Caveat emptor.*

---

1. Jean XXIII, *Mater et Magistra.*

Néanmoins, ces relations ne peuvent pas non plus être évaluées uniquement en fonction de critères économiques, bien que ce soit le cas la plupart du temps. « Toutes les études de marché partent d'une analyse de la demande par rapport au pouvoir d'achat disponible plutôt que d'une analyse des besoins. On se moquerait du cadre qui proposerait les affamés de tel ou tel pays comme clientèle cible pour des céréales » [1].

L'utilisation de la publicité pour entraîner le client à acheter des biens qu'il ne désire pas toujours (produits jugés inutiles, potentiellement dangereux, trop chers ou de mauvaise qualité, et dont l'obsolescence rapide est planifiée), la discrimination entre différents clients, ou l'imposition de termes d'échange injustes, soulèvent des questions d'éthique.

Les relations avec les fournisseurs peuvent poser des problèmes dès que les rapports de force ne sont pas équilibrés. Dans ce cas, la dépendance envers les fournisseurs, humiliante en soi, peut entraîner l'exploitation de ces derniers et leur ruine.

2.4.3. Les actions par rapport à la société

Même si l'impact d'une seule entreprise sur la société n'est qu'infime, les influences cumulées de tous les acteurs économiques sur la culture, la politique, etc., sont considérables et ne sauraient être ignorées de celui qui se réfère justement à l'insignifiance de ses propres actions.

Ainsi, l'esprit d'acquisition (le « toujours plus ») est devenu pour beaucoup une véritable obsession [2] et va curieusement de pair avec une plus grande propension à jeter (*throw-away-society*). Il en est de même du fétichisme de la propriété privée : peu importe l'origine ou l'objectif de la propriété pourvu qu'elle soit privée en ce sens qu'elle prive d'autres personnes de la jouissance du bien concerné. On peut citer également la commercialisation de la culture ou encore la foi dans le progrès et l'outrecuidance de ceux qui prônent que tout ce qui est économiquement et techniquement faisable doit être fait, ce qui a pour conséquence la surproduction, l'épuisement de nos ressources, la pollution, les risques de catastrophes (notamment avec le nucléaire ou les manipulations génétiques) ; enfin l'urbanisation, laquelle a de larges causes économiques, et la détérioration esthétique de l'environnement.

3. La gestion de l'éthique

Plusieurs éléments sont nécessaires pour répondre de façon adéquate aux questions que nous avons posées.

Il faut des structures qui facilitent les choix éthiques mais aussi des procédures qui permettent aux employés d'avoir une évaluation éthique et qui les y obligent, dès les premiers maillons de la chaîne des causes à effets

---

1. E. Fromm, *Haben oder Sein*, Stuttgart, Deutsche Verlags-Anstalt, 1976.
2. Voir P. Tillich, *The New Being*, New York, Ch. Scribner's Sons, 1955.

ou de la chaîne des décisions. De plus, il faut disposer de standards clairs et connus de tous (non seulement de tous les employés, mais peut-être aussi de tous ceux qui peuvent légitimement poser des questions sur les activités de l'entreprise).

Il faut une direction qui veille au respect des structures et procédures et à l'application des standards ; c'est d'ailleurs là un de ses rôles principaux. Un programme de formation pour tous les employés est également nécessaire ; cela permet à chacun d'avoir une meilleure conscience de la dimension éthique de son travail, une plus grande capacité à analyser les choix et les valeurs face aux dilemmes moraux. On peut d'ailleurs regretter que la gestion ne soit toujours pas considérée comme une « profession » dont l'exercice est soumis au respect de règles déontologiques communément admises.

En ce qui concerne sa stratégie, l'entreprise peut et doit chercher à prendre en considération les intérêts de tous ceux qui sont, de près ou de loin, touchés par ses activités. Mieux encore, elle peut les associer au développement, sinon de ses stratégies, du moins des points à respecter dans l'élaboration de celles-ci. Pour ce faire, elle peut établir un registre des groupes ou membres constitutifs qu'elle doit consulter (en fonction de leur importance et de leur degré d'intérêt), elle peut réfléchir à sa responsabilité envers ces groupes selon les situations, elle peut rechercher des informations pertinentes sur le mode d'évaluation des différentes options stratégiques envisageables adopté par ces groupes, voire même les consulter directement. En effet, selon J. Moltmann, « seuls les pauvres savent ce qu'est l'oppression de l'exclusion de la richesse. Seuls les humiliés connaissent la peine d'être humiliés... Les riches, les oppresseurs... sont ignorants et aveugles, même s'ils sont de bonne volonté » [1].

Puis, on peut développer des codes de conduite, soit généraux, soit pour traiter de questions particulières, telles que la conduite des hommes, le comportement dans les pays en voie de développement, la pollution ou encore les pots-de-vin (offerts ou reçus), le travail des femmes, la publicité, etc. Bien des entreprises ont développé de tels codes ou ont accepté des codes développés par d'autres (OCDE, ONU, associations patronales et professionnelles), à l'élaboration desquels elles ont d'ailleurs souvent participé, en collaboration avec des représentants de divers groupes d'intérêt et des experts. Mais, pour le moment, ce sont surtout des grandes entreprises qui s'y sont employées, alors que les petites semblent croire que de telles formalisations ne sont que de peu d'utilité pour elles.

Par la suite, il s'agit d'organiser le contrôle de l'application de ces codes. Idéalement, les entreprises se soumettraient à un contrôle externe pour ne pas être à la fois juge et partie. Un instrument qui pourrait être utile dans ce processus est le bilan social et sociétal [2]. Un tel bilan devrait dépasser ce que

1. J. Moltmann, « The Cross and Civil Religion », in J. Moltmann, *Religion and Political Society*, New York, Harper and Row, 1974, p. 42.
2. Voir également dans cette Encyclopédie les articles de R. Danziger, « Bilan social » et de E. Vatteville, « Mesure des ressources humaines ».

la loi a déjà rendu obligatoire en France : il s'agirait d'un document qui établirait – grâce à des mesures quantitatives ou autres – l'inventaire de toutes les activités de l'entreprise qui ont, ou pourraient avoir, des conséquences non économiques. A défaut de contrôles externes, on peut envisager des audits internes réguliers ou/et *ad hoc* par des commissions d'éthique ou par un autre organe désigné à cet effet et auquel on devrait garantir une indépendance totale. En plus, il serait utile de créer la possibilité pour chaque personne qui veut mettre en doute une pratique de l'entreprise de s'adresser à un *ombudsman*. Et on pourrait aussi envisager un « critique attitré » (un genre de fou du roi) dont le rôle serait de soulever systématiquement des problèmes éthiques partout où il en trouverait.

Mais le contrôle seul ne suffit pas encore. Il faut le compléter par des sanctions, positives et négatives, selon les cas ; le comportement éthique ou non devrait être pris en considération lors de décisions de promotion et, au lieu de pénaliser le collaborateur qui dénonce une pratique non éthique de l'entreprise (*whistle-blowing*), on devrait prendre des mesures disciplinaires contre ceux qui couvrent de telles pratiques ou qui en sont les auteurs.

Dans tous les cas, il semble que la décentralisation, même partielle, favorise le comportement éthique. Car, au lieu de se retrancher derrière des règles bureaucratiques, le collaborateur doit prendre ses responsabilités. De même, un mode démocratique de prise de décision serait un meilleur garant d'une morale saine au sein des entreprises que la qualité d'une élite qui a le plus souvent été sélectionnée selon des critères étrangers à l'éthique.

Les entreprises qui ne prennent pas de résolutions en ce sens risquent d'abord des attaques de tout genre qui peuvent leur valoir, au mieux, une mauvaise publicité et, au pire, beaucoup d'ennuis juridiques. Ensuite, elles risquent de se voir imposer une réglementation contraignante. Ces considérations non éthiques sont aujourd'hui le plus souvent à la base des efforts réalisés par les entreprises pour respecter une éthique.

*
* *

Ethique et économie, morale et gain ne sont pas incompatibles ; mais ils ne vont pas nécessairement de pair. Il y a des entreprises intègres qui réussissent et des cadres probes qui font carrière (et non seulement malgré, mais à cause de leurs principes). Mais la réussite n'est pas la récompense certaine d'un comportement éthique exemplaire. Au contraire, nombreux sont ceux qui réussissent par la force et la ruse qu'ils emploient avec moins de scrupules que d'autres. Il semble même que leur chemin soit plus facile et plus sûr. Il est donc emprunté non seulement par malice (qui est plutôt rare), mais aussi par faiblesse (qui est au contraire très répandue).

Je suis donc sceptique qu'on puisse, tant que nous aurons un système économique libéral et concurrentiel où il n'y a que la réussite qui compte, espérer bien plus qu'un évitement des déraillements et abus les plus flagrants.

Références

Braybrooke D., *Ethics in the World of Business,* Totowa, NJ, Rownan and Allanheld, 1983.

Childs M., Cater D., *Ethics in a Business Society,* New York, Harper and Brothers, 1954.

Donaldson T., Werhane P., *Ethical Issues in Business,* Englewood Cliffs (NJ), Prentice Hall, 1983.

Evans W., *Management Ethics,* London, Martinus Nijhoff Publ., 1981.

Kaufmann W., *Without Guilt and Justice,* New York, Dell Publ. Co. (Delta Books) ,1973.

Laurent P., *Pour l'entreprise,* Paris, Le Centurion, 1985.

McCoy C., *Management of Values,* Boston, Pitman, 1985.

Missner M., *Ethics of the Business System,* Palo Alto, Mayfield Publ. Co., 1980.

Novak M., *Une éthique économique,* Paris, Les Editions du CERF, 1987.

Mots clés

Bilan social, codes de conduite, esprit d'acquisition, éthique, intégrité, morale, ombudsman, règles déontologiques.

55

Etudes de marché

Alain Jolibert

Les études et recherches en marketing sont destinées à aider les prises de décision. Elles ont pour but d'obtenir, d'analyser et d'interpréter des données, de façon formelle et objective, afin de procurer au décideur des informations qui lui soient utiles.

Les études et recherches sont objectives puisqu'elles doivent fournir une information qui reflète la réalité, faute de quoi elles conduisent à des décisions erronées. Elles nécessitent un certain ·formalisme, car elles doivent être planifiées et suivre des règles scientifiques. Pour cette raison, la première section s'attachera à décrire le processus d'élaboration d'une étude.

Les études et recherches en marketing s'intéressent à des activités extrêmement variées, allant des décisions marketing d'ordre stratégique ou tactique aux questions qui portent sur l'entreprise ou son environnement ; elles peuvent être utilisées pour le diagnostic d'un problème ou sa résolution. Le tableau 1 illustre la variété des études et recherches effectuées dans les entreprises. Elle montre, en particulier, que les plus gros pourcentages sont atteints avec des activités liées à l'étude du marché. La quasi-totalité des entreprises interrogées indiquent avoir utilisé des études ou des recherches pour déterminer les caractéristiques du marché et en mesurer le potentiel.

Les résultats observés sont marqués par deux tendances : d'une part, l'application de plus en plus fréquente des études et recherches en marketing au domaine stratégique, d'autre part, la meilleure coordination et la plus grande intégration des études (juxtaposition de différentes études en vue d'un but commun).

Elles ne concernent pas simplement les sondages qui en sont une des composantes. Les données peuvent être en effet récoltées en utilisant d'autres méthodes. L'ensemble des méthodes de recueil de l'information fera donc l'objet de la section 2. Les données recueillies sont utilisées pour être transformées en informations utiles pour la prise de décision marketing. Cette phase très importante pour les études de marchés sera traitée dans la section 3.

Tableau 1

Les activités de recherche en marketing

Activités de recherche	Pourcentage de toutes les entreprises y ayant recours N = 798	Pourcentage d'entreprises de biens de grande consommation N = 186	Pourcentage d'entreprises industrielles N = 200
Recherche en publicité			
A. Etude de motivation	48	67	26
B. Etude de messages	49	76	37
C. Recherche sur les médias	61	69	43
D. Mesure d'efficacité des campagnes	67	85	47
Analyse économique et recherche au niveau du groupe			
A. Prévision à court terme (< 1 an)	85	90	98
B. Prévision à long terme (> 1 an)	82	87	96
C. Etude de trends	86	79	97
D. Etude de prix	81	88	93
E. Etude d'implantation d'entrepôt et d'usine	71	76	84
F. Etude d'acquisitions	69	81	47
G. Recherche sur l'exportation	51	82	76
H. Système d'information marketing (SIM)	72	78	83
I. Recherche opérationnelle	60	66	63
J. Etude sur les employés de l'entreprise	65	64	75
Recherche sur la responsabilité de l'entreprise			
A. Etude sur les droits des consommateurs	26	32	21
B. Etude d'impact écologique	33	40	52
C. Etude sur les contraintes légales affectant la publicité et la promotion	51	64	60
D. Etude des politiques et valeurs sociales	40	43	40
Recherche sur les produits			
A. Potentiel et acceptation de nouveaux produits	84	94	93
B. Etude de produits concurrents	85	93	95
C. Test de produits existants	75	95	84
D. Recherche sur les emballages, *design* et caractéristiques physiques	60	83	65

Tableau 1 (suite)

Activités de recherche	Pourcentage de toutes les entreprises y ayant recours N = 798	Pourcentage d'entreprises de biens de grande consommation N = 186	Pourcentage d'entreprises industrielles N = 200
Recherche sur les ventes et le marché			
A. Mesure de potentiels de marché	93	97	97
B. Analyse des parts de marché	92	96	97
C. Détermination des caractéristiques du marché	93	92	97
D. Analyse des ventes	89	96	97
E. Etablissement des quotas de ventes, des zones de vente	75	91	95
F. Etude de canaux de distribution	69	86	87
G. Marchés test, audit de magasins	54	83	43
H. Panel de consommateur	50	80	30
I. Etude sur la rémunération des vendeurs	60	78	79
J. Etude sur la promotion (échantillons, coupons, etc.)	52	73	32

Source : D.W. Twedt, *Survey of Marketing Research,* Chicago, American Marketing Association, 1978.

1. Le processus d'élaboration d'une étude ou d'une recherche marketing

Celui-ci peut être décomposé en quatre étapes reproduites au schéma 1, chacune d'entre elles influençant celle qui la suit :
– l'identification du problème ou de l'opportunité ;
– le plan de la recherche ;
– la réalisation de la recherche ;
– la préparation et la présentation du rapport.

1.1. L'identification du problème ou de l'opportunité

Cette étape permet de se familiariser avec l'environnement du problème et de la décision. Son importance est fonction des connaissances préalablement acquises. Elle nécessite souvent une recherche exploratoire qui permet de générer des idées et de valider des intuitions.Il est souvent pertinent de s'intéresser aux conséquences de l'étude pour l'entreprise et le personnel. Des recherches documentaires et des discussions avec des personnes qui appartiennent à l'entreprise ou qui peuvent améliorer la connaissance du problème s'avèrent aussi souvent nécessaires.

La première phase, apparemment très simple pour le novice, est parfois plus difficile qu'elle ne paraît de prime abord. Ainsi, il n'est pas toujours aisé de connaître l'origine réelle d'un problème observé. Par exemple, une

Schéma 1
Le processus d'élaboration d'une étude ou d'une recherche marketing

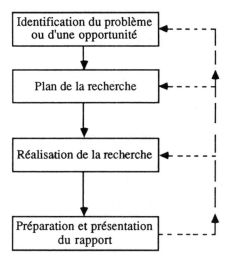

baisse du chiffre d'affaires nécessite une étude approfondie de ses origines probables (produits désuets, prix trop élevés, etc.). Il est par ailleurs essentiel de définir le problème en termes suffisamment larges. Par exemple, il ne sert à rien de se préoccuper de la baisse du chiffre d'affaires d'un fabricant de vélos, en ne prenant en compte que ses concurrents immédiats de vélos et en ne s'intéressant pas aussi aux produits substituts comme les vélomoteurs ou les motos.

Cette étape débouche sur la mise en évidence des informations connues et de celles qu'il serait souhaitable d'obtenir. Elle permet ainsi de définir les objectifs de l'étude, les questions à résoudre et la façon dont les informations seront utilisées par le responsable marketing.

1.2. Le plan de la recherche

Il décrit formellement les caractéristiques de l'étude et les procédures qui seront employées pour effectuer celle-ci. Il débute en général par un rappel des objectifs de l'étude et des questions à éclaircir dans la recherche.

Un plan de recherche comprend le choix du cadre méthodologique et des données à collecter, les méthodes sélectionnées pour recueillir celles-ci et les techniques qui permettent de les traiter pour les transformer en informations utiles. Il se termine par l'élaboration d'un budget.

Trois cadres méthodologiques sont disponibles pour étudier un problème marketing. On distingue traditionnellement les approches exploratoires, descriptives et causales. L'approche exploratoire est destinée à clarifier un problème. La différence essentielle entre les approches descriptives et causales réside dans la difficulté d'analyse de la causalité (lien entre causes et effets) qui est présente dans la première de ces deux approches.

Une fois le choix d'un cadre méthodologique justifié, le plan doit présenter des informations sur les variables à prendre en compte et sur leur choix. Il doit aussi préciser la nature des données (longitudinales ou ponctuelles), leurs sources (primaires, secondaires), leur type (causal ou non), leur forme (verbale ou non). La section 2 approfondira cet aspect.

La façon dont les données sont utilisées sera aussi exposée. Les méthodes, les règles de décision et les hypothèses concernant les données doivent être aussi mises en évidence. La section 3 s'attachera à présenter les différentes méthodes d'utilisation des données.

Le budget de l'ensemble de la recherche doit être également présenté. Il inclut non seulement des estimations sur le coût, mais aussi l'échéance de l'étude.

1.3. La réalisation de la recherche

Elle correspond à l'exécution du plan de la recherche et nécessite que soient mis en œuvre les choix relatifs à la mesure, la collecte et l'analyse des données ainsi recueillies. En raison de leur importance, ces trois aspects seront développés dans les sections 2 et 3.

1.4. La préparation et la présentation du rapport

Le rapport doit être adapté au lecteur. Le matériel visuel a un rôle important. La clarté, la concision, la précision et l'exhaustivité constituent des éléments essentiels de la qualité d'un rapport. La structure de celui-ci peut être la suivante :
1. La page de titre
2. Le mode de lecture du rapport
3. Introduction (présente les problèmes et objectifs)
4. Résumé (un mini rapport qui résume le rapport)
5. La méthodologie suivie (collecte, analyse)
6. Les résultats
7. Les conclusions et recommandations
8. Annexes.

2. La collecte des informations

La collecte des informations s'analyse de différentes façons. Elle recouvre les sources de l'information et les méthodes de collecte des données, dont le questionnaire. Elle pose aussi le problème du choix de l'échantillon à partir duquel les données ont été obtenues.

2.1. Les sources de l'information

La recherche de l'information est réalisée à partir de sources existantes qui recueillent des renseignements pour des objectifs autres que ceux qui ont trait à l'étude (données secondaires). Elle s'effectue aussi à partir de sources d'informations utilisées spécialement pour satisfaire les besoins en informations nécessités par le problème posé (sources primaires).

Avant de rechercher des sources d'informations primaires, il convient de vérifier si l'information nécessaire n'a pas déjà été collectée par l'entreprise (source interne) ou par des sociétés d'études, syndicats professionnels, recueils statistiques, livres, etc. L'information secondaire, très abondante, est en effet facile à acquérir et coûte souvent moins cher.

L'inconvénient des informations secondaires réside dans leur inadéquation possible envers le problème commercial étudié. Elles peuvent par ailleurs s'avérer périmées et ne peuvent être manipulées par le chercheur. En revanche, elles s'avèrent parfois précieuses pour valider des informations primaires, étudier la façon dont les variables sont mesurées, obtenir des listes d'entreprises ou tout simplement pour être exploitées en l'état. Les sources d'informations secondaires sont d'origine interne ou externe.

Les sources internes sont les moins coûteuses. Elles proviennent de différents services de l'entreprise (comptable, financier, commercial, clients, achats, etc.). Les données sur les clients peuvent être fournies naturellement par le service client, mais aussi par le service comptable. Les informations sur les ventes peuvent être obtenues auprès des services comptable, financier ou de la production. Les données sur la concurrence peuvent être recueillies à partir des rapports de visite de la force de vente.

Les sources externes peuvent avoir pour origine l'Etat, les institutions et associations, des sources commerciales.

L'Etat, les institutions et associations fournissent de très nombreuses sources d'informations. L'INSEE, les ministères, les universités, le CNRS, les associations professionnelles, le Centre français du commerce extérieur, les institutions nationales et internationales (Banque mondiale, Banque des règlements internationaux, etc.), les revues spécialisées, illustrent la diversité et la richesse de ces sources[1].

Les sociétés d'études collectent des informations pour les revendre. Ces sociétés peuvent être classées en deux catégories : celles qui collectent des données par souscription et celles qui fournissent des données périodiques sous une forme standard prête à être exploitée par l'entreprise (panel).

Les études par souscription peuvent être effectuées pour des enquêtes omnibus dans lesquelles chaque organisation participante paie pour pouvoir insérer les questions qui l'intéressent. Une autre forme d'étude par souscription peut être observée dans les tests de marché et de magasin. Des entreprises (Nielsen, GFK, etc.) mettent leurs services à la disposition d'autres entreprises pour tester des produits dans des magasins ou sur des zones géographiques déterminées. Leur rôle est de collecter l'information pour le compte de leur client. Elles peuvent aussi fournir des services plus élaborés et traiter les données ainsi fournies.

Les études longitudinales ou panel sont réalisées par des sociétés comme Nielsen ou Secodip qui recueillent des informations de même nature, de

1. A. Dayan et *al.*, *Marketing*, Paris, PUF, 1985.

façon périodique (semaine, mois, semestre, etc.) auprès de différentes cibles (consommateurs, collectivités, distributeurs, par exemple). Elles restituent ces informations mensuellement, semestriellement et sous une forme standard (schéma 2). Ces informations concernent l'évolution des comportements, la fréquence d'achats et la fidélité. Elles permettent de suivre de façon périodique l'évolution du marché (notamment les parts des différentes marques), sa structure (étendue de la clientèle acheteuse, quantité achetée, prix payés), les circuits de distribution utilisés, etc.

L'intérêt des panels réside dans la réduction des coûts qu'apportent la multiplicité des abonnements annuels et la quantité considérable d'informations qu'ils fournissent (et qui pose souvent des problèmes de traitement aux entreprises les acquérant). Les inconvénients des panels résident souvent dans leur représentativité. Les phénomènes de mortalité (personnes qui quittent le panel) et les refus de participation sont à l'origine de ce phénomène. Pour essayer d'y remédier, les sociétés de panel s'efforcent de fidéliser leurs membres en les rémunérant de diverses façons (ristournes, cadeaux). Un autre biais possible des panels provient du caractère anormal des réponses données, du fait, notamment, que les participants se sentent observés et/ou se perçoivent comme des experts.

2.2. Les méthodes de collecte de données

Elles comprennent l'observation, l'expérimentation, l'enquête. L'observation offre la particularité de ne pas nécessiter un consentement explicite ou la coopération du répondant. L'expérimentation conduit à une manipulation et un contrôle volontaire de certains facteurs liés au phénomène étudié. Les enquêtes sont ponctuelles et utilisent des modes de collecte variés : contact direct, courrier, téléphone, ordinateur. Ces différentes méthodes seront successivement présentées.

2.2.1. L'observation

Il existe différentes formes d'observation : l'audit, le dépistage, l'analyse de contenu, l'observation mécanique et l'observation individuelle. Ces différentes formes ne sont toutefois pas utilisées avec la même fréquence.

Le dépistage du comportement passé est très rarement employé. Il consiste à recueillir des informations sur le comportement passé, sans que le consommateur en soit averti (études des déchets, poubelles, etc.).

L'audit dans les études de marché consiste à examiner divers documents et inventaires. L'audit de vente est le plus fréquemment utilisé pour détecter l'existence de *trends* dans les ventes d'une zone géographique, d'un magasin... L'audit de magasin est lui aussi couramment employé pour savoir si un produit est référencé, le *facing* [1] qui lui est accordé, etc.

---

1. Nombre d'unités du produit situées sur une gondole et qui font face au client.

Schéma 2

Lecture des résultats du panel de consommateurs

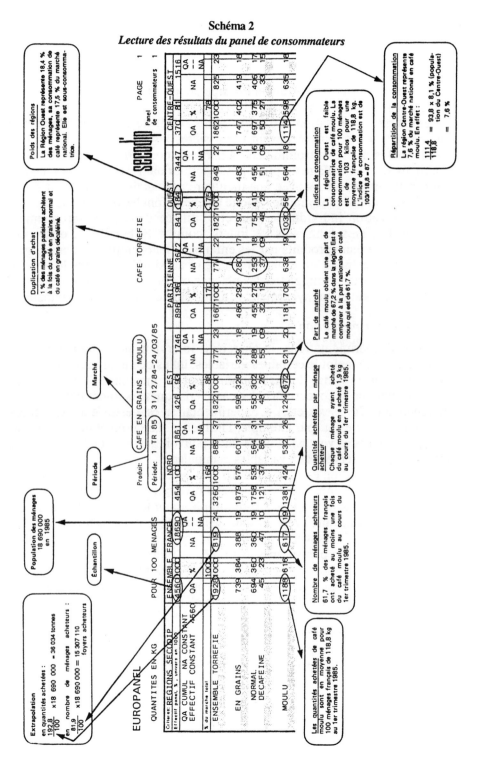

L'analyse de contenu est utilisée pour étudier la communication (les thèmes, le sujet, les mots, etc.). Elle permet d'étudier la communication de la concurrence et d'analyser son positionnement.

Grâce à une simple observation mécanique, certains appareils permettent d'enregistrer le comportement des personnes. C'est le cas de l'audimètre, qui enregistre les canaux de télévision choisis par les téléspectateurs et le temps de visualisation. Le scanner ou l'outil de lecture optique fixe incorporé au tapis roulant, devant la caissière, permet d'enregistrer les produits achetés par le consommateur, à partir de codes barres préalablement imprimés sur l'emballage du produit. Ce dernier outil présente l'avantage de donner des informations avec une meilleure périodicité, un meilleur degré de précision et une plus grande rapidité que ne le font les données de panel.

L'observation individuelle peut être utilisée dans un environnement contrôlé. Certains fabricants de jouets, comme Fisher Price, observent l'utilisation de leurs produits par les enfants de leurs employés dans la garderie de leur usine. L'observation peut être aussi effectuée sur le terrain. Elle peut consister à enregistrer les plaques minéralogiques de voitures garées sur le parking d'un hypermarché, afin d'étudier sa zone de chalandise.

2.2.2. *L'expérimentation*

Lors d'expérimentations, le chercheur intervient préalablement à une observation. Il manipule certaines variables, telles que le produit, le prix, la promotion ou le canal de distribution, tout en mesurant l'effet d'autres variables comme la concurrence, les caractéristiques socio-démographiques du répondant (âge, sexe, etc.). L'expérimentation est destinée à mesurer les liens de cause à effet (par exemple, l'influence d'un nouvel emballage sur l'accroissement des ventes) et de ce fait à pouvoir attribuer de façon précise les variations observées aux variables manipulées.

L'expérimentation est effectuée par l'intermédiaire de plans d'expérience. Ceux-ci sont nombreux et adaptés aux diverses conditions d'expérience. Parmi eux, citons le plan aléatoire simple dans lequel une variable est manipulée sans mesures répétées sur les sujets, le plan factoriel complet dans lequel plusieurs variables sont manipulées comme dans un plan aléatoire simple, les plans à mesures répétées où sont effectuées plusieurs mesures sur les mêmes personnes, les plans fractionnés (tel le carré latin [1]) qui permettent d'éviter de présenter de trop nombreuses combinaisons de variables manipulées (ou facteurs) et donc d'utiliser une sélection réduite de celles-ci [2].

La méthode expérimentale peut être employée pour étudier deux types de problèmes : les tests de concept/produit et les tests de marché/magasin.

Les tests de concept/produit offrent au consommateur une idée du produit ou le produit lui-même et mesurent la préférence du consommateur, la probabilité d'achat, etc. Ce sont les tests les plus précoces. Différentes

---

1. Plan utilisant trois variables manipulées qui possèdent le même nombre de modalités.
2. B.J. Winer, *Statistical Principles in Experimental Design,* McGraw-Hill, 1971.

procédures sont disponibles. Si l'on dispose de prototypes déjà existants, on peut demander au consommateur de choisir le meilleur. Si l'on cherche à varier les caractéristiques du produit pour déterminer celles qui sont les plus importantes pour l'acheteur, différentes conceptions du produit peuvent être proposées au consommateur. Si l'on dispose de prototypes, l'échantillon peut être divisé en groupes qui auront à juger un seul prototype (procédure monadique) ou bien chaque répondant peut avoir à juger l'ensemble des prototypes (procédure comparative). Si l'on varie systématiquement les caractéristiques du produit, la procédure la plus courante consiste à faire classer par ordre de préférence l'ensemble des combinaisons ainsi obtenues par l'ensemble des répondants. Cette procédure est celle des mesures conjointes[1]. Elle utilise soit des plans factoriels complets, soit des plans fractionnés. Elle permet, en particulier, outre l'analyse des composantes du produit physique, de tester le prix, l'emballage, le nom, etc. A titre d'exemple, les méthodes Selector (Burke Marketing Research) ou Apex (Asi Market Research) permettent de tester l'efficacité de différents messages publicitaires pour des concepts de produits. Elles nécessitent l'utilisation de chaînes de télévision privées par l'intermédiaire desquelles sont diffusés des spots publicitaires (dont le spot étudié) auprès d'un ou plusieurs échantillons de consommateurs recrutés par téléphone (un échantillon par message). Les concepts de produits sont envoyés aux consommateurs sous la forme d'une série de photos de produits couramment utilisés (dont le produit nouveau). Il est demandé aux consommateurs, après chaque envoi (avant le message, après le message), de choisir le produit qu'ils souhaiteraient recevoir[2].

Dans les tests de produits, les indicateurs de comportement retenus sont fondés sur les attitudes et intentions d'achat. De ce fait, ils s'avèrent limités pour prédire les achats proprement dits. Aussi d'autres procédures ont-elles été utilisées. Elles concernent les tests de marché.

Les tests de marché/magasin peuvent être décomposés en magasins laboratoire, achats sur catalogues (mini marchés tests), magasins-caravanes mobiles, tests en magasins, villes tests, marchés tests (tableau 2). Le coût de mise en œuvre de ces méthodes est très variable. C'est notamment en raison des coûts très importants des marchés tests que se sont développées les autres procédures.

Celles-ci permettent d'étudier en particulier les taux d'achat, de rachat, les parts de marché à partir des différentes manipulations. Plus confidentielles, elles peuvent être effectuées sur des marchés artificiels ou fictifs (ex. magasin laboratoire), dans des magasins réels (par exemple, test en magasin), nécessiter l'utilisation d'argent réel (achat sur catalogue) ou fictif (magasin laboratoire).

---

1. R. Batsell, Y. Wind, « Product Testing : Current Methods and Needed Developments », *Journal of The Market Research Society* (22, 2, 1980) : 115-137.
2. D. Merunka, « Publicité : les nouvelles mesures d'efficacité », *Revue Française de Gestion* (juin-juillet-août 1986) : 19-28.

Tableau 2
Différents types de tests de marché

Marché test	Test en grandeur nature sur une région (ex : Côte d'Azur) du produit que l'on désire lancer.
Ville test	Les achats des consommateurs sont observés par des caisses électroniques qui équipent les magasins de la ville (ex. : Behaviorscan, Adtel).
Test en magasin	Des panels de distributeurs forcent et entretiennent la distribution dans 10-20 magasins géographiquement dispersés pour mesurer les niveaux des achats des consommateurs (mini tests Nielsen).
Magasin-caravane mobile	Les consommateurs achètent dans des supermarchés mobiles dans lesquels le nouveau produit est placé parmi des produits concurrents. Ce type de test est généralement réalisé auprès d'un panel permanent de ménagères(Van Tests, en Grande-Bretagne).
Achat sur catalogue	Les produits sont achetés par des consommateurs sur un catalogue dans lequel figure en particulier le nouveau produit (ex. : Predict France).
Magasin laboratoire	Les consommateurs achètent en magasin fictif (avec seulement le linéaire de la catégorie étudiée) avec un coupon couvrant en partie ou en totalité le prix du nouveau produit (ex. : Assessor).

Source : J. Schwœrer, « Comparaison critique des marchés tests simulés. Le point de vue de l'utilisateur », *Revue Française du Marketing* (101, 1, 1985) : 57-71.

La possibilité récente de connecter différents systèmes d'observation des comportements permet un meilleur suivi des liens de cause à effet et donc facilite la mise en œuvre d'expériences dans des villes tests. Ainsi les systèmes Behaviorscan (Informations Resources) ou Adtel (Burke Marketing Services) aux Etats-Unis associent à la mise en place de scanners, dans des magasins contrôlés, un panel de consommateurs disposant de cartes sur lesquelles sont repertoriées leurs caractéristiques et un réseau de télévision cablé. Il est alors possible de toucher des groupes différents de membres du panel par des messages télévisés variés et d'étudier leur impact sur la consommation en fonction des différentes caractéristiques individuelles[1].

2.2.3. L'enquête

Elle s'effectue selon certains modes de recueil de l'information. Elle utilise comme outil privilégié le questionnaire et pose le problème du choix d'un échantillon. Pour obtenir des informations qui nécessitent la participation du répondant, quatre modes de recueil peuvent être utilisés :
– le contact direct par enquêteur ;
– le contact par voie postale ;

---

1. D. Merunka, « Publicité les nouvelles mesures d'efficacité », *Revue Française de Gestion* (juin-juillet-août 1986) : 19-28.

– le contact par téléphone ;
– le contact par terminal d'ordinateur.

Ces différents modes peuvent être combinés dans le plan de recherche. Par exemple, à la suite d'un contact direct par enquêteur, il est possible de laisser aux enquêtés un questionnaire à retourner par la poste. Ces modes de recueil de l'information présentent des avantages et des inconvénients. Le choix de l'un d'entre eux dépend des pondérations qui leur sont accordées dans le cadre d'une recherche donnée.

2.2.3.1. Le contact direct

Le contact direct par enquêteur est le mode de collecte qui est potentiellement le plus intéressant pour la qualité et la quantité des informations recueillies. Il permet en outre un bon contrôle des conditions dans lesquelles l'enquête est effectuée (compréhension de l'enquête, ordre des réponses, caractéristiques du répondant, etc.). Mais c'est le mode le plus onéreux. C'est aussi celui pour lequel l'interaction possible entre l'enquêteur et l'enquêté est susceptible d'altérer le plus la qualité des données recueillies. Le contact direct par enquêteur revêt différentes formes. Elles peuvent être classées selon trois dimensions : le nombre d'enquêtes, le degré de structure de l'enquête et le caractère indirect de l'enquête.

• Le contact direct en fonction du nombre d'enquêtes

L'entretien en face à face est adapté à des thèmes confidentiels et embarrassants. L'objectif poursuivi par le modérateur est d'encourager le répondant à s'exprimer en toute liberté sur un sujet donné. Il peut s'avérer très utile en marketing industriel, par exemple, où il n'est guère possible de faire des entretiens de groupe avec des responsables d'entreprises concurrentes.

Pour des raisons de coût et parce que le sujet étudié le permet, il est parfois intéressant d'utiliser des entretiens de groupe. Ceux-ci réunissent une dizaine de personnes autour d'un modérateur.

L'entretien en face à face et l'entretien de groupe sont destinés à mieux définir un problème et structurer un questionnaire, mais aussi générer des idées, prétexter des messages publicitaires, récolter des informations sur les motivations d'achats.

• Le contact direct en fonction de la structure de l'enquête

Certains entretiens peuvent être très structurés. C'est ainsi le cas lorsque l'enquêteur se contente de lire des questions préalablement formulées dans un questionnaire.

Les entretiens peuvent être moins structurés. Lors d'entretiens semi-directifs, l'enquêteur introduit dans la discussion différents thèmes préalablement établis à l'image des entretiens de groupes. Le degré de structure varie selon le type de groupe utilisé et la créativité désirée. Ainsi, la technique du groupe nominal[1] qui peut être utilisée, entre autres, pour l'identification des attributs d'un produit ou des dimensions d'un problème

---

1. J. Claxton, R. Brent Jr., J. Zaichkowsky, « The Nominal Group Technique : Its Potential for Consumer Research », *Journal of Consumer Research* (7, 3, 1980) : 308-313.

marketing introduit des phases structurées à partir de questionnaires recueillant l'opinion des participants au groupe. Il en est de même pour la méthode Delphi retenue pour la prévision des ventes à moyen et long terme. Celle-ci recourt au questionnaire comme moyen de discussion anonyme entre les membres du groupe.

Les entretiens peuvent être aussi non structurés. A partir d'un thème donné, l'enquêteur peut aussi écouter l'enquêté et reformuler ses propos sans intervenir (entretien en profondeur), afin d'obtenir, par exemple, des informations sur les différentes dimensions d'un problème commercial.

• Le caractère indirect de l'enquête

Il est induit par la projection qu'effectuent les personnes interrogées. A partir d'un stimulus donné, l'enquêté projette ses attitudes ou opinions. Différentes méthodes sont sélectionnées pour récolter les informations obtenues par les techniques projectives. Il en est ainsi des associations dans lesquelles à un mot, par exemple une marque, il est demandé au répondant d'indiquer les mots qui lui viennent à l'esprit. Les phrases ou les bulles à compléter sont aussi utilisées.

Les techniques projectives sont verbales ou non verbales. Ainsi, les dessins sont particulièrement intéressants pour tester des concepts de produit destinés aux enfants. Ils peuvent être aussi utilisés chez les adultes pour connaître, par exemple, l'environnement d'un produit[1]. Le collage est également employé. Il consiste à découper des images et des mots dans des revues et à les assembler pour exprimer ce que ressent l'enquêté. Il permet ainsi de tester la perception d'une campagne publicitaire.

2.2.3.2. L'enquête par voie postale

L'enquête par voie postale nécessite l'envoi d'un questionnaire. Elle est d'un coût peu élevé et s'avère intéressante pour toucher des populations géographiquement dispersées. De plus, comme le répondant n'est pas soumis à des contraintes de temps trop importantes pour répondre, l'enquête par voie postale permet une réflexion plus grande, en particulier sur les comportements passés.

La faiblesse des taux de réponse qui atteignent 10-20 % s'avère être un inconvénient majeur. Elle pose le problème des non-réponses et celui des biais que celles-ci introduisent dans la représentativité de l'échantillon. Un certain nombre de manipulations permettent toutefois d'améliorer ce taux ainsi que la rapidité et la qualité des réponses[2]. Ces manipulations concernent principalement l'enveloppe (timbrage, adresse, enveloppe retour), la lettre d'introduction (patronage, personnalisation, appel, échéance), la forme du questionnaire (couleur, anonymat, taille, longueur, etc.), la notification (préalable, parallèle, relance), et les récompenses (argent,

---

1. M. de Souza, « For a Better Understanding of Individuals : Non Verbal Approaches », *Methodological Advances in Marketing Research in Theory and Practice*, Esomar, 1984, pp. 163-176.
2. M.J. Houston, N.M. Ford, « Broadening the Scope of Methodological Research on Mail Surveys », *Journal of Marketing Research* (13, 4, 1976) : 397-402.

cadeaux). Il est intéressant de noter que la notification peut être effectuée selon différents modes (téléphone, postal).

L'absence de contrôle du répondant est aussi une faiblesse de ce mode d'enquête. Une fois le questionnaire envoyé, il n'est pas possible, en effet, de savoir si celui-ci atteint le bon destinataire, s'il est bien rempli et par quelle personne.

En fait, l'enquête par voie postale restreint le type et la forme des questions posées. En raison de l'absence d'enquêteur capable de réduire les ambiguïtés, les interprétations et les difficultés des questions, celles-ci doivent être simples et pouvoir être répondues par tous.

2.2.3.3. L'enquête par téléphone

L'enquête par téléphone s'est particulièrement développée en France, au cours des dernières années, du fait notamment de la croissance du taux d'équipement des ménages. Le téléphone peut être utilisé aussi bien auprès du grand public que des entreprises et des organisations. Les numéros de téléphone nécessaires à l'enquête peuvent être obtenus dans les annuaires ou les listes de clients achetés chez des sociétés spécialisées. Il est ensuite possible d'employer des procédures de tirage aléatoire de numéros de téléphone.

Ce mode d'enquête offre différents avantages. Il s'avère tout d'abord moins coûteux par enquêté que l'enquête en face à face, tout en permettant de recueillir le même type d'informations. Il permet aussi d'atteindre des personnes qui auraient été difficilement interrogées autrement (personnalités, professionnels, dirigeants). Il permet enfin de mieux contrôler la collecte de l'information que les autres modes. En particulier, lorsque les enquêteurs sont centralisés en un même lieu, il est possible de suivre les enquêtes au moyen d'écoutes sélectives.

L'enquête par téléphone comporte un certain nombre de limites tenant au nombre restreint de questions, au type de questions, à la durée de l'enquête. En général, les enquêtes par téléphone sont plus courtes que les enquêtes en face à face ou par voie postale. Ceci est dû, en particulier, à l'utilisation qui est faite des enquêtes par téléphone. Celles-ci portent surtout sur la collecte des informations concernant la notoriété ou le comportement à un moment donné, informations qui ne nécessitent pas de grosses quantités d'informations [1]. La durée moyenne de l'enquête par téléphone est de 10 à 15 minutes en moyenne. Les questions posées sont ouvertes. Les réponses peuvent être précodées et sont remplies par l'enquêteur. Il est conseillé, pour cette raison, de ne pas poser des questions comportant plus de cinq catégories de réponses.

L'ordinateur [2] peut être utilisé pour faciliter les enquêtes par téléphone et, notamment, pour renforcer l'avantage de coût et diminuer la contrainte que constitue la simplicité des questions. L'ordinateur peut faciliter l'utilisation des échantillons de taille plus réduite. En permettant le choix de

---

1. R.A. Peterson, *Marketing Research,* Plano, Business Publication Inc., 1982.
2. I. Roshwalb, « CATI and The Dynamics of Research », *Are Interviewers Obsolete. Drastic Changes in Data Collection and Data Presentation,* Amsterdam, Esomar, 1984, pp. 11-17.

la taille d'un échantillon (échantillonnage séquentiel[1]) à partir des résultats déjà observés, il favorise souvent une réduction de la taille de l'échantillon nécessaire et diminue donc le coût de la collecte d'informations. Il facilite aussi les enquêtes dans lesquelles la séquence des questions est complexe et dépendante, notamment, des réponses précédentes (méthode d'analyse des mesures conjointes). D'autres avantages liés à l'emploi de l'ordinateur sont présentés dans les développements qui suivent.

2.2.3.4. Le terminal d'ordinateur

L'utilisation de ce mode d'enquête commence à se répandre. Les questions et leurs modalités de réponses sont affichées sur un écran, le répondant exprimant ses réponses à l'aide d'un clavier.

Le terminal d'ordinateur permet des utilisations variées. Il peut être installé au domicile du répondant, comme cela fut le cas lors de l'expérience Télétel de Vélizy[2]. Il remplace alors les enquêtes par téléphone. Il peut aussi servir de substitut aux enquêtes postales, lorsque les membres d'un panel sont équipés de terminaux. Une situation analogue peut être observée lorsque la force de vente ou bien l'enquêteur (par exemple, pour la distribution) sont équipés de terminaux portables. Il peut être par ailleurs employé lors de manifestations temporaires (salons, foires) pour interroger certaines populations qui ne peuvent être atteintes autrement[3]. Il nécessite l'équipement de locaux avec des batteries de terminaux.

Il présente différents avantages[4] pour les coûts et les délais de réalisation de l'enquête, le contrôle des réponses, la possibilité d'enregistrer, en plus des réponses, les modalités de réponses de l'enquête (temps mis pour répondre), la gestion des questions filtres, une définition dynamique de l'échantillon qui permet d'arrêter l'enquête, à partir du moment où les résultats obtenus atteignent un seuil de confiance prédéterminé.

Comme pour l'enquête téléphonique, les limites des terminaux d'ordinateur concernent la durée du questionnaire et le type de questions posées (le plus souvent fermées et précodées).

Les quatre modes de collecte ont des caractéristiques qui peuvent s'avérer être des inconvénients ou des avantages selon le problème à résoudre, la taille de l'échantillon et le taux de non-réponse. Il est toutefois possible de résumer leurs grandes caractéristiques (tableau 3).

2.3. Le questionnaire

Il est destiné à mesurer des données qui feront l'objet d'une analyse ultérieure. De ce fait, les problèmes posés par la mesure seront tout d'abord

---

1. A. Pioche, « Comment diminuer les coûts d'une enquête dans des tests simples », *Revue Française du Marketing* (80, 1, 1980) : 121-130.
2. M. Franzkowiak, P. Korber, « Vidéo-questionnaire : télématique marketing », *Revue Française du Marketing* (101, 1, 1985) : 73-82. Voir également dans cette Encyclopédie l'article de D. Roux, « Vidéotex ».
3. *Idem.*
4. Y. Evrard, « Les études de marché à l'heure de l'informatisation », *Revue Française du Marketing* (100, 5, 1985) : 75-88.

abordés. Le processus de construction du questionnaire sera ensuite présenté.

Tableau 3
Comparaison des différents modes de collecte

Caractéristiques	Face à face	Téléphone	Terminal d'ordinateur	Postal
Coût unitaire par entretien	le plus cher	moyen	plus faible que par téléphone	le moins cher
Vitesse de réalisation de l'enquête	modérée	rapide	la plus rapide	la plus lente
Quantité d'information disponible	la plus grande	la plus faible	modérée	considérable
Contrôle de l'environnement de la collecte d'information	très bon	bon	bon	pas de contrôle
Contrôle du processus de collecte	difficile	modéré	très bon	très bon
Nombre de personnes employées	important	modéré	variable selon les modalités	faible
Flexibilité dans l'administration du questionnaire	très flexible	modérée	modérée	le moins flexible
Dispersion géographique des répondants	limitée	bonne	bonne	très bonne
Problèmes des refus et non-réponses	faible	modéré	modéré	le plus grand
Perception de l'anonymat par les répondants	faible	modérée	modérée	forte

2.3.1. La mesure

La mesure peut être effectuée au moyen de questions ouvertes ou fermées, utilisant différents types d'échelles. Les questions ouvertes laissent toute latitude au répondant pour s'exprimer. Elles correspondent à des questions telles que :

Quelle marque de café connaissez-vous ?

Les questions fermées restreignent le choix du répondant en un nombre prédéterminé de réponses, comme :

Quelle est votre situation familiale ?

1. Célibataire
2. Marié sans enfant
3. Marié avec enfant
4. Veuf
5. Divorcé

Quatre types d'échelles de mesures peuvent être distingués : les échelles nominales, qui permettent de repérer des catégories (la question portant sur la situation mesure celle-ci sur une échelle nominale), les échelles ordinales, qui permettent, en particulier, un classement par ordre de préférence (pour les marques, par exemple), les échelles d'intervalles et les échelles de rapport.

Tableau 4
Différentes échelles d'intervalle

– Le différenciateur sémantique
Le magasin A vous paraît-il
Bon marché _____ _____ _____ _____ _____ _____ _____ Cher

– L'échelle de Likert
Le magasin A est bon marché

Absolument pas d'accord	pas d'accord	neutre	d'accord	tout à fait d'accord
	___	___	___	

– Les visages
Le magasin A vous paraît-il

Bon marché Cher

– L'échelle de stapel
Le magasin A vous paraît-il bien décrit par le mot ci-dessous :

+ 3 (très bien décrit)
+ 2 (assez bien décrit)
+ 1 (légèrement bien décrit)
Bon marché
– 1 (légèrement mal décrit)
– 2 (assez mal décrit)
– 3 (très mal décrit)

Les échelles d'intervalles diffèrent des échelles de rapport par la présence d'une origine relative dans les premières et d'une origine absolue pour les secondes (la fixation de l'origine est intéressante pour la codification des questionnaires). Les échelles d'intervalles les plus connues (tableau 4) sont les échelles de Likert (celles-ci sont constituées d'affirmations au sujet desquelles il faut donner l'intensité du désaccord ou de l'accord) et le différenciateur sémantique (échelle bipolaire à sept postes). Les échelles de rapport dans les enquêtes correspondent à la taille de l'entreprise, son chiffre d'affaires ou bien l'âge du sujet.

Les échelles ont une richesse en information plus ou moins importante. La moins riche est l'échelle nominale ; les plus riches sont les échelles d'intervalles et de rapport ; l'échelle ordinale se place dans une situation intermédiaire.

La mise au point d'échelles de mesure destinées à enregistrer les réponses aux questions pose différents problèmes. Le choix du nombre d'échelons de l'échelle est difficile à déterminer. Si de nombreux chercheurs s'accordent sur l'intérêt du chiffre 7 (plus ou moins deux), le nombre d'échelons retenus dépend de plusieurs facteurs comme le mode d'enquête, la capacité du répondant ou encore l'objectif de la recherche effectuée. Le choix des stimuli verbaux qui définissent le contenu de l'échelle (et servent ainsi de point de référence pour les réponses) est aussi délicat. L'utilisation d'un seul mot, d'antonymes aux extrémités de l'échelle[1] ou de mots permettant de qualifier chacun des échelons de l'échelle fait l'objet de discussions[2]. Il n'existe pas de réponse tranchée, chaque option comportant des avantages et des inconvénients[3]. Il en est de même de la forme des échelles. Celles-ci peuvent être en effet présentées verticalement, horizontalement. Les échelons de l'échelle peuvent être identifiés par des traits discontinus, des carrés, des visages, etc.

Bien que la majorité des échelles en marketing soit constituée d'échelles graduées composées d'une seule question, les études de marché utilisent parfois des échelles composées de plusieurs questions. Par exemple, le style de vie caractérisant la propension à innover nécessite neuf questions[4] pour pouvoir être mesuré. Les scores obtenus sur chacune des questions sont additionnés pour former un indice. Afin de pouvoir effectuer cette somme, différentes précautions doivent être prises pour s'assurer de la fiabilité et de la validité du score ainsi réalisé[5].

2.3.2. La construction du questionnaire

Différentes étapes sont nécessaires pour construire un questionnaire (schéma 3).

La première étape consiste à évaluer l'information nécessaire pour résoudre le problème marketing. Elle débouche sur une liste de questions potentielles qui seront analysées et classées par ordre de mérite dans une seconde étape. Un choix est alors effectué, à partir de leur coût et des contraintes budgétaires.

---

1. A. Jolibert, G. Baumgartner, « L'influence des échelles de mesure sur les résultats d'une enquête postale », *Méthodologie de la recherche en marketing,* Lille, Centre de recherche et d'économie de l'entreprise, 1981, pp. 109-129.
2. B. Pras, « Echelles d'intervalle à supports sémantiques », *Revue Française du Marketing,* 61, (mars, avril, 1976) : 87-95.
3. C. Pinson, « Le différentiel sémantique », *Revue Française du Marketing* (85, 4, 1983) : 3-25.
4. P. Valette-Florence, G. Rœhrich, « Besoin de stimulation, innovativité, implication et valeurs : test empirique d'un modèle structural », *Actes de l'Association française du marketing* (vol. 2, 1986) : 37-80.
5. J. Perrien, J.E. Chéron, M. Zins, *Recherche en marketing,* Chicoutimi, Gaëtan Morin, 1983.

Les questions retenues sont évaluées dans une troisième étape, en fonction de leur potentiel à susciter des réponses. Les questions que les répondants comprennent, et au sujet desquelles ils peuvent et acceptent de répondre, doivent alors être fixées quant à leur type.

Le type de question dépend de différents facteurs, tels que le mode de collecte, la nature des données à collecter, les objectifs de la recherche, les connaissances préalables du chercheur et les analyses à effectuer. Les questions posées sont ouvertes ou fermées. Les questions ouvertes offrent une grande liberté de réponse, tandis que les questions fermées restreignent le choix du répondant aux catégories prévues par le chercheur.

Les mots utilisés revêtent une grande importance. A cet égard, il est recommandé d'être bref, de ne pas poser de questions qui induisent certaines réponses, d'éviter les mots ambigus (vous, fréquemment, beaucoup) et d'être spécifique.

Schéma 3
Les étapes de la construction d'un questionnaire

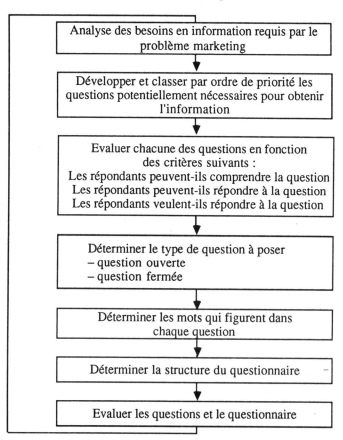

Source : R.A. Peterson, *Marketing Research,* Plano, Business Publications, 1982.

La structure du questionnaire est guidée par un certain nombre de principes destinés à faciliter la lecture et les réponses de l'enquête et à éviter les biais. Il convient notamment d'analyser les biais qu'entraînent certaines questions sur les réponses à d'autres questions situées en aval du questionnaire. Il est également souhaitable de regrouper les questions traitant d'un même thème et de commencer un questionnaire par les questions les plus faciles pour le répondant.

Un questionnaire peut être scindé en trois grandes parties : l'introduction, le corps du questionnaire et une zone de classification. Dans la première partie, sont présentés les buts de l'étude et certaines informations destinées à encourager l'enquêté à répondre (anonymat, appel à la coopération, authenticité des réponses, etc.). Dans la deuxième partie se trouvent les questions portant sur l'étude. Dans la troisième partie sont, en général, posées des questions portant sur les caractéristiques socio-démographiques du répondant ou de l'entreprise ou organisation.

Avant d'utiliser un questionnaire, il est souhaitable de le prétester sur un échantillon de convenance pour étudier le comportement des enquêtés vis-à-vis des questions. Le prétest peut être aussi effectué en fonction du mode de collecte choisi. Les informations récoltées dans cette phase peuvent alors servir éventuellement à modifier le questionnaire et son mode d'administration.

2.4. Le choix d'un échantillon

Lorsqu'une enquête est effectuée, on se borne, en général, pour des raisons de rapidité et de coût, à interroger une partie de la population ou échantillon à partir de laquelle les résultats obtenus seront extrapolés à l'ensemble de la population. Un recensement de la population ne peut en effet se justifier que dans le cas où la taille de la population et le coût de l'enquête sont faibles, ce qui est loin d'être le cas le plus fréquent.

Afin d'obtenir un échantillon qui représente la population et permette d'en évaluer ses caractéristiques (moyenne, écart type, proportion, etc.), un certain nombre de décisions préalables doivent être prises. Elles concernent la définition de la population à étudier, la détermination de la base de sondage, le choix d'une méthode d'échantillonnage et le choix de la taille de l'échantillon (schéma 4).

La définition de la population à étudier doit être élaborée à partir de caractéristiques, telles que les variables socio-démographiques (âge, catégorie socioprofessionnelle, localisation géographique, etc.) ou les variables de consommation. La base de sondage est constituée par une liste des individus ou des entreprises qui constituent la population étudiée.

Un échantillon est alors extrait de la population au moyen d'une procédure d'échantillonnage. Deux types de méthodes peuvent être utilisés : les probabilistes et les non probabilistes. Les premières permettent à partir des résultats obtenus d'estimer les caractéristiques de la population, avec une certaine marge d'erreur, liée elle-même à la taille de l'échantillon. Cette précision s'accompagne d'un coût. Les secondes ne permettent pas d'évaluer la marge d'erreur des résultats obtenus, mais elles sont en revanche moins coûteuses et atteignent des résultats qui s'avèrent intéressants pour le praticien.

Le tableau 5 compare les principales méthodes d'échantillonnage[1].

Schéma 4
Processus de choix d'un échantillon

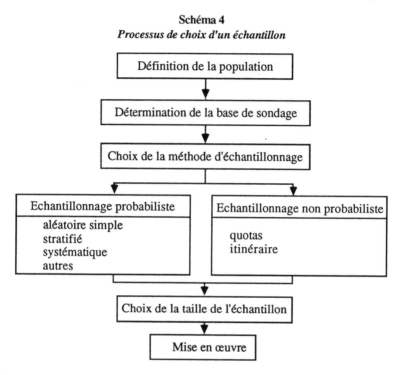

Il est intéressant de noter que, en plus de celles figurant dans le tableau 5, il existe d'autres méthodes d'échantillonnage probabilistes comme l'échantillonnage en grappes, l'échantillonnage à plusieurs degrés ou l'échantillonnage séquentiel. Pour éviter certains inconvénients résultant du tirage direct des unités élémentaires à partir de la base de sondage (absence ou difficulté de constituer la liste de base, coût élevé en raison de la dispersion géographique), ces méthodes font intervenir des tirages sur des niveaux d'unités intermédiaires ou agrégés (par exemple, villes, immeubles), composés d'unités élémentaires (sujets)[2].

A l'exception de l'échantillonnage séquentiel pour lequel la taille est fixée au cours du processus d'échantillonnage et en fonction des résultats progressivement obtenus, les autres méthodes nécessitent la détermination préalable de la taille. Cette dernière dépend de plusieurs facteurs. Ainsi,

1. Pour un approfondissement, voir M. Hansen, W. Hurwitz, W. Madow, *Sample Survey Methods and Theory*, vol. 1 et 2, New York, Wiley, 1953 ; M. Deroo, A.M. Dussaix, *Pratique et analyse des enquêtes par sondage*, Paris, PUF, 1980.
2. Y. Evrard, P. Le Maire, *Information et décision en marketing*, Paris, Dalloz, 1976.

Tableau 5

Comparaison des principales méthodes d'échantillonnage

Types d'échantillon	Avantages	Inconvénients
Aléatoire simple Chaque membre de la population a une probabilité égale d'être tiré	1. Représente la population dans laquelle il est tiré 2. Estimation des caractéristiques de la population avec une certaine marge d'erreur	1. Nécessité de disposer d'une base de sondage 2. Coûteux en temps et en argent
Stratifié La population est segmentée et stratifiée en groupes homogènes. Dans chaque groupe un échantillonnage aléatoire simple est effectué	1. Toutes les strates sont assurées d'être représentées 2. Une plus grande précision des caractéristiques de la population est obtenue en raison de l'homogénéité des strates	1. Il faut connaître les critères pertinents de stratification 2. En général plus complexe et coûteux qu'un échantillonnage aléatoire simple
Systématique Chaque *nième* personne est incluse dans l'échantillon	1. Simplicité du choix de l'échantillon	1. Une liste de la population doit être disponible 2. La sélection d'une personne toutes les *n* personnes peut introduire les biais qui n'existent pas dans un échantillonnage aléatoire simple
Quota La population est divisée en groupes à partir de critères socio-démographiques	1. En général moins coûteux en temps et en argent qu'un échantillonnage aléatoire simple	1. Aucune mesure de marge d'erreur dans les résultats ne peut être calculée 2. La précision des mesures effectuées est moins grande qu'avec un échantillonnage aléatoire simple
Itinéraire Le point de départ et l'itinéraire sont fixés. L'échantillon est constitué à partir d'une répartition prédéterminée	1. Se rapproche d'un tirage aléatoire	1. Mêmes inconvénients que les quotas

l'importance d'une décision peut nécessiter un échantillon d'une taille plus grande qu'une décision de faible importance. La nature de la recherche (en recherche exploratoire, un échantillon de faible taille est acceptable), la nature des analyses statistiques ultérieures (plus l'analyse est sophistiquée, plus grande sera la taille de l'échantillon nécessaire), le mode de collecte des données (il faut tenir compte des non-réponses possibles) influence le choix de la taille de l'échantillon. Il en est de même des contraintes de temps et de budget ainsi que de la taille de la population, lorsque la taille potentielle de l'échantillon dépasse une proportion substantielle de la population (exemple : 10 % de la population pour un échantillonnage aléatoire simple). De ce fait, la détermination de la taille s'avère être le résultat d'un arbitrage entre ces divers facteurs.

3. L'utilisation de l'information

Les informations recueillies sur le marché peuvent être utilisées de différentes façons. Elles peuvent tout d'abord être employées dans des analyses statistiques. Elles peuvent aussi alimenter des modèles ou des systèmes experts. Elles peuvent enfin être l'un des éléments constitutifs d'un système d'information marketing (SIM).

3.1. L'analyse des données

Les données collectées peuvent faire l'objet d'une analyse qualitative ou quantitative. Ces deux types d'analyse sont souvent opposés par leur vision du marché. L'analyse qualitative s'inspire d'une approche subjective qui tend à percevoir l'individu comme une entité complexe, dont le comportement inconscient nécessite une interprétation. L'approche quantitative considère, quant à elle, l'individu comme une personne logique, dont le comportement est déterminé par certaines variables qu'il s'agit de mettre en évidence par des études empiriques menées à grande échelle[1]. Ces deux types d'analyse sont aussi très complémentaires, l'approche qualitative précédant souvent une analyse quantitative.

3.1.1. L'analyse qualitative

Celle-ci est employée par de nombreuses entreprises[2]. Elle correspond à différents objectifs. Elle peut être considérée comme un moyen et notamment être utilisée pour explorer un problème. Dans ce cas, elle peut précéder une analyse quantitative et permettre ainsi, par l'intermédiaire d'entretiens de groupe, par exemple, d'identifier les mots et expressions employés par les consommateurs afin de les utiliser dans un questionnaire.

---

1. J. Perrien, E.J. Chéron, M. Zins, *Recherche en marketing,* Chicoutimi, Gaëtan Morin, 1983.
2. G. Serraf, « Situation des études qualitatives. Enquête auprès de quarante cabinets », *Revue Française du Marketing* (76, 1, 1979) : 3-47.

Elle peut être une fin en soi pour connaître l'inconscient du consommateur ou, tout simplement, ce qu'il est. Les techniques retenues portent sur
l'étude de motivation, les tests projectifs ou les entretiens en profondeur et
les entretiens de groupe. L'analyse consiste à interpréter les messages
transmis, le ton de la voix, les hésitations et les omissions. Elle a aussi pour
objet de relever les thèmes évoqués, leurs liens. L'analyse qualitative
s'avère donc subjective et très dépendante de la formation et de la qualité
intellectuelle de l'analyste[1].

3.1.2. L'analyse quantitative

L'analyse quantitative privilégie le choix des techniques d'analyse
statistique. La décision d'utiliser une technique plutôt qu'une autre dépend
de deux critères. Le premier concerne le type d'information dont on dispose
et, en particulier, de l'échelle de mesure retenue. Le second a pour objet la
connaissance de relations de causalité entre les variables étudiées ou leur
absence. Une telle distinction permet d'opposer les méthodes descriptives
(où aucune relation n'est privilégiée) aux méthodes causales.

Les méthodes descriptives (tableau 6) sont destinées à mettre en évidence la structure sous-jacente à des variables ou à des sujets. Lorsqu'elles sont
utilisées sur des variables, elles permettent d'étudier la perception, le positionnement et l'image de produits, marques, entreprises (analyse factorielle
en composantes principales, analyse multidimensionnelle non métrique,
analyse factorielle par les correspondances)[2]. Lorsqu'on essaie d'explorer
l'existence de structures dans les sujets, différentes techniques de classifications disponibles permettent d'effectuer une segmentation du marché[3].

Tableau 6
Techniques d'analyses descriptives

Measure / Application	Intervalle/Rapport	Ordinale	Nominale
Variables	Analyse factorielle en compo-santes principales	Analyse multidi-mensionnelle non métrique (similarité, pré-férence)	Analyse facto-rielle par les correspondances
Sujets	Classification automatique		

Les méthodes causales mettent en évidence des associations. La causalité
ou la relation et son sens doivent être le fruit d'une théorie ou d'une idée

1. J. Perrien, E.J. Chéron, M. Zins, *Recherche en marketing,* Chicoutimi, Gaëtan Morin, 1983.
2. Voir dans cette Encyclopédie l'article de E. Jacquet-Lagrèze, « Techniques quantitatives de gestion
et informatisation ».
3. Voir également dans cette Encyclopédie l'article de P. Grégory, « Segmentation des marchés. Variables socio-démographiques *versus* style de vie ».

fondée sur le bon sens. La causalité permet de distinguer une ou plusieurs variables (explicatives) susceptibles d'expliquer une ou plusieurs variables (expliquées). Par exemple, les variables de style de vie expliquent le comportement de consommation.

Les échelles de mesure utilisées, le nombre de variables à mettre en relation (une, deux ou plusieurs) permet de différencier les méthodes disponibles (tableau 7). Ainsi, une régression multiple peut être distinguée d'une analyse canonique par le nombre de variables expliquées pris en compte (une variable pour la régression, deux ou plusieurs pour une analyse canonique). Parmi les tests non paramétriques, le x^2 permet d'étudier les tris croisés d'au moins deux variables nominales.

L'utilisation de ces techniques est extrêmement variée. Elle comprend la prévision des ventes (en particulier pour la régression), l'explication du comportement de groupes d'entreprises ou de consommateurs (analyse discriminante ou bien modèle logit, loglinéaire), les prétests de produits ou de sensibilité au prix (analyse de variance, mesures conjointes), la segmentation (analyse discriminante, AID ou *Automatic Interaction Detector*)[1].

Ces techniques nécessitent l'utilisation d'hypothèses et de tests statistiques qui permettent de détecter si les relations observées ne sont pas dues au hasard. Pour un certain nombre d'entre elles, il est aussi possible d'étudier le pouvoir explicatif des variables prises en compte.

Le tableau 7 présente un certain nombre de cases blanches qui correspondent à des situations pour lesquelles il n'est pas possible d'effectuer une analyse statistique. Lorsqu'on est confronté à de telles situations, il convient de dégrader l'information obtenue (transformer une variable mesurée sur une échelle d'intervalle/de rapport en une échelle ordinale ou nominale), de façon à retrouver des analyses connues. En raison du coût induit par cette manipulation, il est préférable de préparer très soigneusement la collecte de l'information en fonction des analyses qui ont été prévues.

Une évolution récente des techniques d'analyse de données permet d'en regrouper un certain nombre sous le terme de techniques de deuxième génération[2], la première génération étant constituée par les techniques reproduites dans le tableau 7. Ces dernières permettent de représenter des réseaux de relations au sein d'ensembles de variables. Les techniques les plus connues sont celles des structures de covariance opérationnalisées par le programme LISREL et PLS ou bien encore l'analyse multidimensionnelle de type confirmatoire ou l'analyse des structures latentes[3].

Ces méthodes permettent de distinguer les concepts (par exemple, l'implication du consommateur) de leur mesure (risque, importance,

---

1. Pour un approfondissement des techniques d'analyse descriptives et causales, voir Y.M.M. Bishop, S.E. Fienberg, P.W. Holland, *Discrete Multivariate Analysis,* Cambridge, MA, MIT Press, 1977 ; P.E. Green, *Analyzing Multivariate Data,* Hillsdale, Ill., Dryden Press, 1978 ; J.L. Chandon, S. Pinson, *L'analyse typologique,* Paris, Masson, 1981 ; S. Schiffman, M. Lance Reynolds, W. Young, *Introduction to Multidimensional Scaling,* Orlando, FL, Academic Press, 1981.
2. C. Fornell, *A Second Generation of Multivariate Analysis,* New York, Praeger, 1982.
3. *Idem.*

valeur de signe, etc.). Elles allient ainsi l'économétrie (pour les équations structurelles) et la psychométrie (la mesure). Les méthodes se différencient principalement en fonction de la définition des concepts, de l'existence et du sens des relations qui peuvent exister entre eux. Elles contribuent au rapprochement de l'analyse statistique et de la modélisation[1].

Tableau 7
Les méthodes causales

			Variables expliquées					
			Intervalle/Rapport		Ordinale		Nominale	
			1	+ 1	1	+ 1	1	+ 1
V A R I A B L E S E X P L I C A T I V E S	Intervalle ou Rapport	1	Régression simple	Analyse canonique			Analyse discriminante	
		+ 1	Régression multiple	Analyse canonique			Analyse discriminante	
	Ordinale	1			Tests non paramétriques			
		+ 1						
	Nominale	1	t test analyse de variance à facteur	Analyse de variance multivariée	Tests non paramétriques, mesures conjointes	Tests non paramétriques, logit logl inéaire		
		+ 1	Analyse de variance à + 1 facteur, AID	Analyse de variance multivariée	Mesures conjointes	Logit logli néaire		

3.2. Les modèles

Les données collectées peuvent être utilisées dans des modèles. Ceux-ci sont une représentation simplifiée de la réalité. Ils ne prennent en compte qu'une partie des éléments qui la composent et en particulier ceux qui sont perçus comme les plus importants. Ils sont principalement utilisés par les grandes entreprises ; rares sont les PME qui en font usage[2], en dépit de l'existence de logiciels adaptés aux micro-ordinateurs[3].

La construction d'un modèle nécessite trois étapes : la spécification du modèle, l'estimation des paramètres et l'évaluation. La spécification con-

1. Y. Evrard, « Les études de marché à l'heure de l'informatisation », *Revue Française du Marketing* (100, 5, 1984) : 75-88.
2. J. Orsoni, « Les modèles de marketing en France : une enquête », *Revue Française du Marketing* (90, 3, 1982) : 89-97.
3. J.M. Choffray, *Marketing expert*, Paris, McGraw-Hill, 1985.

siste à choisir les variables à inclure et les relations qui lient les variables. Ainsi, si l'on souhaite modéliser la connaissance d'une marque par le consommateur, la spécification consiste, par exemple, à choisir le *Gross Rating Point* (*GRP*) comme la variable clé susceptible d'expliquer la connaissance[1]. La relation entre le *GRP* et la connaissance (*C*) peut être alors spécifiée de la façon suivante :

$$1_n \left(\frac{1 - C_t}{1 - C_{t-1}} \right) = a - b\,GRP_t$$

où C_t = connaissance à l'instant *t*
   a, b = paramètres

La deuxième étape consiste à estimer les paramètres du modèle se référant aux données existantes (panels, tests de magasins, enquêtes, etc.). Dans l'exemple précédent, pour estimer *a*, *b*, il faut récolter des informations sur C_t, C_{t-1} et GRP_t pour pouvoir connaître par régression les paramètres *a* et *b*. L'estimation des paramètres fait appel aux techniques d'analyse de données et en particulier à la régression[2].

La troisième étape concerne la validation ou l'évaluation du modèle. La précision du modèle à expliquer, décrire ou prédire est alors analysée.

Lorsqu'un modèle est validé, il peut être utilisé. Ainsi, il est possible d'employer le modèle présenté dans l'exemple précédent pour prédire C_t à partir de C_{t-1} et GRP_t en utilisant les paramètres *a* et *b* évalués lors de la construction du modèle.

Les modèles marketing peuvent être classés de différentes façons. Une classification souvent employée[3] les regroupe en fonction du niveau de la demande auquel ils s'intéressent, de la prise en compte d'éléments du comportement d'achat et de l'usage susceptible d'en être fait.

Les modèles peuvent s'intéresser à des niveaux de demande plus ou moins agrégés. En effet, certains modèles s'intéressent aux ventes d'un secteur, d'une classe de produit. D'autres étudient les ventes de différentes marques ou la part de marché d'une marque donnée.

Les modèles varient également selon le degré de détail du comportement pris en compte. Ainsi, certains modèles étudient l'influence du marketing-mix sur la part de marché de l'entreprise ou le chiffre d'affaires sans prendre en compte le comportement de l'acheteur. D'autres s'intéressent à la relation entre le marketing-mix et les indicateurs de performance de l'entreprise, modérée par certaines variables de comportement d'achat.

Les modèles peuvent avoir pour objet de décrire un processus de décision ou la façon dont évolue un marché. Ils peuvent être aussi utilisés à des fins normatives, pour indiquer les décisions à prendre en fonction d'un objectif fixé et, notamment, en matière de marketing-mix. Ils peuvent être

1. Voir également dans cette Encyclopédie l'article de P.L. Dubois, « Publicité ».
2. G. Lilien, *Analyse des décisions marketing*, Paris, Economica, 1987.
3. P. Naert, P. Leeflang, *Building Implementable Marketing Models*, Boston, Martinius Nijhoff Social Sciences Division, 1978.

aussi construits pour prédire un phénomène. Il est intéressant de noter que cette classification n'est pas exclusive et que, pour construire un modèle prédictif, il convient parfois de mettre préalablement au point un modèle explicatif.

Une utilisation particulièrement importante concerne la prévision des ventes[1]. Celle-ci s'avère cruciale pour les produits nouveaux. Différents modèles sont employés. Une distinction peut être effectuée entre les modèles utilisables lors d'un prétest de marché et ceux qui sont employés à une étape ultérieure lors des tests de marchés.

3.2.1. Les modèles utilisés à partir de prétest de marché

Ces modèles retiennent soit des informations fournies par des magasins laboratoires (Assessor) ou par des consommateurs lors de tests de produits à domicile (Bases)[2]. Les informations utilisées induisent celles qui sont susceptibles d'être données par les modèles. Ainsi, des informations provenant des magasins laboratoires permettent des comparaisons avec les produits existants, tandis que les tests à domicile sont plus centrés sur le produit testé et ne procurent donc pas de telles informations.

Les modèles de prétest de marché permettent de tester l'intérêt des concepts et, en particulier, la proportion du marché cible susceptible d'acheter le produit au moins une fois. Ils permettent souvent aussi de tester différents scénarios de marketing-mix. Parmi les modèles les plus connus, outre Assessor, Bases, déjà cités, il convient de mentionner Sprinter, News[3].

3.2.2. Les modèles utilisés à partir de test de marché

Parmi les modèles de test de marché, il est aussi possible de distinguer deux groupes. Le premier concerne les produits n'ayant pas de caractère répétitif poussé (biens durables, par exemple). Le second groupe rassemble des modèles applicables aux produits fréquemment achetés, pour lesquels la répétition de l'achat est très importante.

Les modèles pour biens durables utilisent les observations de vente de l'entreprise d'une première période de 12 à 18 mois. Ces observations sont ensuite employées pour estimer les paramètres du modèle. Celui-ci est un modèle logistique généralisé. Certains de ces modèles ne permettent pas d'introduire des facteurs d'environnement[4] tandis que d'autres permettent de tels développements[5].

---

1. J. Orsoni, « Les modèles de marketing en France : une enquête », *Revue Française du Marketing* (90, 3, 1982) : 89-97.
2. S. Factor, P. Sampson, « Marketing Decisions about Launching New Products », *Journal of the Market Research Society* (25, 2, 1983) : 185-201.
3. J. Schwœrer, « Comparaison critique des marchés tests stimulés. Le point de vue de l'utilisateur », *Revue Française du Marketing* (101, 1, 1985) : 57-71.
4. F.M. Bass, « A New Product Growth Model for Consumer Durables », Management Science (15, 1969) : 215-227.
5. V. Mahajan, E. Muller, « Innovation Diffusion and New Product Growth Models in Marketing », *Journal of Marketing* (43, 4, 1979) : 55-68. J.M. Choffray, F. Dorey, « Nouveau le contrôle de diffusion des produits » *Harvard-L'Expansion* (hiver 1982) : 15-24.

La grande majorité des modèles pour biens non durables utilise des données venant des panels. Seuls les modèles Newprod, Tracker et News utilisent en effet des données fournies par des enquêtes[1] successives.

Les modèles appartenant à cette catégorie et caractérisés par une complexité plus ou moins grande ont des objectifs différents. Certains modèles ne s'intéressent qu'à la prévision des ventes (ex. : Parfitt et Collins) ; d'autres permettent d'évaluer aussi le marketing-mix (ex. : Tracker et News). La complexité de ces modèles se traduit par un coût d'utilisation élevé ; ainsi, la mise en œuvre de modèles comme Sprinter s'avère plus complexe et coûteuse que celle d'autres modèles tels que Tracker, News ou Parfitt et Collins.

Ces modèles sont basés sur la modélisation de différentes étapes qui conduisent le consommateur à renouveler son achat d'une marque donnée. Les étapes prises en compte sont l'éveil ou la connaissance par le consommateur de l'existence de la marque, le premier essai, et le rachat du produit. Les modèles disponibles ne tiennent pas tous compte de ces différentes étapes. Par exemple, le modèle de Parfitt et Collins est centré sur l'essai, tandis que le modèle News tient compte de l'ensemble de ces trois étapes et leurs liens.

3.3. Les systèmes experts

Les systèmes experts sont un moyen de capturer, codifier et rendre disponible aux autres l'expertise humaine spécialisée et de l'amplifier avec la capacité de mémoire et de non-fatigue de l'ordinateur[2].

Ils constituent l'un des champs d'application du vaste domaine que constitue l'intelligence artificielle. Ils peuvent être notamment appliqués à des problèmes qui ne peuvent être résolus par les modèles marketing existant actuellement, en raison de l'absence de disponibilité d'algorithme ou de procédure de calcul. Ils sont intéressants pour résoudre des problèmes peu structurés, mal définis comme le sont souvent ceux qui sont posés en marketing stratégique. Ils constituent donc un outil d'analyse complémentaire des modèles. Les contrastes entre les modèles marketing et les systèmes experts sont schématisés au tableau 8. Compte tenu de l'intérêt potentiel des systèmes experts, nous nous proposons de présenter les éléments constitutifs de ces systèmes, puis d'analyser leurs applications potentielles en marketing.

3.3.1. La structure des systèmes experts

Les systèmes experts sont constitués de quatre parties principales : la base de connaissance, la base de faits, un moteur d'inférence et l'environnement du système.

---

1. C. Narasimhan, S. Sen, « New Products Models for Test Market Data », *Journal of Marketing* (47, 1, 1983) : 11-24.
2. A. Hirsch, « Artificial Intelligence Comes of Age », *Computers and Electronics* (March 1984).

Tableau 8
Différences entre modèles et systèmes experts

	Modèles	Systèmes Experts
Adaptation à des problèmes qui ne peuvent être résolus par des algorithmes	Non	Oui
Addition de nouvelles informations	Non	Oui
Capacité d'apprentissage	Non	Oui
Interactivité	Non	Oui
Acceptation d'un ensemble incomplet de paramètres	Non	Oui
Auto-adaptation à des problèmes spécifiques	Non	Oui

Source : Adapté de J. Schwœrer et J.P. Frappa [1].

La base de connaissance rassemble tout le savoir/savoir-faire du spécialiste sans avoir besoin de définir l'utilisation précise future de cette connaissance[2]. Dans cette base, les connaissances sont représentées au moyen de différentes règles (règles de production (caractérisée par la formulation si-alors), des scénarios, des scripts (séquences d'événements mises en mémoire comme un tout, etc.).

La base de faits ou base de données a pour objet d'enregistrer la description du cas étudié. Elle est alimentée par l'utilisateur ou par le moteur d'inférence (pour les faits déduits). Elle permet, par l'intermédiaire des réponses fournies aux questions posées par le système expert, de saisir la valeur des différents paramètres du problème à résoudre.

Le moteur d'inférence est chargé de résoudre les problèmes soumis au système. Il choisit les connaissances appropriées et les utilise pour construire un raisonnement qui conduit à la solution du problème posé.

L'environnement du système comprend deux modules : l'interface et le module d'explication. L'interface est un module d'acquisition de connaissances qui permet à un expert ou un intermédiaire de rentrer des connaissances dans le système. Le module d'explication est destiné à permettre le suivi du cheminement logique du système par l'utilisateur non spécialiste. Il fournit non seulement les éléments de connaissance utilisés mais aussi des éléments complémentaires qui fournissent une véritable explication du raisonnement suivi. De ce fait, il constitue un outil de formation professionnelle.

---

1. J. Schwœrer, J.P. Frappa, « Artificial Intelligence and Experts Systems : Any Applications for Marketing and Marketing Research », *in Anticipation and Decision Making. The Need for Information*, 39e congrès Esomar, 1986, pp. 247-280.
2. D. Retour, *Les systèmes experts aux Etats-Unis*, Grenoble, FNEGE, IEC, 1984.

3.3.2. Les applications potentielles des systèmes experts en marketing

Les systèmes experts ne sont pas actuellement employés en marketing. Toutefois, le marché des systèmes experts se développe très rapidement. Un certain nombre d'applications potentielles peuvent être détectées pour faciliter les décisions en matière de marketing-mix et les études de marchés[1].

Les domaines potentiels d'application en matière de marketing-mix concernent la publicité, la promotion, le développement de nouveaux produits et la formation des prix. En publicité, ils peuvent être utilisés pour compléter l'emploi des modèles de média planning pour les aspects qualitatifs qui sont à la charge des responsables des plans médias. Une autre utilisation potentielle des systèmes experts concerne l'évaluation de la *copy*. Les systèmes experts peuvent être aussi utilisés pour rassembler les connaissances acquises par une entreprise dans l'emploi de différents outils de promotion. Ils permettent ainsi d'éviter les erreurs commises dans certains départements en transmettant les résultats obtenus d'un département à un autre. Les systèmes experts peuvent être exploités pour le développement de nouveaux produits et, notamment, pour améliorer la qualité des informations obtenues à partir de prétest de marché. Finalement, ils peuvent s'avérer d'un grand intérêt pour l'établissement de devis par la force de vente (Digital Equipment Corporation)[2].

Pour les études de marché, les systèmes experts ont de nombreuses applications potentielles. Il en est ainsi pour les enquêtes. Ils permettent notamment d'arrêter l'enquête lorsque les questions posées n'apportent plus de renseignements supplémentaires. La construction d'un questionnaire, la codification automatique, la détermination de la taille et de la structure d'un échantillon sont des activités pour lesquelles les systèmes experts peuvent être d'un emploi intéressant. Ils peuvent être également retenus pour le choix des analyses statistiques à effectuer et pour la communication des résultats sous une forme acceptable par le praticien. Une dernière application potentielle fort intéressante concerne l'aide à la mise au point d'un plan de recherche.

3.4. Système d'information marketing (SIM)

Qu'elles soient d'origine interne ou externe, ponctuelles ou permanentes, les données recueillies par l'entreprise doivent être mises à la disposition des responsables du marketing. Le canal par lequel l'information peut être communiquée avant, pendant ou après une prise de décision est appelé système d'information marketing (SIM). Il est aussi parfois appelé système d'aide à la décision en marketing.

Le SIM a pour objet de faire face à l'afflux et l'accumulation des données. Il centralise et organise les données recueillies. Il les analyse afin

---

1. J. Schwœrer, J.P. Frappa, « Artificial Intelligence and Experts Systems : Any applications for Marketing and Marketing Research », *in Anticipation and Decision Making. The Need for Information*, 39e congrès Esomar, 1986, p. 247-280.
2. D. Retour, *Les systèmes experts aux Etats-Unis*, Grenoble, FNEGE-IEC, 1984.

de les transformer en informations standardisées utilisables (exemple : tableau de bord), et disponibles [1]. Ces informations permettent une surveillance de l'environnement et alimentent la prise de décision. Le système d'information marketing est reproduit au schéma 4.

Schéma 4
Les éléments du SIM

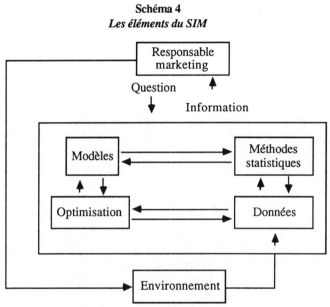

Source : D.C. Little, « Decision Support Systems for Marketing Managers », *Journal of Marketing* (43, 3, 1979) : 9-27.

Les composantes d'un système d'information marketing sont :
– les bases de données recueillies dans l'entreprise ou son environnement ;
– les méthodes statistiques qui permettent d'analyser ces données ;
– les méthodes d'optimisation de décision. Lorsque celles-ci sont de nature algorithmique (pour les problèmes bien définis et répétitifs), elles sont utilisées dans les modèles. Lorsqu'elles sont de nature heuristique (pour les problèmes mal définis et peu structurés), elles sont utilisées dans les systèmes experts ;
– les modèles qui permettent aussi une analyse des données mais peuvent aussi faire appel à des méthodes statistiques et des méthodes d'optimisation.

Les progrès de la technologie informatique (par exemple, l'existence de langages interactifs) permettent la construction de systèmes d'information marketing. De nombreuses difficultés empêchent toutefois la construction de systèmes totalement intégrés. Parmi ces difficultés, retenons le coût très élevé d'un système totalement intégré, la variété des besoins des usagers potentiels et les problèmes posés par le stockage de certains types

1. V. Mayros, D.M. Werner, *Marketing Information Systems*, Radnor, PA, Chilton Book Co, 1982.

d'informations, notamment celles qui sont dispersées, fragmentées, floues, mais aussi disponibles sous forme orale ou d'image[1].

Compte tenu de ces difficultés, les SIM se sont développés pour traiter certains types de données. Il en est ainsi pour l'exploitation des données de panel. Des entreprises, comme l'Oréal, Henkel[2], peuvent exploiter des données de panel sur des longues périodes. Les informations fournies par le SIM concernent par exemple des données sur les ventes par produit, par canal de distribution, par marché, ainsi que leur évolution dans le temps.

*

* *

Le domaine de l'étude du marché est affecté par l'évolution des technologies et des recherches en marketing. L'article qui vient d'être présenté reflète seulement l'état actuel du domaine.

L'introduction ou la diffusion de nouvelles technologies, telles que les micro-ordinateurs, les scanners, les audimètres, la télévision câblée, peuvent avoir des effets considérables sur la façon dont l'étude sera effectuée mais aussi sur la structure de la profession (cabinets ou conseils en études de marché). Il suffit de considérer l'introduction des scanners pour percevoir la finesse d'analyse qu'ils apportent, mais aussi pour pressentir qu'ils renforcent le pouvoir de ceux qui en disposent et sont susceptibles de les exploiter, en particulier, lorsqu'ils sont connectés à d'autres technologies (télévision câblée, par exemple).

L'étude du marché, en dépit de son caractère appliqué, emprunte très fortement à la recherche en marketing. Il en est ainsi des théories, concepts, méthodes d'analyse. Elle en subit les modes. Par exemple, il est difficile de nier l'influence du courant de pensée dominant actuellement la recherche en marketing sur l'étude du marché. Ce courant, dérivé du positivisme, privilégie les recherches empiriques dans lesquelles sont favorisés les processus hypothético-déductifs et la recherche quantitative.

Toute vision prospective dans l'étude du marché doit donc privilégier la surveillance de l'évolution technologique et des tendances qui affectent la recherche en marketing, tant en France que dans le monde.

Références

Bertier P., Bouroche J.M., *Analyse des données multidimensionnelles*, Paris, PUF, 1975.

Bon J., Grégory P., *Techniques marketing*, Paris, Vuibert, 1986.

Choffray J.M., *Marketing expert*, Paris, McGraw-Hill, 1985.

Churchill G.A., Jr., *Marketing Research*, Hillsdale, Ill., Dryden Press, 1976.

---

1. H. Lesca, *Système d'information pour le management stratégique de l'entreprise*, Paris, McGraw-Hill, 1986.
2. N. Smet, « Le SIM : un pas en avant vers l'optimisation du marketing-mix », *Revue Française du Marketing* (98, 2, 1984) : 7-17.

Dagnelie P., *Théorie et méthodes statistiques : applications agronomiques*, vol. 1 et 2, Presses agronomiques de Gembloux, Gembloux, J. Duculot, 1979.

Dagnelie P., *Analyse statistique à plusieurs variables*, Presses agronomiques de Gembloux, Gembloux, J. Duculot, 1982.

Deroo M., Dussaix A.M., *Pratique et analyse des enquêtes par sondage*, Paris, PUF, 1980.

Evrard Y., Le Maire P., *Information et décision en marketing*, Paris, Dalloz, 1976.

Fornell C., *A Second Generation of Multivariate Analysis*, New York, Praeger (vol. 1 et 2), 1982.

Green P.E., Caroll J.D., *Analyzing Multivariate Data*, Hillsdale, Ill., Dryden Press, 1978.

Lilien G., Kotler P., *Marketing Decision Making : A Model-Building Approach*, New York, Harper & Row, 1983.

Lilien G., *Analyse des décisions marketing*, Paris, Economica, 1987.

Perrien J., Chéron E.J., Zins M., *Recherche en marketing*, Chicoutimi, Gaëtan Morin, 1983.

Peterson A., *Marketing Research*, Plano, Business Publication Inc., 1982.

Mots clés

Analyse de données, collecte de données en marketing, élaboration d'une étude de marché, enquête, étude du marché, expérimentation en marketing, modèles en marketing, questionnaire, recherches en marketing, sondage, système d'information marketing (SIM), systèmes experts en marketing.

56

Evaluation des actifs financiers dans le cadre international

Patrice Fontaine

Les modèles internationaux d'évaluation des actifs financiers sont des extensions des modèles d'évaluation des actifs financiers exposés dans d'autres articles de cette encyclopédie. Aussi, notre présentation suppose-t-elle connus du lecteur ces modèles, plus particulièrement le modèle d'équilibre des actifs financiers, le modèle d'évaluation par l'arbitrage et la théorie des options [1].

Dans la théorie financière moderne, la rentabilité d'un actif financier est liée à son risque : plus le risque considéré est important, plus la rentabilité exigée sur cet actif est élevée. L'examen des risques liés à la détention des actifs financiers dans le cadre international semble alors nécessaire.

Considérons un investisseur américain achetant une action d'une société A cotée à la bourse des valeurs de Paris. Cet investisseur va considérer la rentabilité réelle et le risque de son achat. Cette action A a une rentabilité nominale R^{FF} en France et R^{US} aux Etats-Unis avec :

$$1 + R^{US} = (1 + R^{FF}) \times (S_{t+1} / S_t)$$

S_t étant la valeur en dollars d'un franc français en t.

La rentabilité réelle de l'action A pour un investisseur américain est r^{US}

où $1 + r^{US} = (1 + R^{FF}) \times (S_{t+1} / S_t) / (I^{US}_{t+1} / I^{US}_t)$,

avec I^{US}_t l'indice des prix aux Etats-Unis en t.

La rentabilité réelle de l'action A pour un investisseur français, r^{FF}, est telle que $1 + r^{FF} = (1 + R^{FF}) / (I^{FF}_{t+1} / I^{FF}_t)$

avec I^{FF}_t l'indice des prix aux Etats-Unis en t.

La rentabilité réelle est donc la même dans les deux pays si et seulement si $(S^{US}_{t+1} / S^{US}_t) = (I^{US}_{t+1} / I^{US}_t) / (I^{FF}_{t+1} / I^{FF}_t)$

---

1. Voir dans cette Encyclopédie les articles de J.C. Augros, « Options », de G. Charest, « Rendement, risque et portefeuilles », de G. Charreaux, « Théorie financière » et de R. Cobbaut, « Théorie du marché financier ».

Cette relation est celle de la parité des pouvoirs d'achat (PPA). La rentabilité réelle est la même dans les deux pays si – et seulement si – la parité des pouvoirs d'achat est respectée.

Le risque associé à la détention de cet actif financier pour l'investisseur américain est composé de trois éléments :

– le risque lié à la nature de l'actif A ; il est fonction de la volatilité des flux dégagés par l'entité ayant émis l'actif A en France. Dans le cas d'une action, ce risque est lié à la nature des investissements de l'entreprise et à la structure de son financement. Ce risque est appelé le risque propre à l'actif considéré ;

– l'incertitude sur les prix ;

– les fluctuations des taux de change.

Ces deux derniers éléments traduisent le risque monétaire. Ce dernier, dans le cas de l'achat de l'action A par un investisseur français, se réduit à l'incertitude sur les prix. Le risque monétaire est le même pour deux investisseurs de nationalités différentes, si – et seulement si – la parité des pouvoirs d'achat est respectée. Cependant, celle-ci étant en général non respectée, le risque monétaire est différent selon la nationalité de l'investisseur.

Dans la théorie du portefeuille, plusieurs possibilités permettent de prendre en compte la spécificité internationale :

– Soit les pays sont séparés par des manifestations de la souveraineté nationale, telles que les droits de douane, les contrôles frontaliers, les interdictions de faire circuler les capitaux. Ces imperfections, tendant à segmenter les marchés financiers internationaux, sont très peu traitées en finance.

– Soit les nations sont définies comme des lieux où le même indice des prix est utilisé par les individus pour déflater les rentabilités nominales, ce qui est la définition retenue dans les principaux modèles internationaux [1].

La présentation des modèles internationaux d'évaluation des actifs financiers est faite en trois parties.

La première est consacrée aux modèles internationaux d'équilibre des actifs financiers. Les modèles supposant vérifier la parité des pouvoirs d'achat seront alors opposés à ceux contestant cette relation. Aussi, avant la présentation du deuxième type de modèle, nous examinerons si effectivement la parité des pouvoirs d'achat est vérifiée. Dans la deuxième partie est effectuée, suite aux problèmes posés par les modèles internationaux d'arbitrage, une présentation des modèles internationaux d'évaluation par l'arbitrage. Enfin, pour compléter cette revue, est développé dans une troisième partie le principe d'évaluation des options sur devises, éléments indispensables à la gestion internationale des portefeuilles.

---

1. Voir également dans cette Encyclopédie l'article de P. Fontaine, « Gestion des portefeuilles internationaux ».

1. Les modèles internationaux d'équilibre des actifs financiers

Des modèles intégrant une multitude d'unités de mesure et les problèmes de conversion qui y sont attachés ont été proposés par F. Grauer, R. Litzenberger et R. Stehle (1976), I. Friend, Y. Landskroner, et E. Losq (1976). Ces modèles s'appliquent seulement lorsque les investisseurs des différents pays utilisent le même indice des prix pour déflater les rentabilités. Ces modèles sont des transpositions, en termes nominaux, du modèle d'équilibre des actifs financiers (MEDAF) traditionnel qui traite implicitement de rentabilités réelles, c'est-à-dire déflatées.

Par opposition, des modèles intégrant les problèmes liés à la déviation de la parité des pouvoirs d'achat, auxquels nous pouvons associer le terme « internationaux » ont été présentés par B. Solnik (1974), P. Sercu (1980), M. Adler et B. Dumas (1983). Enfin, nous pouvons citer les travaux de R. Stulz (1981), qui a étendu l'approche de Breeden (1979) au niveau international.

Dans la suite de l'exposé, nous supposerons qu'il existe $L + 1$ pays et monnaies et $N + 1$ actifs, les $L + 1$ premiers actifs étant les actifs sans risque des différents pays considérés et le premier étant l'actif sans risque dans la monnaie de référence O. Les rentabilités des différents actifs seront mesurées dans la monnaie de référence. Ainsi, si on considère, $\tilde{r}_i^j$, la rentabilité aléatoire d'un actif i mesurée dans une monnaie j, sa rentabilité aléatoire dans la monnaie de référence, $\tilde{r}_i$, est telle que, d'après le lemme d'ITO

$$\tilde{r}_i = \tilde{r}_i^j + \tilde{s}_j + C^j_{ij}$$

où :

$\tilde{r}_i$: la rentabilité aléatoire de l'actif i dans la monnaie de référence,

$\tilde{r}_i^j$: la rentabilité aléatoire de l'actif i dans la monnaie j,

$\tilde{s}_j$: la variation aléatoire du taux de change S_j permettant de passer de la monnaie de référence à la monnaie j, S_j étant exprimé en unités de monnaie j pour une unité de monnaie de référence,

C^j_{ij} : la covariance entre r_i^j et s_j.

Pour les autres hypothèses concernant, en particulier, le comportement des rentabilités et pour une présentation des différentes démonstrations, le lecteur peut se référer aux articles indiqués dans la bibliographie.

1.1. La parité des pouvoirs d'achat est respectée

Selon cette relation, dans un univers où l'inflation est nulle, le taux de change ne se modifie pas. En revanche, dans un univers où l'inflation est différente de zéro, toute variation du taux de change entre deux monnaies est égale au différentiel d'inflation entre les deux monnaies des pays considérés. Nous présenterons le cas sans inflation, avant de généraliser au cas avec inflation.

1.1.1. Le cas sans inflation

Dans cet univers où la parité des pouvoirs d'achat est respectée, la rentabilité réelle d'un actif est identique quel que soit le pays considéré ou quelle que soit la monnaie considérée.

Dans ce cadre, la relation d'évaluation est assez proche de celle donnée par le MEDAF traditionnel :

$$r_i - r = \beta_{iM} \, \lambda \, r_M - r) \qquad\qquad [1]$$

r_i : la rentabilité réelle anticipée de l'actif i,

r : la rentabilité réelle anticipée de l'actif sans risque du pays de référence,

r_M : la rentabilité réelle anticipée du portefeuille de marché mondial,

β_{iM} : le coefficient de volatilité de l'actif i, égal à Cov (r_M, r_i) / Var (r_M).

Il apparaît une seule différence entre le MEDAF international et le MEDAF traditionnel : au lieu d'avoir un portefeuille de marché national, nous avons maintenant un portefeuille de marché mondial. La rentabilité anticipée de l'actif i est donc fonction du coefficient de volatilité de l'actif i au portefeuille de marché mondial.

On retrouve dans ce cadre le théorème de séparation traditionnel. Tout investisseur constitue un portefeuille
– soit à partir de l'ensemble initial des $N + 1$ actifs,
– soit à partir de deux portefeuilles de base qui sont :
• le portefeuille de marché mondial, c'est-à-dire le portefeuille constitué de tous les actifs ;
• un actif sans risque ; les rentabilités réelles des différents actifs sans risque étant identiques, l'investisseur n'a aucune raison de préférer un actif sans risque à un autre.

La répartition entre les deux portefeuilles de base est indépendante de la nationalité de l'investisseur, mais dépend en revanche de son aversion au risque. Ainsi, un individu dont l'aversion envers le risque est infinie détient uniquement l'actif sans risque, alors qu'un individu aimant prendre des risques détient uniquement le portefeuille de marché mondial et même emprunte pour investir dans ce portefeuille.

1.1.2. Le cas avec inflation

Dans ce cas, les rentabilités sont exprimées en termes nominaux.
On démontre alors que :

$$\mu_i - \mu = \text{Cov}\,(\mu_i, I) + \beta_{i,M} \,(\mu_M - \mu - \text{Cov}\,(\mu_M, I)) \qquad\qquad [2]$$

où :

I : le taux d'inflation du pays de référence,

μ_i : la rentabilité nominale anticipée de l'actif i dans la monnaie de référence,

μ : la rentabilité nominale anticipée de l'actif sans risque dans la monnaie de référence,

Cov (μ_i, I) : la covariance entre la rentabilité de l'actif i et l'inflation,

μ_M : la rentabilité nominale anticipée du portefeuille de marché,

Cov (μ_M, I) : la covariance entre la rentabilité du portefeuille de marché mondial et l'inflation,

$\beta_{i,M}$: le coefficient de volatilité de l'actif i au portefeuille de marché, égal à (Cov $(\mu_i, \mu_M)) \setminus (Var (\mu_M))$.

Cette relation indique que la rentabilité nominale supplémentaire exigée sur un actif i par rapport à la rentabilité nominale de l'actif sans risque est fonction de deux éléments :

• la covariance de la rentabilité de l'actif avec l'inflation, qui représente l'impact de l'inflation sur la relation traditionnelle du MEDAF ;

• la prime de risque qui est fonction de la covariance de la rentabilité de l'actif i avec la rentabilité du portefeuille de marché mondial.

D'une certaine manière, la relation [2] indique que dans ce monde avec inflation, l'investisseur sépare ce qui est dû à l'inflation de ce qui ne l'est pas pour effectuer son choix. Quant à la répartition optimale entre les différents actifs, elle peut s'effectuer indirectement entre les deux portefeuilles de base suivants :

• le portefeuille de protection contre l'inflation, c'est-à-dire le portefeuille le plus corrélé avec le taux d'inflation de l'investisseur ;

• le portefeuille de marché mondial.

Cette répartition dépend de l'aversion au risque de l'investisseur. Ainsi, un investisseur manifestant une aversion envers le risque infinie détient uniquement le portefeuille de protection contre l'inflation.

Dans ce cas où la parité des pouvoirs d'achat est respectée, il faut noter que, par exemple, un Français qui détient un portefeuille de protection contre l'inflation américaine est aussi protégé contre l'inflation française. En conséquence, tous les investisseurs, quelle que soit leur nationalité, peuvent détenir le même portefeuille de protection contre l'inflation.

Ce portefeuille de protection contre l'inflation se réduit à l'actif sans risque du pays de l'investisseur lorsqu'il n'y a pas d'inflation. On retrouve alors le résultat présenté dans 1.1.1.

1.2. La parité des pouvoirs d'achat n'est pas respectée

1.2.1. Les vérifications empiriques de la parité des pouvoirs d'achat

Selon G. Cassel (1923), la relation de la parité des pouvoirs d'achat présentée dans l'introduction de cet article suppose pour être vérifiée que :

− le rapport du prix d'un bien donné dans un pays et de son prix dans un autre pays est égal au taux de change (loi du prix unique), et ceci pour tous les biens négociés ;

− la pondération des différents biens dans l'indice des prix est identique pour chaque pays ou, exprimé autrement, les biens consommés dans les différents pays sont identiques (même panier de consommation).

La deuxième hypothèse semble difficilement soutenable et la première n'est pas validée empiriquement. Des explications basées sur le coût du transport ou les tarifs douaniers ont été avancées, mais ces imperfections sont difficilement quantifiables. Les violations de la loi du prix unique sont plutôt la règle que l'exception. Par ailleurs, à un niveau plus général, plusieurs tests indiquent que la parité des pouvoirs d'achat n'est pas respectée à court terme. Ceci est illustré par le graphique 1 où sont représentés le taux de change FRF/USD indiqué par la PPA (ratio des indices de prix à la consommation mensuels de la France et des Etats-Unis) et le taux de change réellement enregistré sur la période 1973-1978. On constate que les taux de change varient plus que les ratios des indices de prix, et ces déviations de la parité des pouvoirs d'achat à court terme persistent sur la période considérée.

Graphique 1
La déviation à court terme de la PPA

En revanche, les tests indiqueraient que la parité des pouvoirs d'achat à long terme est respectée, car la moyenne des déviations de la parité des pouvoirs d'achat à court terme tend vers zéro. En conséquence, toute déviation positive à court terme serait suivie par une déviation négative à court terme, et vice versa ; il y aurait donc une corrélation sérielle des déviations. Or, des tests plus récents, R. Rogalski et J.D. Vinso (1977) et R. Roll (1978), n'ont pas permis de rejeter l'hypothèse selon laquelle la corrélation sérielle des déviations serait nulle, ce qui signifierait que la parité des pouvoirs d'achat à long terme ne serait pas vérifiée.

1.2.2. L'inflation est nulle

Dans le cas où la parité des pouvoirs d'achat n'est pas respectée, il y a un risque de change réel et les individus vont se protéger contre ce risque. Et si on considère une action, elle est protégée contre le risque de change si, en la combinant avec des contrats à terme (ou avec des emprunts et prêts sans risque dans les différentes devises), la rentabilité globale de cette combinaison est indépendante des variations des taux de change.

Par exemple, si l'on considère que la monnaie de référence est le franc, il suffit d'emprunter, pour chaque franc investi dans un actif i, α_{ij} dans chaque pays étranger j au taux de l'actif sans risque de ce pays.

α_{ij} est le coefficient de régression de la rentabilité de l'actif i sur les variations du taux de change $\tilde{s}_j$, le résidu de cette régression étant par définition indépendant des variations du taux de change $\tilde{s}_j$. Aussi, un portefeuille dont la composition est la suivante :

– un franc investi dans l'actif i,

– α_{ij} emprunté au taux de l'actif sans risque étranger, et ceci dans chaque pays étranger ; ce qui implique qu'on emprunte au total dans les actifs sans risques étrangers $\displaystyle\sum_{j=1}^{L} \alpha_{ij}$,

– $\displaystyle\sum_{j=1}^{L} \alpha_{ij}$ investi dans l'actif sans risque français,

a une rentabilité égale à $\tilde{r}_i - (\displaystyle\sum_{j=1}^{L} \alpha_{ij}\,\tilde{r}_j - r)$, qui est indépendante des variations des taux de change.

En effet, $\tilde{r}_j = r^j + \tilde{s}_j + C^j_{jj}$, et comme C^j_{jj} est égal à zéro, la rentabilité de ce portefeuille est encore égale à $\tilde{r}_i - \displaystyle\sum_{j=1}^{L} \alpha_{ij}\,(r^j + \tilde{s}_j - r)$.

Or, r^j et r, les rentabilités des actifs sans risque mesurées dans la monnaie de leur pays d'origine, ne sont pas aléatoires.

La partie aléatoire de la rentabilité de ce portefeuille est donc égale à $\tilde{r}_i - \displaystyle\sum_{j=1}^{L} \alpha_{ij}\,s_j$. Elle correspond au résidu de la régression de r_i sur tous les taux de change, qui par définition est indépendant des variations des taux de change. La rentabilité globale de ce portefeuille est bien indépendant des variations des taux de change.

Dans ce cadre, les investisseurs considérant les rentabilités des différents actifs après déduction de leur coût de protection contre le risque de change, on obtient la relation suivante :

$$\tilde{r}_i - \sum_{j=1}^{L} \alpha_{ij}\,(\tilde{r}_j - r) - r = \beta_{iM}\cdot\{(r_M - r) - \sum_{j=1}^{L} \alpha_{Mj}\,(\tilde{r}_j - r)\} \qquad [3]$$

avec :

$\tilde{r}_j :$: la rentabilité réelle de l'actif sans risque j du pays j, exprimée dans la monnaie de référence,

$\displaystyle\sum_{j=1}^{L} \alpha_{ij}\,(\tilde{r}_j - r)$: le coût anticipé de protection de l'actif i contre le risque de change,

$\displaystyle\sum_{j=1}^{L} \alpha_{Mj}(r_j - r)$: le coût anticipé de protection du portefeuille de marché contre le risque de change,

$\beta_{iM'}$: le coefficient de volatilité de l'actif i au portefeuille de marché protégé contre le risque de change, soit encore $\text{Cov}(r_i, r_{M'}) / \text{Var}(r_{M'})$.

L'indice $'$ indique que l'actif ou le portefeuille considéré est protégé contre le risque de change.

La relation [3] peut encore s'écrire $r_i' - r = \beta_{i,M'}(r_{M'} - r)$.

On retrouve ainsi avec des actifs protégés contre le risque de change la relation traditionnelle du MEDAF. Plus précisément, la rentabilité de l'actif i protégé contre le risque de change est fonction de coefficient de volatilité de l'actif i au portefeuille de marché protégé contre le risque de change. Dans ce cas, l'investisseur répartit sa richesse entre deux fonds :

– L'actif sans risque du pays de l'investisseur considéré ; ici, celui du pays de référence. La richesse d'un investisseur avec une aversion au risque infinie serait entièrement investie dans cet actif.

– Un portefeuille qui contient toutes les actions et obligations (actifs sans risque) appelé portefeuille logarithmique. Ce portefeuille logarithmique serait détenu par un investisseur dont la tolérance relative au risque est égale à un (indifférent au risque). Ce portefeuille est indépendant de la nationalité de l'investisseur et peut se décomposer en deux sous-portefeuilles : un portefeuille d'actions protégées contre le risque de change et un portefeuille d'actifs sans risque de tous les pays à caractère spéculatif sur le risque de change. Il faut noter que la part de chaque sous-portefeuille dans le portefeuille logarithmique est fixe et indépendante de la nationalité de l'investisseur.

1.2.3. La prise en compte de l'inflation

Dans ce cas, on considère les rentabilités des actifs après les avoir protégés contre les déviations de la parité des pouvoirs d'achat. Contrairement au cas précédent, où les déviations de la parité des pouvoirs d'achat sont colinéaires aux taux de change, elles ne le sont pas ici. Aussi, protéger maintenant un actif contre les déviations de la parité des pouvoirs d'achat signifie qu'on le protège des variations du taux de change qui ne reflètent pas les modifications du différentiel d'inflation.

En termes nominaux, la relation est alors la suivante :

$$\mu_{i'} - \mu = \text{Cov}(\mu_{i'}, I) + \beta_{iM'}(\mu_{M'} - \mu - \text{Cov}(\mu_{M'}, I)) \qquad [4]$$

avec :

$\mu_{i'}$: la rentabilité nominale anticipée de l'actif i protégé contre les déviations de la parité des pouvoirs d'achat,

μ : la rentabilité nominale de l'actif sans risque du pays de référence,

$\mu_{M'}$: la rentabilité nominale anticipée du portefeuille de marché protégé contre les déviations de la parité des pouvoirs d'achat,

$\beta_{i,M'}$: le coefficient de volatilité de l'actif i calculé par rapport au portefeuille de marché mondial protégé contre les déviations de la parité des pouvoirs d'achat, soit encore Cov $(\mu_i, \mu_{M'})$ / Var $(\mu_{M'})$,

Cov $(\mu_{i'}, I)$: la covariance entre $\mu_{i'}$, et le taux d'inflation de l'investisseur considéré,

Cov $(\mu_{M'}, I)$: la covariance entre $\mu_{M'}$, et le taux d'inflation de l'investisseur considéré.

La relation [4] indique que la rentabilité par excès attendue sur un actif i protégé contre les déviations de la parité des pouvoirs d'achat est donnée par le MEDAF nominal traditionnel.

On démontre alors que dans ce contexte l'investisseur doit répartir sa richesse entre deux portefeuilles :

– le portefeuille logarithmique présenté auparavant dans le cas sans inflation ;

– un portefeuille de protection contre l'inflation. C'est encore celui dont le taux de rentabilité nominale est le mieux corrélé avec le taux d'inflation de l'investisseur. Ce portefeuille serait détenu par un investisseur dont la tolérance au risque est nulle. Il dépend du taux d'inflation de l'investisseur et lui est donc spécifique.

Ainsi, si dans le cadre national les portefeuilles de référence, le portefeuille de marché et l'actif sans risque sont identiques pour tous les investisseurs, ils ne le sont pas dans le cadre international. En effet, chaque investisseur détient un portefeuille de protection contre l'inflation qui lui est spécifique, ou plutôt qui dépend de sa nationalité.

Le tableau 1 illustre ce que recouvrent ces portefeuilles.

Le portefeuille logarithmique présente des positions négatives et positives importantes sur certaines valeurs, les positions négatives correspondant à des emprunts ou à des ventes à découvert. Nous constatons qu'il y a des positions de sens exactement opposé sur les bons du Trésor américain et canadien car, sur cette période, les taux d'intérêt américains étaient plus élevés que les taux canadiens, sans que ceci soit compensé par les variations du taux de change. De même, il y a un pseudo-arbitrage entre le deutsche mark d'un côté, le franc belge et le florin de l'autre. Et si on examine les actions et les dépôts bancaires, on s'aperçoit qu'en général à l'achat d'actions dans une monnaie correspond un emprunt dans cette monnaie, même si les chiffres ne sont pas exactement identiques. La raison est que les variations du taux de change ne se compensent pas et sont plus grandes que celles du prix d'une action, ce qui entraîne les investisseurs à protéger un achat d'actions contre le risque de change par des emprunts locaux.

Les portefeuilles de protection contre l'inflation sont beaucoup plus significatifs et, bien que nous ayons seulement présenté les portefeuilles américains et français, ils ont tous la même caractéristique. Ils sont presque entièrement composés d'un dépôt sans risque dans la monnaie de l'investisseur considéré. Ceci provient du fait que les fluctuations des taux de change sont beaucoup plus larges que celles des indices des prix à la consommation, ce qui n'incite pas à acheter un actif étranger et que, contrairement à une idée reçue, les actions protègent mal contre l'inflation. En conséquence, les investisseurs préfèrent supporter en totalité le risque d'inflation de leur pays plutôt que supporter l'incertitude des taux de change ou des prix des actions.

Tableau 1
Exemples de portefeuilles logarithmiques et de protection contre l'inflation
(extrait de M. Adler et B. Dumas, 1983)

	Portefeuille logarithmique (somme des poids = 1)	Portefeuilles de protection	
		Investisseur américain	Investisseur français
Actions			
RFA	− 6,18	0,021	0,025
Belgique	6,15	0,000	− 0,032
Canada	4,68	0,000	− 0,028
France	− 1,59	0,000	0,011
Japon	3,01	0,005	0,002
Pays-Bas	1,34	− 0,011	0,014
Royaume-Uni	0,01	0,000	0,000
Suisse	0,90	0,001	− 0,022
Etats-Unis	− 6,75	− 0,020	0,020
Dépôts bancaires			
Deutsche mark	11,57	− 0,029	− 0,047
Franc belge	− 9,22	− 0,003	0,059
Dollar canadien	− 21,81	0,034	0,046
Franc français	3,02	0,004	0,988
Yen	− 0,68	0,034	− 0,007
Florin	− 2,79	0,016	− 0,009
Livre sterling	− 4,10	− 0,024	− 0,005
Franc suisse	1,43	− 0,017	0,017
Dollar US	22,01	0,983	− 0,032

Origine des données : Morgan Guaranty, World Capital Markets, pour les taux de dépôts à un mois ; Capital International, Perspectives pour les indices d'actions et pour les dividendes. Les principaux indicateurs économiques de l'OCDE pour les indices de prix à la consommation des Etats-Unis et de la France. Données mensuelles 71-79.

2. Les modèles internationaux d'arbitrage

Les MEDAF internationaux ont été soumis aux mêmes critiques que les MEDAF traditionnels. Ainsi, si le portefeuille de marché est efficace, c'est-à-dire s'il a la rentabilité la plus élevée possible compte tenu de son risque, on démontre que la relation linéaire du MEDAF international sera automatiquement vérifiée. Et en conséquence, tout test du MEDAF international se réduira à celui de l'efficacité du portefeuille de marché.

De plus, à partir de ces modèles, il est difficile de distinguer si l'évaluation des actifs financiers est nationale ou internationale. Par exemple, si les actifs financiers sont correctement évalués au niveau national par le MEDAF traditionnel, ils le seront aussi au niveau international par le MEDAF international, cela étant dû à la covariance faible entre les marchés nationaux.

De ces critiques et de certains problèmes de testabilité, du besoin d'un modèle plus opérationnel découle alors l'intérêt d'étendre le modèle d'arbitrage au cadre international, ce que firent B. Solnik (1983) et P. Fontaine (1986).

De plus, un grand avantage de ce modèle est de pouvoir se limiter à un sous-ensemble des valeurs, alors qu'il faut considérer l'ensemble de ces valeurs pour les modèles d'équilibre.

Pour faciliter la présentation de cette extension, il est nécessaire de rappeler préalablement le principe du modèle d'arbitrage [1].

2.1. Le modèle d'arbitrage : un rappel

Dans ce modèle, il est supposé initialement que la rentabilité d'une valeur est affectée par un certain nombre (K) de facteurs communs à l'ensemble des valeurs considérées, plus un facteur spécifique à cette valeur.

En termes nominaux, on a :

$$dP_i/P_i = \mu_i + \beta_{11}\tilde{f}_1 + \beta_{i2}\tilde{f}_2 + \ldots\ldots + \beta_{iK}\tilde{f}_K + \tilde{\epsilon}_i \qquad [5]$$

où :

dP_i/P_i : la rentabilité nominale aléatoire de l'actif i ; P_i étant le prix de la valeur i,

μ_i : la rentabilité nominale anticipée de l'actif i,

β_{ik} : le coefficient de volatilité de l'actif i au facteur k,

$\tilde{f}_k$: la réalisation du facteur commun k, à l'origine d'une partie du risque non diversifiable,

$\tilde{\epsilon}_i$: le facteur spécifique de l'actif i, non corrélé avec les facteurs communs et les autres facteurs spécifiques ; à l'origine du risque diversifiable.

La théorie montre alors, à partir du principe d'arbitrage, que l'on peut résumer ainsi « un portefeuille créé sans risque et sans investissement doit avoir une rentabilité nulle », que la rentabilité anticipée d'une valeur est une fonction linéaire des coefficients de volatilité de cette valeur.

$$\mu_i = \mu_0 + \beta_{i1}PR_1 + \beta_{i2}PR_2 + \ldots\ldots + \beta_{iK}PR_K \qquad [6]$$

---

1. Voir également dans cette Encyclopédie l'article de R. Cobbaut, « Théorie du marché financier ».

où :

PR_k : la prime de risque associée au facteur k,
μ_0 : le taux de rentabilité nominale de l'actif sans risque.

2.2. L'extension au niveau international

Dans ce type de modèle comme dans ceux présentés en 1.2. la parité des pouvoirs d'achat n'est pas respectée.

2.2.1. Le principe

Considérons $N + 1$ actifs et $L + 1$ pays, les $L + 1$ premiers actifs sont les actifs sans risque des différents pays et les rentabilités des $N + 1$ actifs sont exprimées au départ dans la monnaie de leur pays d'origine ($L + 1$ monnaies).

Tout investisseur ayant une monnaie de référence, la monnaie de son pays, il faut traduire les rentabilités des $N + 1$ actifs dans une monnaie de référence, ici la monnaie 0, et ensuite examiner la structure factorielle et la relation d'évaluation des $N + 1$ actifs dans cette monnaie de référence.

Le problème central de cette extension est donc l'introduction des variations du taux de change qui, dans ce contexte, ont l'expression suivante :

$$\tilde{s}_j = E(\tilde{s}_j) + \beta_{j1}\tilde{f}_1 + \beta_{j2}\tilde{f}_2 + \ldots\ldots + \beta_{jK}\tilde{f}_k + \tilde{\epsilon}_j \qquad [7]$$

avec :

$\tilde{s}_j$: la variation aléatoire du taux de change S_j permettant de passer de la monnaie de référence à la monnaie j, S_j exprimé en unités de la monnaie j pour une unité de la monnaie de référence,

$E(\tilde{s}_j)$: la variation anticipée du taux de change S_j.

2.2.2. Le comportement des facteurs communs

En tenant compte du fait que les actifs peuvent être évalués dans plusieurs monnaies, deux situations sont envisagées : la situation a) et la situation b).

2.2.2.1. Les valeurs des facteurs communs, $\tilde{f}_k$, diffèrent selon la monnaie considérée ; ce qui signifie que si la rentabilité d'un actif i du pays de référence a dans la monnaie de ce pays la structure factorielle présentée dans [5], la rentabilité d'un actif j du pays j a, dans la monnaie de ce pays j, la structure factorielle suivante :

$$dP_j^j / P_j^j = \mu_j^j + \beta_{j1}^j\tilde{f}_1^j + \ldots\ldots + \beta_{jK}^j\tilde{f}_K^j + \tilde{\epsilon}_i^j \qquad [8]$$

L'indice supérieur j indique que l'on exprime les rentabilités dans la monnaie j.

Cette situation peut se concevoir si l'on tente de reproduire le facteur k dans la monnaie de référence avec un portefeuille d'actifs du pays de référence, la rentabilité de ce portefeuille sera alors égale à $\tilde{f}_k$. En revanche, si l'on considère ce portefeuille d'actifs dans la monnaie j, la rentabilité de ce portefeuille dans la monnaie j, f'_k, sera différente de f_k, à cause des variations des taux de change si on examine les rentabilités nominales, ou à cause des déviations de la parité des pouvoirs d'achat si on calcule les rentabilités réelles. On pourrait aussi introduire à ce niveau les problèmes posés par les différences qui existent entre les régimes fiscaux de chaque pays.

De même, il est possible que des variables monétaires de certains pays, en particulier des Etats-Unis, telles que la balance commerciale, la masse monétaire, etc., agissent sur l'ensemble des valeurs au niveau mondial. Ces variables étant mesurées initialement dans la monnaie du pays considéré, il est fort probable qu'elles n'auront pas la même valeur si on les exprime dans une autre monnaie, ce qui serait le cas pour un investisseur étranger au pays considéré.

2.2.2.2. Les valeurs des facteurs communs, $\tilde{f}_k$, sont indépendantes de la monnaie considérée ; ce qui signifie que si la rentabilité d'un actif i du pays de référence a dans la monnaie de ce pays la structure factorielle présentée dans [5], la rentabilité d'un actif j du pays j a, dans la monnaie de ce pays j, la structure factorielle suivante :

$$dP_j^j \,/\, P_j^j = \mu_j^j + \beta_{j1}^j \tilde{f}_1 + \ldots\ldots + \beta_{jK}^j \tilde{f}_K + \tilde{\in}_i^j \qquad [9]$$

L'indice supérieur j indique que l'on exprime les rentabilités dans la monnaie j.

Cette hypothèse peut se vérifier si on a des facteurs tels que la production réelle mondiale ou encore la production mondiale de pétrole, dont les mesures sont indépendantes des monnaies considérées. Par exemple, la mesure de la production mondiale de pétrole, qui est le baril, est indépendante de la monnaie considérée.

En fait, il apparaît que la situation b) est un cas particulier de la situation a). En conséquence, sont tout d'abord présentés les résultats dans le cas a), dont on déduit les résultats dans le cas b).

2.2.3. *Les résultats*

Si on considère l'ensemble des rentabilités des actifs exprimées dans la monnaie de référence, on constate que la rentabilité aléatoire d'un actif quelconque a la forme suivante :

$$R_i = \mu_i + \beta_{i1} \tilde{f}_1 + \ldots\ldots + \beta_{iK} \tilde{f}_K + d_{ij} \tilde{\in}_j + \tilde{\in}_i^j \qquad [10]$$

L'actif i du pays j dont la rentabilité a une structure factorielle dans la monnaie du pays j a toujours une structure factorielle dans la monnaie de référence (équation 9), mais elle est modifiée. En effet, on voit apparaître un facteur supplémentaire : le facteur spécifique du taux de change $\tilde{s}_j$. Et si l'on considère l'ensemble des actifs, L facteurs supplémentaires apparais -

sent, ce sont les facteurs spécifiques des taux de change permettant de passer des monnaies dans L pays étrangers à la monnaie du pays de référence.

Cette expression [10] est pratiquement la même quelle que soit la situation envisagée. Seule, change la valeur de d_{ij}.

Dans la situation a), $d_{ii} = 1 - \sum_{k=1}^{K} \beta_{IK}$ si l'actif i appartient au pays j et à zéro dans le cas inverse ; alors que dans la situation b), d_{ij} est égal à un si l'actif i appartient au pays j et à zéro autrement.

Quant à la relation d'arbitrage (équation d'évaluation des rentabilités des actifs dans ce modèle), elle n'est pas la même dans les deux situations.

Ainsi, dans la situation a), on obtient la relation suivante :

$$\mu_i = \mu_0 + \beta_{i1} PR_1 + \ldots\ldots + \beta_{iK} PR_K + d_{iJ} M_J \qquad [11]$$

où M_J est le prix du risque associé au facteur spécifique du taux de change j.

La relation d'arbitrage n'a pas la même forme que celle présentée dans le cadre national. Les facteurs spécifiques des taux de change sont appréciés car ils ne peuvent être éliminés lors de la constitution du portefeuille d'arbitrage.

En revanche, dans la situation b), les facteurs supplémentaires mis en évidence peuvent s'éliminer lors de la constitution du portefeuille d'arbitrage. On retrouve l'équation donnée dans le cadre national :

$$\mu_i = \mu_0 + \beta_{i1} PR_1 + \beta_{i2} PR_2 + \ldots\ldots + \beta_{iK} PR_K \qquad [6']$$

Il faut noter que les coefficients de volatilité, β_{ik}, dépendent de la monnaie considérée. Ainsi, dans la monnaie j, le coefficient de volatilité de l'actif i au facteur k s'écrit β^j_{ik}, alors que dans la monnaie de référence, il s'écrit β_{ik}. En conséquence, même dans la situation b), le changement de monnaie a un impact sur la relation d'arbitrage.

Les hypothèses faites sur le comportement des facteurs ne sont donc pas neutres sur les relations d'évaluation. En particulier, si l'on suppose que les facteurs communs dépendent de la monnaie considérée, les facteurs spécifiques des taux de change sont appréciés, alors qu'ils ne le sont pas dans le cas contraire.

Actuellement, aucun test ne permettant de rejeter la relation [6'] ou la relation [11], nous devons les retenir toutes les deux. La seule remarque, que nous pouvons faire est que la relation [6'] est plus proche des relations d'évaluation présentées dans le cadre des modèles internationaux d'équilibre des actifs financiers.

3. L'évaluation des options sur devises

La première formule exacte d'évaluation des options fut dérivée par F. Black et M. Scholes (1973). C'est la formule classique largement utilisée par les *traders* pour orienter leurs décisions. Elle est mise en évidence à partir d'un raisonnement d'arbitrage qui est le suivant : tout investisseur peut constituer, en combinant l'achat d'actions et d'options, un portefeuille parfaitement couvert, donc sans risque ; sa valeur est alors indépendante de l'évolution subséquente de l'action. Si tel est le cas, ce portefeuille ne devrait rapporter que le taux d'intérêt sans risque pendant sa période de détention[1].

M. Garman et S. Kohlhagen (1983) ont par la suite étendu ce modèle au cas des options sur devises.

3.1. Le principe

C'est une modification du modèle de Black et Scholes qui prend en compte les deux spécificités des options sur devises qui sont :
– l'actif sous-jacent n'est plus une action, mais une devise étrangère. Son prix est le nombre d'unités de monnaie nationale qu'il faut pour l'acheter ;
– le coût d'opportunité pour investir dans une devise étrangère n'est plus le taux d'intérêt sans risque national comme pour un actif ordinaire, mais le différentiel de taux d'intérêt (national moins étranger). L'explication en est qu'un achat de devises étrangères coûte le taux d'intérêt national (emprunt en monnaie nationale), mais en même temps il permet de gagner de l'argent, car ces devises peuvent être placées au taux d'intérêt étranger ; le solde de l'opération est donc la différence entre ces deux taux.

3.2. Les résultats

Les hypothèses de base sont les mêmes que celles d'une option traditionnelle, sachant que l'actif sous-jacent est maintenant une devise étrangère.

Le prix d'une option d'achat de devises de type européen, qui ne peut pas être exercée avant la date d'exercice, a la forme suivante :

$$C\,(S,\,T) = e^{-r^*T}\,S\,N\,(x + \sigma\sqrt{T}) - e^{-rT}\,K\,N\,(x) \qquad [12]$$

avec la condition limite $C(S, 0) = \max\,(0,\,S - K)$

où :

x	: $(\ln\,(S/K) + (r - r^* - \sigma^2/2)\,T)\,/\,\sigma\sqrt{T}$,
S	: le taux de change au comptant (unités de monnaie nationale par devise étrangère),
K	: le prix d'exercice de l'option (unités de monnaie nationale par unité étrangère),
T	: le temps restant jusqu'à l'échéance,
$C\,(S, T)$	: le prix d'une option d'achat,
$P\,(S, T)$	: le prix d'une option de vente,
r	: le taux d'intérêt sans risque national,
r^*	: le taux d'intérêt sans risque étranger,
σ	: la volatilité du taux de change au comptant,
$N\,(\ )$	: la fonction de distribution normale cumulée.

---

1. Voir également dans cette Encyclopédie l'article de J.C. Augros, « Options ».

Quant au prix d'une option de vente de devises, il est identique à celui d'une option d'achat à cause de la symétrie d'un taux de change : l'achat d'une livre sterling avec des dollars (USD/GBP) est égal à la vente de dollars contre une livre sterling (USD/GBP). Seule diffère la condition limite qui est dans ce cas $P(S, 0) = \max (0, K - S)$.

Pour comprendre ce que signifie cette formule, nous allons examiner sur le graphique 2 la sensibilité du prix d'une option européenne d'achat de devises à une variable, quand les autres variables sont maintenues constantes. On constate que le prix croît lorsque le taux d'intérêt national augmente ($\delta C/\delta r > 0$), et baisse lorsque le taux d'intérêt étranger augmente ($\delta C/\delta r^* < 0$). L'augmentation du taux de change au comptant entraîne une hausse du prix de l'option ($\delta C/\delta S > 0$), alors que celle du prix d'exercice a un effet inverse ($\delta C/\delta K < 0$).

En revanche, la sensibilité du prix vis-à-vis du temps restant à courir jusqu'à la date d'exercice est ambiguë, elle peut être positive ou négative ($\delta C/\delta T : 0$).

Les options d'achat *in the money* tendent à avoir un signe négatif quand l'échéance est proche. Ceci est surtout mis en évidence pour des options d'achat *deep in the money,* c'est-à-dire lorsque le taux d'intérêt étranger s'élève bien au-dessus du taux national.

A ce niveau, on peut introduire les options sur devises de type américain, c'est-à-dire les options qui peuvent être exercées à n'importe quel moment, car contrairement aux options européennes sur devises, la relation entre leur prix et la maturité est positive ($\delta C/\delta T > 0$). L'équation différentielle permettant d'obtenir le prix d'une option américaine est de la même forme que celle permettant d'obtenir le prix d'une option européenne. Seule change la condition limite, car le prix de cette option ne doit jamais être inférieur à sa valeur immédiate de conversion.

3.4. *La protection contre le risque de change avec des options sur devises*

Pour qu'un investisseur français ait une protection parfaite d'un portefeuille d'actifs étrangers (par exemple, américains) contre le risque de change avec des options sur devises, il faut que la perte d'un franc français (ici, la monnaie nationale) sur le portefeuille d'actifs étrangers, due à une dépréciation du dollar par rapport au franc, soit couverte par une augmentation d'un franc de la valeur de son portefeuille d'options[1].

Dans ce cas, l'investisseur français doit acheter des options de vente de dollars contre des francs, ou des options d'achat de francs contre des dollars. S'il achète, par exemple, des options de vente, il doit regarder la sensibilité du prix de l'option à une variation du taux de change. Si le taux de change actuel FRF/USD est égal à 5 et si la sensibilité du prix de l'option de vente à une variation du taux de change est de $- 0,5$ ($\delta C/\delta S < 0$ pour une option de vente), il faudra alors acheter deux options de vente par franc

---

1. Voir également dans cette Encyclopédie l'article de C.A. Vailhen, « Risque de change ».

Graphique 2
Le comportement du prix d'une option sur devises

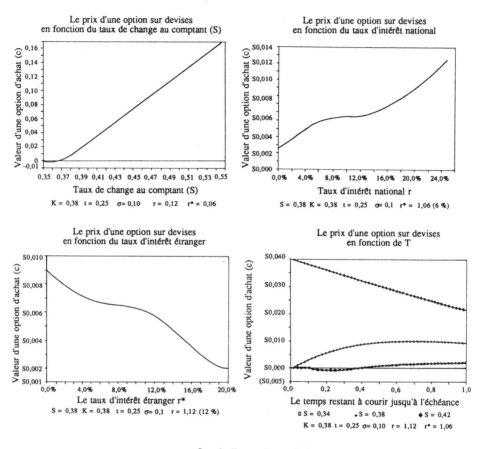

Le prix d'une option sur devises
en fonction du taux de change au comptant (S)

Taux de change au comptant (S)

K = 0,38   t = 0,25   σ= 0,10   r = 0,12   r* = 0,06

Le prix d'une option sur devises
en fonction du taux d'intérêt national

Taux d'intérêt national r

S = 0,38   K = 0,38   t = 0,25   σ= 0,1   r* = 1,06 (6 %)

Le prix d'une option sur devises
en fonction du taux d'intérêt étranger

Le taux d'intérêt étranger r*

S = 0,38   K = 0,38   t = 0,25   σ= 0,1   r = 1,12 (12 %)

Le prix d'une option sur devises
en fonction de T

Le temps restant à courir jusqu'à l'échéance

□ S = 0,34   • S = 0,38   ♦ S = 0,42

K = 0,38   t = 0,25   σ= 0,10   r = 1,12   r* = 1,06

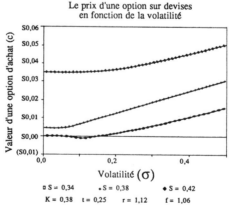

Le prix d'une option sur devises
en fonction de la volatilité

Volatilité (σ)

□ S = 0,34   • S = 0,38   ♦ S = 0,42

K = 0,38   t = 0,25   r = 1,12   f = 1,06

investi. En effet, pour une dépréciation du dollar de cinq centimes (1 %), le prix de l'option de vente va augmenter de 0,5 % et, en conséquence, la perte du portefeuille sera compensée.

La mesure de cette sensibilité ($\delta C/\delta S$) s'appelle le delta qui, pour une option d'achat comme celle présentée en 3.3., est égal à $e^{-r^*T} N (x + \sigma\sqrt{T})$; l'inverse du delta est appelé le ratio de couverture.

D'après cette formule, on constate que le delta fluctue en fonction de plusieurs variables. Des exemples en sont donnés au graphique 3.

En conséquence, les options servant à protéger un portefeuille d'actifs contre le risque de change doivent être reconsidérées à chaque modification d'une variable influençant le delta et donc le ratio de couverture, ce qui entraîne des coûts de transactions qui peuvent rendre cette stratégie très coûteuse. Aussi, est-il utile dans ce cas de se référer au modèle de Leland (1984), qui intègre les coûts de transactions et permet de calculer la fréquence optimale avec laquelle il faut changer les options permettant de protéger un portefeuille.

*
* *

Actuellement, deux conclusions se dégagent des modèles internationaux d'équilibre des actifs financiers. La première est que la rentabilité nominale anticipée d'un actif protégé contre les déviations de la parité des pouvoirs d'achat est donnée par le MEDAF nominal traditionnel. La seconde est qu'un investisseur répartit sa richesse entre deux portefeuilles :

– Un portefeuille qui contient tous les actifs, appelé portefeuille logarithmique. Ce portefeuille est indépendant de la nationalité de l'investisseur et peut se décomposer en deux sous-portefeuilles : un portefeuille de tous les actifs protégés contre le risque de change et un portefeuille à caractère spéculatif sur le risque de change.

– Un portefeuille de protection contre l'inflation.

Ce dernier portefeuille dépend de la nationalité de l'investisseur. En conséquence, les investisseurs ne détiendront pas tous les mêmes portefeuilles.

A priori, dans le cadre international, les contraintes sur les investissements, les différents systèmes fiscaux et les coûts de transactions sont tels, que la conception d'un modèle complet d'équilibre pour le marché mondial des capitaux est une tâche sans espoir.

En ce sens, le principe d'arbitrage, qui permet de considérer des échantillons d'actifs, apporte beaucoup pour la conception de nouveaux modèles internationaux d'évaluation des actifs financiers. Ceci motiva l'extension au cadre international des modèles d'évaluation par l'arbitrage. Les résultats des modèles internationaux d'arbitrage diffèrent selon les hypothèses faites sur le comportement des facteurs communs. En particulier, le risque de change est apprécié ou non selon le cas envisagé. Les prochaines

Graphique 3
Le comportement du delta

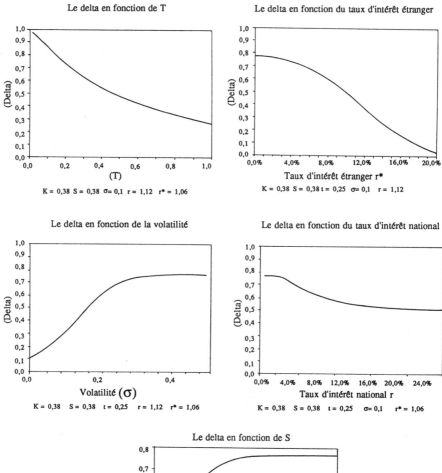

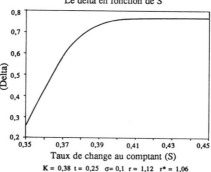

analyses empiriques devraient alors permettre de rejeter un des deux modèles présentés ici.

Quant à l'évaluation des options sur devises, elle est pratiquement identique à celle des options sur actions. Il suffit de modifier le modèle basé sur les actions pour prendre en compte les spécificités des options sur devises qui sont :

– l'actif sous-jacent n'est plus une action, mais une devise étrangère ;

– le coût d'opportunité pour investir dans une devise étrangère n'est plus le taux d'intérêt sans risque national, mais la différence entre le taux d'intérêt national et le taux d'intérêt étranger.

Références

Adler M., Dumas B., « International Portfolio Choice and Corporation Finance : A Synthesis », *Journal of Finance* (June 1983) : 925-984.

Fontaine P., « Réflexions sur le modèle international d'arbitrage », Conférence de l'Association française de finance, décembre 1986.

Fontaine P., *Arbitrage et évaluation internationale des actifs financiers*, Paris, Economica, 1988.

Garman M., Kohlagen S., « Foreign Currency Option Values », *Journal of International Money and Finance* (December 1983) : 231-237.

Grauer F., Litzenberger R., Stehle R., « Sharing Rules and Equilibrium in an International Capital Market under Uncertainty », *Journal of Financial Economics* (June 1976) : 233-256.

Sercu P., « A Generalization of the International Asset Pricing Model », *Revue de l'Association Française de Finance* (juin 1980) : 91-135.

Solnik B., « An Equilibrium Model of the International Capital Market », *Journal of Economics Theory* (August 1974) : 500-524.

Solnik B., « International Arbitrage Pricing Theory », *Journal of Finance* (May 1983) : 449-457.

Solnik B., *International Investments*, Boston, Addison-Wesley, 1987.

Stulz R., « On the Effects of Barriers to International Investments », *Journal of Finance* (September 1981) : 923-934.

Mots clés

Delta, modèle international d'arbitrage, modèle international d'équilibre des actifs financiers, option sur devise, parité des pouvoirs d'achat (PPA), portefeuille logarithmique, risque monétaire.

57

Evaluation des actifs incorporels

Michel Glais et Eugène Sage

« La valeur d'un équipement complet en état de fonctionnement peut être supérieure à la somme des valeurs d'achat des machines neuves car il existe, en effet, une complémentarité entre des équipements différents destinés et conçus pour fonctionner ensemble » (J. Hicks (6)[1] p. 177).

L'idée selon laquelle la valeur d'une entreprise ne peut être réduite à une simple somme d'actifs corporels nets (corrigés au besoin de l'érosion monétaire) est devenue, aujourd'hui, un lieu commun pour les spécialistes des problèmes d'évaluation.

Si le Français L. Retail fut, dans l'entre-deux-guerres, l'un des tout premiers à se dégager de la traditionnelle méthode patrimoniale (12), c'est surtout après 1950, dans le climat de forte croissance des économies occidentales et sous l'impulsion des praticiens anglo-saxons, que s'est imposée l'idée selon laquelle la valeur de l'entreprise ne se confond pas simplement avec celle des actifs corporels qu'elle détient.

Les juristes se sont également rangés à cette opinion. On en voudra pour preuve le fait que, par exemple, dans une célèbre affaire Willot, le magistrat en charge du dossier reconnut qu'il était acceptable de déterminer, selon les cas, la valeur des entreprises en fonction de celle « d'utilisation ou d'usage des différents biens de production, souvent supérieure à leur valeur marchande, du fait de leur intégration dans un circuit d'exploitation (ou) de la valeur de rendement de l'entreprise après examen des résultats antérieurs d'exploitation, compte tenu de la plus ou moins grande vitalité du secteur économique auquel elle appartient ». Il est seulement essentiel dans ce cas, ajoutait le magistrat, de déterminer « l'importance des éléments incorporels et d'en justifier la valeur » (souligné par nos soins).

La référence aux travaux de J. Hicks dans l'introduction de cet article a valeur de symbole, dans la mesure où elle peut enrichir la présentation des méthodes d'évaluation des entreprises en permettant de mieux comprendre les raisons pour lesquelles, historiquement, le problème de l'évaluation du capital a donné naissance à deux grandes écoles de pensée et à deux types de mesure.

---

1. Ce chiffre renvoie aux références bibliographiques à la fin de l'article.

Dans un article, publié en 1974 (7), J. Hicks explique très clairement les raisons des différences de conception entre ces deux courants.

Historiquement, le premier d'entre eux, le courant « fondiste » comme l'appelle le prix Nobel d'économie (courant dans lequel se rangerait A. Smith) considérait le capital comme un fonds, c'est-à-dire comme une valeur monétaire investie dans un stock de produits destinés à la vente. Le problème de la mesure de ce capital était relativement simple dans une économie à cette époque, encore souvent dominée par les marchands. En effet, un stock de produits destinés à la vente est divisible en petites unités et est appelé à tourner relativement vite au cours d'un même exercice comptable. Une évaluation basée sur l'estimation de ce stock de produits était alors acceptable.

Cette conception du capital en tant que fonds monétaire permet également de comprendre pourquoi, chez les classiques, le processus économique met en œuvre le travail considéré comme un flux, la terre envisagée comme un stock et le capital dont on ne faisait ni un stock ni un flux. Comme l'écrit J. Hicks ((7) p. 34) : « Dans le processus de production (vu par les classiques) le travail est appliqué à la terre par l'intermédiaire (*through*) du capital et non au capital ».

Le second courant (réaliste ou matérialiste dans la terminologie Hicksienne) s'est imposé, poursuit J. Hicks, avec A. Marshall à la fin de la révolution industrielle, quand on constata que le capital s'incorporait de plus en plus en équipements fixes et non plus en produits circulants comme au temps des marchands. De ce fait, les théoriciens furent progressivement conduits à vouloir faire du capital, ainsi considéré, un facteur de production à part entière.

Le principe de l'évaluation patrimoniale correspond alors bien à une telle conception en établissant la valeur du capital par référence au prix d'achat du stock d'actifs corporels détenus. Mais, au contraire d'une situation où le capital est investi dans un stock de produits finis destinés à la vente, une évaluation basée sur le coût historique de l'équipement devient beaucoup moins acceptable, lorsque le capital a pour contrepartie des équipements et des machines formant un tout dans un processus de production destiné à fonctionner pendant plusieurs années. Il n'est, en effet, réaliste de vouloir mesurer la valeur du capital par rapport au prix d'achat des machines que dans quelques cas très précis, par exemple, lorsqu'il s'agit d'établir une mesure statistique de ce capital. Une telle mesure ne peut se réaliser que grâce aux données du passé et elle possède son utilité dans le cadre de la théorie du bien-être où l'on ne peut établir des évaluations d'agrégats que si les goûts et désirs sont donnés et inchangés.

Jusqu'au début des années 1950, la référence à la valeur historique des actifs corporels détenus ne conduisait, toutefois, peut-être pas à des erreurs d'estimation trop importantes, dans la mesure où bâtiments, machines et processus de production présentaient des espérances de vie plus longues qu'aujourd'hui et où les produits étaient moins différenciés, les circuits de distribution et les marques moins affirmés. La reconnaissance, de nos jours, de l'importance de ces facteurs conduit alors à privilégier une conception de l'évaluation fondée sur la prise en compte des facteurs susceptibles de gouverner la demande dans le futur. Comme l'écrivait F. Hayek (cité dans J. Hicks (6) p. 181), une machine destinée à produire un bien fortement soumis aux caprices de la mode ne vaudra plus rien, bien qu'intacte, à la fin de sa première année d'existence si, à cette date, le produit n'est plus demandé.

J. Hicks appelle alors « courant fondiste rénové » le courant actuel privilégiant l'évaluation du capital à partir d'un flux de profits futurs anticipés.

Reconnaître que la complémentarité entre des équipements différents conçus pour fonctionner ensemble conduit souvent à leur donner une valeur supérieure à celle de leurs prix d'achat, ne résoud pas pour autant bien sûr les problèmes concrets de mesure d'une telle valeur. Pour ce faire, encore faut-il s'interroger de façon plus précise sur les fondements d'une telle complémentarité et, sur ce point encore, l'apport de la théorie économique demeure toujours précieux. On constate, en effet, que les fondements théoriques de la prise en compte des actifs incorporels se trouvent dans les travaux qui, de R.H. Coase à O.E. Williamson, se sont attachés à analyser « la nature de la firme » (section 1). La reconnaissance du caractère fondamental de la référence à la notion d'actif incorporel s'est concrétisée dans l'élaboration de méthodes d'évaluation basées sur la prise en compte des flux de profits futurs anticipés. Fondées sur des conceptions théoriques indiscutables, ces méthodes sont toutefois d'applications pratiques très délicates (section 2). Des problèmes concrets de mesure expliquent, en partie mais pas totalement toutefois, les raisons qui conduisent certains praticiens à privilégier, autant que faire se peut, les méthodes d'évaluation directes des actifs incorporels (section 3).

1. « L'analyse de la nature de la firme » : fondement de la notion d'actif incorporel

Dans le cadre de la théorie néo-classique des prix, l'entreprise est censée agir de façon rationnelle et minimiser ses coûts. La validité de ce paradigme repose essentiellement sur le degré de réalisme d'une série d'hypothèses de stricte application. Il faut, en effet, que :
– les facteurs de production soient dotés de spécificités techniques précises et réalisent des performances calculables de façon exacte ;
– la fonction de production soit totalement connue ;
– l'information soit totale et largement diffusée ;
– tous les facteurs fassent l'objet d'un prix de marché.

En fait, dans cette théorie, l'entreprise n'est qu'une sorte de boîte ou de coquille vide sans signification précise. Le processus de production pourrait tout aussi bien être organisé sur le marché à l'aide d'une série de contrats individualisés. La théorie néo-classique de la firme ne s'est donc pas intéressée à la question de savoir pourquoi, comme l'a écrit D.H. Robertson (14)

« on trouve des îlots de pouvoir conscient dans cet océan de coordination inconsciente, tels des mottes de beurre en train de prendre dans une baratte ».

1.1. La coordination des activités économiques au sein de l'entreprise

Avec son article « The Nature of the Firm » (2) dans lequel il attire l'attention sur le fait que le mécanisme des prix est fort coûteux, ne serait-ce qu'en raison des dépenses générées par la recherche d'information, R.H. Coase fut le premier à démontrer l'intérêt d'organiser les efforts productifs au sein d'une entreprise. Il donnait ainsi le coup d'envoi à de nombreux travaux qui devaient, en particulier avec O.E. Williamson, permettre de mieux expliquer, théoriquement, l'intégration d'une série d'activités au sein d'une entreprise (19).

Une telle intégration permet, en effet, à ses dirigeants de mieux coordonner les différents centres de responsabilité, de réaliser d'importantes économies de communication, grâce aux phénomènes d'apprentissage et d'entraînement communs réalisés à l'intérieur des groupes... L'internalisation des activités se concrétise par une amélioration de l'efficience de la combinaison productive[1].

Dans la réalité des affaires, les décisions prises dans l'entreprise représentent, en effet, la résultante d'un jeu de rapports individuels et sociaux. Les activités qu'un individu est censé y accomplir ne sont presque jamais spécifiées (le contrat de travail impose au salarié une obligation de moyens et non de résultats et le problème du contrôle de l'intensité des efforts déployés n'est pas évoqué). Dans l'interprétation de sa tâche, il dispose donc d'une marge d'appréciation qu'il cherche à utiliser pour améliorer sa satisfaction personnelle. La façon dont il accomplit sa tâche, la vitesse avec laquelle il la mène à bien et le temps qu'il y consacre effectivement dépendent, en partie, de ses propres choix, mais aussi de ceux de ses partenaires de travail ou des groupes dans lesquels il s'insère.

Le rôle des responsables de l'entreprise est de mieux spécifier la nature de chaque activité et d'imposer une méthode ainsi qu'une cadence de travail permettant d'améliorer les performances et donc de faire la chasse à ce que H. Leibenstein nommait les « inefficacités – X » (8).

La leçon qui peut être tirée de la réflexion sur les fondements d'une méthode d'évaluation est que la valeur d'une entreprise dépend en grande partie de l'habileté avec laquelle les dirigeants sont, non seulement en mesure de rapprocher les coûts réels de production des coûts idéaux calculés *ex ante* par les ingénieurs des bureaux d'études, mais aussi et surtout, de les faire évoluer petit à petit dans le sens de la baisse. Il suffit de consulter les statistiques établies par la centrale des bilans de la Banque de France pour constater à quel point, au sein d'une même famille professionnelle et pour des entreprises de tailles identiques, les rapports « valeur ajoutée par

---

1. Voir également dans cette Encyclopédie l'article de P. Joffre, « Entreprise et marché ».

salarié » présentent des écarts importants. Comme l'écrivaient, à juste titre, T. Peters et R. Waterman (11) « Les meilleures entreprises traitent la base comme la source maîtresse de la qualité et des gains de productivité. Elles ne considèrent pas l'investissement en biens d'équipement comme la source fondamentale d'une meilleure efficacité ».

Ce sont d'ailleurs souvent de petites avancées technologiques cumulatives qui permettent, en définitive, de parvenir à ce qu'on appellera, *ex post,* une innovation majeure.

A long terme, comme le pense E. Zuscovitch (20), la personnalité technologique de l'entreprise est la mieux représentée par son stock de savoir-faire, son *know-how* accumulé grâce à un apprentissage quotidien souvent plus du type *learning by using* (amélioration progressive des caractéristiques physiques des produits selon N. Rosenberg (15)) que du type *learning by doing.*

1.2. La création d'un business goodwill

Dans le même ordre d'idées, la mise en place d'une organisation commerciale ou d'un circuit de distribution très spécifique liant de façon assez durable l'entreprise et ses clients (d'autres entreprises ou des particuliers) participe de cette politique de coordination menée par les dirigeants d'une entreprise pour doter celle-ci d'une spécificité reconnue sur un marché. G.B. Richardson (13) a souvent souligné, à juste titre, à quel point les entreprises, quand elles organisent leurs relations « fournisseurs-clients », ont tout autant tendance à coopérer qu'à conclure de pures transactions de marché. L'erreur de cet auteur a été, toutefois, de ne pas insister sur le caractère souvent stable et durable de ces relations clients-fournisseurs. Dans l'article cité plus haut, il écrit en effet avec quelque imprudence et désinvolture que « les firmes forment des couples pour la danse, mais peuvent changer de partenaire dès que la musique s'arrête ».

L'expérience de la vie des affaires montre que la précarité de telles relations est beaucoup moins fréquente qu'on le croit souvent. C'est à ce point vrai que la rupture des relations commerciales peut, sous certaines conditions, donner lieu à compensation pour le partenaire lésé (exemple de la dépendance pour cause d'assortiment dans le droit allemand de la concurrence, ou exploitation abusive d'une situation de dépendance économique en vertu de l'article 8 de l'ordonnance de décembre 1986, portant réforme du droit de la concurrence en France).

La force et le caractère adapté de certains réseaux de vente expliquent souvent la réussite exceptionnelle de beaucoup d'entreprises (on leur attribue en partie, par exemple, le développement considérable de la société Benetton, le succès permanent de la société Pichon Frères (ceinture du docteur Gibaud !), le redressement récent de la société Richard-Pontvert fabricant de la célèbre chaussure Parabout...).

Lorsque les investissements en publicité ont été soutenus, importants et intelligemment réalisés, ils constituent sinon toujours de véritables barrières à l'entrée, du moins des facteurs de protection et de relative stabilisation des parts de marché d'une entreprise [1]. Comme l'écrivait, d'ailleurs, G.J. Stigler, un des plus grands théoriciens de la formation des prix : « La libre entrée peut être définie comme la condition selon laquelle les coûts de longue période des nouvelles entreprises (lorsqu'elles entrent sur un marché) sont égaux à ceux des entreprises en place. Cela ne signifie pas pour autant qu'une nouvelle entreprise peut entrer et être immédiatement aussi rentable que les entreprises en place. Le nouvel entrant a besoin d'un intervalle de temps non négligeable pour installer son équipement, pour *établir ses relations commerciales, perfectionner ses produits* (souligné par nos soins).

P.W.S. Andrews (1) et H.R. Edward (3) ont également beaucoup insisté sur l'intensité du *business goodwill* qui attache durablement certains clients aux entreprises déjà établies. Ils notaient d'ailleurs que, quand il s'agit en particulier d'un produit de type intermédiaire pour lequel les clients d'une entreprise sont d'autres entreprises, les relations commerciales sont souvent solides et durables, car elles sont le fruit d'une confiance et d'un attachement créés au cours du temps sur des bases objectives.

Tous ces facteurs contribuent, on le comprend, à la création de l'actif incorporel dont une entreprise peut être dotée. Enfin, la théorie économique de la rente ou de la quasi-rente explique également certains éléments de l'actif incorporel que l'on peut noter dans certains secteurs d'activité : dans la distribution (octroi d'autorisation d'implantation pour un hypermarché), dans certains autres secteurs soumis à réglementation (débits de boissons : nécessité de détenir une licence IV, transports aériens, pharmacies...).

De ce fait, la prise en considération d'une nécessaire évaluation des actifs incorporels a conduit, comme nous l'avons souligné précédemment, les évaluateurs à calculer la valeur d'une entreprise dans une optique « fondiste rénovée » au sens de Hicks, c'est-à-dire à partir de la notion de valeur de rentabilité.

2. La valeur de rentabilité : une méthode conceptuellement très sûre, mais d'application pratique délicate

Il est, en effet, indiscutable que le calcul de la valeur d'une entreprise à partir de l'estimation des flux de « profits » futurs espérés et actualisés est la méthode d'évaluation la plus conforme à l'idée que l'on doit se faire, sur le plan conceptuel, de la valeur d'une entreprise évoluant dans une économie de marché où règne la liberté des échanges [2].

En économie de marché, l'objectif de l'entreprise est de réaliser des profits ; il est donc logique d'estimer sa valeur en fonction de son aptitude à

---

1. Quand le groupe Henkel a acquis, par l'intermédiaire de sa filiale française, le contrôle de deux fabricants de détergents : UGS et Solitaire, G. Van Weddingen, le P-DG, expliqua que ces achats permettaient d'économiser les très gros investissements publicitaires nécessaires à la création des marques dans ce secteur d'activité (*Usine nouvelle*, 8 janvier 1987).
2. Voir également dans cette Encyclopédie l'article de D. Pène, « Evaluation de l'entreprise ».

dégager des bénéfices. A la limite, on peut considérer qu'une entreprise possédant un stock de machines neuves ou en parfait état de fonctionnement technique ne possède qu'une valeur de casse, si elle n'est pas en mesure de dégager des résultats positifs.

Stimulés par le climat de croissance des années 1960 et du début des années 1970, les chercheurs en finance ont alors mis au point de nombreux modèles d'évaluation basés sur la prise en compte des rendements futurs espérés. Souvent très sophistiqués, ces modèles sont de véritables régals pour l'œil et le confort intellectuel des théoriciens. Ils fonctionnent parfaitement et donnent des résultats qui s'imposent avec la logique implacable de tout ce qui se présente sous une forme mathématique... à condition toutefois que l'on soit, *au préalable, en mesure de déterminer le flux de profits futurs et de choisir le taux d'actualisation approprié.* Or, c'est à ce niveau que commencent les difficultés dès lors qu'il s'agit de passer d'une présentation purement théorique de l'évaluation au travail « sur le terrain ». Tous ceux qui, quotidiennement, ont à estimer la valeur d'une entreprise lors d'une transaction entre un vendeur et un acheteur d'une entreprise (souvent non cotée) en sont bien conscients.

Il est, en effet, tout d'abord difficile d'estimer le flux de « profits » futurs anticipés dans un environnement économique incertain ainsi que l'horizon prévisionnel qu'il conviendra raisonnablement de retenir. Il est très dangereux de se fonder sur les seuls résultats des trois ou quatre exercices précédant le moment de l'évaluation. Rien ne dit, en effet, que ces résultats se maintiendront ou s'amélioreront au cours des exercices futurs. De plus, à supposer que l'on essaie d'estimer le *trend* d'évolution de ces résultats, encore faut-il se référer à des chiffres du passé suffisamment fiables. C'est pour cette raison que nous avons précédemment fait référence à une notion de profits, entre guillemets, afin d'en souligner le caractère extrêmement flou.

Sur un plan strictement théorique, il est en effet facile, d'un trait de plume, de considérer que l'on fondera le calcul sur la prise en compte des dividendes futurs espérés, comme le faisait, par exemple, M.J. Gordon en proposant sa formule :

$$V = \frac{D_0}{r^* - g}$$

avec D_0 dividendes initiaux, r^* le taux d'actualisation et g le taux de croissance nominal espéré au cours d'une série d'exercices.

Il est vrai que, théoriquement, la valeur d'une action pour le propriétaire d'une entreprise est égale à la capitalisation des dividendes espérés. Dans la pratique, toutefois, et surtout lorsqu'il s'agit de petites ou de moyennes entreprises non cotées, les distributions de dividendes sont loin d'être représentatives de la véritable rentabilité de l'entreprise. Toutes les études réalisées sur la pratique des entreprises en matière de distribution font état de comportements fort complexes. En fait, on peut montrer que ce que cherchent les dirigeants des entreprises, c'est surtout distribuer aux actionnaires un dividende augmentant si possible de façon régulière ou, pour le moins, ne présentant pas de fluctuations annuelles trop marquées.

Toutes les études réalisées sur les pratiques adoptées par les grandes entreprises cotées démontrent, d'ailleurs, que les dirigeants de ces firmes cherchent à pratiquer une politique de « lissage » en matière de distribution des dividendes et transforment en quelque sorte les actionnaires en quasi-créanciers recevant chaque année une rémunération en numéraire peut-être modeste, mais relativement sûre. De ce fait, la politique de distribution est souvent déconnectée de l'évolution réelle des bénéfices par action. Cette déconnection dépend également d'autres variables : politique d'endettement, besoin en fonds de roulement, financement des investissements et considérations fiscales. Le caractère inadapté de la prise en compte des dividendes distribués pour estimer la valeur d'une entreprise est encore plus flagrante, lorsqu'il s'agit d'évaluer des firmes de petite et moyenne tailles non cotées.

Certes, on peut élaborer, comme l'a fait G. de Murard (10), des modèles se rapportant au montant des dividendes qu'il serait financièrement possible de distribuer, une fois placée en réserve la partie des bénéfices juste nécessaire pour assurer la pérennité d'une croissance stable et équilibrée de l'entreprise.

Très rigoureux et satisfaisants pour l'esprit, de tels modèles sont d'utilisation pratique très délicate (voir M. Glais (5), p. 229).

Si l'on renonce à la prise en compte des dividendes, on peut bien évidemment se retourner vers la capitalisation des bénéfices futurs espérés en s'appuyant sur les résultats obtenus au cours des derniers exercices. Cette méthode d'évaluation a été très tôt préconisée sur un plan théorique par F. Modigliani et M. Miller (9), dans le cadre de leur argumentation visant à démontrer que la valeur de l'entreprise est indépendante de son mode de financement.

Quand on en revient aux problèmes pratiques auxquels sont confrontés les experts en évaluation, force est de reconnaître que la mise en évidence de la véritable capacité bénéficiaire suppose un retraitement complet des comptes de résultats des entreprises. Le résultat net comptable est, en effet, très éloigné du véritable profit de l'entreprise et ce, en particulier, par suite de l'influence très déformante de certaines règles comptables et surtout fiscales.

De plus, chacun sait qu'une partie du profit est souvent incorporée dans certains coûts (en particulier au niveau de certaines charges salariales et de certains frais divers de gestion). Par ailleurs, les règles fiscales d'amortissements n'ont bien souvent aucun rapport avec la véritable dépréciation économique des équipements possédés par l'entreprise. Il convient donc, alors, en prenant appui sur le montant des excédents bruts d'exploitation des derniers exercices de recalculer les véritables capacités bénéficiaires des entreprises.

Ainsi, même en adoptant une méthode d'analyse s'appuyant sur la notion de valeur de rentabilité, on ne peut totalement se priver d'une analyse menée en termes de valeur patrimoniale. Le calcul des amortissements « économiques » implique, en effet, de déterminer la valeur des actifs corporels (et plus particulièrement des biens d'équipement) et de se doter d'abaques de dépréciation économique de la plupart des matériels courants (les cabinets expérimentés en matière d'évaluation mettent à jour de tels abaques).

Enfin, à supposer que l'on ait pu estimer de façon acceptable les capacités bénéficiaires futures et l'horizon prévisionnel adapté aux caractéristiques de l'entreprise concernée, se pose alors le difficile problème du choix du taux d'actualisation.

Une différence d'un ou de deux points dans le choix de ce taux d'actualisation conduit, en effet, à des évaluations sensiblement différentes. A cet égard, si les enseignements tirés du modèle d'équilibre des actifs financiers (MEDAF) peuvent permettre de mieux déterminer, aujourd'hui, le taux d'actualisation à retenir en le considérant comme le taux de rentabilité exigé par le marché financier pour accepter de détenir des actions présentant un degré de risque économique et financier identique à celui de l'entreprise faisant l'objet de l'évaluation, chacun sait que les modalités pratiques de ce type de calcul demeurent concrètement problématiques (difficulté de mesure du coefficient ß, choix du taux « sans risque » i, adaptation du résultat en fonction de la situation d'entreprises non cotées…)[1].

L'ensemble de ces remarques ne doivent certes pas conduire à renoncer, dans la pratique des affaires, à l'utilisation de modèles d'évaluation basés sur la rentabilité future espérée. Néanmoins, on ne peut se passer, non plus, de l'estimation d'une valeur patrimoniale. C'est d'ailleurs ce que pensent le plus souvent les experts en évaluation.

Deux approches sont alors possibles. La première consiste à ajouter à la valeur de l'actif net corrigé une « survaleur » censée représenter, en quelque sorte, l'estimation d'une combinaison productive efficace de l'entreprise : le *goodwill*. La seconde approche consiste à estimer directement la valeur des actifs incorporels.

Le *goodwill* représenterait, en fait, l'expression chiffrée de l'idée selon laquelle il est anti-économique et donc irrationnel d'investir de l'argent (et du temps) dans une entreprise, c'est-à-dire une activité risquée, si les sommes investies ne rapportent pas un revenu supérieur au rendement que l'investisseur obtiendrait en plaçant sans risque, cette somme sur le marché financier. Comme le souligne E. Sage (16), une entreprise efficace sur le marché doit procurer à ses partenaires une capacité bénéficiaire supérieure au revenu qu'obtiendrait l'investisseur en plaçant, sans risque, sur le marché financier, la valeur des fonds propres nécessaires pour reconstituer l'outil de production. De ce fait, la « rente de *goodwill* » doit, normalement, apparaître comme un phénomène permanent.

---

1. Voir également dans cette Encyclopédie les articles de G. Charreaux, « Théorie financière », de G. Charest, « Rendement, risque et portefeuilles » et de R. Cobbaut, « Théorie du marché financier ».

Il faut, en effet, dénoncer l'erreur parfois commise par des financiers assimilant la rente de *goodwill* à une sorte de super-bénéfice temporaire, ce qui les conduit à estimer la valeur du *goodwill*, à partir de la différence entre la valeur de rentabilité et la valeur substantielle (c'est-à-dire la valeur des fonds propres nécessaires à la reconstitution de l'outil de travail).

Dans la mesure où on accepte l'idée selon laquelle la capacité bénéficiaire d'une entreprise doit durablement dépasser le montant du revenu qu'obtiendrait l'investisseur en plaçant, sans risque, sur le marché financier, le montant des capitaux propres nécessaires pour reconstituer l'entreprise dans l'état physique où elle se trouve au moment de l'évaluation, le calcul de la valeur du *goodwill* se réalise de la façon suivante :

$$GW = (\overline{CB} - i\, CPR_{NE}) \times \frac{1 - (1 + r^*)^{-n}}{r^*}$$

avec :

$\overline{CB}$: capacité bénéficiaire tendancielle calculée à partir des résultats des deux ou trois derniers exercices (éventuellement corrigée en tenant compte de la capacité bénéficiaire prévisionnelle),

i : taux d'intérêt qu'il est possible de recevoir d'un placement non risqué sur le marché financier,

r^* : taux d'actualisation,

n : durée pendant laquelle on peut raisonnablement s'attendre à ce que $\overline{CB}$ soit supérieure à $i\, CPR_{NE}$,

CPR_{NE} : capitaux propres nécessaires à l'exploitation, obtenus en retirant de la valeur des actifs corporels nécessaires à l'exploitation, le montant des emprunts obtenus (ou qu'il est possible d'obtenir) pour les financer.

Les actifs nécessaires sont calculés en retirant de la valeur de l'actif net corrigé, celle des actifs dont l'entreprise s'est dotée pour des raisons autres que les purs besoins de production. Concrètement, on calculera la valeur de de CPR_{NE} de la façon suivante :

Valeurs immobilisées nettes corrigées (déduction faite de la valeur des actifs non nécessaires) plus besoin en fonds de roulement (déduction faite de la valeur du découvert normalement accordé par les banques, soit grossièrement environ un mois de chiffre d'affaires hors taxe) moins le total des dettes à long et moyen terme (déduction faite de la part des dettes supposées financer les actifs non nécessaires. Concrètement, on appliquera à la valeur de ces actifs le rapport capitaux propres/capitaux permanents présenté globalement par l'entreprise au moment de l'évaluation).

Peut-on choisir une durée de vie infinie pour capitaliser la différence $\overline{CB} - i\, CPR_{NE}$?

Certains auteurs (P. Vizzanova (18)) hésitent à le faire en invoquant le risque de l'entreprise. On ne peut pas partager ce point de vue dans la mesure où, puisqu'il est normal de considérer que la différence $\overline{CB} - i\, CPR_{NE}$ doit toujours être positive, il n'y a aucune raison de limiter la valeur de *n*. Ceci étant, l'expert doit réduire cette durée de vie *n* dès lors qu'il ne s'agit pas d'une évaluation *per se*, mais d'une évaluation de la valeur de l'entreprise lors d'une opération achat-vente. Dans ce cas, en effet, l'acheteur peut logiquement faire valoir que les effets de la politique qu'il va mettre en œuvre vont progressivement remplacer, aux yeux de la clientèle, ceux de la politique menée précédemment par le vendeur. Au bout d'un certain nombre d'années, l'acheteur sera le seul responsable de la capacité bénéficiaire dégagée. Il est donc logique, dans ce cas, de limiter la durée du *goodwill*.

Schmalenbach a proposé une formule basée sur l'utilisation de l'amortissement linéaire en considérant que la durée d'amortissement est identique à celle du *goodwill*.

$$GW_p = \left(R_{GW} - \frac{GW}{n} \right) \times \frac{1 - (1 + r^*)^{-n}}{r^*}$$

Avec $R_{GW} = \overline{CB} - i\, CPR_{NE}$

GW : valeur du *goodwill* hors amortissement,
GW_p : valeur du *goodwill* que paiera l'acheteur compte tenu de l'amortissement linéaire prévu.

Une telle méthode avantagerait sensiblement l'acheteur dans la mesure où celui-ci peut réinvestir, chaque année, les sommes amorties à un taux proche de celui des concours bancaires qui lui sont accordés. Il faut, en fait, calculer la valeur de l'amortissement financier nécessaire, compte tenu du taux possible de réinvestissement des fonds. Soit *r* ce taux :

$$GW_p = R_{GW} - \frac{GW}{\dfrac{(1+r)^n - 1}{r}} \times \frac{1 - (1 + r^*)^{-n}}{r^*}$$

Le véritable problème avec cette méthode est que l'on n'échappe pas aux difficultés précédemment soulignées à propos du calcul de la valeur de rentabilité : détermination de $\overline{CB}$ et choix du taux d'actualisation. *Une autre méthode sans doute plus riche d'enseignements consiste à tenter d'estimer directement la valeur des actifs incorporels.*

On a vu que, pendant de très nombreuses années, les évaluateurs se sont cantonnés à la prise en compte des éléments concrets, tangibles, on pourrait même dire palpables de l'entreprise, *pour des raisons conceptuelles mais aussi psychologiques*. On répugnait à prendre en considération ce qui apparaissait comme quelque chose de précaire, voire d'évanescent[1]. Une des façons de corriger ce type de comportement est donc bien de donner de la consistance à ces actifs en les assimilant à des éléments corporels. L'évalua-

---

1. Ce comportement est encore bien ancré, par exemple, dans la manière de concevoir la notion d'investissement chez nombre d'élus ou de responsables de collectivités territoriales. Ceux-ci accordent beaucoup plus facilement des subventions pour des opérations dites d'équipement que pour financer, par exemple, des dépenses de formation qu'ils considèrent souvent comme des coûts de fonctionnement.

tion directe des actifs corporels permet, en effet, non seulement de réduire certaines difficultés de mesure, mais aussi et surtout de mettre en évidence le fait que ces actifs peuvent avoir une valeur propre, alors même que la capacité bénéficiaire est faible, voire négative.

Les immobilisations incorporelles comprennent plusieurs éléments dont certains, même en période de perte, ont une valeur : un droit au bail, un brevet, ou encore une marque. On a d'ailleurs vu des acquéreurs s'intéresser à la clientèle, à la marque et refuser les autres éléments de l'entreprise (E. Sage (16) p. 60). Il semble alors qu'une étude de la valeur de ces éléments doive être menée, poste par poste, par des méthodes directes, ce qui n'empêchera pas dans le cadre d'une synthèse de rechercher le *goodwill* ou le *badwill* suivant la méthode de comparaison entre la valeur de rentabilité et celle de l'actif net corrigé. La comparaison entre les résultats obtenus grâce à ces deux méthodes permet alors d'affiner l'évaluation de l'actif incorporel d'une entreprise. Une façon intéressante de raisonner consiste, d'ailleurs, à réinterpréter le *goodwill* (ou le *badwill*) comme une valeur véritablement résiduelle s'ajoutant à (ou se déduisant de) la valeur des actifs incorporels évalués directement. Pour ce faire, on reconnaît alors que les actifs incorporels contribuent, à l'instar des actis corporels, à la réalisation de la capacité bénéficiaire de l'entreprise. Dans ces conditions, leurs valeurs calculées directement sont intégrées à celle des capitaux permanents nécessaires à l'exploitation et on adopte l'hypothèse selon laquelle les dépenses qu'il conviendrait d'engager pour se doter de ces actifs incorporels seraient financées selon le même rapport capitaux propres/capitaux permanents que celui utilisé par l'entreprise pour le financement de ses actifs incorporels.

Dans ces conditions, la valeur des capitaux propres nécessaires CPR_{NE} augmente sensiblement et l'évaluateur est amené à calculer de nouveau l'écart précédemment constaté entre $\overline{CB}$ et $i° \, CPR_{NE}$.

Un écart positif conduit alors à ajouter une valeur de *goodwill* résiduel à celle des actifs incorporels établie par des méthodes directes, un écart négatif conduit à une réduction de cette valeur (M. Glais (5)).

3. Les méthodes pratiques d'évaluation directe des actifs incorporels

On séparera, dans cette présentation, l'exposé des méthodes permettant d'estimer la partie des actifs incorporels qui peut être assimilée à des éléments corporels (par exemple, pas de porte, brevets, marques, autorisations) de celui des méthodes d'évaluation de la clientèle, utilisées surtout lorsqu'il s'agit de valoriser des entreprises commerciales, mais qui s'appliquent également, de plus en plus aujourd'hui, au cas des entreprises industrielles.

3.1. Les éléments incorporels assimilables à des éléments corporels

Certains de ces éléments ont un caractère durable, d'autres sont plus aléatoires. Leur valeur est fonction de la durée et de l'avantage procuré. Il s'agit d'une rente ou d'une quasi-rente, pouvant résulter de la détention d'un droit (droit au bail, brevet, licence), d'autorisations administratives (implantation d'une grande surface, création d'une clinique, d'une pharmacie, licence de transport, autorisation d'exploitation d'une chaîne de télévision, autorisation d'atterrissage) ou d'une situation de fait provisoirement incontournable (marque, savoir-faire). Une valorisation directe peut être envisagée dans chacune de ces situations.

3.1.1. La rente provenant d'un droit

La rente peut provenir d'un droit au bail et d'un brevet.

3.1.1.1. Le droit au bail

Les experts avaient coutume d'utiliser deux méthodes pour calculer la valeur de ce droit. La première consistait à multiplier le loyer annuel par un coefficient (3 à 6 fois en général), la seconde à calculer la différence entre la valeur des murs libres et la valeur des murs occupés. Ces deux méthodes se révèlent imparfaites. En effet, dans le premier cas, un loyer faible conduira à une valeur faible, alors que l'on constate l'inverse : plus le loyer est bas et plus le coût du pas de porte est élevé. La seconde méthode est inadéquate, parce qu'il n'y a pas de relation entre l'abattement pour occupation et la valeur du droit au bail (bien souvent, la valeur métrique des murs est inférieure à la valeur métrique de l'emplacement).

Dès lors, les experts ont proposé une nouvelle méthode reposant sur l'avantage acquis. Elle consiste à rechercher le montant annuel du loyer pour des locaux loués libres (on parle parfois de loyer à l'américaine). En général, la référence s'établit par rapport à des locaux neufs. Ce loyer A est comparé avec le loyer réellement payé B (loyer généralement très inférieur par suite de la législation existante). Cette différence (A − B) est multipliée par un coefficient, la jurisprudence semblant consacrer le coefficient 9.

Une autre méthode est dite par comparaison. On retient un prix au mètre carré, pondéré en fonction des prix pratiqués dans le secteur. Dans les centres urbains, on constate souvent des valeurs de 10 000 à 20 000 francs le m^2.

3.1.1.2. Le brevet

La durée légale de protection est de vingt ans. L'évaluation obéit aux principes rappelés précédemment. Des prévisions de production, de chiffre d'affaires, de marges et de bénéfices sont établies. La valeur du brevet est égale à la somme actualisée de cette série de bénéfices avec généralement deux correctifs.

L'un tient aux possibilités d'une invention concurrente. Dans ce cas, on hésite à prendre en compte la durée restante de la protection, si celle-ci doit être longue, à moins d'envisager à partir de la quatrième ou cinquième année un taux d'actualisation majoré d'une prime de risque qui va en augmentant, par exemple de un point par an après quatre ans, puis de deux points par an au-delà de la huitième année.

Le second correctif provient de la dissociation qu'il faut opérer entre l'inventeur et l'exploitant, même si juridiquement le personnage est le même. En général on partage l'avantage procuré par le brevet, sinon l'exploitant n'aurait aucune part de bénéfice ; or toute mise en œuvre d'une combinaison productive doit être rémunérée par un profit.

Une autre possibilité d'évaluation consiste à actualiser la série de redevances futures lorsque le brevet est concédé. S'il ne l'est pas, on peut se fonder sur le pourcentage de redevance et rechercher, comme dans le cas précédent, la valeur actualisée de la série des redevances espérées.

3.1.2. La rente provenant d'autorisations administratives

Toute législation restrictive est source de rente. La valeur en capital de cette rente est parfois facile à calculer.

Elle peut résulter de l'existence d'un marché ou d'usages professionnels. Comme exemple du premier type, on peut citer la licence de boissons, licence de catégorie IV permettant de servir des alcools. Ces licences, indépendamment de leur support, ont une valeur et elles se négocient entre 40 000 et 80 000 francs suivant les régions. Le prix n'est pas très élevé en raison des difficultés de réinstallation.

Comme autre exemple on citera les autorisations de transport. Une autorisation de transport zone longue dite A se vend entre 140 000 et 160 000 francs, une licence B se négocie à un prix à peu près égal à la moitié de celle de la licence A. Juridiquement on ne cède pas l'autorisation, mais on cède un véhicule ayant l'autorisation (en fait le véhicule est le plus souvent de très faible valeur).

La valorisation est quelquefois indirecte, lorsqu'elle repose sur l'avantage que fait naître l'obtention de l'autorisation. On peut citer, par exemple, l'autorisation d'implantation d'un hypermarché. Cette autorisation a généralement pour conséquence de conférer un monopole dans un secteur donné. L'accord est délivré sur présentation d'études qui indiquent en général le périmètre de chalandise. Par la suite, on évite de donner d'autres autorisations dans le même périmètre, ne serait-ce que vis-à-vis du commerce local. Les projets d'implantation tiennent, d'ailleurs, en général compte d'une dispersion nécessaire à la survie des établissements existants ou à créer. L'avantage conféré se traduit par un coût, souvent une participation très forte aux équipements (voirie, égouts, eau...), prix de terrain élevé... donc, au départ, un prix de revient qui dépasse le coût ordinaire d'un ensemble comparable. Les collectivités locales ont tendance à faire payer une sorte de droit au bail. Il est normal que l'exploitant veuille récupérer ces frais en cas de cession car, outre la fidélisation du potentiel de clientèle existant, il a transformé une demande latente en une demande effective. Souvent on parvient à cette valorisation en réalisant une évaluation à partir du chiffre d'affaires, par transposition des méthodes appliquées au petit commerce, comme on le verra plus loin.

Dans le même esprit, on traitera de manière identique toutes les clientèles civiles des officiers ministériels ou des professions réglementées, plus particulièrement des officiers ministériels dont le nombre et la compétence territoriale sont limités : avoués près la Cour d'appel, administrateurs judiciaires, liquidateurs, huissiers, notaires. Dans tous les cas, il existe des méthodes d'évaluation basées soit sur le montant des recettes soit sur le produit demi-net (entendu souvent comme recettes – frais de personnel). Ces droits qualifiés parfois de « droits de chancellerie » sont représentés par des pourcentages ou des coefficients relativement stables, les variations observées étant souvent liées à l'augmentation du nombre d'autorisations. Il est certain que la baisse du prix de négociation des études notariales est due à la faculté d'agrément de plusieurs notaires pour une même étude.

On peut également citer les autorisations de dragage, de décharge de produits dangereux. Dans toutes ces situations, on procède à une étude prévisionnelle permettant de définir les profits futurs, puis on actualise la série retenue.

La détention d'un droit peut aussi résulter d'une permanence contractuelle imposée par le législateur, par exemple pour les commissaires aux comptes nommés pour six ans. Cette situation permet de valoriser la clientèle des cabinets de commissaires aux comptes. La valeur d'un cabinet est fonction de la durée du mandat restant à courir, en général une année d'honoraires pour des mandats en début de période.

Le phénomène se rencontre chaque fois que le lien contractuel avec le client présente un caractère durable ou lorsque le renouvellement s'opère par tacite reconduction et que la prestation assure des encaissements périodiques (par exemple, pour les administrateurs d'immeubles, syndics de copropriété, experts-comptables, conseils juridiques et fiscaux).

L'évaluation, en général basée sur un pourcentage de recettes, traduit une situation acquise et un rendement considéré comme certain. On constate, en effet, que des rendements différents pour un même chiffre d'affaires n'entraînant pas de différence de prix, la même norme professionnelle est retenue, les seules variables étant la nature de l'activité et éventuellement la taille de l'établissement.

Les situations décrites précédemment s'apparentent déjà aux situations que l'on a qualifiées d'incontournables et qui doivent être maintenant évoquées.

3.1.3. Les positions privilégiées

On entend par là les positions nées d'un acquis, du rayonnement d'une marque ou d'un savoir-faire conférant une certaine notoriété.

3.1.3.1. La marque

Par une publicité soigneusement entretenue, la marque permet de vendre un produit à un prix supérieur à celui des concurrents, la différence de qualité ne justifiant pas toujours l'écart de prix. Il se peut également que l'usage de la marque ou de la griffe ait été concédé, moyennant redevances, parfois pour des produits autres que ceux que l'on fabrique, c'est le cas de Dior, Lanvin, Hermès... La marque a une valeur en tant que telle et cet élément incorporel peut être apprécié de deux façons : en partant des dépenses de publicité et en fonction des redevances.

– Les dépenses de publicité sont considérées comme un investissement qui continue à produire ses effets dans le temps. Effectivement, même si la publicité n'était pas renouvelée, l'attachement à la marque demeurerait. Toutefois, sous la pression de la concurrence, il irait vraisemblablement en s'amenuisant. Beaucoup de praticiens estiment dans ces conditions qu'une année et demie de dépenses publicitaires peuvent représenter la valeur de la marque. Le montant n'a pas, à notre connaissance, été déterminé scientifiquement. Sommairement, on considère que l'effet de rémanence décroît de 20 à 25 % par an. L'impact de la marque ne serait plus que de 0,80 à 0,75 à la fin de la première année, puis de 0,64 à 0,56 pour atteindre très vite un seuil où la marque ne représente plus un impact suffisant. On peut toutefois estimer que le coefficient multiplicateur de 1,5 est faible pour des marques de portée nationale.

– On peut capitaliser les redevances perçues ou actualiser une suite de redevances futures. En général, la période prise en compte est relativement longue, six à dix ans. Toutefois, dans une redevance, on intègre souvent une participation à la publicité. Il faut donc déduire le pourcentage représentatif de cette participation. Les taux de redevance sont variables suivant les produits. En admettant un chiffre de 2 %, déduction faite de la part de la publicité, la valeur de la marque sur huit ans, avec un taux d'actualisation financier de 10 % serait de :
2 % x 5,33 = 10,66 % du chiffre d'affaires.

3.1.3.2. *Le savoir-faire*

La position privilégiée détenue par une entreprise résulte souvent d'un acquis technologique. Le savoir-faire n'est pas brevetable, mais donne un avantage évident qui se traduit par un meilleur rendement, par un produit de meilleure qualité, par un semi-monopole pour une production déterminée,... Dans tous les cas, on va chercher à en apprécier la portée et la durée. L'évaluation s'opérera ensuite comme en matière de brevets, en actualisant à un taux plus risqué.

Dans tous les cas évoqués, il apparaît clair que l'évaluation des éléments incorporels peut être réalisée séparément suivant des règles qui leur sont propres. En fait, si les méthodes d'évaluation sont apparemment différentes (en particulier lorsqu'elles sont basées sur le chiffre d'affaires ou les recettes), sur le plan conceptuel il n'y a pas de rupture avec la théorie financière moderne. L'idée qui domine est la permanence de recettes durant une certaine période, recettes qui logiquement doivent procurer un bénéfice. Peu importe si le résultat présent n'est pas conforme à ce bénéfice, car on estime qu'une gestion normale devrait dégager une marge bénéficiaire en accord avec les résultats moyens de la profession.

Cette considération permet de mieux comprendre la logique des méthodes d'évaluation de la clientèle.

3.2. L'évaluation de la clientèle par les méthodes directes

Cette analyse peut s'effectuer en termes de capital ou en termes de rendement.

3.2.1. L'évaluation en termes de capital

Les éléments corporels sont souvent appréciés à leur valeur de remplacement. On peut opérer de la même façon pour l'incorporel.

Supposons une entreprise qui distribue ses produits auprès des clients grâce à un réseau de 15 vendeurs. La mise en place de ce réseau représentant un investissement important, on peut se demander quel serait son coût de remplacement. Le coût est constitué par :

– des frais de recrutement,
– des frais de formation,
– de l'aide financière qu'il faut souvent apporter pour permettre à un représentant vendeur d'être rentable.

Sans entrer dans le détail, on peut se baser sur un montant global de 150 000 francs par vendeur. Le coût de remplacement du réseau est donc de :

150 000 x 15 = 2 250 000 francs.

Théoriquement, on peut penser que cette dépense permettrait d'avoir une clientèle équivalente. Normalement elle représente le montant minimum à retenir comme valeur de la clientèle.

Le calcul n'est cependant pas tout à fait exact, car certains représentants peuvent être âgés, d'autres peuvent avoir un rendement insuffisant. Il faut alors déduire de la somme obtenue les frais nécessaires à leur remplacement. Par exemple, si on envisage un départ dans l'année et un licenciement, il faut enlever les frais de recrutement et de formation, mais pas nécessairement l'aide financière au démarrage, car la clientèle existe.

3.2.2. L'évaluation en termes de rendement

La démarche s'effectue à partir de l'évaluation des fonds de commerce de détail qui s'opère en général en retenant un pourcentage du chiffre d'affaires ou une recette quotidienne ou hebdomadaire multipliée par un coefficient [J. Ferbos et G. Lacroix (4) et E. Sage (17)]. A titre d'exemples, on constate que :

– les pharmacies se négocient aux environs de 110 % de la recette annuelle,
– les cafés 400 à 700 fois la recette journalière suivant leur situation à Paris ou en province,
– les cafés-tabacs 600 à 700 fois la recette journalière.

On pourrait ainsi passer en revue la plupart des activités commerciales. L'administration fiscale se sert, d'ailleurs, également de ces barèmes pour apprécier les déclarations des intéressés. La valeur obtenue par l'intermédiaire de ces pourcentages comprend la plupart du temps le droit au bail, les agencements et installations et le matériel, sachant que les éléments corporels sont retenus dans un état de vétusté moyen. Toutefois, pour certaines professions, la clientèle fait l'objet d'une évaluation séparée. C'est ainsi qu'en matière de vente de charbon, on multiplie le tonnage vendu par un prix qui, aujourd'hui, s'établit entre 400 et 600 francs la tonne. La même méthode est utilisée pour la vente de fuel. Dans ce type d'évaluation, il ne faut d'ailleurs pas beaucoup s'attacher aux éléments corporels, car souvent le nouvel exploitant refait entièrement son magasin après acquisition.

On a beaucoup discuté le caractère significatif de ces pourcentages, et il a même été écrit qu'ils relevaient plus de la prestidigitation que de la logique. En particulier, on explique assez mal leur stabilité.

Leur logique est basée sur l'enchaînement suivant : une acquisition s'effectue sur les bases évoquées, elle devient un élément de référence aussi bien pour l'administration que pour les exploitants. En cas de revente, le vendeur souhaite, évidemment, négocier sur les mêmes bases ; quant à l'administration, comme elle établit ses statistiques avec décalage, elle a aussi tendance à perpétuer ces coefficients. Tout s'accorde donc pour pérenniser de tels pourcentages, sauf si la branche venait à être sérieusement touchée (par exemple, l'épicerie, et des petits commerces : droguerie, mercerie, etc. fortement concurrencés par les grandes surfaces).

L'harmonie du système repose aussi sur la psychologie des commerçants. Les exploitants sont finalement plus attentifs à la plus-value en capital qu'au revenu. Pour beaucoup, l'exploitation doit procurer un revenu permettant une vie décente et le gain en capital permet de couler paisiblement ses vieux jours ; il représente la constitution d'une retraite. Ceci explique qu'à l'exception des professions protégées qui réclament une formation intellectuelle souvent supérieure, les coefficients les plus élevés se rencontrent dans les professions les plus banales, comme par exemple le café. Le commerce est un moyen de promotion sociale et d'enrichissement à terme. Dans la mesure où actuellement les commerçants ont une gestion plus rigoureuse et empruntent souvent pour acheter leur fonds, la mentalité évolue, et on sera bientôt vraisemblablement plus attentif à la rentabilité, et en particulier à la rentabilité future. Pour l'instant, les habitudes sont encore bien ancrées, et les références à ces pourcentages demeurent.

Quand on passe du commerce de détail au commerce de gros, la transformation est possible en se référant à la marge brute. Prenons le cas d'un détaillant en quincaillerie, articles de jardinage, dont la marge brute est de 33 1/3 sur vente, et admettons que le prix de vente de son commerce se réalise sur la base de 40 % des recettes. Le grossiste qui, lui, a une marge de 20 % peut, avec le même raisonnement, apprécier également son commerce en termes de chiffre d'affaires :

$$\frac{40 \times 20}{33\ 1/3} = 24,02\ \% \text{ du chiffre d'affaires, arrondis à } 24\ \%.$$

Cet exemple n'est toutefois pas parfait, car le détaillant est moins vulnérable que le grossiste pour deux raisons :
– d'abord parce qu'en toute hypothèse, même en cas de défaillance, son fonds de détail conserve un droit au bail,
– ensuite, parce que la clientèle au niveau du commerce de détail est plus captive, le détaillant bénéficie d'une localisation, alors que le grossiste a beaucoup plus d'efforts de prospection à réaliser.

Si le premier argument conserve toute sa valeur, le second est actuellement beaucoup plus discutable, l'apparition d'une grande surface, la déspécialisation commerciale rendant le petit commerçant plus vulnérable. En revanche, une différence importante existe au niveau de la propriété. Dans la plupart des cas, le détaillant est locataire des murs, alors que le grossiste est propriétaire. Cette différence est souvent négligée, ce qui est regrettable, car elle peut aisément être corrigée. Il suffit en effet de diminuer le résultat obtenu de l'écart entre la valeur des murs libres et celle des murs occupés. On rappellera, par ailleurs, que dans cette méthode, agencements et installations sont inclus, ainsi que le montant du matériel, exception faite du matériel de transport et des matériels qui auraient pour effet d'augmenter la valeur ajoutée (matériel de découpe ou d'ensachage, par exemple), ces activités devant normalement être appréciées séparément.

Les auteurs et praticiens ont, par la suite, envisagé d'appliquer ces relations au cas de la grande distribution. Il est admis que la clientèle d'hypermarché s'évalue sur la base d'un pourcentage du chiffre d'affaires annuel, ou en semaines de chiffre d'affaires. Ces pratiques ont été par la suite étendues aux grands distributeurs d'appareils ménagers, de bricolage... l'idée sous-jacente étant toujours la même : l'implantation est onéreuse, elle confère un avantage territorial concrétisé par une clientèle potentielle ; ces éléments ont une valeur en soi indépendante de toute notion de rentabilité, cette dernière étant le résultat d'une plus ou moins bonne gestion. En revanche, dès que les autorisations se multiplient, la méthode devient dangereuse, il suffit pour s'en convaincre de constater la chute de valeur des supermarchés.

Peut-on étendre ces méthodes d'évaluation de la distribution à l'industrie ? Pour notre part, nous répondrons par l'affirmative. Au cours de ces dernières années, nous nous sommes efforcés de donner une valeur de la clientèle par appréciation directe en pourcentage du chiffre d'affaires. L'éventail est large, de 1,5 à 30 % du chiffre d'affaires hors taxes, avec une très forte majorité dans la tranche des 3 à 6 %, les extrêmes correspondant pour le plus faible aux industries lourdes nécessitant de gros investissements d'équipements, pour le plus fort aux industries de luxe ou de mode réclamant peu d'équipements. Les pourcentages ont été déterminés à partir des négociations réalisées et à partir d'une rentabilité normale. Si la rentabilité n'est pas conforme aux normes de la profession, sans explication valable, il convient soit d'écarter la méthode, soit de diminuer ou d'augmenter le coefficient. Une rentabilité exceptionnelle peut justifier une majoration de 50 à 100 %, une rentabilité insuffisante, un abattement de même nature.

*

* *

Une valorisation des éléments incorporels peut ainsi être conduite dans le même esprit que l'évaluation d'éléments corporels. Si ce point de vue est accepté, le chiffre obtenu peut s'incorporer à la valeur patrimoniale. On parvient ainsi à une homogénéité de méthode : l'évaluation donne, d'une part une valeur en capital du potentiel de l'entreprise, et présente d'autre part une valeur fonction de la rentabilité présente ou passée. La rente de *goodwill* sera établie après rémunération de la totalité des composantes. Si elle existe, le montant qui en résultera représentera effectivement une survaleur.

L'incorporation directe à la valeur patrimoniale a d'ailleurs souvent comme corollaire un *badwill* qui témoigne d'une insuffisante rentabilité des entreprises. On peut toujours critiquer et contester la validité des coefficients ou des pourcentages, mais ils ne sont pas plus arbitraires qu'un PER. L'évaluation n'est pas une science exacte, la valeur doit résulter de multiples approches ; l'art de l'évaluateur est d'opérer un choix, l'art du négociateur est d'imposer son choix.

Références

(1) Andrews P.W.S., « Industrial Analysis in Economics with Special Reference to Marshallian Doctrine » in *Oxford Studies in the Price Mechanism*, 1951.

(2) Coase R.H., « The Nature of the Firm », *Economica* (1937), reprinted *in Readings in Price Theory*, Stigler-Boulding, 1970.

(3) Edwards H.R., « Price Formation in Manufacturing Industry and Excess Capacity », Oxford Economics Papers, February 1955.

(4) Ferbos J., Lacroix G., *Evaluation des fonds de commerce et des entreprises*, Editions du Moniteur, mars1978.

(5) Glais M., *Le diagnostic financier de l'entreprise*, 2e éd., Paris, Economica, 1986.

(6) Hicks J., *Le temps et le capital*, Paris, Economica, 1975.

(7) Hicks J., « Capital Controversies : Ancient and Modern », *American Economic Review*, Papers and Proceedings, 1974.

(8) Leibenstein H., « Allocative Efficiency versus X – Efficiency », *American Economic Review* (June 1966).

(9) Modigliani F., Miller M., « Dividend Policy Growth and the Valuations of Shares », *Journal of Business* (1961).

(10) Murard G. (de), « L'évaluation des entreprises : une approche fondamentaliste, rentabilité et croissance des capitaux investis », *Analyse Financière* (n° 11, 4e trimestre 1972).

(11) Peters T., Waterman R., *Le prix de l'excellence*, Paris, InterEditions, 1983.

(12) Retail L., *L'évaluation des fonds de commerce, des fonds d'industrie et des grands ensembles économiques*, Paris, Sirey, 1924.

(13) Richardson G.B., « The Organisation of Industry », *Economic Journal* (September 1978).

(14) Robertson D.H., *Control of Industry*, London, 1928.

(15) Rosenberg N., *Inside the Black Box, Technology and Economics,* Cambridge University Press, 1982.

(16) Sage E., *Comment évaluer une entreprise,* Paris, Sirey, 1979.

(17) Sage E., *Evaluation des biens professionnels,* Paris, Sirey, 1982.

(18) Vizzanova P., *Evaluation des entreprises,* Paris, LITEC, 1983.

(19) Williamson D.E., « The Vertical Integration of Production : Market Failure Considerations », *American Economic Review* (May 1971).

(20) Zuscovitch E., « Une approche méso-économique du progrès technique : diffusion de l'innovation et apprentissage industriel », Thèse – Strasbourg 1984.

Mots clés

Actif incorporel, *badwill*, brevet, capacité bénéficiaire, clientèle, dividendes, droit au bail, évaluation patrimoniale, évaluation rendement, fonds de commerce, *goodwill, know how, learning by doing, learning by using,* marque, rente, rente de *goodwill,* taux d'actualisation, valeur de la clientèle.

58

Evaluation de l'entreprise

Didier Pène

L'évaluation de l'entreprise est l'un des domaines les plus importants de la finance sur le double plan de la théorie et de la pratique.

D'abord sur le plan théorique. Si, dans une économie libérale, l'objectif majeur de l'entreprise est la maximisation de la richesse de l'actionnaire, l'évaluation des titres de propriété de l'entreprise est primordiale.

Sur le plan pratique, ensuite, et ce pour cinq raisons.

Premièrement, l'évaluation intervient à des dates particulièrement importantes de l'histoire des entreprises, lors de l'introduction en bourse, des acquisitions, cessions, fusions, OPA, OPE, prises de participation, etc. Il s'agit là des étapes-clés de ce que l'on appelle la croissance externe [1].

Deuxièmement, la mise en œuvre de l'évaluation détecte le montant, l'accroissement et la diminution de la valeur des patrimoines investis en actions, ce qui en fait un élément indispensable de la gestion de fortune.

Troisièmement, elle constitue l'activité quotidienne des analystes financiers, que ces derniers opèrent dans des charges d'agents de change, des banques ou des entreprises. Et c'est le jugement, perpétuellement remis en question, des analystes sur les entreprises cotées en bourse qui assure l'efficience du marché.

Quatrièmement, l'évaluation des actions est une étape indispensable à des opérations de financement de l'entreprise comme l'augmentation de capital, qui n'est autre chose qu'une vente de titres dont il faut établir le prix. L'évaluation est également nécessaire lors de l'émission de titres apparentés aux actions comme les obligations convertibles ou les obligations à bons de souscription d'actions et lors de l'émission d'options dont les actions constituent le titre support.

Enfin, cinquièmement, l'évaluation de l'entreprise intervient pour des raisons fiscales, quand il faut fixer le montant d'impôts comme les droits de mutation, les taxes sur les plus-values, les droits de succession, etc., dont l'assiette est constituée par l'entreprise.

---

1. Voir dans cette Encyclopédie l'article de M. Nussenbaum, « Prises de contrôle, fusions, acquisitions. Eléments théoriques et pratiques ».

L'ambition de cet article est double. Elle est de présenter, d'une part, les principes de base et les méthodes d'évaluation de l'entreprise, d'autre part, les principales difficultés que l'on rencontre dans la mise en œuvre de l'évaluation. L'idée qui sous-tend ce texte est la suivante : si le problème de l'évaluation de l'entreprise est relativement simple sur le plan théorique, il devient de plus en plus complexe à mesure que l'on entre dans la pratique.

Nous traiterons ainsi l'évaluation de l'entreprise à travers cinq sections :

– l'approche théorique de l'évaluation de l'entreprise ;
– les raisons conduisant à l'existence de deux grandes familles de méthodes d'évaluation ;
– les principales méthodes d'évaluation à l'intérieur de chaque famille ;
– les approches modernes de l'évaluation ;
– les principaux problèmes relatifs à la mise en œuvre des méthodes d'évaluation.

1. L'approche théorique de l'évaluation de l'entreprise

L'évaluation de l'entreprise est traditionnellement abordée en utilisant soit une approche par les stocks, soit une approche par les flux de liquidité ou flux monétaires. La première repose sur l'idée que l'entreprise est formée d'un ensemble d'actifs dont le prix sur les marchés secondaires ou la valeur de remplacement fournit la base de la valeur globale. L'approche par les flux de liquidité repose sur l'idée que la propriété de l'entreprise s'exerce à travers des titres financiers, les actions, dont la valeur dépend des flux monétaires : les dividendes, qu'ils peuvent recevoir.

Si les conditions d'un marché efficient sont réunies et si l'on accepte quelques hypothèses simplificatrices, ces deux approches doivent converger vers une seule valeur relevant d'une seule méthode d'évaluation.

Les principales conditions de l'efficience des marchés sont au nombre de cinq :

– l'existence d'un nombre suffisant d'opérateurs ;
– une information parfaite et instantanée ;
– l'absence ou la faiblesse des frais de transaction et des impôts ;
– la rationalité des investisseurs, c'est-à-dire le fait qu'ils cherchent à maximiser leur rentabilité pour un niveau de risque donné ou à minimiser leur risque pour un niveau de rentabilité donné ;
– la liberté d'arbitrage entre les différents marchés et les différents titres.

Imaginons une société Durand dont les titres sont cotés sur la bourse des actions. Sur ce marché, les sociétés sont évaluées à travers leurs flux monétaires prévisionnels, à savoir leurs dividendes, en utilisant l'équation [1].

$$P_0 = \frac{\overline{D}_1}{(1+k)} + \frac{\overline{D}_2}{(1+k)^2} + \frac{\overline{D}_3 + \overline{P}_3^4}{(1+k)^3} \qquad [1]$$

où

P_0 = la valeur de l'action à l'instant 0,

$\bar{D}_1, \bar{D}_2, \bar{D}_3$ = les dividendes espérés pour les années 1, 2 et 3,

$\bar{P}_3$ = le prix de vente prévisionnel de la société Durand en année 3,

k = le taux d'actualisation ou coût des fonds propres de l'entreprise ; ce taux indique la rentabilité espérée par l'investisseur et comprend trois éléments :
– la valeur dans le temps de l'argent ou loyer de l'argent,
– l'anticipation de l'inflation,
– le risque économique et financier qui pèse sur l'entreprise.

Sur un autre marché, celui des actifs, on achète et on vend les biens constitutifs de la société Durand. Pour simplifier le raisonnement, supposons que la société n'est pas endettée et que tous les biens qui la composent sont échangés sur ce marché. En d'autres termes, on peut acheter la totalité de la société Durand sur le marché des actions ou se la procurer en pièces détachées sur le marché des actifs.

Que va-t-il se passer si, à un moment donné, la société Durand vaut 100 millions de francs sur le marché des actions, alors que l'on peut se procurer tous les actifs qui la constituent pour 80 millions de francs sur l'autre marché ? Les investisseurs vont acheter sur le marché des actifs et vendre sur celui des actions jusqu'à ce que le prix de la société soit identique sur les deux marchés. En d'autres termes, quelle que soit la manière dont on mesure la valeur, deux biens identiques ne peuvent conserver durablement des prix différents, s'il n'existe pas de barrières entre les marchés. L'arbitrage conduira normalement à un prix unique [1]. Ce raisonnement vaut pour l'entreprise comme pour les autres catégories de biens durables.

Prenons un exemple chiffré pour montrer comment la valeur de stock et la valeur par les flux vont nécessairement converger sur un marché efficient. Supposons que la société Dubois soit créée en début d'année. Son capital de 1 000 lui permet d'acheter et de payer comptant pour 400 de machines. Le bilan de départ est reproduit au tableau 1.

Tableau 1
Bilan de départ

	Actif	Passif	
Machines	400		
		1 000	Fonds propres
Disponibilités	600		
	1 000	1 000	

---

1. Si l'on ne tient pas compte des frais et taxes.

Au cours de l'année, la société Dubois achète pour 200 de matière première payée comptant, vend pour 1 000 ses produits finis, amortit 40, verse 560 à ses ouvriers et employés et paie 100 d'impôt à l'Etat. Le compte de résultat est représenté au tableau 2.

Tableau 2
Compte de résultat

Ventes	1 000
Achats	200
Salaires	560
Amortissements	40
Impôt	100
Résultat net	100

Le bilan de fin d'année est reproduit au tableau 3.

Tableau 3
Bilan de fin d'année

Machines (400 – 40)	360	1 000	Capital
Disponibilités (600 + 140)	740	100	Résultat de l'exercice
	1 100	1 100	

Si, au lieu de raisonner en termes de stock à travers le bilan, l'accent est mis sur la génération de flux de liquidité, on obtient le tableau 4.

Tableau 4
Flux de liquidité

Ventes	1 000
Achats	200
Salaires	560
Impôt	100
Δ disponibilités	140
dont somme affectée au renouvellement des immobilisations	40
dont liquidités disponibles	100

Les liquidités ont augmenté de 140, mais après l'affectation de 40 au renouvellement des immobilisations, il reste en caisse 100 qui correspondent à l'enrichissement inscrit au passif du bilan.

L'approche par les stocks indique une valeur de 1 100 en fin d'année, qui, actualisée à 10 %, donne 1 000 à l'instant 0. En termes de flux : si l'on fait l'hypothèse que le cycle décrit ci-dessus se reproduit chaque année à perpétuité, la valeur actuelle à 10 % de liquidités de 100 disponibles tous les ans est également de 1 000. Les deux approches convergent donc lorsque le marché est efficient et quand quatre conditions complémentaires sont remplies :

– la valeur de stock ou valeur patrimoniale doit être exprimée en termes de valeur marchande ou de remplacement et non en termes comptables ;

– il n'y a pas d'inflation, ce qui permet aux amortissements de compenser le vieillissement et l'obsolescence des immobilisations ;

– il n'y a ni croissance réelle ni endettement ;

– la rentabilité anticipée des fonds propres de l'entreprise doit être égale à la rentabilité demandée par l'investisseur, c'est-à-dire au coût des fonds propres, qui sert de taux d'actualisation. Cette condition est la plus importante pour qu'il y ait identité entre la valeur de stock et la valeur par les flux. Tel était le cas dans l'exemple précédent où une rentabilité des fonds propres de 10 % générait un bénéfice perpétuel de 100, qui, distribué et actualisé à 10 %, donnait une valeur actuelle de 1 000.

Dans ces conditions, la valeur de stock ne peut s'éloigner durablement de la valeur donnée par les flux. Si la première atteint, par hasard, 1 200 alors que la seconde reste à 1 000, il se trouvera immanquablement des intervenants pour acheter les actions à 1 000 et revendre la société 1 200 en pièces détachées. Si les deux valeurs convergent l'une vers l'autre, les méthodes fondées sur les deux approches de l'évaluation doivent donner des résultats identiques et l'une d'entre elles devrait suffire.

Laquelle choisir ?

On peut d'abord invoquer l'argument d'autorité théorique selon lequel la valeur de tout actif, qu'il soit réel ou financier, se détermine à partir de l'actualisation des flux qu'il est censé engendrer. Mais on peut également avancer d'autres raisons de bon sens. Première raison : puisque l'évaluation de l'entreprise se ramène nécessairement à celle des actions, il est logique de donner la préférence à la méthode portant sur les flux qui vont précisément revenir aux actionnaires. Deuxième raison : puisque l'évaluation d'une entreprise et de ses actions est par définition globale, il est normal de donner la préférence à la méthode qui évalue l'entreprise comme un tout sur celle qui la considère comme un ensemble d'éléments dissociables. Troisième raison : selon les termes de l'équation [1], dans un marché qui considère l'entreprise comme un tout, les variations du taux d'actualisation et des anticipations relatives à la rentabilité de l'entreprise et à ses dividendes auront un effet généralement plus important sur la valeur que les changements du prix des actifs sur leurs marchés respectifs, comme on l'a constaté à l'automne 1987.

2. Les raisons conduisant à l'existence de deux grandes familles de méthodes d'évaluation

Dans les développements qui vont suivre et conformément à la pratique, la valeur de stock sera dénommée valeur patrimoniale et la valeur par les flux sera appelée valeur de rentabilité ou valeur boursière.

Nous avons vu au cours de la première section que si la rentabilité de l'entreprise (rentabilité des fonds propres) est identique à celle demandée par l'investisseur, la valeur de rentabilité et la valeur patrimoniale sont identiques dans un marché efficient. Mais s'il y a un écart dans un sens ou dans l'autre, la valeur patrimoniale et la valeur de rentabilité divergeront l'une de l'autre.

Prenons le cas de trois sociétés A, B et C identiques en tous points, sauf en ce qui concerne leur rentabilité (tableau 5).

Tableau 5
Les décalages entre la valeur patrimoniale et la valeur de rentabilité

	A	B	C
Valeur patrimoniale en année 0 (sans dette)	1 000	1 000	1 000
Rentabilité des fonds propres = rc	10 %	20 %	5 %
Résultat net supposé perpétuel	100	200	50
Coût des fonds propres = k (taux d'actualisation)	10 %	10 %	10 %
Valeur de rentabilité (ou boursière)	$\left(\dfrac{1\,000}{100}\right)$ 10 %	$\left(\dfrac{2\,000}{200}\right)$ 10 %	$\left(\dfrac{500}{50}\right)$ 10 %
$\dfrac{\text{Valeur de rentabilité}}{\text{Valeur patrimoniale}}$	1	2	0,5

Les sociétés A, B et C ont la même valeur patrimoniale (actif net de 1 000), le même risque, donc le même coût des fonds propres de 10 %. Mais comme elles n'ont pas la même rentabilité sur fonds propres (10 % pour A, 20 % pour B et 5 % pour C), leur bénéfice est différent. Si ce dernier est constant, perpétuel et intégralement distribué, on aboutit à trois valeurs de rentabilité (ou boursières) : 1 000 pour A, 2 000 pour B et 500 pour C et à des ratios $\dfrac{\text{Valeur de rentabilité}}{\text{Valeur patrimoniale}}$ appelés également q de Tobin (du nom de l'inventeur) ou PBR (*price book ratio*), de 1 pour A, 2 pour B et 0,5 pour C.

Quelle est la raison profonde de cet écart entre la valeur patrimoniale et la valeur de rentabilité ?

La rentabilité des fonds propres, qui est d'ailleurs la rentabilité économique dans cet univers simplifié (puisqu'il n'y a pas d'endettement), est naturellement prévisionnelle. Le coût des fonds propres, qui est, dans ce même univers, identique au coût du capital, est la rentabilité demandée par l'investisseur rationnel, compte tenu d'un certain nombre de facteurs et en particulier du risque. On peut dire, de ce fait, que la valeur de rentabilité de l'entreprise est supérieure à sa valeur patrimoniale, quand sa rentabilité prévisionnelle estimée est supérieure au coût de ses fonds. En sens inverse, la valeur patrimoniale est supérieure à la valeur de rentabilité, quand la rentabilité prévisionnelle estimée de l'entreprise est inférieure au coût de ses fonds.

Cette situation n'est pas théorique. Les entreprises de croissance se caractérisent précisément par un ratio $\dfrac{\text{Valeur de rentabilité}}{\text{Valeur patrimoniale}}$ ou PBR supérieur à 1. Les sociétés qui traversent des difficultés ont, en revanche, un PBR inférieur à 1.

Si les marchés étaient parfaitement efficients, ces écarts entre la valeur patrimoniale et la valeur de rentabilité ne devraient pas durer.

Dans le cas d'une valeur patrimoniale supérieure à la valeur de rentabilité, des actionnaires rationnels et libres de leurs décisions, voyant que leur entreprise, malgré tous leurs efforts, ne leur laisse pas espérer une rentabilité suffisante, devraient la vendre totalement ou partiellement en pièces détachées pour en tirer le meilleur rapport. Cela devrait tendre à faire converger les deux valeurs. Dans le cas inverse d'une valeur de rentabilité supérieure à la valeur patrimoniale, des entrepreneurs, voyant que l'entreprise dégage une rentabilité exceptionnelle, devraient venir la concurrencer sur son marché, ce qui aurait normalement pour effet de faire baisser la rentabilité et le cours jusqu'à un niveau normal compte tenu du risque.

Or, la très grande majorité des entreprises ont une valeur de rentabilité différente de leur valeur patrimoniale. Cet écart subsiste parce que les marchés ne sont pas vraiment fluides. D'abord, les marchés de biens et services ne s'ajustent pas aussi rapidement que les marchés financiers, et les intervenants sur ces derniers attendront d'être convaincus que la nouvelle concurrence sera efficace pour ajuster les cours. Ensuite, les actionnaires ne peuvent pas toujours disposer de l'entreprise comme ils l'entendent. Des contraintes diverses freinent la cession d'actifs et les ajustements de valeur qui devraient en résulter. Cette rigidité est l'une des justifications de l'existence des *raiders,* qui, souvent, après avoir pris le contrôle d'une entreprise gérée de façon inefficace et dont la valeur patrimoniale est supérieure à la valeur boursière, cèdent les actifs improductifs pour faire monter le cours de l'action.

Ainsi, l'inefficience relative des marchés justifie l'existence de deux grandes familles de méthodes d'évaluation.

3. Les principales méthodes d'évaluation à l'intérieur de chaque famille

Nous avons, jusqu'à maintenant, évoqué deux familles de méthodes d'évaluation. Dans la pratique, il faut également tenir compte d'une troisième catégorie, intermédiaire entre les deux précédentes : celle des méthodes mixtes, souvent utilisée pour l'évaluation des moyennes et petites entreprises.

3.1. Les méthodes axées sur la valeur patrimoniale

Comme nous l'avons montré dans l'exemple de la société Dubois, toute valeur patrimoniale correspond à une ou plusieurs valeurs de rentabilité. En effet, une valeur patrimoniale de 1 000 correspond à un flux perpétuel de 100 actualisé à 10 % ou à un flux perpétuel de 200 actualisé à 20 %. Mais les méthodes patrimoniales négligent ces flux implicites. Pour elles, la valeur de l'entreprise repose sur la valeur d'achat ou de vente des actifs après déduction des dettes.

3.1.1. La valeur comptable

Elle devrait, en principe, correspondre à la notion de valeur patrimoniale. Mais, du fait de la comptabilisation en coûts historiques, des surévaluations et des sous-évaluations diverses, il y a peu de chances que la valeur comptable et la valeur des actifs après déduction des dettes coïncident, sauf au moment de la création de l'entreprise.

3.1.2. La valeur d'assurance

Elle répond à des objectifs spécifiques et quoique son domaine ait tendance à s'étendre, elle correspond plutôt à la valeur d'actifs pris isolément.

3.1.3. La valeur à la casse

Elle se rapporte à une valeur de revente des actifs sur le marché secondaire dans les conditions les plus défavorables de liquidation.

3.1.4. La valeur de liquidation

Elle correspond à la valeur marchande des actifs sur les marchés secondaires, dans une situation de cessation d'activité, après frais et impôts divers, mais dans une situation moins dramatique que la précédente, avec en particulier le temps de vendre les actifs dans des conditions normales.

3.1.5. La valeur liquidative

Elle correspond sans doute mieux que la précédente à la valeur marchande des biens de l'entreprise sur les marchés secondaires après déduction des dettes, dans la mesure où l'on n'en soustrait ni les frais ni les impôts.

3.1.6. L'actif net réévalué

Au sens étroit, il correspond à une réévaluation (dépréciation) des actifs et éventuellement du passif en fonction d'indices généraux ou sectoriels. On retrouve la volonté de reconstituer une valeur patrimoniale, mais sans référence à la valeur marchande ou à la valeur de remplacement.

3.1.7. La valeur d'usage ou de remplacement

Fondée sur une approche essentiellement économique et pratique, elle s'efforce de se mettre à la place d'industriels qui se demanderaient combien leur coûterait concrètement la constitution d'une entreprise identique à celle que l'on évalue. Cela revient à rechercher le prix d'achat ou de fabrication d'actifs ayant le même usage, le même âge et la même obsolescence. Apparemment, cette approche s'oppose aux méthodes fondées sur la valeur de revente des biens. Mais il faut reconnaître que les valeurs de vente et d'achat de biens ayant le même usage doivent être proches l'une de l'autre, si les marchés secondaires sont actifs. L'originalité de la valeur d'usage ou de remplacement apparaît surtout dans le cas de biens ne disposant pas de marchés secondaires.

3.1.8. La valeur substantielle

Elle s'inspire d'une approche comparable à la précédente, mais elle met l'accent sur l'outil industriel (ou commercial), et ajoute de ce fait aux actifs qui appartiennent à l'entreprise les biens loués (crédit-bail), les dépenses de remise en état et soustrait les actifs inutiles, financiers ou hors exploitation.

3.1.9. L'actif net corrigé

Cette méthode fait en quelque sorte la synthèse des précédentes, utilisant, selon les cas, la valeur liquidative, la valeur de remplacement, etc., ou même, si le besoin s'en fait sentir, la valeur actualisée des flux générés par l'actif considéré. Elle choisit les approches en fonction de leur pertinence par rapport au bien considéré.

3.1.10. Les capitaux nécessaires à l'exploitation

Cette approche, plus financière qu'industrielle, s'efforce d'évaluer le montant des immobilisations et du besoin en fonds de roulement nécessaires au fonctionnement normal de l'entreprise, compte tenu des prévisions d'activité. Cette méthode ne tient pas compte non plus des éléments financiers ou hors exploitation.

Le calcul de la valeur patrimoniale pose ainsi, dès le stade d'une présentation très générale, de délicats problèmes, ne serait-ce que pour choisir la méthode la mieux adaptée.

3.2. *Les méthodes axées sur la valeur de rentabilité (ou valeur boursière)*

Jusqu'à présent, nous avons utilisé, suivant les cas, les expressions valeur par les flux, valeur boursière, valeur de rentabilité, etc. Toutes ces formules correspondent à la valeur de rentabilité, par opposition à la valeur patrimoniale. Leur principe est simple.

Si l'on prend l'exemple d'un bénéfice constant et intégralement distribué d'une entreprise sans croissance où les amortissements suffisent au renouvellement des immobilisations, la valeur de rentabilité est représentée par l'équation [2].

Si :

VR = la valeur de rentabilité,
B = le montant des bénéfices,
k = le coût des fonds propres,

on obtient la valeur de rentabilité par la relation :

$$VR = \frac{B}{k} \tag{2}$$

qui équivaut à l'équation [3] :

$$VR = B \times PER \tag{3} [1]$$

où PER = le *price earning ratio*

quand $k = \dfrac{B}{VR}$.

Quand on abandonne l'hypothèse d'un bénéfice intégralement distribué et constant, on obtient l'équation [4] :

$$VR_0 = \sum_{t=1}^{n} \frac{D_t}{(1+k)^t} + \dots + \frac{VR_n}{(1+k)^n} \tag{4}$$

où

D_t = le dividende par action en période t,
VR_0 = la valeur de l'entreprise à l'instant 0,
VR_n = la valeur de l'entreprise en année n,

que l'on peut représenter, comme dans l'équation [5], si l'on préfère raisonner à partir du bénéfice par action, de taux de croissance de ce dernier et de taux de distribution du bénéfice.

Si :

B_0 = le bénéfice par action en période 0,
$g_{1, 2}$, etc. = le taux de croissance prévisionnel en période 1, 2, etc.,
$d_{1, 2}$, etc. = le taux de distribution du bénéfice en période 1, 2, etc.,

---

1. On a, en effet :

$$VR = \frac{B}{\dfrac{B}{VR}} = B \times \frac{VR}{B} = B \times PER$$

$$VR_0 = \frac{(B_0)(1 + g_1)(d_1)}{(1 + k)} + \frac{(B_0)(1 + g_2)(d_2)}{(1 + k)^2} + \dots + \frac{(B_0)(1 + g_n)(d_n)}{(1 + k)^n} \qquad [5]^1$$

Il est difficile de dire que telle ou telle formule est mieux adaptée aux entreprises cotées ou non cotées, mais on peut faire trois remarques :

– dans le cas d'une entreprise non cotée, on a souvent tendance à préférer un bénéfice historique moyen pondéré ou un bénéfice prévisionnel normalisé, ou un mélange des deux, à savoir une formule inspirée de l'équation [2] ;

– dans le cas d'une entreprise cotée, on s'efforce d'utiliser un modèle plus élaboré inspiré des équations [4] et [5] ;

– dans les deux cas, on utilise le *PER*, qu'il s'agisse d'un *PER* spécifique à l'entreprise (société cotée) ou d'un *PER* de référence (société cotée ou non). Le *PER* est de ce fait un instrument commun aux différentes situations de calcul de la valeur de rentabilité.

3.3. *Les méthodes intermédiaires ou mixtes*

Les justifications de ces méthodes sont nombreuses. On peut en retenir trois.

– La valeur de l'entreprise ne se réduit pas toujours à une somme d'actifs dont on déduirait les dettes. Il faut y ajouter parfois des actifs immatériels non comptabilisés, appelés suivant les cas un fonds de commerce, une survaleur ou un *goodwill*[2].

– La valeur de rentabilité inclut, certes, quand il y a lieu, un plus par rapport à la valeur patrimoniale. Mais pour le faire apparaître, il faut parfois utiliser des méthodes trop complexes pour les appliquer aux PME. Pour ces dernières, il semble souvent préférable de calculer une valeur patrimoniale et d'y ajouter un *goodwill*.

– La valeur patrimoniale, comme nous l'avons indiqué plus haut, reflète une rentabilité normale. Quand l'entreprise bénéficie d'une surrentabilité qui résulte, soit d'une capacité distinctive (barrière à l'entrée provenant, par exemple, d'une supériorité technologique ou de gestion, ou d'une image de marque meilleure que celle des concurrents, etc.), soit d'une rente de situation (monopole géographique, concession ou contrat de longue durée, etc.), il y a une survaleur ou un *goodwill* qui s'ajoute à la valeur patrimoniale.

---

1. En divisant les deux membres de l'équation [5] par B_0, on obtient la formule du *PER* dans les cas plus complexes que celui du bénéfice constant et perpétuel retenu pour l'équation [3] et la note de la page précédente :

$$PER_0 = \sum_{t=1}^{n} \frac{(1 + g_n)^t (d_n)}{(1 + k)^t}$$

2. Voir également dans cette Encyclopédie l'article de M. Glais et E. Sage, « Evaluation des actifs incorporels ».

Quoi qu'il en soit, il y a *goodwill* quand $Rc > k$, c'est-à-dire quand la valeur de rentabilité est supérieure à la valeur patrimoniale, et *badwill* dans le cas contraire.

Quand il y a *goodwill,* on peut choisir entre trois approches.

– La première estime que la valeur la plus significative est la valeur de rentabilité. Dans ce cas, le *goodwill* est la différence entre la valeur de rentabilité et la valeur patrimoniale.

Avec :

VE = la valeur globale de l'entreprise,
ANC = l'actif net corrigé ou valeur patrimoniale,
VR = la valeur de rentabilité,
GW = le *goodwill,*

on obtient l'équation [6], à partir de l'égalité $VE = VR$:

$$GW = VR - ANC \qquad [6]$$

– La deuxième considère que la valeur de l'entreprise se situe entre la valeur de rentabilité et la valeur patrimoniale. Si l'on considère, par exemple, que la valeur de l'entreprise est la moyenne des deux, le *goodwill* est égal à la moitié de la différence entre la valeur de rentabilité et la valeur patrimoniale ou actif net corrigé, comme dans l'équation [7].

Avec :

$$VE = \frac{VR + ANC}{2}$$

on a :

$$VE = ANC + (\frac{1}{2} VR - \frac{1}{2} ANC)$$

c'est-à-dire :

$$VE = ANC + GW$$

avec :

$$GW = \frac{1}{2} (VR - ANC) \qquad [7]$$

– La troisième estime que le *goodwill* est la valeur actualisée de la différence entre un bénéfice prévisionnel par hypothèse élevé et un bénéfice normal. Dans ce cas, le *goodwill* est la valeur actualisée du surbénéfice de l'entreprise.

Avec :

GW = le *goodwill,*
A_n = le coefficient d'actualisation,
BV_n = le bénéfice vrai ou bénéfice prévisionnel global en année n,
CNE_n = les capitaux nécessaires en année n,
k = la rentabilité normale de l'activité,

le surbénéfice est égal à $(BV_n - k\ CNE_n)$ et on obtient l'équation [8].

$$GW = A_n (BV_n - k\ CNE_n) \qquad [8]$$

4. Les approches modernes de l'évaluation

On peut distinguer les méthodes comparatives et les nouvelles approches du risque.

4.1. Les méthodes comparatives

Les praticiens aiment utiliser des méthodes comparatives qui font référence à des entreprises comparables.

4.1.1. Les méthodes comparatives classiques

Les *PER* et les *PBR* d'entreprises comparables donnent une idée de la façon dont le marché évalue ces dernières. L'application de ce *PER* ou de ce *PBR,* respectivement au bénéfice et à l'actif net de la société évaluée, constitue souvent un élément important de l'appréciation de la valeur.

On rapprochera les comparaisons de « délais de recouvrement » de celles de *PER* et de *PBR.* Le délai de recouvrement est une sorte de *PER* simplifié. Il correspond au nombre d'années nécessaires pour que les bénéfices prévisionnels actualisés au taux sans risque égalent le cours de l'action. Cette méthode, contestable d'un point de vue théorique parce qu'elle actualise des bénéfices qui ne sont pas des flux et ne tient pas compte du risque, est appréciée par certains praticiens pour les mêmes raisons précisément. Beaucoup de ces derniers trouvent plus pratique d'actualiser des bénéfices que des dividendes, et délicate l'application de la théorie moderne du risque à l'actualisation. D'où l'intérêt pour une approche qui n'explique les différences de *PER* entre les sociétés et les marchés que par le taux de croissance des bénéfices prévisionnels. Ainsi, entre deux sociétés ayant le même *PER,* celle qui aura le taux de croissance prévisionnel le plus élevé aura le délai de recouvrement le plus court et sera donc jugée la moins chère.

4.1.2. La situation de l'entreprise par rapport à la droite de marché

La théorie financière moderne prétend que, à l'équilibre, l'entreprise se situe sur la droite du marché des actions qui représente la relation entre la rentabilité k que peut espérer à long terme l'investisseur et le risque non diversifiable de l'entreprise ou coefficient β [1].

Mais il se peut que la société soit décalée par rapport à la droite. Si le point de rencontre de la rentabilité que peut espérer à long terme l'investisseur de l'entreprise et son niveau de risque non diversifiable se situe au-dessus de la droite (point x du graphique 1), cela prouve que les flux prévisionnels devraient être, à l'équilibre, actualisés à un taux inférieur et que l'entreprise est sous-évaluée. Si, en revanche, le point de rencontre se

---

1. Voir dans cette Encyclopédie les articles de G. Charreaux, « Théorie financière », de G. Charest, « Rendement, risque et portefeuilles » et de R. Cobbaut, « Théorie du marché financier ».

situe en dessous de la droite (point y du graphique 1), la présomption est forte que l'entreprise, anormalement décalée par rapport aux autres, est surévaluée (voir les équations [4] et [5]).

Graphique 1
La droite du marché des actions, la sous-évaluation et la surévaluation de l'entreprise

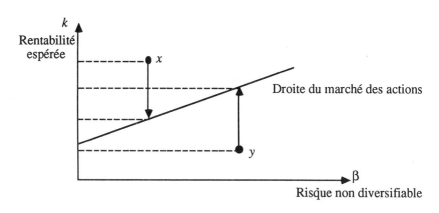

4.1.3. Les méthodes comparatives statistiques

Certains spécialistes préfèrent rechercher, à partir d'un échantillon d'entreprises comparables suffisamment important pour être représentatif, s'il existe une corrélation valable entre une (ou des) variable(s) à expliquer significative(s) de la valeur (ou du prix) et une (ou des) variable(s) explicative(s) représentative(s) par exemple de la rentabilité. On prendra, par exemple, le ratio $\dfrac{\text{Prix d'acquisition}}{\text{Fonds propres}}$ comme variable à expliquer et le ratio $\dfrac{\text{Résultat net}}{\text{Fonds propres}}$ comme variable explicative (graphique 2).

Le graphique 2 indique une bonne corrélation entre la variable à expliquer, significative de la valeur, et la variable explicative représentant la rentabilité. Il est évident que, dans de nombreux cas, on ne trouve pas une aussi bonne relation et qu'il est difficile de trouver un échantillon, à la fois statistiquement significatif et représentatif de l'activité de l'entreprise à évaluer, permettant de dégager de sa rentabilité un ratio $\dfrac{\text{Prix d'acquisition}}{\text{Fonds propres}}$ taillé sur mesure.

Malgré ces inconvénients, ces méthodes rencontrent un certain succès. Elles sont d'ailleurs généralement beaucoup plus complexes que celle retenue dans l'exemple précédent.

Graphique 2

*La corrélation entre les variables représentatives de la valeur (ou du prix)
et les variables représentatives de la rentabilité*

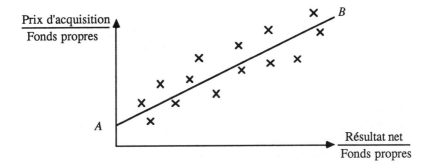

4.2. Les nouvelles approches du risque

Elles s'appuient sur la duration et la théorie des options.

4.2.1. La duration

La duration est un concept généralement appliqué aux obligations. Elle se définit comme la moyenne pondérée par la durée de la valeur actualisée de la totalité des flux qu'un titre financier à revenu fixe est censé générer jusqu'à sa maturité. Elle s'exprime de la façon suivante (équation [9]) :

$$D = \frac{\displaystyle\sum_{t=1}^{n} \frac{TC_t}{(1+i)^t}}{V_0} \qquad [9]$$

avec :

D = la duration,
C = le flux (coupons et remboursement),
T = la pondération exprimée pour chaque année par le numéro de cette dernière (2 pour l'année 2, 3 pour l'année 3, etc.),
i = le taux d'intérêt,
V_0 = la valeur du titre correspondant lui-même à la valeur actualisée des flux futurs, mais cette fois-ci non pondérée,
t = la période.

La duration, actualisée par $-(1+i)$, donne la volatilité de l'obligation ou, en d'autres termes, sa sensibilité aux variations du taux d'intérêt.

Si l'on appelle S la volatilité, on obtient l'équation [10] :

$$S = -\frac{1}{(1+i)} D \qquad [10]$$

Cette volatilité donne la variation en pourcentage de la valeur du titre pour toute modification de 1 % du taux d'intérêt. Pour une volatilité S de

6,5, une modification du taux d'intérêt de 2 % entraîne, en principe, une variation de la valeur de l'obligation de 13 %. On voit que plus la duration est longue, plus l'obligation est sensible aux variations du taux d'intérêt.

L'application de la duration à l'action part de l'idée que le risque de taux d'intérêt est, avec le risque portant sur les flux et le risque de marché non diversifiable, l'un des risques essentiels que subit l'entreprise.

Les principales difficultés dans l'application de la duration aux actions viennent de ce que la durée de vie des actions est, en principe, infinie, de ce que les flux prévisionnels sont incertains, et qu'il est difficile de faire des prévisions à long terme. On peut cependant s'efforcer d'estimer les dividendes prévisionnels sur vingt ou vingt-cinq ans (le poids en valeur actualisée des dividendes espérés au-delà de la vingtième ou de la vingt-cinquième année est très faible) et appliquer à ces derniers l'équation [9].

Logiquement, plus les dividendes prévisionnels des premières années sont faibles et ceux des années éloignées élevés, plus la duration est longue et plus l'entreprise est risquée.

4.2.2. *Les options*

Nous n'insisterons pas sur l'approche théorique qui prétend que l'entreprise endettée est composée de sa dette et d'une option d'achat sur la valeur de l'entreprise, mais nous examinerons, en revanche, l'utilisation concrète du raisonnement optionnel dans l'évaluation de l'entreprise.

Si le prix payé pour l'achat d'une entreprise est égal à la valeur patrimoniale accrue du *goodwill,* ce dernier peut être considéré comme une option d'achat de l'entreprise dont le prix d'exercice serait constitué par la valeur patrimoniale (ou l'actif net). A une échéance bien déterminée, ou bien la valeur de l'action est supérieure à la valeur patrimoniale et l'acheteur garde l'entreprise, ce qui revient à lever l'option ; ou bien la valeur de l'action est inférieure à la valeur patrimoniale et l'acheteur peut vendre l'entreprise en pièces détachées. Dans ce cas, il limite sa perte à la différence entre le prix d'achat et la valeur patrimoniale, c'est-à-dire au *goodwill.* Ce dernier apparaît plus, dans cette optique, comme un droit de disposer librement des actifs que comme une survaleur. Bien entendu, le *goodwill* constituerait une option très incomplète car elle ne serait ni détachable ni négociable. Quant au prix d'exercice et à la date d'échéance, ils ne seraient pas fixés avec précision à l'avance.

On sait que l'obligation convertible est considérée comme une obligation plus une option d'achat de l'action. Selon que la valeur de l'action est, à l'échéance, supérieure au prix de remboursement de l'obligation (ou prix d'exercice) ou non, l'investisseur décide de convertir l'obligation et donc de lever l'option où de l'abandonner et de se faire rembourser. Comme dans le cas du *goodwill,* cela lui permet de limiter sa perte à la différence actualisée entre le prix de souscription ou d'achat de l'obligation convertible et son prix de remboursement, compte tenu également du fait que le coupon d'une obligation convertible est inférieur à celui d'une obligation classique. L'obligation à bon de souscription d'action (OBSA) offre des choix comparables. Connaissant à l'avance le prix de souscription de l'action, l'investisseur peut, si le cours de l'action est inférieur à ce prix, limiter sa perte au prix du bon. L'obligation convertible et l'OBSA n'indiquent pas la valeur de l'action. Mais l'obligation convertible, dont la valeur est théoriquement toujours supérieure à celle de l'action sous-jacente, fournit en quelque sorte une borne supérieure à la valeur de l'action, en incluant un *goodwill* dont la valeur dépend des avantages de l'option offerte. Il en va de même pour la somme du prix de souscription de l'action et de la valeur du bon dans le cas de l'OBSA.

Pour limiter directement son risque, il est possible d'acheter une option d'achat d'une entreprise (ou d'une partie d'entreprise) en fixant à l'avance un prix d'exercice. Le montant de l'option est déterminé entre le vendeur et l'acheteur et peut prendre des formes diverses. La durée d'exercice de ce type d'option s'étend généralement sur plusieurs années. Jusqu'à l'échéance, l'acheteur peut lever son option au prix fixé ou l'abandonner. Il réalise un gain si la valeur de l'entreprise est supérieure au prix global d'achat représenté par la prime et le prix d'exercice. Si l'entreprise a connu des difficultés entre-temps, l'acheteur limite son risque au montant de l'option qu'il abandonne.

5. Les principaux problèmes relatifs à la mise en œuvre des méthodes d'évaluation

Nous examinerons six problèmes fréquemment rencontrés lors de la mise en œuvre des méthodes d'évaluation.

5.1. Les objectifs de l'évaluateur et les méthodes d'évaluation

Avant de choisir la méthode la mieux adaptée, il faut chaque fois répondre à la question suivante : dans quelle perspective fais-je cette évaluation ?

Si l'acheteur est intéressé par une entreprise dont la valeur patrimoniale est sensiblement supérieure à la valeur de rentabilité et s'il a pour objectif un profit rapide, il s'efforce de l'acheter sur la base de la valeur de rentabilité et de la revendre en pièces détachées. L'utilisation de la valeur de liquidation s'impose au moins pour déterminer la plus-value potentielle. Cette approche est souvent celle des *raiders*.

Si l'objectif de l'acheteur est un placement financier, il est interressé par le rendement et d'éventuelles plus-values. Les méthodes boursières sont mieux adaptées à cette situation.

Lors d'une prise de contrôle dans une perspective stratégique, la méthode des flux de liquidités prévisionnels partant de tableaux de financement intégrant les objectifs de l'acquéreur est mieux adaptée à l'évaluation d'une entreprise importante, sur laquelle on peut obtenir des informations détaillées. Mais la méthode du *goodwill* convient souvent mieux à une PME avare en informations.

5.2. *Les caractéristiques de l'entreprise et les méthodes d'évaluation*

Une entreprise qui ne contient que des liquidités et des actifs incapables de permettre un développement autonome peut parfois être évaluée sur la base de sa valeur liquidative.

La méthode des flux est la seule à convenir à une entreprise de pur service qui peut, à la limite, être dépourvue d'actifs.

Les méthodes patrimoniales sont inadaptées à l'évaluation de sociétés de forte croissance. Comme dans le cas précédent, la méthode des flux est mieux adaptée à leur cas.

Les méthodes patrimoniales sont également mal adaptées à l'évaluation de sociétés structurellement déficitaires, chez lesquelles, parfois, une ou deux années de pertes quasi certaines dépassent la valeur de l'actif net corrigé.

5.3. *La moyenne pondérée des résultats obtenus par différentes méthodes et la fourchette des valeurs*

Dans les situations de prise de participation ou de contrôle, les praticiens aiment à recourir à un panachage de plusieurs méthodes. Cet usage largement répandu garantit-il de meilleurs résultats ?

Comme on l'a vu ci-dessus, si l'évaluateur a un objectif clair et précis et si l'entreprise a des caractéristiques spécifiques, une méthode est certainement mieux adaptée que les autres. Quand l'absence d'objectifs et de perception de la spécificité de l'entreprise n'impose pas une approche plutôt qu'une autre et quand les différentes méthodes donnent des résultats très éloignés les uns des autres, il est rassurant d'en pondérer plusieurs, car cette façon d'agir donne l'impression de limiter les risques d'erreur. Mais ce sentiment est illusoire. Ou bien il n'y a qu'une valeur de l'entreprise et toutes les méthodes devraient l'approcher, ou bien il y en a plusieurs, chacune d'elles correspondant, tout au moins dans une perspective de prise de contrôle, à une certaine utilisation des actifs. Dans ce cas, une pondération de plusieurs méthodes ne fait qu'obscurcir l'évaluation. Si, par exemple, l'entreprise a un actif net corrigé de 1 000 et une valeur de rentabilité de 200, chacune de ces deux méthodes a une signification opérationnelle précise. L'entreprise vaut 1 000 dans le cas d'une cession d'actifs, 200 dans l'hypothèse d'une poursuite de l'activité. Mais une moyenne de 600 ne signifie pas grand-chose. La seule utilité de la moyenne pondérée est son utilisation possible dans la négociation.

En revanche, l'analyse de la fourchette (1 000 – 200) est enrichissante. Elle apporte généralement à un acquéreur qui a l'intention de poursuivre l'exploitation au moins trois enseignements :

– l'entreprise est mal gérée, puisque le coût des fonds est supérieur à la rentabilité, et / ou fonctionne dans un secteur difficile ;

– l'acquéreur devra vraisemblablement céder certains actifs inutiles que l'entreprise ne parvient pas à rentabiliser ;

– il faudra certainement alléger des charges excessives.

En résumé, sur ce point, on peut énoncer quatre conclusions :
– il faut rechercher la méthode la mieux adaptée aux objectifs et à la situation ;
– il peut être utile de recourir à plusieurs méthodes, surtout en matière de croissance externe ; dans ce cas, le recours à une approche patrimoniale s'impose généralement, ne serait-ce que pour faire l'inventaire de ce que l'on achète ;
– la réflexion sur la fourchette qui sépare les différentes valeurs est toujours enrichissante ;
– la moyenne pondérée peut surtout servir dans la négociation destinée à parvenir à un prix, mais elle présente plus d'inconvénients que d'avantages en matière d'évaluation.

5.4. La différence entre la valeur et le prix

En théorie comme en pratique, la valeur et le prix sont identiques dans un marché efficient pour un montant de transactions habituel. Mais quand l'acheteur veut prendre le contrôle du vendeur en achetant un nombre très important d'actions, il doit payer une prime de prise de contrôle allant en moyenne de 20 à 50 % du prix courant, même s'il opère sur un marché efficient. Vaut-il mieux dire, dans ce cas, qu'il y a deux valeurs ou que le prix est supérieur à la valeur ?

Il n'y a rien d'anormal à l'existence d'au moins deux valeurs (ou deux séries de valeurs) dans le cas d'une prise de contrôle : celle du vendeur et celle de l'acheteur. Le vendeur va naturellement estimer les flux correspondant à sa propre gestion. Logiquement, la valeur à laquelle il aboutit constitue la limite en dessous de laquelle il n'est pas prêt à descendre. Si l'acheteur envisage de modifier la stratégie de l'entreprise, pense améliorer la gestion et espère des effets de synergie, la valeur (ou le prix) au-dessus de laquelle il n'est pas prêt à acheter est déterminée par l'actualisation des flux qu'il espère lui-même générer. Il est vraisemblable que la valeur pour l'acheteur est souvent supérieure à celle du vendeur, sans quoi la prise de contrôle pourrait manquer de rationalité économique.

Normalement, le vendeur essaie de vendre au-dessus de la valeur qui constitue son prix minimal et l'acheteur s'efforce d'acheter en dessous de la valeur qui constitue son prix maximal. Si aucun des partenaires n'est acculé, soit à acheter, soit à vendre, il est vraisemblable que le prix se situera quelque part entre les deux valeurs, mais il n'y a aucune raison pour que le prix final coïncide avec l'une des deux valeurs, sauf si l'une des parties l'emporte sur l'autre. En principe, il n'y aura d'accord possible entre l'acheteur et le vendeur que si la valeur minimale pour ce dernier est inférieure à la valeur maximale pour le premier (schéma ci-après).

Schéma 1
La valeur, le prix et la prime de prise de contrôle

Valeur maximale pour l'acheteur

Prix possible

Prime de prise de contrôle

Valeur minimale
pour le vendeur

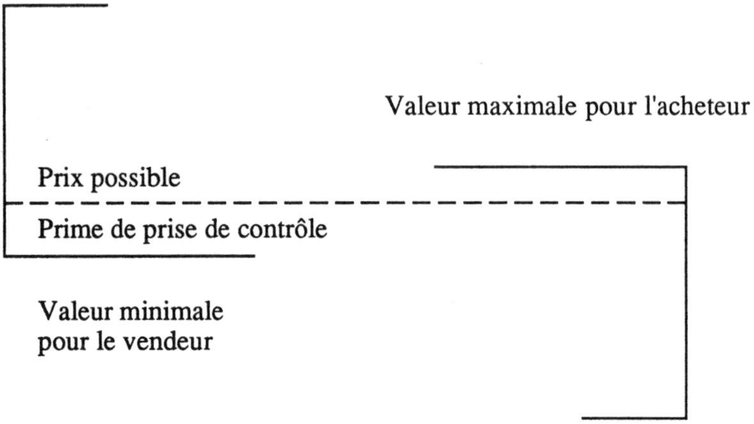

5.5. L'effet de synergie

L'effet de synergie repose sur l'idée que le regroupement va créer de la richesse. Comme on l'a mentionné au paragraphe 5.4., il est un élément explicatif, sinon le principal, de la prime de prise de contrôle. Il ne faut pas le confondre avec l'éventuel effet de diversification.

$$V_0 = \sum \frac{D_t}{(1 + k)^t} \quad \begin{matrix} \longleftarrow \text{ Synergie} \\ \longleftarrow \text{Diversification} \end{matrix}$$

La synergie éventuelle accroît le numérateur, alors que la diversification réduit le risque et agit sur le dénominateur en réduisant le taux d'actualisation.

Il est rare que l'on parle d'un regroupement d'entreprises sans envisager un effet de synergie. Ce dernier repose sur différents facteurs. Sont habituellement mentionnées :

– les économies d'échelle (croissance externe dans la même activité),

– la synergie managériale lorsque le management de l'acquéreur est supérieur à celui de l'acheté (ou l'inverse),

– la synergie par complémentarité (espace disponible ou capacités de production inemployées chez l'un des partenaires, recherche et développement ou marketing chez l'un et production chez l'autre, etc.),

– la synergie financière quand il y a une capacité d'endettement inemployée,

– la synergie environnementale (par exemple les avantages fiscaux résultant de reports de pertes).

Nous n'approfondirons pas les causes possibles de synergie, mais nous examinerons la façon de la mesurer concrètement. Lorsque l'entreprise est cotée, ce qui permet de disposer d'une valeur de référence, il est préférable d'estimer la synergie de façon différentielle, en ajoutant à la valeur de l'entreprise ce que la synergie peut lui apporter, plutôt que de partir *ex nihilo*. On a ainsi des chances d'éviter de mélanger ce qui revient à l'entreprise et ce qui est attendu de la synergie. Cette approche a également le mérite de contraindre à préciser ce que l'on entend par synergie. Certains éléments de la synergie peuvent être chiffrés avec précision. S'ils sont en outre peu risqués comme certains avantages fiscaux, on peut les calculer en les actualisant au coût de la dette.

5.6. La détermination des parités d'échange

Le problème est plus complexe que le précédent car il est nécessaire d'évaluer comparativement deux (ou plusieurs) entreprises et non plus une seule. Il faut cependant passer par là lorsque l'achat de la totalité ou d'une partie des actions d'une société est rémunéré, non pas par de l'argent liquide, mais par des titres de l'acheteur. Dans ce cas, on recommande logiquement d'utiliser pour l'évaluation des deux entreprises des critères identiques, homogènes et significatifs.

Ces précautions n'éliminent pas toutes les difficultés.

– Chaque partie cherche normalement à imposer les critères qui l'avantagent, ce qui fait que les désaccords risquent de se produire avant même que l'on ait commencé l'évaluation.

– Il n'est pas toujours facile de trouver des critères à la fois identiques et significatifs. Que faire quand l'une des entreprises distribue des dividendes importants alors que l'autre ne distribue rien ?

On peut représenter un certain nombre des difficultés rencontrées à l'aide de l'exemple reproduit au tableau 6.

Tableau 6
Choix d'une parité d'échange

	Actif net / action	Cours	CFN / action	BPA	DPA
Société A	100 F	300 F	40 F	15 F	5
Société B	200 F	200 F	40 F	20 F	10
Parité A/B	0,5	1,5	1	0,75	0,5
PER de A = 20 PER de B = 10					

La société A a plus de potentiel que la société B (PER plus élevé, amortissements et autofinancement plus importants), mais A a un passé plus prestigieux. Si l'on a confiance dans l'avenir, une parité de 1,5 ou, à la rigueur, d'une action de B pour une action de A est possible. Si l'on se fonde sur le passé, une parité de deux actions A pour une action de B est acceptable.

Ainsi, un désaccord sur les critères peut aussi bien refléter un désaccord sur l'avenir des entreprises, ce qui est grave, qu'une position de négociation, ce qui est normal. Mais dans tous les cas, le choix des critères, suivant qu'ils avantagent A ou B, est déterminant.

*

* *

Les dimensions de cet article n'ont pas permis de passer en revue tous les problèmes liés à l'évaluation de l'entreprise. Nous n'avons pas voulu mettre l'accent sur la distinction entre l'évaluation de l'entreprise dans une perspective boursière et l'évaluation dans une situation de croissance externe, même si la complexité est généralement plus grande dans le second cas que dans le premier. Il nous a semblé plus important de montrer que, quel que soit le domaine d'application, ce sont surtout certaines inefficiences, la variété des objectifs et des situations et les préoccupations de pouvoir qui font de l'évaluation un domaine aussi capital dans la vie de l'entreprise que délicat dans sa mise en œuvre.

Références

Brilman J., Maire C., *Manuel d'évaluation des entreprises*, Paris, Les Editions d'Organisation, 1988.

Brealey R., Myers S., *Principles of Corporate Finance*, 2nd ed., New York, McGraw-Hill, 1984.

Charreaux G., *Gestion financière*, Paris, LITEC, 1986.

Copeland T., Weston J.F., *Financial Theory and Corporate Policy*, 3rd ed., Reading, Addison-Wesley Publishing Company, 1986.

Fleuriet M., Kienas P., *Comment et à quel prix vendre votre entreprise*, Paris, Usine Nouvelle, 1987.

Husson B., *La prise de contrôle d'entreprises*, Paris, PUF, 1987.

Jacquillat B., Solnik B., *Les marchés financiers et la gestion de portefeuille*, 3e éd., Paris, Dunod, 1981.

Stern J.M., Chew D.H., *The Revolution in Corporate Finance*, New York, Basil Blackwell, 1986.

Pène D., *Valeur et regroupements des entreprises. Méthodes et pratiques*, Paris, Dalloz, 1979.

Vernimmen P., *Finance d'entreprise. Logique et politique*, 2e éd., Paris, Dalloz, 1986.

Mots clés

Actif net corrigé, actualisation des flux de liquidité ou monétaires, capitaux nécessaires à l'exploitation, caractéristiques de l'entreprise, détermination des parités d'échange, différence entre valeur et prix, diversification, droite du marché des actions, duration, évaluation de l'entreprise, moyenne pondérée ou fourchette des valeurs, objectifs de l'évaluation, options, PBR *(price book ratio)*, PER *(price earning ratio)*, raiders, synergie, valeur boursière, valeur de liquidation, valeur de rentabilité, valeur d'usage ou de remplacement, valeur liquidative, valeur patrimoniale.

59

Financement de l'entreprise : évolution récente et perspectives nouvelles

Gérard Hirigoyen et Jean-Pierre Jobard

Depuis quelques années, les différents moyens de financement des entreprises ont connu, en France, une profonde évolution. En effet, à côté des instruments traditionnels permettant de renforcer les fonds propres ou de procurer des crédits aux entreprises, tels que l'augmentation du capital social, l'emprunt obligataire à taux fixe ou variable, le recours à l'escompte ou la mobilisation de créances, de nouveaux instruments de financement ont fait leur apparition. Citons, à titre d'exemple, les actions à dividende prioritaire sans droit de vote, les obligations à bons de souscription d'actions, ou les nouvelles perspectives concernant le crédit d'exploitation découlant de l'application de la loi Dailly.

L'ampleur des transformations qui surviennent actuellement en France dans le financement des entreprises ne peut se comprendre que si l'on replace ce mouvement dans le contexte plus général de l'évolution des systèmes financiers des principaux pays industrialisés. Pour caractériser cette récente évolution, il faut évoquer les innovations financières et, plus particulièrement, la création de nouveaux produits financiers, le mouvement général de « déréglementation » et de « désintermédiation » qui touche la plupart des systèmes bancaires, ainsi que le phénomène de *securitization* (traduit parfois par l'expression « titralisation »)[1]. Devant l'importance de ces modifications, on peut se poser la question de savoir s'il s'agit d'une simple évolution ou d'une véritable mutation des systèmes financiers : telle est bien l'opinion émise par un certain nombre d'auteurs[2].

Face aux transformations du « paysage bancaire et financier français », il ne nous paraît pas opportun de tenter de dresser un inventaire des différents moyens de financement des entreprises existant actuellement en France[3]. Ce recensement, qui dépasserait largement l'objectif de cette contribution, serait par ailleurs rapidement périmé, car l'apparition de

---

1. Voir également dans cette Encyclopédie les articles de J.F. Lepetit, « Comportement des agents financiers » et de J.L. Herrenschmidt, « Déréglementation et innovations financières internationales ».
2. J. Metais, P. Szymczak, *Les mutations du système financier français*, Paris, Documentation française, Notes et études documentaires, 1986.
3. On peut consulter, par exemple, F. Bied-Charreton et J. Raffegeau, *Guide pratique du financement des entreprises*, Paris, Francis Lefebvre, 1987.

nouveaux produits exigerait une incessante remise à jour[1]. En revanche, il semble plus intéressant de chercher à mettre en lumière les traits qui caractérisent l'évolution actuelle des modalités de financement des entreprises, d'une part, au regard de la « mutation » des systèmes financiers des principaux pays industrialisés, et particulièrement du système français, d'autre part, en fonction des enseignements que l'on peut tirer des récents développements de la théorie de la finance concernant les modalités de financement des entreprises.

On étudiera donc, dans une première section, les enseignements tirés de l'évolution récente de la théorie de la finance, puis, dans une seconde section, on s'interrogera sur les traits caractéristiques de la pratique actuelle du financement des entreprises en France.

1. Les enseignements récents tirés de la théorie de la finance

Pour comprendre les mécanismes qui sont à la base des explications théoriques des procédés de financement des entreprises, il convient de distinguer le schéma classique du néoclassicisme financier.

1.1. Le schéma classique

Il repose, en matière de financement, sur deux propositions principales qui ont, toutefois, fait l'objet de nombreuses critiques.

1.1.1. Les propositions de base

Dans le cadre d'hypothèses de marchés parfaits et de comportements orientés vers la maximisation de la valeur de l'entreprise sur le marché financier, le schéma classique, en matière de financement des entreprises, peut être synthétisé à partir de deux propositions centrales.

– Les entreprises ne font pas d'autofinancement net. Cette proposition implique que les entreprises constituent des fonds d'amortissement pour le montant correspondant aux investissements de remplacement, distribuent leurs bénéfices sous forme de dividendes aux actionnaires et financent leurs investissements nets en recourant à des capitaux extérieurs.

– Les entreprises ont à leur disposition deux sources de financement extérieures auxquelles elles peuvent indéfiniment faire appel. Ces deux sources sont :

• d'une part, les capitaux à risque qui sont spécifiques à chaque entreprise ou à chaque catégorie d'entreprise (les firmes étant rangées par classe de risque, en fonction de la volatilité de leur résultat d'exploitation),

• d'autre part, le crédit, *a priori* homogène, et gouverné par le taux d'intérêt.

---

1. Voir, par exemple, pour les moyens de crédit : Banque de France, *Les principaux mécanismes de distribution du crédit*, 9e éd., avec trois mises à jour récentes.

Cette seconde proposition est essentielle, car elle soulève la question de savoir quelle est la source de financement la plus intéressante pour l'entreprise. La réponse a été apportée par les théorèmes de F. Modigliani et M. Miller.

– Théorème 1 : pour une classe de risque économique ou d'exploitation donnée, la valeur boursière de l'entreprise (somme de la valeur des fonds propres et des dettes) est indépendante de sa structure financière ; dans ces conditions, le coût moyen pondéré du capital et la valeur sont des constantes, tandis que le coût des fonds propres augmente, pour refléter l'accroissement du risque financier, avec un endettement de plus en plus lourd.

– Théorème 2 : les décisions d'investissement (et par conséquent la taille de l'entreprise) sont indépendantes des décisions de financement[1].

1.1.2. La critique du schéma classique

Elle a porté principalement sur trois points : le rôle de l'autofinancement, le caractère non homogène des sources de financement externes et les problèmes relatifs aux limites réelles de l'endettement.

1.1.2.1. Le rôle de l'autofinancement

Il peut être mis en évidence sur deux plans :
– le fonds d'amortissement permet de financer une partie des investissements de croissance par le jeu de l'effet multiplicateur (effet Lohmann-Rüchti) et par la pratique de la rétention d'une partie du résultat net dans les entreprises. Cet aspect a d'ailleurs été pris en compte par M. Gordon et E. Shapiro dans leur modèle d'évaluation par les dividendes.

Ces deux aspects conjugués montrent le rôle important joué par l'autofinancement dans le financement des investissements de remplacement et de croissance.

1.1.2.2. Le caractère non homogène des sources de financement externes

Les deux sources de financement externes, crédit et capitaux à risque, sont loin d'être homogènes.
– Dans le « maquis » des sources de crédit, on identifie toute une série de sous-circuits, caractérisés chacun par des conditions d'accès et un taux d'intérêt qui leur sont propres. En reprenant la typologie établie par R. Perez[2], on peut distinguer ainsi :
  • les circuits privilégiés qui résultent d'une intervention des pouvoirs publics dans le sens de l'offre d'un certain montant de financement à des conditions de taux et de durée, plus avantageuses que celles des autres circuits ;

---

1. Voir également dans cette Encyclopédie les articles de G. Charreaux, « Théorie financière », de M. Albouy, « Structure financière et coût du capital » et de P. Vernimmen, « Politique financière de l'entreprise ».
2. R. Perez, « Grande entreprise et système de financement » in *Mélanges Vigreux*, Toulouse, Collection des Travaux et Recherches de l'IAE de Toulouse, 1981, p. 501.

- les circuits normaux auxquels ont accès les entreprises dont les dossiers de crédit sont conformes aux normes fixées par les organismes de financement ;
- les circuits parallèles, généralement non institutionnellement organisés, mais auxquels les entreprises peuvent et sont parfois obligées de recourir (avec des conditions plus sévères) pour pallier les besoins de financement non satisfaits par les circuits précédents.

– Pour le circuit des capitaux à risque, une grande partie peut être considérée comme hors circuit, celle qui est formée par les capitaux propres des entreprises non cotées et qui constituent un « capital captif ». C'est ce qui explique les différences importantes entre la valeur unitaire d'un paquet d'actions assurant la majorité et celle d'un paquet minoritaire.

1.1.2.3. Les problèmes relatifs aux limites réelles de l'endettement

Le théorème de l'indépendance de la valeur de l'entreprise par rapport à sa structure financière a soulevé de nombreuses controverses. La question posée est, en effet, celle de savoir pourquoi les entreprises ne s'endettent pas le plus possible (puisque leur valeur n'en dépend pas), et pourquoi – comme on l'observe dans la réalité – certaines s'endettent plus que d'autres, bien qu'appartenant à la même classe de risque économique ?

F. Modigliani et M. Miller répondent que les entreprises souhaitent conserver une capacité d'endettement pour bénéficier d'une certaine flexibilité. L'argument paraît bien faible par rapport à l'hypothèse de marché parfait dans lequel se placent les auteurs. On peut se demander aussi pourquoi les avantages fiscaux de l'endettement, dus à l'impôt sur les sociétés, n'incitent pas les sociétés à s'endetter au maximum ? Le coût des fonds propres augmente moins vite qu'en l'absence d'impôt sur les sociétés, par suite des gains fiscaux sur les intérêts qui justifient la baisse du coût moyen pondéré du capital et la hausse de la valeur de l'entreprise.

F. Modigliani et M. Miller avancent à nouveau l'argument de la flexibilité, et M. Miller démontre, en 1977, que la prise en compte des impôts sur le revenu des personnes physiques annule les avantages fiscaux entraînés par la déductibilité des intérêts. Dans ces conditions, la question de base demeure entière.

D'autres auteurs, comme J. Stiglitz, A. Kraus, R. Litzenberger et J. Van Horne, ont cherché des explications par référence à l'imperfection des marchés financiers qui offrent des situations de rationnement du capital et d'existence de coûts de transaction. Ils ont intégré dans leur raisonnement les coûts de faillite qui augmentent avec la probabilité de défaillance, laquelle s'élève avec l'endettement.

En présence d'impôt sur les sociétés, la valeur de l'entreprise s'accroît dans un premier temps sous l'effet des économies fiscales entraînées par la déductibilité des intérêts, pour diminuer ensuite quand ces gains sont compensés par les coûts de faillite[1]. On définit ainsi une structure finan-

---

1. Voir également dans cette Encyclopédie l'article de J.C. Parot, « Fiscalité et choix de financement de l'entreprise ».

cière optimale. Les études empiriques ont toutefois montré que les coûts de faillite ne suffisaient pas à justifier les limites réelles de l'endettement. En outre, le schéma classique ne fournit pas – ou que très partiellement – de réponses à des questions dont certaines nous ramènent pourtant directement aux préoccupations actuelles en matière de financement des entreprises.

– Pourquoi existe-t-il différentes formes d'actions (ordinaires, prioritaires, privilégiées) et d'obligations (ordinaires, convertibles en actions, à bons de souscription d'actions) ?

– Pourquoi un nombre croissant d'emprunts comporte-t-il des clauses particulières liées, par exemple, aux modes de remboursement ou à l'existence de garanties (hypothèques, nantissement de matériel) ?

– Pourquoi les banques autorisent-elles le renouvellement permanent de certains de leurs crédits à court terme pour financer le déficit de trésorerie des entreprises, voire leur fonds de roulement ?

Le néoclassicisme financier, à travers la théorie de l'agence et la théorie des signaux, apporte non seulement une réponse à toutes ces questions, mais permet de résoudre le problème de la structure financière optimale.

1.2. Le néoclassicisme financier

Les théories des signaux et de l'agence reposent principalement sur les conflits d'informations et d'intérêts qui peuvent surgir entre différents partenaires de la vie des entreprises : dirigeants, actionnaires et créanciers. Elles mettent en évidence le fait que certains sont bien informés sur la qualité de leur entreprise, tandis que d'autres le sont moins, et que, par exemple, les dirigeants peuvent retirer des avantages en nature au détriment des actionnaires.

Ces deux théories rejettent ainsi deux hypothèses sur lesquelles reposait le schéma classique : la symétrie de l'information pour tous les partenaires, d'une part, l'identité d'intérêts entre eux (maximisation du profit ou de la valeur de l'entreprise), d'autre part.

Le néoclassicisme financier se propose :

– de présenter des solutions à ces conflits en considérant que des contrats implicites ou explicites sont négociés entre les dirigeants, les actionnaires et les créanciers ;

– d'aborder de façon nouvelle bon nombre de problèmes de la finance d'entreprise.

Ainsi, pour ne retenir que les questions relatives aux procédés de financement, la théorie des signaux montre comment le niveau d'endettement peut servir de signal émis par les dirigeants à destination des partenaires extérieurs, et sous quelles conditions on peut déterminer à partir de là une structure financière d'équilibre propre à chaque entreprise. La théorie de l'agence, quant à elle, présente l'endettement comme une solution aux conflits d'intérêts entre les dirigeants et les actionnaires, mais peut, en même temps, provoquer d'autres conflits entre les dirigeants et les actionnaires d'un côté et les créanciers de l'autre.

1.2.1. Le niveau d'endettement et la théorie des signaux[1]

Le raisonnement est fondé, au départ, sur le degré de diversification du portefeuille d'actions d'un actionnaire-dirigeant. En effet, si ce dernier possède un bon projet d'investissement, il y affectera une grande partie de son épargne au détriment d'autres formes de placement, et donc de la diversification. Compte tenu de l'asymétrie de l'information, le faible degré de diversification de son portefeuille peut être interprété comme une activité de signalisation tendant à prouver la valeur du projet auprès du marché.

A partir de cette constatation, deux auteurs, H. Leland et D. Pyle, en déduisent que la valeur d'une entreprise est positivement corrélée avec la part de capital détenue par l'actionnaire-dirigeant et, de ce fait, liée statistiquement avec sa structure financière. Toute modification du portefeuille de l'actionnaire-dirigeant induira donc un changement dans la perception de flux de liquidités futurs par le marché. Il en résultera une autre politique de financement et donc une valeur différente pour l'entreprise[2].

En approfondissant le problème, S. Ross en déduit que la structure financière choisie par les dirigeants pour leur entreprise est un signal émis par eux pour caractériser le type de leur société. Pour lui, le marché n'évalue que les flux perçus de liquidités futurs. Les dirigeants, qui possèdent des informations privilégiées sur ces flux, peuvent procéder à des changements dans la structure financière de leur entreprise et modifier ainsi la perception du marché. Mais encore faut-il que les dirigeants retirent un intérêt de l'émission de ces signaux et qu'ils soient pénalisés en cas d'émission d'un signal trompeur. La bonne entreprise est donc celle qui s'endette et qui, conformément à ses déclarations, rembourse à la date prévue. Le modèle proposé par S. Ross repose sur un équilibre fondé sur l'association d'une activité de signalisation et d'un système d'intéressement. Il conduit aux conclusions suivantes qu'il convient de comparer à celles auxquelles avaient abouti F. Modigliani et M. Miller :

– le coût du capital est indépendant de la décision de financement, même si le niveau d'endettement est spécifique à chaque entreprise ;

– le risque de faillite est une fonction croissante du niveau d'endettement et du type de l'entreprise.

Ainsi, l'accroissement de l'endettement doit être perçu, d'une part, comme un facteur d'augmentation du risque, d'autre part, comme un signal indiquant que l'entreprise est plus performante. La valeur de l'entreprise est donc positivement corrélée à la hausse de l'endettement, même en l'absence d'impôts. Cette conclusion, en opposition avec le théorème de F. Modigliani et M. Miller, doit cependant être nuancée dans la mesure où il s'agit de la valeur « perçue » par le marché de l'entreprise. Pour

---

1. Voir également dans cette Encyclopédie les articles de R. Cobbaut, « Politique de dividende », de P. Raimbourg, « Asymétrie d'information, théorie de l'agence et gestion de l'entreprise » et de G. Charreaux, « Théorie financière »..
2. Pour une étude plus complète de la théorie des signaux, on pourra se reporter à A. Quintart et R. Zisswiller, *Théorie de la finance,* Paris, PUF, 1985, pp. 205-245.

S. Ross, la valeur perçue est différente de la valeur « réelle », puisque la valeur perçue dépend d'un signal « le niveau d'endettement » intercepté par le marché.

Malgré les réserves et les critiques adressées au modèle de S. Ross[1], ce dernier présente une théorie cohérente de la structure financière d'une entreprise.

1.2.2. La décision de financement et la théorie de l'agence

La relation d'agence ou de mandat est celle par laquelle le mandant confie au mandataire ou agent le soin d'agir en son nom et pour son compte.

La théorie de l'agence, issue de la théorie des droits de propriété, repose sur les fonctions d'utilité et sur les conflits potentiels qui existent entre le mandant et le mandataire. Dans le domaine financier, des conflits vont opposer les dirigeants aux actionnaires, et les actionnaires et dirigeants aux créanciers. Ces conflits et leur résolution engendrent des coûts appelés « coûts d'agence » ou « coûts de mandat »[2].

Plusieurs auteurs, M. Jensen et W. Meckling, d'une part, S. Grossman et O. Hart, d'autre part, ont montré que le recours à une politique d'endettement pouvait faciliter la résolution de ces conflits.

1.2.2.1. Le recours à l'endettement comme solution aux conflits entre les actionnaires et les dirigeants

L'endettement permettrait aux actionnaires et aux dirigeants d'adhérer aux mêmes objectifs.

Pour les dirigeants, l'endettement a un pouvoir d'incitation à la performance. Plus une entreprise est endettée, plus le risque de faillite est grand. Or, pour les dirigeants, la faillite signifie généralement perte de leur emploi, de leurs rémunérations et de leurs avantages en nature. Ils sont donc conduits à maximiser les profits et la valeur de l'entreprise.

Pour les actionnaires, la croissance constitue un objectif prioritaire. Le financement de cette croissance suppose l'émission d'actions nouvelles ou le recours à l'emprunt. L'augmentation du capital présente l'avantage de répartir les risques ; mais il accroît la dilution du capital avec les pertes d'utilité qui en résultent. L'endettement augmente les risques et, dans ce cas, les actionnaires sont conduits à adopter le même comportement que les dirigeants.

Trois remarques peuvent être formulées :

– par rapport au modèle de Ross, qui utilise la structure financière comme signal pour informer le marché des caractéristiques de l'entreprise, la théorie de l'agence indique que les dirigeants donnent aux actionnaires,

---

1. B. Jacquillat, M. Levasseur, « Signaux, mandats et gestion financière : une revue de la littérature », CEREG, Cahier de recherche 82 07, Paris, 1982.
2. Sur la théorie de l'agence, consulter A. Quintart, R. Zisswiller, *ibidem*, pp. 223-247. Voir également dans cette Encyclopédie les articles de G. Charreaux, « Théorie financière », de P. Raimbourg, « Asymétrie d'information, théorie de l'agence et gestion de l'entreprise », de R. Cobbaut, « Politique de dividende » et de M. Albouy, « Structure financière et coût du capital ».

par le choix d'une structure financière endettée, l'assurance d'une gestion conforme à leurs intérêts ;

– contrairement au théorème de Modigliani et Miller, les décisions d'investissement ne sont pas tout à fait indépendantes des décisions de financement ;

– enfin, si l'accroissement de l'endettement permet d'apporter une solution à certains conflits entre les actionnaires et les dirigeants, et contribue même à rapprocher leurs intérêts, il n'en demeure pas moins que cette situation donne naissance à des coûts (coûts de faillite et de réorganisation ; coûts d'agence ; coûts de surveillance...) et à de nouveaux conflits qui peuvent opposer, d'un côté, les dirigeants et les actionnaires, et de l'autre, les créanciers et les prêteurs.

1.2.2.2. Les solutions aux conflits entre les actionnaires et les dirigeants, d'une part, les créanciers et les prêteurs, d'autre part

En s'alliant, les dirigeants et les actionnaires peuvent détourner à leur profit une partie de la richesse de l'entreprise au détriment des créanciers et des prêteurs : il leur suffit, par exemple, de conduire une politique de sous-investissement ou de décider une émission d'emprunt dont le montant serait, en partie, distribué sous forme de dividendes.

Il faut donc rechercher des solutions aux conflits qui peuvent naître entre les dirigeants et les actionnaires, d'une part, les créanciers et les prêteurs, d'autre part. A. Quintart et R. Zisswiller proposent six types de solutions.

– Les clauses de garanties ou sûretés réelles limitent les possibilités de modification du portefeuille des actifs dans la mesure où les garanties obligent, en cas de cession du bien, de mettre les flux de liquidités obtenus à la disposition des créanciers.

– La fixation de limites à l'endettement est une deuxième solution. Sont visés ici l'interdiction d'émission de dettes obligataires de rang égal ou supérieur à celles qui existent déjà et le plafonnement de l'endettement selon des normes imposées par les prêteurs.

– L'existence d'échéanciers de la dette réduit les risques de l'entreprise et des créanciers.

– Les clauses de remboursement anticipé peuvent être assimilées à des options vendues par le prêteur à l'emprunteur.

– Le recours à l'endettement à court terme, constamment renouvelé, peut être assimilé à une dette à long terme déguisée, affectée, par exemple, au financement du déficit global de trésorerie. Mais la décision d'investissement devient postérieure à l'échéance des dettes à court terme. Les créanciers ont donc la possibilité de sanctionner à tout moment la gestion des actionnaires et des dirigeants. L'endettement à court terme renouvelé incite par conséquent les dirigeants et les actionnaires à rechercher le plus grand nombre de projets rentables.

– L'émission d'obligations convertibles en actions, ou obligations à bons de souscription d'actions (OBSA), est la dernière solution proposée pour remédier aux conflits entre les actionnaires et les dirigeants, d'une part, les créanciers et les prêteurs, d'autre part. La clause de convertibilité ou l'exercice de l'option du bon de souscription d'actions peut dissuader les actionnaires actuels de modifier la structure et le risque du portefeuille des actifs de manière à accroître à terme leur profit, puisque ce dernier pourrait également revenir aux obligataires qui sont des actionnaires potentiels. Elle peut les inciter à choisir des projets qui contribuent plus à la valeur de la firme qu'à leurs intérêts personnels.

2. Les tendances et la pratique actuelles en matière de financement des entreprises françaises

Avant d'examiner ce qui caractérise, aujourd'hui en France, la pratique du financement des entreprises, pour les ressources stables comme pour le financement à court terme, il convient de s'interroger sur les facteurs à l'origine de l'évolution et des transformations récentes qui ont touché de nombreux moyens et procédés de financement.

2.1. Les facteurs d'évolution

Le coût du crédit et les transformations du système bancaire et financier sont les facteurs qui ont eu le plus d'influence sur l'évolution des moyens de financement des entreprises.

2.1.1. Le coût du crédit

Une des caractéristiques essentielles de l'évolution récente de l'environnement monétaire de l'activité économique est sans doute le fort mouvement de hausse des taux d'intérêt réels des crédits consentis aux entreprises. Ils demeurent aujourd'hui de l'ordre de 5 à 6 %. Deux raisons principales peuvent être avancées pour expliquer ce niveau.

En premier lieu, la très forte rétribution de l'épargne liquide a tendance à fuir les dépôts non rémunérés, compte tenu de la baisse des taux d'inflation et des besoins de l'économie. Cette situation résulte, en particulier, de l'influence de l'étranger, spécialement de celle des Etats-Unis, en raison des taux d'intérêt élevés pratiqués sur le dollar et de la politique choisie par les pouvoirs publics concernant l'épargne longue, ce qui n'a pas manqué de se répercuter sur l'épargne liquide.

En second lieu, il faut citer le coût de la gestion des risques par les banques qui trouve son origine, d'une part, dans la constitution de provisions pour risques potentiels, d'autre part, dans les pertes constatées. Pour les praticiens de la banque, ce coût aurait été multiplié par trois au cours de ces dix dernières années [1].

A ces deux causes principales s'ajoute, aux dires des responsables du secteur bancaire, le poids des frais généraux.

---

1. Voir J. Dromer, « Quel financement pour les entreprises en 1986 ? », *Banque* (mars 1986) : 222.

2.1.2. L'évolution du système financier

La Commission bancaire a diffusé un livre blanc consacré aux risques des nouveaux instruments financiers[1]. On peut lire notamment : « Depuis une quinzaine d'années, l'activité bancaire nationale et internationale a connu d'importantes mutations. La forte poussée de l'innovation financière en constitue assurément l'une des principales manifestations. Il n'est guère possible de dresser l'inventaire des mutiples origines du phénomène ; il est tout aussi vain de chercher à hiérarchiser ses causes, notamment en raison des interactions qui les lient ».

Il ne paraît pas cependant inutile de rechercher les traits caractéristiques de l'évolution récente du système bancaire et financier français. Trois aspects principaux peuvent être mis en avant :

– cette évolution s'est effectuée avec un certain retard, par rapport à l'évolution générale des systèmes financiers dans les principaux pays industriels ;

– les transformations se sont réalisées sous l'impulsion des pouvoirs publics qui ont notamment manifesté leur volonté de créer un marché unifié des capitaux et de moderniser le marché financier ;

– ces transformations ont entraîné de profonds bouleversements dans les méthodes de gestion financière des entreprises.

2.1.2.1. L'évolution générale des systèmes financiers dans les principaux pays industriels et le retard d'adaptation du système financier français

Tous les auteurs qui s'intéressent à l'évolution des systèmes financiers des principaux pays industriels mettent l'accent sur deux aspects importants qui ont accompagné cette évolution. On assiste, depuis une dizaine d'années, à une tendance à l'internationalisation des différents marchés ; mais ce mouvement de globalisation s'est développé en même temps que s'accroissait l'instabilité des marchés, en particulier pour les taux d'intérêt et les taux de change. Pour répondre à ce nouveau contexte, caractérisé par une certaine « turbulence » financière, et s'adapter aux nouvelles contraintes que l'instabilité imposait aux entreprises, les systèmes financiers des principaux pays industriels ont répondu par la déréglementation, la désintermédiation et le mouvement de titralisation (securitization).

Apparue aux Etats-Unis à la fin des années 1970, le déréglementation est un mouvement qui repose principalement sur les valeurs traditionnelles de la libre entreprise et recommande de laisser jouer les mécanismes originaux du marché. Avant de pénétrer dans le domaine financier avec, par exemple, l'abolition de la réglementation Q, la déréglementation a touché, en premier lieu, les transports routiers et aériens puis les hydrocarbures. Le mouvement a gagné ensuite les places financières anglaises et canadiennes, avant de toucher le système financier français. Dans le contexte français, la notion de déréglementation ne signifie pas toujours abolition ou absence de réglementation ; elle s'entend plutôt dans le sens d'assouplissement ou d'adaptation

---

1. *Banque* (mai 1987) : 451.

de la réglementation. Les principaux objectifs de la déréglementation, en France, ont été de décloisonner les marchés et de faciliter leur accès à un plus grand nombre d'opérateurs [1].

Pour caractériser le phénomène de désintermédiation, plusieurs éléments doivent être mis en lumière.

En matière de dépôt, on notera qu'une part croissante de l'épargne échappe désormais à l'intermédiation bancaire pour se placer sur le marché financier, directement ou indirectement, par l'intermédiaire des OPCVM (organismes de placement collectif en valeurs mobilières), comme les SICAV ou les fonds communs de placement. Les mesures prises en France par les pouvoirs publics, telles que la loi Monory de juillet 1978 et les mesures de pénalisation des rémunérations des bons de caisse et des comptes à terme (en particulier, les mesures prises en septembre 1981 et en janvier 1983, puis assouplies en mai 1986) ne sont pas étrangères à ce mouvement.

En matière de crédit, avec le retour des taux d'intérêt réels positifs entraîné par la baisse des taux d'inflation, les entreprises s'efforcent de se désendetter et d'augmenter leurs fonds propres. Ces dernières vont alors avoir tendance à privilégier les financements de haut du bilan, tels que les augmentations de capital, les émissions d'obligations et l'introduction au second marché. Il en résulte une diminution de la part des banques dans le financement des entreprises, d'autant plus que certaines d'entre elles recourent aux billets de trésorerie pour s'assurer un financement à court ou moyen terme.

Cette diminution de la part des banques entraîne à son tour une modification de leur rôle [2]. La banque traditionnelle est une institution dispensatrice de crédits. Mais aujourd'hui, à côté des crédits, de nouveaux besoins apparaissent : l'entreprise a besoin de conseils pour réaliser des montages financiers, pour intervenir sur les différents marchés, pour se préserver contre les risques de taux d'intérêt et de taux de change [3]. Ainsi, peu à peu, le contenu de la notion d'intermédiation bancaire change de sens. Là encore, la notion de désintermédiation signifie moins absence d'intermédiation que changement du contenu de la notion.

Le phénomène de *securitization* ou, pour reprendre l'expression française, de titralisation est d'une autre nature. Les relations financières qui donnent naissance soit à des droits de propriété, soit à des droits de créance, soit au droit d'exercer une option, peuvent s'insérer dans deux modalités juridiques différentes : la signature d'un contrat ou l'émission d'un titre. Dans la signature d'un contrat, les deux parties sont liées et l'une d'elles ne peut être déliée de ses engagements sans l'accord de l'autre. Dans le cas de l'émission d'un titre, celui-ci, remis par le redevable du droit au titulaire du

---

1. S. Bellanger, « La déréglementation dans le secteur bancaire et financier. L'expérience américaine et les leçons pour la France », *Banque* (avril 1986) : 339.
2. Voir dans cette Encyclopédie l'article de J.F. Lepetit, « Comportement des agents financiers ».
3. Voir également dans cette Encyclopédie les articles de J.L. Alexandre, « Marchés à terme de taux d'intérêt », de C. de La Baume, « Risque de taux d'intérêt », de P. Fontaine, « Évaluation des actifs financiers dans le cadre international » et de C.A. Vailhen, « Risque de change ».

droit, peut être négociable. Cela signifie que le titulaire du droit peut revendre son titre sans avoir besoin de demander l'autorisation du redevable. Telle est bien la situation, par exemple, de l'obligataire. Le titre étant négociable, il faut un marché sur lequel le titre sera coté. L'existence de ce marché présente deux avantages pour le propriétaire du titre : la liquidité, d'abord, puisque le titulaire du titre peut, en le revendant, retrouver rapidement les fonds qu'il a investis ; la connaissance permanente, ensuite, de la valeur du titre en raison de sa cotation sur le marché.

2.1.2.2. *La volonté des pouvoirs publics de créer un marché unifié des capitaux et de moderniser le marché financier*

Trois objectifs ont été principalement poursuivis en France par les pouvoirs publics : créer un marché unifié des capitaux accessible à tous, substituer aux contraintes réglementaires de la création monétaire des techniques de régulation par le marché, et moderniser les instruments et le marché financier.

Les marchés des capitaux, en France, étaient à la fois cloisonnés et réglementés ; la concurrence ne s'y exerçait pas toujours pleinement. Le marché monétaire ou marché de l'argent à court terme était réservé aux banques et aux ENBAMM (établissements non bancaires admis au marché monétaire). Sur le marché hypothécaire, les établissements distribuant des prêts immobiliers assortis de garanties hypothécaires se refinançaient. Le marché financier comprenait le marché des actions et le marché des obligations. Les inconvénients de ce système ont souvent été dénoncés : existence de barrières étanches entre ces différents compartiments, accès de chaque marché réservé à quelques agents économiques, solution de continuité entre les différentes échéances traitées sur les marchés, variations indépendantes des taux d'intérêt sur les différents marchés [1].

Pour mettre fin à ces inconvénients, les pouvoirs publics ont défini les objectifs globaux de la réforme du marché des capitaux de la façon suivante : créer un marché unifié, allant du jour le jour au très long terme, accessible à tous les agents économiques, au comptant et à terme, avec la possibilité d'options.

Différentes mesures prises au cours de l'année 1985 ont tenté d'opérer, étape par étape, le décloisonnement des marchés de l'argent. En mars 1985, on assistait à la création des certificats de dépôt. La réforme du marché hypothécaire était mise en place en octobre. Enfin, la loi du 14 décembre 1985 prévoyait la possibilité, pour certaines entreprises, d'émettre des billets de trésorerie et, pour l'Etat, des bons du Trésor négociables accessibles aux particuliers et aux entreprises. Quant aux institutions financières spécialisées et aux sociétés financières, elles reçurent l'autorisation de lancer des bons (bons des institutions financières spécialisées ou BISF et bons des sociétés financières ou BSF). Un marché à terme d'instruments

---

1. Voir, par exemple, le livre blanc sur la réforme du financement de l'économie, *Les notes bleues* (n° 268, 1986).

financiers (MATIF) est organisé par la loi du 11 juillet 1985. Depuis le 10 septembre 1987, la Compagnie des agents de change assure le fonctionnement d'un marché des options négociables sur actions.

On peut bien évidemment s'interroger sur les résultats obtenus. Certaines critiques n'ont pas manqué de faire remarquer que le décloisonnement des marchés de l'argent avait abouti, en fait, à la création de plusieurs marchés compartimentés[1]. La Banque de France, dans sa note d'information n° 71 de juillet 1987 sur l'évolution récente du marché financier en France, souligne que, malgré la volonté politique affirmée spécialement en 1985 de créer un marché unifié de l'argent, « la tradition et la plupart des spécialistes continuent à réserver l'expression de marché financier au marché de l'argent à long terme, qui repose toujours principalement sur l'émission et la circulation de valeurs mobilières ». On notera toutefois que la création des nouveaux titres de créances négociables va dans le sens de la déréglementation, de la désintermédiation et de la titralisation. A titre d'exemple, le billet de trésorerie illustre la déréglementation puisqu'il permet l'accès au marché monétaire à certaines entreprises ; il accroît la désintermédiation puisque les entreprises se trouvent désormais « face à face », et que les banques, lorsqu'elles interviennent, jouent un rôle différent de celui qu'elles ont en distribuant des crédits. Enfin, le billet de trésorerie étant un titre négociable, il correspond au phénomène de titralisation.

2.1.2.3. *Les transformations du système financier ont entraîné des changements dans les méthodes de la gestion financière des entreprises*

L'évolution des systèmes financiers ainsi que l'aggravation des risques, notamment en ce qui concerne les taux de change et les taux d'intérêt, vont avoir de profondes répercussions sur les méthodes de gestion financière des entreprises. Examinons, par exemple, la gestion du risque de taux. Pour l'entreprise qui avait besoin d'emprunter, la gestion traditionnelle de ce risque consistait, par exemple, à choisir, en fonction de ses anticipations concernant l'évolution des taux, soit des emprunts à taux fixes (en cas d'anticipation à la hausse), soit des emprunts à taux variables (en cas d'anticipation à la baisse). Elle pouvait également procéder à la mise en place de financement sur besoins futurs. La caractéristique commune à tous les moyens traditionnels, c'est que la protection contre le risque de taux dépend d'un choix initial et qu'il n'est plus possible, ensuite, de remettre en cause l'engagement financier.

Les nouvelles techniques de gestion du risque du taux d'intérêt sont désormais fondées sur la possibilité de dissocier le crédit (ou le placement) du risque lui-même et ainsi de remettre en cause l'engagement initial. C'est le cas, par exemple, des swaps, qui permettent d'échanger des taux fixes contre des taux variables, des options[2], auxquelles on peut renoncer, des achats ou ventes à terme de contrats.

---

1. Voir I. Dromer, *Ibidem,* p. 226.
2. Voir dans cette Encyclopédie l'article de J.C. Augros, « Options ».

Avec ces nouvelles techniques, on assiste à l'introduction de la notion de marché dans la fonction financière de l'entreprise. Il en résulte un bouleversement et une nouvelle vision de cette fonction. Désormais, une ressource financière, comme un placement, ne peut plus être considérée comme un produit définitif : il s'agit, en fait, d'une véritable matière première, qui fait l'objet d'un marché, s'achète au meilleur moment, se transforme, se stocke et se vend. Comme tous les stocks, elle encourt le risque de subir des dépréciations, en particulier, elle doit être protégée contre les risques de taux de change et de signature.

Ainsi, l'activité financière perd sa spécificité et subit un phénomène de banalisation qui la rapproche des autres activités de production de l'entreprise. Cette nouvelle vision de la fonction financière transforme le rôle des banques et le contenu de l'intermédiation. Mais elle soulève également la question de savoir dans quelle mesure les petites et moyennes entreprises (PME) sont susceptibles de participer à cette évolution ?

2.2. Les nouveaux financements stables

Lorsque l'on interroge les praticiens de la finance sur les besoins en financements stables de leurs entreprises, on peut tirer de leurs propos trois constatations.

– La controverse fonds propres-fonds empruntés, développée par les théoriciens de la finance qui tentaient de définir une structure optimale du passif des entreprises, trouve un faible écho dans leur préoccupation. « Pour soutenir son activité de longue période, l'entreprise doit disposer d'un certain volume de capitaux permanents. La répartition de ces capitaux entre fonds propres et fonds empruntés est un problème relativement secondaire par rapport à la question fondamentale : les résultats de l'entreprise sont-ils suffisants pour prendre le risque et la peine d'y investir des moyens financiers[1] » ? En revanche, les praticiens semblent plus proches des conclusions de la théorie des signaux, pour laquelle la bonne entreprise est celle qui s'endette et rembourse à la date prévue. « Ce qu'il faut, en effet, considérer, c'est l'aptitude de l'entreprise à honorer les charges de la dette. Une telle optique démystifie quelque peu la dichotomie fonds propres-fonds empruntés[2] ».

– On peut constater également, chez les praticiens, un véritable réexamen de l'effet de levier qui est étudié en fonction de la position stratégique de l'entreprise et dont l'utilisation sera recommandée avec la plus extrême prudence. « Le seul bon sens montre qu'il est légitime de s'endetter si la rentabilité des capitaux engagés dans une activité quelconque et financés avec le produit de l'emprunt excède le coût de cet emprunt[3] ». En effet, lorsque la rentabilité économique est supérieure au coût de l'endettement,

---

1. Voir M. Glais, *Le diagnostic financier de l'entreprise,* Paris, Economica, 1984, p. 87.
2. Voir M. Glais, *ibidem,* p. 97.
3. Voir B. Larrera de Morel, « Les entreprises françaises sont-elles trop endettées ?, *Banque* (juin 1987) : 544.

l'effet de levier est positif et joue comme un « surgénérateur » de la rentabilité des fonds propres, en particulier, dans le cas des activités stratégiques les plus rentables. Mais les effets de levier positifs sont constatés *ex post*. Or, dans un environnement caractérisé par la « turbulence » et l'instabilité financière des taux d'intérêt et des taux de change, la rentabilité économique est dépendante de multiples variables. « Toutes ces variables sont difficilement prévisibles à moyen terme et supposent donc qu'un écart important existe entre rentabilité attendue et taux d'intérêt réel espéré pour permettre un endettement massif[1] ». En cas d'erreur de prévision, l'effet de levier peut se transformer en « effet de massue ».

– Les praticiens vont donc afficher aujourd'hui une nette préférence pour le financement en fonds propres. Toutefois, deux questions doivent être posées. Qu'entend-t-on actuellement par fonds propres ? L'évolution des systèmes financiers et les innovations financières n'ont pas fait disparaître le problème posé par la nature des fonds propres. A côté des instruments traditionnels que l'entreprise utilisait pour se procurer des fonds propres, on assiste au développement de nouveaux produits souvent désignés par l'expression « nouveaux fonds propres » ou « quasi-fonds propres ». La seconde question est relative aux possibilités que possèdent les PME-PMI d'accéder, comme les grandes entreprises cotées et les groupes, à ces nouveaux fonds propres ?

2.2.1. *Les sociétés cotées et les groupes*

Devant la hausse générale des taux d'intérêt réels, les grandes entreprises et les groupes abandonnent de plus en plus l'endettement à terme au profit d'un financement en fonds propres. Les dirigeants de ces entités ont compris qu'avec des taux d'intérêt réels, de l'ordre de 5 à 6 %, le financement de leur croissance passait obligatoirement par le développement de leurs fonds propres. Ce changement d'attitude s'est traduit par une forte augmentation du volume des opérations en capital sur le marché financier. Les émissions d'actions, sous leurs diverses formes, ont quadruplé au cours de l'année 1986, alors que le montant des emprunts obligataires classiques, pendant cette même période, est resté stationnaire.

Plusieurs instruments financiers permettent aujourd'hui de collecter des fonds propres. Le coût financier de ces divers instruments étant pratiquement équivalent, les responsables du financement vont être conduits à privilégier d'autres critères de choix parmi lesquels viennent, en premier lieu, la « santé » de l'entreprise, son potentiel de croissance, la structure de son bilan et de son actionnariat et la nature de son projet. Le recours à tel ou tel instrument est guidé par la définition d'une stratégie particulière. Ainsi, l'obligation à bons de souscription d'actions (OBSA), introduite en France par la loi du 3 janvier 1983, répond aux besoins de financement stable des grandes entreprises, en très forte croissance ou en situation de redresse-

---

1. Voir B. Larrera de Morel, *ibidem*, p. 544.

ment. Il en résulte un aspect très spéculatif pour l'investisseur. L'OBSA permet de différer la dilution du capital jusqu'à la fin de l'exercice des bons. En détachant ces derniers, l'actionnaire majoritaire peut revendre et financer le maintien de sa part.

L'obligation convertible en action, régie par la loi du 6 janvier 1969, a également pour conséquence de différer la dilution du capital. Mais, contrairement aux OBSA, les obligations convertibles sont généralement assimilées par les banquiers à des quasi-fonds propres.

D'autres instruments existent : les actions à bons de souscription d'actions (ABSA) et les obligations remboursables en actions (ORA). Dans le cas de l'ABSA, l'entreprise procède à une augmentation de capital classique, qui est elle-même porteuse d'une ou plusieurs autres augmentations. Avec l'ORA, le porteur de l'obligation n'a pas le choix : la conversion en actions est obligatoire. Il s'agit donc de véritables fonds propres.

Ainsi, le renforcement des fonds propres des entreprises se fait à l'aide d'instruments financiers qui possèdent, au départ, soit la nature de fonds propres (émission d'actions nouvelles et ORA), soit la nature de dettes (exemple l'OBSA). Il est donc possible d'affirmer qu'une véritable ingénierie financière se développe actuellement, en France, pour les sociétés cotées et les groupes. Celle-ci pourra-t-elle également s'implanter dans les sociétés non cotées et dans les PME ?

2.2.2. *Les sociétés non cotées et les PME-PMI*

Dans une étude récemment publiée, la Banque de France s'est intéressée à la structure du financement des PME (les firmes employant entre 10 et 499 salariés) pendant la période 1979-1983[1]. L'intérêt de cette étude est de mettre en lumière les traits caractéristiques du financement des PME, par rapport à l'ensemble des entreprises françaises, d'une part, et par rapport aux grandes entreprises (plus de 500 salariés), d'autre part.

Les auteurs de l'étude relèvent en premier lieu que les PME, comme les grandes entreprises, ont enregistré, face à la contraction de la demande, une dégradation de leur autofinancement surtout en début de période. Cette évolution défavorable s'est également traduite par un affaiblissement quasi général de l'indépendance mesurée par le poids de l'endettement dans l'ensemble des capitaux engagés. Mais l'examen des modalités de financement montre que les PME sont caractérisées, par rapport aux grandes entreprises, par une politique de provisions plus timide, par un plus fort recours aux comptes d'associés, par des apports en capitaux plus réduits, par un recours plus important aux ressources d'origine bancaire – ce qui explique en grande partie le poids des charges financières – et enfin, par une plus grande utilisation du financement par crédit-bail.

Peut-on cependant parler d'une spécificité dans le comportement financier des PME ? Les auteurs de l'étude ne le pensent pas, en raison de

---

1. Voir *Cahiers économiques et monétaires* (n° 26), p. 5.

l'ampleur de la dispersion qui affecte les différentes observations statistiques. Celle-ci met en évidence la très grande hétérogénéité des PME. En ce qui concerne les financements stables, on peut cependant remarquer que les PME font plus souvent appel aux comptes courants d'associés et aux crédits-bails que les grandes sociétés.

L'expression compte courant d'associé – admise par la doctrine comptable et la pratique bancaire – implique une disponibilité continue du crédit du compte au profit du déposant. Dans cette hypothèse, le compte courant ne peut, en aucun cas, être assimilé à des fonds propres. La situation peut être analysée de façon différente lorsque le crédit du compte fait l'objet d'un échéancier de remboursement. Dans la mesure où l'échéancier est réparti sur plusieurs années, le compte courant peut être assimilé à des fonds stables. Dans le cas où existe une clause de non-remboursement ou une clause de remboursement en dernier rang – ce qui rapproche le compte courant d'un prêt participatif – les fonds déposés en compte courant peuvent être considérés comme des fonds propres.

L'avantage du financement par crédit-bail se situe à plusieurs niveaux. Cette procédure de financement offre généralement plus de souplesse dans sa mise en œuvre que la demande de financement au moyen d'un prêt à long ou moyen terme. En cas d'utilisation de matériel à évolution technologique rapide, le crédit-bail présente tous les avantages de la location : il est plus facile de changer un matériel loué que de vendre un matériel démodé pour en racheter un neuf.

Le problème essentiel pour une PME à capitaux familiaux est le financement équilibré de sa croissance afin de préserver son autonomie financière et conserver le contrôle de la société. Les actions à dividende prioritaire privées du droit de vote (ADP), introduites en France par la loi du 3 janvier 1983, peuvent être utilisées par les PME pour éviter l'ingérence de tiers dans la direction de la société. Mais l'émission des ADP est limitée à 25 % du capital de la société. L'introduction sur le second marché peut également fournir une solution au problème du financement de la croissance de la PME [1].

2.3. *Les nouvelles techniques de financement à court terme*

Les modalités du financement à court terme ont connu, en France, dans une période très récente de profonds bouleversements.

Jusqu'à la création des nouveaux titres de créances négociables, les différents mécanismes du financement à court terme étaient parfaitement définis. Une entreprise, pour se financer à court terme, avait à sa disposition une série de lignes de crédit très codifiées, comme, par exemple, l'escompte, le découvert, la mobilisation de créances dans le cadre de la loi Dailly, le crédit de mobilisation de créances commerciales (CMCC), le crédit fournis-

---

1. A. Choinel, « Entreprises et second marché ; un succès interactif », *Banque* (septembre 1987) : 771.

seur[1], l'affacturage, les différents crédits de trésorerie. En revanche, pour gérer la trésorerie, le choix était beaucoup plus restreint : il n'existait que le dépôt bancaire à terme rémunéré ou le placement en valeurs mobilières, souvent mieux rémunéré mais généralement plus risqué.

Avec l'apparition des nouveaux titres de créances négociables et la possibilité d'accéder au marché, les entreprises disposent aujourd'hui d'une gamme de ressources financières et de moyens de placement élargie. Mais toutes les entreprises disposent-elles de ces nouveaux moyens de financement et de placement ? Il faut, bien entendu, distinguer entre les entreprises qui, par leur taille, peuvent avoir accès aux marchés et celles qui, comme la plupart des PME, n'ont pas directement accès aux marchés. On risque donc de se trouver en présence d'un système de financement à court terme à deux vitesses : d'une part, un nouveau système qui intègre la fonction marché et qui est surtout réservé aux grandes entreprises ayant accès directement aux marchés en raison de leur dimension, d'autre part, un système de financement traditionnel, qui paraît pratiquement peu modifié par rapport à celui qui existait avant la création des titres de créances négociables et qui demeure assigné aux PME. C'est aux banques que revient la mission de rompre l'isolement financier des PME en proposant un nouveau contenu à l'intermédiation bancaire.

2.3.1. Les entreprises ayant accès aux marchés

Créées à l'occasion des réformes visant à unifier les marchés des capitaux et à décloisonner le marché monétaire, les billets de trésorerie offrent aux entreprises la possibilité de se financer par emprunt sur le marché de l'argent à court terme, selon des modalités largement empruntées à l'expérience du *commercial paper* américain.

Ouvert le 18 décembre 1985, le marché a connu rapidement un grand succès. Dès la fin du mois de janvier 1986, 47 émetteurs avaient procédé à des émissions et le volume des billets en circulation s'élevait à 9,1 milliards de francs. L'encours devait continuer de progresser jusqu'à la fin de juillet 1986 ; à cette date, 133 émetteurs disposaient d'un encours total de 26,6 milliards de francs. Entre le 18 décembre 1985 et le 31 décembre 1986, 211 entreprises ont procédé au total à l'émission, occasionnelle ou régulière, pour un montant de 238,2 milliards de francs[2].

Qui sont les émetteurs ? Ils « forment une population hétérogène[3] ». A côté des grandes entreprises privées ou publiques, dont l'intervention sur ce marché était attendue, figurent également des sociétés industrielles ou commerciales de taille moyenne, à vocation nationale ou régionale, des filiales de sociétés étrangères ainsi que des coopératives agricoles. Mais il faut remarquer que « si une partie des émetteurs interviennent régulière-

---

1. Voir dans cette Encyclopédie l'article de M. Dietsch, « Crédit interentreprises ».
2. J. Peure, C. Barcelo, « Le marché des billets de trésorerie en 1986 », *Revue trimestrielle de la Banque de France* (1er trimestre 1987), p. 33.
3. J. Peure, C. Barcelo, *ibidem*, p. 36.

ment dans le cadre de programmes d'émission plus ou moins formalisés, et obtiennent ainsi un financement permanent qui atténue la césure entre le court et le moyen terme, nombreux sont ceux qui ne recourent au marché que de façon épisodique. C'est fréquemment le cas chez les émetteurs dont l'encours est inférieur à 100 millions, cette catégorie rassemblant aussi bien des entreprises moyennes que des entités plus importantes, voire des groupes qui viennent tester le marché, ou l'utilisent en appoint pour des montants marginaux au regard de leur dimension ». Et les auteurs de conclure : « Bien qu'il ait accueilli un large éventail de signatures, le marché a été essentiellement le fait d'un nombre restreint d'émetteurs ». Comment se financent à court terme les entreprises qui n'appartiennent pas à ce cercle restreint ?

2.3.2. *Les entreprises n'ayant pas accès au marché : vers une nouvelle intermédiation financière*

Si les innovations financières offrent des possibilités nouvelles de placement et de financement, cette flexibilité ne profite véritablement qu'aux entreprises qui ont accès aux marchés. Or, la moyenne entreprise doit faire face à des risques financiers de même nature que la grande entreprise. Bien plus, elle possède souvent des structures plus vulnérables que cette dernière. « Pour que la banque continue de jouer son rôle essentiel d'intermédiation entre le marché et l'entreprise, elle se doit donc d'adapter rapidement son offre de services aux besoins stratégiques nouveaux de sa clientèle, et tout particulièrement à ceux des moyennes entreprises [1] ».

Trois raisons principales expliquent que les entreprises moyennes risquent de demeurer à l'écart des innovations et des nouvelles techniques de marché.

– Les montants minimaux d'intervention sur les marchés dépassent souvent les besoins de financement des PME. C'est, particulièrement, le cas pour les billets de trésorerie dont le montant minimal est fixé à 5 millions de francs.

– L'intervention directe sur les marchés ne peut être réalisée que par une équipe très spécialisée, possédant une infrastructure en moyens de communication et en informatique. Le montant des investissements en matière grise et en matériel que représente la possession d'une salle de marché dépasse souvent les possibilités financières de la plupart des PME, à l'exception de celles qui sont spécialisées dans le négoce international ou dans les activités financières.

– Enfin, l'intérêt de l'entreprise moyenne est de concentrer ses forces et ses ressources financières sur ce qui est son « métier », au sens de sa vocation stratégique.

---

1. M. Crouhy, B. Yoncourt, « Services bancaires et financiers à la moyenne entreprise », *Banque* (juillet-août 1987) : 643.

Quel nouveau contenu l'intermédiation bancaire peut-elle prendre pour mieux répondre aux besoins des PME ? Les praticiens de la banque envisagent trois axes principaux :

– en premier lieu, une mise au détail et un redimensionnement des produits financiers ; l'objectif est de réduire les montants nominaux des produits et d'adapter les échéances aux besoins spécifiques de la PME ;

– en deuxième lieu, une approche globale du bilan de l'entreprise ; on peut citer les opérations de « capital-développement » ou de « capital-risque »[1] et les opérations de « rachat d'entreprise par leurs salariés » ; dans toutes ces interventions, les banques sont conduites à adapter les techniques de l'ingénierie financière aux besoins de la PME ;

– en troisième lieu, un partage des risques et une nouvelle définition des solidarités.

La banque ne doit pas se substituer à l'entreprise dans la gestion du risque de taux ou du risque de change. C'est à l'entreprise d'identifier les risques à couvrir, de formuler des anticipations, de choisir un degré d'exposition et de définir sa stratégie. La mission de la banque sera de proposer le montage financier qui doit permettre d'optimiser la gestion du risque, compte tenu de la stratégie arrêtée. La confrontation des solutions proposées par la banque avec celles imaginées par l'entreprise doit permettre à cette dernière de faire un choix dont la mise en œuvre incombe alors à la banque.

Ces quelques considérations montrent à quel point le contenu de la notion d'intermédiation bancaire vis-à-vis des PME a pu se modifier.

*

* *

Au cours de ces dernières années, le monde de la finance a été confronté à une évolution sans précédent, si bien que l'on est parfois tenté de parler plutôt de mutation.

Cette évolution s'est traduite par la création d'une quantité impressionnante de nouveaux produits et d'instruments financiers ainsi que par l'apparition progressive de nouvelles techniques de gestion, notamment en matière de taux de change et de taux d'intérêt.

Cette sophistication des produits, des techniques et des instruments financiers a eu de profondes répercussions sur les méthodes de gestion financière et a introduit la notion de marché dans la fonction financière de l'entreprise. C'est dire que les financiers se doivent de maîtriser les nouveaux outils et instruments financiers et d'être aussi familiers avec les marchés financiers internationaux qu'avec leur propre marché national[2].

Ce savoir-faire croissant a progressivement donné naissance à une véritable ingénierie financière. L'introduction de cette dernière dans les pratiques de financement des entreprises a contribué tantôt à les rapprocher

---

1. Voir dans cette Encyclopédie l'article de J. Bessis, « Capital-risque et financement des entreprises ».
2. Voir dans cette Encyclopédie l'article de H. de La Bruslerie, « Marchés financiers internationaux ».

des enseignements les plus récents de la théorie financière (exemple : financement par OBSA), tantôt à les en éloigner (refus de l'endettement).

En conclusion, on serait tenté de dire qu'à chaque décennie les entreprises privilégient un mode de financement. Au cours des années 1970, elles ont largement recouru à l'endettement pour financer leur croissance. La première moitié des années 1980 a vu le retour en force des fonds propres. Depuis la crise boursière d'octobre 1987, les augmentations de capital (directes ou différées) sont devenues plus rares. Quant au crédit bancaire, on cherche toujours à l'éviter tant les taux réels sont restés élevés. Lorsque les grandes entreprises y ont recours, c'est aujourd'hui avec des montages financiers d'un type nouveau, par exemple, les *Multiple Option Facility* (MOF).

Mais, d'une manière générale, les directions financières ne souhaitent guère revenir à une politique fondée sur l'endettement. (Ainsi Peugeot, qui vient de faire disparaître un milliard de dettes par la technique de la *defeasance* de bilan). Les entreprises vont donc devoir chercher dans leurs propres ressources les moyens nécessaires au financement de leur croissance. Cette ressource est le cash-flow.

En définitive, après l'ère de l'endettement, puis celle des fonds propres apportés ou assimilés, voici que s'ouvre l'ère du cash-flow, c'est-à-dire des fonds propres sécrétés.

Références

Banque de France, « Le financement des PME », *Cahiers économiques et monétaires*, n° 26.

Banque de France, *Les principaux mécanismes de distribution du crédit*, 9e éd. et mises à jour récentes.

Banque de France, *L'évolution récente du marché financier en France*, Note d'information, n° 71, juillet 1987.

Depallens G., Jobard J.P., *Gestion financière de l'entreprise*, 9e éd., Paris, Sirey, 1986.

Hirigoyen G., « Contribution à la connaissance des comportements financiers des MEI familiales », Thèse, Bordeaux, 1984.

Jacquillat B., Levasseur M., « Signaux, mandats et gestion financière : une revue de la littérature », CEREG, Cahier de recherche, n° 82 07, Paris, 1982.

Perez R., « Grande entreprise et système de financement » in *Mélanges Vigreux*, Toulouse, 1981, pp. 499-602.

Quintart A., Zisswiller R., *Théorie de la finance*, Paris, PUF, 1985.

Revue d'Economie Financière, Paris, Association d'Economie Financière (n° 2, septembre 1987).

Vernimmen P., *Finance d'entreprise logique et politique*, 2e éd., Paris, Dalloz, 1986.

Mots clés

Autofinancement, coût du crédit, crédits à court terme, endettement, fonds empruntés, fonds propres, innovations financières, intermédiation financière, marché financier, marché unifié des capitaux, nouveaux produits financiers, pratique de financement des entreprises françaises, théorie de la finance, système bancaire, système financier.

60

Financement des exportations

Yves Simon

Le crédit est indispensable au commerce international, car les délais et les conditions de paiement constituent une donnée importante dans l'obtention des contrats. Les modalités financières sont devenues un élément fondamental et parfois déterminant de l'opération d'exportation, au même titre que le prix et la qualité des produits.

Les modalités de crédit diffèrent suivant la durée et la nature des opérations commerciales. Les crédits à court terme, d'une part, à moyen et long terme, d'autre part, sont les principales modalités de financement des exportations. D'autres procédures, moins conventionnnelles mais fort appréciées par de nombreux exportateurs se développent toutefois depuis le milieu de la décennie 1970.

1. Les crédits à court terme en francs et en devises et le financement des exportations

Ces crédits ont été progressivement mis en place après la Seconde Guerre mondiale pour adapter le système bancaire français aux exigences du commerce extérieur. Ils ont été développés avec l'aide de la Banque Française du Commerce Extérieur (BFCE) et la Compagnie française d'assurance pour le commerce extérieur (COFACE).

1.1. Les crédits de préfinancement

Les crédits de préfinancement sont des crédits de trésorerie mobilisables auprès de la Banque de France. Ils sont consentis par les banques afin de permettre aux industriels de financer les besoins courants ou exceptionnels résultant de leur activité exportatrice.

1.1.1. Les crédits de préfinancement spécialisés

Les préfinancements spécialisés concernent des gros marchés portant sur des matériels fabriqués sur devis, des ensembles clés en main ou des travaux réalisés à l'étranger dont la durée d'exécution est longue. Ils ont pour objectif de couvrir le décalage de trésorerie dû à l'insuffisance des acomptes reçus par l'exportateur à la signature du contrat, ou pendant la période de fabrication pour en couvrir les dépenses.

Le montant du crédit est fonction de la charge de trésorerie supportée par l'exportateur. Il est évalué par un plan de financement mensuel qui recense les acomptes reçus par l'exportateur à la signature du contrat et pendant la période de fabrication, et les dépenses occasionnées par la fabrication du produit exporté. Le crédit de préfinancement peut atteindre 100 % du découvert mensuel ainsi déterminé pour les contrats signés depuis le 14 janvier 1985.

Les crédits de préfinancement sont des découverts mobilisables consentis avec accord préalable de la Banque de France. Leur coût est lié au taux de base bancaire, auquel s'ajoutent des commissions bancaires.

1.1.2. Les crédits de préfinancement à taux stabilisé

Les crédits de préfinancement spécialisés ont pour inconvénient d'induire une incertitude sur le montant des frais financiers, du fait de l'instabilité du taux de base bancaire. Depuis le 1er juillet 1971, les exportateurs peuvent éviter cet inconvénient, car ils bénéficient d'un taux stabilisé pour le préfinancement de leurs contrats. Cette procédure leur permet d'inclure dans leur prix de vente des frais financiers fixes, malgré la variation du taux de base bancaire. Le taux d'intérêt s'applique en effet de manière irrévocable pendant toute la durée du préfinancement, quelles que soient les fluctuations ultérieures du taux de base bancaire.

Les entreprises peuvent bénéficier d'un taux stabilisé pour le préfinancement de leurs exportations, si les quatre conditions suivantes sont remplies :

– le montant du contrat doit excéder un million de francs ;

– le plan de financement doit faire ressortir un découvert pendant un délai minimum de 12 mois ;

– le découvert le plus élevé doit représenter au moins 2 % du chiffre d'affaires hors taxe de l'entreprise pour l'exercice écoulé ;

– l'exportation doit porter sur des biens d'équipement ou des prestations de service.

Les crédits de préfinancement sont distribués et financés par les banques qui peuvent se refinancer à taux fixe auprès de la BFCE. Depuis le 14 janvier 1985, le coût des préfinancements à taux stabilisé est égal au taux de base bancaire de la BFCE. Le préfinancement à taux stabilisé des contrats de vente de matériel militaire signés depuis le 26 octobre 1984 bénéficie du même taux de stabilisation que les contrats civils.

1.2. Les crédits de mobilisation de créances nées

Ces crédits permettent aux exportateurs qui ont accordé à leurs partenaires étrangers des délais de paiement inférieurs à 18 mois de recevoir le montant de leur créance dès que celle-ci prend naissance. Il leur suffit de mobiliser cette créance auprès d'une banque. Le crédit peut porter sur l'intégralité de la créance.

Les modalités administratives sont les suivantes : l'exportateur remet à son banquier les documents commerciaux (traites, billets à ordre...) accompagnés d'un effet financier représentant le montant total ou partiel de la créance. Sur cet effet doivent figurer certaines indications : nature de la marchandise, nom du client, pays destinataire, montant de la facture, date d'expédition et de paiement. Le banquier escompte l'effet financier en l'avalisant s'il s'agit d'un billet à ordre, ou en l'acceptant s'il s'agit d'une traite.

Ces crédits sont réescomptables à la Banque de France avec, dans certains cas, son accord préalable. La mobilisation est réalisée par l'escompte d'effets portant deux signatures : celle du bénéficiaire et celle de la banque commerciale. Leur coût est lié au taux de base bancaire auquel s'ajoutent certaines commissions.

1.3. L'avance en devises

L'avance en devises est consentie, sans autorisation préalable, aux exportateurs qui ne mobilisent pas en francs, auprès de banques françaises, leurs créances sur l'étranger.

L'avance en devises est une opération qui se déroule en trois phases.

– Dans un premier temps, l'exportateur emprunte auprès de son banquier le montant des devises correspondant à la créance qu'il possède sur son client étranger. Le terme de l'avance correspond à l'échéance de la créance. Le taux d'intérêt est fonction des taux du marché des eurodevises. Cette avance est accordée sur présentation de pièces justificatives permettant d'établir l'expédition et le passage en douane des exportations. De ce fait, les avances en devises ne permettent pas d'assurer le préfinancement des exportations.

– Du fait que les devises doivent être mises à la disposition de l'emprunteur français et utilisées en France, elles doivent être immédiatement vendues sur le marché des changes au comptant, ce qui permet à l'exportateur de reconstituer sa trésorerie franc. Le banquier procède lui-même à cette vente et remet à l'exportateur la contre-valeur en francs du montant de l'avance en devises au cours du jour.

– Le remboursement de l'avance en devises est assuré par les recettes provenant de l'exportation.

En tant que moyen de financement, l'avance en devises présente plusieurs avantages.

– Elle s'effectue avec un minimum de formalités, car elle est liée à une opération de caractère commercial et ne peut être réescomptée à la Banque de France.

– L'avance en devises est un crédit facile à obtenir.

– L'avance en devises se caractérise par la relative modicité des frais qu'elle implique, comparés à ceux d'une mobilisation de créance à l'exportation.

– L'avance en devises n'est pas soumise à des autorisations préalables. La banque doit faire un compte rendu à la direction du Trésor dans les 20 jours qui suivent l'utilisation effective du prêt et lors de son remboursement.

Pour ces différentes raisons, l'avance en devises est une opération financière recherchée par les entreprises.

Pour que l'avance en devises constitue un instrument de couverture contre le risque de change, il faut que l'emprunt soit effectué dans la devise de la créance. Si l'avance est mise en place pour satisfaire un besoin de financement indépendant de la couverture contre le risque de change, et si la réglementation ne l'interdit pas, rien ne s'oppose à ce que la devise empruntée diffère de celle de la créance, mais l'exportateur est alors exposé à un double risque de change.

1.4. Les crédits de trésorerie spécialisés

Les exportateurs peuvent trouver auprès des banques certains crédits spécialisés dont l'objectif est de faciliter la recherche de nouveaux débouchés, d'améliorer la rapidité des livraisons, de pallier une charge de trésorerie en cas de sinistre couvert par l'assurance crédit. Ces crédits mobilisables auprès de la Banque de France prennent la forme de billets émis par le bénéficiaire à l'ordre de son banquier et escomptés par ce dernier. Le coût de ces crédits est fonction du taux de base bancaire auquel s'ajoutent des commissions bancaires.

2. Les crédits à moyen et long terme et le financement des exportations

Les exportations de biens d'équipement exigent la délivrance de crédits supérieurs à 18 mois. Il arrive que certains crédits atteignent plus de 10 ans. L'octroi de tels financements est une nécessité pour exporter, mais cette pratique pose aux entreprises de délicats problèmes de trésorerie. C'est pourquoi les pouvoirs publics ont mis en place, dès 1951, des mécanismes de financement spécifiques faisant intervenir le banquier de l'exportateur, la COFACE, la BFCE et la Banque de France.

Depuis le 8 octobre 1985 – et contrairement à la pratique antérieure – l'intervention de la COFACE n'est plus obligatoire. Les mesures prises par le ministre de l'Economie, des Finances et du Budget le 24 décembre 1985 et le 29 janvier 1986 conduisent à un très net désengagement de la Banque de France et de la BFCE dans le mécanisme de financement et de refinancement des crédits à moyen terme et long terme à l'exportation.

Ces crédits à moyen et long terme permettent de financer des exportations aussi diverses que des usines clés en main, des chantiers de travaux publics (métro de Caracas, université de Riyad), des navires, des avions, des équipements intéressant l'industrie automobile ou l'exploration et l'équipement pétrolier.

2.1. Les caractéristiques des crédits à moyen terme et long terme destinés au financement des exportations

Le crédit fournisseur et le crédit acheteur sont les deux modalités de financement des exportations.

2.1.1. Le crédit fournisseur

Le crédit fournisseur est un crédit bancaire accordé à l'exportateur français (d'où son nom de crédit fournisseur) qui a consenti un délai de paiement à son partenaire étranger.

Ce crédit permet à l'exportateur d'encaisser, au moment de la livraison partielle ou totale de l'exportation, le montant des sommes qui lui sont dues par l'acheteur étranger.

Pour bénéficier d'un crédit fournisseur, la créance doit être supérieure à 18 mois. Si elle est inférieure à 7 ans, il s'agit d'un crédit à moyen terme. Si elle est supérieure à 7 ans, il s'agit d'un financement à long terme.

Depuis octobre 1975, les crédits fournisseurs peuvent bénéficier de la procédure des paiements progressifs. Grâce à cette formule, l'exportateur mobilise des créances sans attendre la fin de l'exécution de ses obligations contractuelles. Ces créances correspondent à des livraisons partielles.

Il est possible que le contrat commercial prévoit des paiements progressifs sans livraisons partielles. Deux conditions sont requises pour en bénéficier : le contrat doit être supérieur à un million de francs et la durée d'exécution supérieure à 9 mois[1].

En crédit fournisseur, l'exportateur reste au centre de l'opération, ce qui présente des inconvénients et des avantages. En cas d'impayé, l'exportateur reste débiteur des banques. Il doit, selon les règles habituelles du droit cambiaire, rembourser le banquier à qui il a remis sa créance en escompte. Il peut bien évidemment se retourner vers la COFACE pour obtenir le remboursement de la partie assurée. Ce remboursement n'a cependant lieu qu'après un délai qui n'est jamais inférieur à 6 mois[2]. Avec un crédit fournisseur, le vendeur bénéficie, en revanche, d'une grande liberté de manœuvre puisqu'il est seul à négocier face à l'acheteur.

2.1.2. Le crédit acheteur

Le crédit acheteur est un financement directement consenti à l'acheteur étranger par une banque française ou un pool bancaire, afin de permettre à l'importateur de payer comptant le fournisseur français.

Les procédures du crédit acheteur ont été instituées en 1965 et mises en place en 1966. Le principe général est de déplacer le crédit du fournisseur vers l'acheteur étranger.

---

1. La durée doit être supérieure à 9 mois pour les contrats comportant une seule livraison, et supérieure à 12 mois pour des contrats prévoyant des livraisons échelonnées, à condition que la première se produise après un délai supérieur à 6 mois.
2. L'ampleur de ces délais justifie la mise en place des crédits de mobilisation des indemnités de sinistre dues par la COFACE évoqués au paragraphe 1.4.

Dans le crédit fournisseur, l'exportateur français accorde le crédit à l'acheteur étranger, s'occupe de la mobilisation de la créance auprès de son banquier et supporte le financement d'une fraction du crédit. La charge de trésorerie qui en résulte peut s'avérer lourde pour les entreprises fortement exportatrices, au point de mettre en cause leur équilibre financier.

Le crédit acheteur, au contraire, permet à l'exportateur de s'exonérer totalement de ces contraintes, puisqu'il est réglé comptant par l'importateur étranger qui utilise lui-même un crédit spécifique accordé par les banques françaises.

En raison des avantages qu'il comportait, le crédit acheteur avait été d'abord réservé aux contrats supérieurs à 25 millions de francs assortis de délais de règlement d'au moins sept ans. Cette restriction a été par la suite supprimée.

Lorsqu'une exportation est dénouée par un crédit acheteur, deux contrats distincts et autonomes sont signés.

Le contrat commercial définit les obligations du vendeur et de l'acheteur, et précise les modalités du paiement comptant du vendeur par l'acheteur.

Le contrat de crédit permet aux banques de mettre à la disposition de l'acheteur, en temps utile et sous certaines conditions, les sommes nécessaires au respect des engagements de l'acheteur de payer comptant.

La présence de ces deux contrats a pour corollaire l'existence de deux polices d'assurance [1]. La police risque de fabrication assure, avec une quotité de 90 % maximum, le fournisseur au titre du contrat commercial, contre le risque d'interruption du fait de l'acheteur. La police risque de crédit assure, avec une quotité de 95 %, les banques contre les manquements possibles de l'emprunteur à ses engagements de remboursement [2].

Le contrat commercial prévoit expressément les modalités de paiement du vendeur par l'acheteur. Le paiement doit être comptant, mais cette obligation n'implique pas qu'il soit unique.

Les paiements peuvent être progressifs et s'échelonner au fur et à mesure de la réalisation par l'exportateur d'une partie de ses obligations contractuelles (une étape dans l'avancement des travaux). Chaque livraison partielle donne lieu au versement d'une partie du montant total.

Le crédit acheteur n'a atteint son plein développement qu'en 1971. Jusqu'en 1978, l'encours global du crédit acheteur était inférieur à celui du crédit fournisseur. Depuis 1979, le crédit acheteur est plus utilisé que le crédit fournisseur. Ce succès prouve que le mode de financement répond bien aux besoins des exportateurs français.

Il les libère en effet de la négociation et de la charge du crédit, tout en leur permettant d'être au niveau des conditions de la concurrence internationale. Il leur apporte, par ailleurs, une sécurité considérable, puisqu'il les

---

1. Dans le cas, bien évidemment, où la COFACE intervient dans le montage, ce qui n'est plus obligatoire depuis les réformes de 1985-1986.
2. La COFACE peut délivrer des garanties aux banques et établissements financiers non résidents depuis le 5 novembre 1985, ce qui était impossible avant cette date.

débarrasse de tout risque qui ne résulte pas de leur faute prouvée. Dernier avantage : en supprimant les créances sur l'importateur étranger, le crédit acheteur allège d'autant le bilan de l'exportateur.

En contrepartie de ces avantages, la minutie et la rigueur du montage constituent un obstacle qui rebute parfois le vendeur. La double négociation (contrat de crédit et contrat commercial) doit être bien synchronisée. Elle reste néanmoins plus longue que celle d'une opération montée en crédit fournisseur.

Cette procédure n'est pas toujours jugée satisfaisante par l'acheteur. Ce dernier préfère, parfois, avoir en face de lui un fournisseur avec lequel il peut négocier toutes les conditions de l'opération, plutôt que deux négociateurs.

Pour les banques, le coût de gestion plus élevé du crédit acheteur devrait les détourner des petits marchés, inférieurs à quelques millions de francs. Par ailleurs, le fait que 5 % du risque restent à leur charge (sans qu'elles aient le droit de les faire supporter par un tiers ou par l'exportateur) peut les amener à limiter leur participation au financement de certains acheteurs ou de certains pays.

2.1.3. La comparaison des crédits fournisseurs et des crédits acheteurs

Le crédit fournisseur et le crédit acheteur sont des modalités plus complémentaires que rivales. Le premier est adapté aux opérations de faible montant, effectuées le plus souvent à moyen terme. Le second convient particulièrement bien au financement pendant une longue période de gros contrats. Des conditions particulières peuvent évidemment modifier cette dichotomie assez simpliste.

En général, les banques préfèrent la formule du crédit acheteur, parce qu'elles peuvent collaborer étroitement avec leurs clients et renforcer la position des exportateurs dans leurs négociations avec les acheteurs étrangers. L'intérêt du banquier s'explique également par la plus grande rentabilité du crédit acheteur, sous réserve que le montant financé dépasse un certain seuil, qui est variable au demeurant selon la durée des négociations, la complexité du contrat, le nombre de déplacements, le montant des frais, etc.

2.2. Les différents crédits à moyen et long terme

Jusqu'au début de l'année 1986, les crédits à moyen et long terme bénéficiaient d'un soutien public au titre du financement ou des garanties. Depuis lors, ce soutien a été profondément modifié. Il existe dorénavant trois types de crédits à moyen et long terme destinés au financement des exportations françaises :

– des crédits sans garantie COFACE et sans soutien public au financement ;

– des crédits avec garantie COFACE et sans soutien public au financement ;

– des crédits avec garantie COFACE et avec soutien public au financement.

2.2.1. *Les crédits sans garantie COFACE et sans soutien public au financement*

Ces crédits – acheteurs ou fournisseurs – sont extrêmement souples : la durée, les conditions de remboursement, la quotité pouvant être financée et les autres modalités sont librement déterminées par la banque et l'emprunteur. Le niveau des taux d'intérêt dépend uniquement des conditions du marché. Il peut s'agir de taux fixes, de taux révisables ou de taux variables. Le financement de ces crédits peut s'effectuer en francs ou en devises.

Eu égard à la nature du risque lié à ce type de crédit et à la compétitivité des taux d'intérêt français par rapport à ceux du Consensus, ces crédits sont normalement destinés au financement des exportations vers les pays de la catégorie 1 et, au cas par cas, vers les pays de la catégorie 2[1].

2.2.2. *Les crédits avec garantie COFACE et sans soutien public au financement*

Les caractéristiques de ces crédits, qu'il s'agisse de la durée, des modalités de remboursement, de la quotité susceptible d'être financée, sont définies par la Commission des garanties. Les taux, en revanche, sont librement déterminés par la banque et le bénéficiaire du crédit. Ils peuvent être, suivant les cas et les possibilités offertes par le marché, des taux fixes, des taux révisables ou des taux variables. Tout dépend des formules acceptées par les deux parties. Le niveau de ces taux est, dans tous les cas, fonction des conditions du marché.

Ces crédits sont garantis par la COFACE à hauteur de 90 % pour la couverture du risque politique et de 85 % pour la couverture du risque commercial en crédit fournisseur (l'assuré est alors l'exportateur), et à hauteur de 95 % en crédit acheteur (l'assuré est alors la banque).

En théorie, ces crédits à l'exportation en « garantie pure » peuvent être consentis à tout emprunteur, quelle que soit la catégorie du Consensus à laquelle appartient le pays de destination. En pratique, pour les crédits en francs, la comparaison des conditions du marché et du taux du Consensus en limite l'emploi aux pays de la catégorie 1.

2.2.3. *Les crédits avec garantie COFACE et avec soutien public au financement*

Ces crédits représentaient avant 1986 la quasi-totalité du financement à moyen et long terme des exportations françaises.

Les caractéristiques de ces crédits, qu'il s'agisse de la durée, des modalités de remboursement, de la quotité susceptible d'être financée, etc.,

---

1. Les normes et les règles du Consensus en matière de taux d'intérêt sont présentées au paragraphe 2.3.

sont définies par la Commission des garanties en conformité avec les règles internationales et en particulier celles du Consensus.

Ces crédits sont garantis par la COFACE à hauteur de 90 % pour la couverture du risque politique et de 85 % pour la couverture du risque commercial en crédit fournisseur, et à hauteur de 95 % en crédit acheteur.

Ces crédits export à moyen terme avec soutien public au financement peuvent être des crédits acheteurs ou des crédits fournisseurs. Ils peuvent être financés en francs ou en devises.

Les crédits en francs bénéficient de la procédure publique de stabilisation des taux d'intérêt qui permet de proposer, dès le stade de l'offre, un taux fixe défini par l'administration. Ces taux administrés résultent d'un ensemble de règles nationales et internationales. L'administration retient soit le taux fixé par le Consensus, soit le taux spécifique de l'accord sectoriel concerné (construction navale, aéronautique, centrale nucléaire), soit le taux de base bancaire de la BFCE, soit tout autre taux particulier qui serait supérieur aux taux précédemment mentionnés. Pour la partie long terme, celle qui est supérieure à 7 ans, la BFCE finance directement les banques (crédit acheteur) ou les refinance (crédit fournisseur).

Les financements à moyen et long terme en devises ont été institués en décembre 1981 pour permettre aux entreprises françaises de renforcer leur position concurrentielle [1].

Cette procédure, gérée par la BFCE, reprend les mécanismes des crédits acheteurs et fournisseurs en francs français. Elle s'en différencie par les conditions de financement et de refinancement, lesquels s'effectuent sur le marché international des capitaux. Cette procédure présente cinq caractéristiques :

– Toute entreprise française qui exporte peut solliciter un crédit en devises : dollar américain, deutsche mark, franc suisse, yen et livre sterling. Ce crédit peut financer des exportations à destination de tous les pays du monde.

– Les conditions relatives à la créance susceptible d'être financée par un crédit en devises – durée, montant, fournitures éligibles, bénéficiaire du crédit, garanties COFACE – sont identiques à celles qui s'appliquent au crédit acheteur en francs.

– L'acompte et le paiement comptant des dépenses locales sont exclus du financement en devises.

– La demande de crédit est soumise à la Commission des garanties qui fixe les conditions et le coût du crédit sollicité, en fonction des taux internes pratiqués dans le pays de la devise à la date de l'emprunt. Pour respecter les règles du Consensus, ce taux ne peut être inférieur aux taux de référence sur crédits domestiques [2].

---

1. Les exportateurs américains, britanniques et italiens bénéficiaient déjà à l'époque d'une procédure identique.
2. Les taux de référence sur crédits domestiques sont présentés au paragraphe 2.3.

– Le crédit en devises est directement accordé au client étranger par un pool bancaire (ou à l'exportateur dans le cas d'un crédit fournisseur) après autorisation de la Commission des garanties. Le financement se décompose en deux parties.

La fraction moyen terme est financée par un pool bancaire. Les banques empruntent des devises à court terme sur le marché international. La durée de l'emprunt est normalement de 6 mois, mais elle peut être moindre. Le coût des ressources est fonction du taux sur le marché lors de l'utilisation du crédit ou lors du renouvellement du financement. Ce taux est établi à partir de la moyenne des taux interbancaires offerts à Paris pour la devise considérée par trois « banques de référence[1] ».

En recourant à des emprunts à 6 mois renouvelables, les banques financent aisément des crédits à long terme sans être pour autant soumises à un risque de taux. La BFCE prend en effet en charge (ou reçoit) la différence entre le taux du crédit en devises et le taux des ressources augmenté des commissions bancaires fixées à 1,15 % l'an en crédit acheteur et 1 % en crédit fournisseur.

Si le pool bancaire est dans l'impossibilité de s'approvisionner en devises, l'Etat, par l'intermédiaire du Trésor, décide de changer de devises ou de recourir à un financement en francs français. Le recours à une autre devise peut être également décidé pour une simple raison d'opportunité. Dans ce cas la BFCE prend en charge ou reçoit les différences de change.

Le pool bancaire peut utiliser les possibilités offertes par le marché pour réaliser des emprunts de consolidation à moyen et long terme, afin de bénéficier de taux favorables ou pour prévenir tout risque d'indisponibilité sur le marché à court terme. Le lancement de cet emprunt est décidé par la direction du Trésor, après examen du Comité de concertation[2]. L'emprunt de consolidation peut être effectué dans une autre devise. Dans ce cas, la BFCE prend en charge ou reçoit la différence de change.

Cet emprunt de consolidation peut être lancé dès l'origine du crédit en devises si l'opportunité s'en présente. Le produit de cet emprunt est placé sur le marché à court terme en attendant d'être utilisé.

La fraction long terme du crédit en devises est financée par la BFCE à partir des ressources empruntées sur les marchés étrangers ou le marché financier international.

---

1. Ces banques sont choisies par roulement et pour une période d'un an à raison d'une dans chacun des trois groupes constitués à cet effet.
 – BNP, Crédit Lyonnais, Société Générale ;
 – Banque Indosuez, Banque Paribas, Banque de l'union européenne ;
 – Crédit Commercial de France, Crédit Industriel et Commercial, Crédit du Nord, Banque Worms.
2. Ce Comité regroupe la direction du Trésor, la direction des Relations économiques extérieures, la BFCE et les trois banques de référence. Il est présidé par le directeur du Trésor, et le secrétariat est assuré par la BFCE. Il se réunit une fois par mois et à chaque fois qu'une urgence le justifie. Il donne son avis à la direction du Trésor sur l'opportunité de recourir à des emprunts de consolidation, de changer de devises ou de retourner à un financement classique en francs français.

2.3. Le taux des crédits fournisseurs et des crédits acheteurs et le Consensus de l'OCDE

Seuls les crédits à moyen terme et à long terme bénéficiant d'un soutien public en matière de financement sont soumis aux règles du Consensus.

La nécessité dans laquelle se trouvent les pays occidentaux, depuis le début de la décennie 1970, d'accroître leurs ventes à l'étranger a conduit à une forte concurrence sur les conditions financières des exportations et les modalités de paiement offertes aux acheteurs étrangers. Cette concurrence explique que les pouvoirs publics ont déployé des efforts considérables pour favoriser les exportations de leur pays et sont intervenus dans les procédures de financement pour en réduire le coût.

Pour éviter une escalade des conditions de crédit et un accroissement des subventions publiques, pour freiner une concurrence susceptible de déboucher sur des pratiques proches du *dumping* en matière d'octroi de crédit et d'assurance, certains pays industrialisés ont abouti à un accord informel sur les crédits à l'exportation bénéficiant d'un soutien public. Cet accord fixe les taux d'intérêt *minima,* les délais *maxima* de remboursement, le montant minimum des versements au comptant et le montant maximum des dépenses locales susceptibles d'être financées par des crédits à l'exportation bénéficiant d'un soutien public. Ce premier accord a été signé en juillet 1976 par la France, la République fédérale d'Allemagne, le Royaume-Uni, l'Italie, les Etats-Unis et le Japon.

Le 1er avril 1978, ces dispositions ont été incorporées dans un Arrangement relatif à des lignes directrices pour les crédits à l'exportation bénéficiant d'un soutien public, auquel participaient tous les pays membres de l'OCDE à l'exception de l'Islande et de la Turquie. Cet Arrangement est un *gentleman's agreement* et non pas un traité en bonne et due forme. Si un participant à l'intention d'accorder un crédit à des conditions plus favorables que celles qui sont stipulées dans l'Arrangement, il doit le notifier préalablement aux autres participants, en expliquant les raisons de sa décision.

Cet Arrangement connu sous le nom de Consensus de l'OCDE s'applique aux entreprises qui utilisent des financements à l'exportation supérieurs à 2 ans bénéficiant d'un soutien public, et à celles qui contractent une assurance crédit accordée pour le compte de l'Etat ou avec le soutien des pouvoirs publics.

Les règles du Consensus s'appliquent à toutes les exportations à l'exception des équipements militaires et des produits agricoles. Des conditions particulières sont toutefois prévues pour les avions, les centrales nucléaires, les navires et les centrales électriques conventionnelles. Des modalités spécifiques ont été prévues pour les crédits mixtes (qui associent une aide au développement aux crédits à l'exportation), les crédits supérieurs à 5 ans et ceux qui s'écartent des normes adoptées par les pays membres du Consensus.

Le taux d'intérêt, la durée maximale des crédits et le pourcentage minimum de paiement comptant varient selon la classification des pays bénéficiaires, ventilés en trois catégories selon un critère de PNB par habitant. Les pays riches constituent la première catégorie. Ce sont les pays dont le PNB par habitant était, en 1979, selon les statistiques de la Banque mondiale, supérieur à 4 000 dollars. Cette catégorie comprend une quarantaine de pays. La deuxième catégorie regroupe environ 70 pays dont le PNB par habitant était compris entre 624 et 4 000 dollars en 1979. La troisième catégorie concerne les pays pauvres disposant d'un PNB par habitant inférieur à 624 dollars.

Le Consensus a été révisé à plusieurs reprises depuis 1976, chaque fois après de laborieuses discussions. Le dernier Arrangement est entré en vigueur le 15 octobre 1983. Il prévoit un mécanisme de réajustement semestriel et automatique. « Cette révision systématique se fait à partir d'un système d'indexation sur la moyenne des taux de rendement des obligations publiques dans cinq monnaies – dollar américain, deutsche mark, yen, livre sterling et franc français – pondérées par leur poids respectif dans les droits de tirage spéciaux. A partir d'une référence de mai 1983, les comparaisons seront faites le 15 janvier et le 15 juillet de chaque année, en fonction des moyennes de décembre et de juin, avec un seuil d'application de 0,50 point[1] ».

Le tableau 1 reproduit la matrice des taux en vigueur depuis le 15 janvier 1986, en fonction de la catégorie de pays bénéficiaires et de la durée des crédits accordés.

Tableau 1
Les taux du Consensus au 15 janvier 1986

Catégorie de pays	Durée	
	2 à 5 ans	supérieure à 5 ans
Pays riches : catégorie 1	10,95	11,20
Pays intermédiaires : catégorie 2	8,65	10,15
Pays pauvres : catégorie 3	8,80	8,80

Quel que soit le pays, tous les crédits à moyen et long terme bénéficiant d'un soutien public destiné à favoriser les exportations devraient respecter les taux de la matrice du Consensus. La réalité est néanmoins légèrement plus complexe.

Du fait de l'évolution divergente des taux d'intérêt dans les différentes devises, certains pays se sont trouvés pénalisés, car les taux qu'ils devaient respecter pour le financement de leurs exportations étaient supérieurs à leurs taux d'intérêt nationaux. Cette situation a conduit les experts de l'OCDE à calculer des « taux de référence sur crédits domestiques » plus connus dans la terminologie du Consensus sous leur dénomination anglaise : *Commercial Interest Reference Rates* (CIRR).

---

1. BFCE, Rapport annuel, 1983, p.11.

Pour chaque devise, le CIRR est défini selon des règles précisées par le Consensus. Il équivaut au taux d'un crédit purement commercial qu'une banque du pays de la monnaie considérée peut offrir pour un crédit libellé dans cette monnaie.

Bien que les taux des crédits à l'exportation soient, pour certains pays, inférieurs à ceux de la matrice du Consensus, l'Etat peut continuer à leur apporter un soutien public. La condition requise pour justifier et perpétuer une telle situation est que les taux de ces crédits ne deviennent pas inférieurs au CIRR de la devise du pays. Cette disposition ne joue, en fait, que pour les monnaies à faible taux d'intérêt.

En résumé, le Consensus de l'OCDE a défini un double système de taux *minima* applicable aux crédits à l'exportation dont le financement bénéficie d'un soutien public : celui de la matrice, d'une part, celui des CIRR, d'autre part. Précisons, pour conclure ce paragraphe, que les règles du Consensus ne s'appliquent pas aux échanges intracommunautaires, car la réglementation de la CEE interdit toute aide ou subvention de l'Etat dans le financement des exportations.

3. Les modalités non conventionnelles de financement des exportations

Si les prêts à court, moyen et long terme en francs français et en devises constituent les principales modalités de financement des exportations françaises, il en existe beaucoup d'autres. Celles-ci font l'objet d'une présentation simplifiée dans les paragraphes qui suivent.

3.1. Les crédits financiers

Les crédits financiers, souvent dénommés « crédits d'accompagnement » ou « crédits parallèles » sont exigés par les acheteurs pour compléter le financement des exportations, en particulier, lorsqu'il s'agit d'usines clés en main. Dans la mesure où leurs conditions ne sont pas harmonisées par les règles du Consensus, ces crédits font l'objet d'une véritable surenchère internationale, car ils constituent un argument de vente déterminant auprès de certains pays.

Les acheteurs manifestent en général deux exigences. D'une part, ils demandent un refinancement des acomptes qui peuvent représenter 10 à 30 % du montant du contrat ; d'autre part, ils réclament un financement des fabrications et des dépenses locales qui représentent dans certains cas plus de 50 % du contrat.

L'utilisation croissante des crédits financiers s'explique par l'endettement des pays en développement et l'accroissement des dépenses locales liées aux travaux de génie civil et à la réalisation des fournitures sur place. Ces dépenses, exigées par les pays acheteurs pour favoriser le développement de leurs propres entreprises, ne peuvent être financées au titre des exportations. Elles le sont par des crédits financiers.

3.2. Les crédits mixtes

Les crédits mixtes sont un savant et subtil dosage de crédits commerciaux classiques et d'aides publiques. Ils permettent aux exportateurs d'offrir un financement à un coût inférieur aux taux du Consensus. Ils sont donc utilisés en vue de faciliter les exportations des pays industrialisés à destination des pays en voie de développement.

Jusqu'en 1984, le flou le plus complet régnait sur ces crédits. Pour clarifier cette modalité de financement, les pays de l'OCDE ont organisé, en décembre 1984, une réunion chargée d'étudier ce dossier. La France et les Etats-Unis y ont tenu des positions diamétralement opposées.

Des progrès ont été rapidement réalisés sur la transparence des financements mixtes et sur les procédures de notification préalable entre les pays de l'OCDE. Aucun consensus n'a, en revanche, été atteint sur la part de l'aide publique dans ce type de crédit. Les Etats-Unis n'accordant pas de crédits mixtes, ils considèrent que cette modalité de financement constitue une source de concurrence déloyale sur les marchés des pays en développement. Aussi, ils souhaitent la réduire en obligeant les pays qui distribuent des crédits mixtes à accroître très sensiblement la part de l'aide publique. Comme celle-ci n'est pas extensible, elle devrait nécessairement se concentrer sur quelques exportations et non pas sur l'ensemble des ventes à l'étranger. Pour décourager les pays prêteurs, les Etats-Unis souhaitaient que l'aide publique atteigne 50 % du montant du crédit. La CEE proposait quant à elle un taux de 25 %.

Après de longues et difficiles négociations, les Etats-Unis, la CEE et les autres pays de l'OCDE sont parvenus à un premier accord en fixant la part minimale de l'aide publique à 25 %. La CEE, sous l'impulsion de la France, réussit à faire prévaloir son point de vue. Il ne fait cependant aucun doute que cet accord est provisoire et que de nouvelles discussions s'engageront dans les années à venir.

3.3. Le factoring

Le *factoring* est une technique mise en place dans les pays anglo-saxons. Initialement utilisée pour assurer le financement des créances domestiques, cette technique a été étendue aux créances à l'exportation[1].

Le mécanisme est relativement simple. Contre le paiement d'un coût, l'exportateur cède à un *factor* (une banque, ou plus généralement un établissement financier spécialisé) l'intégralité des créances détenues sur des acheteurs étrangers. En contrepartie, le *factor* procède au recouvrement de ces créances, prend à sa charge le risque de non-paiement et paie comptant le montant des créances[2].

---

1. B. Moschetto, A. Plagnol, *Les activités bancaires internationales*, Paris, PUF, 1976, p. 41.
2. Le paiement anticipé du montant des créances n'est pas obligatoire. Tout dépend du contrat d'affacturage signé par l'exportateur.

Cette modalité de financement est concrétisée par un contrat d'affacturage établi entre l'exportateur et le *factor* pour une durée généralement égale à un an et renouvelable par tacite reconduction.

Le *factoring* est adapté aux entreprises qui exportent des biens de consommation ou d'équipement léger et qui ont de très nombreux clients. En recourant à cette procédure de financement, l'exportateur bénéficie de quatre avantages :
— il simplifie la gestion de sa trésorerie ;
— il n'est plus exposé au risque de non-paiement ;
— il supprime les problèmes posés par la gestion administrative et comptable des créances ;
— il améliore la présentation de son bilan en réduisant le poste créance.

Ces avantages ne sont pas sans contreparties. Le coût du *factoring* est relativement élevé. Il comprend deux éléments : une commission d'affacturage, *ad valorem,* calculée sur le montant des créances transférées, de l'ordre de 1,5 à 2,5 %, et une commission de financement, calculée *prorata temporis,* fonction des taux d'intérêt. La commission d'affacturage constitue la rémunération des services de gestion comptable, de garantie de bonne fin et de recouvrement des créances. La commission de financement correspond aux intérêts débiteurs sur les règlements anticipés [1].

3.4. *La confirmation de commande et le rachat forfaitaire de créances*

La confirmation de commande et le rachat forfaitaire de créances offrent des avantages similaires à ceux de l'affacturage. La confirmation de commande est une procédure mise au point, en France, au début des années 1960 [2]. Elle permet « aux exportateurs de biens d'équipement ou de semi-équipement de faire bénéficier de crédits leurs acheteurs étrangers, sans avoir à en supporter ni les contraintes administratives ni les risques et les immobilisations ». L'utilisation de cette procédure transforme une vente à crédit en vente au comptant, grâce au paiement par la société de confirmation (qui est un établissement financier) de l'intégralité de la créance, sans recours possible, sauf litige technico-commercial.

La confirmation de commande s'applique de façon courante aux exportations de biens d'équipement ou de semi-équipement de fabrication française d'un coût relativement élevé à destination des pays normalement couverts par la COFACE. Elle comporte des crédits égaux ou supérieurs à 6 mois, pouvant atteindre plusieurs années.

Le rachat forfaitaire de créances diffère de la confirmation de commande en ce qu'il ne fait pas intervenir l'acheteur étranger. Ce dernier ne connaît pas, de ce fait, l'intervention de la société de confirmation.

---

1. Banque de France, *Les principaux mécanismes de distribution de crédit,* 8e éd., 1983.
2. Le lecteur intéressé par cette question trouvera des compléments dans un article intitulé : « La confirmation de commande et le rachat de créances d'Interetud », *Crédit Lyonnais International,* mars 1982, pp. 22-25.

La confirmation de commande et le rachat forfaitaire de créances sont des procédures bien adaptées « aux opérations de moyenne importance et s'adressent tout spécialement aux petites et moyennes entreprises (...) dont l'expansion sur les marchés étrangers est difficile à promouvoir en raison de leur taille. L'une et l'autre s'appliquent à des opérations individualisées et non pas à l'ensemble des commandes à l'exportation comme dans le *factoring*.

3.5. Le leasing

Les opérations de crédit-bail international peuvent être effectuées directement par l'exportateur ou l'une de ses filiales financières. Elles sont plus généralement consenties par l'intermédiaire de sociétés de crédit-bail françaises et étrangères.

3.5.1. Le montage d'une opération de leasing

Une opération de crédit-bail destinée à financer des exportations fait intervenir une relation tripartite entre le preneur, le fournisseur (l'exportateur français) et la société de *leasing,* tout à fait similaire à celle qui se noue dans une opération de crédit-bail traditionnelle. Elle est cependant un peu plus compliquée, du fait que le preneur est domicilié à l'étranger.

Avec une opération de crédit-bail, l'exportateur ne vend pas la marchandise directement à un client mais à une société de *leasing* qui, à son tour, la loue à l'acheteur étranger.

Le refinancement de la société de crédit-bail peut se faire par un crédit acheteur ou un crédit fournisseur auprès d'une banque qui est généralement la maison mère de la société de crédit. Le refinancement peut prendre la forme d'un crédit financier grâce à un emprunt sur le marché international des capitaux.

Pour éviter certaines contraintes réglementaires ou juridiques, et pour répondre aux normes spécifiques du pays concerné, les opérations de crédit-bail peuvent être montées à partir de filiales implantées dans le pays de l'acheteur ou dans un pays tiers.

Pour bénéficier de certains avantages fiscaux, de nombreuses opérations de crédit-bail sont effectuées à partir de sociétés *off-shore* situées dans des paradis fiscaux.

3.5.2. Les avantages du financement des exportations par crédit-bail

Cette relation tripartite, à première vue compliquée, comporte de nombreux avantages.

Pour l'exportateur, cette opération équivaut à une vente au comptant. Il n'a donc pas à se préoccuper du financement de ses exportations ni à s'inquiéter du risque de change. L'exportateur est également débarrassé du risque tenant au client étranger, puisque c'est la société de crédit-bail qui achète le bien et assume de ce fait les difficultés associées au client étranger. Comme la société de crédit-bail peut se refinancer avec des crédits acheteurs et fournisseurs à taux privilégié, elle peut répercuter au client étranger ce coût privilégié par une réduction des barèmes. Dernier avantage, le crédit-bail assure un financement intégral de l'exportation.

L'importateur, de son côté, n'a pas besoin d'immobiliser des fonds pour payer les biens importés. Il lui suffit de payer un loyer, qui peut, au demeurant, être modulé dans le temps en fonction de sa situation financière.

Tous ces avantages ne sont pas gratuits : le coût du *leasing* est loin d'être négligeable.

L'opération de crédit-bail à l'exportation est sensiblement plus complexe qu'un financement conventionnel d'exportations. La société de *leasing* est par ailleurs exposée à de nombreuses difficultés et à plusieurs risques : juridiques et fiscaux, d'une part, monétaires et politiques, d'autre part. Ce sont là les raisons pour lesquelles les sociétés de crédit-bail sont peu engagées dans le *leasing* à l'exportation [1]. Mais comme le notait la Banque Cantonale Vaudoise dans une publication consacrée à cette question : « Dans une époque de flottement généralisé des monnaies, le *leasing* à l'exportation prendra tôt ou tard de l'importance malgré sa nouveauté et occupera la place qu'il mérite dans le financement des exportations, notamment en matière de garanties des risques monétaires ».

Les grandes banques françaises ont toutes créé des filiales spécialisées dans le montage d'opérations de crédit-bail à l'exportation, pour offrir à leur clientèle un service permettant d'assurer le financement intégral de certaines exportations : matériels, outillage, véhicules industriels. Ces opérations de crédit-bail sont également proposées aux acheteurs étrangers de gros investissements fabriqués en France, comme des avions, des navires, des conteneurs, des ordinateurs et du matériel de travaux publics. Dans ces différents cas, des montages financiers complexes peuvent être organisés à partir de filiales localisées, pour des raisons fiscales, dans certaines places *off-shore*. Pour des opérations de taille particulièrement importante, il est possible de créer des sociétés *ad hoc* pour chaque montage financier.

Les opérations de crédit-bail international peuvent être financées, selon les besoins de la clientèle, en franc ou en devise.

3.6. Les accords de compensation

Une partie de plus en plus importante des exportations occidentales à destination des pays socialistes ou en voie de développement ne donne pas lieu à un versement monétaire, mais est réglée par des accords de compensation. Dans cette forme moderne du troc, l'exportateur est payé par des marchandises ou des biens qu'il doit lui-même commercialiser.

---

1. Les conventions sur la double imposition, l'octroi de garanties contre les risques à l'exportation, la possibilité de couvrir les risques de change à long terme permettent de remédier en partie à ces difficultés, mais tous les problèmes ne peuvent pas être résolus du jour au lendemain.

Le problème n'est pas spécifique aux exportations de biens et services. Les ventes d'usines clés en main sont souvent payées par une partie de la production de l'usine.

Limitées initialement aux pays de l'Est, où elles ont actuellement tendance à changer de nature, les compensations sont devenues plus fréquentes avec les pays en voie de développement, voire avec certains pays industrialisés.

3.6.1. Les différentes modalités de la compensation

Le monde de la compensation est particulièrement complexe et les modalités de cette activité sont multiples et variées. Qui plus est, la terminologie est loin d'être fermement établie. Ce que certains appellent compensation est dénommée par d'autres commerce parallèle, accord de coopération, ou corrélation entre achats et ventes.

Pour essayer de clarifier cette notion, il n'est sans doute pas inutile de définir les différentes modalités prises par la compensation[1].

Le troc est « un échange simultané de marchandises d'égale valeur dans lequel on n'utilise pas d'instrument de paiement ». Le troc porte le plus souvent sur des matières premières. Le *barter,* au sens strict du terme, ne comprend aucun règlement sous forme monétaire. Le recours à cette procédure est rarissime. Il est généralement prévu que le règlement se fait en marchandises, et pour le solde par des devises.

Le contre-achat ou l'achat en contrepartie est l'opération de compensation la plus fréquemment utilisée. Dans cette opération, l'exportateur s'engage à acheter des biens produits par son acheteur. Les courants d'échange ne sont pas nécessairement synchronisés ni équilibrés. Ils se concrétisent par la signature de deux contrats distincts mais liés l'un à l'autre (dans le troc, un seul contrat est signé).

L'achat en retour ou *buy-back* s'applique aux produits fabriqués à la suite de l'exportation de biens d'équipement. Dans cette modalité de compensation, l'exportateur achète la production rendue possible par la vente des biens d'équipement.

La compensation anticipée est une opération dans laquelle l'achat en contrepartie précède la vente à l'exportation. Les achats effectués à l'avance par l'exportateur permettent de dégager les moyens financiers nécessaires au paiement de l'importation.

Les différentes opérations de compensation s'effectuent généralement sur une base bilatérale, mais il arrive que l'opération fasse intervenir trois ou quatre pays, ce qui accroît sensiblement les difficultés de la compensation.

Les opérations de compensation, au sens large du terme, connaissent un indéniable essor. Les sources statistiques fiables sont inexistantes. Seuls des

---

1. Cette rubrique emprunte largement à une étude publiée dans *Crédit Lyonnais International* de mars 1984 intitulée : « Bilatéralisme et compensation ».

ordres de grandeur permettent d'évaluer l'ampleur du phénomène. Il en ressort que la compensation aurait affecté en 1985 plus de 40 % du commerce entre les pays de l'Est et ceux de l'OCDE, contre 30 % en 1977-1978 et 4 % avant 1974. De manière plus générale, la part des opérations de compensation pourrait représenter, d'après le ministère américain du Commerce, entre 10 et 20 % du commerce mondial pour la première moitié des années 1980.

L'imprécision des statistiques provient de la très grande discrétion des sociétés de compensation, des *traders* et des responsables politiques et administratifs des pays qui se livrent à la compensation. Personne ne souhaite, en effet, révéler avec précision l'ampleur d'opérations formellement réprimées par le GATT.

Le développement des activités de compensation s'explique par l'inconvertibilité des monnaies, l'insuffisance de devises des pays importateurs et l'insolvabilité de certains pays due à un endettement extérieur excessif ou à une situation économique précaire.

3.6.2. *Les avantages et les inconvénients de la compensation*

Le principal avantage de la compensation est de permettre aux pays qui l'initient de suppléer un manque de devises, et de continuer à importer malgré les difficultés qu'ils éprouvent à exporter une partie de leur production nationale. Un avantage annexe est de leur permettre d'exporter des productions qui trouveraient difficilement des débouchés naturels sur les marchés extérieurs.

Les inconvénients de la compensation sont multiples. Ils affectent les entreprises et les pays contraints d'accepter cette modalité de paiement.

Le premier inconvénient provient de la perturbation des marchés et des économies des pays payés en compensation. Cette perturbation peut aller jusqu'à la disparition de certaines productions nationales submergées par une arrivée massive de produits vendus à des prix de *dumping*.

La longueur et la complexité de ces opérations constituent le deuxième inconvénient. Certaines d'entre elles peuvent demander plusieurs mois, voire plus d'une année avant d'être définitivement soldées. Par ailleurs, la qualité de certaines productions offertes en compensation laisse souvent à désirer et ne correspond pas aux exigences de la demande des pays occidentaux. Cette situation contraint l'exportateur à écouler les marchandises sur des marchés tiers et à réaliser des opérations triangulaires ou en chaîne qui en retardent le bouclage définitif.

*
* *

Une longue évolution a profondément bouleversé le financement des exportations françaises. Avant 1975, il était sous l'étroite tutelle des pouvoirs publics. Entre 1975 et 1985, sous l'influence des règles du

Consensus, les conditions de taux et de durée furent normalisées et progressivement adaptées à celles des autres pays de l'OCDE. Pendant cette époque, les taux de financement se sont rapprochés des conditions prévalant sur les marchés financiers internationaux. Depuis 1986, les modalités de financement des exportations se libèrent pratiquement de tout contrôle administratif. Ce type de crédit perd progressivement la spécificité qui avait été la sienne pendant de nombreuses années. Le financement des exportations tend à devenir une activité banalisée, recourant de plus en plus aux mécanismes du marché et de moins en moins aux principes administratifs et réglementaires.

Références

Banque de France, *Les principaux mécanismes de distribution du crédit,* 9e éd., Paris, 1985.

Banque française du commerce extérieur, *Rapport annuel.*

Banque française du commerce extérieur, *Le financement des exportations,* Paris, 1984.

Defossé, G. (ed.), *Les exportations françaises et leur financement,* PUF, Paris, 1982.

OCDE, *Les systèmes de financement des crédits à l'exportation dans les pays membres de l'OCDE,* Paris, 1982.

Mots clés

Accord de compensation, achat en contrepartie, achat en retour, affacturage et financement des exportations, avance en devises, Banque Française du Commerce Extérieur (BFCE), *buy-back, Commercial Interest Reference Rates* (CIRR), Compagnie française d'assurance pour le commerce extérieur (COFACE), compensation anticipée, confirmation de commande et financement des exportations, Consensus de l'OCDE, contre-achat, crédit acheteur et financement des exportations, crédit à court terme en devises et financement des exportations, crédit à court terme en francs et financement des exportations, crédit à moyen et long terme et financement en devises des exportations, crédit à moyen et long terme et financement en francs des exportations, crédit-bail et financement des exportations, crédit-bail international, crédit d'accompagnement, crédit de mobilisation de créance née et financement des exportations, crédit de préfinancement à taux stabilisé, crédit de préfinancement spécialisé, crédit financier et financement des exportations, crédit fournisseur et financement des exportations, crédit mixte et financement des exportations, crédit parallèle, crédits de trésorerie spécialisés et financement des exportations, exportation, *factoring* et financement des exportations, financement des exportations, *leasing* et financement des exportations, *leasing* international, rachat forfaitaire de créance et financement des exportations, risque commercial, risque de fabrication, risque politique, taux de référence sur crédit domestique, troc.

61

Fiscalité et choix
de financement de l'entreprise

Jean-Claude Parot

Les choix opérés par l'entreprise dans les modes de financement de ses besoins reposent sur un certain nombre de variables parmi lesquelles la fiscalité joue un rôle essentiel à la fois par le coût généré par certaines décisions de financement et par l'incidence que les choix de financement peuvent avoir sur le résultat imposable de l'entreprise, ce en dépit de l'objectif de neutralité que le législateur cherche à atteindre en matière fiscale [1].

Les aspects de la variable fiscale dans la décision de financement seront appréhendés dans les développements qui suivent à travers :
– le financement des investissements de l'entreprise ;
– le financement des sociétés de groupe.

1. Fiscalité et choix de financement des investissements de l'entreprise

Le choix des techniques par lesquelles l'entreprise finance les investissements nécessaires à son développement dépend très largement des ressources propres dont elle dispose, que ces ressources proviennent de sa capacité d'autofinancement ou des apports que lui consentent ses associés, et de sa structure d'endettement, c'est-à-dire de sa plus ou moins grande capacité à emprunter.

Pour disposer des immobilisations nécessaires à son exploitation, l'entreprise peut soit les acquérir en propriété, soit les louer. Lorsqu'elle décide d'acquérir en propriété une immobilisation et plus généralement lorsqu'elle décide de développer certains investissements (recherche, construction), l'entreprise en assurera le financement par capitaux propres ou par emprunt. Dans le processus de décision du choix de ces techniques, l'entreprise doit intégrer l'incidence fiscale de chacune d'elles [2].

---

1. Voir également dans cette Encyclopédie les articles de G. Hirigoyen et J.P. Jobard, « Financement de l'entreprise : évolution récente et perspectives nouvelles », de P. Vernimmen, « Politique financière de l'entreprise », de M. Albouy, « Structure financière et coût du capital », de J. Bessis, « Capital-risque et financement des entreprises » et de G. Charreaux, « Théorie financière ».
2. Voir également dans cette Encyclopédie l'article de P. Rassat, « Fiscalité et gestion de l'entreprise ».

1.1. Le choix entre acquérir en propriété ou louer les immobilisations

Le choix entre acquérir ou louer est principalement commandé par des contraintes financières.

Lorsque l'autofinancement est insuffisant pour couvrir la dépense d'acquisition d'une immobilisation, c'est par l'emprunt que cette dernière sera, pour partie au moins, financée. Par suite, la décision d'acquérir sera rendue d'autant plus aisée que l'entreprise a un passif équilibré et une structure d'endettement raisonnable. L'acquisition conduit, en outre, sur le plan financier, à n'augmenter les charges de l'exercice qu'à hauteur de la dotation aux amortissements pratiqués sur l'immobilisation. En revanche, si l'entreprise a une structure d'endettement déjà très lourde, elle préférera louer l'immobilisation dont la charge de location sera financée par la rentabilité de son exploitation.

Les contraintes financières qui commandent le choix entre louer ou acquérir en propriété peuvent trouver une réponse originale dans le recours au crédit-bail.

Si le choix entre acquérir en propriété ou louer l'immobilisation nécessaire à l'exploitation de l'entreprise dépend très largement des ressources propres dont dispose l'entreprise et de sa structure d'endettement, le traitement fiscal respectif de la dépense d'acquisition et de la dépense de location a une influence non négligeable dans le choix auquel l'entreprise est confrontée.

1.1.1. Les critères fiscaux du choix

La charge de location est une charge déductible des résultats imposables de l'entreprise. Par suite, le paiement de la charge locative entraîne une sortie monétaire effective qui, si l'on fait abstraction des décalages dans le temps, est réduite de l'économie d'impôt sur les sociétés réalisée.

En revanche, la dépense d'investissement n'est pas déductible des résultats imposables de l'entreprise. Toutefois, la dotation aux amortissements pratiquée sur le bien immobilisé est déductible des résultats imposables, sous réserve notamment que le bien faisant l'objet d'amortissements soit nécessaire à l'exploitation et que la durée d'amortissement soit conforme aux usages professionnels. La dotation aux amortissements déductible réduit à due concurrence la base d'imposition de l'entreprise et lui permet par suite de réaliser une économie d'impôt correspondante.

Pour être complètement significative, une comparaison entre l'acquisition d'un bien en propriété et sa location doit prendre en considération le traitement fiscal des ressources (capitaux propres ou emprunt) qui servent au financement de son acquisition (voir section 2).

Lorsqu'elle est en situation bénéficiaire et qu'elle décide d'acquérir une immobilisation, l'entreprise se trouve confrontée à un choix entre l'amortissement linéaire qui consiste à pratiquer des annuités d'amortissements d'un même montant sur la durée normale d'utilisation du bien, et l'amortissement dégressif qui consiste à pratiquer sur certains matériels et constructions des annuités d'amortissement d'importance décroissante.

Le choix de l'entreprise reposera sur des considérations de trésorerie et sera envisagé sous un double éclairage, celui de la gestion des résultats d'exploitation et celui de la gestion des résultats exceptionnels (plus-values de cession). La fiscalité constitue une composante essentielle de ce choix. La gestion de ses résultats d'exploitation conduit l'entreprise à privilégier la méthode dégressive, dans la mesure où elle accroît le montant de ses charges sans entraîner de sortie monétaire. La gestion de ses résultats exceptionnels lui fera prendre en considération les règles fiscales applicables aux plus-values de cession d'actifs. En effet, la cession d'éléments d'actifs amortissables acquis depuis plus de deux ans est soumise à deux taux différents d'imposition :

– au taux de droit commun de l'impôt sur les sociétés à concurrence de la fraction de la plus-value correspondant aux amortissements cumulés pratiqués, cette fraction de la plus-value étant réputée à « court terme ». Le fisc récupère de la sorte l'impôt qui lui avait échappé au titre des dotations aux amortissements ;

– au taux réduit de 15 % pour la fraction de la plus-value excédant les montants cumulés des amortissements, cette fraction de la plus-value étant réputée à long terme.

Le souci de réduire sa charge d'impôt sur les sociétés conduit l'entreprise à pratiquer l'amortissement dégressif, mais l'économie d'impôt ainsi réalisée se traduira, au moment de la cession de l'immobilisation et pour autant que la cession interviennne avant que le bien soit complètement amorti, par une imposition plus élevée de la plus-value réalisée. Ainsi, alors que la charge de location constitue une économie d'impôt définitive, les dotations aux amortissements déductibles ne constituent, en cas de cession, qu'une économie d'impôt différée dont l'importance varie suivant la méthode d'amortissement pratiquée par l'entreprise et le montant de la plus-value escomptée. Cette conclusion doit toutefois être nuancée en soulignant l'avantage de trésorerie que l'amortissement dégressif a procuré à l'entreprise.

Lorsqu'une entreprise est en situation fiscale déficitaire, l'acquisition d'une immobilisation présente, sur le plan fiscal, un avantage sur sa location. En cas d'acquisition, en effet, la fraction du déficit fiscal correspondant aux dotations aux amortissements sera « réputée différée », c'est-à-dire reportable sans limitation de durée, alors qu'en cas de location la fraction du déficit fiscal correspondant à la charge locative aura la nature d'un déficit ordinaire reportable uniquement sur cinq exercices.

Le choix entre acquérir en propriété ou louer une immobilisation est toutefois partiellement neutralisé fiscalement lorsque le bien concerné est un véhicule de tourisme.

Les dotations aux amortissements pratiquées par l'entreprise sur un véhicule de tourisme acquis en propriété ne sont pas déductibles à raison de la fraction de leur prix d'acquisition (taxes comprises) qui excède 65 000 francs pour les véhicules mis en circulation à compter du 1er janvier 1988. La limitation d'amortissement applicable à la fraction du prix d'acquisition d'un véhicule de tourisme s'applique également, lorsque ce type de véhicule est pris en location pour une durée qui excède trois mois (location dite de longue durée) ou en crédit-bail, à la part du loyer correspondant à l'amortissement pratiqué chez le bailleur. Le locataire est ainsi tenu de réintégrer dans ses résultats imposables la part du loyer correspondant à l'amortissement comptabilisé par le bailleur pour la fraction d'un prix d'acquisition du véhicule qui excède la limite de 65 000 francs, indiqué ci-dessus. Le mode de calcul de la part du loyer non déductible conduit l'utilisateur du véhicule à réintégrer dans ses résultats imposables une somme égale à l'amortissement que ce même utilisateur aurait été tenu de rapporter dans ses résultats s'il avait acquis le véhicule en propriété.

1.1.2. La solution du crédit-bail

Sur le plan juridique, le crédit-bail s'articule en une location assortie d'une promesse unilatérale de vente consentie par le bailleur au preneur. Il se distingue ainsi notamment de la location simple, de la location-vente qui se dénoue par une vente automatique à l'issue de la période de location, et de la vente à tempérament qui opère dès sa conclusion un transfert de propriété du bien et comporte un paiement à crédit. A l'issue de la période de location, l'utilisateur a le choix entre trois options possibles :
– remettre le bien au bailleur ;
– acheter le bien à la valeur résiduelle fixée dans le contrat, cette valeur étant généralement faible car les redevances versées se décomposent en fait en un loyer proprement dit et en acomptes sur le prix de vente final ;
– ou renouveler le contrat de location.

Un des intérêts financiers du crédit-bail est, malgré son coût généralement élevé, de permettre à l'entreprise d'acquérir au terme de la période locative une immobilisation qu'elle aura pour sa quasi-totalité financée par des charges d'exploitation, les loyers versés à la société de crédit-bail, qui sont normalement déductibles des résultats imposables de l'entreprise utilisatrice.

L'intérêt du recours au crédit-bail est également fiscal. En effet, les redevances de crédit-bail étant calculées de telle sorte que la valeur résiduelle d'acquisition du bien à la levée de l'option soit très faible, le mécanisme du crédit-bail permet à l'utilisateur de passer en charge déductible la quote-part de la redevance qui a, en fait, la nature d'un acompte sur le prix d'acquisition du bien. Par ailleurs et dans la mesure où la durée du crédit-bail est généralement inférieure à la durée normale d'amortissement du bien, tout se passe comme si l'entreprise pratiquait sur le bien pris en crédit-bail un amortissement accéléré. Toutefois, les déficits correspondant aux loyers versés ont la nature de déficits ordinaires reportables sur cinq exercices, alors que les déficits correspondant aux amortissements comptabilisés par une société ayant acquis ce même bien en propriété sont reportables indéfiniment.

Le principe suivant lequel les loyers versés par l'entreprise utilisatrice sont en principe déductibles de son résultat souffre toutefois certaines exceptions, tant en matière mobilière qu'immobilière, inspirées par le désir du législateur de neutraliser fiscalement l'avantage financier que procure à l'entreprise le financement de ses immobilisations par crédit-bail.

En matière mobilière, lorsque l'acquisition concerne un véhicule de tourisme, l'entreprise utilisatrice est tenue de réintégrer dans son résultat imposable une fraction des loyers versés.

En matière immobilière, l'utilisateur peut se trouver, à la levée de l'option, tenu de réintégrer dans ses résultats imposables une fraction des loyers qu'il a déduits pendant la phase locative. Ces réintégrations visent à neutraliser fiscalement les avantages fiscaux retirés par la société qui a recours au crédit-bail par rapport à l'entreprise qui acquiert en propriété le même immeuble. En effet, si après avoir compris le montant total des loyers dans ses charges déductibles, l'entreprise locataire lève l'option d'achat prévue en sa faveur par le contrat de crédit-bail, tout se passe en fait comme si elle avait eu la possibilité d'amortir les biens achetés sur une période inférieure à leur durée normale d'utilisation et même tout ou partie du terrain qui, par nature, n'est pas amortissable. Les réintégrations auxquelles est tenue l'entreprise en fin de location ne doivent pas faire négliger l'avantage en financement qu'a procuré à l'entreprise, pendant la période de location, la déduction de l'intégralité des loyers versés. Elles ont en fait pour conséquence de différer dans le temps le paiement de l'impôt sur les sociétés, l'entreprise dans l'intervalle ayant tiré bénéfice des ressources en financement que lui a procurées la déduction fiscale des loyers.

1.2. Le choix entre recourir aux capitaux propres ou à l'emprunt pour financer les investissements de l'entreprise

Le financement des investissements de l'entreprise est généralement assuré par une combinaison des ressources propres de l'entreprise, qui proviennent principalement de l'autofinancement et des apports que lui consentent ses associés, et des ressources de l'emprunt lorsque ses ressources propres sont insuffisantes pour couvrir la totalité de la dépense d'investissement.

Il l'est en premier lieu par l'autofinancement qui représente la part des ressources internes demeurant disponibles pour l'entreprise pour assurer ses besoins en financement à long et moyen terme, après qu'elle a distribué à ses actionnaires une fraction de son bénéfice net.

Mais l'entreprise même très rentable ne dispose que rarement des ressources internes suffisantes pour faire face à ses besoins d'investissement à long terme. Aussi est-elle conduite à faire appel à des ressources extérieures soit en bénéficiant d'apports en capital (par ses actionnaires ou en ouvrant son capital à des tiers) soit en recourant à l'emprunt.

Après avoir examiné le régime fiscal des éléments constitutifs de la capacité d'autofinancement de l'entreprise, nous examinerons le régime fiscal des ressources externes auxquelles l'entreprise peut recourir.

1.2.1. Les ressources internes : l'autofinancement

La capacité d'autofinancement de l'entreprise est constituée par le bénéfice net, les dotations aux amortissements et aux provisions.

1.2.1.1. Le bénéfice net

Le bénéfice net s'entend du bénéfice comptable après impôt sur les sociétés.

Deux facteurs d'ordre général affectent principalement le montant du bénéfice net de l'entreprise : le taux de l'impôt sur les sociétés tout d'abord, les décalages introduits par la législation fiscale dans la base d'imposition ensuite.

Le bénéfice net est, initialement directement affecté par le taux d'impôt sur les sociétés. A cet égard, on constatera, d'évidence, que les réductions successives du taux de l'impôt intervenues ces dernières années (50 %, puis 45 %, puis 42 % à compter des exercices ouverts le 1er janvier 1988 et 39 % à compter des exercices ouverts le 1er janvier 1989 mais seulement pour les bénéfices non distribués) ont eu un effet favorable sur la capacité d'autofinancement de l'entreprise.

Le bénéfice net de l'entreprise est ensuite, et plus généralement, directement affecté par les distorsions entre les règles comptables et les règles fiscales dans la détermination de la base d'imposition. Les différences entre le résultat comptable et le résultat fiscal sont soit permanentes soit temporaires.

Les différences permanentes correspondent à des charges et à des produits qui sont, en raison de la réglementation fiscale en vigueur, définitivement exclus de l'assiette de l'impôt. Il s'agit des charges non déductibles fiscalement (les dépenses considérées comme somptuaires, la taxe sur les véhicules de tourisme des sociétés, les amendes ou pénalités d'assiette, la fraction des amortissements correspondant à la valeur excédant 65 000 francs du prix d'achat d'un véhicule de tourisme par exemple) ou des produits non imposables (dividendes non compris dans l'assiette de l'impôt sur les sociétés reçus par des sociétés ayant la qualité de société mère au sens de l'article 145 du Code général des impôts par exemple).

Les différences temporaires correspondent à des charges ou à des produits qui sont intégrés dans l'assiette de l'impôt d'un exercice différent de celui au cours duquel ils ont été enregistrés dans les comptes. Les différences temporaires génèrent une imposition différée qui constitue une charge fiscale latente ou un crédit d'impôt potentiel. Elles ont donc pour effet soit de reporter à une date ultérieure le paiement de l'impôt (impôt différé passif), soit d'en anticiper le paiement (impôt différé actif).

Donnent lieu notamment à un impôt différé actif les revenus ou les profits inclus dans l'assiette de l'impôt sur les sociétés dont l'incorporation au résultat comptable est différée (quote-part du bénéfice d'une société de personnes imposable chez ses associés au titre de l'exercice de sa réalisation mais comptabilisée dans l'exercice de sa distribution notamment) ou des pertes ou charges dont la déductibilité fiscale est subordonnée à des conditions non encore réalisées lors de leur comptabilisation (charges comptabilisées au cours d'un exercice et déductibles fiscalement ultérieurement : participation des salariés aux fruits de l'expansion, contribution sociale de solidarité notamment). Les déficits fiscaux constituent également un actif fiscal dont l'effet sera de neutraliser l'impôt futur.

Donnent lieu notamment à un impôt différé passif les revenus ou profits inclus dans le résultat comptable dont le rattachement à l'assiette imposable est étalé dans le temps ou retardé (étalement de la plus-value de fusion, subventions d'équipement notamment) ou les pertes ou charges fiscalement déductibles dont le rattachement au résultat comptable est réalisé dans les exercices ultérieurs (provisions dont l'imposition est différée : provision pour hausse de prix, provision pour implantation à l'étranger notamment).

1.2.1.2. *Les amortissements*

La fonction de l'amortissement consiste, d'une part, à constater la dépréciation des biens composant l'actif immobilisé et, d'autre part, à assurer le renouvellement des immobilisations. Dans cette dernière fonction, l'amortissement joue le rôle de provision pour renouvellement des immobilisations. Les amortissements déductibles pratiqués par l'entreprise augmentent sa capacité d'autofinancement en raison de l'économie d'impôt réalisée. Par suite, le choix entre les différents modes fiscaux d'amortissement (amortissement linéaire et amortissement dégressif) influe sur la capacité d'autofinancement de l'entreprise.

Toutefois, les amortissements que l'entreprise est admise à pratiquer dans le cadre de la législation actuelle sont insuffisants pour lui permettre de racheter le même bien. Ce phénomène n'est qu'atténué par les dispositions qui autorisent la pratique d'amortissements dégressifs. La réévaluation des éléments de l'actif qui permet de corriger les effets défavorables de l'insuffisance d'amortissement comporte, dans le cadre de la législation actuellement en vigueur, un coût fiscal qui interdit de fait aux entreprises de recourir à cette technique. En effet, la plus-value dégagée à l'occasion d'une réévaluation est assujettie à l'impôt sur les sociétés au taux de droit commun.

1.2.1.3. *Les provisions*

Si l'amortissement constate une dépréciation définitive, la provision a pour fonction de prendre en considération par anticipation des pertes ou des charges probables afin de satisfaire au principe comptable de prudence, c'est-à-dire d'évaluation du patrimoine de l'entreprise à sa valeur la plus basse.

Les provisions qui ont pour contrepartie une charge que devra supporter à brève échéance l'entreprise (provisions pour charges, impôts, dépenses de personnel, litiges par exemple) et qui seront réintégrées dans les résultats imposables lorsque la charge provisionnée sera exposée par l'entreprise, ne constituent qu'un simple décalage dans le temps du paiement de l'impôt. En revanche, les provisions qui ont pour objet le renouvellement des immobilisations procurent à l'entreprise des ressources durables, mais la possibilité de pratiquer de telles provisions en franchise d'impôt n'est pas autorisée. Par suite, les entreprises qui comptabilisent pareilles provisions sont tenues de les réintégrer dans leur résultat imposable. Le Conseil d'Etat a toutefois admis la faculté de constituer en franchise d'impôt pareilles provisions, mais pour les seules entreprises locataires ou concessionnaires qui sont tenues de remettre au propriétaire en fin de contrat des matériels et outillages en bon état de fonctionnement.

1.2.2. Les ressources externes : apports de capitaux et emprunts

Lorsque les ressources de l'autofinancement sont insuffisantes pour couvrir les besoins d'investissement, l'entreprise peut chercher à les financer soit par des apports en capitaux (fonds propres externes), soit par l'emprunt (endettement).

Les entreprises privilégient le recours à l'emprunt compte tenu de l'effet de levier de l'endettement sur le bénéfice à la disposition des actionnaires. En analyse financière, l'effet de levier financier désigne l'influence de l'endettement sur la rentabilité des capitaux propres. Cette dernière peut être, en effet, supérieure lorsque l'entreprise recourt à l'endettement externe dans des proportions raisonnables et des conditions favorables.

La fiscalité favorise le financement par la dette par rapport à la constitution de fonds propres. Elle est, en effet, à maints égards, plus favorable au financement par l'emprunt qu'à la constitution des capitaux propres, même si ces dernières années une certaine neutralité a été recherchée par le législateur.

Les distorsions introduites par la fiscalité entre les fonds propres externes et l'endettement se traduisent :
– par l'impact de chacune de ces ressources externes sur le résultat imposable de l'entreprise,
– par le coût financier de la rémunération du prêteur et de l'actionnaire,
– par le régime d'imposition des revenus du prêteur et de l'actionnaire.

1.2.2.1. Impact des ressources externes sur le résultat imposable de l'entreprise : fiscalité des intérêts et des dividendes

La charge d'intérêts des emprunts constitue normalement une dépense déductible des résultats imposables de l'entreprise.

L'effet de levier financier qui résulte du recours à l'emprunt est accentué par la fiscalité. En effet, dès lors que les intérêts d'emprunt sont fiscalement déductibles, lorsque l'entreprise est en situation bénéficiaire, les coûts financiers réels représentent 58 % (compte tenu du taux de 42 %

actuellement en vigueur de l'impôt sur les sociétés) du coût résultant du produit de la dette d'emprunt par le taux moyen de cette dette.

Ainsi, par exemple, l'accroissement de 100 francs de charges financières supplémentaires ampute le résultat économique de 100 francs mais entraîne une réduction d'impôt sur les sociétés de 42 francs. En situation fiscale bénéficiaire, le coût réel de la dette est ainsi de 58 francs. Cet avantage fiscal disparaît lorsque la société cesse d'être bénéficiaire. Toutefois, il peut n'être que différé par le jeu des reports déficitaires, dans la mesure où la société conserve le bénéfice du report de ses déficits fiscaux et la faculté de leur imputation ultérieure.

L'impact de la fiscalité sur l'effet de levier de l'endettement est d'autant plus significatif que le taux de l'impôt sur les bénéfices est élevé. La baisse de cet impôt réduit l'avantage fiscal du financement par emprunt.

Les dividendes distribués par une entreprise ne constituent pas une charge déductible de son résultat imposable. Toutefois, l'article 214-A du CGI apporte à ce principe une dérogation de caractère temporaire qui autorise les sociétés françaises par actions, cotées ou non cotées, et les SARL, sous certaines conditions et pour une certaine durée, à déduire de leur résultat imposable les dividendes alloués aux actions ou parts représentatives d'apport en numéraire créées à l'occasion de constitutions de sociétés ou d'augmentations de capital réalisées entre le 1er juin 1978 et le 31 décembre 1990.

Quoique d'une application limitée, ce régime présente pour l'entreprise un effet favorable, dans la mesure où son autofinancement est accru de l'économie d'impôt réalisée à raison de la distribution des dividendes déductibles. L'intérêt de ce régime était incontestable lorsque l'entreprise était autorisée à déduire la totalité des dividendes versés aux actions nouvelles. Tel était le cas des opérations (constitution ou augmentation de capital) réalisées à compter du 1er janvier 1983 et pour lesquelles la mise en paiement des dividendes était réalisée au cours d'exercices ouverts avant le 1er janvier 1988. Cet intérêt a été très sensiblement réduit par l'article 71 de la loi de Finances pour 1988 (n° 87-1060 du 30 décembre 1987) qui a limité à 53,40 % le montant des dividendes déductibles mis en paiement à compter du 1er janvier 1988, quelle que soit la date à laquelle les opérations de constitution ou d'augmentation de capital ont été réalisées.

Au niveau des sociétés de groupe, les avantages du régime de déduction des dividendes ont été neutralisés. En effet, les dividendes versés par une filiale ne sont admis en déduction de son résultat imposable que dans la mesure où la société mère renonce à son propre régime d'exonération à raison de ces dividendes (régime d'exonération prévu par l'article 145 du CGI). Cette disposition vise bien évidemment à éviter un cumul des avantages fiscaux, celui de la déduction des dividendes chez la filiale et celui de l'exonération des dividendes chez la société mère. Par suite, les dividendes ne sont déductibles chez la filiale qu'à la condition qu'ils soient assujettis à l'impôt pour leur totalité chez la société mère. La déduction des dividendes opérée par la filiale ne constitue ainsi qu'un avantage provisoire qui se trouve neutralisé au niveau de la société mère.

De même, les sociétés filiales ne sont pas admises à déduire de leurs résultats imposables les dividendes qu'elles distribuent à leur société mère, lorsque celle-ci a son siège social hors de France.

1.2.2.2. Le coût financier de la rémunération du prêteur et de l'actionnaire

Le régime fiscal des emprunts est moins onéreux pour l'entreprise que le régime des dividendes versés à ses actionnaires. En effet, pour assurer à un actionnaire sous la forme d'un dividende majoré de l'avoir fiscal un revenu équivalent à celui d'un intérêt alloué à un obligataire, l'entreprise doit décaisser une somme plus importante. C'est ainsi que pour assurer à un actionnaire un revenu de 150 francs (composé d'un dividende de 100 francs assorti d'un avoir fiscal de 50 francs), l'entreprise doit décaisser une somme égale à 172,4 francs se décomposant en un dividende de 100 francs et de 72,4 francs d'impôt sur les sociétés (calculé au taux de 42 %). L'intérêt versé à l'obligataire étant une charge fiscalement déductible, le décaissement effectif de la société, lorsqu'elle est en situation fiscale bénéficiaire, est réduit de l'économie d'impôt réalisée, abstraction faite des décalages dans le temps : 150 − 63 (impôt sur les sociétés au taux de 42 %) = 87 francs (décaissement effectif).

Par ailleurs, la distribution de dividendes peut comporter un coût financier pour l'actionnaire. Tel est le cas lorsque l'entreprise distribue à ses actionnaires des réserves de plus de cinq ans. Elle est alors tenue d'acquitter le précompte à raison des sommes mises en distribution.

Nous rappellerons ci-après le mécanisme et la justification du précompte. A toute distribution de dividendes est attaché, au bénéfice de l'actionnaire, un avoir fiscal égal à la moitié des sommes distribuées. L'avoir fiscal peut s'analyser comme une ristourne, accordée à l'associé, sur le montant de l'impôt sur les sociétés ayant frappé le bénéfice correspondant. Lorsque l'entreprise distribue des bénéfices qui n'ont pas supporté l'impôt sur les sociétés au taux de droit commun, l'associé continue de bénéficier de l'avoir fiscal, mais en contrepartie la société distributrice doit acquitter un impôt spécial, le précompte, qui est égal au montant de l'avoir fiscal attaché aux dividendes distribués. Par suite, le précompte est égal à la moitié des sommes distribuées par la société.

La distribution de réserves de plus de cinq ans rend exigible le précompte, alors même que ces réserves proviennent de résultats ayant supporté l'impôt sur les sociétés au taux de droit commun. Sauf si l'entreprise prend à sa charge le paiement du précompte, ce qu'aucune règle ne lui interdit de faire en principe, celui-ci va s'imputer normalement sur les sommes distribuées par l'entreprise à ses associés ou actionnaires et en réduire d'autant le montant.

1.2.2.3. Le régime d'imposition des revenus du prêteur et de l'actionnaire

La situation fiscale du prêteur est plus favorable que celle de l'actionnaire.

Le régime fiscal des intérêts d'obligations est plus avantageux que celui des dividendes, puisque le prêteur peut opter chaque année, au titre de l'impôt sur le revenu, pour un prélèvement forfaitaire libératoire dudit impôt au taux de 27 %. Le prélèvement forfaitaire ne présente bien évidemment d'intérêt que pour les contribuables dont le taux marginal d'imposition excède 27 % et sous réserve que les intérêts d'obligations excèdent l'abattement qui s'applique indifféremment aux dividendes comme aux revenus d'obligations.

Les revenus obligataires bénéficient, avec un prélèvement libératoire de 27 %, d'un avantage incontestable comparé aux revenus des actions. En effet, ces derniers, tout en étant soumis aux aléas du risque, sont l'objet d'une double imposition dès lors que l'avoir fiscal, limité à 50 % du montant des dividendes, ne permet pas à l'actionnaire de récupérer l'intégralité de l'impôt sur les sociétés acquitté par l'entreprise à raison des dividendes distribués.

L'avantage fiscal dont bénéficie le prêteur dans le cadre de l'émission d'un emprunt obligataire ne s'applique pas, en revanche, aux avances consenties en compte courant par les associés personnes physiques. En effet, le taux auquel les associés-dirigeants peuvent soumettre les intérêts perçus est de 46 %. Ces mesures restrictives inspirées par le souci du législateur de dissuader les associés de financer la société par des avances plutôt que par des apports en capital, s'avèrent très pénalisantes pour les entreprises de moyenne importance qui ne disposent pas de la capacité financière suffisante pour accéder au marché financier.

Afin de corriger la sévérité du dispositif décrit ci-dessus et de ne pas décourager les associés de financer la société par des avances, le législateur a admis que les associés-dirigeants puissent opter pour le prélèvement forfaitaire libératoire au taux de 27 % sur les intérêts des comptes courants, sous la condition notamment que les avances consenties soient bloquées et destinées à être incorporées au capital dans un délai de cinq ans.

2. Fiscalité et choix des techniques de financement intra-groupe

Le financement intra-groupe opère généralement des transferts financiers entre la société mère et ses filiales[1].

Les transferts financiers des sociétés filiales vers la société mère s'inscrivent dans une politique de centralisation de la trésorerie du groupe au niveau de la mère, pour lui permettre de financer les investissements lourds du groupe ou pour apporter son concours financier à celles de ses filiales qui ont des besoins en financement. Ces transferts consistent principalement dans la distribution de dividendes par les sociétés filiales, le paiement d'intérêts en rémunération des prêts ou avances consentis par la

---

1. Voir également dans cette Encyclopédie les articles de N. Dupuis-Hepner, « Droit des groupes », de J.C. Parot, « Stratégie d'optimisation fiscale », de P. Rassat, « Fiscalité et gestion de l'entreprise », de B. Colasse, « Comptes de groupe » et de J. Richard, « Analyse financière des groupes ».

société mère et les paiements effectués en rémunération des services rendus par la société mère à ses filiales.

Les transferts financiers de la société mère vers les filiales répondent aux besoins en financement à long terme et à court terme des filiales. Le financement à long terme des filiales est destiné à fournir à ces dernières les fonds permanents nécessaires à leur développement ou au rééquilibrage de leur bilan. Le financement à court terme a pour objet de financer le fonds de roulement des filiales. Le financement à long terme est généralement réalisé par l'augmentation de capital de la filiale, le renoncement par la société mère à la distribution de dividendes par la filiale afin d'assurer à cette dernière l'autofinancement maximum nécessaire, par des prêts à long terme, ou des abandons de créances. Le financement à court terme est généralement réalisé par des avances en compte courant, des délais de paiement accordés sur les ventes par la société mère à la filiale de commercialisation, ou la sous-facturation des marchandises livrées à la filiale de commercialisation.

Le financement intra-groupe peut également opérer des transferts entre sociétés sœurs du groupe.

La fiscalité constitue une variable importante dans le choix des techniques du financement intra-groupe. Elle sera examinée dans les développements qui suivent à travers :

– le choix des techniques de centralisation de la trésorerie du groupe,
– le choix des techniques de régulation de la trésorerie du groupe,
– le choix des techniques de soutien financier aux sociétés du groupe.

2.1. Fiscalité et choix des techniques de centralisation de la trésorerie du groupe

La centralisation de la trésorerie du groupe par la société mère met en œuvre deux types de flux financiers : des flux financiers après impôts et des flux financiers avant impôts.

Les principaux flux financiers après impôts consistent dans les avances à la société mère consenties par les filiales en excédent de trésorerie et dans les dividendes versés par la filiale à sa mère en rémunération de capital investi par cette dernière.

Les principaux flux financiers avant impôts consistent dans les charges que supporte la filiale en rémunération de services rendus par la société mère (rémunération d'avance, redevance de concession de brevets, loyer de location d'un immeuble par exemple) ou des achats auprès de la société mère (cas de la filiale de commercialisation des produits fabriqués par la société mère).

2.1.1. Les flux financiers après impôts

Le cas des avances et de leur rémunération étant envisagé dans le paragraphe suivant, les développements ci-après seront consacrés à la rémunération du capital investi par la société mère.

Toute politique d'optimisation au sein d'un groupe dans la distribution de dividendes versés par les filiales à la société mère doit poursuivre un double objectif : d'une part, assurer la remontée maximale de dividendes vers la société mère au moindre coût fiscal, et, d'autre part, assurer cette remontée maximale dans les délais les plus courts.

Deux facteurs jouent un rôle déterminant dans la recherche de ces objectifs : le premier est la forme juridique des sociétés du groupe, le second est la structure du groupe

2.1.1.1. La variable fiscale dans le choix de la structure juridique des sociétés du groupe

La variable fiscale dans le choix de la structure juridique des sociétés du groupe prend en considération la forme sociale des filiales, suivant que ces dernières sont constituées sous la forme de sociétés de capitaux (société anonyme, ou société à responsabilité limitée notamment) ou de sociétés de personnes (société en nom collectif par exemple).

Nous prendrons pour hypothèse dans les développements qui suivent que la société mère est une société établie en France et soumise à l'impôt sur les sociétés, soit de plein droit en considération de son statut juridique (société de capitaux : société anonyme, SARL ou société en commandite par actions), soit sur option (SNC ayant opté pour le paiement de l'impôt sur les sociétés).

– La société filiale est une société de capitaux : le régime des sociétés mères et filiales (article 145 du CGI)

Lorsque la société bénéficiaire des dividendes distribués par la filiale a la qualité de société mère au sens de l'article 145 du CGI, elle est exonérée d'impôt sur les sociétés à raison des dividendes qui leur sont distribués par sa filiale à l'exception d'une quote-part pour frais et charges forfaitaires.

Une société a la qualité de société mère au sens de l'article 145 du CGI lorsqu'elle est constituée sous la forme d'une société par actions (société anonyme ou société en commandite par actions) ou de SARL et que ses titres de participation dans sa filiale :
– revêtent la forme nominative,
– représentent au moins 10 % du capital social de la filiale,
– ont été souscrits à l'émission.

Le bénéfice du régime des sociétés mères-filiales est en outre subordonné à la condition que la filiale soit elle-même constituée sous la forme d'une société par actions ou d'une société à responsabilité limitée.

Conformément à l'article 216-1 du CGI, la société mère au sens de l'article 145 précité est autorisée à déduire de son bénéfice imposable le montant des dividendes distribués par sa filiale diminué d'une « quote-part de frais et charges ». Aux termes de l'article 216-II du CGI, cette quote-part de 5 % « ne peut toutefois excéder, pour chaque période d'imposition, le montant total des frais et charges de toute nature exposés par la société participante au cours de ladite période ». Dès lors, si la société mère peut justifier que les frais et charges qu'elle a supportés dans le cadre de la gestion de sa participation sont inférieurs au montant de la quote-part de 5 % telle que définie à l'article 216-II du CGI, seule la fraction des dividendes reçus correspondant au montant des frais réellement exposés sera assujettie à l'impôt sur les sociétés.

Le régime d'imposition au niveau de la société mère est illustré par l'exemple ci-après :

– dividendes encaissés	1 000,00 F
– avoir fiscal correspondant (50 %)	500,00 F
– quote-part de frais et charges : 5 % (1 000 + 500)	75,00 F
– fraction du dividende reçu assujetti à l'impôt sur les sociétés	75,00 F
– impôt sur les sociétés correspondant : 75 F x 42 %	31,50 F
– fraction du dividende reçu non assujetti à l'impôt sur les sociétés : 1 000 F – 75 F	925,00 F
– bénéfice net : 925 + (75 – 31,5)	968,25 F

Dès lors que les dividendes qu'elle reçoit sont déductibles de ses résultats imposables, la société mère ne peut utiliser l'avoir fiscal attaché aux dividendes distribués. La société mère a toutefois la possibilité de transmettre à ses actionnaires le bénéfice de l'avoir fiscal qu'elle n'a pas utilisé elle-même.

– La société filiale est une société en nom collectif (SNC) ou une société en commandite simple

Conformément aux dispositions de l'article 8 du CGI, « les associés des sociétés en nom collectif et les commandités des sociétés en commandite simple sont, lorsque ces sociétés n'ont pas opté pour le régime fiscal des sociétés de capitaux, personnellement soumis à l'impôt pour la part de bénéfices sociaux correspondant à leurs droits dans la société ».

Par suite, la part des bénéfices réalisés par la filiale et correspondant aux droits de la société mère sera assujettie à l'impôt sur les sociétés directement entre les mains de la société mère, au titre de l'exercice de la réalisation desdits bénéfices et non de l'exercice de leur distribution par la filiale à sa mère, cette distribution intervenant dans les six mois de la clôture de l'exercice social de la filiale, à la suite de l'assemblée des associés ayant statué sur les comptes.

Lorsque la filiale est constituée sous une de ces deux formes sociétaires, les bénéfices qui remontent vers la société mère ne subissent aucune déperdition, alors que les bénéfices distribués par une filiale constituée sous la forme d'une société de capitaux subissent au niveau de la société mère une déperdition partielle égale à l'impôt sur les sociétés dû au titre de la quote-part pour frais et charges.

Que la société filiale soit constituée sous la forme d'une société par actions ou d'une société en nom collectif ou en commandite simple, les délais d'appropriation finale des bénéfices de la filiale par la société mère sont identiques dès lors qu'ils sont subordonnés à une décision collective de distribution des associés de la filiale.

Le décalage existant entre l'imposition chez la société mère des revenus réalisés par la filiale SNC ou une société en commandite simple et l'appropriation effective des revenus correspondants peut conduire à ce que l'impôt sur les sociétés, acquitté par la société mère à raison de ses droits dans les résultats de la filiale, doive être financé par d'autres ressources que celles retirées des revenus de la filiale. En effet, en supposant que les exercices respectifs de la filiale et de la société mère se terminent chacun le 31 décembre de chaque année civile, la société mère devra acquitter l'impôt sur les sociétés correspondant à ses droits dans la filiale au plus tard le 30 avril, alors que la distribution des résultats de la filiale n'interviendra, le plus vraisemblablement, qu'en mai ou juin de la même année, à la suite de l'assemblée générale d'approbation des comptes de la filiale. Pour remédier à cette situation défavorable pour la société mère sur le plan financier, les solutions retenues dans la pratique consistent à procéder à une distribution d'acomptes sur bénéfices ou, le plus généralement, à faire clôturer l'exercice social de la société en nom collectif ou en commandite simple trois à quatre mois avant la clôture de l'exercice social de la société mère.

2.1.1.2. *La variable fiscale dans le choix de la structure du groupe*

Pour illustrer l'incidence de la variable fiscale dans le choix de la structure du groupe, nous comparerons le groupe à structure solaire ou pyramidale.

– Structure solaire du groupe

Cette structure se caractérise par le fait que chaque société filiale est directement contrôlée par la société mère.

Elle présente l'intérêt de permettre la remontée des dividendes la plus rapide : soit après réunion des assemblées des filiales statuant sur l'approbation des comptes de ces sociétés, c'est-à-dire au plus tard dans les six mois suivant la clôture de leur exercice social, soit par la distribution d'acomptes sur dividendes en cours d'exercice.

La masse des dividendes versés par la filiale dépend du statut fiscal des filiales (voir paragraphe précédent).

– Structure pyramidale du groupe

Plusieurs variantes sont possibles au sein d'une structure pyramidale. Nous retiendrons la structure suivante afin d'envisager ses conséquences fiscales et financières pour la société mère au regard de la distribution des dividendes.

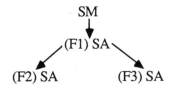

Une structure pyramidale présente plusieurs inconvénients au regard de la remontée des dividendes vers la société mère.

Tout d'abord, l'interposition d'une filiale entre deux sous-filiales, quelle que soit la forme juridique des filiales, a pour effet de retarder dans le temps la remontée des dividendes distribués par les sous-filiales à la société mère (SM) puisque, sauf versement d'acomptes sur dividendes, les distributions sont subordonnées à une décision collective des actionnaires des sociétés concernées ayant statué sur les comptes sociaux.

Ensuite, lorsqu'une société par actions s'interpose entre la société mère et ses sous-filiales également sociétés par actions, la remontée des dividendes des sous-filiales vers la société mère (SM) subit une déperdition partielle à raison de l'impôt sur les sociétés acquitté chez la filiale (F1) sur la quote-part de frais et charges correspondant aux dividendes distribués par les sous-filiales (F2 et F3).

2.1.2. Les flux financiers avant impôt

Pour être admis en déduction des résultats imposables de la société filiale, les paiements effectués au titre des transferts financiers avant impôts et qui rémunèrent des services rendus par la société mère doivent être réputés constituer des actes de gestion normale. Par suite, ils doivent avoir été engagés dans l'intérêt de l'exploitation de la filiale bénéficiaire et non dans l'intérêt de sociétés tierces, et ils doivent ne pas être exagérés eu égard aux services rendus. Par ailleurs, la réalité des services rendus doit pouvoir être valablement justifiée. A cette fin, la société bénéficiaire du service doit être en mesure d'apporter tous les éléments de justification : contrats, études, échange de correspondance.

2.2. Fiscalité et choix des techniques de régulation de la trésorerie du groupe

L'utilisation de la trésorerie excédentaire de certaines sociétés du groupe est une pratique courante pour répondre aux besoins en financement des sociétés du groupe qui ne peuvent y faire face par leurs seules ressources. La gestion de cette trésorerie excédentaire est généralement assurée par une société du groupe, le plus souvent la société mère ou une société financière créée à cette fin, chacune de ces sociétés agissant comme régulateur du financement des sociétés du groupe [1].

La société qui, au sein du groupe, agit comme régulateur de financement, ne limite pas ses interventions financières à la simple redistribution aux filiales de la trésorerie excédentaire du groupe. Elle peut également financer les avances qu'elle consent à ses filiales par ses propres ressources en trésorerie ou par des emprunts qu'elle contracte auprès d'organismes financiers, sa surface financière la mettant généralement dans une meilleure position pour négocier auprès des organismes prêteurs. Elle peut également se porter caution auprès des organismes financiers à raison des emprunts contractés par ses filiales.

Tous les flux financiers au sein d'un groupe ne transitent pas nécessairement par la société mère. Il arrive également que des avances soient directement consenties entre les sociétés sœurs d'un même groupe.

2.2.1. L'organisation juridique de la régulation de la trésorerie du groupe

La régulation de la trésorerie du groupe peut être tout d'abord assurée par la société mère. Lorsque cette dernière agit comme régulateur de la trésorerie du groupe, l'instrument juridique le plus généralement employé pour formaliser les relations des sociétés du groupe est le mandat de gestion de trésorerie conclu entre les parties prenantes ou chaque partie prenante et la société trésorière.

La régulation de la trésorerie du groupe peut être également confiée à une société financière créée à cette fin au sein du groupe.

La création d'une société financière présente plusieurs avantages.

Elle permet un financement des besoins en trésorerie des sociétés du groupe par des interventions plus immédiates. Elle permet d'optimiser la gestion des flux de trésorerie en jouant sur les jours de valeur. Elle est en meilleure position pour négocier des conditions bancaires plus avantageuses et obtenir des taux inférieurs. Les frais financiers afférents aux découverts restent à l'intérieur du groupe au lieu d'être versés aux banques. Elle a accès au marché monétaire : les excédents de trésorerie peuvent ainsi être placés au jour le jour, tandis que les déficits de trésorerie peuvent être financés sur le marché monétaire, à moindre coût.

La création d'un établissement de crédit emporte toutefois des contraintes administratives et réglementaires assez lourdes. Cette création est soumise à l'agrément du comité des établissements de crédit. L'obtention d'un tel agrément est très sélective, il doit être notamment justifié de besoins financiers réels. Par ailleurs, un établissement de crédit est tenu au respect des normes de gestion établies par les règlements du comité de la réglementation bancaire, notamment en matière de coefficient de couverture, de coefficient de division des risques, de fonds propres et de ressources permanentes.

---

1. Voir également dans cette Encyclopédie les articles de D. Dubois, « Trésorerie » et de B. Marois, « Trésorerie internationale ».

La société financière peut être la filiale directe de la société mère ou même être contrôlée par les filiales. Cette structure présente l'avantage d'éviter la formation d'un écran entre la société mère et les filiales, mais elle présente l'inconvénient d'empêcher le contrôle des filiales par la société financière, celle-ci n'ayant pas la position d'actionnaire.

La société financière peut être également une sous-holding et gérer les participations du groupe dans les filiales, formant ainsi un écran entre la société mère et les filiales du groupe.

Cette dernière structure est la plus intéressante. Sur le plan financier, tout d'abord, car elle permet à la société financière un contrôle direct des filiales dont elle assure la gestion de trésorerie, et par suite une centralisation de la trésorerie et des dividendes, au moindre coût. Sur le plan fiscal ensuite, les relations mère-fille étant appréciées par la jurisprudence d'une façon plus libérale, ainsi qu'il le sera exposé dans les développements suivants.

Les coûts fiscaux de la mise en place d'une telle structure sont toutefois non négligeables, compte tenu de l'imposition des plus-values dégagées éventuellement sur l'apport des participations des sociétés du groupe à la société financière et de l'exigibilité des droits d'enregistrement sur l'apport des participations (droit de 1 % en principe assis sur la valeur réelle des participations apportées).

2.2.2. Fiscalité et régulation de la trésorerie du groupe par la société mère

La régulation de la trésorerie à l'intérieur du groupe est généralement assurée par la société mère. Elle met en jeu des flux financiers des sociétés filiales en excédent de trésorerie vers la société mère, et des flux financiers de la société mère vers les sociétés filiales ayant des besoins en trésorerie. Ces flux prennent la forme de prêts ou d'avances.

2.2.2.1. Les avances consenties par la société filiale à la société mère

L'avance consentie par la filiale à sa société mère doit porter rémunération d'intérêt. L'absence ou l'insuffisance de rémunération, suivant un principe constant affirmé par la jurisprudence du Conseil d'Etat, constitue un acte de gestion anormal présumé répondre non à l'intérêt de la société filiale consentant le prêt, mais à celui de la société mère qui est une personne juridique distincte. Il ne pourrait en être différemment que si la filiale était en mesure d'établir qu'elle a agi dans son intérêt propre en consentant pareil avantage à sa société mère et qu'elle a retiré une réelle contrepartie de cet avantage. Mais pareille démonstration est relativement difficile à établir et le Conseil d'Etat se montre toujours réticent à admettre qu'une filiale poursuit un intérêt propre en consentant une aide non rémunérée ou insuffisamment rémunérée. La filiale ne peut en tout état de cause faire valoir un intérêt de groupe pour justifier l'avantage qu'elle consent à sa société mère, la jurisprudence appréciant cette notion d'intérêt au niveau de la société et non du groupe et le droit fiscal ignorant le concept de groupe de sociétés.

L'absence ou l'insuffisance de rémunération des avances consenties par la filiale à sa société mère trésorière du groupe peut entraîner la réintégration, dans les résultats imposables de la filiale, de l'avantage ainsi consenti à la société mère.

Par ailleurs, l'article 111-a du Code général des impôts dispose que « sont considérées comme revenus distribués, sauf preuve contraire, les sommes mises à la disposition des associés directement ou par personnes interposées à titre d'avances, de prêts ou d'acomptes ». L'administration fiscale a toutefois renoncé, par une note du 19 septembre 1957, à appliquer cette présomption à l'égard des avances consenties par les filiales à leur société mère lorsque cette dernière est chargée de gérer la trésorerie du groupe.

2.2.2.2. *Les avances consenties par la société mère à sa filiale*

La politique de la rémunération des avances que consent une société mère à sa filiale est enfermée dans une double contrainte. La première est celle qui limite la déductibilité du résultat imposable de la filiale des intérêts que cette dernière verse en rémunération des avances que lui consent sa mère. La seconde est celle qui réprime, dans certains cas, l'absence ou l'insuffisance de rémunération desdites avances.

– Les limites de la déductibilité des intérêts rémunérant les avances consenties par la société mère

Les intérêts qui rémunèrent les avances consenties à la société par ses associés sont en principe déductibles des résultats imposables, quelle que soit la forme de la société. Toutefois, leur déduction est soumise à certaines limitations conformément aux dispositions des articles 39-1 et 212 du CGI.

Les limitations à la déductibilité des intérêts sont au nombre de trois.

La première limite est relative à la libération du capital de la société (article 39-1-3° du CGI). Les intérêts afférents aux sommes que les associés laissent ou mettent à la disposition de la société ne sont pas admis dans les charges déductibles si le capital n'a pas été entièrement libéré.

La deuxième limite est relative au taux d'intérêt (article 39-1-3° du CGI). Pour les exercices ouverts à compter du 1er janvier 1988, le taux maximum des intérêts déductibles est limité à la moyenne annuelle des taux de rendement brut à l'émission des obligations des sociétés privées. Pour les exercices ouverts avant le 1er janvier 1988, le taux maximum des intérêts déductibles était limité à 80 % de cette moyenne annuelle.

La troisième limite est relative aux avances consenties par des associés dirigeants (article 212 du CGI). Alors que les deux premières limitations sont communes à toutes les sociétés, cette dernière s'applique uniquement aux sociétés passibles de l'impôt sur les sociétés.

Cette limitation consiste à n'admettre la déduction des intérêts qui rémunèrent les sommes versées par les « associés ou actionnaires possédant, en droit ou en fait, la direction de l'entreprise », que dans la mesure où les sommes n'excèdent pas, pour l'ensemble desdits associés ou actionnaires, une fois et demie le montant du capital social (article 212-1° du CGI). Autrement dit, la fraction des intérêts versés rémunérant des avances qui, pour l'ensemble des associés et actionnaires dirigeants, excèdent une fois et demie le capital social ne sont pas déductibles des résultats imposables de la société versante.

Cette dernière limitation n'est toutefois pas applicable aux avances consenties à leurs filiales par des sociétés ayant la qualité de société mère au sens de l'article 145 du CGI, c'est-à-dire qui possèdent au moins 10 % de leur capital social (article 212-1° b du CGI). L'administration considère que cette limitation s'applique, en revanche, aux intérêts versés par une filiale à sa société mère lorsque cette dernière est établie à l'étranger (note du 30 janvier 1968).

Exemple : Pour illustrer les limitations résultant de l'application des articles 39-1 et 212 du CGI, on prendra pour hypothèse le cas d'une société anonyme au capital entièrement libéré de 300 000 francs, à laquelle ses actionnaires dirigeants ont consenti des avances au cours de l'exercice social 1987 (exercice coïncidant avec l'année civile) pour un montant de 500 000 francs, moyennant une rémunération d'intérêts au taux de 14 %.

L'application de la limitation spéciale (article 212 du CGI) conduit à réintégrer dans les bénéfices imposables les intérêts afférents à la fraction des avances qui excède une fois et demie le montant du capital social, soit :

(500 000 – 450 000) x 14 % = 7 000

L'application de la limitation générale (article 39-1-3° du CGI) conduit par ailleurs à réintégrer la fraction de l'intérêt qui excède le taux maximum légal déductible. Pour les sociétés dont l'exercice 1987 coïncide avec l'année civile, le taux maximum des intérêts déductibles s'est établi à 7,85 %, soit un montant à réintégrer de :

450 000 x (14 – 7,85 %) = 27 675

La réintégration totale s'élève à : 7 000 + 27 675 = 34 675

– *Les limitations de la politique de la société mère en matière d'intérêts*

Il convient de distinguer suivant que la société mère apporte un concours financier à sa filiale sur ses fonds propres, au moyen de fonds reçus d'une filiale en excédent de trésorerie ou au moyen de fonds d'emprunt.

Lorsqu'elle apporte un concours financier à sa filiale sur ses fonds propres, la société mère ne peut en principe renoncer à tout intérêt sur les avances qu'elle consent, sauf si elle établit qu'elle a agi dans son intérêt propre et que la gratuité comportait pour elle une réelle contrepartie. Tel est le cas lorsque la société mère pour développer ses exportations sur un marché s'appuie sur les services d'une filiale à laquelle elle accorde, à titre temporaire et remboursable, une aide financière lui permettant de commencer à fonctionner. La société mère peut cependant valablement consentir une avance à sa filiale à un taux préférentiel, c'est-à-dire moyennant un taux inférieur à celui du marché, lorsqu'elle agit comme régulateur de financement du groupe.

La deuxième situation est celle où la société mère finance les besoins de trésorerie d'une filiale au moyen de fonds reçus d'une autre filiale en excédent de trésorerie. En principe la société mère doit refacturer à la filiale bénéficiaire de l'avance les intérêts que lui a facturés la société prêteuse.

La troisième situation est celle où la société mère a consenti les avances au moyen de fonds d'emprunt. Sous réserve qu'il y ait un lien direct entre l'emprunt et le prêt, celle-ci doit refacturer à sa filiale les frais financiers qu'elle a effectivement supportés. Mais en se conformant à cette règle, la société mère peut pénaliser sa filiale compte tenu des limitations applicables à la déductibilité des intérêts qui rémunèrent des avances consenties par les associés. L'excédent d'intérêt ne sera pas déductible des résultats imposables de la filiale. Il sera de surcroît imposé chez la société mère comme « revenu réputé distribué » (sans le bénéfice de l'avoir fiscal). L'impact de cette imposition en sera toutefois diminué chez la société mère puisque limitée au montant de la quote-part pour frais et charges (article 145 du CGI). Mais si la société mère ne facture à sa filiale que le montant des intérêts déductibles chez cette dernière, pour éviter la limitation de la déduction des intérêts, la différence entre le taux d'emprunt et le taux facturé à la filiale est susceptible d'être réintégré par un vérificateur dans ses résultats imposables.

Pour éviter les conséquences fiscales liées à la limitation des intérêts de prêts, les solutions suivantes peuvent être envisagées : faire consentir l'avance par une société sœur ou bien procéder à un *back-to-back loan*.

Lorsque la centralisation de trésorerie du groupe est assurée par une société financière et que cette société a la situation de mère par rapport aux filiales dont elle gère le financement, l'administration fiscale admet que les limitations d'intérêts édictées par les articles 39-1-3° et 212 du CGI ne sont pas applicables aux intérêts versés par une société à raison des crédits consentis par l'établissement financier associé sous réserve toutefois des conditions suivantes : d'une part, que les sommes prêtées ne présentent pas le caractère de fonds propres au regard de l'emprunteur et, d'autre part, que le taux de rémunération des sommes prêtées ne dépasse pas celui effectivement appliqué par l'établissement financier à l'ensemble de la clientèle pour les crédits de même nature.

2.2.3. *Les transferts financiers directs entre sociétés sœurs*

Une présomption d'anormalité entoure les avances consenties sans intérêt entre sociétés sœurs. En effet, si une société mère est admise à venir en aide à une filiale en difficulté en lui consentant des avances sans rémunération d'intérêts car elle peut justifier poursuivre ainsi son propre intérêt (la sauvegarde de son renom par exemple), en revanche l'absence de rémunération d'intérêts n'est pas admise entre des sociétés sœurs. Une jurisprudence constante réprime les opérations réalisées à titre gratuit entre personnes juridiquement distinctes, ce qui s'applique à des sociétés sœurs. Elle considère par ailleurs que l'avantage ainsi consenti à la société sœur est présumé répondre non à l'intérêt de la société qui consent l'aide, mais à celui de la société mère commune qui est une personne juridique distincte. En principe, les avances consenties entre sociétés sœurs doivent porter intérêt. La jurisprudence admet que lorsqu'une société sœur agit comme régulateur de financement de groupe, elle puisse facturer un taux préférentiel.

En l'absence de rémunération ou faute d'une rémunération suffisante, l'administration fiscale est alors fondée à réintégrer dans les résultats de la société qui a consenti l'avance le « manque à gagner » correspondant aux intérêts qui auraient dû être versés, à rejeter la provision éventuellement constituée par la société prêteuse pour couvrir le risque de non-recouvrabilité de l'avance.

2.3. Fiscalité et choix des techniques de soutien financier aux sociétés du groupe

Le soutien financier aux filiales du groupe par la société mère est généralement opéré par des transferts qui peuvent être directs ou indirects.

Par transferts financiers directs, on entendra les transferts qui génèrent des flux financiers : il s'agit des avances et prêts qui sont consentis entre sociétés du groupe et des augmentations de capital des filiales par la société mère.

Il est de pratique courante que la société mère, pour venir en aide à une filiale en difficulté, renonce à réaliser en totalité ou en partie un profit sur les transactions commerciales qu'elle réalise avec sa filiale ou sur les services qu'elle lui rend, ou bien consente à sa filiale des remises de dettes (abandon de créances). On qualifiera les transferts opérés à ces divers titres de transferts indirects.

Suivant la nature des transferts opérés, directs ou indirects, et la nature des relations juridiques qui lient les sociétés entre lesquelles ces transferts sont opérés (relations entre société mère et filiale ou entre sociétés sœurs), l'impact fiscal sera sensiblement différent.

2.3.1. Généralités – La variable fiscale dans le choix entre les transferts financiers directs et les transferts financiers indirects

Les transferts directs, tels que les avances, les prêts et les augmentations de capital, ne sont pas déductibles des résultats de la société qui les consent. Ils ne sont pas davantage imposables chez la société bénéficiaire de ces transferts. Le recours à ce type de transfert ne présente donc pas d'avantage fiscal pour la société qui les consent. Ainsi, lorsqu'une société mère vient en aide à une filiale en difficulté, elle aura plus volontiers recours à des techniques qui, comme l'abandon de créances ou la renonciation à un profit (sous-facturation de biens livrés à la filiale, octroi de délai de paiement, non-facturation d'intérêts), lui procurent un avantage fiscal immédiat :

déduction des abandons de créances, minoration de son résultat imposable par la sous-facturation. Le recours aux transferts indirects présente également un avantage fiscal pour la filiale qui en est bénéficiaire car, dans la mesure où ces transferts sont généralement opérés au profit d'une société en situation fiscale déficitaire, ils ne se traduisent pour elle par aucune imposition. Si l'impact fiscal de ces transferts est neutre pour la société bénéficiaire, il présente l'intérêt supplémentaire de « rajeunir » les déficits fiscaux de la société bénéficiaire.

L'avantage fiscal que retirent des transferts indirects la société qui les accorde comme la société qui en bénéficie, varie toutefois, dans son étendue, suivant les liens juridiques des sociétés entre lesquelles les transferts indirects sont opérés. En effet, le Conseil d'Etat, reconnaissant qu'une société mère est juridiquement liée à sa filiale, admettra volontiers que la société mère poursuit un intérêt propre en apportant une aide à sa filiale en difficulté et par suite acceptera le caractère de charge déductible de l'avantage financier consenti par la mère à sa filiale. En revanche, les sociétés sœurs étant regardées, suivant une jurisprudence constante, comme des sociétés juridiquement indépendantes, il sera beaucoup plus difficile à une société de faire valoir qu'en venant en aide à sa société sœur elle a poursuivi son intérêt propre et a retiré une contrepartie réelle et suffisante de l'aide ainsi accordée. Par suite, la déductibilité par la société de l'avantage financier qu'elle a accordé à sa sœur sera beaucoup plus incertain.

2.3.2. *Les transferts financiers indirects*

Le traitement fiscal des transferts indirects diffère selon les liens juridiques existant entre les sociétés concernées. Mais il diffère aussi selon que ces transferts sont opérés dans le cadre des relations commerciales entretenues par deux sociétés du groupe, ou dans le cadre de la gestion financière de la participation de la société mère dans le capital de sa filiale (prêts, avances).

2.3.2.1. *Les transferts indirects opérés entre la société mère et sa filiale dans le cadre de relations commerciales*

Les transferts indirects opérés entre la société mère et sa filiale peuvent consister dans la renonciation à un profit par la société mère en sa qualité de fournisseur ou de prestataire de services. Ils peuvent consister également dans des remises de dettes que consent la société mère à sa filiale.

– La renonciation à un profit par la société mère

La renonciation à un profit peut résulter d'une sous-facturation par la société mère des biens dont la filiale assure la commercialisation, soit de l'octroi par la société mère d'un délai de paiement à sa filiale, ou plus généralement de la facturation à la filiale de services généraux (études, frais de siège...) à prix coûtant.

Ces pratiques sont plus intéressantes pour l'entreprise bénéficiaire que celles qui auraient consisté pour l'entreprise qui consent l'avantage à comptabiliser le profit sur la transaction concernée (facturation d'une vente ou d'un service au prix normal par exemple), puis à l'abandonner en tout ou en partie, eu égard aux conséquences fiscales afférentes aux abandons de créances (voir ci-après).

Ces différentes pratiques ne sont toutefois admises fiscalement que dans la mesure où elles ne sont pas réputées constituer des actes de gestion anormale.

Une société commerciale ne peut normalement traiter à perte, même si le bénéficiaire de l'avantage consenti est une filiale. Il ne peut en être différemment que lorsque la société mère est regardée comme venant en aide à une filiale en difficulté.

Une société commerciale peut toutefois renoncer à réaliser un profit sur les transactions commerciales qu'elle engage avec sa filiale. Le Conseil d'Etat a ainsi jugé qu'il n'est pas anormal qu'elle pratique à l'égard de ses filiales une politique de prix préférentiels, au point de renoncer à réaliser des bénéfices sur cette catégorie d'affaires.

Lorsque la renonciation à un profit par la société mère est réputée constituer un acte de gestion anormale, l'avantage ainsi consenti à la filiale est réintégré dans les résultats de cette dernière et traité comme revenus réputés distribués à la société mère : imposition chez la société mère en tant que dividendes, sans le bénéfice de l'avoir fiscal.

– Les abandons de créances ou les remises de dettes

L'abandon de créances consenti sous la forme d'une remise de dettes à une filiale en difficulté constitue une technique de financement à laquelle les groupes de sociétés recourent très fréquemment pour le caractère immédiat de son exécution, le peu de formalisme que requiert sa mise en œuvre et la souplesse d'utilisation que confère la possibilité d'inclure une clause de retour à meilleure fortune.

Suivant une terminologie traditionnelle, lorsque l'abandon de créances est accordé dans le cadre de relations commerciales existant entre les deux sociétés, il est réputé à « caractère commercial ». Il est indifférent à cet égard que la société bénéficiaire de l'abandon soit cliente ou fournisseur de la société qui consent l'abandon. La nature de la créance (prêt, avance, livraison de bien) est généralement indifférente pour apprécier le caractère « commercial » de l'abandon, le critère étant celui de l'existence de relations commerciales entre les deux sociétés concernées.

Pour être déductible des résultats imposables de la société qui le consent, l'abandon de créances doit être réputé constituer un acte de gestion normale, c'est-à-dire trouver son fondement dans l'existence réelle d'une contrepartie pour cette même société et être conforme à son intérêt propre.

Une présomption de normalité est reconnue par la jurisprudence aux abandons de créances que la société mère consent à sa filiale en justifiant d'un intérêt commercial propre. Il en est ainsi, suivant une abondante jurisprudence, lorsque l'abandon de créances permet à la société mère de poursuivre à travers sa filiale une activité commerciale qui, en préservant sa notoriété, maintient sa position sur le marché, ou de conserver, par la poursuite de l'activité de la filiale bénéficiaire de l'abandon, des débouchés commerciaux ou encore de redresser ou d'opérer un redressement de la filiale, même en cas de déficits constants de celle-ci, ou enfin d'assainir la situation de sa filiale.

En revanche, les abandons de créances qui ne présentent pas pour la société mère une contrepartie suffisante, même s'il a été consenti dans un but commercial, (ainsi en est-il des aides répétées à une filiale qui apparaissent comme des aides à fonds perdus), ne sont pas déductibles.

De même, ne sont pas déductibles les abandons de créance qui, tant par leur caractère répétitif que par la modulation de leur montant, s'analysent comme un transfert des déficits de la filiale à la société mère.

L'abandon de créances à caractère commercial constitue en toutes circonstances un produit imposable à l'impôt sur les sociétés au taux de droit commun pour la société bénéficiaire, que l'abandon de créances ait été reconnu ou pas comme un acte de gestion normale chez la société qui l'a consenti.

Les abandons de créance, à caractère commercial sont en outre soumis à la TVA au taux normal de 18,60 % et donnent lieu à l'établissement d'une facture par la société bénéficiaire de l'abandon. La TVA ainsi facturée ne constitue pas pour la société facturée (celle qui a accordé l'abandon) une charge définitive. Cette dernière est en effet fondée, lorsqu'elle est établie en France, à en opérer la déduction suivant les règles de droit commun, ou à en demander le remboursement lorsqu'elle est en situation de crédit-TVA. Lorsqu'elle est établie à l'étranger, elle peut obtenir le remboursement sous certaines conditions et limites.

2.3.2.2. *Les transferts indirects opérés entre la société mère et sa filiale dans le cadre de relations financières*

Nous exposerons dans les développements suivants le cas des abandons de créances consentis par la société mère à sa filiale, dans le cadre de la gestion financière de sa participation dans le capital de sa filiale. Ces abandons, qui consistent en des abandons de prêts ou d'avances, sont dits suivant une terminologie traditionnelle à « caractère financier ».

La nécessité pour une société mère, en l'absence même de toutes relations commerciales avec sa filiale, de « sauvegarder son renom » et « d'assainir la situation financière de sa filiale » a été reconnue par la jurisprudence.

S'inscrit ainsi dans une gestion normale et est conforme à l'intérêt de la société dont le renom est ainsi préservé l'abandon de créances qui n'est pas consenti pour permettre à la filiale de poursuivre son exploitation dans l'intérêt de la société mère, mais de permettre la dissolution de la filiale dans de bonnes conditions, en évitant le dépôt de bilan de cette dernière.

En revanche, ne sont pas déductibles les abandons de créances qui s'analysent comme un élément du prix de revient des actions acquises. Le Conseil d'Etat a ainsi jugé qu'une société qui accorde un abandon de créances à une société dont elle a acquis la même année une participation majoritaire doit être regardée comme ayant acquis cette participation pour un prix majoré de l'abandon de créances.

Alors même qu'il constituerait un acte de gestion normal, un abandon de créances à caractère financier n'est déductible chez la société mère que dans la limite de la situation nette négative de la filiale, et pour la fraction correspondant à sa participation dans le capital de cette dernière. La fraction de l'abandon de créances qui excède le solde négatif de la situation nette de la filiale (constaté après abandon de la créance) n'est pas déductible car il est réputé constituer un complément d'apport.

Pour illustrer cette conséquence, on prendra pour hypothèse le cas d'une société mère qui détient 80 % du capital de sa filiale et consent à cette dernière un abandon de créances d'un montant de 100 000 francs.

Bilan de la filiale avant l'abandon de créances

Actif réel	400 000	Capital	90 000
		Déficit	140 000
		Situation nette négative	(50 000)
		Avance de la mère	100 000
		Autres dettes	350 000
	400 000		400 000

Bilan de la filiale après l'abandon de créances

Actif réel	400 000	Capital	90 000
		Déficit	40 000
		Situation nette négative	(50 000)
		Autres dettes	350 000
	400 000		400 000

L'abandon de créances consenti par la société mère au profit de sa filiale constituera une charge déductible de ses résultats pour un montant déterminé comme suit :

– situation nette négative avant abandon de créances	50 000
– proportion de la situation nette positive après abandon de créances correspondant à la participation des associés minoritaires :	
50 000 x 20 %	10 000
	60 000

La limitation du droit de déduction ne retire pas néanmoins son intérêt à l'abandon de créances à caractère financier. En effet, il permet à la société mère, d'une part, de restaurer la situation nette négative de la filiale en profitant de l'avantage partiel d'une déduction fiscale, d'autre part, d'accroître les capitaux propres de la filiale sans engager de fonds, en incorporant au capital de la filiale la fraction de la créance abandonnée réputée représenter un complément d'apport.

En présence d'abandon de créance à caractère financier, la fraction de l'abandon de créances déductible chez la société mère constitue un produit imposable chez la filiale. En revanche, la fraction de l'abandon de créances qui, chez la société mère, a été réputée constituer un supplément d'apport ne constitue pas un produit imposable chez la filiale, pour autant que la société mère procède à une augmentation de capital en numéraire ou par incorporation de créances d'un montant au moins égal à celui de l'abandon consenti avant la clôture du second exercice qui suit la date dudit abandon. A cet effet, la société mère doit joindre un engagement écrit à la déclaration fiscale de l'exercice au cours duquel l'abandon est accordé.

L'abandon de créance à caractère financier n'est pas imposable à la TVA. L'exonération de la TVA des abandons de créances à caractère financier n'affecte pas le prorata de déduction de la TVA de la société bénéficiaire de l'abandon.

2.3.2.3. *Les transferts financiers indirects opérés entre sociétés sœurs*

La jurisprudence suspecte volontiers les abandons de créances consentis entre sociétés sœurs. Elle ne reconnaît pas aux sociétés sœurs le caractère de sociétés liées, mais les regarde comme des sociétés juridiquement indépendantes. La démonstration par la société de la poursuite d'un intérêt propre peut s'avérer d'autant plus délicate que l'aide consentie à sa société sœur en difficulté peut laisser présumer que la société mère s'est en fait déchargée sur l'une de ses filiales de la responsabilité qui lui incombe d'assainir la situation financière de la filiale en difficulté. Par ailleurs, il ne peut être invoqué un quelconque intérêt de « groupe » pour justifier l'abandon de créances que consent une société à sa sœur, la notion de groupe étant d'une façon générale ignorée par le droit fiscal.

L'abandon de créance consenti entre sociétés sœurs constitue en tout état de cause un produit imposable en totalité pour la société bénéficiaire de l'abandon.

2.3.3. *Les techniques de reconstitution des capitaux propres d'une société du groupe*

Une société anonyme, une SARL ou une société en commandite par actions, est légalement tenue de reconstituer ses capitaux propres lorsque ces derniers, « du fait des pertes constatées dans les documents comptables... deviennent inférieurs à la moitié du capital social » (article L. 68 alinéa 1 pour les SARL et L 241 alinéa 1 pour les SA du Code du commerce et des sociétés commerciales).

Par capitaux propres, on entend la somme des apports (capital et primes d'émission, d'apport ou de fusion), des écarts de réévaluation, des réserves, du report à nouveau créditeur, du bénéfice de l'exercice, des subventions d'investissements et des provisions réglementées, déduction faite des pertes. Le capital s'entend du capital nominal, qu'il soit libéré ou non, amorti ou pas et tel qu'il existe à la clôture de l'exercice.

Sur le plan juridique, la loi laisse aux sociétés le libre choix des moyens à utiliser pour reconstituer leurs capitaux propres. Par ailleurs, la loi ne fait pas obligation aux sociétés d'apurer leurs pertes, mais seulement de faire en sorte que leurs capitaux propres ne soient pas inférieurs à la moitié du capital social.

Les techniques de reconstitution des capitaux propres ont chacune des effets fiscaux différents tant au regard de l'impôt sur les sociétés qu'au regard des déficits fiscaux.

2.3.3.1. La variété des techniques

– L'abandon de créances

L'abandon de créances consenti par un associé de la société concernée conduit à apurer les pertes comptables à concurrence de son montant, sous réserve des conséquences décrites ci-dessus, résultant de la distinction entre abandon de créances à caractère commercial et à caractère financier.

Les déficits fiscaux correspondants cessent d'être reportables, l'abandon de créances constituant pour la société bénéficiaire un produit d'exploitation sur lequel sont imputés à due concurrence les déficits antérieurs reportables.

– L'augmentation de capital

L'augmentation de capital de la société concernée, réalisée par apport en numéraire ou en nature (notamment par compensation avec des créances liquides et exigibles), laisse intacts à la fois les pertes comptables qui demeurent au passif du bilan, comme le déficit de l'exercice et les déficits antérieurs reportables.

– La réduction de capital

La réduction de capital s'imputant sur les pertes, ces dernières sont apurées à due concurrence du montant de la réduction de capital. En revanche, la réduction de capital laisse intact le report des déficits fiscaux.

– La réévaluation des actifs

L'entreprise peut également procéder à une réévaluation de ses actifs. Le caractère licite de la réévaluation des actifs immobilisés a été reconnu aux entreprises par le Code de commerce, mais la réévaluation ne peut porter que sur les immobilisations corporelles et financières (Code de commerce, article 1er, alinéa 4). Sont ainsi exclues les réévaluations portant sur les immobilisations incorporelles, les stocks et les valeurs mobilières de placement. La réévaluation doit en outre porter sur l'ensemble des immobilisations corporelles et financières, sans possibilité de limiter l'opération à certaines d'entre elles.

La réévaluation des actifs laisse intactes les pertes figurant au passif du bilan, dès lors que l'écart de réévaluation ne peut être utilisé pour compenser les pertes. Mais les fonds propres se trouvent, après réévaluation, augmentés du montant des écarts de réévaluation. En revanche, la plus-value dégagée du fait de la réévaluation constitue un produit imposable au taux de droit commun de l'impôt sur les sociétés. Il peut être imputé à due concurrence sur les déficits des exercices antérieurs reportables.

2.3.3.2. *La combinaison des techniques*

Les différentes techniques décrites ci-dessus peuvent être combinées. Tel est notamment le cas lorsque la société a recours à la technique du « coup d'accordéon » consistant en une réduction de capital suivie d'une augmentation de capital, ou inversement.

Plutôt que de procéder à un abandon de créance qui a pour conséquence de priver la société bénéficiaire du report de ses déficits antérieurs, il est souvent procédé à une augmentation du capital social de la filiale, libérée par compensation avec une créance, puis à une réduction de son capital afin d'apurer les pertes inscrites au passif du bilan.

Cette technique permet ainsi à la filiale de conserver le bénéfice du report de ses déficits. Toutefois, l'administration s'estime fondée à remettre en cause les déficits correspondants, lorsque la société procède à une augmentation de capital par incorporation de la créance suivie d'une réduction de capital, considérant qu'en réalité tout se passe comme si la société mère avait procédé à un abandon de sa créance préalablement incorporée au capital de la filiale, le « coup d'accordéon » n'ayant été utilisé que pour permettre à l'entreprise concernée de conserver le bénéfice du report de ses déficits. Lorsque l'abandon de créance est réputé avoir un caractère commercial, le paiement de la TVA devient exigible.

La reconstitution des capitaux propres de l'entreprise peut être faite par combinaison d'autres techniques, comme par exemple une augmentation de capital souscrite en numéraire suivie de la réduction de capital social pour apurer les pertes.

*
* *

Les développements qui précèdent, limités à deux aspects du financement de l'entreprise, ont cherché à mettre en évidence l'impact de la fiscalité dans le choix des techniques par lesquelles l'entreprise finance certains de ses besoins. On remarquera que la fiscalité est rarement neutre dans le choix de ces techniques et qu'elle introduit souvent des distorsions dans ce choix. Par ailleurs, on remarquera que, compte tenu de l'impact du choix de certaines techniques de financement sur le résultat imposable de l'entreprise, cette dernière trouve toujours avantage à retenir celles des techniques qui ont pour conséquence de réduire l'assiette de son résultat imposable et par suite de réduire la charge financière effective du montant de l'économie d'impôt ainsi réalisée.

Références

Barale A., « La fiscalité latente : le principe de non-comptabilisation et ses incidences financières », *Revue Française de Comptabilité* (1984).

Choinel A., « L'entreprise et ses fonds propres, l'optimisation d'une stratégie », *Banque* (n° 487, octobre 1988) : 1000 et s.

Court J.F., Entraygues G., *Gestion fiscale internationale des entreprises*, Paris, Montchrestien, 1986.

Cozian M., *Les grands principes de la fiscalité des entreprises*, Paris, LITEC, 1986.

Le Gall J.P., « Quelques réflexions sur la fiscalité des capitaux propres des sociétés », *Revue des Sociétés* (n° 3, 1986) : 375 et suivantes.

Noddings P., « Le régime fiscal des abandons de créances en France », *Droit et Pratique du Commerce International* (n° 2, 1984).

« Rapport de la Commission Dautresme », *Revue Droit Fiscal* (n° 2, 17 mai 1982).

Mots clés

Abandon de créances, actionnaire, amortissement, augmentation de capital, autofinancement, avances, bénéfice, capitaux propres, crédit-bail, déficit fiscal, dividendes, emprunt, intérêts, location, plus-values, provisions, redevances, réduction de capital, réévaluation des actifs, sociétés en nom collectif, sociétés de capitaux, sociétés filiales, sociétés mères, sociétés sœurs, trésorerie.

62

Fiscalité et gestion de l'entreprise

Patrick Rassat

La fiscalité est encore trop souvent perçue par les agents économiques (personnes physiques et morales) comme une conséquence inéluctable de la politique de l'Etat de compenser ses dépenses par le recueil de contributions obligatoires.

Si la notion de rétention budgétaire existe indéniablement, n'envisager la fiscalité que sous ce seul angle est particulièrement néfaste. En effet, une telle approche induit une passivité devant l'impôt, et exclut la prise en compte de la fiscalité dans les paramètres essentiels de la décision de gestion.

A la position frileuse de considérer l'impact fiscal comme inéluctable et à n'envisager en conséquence les impôts que comme une charge permanente et intangible, il faut substituer une vision dynamique et *a priori* des mécanismes fiscaux. A chaque moment de la vie d'une entreprise, il existe des choix en matière de taxation. Dès lors, certaines solutions sont préférables à d'autres en terme de coût.

Les systèmes fiscaux offrent par ailleurs des opportunités par le biais d'incitations. Toutes les fiscalités, en particulier celles des pays hautement industrialisés, sont utilisées par les Etats comme un instrument de politique économique, qui, par le biais de diminutions, d'exonérations, de zones franches, de mécanismes exceptionnels, incitent tel ou tel type d'opération d'investissement ou d'implantation à se développer. Ici encore, la connaissance de ces législations et la mesure de leur impact doivent être appréhendées et calculées avant que les décisions stratégiques ne soient prises.

Nous nous proposons donc d'étudier dans cet article les influences, tant au plan national qu'international, de la fiscalité entendue comme un instrument de gestion.

1. La fiscalité nationale et la gestion factuelle

Chaque moment de la vie d'une entreprise est rythmé par les conséquences fiscales de ses actes. Ainsi, dès sa naissance, le choix de la structure induit des coûts fiscaux plus ou moins importants, et, ce coût initial dépassé, la structure choisie affectera sensiblement les conditions financières de son fonctionnement.

1.1. La fiscalité et les structures de l'entreprise

La création d'une activité économique implique une structure de mise en œuvre de moyens, propres à sa réalisation, qui revêt une forme juridique spécifique.

Le choix de cette structure doit être effectué en tenant compte de l'environnement fiscal. Cette exigence se justifie par plusieurs facteurs :
- le coût initial d'une structure,
- le traitement fiscal de la structure mise en place,
- l'évolution de la structure en terme de pouvoirs et de financement.

1.1.1. Le coût initial de la structure

Si certains pays permettent la création de formes juridiques assorties d'un minimum de formalisme, il n'en est pas de même en France.

Or, ce formalisme est accompagné d'un coût fiscal au niveau des droits d'apports et des droits de mutation qui constituent parfois un obstacle non négligeable à l'implantation de structures étrangères sur le territoire national.

Une structure juridique n'existe que grâce à des apports en espèces, en biens mobiliers et immobiliers, en créances. Chacun de ces apports génère des droits exigibles qui varient, suivant leur qualification et leur nature, d'un droit fixe de 430 francs à des droits proportionnels pouvant atteindre 16,6 % du montant de ces apports.

Pour des raisons sociologiques, économiques et politiques, les sociétés de personnes sont moins lourdement pénalisées que les sociétés de capitaux (les apports purs et simples d'une société de personnes sont le plus souvent soumis à un droit proportionnel de 1 %, les mêmes éléments sont taxés à des droits proportionnels de 11,40 % au niveau des sociétés de capitaux).

L'une des conséquences de ce coût fiscal variable, mais non négligeable, est l'attirance des créateurs d'entreprises pour des formes personnelles de structures juridiques.

Or, lorsque l'évolution de l'entreprise l'exige (recherche de financement par l'ouverture du capital, rapprochement avec d'autres entreprises), le passage d'une structure de société de personnes à une structure de société de capitaux entraîne par le biais d'une construction juridico-fiscale hexagonale – la mutation conditionnelle – une cascade de nouveaux droits exigibles. Ainsi, la bonne gestion de la structure, dans une perspective de croissance, est souvent de créer immédiatement une forme capitalistique (Société à responsabilité limitée ou Société anonyme) plutôt que de différer la transformation d'une entreprise personnelle en une entreprise de capitaux, les coûts initiaux de création puis de transformation devant inéluctablement se cumuler.

1.1.2. Le traitement fiscal de la structure mise en place

Les droits liés à la création étant acquittés, la structure juridique choisie induit un traitement fiscal spécifique.

Dans la quasi-totalité des pays hautement industrialisés, une grande distinction est faite entre les structures juridiques fiscalement transparentes et les structures juridiques spécifiquement soumises à une imposition. Dans le premier cas, s'il y a transparence on recherchera quel est le réel bénéficiaire des revenus tirés de l'exploitation de l'entreprise et soumis à l'impôt sur ceux-ci (soit l'impôt sur le revenu, soit l'impôt sur les sociétés suivant que le bénéficiaire est une personne physique ou une personne morale). Dans le second cas, les revenus seront soumis à l'impôt (en général impôt sur les sociétés) spécifique à la structure.

Or, la dualité de deux systèmes d'imposition, dont l'un (l'impôt sur le revenu) est en général proportionnel à la faculté contributive de l'agent économique et l'autre à taux fixe, implique une réflexion quant au choix à adopter. La comparaison est d'une grande complexité, car l'on doit tenir compte autant de l'élasticité plus ou moins importante de l'assiette imposable (existence ou non d'abattements et de réductions dans le cadre de l'impôt sur le revenu liés au concept de foyer fiscal, de l'impôt variable des amortissements et des provisions au titre de l'impact sur les sociétés) que du ou des taux nominaux des impôts étudiés.

Les tendances les plus récentes des politiques gouvernementales qui incitent à la création d'entreprises, l'investissement de celles-ci et le renforcement de leurs fonds propres paraissent privilégier l'imposition spécifique des sociétés (le taux moyen d'imposition de celles-ci se situant à l'heure actuelle dans une fourchette de 30 à 45 %) à celle des personnes physiques – sauf dans le cas actuel des Etats-Unis – qui se situent en moyenne au niveau de la dernière tranche d'imposition, au-delà des 50 %.

1.2. La fiscalité et la trésorerie de l'entreprise

Au sein de l'entreprise, la fiscalité relève autant du domaine du financier que de celui du fiscaliste.

Prévoir le coût fiscal normal des majorations dont est redevable l'entreprise est une chose, analyser les incidences financières du risque toujours encouru de vérification fiscale en est une autre. Enfin, isoler, analyser et quantifier l'impact différé de mesures fiscales, telles que des exonérations provisoires induisant des réintégrations reportées, relève d'une technique complexe que l'on nomme souvent la planification fiscale.

Trois exemples principaux viennent appuyer cette constatation :
– la gestion en trésorerie de la taxe à la valeur ajoutée (TVA),
– la gestion fiscale des paiements d'impôt,
– la planification fiscale des provisions réglementées.

1.2.1. La gestion en trésorerie de la TVA

La TVA, impôt général sur la consommation, est instituée dans tous les Etats membres de la CEE. Cet impôt, qui reste en définitive à la charge du consommateur, n'est supporté par l'entreprise que sur le différentiel positif constaté entre le montant de taxe facturée par celle-ci et le montant déductible de taxe supportée en amont et récupérable. Dans le cas inverse, le différentiel est négatif et ouvre droit à la constatation d'une créance sur l'Etat.

Or, le droit à récupération comporte en France une anomalie technique qui entraîne pour l'entreprise une quasi-obligation de financement temporaire du budget de l'Etat, et ce, à fonds perdus. En effet, en dehors des taxes récupérables sur l'acquisition d'immobilisations déductibles le mois même, la règle du décalage d'un mois oblige l'entreprise à exercer de façon différée son droit à récupération. Il y a ainsi, dans nombre de cas, une avance de trésorerie effectuée par l'entreprise au profit de l'Etat, lorsque la TVA sur les ventes est supportée avant le règlement effectué par les clients. Il y a par contre gain pour l'entreprise, lorsque la TVA sur les achats est déductible avant le paiement effectif aux fournisseurs.

L'interaction d'une politique de rotation des stocks, des politiques de délais de règlement consentis aux clients et imposés par les fournisseurs, et le coût de trésorerie final, est donc patente.

1.2.2. La gestion fiscale des paiements

Le deuxième aspect d'une incidence sur la trésorerie du traitement fiscal des opérations de l'entreprise est lié au mode de paiement, en France, de l'impôt sur les sociétés (IS).

La liquidation définitive de l'impôt s'effectue lors de la régularisation de l'exercice, plus de trois mois après la clôture de celui-ci. Auparavant, et par anticipation, quatre versements sont rendus exigibles (ce sont les acomptes) grâce à un calcul effectué sur le résultat imposable de l'exercice précédent.

Si Rx − 1 : les résultats de l'exercice x − 1, les versements au titre de l'exercice x sont :

15/03/x	1er acompte	(10 % de Rx − 1)
15/06/x	2e acompte	(11 % de Rx − 1)
15/09/x	3e acompte	(11 % de Rx − 1)
15/12/x	4e acompte	(10 % de Rx − 1)
15/04/x + 1	Rx x Taux de l'IS − (acomptes versés en x − 1).	

En fait, il y a un décalage d'une année entre l'apparition comptable effective du résultat et le paiement de l'impôt sur les sociétés.

Si l'entreprise est en croissance, dans un climat général inflationniste, cette méthode lui est favorable. Elle la sanctionne, au contraire, en cas d'apparition de résultats décroissants, voire négatifs, puisqu'il y aura rétention de trésorerie différée au moment même où l'entreprise se situe dans une phase critique. L'impact en est d'autant plus dommageable que le phénomène d'érosion monétaire est réduit.

1.2.3. La planification fiscale des provisions réglementées

La réglementation fiscale française propose certains mécanismes de déductibilité de charges calculées sous forme de provisions réglementées (provision pour hausse des prix, provision pour reconstitution de gisement et provision pour implantation à l'étranger). Or, si elles représentent une diminution de la base imposable issue du compte de résultat de l'exercice de constitution, ces provisions sont réintégrables ultérieurement (en général, cinq ans après l'exercice de formation). Là encore, il est question de gestion et de planification. Dans la double hypothèse où l'inflation est faible (la réintégration s'effectuant au nominal) et où l'entreprise est déficitaire l'année de cette réintégration, le choc de celle-ci peut être considérable pour l'entreprise. En effet, le contribuable paiera l'impôt au moment même où ses résultats réels lui permettront d'y échapper.

1.3. La fiscalité et le financement de l'entreprise [1]

Les décisionnaires de l'entreprise ont longtemps assis leur choix de financement sur des critères économiques et financiers à l'exclusion de toute considération d'ordre fiscal. Les équilibres entre les ressources permanentes immobilisées ou entre les fonds propres et les fonds d'emprunts se justifiaient par eux-mêmes, les décisions prises pour y parvenir n'introduisant l'élément fiscal que comme une somme de conséquences logiques de ces choix analysés en terme de coûts résiduels.

Cette approche pourrait se comprendre si le système fiscal respectait une stricte neutralité. Or, il est dans tous les pays, peu ou prou, un instrument de politique économique. Depuis des décennies, les législateurs fiscaux s'évertuent soit à inciter les entreprises à distribuer les résultats bénéficiaires à leurs actionnaires, pour stimuler le marché boursier, soit à inciter les entreprises à renforcer les fonds propres ou à réinvestir dans l'appareil productif, afin de favoriser leur compétitivité.

Nous avons déjà évoqué l'impact de la fiscalité sur la structure de l'entreprise et, par conséquent, sur les apports constitutifs du capital.

En amont du financement de l'entreprise, se situe l'impact fiscal sur le résultat positif dégagé par celle-ci. En effet, suivant les incitations plus ou moins favorables, ou les traitements, dissuasifs proposés par le législateur, l'entreprise et ses responsables sont enclins, ou non, à s'autofinancer ou à poursuivre une politique de distribution.

---

1. Voir également dans cette Encyclopédie l'article de J.C. Parot, « Fiscalité et choix de financement de l'entreprise ».

1.3.1. L'avoir fiscal et la distribution

Indéniablement, l'instauration, en 1965, de l'avoir fiscal attaché à toutes les formes de dividendes distribués, dans la mesure où il tend à réduire la double imposition économique des flux de résultat, répond à un souci de neutralité fiscale sans atteindre réellement son but, en France tout du moins. La République fédérale d'Allemagne et l'Italie, qui retiennent le seul principe logique, c'est-à-dire l'avoir fiscal à 100 %, présentent un régime plus cohérent que le nôtre. Au départ, l'avoir fiscal représentait en France la moitié du montant des impôts supportés en amont par le flux, mais dès lors que le taux nominal de l'impôt sur les sociétés a été abaissé d'abord à 45 % puis à 42 % et que l'avoir fiscal représente toujours la moitié des sommes distribuées, on tend lentement à augmenter l'impact de celui-ci.

L'apparition, dans le projet de loi de finances pour 1989, de taux discriminants (42 % si l'on distribue, 39 % si l'on ne distribue pas) semble contradictoire, dès lors que les réserves sont distribuées au-delà d'un délai de cinq ans. Les contradictions ici évoquées sont à la mesure de l'incapacité constante des Etats de réguler l'épargne par la fiscalité. Aussi peut-on dire que la politique de l'entreprise en matière de résultats doit s'effectuer sur d'autres critères.

Il n'en est heureusement pas de même en ce qui concerne le financement extérieur de l'entreprise.

1.3.2. Le financement extérieur des entreprises

Un prêt est générateur d'intérêts. L'entreprise emprunteuse peut réduire fiscalement, et en théorie, les intérêts versés qui constituent alors des frais financiers. Cependant, les administrations fiscales – et particulièrement l'administration française – distinguent les prêts effectués par les associés de ceux pratiqués par des tiers à l'entreprise. Des règles drastiques de limitation de la déduction des intérêts versés à des associés dirigeants masquent bien l'inquiétude du fisc de voir, par l'intermédiaire de tels flux, une déqualification de distribution de résultats bénéficiaires en intérêts sur prêts. Par ailleurs, en fiscalité internationale, certaines législations édictent des réglementations si sévères – tant au niveau de la déductibilité des intérêts que de la retenue à la source – qu'elles en sont parfois totalement dissuasives.

Mais les systèmes traditionnels de financement par l'emprunt ont été relayés dans les dernières années par des méthodes novatrices dues à l'imagination fertile des financiers.

1.3.3. Les systèmes modernes de financement des entreprises

1.3.3.1. Le leasing et le lease-back

Le contrat de *leasing*, qui s'analyse comme une location suivie d'une vente, a permis aux entreprises de louer des immobilisations lourdes plutôt que de les acquérir. Ainsi, les obstacles à la déductibilité fiscale des intérêts sur prêts s'estompaient puisqu'il s'agissait ici de loyers, par essence déductibles pendant l'exercice de leur paiement. Cet avantage se trouvait renforcé par la substitution immédiate du loyer à la déductibilité forcément étalée dans le temps d'amortissements sur immobilisations achetées. Si ces avantages subsistent largement, l'administration porte son attention à ces opérations se méfiant de ce que, par leur intermédiaire, on ne tente de détourner des règles d'exclusion spécifique à déductibilité (par exemple amortissement sur véhicules de tourisme).

La technique de *lease-back* s'analyse en une vente suivie d'une location immédiate de l'immobilisation vendue. Des incitations fiscales, par le biais de droits d'enregistrements spéciaux, existent dès lors que cette opération s'effectue par l'intermédiaire d'une SICOMI. L'avantage principal du *lease-back* réside dans l'apparition d'une plus-value immédiate qui renforce les capitaux propres, permettant de dégager des ressources complémentaires nécessaires à des investissements ultérieurs.

Sur le plan international, le *leasing* international (*cross border leasing*) tente de différer dans le temps des impositions fiscales, en jouant sur des interprétations divergentes de la nature juridique du *leasing*. Si cette technique est très intéressante pour financer de gros projets, elle n'en reste pas moins susceptible de se voir opposer par le fisc la notion d'abus de droit.

1.3.3.2. *Les abandons de créances*

L'existence croisée de dettes et de créances intra-groupes sur les plans domestiques et internationaux peut être utilisée par les entreprises comme un quasi-moyen de financement par le biais d'abandon de créances. Cependant, les législateurs et les administrateurs sont de plus en plus sourcilleux quant à l'utilisation de ce procédé (voir la seconde section). Si des impératifs commerciaux n'imposent pas un tel renoncement, l'abandon ne sera pas déductible.

1.4. *La fiscalité et la gestion des résultats*

Au plan le plus quotidien, la gestion fiscale de l'entreprise impose une analyse sérieuse et constante des retraitements fiscaux des comptes.

1.4.1. *La gestion fiscale des résultats bénéficiaires*

Les règles de déductibilité des charges posées par le législateur induisent une élasticité de la base imposable à partir du résultat comptable. Les amortissements et les provisions – charges calculées – ont un impact particulier.

Les amortissements fiscaux sont souvent plus favorables à l'entreprise que les amortissements comptables linéaires. Dans la mesure où, dans les récentes décennies, les entreprises fréquemment bénéficiaires se trouvaient dans un environnement largement inflationniste, les rythmes d'amortissement plus rapides (dégressifs ou accélérés) représentaient un avantage indéniable pour l'entreprise capable dès lors de reconstituer en franchise d'impôt des masses monétaires non dévaluées aptes au renouvellement de sa capacité productive. Il en est aujourd'hui parfois différemment comme nous le verrons plus loin, les entreprises devant faire face à des résultats erratiques où les prévisions à court terme sont délicates.

Si les provisions constituent la quintescence de la bonne gestion en terme juridique et par rapport aux contrôles des commissaires aux comptes, elles sont plus difficiles à manier sur le plan fiscal. Bien souvent, l'administration édicte une suite de règles drastiques qui débouchent fréquemment sur la réintégration de celles-ci. Si le risque, la perte ou la charge sont seulement éventuels et non également probables, le risque est grand que la constitution de la provision nettement justifiée en terme de gestion soit sans effet fiscal.

1.4.2. La gestion fiscale des résultats déficitaires

Les déficits doivent être eux aussi gérés[1]. Deux aspects des règles fiscales doivent ici retenir notre attention : l'amortissement différé et le *carry back*.

Dans le cas de l'amortissement différé, les entreprises peuvent reporter les amortissements comptabilisés en période déficitaire, et ce sans limitation dans le temps. Ainsi, le législateur a voulu éviter de dissuader les entreprises déficitaires de pratiquer l'amortissement comptable minimal.

Dans le cas du *carry back*, les conditions [identité de personne juridique, investissements nets au cours de la période de référence (l'exercice déficitaire ou cet exercice et les deux précédents) supérieurs aux amortissements] à remplir pour bénéficier de ce régime optionnel sont telles que seules les entreprises saines engagées dans une politique d'investissement peuvent en profiter.

Le déficit de l'exercice est alors considéré comme une charge des trois exercices précédents.

L'imputation du déficit sur les bénéfices antérieurs non distribués fait apparaître une créance sur l'Etat égale à l'impôt sur les sociétés ayant frappé ces bénéfices. Cette créance est imputable sur l'impôt sur les sociétés dû au cours des cinq exercices suivants, et le solde non utilisé est remboursé à l'entreprise au terme d'un délai de cinq ans.

Beaucoup reste à faire si l'on veut un jour disposer d'un mécanisme similaire à celui dont bénéficient les entreprises américaines (pas de condition d'investissement, remboursement immédiat de la créance...).

2. La fiscalité internationale et la gestion stratégique

L'internationalisation des activités économiques oblige toute entreprise à renforcer sa compétitivité.

Cette constatation se traduit par le développement de structures de groupe (réseau de filiales autonomes, où le pouvoir réel est détenu par une

---

1. Voir également dans cette Encyclopédie l'article de J.C. Parot, « Stratégie d'optimisation fiscale ».

société mère chef de groupe) et par la croissance continuelle des alliances intergroupes [1]. Ce développement se substitue très souvent aux structures unitaires ou intégrées (réseaux d'établissements ou de succursales domestiques, départementalisation).

Par ailleurs, de sociétés locales à vocation internationale on glisse, de plus en plus souvent, vers des groupes à sociologie transnationale où la gestion financière et fiscale est liée étroitement à la nature même du groupe. Le souci de centralisation apparaît ici seulement dans une optique stratégique afin d'éviter les forces centrifuges d'intérêts locaux parfois divergents, et aux seules fins d'optimisation des flux et des besoins de financement.

Même lorsqu'il ne s'agit pas de stratégie préétablie, les entreprises internationales doivent faire face à des problèmes contingents – réglementation locale peu ou prou protectionniste des changes, fluctuation non contrôlable, voire erratique, des monnaies. Aussi sont-elles amenées à réfléchir aux solutions optimales de réduction des risques encourus et de minimisation des coûts. La variable fiscale est ici fondamentale et elle devient indispensable à la formulation de la stratégie.

Nous évoquerons ainsi, après un rappel de la complexité toujours plus implacable de l'environnement, certains termes de cette stratégie.

La stratégie d'un groupe à vocation internationale s'articule autour de certains primats :

– En matière commerciale : marché porteur ; facilité d'accès, de stockage, de redistribution ; accessibilité des moyens de communication...

– En matière industrielle : accès à des technologies performantes ; utilisation aisée de régimes de protection juridique ; accès aux matières premières et ressources naturelles...

– En matière de politique de personnel : recrutement de personnel d'encadrement performant ; accès à des compétences locales spécifiques...

Par ailleurs, toute activité financière s'effectue dans un cadre réglementaire à double entrée. Aussi, la localisation de cette activité se fait dans le périmètre d'une combinaison de règles juridiques, douanières et fiscales locales. S'il est un domaine où la souveraineté nationale s'exerce, c'est bien celui de la territorialité rattachant à la législation de l'Etat les opérations portant sur des flux. Enfin, la communauté internationale a édicté des réglementations, bilatérales et multinationales (conventions et traités, réglementation communautaire CEE-GATT, etc.) qui se superposent aux règles locales.

Or, malgré des volontés clairement affirmées de rapprochement et d'harmonisation, force est de constater que l'hétérogénéité et la différence prévalent encore aujourd'hui sur l'harmonisation et l'unité. Ainsi telle réglementation locale se montrera plus drastique que telle autre.

---

1. Voir dans cette Encyclopédie les articles de N. Dupuis-Hepner, « Droit des groupes » et de B. Colasse, « Comptes de groupe ».

L'entreprise s'aperçoit dès lors que, pour rester compétitive, elle va devoir chercher le circuit le moins pénalisant. Elle le fera bien souvent, quitte à privilégier des montages complexes ne se justifiant de prime abord que pour des raisons d'opportunités d'accueil.

2.1. La complexité du système fiscal international

Indubitablement, si l'observateur pouvait percevoir d'un seul coup d'œil l'ensemble de l'environnement international de la fiscalité, l'impression première qu'il en retirerait serait celle de la plus vive hétérogénéité.

A la fin du XXe siècle, la souveraineté fiscale, c'est-à-dire le droit de lever des impôts reste l'un des derniers apanages de la souveraineté nationale. Les Etats sont donc précisément attachés à conserver cette attribution. Aucun d'entre eux n'y renonce réellement. Ainsi, lorsque même un Etat apparaît aux yeux de la collectivité internationale comme constituant un paradis fiscal, il n'en demeure pas moins qu'il a tout d'abord affirmé sa souveraineté, puis a proposé pour partie d'y renoncer, afin d'accroître son pouvoir d'attraction vis-à-vis de personnes physiques ou morales étrangères. Par ailleurs, les pays hautement industrialisés dotés de législations fiscales et douanières sophistiquées et d'administrations spécialisées puissantes offrent, dans quelques recoins d'une toile législative qui apparaît tissée en mailles serrées et inattaquables, des opportunités séduisantes dont peuvent profiter les groupes internationaux (loopholes).

Mais, dans le même temps, la communauté internationale, afin de pallier l'inconvénient majeur d'une confrontation directe entre systèmes souverains fiscaux disparates, a élaboré un droit diplomatique de bonne entente fiscale par le biais de traités le plus souvent bilatéraux. En effet, l'internationalisation croissante des activités économiques confronte les entreprises à une redoutable conséquence de l'hétérogénéité des systèmes fiscaux : le risque de multiples impositions. Une même opération, un même flux, un même service, s'ils chevauchent deux ou plusieurs souverainetés fiscales, risquent en effet d'être deux ou plusieurs fois soumis à des impôts différents, mais cumulatifs, d'Etats décidés à s'ignorer mutuellement.

Ainsi, en résumé, aux fortes disparités originelles des systèmes fiscaux d'Etats souverains (accueillants ou méfiants, simples ou complexes, opaques ou transparents), se superposent des écheveaux de traités bilatéraux destinés à éviter des cumuls d'imposition, puis, dans une troisième couche encore rudimentaire, apparaissent des réglementations internationales ou régionales tendant à régir, parfois dans un contexte de supra-nationalité, les relations économiques des entreprises.

Appréhender les problèmes fiscaux relève, en raison de leur complexité même, d'études analytiques menées par des spécialistes aujourd'hui encore rares et recherchés. Par ailleurs, cette appréhension passe par la prise en compte de la mesure exacte de ces problèmes par les décisionnaires.

2.2. La structuration internationale d'un groupe et la variable fiscale [1]

2.2.1. L'utilisation des structures existantes

A partir d'une structure préexistante (société mère / filiale / succursales), un groupe peut créer un centre de gestion de trésorerie qui consistera essentiellement en une réorganisation de ses transactions commerciales et financières. Il s'agit là de la structure la plus légère que l'on a coutume d'appeler un centre de gestion de trésorerie téléguidée. Deux éléments principaux sont constitutifs de ce système.

2.2.1.1. Un système de reporting

Le trésorier attaché au centre localisé dans une structure préexistante (société mère ou filiale) dispose d'un outil permanent de remontée de l'information concernant les opérations de chaque filiale. Cet outil lui permet de connaître les soldes actuels et prévisionnels, les flux de transferts réels et prévisionnels, la position de change de chaque entité du groupe, etc. Cet instrument de remontée d'informations est complété par des informations systématiques sur la ou les banques du groupe.

2.2.1.2. Un système de netting

Ainsi doté d'un outil performant d'information, le trésorier, au lieu même de sa localisation, va pouvoir effectuer des compensations bilatérales ou multilatérales périodiques afin de permettre à chaque entité de ne régler que le solde de ses dettes, ou de ne faire régler que le solde de ses créances, pour son fournisseur ou son client.

Ce centre de gestion par communications ne crée que des obligations minimales. La création d'une entité juridique nouvelle ne s'impose pas. L'infrastructure matérielle est faible, un logiciel d'application s'avérant seul nécessaire à la mise en place du *netting*.

Si une société mère met en place un tel système, elle y adjoint le plus souvent, par l'intermédiaire d'une convention d'omnium, une gestion centralisée du financement du groupe : politique de prêts et avances consentis à des taux préférentiels, par exemple.

Les opérations de *reporting* et de *netting* ne posent pas en général de problème sur le plan juridique et fiscal. Seul, en matière fiscale, le coût du service rendu gratuitement par la société mère et de la facturation de ce service pourrait attirer l'attention des administrations fiscales en cas, par exemple, d'affectation d'un montant présumé exagéré.

La politique de financement, en revanche, doit être effectuée dans des conditions normales entre sociétés liées mais dotées d'une personnalité juridique distincte. En cas de taux préférentiels et, *a fortiori*, en cas d'absence d'intérêts, seules les raisons graves, de nature exclusivement commerciale, pourraient permettre, au regard par exemple du droit

---

1. Voir également dans cette Encyclopédie les articles de J.C. Parot, « Fiscalité et choix de financement de l'entreprise » et de J.P. Trésarrieu, « Droit fiscal international ».

français, à l'administration de ne pas considérer cette opération comme constitutive d'un acte anormal.

2.2.2. *La création d'une structure spécifique*

Un groupe peut maintenant être amené à créer une structure spécifique pour répondre à des besoins de trésorerie, de gestion de risque de change ou d'optimisation fiscale.

2.2.2.1. *Le centre de* factoring

Il s'agit avant tout d'un organe de financement qui n'intervient pas dans la transaction commerciale. Il a pour but principal d'éliminer, au niveau des filiales, le risque de change[1].

Lors d'une transaction entre deux filiales du groupe situées dans deux Etats différents, la filiale vendeuse cède sa créance sur la filiale acheteuse au centre de *factoring*. La filiale acheteuse règle sa dette directement au centre de *factoring* (schéma 1).

Schéma 1
Factoring

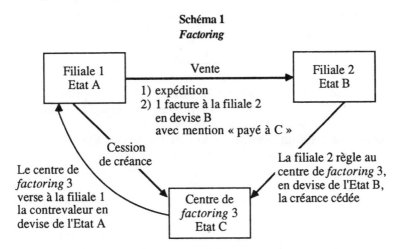

Le risque de change est annulé, puisqu' ici la filiale 2 règle sa dette dans sa monnaie nationale (B), et que la filiale créancière 1 reçoit la contrevaleur de sa créance dans sa monnaie nationale (A). Le centre de factoring 3 se couvre en devise de l'Etat B contre devise de l'Etat A.

Le *factoring* a un coût administratif, financier (escompte éventuellement), et de couverture.

Cette activité peut soit faire l'objet d'une structure spécifique, soit s'intégrer dans l'activité financière de la maison mère. Fiscalement, si la localisation d'une entité autonome correspondant au centre de *factoring* se situe dans un Etat à « fiscalité privilégiée », l'administration fiscale peut être amenée à réagir.

---

1. Voir également dans cette Encyclopédie l'article de C.A. Vailhen, « Risque de change ».

2.2.2.2. *Le centre de refacturation*

La nature de ce centre est d'être un intermédiaire juridique et financier. Le centre de refacturation se substitue juridiquement au créancier initial, il est le propriétaire des biens qu'il vend à l'acheteur et qui lui réglera sa dette (schéma 2).

Schéma 2
Refacturation

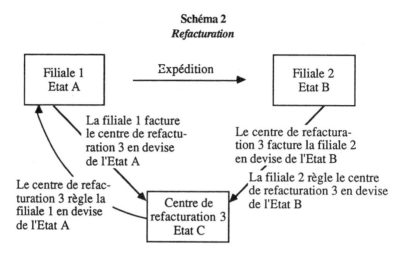

Le centre de refacturation 3 est ici juridiquement propriétaire des biens cédés à 2. Les filiales 1 et 2 sont débarrassées du risque de change dans les mêmes conditions que pour le centre de *factoring*.

Le centre de refacturation se couvre en devise de l'Etat B contre devise de l'Etat A. Là encore, ce centre de refacturation peut trouver sa place dans une structure existante. Cependant, dans bien des cas, il fera l'objet d'une création spécifique.

En faisant abstraction du problème déjà évoqué d'une localisation éventuelle dans un Etat à « fiscalité privilégiée », les autorités fiscales peuvent être amenées à évoquer le problème des prix de transfert[1]. Quel prix de cession va apparaître entre les entités 1 et 3, et les entités 3 et 2 ? L'arsenal fiscal de tous les pays hautement industrialisés est assez complet pour que la structure des prix de transfert entre sociétés apparentées (avec société intermédiaire) soit rigoureusement analysée.

2.2.2.3. *La holding*

Nous n'avons ici évoqué que la mise en place de structures légères répondant essentiellement à des besoins de couverture de risque de change, ou de procédures internes liées à une amélioration de la gestion de trésorerie et du financement[2]. Le groupe peut aussi être restructuré à un tout autre niveau par la création d'une entité spécifique qui possède les titres de

---

1. Voir également dans cette Encyclopédie l'article de M. Gervais, « Prix de cessions internes ».
2. Voir également dans cette Encyclopédie les articles de D. Dubois, « Trésorerie » et de B. Marois, « Trésorerie internationale ».

l'ancienne société mère et des filiales, et gère les participations du groupe dont elle devient juridiquement propriétaire.

Juridiquement, le concept de holding est reconnu par certains Etats (Etats-Unis, Royaume-Uni, RFA et France)[1] : c'est une entité de statut juridique propre, dotée d'un régime fiscal particulier. En France, les choses sont peu claires, le droit des sociétés ne reconnaît pas encore la holding comme une structure juridique distincte de celle des sociétés de capitaux ou de celle des sociétés de personnes. En revanche, mais toujours par dérogation à des principes généraux, le droit fiscal porte reconnaissance parcellaire de l'autonomie de la holding, par rapport à d'autres formes sociales. Cependant, depuis quelques mois, le principe fiscal de reconnaissance du groupe est de droit commun.

D'autres Etats ont mis en place des structures juridiques à statuts fiscaux privilégiés définissant la holding comme une société ayant pour objet exclusif, ou principal l'administration, la gestion ou le contrôle d'autres sociétés résidentes et surtout étrangères. Dans ce dernier cas, au-delà de la simple gestion des participations, la holding ainsi créée peut centraliser la trésorerie, et effectuer des prêts ou des avances. Les principales localisations envisageables pour une holding seront ainsi : les Pays-Bas, le Luxembourg, la Suisse (certains cantons), le Liechtenstein, les Antilles néerlandaises, Nauru, les îles anglo-normandes. Dans ces Etats, les holdings sont, en général, exemptées de tout impôt en ce qui concerne :

– les dividendes reçus,
– les plus-values sur cession de titres,
– le capital,
– les dividendes distribués à des non-résidents.

Les seules exigences sont parfois de respecter un ratio de capitalisation, et de limiter les activités de la holding à des opérations purement financières.

Les risques fiscaux peuvent être importants dès lors que les holdings sont établies dans des pays à régime fiscal privilégié. Les Pays-Bas sont un bon contre-exemple de ce qui vient d'être annoncé. Jouissant d'une fiscalité par ailleurs à forte pression, ayant négocié un vaste réseau de conventions bilatérales, cet Etat offre beaucoup de garanties : une stabilité économique et monétaire, un réseau bancaire de très grande qualité, une insertion harmonieuse dans la CEE, et un système fiscal pour les groupes particulièrement attractif. Mais pour combien de temps encore ?...

2.2.2.4. *Les sociétés financières et les sociétés de commerce international*

Sous ce vocable, on retrouve, avec quelques spécificités pour certains des Etats ou entités territoriales (Antilles néerlandaises, Jersey par exemple), des structures proches des holdings telles qu'elles viennent d'être

---

1. Etats-Unis : Holding à partir de 80 % (régime fiscal),
Royaume-Uni : Group Relief (régime fiscal),
RFA : Organschaft (régime juridique et fiscal),
France : régime des société filles à 95 % (régime fiscal de l'intégration).

définies. Elles peuvent être utilisées, mais attention aux dangers d'une qualification d'entreprises dans un Etat ou un territoire à fiscalité privilégiée, en relation avec des entités localisées dans des pays tuteurs (Pays-Bas, Royaume-Uni) qui ont prévu des liens privilégiés avec d'anciennes colonies, ou des parties de leur territoire qui bénéficient d'une extra-territorialité fiscale.

Une autre catégorie innove plus : c'est celle que l'on dénomme « société captive » ou « centre de coordination » (exemple : Bahamas, Bermudes, Belgique). Il peut ainsi, à l'intérieur d'un groupe, être prévu :

– de localiser un centre de prestations de services (banque, assurance, trésorerie, etc.) dans un Etat ou un territoire à fiscalité faible, voire nulle ; le groupe qui gère le centre de l'extérieur (concept des *non resident companies*) se voit facturer des honoraires ou commissions en contrepartie des prestations fournies, le règlement de ceux-ci constituant des charges déductibles – *a priori* – de son assiette imposable ;

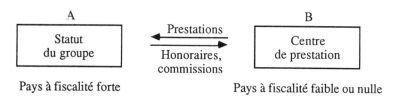

– d'effectuer, par localisation dans un centre de coordination, « tous travaux comptables administratifs et d'informatique, la centralisation des opérations financières et de couvertures de risques résultant des fluctuations des taux de change des monnaies... »[1].

Ainsi, sous réserve de créer des emplois et de respecter certaines limites (20 % de participation minimum, chiffre d'affaires annuel consolidé d'au moins 10 milliards de francs belges), la Belgique a proposé une exonération totale d'impôt sur les sociétés pendant dix ans. L'exemple est ici particulièrement intéressant pour quatre raisons :

– il s'agit d'un Etat membre de la CEE,

– l'ensemble du dispositif fiscal belge ne permet en aucun cas de qualifier cet Etat de pays à « fiscalité privilégiée »,

– il permet de centraliser dans un Etat d'excellente qualité bancaire et financière, de nombreuses opérations de gestion d'un groupe,

– il assure complémentairement des avantages fiscaux et surtout sociaux aux cadres étrangers en poste en Belgique pour le compte du groupe.

Le centre de coordination belge est, en tout état de cause, à l'encontre des exemples des Bahamas et des Bermudes – qui peuvent être la cible privilégiée des administrations fiscales de pays hautement industrialisés –, l'exemple type d'un système fiscal « au-dessus de tout soupçon », propo-

---

1. Arrêté royal belge de 1983.

sant, de façon ponctuelle et limitée, un avantage décisif pour l'implantation de centres de gestion de groupes multinationaux.

2.3. La politique de gestion fiscale d'un groupe

A partir de la complexité de l'environnement fiscal international et des structures de groupe, trois éléments essentiels sont pris en considération par ces derniers dans leur analyse du poids des fiscalités nationales sur leur gestion financière internationale.

2.3.1. L'imposition des flux financiers

Les flux financiers (intérêts, dividendes, *royalties*, redevances, *management fees*...) font l'objet d'une forme d'imposition territoriale spécifique : la retenue à la source. Soit unilatérale – c'est-à-dire au regard du seul droit local –, soit conventionnelle [1], la retenue à la source constitue une imposition au coût éminemment variable, puisque situé dans une fourchette allant de l'exonération à l'imposition prohibitive.

L'absence de planification fiscale peut s'avérer totalement désastreuse tant la variable fiscale risque d'interdire toute relation financière entre entités économiques et juridiques situées dans des Etats différents, en particulier en l'absence de conventions fiscales de non-double imposition.

Il ne faut jamais oublier que même dans le cas où la retenue à la source, au sein d'une relation conventionnelle, est susceptible de remboursement :

– elle aura été versée en monnaie du pays qui impose la retenue à la source, et remboursée ou comptée en monnaie du pays qui accorde le crédit d'impôt ;

– elle ne sera remboursée qu'avec un décalage, d'au moins un exercice comptable qui dépréciera l'impact du crédit d'impôt du différentiel d'inflation.

2.3.2. L'imposition des profits et des pertes de change

Un certain nombre de législations locales introduisent une disparité de traitement fiscal des profits et des pertes de change. La notion de profit, réalisé ou non imposé ne bénéficie pas d'un traitement symétrique en ce qui concerne les pertes.

A partir de ces traitements discriminants, et en tenant compte des variations de taux d'imposition d'un Etat à l'autre, les groupes peuvent être amenés à chercher à réduire les profits de change dans des pays à fiscalité forte.

---

1. L'un des intérêts de ces conventions réside dans la réduction, voire l'annulation, du taux de retenue à la source par rapport aux droits locaux. On rappellera que la retenue à la source est un impôt local sur les sorties de flux du territoire fiscal.

Schéma 4
Imposition des profits et pertes de change

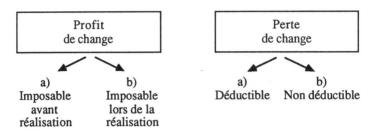

2.3.3. *L'imposition des résultats globaux*

En prenant en considération la structure permanente de leurs comptes de résultats et de leurs bilans, la présence ou l'absence de système fiscal de groupe local, l'élasticité plus ou moins grande de la base imposable (politique fiscale d'amortissements, de provisions, de recherche et de développement, de charges financières, d'imputation de déficits, de déductibilité des frais généraux), et le montant du taux nominal d'imposition des résultats des entreprises (BIC, IS, *Corporate Tax*, etc.), le groupe ou ses entités, si est poursuivie une politique de planification fiscale, va tenter de faire glisser les assiettes imposables vers les Etats à fiscalité faible.

Deux conséquences sont ici à mettre en évidence : d'une part, la délocalisation, pour tout ou partie, des bases imposables vers les pays à fiscalité faible ou nulle, d'autre part, la déqualification des flux (dividendes / intérêts, intérêts / redevances, etc.) pour tenir compte au mieux des particularités locales et des opportunités réglementaires.

Dès lors, la systématisation d'une telle politique induit deux conséquences qui peuvent être graves :

– de nombreuses législations – en particulier de pays développés – se montrent réfractaires aux délocalisations vers des pays « d'accueil » ;

– les administrations de ces mêmes Etats vont privilégier l'approche fiscale, et en déduire que les montages et les mises en place ont été faits exclusivement pour des raisons fiscales, et méritent donc un traitement de sanction et de démantèlement.

2.4. **Les dangers et les limites d'une stratégie trop systématique**

Il faut accepter d'admettre que nombre de montages internationaux en matière financière vont se heurter à l'examen de plus en plus irrité des administrations, en particulier fiscales.

Il y a conflit d'intérêt entre un groupe qui cherche à optimiser la variable fiscale en affectant des opérations de transfert de base imposable d'un Etat à fiscalité forte vers un Etat à fiscalité moindre, et les autorités fiscales de ce premier Etat. En effet, ces opérations (montage puis transfert) vont être soupçonnées de ne poursuivre qu'un seul objectif, celui d'éluder tout ou partie de l'impôt dans le pays à fiscalité forte. Une mécanique redoutable se met alors en place, que résume le schéma 5.

Schéma 5

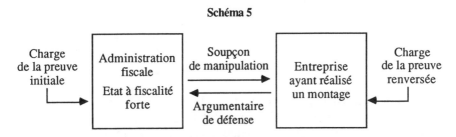

Il s'agit en fait d'un renversement de la charge de la preuve *de facto* qui amène l'entreprise soupçonnée à apporter les réponses les plus complètes afin de démontrer que *seules* des raisons d'ordre économique l'ont incitée à mettre en place un tel montage. Ce mécanisme inquisitorial estompe les effets de toute forme d'*habeas corpus* fiscal. Or, de telles législations et pratiques administratives se sont développées dans tous les grands pays industrialisés où :
— la pression fiscale sur les entreprises est, au niveau de l'impôt sur le revenu des personnes morales, située en moyenne entre 30 et 50 % ;
— l'administration fiscale moderne a accru son efficacité dans les dernières années ;
— la présence de groupes d'origine domestique à vocation internationale s'est développée.

Ainsi, s'adressant autant aux groupes français à vocation internationale qu'aux groupes étrangers implantés en France, l'article 57 du Code général des impôts dispose :
« Pour l'établissement de l'impôt sur le revenu dû par les entreprises qui sont sous la dépendance ou qui possèdent le contrôle d'entreprises situées hors de France, les bénéfices indirectement transférés à ces dernières, soit par voie de majoration ou de diminution des prix d'achat ou de vente, soit par tout autre moyen, sont incorporés aux résultats accusés par les comptabilités...

A défaut d'éléments précis pour opérer les redressements prévus à l'alinéa précédent, les produits imposables sont déterminés par comparaison avec ceux des entreprises similaires exploitées normalement ».

La mise en œuvre de l'article 57 est théoriquement subordonnée à la preuve par l'administration fiscale de la réunion de deux conditions :
— les entreprises doivent être en relation de dépendance (il faut cependant remarquer que cette preuve n'est plus à apporter dès lors que la localisation hors de France est située dans un paradis fiscal) ;
— les opérations de ces entreprises doivent être génératrices d'un transfert de bénéfices à l'étranger. Le transfert est alors présumé anormal.

Le concept d'anormalité – outre qu'il peut être proche d'une forme d'immixtion dans la gestion de l'entreprise de la part de l'administration – n'est mis en œuvre que par l'intermédiaire d'une appréciation unilatérale administrative, certes contrôlée éventuellement par le juge de l'impôt de ce qui est pour elle anormal.

Il est à ce stade nécessaire de souligner que la plupart des pays hautement industrialisés possèdent des législations très similaires à la nôtre, avec des appréciations de nuances différentes liées aux traditions et usages locaux distincts.

Ainsi, les Etats-Unis ont codifié dans l'Internal Revenue Code (IRC) à la section 482, un contenu proche du nôtre, largement éclairé par des instructions successives de l'Internal Revenue Service (IRS). Un renforcement des moyens de contrôle et d'appréciation a été apporté en 1982 par l'intermédiaire de la loi TEFRA *(Tax Equity and Fiscal Responsibility Act)*. Enfin, en 1985, l'administration fiscale américaine a mis en place un formulaire de déclaration (n° 5472) s'imposant aux filiales américaines de nombreux groupes européens.

Les législations anglaise, allemande, italienne, japonaise possèdent elles aussi des dispositions proches de celles précédemment exposées. Cette généralisation d'un corps de législation dans de nombreux pays développés a été facilitée par la contribution importante apportée par le rapport du Comité des affaires fiscales de l'OCDE rendu public début 1979.

Traitant de nombreuses opérations intra-groupes (redevances de concession, frais de recherche et de développement, transfert de marques, prestations de services à l'intérieur d'un groupe...), le rapport de l'OCDE évoque, en particulier, le cas des prêts intra-groupe qui jouent un rôle non négligeable dans une gestion centralisée de trésorerie des sociétés multinationales. En matière de financement global, on peut en effet être amené à privilégier comme véhicule principal la technique du prêt, et délaisser l'apport en capital dès lors que la déductibilité des intérêts est admise et qu'il existe une absence de droit d'apport. Les administrations locales utilisent à cet égard une multiplicité de critères pour tenter de déqualifier ce qui n'aurait à leurs yeux qu'une apparence de prêt et serait en réalité un apport simple en capital.

Une autre technique de financement indirect est étroitement surveillée : celle des abandons de créances. En effet, par le biais d'une telle disparition de créance sur une autre société du groupe inscrite au bilan, on peut être amené à délocaliser un profit d'un pays à fiscalité forte vers un pays à fiscalité plus faible. Une circulaire de 1983 de l'administration française distingue désormais l'abandon de créances qui revêt un caractère intrinsèquement commercial (déductible) et celui qui revêt un caractère financier (déductible à concurrence de la situation nette négative de la filiale endettée).

Ainsi, doit-on constater que la fiscalité appréhende de plus en plus les opérations intra-groupe à caractère international, dans le but de contrôler, par le biais d'une déqualification ou d'une délocalisation, qu'il n'y ait pas transfert de la matière imposable du pays d'origine vers d'autres cieux... plus cléments.

La méfiance déjà évoquée concernant les risques de transferts de base d'imposition vers une autre souveraineté fiscale se transforme en une attitude marquée de défiance lorsqu'une administration fiscale imagine que ledit transfert s'effectue vers un pays à fiscalité privilégiée (traduction française administrative de paradis fiscal).

Ainsi, l'article 57 trouve ici une application sans qu'il soit nécessaire à l'administration d'apporter la preuve d'un lien entre les deux sociétés dès lors que l'une d'entre elles est située dans un Etat que la France considère comme ayant une fiscalité privilégiée.

D'autre part, l'arsenal français comprend plusieurs textes spécifiques dont deux ou moins doivent retenir notre attention.

1. Article 238 A du Code général des impôts

L'économie du système est simple : toute charge inscrite dans les comptes d'une société française qui a trait à des transactions effectuées avec des entreprises et des personnes situées dans un Etat ou un territoire à fiscalité privilégiée ne sera déductible de l'assiette de l'impôt que si l'entreprise française démontre à l'administration la réalité de l'opération et prouve que cette opération n'a pas un caractère exagéré.

En réalité, il s'agit d'un renversement automatique de la charge de la preuve, l'opération n'étant déductible que si l'entreprise française apporte les preuves demandées.

Or, les charges visées par cette législation comprendront nombre de frais financiers correspondant à des opérations intra-groupe entre la société française et les entreprises ou personnes localisées dans des Etats ou territoires à fiscalité privilégiée (par exemple toutes les sociétés captives ou financières situées aux Bermudes ou aux Bahamas perdent l'intégralité de leur intérêt d'utilisation pour une société française).

2. Article 209 B du Code général des impôts

Il s'agit ici enfin d'un instrument de dissuasion, pour les entreprises françaises, de localiser leurs bénéfices dans des Etats ou territoires à fiscalité privilégiée.

En effet, les entreprises françaises soumises à l'impôt sur les sociétés et qui détiennent directement ou indirectement 25 % au moins des actions ou parts d'une société établie dans un Etat ou un territoire à fiscalité privilégiée, peuvent être imposées proportionnellement à leur participation dans le capital de cette société.

Enfin, le développement des relations conventionnelles bilatérales entre les Etats pour éviter la double imposition a accru considérablement les moyens d'investigation des administrations locales. Des procédures d'échanges rapides et fiables d'informations sont prévues dans des articles spécifiques de ces traités conventionnels.

Par ailleurs, certains Etats (Etats-Unis, Royaume-Uni, RFA, France) ont mis en place une cellule permanente commune en vue de lutter contre l'évasion fiscale internationale. Le concept d'interpol fiscal est maintenant envisageable.

Si l'on ajoute à ce qui vient d'être rappelé l'institution de vérifications fiscales simultanées et conjointes inter-étatiques, on constate que la tendance à un renforcement, à une coordination et à une coopération permanente entre services fiscaux est devenue incontournable.

L'énumération des arsenaux législatifs et réglementaires édifiés par les Etats industrialisés serait fastidieuse et hors de propos, si elle n'illustrait de façon significative l'évolution future prévisible des relations entreprises-systèmes fiscaux.

Il peut paraître en effet surprenant que les difficultés réelles que rencontre un groupe à vocation internationale s'axent sur un paramètre spécifique : la fiscalité.

Mais l'une des réponses que l'on peut avancer à ce constat est la singulière difficulté que rencontrent les législateurs et les administrations fiscales à cerner le contour de revenus par essence de sources universelles.

En effet, tout système d'imposition trouve son assise dans une définition territoriale de son pouvoir d'imposer. Tant qu'une matérialité (immeuble, lieu de production, lieu de distribution, etc.) peut être démontrée, la saisine par une souveraineté fiscale peut trouver à s'appliquer, le seul danger – mais il est important – résidant alors dans une prise en compte simultanée par plusieurs Etats d'une même source de revenus. Mais, dès lors que l'échange a un caractère d'immatérialité, la tentation est grande d'arbitrairement saisir et imposer ce qui, *a priori*, est « fantomatique ».

Ainsi, est-on en droit jusqu'à maintenant de constater que les législations fiscales des pays hautement industrialisés ont, dans leur ensemble, une prédisposition naturelle à mettre en place des dispositifs de prévention propres à dénoncer tout montage structurel comme une construction interposée aux seules fins d'optimisation fiscale, et dont il faut faire abstraction pour rendre compte de la réalité économique de l'opération.

Cette attitude convergente des autorités fiscales des pays développés renforce leur volonté de coopération, d'autant que les Etats naturellement ciblés, où s'effectue la création de structure d'interposition, font l'objet d'une attention sourcilleuse et provoquent de leur part des réactions d'irritation de plus en plus visibles et similaires. La coopération interétatique contre l'évasion fiscale se renforce et il serait illusoire d'attendre un quelconque renversement de tendance.

Les entreprises vont donc devoir apprendre, si cela n'est déjà fait, à vivre cette réalité. La prise en compte du risque encouru lors de l'élaboration et de la mise en place des structures devient un prérequis. L'élaboration d'un argumentaire ayant trait aux nécessités commerciales et économiques étayé de faits précis et indiscutables devient une exigence. Si la recherche de montage, faisant appel plus aux particularités fiscales locales d'un Etat au-dessus de tout soupçon, n'est en aucune manière une panacée, elle constitue cependant la réponse la plus raisonnable et la plus prudente aux réactions méfiantes et sévères qui viennent d'être évoquées.

Mais on est aussi en droit d'attendre que les législateurs s'attachent au plus vite à construire des règles du jeu simples et plus réalistes.

*

* *

Dans les limites imparties de cet article, nous avons voulu mettre en lumière deux aspects distincts mais complémentaires d'une même réalité incontournable pour l'entreprise d'aujourd'hui.

D'une part, il est nécessaire à l'entreprise d'anticiper les coûts futurs, en analysant *a priori* en terme de choix et d'opportunité les multiples facettes de la variable fiscale. D'autre part, il importe d'intégrer dans son approche stratégique les aspects d'incitation offerts par la diversité de la société fiscale internationale sans jamais oublier les incertitudes, les ambiguïtés et les risques de cette cohabitation d'intérêts nationaux et d'enjeux macro-économiques, cohabitation qui est tout, sauf « pacifique ».

Références

Bertrandon J., Colette C., *Gestion fiscale et finances de l'entreprise*, Paris, PUF, 1988.

Court J.F., Entraygues G., *Gestion fiscale internationale de l'entreprise*, Paris, Montchrestien, 1988.

Cozian M., *Les grands principes de la fiscalité des entreprises*, Paris, LITEC, 1988.

Simon Y., *Techniques financières internationales*, 3e éd., Paris, Economica, 1988.

Mots clés

Abandon de créances, avoir fiscal, conventions, coût fiscal, factoring, fiscalité, holding, impôt sur les sociétés, *leasing*, *netting*, paradis fiscaux, prix de transferts, retenue à la source, taxe à la valeur ajoutée (TVA).

63

Force de vente

Patrick Joffre

La force de vente est constituée par l'ensemble du personnel commercial chargé de la vente et de la stimulation de la demande. Les appellations sont variables. C'est ainsi que l'on trouve parfois les termes d'équipe de vente ou de réseau de vente. La collégialité que suggèrent ces appellations n'est bien souvent que le prolongement inconscient des responsables commerciaux de voir s'exprimer l'idée que l'« union fait la force ». Dans la réalité, c'est plutôt l'hétérogénéité qui caractérise la force de vente de l'entreprise. Cette hétérogénéité s'exprime d'abord entre les vendeurs sédentaires et les vendeurs itinérants, entre la force de vente salariée et la force de vente contractuelle. Elle est renforcée par la variété des statuts socio-économiques des vendeurs et de leurs tâches multiples selon les entreprises, industrielles ou commerciales, fabriquant des produits de consommation ou d'équipement industriel sophistiqué : ainsi le promoteur de chez Procter et Gamble n'a rien à voir avec le représentant de chez Renault, l'animatrice de Tupperware ou l'ingénieur d'affaires d'Airbus Industries.

Cette hétérogénéité des statuts et des rôles du vendeur a certainement contribué à laisser la force de vente dans l'ombre des analyses des formes d'action commerciales[1]. Et pourtant, sur le plan des budgets, la force de vente dépasse, et de très loin, les autres moyens d'action commerciale : alors qu'un budget publicitaire atteint en moyenne quelques pour cents de ce chiffre d'affaires, le budget de la force de vente peut se monter à 15 % en salaires, frais de déplacement et matériels[2].

Nous voudrions, dans les pages qui suivent, articuler notre propos en trois sections. L'évolution très sensible du métier de vendeur fera l'objet de la première section. Nous analyserons ensuite la force de vente de l'entreprise d'un double point de vue : celui de la gestion commerciale d'abord (deuxième section), celui de la gestion des ressources humaines ensuite (troisième section).

---

1. Nous nous référerons principalement, dans cet article, à l'ouvrage important de D. Xardel, *Les vendeurs,* Paris, Dalloz, 1983.
2. J.P. Helfer, J. Orsoni, *Marketing,* 2e éd., Paris, Vuibert, 1988.

1. L'évolution du métier de vendeur

Le métier de vendeur évolue quantitativement et s'exprime par une diminution du nombre de vendeurs. Nous tenterons dans cette section d'analyser les causes principales de ce phénomène.

1.1. La régression du nombre de vendeurs

A l'heure actuelle, la profession de vendeur est en crise. Bien que constituant 4 % de la population active française, le nombre des vendeurs est en diminution constante depuis cinq ans. Cette régression s'observe non seulement en France, mais également à l'étranger, aux Etats-Unis et en Grande-Bretagne, en particulier : ainsi Lever, qui disposait de 700 vendeurs en 1960, n'en a plus que 150 pour un chiffre d'affaires réalisé à 70 % avec douze commerciaux. Il est vrai que les estimations concernant la population des vendeurs sont de plus en plus difficiles à cerner, car de plus en plus de nouveaux services de l'entreprise concourent au même titre que le vendeur à l'acte de vente. Ceci met en évidence le problème de l'évolution actuelle de la profession de vendeur et, par là même, de la force de vente de l'entreprise et permet de mettre en évidence l'intérêt de ce problème sur trois plans distincts.

Le métier du vendeur évolue dans les pays industrialisés sous l'influence de trois facteurs principaux : la politique de marketing des fabricants, l'évolution des structures de la distribution et les innovations technologiques touchant les moyens de communication au centre desquels se trouve le vendeur.

1.2. Les politiques marketing des fabricants

La démarche marketing telle qu'elle a été formalisée le plus systématiquement dans les grandes industries de produits de consommation ne laisse que peu de marge de manœuvre au vendeur. Le marketing a non seulement réduit la fonction informative du vendeur en lui substituant un appareil sophistiqué d'études de marché, mais il a également réduit l'importance des contacts personnels dans la vente en accentuant le rôle de la « pré-vente du produit » par le biais de la politique de communication et la politique publicitaire. Le rôle du vendeur demeure, mais il s'inscrit dans une séquence d'opérations minutieusement préparées dont il ne constitue qu'un maillon parmi d'autres, et pas toujours le plus important. On assiste donc au développement d'une vente contrôlée, dans lequel le rôle du vendeur est devenu plus précis mais plus étroit.

1.3. L'évolution de la grande distribution

Le développement de la distribution a largement influencé le rôle du vendeur. Avec le libre-service, on est en effet passé d'une vente parlée, où le vendeur jouait le rôle maximum dans la conclusion de l'acte de vente, à une vente visuelle, où le rôle du vendeur est plus effacé, plus administratif. Enfin, la concentration de la distribution a réduit le nombre des vendeurs capables de négocier avec de puissantes centrales d'achat.

1.4. L'évolution des technologies nouvelles

Enfin, les mutations technologiques : informatiques et de télécommunications, principalement, ont entraîné une mutation du rôle du vendeur dans sa relation avec le client : vente plus scientifique utilisant le téléphone et, bientôt, à grande échelle, le vidéotex à partir de fichiers ou de bases de données[1].

La vente est donc devenue à la fois plus visuelle, plus contrôlée et plus technique, entraînant selon l'expression de D. Xardel de nouveaux rôles et induisant de nouveaux comportements du vendeur[2]. La gestion de la force de vente s'en trouve modifiée d'un double point de vue. En effet, si la gestion de la force de vente pose des problèmes stratégiques et tactiques du point de vue de la politique commerciale de l'entreprise, elle pose également, et de plus en plus, des problèmes relevant de la gestion des ressources humaines, au moins sous quatre aspects principaux : l'animation de la force de vente dans une profession où le *turnover* peut atteindre de 40 à 50 % dans certaines entreprises, la formation, la rémunération et le contrôle de l'action.

Cette dualité des problèmes que pose la force de vente, sur le plan commercial, d'une part, des ressources humaines, d'autre part, va nous conduire à envisager la gestion de la force de vente sous son double aspect commercial et humain. La gestion de la force de vente relève d'une double sphère d'attraction : la gestion commerciale, dont elle constitue une composante opérationnelle importante, et la gestion des ressources humaines, dont elle relève au titre des problèmes spécifiques de formation, d'animation et de rémunération qu'elle engendre.

2. La force de vente et la gestion commerciale

Les problèmes commerciaux posés par la gestion d'une force de vente peuvent se résumer à deux grandes questions. Comment déterminer la taille de la force ? Comment l'organiser au sein de l'entreprise ?

2.1. La détermination de la taille de la force de vente

Si le vendeur est un maillon indispensable dans la conclusion d'un acte de vente, il en est aussi fréquemment le plus coûteux. Augmenter sa taille aura pour effet d'accroître les ventes, mais également les coûts. Ceci explique les apports réalisés pour tenter de déterminer la taille optimale de

---

1. Voir dans cette Encyclopédie l'article de D. Roux, « Vidéotex ».
2. Voir dans cette Encyclopédie les articles de D. Xardel, « Marketing direct » et de D. Tixier, « Marketing direct amont ».

la force de vente. Deux approches principales ont été proposées : la première repose sur la productivité du vendeur et la seconde sur la charge de travail du représentant.

2.1.1. L'approche par la productivité du vendeur

Dans la première approche, on suppose connus le marché potentiel pour chaque territoire de vente et la productivité des vendeurs. Le nombre des vendeurs peut alors être calculé en divisant les ventes potentielles par la productivité de chaque vendeur. Ainsi, par exemple, si un vendeur est supposé réaliser en moyenne 150 000 francs de vente par an et par territoire, et que les ventes potentielles sont estimées à 3 millions de francs, on aura besoin de 20 vendeurs pour couvrir efficacement le marché. Les hypothèses sur lesquelles repose ce raisonnement prêtent cependant à discussion : on suppose en effet l'existence d'une relation linéaire entre le chiffre d'affaires et le nombre de vendeurs, et on considère comme admise et connue la corrélation entre les ventes et le nombre de vendeurs. Ce qui est évidemment discutable. Cependant, malgré ses limites, cette méthode a été utilisée, entre autres, en France par la société Darty pour fixer le nombre de ses vendeurs par magasin (entre 20 et 30).

2.1.2. L'approche par la charge de travail

Dans la seconde approche, fondée sur l'uniformisation des charges de travail, on commence par dénombrer et diviser les clients potentiels en classes dépendant des ventes potentielles, de leur localisation, de l'industrie, entre autres facteurs. Puis, on estime le nombre de visites nécessaires pour desservir chaque client potentiel de chaque classe. Enfin, on définit le nombre de visites qu'un vendeur est appelé à faire auprès des clients d'une classe donnée. Il est alors possible de calculer la taille de la force de vente à partir de la formule simple suivante :

$$M = \sum_{i=1}^{n} \frac{F_i P_i}{C_i}$$

avec :
M : la taille de la force de vente (nombre de vendeurs),
F : le nombre de visites requises pour une classe donnée de clients,
P : le nombre de clients potentiels d'une classe donnée,
C : le nombre de visites qu'un vendeur peut faire dans une classe donnée,
i : la classe de clients.

Exemple :
Supposons l'existence de quatre marchés : les grossistes, les acheteurs institutionnels, les gros acheteurs industriels et les petits acheteurs industriels.
Par ailleurs on estime que :
– le nombre de visites estimé est : 18, 12, 8 et 8 ;

– le nombre de clients potentiels est : 40, 210, 60 et 200 ;
– le nombre de visites possibles par représentant est : 800, 700, 600 et 1 000.

On aura :

$$M = \sum_{i=1}^{n} \frac{F_i P_i}{C_i}$$

soit :

$$M = \frac{F_1 P_1}{C_1} + \frac{F_2 P_2}{C_2} + \frac{F_3 P_3}{C_3} + \frac{F_4 P_4}{C_4}$$

$$M = \frac{18 \,(40)}{800} + \frac{12 \,(210)}{700} + \frac{8 \,(60)}{600} + \frac{8 \,(200)}{1\,000}$$

d'où $M = 6,9$, soit 7 vendeurs.

L'utilisation de tels modèles de décision propres à la taille de la force de vente, mais également à la configuration des territoires de vente ou à la fréquence optimale des visites des vendeurs, est cependant limitée, à l'heure actuelle, à quelques entreprises performantes ou pionnières. Cependant, l'accroissement extrêmement rapide du coût des visites dans la décennie 1980 (celui-ci a progressé deux à trois fois plus vite que le taux de l'inflation) devrait conduire les entreprises à utiliser plus systématiquement les outils d'aide à la décision en matière de budgets commerciaux, et donc de force de vente.

2.2. L'organisation de la force de vente : de l'autonomie au contrôle

Un des choix majeurs qui se pose à la direction commerciale est celui de savoir si elle doit avoir sa propre force de vente salariée ou si elle doit recourir à une force de vente contractuelle, quel qu'en soit le statut juridique, par ailleurs, extrêmement varié.

L'objectif de ce paragraphe est de montrer en théorie comment le problème se pose et de voir comment les pratiques commerciales actuelles tendent à intégrer et à contrôler de plus en plus fréquemment la force de vente.

2.2.1. Position du problème

Théoriquement, le choix entre une force de vente propre à l'entreprise ou le recours à un agent commercial juridiquement indépendant devrait être effectué après l'analyse des coûts relatifs et de la rentabilité comparée des deux solutions :
– d'un côté, les coûts fixes de l'agent sont moins élevés que ceux du service interne,
– d'un autre côté, les coûts variables de l'agent augmentent plus vite, parce que celui-ci s'assure un pourcentage fixe sur les ventes plus élevé selon le niveau de ses ventes et en fonction des coûts de distribution.

Graphique 1
Force de vente salariée ou contractuelle (agent commercial)

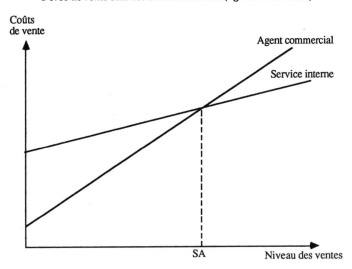

Pour un niveau de ventes SA, les deux solutions se valent ; cependant, à gauche de SA, le recours à l'agent commercial est moins onéreux et, à l'inverse, à droite de SA, le recours au service interne de l'entreprise est préférable.

2.2.2. La recherche du contrôle de l'équipe de vente par l'entreprise

Compte tenu de l'évolution de la fonction marketing de l'entreprise et du fait que la vente s'insère de plus en plus méthodiquement dans une séquence de tâches commerciales préparées à l'avance, l'entreprise supporte de moins en moins de voir la force de vente échapper à son contrôle, au risque d'un dysfonctionnement de l'ensemble de son dispositif commercial.

L'intervention du fabricant de plus en plus en aval du circuit de distribution et les transformations des conditions de la vente (visuelle et directe) ont profondément transformé le degré d'autonomie du vendeur.

A l'origine, le représentant exerçait une profession libérale en contact avec plusieurs fabricants ; il était autonome et indépendant d'eux, il travaillait seul. En 1945, les VRP se répartissaient à raison de 75 % de vendeurs multicartes et de 25 % de carte unique. Aujourd'hui, on a de plus en plus de représentants contrôlés par un producteur, voire salariés par lui. En 1980, la proportion était déjà inversée. Les vendeurs travaillaient sous le contrôle direct d'un directeur des ventes, selon des méthodes rationnelles et parfois très élaborées.

Le représentant est fréquemment en liaison hiérarchique avec le directeur des ventes et en liaison fonctionnelle avec le service d'études commerciales, le service de l'administration des ventes et le service après-vente.

Au terme de cette section, il convient de souligner cette intégration progressive, mais complète, de la vente dans la séquence des opérations commerciales. La force de vente, à laquelle la fonction commerciale a été longtemps assimilée, s'insère d'une façon de plus en plus hiérarchique dans l'ensemble des opérations marketing. Sa gestion se trouve largement dépendante des objectifs fixés par la politique commerciale dont elle constitue une composante coûteuse, mais stratégique, sur laquelle le contrôle le plus étroit va donc s'exercer.

3. La force de vente et la gestion des ressources humaines

Quelques spécialistes anglo-saxons du marketing distinguent dans la gestion de la force les aspects stratégiques, principalement envisagés dans la première partie, et les aspects tactiques, portant sur le recrutement, la formation, et les motivations d'ordre financier.

Compte tenu de l'évolution constatée dans le rôle du vendeur et des difficultés que traverse cette profession, il semble que loin d'apparaître comme des aspects tactiques ces considérations relèvent certainement de la gestion des ressources humaines de l'entreprise [1]. Cette gestion est d'autant plus délicate et importante que les vendeurs constituent souvent la seule face visible d'une entreprise, principalement dans leur mission de représentation, mission à long terme à rapprocher de la mission à court terme que constitue la vente proprement dite.

De ce point de vue, deux problèmes se posent à l'entreprise : le recrutement et la formation des vendeurs, d'une part, l'animation de la force de vente, d'autre part.

3.1. Le recrutement et la formation

Un personnel incompétent, quel que soit le département de l'entreprise, est une source de difficultés, mais une force de vente inefficace conduit aux plus graves ennuis. La force de vente constitue en effet le dernier maillon de la chaîne en contact avec les clients. Elle doit par conséquent être de la meilleure qualité possible, d'où l'importance du recrutement et de la formation.

Ce vœu pieux ne saurait dissimuler les problèmes actuels que rencontrent les entreprises dans le recrutement de leur force de vente.

3.1.1. Les difficultés de recrutement

Ces problèmes sont principalement centrés sur les difficultés de susciter des candidatures spontanées pour le métier de vendeur et sur le taux de rotation particulièrement élevé dans cette profession.

---

1. Voir également dans cette Encyclopédie l'article de R. Ribette, « Gérer à temps les ressources humaines ».

Les analyses conduites en France, au début des années 1980, sur ce point par D. Xardel, permettent d'apprécier ce phénomène au travers de trois caractéristiques :
– les taux de rotation ont tendance à se maintenir entre 20 et 30 %, il atteignent 50 % dans les entreprises de vente à domicile ;
– les taux sont les plus importants durant la première année d'exercice et après trois ans ;
– les diplômés ont tendance à partir plus vite que les non-diplômés.

Compte tenu des problèmes spécifiques de recrutement des vendeurs, il serait vain d'insister longuement sur les méthodes traditionnelles de recrutement : entretiens, références, tests. Il apparaît, en revanche, essentiel d'insister sur le rôle de la formation et du plan de carrière, qui seul permet de faire baisser le taux de rotation toujours coûteux pour l'entreprise.

3.1.2. Le rôle crucial de la formation

A cet égard, et pour ne développer ici que le rôle de la formation *stricto sensu,* il n'est peut-être pas inutile de rappeler qu'une société comme IBM impose à ses vendeurs de consacrer 15 % de leur budget temps annuel à la formation.

C'est également grâce à ses méthodes de formation éprouvées et aux possibilités de promotion offertes que Rank Xerox a réussi à recruter 10 % de ses effectifs de vente par candidature spontanée.

Quelles que soit les performances obtenues par les entreprises, la formation se caractérise par son contenu et ses méthodes.
– Le contenu se définit à partir du tryptique traditionnel :
  • connaissance des produits,
  • connaissance de l'entreprise et de la concurrence,
  • connaissance des techniques de vente et de communication, sinon de persuasion.
– De nouvelles méthodes de formation sont constamment élaborées afin d'accélérer et d'approfondir le développement des compétences et l'acquisition des connaissances. Les différentes techniques utilisées aujourd'hui sont le jeu de rôle, les exercices de sensibilisation, l'enseignement programmé et les films sur l'art de vendre.

En règle générale, le contenu des programmes de formation à destination des vendeurs dépend finalement des approches privilégiées par la direction générale et du type de vente convenant aux produits de l'entreprise. On rencontre ainsi des programmes fondés sur la gestion des comportements, la connaissance des besoins ou l'analyse de la relation de vente. Quelle que soit l'orientation choisie, la plupart des programmes décomposent l'acte de vente en plusieurs étapes requérant certaines aptitudes particulières. On a coutume de distinguer ainsi la prospection, la pré-approche, l'approche, la démonstration, la réponse aux objections, la conclusion et le suivi.

3.2. L'animation de la force de vente

L'animation de la force de vente et sa stimulation sont des problèmes majeurs qui se posent à la direction commerciale. Cette stimulation est d'autant plus aiguë que le représentant dispose d'une relative autonomie d'action et d'une mobilité géographique qui nécessitent la mise en place de modes de contrôle spécifiques.

3.2.1. La stimulation de la force de vente

Cette stimulation peut être réalisée par un mode de rémunération approprié ou par la mise en place d'une direction participative par objectif.

Il s'agit, dans ce dernier cas, d'améliorer les résultats de l'entreprise par un accroissement à tous les niveaux de responsabilité, de l'attention accordée à la réalisation d'objectifs préétablis. L'évaluation porte sur les résultats obtenus par les membres de l'organisation et non sur l'activité qu'ils ont déployée.

Malgré les avantages d'une telle mise en œuvre des ressources humaines, la rémunération demeure, dans les PME particulièrement, le stimulant le plus employé pour mobiliser la force de vente et l'inciter à respecter les quotas ou les objectifs de vente assignés à chaque vendeur.

3.2.2. La rémunération

Sur le plan monétaire, trois solutions peuvent être envisagées : le fixe, la commission ou un système mixte.

Cette dernière méthode est la plus utilisée ; elle a pour but de réunir les avantages des deux méthodes précédentes tout en réduisant leurs inconvénients. A tous les systèmes envisagés sont souvent adjointes des primes diverses qui viennent majorer la rémunération : prime de respect des quotas, prime de lancement d'un nouveau produit, prime de respect du budget des frais de vente.

Des différentes enquêtes conduites sur la rémunération des vendeurs, il ressort que :
– la partie fixe tend à s'accroître,
– plus on monte dans la hiérarchie de la direction des ventes, plus le fixe s'accroît,
– plus la taille de l'entreprise est élevée, plus la rémunération est élevée.

Cette analyse confirme une tendance fondamentale : le vendeur devient un salarié comme tout autre salarié de l'entreprise. Sa gestion tend donc, sinon à se banaliser, à être moins spécifique qu'auparavant.

*
* *

Nous avons mis en évidence au début de cet article les mutations auxquelles les vendeurs avaient à faire face depuis une vingtaine d'années.

Les difficultés de gérer ce que l'on dénomme d'une façon peut-être trop optimiste une force de vente se sont accusées avec les changements qui affectaient cette profession extrêmement variée et aux statuts multiples. La gestion des personnels vendeurs et non de la force de vente doit être analysée dans ses deux dimensions, commerciale, bien sûr, mais également du point de vue de l'animation des ressources humaines de l'entreprise. En dépit des progrès considérables réalisés dans la systématisation de l'action commerciale, dont la vente ne constitue plus qu'un élément banalisé, le vendeur conservera dans l'avenir son statut ambigu, à la limite de l'art et de la démarche scientifique.

Références

Albou P., *Psychologie de la vente et de la publicité*, Paris, PUF, 1977.

Bellenger L., *Qu'est-ce qui fait vendre ?*, Paris, PUF, 1984.

Brisco N., *Fundamentals of Salesmanship*, New York, Armacom, 1973.

Wickham S., *Vers une société des consommateurs*, Paris, PUF, 1976.

Xardel D., *Les vendeurs*, Paris, Dalloz, 1983.

Xardel D., « Vendeurs : nouveaux rôles, nouveaux comportements », *Harvard-L'Expansion* (n° 37, hiver 1982-83).

Mots clés

Agent commercial, charge de travail du vendeur, contrôle de la force de vente, formation (des vendeurs), grande distribution, libre-service, métier de vendeur, politique de communication, politique marketing, pré-vente du produit, productivité du vendeur, recrutement (des vendeurs), rémunération (des vendeurs), représentant multi-cartes, rôle du vendeur, statut du vendeur, taille de la force de vente, technique de la charge de travail du vendeur, technique de la productivité du vendeur, *turnover*, vendeur, vidéotex.

64

Gérer « à temps » les ressources humaines

Régis Ribette

Toute décision de gestion s'applique au présent, en prenant en compte le passé et en s'appuyant sur des hypothèses pour le futur. Parler de « gestion prévisionnelle » tient donc soit de la redondance, soit d'une approche plus centrée sur le futur et parfois qualifiée de démarche prospective. En fait, il faut savoir gérer « à temps ». Le rapprochement des concepts de gestion et de ressources humaines est relativement récent. Les préoccupations des gestionnaires ont d'abord porté sur les ressources techniques, financières et commerciales de l'entreprise. La « gestion des hommes » devait suivre, comme l'intendance doit suivre les forces vives engagées dans le combat.

Quatre raisons essentielles amènent aujourd'hui les responsables d'entreprise à développer la gestion de leur personnel :

– Des progrès restent à faire dans la gestion des ressources techniques, financières et commerciales ; mais l'énergie investie est plus productive dans un domaine nouveau comme celui des ressources humaines que dans les plus anciens.

– Certains pays comme le Japon ont réussi leur développement économique par une gestion opérante de leurs principales et quasi uniques ressources : les hommes.

– La motivation des hommes devient un enjeu stratégique, car si les différences[1] sur le savoir, le savoir-faire, les aptitudes, diminuent, c'est sur le vouloir que tout se joue, en particulier, dans les approches de gestion qualitative comme la qualité du service du client[2].

– Le coût des ressources humaines n'a cessé de croître, et le poste frais de personnel est souvent le plus important du compte d'exploitation.

Mais les ressources humaines ne sont pas des « ressources neutres » que l'on gère comme des choses inertes : il s'agit de personnes. En finalité, dans l'entreprise, tout est fait par des hommes et pour des hommes. Le bon résultat économique est certes la condition première de la pérennité de toute organisation, mais c'est aussi le moyen indispensable au financement du

---

1. Rappelons les quatre dimensions de l'« homme compétent » dans une organisation : savoir, savoir-faire, pouvoir, vouloir.
2. Voir également dans cette Encyclopédie l'article de E. Collignon, « Qualité ».

progrès social. De plus, l'affirmation des valeurs de développement individuel contraste fortement avec les insatisfactions qui découlent des systèmes collectifs de distribution passive des richesses créées.

Ainsi, la gestion des ressources humaines s'inscrit dans une triple perspective :
– l'apport d'une réponse appropriée aux besoins de la collectivité sociale (finalité sociétale) ;
– la réussite financière de l'entreprise (finalité économique) ;
– le développement de chaque personne (finalité humaine).

Dans l'analyse qui va suivre, nous aurons donc à nous placer du point de vue des responsables d'entreprise et du point de vue de chaque personne. Nous savons les antagonismes qui peuvent exister[1], mais nous vérifions chaque jour les synergies possibles. La puissance d'une organisation est fonction du niveau de compétence de son personnel, et le développement de l'entreprise dépend de la progression de chacun de ses membres. Mais le choix n'est pas entre gérer les emplois et développer les hommes, il est plus, en fait, sur la priorité à donner au futur par rapport au présent.

Toute action sur l'homme demande du temps et constitue un investissement coûteux (la formation, par exemple, ne rapporte souvent que dans un futur assez lointain)[2]. Ainsi, s'il faut bien gérer le quotidien dans toute organisation, c'est essentiellement en s'efforçant d'intégrer le futur que l'on traite le mieux des ressources humaines. Nous revenons donc à ce titre de « gestion à temps » des ressources humaines et au concept de gestion prévisionnelle, où se marque, au-delà du pléonasme apparent, la volonté de la prise en compte du futur sur le présent.

Mais peut-on prévoir le futur, tant au niveau des organisations que de chaque individu ?

Héritiers de R. Descartes, par F. Taylor interposé, nous avons pensé pendant longtemps que grâce à la « direction scientifique des entreprises », nous arriverions à maîtriser le présent par l'organisation et le futur par le seul développement des techniques de prospective et de planification.

Etymologiquement, « prévoir » signifie voir avant, connaître, savoir par avance. La gestion prévisionnelle revient donc à choisir une hypothèse parmi différents scénarios prévus du futur, puis à raccorder la situation présente à l'hypothèse retenue par le plan qui devient ainsi l'organisation de l'action.

Des turbulences de tous ordres (technique, économique et social) ont ébranlé ces démarches par l'amplification des incertitudes ; bien plus, la structure des compétences requises en niveaux de plus en plus diversifiés entraîne une gestion de plus en plus complexe de nos organisations.

Certes, il faut continuer de prévoir, c'est-à-dire s'efforcer de gérer un futur déterminé de façon consciente et volontariste, mais il faut en même temps prévenir, c'est-à-dire agir en permanence pour aller au devant de

---

1. Il est bien évident, par exemple, que chaque personne aspire à un salaire le plus élevé possible et que le gestionnaire a le souci permanent de diminuer le coût de toute ressource utilisée.
2. Voir également dans cette Encyclopédie l'article de E. Cohen, « Gestion de la formation ».

futurs incertains et complexes. Prévenir, c'est agir dans le présent, pour en quelque sorte « gérer le futur en continu ».

Cette gestion préventive nécessite le développement de nouvelles attitudes individuelles. En effet, si « prévoir » consiste à voir avant, « prévenir » c'est agir avant même de connaître, c'est-à-dire pour chaque acteur de l'entreprise se préparer à tout hasard, en développant chaque jour sa compétence et son adaptabilité.

Ainsi, la compétitivité de nos entreprises passe par la mise en place d'acteurs responsables d'eux-mêmes qui, à tous les niveaux de l'organisation, sont les véritables entrepreneurs de leur carrière et, au-delà, de leur vie.

1. Gestion de l'emploi et gestion quantitative et qualitative des ressources humaines

La gestion de l'emploi dans l'entreprise est au cœur d'un triple système : économique, technique et social[1].

Le niveau de l'emploi (le quantitatif) dépend bien entendu des débouchés que l'entreprise trouve dans ses marchés, mais aussi du niveau de productivité interne. Les qualifications du personnel (le qualitatif) dépendent des évolutions des techniques et des modes de gestion et d'organisation du travail.

Enfin, le statut du personnel employé (contrat de travail à durée indéterminée, déterminée, temporaire, travail à temps partiel...) est fonction des politiques de flexibilité que l'entreprise arrête pour faire face aux fluctuations de son marché. En période économique faste, la flexibilité résultait essentiellement d'une augmentation des investissements financiers (stocks et capacités de production en réserve), alors que les rigidités sociales augmentaient. En revanche, en période économique tendue, on investit plutôt les capitaux disponibles dans les programmes de recherche, de modernisation, de productivité, et on cherche l'adaptation aux contraintes du marché par une plus grande flexibilité du travail.

1.1. La gestion quantitative des ressources humaines

L'habitude est d'établir des ratios de main-d'œuvre entre les effectifs nécessaires (à structure d'organisation du travail et de qualification constante) et les niveaux d'activité de l'entreprise découlant des demandes (présentes ou futures) de son marché. On distingue la main-d'œuvre directe, dont les variations d'effectifs sont directement proportionnelles à l'activité de production (par exemple, le nombre d'ouvriers conditionneurs pour l'emballage des produits), de la main-d'œuvre indirecte, relative aux activités des services (services d'études et de recherche, services fonctionnels...). Le niveau de la main-d'œuvre indirecte évolue par « sauts de

---

1. Voir également dans cette Encyclopédie l'article de E. Vatteville, « Mesure des ressources humaines ».

structures » liés bien sûr indirectement au volume de production, mais dépendant plus des décisions organisationnelles stratégiques.

Ainsi, entre les valeurs de production retenues et les effectifs nécessaires s'intercale le facteur productivité. Autrement dit :

$$\frac{\text{Effectif}}{\text{nécessaire}} = \text{Ratio main-d'œuvre} \times \text{Productivité} \times \frac{\text{Niveau}}{\text{d'activité}}$$

Dans un article paru en 1987, Jean Boissonnat[1] rappelle que les experts de la Communauté économique européenne avaient calculé que, durant les années 1960, il fallait une augmentation de la production de près de 5 % par an pour accroître le nombre des emplois de 0,2 %. C'est dire l'importance de la productivité réalisée pendant les Trente Glorieuses !... Aujourd'hui, il suffirait d'un accroissement de la production moitié moindre (de l'ordre de 2,5 %) pour créer deux fois plus d'emplois (0,4 % par an).

Trois raisons peuvent expliquer ce miracle apparent de « l'emploi sans croissance » :
– un développement rapide du travail à temps partiel ;
– le changement de structure de production : il y a moins d'industrie, secteur où l'automatisation de la production a été forte, et davantage d'activités de services plus gros consommateurs de main-d'œuvre ;
– la baisse, depuis la crise, des coûts de travail, laquelle atténue la pression dans les entreprises pour économiser la main-d'œuvre.

Nous percevons donc les difficultés de prévisions quantitatives de la main-d'œuvre. Ainsi, les modèles de simulation de l'évolution des effectifs mis au point autour des années 1970 ont souvent été abandonnés et les dirigeants d'entreprises, faute de pouvoir prévoir de manière fiable leurs flux d'emplois, ont revendiqué des mesures législatives et conventionnelles d'assouplissement de l'utilisation de la main-d'œuvre (contrat à durée déterminée, travail temporaire et diminution des obligations lors des procédures de licenciement). Cela fait que la régulation du système effectifs/emplois s'effectue plus souvent dans le présent par des décisions à court terme que par la mise en pratique de politiques de gestion des effectifs découlant de l'élaboration de scénarios économiques et de plans prévisionnels d'effectifs.

Autrement dit, si ces modèles de gestion quantitative des effectifs montrent aujourd'hui leurs limites, il n'en reste pas moins que leur établissement peut nous donner quelques lignes de guidage pour baliser les décisions de régulation à court terme. Nous développerons plus particulièrement cette démarche dans la deuxième section relative à l'approche collective dans la gestion prévisionnelle des ressources humaines.

1.2. La gestion qualitative des ressources humaines

La problématique centrale tient de l'ajustement du système de qualification des emplois, généré par l'évolution des techniques et des modes d'orga-

---

1. J. Boissonnat, « L'emploi sans croissance », *Ouest France* (29 août 1987).

nisation du travail, au système de qualification des hommes généré tant par l'appareil de la formation première que par celui de la formation continue. Ce problème a toujours existé, mais s'est fortement complexifié aujourd'hui, alors qu'il est de plus en plus difficile de connaître les activités et les emplois à l'horizon de l'an 2000, par exemple. Ainsi, la Régie Renault a été conduite en 1967 à abandonner la technique du moulage bois en fonderie, et son embarras fut grand face à une promotion de jeunes titulaires d'un CAP de mouleur bois après plusieurs années d'études à l'école d'apprentissage.

Citons également l'école d'apprentissage de Fiat à Turin en 1969, modèle, à l'époque, de la formation et du perfectionnement aux techniques les plus modernes d'automatisation, où, pour éviter d'être ultérieurement en retard, on s'efforçait de prendre « un temps d'avance ».

Mais en général, on est plutôt en retard ; les techniques et les méthodes d'organisation du travail évoluent plus vite que la qualification du personnel, et le rendement en pâtit.

En fait il faut gérer les interactions :

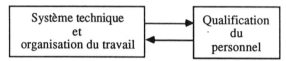

par des démarches participatives avec le personnel, comme celles développées dans les groupes de progrès où l'on initie une prise de conscience du personnel sur les améliorations possibles de l'organisation ou les apports d'une technologie nouvelle, puis on apporte, par la formation, les contenus des compétences nécessaires. Enfin, on démarre les nouveaux systèmes, par étapes, en laissant le temps au personnel de s'autoformer progressivement et de suggérer également des adaptations du système organisationnel. Et ainsi de suite...

La gestion des ressources humaines et la gestion de l'organisation doivent être mises en perspective systémique[1].

L'imposition au personnel de nouvelles organisations tient de plus en plus de méthodes du passé, où le taylorisme se traduisait par une coupure entre les gens qui pensent et ceux qui exécutent. L'évolution actuelle des mentalités oblige au développement de démarches associatives et, en plus, c'est aussi la voie pour réaliser l'adaptation des qualifications du personnel aux exigences des nouveaux systèmes techniques et organisationnels[2]. Mais là aussi, ce n'est pas parce qu'il y a accélération du changement qu'il faut arrêter de faire des prévisions.

Dans les entreprises où la réussite de l'évolution technologique est capitale, des « commissions des métiers[3] » sont chargées d'observer les

---

1. Ce qui fait que la responsabilité du pilotage de l'organisation est parfois confiée à la direction du personnel de l'entreprise (exemple du groupe BSN-Gervais-Danone).
2. Voir également dans cette Encyclopédie l'article de V. Zardet, « Systèmes et politiques de rémunération du personnel ».
3. Ces « commissions de métiers » commencent également à se mettre en place au niveau professionnel et interprofessionnel.

évolutions techniques et organisationnelles pour définir et mettre en place les actions de formation nécessaires.

Au niveau national, les grandes écoles, l'éducation nationale, les organismes publics, comme le Centre d'études et de recherche sur les qualifications (CEREQ), l'Agence nationale pour le développement de l'éducation permanente (ADEP), conduisent des études et recherches sur les thèmes associés : nouvelles technologies/organisations/qualifications, afin de faire évoluer les systèmes de la formation première (ou initiale).

Nous pouvons observer depuis la création des Instituts universitaires de technologie, il y a une vingtaine d'années, la multiplication des formations dites qualifiantes ou à finalité professionnelle, réalisées par les universités (maîtrise d'administration économique et sociale, maîtrise des sciences et techniques, diplôme d'études supérieures spécialisées, etc.).

Le Conservatoire national des arts et métiers a été créé en 1794 pour « conserver » les machines, outils, modèles, dans tous les genres d'arts et métiers et les présenter au public. Puis, en montrant, on est passé progressivement des explications sur le « comment cela marche » à celles sur le « pourquoi ». Les premières chaires d'enseignement ont été créées en 1819. Aujourd'hui, 100 000 auditeurs suivent dans toute la France les enseignements dépendant de 63 chaires d'enseignement dans l'ensemble des qualifications nécessaires à la vie économique et sociale.

Notons aussi les réformes actuelles de l'apprentissage (loi du 23 juillet 1987) développant le principe d'« éducation alternée » (pratique-théorie) et permettant de préparer, en formation première, des diplômes de l'enseignement professionnel ou technologique du second degré et du supérieur.

Ainsi, l'Etat et les entreprises se doivent aujourd'hui d'investir de façon majeure pour identifier, développer et gérer les capacités professionnelles des acteurs de la vie économique afin de faire face aux exigences de la compétition internationale. Cet effort de valorisation des ressources humaines oblige à prendre en compte la dimension temps et à se situer par conséquent dans toutes les approches de gestion prévisionnelle de nos organisations. Mais la valeur de cet effort et son efficacité dépendent pour beaucoup des motivations respectives des entreprises et des individus. Beaucoup d'entreprises n'ont pas encore suffisamment perçu l'importance de cet « investissement formation[1] » ; elles espèrent trouver sur le marché du travail les personnels qualifiés qu'elles recherchent, pensant que le chômage et la disponibilité des ressources humaines vont de pair. Si cela est vrai pour les qualifications les plus classiques, les cabinets de recrutement et les chasseurs de têtes recherchent inlassablement des spécialistes. Par ailleurs, que dire des métiers et des qualifications de demain, que personne n'est en mesure d'imaginer aujourd'hui !

---

1. Rappelons qu'en moyenne les entreprises françaises consacrent 2,5 % de la masse salariale aux plans de formation continue. Certaines entreprises, comme IBM, vont jusqu'à 12,5 % ! L'obligation légale vient de passer à 1,2 %, au minimum. Voir également dans cette Encyclopédie l'article de E. Cohen, « Gestion de la formation ».

Ainsi, l'effort le plus important de valorisation des ressources humaines va être celui que chaque individu, chaque membre de l'entreprise va engager pour maintenir en permanence sa compétence, la faire évoluer pour certes accroître ses chances de promotion, mais surtout, dans la conjoncture actuelle, pour réduire ses risques de chômage, en développant son adaptabilité à un futur incertain. Nous présenterons plus particulièrement ces approches de la gestion individuelle dans la troisième section.

2. L'approche catégorielle collective

En privilégiant dans l'analyse l'aspect quantitatif (effectif) sur l'aspect qualitatif (qualification), nous raisonnons sur des flux de personnel (embauche, promotion, départ) qu'il faut gérer, pour réduire les écarts entre les besoins prévisibles d'emplois et la structure des ressources humaines de l'entreprise.

2.1. L'analyse des besoins prévisibles d'emplois

Une typologie doit être définie en fonction des réalités de l'entreprise. L'analyse des emplois peut s'effectuer soit selon les grandes classifications du personnel (cadres, maîtrise, employés...), soit par métiers ou fonctions (ouvriers d'entretien, dessinateurs, secrétaires...), et souvent en combinant les deux. En général, on commence par une approche globale pour approfondir ensuite l'étude de telle ou telle catégorie selon son importance quantitative ou qualitative dans le fonctionnement de l'entreprise.

L'étude des besoins prévisibles d'emplois est réalisée dans le cadre de démarches de planification économique[1]. Par des raisonnements extrapolants, prospectifs ou mixtes, on envisage et on retient un ou deux scénarios économiques probables constituant une cible d'objectifs sur un horizon de 3 à 10 ans en général. Ainsi, des hypothèses d'activités futures on déduit, après corrections relatives aux estimations de productivité, une structure cible au niveau des effectifs, exprimée par catégories de personnel.

En prenant en compte le niveau de classification $(N - i)$ de l'emploi dans le niveau hiérarchique de l'organigramme, on intègre également l'organisation structurelle de l'entreprise. Ainsi E_{n-i}^{p} est le nombre d'emplois de la catégorie p situés au niveau hiérarchique $(n - i)$ de l'entreprise, le niveau n étant celui de la direction générale (schéma 1).

---

1. Si historiquement on est parti d'une approche économique pour en déduire le plan social, certaines entreprises effectuent des démarches mixtes de planification économique et sociale mises en œuvre avec le personnel dans des processus de participation variables, selon que l'on se situe au niveau du groupe de travail, de l'établissement, de la division ou de l'ensemble de l'entreprise. Voir R. Ribette, « Gestion prévisionnelle des ressources humaines » in *Pratique de la fonction personnel*, Paris, Les Editions d'Organisation, 1982.

Schéma 1

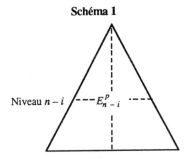

La structure des emplois peut être formalisée dans la matrice reproduite au tableau 1.

Tableau 1
La structure des emplois

Niveaux hiérarchiques	Catégorie du personnel			
	1		p	
n	E_n^1			
				$=E$
$n - i$	E_{n-i}^1		E_{n-i}^p	

2.2. L'analyse de la structure quantitative des ressources humaines

Toute population a une dynamique interne qui est celle de son évolution démographique. L'examen des pyramides ou des courbes démographiques des membres du personnel est souvent plus révélateur de son « potentiel énergétique » que l'examen du bilan financier et du compte d'exploitation. Par ailleurs, la prise en compte de la variable âge va permettre de faire « vieillir » la population sur l'horizon temps de la démarche prévisionnelle.

Soit donc R_{n-i}^p le nombre de personnes dans la catégorie p de personnel, situé au niveau $(n-i)$ de l'organisation. On établit le tableau inventaire (tableau 2), dans lequel R_{n-i}^p (a) est le nombre de personnes d'âge a et R_{n-1}^p est le total des personnes, de catégorie p et de niveau hiérarchique $n-i$

$$R_{n-i}^p = \sum_{a=20}^{a=65} R_{n-i}^p (a)$$

On établit l'inventaire des effectifs à l'année initiale t o.

Si l'organigramme de l'entreprise est « complet », il y a alors identité entre le tableau des emplois et celui des ressources, à savoir :

$$E_{t\,o} = R_{t\,o}$$

L'évolution du tableau R des ressources humaines dans le temps et sa détermination à l'année t_n (n = nombre d'années du futur comptées à partir de l'année initiale ou du présent t o) nécessitent la connaissance des lois d'évolution dans le temps de chaque sous-ensemble $R_{n-i}^{P}(a)$.

Tableau 2
La structure des ressources humaines

			Age				
	Niveau hiérarchique	Catégorie de personnel	20	21		a	
		1					
	n	2					
$R =$		1					
	$n - i$						R_{n-i}^{P}
		p				$R_{n-i}^{P}(a)$	

2.3. Les principales lois d'évolution dans le temps des flux de personnel

L'évolution « naturelle » dans le temps peut avoir pour origine :

- les démissions D
- les décès M
- les départs à la retraite R
- les promotions à un niveau hiérarchique supérieur SP (sorties - promotion)
- les changements de métiers ou de fonctions MF_s (en sorties) (métiers - fonctions - sorties)

} Sorties

- les embauches E
- les promotions d'un niveau hiérarchique inférieur EP (entrées - promotion)
- les changements de métiers ou de fonctions MF_e (en entrées) (métiers - fonctions - entrées)

} Entrées

Par observation statistique sur les années passées, on peut déterminer pour chaque sous-ensemble des hypothèses sur les lois de variation de ces paramètres et extrapoler la valeur de R_{n-i}^{p} pour $t\,o + 1 \ldots t\,n$.

Ainsi, pour les démissions D :

Graphique 1

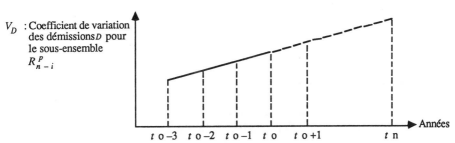

V_D : Coefficient de variation des démissions D pour le sous-ensemble R_{n-i}^{p}

Appelons V_D le coefficient de variation ainsi défini. On peut écrire pour l'année $t\,o + 1$ en ce qui concerne les démissions

$$R_{n-i}^{p}(t\,o + 1) = V_D \times R_{n-i}^{p}(t\,o)$$

L'ensemble des coefficients V_D pour la totalité des sous-ensembles R_{n-i}^{p} donne un « déterminant » démission Δ_D qui permet de connaître le nouveau tableau des ressources humaines à l'année $t\,o + 1$, à partir de celui de l'année $t\,o$, en multipliant, en quelque sorte, le tableau $R\,(t\,o)$ par le déterminant Δ_D.

Soit en symbolique globale :

$$R\,(t\,o + 1) = \Delta_D \times R\,(t\,o)$$

On conçoit de la même façon des déterminants pour les autres familles, mouvements : décès, départs à la retraite, embauches, etc., et on peut écrire la formule générale :

$$R\,(t\,n) = R\,(t\,o) \times (\Delta_D)^{(t\,n - t\,o)} \times (\Delta_M)^{(t\,n - t\,o)} \times (\Delta_{sp})^{(t\,n - t\,o)} \times (\Delta_R)^{(t\,n - t\,o)} \times (\Delta_{MFs})^{(t\,n - t\,o)} \times (\Delta_E)^{(t\,n - t\,o)} \times (\Delta_{EP})^{(t\,n - t\,o)} \times (\Delta_{MFe})^{(t\,n - t\,o)}$$

où $(\Delta_D)^{(t\,n - t\,o)}$ est l'élévation à la puissance $t\,n - t\,o$ du déterminant Δ_D

$(\Delta_D)^{(t\,n - t\,o)} = \Delta_D \times \Delta_D \ldots \times \Delta_D$ (et ceci $t\,n - t\,o$ fois).

Nous voyons la complexité de la formulation du modèle logique d'évolution dans le temps de la matrice inventaire des ressources humaines $R\,(t\,o)$. L'ampleur des calculs à effectuer nécessite un traitement informa-tisé.

2.4. L'analyse des écarts entre les emplois et les ressources humaines

La comparaison des matrices emplois $E\,(t\,n)$ et ressources humaines $R\,(t\,n)$ permet de diagnostiquer les problèmes d'ajustement ressources humaines/emplois. Le modèle précédemment établi autorise, en effet, les simulations des différentes politiques possibles d'embauche, de départ, de promotion... pour réduire les écarts prévus.

L'analyse, sur les années passées, de certaines lois de mouvements du personnel à partir des déterminants promotions (Δ_{SP} et Δ_{EP}) et des déterminants changements de métiers ou de fonctions (ΔMF_s et ΔMF_e) permet d'identifier des graphes reliant les emplois par famille professionnelle et les voies possibles de transition de carrière d'une famille professionnelle à l'autre. Chaque famille peut être définie par une catégorie spécifique du personnel (les agents de maîtrise, par exemple) ou par l'appartenance à un métier (les informaticiens). Soit, par exemple, le graphe suivant reliant les emplois des catégories de personnel des deux familles a et b, existant aux niveaux $n-2$, $n-3$, $n-4$, $n-5$ de la structure hiérarchique de l'entreprise (schéma 2).

Schéma 2

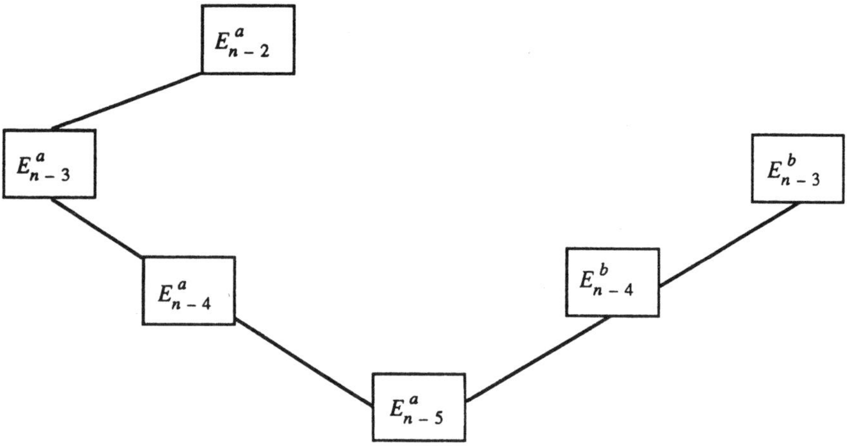

Par exemple :

$E^a_{n-5} = 144$ chefs d'équipe

$E^a_{n-4} = 48$ contremaîtres

$E^a_{n-3} = 12$ chefs d'atelier

$E^a_{n-2} = 3$ chefs de groupe

$E^b_{n-4} = 15$ agents techniques du service des méthodes : 1er échelon

$E^b_{n-3} = 8$ agents techniques du service des méthodes : 2e échelon

L'indication du nombre des emplois existant à l'année t o et à l'année $t n$ $E^a_{n-2} \dots E^b_{n-3} \dots$ donne en différentiel l'importance des « débouchés potentiels de carrière » d'une branche particulière du graphe.

Ces représentations constituent ce que l'on peut appeler la « carte routière » des carrières possibles. Elle est, en particulier, très utile dans la gestion individuelle pour aider chaque personne à définir son itinéraire possible de carrière dans l'entreprise et à s'y préparer (voir section 3).

Les logiques que nous venons de résumer montrent la généralité de l'approche et la puissance des études qui en résultent. Plus la taille de l'entreprise est grande, plus ces modèles sont réalisables et utilisables. Quelle que soit la valeur du modèle établi, la qualité de ses résultats dépend de la valeur des données de base (définition et inventaire des catégories de personnel, détermination des différents coefficients de variation dans le temps...). En réalité, il serait totalement inefficace de pratiquer de telles approches avant qu'un travail de fond n'ait été entrepris au niveau de l'administration propre du personnel. Par ailleurs, nous savons les difficultés de prévoir les emplois à l'horizon $t n$, compte tenu des turbulences économiques de l'environnement.

Les changements radicaux des politiques d'emplois des entreprises face aux difficultés socio-économiques actuelles ont sérieusement mis en cause toutes ces démarches de gestion prévisionnelle quantitative des effectifs. Les entreprises ont développé leurs efforts en revenant à plus d'individualisation dans la gestion de leurs ressources humaines.

3. L'approche individuelle

Lorsqu'un emploi est à pourvoir, un premier réflexe est de faire appel aux candidatures disponibles sur le marché du travail. Mais la pratique de cette unique politique présenterait l'inconvénient majeur de démotiver le personnel devant l'absence de toute possibilité de promotion interne et entraînerait, par ailleurs, des difficultés dans le fonctionnement de l'organisation quand aucun candidat extérieur n'a la compétence recherchée ou quand le délai de recrutement et de mise en place est beaucoup trop long [1].

Ainsi, toute entreprise qui souhaite pratiquer une politique cohérente de gestion du personnel (rémunération, promotion, formation, motivation...) doit avoir une politique de gestion de chacun de ses membres dans la perspective de répondre aux besoins d'emplois, tant dans le court terme que dans le futur. Cette gestion individuelle nécessite également la connaissance des attentes de chaque individu.

L'ajustement entre les besoins en emplois de l'entreprise et l'attente de carrière de chaque individu peut être recherché à la fois dans une démarche de gestion prévisionnelle et dans une démarche de gestion préventive.

3.1. La gestion individuelle prévisionnelle

Il s'agit de prévoir les besoins d'emplois de l'entreprise fonction par fonction, de déterminer le potentiel professionnel de chaque ressource

---

1. Pour le recrutement de certains cadres, il faut fréquemment envisager des délais de 6 à 18 mois : étude du poste à pourvoir/processus de recrutement/dégagement du cadre de son ancienne entreprise/période d'adaptation et d'intégration dans l'entreprise.

humaine, puis de chercher a réaliser l'ajustement emploi/ressource humaine.

3.1.1. La détermination des besoins d'emplois

La représentation la plus opérationnelle d'une structure d'entreprise s'opère sous forme d'un organigramme dans lequel on définit à la fois le poste de travail et l'individu qui l'occupe[1].

Soit l'organigramme à l'année t o d'une direction de l'entreprise (schéma 3).

Schéma 3

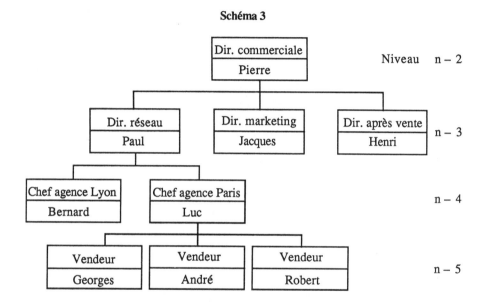

L'établissement de l'organigramme prévisionnel à l'année $t\,n$ s'effectue selon deux voies :

— par la suppression ou la création de postes en fonction des développements de l'organisation de l'entreprise, liés aux démarches de la planification stratégique (avec indication de la date envisagée) ;

— par la détermination des emplois à pourvoir à la suite du départ d'un titulaire (départ à la retraite ou mutation promotionnelle). Avant d'envisager de répondre à un besoin par des embauches extérieures, on regarde dans les ressources internes de l'entreprise, celles que l'on pourrait préparer à ces futurs emplois. Il est évident que plus on dispose de temps ($t\,n > t$ o), mieux on peut gérer valablement ces évolutions de carrière.

---

1. Voir dans cette Encyclopédie les articles de M. Kalika, « Organigramme. Organisation pratique de l'entreprise » et de A. Desreumaux, « Structures de l'entreprise ».

3.1.2. *La connaissance du potentiel professionnel de chaque ressource humaine*

Cette question suscite de longs développements, car si cette connaissance est un objectif clé de toute gestion des hommes, on ne peut jamais l'atteindre complètement. On cherche à cerner le potentiel professionnel de chaque ressource humaine par différentes approches d'évaluation : tests d'aptitude, tests de connaissances, entretien d'appréciation, expérience professionnelle passée…, expression des motivations personnelles de développement de carrière au cours d'entretiens d'orientation, résultats des actions de formation, etc.

Devant le nombre et la variété des paramètres à prendre en compte, certains modèles de traitement informatisé ont été élaborés, mais il est très difficile, sinon impossible, de formaliser dans une base de données personnelles ce qui a trait aux multiples facettes de la compétence d'un individu. Aussi la connaissance du potentiel professionnel de chaque ressource humaine s'effectue-t-elle par le dialogue entre les responsables opérationnels, qui peuvent témoigner de ses capacités professionnelles présentes, et un responsable de la fonction personnel qui va s'efforcer de constituer la base de données la plus complète et objective possible, en mémorisant les résultats des différentes approches de connaissance des hommes utilisées dans l'entreprise.

La présentation de ces différentes pratiques nécessitant de longs développements, le lecteur pourra les trouver dans les ouvrages cités dans les références bibliographiques.

Mais à partir du moment où l'on doit faire la synthèse d'un vaste ensemble de variables et où les démarches rationnelles qui trouvent leur source dans l'hémisphère cérébral gauche sont trop complexes, on peut faire appel aux capacités d'intuition de l'hémisphère cérébral droit[1] en proposant à plusieurs responsables un support catalyseur de leurs intuitions. C'est le cas de l'organigramme de remplacement.

3.1.2.1. *L'élaboration des organigrammes de remplacement*

On prend l'organigramme (t o) (ou éventuellement à t n) et on pose pour chaque emploi la question « par qui remplacer le titulaire actuel s'il disparaissait subitement » ? Cette question peut être posée entre le responsable de l'organisation et le responsable de la fonction personnel. Elle peut l'être aussi dans une commission élargie aux principaux responsables opérationnels de niveau hiérarchique supérieur aux niveaux hiérarchiques des emplois de l'organigramme étudié. On formalise par des flèches les hypothèses de remplacement ainsi évoquées (schéma 4).

Une réflexion annuelle sur les organigrammes de remplacement est un excellent exercice de diagnostic du potentiel général des ressources

---

1. Rappelons les découvertes de R. Sperry sur le rôle des deux hémisphères droit et gauche de notre néocortex (voir R. Ribette, « Gestion stratégique des ressources humaines » in *La fonction ressources humaines*, Paris, Les Editions d'Organisation, 1988).

humaines disponibles au sein de l'entreprise. Elle permet d'identifier également ce que l'on peut appeler les « postes clés » de l'entreprise, c'est-à-dire ceux dont la bonne tenue est particulièrement fondamentale pour un fonctionnement efficace de l'organisation. Cette gestion des postes clés est en général effectuée au niveau de la direction générale de l'entreprise, alors que la gestion des autres emplois est réalisée au sein des unités décentralisées.

Schéma 4

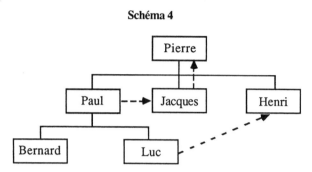

Enfin, l'établissement des organigrammes de remplacement permet de distinguer les membres du personnel capables de prendre la succession d'emplois supérieurs. La gestion de ces personnes est souvent effectuée, elle aussi, au niveau de la direction générale en vue de déterminer des itinéraires de carrière et des plans de formation. Ces plans de carrière individuelle permettent de mieux préparer l'individu à une évolution éventuelle de sa carrière, dans l'hypothèse où il serait désigné comme successeur potentiel de tel emploi supérieur.

Il est difficile, sinon impossible, de faire connaître aux dauphins les hypothèses ainsi élaborées. Cela signifie que les actions d'accompagnement (mutations, formation) relèvent avant tout, dans leur ensemble, du pouvoir de décision de la direction générale. La démarche intuitive ainsi proposée n'interdit pas aux responsables de prendre en considération les attentes de développement de carrière exprimées par chacun lors d'entretiens d'appréciation ou d'entretiens d'orientation. Cependant, l'implication de l'individu est alors indirecte et sa motivation peut s'en ressentir. Quant à la démarche de la commission, elle risque de voir oublier des candidats tout à fait valables.

3.1.2.2. *Le fonctionnement d'une bourse interne des emplois*

Chaque fois qu'un emploi est (ou va être) à pourvoir, le poste considéré peut être « publié » dans l'entreprise, afin que chaque candidat intéressé puisse se manifester. Si on crée ainsi un système complémentaire de détection des motivations d'évolution de carrière, ouvert à chaque membre du personnel, on voit immédiatement les principaux risques inhérents à un mauvais fonctionnement de cette « bourse collective des emplois » :

– difficultés relationnelles entre le candidat et son supérieur hiérarchique et gestion des rapports conflictuels éventuels ;

– désillusion et démotivation des candidats non retenus, auxquels on n'aurait pas expliqué de façon positive les motifs du refus en réfléchissant avec lui à d'autres possibilités d'évolution personnelle ;
– lourdeur (principalement dans le temps de réponse) du système de bourse des emplois, lorsqu'il y a urgence à pourvoir un emploi et/ou qu'un candidat successeur s'impose déjà de lui-même.

Ainsi, si le système de la publication régulière d'une bourse des emplois est satisfaisant pour l'esprit et correspond d'ailleurs à de fréquentes revendications des représentants du personnel, son fonctionnement ne peut être véritablement opérant que si, au préalable, il existe déjà un système bien rodé de gestion des ressources humaines. Il peut donc venir compléter un processus, mais difficilement en être le point de départ.

3.2. La gestion individuelle préventive

Les démarches programmées de gestion prévisionnelle que nous venons de décrire ressortissent de l'application des deux grands principes suivants que l'on trouve également dans les fondements du taylorisme :
– la croyance, pour la gestion d'une organisation, en la supériorité d'un pilotage centralisé sur la somme des pilotages de chaque acteur ;
– l'espoir d'une organisation possible de l'action dans le présent, par une maîtrise consciente et volontariste du futur.

C'est donc le plus souvent la direction générale qui définit et gère un tel système de gestion prévisionnelle des ressources humaines. Certes, les individus sont associés, principalement par le biais des entretiens d'appréciation ou d'orientation, mais c'est finalement la direction qui décide des plans de préparation et de l'affectation d'un individu à un poste donné.

Par ailleurs, toute démarche de planification de l'action s'appuie sur la fixation d'une hypothèse d'un futur voulu consciemment, et sur une organisation déterministe de l'action pour atteindre l'objectif retenu. Ceci n'est possible que dans un environnement peu turbulent.

Or, les entreprises se trouvent de plus en plus confrontées à des degrés croissants de complexité et d'incertitude de leurs environnements, nécessitant d'utiliser dans leur management les modèles des sciences complexes élaborés pour l'étude des systèmes ouverts [1].

Il faut répondre à la complexité par la complexité et à l'incertitude par la génération d'aléatoire et par la créativité, en s'appuyant sur le cerveau de chaque homme qui, avec ses milliards de neurones, est le point d'orgue de la complexité et le générateur à l'infini de nouvelles informations grâce aux capacités d'imagination créatrice de son néocortex.

Ainsi, la gestion préventive est avant tout une démarche flexible et ouverte. Il s'agit de développer chez chaque individu les capacités à faire face à l'imprévisible (non pas donc « voir avant » ou prévoir puis agir,

---

1. On lira avec intérêt l'essai sur l'organisation du vivant tenté par H. Atlan dans son ouvrage, *Entre le cristal et la fumée,* Paris, Seuil, 1979.

mais « agir avant » ou prévenir un futur que l'on ne peut connaître[1]). Ceci passe, pour chacun, par une connaissance préalable de soi (bilan individuel) et la mise en œuvre d'un plan de développement de ses aptitudes (plan de développement personnel). Il faut également que chaque individu engage toutes ses motivations dans le processus d'élaboration de son projet individuel, allant au-delà de ses activités professionnelles, lui permettant ainsi d'être l'entrepreneur conscient de sa propre vie. Pour ce faire, l'organisation de l'entreprise doit offrir des zones de liberté (ce que M. Crozier appelle des zones d'incertitudes) et adopter un style d'animation permettant l'expression et la réalisation simultanées de projets individuels et de projets collectifs.

3.2.1. Le bilan individuel, clé de voûte d'un processus s'appuyant sur le développement des capacités du cerveau

Par opposition aux démarches curatives de reconversion d'individus « malades de leur emploi », il faut, en préventif, agir avec des personnes en pleine santé professionnelle et réaliser en quelque sorte un *check-up* professionnel personnel. Ce bilan s'opère en dialogue avec l'entreprise, mais doit être ouvert sur tous les systèmes externes[2] capables de l'enrichir : centres d'information et d'orientation, organismes de formation continue, experts divers, etc. Il ne peut donc être conduit que par l'intéressé lui-même. Ce bilan doit être l'occasion pour chacun de faire le point de sa propre vie, de connaître ses capacités et de déterminer un plan de développement personnel, induisant des attitudes de consommateur actif vis-à-vis des systèmes de formation continue, alors que bien souvent chacun subit un système de formation « sur catalogue » défini *a priori* et par conséquent correspondant mal aux besoins ressentis des formés.

Ce bilan individuel de connaissance de soi doit induire des programmes de développement personnel agissant sur les trois niveaux à réguler dans tout individu : le physique, l'émotionnel et le mental. Ainsi, ces programmes doivent permettre à chacun une meilleure gestion de son cerveau[3], en particulier une meilleure utilisation des capacités de l'hémisphère droit, siège de l'intuition.

Il est intéressant de rappeler les principales conclusions d'une étude de H. Mintzberg[4] publiée sous le titre « Planifier à gauche et gérer à droite ». Les techniques de planification et de gestion opérationnelle sont à base de

---

1. Selon H. Atlan (déjà cité), dans la téléonomie des systèmes vivants, les effets organisateurs du hasard génèrent de l'ordre à partir du désordre, de la complexité à partir des bruits de l'environnement. Ce serait cette faculté d'auto-organisation qui construirait l'avenir et déterminerait le véritable vouloir.
2. Voir les stages : Perspectives de l'APEC, les stages de pilotage de carrière de développement et emploi ; voir également les actions de bilan professionnel organisées par l'Ecole Centrale, l'ESSEC, HEC ; voir enfin les douze centres de bilans d'expérience personnelle et professionnelle, mis en place dans dix régions, par la circulaire n° 36 du 17 mars 1986 du ministère du Travail, de l'Emploi et de la Formation professionnelle.
3. Voir les trois niveaux de régulation du cerveau de McLean in R. Ribette, « Gestion stratégique des ressources humaines », *op.cit.*
4. *Idem.*

processus séquentiels, systématiques et explicites (phases logiques ordonnées dans le temps). Elles ont leur siège dans l'hémisphère gauche de notre cerveau. Elles font partie des démarches explicites. Mais les importants mécanismes de prise de décision, et essentiellement ceux des décisions d'ordre stratégique face à un environnement complexe et incertain, reposent sur les fonctions associées à notre hémisphère droit. Il s'agit, en effet, d'être capable de mettre intuitivement en relation de très nombreux éléments d'information et d'en dégager l'essentiel (la décision comme synthèse de la pensée). Ces simulations complexes correspondent à des démarches implicites de la pensée que H. Mintzberg rapproche des concepts de pressentiment... et de jugement. « Le jugement semble être la détermination que l'intellect verbal (l'hémisphère gauche) a conférée aux processus de pensée qu'il ne peut comprendre (hémisphère droit) ». Peut -être l'expression « il a un bon jugement » signifie-t-elle tout simplement : « Son hémisphère cérébral droit doit établir de bons modèles... » « Les dirigeants hors pair sont ceux qui peuvent allier des processus efficaces relevant de l'hémisphère droit (pressentiment, jugement, synthèse...) à des processus efficaces de l'hémisphère gauche (expression, logique, analyse...) ».

Ainsi, on peut parler d'un management holistique faisant appel à l'ensemble des capacités de notre cerveau. Nous avons des gisements considérables de progrès dans les ressources de notre hémisphère droit. « Depuis que F. Taylor a commencé ses expériences en usine, à la fin du siècle dernier, l'analyse consciente a toujours eu tendance à prévaloir sur l'intuition. Cette tendance va se poursuivre, mais les dirigeants et ceux qui travaillent avec eux doivent bien distinguer entre ce qui est mieux étudié analytiquement et ce qui doit rester du domaine de l'intuition. Et c'est dans celle-ci que nous devons chercher les clés perdues de la gestion ».

3.2.2. La gestion préventive facteur de recherche de l'équilibre ordre/ désordre et mode de gestion de l'incertitude et de la complexité

Il s'agit par des démarches de gestion préventive, engagées par chaque acteur de l'organisation, de répartir la complexité croissante de nos organisations en complexités maîtrisables au sein de plusieurs cellules. Nous y gagnons en coût de fonctionnement mais surtout en efficacité pour la maîtrise de la complexité et de l'incertitude, grâce à cet appel aux « ressources » de chaque individu.

Nous venons de voir que les potentialités des cerveaux (imagination créatrice) permettent de générer de l'aléatoire[1] afin de faire face aux incertitudes des situations rencontrées.

Par ailleurs, P. Pointu[2] avance que : « La complication du système doit être remplacée par une complexité répartie, fondée sur le développe-

---

1. Ainsi Jacques Mélèze rappelle que, volontairement, dans le système de pilotage du projet Apollo, on avait intercalé des hommes dans le système de pilotage automatique, in *L'analyse modulaire des systèmes de gestion,* Paris, Hommes et Techniques, 1982.
2. P. Pointu, « La complexité pousse à la révolution », *Arts et Manufactures* (mars 1986).

ment de la complexité humaine à tous les niveaux et dans les systèmes simples ; la ressource humaine devient ainsi un facteur stratégique de gestion des organisations.

L'initiative du plus grand nombre, et pas seulement celle des cadres, les intelligences et les imaginations délaissées, constituent la grande réserve disponible de complexité et de capacité d'adaptation. Nous n'en connaissons même pas les limites. Il est inévitable d'y faire appel et de la développer, même là où le progrès technologique permet de rendre plus flexible l'atelier taylorien.

Un certain type de désordre[1] est inséparable de l'implication et de l'initiative du plus grand nombre : les réponses aux aspirations à plus d'identité, d'autonomie et de différences ne peuvent être que diversifiées, locales et individualisées ; l'initiative, c'est faire ce qui n'a pas été prévu par la règle et sortir du cadre préétabli ; l'innovation, c'est la perturbation économique et sociale par excellence. Pour le responsable, c'est susciter de l'imprévu et de l'incertitude derrière lui, alors que le dirigeant taylorien cherche à supprimer celle-ci en construisant une machine la plus mécanique possible dont on connaît à l'avance toutes les réactions.

Pour fédérer l'initiative du plus grand nombre sur des buts communs, le responsable ne peut pas compter sur l'imposition d'une manière de faire ou sur la multiplication des règles et des directives, outils simples qui étouffent la réactivité en ne connaissant que l'ordre ou le désordre. Il lui faut au contraire associer un certain type d'ordre sans lequel rien ne se fait et un certain type de désordre vital, indispensable à la réactivité et à l'innovation.

Le facteur d'ordre nécessaire au gouvernement de l'entreprise à complexité humaine devient l'adhésion réfléchie du plus grand nombre à une certaine idée du bien commun, à une vision crédible d'un futur désirable commun. C'est par un règlement de sens que le règlement d'ordre pourra favoriser la vitalité au lieu de l'étouffer.

L'ordre vient de ce que chacun souhaite aussi davantage appartenir à un ensemble qui l'aide à donner un sens à son travail, un sens qui ne soit pas seulement d'ordre moral ou utilitaire. Chacun cherche son bonheur personnel, mais avec une certaine idée du bien commun. Plus celle-ci sera forte et partagée, plus pourra être favorisé le foisonnement des motivations individuelles dans leur diversité. De même, ce qui oriente par avance les initiatives et les innovations, c'est l'idée que l'on se fait de ce qui sera reconnu et valorisé, de ce qui recueillera le soutien des autres et pourra aboutir ».

Ainsi, le projet d'entreprise accepté est celui qui partage avec les projets individuels de chaque membre de l'entreprise un minimum de sens, c'est-à-dire un système de valeurs communes.

---

1. Pour qu'il y ait des zones avec accroissement de néguentropie, il faut qu'il y ait des réserves d'entropie. Autrement dit, l'ordre se construit à partir du désordre. Voir H. Atlan, *Entre le cristal et la fumée* ; voir également le jeu des acteurs dans les zones d'incertitude de l'organisation décrit par M. Crozier dans *L'acteur et le système*, Paris, Seuil, 1979.

*

*   *

La découverte des limites des approches prévisionnelles de gestion des ressources humaines a progressivement amené les responsables à développer des approches de gestion préventive, axées sur une plus forte responsabilisation de chaque membre de l'entreprise, et s'inscrivant dans un management découlant de l'utilisation des sciences du complexe élaborées pour l'étude des systèmes vivants. L'approfondissement de ces nouvelles pistes, complémentaires et non opposées à celles de la gestion prévisionnelle traditionnelle[1], nécessiterait des développements supplémentaires.

Pour conclure, je voudrais simplement souligner cette recherche de sens tant collectif qu'individuel. Cette recherche me paraît tenir d'un nouvel humanisme qui, tout en plaçant l'homme au centre des démarches de gestion de l'entreprise, le laisse responsable de son évolution personnelle.

Ainsi la « gestion à temps » des ressources humaines (prévisionnelle et préventive) consiste à favoriser le développement de conscience de chaque être. C'est le nouveau pari sur l'homme que nous avons à faire.

Références

Atlan H., *Entre le cristal et la fumée*, Paris, Seuil, 1979.

Boissonnat J., « L'emploi sans croissance », *Ouest France* (29 août 1987).

Colloque Ecole Centrale/Essec, *Management individuel de carrière face à la gestion collective des ressources humaines*, Paris, 14 mai 1986.

Crozier M., Friedberg E., *L'acteur et le système*, Paris, Seuil, 1979.

Développement et emploi, *L'orientation professionnelle continue*, Paris, FNEGE, 1985.

Laulan A.M., *L'entreprise saisie par la communication*, Paris, Séminaire IRESCO, 1987.

Mathis L., *Gestion prévisionnelle et valorisation des ressources humaines*, Paris, Les Editions d'Organisation, 1982.

Mintzberg H., « Planifier à gauche et gérer à droite », *Harvard - L'Expansion* (hiver 1976-1977) : 74-85.

Noferi P., *Gestion des ressources humaines et compétitivité de l'entreprise*, Paris, ADASE - UIMM 1987.

Pointu P., « La complexité pousse à la révolution », *Arts et Manufactures* (mars 1986) : 14-16.

Ribette R., « Animation et gestion de l'encadrement en situation de crise », *Humanisme et Entreprise* (1985).

Ribette R., « Approche systémique de la dimension personnel dans l'entreprise et gestion stratégique des ressources humaines » in *La fonction ressources humaines*, Paris, Les Editions d'Organisation, 1988.

Ribette R., « Direction et politique du personnel » in *Techniques de l'Ingénieur* (1982).

Ribette R., « Gestion prévisionnelle des ressources humaines » in *Pratique de la fonction personnel*, Paris, Les Editions d'Organisation, 1982.

Ribette R., « Personnel, Persona, Personne ou Personnalité », *Personnel ANDCP* (n° 283, janvier 1987).

---

1. Rappelons que si nous avons un cerveau droit qu'on peut espérer mieux utiliser, nous avons aussi un cerveau gauche qu'il faut continuer à bien exploiter.

Ribette R., « Quelle gestion des hommes pour quels progrès ? », *Personnel ANDCP* (n° 271, septembre 1985).

Ribette R., « Techniques de gestion du personnel » in *Techniques de l'Ingénieur* (1984).

Mots clés

Approche catégorielle collective, approche individuelle, besoins prévisibles d'emplois, bilan individuel, bourse interne des emplois, carte routière des carrières possibles, cerveau, commissions des métiers, emplois par famille professionnelle, équilibre ordre/désordre, évolution des flux de personnel, gestion de l'incertitude et de la complexité, gestion individuelle préventive, gestion préventive, gestion prévisionnelle, gestion qualitative des ressources humaines, gestion quantitative des ressources humaines, hémisphère droit, hémisphère gauche, incertitude, investissement formation, itinéraire de carrière, main-d'œuvre directe, main-d'œuvre indirecte, management holistique, modèle de gestion quantitative des effectifs, organigramme de remplacement, organigramme prévisionnel, plan de carrière individuelle, plan de développement personnel, plan de formation, poste clé, potentiel professionnel, prévenir, prévoir, productivité, projet d'entreprise, projet individuel, qualification des emplois, recherche de sens, ressources humaines, sens à son travail, structure quantitative des ressources humaines, système de valeurs.

65

Gestion d'un établissement d'enseignement

Christian Vulliez

La gestion d'un établissement d'enseignement n'est pas un domaine qui a fait l'objet d'études et d'analyses très approfondies ou qui a beaucoup suscité l'intérêt et la curiosité des chercheurs.

La gestion, discipline encore récente dans notre pays, a vu son champ d'investigation d'abord et naturellement appliqué à l'entreprise, puis être progressivement étendu à de nombreuses autres activités. Le système éducatif est probablement l'un des derniers secteurs où les préoccupations « gestionnaires » aient pénétré. Elles y font aujourd'hui une entrée en force.

Les dépenses éducatives représentent à l'heure actuelle l'un des plus grands investissements nationaux qu'un pays réalise sur le long terme. Et c'est une dépense – contrairement à l'investissement d'une entreprise – qu'il ne peut interrompre et qu'il doit renouveler chaque année. Sans doute l'intensité ou l'ampleur de cet effort peuvent-ils varier dans le temps. Mais cet investissement a ceci de particulier qu'il ne peut être discontinu, contrairement à d'autres.

L'INDUSTRIE ÉDUCATIVE

Aujourd'hui, les dépenses d'éducation et de formation des grands pays industrialisés, comme de nombreux pays en développement, représentent des sommes considérables et croissantes. Pour prendre l'exemple de la France, si l'on additionne le budget du ministère de l'Education nationale, celui de l'Enseignement supérieur, tous les crédits que les collectivités locales consacrent à l'éducation (communes pour les écoles primaires, départements pour les collèges, régions pour les lycées), le montant de toutes les activités éducatives dépendant du secteur privé ainsi que les dépenses de formation des entreprises, on obtient, pour 1987, un chiffre global estimé à 300 milliards de francs environ. Ce montant considérable situe les activités éducatives de ce pays comme étant l'un des cinq plus importants secteurs économiques nationaux. On peut donc légitimement parler d'« industrie éducative », même si ces deux termes, placés côte à côte, peuvent paraître un peu provocants.

D'un point de vue strictement économique, une collectivité nationale qui consent un tel effort financier, quelle que soit l'origine des ressources, doit naturellement se poser la question de l'efficacité d'un tel investissement. C'est à dessein qu'on ne parlera pas ici de rentabilité, contrairement à ce qui se pratique dans l'analyse économique appliquée à l'entreprise. L'efficacité peut se mesurer, par exemple, en termes d'échecs scolaires, de pourcentages d'étudiants par tranches d'âge, d'emplois pourvus, etc. La mesure classique de rentabilité est ici trop aléatoire et n'a donc pas de signification tant par la nature des critères que par les échéances qui seraient retenues.

Si la gestion est cette alchimie, faite d'art et de technique, qui consiste à allouer des ressources rares en fonction d'objectifs, on devine bien quel champ d'application considérable, et encore passablement inexploré, le monde de l'éducation offre à cette discipline.

Cela est d'autant plus vrai et actuel que les dépenses éducatives ont longtemps été considérées comme des dépenses différentes des autres, qu'on ne devait compter qu'avec pudeur ou discrétion. Sans doute parce que, plus que d'autres, elles ont une dimension affective et culturelle. Cela était justifié tout le temps que l'instruction publique et l'obligation scolaire furent une longue attente puis une grande conquête. Cela est encore vrai quand la pression de l'opinion et les exigences de l'emploi poussent à l'amélioration du niveau de culture, à l'élévation des qualifications ou à l'augmentation du nombre d'étudiants par classe d'âge.

Ainsi, jusqu'à une date récente, notre pays n'a pas compté ses efforts financiers en matière d'éducation. La rareté des ressources, confrontée à la complexité et à la multiplicité des besoins collectifs, a conduit, au cours des vingt dernières années, à l'émergence d'un domaine ou d'un champ d'investigation nouveau qui est celui de « l'Economie de l'Education » où quelques économistes et pédagogues se sont courageusement engagés. Ils ont progressé dans l'étude des politiques éducatives, des moyens qui leur étaient alloués, des résultats auxquels elles parvenaient. Il s'agissait, en réalité, d'études économiques s'inspirant des analyses de secteurs industriels classiques avec quelques tentatives pour ne pas rester à un niveau d'observation ou de recherche trop global.

Mais le mouvement profond et salutaire qui a réhabilité l'économie d'entreprise par rapport à la macro-économie, qui a rendu ses titres de noblesse à l'entrepreneur par rapport aux agrégats ou aux acteurs anonymes, s'étend et s'applique aussi, bien qu'à sa manière, au domaine de l'éducation.

L'ENTREPRISE ÉDUCATIVE

L'opinion est de plus en plus sensible au service (dans tous les sens du mot) qu'est devenue aujourd'hui la formation des jeunes et des adultes et au fait que celui-ci est rendu par un établissement, qui possède une implantation géographique identifiée, qui dispose de ressources humaines et de moyens matériels et qui est dirigé par un ou plusieurs responsables, comme une entreprise qui produit des biens ou propose des services. De l'analyse de l'industrie éducative, il convient donc de s'intéresser à celle de l'entreprise éducative. C'est l'objet de cette étude et l'ambition du présent article.

L'entreprise éducative est une réalité : son emplacement, son rôle, ses acteurs, ses usagers, ses partenaires sont connus, qu'il s'agisse d'une école maternelle, d'un collège, d'un lycée d'enseignement professionnel ou d'une université.

L'entreprise éducative se situe également au cœur d'un système de valeurs propre à la société nationale qu'elle doit servir, fait de continuité et de ruptures, nourri de cohérences et de contradictions. Elle ne peut donc prétendre à la neutralité. Ses références et ses règles de fonctionnement sont toujours contingentes et relatives.

L'entreprise éducative doit toujours poursuivre deux objectifs apparemment antagonistes, mais en réalité complémentaires et en interaction incessante.

Elle a d'abord une finalité humaine de transmission des connaissances et de développement d'une personnalité qui se forme. Elle est, en ce sens, le lieu privilégié de la relation unique, parce que irremplaçable, qui met en rapport celui qui connaît avec celui qui apprend. Sa vocation est de permettre aux jeunes ou moins jeunes qui la fréquentent de réaliser, à un moment donné de leur parcours personnel, la plus grande part de leurs potentiels. Mais elle doit, parallèlement, ne jamais ignorer, ni sous-estimer, sa finalité d'insertion dans une activité ou dans une collectivité qui justifie les moyens financiers considérables qu'elle prélève ou qu'elle exige. Quand un établissement d'enseignement oublie l'une de ces deux missions, ou les hiérarchise de façon déséquilibrée, l'échec, plus ou moins rapidement, le sanctionne toujours.

L'entreprise éducative est donc comptable de ses résultats vis-à-vis de ceux qui la fréquentent comme vis-à-vis de ceux qui la financent. Il faut donc encourager le développement de cette logique de résultat dans sa double dimension personnelle et collective. L'émergence récente, mais rapide, de ce qu'on pourrait appeler un pouvoir « consommateur » dans l'éducation, comme contrepoids à un pouvoir autonome ou délégué, enrichit sa vocation et ses missions. L'entreprise éducative ne doit donc plus être une entreprise de « sous-traitance » comme un consensus apparent, mais erroné, a trop longtemps voulu la réduire.

Par comparaison avec le management de nombreux autres institutions ou organismes, il faut reconnaître que la gestion de l'entreprise éducative apparaît aujourd'hui archaïque. Les techniques modernes de management y sont peu utilisées quand elles ne sont pas inconnues ou méprisées. Les règlements y tiennent souvent lieu de modèles ou de références et les habitudes de règles. Les enjeux considérables auxquels toute entreprise éducative est désormais confrontée vont très certainement bouleverser profondément cette situation.

Pour avancer dans cette réflexion, une démarche progressive et pragmatique est nécessaire. Elle conduit d'abord à s'interroger sur les quelques grands défis que notre système d'éducation va devoir relever avec succès dans la décennie à venir. Puis, après avoir présenté et analysé l'impressionnante diversité du paysage éducatif, il sera possible de proposer le cadre et les axes qui permettraient à tout établissement d'enseignement ou de formation d'avoir un système de management moderne et approprié. Quelques exemples serviront à démontrer que ce schéma général peut se décliner et se pratiquer dans telle ou telle des multiples situations où l'entreprise éducative est amenée à agir et à être performante.

1. Quelques défis éducatifs de la décennie à venir

Nos systèmes éducatifs européens, et les établissements d'enseignement qui en sont les cellules de base, vont être confrontés à des évolutions et à des enjeux majeurs, peut-être imprévisibles dans leurs conséquences. Sans vouloir être exhaustif et sans chercher à les approfondir comme il conviendrait, il semble utile d'en mentionner quelques-uns.

1.1. Les nouveaux impératifs de la science et des techniques

Ils vont imprégner, induire et peut-être profondément bouleverser tout l'environnement pédagogique et éducatif. L'émergence d'un nouveau système socio-technique a une dimension culturelle et véhicule de nouvelles valeurs. L'exemple de l'informatique, qui est tout à la fois système de pensée ou de référence, outil et métier, est particulièrement révélateur.

La France a un enseignement technologique peu valorisé en dehors de celui de ses Grandes Ecoles. Les enjeux à venir sont tels qu'il faudra bien que nos formations techniques cessent d'être des formations pour les enfants des autres, qu'elles se renouvellent et qu'elles attirent enfin la part équitable d'une génération qui se détourne d'elles aujourd'hui. On ne rencontre pas une telle situation dans des pays comme la République fédérale d'Allemagne ou les Etats-Unis où l'on observe un moindre chômage des jeunes.

1.2. L'ouverture aux réalités européennes et internationales

Chacun des pays auxquels nous nous comparons possède son propre système d'éducation avec ses caractéristiques spécifiques. Or les jeunes qui sont formés dans chacun d'entre eux travailleront demain dans un cadre européen unifié. Il faudra bien que des harmonisations progressives rapprochent ces systèmes différents. Que de changements prévisibles ! Que d'évolutions ou d'adaptations qui seront parfois douloureuses ! Quelles conséquences pour l'étude et la pratique des langues par exemple ? Pour le recrutement des enseignants ? Pour les échanges d'élèves ou de professeurs ? Pour l'établissement de passerelles et de diplômes reconnus ou équivalents avant de devenir communs ?

1.3. Des parcours éducatifs différents pour un plus grand nombre

Sur une génération de 800 000 jeunes Français, de profonds changements vont modifier le cheminement de leur formation initiale dans la décennie à venir. Aujourd'hui, un pourcentage situé entre 20 et 25 % de ces jeunes sont en situation grave d'échec scolaire[1] et un peu moins de 40 % parviennent au baccalauréat, comme l'indique le schéma 1.

Schéma 1
Les sorties du système éducatif

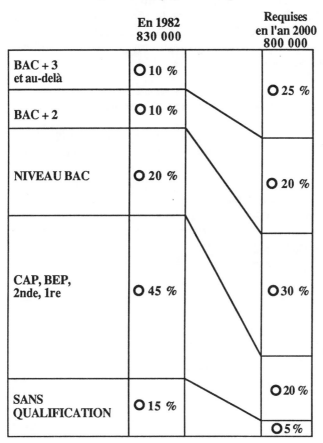

La population active se renouvelle lentement. Le niveau du baccalauréat est atteint aujourd'hui par moins de 25 % des 21,5 millions d'actifs. Il ne sera possible d'atteindre en l'an 2000 le niveau visé, à savoir une population active avec 40 % de personnes au niveau du bac, que si l'on accroît notablement le flux de jeunes sortant du système éducatif à ce niveau de formation.

En l'an 2000, 75% des jeunes devront obtenir le niveau baccalauréat. Cela implique une forte réduction du nombre de jeunes sortant de l'école sans qualification et un passage de 380 000 à 150 000 du nombre de ceux qui sortent chaque année avec le niveau du CAP ou d'un BEP.

Source : Rapport du Haut Comité éducation-économie : Une autre approche de l'avenir (octobre 1987).

---

1. Le rapport Andrieu présenté au Conseil Economique et Social en novembre 1987 évalue à 100 milliards de francs le coût annuel de l'échec scolaire en France.

En l'an 2000, les pourcentages des jeunes d'une génération, obtenant les diplômes cités ou se situant aux niveaux correspondants, auront considérablement évolué. Cela entraînera d'énormes conséquences sur la durée des études, le développement et la création d'établissements, le recrutement des enseignants, etc.

1.4. La transformation de l'économie et les nouveaux métiers

L'évolution probable de l'économie conduira très vraisemblablement à une exigence accrue de formation et à un niveau plus élevé de qualification correspondant à des emplois dont la répartition et la nature seront très différentes de ce que l'on observe aujourd'hui. En ce qui concerne les emplois industriels, le schéma 2 illustre tout à fait cette évolution entre 1982 et l'an 2000.

Schéma 2
Bouleversement de la démographie des emplois dans l'industrie

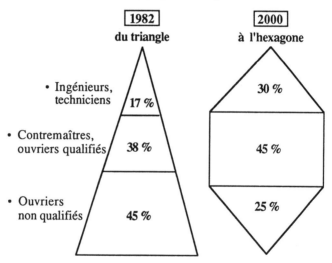

Le Bureau d'information et de prévision économique (BIPE) prévoit une importante modification de la structure des emplois industriels, avec une forte croissance de la proportion d'ingénieurs et de techniciens, et une réduction, presque par deux, de la proportion d'ouvriers non qualifiés.

Source : Rapport du Haut Comité éducation-économie : Une autre approche de l'avenir (octobre 1987).

Parallèlement, le mouvement croissant de « tertiarisation » des économies développées se traduira par des soldes nets de créations d'emplois exclusivement hors de l'agriculture et de l'industrie. Notre système éducatif ne peut ignorer cette évolution profonde et irréversible.

1.5. Le nécessaire développement de la formation continue

On sait aujourd'hui que le temps consacré par chaque individu à sa formation ira croissant tout au long de sa vie active, mais que la part relative de sa formation première ou initiale diminuera d'ici la fin de ce siècle. Le système éducatif n'a pas encore pris toute la mesure de cette profonde transformation de la transmission et du renouvellement des connaissances. Il vit encore sur la domination absolue de la formation première. D'autres pays ont déjà, et mieux, réussi ce changement progressif du cheminement éducatif individuel en liaison naturelle avec l'évolution des métiers et des emplois. Il faut savoir, par exemple, qu'en 1987 la totalité des crédits de l'enseignement supérieur français, qui s'élèvent à 25 milliards de francs environ, correspondait à peu près à l'ensemble des dépenses de formation permanente financées cette même année par toutes les entreprises françaises. Il y a dix ans, le rapport était de 2 pour 1 ; aujourd'hui, il y a parité ; si l'on poursuit les tendances, d'ici dix ans, le rapport sera au moins inverse [1]. Que de conséquences à en tirer pour tout établissement d'enseignement ou de formation !

1.6. Le démembrement de la responsabilité éducative

L'éducation est devenue une chose trop sérieuse pour être confiée aux seuls enseignants. Longtemps, la société civile a « sous-traité » aux professionnels de l'éducation le soin d'enseigner et de former. Devant les insatisfactions et les performances insuffisantes produites par le fonctionnement du système, de nouveaux acteurs et partenaires s'y intéressent aujourd'hui et veulent y assumer des responsabilités.

Les associations de parents sont au premier rang, mais les entreprises, les secteurs professionnels, les collectivités locales, les régions revendiquent le droit et expriment le désir de n'être plus seulement spectateurs ou payeurs. Ils entendent bien devenir parties prenantes, voire même décideurs, d'un système qui doit mieux préparer aux métiers de demain et que, de surcroît, ils financent. Il s'agit d'une évolution récente mais profonde qui n'est pas sans conséquences dans la vie et la gestion quotidienne de l'entreprise éducative.

D'autres enjeux auraient pu être évoqués comme celui des limites économiques que toute collectivité nationale peut consentir pour son effort éducatif ou comme celui du rôle, de la place et du statut de l'enseignant dans notre société [2]. Nous n'avons pas promis d'être exhaustifs. Nous voulons simplement montrer qu'un management moderne de l'entreprise éducative dépend largement de ces défis et de ces évolutions profondes et que les ignorer conduit, sans l'ombre d'un doute, à de graves errements. Tout au contraire, leur analyse et leur prise en compte précèdent et orientent une stratégie dynamique et ambitieuse.

---

1. Voir également dans cette Encyclopédie l'article de E. Cohen, « Gestion de la formation ».
2. Le « Plan pour l'Education » présenté par René Monory le 15 décembre 1987 met clairement en évidence cette question essentielle. Le rapport Durry (17 février 1988) dresse un tableau particulièrement alarmant de la condition des universitaires.

2. La multiplicité et la diversité des établissements d'enseignement et de formation

La population scolaire et estudiantine de la France se répartit en 1987 de la manière suivante :

Premier degré
• 1 908 000 enfants sont scolarisés dans 18 000 écoles maternelles dont 400 privées environ.
• 4 755 000 enfants sont scolarisés dans 46 250 écoles primaires dont 6 000 privées environ.

Deuxième degré
• 5 500 000 jeunes suivent la scolarité de 10 250 lycées et collèges dont 3 900 privés environ.

Enseignement supérieur
• 1 000 000 d'étudiants environ font leurs études dans 80 universités.
• 50 000 élèves suivent la scolarité de 200 Grandes Ecoles environ.

Par ailleurs, il existe un peu plus de 10 000 organismes de formation permanente dont 80 % environ appartiennent au secteur privé. Encore ces chiffres ne comprennent-ils pas les centres de formation internes aux grandes entreprises, qui ne représentent pas des entités distinctes et identifiables, mais dont l'activité croît rapidement.

Ces quelques données statistiques suffisent à montrer la diversité considérable que représentent, comme d'ailleurs dans la plupart des grands pays, les établissements d'enseignement et de formation. On voit d'emblée le nombre impressionnant de situations différentes dans lesquelles peut se situer une institution éducative. Il est clair que les modes, les styles ou les règles de gestion ne seront pas identiques, même si elles peuvent rester comparables, selon les cas de figure envisagés.

Pour éclairer la complexité de ce paysage éducatif, il est utile d'approfondir certaines clés distinctives de cette diversité. Cinq critères sont assez déterminants pour être retenus ici.

2.1. La diversité des niveaux

Il est inutile d'insister sur le fait que les modes de gestion d'une école maternelle ou d'une grande école, d'un collège secondaire ou d'une université ont peu de chances de se ressembler et même de se comparer.

2.2. La diversité des statuts

Les établissements d'enseignement ou de formation peuvent relever du droit public (ministère de l'Education nationale ou autre) ou du droit privé. Encore cette distinction évidente se complique-t-elle du fait que dans les établissements relevant du droit public, des statuts particuliers et différents s'appliquent aux instituteurs, aux professeurs du second degré, aux universitaires. Avec, d'ailleurs, de nombreux sous-ensembles dans ces trois catégories.

Dans le secteur privé, d'importantes différences existent également selon que l'établissement est ou n'est pas sous le régime du contrat qui peut, lui aussi, comporter plusieurs variantes.

En réalité, tous les cas de figures statutaires, pour les établissements comme pour leurs personnels, peuvent être observés. C'est peut-être à travers ce critère – et sa pratique – que se mesure vraiment le principe constitutionnel de la liberté de l'enseignement.

2.3. La diversité du financement

Selon que le financement des établissements est d'origine publique, privée ou mixte, il est évident que les règles, les contraintes et les libertés de gestion varient considérablement et conditionnent directement le management de l'entreprise éducative.

2.4. La diversité de la taille

Une école primaire d'une classe ou de vingt classes, un lycée de 500 élèves ou une cité scolaire de 5 000[1], une grande école de 120 étudiants ou de 1 200, une université de 3 000 étudiants ou de 30 000, ne se gèrent pas à l'identique. Comme dans la gestion des entreprises où une PME de 100 personnes a un management différent de l'entreprise de 10 000 salariés, l'entreprise éducative connaît les effets de seuils, une hiérarchie et une bureaucratie souples ou pesantes, une communication aisée ou compliquée.

2.5 La diversité de la concurrence

Ici encore, comme dans les entreprises, l'existence ou l'absence de concurrence change totalement la nature et le style de management de l'entreprise éducative. De ce point de vue, l'analyse économique des différentes situations de concurrence s'applique parfaitement au système éducatif. Cela dit, la concurrence dans l'éducation peut revêtir différentes formes qui parfois se cumulent :

– concurrence ou non-concurrence dans le recrutement des élèves ou étudiants : problème de la sectorisation et/ou de la sélection ;

– concurrence ou non-concurrence dans le recrutement des enseignants : problème de l'affectation et/ou du statut ;

– concurrence ou non-concurrence dans les diplômes ou certificats obtenus : problème du diplôme national ou d'établissement, voire absence de diplôme.

---

1. A cet égard, l'excellent ouvrage publié en janvier 1988 par Paul Deheuvels, proviseur du lycée Louis-le-Grand : *L'excellence est à tout le monde* chez Robert Laffont contient d'intéressantes observations (pages 19 et suivantes).

D'autres critères de diversité, peut-être moins déterminants, pourraient également figurer dans cette analyse. Mais les seules combinaisons résultant de ceux qui viennent d'être évoqués démontrent à l'évidence la multiplicité des situations et des stratégies envisageables. Nous entrevoyons déjà qu'à chaque type de situation correspondra un management approprié. Cependant, quel que soit le cas de figure envisagé, des principes généraux de gestion se retrouvent et s'appliquent toujours.

3. Pour un management moderne de l'entreprise éducative

Tout établissement d'enseignement ou de formation peut se caractériser schématiqement par cinq critères :
— la quantité et la qualité des élèves, des étudiants ou des adultes qui le fréquentent ; ce critère pose la question de la mesure et de la nature des flux d'entrée et de sortie de l'établissement ;
— la quantité et la qualité du corps enseignant dont dispose l'établissement ;
— le caractère commun ou banalisé par opposition au caractère original ou distinctif de ses méthodes et processus pédagogiques ;
— l'importance et la nature plus ou moins diversifiée des ressources financières dont il dispose ;
— la notoriété et l'image.

Gérer un établissement d'enseignement ou de formation consiste à combiner harmonieusement et efficacement l'ensemble de ces facteurs en fonction d'objectifs que l'on définit.

Trois certitudes, qui se sont récemment imposées, doivent être présentées d'emblée, car elles vont éclairer l'analyse utlérieure.

— Il n'existe aucun système éducatif performant qui ne comporte une certaine dose ou une certaine dimension de concurrence. Sans que la relation entre performance et concurrence soit toujours parfaitement corrélée, on observe partout les plus faibles performances là où la concurrence est inexistante et quelques bons résultats là où elle existe. Le degré de compétition que l'on veut introduire entre les établissements, quand cela est possible et souhaitable (ce qui n'est pas nécessairement toujours le cas), est un choix politique majeur.

— Il ne peut y avoir de concurrence pertinente et justifiée en dehors d'une organisation déconcentrée et décentralisée d'un système éducatif, des établissements qui le composent et de la gestion qui en découle. Cela veut dire que ceux-ci aient de vrais responsables, disposent de réels moyens dans le cadre de budgets identifiés.

— Car l'éducation et la formation ont un coût. Que celui-ci soit couvert par l'impôt, par les usagers (ou leurs parents) ou par les entreprises, ne change rien à l'évidence qu'il doit être financé. Le slogan de l'enseignement gratuit est gravement trompeur. Les choix qui conduisent à la répartition du financement de l'éducation et de la formation sont parmi les plus politiques des grands choix qu'une société ou qu'une collectivité doit faire. Les conséquences de ces choix sont déterminants pour la gestion de l'entreprise éducative. D'un côté, elle risque de ne disposer d'aucune autonomie d'action ou de gestion, de l'autre d'une grande liberté. Mais quels que soient ces choix, ils ne dispensent jamais l'entreprise éducative de bien connaître ses prix, ses coûts, et leurs financements. L'amélioration de son efficacité, pour ne pas dire de sa productivité, passe nécessairement par cette première étape.

Ces certitudes et ces données caractérisent bien l'activité éducative et la distinguent de beaucoup d'autres. En revanche, les principes du management appliqués à l'éducation sont moins spécifiques. Tout établissement d'enseignement et de formation doit avoir ses objectifs et une organisation cohérente avec ceux-ci, une gestion de ses moyens humains et financiers, une capacité d'innovation pédagogique, une relation privilégiée et étroite avec ses usagers (peut-on parler de clientèle ?) et accepter des évaluations et des contrôles.

3.1. Les objectifs de l'entreprise éducative

Les objectifs de l'entreprise éducative sont trop souvent implicites ou mal formulés. Elle gagne toujours à les déterminer avec précision et réalisme. Elle réussit mieux que les autres quand elle les a identifiés et qu'elle s'y tient, même si elle relève d'un système ou d'un marché où les marges de liberté sont limitées.

Les objectifs de l'entreprise éducative sont en réalité son « projet » qui la distinguera des autres et déterminera les politiques et les actions qui en découlent.

Plusieurs conceptions peuvent ici s'opposer. Pour les uns qui ne conçoivent un système de formation qu'égalitaire et unifié, trop de différences sont à éviter et même à bannir. Ressemblons-nous par ce que nous devons avoir de commun, disent-ils. Pour d'autres, au contraire, les différences et les concurrences sont porteuses de progrès ou de qualité. Distinguons-nous par ce que nous devons avoir de meilleur, affirment ceux-là.

Selon qu'ils adhèrent à l'une ou l'autre démarche, le chef d'établissement et son équipe choisissent des objectifs et une politique. A travers ce simple choix, on voit bien qui seront les gagnants et l'on voit aussi ceux à qui s'applique notre analyse.

La définition et la réactualisation régulière des objectifs et du projet éducatifs permettent aussi à la communauté des acteurs et des partenaires de l'établissement d'adhérer à ses choix explicites et de les soutenir, de conforter son image, de créer une identité, de développer un esprit d'équipe et même une « culture » de l'établissement, comme on parle aujourd'hui de culture d'entreprise [1]. Plus concrètement, cela veut dire :

– qu'une grande école d'ingénieurs choisira d'être généraliste ou polyvalente plutôt que spécialisée ;

---

1. Voir dans cette Encyclopédie l'article de R. Reitter, « Culture et identité ».

– qu'une université concentrera les recrutements de ses enseignants ou ses moyens de recherche dans telle ou telle discipline où elle se distinguera ;

– qu'un centre de formation permanente s'intéressera à un niveau de formation plutôt qu'à un autre ou à une profession particulière plutôt qu'à une autre ;

– qu'un lycée d'enseignement général cherchera à avoir les meilleurs résultats au baccalauréat de sa ville ou de sa région dans telle ou telle série, A, B, C, D, E, etc. ;

– qu'un lycée d'enseignement professionnel construira une relation, plus étroite ou plus efficace, avec tel ou tel secteur professionnel de son choix ;

– qu'un collège mettra en œuvre des processus pédagogiques nouveaux qu'il aura expérimentés lui-même ;

– qu'un établissement du premier degré adaptera ses méthodes au développement personnel, rarement homogène et continu, des jeunes enfants qu'il reçoit.

Sans cette définition préalable d'objectifs, il n'y a pas de management moderne, peu ou pas d'adhésion à un projet, et rarement des résultats de qualité.

3.2. L'organisation de l'entreprise éducative

Les principes et les règles d'organisation ne s'appliquent naturellement qu'aux établissements d'une certaine taille. Ils ne concernent pratiquement pas les établissements du premier degré et assez peu les collèges. Mais une organisation efficace peut être un élément de distinction significatif entre lycées et elle prend toute valeur dans la gestion des activités de formation permanente et plus encore dans l'enseignement supérieur.

L'organisation et la structure d'un établissement d'enseignement ne sont pas neutres. Elles sont dépendantes d'une culture et de valeurs où l'enseignant tient une place privilégiée et dominante. Sans lui, l'entreprise éducative n'existe pas et il le sait. Il est sa ressource principale et non substituable. Cette situation s'accompagne d'une syndicalisation considérable et parfois paralysante du secteur éducatif. L'enseignant est, en réalité, un collaborateur qu'on ne peut considérer ni traiter comme un cadre.

Dans l'organisation de l'entreprise éducative, il existe aujourd'hui deux conceptions d'organisation [1] également pernicieuses : la conception administrative et la conception autogestionnaire. L'une comme l'autre, cumulant parfois les effets de leurs inconvénients, ont une grande responsabilité dans les inadaptations présentes du système éducatif français.

La conception purement administrative se fonde sur l'utilisation des règlements et des procédures et génère à la fois une apparente égalité et une réelle médiocrité.

---

1. R. Zisswiller, *Gestion des établissements d'enseignement,* Paris, Sirey, 1979, p. 27 et suivantes.

La conception autogestionnaire découle de la spécificité et des traditions éducatives qui voudraient que l'organisation et la politique d'un établissement dépendent des groupes (et des intérêts de ceux-ci) qui le composent et y travaillent. Que d'erreurs d'orientation commises et que d'illusions semées au nom de cette conception !

L'organisation qu'il faut promouvoir est celle qui allie un vrai pouvoir de direction avec des structures participatives associant toutes les parties prenantes d'un établissement.

Un vrai pouvoir de direction : celui-ci existe et est clairement identifié dans tous les établissements privés. Il est en train de progresser dans les établissements publics avec les récentes mesures créant la fonction de Maître-Directeur dans l'enseignement du premier degré (décret du 2 février 1987) et l'affirmation et le renforcement du statut et des pouvoirs des principaux de collèges et de proviseurs de lycées (décrets de janvier 1988).Cette évolution devra être confirmée dans les nouveaux textes qui réorganiseront le fonctionnement de notre enseignement supérieur.

Parallèlement à ce pouvoir de décision, il faut que de réelles structures de participation et de concertation associent les communautés présentes dans l'établissement (enseignants, personnels de service, élèves ou étudiants) à l'élaboration des choix, aux modalités de leur application et à la résolution des problèmes qui les concernent.

Ces choix étant clairement faits, quelles fonctions remplit une entreprise éducative et comment s'organisent-elles ? Elles sont essentiellement au nombre de trois.

– La fonction de direction et de gestion pédagogiques consiste à orienter, organiser, planifier, gérer le déroulement d'une scolarité, d'un cycle d'enseignement ou d'un programme de formation. Cela comprend notamment :
• certains choix pédagogiques ;
• la préparation et la gestion des emplois du temps ;
• la relation avec les élèves, étudiants ou stagiaires ;
• la discipline ;
• la gestion des processus participatifs.

– La fonction de gestion administrative et financière (ou d'intendance) consiste en la gestion des ressources humaines et des moyens matériels ou financiers. Cette fonction a plus ou moins d'importance, selon le statut de l'établissement et les libertés qu'il permet ou pas. Elle concerne essentiellement :
• le budget et la comptabilité ;
• la gestion des ressources et des charges ;
• la gestion des personnels ;
• la gestion des moyens matériels et immobiliers.

– La fonction de relations extérieures et de communication a plus ou moins de poids selon la taille de l'établissement et la place que son responsable veut lui donner dans sa stratégie. Mais son importance va croissante :

- relation avec les partenaires de l'établissement ;
- politique de stages, de recrutement et de débouchés ;
- développement de l'image ;
- toutes actions de communication.

Cette fonction concourt à la promotion de l'établissement et doit se comparer à une fonction du même type que l'on retrouve maintenant souvent dans les entreprises, même si le champ d'application est différent. On parle même parfois de « marketing » des établissements d'enseignement et de formation.

3.3. La gestion des hommes dans l'entreprise éducative

Une entreprise éducative est, plus que toute autre, une entreprise à finalité humaine. Les hommes y ont sans doute une importance d'autant plus grande.

Trois catégories d'hommes sont réunies dans l'entreprise éducative : les enseignants, les enseignés et les personnels de service. Une des tâches les plus importantes et délicates du chef d'établissement est de faire travailler harmonieusement ces trois ensembles et de trouver des solutions aux nombreux problèmes posés par leur cohabitation en un même lieu.

Cette gestion et cette cohabitation sont d'autant plus faciles ou réussies que deux des conditions préalablement analysées ont bien été remplies : la définition d'objectifs auxquels chacun peut adhérer et l'existence de processus participatifs ou de concertation.

Bien entendu, ce sont dans les établissements éducatifs publics ou « à statut » que cette gestion est la plus organisée, réglementée et encadrée. Les marges de manœuvre sur le terrain y sont faibles et les possibilités d'être, sur ce plan, dynamique et imaginatif s'en trouvent réduites. Au contraire, dans les établissements privés ou « sans statut », on est placé dans une situation comparable à celle d'une entreprise avec les réserves déjà mentionnées sur le rôle ou les comportements de l'enseignant ou du formateur.

La gestion des personnels enseignants ou de service reprend tous les ingrédients et concerne toutes les composantes d'une politique moderne de gestion des hommes : recrutement et sélection, rémunération, formation permanente, promotion, participation et intéressement, mobilité, dialogue avec les organisations syndicales.

Voilà bien un des domaines essentiels de la vie d'une entreprise, celui où elle peut se distinguer des autres, celui où son responsable doit faire preuve d'imagination et de courage. Ce droit et ce pouvoir sont confisqués à la plupart des chefs d'établissements. 70 % du système éducatif français ne peut pratiquer une autre politique de gestion de ses personnels que celle minutieusement décrite dans des statuts figés et toujours en retard sur une réalité mouvante ou bien arrêtée par des négociations régulières avec des syndicats, c'est-à-dire en réalité cogérée.

Dans toutes les activités économiques, le pouvoir syndical relève et dépend de confédérations interprofessionnelles. L'éducation est presque l'unique secteur où le pouvoir syndical soit à ce point monocolore et consanguin dans ses recrutements comme dans ses comportements. Ce n'est pas une des moindres causes des dysfonctionnements actuels du système.

Un des défis majeurs qu'aura à relever notre système éducatif est celui d'introduire des dynamiques là où règnent des inerties, et des logiques de performance ou de résultat là où dominent des logiques d'ancienneté ou de gratuité.

Comment être imaginatif et original quand le recrutement des personnels est lié à des concours souvent nationaux (où certaines qualités notamment pédagogiques ne sont pas toujours valorisées tant positivement que négativement), quand leur rémunération obéit à des barèmes dont la précision et la subtilité sont un régal, quand la promotion, souvent décidée à l'extérieur de l'établissement, dépend davantage de l'ancienneté que des performances, que la mobilité, autre que géographique, est très faible, que l'intéressement aux résultats (sauf par les heures supplémentaires) est inexistant ?

Il s'agit d'un des domaines de compétence où le chef d'un établissement public est largement démuni pour imprimer sa marque et introduire dynamisme et motivation.

On voit bien, malgré les obstacles considérables, dans quel sens il convient de progresser. Les établissements privés, qui ont beaucoup moins de contraintes, apportent d'intéressants et de probants témoignages. Malheureusement, la proximité d'un secteur éducatif « à statut » rejaillit sur eux et ils ne peuvent pas, de ce fait, exercer tout l'effet de démonstration et d'entraînement qui pourrait être le leur.

Voilà, en tout cas, un champ d'investigation presque vierge pour la recherche et la pratique d'un management moderne de l'entreprise éducative.

3.4. La gestion budgétaire de l'entreprise éducative

Comme dans la gestion des personnels, la qualité et l'autonomie de la gestion budgétaire sont directement dépendants du statut dont relève l'établissement, des responsabilités que ses gestionnaires assument et des risques qu'ils encourent.

Si l'on fait référence à la gestion financière ou budgétaire classique, on devrait s'intéresser davantage au compte d'exploitation de l'entreprise éducative qu'au bilan.

L'investissement, fût-il immobilier, représentant une dépense de l'année en comptabilité publique, n'intéresse guère les gestionnaires d'établissements, sauf pour ceux, de droit privé, qui suivent les règles des sociétés. Mais dans la presque totalité des cas, c'est la qualité de la gestion du compte d'exploitation et de ses composantes qui exprime les caractéritiques de la vraie situation budgétaire et fait ressortir les marges de liberté possibles.

Le compte d'exploitation d'un établissement peut comporter les postes suivants qui, du côté des produits notamment, ne sont jamais tous rassemblés en même temps.

Charges	Produits

1. Frais de personnel
  • personnel enseignant
  • personnel administratif
    et de service
2. Coûts des moyens pédagogiques
  • bibliothèque
  • documentation
  • informatique
  • audiovisuel
  • etc.
3. Frais de gestion
  • chauffage, éclairage
  • entretien, gardiennage
  • etc.
	1. Dotation de l'administration ou de l'institution de tutelle
	
	2. Droits de scolarité et/ou d'inscription
	
	3. Produits de la formation permanente
	
	4. Produits des contrats d'études et de recherches
	
	5. Taxe d'apprentissage

Selon les objectifs, la nature, les statuts d'un établissement d'enseignement ou de formation, on observe naturellement des structures budgétaires et des ratios fort différents.

3.4.1. Les charges

• Les frais de personnel sont rarement inférieurs à 60 % et souvent proches de 75 à 80 %.

• Les dépenses en moyens pédagogiques (et leur pourcentage dans l'ensemble des charges) distinguent souvent les établissements innovateurs et dynamiques des autres. Ces dépenses vont de 0,5 à 1 % des charges, dans les établissements traditionnels, à plus de 5 % dans ceux qui ont pris conscience des gains de productivité que ces dépenses permettent ou entraînent.

• Les frais liés à la gestion courante représentent généralement entre le quart et le tiers de l'ensemble des charges.

3.4.2. Les produits

• Les dotations budgétaires existent pour tous les établissements relevant d'un statut. Elles peuvent aller de 50 % des produits (rarement en deçà), jusqu'à 80 ou 90 %.

• Les droits de scolarité et les droits liés à la sélection ou à l'inscription caractérisent le plus souvent les établissements privés ou semi-publics. Selon les cas, ils peuvent représenter de 20 % à 25 % jusqu'à 75 ou 80 % des produits.

• Les produits de la formation permanente viennent majoritairement des entreprises et parfois des individus. Ce sont la contrepartie des prestations de formation facturées. C'est une activité qui concerne naturellement les adultes, où la solvabilité est généralement bonne. Les prestations dispensées doivent pouvoir équilibrer les frais engagés. Dans le cas des organismes de formation continue, ce poste représente 100 % des produits, dans le cas d'autres établissements 10 ou 15 %, dans la plupart un pourcentage très faible ou inexistant.

• Les produits des contrats d'études et de recherches concernent essentiellement l'enseignement supérieur et proviennent d'entreprises ou d'autres organismes publics. Ce poste dépasse rarement 5 à 12 % du montant des produits.

• La taxe d'apprentissage destinée essentiellement aux formations premières et professionnelles peut, dans certains cas extrêmes, représenter 20 à 25 % des ressources de l'établissement, mais, la plupart du temps, beaucoup moins.

Plus concrètement, on peut proposer trois types de budgets de fonctionnement correspondant à des établissements relevant de vocations ou de situations différentes : établissement de formation permanente (tableau 1), d'une grande école de commerce (tableau 2), d'une université scientifique de dimension moyenne (tableau 3).

Tableau 1
Budget d'un établissement de formation permanente

Charges		Produits	
Personnel	60 %	Ventes des actions de formation – séminaires inter-entreprises	100 %
Moyens pédagogiques	5 %	– séminaires spécifiques	
Frais de gestion	35 %	– conseil en formation	

Tableau 2
Budget d'une grande école de commerce

Charges		Produits	
Personnel	68 %	Droits de scolarité	20 %
Moyens pédagogiques	3 %	Produits de formation continue	10 %
Frais de gestion	29 %	Taxe d'apprentissage	20 %
		Dotation de l'institution de tutelle	50 %

Tableau 3
Budget d'une université scientifique de dimension moyenne

Charges		Produits	
Personnel	75 %	Droits de scolarité et d'inscription	5 %
		Taxe d'apprentissage	5 %
Moyens pédagogiques	2 %	Produits de formation continue	7 %
		Contrats d'études et de recherche	15 %
Frais de gestion	23 %		
		Dotation	68 %

Cette structure budgétaire est en réalité reconstituée car le coût des personnels enseignants titulaires est, dans le cas présent, directement financé par le ministère des Universités. C'est également la situation des lycées et collèges où la gestion et les charges de personnel échappent, comme on l'a déjà vu, aux responsables de l'établissement.

Deux observations importantes s'imposent ici :

– Il est illusoire de parler de stratégie ou de liberté budgétaire lorsque les deux tiers ou les trois quarts des coûts sont décidés et financés hors de l'établissement et sans que son responsable soit impliqué.

– En revanche, pour les établissements où la décision est décentralisée, on peut effectivement mettre en œuvre une réelle politique financière cohérente avec les objectifs de l'institution. L'exemple des grandes universités nord-américaines, d'une institution comme l'INSEAD à Fontainebleau, ou de grands centres privés de formation continue, témoigne de la réalité et de la vitalité de vraies entreprises éducatives modernes. C'est dans ce sens que les grands pays performants orientent maintenant le management de leur enseignement supérieur. Mais cela suppose autonomie et décentralisation des pouvoirs, des personnels, des ressources.

3.5. *L'innovation pédagogique et la recherche dans l'entreprise éducative*

Un système qui vit doit se renouveler. Pour cela, comme dans une entreprise, il doit chercher, imaginer, inventer, lancer de nouveaux produits, c'est-à-dire de nouveaux processus ou méthodes, de nouvelles filières, de nouveaux concepts, etc. Bref, il doit prendre des risques. Toute recherche et tout investissement sont un risque. Mais, sans eux, on est certain de ne pas se remettre en cause et de ne pas se renouveler.

Tant sur le plan de la pédagogie que sur celui de la recherche pure, il faut créer les dynamiques et les structures qui permettent de promouvoir et de pratiquer la créativité. Celle-ci obéit certes à des règles, mais elle est d'abord un état d'esprit qui enrichit les établissements où on le rencontre et qui irrigue alors toute la communauté éducative. Celle-ci sait alors prendre de bons risques que la réussite vient souvent sanctionner à son heure.

Face aux interpellations et aux turbulences de nos économies où celui qui n'évolue pas n'est certain que de perdre, comment l'entreprise éducative pourrait-elle rester longtemps passive ou indolente ? Métiers qui se créent, métiers qui disparaissent, vieux métiers qui changent de technologie, renaissance des formations généralistes, renouveau des valeurs de l'entreprise, découverte de nouvelles méthodes et techniques éducatives (enseignement à distance, université ouverte par exemple,...), autant de bouleversements qui touchent directement nos établissements d'enseignements et, dans certains cas, influencent leurs activités et leur rôle même.

Ce n'est pas, là encore, un système centralisé qui peut initier ou favoriser l'émergence et le développement des flexibilités nécessaires. Il est indispensable qu'au niveau de la collectivité éducative de base les acteurs concernés soient responsabilisés et impliqués dans des structures adéquates et jugés sur leurs contributions à cette exigence d'innovation et de recherche. C'est une manière, pour un établissement, de se distinguer d'un autre et de contribuer à mieux définir et à affirmer son projet et ses objectifs propres.

Est-il besoin d'insister sur le rôle et l'importance de la recherche qui est une des finalités essentielles de l'enseignement supérieur, et où elle est trop souvent maltraitée par des enseignants dont elle légitime le statut et qui ont parfois, de longue date, oublié de la pratiquer. Ce n'est pas le lieu d'évoquer ici les caractéristiques de la gestion d'un centre ou d'un laboratoire de recherche (une autre étude pourrait utilement y contribuer car les problèmes posés par la gestion de la « matière grise » sont toujours délicats), mais reconnaissons tout de même qu'un établissement d'enseignement supérieur, plus que les autres, faillit à sa mission lorsque la recherche n'est pas au premier rang de ses objectifs et de ses actions.

La recherche ne se satisfait pas de la médiocrité : elle exige, à chaque génération, les esprits les plus solides et les plus brillants. Cela veut dire qu'on lui consacre des hommes, du temps et des moyens, qu'elle soit sérieusement organisée et encouragée, qu'on lui évite la concurrence d'activités trop immédiatement lucratives.

Comme dans toute entreprise, un établissement d'enseignement doit éviter l'autosatisfaction et anticiper. Dans tous les cas, l'innovation pédagogique est pour lui une nécessité sans laquelle aucun renouvellement ne se produit. Dans l'enseignement supérieur il faut répéter sans relâche que la recherche est un impératif et une obligation.

3.6. L'entreprise éducative, ses usagers et ses partenaires

L'entreprise éducative ne peut plus être fermée ou bouclée sur elle-même. Elle doit s'ouvrir, dialoguer, communiquer et échanger pour échapper à ses chapelles spontanées, à ses penchants autogestionnaires, à sa consanguinité pernicieuse.

L'éducation, l'enseignement et la formation ne sont pas des fins en soi. Ils sont au service de l'épanouissement d'une personne qui, grâce à eux, progresse et s'améliore et d'une collectivité qu'ils rendent plus solidaire et plus efficace.

A cet égard, les évolutions de la dernière décennie sont considérables. L'entreprise éducative, traditionnellement frileuse et repliée, a ouvert ses fenêtres et elle reçoit, de plein fouet, les vents violents du large qui la bousculent et la font trembler avant de la vivifier. L'industrie éducative a découvert son environnement avec étonnement et surprise, puis elle a craint de ne pas pouvoir ou savoir le comprendre, et elle cherche maintenant, parfois avec maladresse, à construire avec lui des relations d'échanges et même de partenariat. Elle mesure la nécessité d'une vraie politique de relations extérieures, pour ne pas dire « commerciale ». Cela est vrai pour les usagers ou leurs parents, les entreprises ou leurs organisations professionnelles, les collectivités locales ou les régions.

3.6.1. Les usagers ou leurs parents

L'entreprise éducative n'existerait pas si elle n'avait pas des usagers, sans vouloir parler systématiquement de « clientèle » (encore que ce mot ne soit en rien péjoratif). Elle a compris tout l'intérêt qu'elle pouvait tirer d'une relation plus étroite et plus confiante avec eux, d'autant plus qu'un « pouvoir consommateur » salutaire commençait à se faire jour.

Ainsi, les fédérations des parents d'élèves dans le premier et le second degré, les élèves des lycées, les étudiants dans les universités et les écoles, se trouvent-ils plus souvent et mieux associés que par le passé à la gestion de l'établissement, aux problèmes qu'il rencontre, aux choix qu'il doit faire. Il s'agit d'une évolution irréversible et riche de potentialités pour l'avenir.

3.6.2. Les entreprises ou leurs organisations professionnelles

Elles ne veulent plus se contenter d'accepter, sans mot dire, les flux annuels des jeunes et des adultes qui sortent du système éducatif avec des inadaptations ou des insuffisances par rapport à leurs propres besoins.

Devenant elles-mêmes des lieux de formation par les politiques éducatives d'alternance mises en place depuis 1984, par les dispositions de la loi sur l'apprentissage du 23 juillet 1987, qui permet à cette pratique pédagogique d'être désormais utilisée dans l'entreprise jusqu'au niveau de BAC + 2, par le développement de politiques actives d'accueil de stagiaires, par le biais des jumelages avec les établissements scolaires qui leur sont proches géographiquement ou professionnellement, les entreprises ou leurs organisations représentatives entendent devenir des partisans actifs du système éducatif. Elles savent maintenant qu'une bonne formation générale autant que technique est la clé de leur compétitivité à venir.

D'autant que leurs possibilités de financement sont importantes et de plus en plus courtisées. Outre la contribution fiscale qui est la leur par l'impôt sur les sociétés ou la TVA pour le financement des 240 milliards de francs qui sont à la charge de l'Etat en matière éducative, elles financent en totalité la taxe d'apprentissage d'un montant de 0,5 % sur le total des salaires versés (cette taxe représente globalement un peu plus de 5 milliards de francs en 1986). Elles sont également assujetties aux dépenses de formation continue dont le caractère obligatoire, 1,1 % du montant des salaires versés, est d'ailleurs largement dépassé puisque l'effort des entreprises françaises en la matière s'élève, en 1986, à 25 milliards de francs, représentant 2,4 % de leur masse salariale.

On voit donc l'intérêt croissant que comporte pour le secteur éducatif une relation confiante et professionnelle avec le monde industriel et économique.

3.6.3. Les collectivités locales et les régions

Depuis que l'Etat ne peut plus ou ne veut plus assumer à lui seul les responsabilités éducatives dont il avait la charge, l'établissement de formation noue et développe de nouveaux liens avec tous les partenaires publics. Cette évolution est d'autant plus satisfaisante et efficace qu'elle s'inscrit dans le cadre d'une décentralisation (lois de 1982 et de 1984) qui rapproche les acteurs éducatifs de décideurs plus proches d'eux et de leurs besoins. C'était déjà le cas des communes pour les écoles maternelles ou primaires ; cela s'étend maintenant aux départements pour les collèges et aux régions pour les lycées. Parallèlement, les régions ont obtenu une pleine compétence pour le développement des formations professionnelles et continues. C'est donc à une vaste redistribution des pouvoirs et des moyens dans l'ensemble éducatif auquel on assiste aujourd'hui.

Pour gérer avec efficacité et professionnalisme l'ensemble de ces relations avec ses partenaires extérieurs, mais aussi pour se doter d'une image et améliorer sa notoriété, l'entreprise éducative doit donc mettre en œuvre une fonction de nature « commerciale ». Cela conduit, le plus souvent, à la mise en place d'une petite cellule avec un responsable dynamique au profil de « vendeur » qui gère et développe toutes les relations possibles de l'établissement avec ses partenaires privilégiés. C'est un défi nouveau, dont l'importance dans la stratégie de l'établissement varie avec la taille, le niveau et les ambitions, mais qu'il n'est plus possible d'ignorer.

3.7. L'évaluation et le contrôle de l'entreprise éducative

Il n'y a pas de management moderne sans contrôle ni évaluation du système éducatif et des établissements ou institutions qui le constituent. Cette idée, assez facilement admise aujourd'hui, aurait paru bien iconoclaste, à quelques exceptions près, il y a encore une génération.

Tout contrôle implique d'abord l'existence de normes ou de références et nécessite ensuite l'évaluation des résultats obtenus. Il permet alors, par comparaison, de poursuivre dans la voie tracée ou d'engager les actions correctrices qui s'imposent.

Dans les activités éducatives, l'évaluation et le contrôle ont quatre domaines d'application principaux : l'évaluation et le contrôle des objectifs et des missions, l'évaluation et le contrôle des enseignants, l'évaluation et le contrôle des élèves, étudiants ou adultes, l'évaluation et le contrôle budgétaires.

3.7.1. L'évaluation et le contrôle des objectifs et des missions

Au niveau national, le suivi régulier de quelques chiffres permet de mesurer le niveau de performance de l'ensemble d'un système éducatif :
– le pourcentage d'une classe d'âge obtenant le baccalauréat (37 % en 1986, loin encore de l'objectif de 75 % annoncé) ;
– le pourcentage des jeunes sortant du système sans diplôme, ni qualification (15 % en 1985) ;
– le pourcentage des jeunes sortant du système sans trouver d'emploi (25 à 30 %) ;
– le pourcentage des jeunes sortant du système et trouvant un emploi sans relation avec les études suivies (25 %) ;
– le pourcentage des jeunes sortant du système avec un diplôme de niveau BAC + 2 (10 %), de niveau BAC + 3, + 4 ou plus (10 % également) ;
– etc.

Au niveau de l'établissement, l'évaluation des objectifs et des missions est encore plus nécessaire. A titre d'exemple, on peut mentionner :
– le pourcentage de succès aux examens ou diplômes préparés ;
– le nombre de candidatures à l'entrée d'un cycle ou d'un programme (taux de sélection) ;
– le pourcentage de redoublements ;
– l'évolution du chiffre d'affaires en formation continue ou l'évolution des contrats d'études et de recherches.
– etc.

3.7.2. L'évaluation et le contrôle des enseignants

Les corps d'inspection exercent cette mission dans l'enseignement primaire et secondaire. Mais ils sont souvent lointains et leurs contrôles sont parfois irréguliers. Nombreux sont ceux qui pensent que le rôle du chef d'établissement devrait progressivement s'accroître en la matière, notamment sur le plan pédagogique. Sans généraliser systématiquement l'évaluation des cours par les élèves ou les étudiants (encore que cela se pratique largement dans l'enseignement supérieur de quelques pays étrangers), il convient de faire évoluer le système pour que les performances des enseignants puissent être sanctionnées, aussi bien positivement que négativement, et que cela se traduise dans leur carrière. Pourquoi le système éducatif serait-il le seul où les résultats n'auraient que de trop faibles conséquences sur la carrière des personnels ?

Ce phénomène est d'ailleurs amplifié ou aggravé dans l'enseignement supérieur où n'existaient encore récemment aucune évaluation et pratiquement aucun contrôle autre que budgétaire. Il a fallu attendre la loi Savary de janvier 1984 pour que l'évaluation des missions et des enseignants de l'enseignement supérieur soit enfin prévue. Les premiers résultats de cette évaluation n'ont rien eu de réjouissant. La première commission d'évaluation présidée par Bertrand Schwartz révélait que plus de la moitié des professeurs de l'enseignement supérieur ne faisait jamais de recherche, alors que cette activité est la contrepartie statutaire d'un horaire d'enseignement hebdomadaire limité. Et cela jusqu'à présent sans contrôle, et encore aujourd'hui sans sanction véritable.

Il est clair que des statuts rigides et protecteurs vont à l'encontre de la remise en question personnelle de l'innovation et de la créativité. Nous avons déjà mis en cause leurs dispositions excessives. Malgré cela, un très grand nombre d'enseignants, à tous les niveaux, font honneur à leur métier et sont des exemples remarquables aussi bien pour leurs élèves ou étudiants que leurs jeunes collègues.

Pour les enseignants aussi, il ne peut y avoir de pouvoir, ni de responsabilité, sans un contrôle équitable mais respecté.

3.7.3. *L'évaluation et le contrôle des élèves, étudiants ou adultes*

L'évaluation et le contrôle sont ici au cœur de la relation éducative, selon les objectifs poursuivis et les choix faits par l'établissement.

Contrôle des présences (ou non), contrôle continu des connaissances, performances de chacun aux examens et aux concours, réussite à l'entrée dans la vie ou dans une réinsertion professionnelles, etc., sont autant de pratiques et de mesures bien connues de l'entreprise éducative sur lesquelles existe une très longue littérature tant historique que comparative. La docimologie est une science aussi vieille que l'éducation.

Comme aucun système d'évaluation et de contrôle des « usagers » de l'éducation n'est entièrement satisfaisant, il est plus important, plutôt que de discourir infiniment sur les avantages et les inconvénients comparés de chaque système, d'en choisir un, même imparfait, et de suivre attentivement les résultats qui proviennent de son application et qui, dans le temps, ont toujours une signification précise et incontestable.

3.7.4. *L'évaluation et le contrôle budgétaires*

Dans ce domaine, des règles précises existent qui n'ont rien de spécifique à l'éducation.

Si l'établissement relève d'un ministère ou d'une structure publique, les règles du contrôle public et de la Cour des comptes s'imposent naturellement à lui avec les sanctions possibles que l'on connaît.

Si l'établissement relève du droit privé, la mise en place d'un système de contrôle budgétaire, comme cela existe dans une entreprise, est un élément évident du management moderne. Ce contrôle de gestion, bien utile, même s'il est classique, n'exclut aucunement que des audits réguliers viennent vérifier les conformités comptables et la bonne marche budgétaire de l'établissement au regard de ses objectifs.

Il est donc clair que les techniques et l'obligation de l'évaluation, du contrôle ou de l'audit apportent une contribution essentielle à la qualité et à la performance de l'entreprise éducative. Longtemps rebelle, réticente ou méfiante vis-à-vis de ces contre-pouvoirs, elle en accepte aujourd'hui beaucoup mieux l'utilité et le bien-fondé car elle comprend et mesure qu'ils lui permettent de progresser.

*

* *

Les analyses et les débats sur l'éducation ont ceci de particulier qu'ils concernent chacun de nous individuellement, au regard de sa propre jeunesse (de son passé) et au regard de ses enfants (de son avenir). Les réflexions qui sont menées comportent donc inévitablement une dimension affective ou non rationnelle.

L'éducation est aussi un domaine d'une extrême sensibilité, tant sur le plan personnel que collectif. Notre pays, en particulier, a une étrange et vieille habitude à mobiliser avec succès ses forces vives contre quelque chose mais rarement pour quelque chose. Notre rôle consiste donc à proposer ou à trouver, parmi tous les objectifs d'évolution souhaitables, ceux qui pourront faire l'objet de consentements suffisants des acteurs et des partenaires du système.

L'éducation, assez curieusement, est un sujet sur lequel l'idée de prévision et de planification est assez bien acceptée par l'opinion et ne génère pas les trop traditionnelles querelles idéologiques. En effet, s'il y a un « marché » que l'on peut estimer et prévoir sans grand risque d'erreur quantitative, c'est bien celui-là. Sur le plan qualitatif, celui des débouchés, des filières, des méthodes, il en va autrement et c'est là où la qualité du projet de la gestion d'un établissement doit le distinguer d'un autre. Il n'en demeure pas moins que l'ensemble des acteurs du système peut avoir intérêt à bien et mieux prévoir ses chiffres clés, ses évolutions souhaitables ou probables, ses tendances superficielles ou profondes qui résultent de l'évolution des valeurs. C'est dans cette perspective qu'un consensus est en train de naître sur l'idée d'un Commissariat Général à l'Education où toutes les parties prenantes, qu'elles soient opérateurs internes au système ou partenaires extérieurs, apporteraient leurs analyses et leurs convictions pour de meilleures convergences et une plus grande efficacité.

Ce souci de prévision, voire de planification, à moyen ou long terme, peut devenir un élément essentiel et parfois un réel outil de gestion de l'entreprise éducative où les cycles de vie sont toujours longs et où la durée de l'action , quand celle-ci va dans le bon sens, est un critère essentiel de son succès. Nombreux sont en effet les observateurs du système qui sont convaincus qu'il va être, à son tour et à sa manière, touché par une déréglementation qui ne dira pas son nom mais dont les effets seront d'autant plus amplifiés dans la gestion quotidienne. Quand la décentralisation et la concurrence augmentent, il est nécessaire d'avoir des points de repères ou de connaître des caps, fussent-ils lointains, qui orientent une navigation plus turbulente.

Cette probable déréglementation d'un secteur d'activité, où le besoin d'initiative et de liberté est aujourd'hui profond, augmentera sans aucun doute les marges de manœuvre de chaque entreprise éducative. Celles qui auront réfléchi à leur stratégie, à leurs créneaux et à leurs moyens gagneront dans cette concurrence plus vive. Celles qui ne voudront pas ou ne pourront pas s'évader tant soit peu d'un système administré ne réaliseront pas les critères de performances exigeants que l'opinion publique imposera.

Le système éducatif a longtemps été confronté à des problèmes quantitatifs (*baby boom* de l'après-guerre, élévation du niveau des qualifications...). Ils ont été tant bien que mal assumés et même parfois résolus. Aujourd'hui, c'est à un défi général de qualité qu'il doit répondre, socialement et économiquement. Le jour est proche où la technique des « cercles de qualité » s'appliquera aussi à l'entreprise éducative. La qualité de sa gestion – et on a vu le long cheminement qu'il faudra parcourir et la nouvelle maturité qu'il faudra acquérir – sera au cœur même de cet enjeu.

Mots clés

Education, élève, enseignant, entreprise éducative, établissement d'enseignement, étudiant, formation continue, innovation pédagogique, métier, organisation professionnelle, parents, recherche.

66

Gestion financière à court terme

Jean-Pierre Jobard

On distingue traditionnellement les décisions financières à long terme, comme les décisions d'investissement[1] ou le choix d'une structure de financement[2], et les décisions financières à court terme qui concernent principalement la gestion des stocks, la gestion des comptes à recevoir, en particulier, les comptes-clients, et la gestion des dettes à court terme, notamment le crédit fournisseur.

LES TRAITS CARACTÉRISTIQUES DES DÉCISIONS FINANCIÈRES A COURT TERME

Pour mieux saisir les traits caractéristiques des décisions financières à court terme, on peut les opposer aux décisions financières à long terme, au moins sur cinq plans :

– Les décisions à long terme concernent les actifs immobilisés, les capitaux propres et les dettes à long terme. Elles sont prises dans le cadre de la planification à long terme, c'est-à-dire avec un horizon de trois à cinq ans. Les décisions à court terme, en revanche, agissent dans un futur plus immédiat[3]. L'horizon est ramené à l'exercice ou, d'une façon plus précise, à la durée du cycle d'exploitation qui assure le renouvellement des actifs et passifs dits « circulants ».

– Les décisions financières à long terme sont prises de façon discontinue ou intermittente ; les décisions à court terme d'achat ou de vente, qui réagissent immédiatement sur le montant des stocks, des comptes-clients ou du crédit fournisseur, sont des décisions quotidiennes. Elles existent en permanence dans la gestion d'une entreprise et reviennent de façon régulière à tous les stades du cycle de production. On est en présence d'un phénomène de récurrence : il s'agit bien de décisions courantes dans la gestion de l'entreprise.

---

1. Voir dans cette Encyclopédie l'article de J.R. Sulzer, « Critères de choix des investissements ».
2. Voir dans cette Encyclopédie les articles de M. Albouy, « Structure financière et coût du capital », de G. Hirigoyen et J.P. Jobard, « Financement de l'entreprise : évolution récente et perspectives nouvelles » et de P. Vernimmen, « Politique financière de l'entreprise ».
3. R. Brealey, S. Myers, *Principles of Corporate Finance*, 2nd printing, 1984, p. 615, « A financial manager responsible for short-term financial decisions does not have to look far in the future ».

– Les décisions à long terme, qui sont au cœur de la planification à long terme, engagent l'avenir de l'entreprise et sont difficilement réversibles ; les décisions à court terme qui n'engagent que le futur immédiat sont plus facilement réversibles. D'autre part, ces décisions étant prises tous les jours, une série de décisions nouvelles peut corriger ou effacer, rapidement, les effets des décisions précédentes.

– Les décisions à long terme et les décisions à court terme ne font pas appel aux mêmes méthodes et aux mêmes instruments d'analyse. Les décisions à long terme font traditionnellement appel aux méthodes de l'actualisation. Dans l'étude des décisions à court terme, d'autres méthodes sont appliquées. La gestion des stocks, par exemple, peut faire appel à la recherche opérationnelle ou aux nouveaux systèmes de gestion informatique. Pour la gestion des crédits-clients, certaines entreprises font appel à l'analyse discriminante ou aux autres méthodes de traitement statistique des données.

– Les décisions à long terme sont relativement autonomes puisqu'elles fixent le choix du mode de développement et le financement à long terme de l'entreprise. Les décisions à court terme ne jouissent pas d'une même autonomie. Prises de façon quotidienne, dans le cadre général du développement fixé par les décisions à long terme, les décisions à court terme revêtent un caractère de subordination par rapport aux décisions à long terme. Mais il leur sera réservé un rôle important d'ajustement à l'égard des décisions à long terme.

L'IMPORTANCE DES DÉCISIONS FINANCIÈRES A COURT TERME DANS LA GESTION FINANCIÈRE DES ENTREPRISES

Bien que subordonnées aux décisions financières à long terme, les décisions financières à court terme ne sont pas sans importance dans la gestion financière des entreprises.

Les décisions à court terme concernent une part importante des capitaux engagés dans l'entreprise. Les statistiques publiées par la Banque de France, par exemple, montrent que le pourcentage des besoins en fonds de roulement (BFR), qui correspondent aux stocks et aux créances d'exploitation et hors exploitation dont on a retranché les dettes d'exploitation et hors exploitation, dans l'ensemble du capital engagé (valeurs immobilisées + BFR + liquidités), varie en fonction de l'activité et de la taille des entreprises. Toutefois, les tableaux statistiques révèlent que les BFR sont rarement inférieurs à 30 % et qu'ils dépassent souvent 40 %[1].

On notera également que les décisions à court terme occupent une place importante dans les préoccupations des responsables des entreprises. Une grande partie du temps des responsables financiers est consacrée à la gestion quotidienne des actifs circulants. Certains auteurs laissent même entendre,

---

1. Banque de France, *Cahiers économiques et monétaires entreprises,* n° 16, « Forces et contraintes de PME », voir notamment les tableaux pp. 131-137. Pour la définition du BFR retenue par la Banque de France, voir p. 143.

notamment dans le cas des PME, que les décisions à court terme (choix des fournisseurs, politique d'approvisionnement et d'ordonnancement, choix d'une politique commerciale) laissent trop peu de temps pour la réflexion stratégique à long terme qui, pourtant, conditionne le développement de l'entreprise.

On comprend d'ailleurs que les responsables des entreprises consacrent un temps important aux décisions à court terme quand on prend conscience des risques qu'elles recèlent et de l'influence qu'elles ont sur la trésorerie des entreprises. Les erreurs dans les décisions à court terme peuvent entraîner des pertes élevées et même la cessation des paiements. La défaillance d'un client important peut, dans certains cas, conduire au dépôt du bilan ; celle d'un fournisseur peut avoir des conséquences dramatiques pour la poursuite de l'activité de production. Toutes les décisions concernant la politique de stockage, les crédits accordés à la clientèle, ou celui que l'on obtient des fournisseurs, se répercutent sans délai sur la situation de trésorerie de l'entreprise.

DÉFINITION ET DÉLIMITATION DE L'OBJET DE L'ÉTUDE

Il peut paraître artificiel de procéder à une étude partielle des décisions financières de l'entreprise, en isolant les décisions à court terme. Cependant, en raison de l'importance qu'elles revêtent (montant de l'investissement que représentent les BFR, importance des risques, impact direct sur la trésorerie), l'étude des décisions financières à court terme se justifie amplement.

Peut-on dire que les décisions financières à court terme correspondent à la gestion des postes du bas du bilan ? Si l'on retient le modèle de bilan du système développement du plan comptable 1982, on peut faire remarquer qu'un certain nombre de postes de l'actif circulant et des dettes échappent aux décisions financières à court terme. C'est le cas, par exemple, du « capital souscrit-appelé, non versé » qui dépend des décisions d'augmentation du capital ou des « dettes sur immobilisations » qu'il faut relier aux décisions d'investissement. Remarquons également que les « valeurs mobilières de placement » sont concernées par la gestion de la trésorerie ou la politique de rachat en bourse des actions de la société.

L'analyse financière distingue les BFR d'exploitation et les BFR hors exploitation, tels qu'ils apparaissent dans un bilan fonctionnel (voir, par exemple, le plan comptable général [PCG] 1982, p. 246 ou modèle du tableau de financement, PCG 1982, p. 205, qui permet de calculer les variations « exploitation » et les variations « hors exploitation »). Mais l'analyse financière s'intéresse avant tout à l'étude des BFR, à leur évolution dans le déroulement du cycle d'exploitation et aux différentes méthodes qu'on peut utiliser pour les évaluer.

Dans l'optique de l'étude des décisions financières à court terme, ce sont les préoccupations de gestion qui doivent l'emporter. En conséquence, on s'intéressera en priorité aux postes du bilan sur lesquels les décisions

financières à court terme peuvent avoir une influence. Trois problèmes principaux retiendront notre attention :
- la gestion des stocks,
- la gestion des comptes à recevoir, et notamment l'investissement en comptes-clients,
- la gestion du crédit fournisseur.

On notera que la gestion de trésorerie fera l'objet d'une étude particulière[1] et que les financements à court terme seront abordés dans le cadre de l'étude générale du financement de l'entreprise[2].

1. La gestion des stocks

Les problèmes posés par la gestion des stocks sont à la fois physiques et financiers. Pour certains auteurs, la gestion des stocks intéresse avant tout la fonction de production, mais ne concerne pas directement le responsable de la gestion financière[3]. On a déjà fait remarquer l'importance de la gestion des actifs circulants, et particulièrement des stocks, sur la trésorerie de l'entreprise : le financier ne peut pas se désintéresser de la gestion des stocks. Sans doute, il n'est pas dans l'objet de ce travail d'entreprendre une étude détaillée de l'ensemble des méthodes de gestion des stocks. Il existe, sur ce sujet, des ouvrages spécialisés[4]. Mais les principaux problèmes posés par la gestion des stocks doivent être abordés sous leurs aspects financiers.

Les stocks sont présents dans le processus de production et de distribution sous forme de matières premières, d'encours, de produits finis, d'emballage et de marchandises. Dès lors, quatre types principaux de problèmes seront posés.

Un problème d'information, en premier lieu, car il faut réaliser la tenue et le suivi d'un inventaire. Un problème d'évaluation, ensuite, car il faut choisir une méthode de valorisation des stocks qui ne soit pas en désaccord avec la réglementation fiscale. Le problème technique consiste à assurer le stockage et la conservation des différents éléments composant le stock. Un dernier problème enfin, celui qui retiendra le plus notre attention puisqu'il concerne avant tout la gestion financière à court terme, a trait à la régulation des stocks qui, en amont de la trésorerie, a des répercussions sur les liquidités de l'entreprise, en raison de l'importance des stocks dans les BFR de l'entreprise.

Au même titre que la gestion de l'encours clients, la gestion des stocks est l'une des préoccupations du responsable financier de l'entreprise. Il s'agit, pour ce dernier, d'avoir le contrôle, au sens de « maîtrise », des principaux aspects de la fonction stock, de connaître les coûts engendrés par

---

1. Voir dans cette Encyclopédie l'article de D. Dubois, « Trésorerie ».
2. Voir dans cette Encyclopédie l'article de G. Hirigoyen et J.P. Jobard, « Financement de l'entreprise : évolution récente et perspectives nouvelles ».
3. R. Brealey, S. Myers, *op. cit.*, p. 617.
4. Citons, à titre d'exemple, l'un des derniers ouvrages publiés sur cette question : E. Salin, *Gestion des stocks : les points clés,* Paris, Les Editions d'Organisation, 1986.

les stocks et de surveiller la ou les méthodes de réapprovisionnement utilisées dans l'entreprise. Telles seront les principales questions à étudier, après avoir précisé la notion de stock et indiquer, brièvement, les préalables à la gestion des stocks.

1.1. Définition et généralités

L'existence d'un stock correspond à la différence entre un flux d'approvisionnement, d'une part, et un flux de consommation, d'autre part, entraîné par une vente ou une utilisation dans un processus de production.

1.1.1. La notion de stock

On appelle « stock » l'ensemble des matières, marchandises, produits en cours de transformation et produits finis, ainsi que leur conditionnement, qui sont, à un moment donné, dans l'entreprise en attente d'être transformés ou commercialisés.

Le PCG 1982 distingue (voir PCG 1982, p. 39) les stocks proprement dits et les produits en cours.

Les stocks proprement dits comprennent :

– les approvisionnements : matières premières (et fournitures), matières consommables (et fournitures) ;

– les produits : produits intermédiaires, produits finis, produits résiduels ;

– les marchandises.

Les produits en cours sont des biens ou des services en cours de formation dans le processus de production.

Selon leur degré d'élaboration et leur origine, les emballages sont classés sous l'une ou l'autre catégorie énumérée ci-dessus.

1.1.2. Les préalables à la gestion des stocks

Préalablement à la définition de la politique de gestion des stocks, il convient de mettre au point les questions de nomenclature, classement et codification des stocks, et procéder à une organisation physique rationnelle des stocks. La méthode dite « ABC » peut être également utilisée à ce stade.

1.1.2.1. La nomenclature, le classement et la codification

Une bonne gestion des stocks passe par une définition précise des articles en stock. La définition d'un article doit spécifier son appellation (technique ou commerciale), ses références, l'unité de comptage, ainsi que la position physique dans l'entrepôt. Une méthode de codification facilite le traitement de l'information.

1.1.2.2. L'organisation physique des stocks

Une fois la nomenclature et la codification réalisées, l'organisation rationnelle des entrepôts et autres lieux de stockage a pour objectif essentiel d'éviter les pertes de temps.

Les principaux problèmes à résoudre sont le choix des emplacements et l'aménagement des locaux de stockage.

1.1.2.3. *L'utilisation de la méthode ABC*

La méthode ABC a pour objectif de sélectionner les articles pour lesquels il convient d'organiser, en priorité, la gestion des stocks.

Rappelons brièvement le principe sur lequel repose la méthode. Sur des axes orthonormés, on porte, en abscisse, le pourcentage cumulé du total des articles et, en ordonnée, le pourcentage cumulé de la consommation des articles en valeur. On obtient, par exemple :

Tableau 1
Méthode ABC

Articles	Pourcentage de consommation en nombre d'articles	Pourcentage de consommation en valeur
A	10	65
B	25	25
C	65	10

Il apparaît clairement qu'un contrôle précis des articles du groupe A, qui représente 65 % de la valeur de la consommation avec seulement 10 % du nombre des articles, est une priorité de la gestion des stocks.

Graphique 1
Résultats de la méthode ABC

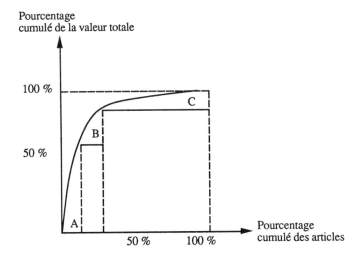

1.1.3. *Le stock moyen, le stock critique, et le stock de sécurité*

La constitution d'un stock est très souvent une nécessité pour l'entreprise, en raison des conditions d'approvisionnement et des aléas de la vente ou de la consommation des stocks. Le caractère saisonnier d'une activité exige parfois l'accumulation de stocks pendant la période de faible consommation pour faire face à la demande pendant la période de forte demande. Il est souvent indispensable de s'approvisionner par lots ou par quantités importantes, afin de réduire les coûts de gestion ou de transport et d'obtenir des remises de la part des fournisseurs. Si l'on connaît parfaitement les délais d'approvisionnement, on peut déterminer un niveau de stock appelé « stock critique ». En cas d'aléas dans les délais d'approvisionnement et dans la demande, on peut constituer un « stock de sécurité », pour éviter les ruptures de stock qui compromettent les ventes ou le processus de fabrication. Mais avant de préciser ces deux notions, il faut définir la notion de stock moyen.

1.1.3.1. *La notion de stock moyen*

Le stock évolue en permanence pendant le processus de fabrication ou de distribution. Peut-on valablement raisonner sur une valeur moyenne de stock ? Cette question est importante, car le coût de possession du stock, que l'on définira ultérieurement, utilise la notion de stock moyen.

Si l'on suppose que la quantité reçue en stock (soit q, égale à la quantité commandée) est régulièrement consommée ou vendue, le stock moyen est égal à la moitié de la quantité reçue ou commandée, soit :

$$\frac{q}{2} \ \left(\text{ou} \ \frac{q+0}{2} = \frac{q}{2} \right)$$

Il existe une relation entre le stock moyen $\frac{q}{2}$ et la quantité consommée ou vendue S au cours de la période. En effet, la quantité commandée $q = \frac{S}{N}$, N étant le nombre de commandes passées.

Le stock moyen est égal à = $\dfrac{S}{2N}$

1.1.3.2. *La notion de stock critique*

La définition du stock moyen suppose une consommation régulière au cours du temps. Elle ne tient pas compte des délais d'approvisionnement.

Cependant, entre la date de commande et la date de livraison, il peut s'écouler un certain temps correspondant au délai d'approvisionnement. Pour chaque type de stock et pour chaque fournisseur, il est indispensable de connaître le délai d'approvisionnement. Ce délai permet de calculer à quel niveau de stock, appelé « stock critique » ou parfois « stock d'alarme », la commande doit être passée pour éviter la rupture de stock. Le stock critique est représenté au graphique 2.

Graphique 2

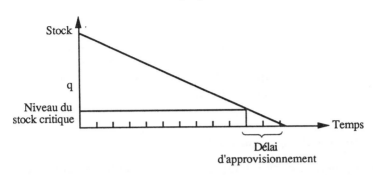

Le délai d'approvisionnement correspond au temps écoulé entre le moment où apparaît le besoin de réapprovisionnement et celui où la réception correspondant à ce réapprovisionnement est effectivement réalisée.

1.1.3.3. La notion de stock de sécurité

La détermination du stock critique suppose une parfaite connaissance de la consommation ou de la vente du produit, des délais d'approvisionnement et du respect par les fournisseurs ou transporteurs, de ces délais.

Dans la pratique, il faut faire face :

– d'une part, aux variations imprévues de la demande et en particulier à une accélération de la consommation après la date de passation de la commande ;

– d'autre part, aux modifications et aux retards dans les délais d'approvisionnement.

Le stock de sécurité ou encore « stock de protection » peut être représenté graphiquement de la façon suivante.

Graphique 3

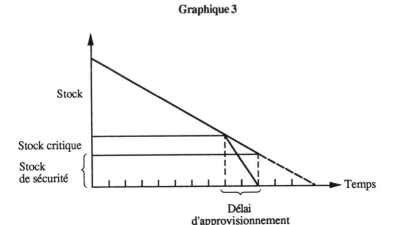

La notion de stock de sécurité correspond à la différence entre la consommation maximum prévisible compte tenu du délai maximum de livraison, et la consommation moyenne compte tenu du délai normal de livraison. On est parfois conduit à distinguer un stock « actif » qui évolue entre un maximum et un minimum et le stock de sécurité, qui correspond au niveau minimum du stock actif et qui a pour but de parer aux augmentations aléatoires de la consommation et d'éviter ainsi les ruptures de stock.

1.2. L'étude de la fonction stock

Si la fonction stock intéresse le responsable financier de l'entreprise, il faut alors définir plus précisément cette fonction, puis s'interroger sur la meilleure façon de l'organiser.

1.2.1. La fonction stock et le responsable financier

Montrer les liaisons entre la fonction stock et le responsable financier revient à justifier l'étude du contrôle, au sens de maîtrise, de la gestion des stocks dans le cadre des décisions financières à court terme.

On a déjà souligné l'impact de la gestion des stocks sur la trésorerie de l'entreprise. Lorsque la trésorerie nette de l'entreprise est positive, l'existence d'un stock représente un coût d'opportunité puisque la trésorerie de l'entreprise pourrait être placée dans des actifs financiers plus rémunérateurs. Lorsque la trésorerie nette est négative, il faut tenir compte des frais financiers engendrés par l'existence des stocks.

Il faut également étudier la gestion des stocks en liaison avec le montant de la valeur ajoutée dégagée par l'entreprise. Lorsque la valeur ajoutée par l'entreprise est faible, les achats représentent un pourcentage élevé du chiffre d'affaires : le montant des stocks qui en découlera sera également très élevé. Le problème principal sera celui de la rotation des stocks. Lorsque la valeur ajoutée est élevée – c'est le cas, en particulier, des produits caractérisés par une haute technicité – le montant du pourcentage des approvisionnements peut être plus faible, mais les encours et les produits finis pèseront lourdement dans les BFR. Ce sont les problèmes d'ordonnancement et de fabrication qui passent alors au premier plan.

Le financier ne peut pas se désintéresser des investissements exigés par l'activité de stockage proprement dite. En effet, dans certains cas, le stockage, la manutention ou la conservation de matières premières, produits ou encours exigent des installations représentant une importante immobilisation de capitaux. C'est le cas, par exemple, des unités de stockage dans l'industrie chimique, ou des installations frigorifiques que l'on rencontre parfois dans les industries agro-alimentaires. On est ici en présence d'un exemple de liaison entre les décisions financières à long terme et les décisions financières à court terme.

1.2.2. Les objectifs de la fonction stock

La fonction stock se situe aux différentes étapes du cycle d'exploitation, comme par exemple :
- évaluer les besoins d'achat ;
- prendre la décision d'achat et d'approvisionnement en matières premières et en fournitures ;
- stocker les matières premières et fournitures ;
- transformer les matières premières ;
- stocker les produits intermédiaires ;
- réaliser les produits finis ;
- stocker les produits finis ;
- vendre les produits finis ;
- livrer les produits finis.

Les objectifs de la fonction stock, à chacune des étapes précédemment rappelées, peuvent être résumés de la façon suivante.

Il s'agit d'abord d'éviter les ruptures de stocks. Cette préoccupation se situe au niveau des approvisionnements et des encours, comme au niveau des produits finis.

Il convient ensuite d'acheter au coût unitaire le plus avantageux. De nombreux fournisseurs utilisent des prix différents en fonction des quantités commandées. Il sera intéressant de regrouper les commandes afin de bénéficier de tarifs préférentiels ou de conditions de transport plus avantageuses.

Mais il faut également minimiser le coût de passation des commandes, entendu dans le sens des coûts administratifs d'achat. Cet objectif conduit à passer un moins grand nombre de commandes, mais correspondant à des quantités plus élevées.

Tableau 2

Facteurs tendant à accroître les stocks	Facteurs tendant à réduire les stocks
• Eviter les ruptures de stocks : – dans le processus de fabrication, – dans les ventes.	• Eviter les coûts liés à la possession des stocks (magasinage, gardiennage, vol, assurance, obsolescence...).
• Abaisser le prix de revient unitaire d'achat : – Approvisionnement par quantités, – lancer des programmes de fabrication importants, – abaisser le coût de passation de commandes.	• Eviter l'immobilisation des capitaux : – frais financiers, – coût d'opportunité.

Ces trois premiers objectifs tendent à accroître le volume des stocks possédés par l'entreprise. D'autres objectifs, au contraire, tendent à réduire le coût de possession des stocks. En effet, non seulement il faut éviter une immobilisation importante de capitaux dans les stocks qui engendre des frais financiers ou un coût d'opportunité, mais encore il faut s'efforcer d'abaisser les différents coûts liés à la possession de stocks tels que les frais d'assurance, d'entreposage ou de location des locaux. On notera également que des stocks pléthoriques ont plus de chances de vieillir rapidement et de devenir obsolescents.

Certains objectifs conduisent à accroître les stocks, d'autres à les diminuer ; les décisions à court terme concernant les stocks chercheront à réaliser une gestion optimale en déterminant, par exemple, le montant de la quantité optimale à commander.

1.2.3. L'organisation de la fonction de stockage

Les centres de décisions relatifs à la fonction de stockage sont dispersés dans l'entreprise. La gestion des stocks concerne, par exemple, le service achat et approvisionnement, le service lancement et ordonnancement, les services commerciaux et exportation, la division du transport et le magasinage... Les intérêts respectifs des uns et des autres peuvent être parfois en opposition. Les services commerciaux et exportation ont intérêt à posséder des stocks relativement élevés dans toutes les catégories d'articles afin de mieux répondre aux différents besoins de la clientèle.

En raison de la dispersion des centres de décisions et du risque d'opposition d'intérêts, il est souvent décidé de confier la gestion des stocks à un service qui assurera une fonction de coordination et dont l'objectif principal sera l'optimisation des flux physiques à l'intérieur de l'entreprise. Pour réaliser cet objectif, certaines directions générales mettent en place une fonction dite « logistique » dont le responsable a autorité sur les approvisionnements, l'ordonnancement, le planning et le lancement (OPL) et les transports (schéma 1)[1].

Schéma 1

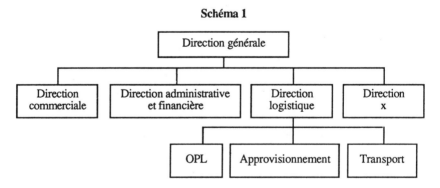

Dans son ouvrage *Gestion des stocks : les points clés, op. cit.* p. 119, E. Salin fait remarquer que dans les entreprises à forte valeur ajoutée, les problèmes posés par l'approvisionnement exigent des contacts fréquents et

---

1. Voir dans cette Encyclopédie l'article de P.P. Dornier, « Logistique ».

directs entre les services de la production, les fournisseurs et les sous-traitants. La responsabilité des approvisionnements, en conséquence, doit normalement incomber à la direction de la production qui est responsable des stocks de matières premières, produits en cours et sous-traités (schéma 3), alors que la direction des ventes aura la responsabilité des produits finis, emballages et accessoires vendus avec le produit fini (schéma 2).

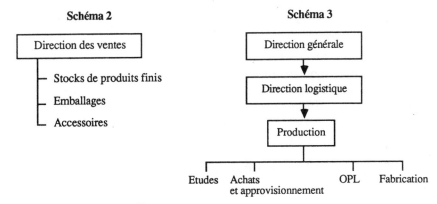

Source : E. Salin, *op. cit.*, p. 119.

1.3. La connaissance des coûts

Plus les stocks sont élevés, plus les coûts engendrés par l'entreposage sont lourds. En revanche, la rupture de stocks peut engendrer d'autres coûts. L'un des objectifs de la gestion des stocks sera la rationalisation des coûts liés aux stocks. Cette action suppose la connaissance des coûts. On en distingue différents types : les coûts de possession, les coûts d'acquisition ou de passation de commandes, les coûts de rupture ou coûts de pénurie.

1.3.1. Les coûts de possession

Il s'agit de l'ensemble des coûts engendrés par l'existence des stocks dans l'entreprise. On distingue différentes catégories de coûts de possession.

1.3.1.1. Les coûts financiers d'immobilisation des capitaux investis dans les stocks

Deux solutions sont habituellement préconisées pour procéder à cette évaluation. On peut considérer que le coût de cette immobilisation peut être assimilé à un taux d'intérêt qui correspondrait, par exemple, au taux d'intérêt à court terme demandé par les banques. Certains auteurs recommandent d'utiliser le taux de rendement des investissements, tel qu'il a été déterminé par la direction financière (voir E. Salin, *op. cit.*, p. 31).

1.3.1.2. Les coûts liés à l'activité de stockage

Il existe de nombreux coûts liés à l'activité de stockage. Pour les désigner, on utilise parfois l'expression de coûts de fonctionnement.

Il faut d'abord tenir compte de toutes les dépenses d'entretien, de conditionnement et de fonctionnement des bâtiments ou installations de stockage. Il est nécessaire ensuite d'évaluer les dépenses entraînées par les activités de magasinage, entreposage et manutention, auxquelles il faut ajouter les frais d'assurance. Il faut retenir enfin une estimation des détériorations possibles engendrées par le stockage et la manutention.

1.3.1.3. Les coûts engendrés par les immobilisations de stockage

Certains auteurs recommandent de retenir les coûts de location ou l'amortissement des bâtiments et installations spécifiques de stockage[1].

1.3.1.4. L'expression du coût de possession

En divisant le montant annuel de l'ensemble des coûts de possession par la valeur du stock moyen, on obtient un taux moyen de coût de possession symbolisé par i. Supposons, par exemple, que le total des coûts de possession s'élève à 400 000 francs pour un stock annuel de 2 000 000 de francs ; le taux moyen de coût de possession est de :

$$\frac{400\ 000}{2\ 000\ 000} = 0,20 \text{ pour 1 franc de stock, soit 20 \%}$$

1.3.1.5. La fonction du coût de possession

Soit q la quantité commandée et u le coût unitaire d'achat.

Le stock moyen étant égal à $\frac{q}{2}$, la valeur du stock moyen sera de : $\frac{q}{2}$. Le coût annuel de possession du stock moyen $\frac{qu}{2}$, par rapport à un taux de possession de i, sera de $\frac{qu\,i}{2}$. Le coût annuel de possession est donc une fonction linéaire de q (graphique 4).

Graphique 4

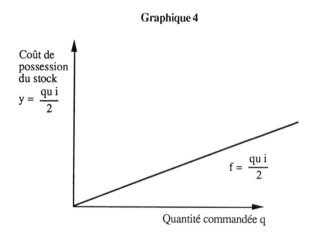

Coût de possession du stock
$$y = \frac{qu\,i}{2}$$

$$f = \frac{qu\,i}{2}$$

Quantité commandée q

---

1. Voir *Revue Fiduciaire Comptable*, « La gestion de vos stocks » (n° 88, juin 1984) : 26. On pourra se reporter également au tableau synthétique p. 27.

1.3.2. Le coût de passation d'une commande (ou coût d'ordre)

Il ne faut pas confondre les coûts d'acquisition des stocks avec le coût de passation d'une commande. Les coûts d'acquisition comprennent les coûts d'achat unitaire, les coûts fixes et les coûts variables de passation de commande.

• Les coûts d'achat unitaire correspondent au prix du fournisseur (qui peut varier en fonction des quantités commandées), aux frais de douane et taxes non récupérables, aux frais de transport qui sont parfois proportionnels aux quantités.

• Les coûts fixes de passation de commandes regroupent l'ensemble des frais engagés pour faire fonctionner le service achat indépendamment des quantités achetées : frais de personnel, loyer et entretien des locaux, par exemple.

• Les coûts variables de passation de commandes sont les coûts engendrés chaque fois que l'on passe une commande : frais de recherche d'un fournisseur, frais d'études et de documentation, missions et déplacements, frais comptables et informatiques engendrés par la passation d'une commande, frais de réception et de contrôle d'une commande.

Seuls les coûts variables de passation de commandes doivent être retenus dans le calcul du coût de passation d'une commande, parfois appelé « coût d'ordre ».

Soit a, le coût de passation d'une commande ou coût d'ordre,

S, la quantité d'articles à approvisionner pendant la période,

q, la quantité commandée.

Le coût annuel correspondant aux passations de commandes est égal à :

$$\frac{S}{q} \times a$$

Graphique 5

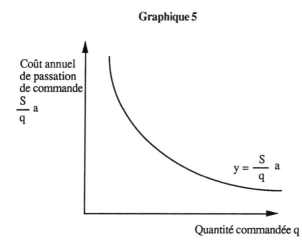

Coût annuel
de passation
de commande
$\frac{S}{q}$ a

$y = \dfrac{S}{q}\ a$

Quantité commandée q

1.3.3. Le coût de rupture ou coût de pénurie

La gravité des conséquences de la rupture de stock varie selon les articles, les exigences de la clientèle et les possibilités de se procurer ou de remplacer l'article manquant.

L'absence d'une seule pièce détachée peut arrêter la totalité d'une chaîne de fabrication. Mais, il est difficile, dans la plupart des cas, de procéder à une évaluation précise de la perte ou de l'absence de bénéfice, engendrée par la rupture de stock. Les entreprises s'efforcent de lutter contre le risque de rupture en calculant des stocks de sécurité. Les techniques de calcul de probabilité peuvent être utilisées pour déterminer le montant des stocks de sécurité ou de protection[1].

1.4. Quand et combien commander ?

A partir d'un modèle de base désormais classique, le modèle de Wilson, la pratique utilise essentiellement deux types de système de gestion des stocks, le système à point de commande et le système à calendrier.

1.4.1. Le modèle de base

Le modèle de base, dit modèle de Wilson, a été largement diffusé. Il suppose la réalisation d'une série d'hypothèses :
– la demande est régulière pendant la période ;
– le prix de l'article est connu et fixe ; il est indépendant de la quantité commandée ;
– il n'y a pas de rupture de stock ;
– le coût de passation par commande est fixe ;
– le coût de possession est proportionnel à la valeur stockée ;
– le stock est connu en permanence.

Soit S, la quantité d'articles consommés ou vendus pendant la période,
a, le coût de passation d'une commande,
u, le coût unitaire d'achat d'un article,
i, le taux moyen correspondant au coût de possession.

Le problème revient à définir q, la quantité optimale de commandes, qui minimise les coûts de stocks.

Le coût d'achat est Su. Il ne dépend pas de q, car le prix est indépendant de la quantité commandée.

Le coût annuel de passation des commandes est $\dfrac{S}{q}$ a.

Le coût annuel de possession est $\dfrac{qu}{2}$ i.

La dépense totale est $D = Su + \dfrac{S}{q} a + \dfrac{qu}{2} i$.

---

1. Voir L. Gavault, A. Lauret, *Technique et pratique de la gestion des stocks,* Paris, Delmas, chapitre H, 1977.

Pour obtenir la quantité q qui minimise la dépense totale D, il suffit de calculer la dérivée première de D par rapport à q et de l'annuler :

$$\frac{dD}{dq} = \frac{-S}{q^2} a + \frac{ui}{2}.$$

Pour que la dérivée de D par rapport à q s'annule, il suffit que

$$q = \sqrt{\frac{2\,Sa}{ui}}.$$

Le nombre de commandes à passer pour la période est donc : $\frac{S}{q}.$

Exemple, soit un article caractérisé par les éléments suivants :

u = 12   F
S = 1 600
a = 150 F
i = 0,25 %

On a : $q = \sqrt{\dfrac{2 \times 1\ 300 \times 150}{12 \times 0,25}} = 400.$

Soit : $\dfrac{1\ 600}{400} = 4$ commandes annuelles.

La représentation de la détermination du nombre optimal de commandes à passer est reproduite au graphique 6.

Le modèle de Wilson est à la base de la plupart des méthodes de réapprovisionnement. Il n'est pas question de présenter l'ensemble des formules de réapprovisionnement utilisées aujourd'hui. Nous renvoyons aux ouvrages spécialisés dans ce domaine. Deux méthodes seront cependant évoquées.

Graphique 6

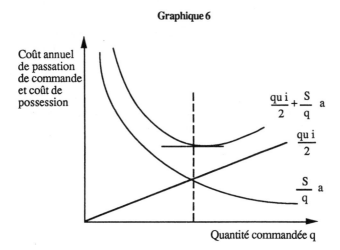

1.4.2. Le système à point de commande

Ce système est caractérisé dans sa forme la plus simple par le choix d'une quantité q de réapprovisionnement qui est fixe. La quantité q peut avoir été fixée, à l'origine, à l'aide de la formule de Wilson. Dans ce système, c'est l'intervalle de commande qui varie pour satisfaire la demande.

Supposons, par exemple, un délai d'approvisionnement d'un mois et un stock de sécurité estimé à deux mois de consommation. Le point de commande est déclenché lorsque le stock tombe à un niveau correspondant à trois mois de consommation. Pour une consommation mensuelle de 100 unités, par exemple, le point de commande est déclenché dès que le niveau tombe à 300 unités.

D'une façon générale, si s est la moyenne des sorties mensuelles, d le délai d'approvisionnement exprimé en mois, et SS le stock de sécurité, le point de commande est SS + ds.

Cette méthode présente de nombreux avantages. Elle est simple et souvent utilisée dans les entreprises sous l'appellation de la méthode du « stock minimum ». Elle permet également de réagir correctement aux accroissements de consommation lorsqu'il apparaît que le niveau du point de commande sera atteint plus vite que prévu. L'inconvénient majeur de cette méthode vient de son caractère automatique. Après une commande lancée au moyen de cette méthode, on peut assister à une diminution de la consommation qui entraîne un sur-stockage. Cette méthode doit être complétée par une surveillance du montant des stocks de sécurité et des taux de rotation des articles utilisés.

1.4.3. Le système à calendrier

Le principe est différent du précédent : l'approvisionnement est systématiquement déclenché à intervalles réguliers. On parle également de gestion calendaire des stocks.

L'intervalle de temps peut être fixé, à l'origine, à l'aide de la formule de Wilson qui donne le nombre optimal de commandes à effectuer pendant la période ($\frac{S}{q} = N$). A chaque date fixe de déclenchement de commande, on calcule la quantité à commander qui doit permettre de couvrir la consommation moyenne pendant la période séparant deux dates de commande. Dans le calcul de cette quantité, il faut tenir compte :

– de la quantité qui reste dans l'entreprise (il s'agit du stock actif et du stock de sécurité) ;

– du reliquat des commandes non encore livrées, mais dont les dates de livraison sont prévues ou connues ;

– des affectations éventuelles d'articles à des commandes de clients non encore livrées.

Soit d = le délai d'approvisionnement,

     p = la période de réapprovisionnement séparant deux commandes,

     s = la moyenne de sortie pendant un mois,

   SS = le stock de sécurité,

     g = les quantités en magasins,

     c = le reliquat de commandes en cours non livrées,

     f = les quantités affectées (à des clients non livrés).

La quantité à commander est exprimée selon la formule :

$$q = (d + p) s + SS - (g + c - f).$$

Dans toutes ces méthodes, dès que le volume des informations à traiter devient important, il faut recourir à la gestion des stocks par ordinateur[1].

2. La gestion de l'encours-clients et du crédit fournisseurs

Comme la gestion des stocks, celle de l'encours-clients est une préoccupation permanente des responsables de l'entreprise. En France, il faut insister sur l'importance du crédit à la clientèle en raison de l'ampleur exceptionnelle du crédit interentreprises[2]. Le crédit clients, comme les stocks, doit être considéré comme un investissement de l'entreprise. Mais il s'agit d'un investissement qui revêt un aspect particulier car, en raison de l'existence du crédit interentreprises, il représente un caractère obligatoire. Les usages commerciaux français imposent au fournisseur d'accorder à ses clients des délais de règlement, inconnus dans la plupart des pays étrangers. Il est en quelque sorte contraint de se substituer gratuitement aux banquiers pour financer les BFR de ses clients. Si l'encours-clients est un investissement involontaire, imposé à l'entreprise par les usages commerciaux, faut-il en déduire qu'il n'existe pas de gestion du crédit-clients ? Bien au contraire, l'importance des montants représentés par l'encours-clients – masquée d'ailleurs en partie par l'existence du crédit-fournisseur – en fait une préoccupation majeure des responsables financiers, dans la mesure où cet encours-clients engendre des coûts et présente des risques.

2.1. La gestion des coûts engendrés par l'encours-clients

Après avoir tenté d'évaluer le montant des coûts de l'encours-client, il faut rechercher les actions permettant de les réduire.

---

1. H. de La Bruslerie, J. Rigal, *Informatique, aide à la décision de gestion*, Paris, Vuibert, 1986, voir notamment pp. 153-169.
2. Rapport Mordacq, *Crédit interentreprises*, Commissariat général du Plan, Paris, Documentation française, 1979 ; voir également G. Broncy et J. Force, « Le crédit interentreprises : un élément perturbateur ou un facteur régulateur du financement des firmes », *Banque* (n° 439, mai 1984) : 519-526. « Le crédit interentreprises : éléments de réflexion », *Analyse Financière* (n° 36, 1er trimestre 1979) et G. Broncy et J. Force, « Délais de paiement et comportement des entreprises sur la période 1980-1984 », *Banque* (n° 473, juin 1987) : 580-586. Voir également dans cette Encyclopédie l'article de M. Dietsch, « Crédit interentreprises ».

2.1.1. Une première évaluation du coût de l'encours-clients

Tout délai de paiement accordé aux clients engendre un coût : soit un coût financier correspondant aux frais bancaires lorsque l'entreprise est débitrice, soit un coût d'opportunité lorsque l'entreprise est créditrice. On peut réaliser une première estimation du coût du crédit-clients à partir des données de la comptabilité générale. On peut en effet estimer le crédit-clients en jours de chiffre d'affaires TTC à partir de l'ensemble des postes comptables correspondant à l'encours commercial.

$$\frac{\text{clients + effets à recevoir + EENE}^1 \times 365\ j}{\text{CA TTC}} = \begin{array}{l}\text{Crédit-clients exprimé en}\\ \text{nombre de jours de chiffre}\\ \text{d'affaires TTC.}\end{array}$$

Pour calculer le coût du crédit-clients, on peut utiliser :

– soit le taux réel du découvert le plus élevé facturé par les banquiers, si l'entreprise est structurellement débitrice ;

– soit un taux d'opportunité correspondant au taux réel des placements à court terme (SICAV de trésorerie, par exemple) si l'entreprise est habituellement créditrice.

Prenons un exemple simplifié. Une entreprise réalise un chiffre d'affaires de 120 millions de francs TTC. Elle accorde un délai de paiement de 3 mois à ses clients : son encours-clients est donc, en principe, de 30 millions de francs. Choisissons, par exemple, un coût d'opportunité de 10 %, les créances détenues sur les clients coûtent, annuellement, 3 millions de francs, ce qui représente 2,5 % du chiffre d'affaires. Quelles sont les conséquences sur le résultat ?

En reprenant le même exemple et en supposant une marge de 10 %, il faut donc accroître le chiffre d'affaires de 30 millions de francs pour compenser le coût du crédit-clients, ce qui représente une augmentation du chiffre d'affaires de 120 à 150 millions (soit une augmentation de 25 %). Bien entendu, ces coûts seraient augmentés par tout retard de paiement de la part des clients. On peut faire remarquer que le chiffre d'affaires supplémentaire à réaliser correspond au coût du crédit-clients divisé par le taux de marge.

2.1.2. Le calcul du coût réel de l'encours commercial dans l'entreprise

On vient de réaliser, à l'aide d'une analyse financière externe qui utilise les informations contenues dans les documents de synthèse de l'entreprise, une première estimation du coût financier engendré par l'existence du crédit-clients.

A l'intérieur de l'entreprise, le suivi de l'encours commercial a essentiellement pour objectif de réduire les coûts financiers engendrés par les délais de règlement accordés au clients[2]. Lorsqu'on s'attache à cet objectif,

---

1. EENE : Effets escomptés non échus.
2. B.H. Abtey, « Le suivi de l'encours commercial », *Entreprise et Banque* (n° 80, septembre 1985) : 12-17.

on doit constater que l'encours réel prend naissance dès la prise de commande du client et qu'il ne s'achèvera qu'avec le règlement en date de valeur, et non pas en date d'opération, c'est-à-dire lorsque l'entreprise sera effectivement créditée du montant de sa créance. Ainsi défini, l'encours commercial réel est sensiblement plus large que la notion de crédit-clients calculé à partir des postes du bilan. En effet, l'étendue réelle de l'encours commercial dans l'entreprise comprend quatre étapes :

– la saisie des commandes qui couvre la période de prise des commandes à la date d'avis d'expédition de l'usine ;

– l'exécution des commandes qui va de la date de l'avis d'expédition de l'usine à la date de facturation ;

– la saisie des comptes-clients qui couvre la période allant de la date de facturation à la date de règlement, en date d'opération ;

– la saisie des règlements qui va de la date de règlement en date d'opération, à la confirmation par la banque du règlement en date de valeur.

Cette définition de l'encours commercial réel a des conséquences pratiques sur l'organisation du système d'information comptable qui doit conserver, client par client, l'ensemble des opérations traitées entre la prise de commande et la facturation, d'une part, la facturation et le règlement en date de valeur, d'autre part.

Trois aspects essentiels peuvent être soulignés :

– le système comptable doit être capable d'indiquer le montant des commandes non encore livrées et facturées ;

– les règlements des clients doivent être enregistrés en date de valeur et non pas en date d'opération ;

– le système doit enregistrer et gérer toute modification concernant le déroulement des commandes des clients (modification des délais de livraison ou des conditions de règlement, par exemple).

L'évaluation du coût réel de l'encours commercial effectif doit prendre en compte tous les délais successifs observés depuis la prise de commande jusqu'à l'encaissement en date de valeur. Il doit procéder à la valorisation de tous les délais soit à l'aide d'un taux d'opportunité, soit en utilisant le coût financier réel supporté par l'entreprise.

2.1.3. L'action à entreprendre pour réduire le coût de l'encours commercial

Il est souvent difficile de revenir sur les conditions de règlement imposées par les usages commerciaux ou les concurrents. Mais, le suivi de l'encours commercial permet, sans toucher aux conditions commerciales accordées aux clients, de réduire l'encours réel dans l'entreprise. On donnera quelques exemples qui concerneront la réduction des délais et le respect des conditions de règlement[1].

---

1. B.H. Abtey, « Gérer l'encours-clients », *Entreprise et Banque* (n° 80, février 1986) : 9.

2.1.3.1. La réduction des délais

Pour diminuer l'encours commercial, il faut :

– réduire l'écart observé entre la date de livraison demandée par le client et la date d'expédition réelle, compte tenu des délais de livraison ;

– réduire le délai entre la date d'avis d'expédition et la date d'ordre de facturation ;

– diminuer le temps entre l'ordre de facturation et la date réelle de facturation : cette action est importante pour les clients dont les délais de livraison courent à partir de la date de facturation.

2.1.3.2. Le respect des conditions de règlement

Pour réduire l'encours commercial, il faut :

– faire respecter les conditions de règlement du type « date d'expédition » et ne pas se laisser entraîner vers un système de type « fin de mois, expédition » ;

– faire respecter les conditions générales de règlement : prévoir des agios pour retard de règlement ;

– effectuer des pré-relances avant la date d'échéance ; intéresser les commerçants à la marge commerciale encaissée, après déduction des frais financiers qui leur sont imputables ;

– tenir la comptabilité-clients en date de valeur.

2.2. La gestion du risque client

Dans la mesure où on privilégie le risque attaché à l'encours-client, la définition de cette notion d'encours s'en trouve modifiée. En effet, le risque ne prend naissance qu'à l'expédition des marchandises – sous réserve de la clause de réserve de propriété et du droit de rétention des transporteurs – et prend fin avec le règlement effectif, en date d'opération, délai de retour des impayés compris.

Il convient, en premier lieu, d'évaluer l'importance des montants mis en jeu par le risque client. Il faut ensuite s'interroger sur les méthodes permettant d'apprécier la solvabilité des clients. On se demandera enfin quelles sont les actions qui peuvent réduire le risque client.

2.2.1. La mesure du risque client

On a vu que tout délai accordé, tout retard dans le processus de livraison des clients, ainsi que toute prolongation des délais précédemment accordés, comportent un coût financier. Plus grave est le cas où un client dépose son bilan avant d'avoir procédé au règlement de sa dette. Il ne s'agit plus d'évaluer le coût financier d'un retard, mais de mesurer les conséquences d'une perte qui sera en relation avec le montant de la créance. La défaillance d'un client, lorsqu'une créance importante est en jeu, peut compromettre la solvabilité de l'entreprise fournisseur, si cette dernière ne dispose pas d'une trésorerie ou d'une capacité d'endettement lui permettant de faire face à cette perte.

Reprenons l'exemple s'implifié présenté au paragraphe 2.1.1. Une entreprise réalise une affaire de 120 millions de francs ; une créance de 10 millions n'est pas honorée par un client. On peut calculer le chiffre d'affaires supplémentaire que l'entreprise doit réaliser pour compenser cette perte, si l'on suppose, par exemple, un taux de marge de 10 %[1].

La perte encourue doit être compensée par un gain correspondant à un chiffre d'affaires supplémentaire auquel sera appliqué le taux de marge. Autrement dit, le chiffre d'affaires supplémentaire sera égal à la perte encourue divisée par le taux de marge. La perte encourue est égale à la créance moins la marge commerciale concernant cette créance. Comme la marge commerciale est égale à la créance que multiplie le taux de marge, on a finalement :

$$\text{CA supplémentaire} = \frac{\text{créance } (1 - \text{taux de marge})}{\text{taux de marge}}$$

Perte encourue	=	CA supplémentaire x taux de marge
CA supplémentaire	=	$\dfrac{\text{Perte encourue}}{\text{taux de marge}}$
Perte encourue	=	créance – marge commerciale
Marge commerciale	=	créance x taux de marge
Perte encourue	=	créance $(1 - \text{taux de marge})$
CA supplémentaire	=	$\dfrac{\text{créance } (1 - \text{taux de marge})}{\text{taux de marge}}$

Pour une créance impayée de 10 millions de francs, le chiffre d'affaires supplémentaire à réaliser s'élève à :

$$\frac{10\ 000\ 000\ (1 - 0,10)}{0,10} = 90\ 000\ 000\ \text{F}$$

Le chiffre d'affaires doit donc passer de 120 à 210 millions de francs, ce qui représente une augmentation de 75 %. Il paraît ainsi du plus haut intérêt, pour les dirigeants d'entreprise, de mesurer le risque présenté par les plus gros clients en leur appliquant la formule précédente.

2.2.2. *L'appréciation de la solvabilité des clients*

Il revient au directeur financier d'apprécier la solvabilité de chaque client. Dans le cas de nouveaux clients, on peut utiliser les informations déposées auprès du greffe des tribunaux de commerce : documents comptables, registre des protêts, des nantissements, du privilège de la Sécurité sociale ou du Trésor, des contrats de crédit-bail mobilier.

---

1. B.H. Abtey, « L'encours client », *Entreprise et Banque* (n° 77, mai 1985) : 10-15.

Il convient également de mentionner les récents développements réalisés par la méthode dite « des scores ». On signalera, notamment, le rapport présenté à la IXe journée d'études des centrales de bilans, la méthode mise au point par la Fiduciaire de France et celle du Crédit Commercial de France [1]. On remarquera que dans le nouveau dossier individuel mis au point par la Banque de France l'évolution du score de l'entreprise est présentée au début de l'analyse financière.

De nombreuses sociétés, en particulier les sociétés d'assurance crédit ou de *factoring,* possèdent des départements spécialisés dans le renseignement financier.

2.2.3. *Les actions en vue de minimiser les risques*

Une entreprise dispose de plusieurs moyens pour lutter contre le risque de non-paiement des clients.

2.2.3.1. *La sélection des clients*

L'utilisation des informations recueillies sur la solvabilité permet de procéder à une sélection des clients afin d'écarter les mauvais payeurs. Les méthodes statistiques, citées dans le paragraphe précédent, peuvent être utilisées en présence d'une clientèle nombreuse et diversifiée. Toutefois, en cas de commande importante, et pour les clients principaux, il peut être jugé préférable de rechercher des informations spécifiques et de procéder à une analyse individuelle du risque.

2.2.3.2. *La détermination de plafonds de crédit*

La fixation d'un plafond de crédit peut tenir compte de plusieurs facteurs : la capacité de paiement, les habitudes et le comportement de règlement, la situation financière et la rentabilité du client.

Cette méthode présente plusieurs intérêts : elle « personnalise » le crédit, puisqu'il est tenu compte des caractères spécifiques de chaque client ; elle permet de déterminer un montant maximum des fonds investis dans le BFR de l'entreprise ; elle assure une diversification des investissements en compte client, donc une diversification des risques. Toutefois, la détermination d'un plafond de crédit ne permet pas d'évaluer le coût des fonds immobilisés dans les comptes clients non soldés. Il sera également difficile de préciser dans quelles conditions il est possible de dépasser le plafond et de décider à quel moment prendre la décision de se séparer du client ou de l'assigner en justice.

Le système de plafond de créance peut être utilement complété par un tableau de l'âge des créances qui permet une analyse de l'encours de chaque client en fonction de l'ancienneté des créances.

---

1. Banque de France, « L'analyse des défaillances des entreprises », Rapport présenté à la IXe journée d'étude des Centrales de Bilan le 7 juin 1983. Note d'information n° 65, septembre 1985, « La détection précoce des difficultés d'entreprise par la méthode des scores ». Fiduciaire de France, *Le score de l'entreprise,* Levallois, Nouvelles Éditions Fiduciaires, 1984.
G. Galzy, F. Lecointe, J.J. Marquaire, *L'analyse financière informatisée au service des entreprises,* Villennes-sur-Seine, Castelange Diffusion 1986, pp. 165-181.

2.2.3.3. *Les moyens juridiques*

L'entreprise bénéficie des différentes garanties cambiaires, en cas de paiement par lettres de change, notamment lorsqu'elles sont acceptées. On peut citer également la clause de réserve de propriété selon laquelle le transfert de propriété est suspendu jusqu'au paiement intégral du prix. Cette clause est opposable aux autres créanciers en cas de procédure de redressement ou de liquidation judiciaire (loi du 25 janvier 1985).

2.2.3.4. *L'assurance crédit*

Il est possible d'assurer le risque de non-recouvrement des créances client auprès de sociétés spécialisées dans l'assurance crédit. Mais, les contrats d'assurance crédit imposent un certain nombre de conditions. Afin de compenser les risques, elles assurent un ensemble de transactions et non une ou plusieurs transactions particulières. En général, la couverture du risque n'est pas totale, mais seulement partielle. Enfin, les sociétés d'assurance crédit n'interviennent qu'à l'intérieur de la fixation de plafonds de crédit autorisé.

Les sociétés d'assurance crédit peuvent également jouer un rôle dans le recouvrement des créances. Elles peuvent également fournir des renseignements sur les clients. Dans le cas de transactions avec l'étranger, la COFACE (Compagnie française d'assurance pour le commerce extérieur) garantit la bonne fin des opérations du commerce extérieur.

2.2.3.5. *L'affacturage*

L'affacturage ou *factoring* est une technique de transfert des créances commerciales à un « facteur » qui se charge ensuite du recouvrement des créances et en garantit la bonne fin. La rémunération du facteur comprend deux éléments : le coût du recouvrement et la commission de financement correspondant au coût du crédit. Pour l'entreprise, les avantages sont nombreux : elle finance son crédit client, elle se décharge de la gestion administrative d'une grande partie du crédit client, elle se garantit ainsi contre le risque de non-paiement[1].

2.3. *La gestion du crédit fournisseur*

A l'inverse du crédit client, le crédit fournisseur ne constitue pas une décision d'investissement, mais une décision de financement. En bonne logique, l'étude du crédit fournisseur devrait être effectuée en même temps que les autres moyens de financement de l'entreprise, dans l'article relatif au financement de l'entreprise[2]. Toutefois, dans la mesure où le crédit fournisseur fait partie intégrante du crédit interentreprises, et où il est l'un des postes essentiels du BFR, il convient de présenter quelques observations sur la gestion du crédit fournisseur.

---

1. P. Jude, *Technique et pratique du factoring,* Paris, CLET, 1984.
2. Voir dans cette Encyclopédie l'article de G. Hirigoyen et J.P. Jobard, « Financement de l'entreprise : évolution récente et perspectives nouvelles ».

2.3.1. L'évaluation du délai de règlement aux fournisseurs

On s'attachera essentiellement aux dettes liées à l'acquisition de biens et services destinés à l'exploitation de l'entreprise. Sur un plan comptable, il s'agit essentiellement des comptes « fournisseurs », « fournisseurs-effets à payer », et « fournisseurs-factures non parvenues ».

Pour calculer le délai moyen de règlement consenti par les fournisseurs d'exploitation à l'entreprise, il faut comparer le montant global de ces différents postes correspondant aux fournisseurs d'exploitation, qui sont comptabilisés TTC, au montant des achats, comptabilisés hors taxe, correspondant aux fournisseurs d'exploitation. Le rapport :

$$\frac{\text{Fournisseur + Effets à payer + Factures non parvenues} \times 360}{\text{Achats TTC}}$$

exprime le délai de règlement des fournisseurs évalué en jours d'achat TTC.

2.3.2. La gestion du crédit fournisseurs, une décision financière à court terme

Certaines entreprises offrent à leurs clients la possibilité de bénéficier :
– soit d'un délai de paiement correspondant aux usages commerciaux de la profession,
– soit d'un escompte, en cas de règlement comptant.

Le règlement comptant engendre donc un gain pour l'entreprise, correspondant au montant de l'escompte. Pour choisir entre l'une ou l'autre solution, l'entreprise doit comparer le gain retiré de l'escompte au coût du financement de substitution, dans la mesure où, renonçant au crédit fournisseur, elle doit se procurer d'autres sources de financement[1].

Dans la gestion du crédit fournisseur, on s'efforcera d'utiliser tous les moyens et procédés contre lesquels on a mis en garde le responsable financier dans l'étude du suivi de l'encours-client. L'entreprise a intérêt à obtenir un délai maximum, tout au moins supérieur à celui qui est également consenti dans la profession. Lorsqu'il est obtenu, c'est le signe que, par la quantité des commandes effectuées, par la régularité de ces paiements ou par tout autre motif, l'entreprise est reconnue comme possédant une excellente solvabilité. En revanche, la réduction des délais de paiement, par rapport aux usages commerciaux de la profession est, en principe, l'indice de la détérioration de la solvabilité de l'entreprise. Il faut cependant tenir compte des cas où l'entreprise, pour échapper à des difficultés de trésorerie, s'efforce d'allonger les délais de paiement vis-à-vis de ses fournisseurs ou se voit contrainte a demander des reports d'échéance.

---

1. Pour un exemple de calcul du coût d'opportunité du crédit fournisseur, voir G. Charreaux, *Gestion financière*, Paris, LITEC, 1986, p. 448.

*
* *

La gestion de la trésorerie et les différentes sources de financement à court terme font l'objet d'études particulières dans cette Encyclopédie. Il en résulte qu'une part importante des décisions financières à court terme échappe au domaine de la « gestion financière à court terme », telle qu'elle a été abordée dans cet article qui traite essentiellement de la gestion des stocks, des comptes clients et des comptes fournisseurs. L'idée de base que l'on retrouve dans tous les ouvrages concernant ces problèmes – qu'ils soient rédigés d'un point de vue pratique ou théorique – est qu'il convient, par la mise en place de systèmes de gestion appropriés, de comprimer les besoins en fonds de roulement. L'introduction de l'informatique, en particulier lorsque le volume des informations à traiter devient important, a permis aux entreprises de réaliser de notables progrès dans ce domaine. Mais il faut noter, en dernier lieu, que l'étude de la gestion financière à court terme, telle qu'elle vient d'être examinée, doit être complétée par celle de la gestion des liquidités et des financements à court terme, qui a connu en France de profonds bouleversements depuis 1985, avec la réforme du marché monétaire et l'apparition de nouveaux produits financiers – en particulier les billets de trésorerie.

Références

Abtey B.H., « Comment optimiser la politique d'approvisionnement et de stockage », *Entreprise et Banque* (n° 78, juin 1985) (n° 79, juillet 1985).

Abtey B.H., Vantsis D., « Dossier : l'encours client », *Entreprise et Banque* (n° 77, mai 1985) (n° 80, septembre 1985) (n° 82, novembre 1985) (n° 86, mars 1986) (n° 96, février 1987).

Analyse financière : « Le crédit interentreprises : éléments de réflexion », numéro collectif (n° 36, 1er trimestre 1984).

Broncy G., Force J., « Le crédit interentreprises. Un élément perturbateur ou un facteur régulateur du financement des firmes », *Banque* (n° 439, mai 1984) : 519-526.

Gavault L., Lauret A., *Technique et pratique de la gestion des stocks*, Paris, Delmas, 1977.

Hirigoyen G., Benjelloun N., « La gestion du crédit-client dans les petites et moyennes entreprises industrielles », *Revue du Financier* (n° 51, janvier-février 1987) : 17-26.

Montmorillon B. (de), « Crédit interentreprises : l'influence des structures », *Analyse Financière* (n° 56, 1er trimestre 1984) : 49-54

Morin M., *Comprendre la gestion des approvisionnements*, 2e éd., Paris, Pierre Dubois SA et Les Editions d'Organisation, 1983.

Revue Fiduciaire Comptable, « Dossier conseil : la gestion de vos stocks » (n° 88, juin 1984) : 13-39.

Salin E., *Gestion des stocks, les points clés*, Paris, Les Editions d'Organisation, 1986.

Mots clés

Coût de passation de commande, coût de possession d'un stock, décisions financières à court terme, gestion de l'encours-client, gestion des stocks, gestion du crédit fournisseur, gestion du risque client, stock critique, stock de sécurité, stock moyen, système à calendrier (gestion des stocks), système à point de commande (gestion des stocks).

67

Gestion financière
de l'entreprise en difficulté

Jean-François Malécot

Les défaillances d'entreprises sont revenues au premier plan de l'actualité économique depuis le milieu des années 1970. Si toute entreprise peut, en principe, faire faillite, certaines firmes sont exposées à un risque de défaillance très élevé, et ce pour un horizon de prévision d'environ trois ans. Une entreprise en difficulté peut se caractériser par la présence d'une structure financière tellement déséquilibrée qu'une cessation de paiements est très probable, et non plus seulement possible comme pour n'importe quelle entreprise. La gestion des flux financiers devient, dans ces conditions, la priorité d'action à l'égard d'une entreprise en difficulté.

La connaissance des causes de défaillances devrait permettre de mieux les prévoir et donc de mieux les prévenir. La compréhension des causes de défaillances, ainsi que le cadre juridique dans lesquelles elles se situent constituent donc un préalable. La gestion d'une entreprise en difficulté consiste principalement à étudier et à mettre en œuvre un plan de redressement, la composante financière de ce plan étant souvent centrale, eu égard à son déséquilibre financier général. A la suite du plan de redressement, l'entreprise devrait connaître une espérance de continuation d'activité ou d'exploitation comparable à toute autre firme.

1. Les causes de défaillances des entreprises

La définition de l'entreprise en difficulté impose de se reporter au cadre juridique organisant le sort des entreprises défaillantes. Mais cet examen juridique préalable ne présuppose pas pour autant que la notion d'entreprise en difficulté soit purement juridique. Tout d'abord, le droit, surtout quand il vient d'être refondu, s'appuie sur une jurisprudence et le bilan d'une pratique antérieure ; ensuite, c'est justement ce cadre juridique qu'il faut évoquer si l'on veut bien comprendre les décisions des entreprises confrontées à cette menace.

Nous examinerons donc, dans un premier temps, le cadre juridique encore en vigueur ; puis, dans un second temps, nous analyserons les causes des défaillances des entreprises, en nous référant aux principales données que nous possédons à l'heure actuelle.

1.1. L'étude du cadre juridique

Les procédures actuelles s'inscrivent dans l'histoire des législations sur les règlements judiciaires de la faillite, ce dernier terme étant pris dans son sens le plus général. C'est d'ailleurs un signe de l'évolution sociale de constater que le terme de faillite a perdu la signification infamante dont Balzac avait caractérisé les principaux traits dans le portrait de César Birotteau ; plutôt que du « failli », c'est-à-dire celui qui a manqué à ses obligations, on parle plus volontiers aujourd'hui de défaillance ou de faillite d'entreprise.

Les objectifs de la dernière grande réforme seront évoqués avant de passer en revue les principaux traits du cadre juridique.

1.1.1. Les objectifs de la réforme de 1985

Avant 1985, la législation issue principalement de la réforme de 1967 était vivement critiquée. Le principal reproche adressé aux anciennes procédures était qu'elles s'achevaient, dans 95 % des cas, par une disparition complète de l'entité économique impliquée, à savoir la liquidation de l'entreprise défaillante. Pour remédier à cette situation, il fallait mettre en place de nouvelles procédures qui permettent de sauver les entreprises viables. De plus, le contexte économique en 1985 n'est pas celui de la loi de 1967 : la croissance économique est en effet moins soutenue et le chômage est devenu une préoccupation majeure. Sauver les entreprises viables, tel est donc l'objectif principal défendu par les initiateurs de la réforme de 1985. Mais quelle est la définition d'une entreprise viable ? Dans l'esprit du législateur, c'est en principe la situation concurrentielle effective qui définit la viabilité économique d'une entreprise et non plus les seuls intérêts juridiques des parties en présence (les droits des créanciers par exemple).

La procédure de faillite de la loi du 13 juillet 1967 (et ses aménagements ultérieurs) prévoyait plusieurs cas : la liquidation, le concordat et la suspension provisoire des poursuites. Ces distinctions paraissaient floues aux yeux de beaucoup de praticiens des affaires : la quasi-totalité des règlements judiciaires qui devaient déboucher en principe sur un concordat se soldaient en effet par une liquidation de l'entreprise ; ces distinctions étaient peu efficaces : la suspension provisoire des poursuites était utilisée dans moins de 10 % des cas. Par ailleurs, les procédures en vigueur, censées défendre les droits des divers créanciers de l'entreprise en défaillance, ne permettaient en fait qu'un faible désintéressement : les créanciers chirographaires étaient particulièrement touchés, puisqu'ils perdaient la quasi-totalité de leurs créances. La réorganisation et l'unification des procédures étaient impératives.

De même, la précocité et la rapidité de l'intervention s'inscrivaient dans la perspective d'une amélioration des résultats des procédures : or, un règlement judiciaire durait en moyenne trois ans ! Il importe de noter que la réforme de 1985 avait été précédée par de nombreux autres projets présentés entre 1967 et 1985. Parmi ceux-là, celui de la Commission Sudreau (1975) inspira plusieurs projets. La plupart de ceux-ci fondaient leurs analyses de l'échec des procédures judiciaires de la faillite sur les lenteurs de leurs mises en œuvre.

Par conséquent, la loi du 25 janvier 1985 sur le redressement et la liquidation judiciaires des entreprises s'est accompagnée de nombreux autres textes ; citons la loi du 1er mars 1984 sur la prévention des difficultés qui rend obligatoire l'établissement de documents prévisionnels comptables et financiers, crée des procédures de surveillance et d'alerte, et instaure un règlement amiable.

1.1.2. Les procédures actuelles

Le texte de 1985 instaure une procédure unique : le redressement judiciaire. Il est applicable aux commerçants et aux personnes morales de droit privé qui cessent leurs paiements ou ne respectent pas leurs engagements. En fait, une modulation dans l'application de cette procédure unique est indiquée au préalable : la procédure « normale » concerne toutes les entreprises de plus de 50 salariés et dont le chiffre d'affaires est supérieur à 25 millions de francs (cette dernière condition étant fixée par décret) ; l'autre, dite « simplifiée », est applicable à toutes les petites entreprises.

C'est l'entreprise (ou la personne morale de droit privé) qui peut solliciter l'ouverture de la procédure ; ce peut être aussi un créancier ou les juges (saisine d'office). Après sollicitation, le tribunal compétent (le tribunal de commerce pour les entreprises commerciales et artisanales) constate l'impossibilité « de faire face au passif exigible avec son actif disponible » : une « période d'observation » est alors ouverte, normalement limitée à trois mois (renouvelable mais en principe inférieure à six mois), destinée à établir le bilan « économique et social » de la situation présente de l'entreprise.

C'est à l'administrateur, nommé dès l'ouverture de la procédure, qu'il appartient de dresser ce bilan et de proposer, dans un rapport remis au tribunal compétent, un plan de redressement ou la liquidation judiciaire de l'entreprise. Pendant cette période d'observation, les poursuites des créanciers de l'entreprise sont suspendues. Il revient aussi à l'administrateur de négocier, auprès des créanciers, des délais de paiement, voire des remises, afin que l'entreprise puisse subsister pendant la période d'observation.

Après remise du rapport de l'administrateur, le tribunal prononce la liquidation ou bien statue en faveur du redressement et arrête un plan de redressement. Deux situations sont alors possibles :

– soit il y a poursuite de l'activité de l'entreprise si le tribunal estime que des possibilités de redressement existent ; cette continuation de l'exploitation peut intervenir dans le cadre de l'entreprise existante ou bien, après cession, dans le cadre d'une autre entreprise, ou encore par location-gérance avec promesse d'acquisition ;

– soit l'entreprise, n'étant pas jugée viable par le tribunal, est liquidée ; le tribunal nomme alors un liquidateur qui doit, notamment, réaliser l'actif et régler le passif.

1.2. L'analyse causale des défaillances

La défaillance d'une entreprise qui, juridiquement, trouve son origine dans la cessation des paiements peut-elle facilement s'expliquer ? Beaucoup d'explications sont avancées, mais peu d'entre elles sont satisfaisantes, car la question est complexe. En effet, prenons le fait générateur de la défaillance, à savoir la cessation des paiements : contrairement à ce que l'on pourrait croire, c'est un fait très mal défini quand on observe la situation comptable des entreprises défaillantes. Ainsi certaines d'entre elles auraient pu éviter la faillite si elles avaient pu, ou voulu, réaliser une partie de leurs actifs. Inversement, l'observation d'entreprises non défaillantes ne manque pas de poser des questions : pourquoi telle ou telle ne fait-elle pas faillite ? C'est là un fait empirique majeur : la dispersion statistique des résultats des entreprises non défaillantes est nettement supérieure à celle des entreprises défaillantes, ce qui rend du même coup la notion de défaillance plus difficile à cerner.

Si, dans la majorité des cas observés chaque année, la cessation de paiements paraît objective et définitive, une fraction non négligeable des défaillances et des entreprises encore en activité ne rentre pas dans un schéma simpliste.

1.2.1. Le problème d'une typologie générale

Une abondante littérature est consacrée aux causes de défaillances des entreprises, et la plupart des manuels regorgent d'explications. Peu d'études dans ce domaine sont cependant satisfaisantes car les causes et les conséquences sont souvent confondues. Un exemple simple permettra d'expliquer cette confusion. Une entreprise, dégageant une faible rentabilité, prévoit de financer sa croissance par l'endettement. Combien d'entreprises ont ainsi profité de l'effet de levier de la dette, quand celui-ci existait... Pourtant, si la croissance espérée n'est pas au rendez-vous, l'entreprise, incapable de rembourser convenablement sa dette, fera faillite, apparemment sur-endettée. Mais quelle est la cause de la faillite : l'endettement, la faible rentabilité initiale, ou toute autre raison ? Pour expliquer cette défaillance, il ne suffit pas de dire que l'erreur consistait peut-être à vouloir une croissance supérieure au taux de rentabilité des fonds propres pour une capacité normale d'endettement, puisque l'on ne sait pas définir exactement la capacité « normale » d'endettement, ni déterminer *a priori* et très précisément la relation nécessaire entre la croissance et l'autofinancement.

Est-ce alors un hasard que la première cause invoquée dans les manuels ou les études empiriques soit l'erreur de gestion ? L'explication des défaillances par l'erreur de gestion est purement tautologique : tous les actes de gestion d'une entreprise défaillante sont considérés comme des erreurs pour l'unique raison qu'elle a fait faillite. Les mêmes actes se retrouvent-ils dans des entreprises encore en activité ? Ces dernières ne commettent-elles jamais d'erreurs ? On ne prête guère attention à ces questions. L'absurdité de l'explication par l'erreur apparaît plus nettement encore avec un peu de recul : depuis un quart de siècle, le taux de défaillance est bon an mal an de 2 % environ. Il varie d'un secteur à l'autre, mais peu. En période de crise, notamment depuis 1979, il est un peu plus élevé, et la taille des entreprises impliquées n'est pas la même. Toutefois il n'évolue guère en fonction de la diffusion des techniques de gestion et des moyens de traitement de l'information. Est-on vraiment sûr qu'aucune entreprise dégageant une bonne rentabilité ne soit pas trop endettée ou ne fasse pas d'erreurs selon les dires mêmes de ses dirigeants ?

Quant à l'explication par la « sélection naturelle » des firmes perfor-mantes, elle est tout aussi peu satisfaisante. Comment définir les entreprises aptes à survivre ? Quelle est la notion d'« espèces » quand on parle de firmes ? Quels sont les caractères transmis ? Ces questions ne reçoivent guère de réponses. Pour comprendre les défaillances, il importe alors de s'intéresser au cadre général des procédures de décisions. Si le cadre des décisions d'entreprises rend obligatoire, même de manière implicite, le raisonnement sur la base de probabilités objectives ou subjectives, certaines entreprises sont un peu plus immergées dans l'incertitude que d'autres, ce qui rend leurs décisions plus délicates. Par conséquent, en situation d'incer-titude et d'information imparfaite, le décideur peut agir de façon appro-priée, cohérente avec ce qu'il sait et peut-être se tromper de façon « subjectivement rationnelle » (au sens de M. Weber). Il est donc difficile de ne parler que d'erreurs ou de manque de rationalité. Une entreprise de création récente est évidemment plus sujette à cette incertitude. De même, en situation de crise économique, l'imperfection de l'information et l'incer-titude (quels seront les marchés de « demain » ?) sont plus importantes.

1.2.2. Les causes de défaillance

Une étude réalisée en juin 1986 par le Crédit d'Equipement des Petites et Moyennes Entreprises montre que la grande majorité des faillites ne peut s'expliquer par les erreurs de gestion. Les auteurs de cette étude constatent que dans 80 % des cas, une seule cause originelle dite première a pu être identifiée. Les trois quarts de ces causes premières, les causes accidentelles telles que sinistres ou décès étant exclues, sont : la réduction de l'activité (36 % des cas), la réduction des marges (19 % des cas) et les problèmes spécifiques de trésorerie (plus de 20 % des cas). Pour le quart restant, il s'agit de problèmes de management que l'on ne peut réduire à des erreurs (problèmes de succession,...) ; l'incapacité du dirigeant n'explique que 6 % des défaillances.

L'enquête montre par ailleurs l'ampleur des difficultés financières des entreprises : 50 % d'entre elles, un an avant le dépôt de bilan, souffrent d'une perte d'exploitation qui dépasse 14 % du chiffre d'affaires. La situation nette est négative dans 40 % des cas, et le fonds de roulement négatif dans 50 % des cas. De plus, au moment du dépôt de bilan, le passif représente 2,2 fois l'actif ; après vérification et réévaluation, ce chiffre est de 3,4.

De même, il apparaît que des causes se distinguent nettement : ce sont celles qui « tendent à affecter durablement les équilibres fondamentaux et l'efficacité économique des entreprises ». Ainsi, trois situations semblent être selon nous à l'origine d'un risque de défaillance plus élevé : lorsque l'entreprise est fortement dépendante (d'un seul marché, d'un client, d'un fournisseur), lorsqu'elle est soumise à une forte concurrence, lorsqu'elle accède difficilement aux systèmes de financement. Nous en revenons ainsi à ce qui était souligné dans le paragraphe précédent : les causes de défaillances sont plutôt à rechercher dans les systèmes de décisions : à ces causes, dites premières, dont la distribution statistique n'est absolument pas identique pour toutes les firmes (une baisse générale de la demande sur un marché donné n'implique pas forcément une baisse identique pour toutes les firmes), s'ajoutent des facteurs plus généraux qui déterminent la capacité de l'entreprise à soutenir la concurrence, notamment à pouvoir faire face aux situations particulières décrites ci-dessus. C'est par conséquent vers l'analyse stratégique qu'il convient de se tourner : le déclin de la demande, le jeu des forces concurrentielles qui pèsent sur la rentabilité des activités de l'entreprise, la nature et le degré de risque supportés par la firme. Tels sont les facteurs fondamentaux explicatifs des défaillances auxquels il convient de se reporter.

2. La prévision et la prévention des défaillances

Pour le banquier ou le fournisseur qui désire gérer au mieux son risque de crédit client, il importe de prévoir les défaillances de façon suffisamment précoce. Toute défaillance se traduit par une situation financière critique : aussi, les méthodes de prévision sont-elles exclusivement alimentées par des variables financières. De même, les mesures visant à éviter la défaillance sont en priorité financières. Cependant, il faut se garder d'une certaine myopie et agir sur les causes qui ne sont pas exclusivement financières. Ainsi, on peut évoquer les cas où la défaillance n'est pas uniquement un acte contraint, mais où elle fait l'objet d'un choix raisonné (sans parler pour autant d'actes juridiquement répréhensibles). Tous ces points sont étudiés successivement.

2.1. Un aperçu des techniques et des méthodes de prévision

Deux voies prévalent : l'une est fondée sur des règles d'usage, plus ou moins empiriques (au sens épistémologique du terme) ; l'autre repose sur l'approche statistique.

2.1.1. Les règles pratiques

Le raisonnement consiste essentiellement à comparer l'entreprise étudiée, saisie au travers de quelques ratios supposés significatifs, à d'autres firmes du même type dont on sait qu'elles sont financièrement « saines ». Les banques conditionnent ainsi l'octroi d'un prêt au fait que certains ratios jugés essentiels pour déterminer la capacité de remboursement de l'entreprise se trouvent en dessous de certaines valeurs-seuils (ou butoirs). En effet, au-delà ou en deçà (le signe du ratio souhaitable dépendant de son sens) de ces valeurs seuils, le risque de faillite ou de non-remboursement est considéré comme trop élevé. Par exemple, on demande que le rapport de l'endettement à terme sur la marge brute d'autofinancement soit inférieur à 3,5 ou 4 (pour un établissement comme le Crédit National). D'autres ratios peuvent être calculés (par exemple : endettement sur fonds propres, part des frais financiers dans le chiffre d'affaires, etc). Les valeurs seuils dépendent des crédits demandés et des types d'entreprises [1].

La méthode des *Credit-Men* est aujourd'hui peu utilisée. Le principe en est très simple : on calcule une combinaison (appelée note) de ratios relatifs (un ratio relatif est le rapport de la valeur d'un ratio pour l'entreprise étudiée sur la valeur du même ratio pour l'entreprise jugée saine), chacun d'eux étant pondéré en fonction de l'importance qu'on lui accorde dans la détermination du risque de l'entreprise. Synthèse générale de l'évaluation, permettant de distinguer les entreprises « saines » des autres, la note servira ensuite de base pour justifier l'accord ou le refus d'un prêt.

2.1.2. Les méthodes statistiques

Nous évoquerons essentiellement l'analyse discriminante qui est la méthode la plus répandue, en soulignant cependant que son utilisation n'est jamais automatique, quand elle est appliquée.

Le principe de la méthode est le suivant : à l'aide de deux échantillons d'entreprises dont on connaît exactement la situation (les entreprises « normales » et les entreprises défaillantes), on calcule un ensemble de ratios financiers. Ensuite, tout en sélectionnant les ratios statistiquement les plus significatifs, on cherche la combinaison linéaire de ratios qui permet statistiquement de mieux discriminer ou reclasser les entreprises saines des entreprises défaillantes. Pour une entreprise donnée, la valeur de la combinaison linéaire des ratios significatifs est appelée le score.

Enfin, afin d'évaluer son pouvoir prédictif (il s'agit en fait d'une méthode de classification), on l'applique à un échantillon d'entreprises différent des deux échantillons de départ.

L'étude la plus diffusée en France, réalisée par la Banque de France, recommande de retenir en priorité le ratio des frais financiers sur le résultat économique brut : à un an de la défaillance, il a un pouvoir discriminant (donc prédictif) de 79,6 %. Ce pouvoir tombe à 41,7 % lorsque l'on se situe à trois ans de la défaillance. La sélection de ce ratio n'est pas pour surprendre, car il est en réalité composé de trois ratios élémentaires : le taux d'intérêt apparent, le taux d'endettement et le taux de rentabilité de l'entreprise. Huit autres ratios figurent dans la fonction et nécessitent une analyse parallèle.

---

1. Voir également dans cette Encyclopédie l'article de E. Cohen, « Analyse financière ».

En dépit de leur séduction apparente, les prévisions fondées sur ces techniques posent de nombreux problèmes. Elles sont lourdes à mettre en œuvre et nécessitent en principe une révision fréquente des estimations. Les conditions théoriques requises pour les appliquer sont rarement respectées en pratique : la question de la sélection des ratios pose à cet égard le plus de difficultés. De plus, les prévisions ne sont pas très précises à plus d'un an de la défaillance. Enfin, d'essence statique, elles s'attachent plus aux symptômes et aux conséquences exclusivement financiers qu'aux causes effectives. L'analyse des tableaux de flux de fonds semble offrir une voie fructueuse, plus dynamique, mais non encore vraiment éprouvée sur le plan statistique. Ces tableaux mettent en effet à notre disposition de véritables outils analytiques pour comprendre l'évolution des grands équilibres (ou déséquilibres) régissant l'activité de l'entreprise, même s'il faut considérer avec une extrême prudence les présupposés normatifs auxquels certains d'entre eux se réfèrent.

2.2. *Les mesures financières pour éviter la défaillance*

Comme nous l'avons mentionné précédemment, les procédures judiciaires débouchent très rarement sur la survie de l'entreprise. Il peut donc apparaître opportun d'éviter le risque de liquidation : toute la question est de savoir si le coût pour y parvenir n'est pas excessif et si la solution est viable dans le temps. Inversement, dans d'autres circonstances, la défaillance juridique peut apparaître comme l'ultime ressource, comme nous le verrons au paragraphe 2.3.

Deux lignes directrices peuvent être retenues pour éviter la défaillance dont l'entreprise est menacée : serrer la trésorerie et diminuer les déficits de financement. Mais vouloir sauver l'entreprise de la défaillance peut être contradictoire avec sa survie future : il ne s'agit donc pas de dire ici que les mesures à prendre sont toujours bénéfiques pour l'entreprise.

2.2.1. *Serrer la trésorerie*

Dans ce cas, l'horizon de prévision ne dépasse guère six mois. L'objectif principal étant d'éviter le dépôt de bilan, il s'agit donc de prévoir tous les flux financiers afin d'être en mesure d'intervenir. Le principe général est celui d'une gestion habituelle de trésorerie où l'on positionne très précisément les encaissements et les décaissements, le pas de prévision pouvant être de l'ordre de la semaine, voire de la journée[1]. L'objectif d'un tel tableau est évident : pour serrer sa trésorerie, encore faut-il en avoir une idée précise. En l'occurrence, ce sont les besoins de trésorerie que l'on cherche à préciser, en les datant et en identifiant en particulier leur origine et leur importance. Bien entendu, un tel tableau des décaissements et des encaissements peut déjà exister dans l'entreprise. Habituellement, il reste confiné dans les services financiers.

---

1. Voir également dans cette Encyclopédie l'article de D. Dubois, « Trésorerie ».

La politique à mettre en œuvre est apparemment très simple : confrontée à un déséquilibre de ses encaissements et décaissements qui peut la mener au dépôt de bilan, l'entreprise cherchera, en priorité, à retarder les décaissements et à avancer les encaissements. Il est d'ailleurs tout à fait possible qu'il soit déjà trop tard pour éviter le dépôt de bilan. Donc, s'il en est encore temps, le positionnement des encaissements et des décaissements doit se faire en fonction de leur caractère plus ou moins négociable.

Pour les décaissements, il faut distinguer les dépenses engagées difficilement négociables, comme les traites ou les salaires en cours de règlement, de celles éventuellement négociables, pour lesquelles l'ordre de paiement n'est pas strictement intervenu. La négociation d'un décaissement peut s'entendre de deux façons :

– Sur le plan interne, si la dépense n'est pas encore engagée, on peut chercher à la reporter purement et simplement : tel ou tel achat est retardé, voire supprimé.

– Sur le plan externe, la négociation des décaissements consiste à obtenir du créancier lui-même l'acceptation d'un report.

Il va sans dire que l'inconvénient d'une telle démarche est d'ébruiter à l'extérieur de l'entreprise les difficultés actuelles, risquant ainsi de rendre certains créanciers plus méfiants et aggravant par là-même les difficultés futures : un équilibre délicat est à trouver car la confiance et la réputation constituent deux composantes majeures de la vie des affaires, et elles sont difficiles à modifier dans les cas où la situation de l'entreprise « paraît » compromise.

Pour les encaissements, c'est l'éventualité d'une avance qui doit être envisagée : il peut suffire d'accélérer des livraisons et des facturations, de modifier les modalités de paiement de certains clients, d'en relancer d'autres qui tardent trop, voire de demander des acomptes dès qu'une commande est passée. De même, un examen attentif des stocks peut réduire encore, éventuellement pour une très courte période, les besoins de financement sans pour autant compromettre l'activité économique ou commerciale[1].

Toutes ces mesures permettent uniquement de gagner du temps : quand on négocie sur un décaissement, c'est souvent un report que l'on cherche, pas une suppression, et la dépense devra figurer à très brève échéance dans le tableau de positionnement des encaissements et des décaissements. Inversement, tout encaissement avancé est une ressource future en moins : si d'autres ressources de remplacement ne sont pas obtenues (accroissement rapide des ventes par exemple), le déficit de trésorerie risque de s'aggraver ensuite.

2.2.2. *Diminuer les déficits de financement*

En principe, plusieurs solutions sont offertes. Elles sont toutes guidées par la nécessité de trouver de nouvelles ressources. Par exemple, on peut

---

1. Voir également dans cette Encyclopédie l'article de J.P. Jobard, « Gestion financière à court terme ».

chercher de nouveaux actionnaires pour obtenir de l'argent frais et rééquilibrer le bilan si besoin en est. En réalité, ce sera très difficile à très court terme, pour des raisons évidentes.

On se tourne donc vers les banques, même si les crédits obtenus sont susceptibles de grever la rentabilité future : c'est l'obtention d'un délai qui prime et non le coût. Or le suivi des comptes par la banque a permis à celle-ci d'avoir une idée de l'évolution des paiements passés. Dans le cas d'une entreprise qui risque la cessation de paiements, et si l'analyse objective de la situation peut être menée par la banque, il est difficile d'imaginer que les négociations soient aisées. De plus, les crédits éventuellement obtenus dépendent évidemment des garanties (sûretés et privilèges garantissant à la banque un paiement dans le cas d'une liquidation) sur lesquelles la banque les adossera. Il en est de même des types de crédit : ainsi, dans le cas d'une liquidation de l'entreprise, un crédit de trésorerie est beaucoup plus risqué pour la banque qu'un crédit de mobilisation de créances sur l'étranger assurées par un organisme spécialisé.

Bien entendu, il n'est pas interdit de penser qu'un prêt puisse intervenir pour des raisons qui ne sont pas purement économiques ; un exemple classique est celui d'une entreprise qui possède une grande influence en termes d'emploi dans une région déjà touchée par des problèmes de chômage ou de reconversion. Dans cet environnement socio-économique, certaines garanties peuvent être obtenues et, par là même, de nouveaux financements. Ces garanties peuvent d'ailleurs s'accompagner de délais supplémentaires concernant le paiement de certaines dépenses comme les impôts. Par ailleurs, l'entreprise qui ne désire absolument pas être mise en faillite doit éviter d'y être entraînée par son banquier. Ce dernier peut être conduit, par exemple, à ne pas renouveler en totalité ou en partie un découvert qu'il juge trop élevé.

Comme on peut le constater, il n'y a pas de remèdes miracles. Eviter la défaillance ne peut être considéré comme une solution en soi : c'en est peut-être, et seulement, une condition.

2.3. La défaillance peut-elle être un acte de gestion ?

Aussi surprenant que cela puisse paraître, la défaillance peut être recherchée en tant que telle. Deux raisons peuvent expliquer ce paradoxe. Tout d'abord, la faillite peut être utilisée comme un moyen de dissociation de certaines composantes de l'entreprise, partition qui serait impossible à réaliser autrement. Dans ce sens, la faillite est un moyen d'aller au-delà des limites de la gestion « normale » de l'entreprise. Par ailleurs, il ne faut pas oublier que le redressement judiciaire tel qu'il existe depuis 1985 peut offrir, du moins en principe car son efficacité n'a pu être encore reconnue, un cadre à l'établissement d'un plan de redressement.

2.3.1. Les limites de la gestion

Sur un plan théorique, la faillite et les coûts qui en résultent peuvent s'analyser comme des coûts de dissociation que l'entreprise est obligée de supporter. Deux exemples permettent d'illustrer cette situation. Citons tout d'abord le cas d'une filiale dont les pertes pèsent très largement sur les résultats et les capacités d'emprunt de la société-mère. Cette dernière peut alors décider d'abandonner cette filiale pour ne pas mettre en péril l'ensemble du groupe et éviter de supporter les coûts de sa liquidation. Dans certains cas, cette pratique peut aller jusqu'à « vider » la filiale de sa substance avant de la laisser faire faillite, le coût de la faillite étant alors minimisé pour le groupe en question.

Une autre situation limite peut être évoquée : celle d'une entreprise qui estime ne pouvoir se séparer d'une partie de son personnel selon les procédures habituelles de licenciement. Dans ce cas, il arrive qu'une nouvelle société soit créée et ne reprenne qu'une partie du personnel. Outre les inconvénients évidents pour le personnel, une telle « gestion limite » offre le désavantage d'être largement et publiquement conflictuelle, ce qui peut nuire à la réputation de la société mère.

2.3.2. *Le plan de redressement comme objectif de la défaillance*

La déclaration de cessation des paiements, dans l'éventualité d'un redressement judiciaire tel qu'il est institué par la loi de 1985, ouvre une période d'observation. Pendant cette période, l'entreprise (après consultation de certaines instances) peut réduire ses effectifs tout en bénéficiant de l'assurance générale des salaires. Les organismes sociaux supportent alors la charge des salaires et des charges sociales du personnel, l'ensemble des dettes est gelé et l'administrateur judiciaire peut en négocier de nouvelles. Ce sont indéniablement des allégements qui peuvent procurer un certain répit. La publicité de la procédure, la détérioration du climat social dans l'entreprise, la réduction de l'autonomie du chef d'entreprise constituent cependant des aspects négatifs de la période d'observation.

Il n'en reste pas moins que le redressement judiciaire peut constituer l'un des moyens de redressement de l'entreprise. Il est préférable alors d'en conserver la maîtrise en déclarant soi-même la cessation des paiements et en ayant au préalable réfléchi, d'une part au financement de l'exploitation pendant la période d'observation, d'autre part aux grandes lignes d'un plan réaliste de redressement. Mais la période d'observation, de par son caractère officiel, est une période difficile au cours de laquelle le personnel peut perdre son dynamisme et sa confiance, les clients et les fournisseurs (le crédit fournisseur peut être complètement supprimé) s'évanouir de crainte d'être lésés. De plus, une donnée supplémentaire est à considérer : le compte de résultat va immédiatement supporter des charges supplémentaires : frais de justice, émoluments des mandataires de justice et honoraires des conseils extérieurs. Enfin, le plan de redressement ne sera accepté que si la capacité d'autofinancement future permet de rembourser les créanciers, l'issue n'en est donc pas certaine. En tout état de cause, il peut donner le répit nécessaire pour négocier un plan de redressement préalablement étudié.

3. La gestion financière du redressement

Les chances de réussite d'un plan de redressement reposent sur un diagnostic préalable. Ce diagnostic qui comprend plusieurs aspects : stratégiques, commerciaux, financiers, humains et organisationnels, ne se distingue pas des autres diagnostics que tout gestionnaire est amené à faire. Une précision s'impose cependant, c'est même selon certains auteurs, une loi : quand une entreprise fait des pertes, la réalité des pertes dépasse toujours largement le niveau des pertes comptables, car les provisions ou les amortissements peuvent avoir été minorés, les marges habituelles en termes de trésorerie peuvent être déjà récupérées...

Le diagnostic devra permettre, d'une part, d'isoler la nature des causes à l'origine de la situation actuelle, d'autre part, de dresser le bilan de la compétitivité de la firme pour tous ses produits, sur tous ses marchés et par rapport à tous ses clients. Le diagnostic devra également comprendre, pour les entreprises industrielles, une étude approfondie des technologies mises en œuvre.

3.1. Les grandes orientations possibles

En simplifiant outrancièrement, on peut dire que deux grandes options existent. Celles qui sont effectivement prises ne sont qu'un moyen terme entre ces deux extrêmes.

3.1.1. La décroissance et le désinvestissement [1]

Avec cette option, c'est une restructuration de l'entreprise qui est visée. Elle est fondée sur l'analyse suivante : l'entreprise est en difficulté en raison de certaines activités déficitaires, alors que d'autres sont rentables (ou peuvent le redevenir rapidement). La politique de redressement passe alors par deux composantes :

– d'une part, la disparition, par cession ou abandon, des activités non rentables, sans que cette décision mette en péril les activités restantes (il faut cependant éviter que des coûts précédemment partagés entre plusieurs activités ne puissent être désormais supportés par une activité devenue isolée) ;

– d'autre part, la réduction des prix de revient, afin de restaurer (ou d'augmenter) la rentabilité des activités restantes.

Pour atteindre ce dernier objectif, trois voies complémentaires doivent être suivies :

– alléger les frais de structure et les frais généraux ;

– faire des économies en révisant les techniques de fabrication du produit, voire la conception du produit ;

– revoir l'organisation générale, en réfléchissant à la définition des missions et des tâches.

---

1. Voir également dans cette Encyclopédie l'article de B. Marois, « Désinvestissement international ».

Une remise en cause générale des allocations budgétaires par services paraît souvent essentielle pour déterminer de nouvelles justifications fonctionnelles et de nouveaux objectifs d'activités.

3.1.2. La recherche d'un nouveau mode de développement

Cette option paraît fondée lorsque l'on analyse les politiques suivies par de nombreuses entreprises défaillantes avant le début des difficultés. Souvent, les investissements passés, trop faibles, ont laissé vieillir l'outil et les techniques de production. L'ensemble de l'entreprise se trouve alors inadapté face à l'évolution des produits, des marchés et de la concurrence. En quelque sorte, l'entreprise s'est laissée « dépasser » par ses concurrents. Il lui faut donc rattraper ce retard. La survie passe par l'investissement en moyens techniques et matériels, en moyens humains et en actifs immatériels (recherche...). L'investissement peut se faire dans les activités actuelles de l'entreprise si les conditions de concurrence et de rentabilité ne sont pas trop défavorables, ou dans de nouveaux domaines d'activités (amorce d'une diversification), susceptibles d'être maîtrisés par la firme.

Etant en difficulté, l'entreprise ne pourra probablement pas se permettre d'investir massivement dans tous les domaines. Une telle option exigera donc des choix et une sélection : par exemple, un élagage de la gamme de produits avec l'abandon des produits servant des marchés en déclin. L'idéal est de sélectionner les créneaux les plus profitables à moyen terme pour l'entreprise.

3.2. Les aspects financiers du redressement

Le type de décisions change avec la nature du problème posé et l'option principale choisie : décroissance ou nouveau mode de développement. La première exige moins de nouvelles sources de financement (elle peut même en procurer de confortables) que la seconde, qui passe obligatoirement par un réaménagement de la structure de financement.

3.2.1. Les principales décisions financières

Il existe quatre grands objectifs :
– l'obtention de nouvelles ressources par la cession d'actifs ;
– la réorganisation des fonds propres ;
– la restructuration de l'endettement ;
– la réduction des besoins en fonds de roulement.

Le choix entre tel ou tel objectif et les modalités précises de sa mise en œuvre dépendent du contexte particulier de l'entreprise, de son environnement et de l'option de redressement choisie.

En fait, le premier objectif est double : en cédant des actifs, on obtient un nouveau financement et on augmente le fonds de roulement. Les deux objectifs suivants se comprennent comme la recherche d'une structure financière moins déséquilibrée en elle-même : le plus souvent, les entreprises en difficulté n'ont plus de fonds propres car ils ont été « rongés » par les pertes antérieures ; quant à l'endettement, dont les frais y afférents pèsent souvent lourd dans le compte de résultat, il s'agit de le consolider, voire de le renouveler. Quant à la réduction des besoins en fonds de roulement, l'objectif est d'obtenir qu'un volume moins important de ressources permanentes lui soit exclusivement consacré. En les diminuant, les frais financiers seront allégés, dans la mesure où l'endettement contribue à la constitution des capitaux permanents. La réduction des besoins en fonds de roulement passe également par un lissage des pointes éventuelles, si l'on veut éviter le retour d'une crise de trésorerie, à très brève échéance.

Le tableau ci-dessous reprend chacun de ces quatre objectifs, et les illustre d'un certain nombre de mesures ; ces mesures ont été citées le plus fréquemment lors d'une enquête réalisée en 1984 par CEGOS sur le redressement des entreprises en difficulté.

Les principales mesures financières de redressement

L'obtention de nouvelles ressources par cession

    Lease-back ou vente du siège social
    Vente d'actifs immobiliers autres que le siège social
    Vente de filiales
    Vente de titres de participation

L'amélioration des fonds propres

    Entrée de nouveaux partenaires dans le capital
    Augmentation de capital des actionnaires actuels
    Transformation de compte courant en capital
    Transformation de dettes en capital

Restructuration de l'endettement

    Consolidation des dettes bancaires à court terme en dettes à long terme
    Moratoire amiable avec les principaux fournisseurs
    Obtention d'aides financières d'organismes publics ou para-publics
    Apports en compte courant des actionnaires

La réduction des besoins en fonds de roulement

    Diminution des stocks par un élagage de la gamme de produits et une amélioration de l'organisation
    Diminution des comptes clients.

3.2.2. Le cas des grands groupes

Les petites et moyennes entreprises ne sont pas les seules à rencontrer des difficultés : de nombreux groupes industriels ont été exposés à un risque élevé de défaillance, et ont même connu la défaillance (aux Etats-Unis notamment). Bien évidemment, le poids économique, social et financier de ces groupes leur permet de reculer considérablement la limite de la défaillance.

Les problèmes spécifiquement financiers tiennent moins de place dans le processus de redressement que les considérations stratégiques : identification des « métiers » de l'entreprise et mise en œuvre d'une stratégie de recentrage ; ou encore refonte de la structure de l'entreprise (disparition de la bureaucratie, renforcement de la crédibilité de l'équipe dirigeante, révision des méthodes de direction...). La plupart des mesures financières concernant ces grands groupes sont déjà connues : cessions d'actifs pour améliorer la structure financière avec en particulier la vente de sièges sociaux prestigieux, fermeture des unités de production les moins efficaces, freinage (puis reprise éventuelle) des dépenses d'investissements, consolidation de l'endettement en faisant appel aux marchés financiers ou en passant par des institutions financières. Ces mesures financières prennent un aspect singulier vu l'ampleur des sommes mises en cause : Chrysler a dû, par exemple, négocier sa dette avec plus de 400 prêteurs venant du monde entier et, pendant ce temps, plus de 20 000 fournisseurs ne furent pas payés en temps voulu !

L'examen de plusieurs cas de redressement de grands groupes permet cependant d'attirer l'attention sur quelques points importants. La diversification, stratégie attractive lorsque l'entreprise connaît des problèmes sur ses marchés actuels, apparaît le plus souvent comme une stratégie illusoire dans le cadre d'un plan de redressement. Quand elle est purement financière, elle mobilise des ressources qui pourraient être mieux utilisées pour les activités actuelles. Quand elle est industrielle, il faudrait s'y consacrer une fois le redressement sérieusement entrepris sinon l'on risque, si ce dernier ne s'opère pas en temps voulu, de se retrouver plongé dans de nouvelles difficultés dues à la présence d'activités industrielles qui n'auront aucune synergie entre elles et nécessiteront toutes de mobiliser d'importantes ressources.

D'autres leçons peuvent être également tirées ; on soulignera notamment les trois points suivants :

– Les investissements de productivité, susceptibles d'améliorer les prix de revient, sont relativement lourds et d'un rendement très lent à apparaître (ils demandent souvent plusieurs années).

– Dans les grandes entreprises, les politiques d'abaissement du point mort donnent souvent des résultats très spectaculaires : certains groupes affirment l'avoir abaissé d'environ 50 % en deux ou trois ans. Les points clés d'un programme d'économies concernent les services fonctionnels, les frais des services centraux et la révision des processus budgétaires : tous les budgets et tous les objectifs d'activités doivent être revus.

– Le critère financier privilégié pour choisir les investissements est le « délai de retour » des investissements.

*
* *

La plupart des entreprises défaillantes sont liquidées : c'est un constat qu'il est difficile de remettre en cause tellement il appartient à l'histoire économique. Le constat suivant est tout aussi vrai : une fraction non négligeable des entreprises en difficulté se redresseront après la défaillance ou en évitant la défaillance. D'où l'importance d'étudier les moyens, spécifiquement financiers ou non, de redressement des entreprises. Mais ce n'est pas la seule raison.

En effet, les formes normales de gestion des entreprises sont à reconsidérer en fonction du développement des firmes en question et de l'évolution générale du système socio-économique au sein duquel ces entreprises s'insèrent. Il nous apparaît que les formes de la gestion de crise, dont fait partie la gestion de l'entreprise en difficulté, sont seulement des variétés des formes normales de gestion d'entreprises, ne s'opposant pas mais, tout au contraire, s'éclairant mutuellement.

Références

Altman E.I., *Corporate Financial Distress : A Complete Guide to Predicting, Avoiding and Dealing with Bankruptcy*, New York, John Wiley and Sons, 1982.

Bardos M., « Le risque de défaillance d'entreprise », *Cahiers économiques et monétaires* (1984).

Brilman J., *Le redressement d'entreprises en difficulté*, Paris, Hommes et Techniques, 1978.

Brilman J., *Gestion de crise et redressement d'entreprise*, Paris, Hommes et Techniques, 1985.

Charreaux G., *Gestion financière*, Paris, LITEC, 1982.

Daigne J.F., *Dynamique du redressement d'entreprise*, Paris, Les Editions d'Organisation, 1986.

Holder M., Loeb J., Portier G., *Le score de l'entreprise*, Paris, Nouvelles Editions Fiduciaires, 1984.

Malécot J.F., « Sait-on vraiment prévoir les défaillances d'entreprises ? », *Sciences de Gestion* (décembre 1986) : 55-82.

Malécot J.F., « Réforme de la faillite et sort des créanciers : une lecture financière », *Banque* (avril 1986) : 321-328.

Malécot J.F., « Prévision statistique de la défaillance : questions de méthodes et questions pratiques », *Banque* (janvier 1988) : 8-13.

Taffler R.J., « Forecasting Company Failure in the UK Using Discriminant Analysis and Financial Ratio Data, *The Journal of the Royal Statistical Society* (série S, 1982) : 342-358.

Mots clés

Analyse discriminante, causes de défaillance, déficits de financement, entreprise en difficulté, erreurs de gestion, grands groupes en difficulté, plan de redressement, prévention des défaillances, prévision des défaillances, redressement, redressement judiciaire, risque de défaillance, trésorerie et entreprise en difficulté.

68

Gestion de la formation

Elie Cohen

La gestion de la formation correspond à un ensemble de démarches, de procédures, d'instruments d'analyse et d'intervention qui visent à assurer la mise en œuvre des moyens alloués à des actions de formation dans des conditions adéquates sur les plans pédagogique, socio-économique, juridique, administratif et financier. Son champ inclut donc à la fois *la gestion de la formation en entreprise,* c'est-à-dire la conduite d'actions de formation initiées par une entreprise ou une organisation à l'intention de ses salariés, et la *gestion des organismes de formation,* c'est-à-dire la maîtrise institutionnelle et pédagogique d'un programme (ou d'un ensemble de programmes) délivré par un organisme spécialisé (établissement public, société commerciale, association, unité dépourvue de la personnalité morale mais doté d'autonomie au sein d'une organisation plus vaste)[1].

1. Les enjeux associés à la gestion de la formation

L'application systématique des méthodes de gestion aux activités éducatives constitue un fait récent et encore problématique. Dans le cas de la *formation des adultes,* objet du présent article, sa *nécessité* répond pourtant à des exigences largement perçues aujourd'hui.

1.1. La signification de l'effort de formation pour les entreprises : l'évolution des perceptions et des pratiques

A elle seule, l'ampleur des moyens engagés[2] suffirait à justifier, d'une part, la mise en place d'un *système d'information* permettant la mesure des ressources mises en œuvre et le suivi des réalisations et, d'autre part, l'expérimentation de procédures de *pilotage* des actions de formation et *d'évaluation* des effets qu'elles induisent. Mais la nécessité d'une gestion plus rigoureuse de ce champ peut être établie de façon plus significative

---

1. Voir également dans cette Encyclopédie l'article de P. Candau, « Audit social ».
2. En France, la formation professionnelle continue mettrait en jeu un budget global de l'ordre de 50,9 milliards de francs, si on tient compte des contributions des entreprises et autres organisations privées, de l'Etat et des autres collectivités publiques. Elle requiert l'activité de 40 000 professionnels environ et concerne plus de 5,5 millions de « stagiaires » chaque année (fonctionnaires inclus).

encore par référence à l'importance des enjeux socio-économiques associés aux activités de formation.

Les vingt dernières années ont en effet été marquées par un basculement radical concernant la perception de ces activités, leur « image » et l'importance du rôle qui leur est concrètement dévolu. Ainsi, dans le cas de la France, on peut observer dans l'après-guerre trois étapes particulièrement typées à cet égard.

1.1.1. Jusqu'à la fin des années 1960 prédomine une attitude de méconnaissance (parfois teintée d'hostilité) à l'égard de la formation. Font alors exception quelques entreprises bénéficiant déjà d'une ouverture internationale ou insérées dans des activités qui exigent l'application de technologies de pointe et une formation professionnelle spécifique. En outre, certains dirigeants particulièrement sensibles à la responsabilité socio-économique de l'entreprise développent des projets éducatifs marqués par une visée de nature plus éthique que technique ou économique. Enfin, dans le droit fil du mouvement de reconstruction consécutif à la Seconde Guerre mondiale, certaines activités (les banques par exemple) et certaines entreprises (appartenant notamment au secteur public) mettent en place des structures de formation internes ou « inter-entreprises » orientées vers la formation professionnelle et notamment vers la formation-promotion d'agents d'encadrement technique.

1.1.2. A compter de 1968 (accords de Grenelle) et *pendant les années 1970* se confirme un processus d'institutionnalisation de la formation. Préparées par des négociations directes entre partenaires sociaux (accords interprofessionnels de 1970 et de 1976), les lois du 16 juillet 1971 et du 17 juillet 1978 consacrent ce mouvement. Elles seront réformées à la suite de l'accord interprofessionnel du 21 septembre 1982 et par la loi du 24 février 1984. Cette période est ainsi marquée par la constitution d'un véritable droit de la formation et surtout par l'obligation faite aux entreprises comptant plus de dix salariés de participer au financement de la formation continue en y affectant un montant correspondant au moins à 0,8 % de leur masse salariale (ce pourcentage sera ultérieurement porté à 1 % en 1974, à 1,1 % en 1977 et 1,2 % en 1987).

La création d'un cadre juridico-institutionnel nouveau et d'une source de financement régulière suscite le développement d'un véritable « marché de la formation ». Face à une demande solvable désormais massive se constitue une offre multiforme proposée par plusieurs milliers d'organismes spécialisés, publics ou privés, liés à des établissements d'enseignement préexistants ou créés par des réseaux associatifs, des institutions paritaires, des groupements d'employeurs, des institutions ou des individus isolés... Dans les entreprises comme dans les organismes spécialisés, la fonction *de responsable de formation* tend à affirmer son contenu propre et appelle la constitution d'une identité professionnelle.

Durant cette période, la plupart des entreprises ressentent encore l'effort de formation surtout comme l'expression d'une contrainte subie qui leur impose des obligations supplémentaires et notamment de nouvelles dépenses improductives. Dès lors, ces entreprises s'attachent à mettre en place des procédures et éventuellement des structures administratives qui leur permettent de s'acquitter de ces obligations, dans le simple respect de la réglementation. Du reste, la participation au financement de la formation continue est si souvent perçue par les employeurs comme un simple prélèvement obligatoire sans contrepartie, assimilable à un impôt, que nombre d'entreprises se bornent alors à verser leur contribution à des organismes collecteurs (tels les Fonds d'assurance formation) voire au Trésor, sans se préoccuper des retombées bénéfiques qu'elles pourraient en attendre, ou sans chercher à inscrire les moyens correspondants dans le cadre de projets de développement volontaristes.

1.1.3. A la fin des années 1970 et au début des années 1980, on observe un profond changement dans l'attitude des entreprises à l'égard de la formation pour des raisons qui tiennent surtout à l'évolution de la conjoncture. Le ralentissement de l'activité et le renforcement de la concurrence internationale contraignent les unités économiques à assurer ou à restaurer leur compétitivité. Ils leur imposent un réexamen (et souvent un redéploiement) de leurs activités traditionnelles et un effort de productivité qui passe notamment par l'aménagement de l'organisation du travail et des systèmes de gestion, par l'introduction de technologies nouvelles et par un renforcement de la qualification du personnel. Or, la plupart des adaptations auxquelles les entreprises doivent se plier exigent manifestement un certain recours à la formation : celle-ci commence alors à s'affirmer comme un levier utile, voire nécessaire, pour la réalisation des objectifs majeurs, défensifs ou offensifs, poursuivis par l'entreprise. Au lieu de continuer à être perçue comme une activité marginale ou parasitaire, comme un effort improductif et parfois contre-productif, elle tend à paraître aujourd'hui comme un « atout stratégique » (A. Meignant) ou comme un « investissement » (G. Hauser et *al.*), même si on continue d'observer des différences persistantes quant à l'importance des moyens engagés et à l'approche même de la formation entre secteurs d'activités, et entre PME et grandes entreprises.

1.2. *La politique de l'entreprise et la contribution de la formation*

L'évolution relevée au cours de l'après-guerre a ainsi conduit les entreprises françaises à modifier leur attitude et à parvenir à une meilleure perception de la contribution que l'effort de formation peut apporter à la conduite de la politique de l'organisation dans ses aspects stratégiques et tactiques. Deux observations doivent être notamment soulignées dans cette perspective :

• d'une part, la formation joue *un rôle adaptatif* particulièrement efficace et favorise ainsi la flexibilité des organisations dans un environnement turbulent,

• d'autre part, la formation peut jouer *un rôle offensif* dans la mesure où elle correspond à un « investissement en compétence » qui constitue la source possible d'avantages concurrentiels pour l'entreprise.

1.2.1. Le rôle adaptatif de la formation

Le rôle adaptatif de la formation a été largement mis en lumière par la multiplication récente des opérations de redéploiement mettant en cause des secteurs d'activité, des unités ou des sites géographiques menacés par l'évolution des marchés ou des technologies. Dans ces opérations, des actions de formation souvent massives apparaissent comme un moyen d'assurer la *conversion* des salariés affectés par la remise en question d'activités traditionnelles. Ainsi, toutes les grandes opérations de restructuration concernant des entreprises ou des sites menacés comportent un volet formation mettant généralement en jeu d'importantes contributions des pouvoirs publics. Mais si la contribution apportée par ces opérations signale une réelle utilité de la formation, elle ne souligne que son rôle défensif, voire passif. Les activités de formation développées dans un tel contexte apparaissent en effet cantonnées dans un *rôle d'accompagnement ou de « facilitation »*. Elles contribuent à « faire passer » des transformations structurelles ou conjoncturelles subies. Elles participent à un « traitement social du chômage » pour les salariés déjà victimes de licenciements. Elles apportent aux salariés menacés des compétences supplémentaires susceptibles de faciliter leur réinsertion professionnelle éventuelle. Elles fournissent à ceux qui conservent leur emploi les moyens de s'adapter aux évolutions technologiques ou organisationnelles introduites par l'entreprise.

1.2.2. La formation et la gestion du changement

Mais la contribution des actions de formation ne se limite pas à ce qu'implique leur rôle d'adaptation défensive. Elle passe également par la *participation active* à la gestion du changement, par un ensemble d'interventions permettant d'entretenir ou d'affirmer des compétences distinctives ou des avantages concurrentiels qui assureront la survie et le développement à terme de l'entreprise. Ainsi, la maîtrise du métier, le maintien de compétences spécifiques, l'affirmation d'une capacité d'innovation, l'aptitude à assurer des productions ou des prestations répondant aux normes de qualité imposées par le marché ... constituent quelques-uns des facteurs clés de succès pour les entreprises. Or tous ces facteurs mettent en cause la compétence des organisations et de leurs salariés. Ils signalent donc le rôle actif que la formation peut jouer grâce au renforcement de la compétence des membres de l'entreprise. Du reste, l'importance traditionnellement accordée à l'effort de formation par les entreprises développant des activités de pointe (on cite souvent à ce sujet le pourcentage de 11 % de la masse salariale atteint par IBM) illustre clairement l'importance stratégique et tactique de tels investissements « en formation ».

2. Le champ de la gestion de la formation

Les problèmes de gestion de la formation se posent dans des termes singulièrement différenciés selon le cadre institutionnel dans lequel ils doivent être traités. Trois domaines relativement spécifiques peuvent ainsi être distingués, même s'ils entretiennent des inter-relations évidentes :

• *la gestion d'un dispositif de formation à l'intérieur d'une entreprise* d'une organisation ;

• la gestion d'un *organisme de formation* dans son ensemble, ou dans certaines de ses activités ;

• la gestion d'un *organisme concourant au financement ou à l'administration de la formation* à un niveau sectoriel ou géographique (Fonds d'assurance formation – FAF – ou Fonds pour la gestion du congé individuel de formation – FONGECIF – ...).

Dans le premier cas, la gestion de la formation apparaît comme une composante spécifique du système de gestion de l'entreprise et on peut alors parler d'un champ propre à la gestion de la formation. Dans les deux autres cas, on se trouve en présence de problèmes de management d'organisations développant une activité de formation : les solutions à mettre en œuvre consistent alors dans le recours à des méthodes de gestion « classiques » qui doivent seulement être adaptées au contexte particulier dans lequel l'organisation concernée exerce son activité[1].

2.1. L'insertion organisationnelle et la gestion de la formation

L'insertion organisationnelle de la formation peut être envisagée dans trois perspectives analytiques distinctes :

• d'une part, la formation apparaît comme une *spécialité fonctionnelle* parmi d'autres, occupant un champ défini sur la base d'un *découpage « vertical »* de l'entreprise ;

• mais d'autre part, la formation peut aussi être abordée comme une *pratique transversale* dont le domaine d'intervention dépasse les découpages fonctionnels ;

• enfin, la place de la formation peut faire l'objet d'une *approche systémique* et se trouver définie par rapport aux processus qui assurent la cohérence et la dynamique de l'entreprise.

2.1.1. La place de la formation dans un découpage fonctionnel de l'entreprise

Sur la base d'un *découpage vertical,* la formation doit être située par rapport à la nomenclature des spécialités fonctionnelles majeures. Si on fait référence aux découpages traditionnellement effectués entre ces dernières (fonction production, fonction commerciale, fonction comptable et financière, fonction administrative et logistique, fonction personnel...), la formation semble devoir être rattachée tout naturellement à la fonction

---

1. Voir également dans cette Encyclopédie l'article de C. Vulliez, « Gestion d'un établissement d'enseignement ».

personnel ou gestion des ressources humaines. Mais si un tel rattachement correspond à une solution fréquemment adoptée par les entreprises, il conduit cependant à borner le champ de l'activité de formation en faisant apparaître cette dernière comme un simple domaine spécialisé d'intervention de la fonction personnel.

2.1.2. La « transversalité » de la formation

La reconnaissance de *la formation comme activité transversale* élargit la vision que l'on peut avoir de son champ de compétences pour tenir compte de deux observations majeures.

D'une part, la formation tend à être présente dans un nombre croissant de fonctions de l'entreprise. A mesure que les responsables de ces dernières la reconnaissent comme une des variables qui déterminent le développement de la spécialité dont ils ont la charge, on assiste en effet :

• à la formulation de *demandes de formations spécifiques* à telle ou telle fonction et adressées aux instances centrales,

• mais aussi à l'élaboration de *plans de formation fonctionnels,* plus ou moins bien articulés au plan de formation global de l'entreprise.

Cette diffusion de la formation au niveau des fonctions spécialisées a d'abord concerné des *actions ponctuelles* de caractère organisationnel ou technique : préparation à un changement technologique, à une modification des procédures ou de l'organisation du travail. Ainsi, l'introduction du nouveau plan comptable ou l'extension d'applications bureautiques ont justifié plusieurs centaines de milliers de journées de formation dans les entreprises françaises. Mais cette diffusion au niveau des fonctions s'étend fréquemment à des projets plus « lourds » : *actions de perfectionnement* destinées à accompagner ou à anticiper l'évolution d'une fonction sur le plan technique, social et culturel, *actions de développement professionnel* inscrites dans une perspective de gestion des carrières par famille professionnelle.

La transversalité croissante de la formation peut ainsi se traduire par l'élaboration de plusieurs politiques fonctionnelles de formation et déboucher sur une délocalisation des responsabilités de conception et d'organisation. Si la diffusion transversale de la formation semble mieux à même de répondre aux besoins de chaque fonction, elle recèle aussi un risque « d'éclatement » de la formation en un ensemble d'initiatives relevant d'orientations disparates et incohérentes.

Mais, d'autre part, la formation est également présente comme activité transversale dans des opérations de mobilisation, de portée tactique ou stratégique, qui mettent en cause l'organisation dans son ensemble sans menacer sa cohérence. Les *formations à la qualité* constituent un exemple de programmes généralement traités au niveau global et non pas fonctionnel. De même, *les formations internes à caractère promotionnel* (formations-promotions d'agents de maîtrise, de techniciens supérieurs, de cadres supérieurs...) sont le plus souvent traitées à un niveau centralisé et mettent parfois en cause l'intervention directe de la direction générale.

Ainsi, le développement des projets à caractère transversal souligne la contribution que la formation peut apporter au traitement de problèmes stratégiques ou tactiques posés à l'entreprise soit à raison d'adaptations requises à court terme, soit à raison d'un effort d'anticipation sur des changements souhaitables ou inévitables à terme. Mais ce développement souvent foisonnant signale également la complexité du problème posé par la mise en cohérence d'initiatives qui peuvent être prises soit au niveau de cellules spécialisées rattachées à la fonction personnel, soit par des formateurs et leurs cadres rattachés à telle ou telle fonction (voire par les responsables de ces fonctions), soit par des formateurs ou des cadres rattachés à la direction générale. La multiplicité des interventions observée en matière de formation soulève ainsi deux interrogations relatives à la division des tâches à établir quant à l'initiative, la conception, l'organisation et l'évaluation des projets.

• Quelle répartition assurer entre les formateurs spécialisés et les responsables fonctionnels ou hiérarchiques ?

• Quelle répartition assurer entre les services centraux de formation (généralement rattachés à la fonction personnel) et les cellules (souvent réduites à un formateur, voire à un cadre exerçant des activités de formation à titre occasionnel) constituées au niveau des unités fonctionnelles ou opérationnelles ?

2.1.3. La place de la formation par rapport aux processus de finalisation, d'organisation et d'animation

Enfin, l'insertion organisationnelle de la formation peut aussi être définie par rapport aux processus de finalisation, d'organisation et d'animation qui assurent la dynamique de l'organisation et contribuent à dégager sa structure.

• Par rapport aux *processus de finalisation* qui déterminent les orientations générales imprimées à l'organisation et à ses diverses composantes, les actions de formation ne peuvent exercer qu'une influence directe limitée sur la formulation des choix majeurs. Elles peuvent en revanche influer sur les conditions dans lesquelles les choix d'orientation sont débattus, arrêtés et traduits en termes de programmes opératoires. Ainsi, le déroulement des procédures de planification et de budgétisation peut être favorisé par des actions permettant une sensibilisation ou l'acquisition de compétences à propos de la gestion prévisionnelle elle-même ou de certaines orientations de la politique générale (changements technologiques, effort sur la productivité ou sur la qualité, ouverture internationale, ...).

• Par rapport aux *processus d'organisation,* le rôle de la formation apparaît d'emblée beaucoup plus large. Les pratiques relevant de ces processus assurent en effet trois fonctions spécifiques :

– Elles procèdent au découpage de l'entreprise en *organes* auxquels sont assignés à la fois des *missions* spécifiques et des *moyens* susceptibles d'en permettre l'exécution.

– Elles définissent *l'articulation* entre ces différents organes grâce à la mise en place des relations hiérarchiques ou fonctionnelles et des procédures qui règlent leurs rapports mutuels.

– Elles distribuent l'ensemble des membres de l'entreprise entre les organes en leur attribuant, de façon plus ou moins explicite, une *place,* un *rôle* et un *statut.*

Les actions de formation peuvent constituer un des facteurs déterminant la conduite efficace de ces processus d'organisation dans la mesure où elles contribuent à réunir les conditions dans lesquelles les membres de l'organisation occupent la place qui leur est assignée et assument le rôle qui leur est imparti. En premier lieu, les actions peuvent jouer sur la *motivation* grâce à des programmes de sensibilisation ou d'information qui permettent aux différents acteurs de mieux percevoir leur rapport à l'organisation. En second lieu, ces actions jouent sur la *compétence* grâce à des programmes de perfectionnement ou de développement qui permettent aux membres de l'entreprise de maîtriser des savoirs, des savoir-faire et de développer des « capacités clés » leur permettant « d'agir en situation » (B. Schwartz).

• Enfin, dans les *processus d'animation* qui s'attachent à maintenir une cohérence entre les contributions des membres de l'organisation en développant des actions d'incitation, de stimulation, de contrôle et de sanction, la formation fournit également un apport dans la mesure où elle agit sur les compétences, les capacités et la motivation.

Bien sûr, la formation ne constitue qu'une des voies possibles pour l'élargissement des compétences et des capacités au sein de l'organisation puisque cet élargissement pourrait aussi être obtenu selon d'autres modalités (recherche et expérimentation, appel à des prestataires externes, achat de brevets et recours à des licences, recrutement de nouveaux salariés porteurs des compétences que l'entreprise souhaite promouvoir, croissance externe et intégration de nouvelles unités porteuses de telles compétences…). Mais, parmi toutes ces voies ouvertes pour l'élargissement des compétences, la formation présente trois avantages distinctifs manifestes :

• Elle tend à valoriser les membres présents de l'organisation et le potentiel humain déjà en place.

• Elle facilite la conciliation entre *l'acquisition de compétences nouvelles* et leur *adaptation* à la réalité même de l'entreprise, favorisant ainsi un *processus d'appropriation.*

• Elle peut fournir des occasions permettant de « *capitaliser* » des compétences diffuses au sein de l'entreprise.

Outre sa contribution à l'acquisition et à l'élargissement des compétences, la formation constitue une composante essentielle des dispositifs de *communication interne* mis en œuvre soit à l'occasion d'opérations particulières (mobilisation sur un programme d'importance stratégique ou tactique par exemple), soit à l'occasion d'un travail de longue haleine portant sur l'aménagement du « climat » de l'entreprise (élaboration et diffusion d'un projet d'entreprise, d'une culture d'entreprise, d'un style de management...).

2.2. *Les responsabilités opératoires de la gestion de la formation*

Les responsabilités opératoires dévolues de façon spécifique à la gestion de la formation relèvent de *cinq domaines* dont certains sont spécifiques à la conduite des opérations de formation alors que d'autres comportent seulement l'application de démarches classiques à ce champ particulier.

2.2.1. *La gestion pédagogique*

La gestion pédagogique constitue l'attribution spécifique par excellence que l'on peut rattacher à la gestion de la formation.

Elle a pour objets propres :

• la définition des orientations relatives tant au contenu des programmes qu'aux méthodes pédagogiques mises en œuvre,

• l'application de ces orientations dans le déroulement des programmes,

• l'évaluation des actions réalisées.

Les principales *responsabilités opératoires* de la gestion pédagogique peuvent être analysées en liaison avec les différentes phases de déroulement des programmes.

– *En amont de l'offre de formation,* la gestion pédagogique requiert essentiellement :

• la réalisation *« d'études de besoins »* prenant en compte les orientations de l'entreprise,

• une définition des *objectifs de formation,*

• la négociation avec les différents partenaires concernés (la direction générale, les responsables hiérarchiques, les salariés et leurs représentants, la fonction personnel et les formateurs...),

• la planification des actions,

• la conception de montages organisationnels ou de dispositifs d'accompagnement requis par des programmes particulièrement lourds ou critiques.

L'ensemble de ces activités débouche sur l'élaboration d'une offre qui peut être consignée dans un *« plan de formation »* établi de façon formelle et soumis à un débat interne à l'entreprise.

– Pendant *la phase de réalisation* des actions de formation, la gestion pédagogique assume des responsabilités concrètes :

• le développement de programmes détaillés,

• la conduite des plannings,

• l'animation et la coordination des équipes « d'intervenants »,

• la négociation et la supervision des éventuels prestataires externes qui interviennent dans les programmes à titre individuel ou institutionnel.

– Enfin, *après la réalisation des programmes,* il reste à accomplir un travail *d'évaluation de la formation* en termes d'efficacité pédagogique mais aussi en termes d'impact sur l'organisation. La formalisation des méthodes

« d'audit de formation » permet de développer de telles démarches d'évaluation en assurant à la fois une extension de leur champ d'observation et une plus grande rigueur de leurs procédures et de leurs instruments.

2.2.2. La gestion administrative et logistique de la formation

La gestion administrative de la formation a pour *objet* d'assurer la cohérence de la formation sur le plan organisationnel et logistique, et sa conformité avec la réglementation et avec les normes internes ou externes qui lui sont assignées.

Les *responsabilités opératoires* qui relèvent de la gestion administrative et logistique comportent notamment :
- la gestion des obligations légales (déclarations annuelles, bilans pédagogiques et financiers...),
- l'établissement et le suivi des conventions,
- la facturation et le recouvrement dans le cas d'un organisme de formation, l'exécution du budget dans le cas d'une entreprise,
- les relations avec les organismes assurant la collecte des contributions financières des employeurs et le financement des formations dont bénéficient leurs salariés...

2.2.3. La communication externe et la promotion

Les gestionnaires de formation doivent assurer la promotion de l'offre qu'ils proposent ou qu'ils produisent soit en sensibilisant leurs partenaires au sein de l'entreprise à l'importance et à l'intérêt du programme qu'ils présentent (cas des formateurs en entreprise ou des appareils de formation internes), soit en suscitant des commandes de clients potentiels (cas des organismes de formation autonomes).

Les principales *responsabilités* relevant de cette activité promotionnelle incluent :
- l'étude du « marché de la formation »,
- le contact avec les partenaires externes ou internes,
- le démarchage de prospects et de clients (pour les offreurs de formation),
- l'élaboration de la publicité externe ou de la communication interne,
- la production et la diffusion du matériel d'information (catalogues, mailings).

2.2.4. La gestion comptable et financière de la formation

La gestion comptable et financière de la formation fait appel à des démarches et à des outils éprouvés par ailleurs. Elle développe pourtant des préoccupations spécifiques, compte tenu du domaine d'activité auquel elle s'applique. De façon plus précise, elle se fixe pour objet d'assurer :
- le « suivi » en termes monétaires des programmes de formation, en vue de faire ressortir les coûts et les produits qu'ils induisent,

• l'évaluation des résultats et des effets économiques de ces réalisations.

Les *responsabilités opératoires* correspondant à cet objet comportent notamment :

• le suivi comptable de la formation (incidences sur les charges et produits, mesure des résultats, suivi des encours de créances-dettes),

• le suivi des prix de revient en comptabilité analytique,

• le suivi des équilibres financiers dans leur liaison avec certaines caractéristiques des programmes (les problèmes de recouvrement peuvent par exemple imposer des besoins en fonds de roulement considérables pour les organismes de formation qui font un large appel à des sources publiques de financement),

• la gestion budgétaire,

• la gestion de la trésorerie.

2.2.5. *La gestion des ressources humaines affectées à la formation*

Enfin, il appartient à la gestion de la formation d'assurer une adéquation quantitative et qualitative entre le potentiel humain mobilisable et les besoins induits par la politique de formation arrêtée par l'entreprise.

Les *attributions* opératoires liées à cette responsabilité concernent en particulier :

• la gestion prévisionnelle des effectifs et des carrières du personnel affecté à la formation à titre permanent,

• la gestion des « rotations » effectuées par des salariés qui consacrent à la formation une période limitée avant de revenir à d'autres activités,

• la gestion à très court terme des intervenants externes.

Quant à l'administration du personnel affecté à la formation, elle semble plutôt relever de la fonction personnel que de la gestion de la formation au sens strict.

*
* *

La gestion de la formation constitue un champ qui, pour l'essentiel, fait appel à des démarches et à des outils éprouvés. Toutefois, la complexité des pratiques de formation, celle du contexte institutionnel, juridique, organisationnel dans lequel elles se déroulent, conduisent à reconnaître à ce champ sinon une totale autonomie, du moins une réelle spécificité.

Références

Aventur F., Sauvageot C., « La formation professionnelle continue », in *Données sociales,* Paris, INSEE, 1987.

Canac Y., *La bataille de la compétence,* Paris, Hommes et Techniques, 1985.

Dubar C., *La formation professionnelle continue,* Paris, Editions La Découverte, 1986.

Grappin J.P., *Clés pour la formation,* Paris, Les Editions d'Organisation, 1987.

Hauser G., Masingue B., Maitre F., Vidal F., *L'investissement formation*, Paris, Hommes et Techniques, 1986.

Le Boterf G., Dupouey P., Viallet F., *L'audit de la formation professionnelle*, Paris, Les Editions d'Organisation, 1985.

Meignant A., *La formation, atout stratégique pour l'entreprise*, Paris, Les Editions d'Organisation, 1986.

Saint-Sauveur A., Lapra J.P., *La fonction formation dans l'entreprise*, Paris, Garnier, 1984.

Schwartz B., *Rapport sur l'insertion sociale et professionnelle des jeunes*, Documentation française, 1982.

Théophile J., « Bull. : Quand la formation devient un outil stratégique », *Revue Française de Gestion* (novembre-décembre 1987).

Viallet F., *L'ingénierie de la formation professionnelle*, Paris, Les Editions d'Organisation, 1987.

xxx., *Annexe au projet de loi de finances pour 1987 : formation professionnelle*, Paris, Imprimerie Nationale.

Mots clés

Audit de la formation, investissement-formation, plan de formation.

69

Gestion du non-marchand

Robert Le Duff et Jean-Claude Papillon

Des informations nombreuses et fiables sont indispensables pour bien gérer. Si le marché était parfait, il fournirait ces informations et permettrait une gestion commode, transparente et algorithmique. Un tel marché n'existe pas ; une telle gestion est impensable. Elle est, en conséquence, d'autant plus délicate et hasardeuse que le marché est peu concurrentiel et *a fortiori* qu'il disparaît ! On entre ainsi dans le domaine de la gestion non-marchande. Ce constat a pu, dans le passé, autoriser à trouver paradoxal l'expression « gestion non marchande » ; volonté politique ou idéologique aidant, le non-marchand n'était pas objet de gestion, mais de planification. Les exigences, les contraintes, voire la raison ont conduit à élaborer des méthodes de gestion du non-marchand qui supposent donc d'inventer des informations, véritable prothèse des informations absentes, ou de scruter les divers environnements pour y découvrir quelques pseudo-informations d'un pseudo-marché, selon la bonne expression de P. Samuelson. Le non-marchand n'est donc pas avant tout institutionnel, il n'est pas défini par une structure, mais il apparaît et se développe à raison des difficultés de gestion qui croissent lorsqu'on s'éloigne du marché. On insistera donc d'abord sur la diversité du domaine, avant de recenser les difficultés de mesure des coûts et des avantages non marchands. On pourra alors aborder les questions classiques de la gestion, à savoir la budgétisation, la production, la tarification, le marketing et le contrôle, en y intégrant les spécificités de la démarche du non-marchand.

1. Originalité et diversité du non-marchand

L'économiste a, pendant longtemps, étudié séparément les biens privés et ceux relevant de l'Etat. L'extension de l'intervention publique et associative a entraîné un accroissement de la diversité et de la complexité de cette deuxième catégorie de biens, au point qu'elle est notée par une négation : le non-marchand. Il convient de préciser ce que sont les faits non marchands et quels modes de gestion régissent la production de ces biens et services.

1.1. Les faits non-marchands

On distinguera organisations et produits.

1.1.1. Les organisations à but non lucratif (OBNL)

Une OBNL est une organisation dont le mobile d'action n'est pas un avantage monétaire proportionnel à la cotisation de chacun de ses membres. Cette organisation – publique ou privée – produit des biens ou des services au profit de ses adhérents ou de non-adhérents. L'adhésion elle-même est tantôt volontaire, tantôt obligatoire.

Toutes les organisations publiques (autres que les établissements à caractère industriel et commercial) relèvent de cette catégorie. Ce sont les plus importantes par le nombre de salariés, la masse des capitaux engagés et la production. Mais il existe aussi de grandes OBNL privées. Citons les mutuelles d'assurance, les coopératives de production ou d'achat, les organisations caritatives, les syndicats, les clubs, etc. Ces OBNL sont appelées aussi institutions non marchandes (INM).

1.1.2. Biens collectifs et biens privés

Les biens collectifs purs se caractérisent par la non-rivalité et la non-exclusion de consommation. Non-rivalité signifie qu'un bien disponible pour un individu l'est aussi pour tout autre, sans modification de la quantité disponible pour chacun. La non-exclusion signifie que tout consommateur se trouvant dans un espace donné, et éventuellement sous réserve de sa capacité à être consommateur, accède librement et gratuitement à l'usage de ce bien.

Comme l'indique P. Samuelson, le fait que la consommation soit la même pour tous n'implique pas que les taux marginaux de substitution de satisfaction soient les mêmes pour tous les individus. Ainsi la défense nationale ne procure-t-elle pas la même satisfaction à tous les citoyens ; il en est de même pour les émissions de télévision, par exemple.

Ces deux caractéristiques entraînent une double différence entre biens publics et biens privés. En effet, pour ces derniers, la demande totale d'un bien s'obtient en additionnant horizontalement les demandes individuelles, ce qui signifie que pour satisfaire une demande supplémentaire il faut accroître la production. Au contraire, pour un bien collectif pur, la demande totale s'obtient en additionnant verticalement les demandes individuelles ; une demande supplémentaire non seulement ne nécessite pas une augmentation de la production, mais encore permet d'abaisser le coût moyen par consommation.

Le tableau 1 tiré de S.C. Kolm résume ce que l'auteur appelle la « dualité duale ».

Sur chaque ligne apparaissent une somme et une série d'égalités, mais elles sont duales l'une de l'autre. De plus, si le coût marginal est significatif lorsqu'il s'agit de biens privés, le coût total le devient lorsqu'il s'agit de biens collectifs.

Tableau 1
La dualité duale

	Bien privé pur	Bien collectif pur
Quantités consommées $q_1, \dots q_i, \dots q_n$	$\sum_{i=1}^{n} q_i = qt$	$q_1 = q_2 = \dots = q_i = q_n = qt$
Prix $p_1, p_2, \dots p_i, \dots p_n$	$p_1 = p_2 = \dots = p_i = \dots = p_n = Cm$	$\sum_{i=1}^{n} p_i = CT$

$1, 2, \dots i, \dots n$ = indice caractérisant les individus
p = prix
q = quantité qt = quantité totale
c = coût CT = coût total Cm = coût marginal

1.1.3. Les biens collectifs mixtes

Les biens collectifs purs existent rarement. En revanche, il existe de nombreux biens qui possèdent simultanément tel ou tel attribut de bien collectif et de bien privé : il s'agit des biens collectifs mixtes, parfois notés mixtes simplement, si le contexte évite toute confusion. Sans prétendre à l'exhaustivité, il convient de signaler en particulier les biens pour lesquels il existe une indivisibilité importante de production, ceux dont la production et/ou la consommation s'assortit d'effets externes notables, enfin, ceux dont la production et la consommation sont privées, mais pour lesquels l'Etat ou telle puissance publique souhaite ou impose une promotion ou une restriction.

Par ailleurs, la production de certains biens supporte des coûts fixes élevés ou exige l'utilisation d'un facteur de production rarissime, sinon unique. La consommation est parfaitement divisible, mais l'Etat ne peut se désintéresser de la gestion de ces biens puisque soit la multiplicité des producteurs ferait augmenter le coût moyen, soit l'énormité des fonds à risquer empêcherait la réalisation de la production. Les émissions de télévision ou les autoroutes en sont des illustrations. Ces services s'assortissent d'ailleurs souvent d'effets externes de consommation.

Les effets externes sont définis comme des « interdépendances extérieures au système de prix », c'est-à-dire qu'en l'absence de toute intervention publique le prix du bien n'incorpore pas le coût des nuisances (effet négatif) supporté par les tiers, ni les avantages dont bénéficient d'autres tiers (effet positif). Ces effets internes peuvent être réciproques ou non, symétriques ou non, porter sur la consommation et/ou sur la production. La pollution de l'air ou de l'eau par une usine chimique est un effet externe négatif de production, il est non réciproque . L'encombrement sur une autoroute, au contraire, est un effet négatif de consommation, en général réciproque et symétrique.

Enfin, la collectivité peut désirer que la consommation de tel bien soit encouragée ou au contraire restreinte : on les appelle biens tutélaires. La société estime, par exemple, que les individus, ou du moins certains d'entre eux, sont incapables de désirer le niveau de consommation qui leur convient le mieux. Ainsi l'éducation, la santé, etc., sont-elles quasi gratuites, voire obligatoires, alors que la consommation d'alcool est pénalisée. La diversité des exemples cités impose des réponses très diversifiées en matière de modes de gestion.

1.2. Les modes de gestion du non-marchand

En ne retenant que deux catégories, les biens privés et les biens collectifs, et deux organisations productrices (entreprises et INM), apparaissent quatre cas de figure dont seulement deux sont simples : ceux de la diagonale principale. L'introduction des diverses catégories de biens mixtes et celle des institutions qui participent à la fois de l'entreprise et de l'OBNL multiplient les cas hybrides aussi bien sur la diagonale (excepté aux deux extrêmités) qu'en dehors de la diagonale. Le tableau 2 présente les quatre cas extrêmes.

Tableau 2
Matrice des modes de gestion

Biens Organisations	Biens privés	Biens collectifs
Entreprises	Concurrence	Cahier des charges à établir
Institutions non marchandes	Critères de gestion à déterminer	Monopole public Vente au Cm

1.2.1. Les modes simples

Le couple entreprises/biens privés est le plus connu et le plus facile à analyser. Pour que les niveaux de la production et du prix soient optimaux, en statique, la concurrence suffit. La recherche de l'intérêt individuel concorde avec l'intérêt social. En dynamique, il n'est pas sûr qu'un grand nombre de producteurs soit la meilleure solution, car la faiblesse de leurs profits et le rôle prépondérant des aléas risquent de les empêcher de dégager les ressources suffisantes au financement de la recherche et à la planification des investissements.

S'agissant du couple INM/bien collectif, l'Etat doit fixer les règles de comportement que suivra la direction de l'INM. Elles doivent être déterminées de sorte que l'intérêt collectif soit effectivement poursuivi. Deux écueils sont à éviter :

– tout imposer ; la direction n'est plus qu'un organe de transmission exposé au double risque de démobilisation et de gaspillage de ressources ;

– lui laisser une grande autonomie, le risque étant qu'elle poursuive (secrètement ou non) des objectifs contraires à l'intérêt collectif.

1.2.2. Les cas hybrides

Une INM peut produire des biens privés. En général, elle sera en concurrence avec d'autres INM ou d'autres entreprises. Se pose donc le problème délicat de la définition de l'objectif à lui assigner. En aucun cas il ne peut s'agir de la maximisation de son profit – elle cesserait *ipso facto* d'être une OBNL. Or, la contrainte du profit nul ou même d'un taux de profit donné ne peut logiquement devenir un objectif. En effet, un profit nul ou un certain profit planifié peut correspondre à des couples de production et de prix très différents. Le comportement de l'INM tiendra beaucoup à celui de ses dirigeants ; s'il s'agit d'une INM publique, rien ne dit que son comportement concorde avec l'objectif (flou) du pouvoir politique.

Si inversement une entreprise privée est chargée de produire un bien collectif, la solution n'est guère plus simple. Le plus souvent, elle se verra confier un monopole (ou une parcelle de monopole). Si on admet que l'objectif de l'entreprise est la maximisation du profit, on sait que la situation de monopole permet d'atteindre cet objectif sans être efficace du point de vue collectif. De plus, ce « surprofit » est injustifié, puisqu'il reste attribué à une entreprise et non à toutes celles qui ont ou auraient pu poser leur candidature. Cette deuxième objection peut être levée, si l'attribution a fait l'objet d'une vente aux enchères publiques avec une publicité préalable suffisante. Mais la première objection reste beaucoup plus grave. La contre-partie du monopole est un cahier des charges qui impose à l'entreprise de réaliser des minima de production. Il doit être extrêmement détaillé, puisque tous les minima seront interprétés de façon restrictive (en quantité comme en qualité). Mais en même temps il doit être suffisamment évolutif pour tenir compte des modifications d'environnement technique et écono-mique qui bouleversent toutes les prévisions. Une procédure arbitrale souple, rapide et compétente est donc indispensable. Ainsi l'attribution des chaînes de télévision à des entreprises privées a-t-elle prévu à la fois un cahier des charges et des possibilités d'interprétation, en cas de difficulté par la Commission nationale de la communication et des libertés (CNCL). Ce dernier problème se retrouve dans les contrats de longue durée passés entre entreprises privées produisant des biens privés.

Ces procédures sont relativement nouvelles dans un pays comme la France, où le terme « biens collectifs » veut trop souvent dire production des INM. Il est vrai que la notion de coûts et d'avantages collectifs ne se réduit aucunement aux comptes de l'organisation qui gère la production et qu'en conséquence un cahier des charges serait bien difficile à rédiger.

2. L'évaluation des projets collectifs

Le taux de rentabilité d'un investissement privé est le taux qui annule le bénéfice net actualisé[1]. S'agissant de projets collectifs ou publics, la définition peut être formellement la même ; mais la grande différence vient de ce que l'évaluation du coût et des « recettes » doit incorporer les retombées, positives ou négatives, sur les autres agents économiques du pays. De plus, puisque l'INM n'a ni pour objectif ni pour mesure de performance le profit, le taux de rendement interne (TRI) doit être remplacé par d'autres critères.

2.1. L'évaluation des coûts sociaux

Trois questions spécifiques se posent au-delà ou dans des termes différents du management privé. Quels coûts faut-il prendre en compte ? Leur expression monétaire et comptable correspond-elle au coût pour la collectivité ? Enfin, comment additionner des coûts (ou des « recettes ») non isochrones ?

2.1.1. L'élargissement de la notion de coût

Lors de l'évaluation d'un projet collectif, il convient de tenir compte des dépenses engagées par les parties prenantes. Ainsi, le coût d'un projet éducatif ne s'arrête pas aux seules dépenses budgétaires propres : il faut y ajouter les dépenses inhérentes à l'activité, c'est-à-dire celles qui, si elles n'existaient pas, modifieraient, voire condamneraient, le projet. Elles sont d'ailleurs complexes, puisqu'aux débours directs (livres, transports, etc.) il convient d'ajouter le « manque à gagner » si l'étudiant en question a la possibilité de travailler.

D'une manière générale, l'évaluation des coûts d'un projet collectif impose que l'on repère de façon exhaustive les groupes dont les coûts seront internalisés. Ce problème de la précision de la frontière qui partitionne l'environnement entre groupes concernés ou non est délicat. La solution renvoie généralement à la difficulté rencontrée pour collecter les informations nécessaires – ce qui n'est évidemment pas satisfaisant ! En toute rigueur, la réponse doit se référer à la notion de coût d'opportunité, c'est-à-dire évaluer tous les coûts engendrés par le projet. La mise en œuvre suppose la comparaison de deux états, l'un défini hors projet constituant l'état initial, l'autre défini différentiellement sous hypothèse de mise en œuvre du projet. Ces deux états ne peuvent qu'être « construits », puisqu'ils appartiennent tous deux, surtout le second, au domaine de l'hypothétique.

2.1.2. La valorisation des coûts

En admettant réglé le problème de la nature des coûts à prendre en compte, il convient de les exprimer sous forme monétaire. Leur hétérogénéité impose d'utiliser, pour permettre une sommation, un système de prix.

---

1. Voir dans cette Encyclopédie les articles de J.R. Sulzer, « Critères de choix des investissements » et de G. Charest, « Rendement, risque et portefeuilles ».

Ce problème n'est d'ailleurs pas spécifique aux projets collectifs. Le manager privé, lui aussi, peut être amené à utiliser explicitement ou implicitement un système de prix différent de celui qui naît sur le marché, s'il l'estime non représentatif, voire à en créer un de toutes pièces s'il n'y en a pas.

En principe, les biens « entrants » pourraient être incorporés au coût ou au prix unitaire effectivement payé. Cependant, si le marché n'est pas concurrentiel, ce prix peut être supérieur au coût pour la collectivité. Il conviendra donc de le minorer. En sens inverse, l'INM achète certains facteurs de production à prix faux, car subventionnés. Le coût devrait donc être majoré de la subvention correspondante, du moins lorsque cette subvention est purement politique et ne correspond pas à une tarification au coût marginal en régime de rendements croissants[1].

Le problème est plus délicat lorsqu'il s'agit de coûts (recettes) à horizon éloigné en raison de l'absence de marchés sur biens futurs. De plus, si le projet est de taille importante, il peut avoir comme conséquence (voire comme objectif) de faire varier les prix futurs par rapport aux prix actuels. Dans ce cas, un modèle doit être construit afin d'apprécier les changements de structure des prix relatifs des biens et des facteurs de production : l'exercice est délicat.

2.1.3. L'actualisation

L'actualisation est une solution trop simple des problèmes évoqués ci-dessus. Il s'agit, en effet, de prendre en compte le rôle du temps, mais d'une façon beaucoup plus synthétique.

La technique de l'actualisation, qu'elle concerne des projets privés ou publics, permet de comparer des francs déboursés ou gagnés à des moments différents. Toutefois, de nombreux gestionnaires d'INM ne l'utilisent pas ; ils le font certes implicitement s'ils empruntent, puisque les charges financières sont incorporées dans le coût. Mais en l'espèce, cette méthode est critiquable. En effet, pour une organisation publique, quelle que soit l'origine des fonds, le taux d'actualisation qui doit être pris en compte est le coût d'opportunité pour la collectivité du dernier franc investi. On estime en général que ce taux est inférieur au taux d'intérêt qui a cours sur le marché des capitaux, mais qu'il est évidemment positif.

2.2. La valorisation des avantages non marchands

On pourrait légitimement douter de l'intérêt d'une valorisation des avantages non marchands, dans la mesure où l'objectif à atteindre serait très bien délimité et où la rationalité économique consisterait seulement à choisir le mode le moins coûteux. Economistes et gestionnaires publics ont cependant été amenés à valoriser les avantages tirés d'un projet pour plusieurs raisons : d'une part, pour affiner et tester les choix issus de la

---

1. Voir dans cette Encyclopédie l'article de G. Terny, « Monopole naturel ».

rationalité, d'autre part, pour éclairer les conséquences éventuelles du développement ou de la réduction de la taille des projets. Cette valorisation se trouverait également justifiée par la seule existence d'avantages accessoires différents pour des projets concurrents. Enfin, *last but not least,* même lorsque l'objectif est clair, le projet accapare des ressources qui pourraient être utilisées à d'autres fins. Il faut donc bien, à un moment ou à un autre, comparer les avantages d'un projet à ceux des autres et, pour ce faire, il est indispensable, sauf cas exceptionnel, de valoriser les avantages non marchands.

Deux méthodes peuvent être utilisées : les prix implicites et l'évaluation directe.

2.2.1. *Les prix implicites*

Certains avantages procurés par les biens collectifs sont quasi marchands. Un billet de chemin de fer confère le droit d'être transporté dans certaines conditions, en particulier en un certain temps. En conséquence, si, sur une même liaison, il existe plusieurs modes de transport concurrents, il est naturel d'associer aux choix faits par les usagers-consommateurs le prix qu'ils accordent implicitement au temps gagné (ou perdu). Un tel calcul s'impose d'ailleurs au manager privé qui gérerait un service de transport et aurait la liberté de fixation de ses tarifs. Pour un organisme public, ces calculs peuvent être utilisés pour évaluer les avantages tirés d'une liaison projetée par les usagers potentiels. Toutefois, ce prix implicite (ou dual) n'est valide que pour les voyageurs marginaux, c'est-à-dire ceux qui changeraient de mode de transport si le prix variait légèrement dans un sens ou dans l'autre. Aussi pour étendre l'utilisation de ce prix à l'ensemble des usagers convient-il de procéder aux ajustements nécessaires.

2.2.2. *L'évaluation directe*

On peut calculer le prix implicite de l'éducation, de la vie humaine, etc., et ce, sans craindre au passage quelques sarcasmes. Cependant, outre son caractère marginal, il supporte toutes les contraintes d'un prix ordinaire : pour qu'il représente une valeur sociale, il faut qu'il corresponde à des comportements libres et informés et à des équilibres concurrentiels. Si tel n'est pas le cas, il perd toute validité scientifique. On peut alors utiliser une méthode directe qui consiste à rechercher et à additionner tous les avantages élémentaires et matériels que le projet crée pour l'avenir. Par exemple, on évaluera la valeur sociale de l'éducation par le supplément de productions futures actualisées qu'elle permet ; évaluation qui ne ferait que reporter le problème si les productions futures étaient elles-mêmes non marchandes !

Par ailleurs, l'utilisation de cette méthode n'est pas sans risque. Les recherches sur le cancer ne devraient pas être engagées, puisqu'en moyenne cette maladie frappe les personnes arrivant à l'âge de la retraite ou y étant déjà. L'évaluation directe de ce type de dépenses est sûrement négative. Or, ces dépenses sont plutôt bien reçues par la société. La raison est simple : à côté des composantes matérielles, il existe une composante éthique qu'il faudrait à son tour évaluer !

L'idée mise en évidence au travers de ces problèmes est donc bien que la difficulté croît à raison de l'éloignement du marché.

2.3. *Les critères de choix*

Si les avantages et les coûts sont ainsi évalués en termes monétaires, la décision de retenir tel ou tel projet suppose l'élaboration de critères de choix. La méthode la plus connue est l'analyse coût-avantage (ACA) ; mais nombre de praticiens préfèrent le délai de récupération. Cependant, si un, deux ou plusieurs avantages n'ont pu être convertis en une unité commune, il faut recourir à des méthodes spéciales.

2.3.1. *L'analyse coût-avantage*

Pour comparer deux projets exclusifs l'un de l'autre, l'ACA consiste à choisir le projet qui maximise $\bar{B}_{io}$, où

$$\bar{B}_{io} = \sum_{t=1}^{t=\infty} \frac{R_{it} - C_{it}}{(1 + a)^t} - I_{io} \qquad [1]$$

$\bar{B}_{io}$ est le bénéfice net actualisé du projet i au temps initial,
I_{io} est la dépense initiale d'investissement du projet i,
R_{it} est la recette brute totale du projet i l'année t,
C_{it} est le coût total du projet i l'année t,
a est le taux d'actualisation social.

Le coût total C_{it} incorpore toutes les dépenses de fonctionnement du projet (matières, énergie, main-d'œuvre, etc.) ; il exclut les éventuelles charges financières d'intérêt si le projet doit être financé par un emprunt, ainsi que le remboursement du capital. En effet, l'investissement est directement déduit du bénéfice et le taux d'actualisation est le « vrai prix » du capital ; il tient donc lieu et place des charges financières, qu'elles existent ou non.

La théorie de l'optimum indique qu'il faut sous certaines réserves choisir le $\bar{B}_{io}$ max. S'agissant de la gestion marchande, on choisirait plutôt le projet qui maximise le taux de rendement interne (« r » taux de rendement prend la place de « a » et joue le rôle de variable à la place de $\bar{B}_{io}$ posé égal à zéro). Comme le montre le graphique 1, les deux critères ne sont pas équivalents[1].

Le projet 1 est peu capitalistique, aussi $\bar{B}_{10}$ est-il peu sensible aux variations du taux d'intérêt. En revanche, le projet 2 devient non rentable pour un taux d'actualisation modéré (a^*_2). Si on utilisait le critère du TRI

---

1. Voir également dans cette Encyclopédie l'article de J.R. Sulzer, « Critères de choix des investissements ».

maximal, le projet 1 serait préféré. Avec le critère de $\overline{B}_{io}$ max, la réponse dépend de « a ». Soit a^*, parfois appelé taux pivot, le taux qui rend les deux projets équivalents ; si $a > a^*$, le projet 1 est préféré ; si $a < a^*$, c'est le contraire. Dans la mesure où le taux social d'actualisation serait plus faible que le taux privé, le critère du $\overline{B}_{io}$ max favorise, toutes choses égales par ailleurs, l'adoption des projets plus capitalistiques.

Lorsque les projets ne sont pas exclusifs, les deux critères coïncident, puisqu'on devrait, d'une part, réaliser tous les projets dont le $\overline{B}_{io}$ est positif, d'autre part, lancer tous ceux dont le TRI est supérieur à a, le taux social d'actualisation. En pratique, l'équivalence est moindre, par suite de la contrainte qui pèse sur les fonds disponibles.

Graphique 1
Courbes représentatives des fonctions $\overline{B}_{io}(a)$

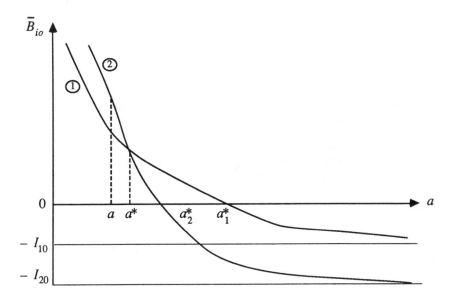

2.3.2. *Le délai de récupération*

Les administrations publiques sont invitées à utiliser le taux d'actualisation recommandé par le plan. Cependant, les agences décentralisées et les collectivités locales sont libres et peuvent en particulier utiliser un taux nul. Dans ce cas, le délai de récupération du capital, si prisé dans les petites entreprises, est souvent retenu. Comme son nom l'indique, le délai de récupération θ est le temps qu'il faut pour que l'expression

$$\sum_{t=0}^{\theta} (R_t - C_t)$$

soit égale à I. Plus θ est faible, plus rapide est la récupération des fonds et moins grand est le risque. Cette méthode évite d'avoir à choisir un taux d'actualisation, mais le fait même qu'elle soit indépendante de a prouve qu'elle ne peut être équivalente au critère du $\overline{B}_{io}$ max. Dans certaines conditions très strictes, elle peut toutefois être équivalente au TRI max. Ce délai peut jouer le rôle de définition d'un taux d'intérêt dans des économies planifiées. Ne sont admissibles que les projets dont le délai de récupération est inférieur à une norme fixée par le plan.

2.3.3. Les autres méthodes

Lorsque les avantages ne sont pas tous valorisables, il faut recourir à des méthodes moins ambitieuses.

2.3.3.1. Si les projets sont exclusifs l'un de l'autre, s'ils ont même objectif, et si les avantages accessoires sont négligeables, l'ACA peut être remplacée par l'analyse coût-efficacité (ACE). Le principe est le même : il faut ici minimiser $\overline{D}_{io}$, la dépense totale actualisée :

$$\overline{D}_{io} = I_{io} + \sum_{t=0}^{\infty} \frac{C_{it}}{(1+a)^t} \qquad [2]$$

Il est d'ailleurs facile de montrer que, le niveau de production à atteindre étant préfixé, $\underset{i}{\text{MIN}} \ \overline{D}_{io} \Leftrightarrow \underset{i}{\text{MAX}} \ \overline{B}_{io}$.

L'ACE apparaît donc comme un cas particulier de l'ACA. Elle ne définit pas un niveau optimal de production ; elle ne convient pas si les avantages des différents projets diffèrent partiellement, quant à leur nature ou à leur étalement dans le temps.

2.3.3.2. La méthode multicritère. Si les critères sont nombreux, il est possible de classer les projets selon chaque critère. Si certains projets se trouvent dominés par d'autres quel que soit le critère considéré, le résultat est évident. Dans le cas contraire – et, nonobstant des méthodes particulières –, les « décideurs » choisiront en évaluant implicitement les poids accordés à chaque type d'avantage.

Ces techniques pourraient conduire à des choix isolés, au coup par coup. Un gestion rationnelle impose cependant que leur développement soit inclus dans un plan, ne serait-ce que parce qu'ils ne peuvent être financés simultanément.

3. Planification et budgétisation

Le budget des diverses collectivités publiques est établi chaque année afin de permettre aux assemblées d'exercer leur souveraineté et leur contrôle. Ce n'est pas le lieu ici de rappeler ce qu'est le cycle budgétaire (préparation, discussion, exécution et contrôle), on se limitera à étudier les insuffisances de cette procédure ainsi que les solutions préconisées au cours des trente dernières années aux Etats-Unis et en France. Ces solutions empruntent aux méthodes managériales utilisées dans le secteur marchand, mais leur transposition est si délicate que la plupart d'entre elles n'ont pas tenu leurs promesses. Il conviendra donc de dire pourquoi.

3.1. Les insuffisances de la procédure budgétaire traditionnelle

On indiquera les critiques adressées à la procédure, puis les remèdes apportés depuis quelques années.

3.1.1. Les critiques

Elles sont à la fois politiques et techniques (une critique d'ordre technique pouvant en cacher une d'ordre politique !). Le caractère insuffisamment démocratique des diverses phases de la procédure est d'autant plus facile à dénoncer que personne n'est capable de définir de façon incontestable un processus parfaitement démocratique. Aussi se limitera-t-on aux critiques techniques.

Au niveau des structures budgétaires, les critiques portent, entre autres, sur deux points importants : la nomenclature et le cloisonnement des lignes de crédit. La nomenclature budgétaire est une nomenclature de moyen. La consommation de ressources ne donne donc aucune indication sur le degré de réalisation des missions. L'absence quasi totale de comptabilité analytique ne permet pas de connaître les véritables coûts des diverses interventions publiques. S'agissant du cloisonnement des lignes budgétaires, le responsable d'une mission n'est pas autorisé à effectuer des transferts qui seraient source d'économie globale.

Au niveau du cycle budgétaire, les critiques portent sur chacune de ses phases. La préparation du budget est insuffisamment rationnelle pour de très nombreuses raisons : manque de temps et de moyens pour mener une étude sérieuse, manque de coordination avec le plan, distinction entre services votés et mesures nouvelles, manque de perspectives en raison de l'annualité, etc. Naturellement, une préparation insuffisante ne favorise pas une bonne discussion parlementaire. En France, tout au moins, le rôle des commissions des finances est trop peu constructif. Les contrôles sont en général très nombreux, mais ne sont efficaces qu'en termes de régularité juridique des opérations financières. Certaines de ces critiques ont donné lieu à des assouplissements et à des améliorations.

3.1.2. Les problèmes en voie de règlement

La nomenclature budgétaire a été subdivisée jusqu'au niveau du paragraphe autorisant, en principe, soit une nomenclature de moyens, soit une nomenclature d'objectifs. On doit cependant se rappeler que le passage de l'une à l'autre ne se résume pas seulement en une modification de l'agencement des informations disponibles : les atomes élémentaires ne coïncident pas toujours !

La règle de l'annualité budgétaire est atténuée par les autorisations de programmes et les lois de programmation.

Le cloisonnement des lignes budgétaires a bien été assoupli, mais la liberté de manœuvre des « décideurs » reste très limitée.

Ces améliorations, qu'on ne saurait négliger, ne s'attaquent cependant pas au problème fondamental de la rationalité des choix budgétaires. On trouvera ci-après les diverses tentatives américaines et françaises en la matière.

3.2. Les réponses américaines

Depuis le début des années 1960, les Etats-Unis ont expérimenté successivement trois méthodes : le Planning - Programming - Budgeting System (PPBS), le Management By Objectives (MBO) et le Zero - Base - Budget (ZBB). Les deux premières sont inspirées du management privé, la dernière est plus spécifique au secteur public.

3.2.1. Le Planning - Programming - Budgeting System

Elle fut introduite au Pentagone par R. McNamara en 1961. Ce dernier venait de la direction générale de Ford. Le nouveau système avait pour objet, d'une part, de mettre à la disposition des « décideurs » toutes les informations sur les choix à effectuer (coûts, conséquences, etc.), d'autre part, de vérifier que leurs décisions étaient exécutées correctement. Comme le sigle l'indique, le budget est articulé dans un programme lui-même inséré dans un plan. Devant le succès de la méthode au ministère de la Défense, le président Johnson l'étendit, en 1965, aux autres ministères, mais le succès y fut bien moindre : les problèmes étaient plus délicats, les moyens humains et financiers insuffisants, les réticences du personnel et des politiques plus grandes, etc. En 1971, le PPBS est abandonné et remplacé par le MBO.

3.2.2. Le Management By Objectives

Tirant le leçon du relatif échec du PPBS, l'ambition fut réduite mettant moins l'accent sur la planification que sur la réalisation d'objectifs mesurables et bien définis à l'avance. Cette méthode ne devait cependant pas survivre à son initiateur, R. Nixon.

3.2.3. Le Zero - Base - Budget

Cette méthode fut expérimentée en Georgie, en 1973, et son adoption au niveau fédéral, fin 1976, coïncide avec l'élection du président Carter. Au lieu de distinguer services votés et mesures nouvelles, la loi impose de revoir entièrement chaque programme tous les cinq ans. Le ZBB pose donc deux questions. Les programmes en cours sont-ils efficaces ? Faut-il les développer ou les réduire, voire les modifier complètement ? En relation avec cette méthode, certains Etats ont adopté des *sunset laws* qui imposent l'examen des activités de chaque agence selon une certaine périodicité (5 ou

6 ans en général). En pratique, cependant, rares sont les agences ou les programmes qui ont été remis en cause.

3.3. La rationalisation des choix budgétaires

Les idées directrices qui ont présidé, en 1968, à la mise en œuvre de la rationalisation des choix budgétaires (RCB) en France sont voisines de celles qui ont guidé les dirigeants américains. Cependant, en raison de grandes différences dans l'environnement humain et juridique, les modalités diffèrent sensiblement. Trois points ressortent particulièrement : les études analytiques, les budgets de programme et la modernisation de la gestion.

3.3.1. Les études analytiques

Ces études ont commencé avant la mise en œuvre de la RCB et, dans nombre d'ouvrages traitant de ce sujet, elles occupent la plus grande partie. La RCB les a cependant tirées vers un modèle d'aide à la décision plutôt que vers un modèle purement cognitif. Les études d'évaluation des projets collectifs en sont des illustrations.

3.3.2. Les budgets de programme

C'est la clé de voûte du système RCB pour au moins quatre raisons. Tout d'abord, le budget est présenté de façon à faire apparaître au premier plan les biens et services produits par l'administration et non les moyens mis en œuvre, comme dans la présentation traditionnelle. Il convient donc de définir le ou les objectifs de l'administration en question. Ensuite, le programme devient une obligation de réaliser et non plus une autorisation de dépenser. En cours d'exécution du programme, le gestionnaire du service peut suivre la réalisation de la production projetée. Enfin, le contrôle, tout comme la discussion, peut être plus efficace puisqu'il porte sur l'essentiel : le résultat.

Le budget français est maintenant entièrement présenté sous forme de budgets de programme (les « blancs »), mais en supplément à la forme traditionnelle (les « bleus ») qui non seulement n'a pas disparu, mais continue à servir exclusivement lors de la discussion parlementaire. De plus, cette construction reste dans bien des cas, la justice par exemple, trop arbitraire pour que les programmes correspondent à la notion théorique.

3.3.3. La modernisation de la gestion

Les études analytiques portent principalement sur les séquences optimales de décisions, mais elles doivent également s'intéresser à l'organisation pratique du travail, en particulier à l'utilisation des nouveaux moyens informatiques. Le Service central d'organisation et méthode (SCOM) répond à ce souci et c'est peut-être dans ce domaine que la RCB a laissé le plus de traces.

Les choix effectifs ne seront jamais parfaitement rationnels ni les produits totalement clarifiés. L'étude de leur demande n'en est pas moins indispensable.

4. Le produit

La décision de produire un bien privé pur suppose analysée la relation coût/prix, connues la demande et l'action éventuelle de l'entreprise sur le coût et sur le prix par l'investissement ou l'action marketing. Il en est de même pour les biens collectifs, mais la révélation des préférences (la demande) pose un problème délicat, voire insurmontable, alors que le marketing peut soulever des questions éthiques.

4.1. La révélation des préférences collectives

La non-exclusion de consommation impose la mise au point d'algorithmes spécifiques de révélation.

4.1.1. Les conséquences de la non-exclusion de consommation

L'impossibilité d'exclure l'usager d'un service collectif peut le conduire à minimiser sa satisfaction réelle dans l'espoir d'une diminution de sa contribution. Cette remarque s'appliquant à tous les usagers, les services collectifs ne peuvent donc pas atteindre le niveau optimal pour la société. Inversement, si les dépenses de l'INM sont couvertes intégralement par le budget général (service offert gratuitement), la demande sera pratiquement sans limite : pour chaque usager, le service apparaît comme un bien libre.

4.1.2. Un algorithme de détermination du volume optimal de la production

Pour un bien privé, à l'optimum, le niveau de production est celui où la satisfaction marginale égale le prix de vente. Il devrait en être de même pour un bien collectif. Or, on vient de montrer que chaque usager a intérêt à (et peut) minorer sa satisfaction apparente. Toutefois, le volume optimal de fonctionnement de l'INM peut être atteint à l'issue d'un vote, si la part de chacun dans le financement n'est pas objet de débat. Comme E. Lindhal l'a montré, en 1928, il est possible dans cette hypothèse que les usagers s'entendent sur le montant optimal. Possible seulement, car on démontre que si les fonctions de satisfaction individuelles ne sont pas concaves, rien n'est garanti.

De ce point de vue, un référendum fut organisé en 1986 dans une petite ville du nord de la France, à propos du maintien éventuel d'une piscine chauffée qui supposait une augmentation des impôts de 400 F par foyer fiscal. Cette consultation mit en évidence les différences de comportement individuel liées à la distinction bien « gratuit » ou bien « payant ». Un tel exemple montre les limites de la méthode de E. Lindhal : le résultat de vote n'est optimal que si la part de chacun dans le financement est assez proche de sa satisfaction. En effet, si la majorité d'une population concernée ne tire aucune satisfaction d'un bien collectif qu'elle doit financer, elle refusera le projet qui ne sera pas mis en œuvre. Or, une minorité prête à payer intégralement le coût du projet existe peut-être. Pour que la procédure de vote conduise à l'optimum, il faut en quelque sorte que le problème de la répartition de la charge soit résolu.

Dans la mesure où beaucoup de biens collectifs n'intéressent qu'un petit nombre d'électeurs, cette procédure renseigne donc peu le manager public. Aussi a-t-il souvent recours à des études « objectives » des besoins collectifs.

4.2. L'évaluation objective des besoins collectifs

Fréquemment, l'exécutif nomme un comité d'experts, de sages, etc., pour déterminer les besoins à satisfaire et éventuellement les modes de financement adéquats. Bien que cette méthode soit concevable pour les besoins fondamentaux (nourriture, sécurité, logement, etc.), il faut noter que ces derniers évoluent avec le niveau de développement de la société. Ces experts, vivant dans une société donnée, peuvent à défaut d'une évaluation objective indiquer dans une certaine mesure les besoins ressentis par la population.

Un risque subsistera, car si les experts sont individuellement indépendants, leur désignation peut difficilement l'être. Insensiblement, on risque donc de glisser du comité chargé de renseigner le gouvernement sur les besoins de la population vers un comité légitimant les décisions gouvernementales au nom de sa compétence. Toute méritocratie possède ses propres limites.

4.3. Le marketing non marchand

Comme pour une entreprise marchande, le marketing cherche à augmenter l'efficacité du service ; mais, plus que pour le marchand, le marketing non marchand a aussi pour objectif de le légitimer[1].

4.3.1. La participation des usagers

Beaucoup de services publics voient leur efficacité augmenter si les usagers adoptent un comportement convenable. L'INM a donc intérêt à les convaincre de modifier leur conduite dans un sens favorable pour tous. Les moyens dont elle dispose sont souvent beaucoup plus importants que ceux des entreprises privées, car, outre la persuasion et l'information, elle peut utiliser la coercition. Cependant, elle doit autant que possible rester potentielle, en raison de son coût de mise en œuvre voire de ses effets pervers. Toute information risque de devenir propagande !

---

1. Voir dans cette Encyclopédie les articles de C. Quin, « Marketing public » et de D. Lindon, « Marketing politique et social ».

4.3.2. Le marketing légitimation de l'INM

Les institutions devant rendre des comptes à leurs mandants, l'information consiste à démontrer que les dirigeants ont bien interprété les désirs des mandants, voire défendu leurs véritables intérêts, cependant qu'ils n'en ont pas tous une claire conscience. Mais n'est-il pas difficile de séparer l'information dont le but est de modifier le comportement des « usagers-citoyens » pour augmenter l'efficacité du service, de celle qui tend à déconsidérer certaines pensées ou idées ? Le seul souverain légitime n'est-il pas l'ensemble des citoyens certes informés mais libres ?

5. La tarification

La tarification peut avoir des objectifs divers et contradictoires ; les plus souvent cités sont le bien-être et la solidarité. Dans le premier cas, l'usager doit couvrir le coût pour la collectivité ; dans le second, la tarification est l'occasion d'un transfert de richesses des plus riches vers les plus pauvres.

5.1. La recherche du bien-être optimal

Faire payer à chacun le coût de sa consommation conduit l'INM à fixer tous les prix au niveau du coût marginal social. Il lui faut donc calculer les coûts marginaux de ces diverses productions, en y incluant, le cas échéant, les coûts que son activité fait supporter à la société. Cette procédure pose au moins deux problèmes : le calcul lui-même et l'équilibre financier de l'INM.

5.1.1. Le calcul du coût marginal

Le coût marginal varie sensiblement avec la période d'analyse. Sur une période courte, les frais fixes représentent une grande part du coût total, sur une période longue, cette part tend vers zéro. Or, les frais fixes ne sont pas incorporés dans le coût marginal : ils sont invariables pour une variation mineure de la production. Inversement, le coût marginal à court terme est fortement influencé par des variations significatives du niveau de production ; le coût marginal à long terme est pratiquement indépendant de la production, dans la mesure où les capacités de production ont été adaptées à la demande. Dans certains cas, en particulier pour une production non stockable ou une demande très variable (exemple de l'électricité ou des télécommunications), le coût marginal est très différent d'un moment à l'autre de l'année ou de la journée. Les tarifs varieront selon les heures et les jours de consommation, afin d'écrêter la charge des consommations de pointe. On parle à ce propos de tarif de pénalisation (*peak load pricing*).

Si la production est à rendements d'échelle constants, le coût marginal à long terme tend vers le coût moyen minimal. La tarification au coût marginal conduit donc aussi à l'équilibre financier. Si les rendements d'échelle sont croissants (ce qui est fréquent dans les services publics), le coût marginal est inférieur au coût moyen. Le monopole fonctionne à perte [1].

5.1.2. L'équilibre financier

En cas de déficit résultant de la tarification au coût marginal, trois solutions sont envisageables : une subvention du budget général, une tarification plus complexe ou une tarification dite « Ramsey-Boiteux ».

La première conserve l'optimum parétien, si les cotisations qui alimentent le budget général sont optimales au regard de l'objectif poursuivi. Il en est de même pour la seconde, dans la mesure où le tarif est égal au coût marginal. Dans ce cas, le tarif comprend deux parties : l'une, supérieure au coût marginal, est assise sur les premières unités consommées, l'autre, égale au coût marginal, porte sur toutes les unités consommées au-delà de la première tranche. Tel est le système employé pour la tarification de l'eau. Il n'est évidemment applicable que si chaque usager consomme de nombreuses unités. Dans ce cas, il a l'inconvénient de frapper les petits consommateurs beaucoup plus que les gros. Si « petits consommateurs » équivaut à « pauvres », cette tarification va à l'encontre de la solidarité.

Dans le troisième système, on cherche toujours à maximiser le bien-être collectif. Mais si l'optimum parétien conduit à un déficit, la contrainte budgétaire oblige à rechercher un sous-optimum dans lequel les prix sont en moyenne supérieurs aux coûts marginaux. L'INM ne les augmentera cependant pas proportionnellement au pourcentage du déficit. Elle relèvera sensiblement plus les tarifs des biens dont la demande est peu sensible aux prix, alors qu'elle augmentera peu ceux des biens dont la demande est élastique. La raison en est simple : face à une demande rigide, l'INM n'a pas à craindre la fuite des usagers, alors que si la demande est élastique, il faut être très prudent dans l'augmentation des prix. Dans les cas plus généraux, la formule de fixation des prix de Ramsey-Boiteux fait également intervenir les élasticités croisées, ce qui rend inintelligible un exposé littéraire. Le lecteur intéressé se reportera à l'ouvrage de D. Bos. Donc, dans la mesure où les biens à faible élasticité sont principalement consommés par les pauvres (hypothèse plausible s'il s'agit de consommation de base), l'obligation de l'équilibre budgétaire de l'INM conduit à une répartition régressive du revenu. Naturellement, si les rendements sont décroissants, l'obligation du profit nul est progressive ; le tarif a donc bien une fonction redistributive.

5.2. Tarification et solidarité

Lorsque le tarif est fixé sans référence à l'optimum de bien-être, les subventions prennent des formes diverses. Tantôt, certains usagers subventionnent d'autres usagers : ces subventions croisées sont invisibles de

---

1. Voir également dans cette Encyclopédie l'article de G. Terny, « Monopole naturel ».

l'extérieur tant que l'INM a un monopole absolu. Tantôt, les subventions proviennent du budget général. Dans ce dernier cas, elles peuvent être suffisantes pour que le service soit gratuit. Les subventions, quelles que soient leurs formes, posent les problèmes de l'efficacité économique, de la réalité de la solidarité et de la liberté individuelle.

5.2.1. L'inefficacité économique de la gratuité

Un tarif supérieur au coût marginal équivaut à une subvention aux activités-substituts lorsqu'elles existent (un tarif ferroviaire marchandise trop élevé favoriserait la route ou le canal). Inversement, et c'est le cas le plus fréquent, un prix inférieur au coût marginal conduit au gaspillage des ressources. Pour éviter toute équivoque, rappelons que le coût marginal à prendre en compte est le coût marginal social et non celui de l'INM chargée de fournir le service. Ainsi, il est clair en cela que les coûts marginaux de l'enseignement ou de la santé sont sans doute inférieurs aux crédits du ministère de l'Education Nationale ou de la Sécurité sociale, en raison des effets externes positifs que ces biens engendrent. Le risque serait alors de trop les majorer ! Les effets externes négatifs existent aussi dans ces secteurs. La gratuité totale sans rationnement quantitatif entraîne un gaspillage.

5.2.2. Gratuité et solidarité

Les subventions croisées et *a fortiori* la gratuité réalisent-elles la solidarité entre riches et pauvres, malades et bien portants, etc. ? Rien n'est moins sûr. Les plus grands bénéficiaires des services publics ne sont pas forcément les plus pauvres. Par exemple, les communications téléphoniques locales sont largement subventionnées par les communications à longue distance ; or les entreprises utilisent parfois de façon permanente une ligne locale (communications entre ordinateurs). Certes, un cas d'espèce ne fait pas une loi, mais les études empiriques donnent des résultats mitigés dans la plupart des pays.

Sur ce point, on ne peut manquer d'évoquer le paradoxe de la gratuité : un tarif nul profite plus aux riches qu'aux pauvres. En effet, la création d'un service gratuit entraîne une homogénéisation du service rendu. Or, en l'absence de cette intervention, les riches auraient payé plus cher en fonction de leur disponibilité marginale à payer des services hautement différenciés sans qualité nettement supérieure. Dans cette optique, la création du service collectif gratuit pour tous leur procure donc une économie supérieure. Ce cas est illustré par les consommations médicales. Avant 1945, les tarifs des consultations étaient très variables d'un médecin à l'autre et pour un même médecin d'un malade riche à un malade pauvre. Evidemment, le paradoxe n'est vrai que toutes choses égales par ailleurs ; en particulier, tout dépend du mode de financement et de l'évolution future des comportements des diverses catégories de population.

5.2.3. Gratuité et liberté individuelle

Lorsque la gratuité s'accompagne de l'obligation de consommer, la liberté individuelle est évidemment restreinte tout comme elle l'est d'ailleurs lorsque la « consommation » est libre. Pour le prouver, imaginons un instant que la totalité du budget de l'enseignement supérieur (y compris les rémunérations du personnel et les bourses accordées aux étudiants) soit distribuée annuellement aux jeunes de 18 à 25 ans, sous condition qu'ils suivent, après avoir réglé le tarif demandé, les cours donnés dans une INM de leur choix. Les desiderata des étudiants en matière de contenu et de qualité d'enseignement n'auraient pas besoin d'être codifiés dans des lois sans cesse changeantes. Naturellement, dans une telle hypothèse, les examens nationaux qui pourraient éventuellement subsister ne seraient organisés que par la puissance publique, indépendamment des INM concernées. Les étudiants choisiraient leur université et les universités leurs étudiants, contrairement au système actuel dans lequel la contrainte règne de part et d'autre.

Cette restriction de liberté se retrouve aussi dans certaines INM privées à adhésion libre – par exemple, les mutuelles d'assurance complémentaire. La liberté n'existe qu'à l'entrée ; lors d'une sortie, les droits acquis sont perdus.

Cette restriction de liberté individuelle n'explique-t-elle pas les médiocres performances de certaines INM ?

6. La performance de l'institution non marchande

Evaluer la performance d'une INM revient essentiellement à évaluer celle du ou des programmes qu'elle met en œuvre. Mais il est insuffisant d'organiser l'évaluation et de mettre en place des procédures, il faut également que les résultats de l'évaluation servent à réviser les programmes en cours et à élaborer les nouveaux.

6.1. L'organisation de l'évaluation d'un programme

6.1.1. Les propriétés d'une bonne évaluation

Elle doit d'abord être concomitante ou seulement légèrement décalée par rapport au déroulement du programme, puisque le but de l'évaluation est de l'améliorer. Elle doit ensuite être précise dans ses objectifs : veut-on évaluer la réalisation du programme ou l'impact du programme ou l'INM chargée de le mettre en œuvre ? Une organisation bien gérée peut être chargée de conduire un programme à l'efficacité douteuse mais, dans ce cas, elle devra le signaler et faire des propositions d'amélioration.

6.1.2. La classification des objectifs

Il convient de préciser quels sont les objectifs déclarés du programme. En particulier, il faut apprécier les biens collectifs en cause. Si un chiffrage des objectifs existe, les précautions nécessaires devront être prises pour distinguer les effets du programme de ceux qui proviennent d'autres causes.

6.1.3. Les indicateurs de résultat

Ils permettent de comparer les moyens effectivement utilisés à ceux prévus ou mieux encore de comparer la production réalisée à la production prévue (par exemple, le nombre de kilomètres d'autoroute construits au cours des cinq dernières années par rapport au plan). Ce deuxième type d'indicateurs de résultats est préférable au premier, mais il n'est pas toujours possible, car il peut être délicat de mesurer la production. Pourtant, ces indicateurs évaluent seulement la réalisation du programme et non le programme lui-même.

6.1.4. Les indicateurs d'impact

Ils doivent posséder trois propriétés difficiles à réunir simultanément. Ils doivent d'abord être calculés par une autorité indépendante de l'INM. Ensuite, cette autorité doit être experte. Enfin, l'INM devrait ignorer les bases sur lesquelles les indicateurs reposent, afin d'éviter tout biais dans sa gestion. Cette troisième propriété peut être affaiblie si le nombre d'indicateurs d'impact est suffisamment grand (leur multiplication crée souvent de graves effets pervers).

6.2. Les procédures d'évaluation des programmes

6.2.1. L'élimination des influences extérieures

Certaines influences extérieures peuvent – et donc doivent – être éliminées dans la définition de l'indicateur lui-même (par exemple, le taux de mortalité par cancer doit être calculé à structure démographique constante). D'autres influences, les plus nombreuses et les plus variées, ne peuvent être éliminées que cas par cas. De cette diversité, extrayons deux cas fréquents. L'amélioration de la situation serait-elle intervenue en l'absence du programme ? C'est ce qu'en médecine on appelle la « rémission spontanée ». Des événements extérieurs fortuits n'ont-ils pas modifié les comportements ?

6.2.2. La comparaison des indicateurs

A supposer éliminées toutes les influences extérieures, rares sont les cas où l'objectif à réaliser s'exprime par un chiffre significatif. La plupart du temps, on apprécie une amélioration, ce qui suppose donc une comparaison.

La plus simple est évidemment « avant » et « après » le programme. Il est cependant à craindre que certaines influences extérieures n'aient pu être prévues dans l'indice. La comparaison « sans » et « avec » est préférable, mais elle n'est possible que si au même moment le programme est lancé dans une région et pas dans une autre. Elle n'est valable que si le choix de la région n'est dû qu'au hasard. La meilleure méthode est incontestablement « l'expérimentation contrôlée » ; mais elle coûte cher en argent et en temps. Elle ne se justifie donc que pour les programmes exigeant des fonds importants et engageant les choix économiques à long terme. La méthode qui consiste à se donner un groupe « témoin » pour apprécier un groupe « cible » procède de la même idée.

6.3. L'utilisation des résultats du processus d'évaluation

Un mauvais impact du programme devrait conduire à son interruption ou à sa modification radicale, ainsi qu'à la suppression de l'INM si c'est elle qui l'avait proposé et défendu. Dans la pratique, les INM, comme toute institution, sont douées d'un puissant instinct de survie. Aussi défendent-elles farouchement leur programme, allant jusqu'à contester, voire empêcher toute évaluation. Quelle administration française est évaluée selon les méthodes exposées ci-dessus ? N'oublions pas que beaucoup de programmes publics ont été décidés à la suite de durs combats politiques.

Si une évaluation montre que le programme mis en œuvre est inadéquat, il faut en proposer un autre en faisant en sorte qu'une réduction d'activité soit toujours accompagnée d'objectifs nouveaux, valorisants et réalisables. Il arrive trop fréquemment que les réductions d'activité soient interprétées comme une étape vers une réduction ultérieure. Rien de tel pour un gaspillage de ressources.

7. Le contrôle

Si l'évaluation d'un programme doit être l'œuvre d'une autorité indépendante, le contrôle de la gestion peut être aussi bien interne qu'externe [1]. On ne traitera cependant ici que de l'audit externe. On indiquera ses objectifs, ses caractéristiques et ses éléments.

7.1. Contrôle de gestion ou recherche de responsabilité ?

S'agissant des institutions publiques, l'audit externe ou la vérification des comptes est effectué par la Cour des comptes qui agit comme organisme juridictionnel.

7.1.1. La responsabilité

Elle juge les comptes. Il semble donc qu'elle recherche essentiellement les responsabilités ; mais ce terme a deux interprétations possibles : d'abord, des fonds publics ont été « détournés » de leur destination légale (sens restreint), ensuite, des fonds publics n'ont pas été utilisés avec la meilleure efficacité possible (sens large).

---

1. Voir également dans cette Encyclopédie les articles de H. Bouquin, « Contrôle » et de J.L. Ardoin, « Plans et budgets ».

7.1.2. Le contrôle de gestion

Toutefois, la Cour des comptes ne se limite pas au jugement des comptes. De plus en plus, elle émet des avis et des recommandations. L'audit est alors une aide apportée à l'INM et une information fournie à l'autorité supérieure sur l'efficacité et l'opportunité du programme. La création des Chambres régionales des comptes a bien mis en évidence cette dernière activité.

7.2. Types et caractéristiques d'audit

Les regroupements diffèrent largement d'un auteur à l'autre.

7.2.1. La conception de la Cour des comptes

Elle indique deux catégories d'audit : le contrôle de l'efficience et le contrôle de l'efficacité. Il est à cet égard curieux d'inclure le contrôle de la régularité (ce qui constitue sa raison d'être) dans le contrôle de l'efficacité. La justification selon laquelle l'Etat de droit est un des premiers programmes de l'administration est une interprétation assez abusive du concept de programme.

7.2.2. La conception tripartite

La conception la plus souvent présentée distingue :
– le contrôle financier et le contrôle de la légalité (opérations financières effectuées selon les règlements, comptes présentés de façon honnête, etc.) ;
– le contrôle d'efficience et d'économie (utilisation au mieux du personnel, des fonds publics, des immeubles, du matériel, ainsi que la conservation et l'entretien du patrimoine public) ;
– le contrôle de l'efficacité ou des résultats des programmes (les objectifs ont-ils été atteints ? L'INM a-t-elle proposé d'autres programmes pour atteindre les objectifs désirés par le législateur ? etc.).

7.3. Les éléments d'un audit

Les éléments sont semblables à ceux réalisés dans le secteur marchand. Ainsi le lecteur est-il renvoyé à ce qui est écrit par ailleurs [1]. On indiquera néanmoins les trois éléments majeurs suivants.

7.3.1. Les critères

L'auditeur doit établir un ou plusieurs critères d'appréciation de la gestion de l'INM. Ils doivent être appropriés au type de contrôle à effectuer. Selon les cas, ils doivent concerner la direction ou le personnel. Ils ne doivent pas être construits après coup, sinon ils risqueraient d'être biaisés par les préjugés de l'auditeur. Enfin, ils ne doivent pas être connus de l'INM.

---

1. Voir dans cette Encyclopédie l'article de H. Bouquin, « Audit ».

7.3.2. Les causes

L'auditeur doit établir tous les actes de la direction et du personnel et tous ceux qu'ils auraient dû effectuer pour faire face à leur responsabilité.

7.3.3. Les effets

Enfin, l'auditeur doit comparer les actes (les causes) aux critères appropriés.

*

* *

Comme nous l'avons vu, définir le domaine non marchand grâce à une frontière étanche le séparant du domaine marchand n'est ni facile ni souhaitable.

Considérer qu'il existe une gestion non marchande dont les règles, les méthodes et les objectifs se définiraient par une opposition manichéenne à la gestion marchande transformant la gestion non marchande en une gestion antimarchande serait une erreur.

Enfin, imaginer que la problématique du non-marchand pourrait être établie *ne varietur* serait oublier qu'elle est très largement influencée par les idées, les comportements, les cultures des individus vivant en une dynamique tout à la fois en conflit partiel, mais aussi en collaboration partielle avec une collectivité et son environnement.

Références

Benard J., *Economie publique*, Paris, Economica, 1985.

Bos D., *Public Enterprise Economics*, Amsterdam, NHPC, 1986.

Burleau A., Laufer R., *Le management public*, Paris, Dalloz, 1981.

CNRS, *Economie publique*, Paris, CNRS, 1968.

Kolm S.C., *L'Etat et le système des prix*, Paris, Dunod, 1970.

Lequeret P., *Le budget de l'Etat*, Notes et études documentaires, Paris, Documentation française, juin 1982.

Steiss A.W., *Management Control in Government*, Lexington, DC Heath and Company, 1982.

Terny G., *Economie des services collectifs et de la dépense publique*, Paris, Dunod, 1969.

Mots clés

Actualisation, analyse coût-avantage (ACA), analyse coût-efficacité (ACE), analyse multicritères, audit, avantage non marchand, bénéfice net actualisé, bien collectif, bien tutélaire, coût social, délai de récupération, dépense totale actualisée, effets externes, évaluation d'un programme, indicateurs de résultat, indicateurs d'impact, institution non marchande (INM), légitimation, *Management By Objectives* (MBO), monopole naturel, organisation à but non lucratif (OBNL), paradoxe de la gratuité des services publics, *Planning-Programming-Budgeting-System* (PPBS), prix implicite, rationalisation des choix budgétaires (RCB), révélation des préférences collectives, tarification au coût marginal, tarification de Ramsey-Boiteux, taux de rendement interne (TRI), *Zero-Base Budget* (ZBB).

70

Gestion obligataire

Michel Piermay

Longtemps considérées comme des investissements d'accès facile et à faible risque, les obligations n'ont commencé à être gérées que tardivement.

En France, leur gestion a été longtemps limitée aux calculs mystérieux de quelques rares actuaires, et leur marché partagé entre particuliers qui souscrivaient à l'émission et revendaient au mieux, lorsqu'ils avaient besoin de liquidités, à des institutions qui accumulaient puis attendaient le remboursement.

Les années d'inflation, la plus grande variabilité des taux d'intérêt, les besoins de la dette publique et le développement des SICAV et fonds communs de placement (FCP) qui publient régulièrement leur valeur liquidative[1] ont permis l'apparition d'un vrai marché obligataire et de techniques de gestion correspondantes.

Les types d'obligations se sont multipliés et adaptés aussi bien aux besoins proprement financiers qu'aux réglementations, à la fiscalité et aux usages comptables. Mais ce n'était pas suffisant : les besoins des entreprises, des intermédiaires et des institutions ont amené à créer des marchés de taux d'intérêt, sur lesquels s'échangent des contrats déconnectés des titres obligataires, indépendamment de la liquidité de ces derniers.

1. Les obligations classiques à taux fixe

A l'origine de la notion aujourd'hui imprécise de valeur à revenu fixe, ces obligations sont des titres de créance susceptibles de rapporter un intérêt pendant quelques années. Elles font courir un risque en capital au souscripteur qui les revend avant échéance, ce qui a nécessité le développement d'un certain nombre de critères d'analyse.

1.1. Les rendements

Nombreuses sont les définitions. En négligeant celles qui n'ont plus qu'un intérêt historique, il est possible d'opérer des regroupements.

---

1. Voir dans cette Encyclopédie l'article de B. Jacquillat, « Mesure de performance des SICAV ».

1.1.1. Le rendement courant

Le point de départ est le rendement nominal (ou taux d'intérêt nominal), c'est-à-dire l'intérêt payé pour 100 francs de capital nominal. Le rendement courant part du prix du titre à un moment donné, il est égal au quotient du prochain coupon d'intérêt par ce prix. Le plus souvent, il s'agit d'un prix excluant le coupon couru. Ces notions, identiques à celles rencontrées pour les actions, n'intègrent pas l'information supplémentaire apportée par l'obligation, à savoir son remboursement à une date et un prix contractuel.

1.1.2. Le rendement actuariel

Il s'agit en fait du taux de rendement interne qu'obtiendrait un propriétaire de la totalité des titres non encore amortis, en les conservant jusqu'à l'échéance. Ce taux tient compte de l'ensemble des flux d'intérêt et de remboursement à percevoir en échange du prix de l'obligation, coupon couru inclus, et éventuellement frais inclus.

Pour le porteur d'un petit nombre de titres, si l'amortissement est effectué par tirage au sort, il s'agit d'une espérance mathématique tenant compte des probabilités de remboursement à chaque tirage. Il est possible de généraliser la notion de taux actuariel en actualisant chaque flux à un taux différent suivant l'échéance. Ces taux sont calculés de façon statistique ou analytique sur un échantillon d'obligations. On parle alors de taux purs (ou « spot »).

1.1.3. Le rendement a priori et le rendement observé

Le taux actuariel peut être considéré, si les flux d'intérêt et de remboursement perçus au cours de la vie de l'emprunt sont réinvestis à ce même taux jusqu'à l'échéance, comme celui qui permet de passer de la valeur initiale à la valeur acquise à la fin de la vie de l'obligation.

Cependant, le mouvement des taux d'intérêt au cours du temps et l'existence d'une structure des taux d'intérêt en fonction de la durée du placement rendent peu réaliste cette hypothèse de placement à taux constant. Il est possible de faire d'autres hypothèses de réinvestissement. Elles conduiront à une autre valeur acquise à l'échéance qui, comparée à la somme initiale, donnera un taux de capitalisation différent.

Une fois parvenu à la fin de la vie de l'emprunt, il sera possible d'observer les flux réels tenant compte du réinvestissement des sommes perçues pour effectuer le même calcul donnant le taux de performance obtenu.

Cette approche peut être généralisée si les titres sont revendus à un certain prix avant l'échéance finale de l'emprunt.

1.2. Les risques

Loin est l'époque où seul était analysé le risque de défaut de l'emprunteur. Titre coté, l'obligation voit son cours de bourse affecté par de nombreux paramètres, qui peuvent être regroupés en trois familles.

1.2.1. Le risque de signature

L'émetteur d'un emprunt obligataire peut, certes rarement, ne pas être en mesure de rembourser son emprunt ou de verser à la date contractuelle l'intérêt prévu. Le gestionnaire de portefeuille obligataire peut se comporter en assureur et, en divisant ses risques, les couvrir en moyenne par le supplément de rendement attendu en échange.

Cette méthode traditionnelle est cependant limitée : le défaut d'un émetteur conduit en effet le marché à demander un supplément de rendement plus élevé aux autres émetteurs de la même classe. Il s'ensuit une baisse de leurs cours. Le risque de signature comporte donc un élément lié à la valeur boursière des titres au cours de leur vie. La notation des émetteurs devra tenir compte non seulement du risque de défaut, mais du comportement boursier des titres.

1.2.2. Le risque de liquidité

La revente d'une obligation n'est pas toujours assurée. Le titre peut ne pas être coté, et la cotation ne garantit pas que le marché absorbera un important volume de titres.

La valeur théorique d'une obligation est le plus souvent calculée en faisant l'hypothèse que les titres sont conservés jusqu'à l'échéance. Leur valeur réelle dépendra de l'offre et de la demande sur un marché. Un marché liquide et efficient permet le recouvrement des deux notions. Sinon, des solutions alternatives pourront être trouvées : le marché à terme permettra de séparer la gestion du risque de taux de la possibilité de vendre les titres. Les marchés de réméré, de prêt de titres et les marchés de l'argent à court terme fourniront un relais de liquidité.

1.2.3. Le risque de taux

Le mécanisme de l'actualisation introduit une relation univoque entre le prix et le taux actuariel. Les variations de taux induisent donc un risque de fluctuations du cours, comparable à la notion de risque la plus étudiée pour les actions. Cette notion privilégie l'aspect au jour le jour de la gestion obligataire. Elle n'intéresse pas celui qui place de façon certaine des fonds à un horizon certain et éloigné : à la limite, il peut trouver l'obligation qui lui donnera de façon certaine, sauf défaut, la somme voulue le jour voulu.

Traditionnellement, des rendements plus élevés étaient attachés aux obligations les plus longues, plus sensibles aux variations de taux et dont l'évolution des cours est plus risquée.

Il faut noter que le taux à retenir dépend des caractéristiques de l'obligation : si le taux d'une obligation longue fluctue moins que le taux d'une obligation plus courte, les cours de l'obligation longue pourront se montrer plus réguliers que ceux de l'obligation courte.

La notion de risque de taux apparaît, au niveau du portefeuille d'obligations, par l'écart entre les flux attendus à l'actif et au passif.

Les outils d'analyse de l'obligation prendront toute leur dimension avec l'analyse des portefeuilles.

1.3. Les critères d'analyse

En partant de la durée de vie des titres d'une part, de leur sensibilité à une variation du niveau des taux d'intérêt d'autre part, les actuaires ont retrouvé les mêmes indicateurs synthétiques qui sont très utilisés en pratique. Pour aller plus loin, il est nécessaire d'étudier les conséquences de variations de la courbe des taux plus complexes que de simples translations.

1.3.1. La vie moyenne et la duration

La durée de vie d'une obligation est une notion simple. La vie moyenne (ou vie moyenne du capital) s'obtient en pondérant la durée restant à courir de chaque flux de remboursement par les montants remboursés. La vie moyenne des flux généralise cette notion en retenant les flux de remboursement et d'intérêt.

Ces notions sont liées aux caractéristiques d'amortissement, mais indépendantes des taux d'intérêt. La duration, ou vie moyenne des flux actualisés, est au contraire dépendante du niveau des taux d'intérêt ou, ce qui revient au même, du prix de l'obligation.

1.3.2. La variabilité et la sensibilité

L'étude des variations du cours de l'obligation en tant que fonction de son taux d'actualisation conduit à définir plusieurs grandeurs.

La variabilité du cours n'est autre que la valeur absolue de la dérivée du cours par rapport au taux. La variation sera l'écart absolu de cours entraîné par un écart de taux de 0,10 point de taux. L'élasticité sera la variation relative du cours rapportée à la variation relative du taux.

Mais, comme la variation relative du taux est peu utilisée, l'indicateur le plus souvent retenu est la sensibilité, c'est-à-dire la variation relative du cours rapportée à une variation absolue du taux. En pratique, elle est approchée en retenant la variation relative du cours pour une variation de taux de 0,10 point, multiplié par 10. Une sensibilité de 5 indiquera que le porteur de titres perd 1 % de son investissement si les taux montent de 0,20 point.

La sensibilité et la duration sont des notions très proches : la seconde s'obtient en multipliant la première par $(1 + i)$, où i est le taux d'intérêt.

Exemple : si $i = 10$ % et que la sensibilité est de 5, la duration sera de 5 ans et demi.

1.3.3. La structure des taux

Jusqu'ici, seule a été étudiée la relation entre le cours de l'obligation et son taux d'actualisation. Il est cependant admis que les différents taux d'intérêt n'évoluent pas en parallèle.

Il est possible d'étudier une structure des taux en fonction du type de signature, et de tirer de son évolution des observations qui donneront une courbe moyenne, pour tirer profit des écarts jugés anormaux. La structure des taux la plus étudiée recouvre cependant la structure à terme des taux d'intérêt[1]. Il s'agira de relier le taux à l'échéance finale de l'obligation (cas le plus fréquent), tantôt à sa vie moyenne, tantôt à sa duration. Les puristes observent la courbe des taux d'intérêt purs (voir 1.1.2.), alors que le plus souvent les gestionnaires se contentent de taux actuariels, négligeant la contradiction de base : le taux actuariel nie la structure des taux en supposant réinvestis tous les flux intermédiaires au même taux, quelle que soit la durée restant à courir.

L'observation de la structure à terme des taux d'intérêt et de son évolution a été à l'origine de la création de marchés à terme de contrats futurs. Elle permet de dégager les anticipations implicites moyennes du marché, et d'assurer le lien entre le taux à long terme et le taux à court terme, sur lesquels interviennent les autorités monétaires.

2. L'amortissement et sa gestion

Le titre obligataire est une fraction d'un emprunt. L'amortissement de l'emprunt peut être réalisé de bien des manières, et les conséquences sur la vie des titres ne sont pas toujours simples. La SICOVAM, organe de compensation, pourra affecter les amortissements proportionnellement aux établissements conservateurs, ceux-ci réalisant un tirage au sort entre leurs clients. Des clauses du contrat d'amortissement peuvent conduire à modifier celui-ci en fonction de l'évolution des taux et rendre les calculs très complexes.

2.1. Les types d'amortissement

La variété des contrats est très grande, mais la plupart peuvent être ramenés à quelques grands types.

2.1.1. L'amortissement in fine

L'emprunt est remboursé en une seule fois à l'échéance. Il en est de même de chaque titre. Les calculs d'intérêt sont simples.

2.1.2. Les annuités

L'emprunteur fixe le montant de l'annuité d'intérêt et de remboursement. La méthode la plus connue est celle de l'annuité constante : l'émetteur paie chaque année une même somme destinée aux intérêts et à l'amortissement.

---

1. Voir également dans cette Encyclopédie l'article de R. Ferrandier, « Théorie des taux d'intérêt et gestion financière ».

2.1.3. Les séries ou tranches

Le capital est remboursé en plusieurs fois. Dans le cas des séries, une série d'obligations, désignée par une lettre, est tirée au sort.

Dans le cas des tranches, les titres sont ordonnés et le tirage porte sur un numéro, à partir duquel sont dénombrés les titres à amortir.

2.2. L'amortissement anticipé par rachat

L'émetteur peut intervenir en bourse pour racheter ses titres et les annuler. Le contrat d'émission fixe le montant minimum de titres qui seront remboursés normalement, le plus souvent 50 %. Le tableau d'amortissement est modifié pour la pratique des rachats.

2.2.1. Les rachats en dessous du pair

Dans le cas d'une hausse des taux d'intérêt, les obligations décotent par rapport à leur prix d'émission (et de remboursement).

L'émetteur a donc intérêt à acheter en bourse, en lieu et place du remboursement prévu dans l'année. Il économise sur le remboursement de son annuité. Les porteurs, au contraire, voient réduites leurs chances d'être remboursés au tirage au sort. La vie moyenne et la sensibilité de leurs titres en sont augmentées. Leur perte théorique, pour une même variation de taux, est plus grande que si la clause de rachat n'avait pas existé. Celle-ci peut s'interpréter comme une option au gré de l'émetteur.

2.2.2. Les rachats en dessus du pair

Dans le cas d'une baisse des taux d'intérêt, les obligations surcotent par rapport à leur prix d'émission. L'émetteur n'a pas intérêt à racheter pour diminuer les remboursements de l'année. Mais il peut le plus souvent imputer le remboursement sur les échéances les plus éloignées, rabaissant ainsi la durée de vie des titres et augmentant le risque de remboursement par tirage au sort. Le porteur voit la sensibilité de son titre diminuer. Ainsi, en cas d'offre publique de rachat sur des titres à gros coupon amortissables en séries ou en annuités, les porteurs qui n'ont pas accepté l'offre seront sévèrement pénalisés. Les cours des titres non annulés baisseront.

L'information sur le nombre des titres restant, et donc sur le vrai tableau d'amortissement, est souvent tardive, rendant impossibles des calculs actuariels précis sauf pour l'émetteur. Les autorités boursières se contentent de demander une information *a posteriori*. Il s'ensuit une prise en compte tardive par le marché des rachats effectués, et une baisse des cours qui souvent entraîne de nouveaux rachats de l'émetteur.

Les titres amortissables sont dangereux pour le porteur lorsqu'ils sont au-dessus du pair et que l'émetteur n'a pas expressément renoncé à sa faculté de rachat, ce qui est rare.

2.3. *L'amortissement anticipé par option de remboursement*

Il est fréquent sur le marché international, et assez fréquent en France depuis les années 1980, de prévoir dans le contrat d'émission une faculté de remboursement au gré du porteur ou de l'émetteur. Ces options se différencient des opérations de rachat en bourse : elles s'effectuent en effet à un prix fixé par le contrat, indépendant du cours de bourse.

2.3.1. *Au gré de l'émetteur*

L'émetteur peut rembourser l'obligation de son seul gré, à un prix convenu. Il fera jouer la clause si tel est son intérêt. Dans le cas d'une obligation à 10 %, *in fine* 12 ans, si l'émetteur peut rembourser la cinquième année à 102 %, au lieu de 100 % la douzième, il suffira que le taux d'intérêt soit tombé en dessous de 9,59 % pour qu'il soit gagnant en remboursant et se refinançant aux nouvelles conditions.

Un tel emprunt doit normalement assurer un taux de rendement supérieur à un emprunt sans option, puisque le porteur conserve le risque de hausse des taux mais voit limiter son avantage en cas de baisse des taux.

2.3.2. *Au gré du porteur*

Le porteur peut se faire rembourser son obligation, de son seul gré, à un prix convenu. En cas de hausse des taux, il limitera sa perte. Dans le cas d'une obligation à 10 %, *in fine* 12 ans, remboursable au bout de 5 ans à 97 % au lieu de 100 % la douzième année, le porteur se fera rembourser si les taux montent au-delà de 10,63 %. Ce taux est le « taux de privation », celui dont se prive le porteur d'une obligation à 7 ans valant 97 %, rapportant 10 %. La clause sera compensée par un taux de rendement inférieur à celui des autres obligations. Ces obligations sont très utiles pour protéger l'investisseur qui risque de devoir vendre son titre au bout de cinq ans. Plus généralement, ces clauses permettent d'abaisser le risque de valeur liquidative d'un portefeuille d'obligations.

2.3.3. *Les formules mixtes*

Les obligations à fenêtres possèdent, à peu près symétriquement, des options de remboursement au gré du porteur et au gré de l'émetteur. Ces options conduisent à un arbre de décision assez complexe, et à un comportement très heurté du titre lorsque le taux du marché se rapproche de l'un des taux de privation. Par exemple, le comportement du titre sera proche de celui d'une obligation à 18 ans, puis pour une variation de taux de l'ordre d'un point, deviendra proche de celui d'une obligation à 7 ans.

Ces titres ont connu un grand succès en 1981-1982.

3. Les obligations à taux variable, révisable ou flottant

Ces obligations se caractérisent par un coupon dont le montant varie en fonction d'un taux d'intérêt de référence.

L'idée de base qui a présidé à la création des obligations à taux variables reposait sur la constatation suivante : la fluctuation du cours des obligations à taux fixe résulte directement du mouvement des taux d'intérêt. Par conséquent, si l'on ajuste le montant des coupons au niveau des taux, le cours d'une telle obligation ne devrait plus avoir besoin de s'ajuster en fonction du niveau des taux. Cependant, force est de constater que, au-delà des caractéristiques techniques, le jeu de l'offre et de la demande conduit à de fortes fluctuations du cours des obligations à taux variable. Ainsi, les obligations ayant comme taux de référence le TMO [1] ont-elles été fortement secouées, fin 1982, en France : leurs cours ont reculé d'environ 10 points de septembre à décembre de cette année-là.

De nombreux taux servent ainsi de support à des emprunts à taux variable. Celui effectivement retenu pour le calcul du coupon peut être :

– un taux moyen calculé sur une période voisine de celle sur laquelle court le coupon ;

– un taux instantané ou pris en moyenne sur une courte période (cas des taux révisables).

Par ailleurs, il peut être prédéterminé, c'est-à-dire connu dès que le coupon commence à courir, ou postdéterminé, c'est-à-dire calculé juste avant le paiement du coupon. La distinction entre taux variables proprement dits et taux révisables est basée sur ce critère : les taux révisables (dits aussi taux flottants) ont des coupons prédéterminés. Les taux variables, quant à eux, distribuent des coupons postdéterminés.

Le plus souvent, la fréquence de paiement du coupon est identique à la fréquence de révision des taux. Ainsi, on distingue les :

• TSM : révision et coupon semestriels,
• TRA : révision et coupon annuels.

Il existe cependant des exceptions à cette règle comme, par exemple, les obligations à coupon annuel à taux révisable tous les trois ans (TRO3).

3.1. Les taux de référence

Les obligations à taux variable ont en France non seulement des références monétaires, mais aussi des références obligataires, ce qui n'est pas le cas dans la plupart des pays.

3.1.1. Les taux variables suivant une référence monétaire

Les tentatives de normalisation n'ont pas donné tous leurs effets. Le TAM et le TMB sont cependant les plus largement utilisés. Quelques définitions sont nécessaires :

---

1. La définition du TMO est indiquée au paragraphe 3.1.2.

T4M : moyenne arithmétique des taux moyens mensuels du marché monétaire au jour le jour entre banques.

T6M : taux de rendement d'un placement à six mois sur le marché monétaire ; c'est un taux ponctuel, non calculé sous forme de moyenne.

TAM : taux annuel monétaire, c'est-à-dire taux de rendement d'un placement monétaire sur les douze derniers mois avec capitalisation des intérêts mensuels.

TMB : taux actuariel moyen mensuel des adjudications des bons du Trésor à 13 semaines.

TEB : taux d'escompte moyen mensuel des adjudications des bons du Trésor à 13 semaines.

3.1.2. Les taux variables suivant une référence obligataire

La référence des emprunts d'Etat tend à s'imposer depuis la suppression de la retenue à la source le 1er janvier 1987. Il reste deux grandes familles d'emprunts suivant leur index :

TMO : taux actuariel moyen au règlement des obligations à taux fixe du secteur public (subsistent encore d'anciens emprunts référencés sur le TMOE, secteur public à l'émission, et sur le taux moyen des obligations du secteur privé).

TME : taux moyen mensuel des taux moyens hebdomadaires des emprunts d'Etat (à plus de 7 ans) sur le marché secondaire.

3.2. Les critères d'analyse

L'évolution future du taux de référence, et donc celle du montant des coupons, sont incertaines. Si les taux futurs étaient connus, les obligations à taux variables pourraient supporter la même analyse que les obligations à taux fixe. Il est naturel que se trouve privilégiée une approche qui consiste à se ramener au cas précédent des obligations classiques.

3.2.1. La marge

Initialement, sur le marché international, certains investisseurs pouvaient emprunter sur le marché monétaire et plaçaient les montants obtenus en obligations qui rapportaient le taux du marché monétaire plus un petit écart. La différence entre le taux de la ressource et celui de l'emploi apparaissait comme un gain certain, appelé marge.

Ce terme est toujours utilisé pour désigner la différence entre le taux utilisé pour le calcul des coupons et le taux de référence : il s'agit alors d'une marge nominale additive. Le mot sert également à désigner le rapport entre le taux du coupon et le taux de référence : il s'agit alors d'une marge nominale multiplicative. La notion de marge nominale ne permet cependant pas de comparer deux obligations à taux variable, à moins que leurs caractéristiques ne soient très proches.

3.2.2. Le taux de cristallisation et la marge actuarielle

La marge actuarielle combine les notions de taux actuariel et de marge nominale. En cristallisant le taux de référence à une valeur donnée (souvent la dernière connue), il est possible d'estimer le montant des coupons futurs et donc d'établir un tableau d'amortissement comme pour les emprunts à taux fixe. A partir de ce tableau, un taux de rendement actuariel peut être calculé : on l'appelle taux actuariel cristallisé.

La marge actuarielle est définie comme la différence entre ce taux actuariel cristallisé et le taux de référence proprement dit. Contrairement à la marge nominale, la marge actuarielle permet de comparer toutes les obligations à taux variable entre elles pour peu qu'elles aient le même taux de référence.

3.2.3. Les sensibilités

A partir de la marge actuarielle, il est possible d'étendre certaines notions de variabilité développées pour les obligations à taux fixe. On définira une sensibilité et une variation par rapport à une variation de la marge actuarielle, à taux constant.

Ainsi, la variation sera la variation absolue de prix entraînée par un écart de 0,10 point de la marge actuarielle.

Mais les notions de sensibilité et variabilité par rapport au niveau des taux existent aussi pour les obligations à taux variable et plus encore à taux révisable ou flottant, même si ces titres sont beaucoup moins sensibles que les obligations classiques. Ainsi une obligation à taux flottant dont le coupon est fixé pour les six prochains mois va se comporter, si elle est au pair, à peu près comme un titre classique d'une durée de six mois. Pour les titres décotés, la partie de la rémunération liée à la plus-value finale lors du remboursement correspond à une obligation à taux fixe et coupon zéro, très sensible aux variations de taux. On peut de même calculer la duration d'un portefeuille d'obligations à taux variable.

3.3. La comparaison avec les obligations à taux fixe

Il convient de suivre non seulement l'évolution des taux, mais celle des marges pour étudier le comportement des obligations à taux variable. Celles-ci comportent souvent un taux minimum garanti, et nous venons de voir qu'une partie de leur comportement suit toujours une logique de taux fixe.

3.3.1. La gestion en anticipation

En retenant un taux d'actualisation fixé, il est possible d'évaluer une obligation à taux variable sous condition d'un certain comportement des taux d'intérêt.

Ainsi, il sera possible de bâtir un scénario de taux, ou plusieurs, et de comparer sur le même critère les obligations à taux fixe et celles à taux variable. En décembre 1982, ce critère permettait d'observer que, même si les taux d'intérêt baissaient d'un point, il y avait plus à gagner sur les obligations à taux variable TMO, très délaissées et décotées à cause justement de ces anticipations optimistes sur les taux.

Il est donc possible de préférer les obligations à taux variable aux obligations à taux fixe alors même que l'on anticipe une baisse des taux.

Cette analyse en univers certain est cependant limitée. Et il reste un peu inquiétant d'utiliser pour traiter un titre à taux variable le critère du taux actuariel qui suppose une uniformité des taux en structure et en évolution.

3.3.2. Le critère rendement/risque

Avec une approche en univers incertain, il est possible de progresser en tenant compte du risque. Traditionnellement, les obligations à taux variable sont considérées comme moins risquées que celles à taux fixe puisque leurs coupons suivent l'évolution des taux d'intérêt. Ce raisonnement est, en fait, incomplet car il ne tient pas compte des variations de niveau de la marge du fait de l'évolution de l'offre et la demande sur le marché. Il est cependant possible d'effectuer des comparaisons rendement/risque entre les deux types d'obligations en fixant un horizon de placement.

A court terme, le niveau des marges fluctue plus que celui des taux ; les obligations à taux variables sont donc plus risquées à court terme, au sens d'une possibilité de baisse des cours.

En revanche, à moyen terme, les marges varient moins (de − 1 % à + 1 %) que les taux (de 6 % à 18 %). A moyen terme, le cours des obligations à taux variable est donc plus stable que celui des obligations à taux fixe. Les obligations à taux variable peuvent ainsi offrir une protection contre une reprise de l'inflation.

Cependant, elles n'assurent pas de revenus nominaux constants et ont pu, par exemple, décevoir, en période de désinflation, des retraités qui comptaient vivre sur les coupons et avaient voulu (lorsque les taux étaient élevés) acheter des taux variables pour ne pas courir de risque en capital. Les obligations à taux variable ne réalisent pas le miracle de donner le revenu des obligations à long terme risquées, en supprimant le risque.

3.3.3. La liquidité et l'arbitrage

Les obligations à taux variable ont appris aux gestionnaires à se méfier des valeurs théoriques et à comprendre que des notions telles que le taux, la marge, la sensibilité ne font que traduire le comportement des cours, lui-même déterminé par l'offre et la demande de titres. La prise en compte de la liquidité est donc essentielle pour gérer un portefeuille d'obligations à taux variable.

La marge n'est bien souvent que la rémunération de la liquidité. Lorsque cette rémunération est trop faible, les obligations à taux variables deviennent risquées.

L'arbitrage est particulièrement utilisé sur ces titres : les portefeuilles étant gérés pour maximiser une marge entre emplois et ressources, la rémunération supplémentaire entraînée par une gestion active n'est pas négligeable. Ces marchés sont donc selon les périodes soit animés, efficients et arbitrés, soit illiquides et déséquilibrés.

L'arbitrage avec le marché monétaire ne tient sans doute pas assez compte du prix de la liquidité.

L'arbitrage avec les obligations à taux fixe, ou avec les nouveaux instruments financiers (voir section 7) permet une gestion fine des taux d'intérêt à long terme. Ce lien explique que les obligations à taux variable soient très utiles pour la gestion d'un portefeuille d'obligations classiques : elles permettent de calculer des taux anticipés implicites, c'est-à-dire le niveau du taux de cristallisation que justifie leur cours à un niveau donné de marge. Ce taux implicite est rarement égal aux taux anticipés donnés par d'autres méthodes ou marchés (structure à terme des taux, marché à terme des contrats futurs, swaps, obligations optionnelles, marché des options, calculs des taux purs, etc.).

Les pratiques actuelles des gestionnaires sont loin d'avoir épuisé toutes les occasions d'arbitrages, et aucune théorie ne permet aujourd'hui de traiter tous ces produits de façon unifiée. Il faudrait pour cela dépasser les hypothèses simplificatrices retenues dans les définitions des taux de rendement; des risques et surtout des objectifs des acteurs des marchés, mais aussi améliorer la prise en compte des réglementations.

4. Les obligations particulières

L'accélération du mouvement des taux pendant les années 1980 et la nécessité de ne pas interrompre les flux de capitaux a nécessité d'adapter les conditions des émissions à la demande. Il en est ressorti dans un premier temps une sophistication des produits, qui a pu nuire à la transparence du marché et à sa liquidité.

Un bilan rapide permet cependant d'observer que la seule innovation réelle a été la substitution de clauses optionnelles aux clauses d'indexation qui avaient rempli le même rôle pendant les trente années précédentes. La logique économique y trouve son compte si l'on observe que les marchés financiers se sont simplement adaptés d'abord à l'inflation et à la croissance, ensuite à des taux d'intérêt réels élevés avec une très forte volatilité.

4.1. Les obligations échangeables et à bons d'échange ou de souscription

Les émetteurs ont progressivement appris qu'ils pouvaient obtenir de meilleures conditions en remplaçant les clauses optionnelles attachées aux obligations par des bons d'échange et de souscription cotés séparément.

4.1.1. Les obligations échangeables

Le porteur se voit offrir la faculté, à des dates données, d'échanger son titre contre un autre.

Les obligations à taux fixe échangeables contre des obligations à taux variable coexistent avec les obligations à taux variable échangeables en obligations à taux fixe.

En contrepartie, le porteur accepte une pénalité sur le coupon en cas d'échange, et un taux ou une marge un peu plus faible que sur un emprunt traditionnel. L'analyse de l'échange se fait par recours à la notion de taux (ou marge) de privation (voir 2.3.2.).

Ces titres sont très utiles pour la gestion des compagnies d'assurance vie et la gestion de trésorerie à moyen terme (un an).

4.1.2. Les obligations à bons d'échange

Une valorisation indépendante du titre support et de l'option d'échange permet de constater que la somme des parties vaut mieux que l'ensemble indissociable. Il s'agit simplement du jeu de l'offre et de la demande : il y a davantage d'acheteurs pour les parties, si le titre est dissocié, que pour l'ensemble. Un porteur des parties peut toujours reconstituer l'ensemble, alors que l'inverse n'est pas vrai.

Les émetteurs, à commencer par l'Etat, tirent un meilleur prix de l'option lorsqu'elle est vendue dissociée, et réussissent parfois à observer une surcote par rapport à sa valeur théorique (voir 7.4.3.).

4.1.3. Les obligations à bons de souscription d'obligations (OBSO)

Pour stimuler la demande de titres en période difficile, les émetteurs proposent des bons de souscription à de nouvelles obligations. L'obligation est émise à des conditions un peu inférieures à celles du marché. Un calcul d'actualisation permet de calculer la valeur nue de l'obligation (sans les bons), et donc le prix de revient actuariel des bons. Traités comme des valeurs mobilières par la réglementation, ceux-ci sont en fait des options d'achat.

4.2. Les obligations prorogeables, renouvelables ou à paiement partiel

Une place particulière peut être faite à ces titres un peu marginaux, mais qui offrent aux gestionnaires un service apprécié pour assouplir la gestion des sensibilités.

4.2.1. Les obligations prorogeables à taux prédéterminé

Le porteur se voit offrir la faculté de reporter le remboursement de son titre une fois parvenu à l'échéance normale. Ainsi, l'emprunt d'Etat 15,30 % 1982 remboursable en 1989 peut être prorogé jusqu'en 1992 et continuer à rapporter le même taux.

Il s'agit en fait du même produit qu'un emprunt émis à échéance 1992 avec option de remboursement au gré du porteur en 1989.

4.2.2. Les obligations prorogeables à taux postdéterminé

Le produit est cette fois différent : le porteur peut prolonger la vie de son titre, mais à des conditions fixées d'après celles en vigueur à la date de prorogation. Pour inciter les porteurs à ne pas se faire rembourser, il sera prévu de nouvelles conditions supérieures à celles en vigueur à l'époque. Ainsi l'obligation CNE 15,30 % 1983 propose une majoration de coupon de 0,20 % par rapport au taux d'une émission classique. Pour évaluer le titre, il convient d'actualiser l'avantage obtenu à la prorogation.

4.2.3. Les obligations renouvelables

Le Trésor a imaginé en 1983 de proposer des obligations à intérêt capitalisé (versé en une seule fois à l'échéance) d'une durée de 6 ans, avec faculté pour le porteur de les échanger au bout de 3 ans contre une autre émission à coupon capitalisé d'une durée de 6 ans, émise aux conditions de l'époque.

En combinant l'absence de coupon et une protection par sortie optionnelle, le Trésor a créé un instrument très utile à la gestion de trésorerie à 2 ans ou à 3 ans : même si leur prix en tient compte, ces titres permettent de tirer avantage d'une baisse éventuelle des taux tout en laissant une possibilité de revente à un prix proche du pair, dans le cas contraire, à la date de renouvellement. Cette option de renouvellement prend bien entendu toute sa valeur pour les obligations renouvelables du Trésor (ORT) dont le taux nominal est proche du taux du marché. En cas d'écart, l'ORT tend à fixer son cours d'après l'échéance la plus favorable au porteur.

4.2.4. Les obligations à paiement partiel

Il s'agit d'obligations pour lesquelles le paiement du prix d'émission s'échelonne sur plusieurs dates ; l'intérêt ne porte que sur les parties payées, ou libérées. A noter que le porteur du titre partiellement libéré doit verser le reste des fonds : il ne s'agit pas d'une option.

4.3. Les obligations liées à d'autres marchés ou indexées

4.3.1. Les obligations indexées

Le 7 % « Giscard » 1973 ou le « Pinay » 1952-1958-1973 sont bien connus. Indexés sur le lingot d'or ou le napoléon, ils ont été proposés aux épargnants qui répugnaient à prêter à taux fixe à l'Etat en période d'inflation et de faibles taux d'intérêt.

Les prix de remboursement et le coupon, ou bien l'un ou l'autre, sont fixés contractuellement par référence à un index. L'Etat a généralement interdit aux autres émetteurs de le concurrencer en émettant des emprunts indexés. Ces emprunts peuvent, après avoir fixé des hypothèses d'évolution de l'index, donner lieu aux mêmes calculs qu'une obligation classique.

4.3.2. Les titres participatifs et les titres subordonnés

Les titres participatifs sont intermédiaires entre les actions et les obligations. D'une part, ils distribuent régulièrement des intérêts et sont soumis au régime fiscal des obligations. D'autre part, leur durée est illimitée et une partie de l'intérêt versé est indexée sur les résultats, le chiffre d'affaires, ou un paramètre significatif de l'entreprise émettrice.

Les titres subordonnés à durée indéterminée (TSDI) sont des créances de second rang pour lesquelles un intérêt n'est versé que si les résultats atteignent un certain niveau. Cependant, l'intérêt, même s'il n'est pas versé une année, reste en principe dû. De durée indéterminée, ces titres sont généralement assortis d'options de remboursement au gré de l'émetteur.

4.3.3. Les emprunts « haussiers-baissiers » dits Bull and Bear

Ces emprunts sont émis en deux tranches dont les cours sont censés évoluer en sens inverse lorsque l'indice de référence varie. La somme des deux tranches constitue cependant pour l'émetteur un emprunt classique à taux fixe ou variable.

4.3.4. Les obligations convertibles

Elles laissent au détenteur l'option de les échanger contre des actions, à une parité déterminée lors du contrat d'émission. Leur comportement sera celui d'une obligation traditionnelle avec une option d'achat d'action attachée. Il ne faut pas les confondre avec les obligations remboursables en actions, pour lesquelles le remboursement en action n'est pas optionnel, mais certain.

4.3.5. Les obligations à bons de souscription d'actions (OBSA)

A l'émission, est attaché à l'OBSA un bon de souscription permettant de souscrire, à des dates et un prix déterminé, une ou plusieurs actions. Immédiatement après l'émission, le bon est détaché et devient une valeur mobilière cotée.

5. Les aspects réglementaires

Le marché des obligations et le comportement de ses acteurs dépendent de règles qui affectent directement la gestion de nombreux intervenants par le jeu de quotas. Surtout, elles les influencent en superposant aux aspects financiers et actuariels les nécessités parfois contradictoires de la comptabilité et de la fiscalité.

5.1. Les quotas

Ceux-ci concernent les investisseurs institutionnels et les organismes de placement collectif en valeurs mobilières (OPCVM). Ils imposent à la fois une division des risques et une obligation d'investissement.

5.1.1. La division des risques de signature

On peut par exemple classer les obligations suivant le statut juridique de leur émetteur :
- les fonds d'Etat et les obligations garanties par l'Etat,
- les collectivités locales,
- le secteur public (à caractère non concurrentiel),
- le secteur concurrentiel (banque, industrie, commerce, services),
- les organismes internationaux et les débiteurs non résidents.

Cette distinction juridique joue un rôle important notamment au niveau des contraintes de division des risques.

Les OPCVM se voient limités à 10 % de leur actif sur les titres d'un même émetteur. Ils n'ont cependant aucune limite pour les valeurs de l'Etat ou garanties par lui, les collectivités locales, et d'autres émetteurs du secteur public inscrits sur une liste accréditée par le ministère des Finances : SNCF, EDF, GDF, CNA, CFF, Crédit National, CAECL,...).

De même pour les compagnies d'assurances, les valeurs émises ou les prêts obtenus par un même emprunteur ne peuvent excéder 5 % des provisions techniques, à l'exception des valeurs émises ou garanties par l'Etat. De nombreuses règles archaïques subsistent, telles que l'interdiction pour certains organismes de HLM de détenir des obligations des chemins de fer, y compris la SNCF dont les emprunts sont garantis par l'Etat.

5.1.2. Les minima d'emplois en obligations

Il est courant d'évoquer « l'obligation de l'obligation ». Une SICAV, contrairement à un FCP, est tenu d'avoir 30 % d'obligations françaises, de bons du Trésor, de fonds en dépôt. Le code d'assurance impose un pourcentage minimum d'obligations françaises de 33 % pour les compagnies d'assurances.

5.1.3. Les maxima d'emplois en obligations

Les SICAV de court terme qui se définissent comme monétaires ne peuvent détenir plus de 25 % d'obligations non couvertes par des opérations conditionnelles, à terme, ou de réméré.

5.2. La comptabilité sociale

La réalité financière n'est pas toujours facile à concilier avec l'annualité des comptes.

5.2.1. Les revenus annuels

Suivant les détenteurs, sont pris en compte les coupons encaissés au cours de l'exercice (particuliers ou entreprises) ou les coupons courus (investisseurs institutionnels en général). Il n'y a pas nécessairement cohérence avec la prise en compte du coût des ressources qui supportent le portefeuille obligataire.

Certaines obligations, comme les obligations à coupon capitalisé, peuvent éviter de comptabiliser un revenu. Dans tous les cas, seul le rendement courant (voir 1.1.1.) est pris en compte, même s'il est très différent du rendement actuariel. Les investisseurs peuvent, à rendement actuariel donné, choisir des titres à gros ou à petit coupon suivant le résultat comptable souhaité.

Avec les obligations à très gros coupon, il est possible de faire apparaître un revenu annuel élevé alors que le capital fond régulièrement (cas des SICAV dites fondantes).

5.2.2. Les provisions

Si les plus-values non réalisées ne sont pas comptabilisées par prudence comptable, les moins-values doivent en principe donner lieu à provision.

Dans le cas des compagnies d'assurances, par dérogation, seules devront être provisionnées les moins-values latentes observées sur les titres achetés au-dessus du prix de remboursement, et au plus pour l'écart entre la valeur boursière et la valeur de remboursement. La justification avancée est la possibilité pour ces institutions de conserver les titres jusqu'à échéance sans réaliser la perte. En fait, l'importance des moins-values constatées en période de hausse des taux aurait mis en péril la plupart des compagnies, dont les fonds propres sont faibles par rapport aux provisions techniques investies.

A noter que les plus ou moins-values sur obligations réalisées par ces compagnies sont sensiblement neutralisées comptablement par des dotations et des reprises à la réserve de capitalisation. Il s'agit là d'un lissage dans le temps du mouvement des taux d'intérêt.

5.2.3. Les gains en capital

Ceux-ci sont comptabilisés l'année de leur réalisation, aux mouvements des provisions près. Les entreprises ou institutions, en répartissant le rendement actuariel entre revenu et gain en capital, peuvent lisser assez largement leur résultat d'une année sur l'autre.

5.2.4. Les dissymétries de traitement des opérations

Dès lors que l'obligation est financée, ou qu'elle donne lieu à une opération de couverture, il devient possible de jouer des dissymétries réglementaires pour affecter les comptes.

Ainsi, le coût d'une couverture à terme pourra être comptabilisé alors que le gain en capital réalisé sur l'obligation ne le sera pas. Ou bien un établissement financier qui aura émis une obligation pour en replacer le produit sur d'autres obligations de même échéance réalisera une perte comptable par le jeu des provisions sur dépréciation de son actif, alors même que l'économie globale de l'opération donnera une marge certaine, positive, entre le coût des ressources et le rendement global des emplois.

5.3. La fiscalité

Complexe, celle-ci impose souvent une comptabilité différente de la comptabilité sociale. A noter que les OPCVM ne sont pas directement imposés, mais que leurs détenteurs le sont sur les gains qu'ils encaissent.

5.3.1. La fiscalité du revenu

C'est le principe du revenu encaissé qui prime. Les obligations autres que les emprunts d'Etat émis avant le 1er janvier 1987 subissaient une retenue à la source lors du paiement des coupons, compensée par un crédit d'impôt qui n'était utilisable que par les porteurs devant payer l'impôt.

Il s'est progressivement développé, sous le vocable d'« opérations de crédit d'impôt », un véritable marché sur lequel les institutions dites non fiscalisées (caisses de retraite, associations) ou les entreprises déficitaires cédaient leur crédit d'impôt en opérant un aller-retour sur leurs titres au moment du coupon. Les institutions « non fiscalisées » paient un impôt forfaitaire de 10 % sur tous les coupons d'obligations émises depuis le 1er janvier 1987 qu'ils encaissent.

5.3.2. La fiscalité des plus-values

Les particuliers se voient taxés au-delà d'un certain montant de cessions annuelles à un taux plus favorable (17 % en 1987) que pour le revenu (27 % en 1987). Les institutions non fiscalisées ne sont pas imposées. Comme le fisc calcule la plus-value en intégrant le coupon couru au prix, elles ont intérêt à vendre avant détachement du coupon imposable forfaitairement.

Les sociétés sont taxées au taux de l'impôt sur les sociétés sur les plus-values à court terme, mais les moins-values sont déductibles du bénéfice imposable. Les plus-values à long terme n'étant taxées qu'à 15 %, une grande partie des efforts de leurs gestionnaires consiste à transformer du revenu en plus-value à long terme.

Parmi d'autres particularités, on peut noter que si les moins-values réalisées sont fiscalement déductibles, les provisions sur moins-values latentes ne le sont pas.

La fiscalité introduit de multiples distorsions dans la gestion obligataire. Celles-ci se sont aggravées avec la multiplication des opérations liées et couvertes.

5.3.3. La fiscalité des primes de remboursement

La prime de remboursement est l'écart entre prix d'émission et prix de remboursement, alors que l'écart entre prix d'acquisition et prix d'émission est considéré comme une plus ou moins-value de remboursement.

Depuis 1986, les particuliers sont imposés sur les primes de remboursement supérieures à 5 % et doivent même payer l'impôt par avance chaque année si celles-ci doivent, à l'échéance, être supérieures à 10 %.

Les entreprises voient ces primes considérées comme du revenu, ce qui crée des situations curieuses. Ainsi, une entreprise qui détient une obligation indexée peut payer l'impôt alors qu'elle réalise une perte.

Exemple :

Le prix d'émission était 100

Le prix d'acquisition 1000

Le prix de remboursement est 800, plus de deux ans après l'acquisition.

Il en résulte une prime de remboursement de 700, imposable, et une moins-value de 900, non déductible, sauf de l'assiette de l'impôt sur les plus-values à long terme.

6. La gestion financière

Une fois assimilées les nombreuses contraintes et spécificités des titres, des porteurs, des règlements, la gestion financière se résume à un problème d'optimisation. Il reste à préciser et quantifier les paramètres.

6.1. L'horizon de placement

Définir l'échéance est la première tâche. Celle-ci sera souvent incertaine, ou optionnelle.

6.1.1. La durée et la duration

La duration est un bon indicateur synthétique de la durée de vie d'un portefeuille, compte tenu de deux propriétés. D'une part, elle permet au premier degré d'apprécier le comportement du portefeuille en le remplaçant par une seule obligation à coupon capitalisé d'échéance correspondante. D'autre part, en revendant une obligation à une date correspondant à sa duration, il est possible de s'assurer une somme correspondant à la capitalisation de son investissement au taux actuariel, et ceci sensiblement quelle que soit l'évolution des taux. Ces propriétés ne sont cependant qu'approchées. La duration est un moment du premier ordre. Les actuaires peuvent aller plus loin en étudiant la convexité (dérivée du second ordre), et davantage.

6.1.2. La valeur liquidative et l'échéance

La publication d'évaluations quotidiennes conduit souvent à privilégier le quotidien par rapport à l'échéance. Notre optimisation à l'échéance risque d'être affectée si le cheminement de la valeur liquidative est trop contraint, et s'il y a confusion entre le risque à l'échéance et les fluctuations au jour le jour.

6.1.3. L'incertitude

La plupart des outils théoriques développés privilégient les hypothèses d'avenir certain. Le gestionnaire doit pourtant relativiser les indications de durée qui lui sont données, de même qu'il doit s'interroger sur la permanence des règles et de la fiscalité.

Il existe peu de méthodes plus élaborées que la projection des scénarios, avec au plus le recours à la méthode des probabilités subjectives.

L'effet de butoir de certaines règles comptables, qui peuvent imposer sous peine de faillite de sacrifier les objectifs à l'échéance aux résultats annuels, peut déstabiliser la gestion financière.

Les modèles probabilistes avec barrières réfléchissantes ou absorbantes peuvent améliorer la prise en compte de l'incertitude.

6.2. La performance

Elle ne peut être définie que par rapport aux objectifs de rendement, au degré de risque, et aux contraintes.

6.2.1. Le taux de performance

Il s'agit d'un rendement observé *a posteriori* (voir 1.1.3.). Facile à établir pour un portefeuille fermé avec un seul retrait à l'échéance, il ne suffit pas à juger le comportement d'un portefeuille ouvert, avec des sorties de capitaux à plusieurs dates.

6.2.2. Le critère de la valeur liquidative

L'observation quotidienne de la valeur liquidative du portefeuille permet de tenir compte des entrées et sorties de capitaux. Ce critère rencontre cependant des limites. Ainsi, en période de forte hausse des cours, une entrée de capitaux qui ne pourrait être immédiatement investie pénalise la progression de la valeur liquidative. Il est enfin partiel, n'intégrant ni le risque ni les contraintes.

6.2.3. La méthode du portefeuille de référence

La mesure de la performance est ici relative : un portefeuille théorique est constitué, avec les mêmes objectifs, risques et contraintes que le portefeuille réel. Il est supposé alimenté avec des règles fixes par les mêmes flux, aux mêmes dates que le portefeuille réel. La valeur liquidative est bien entendu calculée de la même façon dans les deux cas.

L'application de la méthode ne soulève pas de difficultés matérielles insurmontables et peut être effectuée à faible coût. Les gestionnaires qui se plaignent de l'arbitraire des classements, en particulier en matière de SICAV, devraient trouver une satisfaction avec la mise à l'écart de variables dont ils ne sont pas responsables et qui influent sur le résultat des mesures classiques.

Le passage de la constatation à la projection dans le futur s'effectue sans discontinuité, et la méthode a pour principal mérite d'apporter de la cohérence aux décisions de gestion. Ce passage ne résout cependant pas toutes les questions. Ainsi, si le travail sur des valeurs acquises lève certaines difficultés et certains biais statistiques liés aux raisonnements et calculs sur les taux, les applications ne sont effectuées que sur des scénarios, et une véritable modélisation avec des variables aléatoires reste à faire.

6.3. La gestion du risque de taux

Cet aspect est le plus connu en théorie et en pratique. Il a enregistré le développement le plus rapide : les nouveaux marchés (à terme, de swaps, d'options, etc.) sont des marchés de taux d'intérêt[1].

6.3.1. La couverture

Couvrir un portefeuille de titres consiste soit à payer une option qui permette de compenser une perte, soit à transformer le portefeuille en actif à court terme synthétique par une opération à terme, soit à échanger le flux des coupons à taux fixe contre un flux de coupons à taux variable (voir 7.). La pratique s'éloigne cependant de la théorie : les obligations en portefeuille ne correspondent pas nécessairement aux obligations types dont le comportement est le mieux corrélé avec celui des marchés de taux d'intérêt.

Il est cependant possible d'en tirer avantage. Ainsi, un portefeuille sans risque de liquidité à moyen terme peut acquérir des obligations de bonne signature, de caractéristiques semblables aux emprunts d'Etat du gisement du MATIF, et le couvrir à terme. Le risque de corrélation entre marchés est élevé pour la valeur liquidative au jour le jour, mais la couverture est efficace à moyen terme. L'opération assure le taux de court terme (qui serait obtenu en couvrant le titre le moins cher à livrer), majoré du différentiel d'intérêt entre le titre le moins cher à livrer et l'obligation sélectionnée.

6.3.2. L'arbitrage

Au-delà des opérations au jour le jour qui relèvent surtout des intermédiaires (*trading*), les gestionnaires peuvent mettre à profit la complexité du marché pour améliorer leur performance par des opérations d'arbitrage. Ils pourront exploiter les divergences temporaires entre catégories de titres, comme l'illustrent les trois exemples suivants :

---

1. Voir dans cette Encyclopédie les articles de J.L. Alexandre, « Marchés à terme de taux d'intérêt » et de C. de La Baume, « Risque de taux d'intérêt ».

– En 1986, la rareté des titres de première catégorie a amené à plusieurs reprises leur taux au niveau de celui des emprunts d'Etat abondamment émis. En 1987, l'écart s'est au contraire tendu pour approcher 80 centimes.

– Les obligations à taux variable TAM ou TMO ont pu surcoter alors que les émissions se tarissaient et que les obligations TMB abondamment émises décotaient.

– Une grosse adjudication peut peser temporairement sur les cours sans affecter immédiatement des titres pourtant bien corrélés avec le titre émis. La modernisation des marchés et la concentration des moyens des intermédiaires sur quelques titres à large marché laissent subsister une large frange d'obligations propices aux arbitrages.

6.3.3. La spéculation

Les gestionnaires évitent souvent d'employer le mot. Pourtant, bien des opérations d'« arbitrage » ou de « couverture » sont en fait spéculatives, c'est-à-dire qu'elles parient sur une tendance future des cours.

Ainsi, la couverture systématique d'un portefeuille financé par des ressources longues est une spéculation à la hausse des taux. Les opérations optionnelles ou avec plancher permettent, par exemple, de prendre une position spéculative en limitant son risque. Un arbitrage mal exécuté peut se transformer en spéculation. Il n'y a pas, le plus ouvent, de frontière marquée entre spéculation, arbitrage, et couverture.

6.4. Gestion passive et gestion active

Deux types de gestionnaires s'affrontent traditionnellement :

– les premiers considèrent que les marchés sont efficients et qu'il est vain de vouloir « battre le marché » : ceci conduirait en fait à spéculer, un excédent de rémunération n'étant que la contrepartie aléatoire d'un excédent de risque. A la limite, ils constituent des « fonds indiciaires » ;

– les seconds espèrent trouver des occasions d'arbitrage ou de spéculation avec un rapport rendement/risque particulièrement favorable pour battre, en moyenne, le marché.

6.4.1. L'immunisation

Le principe repose sur l'égalisation de la duration de l'actif et du passif : une petite variation des taux aura alors le même effet des deux côtés du bilan. Il est possible de fixer ainsi une marge, en principe sans risque. La méthode présente deux limites :

– La duration varie avec le taux d'actualisation, et avec le temps. Elle ne varie pas de la même façon à l'actif et au passif, ce qui nécessite des ajustements continus, et entraîne des distorsions en cas de fort décalage des taux. Il faut donc tenir compte des dérivées d'ordre supérieur.

– Le passif peut subir des aléas, et l'hypothèse de duration ne pas être vérifiée. Par exemple, une caisse de retraite croyant être immunisée par un placement en obligations à long terme a pu être mise en difficulté lorsque ses ressources ont été affaiblies par la montée du chômage et l'abaissement de l'âge de la retraite.

6.4.2. L'immunisation active

La méthode consiste à couvrir les principales contraintes du portefeuille par des mécanismes optionnels et à utiliser la dissymétrie de certaines obligations, pour obtenir un effet de cliquet.

Par exemple : une obligation à 10 ans avec option de remboursement à 7 ans peut être utilisée en face d'un bon de capitalisation à 7 ans, dont le taux minimum est inférieur au rendement de l'obligation en cas de sortie courte. Si pendant la période les taux baissent, l'obligation se comportera comme un titre à 12 ans et sera vendue en plus-value, les fonds étant réinvestis dans une obligation comparable, mais plus proche du pair. Une remontée ultérieure des taux ne remettra pas en cause le gain initialement réalisé.

6.4.3. La gestion en anticipation de taux

Il s'agit cette fois de spéculer réellement en se risquant à prévoir l'évolution des taux : se couvrir lorsque la tendance paraît médiocre, jouer les titres les plus sensibles lorsque la baisse des taux paraît bien engagée. Ce type de gestion est pratiqué par exemple dans les SICAV de court terme dites sensibles, et utilise aussi bien les ressources de la prévision économique que du chartisme. Dans le cas des SICAV sensibles, les anticipations des gestionnaires sont multipliées par celles de leurs clients trésoriers, qui se retirent au premier nuage. Cette gestion des anticipations accroît la vitesse de réaction du marché et nécessite la concentration sur les obligations les plus liquides, et l'usage des marchés à terme.

7. Les instruments de gestion des taux hors bilan

Les nouveaux marchés permettent d'échanger des taux d'intérêt indépendamment de leurs titres supports, et sans interférer avec des soucis de liquidité. Les taux s'échangent, se garantissent et donnent lieu à des contrats futurs ou optionnels.

7.1. Les opérations d'échange de taux

Un établissement, qui doit payer ou recevoir une succession de flux d'intérêt sur un emprunt, peut contracter avec un autre établissement, et convenir d'échanger des flux d'intérêt calculés par des méthodes différentes.

7.1.1. Les swaps taux fixe/taux variable

Un emprunteur endetté à taux fixe peut s'engager par un contrat de gré à gré à payer des intérêts à taux variable TMO à une banque et recevoir en échange des intérêts calculés à taux fixe.

Pour lui, tout se passe comme s'il avait échangé sa dette à taux fixe contre une dette à taux variable. Dans les faits, les deux parties conviennent de ne régler que les différences.

7.1.2. Les swaps taux variable/taux variable

Un établissement de crédit peut échanger les flux à payer sur une dette référencée sur le marché monétaire contre des flux dépendant du taux moyen des obligations. Par exemple, il paiera TMO et recevra TAM + 0,50 %.

7.1.3. Lien avec les instruments physiques

Les opérations d'échange de taux permettent de ne pas vendre ou mettre en pension des créances qui peuvent être peu liquides. Beaucoup d'émissions d'obligations ont pu être réalisées à coût fixe pour un émetteur, alors que les titres émis étaient à taux variable, plus demandés par le marché. Le banquier chef de file s'engageait simplement à échanger les intérêts à payer contre des intérêts fixes. Ce type d'opérations liées peut permettre d'abaisser le coût d'un emprunt par rapport à une opération directe. Il s'agit surtout d'un instrument de gestion de passif, dans la mesure où les passifs sont beaucoup plus difficiles à réaliser physiquement que les actifs.

7.2. Les opérations de garantie de taux

Apparues sur le marché monétaire français au printemps 1986, elles représentaient en 1987 un encours supérieur à cent milliards de francs. Il s'agit d'opérations de gré à gré, peu liquides et non négociables. On peut les analyser comme des suites d'options à l'européenne. Aucune théorie ne permet une évaluation satisfaisante de ces produits.

7.2.1. Le plafond (cap)

C'est une garantie de taux souscrite par un emprunteur à taux variable qui veut se prémunir contre le risque d'avoir à payer un intérêt excédant un certain plafond. Le vendeur de contrat sera gagnant si le taux variable baisse, ou monte moins que le niveau de la prime reçue. Au-delà, son risque de perte est illimité. Les *caps* sont surtout vendus par des détenteurs de créances à taux variable.

7.2.2. Le plancher (floor)

Il s'agit de l'opération symétrique qui garantit un taux d'intérêt minimum.

7.2.3. Le tunnel (collar)

Il est constitué de l'achat d'un *cap* accompagné de la vente d'un *floor,* ou de l'inverse.

Par exemple, un *collar* de taux 9 % − 7 % contre TAM permet de s'assurer d'un coût de sa ressource inférieur à 9 %, mais supérieur à 7 %. Le coût de l'opération est faible : la prime encaissée sur le *floor* est proche de celle payée sur le *cap*. Si le taux plafond est égal au taux plancher, on retrouve un swap de taux.

Ces opérations permettent de garantir une marge quel que soit le mouvement des taux.

7.2.4. Comparaison avec les garanties attachées à des titres

Beaucoup d'obligations à taux variable proposent un taux plancher. Elles donnent lieu à des arbitrages avec le marché de gré à gré des garanties de taux. Les banques de trésorerie utilisent largement ce type de techniques pour leurs opérations de gestion obligataire. Beaucoup de contrats d'assurance vie offrent des rendements minimaux et nécessitent une gestion obligataire recherchant un taux plancher.

7.3. Le marché à terme [1]

Ce marché permet de prendre position immédiatement sur le mouvement des taux, en couverture ou en anticipation, sans avoir à acheter ou vendre des titres.

7.3.1. Le MATIF

Il s'agit d'un marché centralisé, avec règlement quotidien des marges, ce qui assure la liquidité des opérations, l'égalité des opérateurs et la sécurité des transactions.

7.3.2. L'emprunt notionnel

Le marché obligataire est très lié au contrat long terme du MATIF. Celui-ci repose sur un gisement d'emprunts d'Etat à large marché, d'une durée de 7 à 10 ans. L'emprunt notionnel coté à terme n'est donc pas une obligation, même théorique. Il a un taux nominal, mais pas de durée définie.

7.3.3. Les opérations gisement/notionnel

Il est possible d'acquérir un emprunt du gisement et de le couvrir par une vente de contrats. L'opération pourra être dénouée par une livraison de titres, ce qui assure la convergence entre marché à terme et marché au comptant. L'opération la plus sûre sera d'acheter l'obligation dite « la moins chère à livrer ». Le porteur s'assurera un taux de rendement (dit taux REMI, pour réméré implicite) à la livraison, légèrement inférieur le plus souvent à celui du marché monétaire à la même échéance. Si les taux

---

1. Voir également dans cette Encyclopédie l'article de J.L. Alexandre, « Marchés à terme de taux d'intérêt ».

évoluent et que cette obligation cesse d'être la moins chère à livrer, le porteur pourra dénouer son opération (dite de *cash and carry,* ou de portage) avant l'échéance et obtenir un meilleur rendement. Il est possible de réaliser des opérations de terme à terme, par vente à terme et achat sur une échéance plus éloignée. Mais l'opérateur ne sait pas quels titres lui seront livrés à la première échéance.

7.3.4. Les obligations hors gisement et le MATIF

Il est déjà difficile d'assurer une parfaite cohésion entre les emprunts du gisement et le MATIF. La raison théorique se trouve dans les discontinuités de comportement du contrat, qui évolue tantôt comme une obligation à 7 ans, tantôt comme une obligation à 10 ans. Assurer le lien avec des obligations moins homogènes n'est donc possible qu'en jouant sur la durée d'une part, la répétition d'autre part, de manière à pouvoir utiliser des méthodes statistiques.

7.4. Les options [1]

Les options d'achat et de vente sur obligations et contrats de taux d'intérêt permettent souvent de réaliser des opérations plus fines que les opérations liées. Comme pour le marché à terme, le développement des opérations de gré à gré a nécessité l'apparition d'un marché compensé.

7.4.1. Les marchés de gré à gré

Il est possible pour un investisseur, moyennant le paiement d'une prime, de s'assurer qu'il pourra, s'il le désire, acheter ou vendre à prix ferme une obligation ou un contrat de taux d'intérêt.

Dès 1986, ces opérations se sont développées sur le marché obligataire français, d'abord sur les titres, puis sur les contrats à terme.

7.4.2. Les options sur MATIF

Début 1988, le MATIF a offert une cotation centralisée des options sur emprunt notionnel.

L'achat d'options permet de spéculer ou de couvrir un portefeuille obligataire, ou un passif obligataire, beaucoup plus simplement et avec moins de risque qu'une opération à terme. L'acheteur paie sa prime une fois pour toutes, n'a pas à subir d'appels de marge, et peut ignorer le risque de base ou de corrélation entre ses actifs et le MATIF.

Ces opérations intéressent à la fois les intermédiaires teneurs de marché et les investisseurs en obligations, qui peuvent affiner leur stratégie en prenant par exemple des positions sur des titres sensibles, tout en s'assurant par des options que dans tous les cas ils feront face à leurs contraintes comptables et financières.

---

1. Voir également dans cette Encyclopédie l'article de J.C. Augros, « Options ».

La théorie d'évaluation des options est avancée, mais davantage orientée vers les arbitragistes et intermédiaires que vers les besoins des investisseurs.

7.4.3. Comparaison avec les options liées aux émissions d'obligations

Une étude empirique réalisée au printemps 1987 montrait que les volatilités implicites des options sur MATIF était deux ou trois fois inférieures à celles des bons de souscription ou d'échange, c'est-à-dire qu'elles étaient beaucoup moins chères.

Au contraire, les options attachées aux titres étaient dépréciées. Ces marchés n'étaient pas encore parfaitement stabilisés et, donc restaient très profitables aux arbitragistes ayant les moyens de conserver les positions jusqu'à l'échéance.

*

* *

L'ouverture internationale du marché obligataire français et son décloisonnement intérieur ont très largement modifié en peu d'années la gestion obligataire, devenue à la fois plus professionnelle et moins mystérieuse.

Une partie des tâches traditionnelles des gestionnaires a au passage été captée par les intermédiaires, seuls capables de s'adapter à la rapidité nécessaire aux arbitrages sur les marchés les plus liquides.

Le très important effort d'investissement et de formation réalisé dans la modernisation des marchés ne doit pas faire oublier que la première fonction du marché reste encore le financement des déficits publics, et la transmission des impulsions des autorités monétaires. L'Etat, premier emprunteur, est le premier bénéficiaire de l'efficience et de la concurrence retrouvées.

Références

Fabozzi F.J., Pollack I.M., *The Handbook of Fixed Income Securities*, New York, Dow Jones Irwin, 1986.

Fédération européenne des analystes financiers, *Guide to European Domestic Bond Markets*, 3e éd., septembre 1986.

Komarnicki R., *Le carrefour actuariel du long terme et du court terme*, Centres d'études actuarielles (février 1987).

La Bruslerie H. (de), Gellusseau L., « La mise en évidence empirique de la structure à terme des taux d'intérêt », *Finance* (vol. 8, n° 1, juin 1987).

Piermay M., « Gestion obligataire et progrès technique », *Analyse Financière* (n° 64, 1er trimestre 1986).

Rosenfeld F., Piermay M., *Analyse financière et gestion des valeurs mobilières*, volume II, *Les obligations et la gestion obligataire*, Paris, Bordas, 1988.

Simonet P., « Chronique obligataire », *Banque* (1979-1984 et 1986-1987).

Mots clés

Amortissement, arbitrage, duration, gestion active, marge actuarielle, rendement actuariel, sensibilité, structure des taux, taux variable.

71

Gestion des portefeuilles internationaux

Patrice Fontaine

La détention d'actifs étrangers dans un portefeuille introduit plusieurs éléments qui nous obligent à différencier la gestion d'un portefeuille « international » de celle d'un portefeuille « national ». Si l'on se base sur l'analyse des modèles d'évaluation internationale des actifs financiers, le risque lié à la détention d'un actif étranger est différent de celui associé à la détention d'un actif national[1]. En particulier, un risque supplémentaire apparaît, le risque de change[2]. On peut alors se demander s'il est vraiment intéressant de détenir un portefeuille international. En fait, malgré ce risque supplémentaire, le risque global d'un portefeuille international est moins élevé que celui d'un portefeuille national. C'est le principe de la diversification internationale que nous exposerons en premier lieu. Dans une deuxième section, à partir de la théorie des portefeuilles internationaux, nous préciserons quels sont les portefeuilles de référence dans ce contexte, puis comment mettre en place les deux types de stratégies qui en découlent. Un exemple d'organisation d'une institution gérant des portefeuilles internationaux sera développé dans la troisième section. Nous examinerons dans la dernière section comment mesurer la performance d'un portefeuille international.

1. La diversification internationale

Avant de mettre en évidence les avantages spécifiques d'une diversification dans le contexte international, nous allons présenter le principe général de la diversification.

1.1. Le principe de la diversification

Si l'on observe les rentabilités de plusieurs actifs financiers, on constate que la rentabilité exigée pour un actif financier est fonction de son risque ;

---

1. Voir dans cette Encyclopédie les articles de P. Fontaine, « Evaluation des actifs financiers dans le cadre international », de R. Cobbaut, « Théorie du marché financier » et de G. Charest, « Rendement, risque et portefeuilles ».
2. Voir dans cette Encyclopédie l'article de C. A. Vailhen, « Risque de change ».

celui-ci étant mesuré par la variance des rentabilités de l'actif. On obtient alors la relation suivante,

$$R_i = r + PR_i$$

avec

R_i : le taux de rentabilité requis sur la valeur i
r : le taux d'intérêt nominal sans risque
PR_i : la prime de risque exigée pour détenir l'actif i.

Cependant, les rentabilités des différents actifs financiers ne sont pas soumises exactement aux mêmes risques ; en conséquence, les corrélations des rentabilités des différents actifs ne sont pas égales à un. Ainsi, si l'on mesure le risque d'un portefeuille constitué de plusieurs actifs, on constate qu'il est inférieur au risque d'un actif de ce portefeuille.

Considérons, par exemple, un portefeuille composé dans les mêmes proportions de deux actifs A et B. Ces derniers ont chacun la même rentabilité espérée : 25 %, et le même risque représenté par l'écart type des rentabilités, égal ici à 20 %. Ces valeurs n'appartenant pas au même secteur de l'économie, leurs rentabilités ne fluctuent donc pas de la même manière. Le coefficient de corrélation des rentabilités des valeurs est égal à 0,5.

La rentabilité du portefeuille, R_p, est telle que :

$$R_p = 0,5\ R_a + 0,5\ R_b = 0,5\ (25\ \%) + 0,5\ (25\ \%) = 25\ \%.$$

Le risque du portefeuille, σ_p, est tel que :

$$\sigma_p^2 = X_a^2\ \sigma_a^2 + X_b^2\ \sigma_b^2 + 2\ X_a X_b\ P_{ab}\ \sigma_a\ \sigma_b$$

où P_{ab} est le coefficient de corrélation des rentabilités des actifs A et B.
σ_a et σ_b sont les écarts-types des rentabilités des actifs A et B.

$$\sigma_p^2 = (0,25)\ (0,04 + 0,04 + 0,04)$$
$$= 0,03$$

donc $\sigma_p = 17,32\ \%$.

Le portefeuille P a la même rentabilité que les actifs A et B, mais avec un risque plus faible.

Le graphique 1 illustre ce principe. Dans cet exemple, le risque d'un portefeuille constitué de trente actions américaines est égal à 30 % de celui d'un actif caractéristique de ce portefeuille. L'avantage n'est donc pas négligeable. Par ailleurs, on remarque qu'au-dessus de 30 actifs, il n'y a plus de diminution du risque. Il n'est donc pas nécessaire d'utiliser plus d'actifs lorsqu'on désire réduire au maximum le risque d'un portefeuille. On distingue en conséquence deux types de risque pour un actif : le risque de l'actif que l'on peut éliminer au sein d'un portefeuille, appelé le risque diversifiable, et le risque qu'on ne peut pas éliminer, le risque non diversifiable. C'est seulement ce dernier qui est rémunéré, puisque l'autre partie du risque peut s'éliminer.

Graphique 1
Réduction du risque à travers la diversification

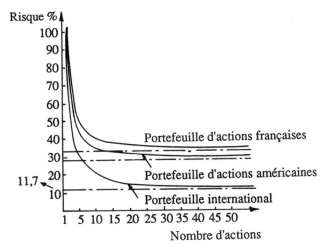

Source : B. Jacquillat, B. Solnik, *Les marchés financiers et la gestion de portefeuille*, 2e éd., Paris, Dunod, 1981.

1.2. L'avantage de la diversification internationale

L'examen du tableau 1 montre que les corrélations entre les indices boursiers de différents pays sont assez faibles, de l'ordre de 0,4 ; ce qui semblerait indiquer que l'on a intérêt à diversifier internationalement un

Tableau 1
Tableau des corrélations des rentabilités nominales de dix portefeuilles nationaux d'actions

	B	C	EU	F	GB	J	PB	RFA	S	I
Belgique	1,00									
Canada	0,32	1,00								
Etats-Unis	0,35	0,68	1,00							
France	0,55	0,40	0,48	1,00						
Grande-Bretagne	0,47	0,51	0,34	0,39	1,00					
Japon	0,45	0,30	0,25	0,35	0,46	1,00				
Pays-Bas	0,63	0,45	0,52	0,56	0,61	0,42	1,00			
RFA	0,64	0,35	0,22	0,42	0,36	0,45	0,64	1,00		
Suisse	0,63	0,38	0,45	0,55	0,53	0,41	0,67	0,71	1,00	
Italie	0,35	0,30	0,20	0,38	0,40	0,38	0,29	0,31	0,35	1,00

Les rentabilités sont calculées à partir d'observations mensuelles de janvier 1973 à décembre 1982.

portefeuille. Le graphique 1 confirme ce résultat. Le risque d'un porte-feuille composé de 40 valeurs de pays différents est égal à 11, 7 % du risque d'une valeur, alors qu'auparavant le risque d'un portefeuille national était égal à 30 % du risque de la même valeur ; cela sans que la rentabilité du portefeuille soit modifiée. Il est plus intéressant de diversifier les placements internationalement que nationalement.

De même, dans ce cas, seul le risque non diversifiable est rémunéré. On démontre que le risque non diversifiable d'un actif ou d'un portefeuille est mesuré par rapport au portefeuille de marché mondial protégé contre le risque de change. Cette mesure appelée le coefficient de volatilité, $ß_i$, pour un actif i est telle que :

$$ß_i = COV\ (R_i, R_{M'})\ /\ VAR\ (R_{M'})$$

où

R_i : la rentabilité de l'actif i

$R_{M'}$: la rentabilité du portefeuille de marché mondial protégé contre le risque de change

$COV\ (R_i, R_{M'})$: la covariance entre R_i et $R_{M'}$.

$VAR\ (R_{M'})$: la variance de $R_{M'}$.

Le portefeuille de marché mondial protégé contre le risque de change a, par définition, un coefficient de volatilité égal à un.

2. Les portefeuilles de référence et les stratégies dans le cadre international

Dans le cadre national, le portefeuille de référence est le portefeuille composé de tous les actifs financiers appelé encore le portefeuille de marché. Par exemple, pour le marché des actions françaises, le portefeuille de marché est représenté par l'indice de la Compagnie des agents de change. Une stratégie passive de portefeuille consiste alors à répartir son investisse-ment entre l'actif sans risque[1] et le portefeuille de marché, la répartition dépendant uniquement du risque que désire supporter l'investisseur. Cette statégie ne dépend donc pas de compétences particulières de l'investisseur pour prévoir les prix des actifs.

Si l'on se réfère aux analyses internationales tout en conservant une certaine simplicité à notre approche, une extension de cette stratégie au niveau international consiste à considérer non plus le portefeuille de marché national mais le portefeuille de marché mondial protégé contre le risque de change. Cela suppose implicitement qu'il y ait une monnaie de référence ; en l'occurrence, la monnaie de l'investisseur. L'investisseur devra alors répartir sa richesse entre le portefeuille de marché mondial protégé contre le risque de change et l'actif sans risque du pays de l'individu considéré ; la répartition étant fonction de l'aversion au risque de l'investisseur.

---

1. L'actif sans risque est soit une obligation de première catégorie émise par l'Etat, soit un bon du Trésor, soit un dépôt ; l'actif retenu dépend de l'horizon du portefeuille.

Plusieurs raisons peuvent cependant inciter le gestionnaire de porte-feuille à adopter une autre stratégie, que nous appellerons par opposition active. Tout d'abord, l'investisseur estime qu'il peut battre le marché. Cela suppose, par exemple, que ses prévisions ou ses informations sur certaines variables soient différentes de celles de la majorité des individus (le marché), ces variables pouvant être la rentabilité et le risque anticipés du portefeuille de marché mondial, l'évolution de la part des différents pays (monnaie) dans le portefeuille de marché mondial, le comportement ou la composition de certains portefeuilles nationaux et, enfin, l'évaluation de certains actifs. Il faut signaler que pour examiner ces divergences, le gestionnaire doit comparer ses anticipations à celles faites par le marché, ce qui l'oblige à connaître la composition du portefeuille de marché mondial.

Ensuite, utiliser une stratégie passive suppose que le portefeuille de marché mondial protégé contre le risque de change soit efficace ; qu'il ait, en d'autres termes, la meilleure rentabilité possible, compte tenu de son risque. Or, cela n'est pas toujours vérifié. Il existe dans certains cas des portefeuilles qui ont une meilleure rentabilité pour le même risque que le portefeuille de marché mondial protégé contre le risque de change. On peut essayer de constituer un portefeuille plus efficace. Il faut noter cependant que s'il est facile de constater après coup que le portefeuille de marché mondial protégé contre le risque de change n'est pas efficace, il est plus difficile de savoir quelle aurait dû être la composition d'un portefeuille efficace *ex ante*.

Nous allons examiner dans un premier paragraphe comment mettre en place ces différentes stratégies.

2.1. La mise en place d'une stratégie passive

L'objectif est ici de reproduire le portefeuille de référence, en l'occurrence le portefeuille de marché mondial protégé contre le risque de change, et d'effectuer ensuite la répartition entre ce portefeuille et l'actif sans risque, en fonction du degré de risque souhaité. Nous présenterons auparavant les problèmes liés à la construction du portefeuille de marché mondial et définirons l'horizon temporel du portefeuille.

2.1.1. L'horizon temporel

Dans ce cadre, savoir combien de temps un portefeuille va être détenu est important, non pas pour la construction du portefeuille de marché mondial, mais pour sa protection contre le risque de change. Aussi, l'investisseur doit-il définir exactement son horizon temporel. Les gestionnaires dont la performance est évaluée régulièrement doivent protéger le portefeuille en fonction de cette échéance.

2.1.2. Les problèmes liés à la construction du portefeuille de marché mondial

R. Ibbotson et L. Siegel (1983) donnent un exemple de construction de portefeuille de marché mondial, que nous avons reproduit sur le schéma 1.

Le but des auteurs est d'inclure dans ce portefeuille les placements les plus négociés et les plus facilement identifiables.

Plusieurs problèmes sont associés à la construction d'un tel portefeuille, certains existant déjà au niveau national. Ainsi, comme pour les portefeuilles nationaux traditionnellement présentés, l'élément le plus important de la richesse n'est pas inclus, en l'occurrence le capital humain. Quant au portefeuille international présenté ici, on s'aperçoit que si les auteurs incluent les biens immobiliers américains, ils excluent les biens immobiliers étrangers.

Schéma 1
Exemple de portefeuille de marché mondial

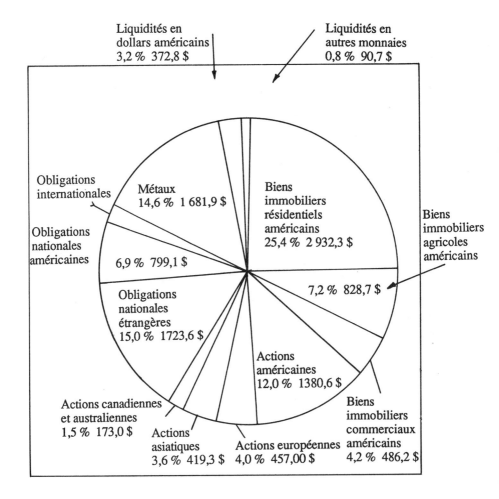

Liquidités en dollars américains 3,2 % 372,8 $

Liquidités en autres monnaies 0,8 % 90,7 $

Obligations internationales

Obligations nationales américaines

Métaux 14,6 % 1 681,9 $

Biens immobiliers résidentiels américains 25,4 % 2 932,3 $

Biens immobiliers agricoles américains

6,9 % 799,1 $

7,2 % 828,7 $

Obligations nationales étrangères 15,0 % 1723,6 $

Actions américaines 12,0 % 1380,6 $

Actions canadiennes et australiennes 1,5 % 173,0 $

Actions asiatiques 3,6 % 419,3 $

Actions européennes 4,0 % 457,00 $

Biens immobiliers commerciaux américains 4,2 % 486,2 $

Unité : Milliards de dollars.
Source : R.G. Ibbotson et L.B. Siegel, « The World Market Wealth Portfolio », *Journal of Portfolio Management* (Winter 1983).

Recenser l'ensemble des actifs n'est pas aisé et la construction d'un portefeuille de marché mondial est approximative. En général, la construction d'un tel portefeuille est assez simplifiée et limitée aux principaux marchés. Pour cela, on utilise plusieurs indices internationaux. Citons pour le marché des actions les trois indices internationaux fournis par Capital International Perspective :

– l'indice mondial calculé à partir de 1 200 valeurs représentant 60 % de la capitalisation boursière des 19 marchés d'actions les plus importants ;

– l'indice européen composé d'environ 450 valeurs de 12 pays différents ;

– l'indice EAFE (Europe, Australie, Extrême-Orient) composé d'environ 450 valeurs.

Pour les marchés obligataires, le Lombard Odier et le Salomon Brothers sont les indices les plus utilisés. On obtient, à partir des différents indices publiés, un indice reflétant le portefeuille de marché mondial, de la même manière que l'indice CAC reflète le marché des actions françaises. Le but dans une stratégie passive sera de reproduire ce portefeuille de référence.

2.1.3. Comment reproduire le portefeuille de marché mondial protégé contre le risque de change ?

Sachant qu'on ne peut pas investir dans tous les actifs, lesquels faut-il retenir ? Il n'est pas possible, en effet, d'acheter l'ensemble des valeurs et on doit se contenter d'essayer de reproduire au mieux le portefeuille de marché protégé contre le risque de change. Le but sera alors d'intégrer suffisamment de valeurs, de façon que le risque diversifiable soit totalement éliminé. Rappelons à ce niveau que si l'on considère le marché international des actions, le risque diversifiable est éliminé en totalité avec 40 actions de pays différents.

2.1.3.1. La conception d'une base de données

Cette tâche est le point clé d'une stratégie passive et constitue aussi le point de départ d'une stratégie active. Pour cela, il faut recenser les principaux actifs, soit plus précisément :

– les actions,

– les obligations,

– les contrats à terme (*financial futures*) sur devises et sur taux d'intérêt,

– les options sur devises et sur taux d'intérêt,

– les dépôts à terme,

– les placements immobiliers,

– l'or,

– les devises,

– et, bien sûr, tous les actifs internationaux par nature : euro-obligations, obligations étrangères, euro-actions, euro-dépôts, etc.

Il faut noter que dans une stratégie active, les options et les *futures* sont utilisés plutôt à titre de placements spéculatifs sur les taux d'intérêt, les taux de change ou les prix des valeurs, tandis que dans une stratégie passive, ils servent à protéger le portefeuille contre le risque de change.

On examine les valeurs facilement identifiables et négociables et, pour chacune d'entre elles, on retient leurs principales caractéristiques passées, actuelles et surtout anticipées par le marché ; ces dernières résultant d'un certain consensus que l'on peut déduire des analyses faites par les différents intervenants. Obtenir ces dernières variables n'est pas une tâche aisée et se base sur la collecte de nombreuses informations.

A titre d'exemple, les caractéristiques importantes sont :

– pour les actions, les bénéfices et les dividendes anticipés, les *Price Earning Ratios* (PER) anticipés, leur sensibilité aux principaux facteurs économiques, leurs coefficients de volatilité (Bêta), etc ;

– pour les obligations, le type de coupon, la classe de risque (*rating*), les taux actuariels, la duration[1], etc.

Les plus importantes caractéristiques sont bien évidemment les rentabilités anticipées et les estimations du risque des différents actifs. Cela nécessite des analystes spécialisés par pays ou par industrie ou par classe d'actifs, et par devise ou groupe de devises.

Signalons qu'un certain nombre de bases de données existent ; Reuter et Telerate fournissent, par exemple, les cours et d'autres informations sur l'euro-marché, Exshare et Quotron donnent les cours pour l'ensemble des marchés financiers et monétaires dans le monde.

La taille des échantillons retenus pour chaque classe d'actifs est fonction de l'arbitrage entre le coût de collecte des données et le gain que procure une meilleure approximation du portefeuille mondial.

2.1.3.2. *Le principe*

La démarche est descendante. En se basant sur les informations obtenues précédemment, la seule décision dans une stratégie passive est pratiquement de répartir le budget entre les différents portefeuilles nationaux et classes d'actifs. Elle est, en fait, automatique car la répartition est fonction du poids de chaque classe d'actif dans le portefeuille mondial. Cependant, si on observe le tableau 2, on s'aperçoit que la construction du portefeuille de marché mondial peut se concevoir de plusieurs manières :

– Soit pays par pays en considérant l'ensemble des actifs de chaque pays. Il suffit alors de répartir le capital entre chaque pays. Le terme pays signifie que l'on considère l'ensemble des actifs exprimés dans la même monnaie. En effet, les euro-actifs, par définition, ne peuvent pas se classer par pays mais plutôt en fonction de leur monnaie de référence.

---

1. Voir dans cette Encyclopédie les articles de M. Piermay, « Gestion obligataire » et de B. Thiry, « Rating ».

– Soit en considérant de façon séparée les différentes classes d'actifs au niveau mondial (exemple : l'ensemble des actions, l'ensemble des obligations, ...) et en réalisant ensuite une allocation de ressources entre ces différentes classes d'actifs.

– Soit encore, si l'on détaille plus l'analyse, en considérant les différents secteurs, c'est-à-dire les différentes classes d'actifs par monnaie de référence ; par exemple, les actions libellées en francs français (actions cotées en France et les euro-actions en francs français).

La première méthode est, en règle générale, utilisée. Notons que, quelle que soit la méthode, il existe des indices par classes d'actifs ou par pays qui permettent de mesurer à chaque étape l'approximation dans la construction du sous-portefeuille considéré.

Tableau 2
Tableau des actifs des différents pays

Actifs		Traditionnels				Instruments financiers [a]	
		Actions	Obligations	Dépôts	Or	Options	etc.
	D 1						
P	E 2						
A	V 3						
Y ou	I 4						
S	S 5						
	E 6						

a. Dans une stratégie passive, ces actifs servent à protéger le portefeuille contre le risque de change.

Ensuite, lorsque la décision d'allocation entre les différents pays est prise, on observe que la démarche habituelle est « myopique » ; pour chaque pays, les différentes classes d'actifs sont examinées indépendamment les unes des autres, sans se préoccuper des corrélations entre les rentabilités des actifs de classes différentes, et de leurs corrélations avec les rentabilités d'actifs d'autres pays. On retient les actifs qui permettent de reproduire au mieux chaque classe et donc chaque pays. Le nombre d'actifs, et en conséquence la qualité de la reproduction d'un pays, sera fonction de l'investissement possible dans chaque pays. Le schéma 2 résume cette démarche.

Schéma 2
Reproduction du portefeuille de marché mondial

| Sélection des valeurs | Allocation entre les classes d'actifs | Allocation entre les portefeuilles nationaux |

Valeurs

- Classe d'actifs 1 devise 1
- Classe d'actifs N devise 1

Portefeuille devise 1

- Classe d'actifs 1 devise 2
- Classe d'actifs N devise 2

Portefeuille devise 2

Portefeuille mondial

- Classe d'actifs 1 devise L
- Classe d'actifs N devise L

Portefeuille devise L

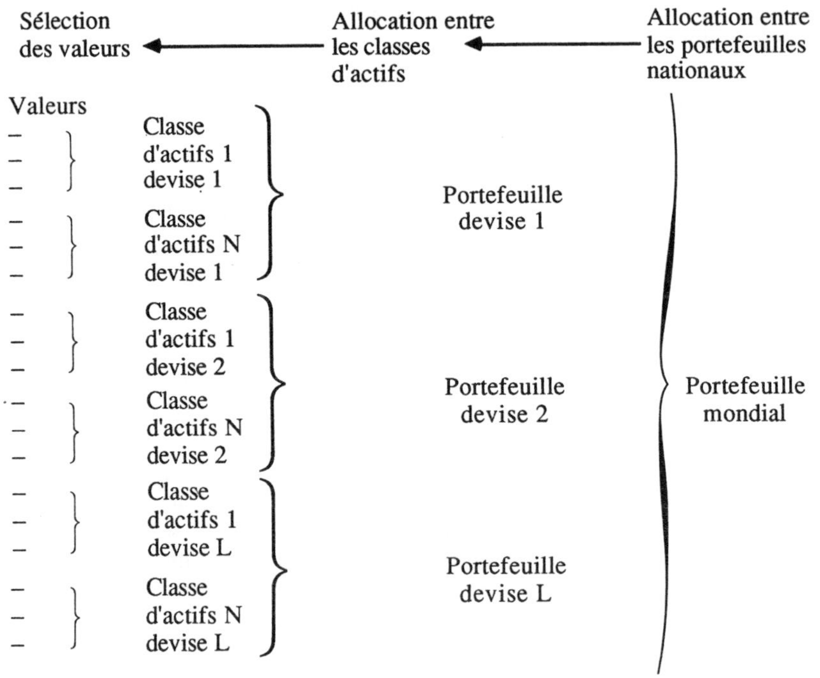

2.1.3.3. *La protection du portefeuille de référence contre le risque de change*

Pour obtenir un portefeuille protégé contre le risque de change, il faut que les différents actifs soient protégés contre ce risque. En fait, pour des raisons pratiques, on construit tout d'abord le portefeuille de marché mondial sans se préoccuper du risque de change. Ensuite, seulement, le portefeuille est couvert globalement contre le risque de change. La protection est faite en prenant en compte l'horizon temporel de l'investisseur. A ce niveau, les différents instruments financiers sont utilisés. On peut effectuer des swaps de toutes les rentrées prévues de devises contre des dollars. On obtient un portefeuille exprimé en dollar que l'on peut ensuite ramener dans la monnaie désirée avec des options sur devises[1].

2.2. *La mise en place d'une stratégie active*

Adopter une stratégie active suppose qu'on a des anticipations différentes de celles du marché ; aussi faut-il mesurer ces différences. Pour cela, il faut avoir déjà suivi toutes les étapes préconisées dans le cadre d'une stratégie passive. De plus, le portefeuille constitué aura une dimension spéculative sur les devises si on a une stratégie active complète.

---

1. Voir dans cette Encyclopédie les articles de P. Fontaine, « Evaluation des actifs financiers dans le cadre international » et de C.A. Vailhen, « Risque de change ».

Par la suite, pour simplifier le problème, nous considérerons de façon séparée les prises de position sur les actifs et sur les devises. Deux portefeuilles seront constitués : un portefeuille d'actifs protégés contre le risque de change et un autre à caractère spéculatif sur le risque de change. Il est, de toute façon, toujours possible de décomposer un portefeuille en ces deux sous-portefeuilles.

Une première étape consiste à fixer des contraintes concernant la répartition du budget entre les deux portefeuilles et le niveau maximal de risque souhaité sur chaque portefeuille. Cela est évidemment fonction de chaque investisseur. Certains se protègent en totalité contre le risque de change ; d'autres adoptent uniquement des positions spéculatives sur les devises.

La seconde étape conduit à définir l'horizon temporel du portefeuille.

2.2.1. L'horizon temporel

Dans une stratégie active, la sélection des valeurs et des devises est fonction des prévisions de l'investisseur et de ses besoins. Ainsi, un investisseur peut très bien envisager qu'une valeur ou une devise monte pendant six mois pour ensuite baisser. Dans ce cas, il ne choisira pas la même valeur s'il a un horizon de trois mois ou d'un an. La couverture contre le risque de change se pose ici de la même façon que pour la stratégie passive. Ces deux points obligent donc l'investisseur à définir un horizon temporel.

2.2.2. La construction d'un portefeuille d'actifs protégé contre le risque de change

La démarche est descendante. Elle implique que les sommes à investir sont réparties entre les pays et les classes d'actifs avant de choisir les actifs eux-mêmes. Cette démarche est préférable, car elle permet d'éviter des incohérences. En effet, dans une méthode ascendante, on choisirait au départ les actifs sous-évalués, ce qui pourrait donner *in fine* une répartition contradictoire avec celle voulue au niveau des pays et des classes d'actifs. De plus, l'observation des rentabilités des portefeuilles internationaux indique que l'allocation entre les pays ou les classes d'actifs a beaucoup plus d'impact sur les rentabilités des portefeuilles internationaux que la sélection des actifs. Il est donc logique de se préoccuper de l'allocation entre les pays avant de sélectionner les valeurs.

Des informations complémentaires de celles demandées dans le cadre d'une stratégie passive sont nécessaires. En particulier, on utilise des modèles macro-économiques quantitatifs et qualitatifs et des modèles d'évaluation des actifs financiers qui permettent d'obtenir des prévisions sur l'évolution des marchés, des devises et des caractéristiques des actifs. Ensuite, à partir d'un programme d'optimisation, un ensemble de portefeuilles efficaces[1] est construit, et une liste de tous les actifs surévalués et sous-évalués est constituée.

---

1. Ou encore l'ensemble des portefeuilles qui ont la rentabilité la plus élevée pour un risque donné.

En se basant sur ces informations quantitatives et sur d'autres plus qualitatives, la répartition du budget entre les différents pays et classes d'actifs est décidée. Il faut alors sélectionner les actifs. Pour cela, on considère les actifs sous-évalués et les actifs sur-évalués. Et si on attend une appréciation des premiers et une dépréciation des seconds, on retiendra uniquement des valeurs sous-évaluées.

2.2.3. *La constitution du portefeuille à caractère spéculatif sur le risque de change*

Il faut comparer ses propres prévisions sur les taux de change à celles du marché. Ces dernières sont explicitement formulées dans les taux de change à terme, les contrats à terme sur les taux de change ou encore les options sur devises. Pour prévoir les taux de change, on peut utiliser les différents modèles de prévision (les modèles macro-économiques qualitatifs et quantitatifs ou encore les analyses graphiques des taux de change). En fonction des différences mises en évidence, des positions sont prises sur les différentes devises.

2.3. *L'adaptation du portefeuille global au risque souhaité*

A ce niveau, aucune spécificité n'est attachée à la gestion internationale d'un portefeuille. Aussi, nous laisserons au lecteur le soin de se référer à l'ouvrage de W. Sharpe (1985) et rappellerons seulement les points clés.

Pour adapter le portefeuille, on doit estimer la rentabilité et le risque du portefeuille désiré. Pour cela, l'investisseur effectue un choix entre plusieurs combinaisons fictives d'actifs financiers (actions, obligations, dépôts à terme, etc.), ce qui permet de retenir plusieurs couples rentabilité-risque souhaités. Il suffit ensuite de combiner le portefeuille global obtenu précédemment avec l'actif sans risque, afin d'obtenir le couple rentabilité-risque désiré.

3. L'organisation d'une institution gérant des portefeuilles internationaux

Selon la taille de la société, des services plus ou moins spécialisés sont constitués. Dans la majorité des cas, on trouve des services d'études économiques et financières, un comité d'investissement et un service de gestion de portefeuille. Pour compléter le tout, il existe un système permettant de contrôler les portefeuilles formés par les gestionnaires. Un exemple de système intégré de gestion de portefeuille est donné au schéma 3.

Comme nous l'avons mentionné dans la section 2, la démarche est descendante, car les différentes analyses empiriques établissent que la décision qui affecte le plus la rentabilité d'un portefeuille au niveau international est la répartition des capitaux entre les différents marchés et les différentes devises. Il est nécessaire de prendre cette décision avant d'examiner la sélection des valeurs. Nous allons donc étudier les principales fonctions des différents services dans l'ordre indiqué au schéma 3.

Schéma 3
Synthèse

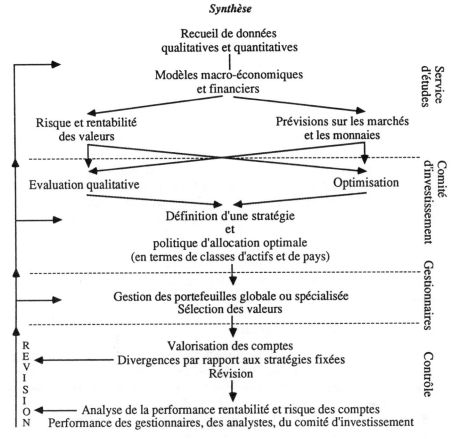

Source : B. Solnik, *International Investments*, Boston, Addison Wesley, 1987.

3.1. Le service d'études économiques et financières

Ce service a quatre rôles :

– Le premier est d'établir une base de données afin d'avoir la meilleure image possible du marché.

– Le deuxième est de déterminer, à partir de modèles financiers et macro-économiques, s'il y a des actifs sur-évalués ou sous-évalués, ou s'il existe des divergences entre les résultats donnés par ces modèles sur l'évolution de l'économie et ceux qui peuvent être déduits du marché. On dispose à ce niveau d'une première indication sur la pertinence d'une stratégie active.

– A partir des estimations des rentabilités et du risque des différentes valeurs, et des prévisions sur les taux d'intérêt et les taux de change, le service d'études économiques et financières donne la liste des portefeuilles qui ont les rentabilités les plus élevées, compte tenu de leur risque. Pour cela, il utilise un programme d'optimisation.

– Le quatrième est, évidemment, de fournir une synthèse de toutes ces informations au comité d'investissement et aux gestionnaires. L'idéal serait que ces informations soient directement accessibles sur un terminal informatique. On doit trouver, par exemple, les principales variables économiques actuelles et prévues (taux d'intérêt, taux de change, production réelle, etc.), la composition des portefeuilles de référence, etc.

3.2. Le comité d'investissement

Le rôle du comité d'investissement est essentiel. Dans le cadre d'une stratégie passive, il doit fixer le niveau de risque maximal que l'organisation accepte de supporter. En revanche, dans le cadre d'une stratégie active, il lui incombe de prendre la décision qui affecte le plus la rentabilité d'un portefeuille international, en l'occurrence, la répartition du capital entre les différents pays et les différentes devises. Il peut décider, à ce stade, d'avoir une position beaucoup plus spéculative sur les devises que sur les valeurs mobilières. Comme les portefeuilles de référence construits par le service d'études économiques et financières, les composantes du portefeuille recommandées par le comité d'investissement doivent être accessibles aux gestionnaires de portefeuille sur un terminal informatique.

3.3. Les gestionnaires de portefeuille

Se pose ici le problème de la globalisation ou de la spécialisation de l'activité du gestionnaire de portefeuille. Si l'on examine le comportement des institutions financières, il s'avère que les gestionnaires européens gèrent leurs portefeuilles de manière globale et décident aussi bien de la répartition des sommes à investir entre les principaux marchés et devises que de la sélection des valeurs à l'intérieur de chaque marché. Les institutions américaines ont plutôt des gestionnaires spécialisés par secteurs. La tendance générale est malgré tout d'avoir des gestionnaires spécialisés car, au niveau international, il est de plus en plus difficile pour un individu de posséder une expertise dans tous les secteurs des marchés des capitaux. La plus ou moins grande spécialisation dépend aussi de l'institution considérée. Un investisseur institutionnel répartira ses fonds entre plusieurs gestionnaires spécialisés et assumera le rôle du comité d'investissement présenté auparavant. En revanche, les banques gérant les portefeuilles de petits investisseurs ont plutôt recours à des généralistes. La décision de répartition entre les différents actifs financiers et devises sera plus du ressort du gestionnaire, après concertation avec le client et après consultation des recommandations du comité d'investissement, et du service d'études économiques et financières de la banque. Ce dernier type d'organisation présente cependant deux inconvénients : en premier lieu, si les portefeuilles sont petits, on ne peut pas profiter au mieux des avantages de la diversification ; en second lieu, il n'est pas possible d'utiliser efficacement la compétence des différents gestionnaires. Aussi, même dans ce cas, il est souhaitable d'avoir deux niveaux de gestionnaires : les premiers spécialisés par secteurs, les seconds en contact direct avec la clientèle. Ces derniers définissent avec les clients la composition, par marché et par devise, de leur portefeuille en se basant sur les recommandations du comité d'investissement et sur les spécificités des clients (fiscalité et aversion envers le risque). En fonction de ces caractéristiques, une partie du capital du portefeuille de chaque client est attribuée à chaque expert. Les montants investis par les gestionnaires sont alors suffisamment importants pour que l'on puisse profiter au mieux de la diversification.

En résumé, dans certains cas, le rôle du gestionnaire de portefeuille est de sélectionner les valeurs. S'il a une stratégie passive, il sélectionne uniquement les valeurs reproduisant au mieux le marché qui lui est affecté. En revanche, dans le cadre d'une stratégie active, il sélectionne en priorité les valeurs sous-évaluées. Pour cela, il se base sur les informations fournies par le service d'études économiques et financières, et sur ses estimations personnelles. Dans d'autres cas, le rôle du gestionnaire est plus important, car c'est lui qui prend finalement la décision de la répartition du portefeuille entre les différents secteurs, le comité d'investissement émettant seulement des recommandations. Le but est, dans tous les cas, d'obtenir un portefeuille satisfaisant les désirs, exprimés ici en termes de rentabilité et de risque, du client, particulier ou institutionnel.

3.4. Le contrôle

Quelle que soit la stratégie adoptée, que l'on soit un investisseur (organisation) répartissant sa richesse entre plusieurs gestionnaires spécialisés par secteurs ou une organisation avec des gestionnaires gérant des portefeuilles de petite clientèle, il faut vérifier que le portefeuille global correspond aux objectifs de l'investisseur, implicites ou formulés explicitement par le comité d'investissement dans le cadre d'une organisation structurée.

Pour vérifier l'adéquation des objectifs et mesurer la performance du portefeuille, le système informatique doit fournir :
– les positions et le solde des différents comptes,
– le compte global de chaque gestionnaire,
– les positions et le solde du portefeuille global de l'organisation.

Plus précisément, il faut que l'on puisse obtenir une matrice de nature identique à celle présentée au tableau 2 où, en dehors des différents montants de chaque classe d'actifs, devrait aussi apparaître une mesure du risque du portefeuille (le coefficient de volatilité ou l'écart type). Plusieurs tableaux sont en fait nécessaires : un pour l'ensemble des gestionnaires, un autre pour l'ensemble des comptes de la clientèle de chaque gestionnaire, et un par client de chaque gestionnaire.

Si le comité d'investissement estimait que les divergences en termes de composition et de risque sont trop grandes entre le portefeuille global construit par les gestionnaires et le portefeuille recommandé par le comité d'investissement, celui-ci pourrait demander aux gestionnaires de procéder à des achats ou à des ventes dans certains secteurs. En règle générale, il y a toujours une légère différence entre le portefeuille recommandé par le comité d'investissement et celui réellement construit par les gestionnaires, différence due au fait qu'on ne peut modifier en permanence le portefeuille à cause des frais de transaction.

En résumé, doivent apparaître sur chaque terminal les informations fournies par le service d'études, les portefeuilles constitués par chaque gestionnaire (le comité d'investissement ayant la possibilité de les consulter) et le portefeuille global. Quant au gestionnaire, en dehors des informations données par le service des études, il doit pouvoir consulter le portefeuille recommandé par le comité d'investissement et le portefeuille regroupant l'ensemble de ses comptes. Au niveau des informations disponibles pour le gestionnaire, à côté des montants détenus dans chaque secteur, doivent apparaître les montants que le gestionnaire doit vendre ou acheter sur recommandation du comité d'investissement (tableau 3).

Tableau 3
Compositions en pourcentage des portefeuilles selon les stratégies

Stratégies				
	1 passive [a]	**2** active recommandée par le comité	**3** active réalisée par le gestionnaire	**4** ordres d'achat de vente [b]
Classes d'actifs	1	0,1	0,2	0,3	0
	2	0,5	0,3	0,9	− 0,6
	3	0,9	0,8	0,5	+ 0,3
	4	. . . . etc			
	5				
	6				
	7				
	etc.				

a. Dans la colonne 1, la composition du portefeuille est celle du portefeuille de marché mondial protégé contre le risque de change.
b. Dans la colonne 4, les ordres sont donnés en pourcentage du portefeuille du gestionnaire. Un ordre d'achat est indiqué par un +, alors qu'un ordre de vente est indiqué par un −.

4. La mesure de la performance

Pour mesurer la performance d'un portefeuille, plusieurs étapes sont nécessaires[1]. Il faut d'abord évaluer la rentabilité du portefeuille. Ensuite, cette rentabilité doit être décomposée afin de mettre en évidence les facteurs importants qui influencent la rentabilité d'un portefeuille international. Le résultat du portefeuille est alors comparé à celui du portefeuille de

---

1. Voir également dans cette Encyclopédie l'article de B. Jacquillat, « Mesure de performance des SICAV ».

référence, et on vérifie, dans un dernier temps, si le risque du portefeuille est suffisamment rémunéré.

4.1. La rentabilité d'un portefeuille

La rentabilité d'un portefeuille est mesurée par la relation suivante :

$R_P = (V_F \pm f - V_I) / V_I$.

R_P : la rentabilité du portefeuille.
V_F : la valeur en fin de période du portefeuille.
f : les flux en cours de période (frais de transaction, dividendes, ventes, achats).
V_I : la valeur du portefeuille en début de période.

Cette mesure est faite après l'intégration des frais de transaction. Ces derniers peuvent, en effet, diminuer fortement la rentabilité d'un portefeuille.

Cette formule relativement simple ne prend, cependant, pas en compte le temps, car le taux de rentabilité calculé est celui de la période considérée. Cette omission est gênante si on veut comparer ce taux R_P aux taux de rentabilités d'autres portefeuilles calculés sur des périodes de temps différentes. Pour remédier à cet inconvénient, on peut actualiser les flux ou calculer un taux interne de rentabilité.

De plus, si l'on veut savoir ce qu'une unité investie a effectivement rapporté sur la période considérée, il faut connaître la valeur du portefeuille à chaque mouvement. Un exemple permet d'éclairer le problème.

La partie d'un portefeuille international investie en franc vaut 100 en $t = 0$, 120 en $t = 1$. Pour ne pas dépasser la quote-part du portefeuille à investir en France, en $t = 1$, on est obligé de désinvestir ; le portefeuille passe alors de 120 à 100. En $t = 2$, ce portefeuille vaut 80. Le gestionnaire investit en fait ses fonds dans le portefeuille de marché français. Si on reprend la première formule, on a : $(80 + 20 - 100)/100 = 0$.

La rentabilité du portefeuille est de 0 %. Si on tient compte du fait qu'il y a deux périodes de temps, le taux de rentabilité pour une période de temps, r, est tel que : $100 = (-20/1 + r) + [20/(1 + r)^2]$.

Ce taux de rentabilité est égal à 0 %. Or, dans ces calculs, la modification de taille du portefeuille pour satisfaire les exigences de l'organisation n'est pas prise en compte.

On peut alors se demander combien une unité investie en début de période ($t = 0$) a rapporté en fin de période ($t = 2$). Une unité investie en $t = 0$ s'est transformée en 1,2 unité en $t = 1$; si on les réinvestit en totalité en $t = 1$, on obtient en $t = 2$, (1,2 x 0,8) unité, soit 0,96 unité. Sur l'ensemble de la période, une unité investie en $t = 0$ a rapporté 0,96 unité en $t = 2$. La rentabilité globale est de $- 4$ % et si on tient compte du temps, approximativement de $- 2$ % par période de temps.

Cette méthode est meilleure, car elle permet de mesurer la performance du gestionnaire, indépendamment de la décision de limiter la part de l'investissement global dans ce pays. En effet, si le gérant du portefeuille a seulement reproduit le portefeuille de marché, sa performance est donc égale à celle du portefeuille de marché qui, en l'occurrence, est passée de 100 à 96, soit une rentabilité de − 4 % sur deux périodes de temps et de − 2 % par unité de temps. Avec ce taux, on évalue donc la qualité de la sélection des actifs indépendamment de la décision d'allocation des ressources entre les pays qui n'est pas, ici, du ressort du gestionnaire.

Cela suppose que les flux soient enregistrés quotidiennement et que la valeur du portefeuille soit pratiquement calculée chaque jour. Cela n'est pas toujours possible. Ainsi, la valeur du portefeuille est calculée tous les quinze jours ou tous les mois, et la rentabilité calculée est de ce fait approximative.

4.2. La décomposition de la rentabilité dans un cadre international

Il faut maintenant décomposer la rentabilité du portefeuille afin de mettre en évidence, dans le cadre international, les facteurs importants qui sont : l'évolution des cours des monnaies et celle des prix des actifs exprimés dans la monnaie du pays d'origine.

La rentabilité du portefeuille P dans la monnaie de référence O, r_{PO}, peut toujours se décomposer en deux :
– une partie uniquement due aux variations des prix des actifs dans leur monnaie d'origine ;
– une partie due aux fluctuations des monnaies.

On obtient alors :

$$r_{PO} = r_P + m_P$$

avec

r_P : la rentabilité du portefeuille P, indépendante des fluctuations des monnaies ; pour cela, il faut calculer la rentabilité du portefeuille P avec des taux de change constants sur la période considérée ;

m_P : la rentabilité du portefeuille P, uniquement due aux fluctuations des monnaies ; pour l'obtenir, il suffit de faire la différence entre r_{PO} et r_P.

Cette décomposition peut encore être affinée ; elle peut se faire par pays ou par classe d'actifs au niveau mondial, ou de manière plus détaillée par classe d'actifs au niveau de chaque pays. Le degré d'affinement dépend de la taille du portefeuille, de l'organisation et des données disponibles. Nous présentons ici la décomposition la plus détaillée, soit par classe d'actifs dans chaque pays.

Soit L le nombre de classes sur l'ensemble des pays et p_l le poids de la classe d'actif l dans le portefeuille ; la rentabilité du portefeuille s'écrit alors :

$$r_{PO} = \Sigma_l \, p_l \, r_{lO} \, ; \, l = 1, \, ..., \, L.$$
$$r_{PO} = \Sigma_l \, p_l \, r_l + \Sigma_l \, p_l \, m_l$$

r_l : la rentabilité de l'investissement dans la classe d'actifs l indépendante des fluctuations des devises.

m_l : l'impact des variations du cours de la monnaie du pays de la classe d'actifs l sur la rentabilité de l'investissement effectué dans la classe d'actifs l, que nous appellerons la composante change.

Les rentabilités évoquées jusqu'à présent sont des mesures absolues. Il faut maintenant présenter les mesures relatives qui permettent de comparer la rentabilité du portefeuille considéré à celle d'un portefeuille de référence.

4.3. La mesure relative

Après l'évaluation de la rentabilité du portefeuille, un point important consiste à juger la compétence des gestionnaires et les recommandations du comité d'investissement et des services d'études. Il faut pour cela avoir un portefeuille de référence, en l'occurrence le portefeuille préconisé dans le cadre d'une stratégie passive, c'est-à-dire le portefeuille de marché mondial protégé contre le risque de change. La rentabilité de ce portefeuille, $r_{M'}$ est telle que :

$$r_{M'} = \sum_l p_l{}^* I_l - cpc$$

où

I_l est la rentabilité du portefeuille de marché représentant la classe d'actifs l ;
$p_l{}^*$ est le poids de la classe d'actifs l dans le portefeuille de marché mondial ;
cpc est le coût de protection contre le risque de change.

Si on insère les différents indices dans la rentabilité du portefeuille P, on obtient :

$$r_{PO} = \sum_l p_l I_l + \sum_l p_l (r_l - I_l) + \sum_l p_l m_l.$$

Et, avec le portefeuille de marché mondial protégé contre le risque de change.

$$r_{PO} = r_{M'} + \sum_l (p_l - p_l{}^*) I_l + \sum_l p_l (r_l - I_l) + \sum_l p_l m_l + cpc$$

avec

$r_{M'}$: la rentabilité du portefeuille de marché mondial protégé contre le risque de change,
$\sum_l (p_l - P_l{}^*) I_l$: la mesure de la compétence du gestionnaire quant à l'allocation des ressources entre les différents pays ou classes d'actifs, $(p_l - p_l{}^*)$ étant la déviation par rapport à cette allocation dans le portefeuille mondial,
$\sum_l p_l (r_l I_l)$: la mesure de la compétence du gestionnaire quant à la sélection des actifs,
$\sum_l p_l m_l$: la mesure de l'habileté du gestionnaire dans ses placements en devises.

Cette mesure de performance relative permet d'évaluer, en particulier, les recommandations du comité d'investissement en terme d'allocation de la richesse entre les différents pays, et la compétence du gestionnaire dans la sélection des actifs. On pourrait affiner encore cette mesure de manière à juger les informations données par le service d'études économiques et financières.

4.4. La prise en compte du risque

Les mesures présentées précédemment ne sont pas encore suffisantes pour évaluer la performance d'un portefeuille, car elles ne permettent pas de savoir si le risque supporté par le détenteur du portefeuille est suffisamment rémunéré. En effet, la rentabilité du portefeuille détenu peut être supérieure au portefeuille de référence sans qu'elle soit pour autant suffisante, compte tenu du risque supporté. Il faut, en conséquence, constituer un portefeuille de référence de risque équivalent.

Pour cela, si le risque du portefeuille P est égal à β_P, le portefeuille de référence équivalent, P^*, sera le portefeuille construit en répartissant l'investissement total à proportion de $(1 - \beta_p)$ dans l'actif sans risque, et à proportion de β_p dans le portefeuille de marché protégé contre le risque de change. La rentabilité de ce portefeuille, r_p^*, est telle que :

$$
\begin{aligned}
r_p^* &= (1 - \beta_p)\, r_f + \beta_p\, r_M, \\
&= r_f + \beta_p\, (r_{M'} - r_f).
\end{aligned}
$$

En conséquence, si la rentabilité effective, r_p, du portefeuille P est supérieure à la rentabilité du portefeuille de référence P^*, la stratégie active employée a des effets positifs.

On peut ensuite chercher à affiner cette mesure et regarder quelles sont les décisions les plus bénéfiques. Examinons, dans l'ordre, l'allocation entre les différents marchés et la sélection des actifs.

Pour mesurer l'impact d'une répartition différente entre les marchés, il faut évaluer le risque du portefeuille qui aurait été constitué en répartissant les sommes à investir entre les différents marchés de la même manière que dans le portefeuille P, tout en retenant dans chaque pays les actifs conseillés dans le cadre d'une stratégie passive. Si, par exemple, le coefficient de ce portefeuille est β_{zM}, sa rentabilité exigée est égale à $r_f + \beta_{zM} (r_{M'} - r_f)$.

L'allocation entre les différents pays est satisfaisante si :

$$
\sum p_i\, r_i^* > (r_f + \beta_{zM}\, [r_{M'} - r_f]).
$$

avec

p_i : la proportion du portefeuille P investie sur le marché i.

R_i^* : la rentabilité du portefeuille de référence sur le marché i.

Pour mesurer l'impact de la sélection des actifs sur chaque marché i, il suffit de connaître le coefficient de volatilité du portefeuille r_i. Si, par exemple, le coefficient de volatilité est égal à $\beta_{iM'}$ la sélection des valeurs sur le marché est satisfaisante si :

$$
r_i > r_f + \beta_{iM}\, (r_{M'} - r_f).
$$

*
* *

Malgré le risque supplémentaire associé à la détention d'un actif étranger, en l'occurrence le risque de change, les analyses empiriques indiquent que le risque d'un portefeuille international est plus faible que celui d'un portefeuille national.

Dans le cadre international, on démontre que le portefeuille de référence est le portefeuille de marché mondial protégé contre le risque de change. Le gestionnaire d'un portefeuille international a, en conséquence, le choix entre deux stratégies : active et passive.

– La stratégie passive consite à reproduire le portefeuille de marché mondial protégé contre le risque de change. Il suffit ensuite au gestionnaire de le combiner avec l'actif sans risque pour obtenir le portefeuille de risque désiré.

– Avec la stratégie active, l'investisseur constitue un portefeuille différent de celui construit avec une stratégie passive. Le gestionnaire y recourt quand il estime disposer d'informations différentes de celles du marché. Les principales décisions à prendre concernent la répartition du capital entre les différents marchés et la sélection des valeurs à l'intérieur de chaque marché. La répartition de l'investissement entre les différents marchés est la première décision à prendre, car c'est celle qui a le plus d'impact sur la rentabilité d'un portefeuille international.

Différentes étapes doivent être suivies pour mettre en place ces stratégies et plusieurs acteurs sont nécessaires au sein d'une société gérant des portefeuilles internationaux : un service d'études économiques et financières avec des analystes plutôt spécialisés par domaines, des gestionnaires de portefeuille de clientèle proprement dit, et des gestionnaires spécialisés par secteurs, le tout sous la coupe d'un comité d'investissement. Ce dernier indique comment répartir le capital entre les différents marchés et mesure la performance des experts et des gestionnaires.

Différentes mesures de la performance sont concevables ; leur objectif est d'évaluer si les différentes décisions ont permis d'améliorer la rentabilité du portefeuille et surtout de voir si la rentabilité du portefeuille construit est satisfaisante compte tenu de son risque. Pour cela, il est nécessaire d'avoir un portefeuille de référence qui est le portefeuille que l'on aurait construit dans le cadre d'une stratégie passive.

Références

Ibbotson R., Siegel L., « The World Market Wealth Portfolio », *Journal of Portfolio Management* (Winter 1983).

Jacquillat B., Solnik B., « Multinationals Are Poor Tools for Diversification », *Journal of Portfolio Management* (Winter 1978) : 8-12.

La Bruslerie H. (de), « Les différentes tâches de la gestion de portefeuille internationale », *Analyse Financière* (4e trimestre 1984) : 65-71.

Lessard D., « Principles of International Portfolio Selection », in *International Finance Handbook*, New York, John Wiley & Sons, 1983.

Noetzlin B., Solnik B., « Optimal International Asset Allocation », *Journal of Portfolio Management* (Autumn 1982) : 11-21.

Sharpe W., *Investments*, London, Prentice Hall International, 1985.

Solnik B., « Why not Diversify Internationally Rather than Domestically ? », *Financial Analyst Journal* (July-August 1974) : 48-54.

Solnik B., *International Investments*, Boston, Addison Wesley, 1987.

Mots clés

Comité d'investissement, diversification internationale, mesure de la performance, portefeuille de marché mondial, portefeuille de référence, risque de change, stratégie myopique.

72

Gestion du risque

Gérard Kœnig

Le risque constitue, dans le domaine économique et social, une préoccupation dont l'importance ne cesse de croître. Cette évolution correspond à des facteurs tant objectifs que subjectifs. Côté raison, la concentration, la dimension, la technologie et l'interdépendance des activités accroissent, par leur développement même, l'ampleur des perturbations prévisibles. Côté cœur, l'évolution des mentalités et des pratiques sociales (consumérisme[1], préoccupations écologiques...) abaissent les seuils d'acceptabilité du risque.

Les entreprises n'échappent pas à cette évolution et se doivent de renforcer progressivement la maîtrise des risques qu'elles courent, mais aussi qu'elles génèrent.

Le présent article s'efforce, dans une première section, de préciser les origines et les frontières de cette nouvelle discipline de la gestion. Les principes de base de la gestion du risque sont ensuite présentés, tandis que le statut et la place de cette fonction font l'objet de la troisième et dernière section.

1. L'origine et la définition de la gestion du risque

Si elle subit encore aujourd'hui l'influence de l'assurance et de la finance, la gestion du risque se distingue de ses disciplines parentes et conquiert ainsi son identité.

1.1. Entre l'assurance et la finance

La gestion des risques est née aux Etats-Unis après la Seconde Guerre mondiale, mais dès 1916, H. Fayol voyait dans les « opérations de sécurité » visant la protection des biens et des personnes l'une des six fonctions de l'« Administration »[2].

---

1. Voir également dans cette Encyclopédie l'article de F. Graby, « Consumérisme ».
2. En dehors de la fonction sécurité, H. Fayol distinguait les fonctions technique, commerciale, financière, comptable et administrative.

Apparue au milieu des années 1950, l'expression *risk management* reçoit au fil des ans une définition de plus en plus large. Dans le premier ouvrage consacré à ce sujet, R.I. Mehr et B.A. Hedges (1963) cantonnent clairement la « gestion des risques » au domaine de l'assurance [1].

Cette position fut reprise par de nombreux auteurs, ce qui eut pour conséquence de concentrer l'attention sur la gestion des seuls « risques purs ». Pour mûrir, le *risk management* devait assouplir sa définition et élargir son audience. De fait, dès le début des années 1970, le *risk management* est présenté comme un ensemble d'activités consacrées notamment à la prévention des pertes accidentelles. Cette définition impliquait un intérêt, certes secondaire mais indiscutable, pour les phénomènes situés à la limite des risques spéculatifs.

Plus récemment, J. Bannister et P. Bawcutt (1981), contestant toute pertinence à la distinction opérée traditionnellement entre risques purs et spéculatifs, en sont venus à définir le *risk management* comme une activité d'identification, de mesure et de maîtrise économique des risques menaçant les actifs et les revenus d'une organisation. Plus attrayante, cette définition est aussi plus dangereuse pour un groupe professionnel en quête d'identité et de statut, car elle aboutit à confondre la gestion du risque et la gestion tout court, ce qui est davantage de nature à promouvoir un état d'esprit qu'à développer un nouveau corps de spécialistes.

Comme dans d'autres domaines de la gestion, l'histoire des idées doit être éclairée par l'évolution des pratiques qui la conditionne. Le fait que le *risk management* se soit développé, aux Etats-Unis, autour de la notion de risque pur ne résulte pas d'une nécessité logique ou théorique. Il trahit le lieu de naissance de cette fonction : cette partie des services comptables ou financiers chargée de négocier les contrats d'assurance souscrits par l'entreprise. Ceci explique qu'avec l'économie de l'assurance ce soit la gestion financière qui ait exercé une influence majeure sur le *risk management*.

1.1.1. L'influence ambiguë de l'assurance sur le risk management

Comme le montrent clairement R. Robinson et L. Kunath (1981), la relation de l'assurance et du *risk management* demeure ambiguë.

Soucieux d'améliorer leur statut professionnel, les *risk managers* entendent se dégager des tâches strictement techniques qui leur incombent traditionnellement, et notamment l'analyse minutieuse des contrats d'assurance. Ils réagissent également contre le caractère parcellaire du travail qui leur est confié, en dénonçant les risques de sous-optimisation que comporte toute analyse partielle d'un problème. Dans cette perspective, le contrat d'assurance devient une modalité parmi d'autres du traitement des risques.

S'il paraît nécessaire à l'ensemble de la profession de prendre ses distances vis-à-vis de l'assurance, celle-ci continue, par son évolution

---

1. Le *risk management* y est en effet présenté comme la « gestion des risques auxquels il est possible d'appliquer l'organisation, les principes et les techniques de l'assurance ».

même, à fournir aux gestionnaires du risque leurs meilleurs arguments. Il ne faudrait pas oublier, en effet, que les compagnies d'assurances ont directement contribué à l'émergence du *risk management*. Dans la mesure où de nombreuses entreprises qui recouraient à des intermédiaires pour répondre à leurs besoins en matière d'assurance se sont également adressées à l'extérieur pour asseoir leur capacité à gérer les risques, le marketing de l'assurance s'est progressivement converti au *risk management*. Soucieuses d'attirer, puis de conserver leur clientèle, les compagnies américaines ont offert des prestations de plus en plus élaborées dans le domaine de la gestion du risque. Certaines d'entre elles ont même proposé des services (analyses statistiques des pertes, étude d'impact financier, programmes de prévention) que la plupart de leurs clients auraient eu du mal à réaliser par leurs propres moyens (G.L. Head, 1982). En développant de nouveaux produits, couvrant, par exemple, le risque de grève ou la responsabilité de l'entreprise en cas de dommage causé à l'environnement (R. Robinson et L. Kunath, 1981), les compagnies d'assurances ont également contribué à estomper la frontière qui séparait traditionnellement les risques assurables de ceux qui ne l'étaient pas. Elles ont donc aidé à remettre en cause la distinction entre risques purs et spéculatifs, qui limitait très sévèrement le domaine du *risk management*[1].

1.1.2. L'aspect financier du risk management

L'objectif premier du *risk management* est d'éviter que les résultats financiers de l'entreprise ne soient trop sensiblement affectés par des pertes accidentelles. L'influence des financiers sur la gestion du risque est repérable à deux stades différents. Dans un premier temps – que les *risk managers* espèrent dépassé – le gestionnaire a surtout été préoccupé par la réduction du coût de l'assurance ; il lui revenait d'évaluer les taux, de scruter les polices, d'apprécier les services fournis et de négocier le tout.

L'étape actuelle est marquée par l'importance croissante que prennent les techniques d'autofinancement du risque. Les opérations de rétention cèdent la place à des programmes complexes d'assurance en compte propre, tandis que les filiales spécialisées dans le métier de l'assurance deviennent de véritables centres de profit. Le *risk manager* devient un spécialiste des techniques de placement et développe sa maîtrise des implications fiscales de la gestion.

1.2. La conception actuelle de la fonction

Bien que la fonction soit en pleine évolution, il est possible de partir d'une définition qui soit communément admise, pour ensuite en examiner les possibles extensions.

---

1. Voir également dans cette Encyclopédie l'article de G. Valin, « Entreprise d'assurance ».

1.2.1. La plus étroite définition communément admise

La gestion du risque repose sur l'examen critique et analytique des événements dont l'apparition est susceptible de provoquer des pertes pour l'organisation. Cet examen débouche sur des propositions quant au traitement de la situation analysée. L'objectif poursuivi consiste à protéger l'entreprise ou toute autre institution contre des pertes ayant un caractère accidentel du point de vue de l'*entité considérée* (G.L. Head, 1986).

Cette dernière restriction a son importance. En effet, le risque change parfois de nature selon qu'il se concrétise au niveau d'une petite ou d'une grande entreprise. Tel risque qualifié de risque « pur » dans le premier cas deviendra un risque de l'entrepreneur dans le second cas : l'aptitude à une meilleure maîtrise repousse les frontières du caractère inéluctable de tel ou tel sinistre.

La gestion du risque peut alors s'analyser comme un processus de décision destiné à sélectionner et à mettre en œuvre les techniques qui, du point de vue d'une organisation particulière, présentent le meilleur bilan des avantages et des coûts.

Ainsi conçu, le processus de gestion du risque comprend les étapes suivantes :
– identification et analyse des expositions au risque,
– examen des différentes techniques susceptibles d'être utilisées,
– choix de la technique la mieux appropriée,
– mise en œuvre des mesures retenues,
– suivi et correction du programme.

1.2.2. Où commence le risque de l'entrepreneur ?

Il n'est pas simple de tracer une frontière indiscutable entre le risque de nature accidentelle et le risque entrepreneurial ? Comme cela a déjà été mentionné, la ligne de partage est appelée à se déplacer en fonction des caractéristiques de l'organisation et, notamment, des moyens dont elle dispose pour influer sur son environnement. Ainsi, jusqu'à une époque récente, les entreprises françaises ne disposaient pas toutes des mêmes moyens de se protéger contre les risques de change : seuls, quelques très grands groupes avaient obtenu, sous certaines conditions, de ne pas appliquer la réglementation en vigueur[1].

Peut-on soutenir que les risques attachés à des *projets* importants doivent être exclus du champ d'intervention du *risk manager,* simplement parce que ces *projets* sont, par définition, des choix stratégiques relevant de la compé-tence du chef d'entreprise ?

Certes, les projets d'IBM ou de Pilkinton de développer la série des « 360 » ou le « verre flotté » reposaient sur de formidables paris que le gestionnaire du risque n'avait pas à faire. Il est vrai encore que bien peu de

---

1. Voir dans cette Encyclopédie l'article de C.A. Vailhen, « Risque de change ».

projets ou d'innovations verraient le jour si l'on s'attachait *ex ante* à entreprendre un inventaire exhaustif des difficultés prévisibles et de leurs possibles solutions.

Néanmoins, il serait dommage de cantonner le rôle du *risk manager* au seul domaine *opérationnel,* car un faisceau convergent d'observations d'origines variées montre clairement le bénéfice qu'il est possible de tirer de l'application de la « gestion du risque » à des projets étiquetés *a priori* comme entrepreneuriaux.

En matière d'innovation, la recommandation faite aux PME a été de privilégier les micro-innovations qui, pour un risque modéré, ouvrent souvent de belles perspectives à l'entreprise, plutôt que de s'attacher à développer des projets d'une grande originalité, mais comportant des risques que ne compensent pas les profits escomptables. De manière analogue, J. Argenti (1976) suggère au chef d'entreprise de ne pas engager de projets qui ne puissent, le cas échéant, être abandonnés et totalement passés en pertes sans menacer l'existence de l'entreprise. Il note en effet, conformément à ce que nous avons pu observer nous-mêmes[1], qu'une part non négligeable des défaillances d'entreprises provient de l'échec d'un projet trop important, eu égard à la taille de l'entreprise *et aux bénéfices qu'il est légitime d'en escompter en cas de succès.* En d'autres termes, et contrairement à ce que l'on observe sur les marchés financiers efficients, une rentabilité accrue n'entraîne pas nécessairement pour l'entreprise une plus grande exposition au risque[2].

S'il est fréquemment possible de satisfaire les buts que s'assigne la direction de l'entreprise, (tout) en substituant à des projets trop risqués des initiatives tout aussi rentables, il est aussi envisageable de réduire le risque inhérent à un projet en procédant en quelque sorte à son « opérationnalisation »[3]. On retiendra que par opposition au projet l'opération est un phénomène répétitif, stabilisé et donc susceptible d'une gestion statistique. Pour réduire le risque attaché à tout projet, J.D. Casher (1984) suggère plusieurs méthodes :

– décomposer le projet en sous-ensembles aussi petits que possible,

– organiser le déroulement du projet de telle sorte que les premières réalisations à être mises en œuvre soient celles dont la période de récupération (*payback period*) soit la plus brève possible,

– renforcer l'autonomie du projet par rapport à d'autres initiatives et vis-à-vis des systèmes en place,

– rechercher au sein de l'organisation les individus dont la compétence peut être utile au projet et les faire participer aux travaux de l'équipe,

---

1. « La vulnérabilité de l'entreprise », *Revue Ismea Gestion* (n° 6, décembre 1985) ; « Vulnérabilité des entreprises : le cas des filiales », *Revue Française de Gestion* (n° 6, janvier-février 1988).
2. Voir A. Figenbaum, H. Thomas, « Dynamic and Risk Measurement, Perspectives on Bowman's Risk-Return Paradox for Strategic Management : An Empirical Study », *Strategic Management Journal* (vol. 7, 1986).
3. Voir R.P. Declerck, P. Eymery, M.A. Crener, *Le management stratégique des projets*, Paris, Hommes et Techniques, 1980.

– utiliser ce qui a déjà été fait afin de diminuer l'ampleur de la tâche et partant le risque attaché au projet.

Réduire la complexité du projet en le décomposant et en l'autonomisant, abaisser aussi rapidement que possible l'exposition au risque et utiliser l'expérience disponible au sein ou à l'extérieur de l'organisation sont des suggestions qu'il convient d'appliquer avec doigté, afin que la réduction du risque n'aboutisse pas à dénaturer profondément le projet.

1.2.3. Le traitement des accidents

En raison de ses origines, le « management du risque » ne s'est guère intéressé, dans un premier temps, à la gestion des opérations une fois le risque réalisé. Mais aujourd'hui, le *risk manager* ajoute à ses fonctions prévisionnelle et préventive des préoccupations concernant le traitement curatif. En dépit des précautions prises, l'accident demeure toujours possible et, quel qu'en ait été le traitement juridico-financier, l'entreprise à intérêt à s'être préparée à l'éventualité de devoir opérer dans des conditions difficiles et à tout le moins inhabituelles. Ce travail de préparation à la gestion des situations de crises fait l'objet de développements particuliers au paragraphe 2.3.

2. Les principes de base de la gestion du risque

La gestion complète du risque suppose que soient menés à bien trois types d'actions différentes : l'identification et l'appréciation du risque tout d'abord, son traitement juridico-financier ensuite, et la gestion opérationnelle du risque tant potentiel que réalisé. La présente section développe successivement ces trois points.

2.1. L'identification et l'appréciation des risques

L'identification des événements menaçants est fondamentale, puisqu'il ne peut y avoir de gestion rationnelle du risque, tant que celui-ci n'a pas été repéré. L'identification suppose la mise à jour des événements critiques ; elle s'accompagne d'une analyse de la fréquence et de l'intensité des accidents envisagés, ainsi que de leur impact sur le fonctionnement de l'entreprise.

Ce repérage débute en principe par un examen des points qui présentent une valeur critique pour la firme. Il s'agit généralement des biens et droits qu'elle possède ou utilise, du revenu net tiré de son activité, de ses engagements et de sa responsabilité vis-à-vis des tiers et, enfin, du personnel qu'il lui est difficile de remplacer aisément.

Une fois repérés, les risques doivent être appréciés. Pour cela, S. Fink (1986) propose de retenir un ensemble de cinq questions :

1. Si le risque identifié menace de gagner en intensité, avec quelle rapidité et jusqu'à quel niveau est-il susceptible de se développer ? Que peut supporter l'entreprise et pendant combien de temps ?

2. Quelle publicité peut être faite du problème rencontré ? Les autorités ou les médias sont-ils susceptibles de s'intéresser de près au problème et quel peut être l'effet de leur intervention ?

3. Jusqu'à quel point la crise est-elle en mesure de perturber l'activité quotidienne de l'entreprise ?

4. Dans un certain nombre de cas, la responsabilité, voire la culpabilité de l'entreprise se trouvera engagée ; il est alors nécessaire de s'interroger sur les effets délétères que la crise traversée peut avoir sur l'image de la firme auprès du public.

5. Il est enfin essentiel d'évaluer l'impact que peut avoir sur les résultats de l'entreprise la réalisation d'un risque potentiel.

Cet examen une fois réalisé, il convient d'apprécier, même grossièrement, la probabilité de réalisation du risque envisagé.

2.2. Le traitement économique du risque

D'un point de vue économique, le risque est susceptible d'être transféré, assuré ou conservé. Le transfert peut porter sur le risque lui-même ou seulement sur ses implications financières.

Dans le premier cas, l'entreprise opère avec un autre partenaire économique une transaction aux termes de laquelle ce dernier supporte pleinement l'exposition au risque. Les formules de crédit-bail immobilier offrent un exemple de transfert au bailleur des risques inhérents à la propriété d'un bâtiment.

Il est possible également de ne transférer que les effets financiers d'un risque potentiel. Dans ce cas, l'entreprise reste exposée au risque, mais si celui-ci se réalise, elle est en mesure de se retourner vers son co-contractant (qui en l'occurrence n'est pas un assureur) pour le versement d'une indemnité.

La formule de l'assurance, qui repose sur la prise en charge par un assureur de pertes à venir de montants inconnus moyennant la perception d'une prime d'un montant déterminé à l'avance, est une technique bien connue. Elle ne nécessite pas de développements particuliers.

La rétention du risque consiste, pour l'entreprise, à être son propre assureur. La décision de conserver tel ou tel risque particulier peut être mise en œuvre suivant diverses modalités.

1. Dans le cas de risques de faible importance et suffisamment répétitifs pour être budgétés (le retour, par exemple, de produits défectueux par des clients insatisfaits), l'entreprise peut à bon droit compter sur ses résultats courants pour faire face.

2. Dans le cas de risques plus importants et plus réguliers, il est parfois opportun de constituer des provisions afin de lisser les résultats comptables, et il peut être nécessaire de disposer de réserves susceptibles d'être mobilisées le cas échéant.

3. Dans le même ordre d'idée, des lignes de crédit particulières peuvent être négociées préalablement avec les banques qui permettront à l'entre-

prise, en cas de réalisation du risque, de faire face aux conséquences que celui-ci aura sur la trésorerie de l'entreprise.

4. Parfois pratiquée par des entreprises de grande taille, une dernière formule consiste à utiliser les services d'une compagnie d'assurances filialisée.

Le traitement du risque repose généralement sur une combinaison de ces différentes techniques que sont le transfert, l'assurance et la rétention.

2.3. La gestion opérationnelle du risque

A la différence du traitement « économique », qui porte sur les effets financiers du risque, la gestion opérationnelle s'attache à réduire la probabilité de réalisation du risque et à restreindre l'étendue de ses conséquences. Elle s'intéresse donc au risque potentiel comme au risque réalisé.

2.3.1. La gestion opérationnelle du risque potentiel

Chaque type de risque se caractérise par deux paramètres : le sinistre maximum et la fréquence du risque maximum. Ce sont eux que le gestionnaire du risque va s'efforcer de maîtriser. Pour réduire le sinistre maximum, il lui faudra engager des actions de protection, tandis que la réduction de la fréquence correspondra à la mise en place de mesures de prévention. Ces deux modalités d'intervention doivent être utilisées conjointement et avec discernement. Il serait en effet peu pertinent de s'attacher exclusivement à la prévention d'un sinistre que l'entreprise ne serait pas en mesure de supporter (J.P. Louisot, 1985).

L'informatique fournit une illustration de la différence existant entre ces deux types d'actions. Si l'on considère le risque de destruction accidentelle d'un fichier valide, il peut être utile à des fins de prévention d'admettre une certaine redondance à l'intérieur des procédures d'effacement des fichiers. Un telle mesure réduira effectivement la fréquence des effacements accidentels, mais laissera inchangé le niveau du sinistre maximum. Pour réduire celui-ci, on pourra en revanche procéder à la duplication des fichiers, qui seront alors protégés d'une totale destruction par accident.

De même qu'il convient d'arbitrer avec doigté entre la protection et la prévention, il paraît souhaitable d'assurer la cohérence des mesures de sécurité prises. Le bon fonctionnement d'un système, la préservation d'un actif... sont des objectifs qui dépendent généralement d'un ensemble de moyens de sécurité. Si l'on reprend l'exemple précédent, les efforts réalisés pour améliorer la sécurité de l'exploitation informatique par la sauvegarde des fichiers n'ont vraiment de sens que si des efforts d'un niveau équivalent ont été entrepris pour assurer, par exemple, la sécurité générale de l'installation (incendie, dégâts des eaux, etc.).

Parmi les différentes mesures de protection susceptibles d'être utilisées par une entreprise, les systèmes d'alerte (*warning systems*) méritent une mention particulière. Ils peuvent constituer un moyen efficace de réduire les conséquences d'un incident, à condition que des actions correctrices puissent être effectivement entreprises dans le délai séparant l'incident de l'annonce qui en a été faite et à condition également que le système dispose d'une crédibilité suffisante pour que des mesures adéquates soient mises en œuvre en cas d'alerte.

L'efficacité d'un système d'alerte dépend des relations existant entre :
– le seuil de déclenchement et le délai de réponse,
– la réponse apportée et les performances antérieures du système.

S'il est trop sensible, le système d'alerte déclenchera un nombre élevé de fausses alarmes et après quelque temps n'entraînera plus de réaction. Si au contraire il n'est pas assez sensible, il risque de ne pas signaler un événement sur le point de se réaliser, ou le fera trop tardivement pour que des mesures de protection puissent être mises en œuvre.

L'analyse des coûts et bénéfices d'un système de surveillance repose sur la qualité des signaux émis et des réponses apportées par ceux à qui ces signaux sont destinés. Il est en principe possible de déterminer une sensibilité sinon optimale du moins raisonnée du dispositif d'alerte. De cette sensibilité dépendra le taux de fausses alarmes et le délai de réponse utilisable en cas de détection d'une menace réelle (E. Paté-Cornell, 1986).

2.3.2. La gestion opérationnelle des situations sinistrées

Prévenir les risques potentiels et s'en protéger ne suffit pas, il est également nécessaire de se préparer à affronter une situation sinistrée. Il convient pour cela de réduire au minimum, par une préparation adéquate de l'organisation, les dysfonctionnements résultant du sinistre.

L'objectif consiste à définir un « plan d'urgence ». Il suppose à la fois des moyens et de la constance, car pour être efficace un plan d'urgence doit être régulièrement actualisé. Le contenu d'un tel plan doit viser à définir clairement la manière d'assumer dans les plus brefs délais tout ou partie des fonctions sinistrées.

Parmi les techniques susceptibles de trouver leur place dans un plan d'urgence, signalons le *back-up,* qui permet de disposer dans un temps de réponse court d'une unité de substitution. Dans le domaine informatique, le *back-up* peut prendre diverses formes. Le doublement du matériel sur un autre site minimise certainement le risque, mais s'avère particulièrement coûteux. Dans bon nombre de cas, il est possible de lui préférer des formules reposant sur des accords extérieurs avec des sociétés spécialisées ou des partenaires disposant de configurations identiques. Compte tenu de son coût, le *back-up* peut être réservé aux applications dont le caractère crucial a été mis en évidence au cours de l'analyse des risques (J.P. Louisot, 1985).

3. Le statut et la place du *risk manager*

Parallèlement à l'évolution du concept de *risk management,* la place et l'organisation de la fonction dans l'entreprise se sont modifiées. En passant d'une attitude passive d'acheteur d'assurance à une attitude « proactive » de gestionnaire des risques, le responsable a vu son statut glisser d'une activité étroitement opérationnelle à une fonction de direction générale. Ce glissement ne s'est pas opéré facilement. En effet, le manager du risque a dû lutter sans cesse contre les connotations négatives de « risque » et de « perte », souvent associées à sa fonction, en développant l'idée que son département est davantage un centre de profit qu'un centre de coût. Cette tentative rappelle d'ailleurs celle des acheteurs industriels, eux aussi à la recherche d'une nouvelle identité mettant en valeur le caractère stratégique de leur métier[1].

L'insertion du manager du risque dans l'entreprise s'est modifiée au fur et à mesure que le caractère disciplinaire de la fonction (physique, chimie, économie, statistique, finance, droit, sciences politiques...) s'est affirmé. La place du *risk manager* dépend largement de deux variables : la taille de l'entreprise et sa culture, puisqu'on peut distinguer au moins deux formules d'organisation du management du risque, l'une japonaise, l'autre américaine.

3.1. Titres et responsabilités

Une récente étude (J. Charbonnier, 1985)[2] donne quelques indications intéressantes sur les titres et responsabilités des individus en charge de la gestion du risque au sein de firmes européennes.

Le titre de *risk manager* est encore d'un emploi limité (13,5 %), celui de *risk and insurance manager* (18 %) apparaît plus fréquemment, mais la dénomination la plus utilisée demeure celle d'*insurance manager* (37,5 %).

Les responsabilités des gestionnaires européens sont assez semblables à celles qu'assument les *risk managers* américains. Ici et là, la plupart des entreprises les chargent d'identifier et d'évaluer les risques, et attendent d'eux qu'ils gèrent l'ensemble des programmes d'assurance.

Si il revient au *risk manager* de planifier, diriger et contrôler les différentes étapes de la gestion du risque, cela ne signifie pas pour autant qu'il lui faille nécessairement en assurer personnellement la réalisation. De fait, dans bon nombre d'entreprises, la gestion des risques propres aux activités de chaque département demeure une responsabilité essentielle du responsable opérationnel. Le rôle du *risk manager* consiste, d'une part, à apporter son concours aux responsables opérationnels et, d'autre part, à assurer, en collaboration avec la direction générale, la coordination de l'ensemble des opérations de gestion du risque menées au sein de l'organisation (G.L. Head, 1986).

Pour une majorité de petites et moyennes entreprises, le coût d'un service spécifiquement chargé de la gestion des risques représente une charge excessive au regard des avantages qu'elles peuvent en attendre. En

---

1. Voir P. Joffre, G. Kœnig, « Les mutations de l'achat industriel », *Analyses de la SEDEIS* (n° 22, juillet 1981).
2. Cette étude concernait 1 100 entreprises et obtint 188 réponses de firmes appartenant à des secteurs économiques très divers. Parmi celles-ci, 40 % avait un chiffre d'affaires supérieur à 1 milliard de dollars et 44 % employaient plus de dix mille personnes.

conséquence, dans les PME américaines, quand elle n'est pas assumée directement par le chef d'entreprise ou le directeur général, cette fonction est fréquemment confiée au responsable des ressources humaines.

S'agissant de la taille de l'organisation, on observe que seules les grandes entreprises se dotent d'un service étoffé[1]. Le recours aux consultants est donc fréquemment observé, même dans les entreprises d'une certaine importance. Une étude américaine réalisée auprès de 3 000 *risk managers* (M. York, 1981) a montré que l'importance du département croissait avec la dimension internationale de l'entreprise et que celui-ci comptait en moyenne 3 personnes, en dehors du personnel administratif non spécialisé. Cette étude a permis également de mettre en évidence trois phénomènes fondamentaux quant à l'évolution de la fonction et des hommes qui l'animent :

– un accroissement rapide du nombre des *risk managers* employés à temps plein (+ 75 % en 5 ans),

– le développement corrélatif des formules d'auto-assurance,

– l'accroissement sensible d'un pouvoir que le gestionnaire du risque partage avec le directeur général (20 %) ou les responsables des services financiers (39 %).

3.2. Déconcentration et coopération en matière de gestion du risque

Certaines tâches du *risk management,* nous l'avons vu, sont assumées par d'autres services que la cellule de gestion des risques elle-même. Cette déconcentration de la fonction est à rapprocher du fait que les gestionnaires du risque utilisent souvent de manière intensive les sources d'informations internes à l'entreprise[2]. Elle dépend également de choix organisationnels dont la portée n'est pas limitée à la seule fonction « gestion des risques ». C'est ainsi qu'on observe au sein des entreprises japonaises un démembrement de la fonction ; la répartition entre les départements juridique, financier, d'administration générale... se faisant selon le type de risque et ses modalités de traitement.

Si l'existence ou l'absence d'un service spécialisé peut sembler une différence importante, il ne faut toutefois pas en exagérer la portée. Dans l'entreprise américaine comme dans la firme nippone l'accent est mis sur la coordination des actions engagées dans le domaine de la gestion des risques et sur la nécessaire coopération entre les services (G.L. Head, 1986).

3.3. De l'usage des intermédiaires d'assurance

Dans quelle mesure les gestionnaires du risque utilisent-ils des intermédiaires pour s'assurer ? Qu'en attendent-ils et en sont-ils satisfaits ?

---

1. Si l'on raisonne en terme de coûts et en considérant que le montant à consacrer à la fonction *risk management* devrait se situer en moyenne entre 3 et 5 % d'un budget d'assurance normal, il faut disposer d'un budget approchant les vingt millions de francs avant de pouvoir se doter d'un département spécialisé.
2. Selon J. Charbonnier (1985), les *risk managers* européens recourent, pour plus de 80 % d'entre eux, à des informations produites par les services techniques, de sécurité et financiers de leur entreprise.

Si le paragraphe précédent permettait de cerner la division du travail au sein de l'entreprise, les réponses à ces questions permettent de se faire une idée plus précise sur le partage qu'opèrent les entreprises entre ce qu'elles réalisent elles-mêmes et ce qu'elles confient à l'extérieur en matière de gestion des risques.

Le recours à des intermédiaires est chose fréquente en Europe. Selon une enquête déjà citée, seulement 15 % des entreprises n'utilisent jamais les services d'intermédiaires pour s'assurer. Si 44 % des firmes ne sous-traitent qu'une partie seulement du placement de leurs risques, un nombre presque équivalent d'entreprises (41 %) procèdent exclusivement par le biais d'intermédiaires (J. Charbonnier, 1985).

Les motifs qui poussent à l'usage d'intermédiaires sont variés. On attend de ces derniers la réponse à des problèmes urgents ou spécifiques (risques à l'étranger), une amélioration du rapport entre les primes versées et les couvertures obtenues, une assistance opérationnelle dans le suivi des conten-tieux et la visite régulière des emprises immobilières ou, tout simplement, des conseils.

En dehors des situations d'urgence, l'intervention des intermédiaires ne recueille finalement qu'une satisfaction mitigée de la part des *risk managers,* qui se disent souvent (83 %) prêts à changer d'intermédiaires si l'occasion se présente.

Parmi les intermédiaires, il convient de faire une place à part aux compagnies d'assurances captives. Celles-ci sont, bien sûr, l'apanage exclusif des très grandes entreprises[1].

Tout en réduisant le coût d'intermédiation, cette formule ne présente pas les risques qui accompagnent souvent l'auto-assurance. Sans doute faut-il trouver dans la part croissante des captives (25 à 40 % du marché des risques industriels d'ici à 1990) une explication à la dispersion très importante des primes d'assurance dans le budget total du département de management du risque : de 7 à 80 % selon une étude de 1981.

*

* *

Un pied solidement planté dans le monde de l'assurance et l'autre dans celui de la finance, le *risk manager* s'intéresse à tout : aux relations clients-fournisseurs (B.B. Jackson, 1980) et aux choix des nouveaux produits (R.A. More, 1982), à l'étude des grands projets (M. Darby, 1982) et aux politiques de croissance externe (D.B. Hertz et T. Howard, 1983 ; F.L. Siegel, 1982). Entre la gestion du risque et la politique générale, la frontière s'estompe et le dialogue s'instaure, qui permettra de définir les options stratégiques de l'entreprise.

---

1. Sur les 188 entreprises ayant répondu à l'enquête précitée, plus du quart avait recours aux services d'une compagnie captive. 46 % de celles qui n'utilisaient pas cette formule envisageaient d'y venir.

Le *risk management* est à la mode et, comme beaucoup d'idées nouvelles en gestion, il est volontiers impérialiste. Mais ces intentions s'exercent dans une direction bien particulière. En effet, l'essentiel des développements consacrés à la gestion du risque tourne autour des notions de prévision, de prévention et de planification, qui dominent à la fois les lieux d'origine (l'assurance et la finance) et le point d'arrivée (la stratégie) de cette nouvelle fonction.

Le *risk management* est une invitation à la vigilance. De ce point de vue, il ne souffre guère de critiques, même si la généralité de l'effort proposé menace la pérennité de l'intention. Mais l'accent mis sur la vigilance fait plus gravement oublier que la confrontation avec l'incident − le risque réalisé − est l'aboutissement possible, même s'il est peu probable, de l'exposition au risque. Jusqu'à présent, ces préoccupations n'ont trouvé dans la littérature consacrée à la gestion du risque qu'un écho timide.

Les travaux consacrés à la « gestion de crise [1] » remédient partiellement à cette insuffisance, mais les aspects « préventifs » du *risk management* et le « traitement du risque réalisé », qui sont pourtant les deux faces d'un même problème, font aujourd'hui encore trop souvent l'objet de traitements séparés.

Références

Argenti J., *Corporate Collapse*, Paris, McGraw-Hill, 1976.

Bannister J., Bawcutt P., *Practical Risk Management*, Witherby, England (State Mutual), 1981.

Casher J.D., « How to Control Project Risk and Effectively Reduce the Chance of Failure », *Management Review* (June 1984) : 50-54.

Charbonnier J., « A Profile of Risk Management in Europe », *Risk Management* (October 1985) : 76-78.

Darby M., « The James Bay Project : A Symbol of Engineering and Risk Management Expertise », *Risk Management* (October 1982).

Fink S., « Crisis Forecasting, What's the Worst that Could Happen ? », *Management Review* (March 1986) : 53-56.

Head G.L., « Continuing Evolution of the Risk Management Function and Education in the United States », *The Geneva Papers on Risk and Insurance* (April 1982).

Head G.L., « Updating the ABCs of Risk Management », *Risk Management* (October 1986) : 50-56.

Hertz D.B., Howard T., « Decision and Risk Analysis in a New Product and Facilities Planning Problem », *Sloan Management Review* (Winter 1983).

Jackson B.B., « Manage Risk in Industrial Pri-cing », *Harvard Business Review* (July 1980).

Louisot J.P., « Une approche de la gestion des risques de l'entreprise informatisée » in *La PME face aux risques*, IAE de Toulouse, 1985, pp. 15-45.

Mehr R.I., Hedges B.A., *Risk Management in Business Enterprise*, Homewood, Ill., Irwin, 1974.

More R.A., « Risk Factors in Accepted and Rejected New Industrial Products », *Industrial Marketing Management* (n° 11, 1982).

Paté-Cornell E., « Warning Systems in Risk Management », *Risk Analysis* (vol. 6, n° 2, 1986) : 223-234.

Robinson R., Kunath L., « A Dynamic Approach to Risk Management », *Risk Management* (September 1981).

---

1. Voir P. Joffre, G. Kœnig, *Stratégie d'entreprise. Antimanuel*, Paris, Economica, 1985, chapitre IV.

Siegel F.L., « Mapping the Risks Manager's Role in an Acquisition », *Risk Management* (August 1982).

York M., « RIMS/TIME Magazine Survey : Where are we Heading ? », *Risk Management* (June 1981).

Mots clés

Accidents, assurance du risque, opération-projet, prévention, protection, rétention du risque, *risk management, risk manager,* risque, systèmes d'alerte, transfert.

73

Information comptable et marchés financiers

Michel Levasseur

Le rôle traditionnellement assigné à la comptabilité est celui de la mesure du résultat. De nombreux travaux ont été réalisés au cours des vingt dernières années, afin de proposer par exemple des méthodes de correction des nombres comptables en période d'inflation[1]. L'objectif implicite est de fournir une mesure du résultat qui soit économiquement interprétable. Il est maintenant bien admis dans la communauté scientifique que les performances de ces techniques sont hautement discutables. Rien ne permet d'asseoir la supériorité définitive de telle méthode sur telle autre. Ainsi, W. Beaver a montré qu'en période d'inflation, la comptabilité « en coûts historiques » permet d'offrir certains avantages par rapport aux comptabilités dites « d'inflation », du moins dans quelques cas. Ce résultat surprenant a une explication évidente. Il n'y a pas de mesure comptable d'un résultat qui soit simple à interpréter au plan économique si la valeur des biens n'est pas mesurée de manière unique. En théorie financière, l'existence de marchés complets et parfaits est une condition suffisante pour qu'une valeur, et une seule, puisse être associée à chaque bien. Dans une économie où l'avenir est incertain, il est hautement improbable que des marchés complets et parfaits existent pour tous les biens. A partir du moment où l'idéal que tente de représenter la comptabilité est lui-même mal défini, on peut douter de la validité de toute la tentative (W. Beaver, 1981).

Cette remarque ne doit pas être considérée comme définitivement négative vis-à-vis de la comptabilité. Bien au contraire, la comptabilité joue ou peut jouer un rôle considérable comme moyen d'information des tiers. Elle rend compte en partie ou en totalité des échanges de biens ou de créances qui ont, par exemple, caractérisé la gestion récente de l'entreprise. Plus encore, elle est susceptible d'apporter des éléments d'information à tous ceux qui cherchent à prévoir son évolution future. Les chiffres comptables sont de nature différente : certains correspondent à des flux de fonds, d'autres à des traitements spécifiques comme une provision pour dépréciation de créances clients, d'autres encore à des synthèses comme le

---

1. Voir dans cette Encyclopédie l'article de D. Boussard, « Comptabilité et variations des prix ».

résultat net. Dans une perspective où l'apport en informations est privilégié, il n'est pas nécessaire d'éliminer *a priori* telle ou telle catégorie. L'investissement réalisé, flux de fonds passé, intéresse sans aucun doute l'analyste financier qui cherche à évaluer les performances futures d'une entreprise. Une provision sur une créance indique de son côté qu'il est bon de minorer les recettes attendues. Enfin, pour nombre d'investisseurs boursiers, la connaissance du dernier résultat est par exemple essentielle pour apprécier un titre.

Dès lors, le problème pour évaluer la performance d'une technique comptable est de mesurer le contenu informatif des chiffres qu'elle produit. Ceci intéresse à la fois l'entreprise, les tiers et particulièrement les investisseurs, et les autorités en charge de contrôler les productions comptables. Les investisseurs boursiers sont les premiers concernés car ils sauront où porter leur attention et leurs efforts. Les entreprises pourront mieux définir leur politique de communication afin de bénéficier du meilleur accès aux marchés financiers. Les autorités de contrôle, comme la Commission des opérations de bourse, bénéficieront d'éléments objectifs d'appréciation de l'équité et de l'efficacité des méthodes d'information des tiers.

L'originalité d'une grande partie de la recherche récente en comptabilité est d'avoir considéré la comptabilité comme une activité de production d'un bien quelque peu particulier : l'information financière. Nous présenterons quelques-uns des résultats les plus intéressants en distinguant quatre niveaux.

– Le premier est celui de l'élaboration. Les entreprises peuvent choisir entre différents ensembles de méthodes comptables[1]. L'analyse de ces choix a permis de montrer la variété des politiques suivies et leur lien avec d'autres décisions fondamentales de la firme.

– Le deuxième concerne la présentation. Les analystes financiers aiment à apprécier l'évolution dans le temps des principaux indicateurs. La recherche récente a permis de mieux comprendre les propriétés statistiques des séries chronologiques de nombres comptables. Ainsi sont mieux appréciées les conséquences ultimes des activités de « lissage ».

– Le troisième est celui de l'utilisation. Tous ces chiffres ne revêtent le plus souvent un intérêt que s'ils aident à l'amélioration d'une prévision. Trois utilisations seront évoquées : la prévision du résultat net, celle de la solvabilité et celle du risque boursier.

– Le quatrième est celui de l'évaluation. Une manière d'apprécier la pertinence de cette information comptable est d'analyser en profondeur les réactions des marchés financiers lors de sa publication. Un important ensemble de travaux a été publié sur le sujet au cours de ces vingt dernières années.

---

1. Voir également dans cette Encyclopédie l'article de J.F. Casta, « Politique comptable des entreprises ».

1. L'élaboration : le choix des méthodes comptables

Le choix des méthodes comptables n'est pas laissé à la discrétion des entreprises. En France, la tenue d'une comptabilité doit s'effectuer dans le cadre d'un plan comptable. Par ailleurs, les professions et les autorités de tutelle développent une grande activité dans l'élaboration de normes ou de recommandations [1]. Il n'en demeure pas moins que tout ne peut pas être prescrit avec précision à l'avance. D'une part, la loi elle-même laisse une possibilité de choix : c'est le cas, par exemple, pour l'amortissement entre le mode linéaire et le mode dégressif. D'autre part, il apparaît dans la vie des entreprises des situations suffisamment variées pour que la réglementation ne se contente que de rappeler des principes généraux. Ainsi, la réévaluation légale de 1976 des immobilisations a été effectuée en fonction de leur utilité présente pour l'entreprise. Plus précisément, la valeur d'une immobilisation a été définie comme « la somme qu'un chef d'entreprise prudent et avisé accepterait de décaisser pour obtenir cette immobilisation s'il avait à l'acquérir compte tenu de l'utilité que sa possession présenterait pour la réalisation des objectifs de l'entreprise ».

Aussi, n'est-il pas étonnant de constater des différences dans les politiques comptables choisies par les entreprises. Une première catégorie de travaux scientifiques s'est attachée à l'analyse des relations qui peuvent apparaître entre les caractéristiques des entreprises et leur choix en matière de comptabilisation. Un deuxième ensemble regroupe des recherches sur les facteurs explicatifs des changements de méthodes au sein d'une même entreprise. Enfin, une interrogation demeure : ces éléments d'hétérogénéité sont-ils de nature à réduire la valeur des analyses financières et des comparaisons interfirmes ?

1.1. Les différences entre les firmes quant au choix des méthodes comptables

Deux points ont été plus particulièrement étudiés aux Etats-Unis : d'une part, l'utilisation des méthodes LIFO *(Last In First Out)* et FIFO *(First In First Out)* pour l'évaluation des stocks ; d'autre part, la comptabilisation des coûts d'exploration au sein des sociétés pétrolières. G. Biddle (1980) note, par exemple, que « dans plusieurs industries (notamment la chimie et le verre) presque toutes les entreprises figurant dans le fichier Compustat utilisaient déjà la méthode LIFO ou l'ont adoptée simultanément ». Le secteur d'activité apparaît bien comme une variable explicative. Ce n'est pas la seule : la taille, la structure financière semblent jouer un rôle non négligeable. Ainsi G. Foster (1980) a montré que les entreprises pétrolières les plus petites et les plus endettées choisissent une comptabilisation au coût complet de leurs dépenses d'exploration. Ceci permet d'étaler les coûts des

---

1. Voir également dans cette Encyclopédie les articles de E. du Pontavice, « Droit comptable » et de J.C. Scheid, « Professions comptables libérales en France ».

échecs sur l'ensemble des produits. Il en résulte pour les entreprises en forte croissance une majoration du résultat net.

1.2. Les déterminants des changements de méthodes

R. Ball (1972) notait que les entreprises qui avaient enregistré le plus de changements au cours des cinq dernières années étaient celles qui connaissaient les performances boursières les plus médiocres. Ce lien entre la pauvreté des résultats et la forte propension aux changements se retrouve dans bien d'autres études. Ainsi, K. Schwartz (1982) compare les politiques comptables de 165 sociétés qui ont connu des difficultés financières sérieuses avec celles d'un échantillon comparable d'entreprises saines. Les premières réalisaient en moyenne deux fois plus de changements. Les modifications qui ont pour conséquence l'amélioration du résultat net y étaient quatre fois plus nombreuses. Ce résultat se retrouve dans la thèse de N. Guettat (1987) pour un échantillon d'entreprises françaises.

1.3. Les implications pour l'analyse financière

G. Foster (1986) distingue trois types de conséquences pratiques.

– Dans un premier cas, il est toujours possible d'accorder un crédit aux nombres comptables tels qu'ils sont publiés et mieux vaut les traiter directement. Ceci apparaît raisonnable, si les choix de méthodes comptables ont été effectués par les entreprises pour des raisons économiques valables, ou si l'analyste ne dispose que d'une information complémentaire insuffisante ou peu fiable interdisant de ce fait tout retraitement sérieux, ou encore si le résultat des corrections ne modifie les indicateurs financiers pertinents que de manière négligeable.

– Dans un deuxième cas, une information complémentaire exploitable est fournie en annexe : mieux vaut alors homogénéiser les données provenant de sociétés différentes. Des amortissements dérogatoires importants ou des provisions réglementées spécifiques peuvent donner lieu à des redressements pour le calcul d'un résultat.

– Dans un troisième cas, les retraitements peuvent être réalisés à partir d'approximations statistiques. Cette dernière technique a en particulier été utilisée pour tenir compte des effets de l'inflation. Les corrections dans l'évaluation de certains postes du bilan sont alors effectuées en fonction de l'évolution d'indices de prix. La recherche de P. Paquet (1986) en contient un bon exemple, même si son objet était beaucoup plus large (puisqu'il s'agissait de mesurer les transferts de valeur liés à l'inflation).

L'hypothèse, somme toute réconfortante, selon laquelle l'information brute publiée par les entreprises reste finalement tout à fait interprétable, a trouvé quelques éléments de support. Nous n'en citerons que deux : l'un publié dans une recherche américaine, l'autre d'origine française. J. Dawson, P. Neupert et C. Stickney (1980) ont montré que les mesures de différents ratios couramment utilisés en finance restaient fortement corrélées quelle que soit la technique comptable utilisée (tableau 1). Les classements entre les firmes et les évaluations relatives ne sont donc guère affectés. C'est bien là l'essentiel le plus souvent en analyse financière, puisqu'il est généralement admis qu'un ratio isolé a peu de signification, mais que son évolution dans le temps ou encore sa valeur par rapport à une statistique sectorielle peuvent être riches d'enseignement[1].

Tableau 1

Coefficients de corrélation entre diverses mesures d'un même ratio

Ratios calculés sur les valeurs comptables publiées	Ratios calculés sur des valeurs comptables redressées en matière de :		
	Evaluation des stocks	Calcul des amortis-sements	Prise en compte des impositions différées
Liquidité générale	0,944	–	0,944
Endettement total	0,993	0,997	0,981
Couverture des frais financiers	0,999	0,999	0,999
Rentabilité sur actifs	0,995	0,993	0,976
Rentabilité propre	0,994	0,987	0,916
Rotation des stocks	0,994	–	–
Rotation des actifs	0,998	0,997	0,999

Source : J. Dawson, P. Neupert, C. Stickney, 1980.

A partir d'une analyse statistique plus élaborée, E. Moreira-Brundao (1988) a montré que la base de ratios la plus significative pour représenter le comportement financier d'entreprises françaises n'est guère affectée par le changement de plan comptable. Ainsi, si on retient l'hypothèse selon laquelle les analystes financiers ne prennent pas en considération chaque ratio isolément, mais au contraire apprécient la combinaison de leurs valeurs, leur jugement global sur la situation financière d'une entreprise ne serait guère modifié par les fluctuations diverses générées à l'occasion de la mise en œuvre du nouveau plan comptable.

2. La présentation : l'hypothèse du lissage

Deux hypothèses sont très souvent avancées en matière de présentation des comptes d'une entreprise. D'une part, les dirigeants seraient incités à « habiller » les bilans de fin d'année afin de présenter des équilibres financiers satisfaisants. Ainsi, en accélérant certaines recettes et en retardant quelques dépenses, est-il possible d'améliorer passagèrement la trésorerie. Une partie de la dette peut quitter le passif pour rejoindre le hors-bilan : c'est le cas de l'escompte. D'autre part, ces mêmes responsables auraient

---

1. Voir dans cette Encyclopédie l'article de E. Cohen, « Analyse financière ».

avantage à user des règles comptables afin de présenter les résultats les plus flatteurs. Ainsi, une entreprise en difficulté aurait-elle intérêt à réduire le montant de la perte réalisée en choisissant l'amortissement linéaire plutôt que le dégressif, et en limitant les provisions au strict minimum. L'entreprise qui vient de réaliser un résultat exceptionnellement élevé serait tentée de réduire au maximum son bénéfice, non seulement pour des raisons fiscales, mais aussi pour faire apparaître une partie de son profit au cours d'un exercice moins faste. Tous ces comportements visent à lisser l'évolution du résultat pour ne pas altérer la confiance des tiers et diminuer leur perception du risque. Une autre politique souvent avancée, concernant elle aussi les résultats, serait de profiter d'une très mauvaise année pour user des techniques comptables qui réduisent au maximum le résultat et la valeur de l'entreprise. Les années suivantes, il est ainsi plus facile de faire apparaître une amélioration qui rendra confiance aux investisseurs. L'entreprise a alors réalisé une « grande lessive ».

2.1. La présence du lissage

Tester empiriquement chacune de ces hypothèses n'est pas aisé. Par définition, le camouflage est difficilement observable lorsqu'il est bien réalisé. Cependant, l'étude scientifique des propriétés statistiques des séries chronologiques de nombres comptables peut apporter des éléments de réponse. Des activités intenses de manipulation doivent se traduire par des dépendances significatives dans l'évolution des résultats. Par exemple, P. Healy (1985) a étudié la relation qui peut exister entre le mode d'intéressement des cadres dirigeants et l'importance des écritures comptables influant sur le bas du compte de résultat. Si le bonus est limité à la hausse, il est important pour le management de lisser la courbe de résultat afin de faire apparaître durant les années creuses un bénéfice qui n'aurait pas été rémunéré lors d'une période faste. P. Healy a observé une relation significative entre le type de contrat d'intéressement et l'importance de l'écart entre le résultat et le cash-flow d'exploitation. Ces résultats, souvent très partiels, apportent quelques éléments de réponse. Ils « suggèrent que :

• les polititiques comptables des managers sont liées aux incitations qu'exercent les contrats d'intéressement en matière de publication de résultats ;

• les changements de procédures comptables sont associés à l'adoption ou la modification de plans d'intéressement ».

Nous ne disposons pas d'études comparables en France. Notons toutefois que l'analyse de ces phénomènes de lissage a été également menée en dehors des Etats-Unis. Ainsi, A. Coenenberg, H. Möller et F. Schmidt (1983) signalent qu'en République fédérale d'Allemagne, en Autriche et en Suisse, toutes les études empiriques supportent l'hypothèse de lissage. « Les manipulations comptables en RFA visent généralement à réduire le montant du résultat publié… Ceci pourrait être dû au fait que la comptabilité allemande a des conséquences prononcées en matière d'imposition… De plus, une des observations principales est que les sociétés contrôlées par des dirigeants changent plus souvent leurs méthodes comptables pour lisser leurs résultats annoncés que les sociétés directement contrôlées par leurs propriétaires ».

2.2. Les conséquences en matière de représentation statistique

De nombreux modèles de prévision financière exploitent principalement les informations historiques (voir section 3). Il est donc important de connaître, au plan de la statistique, les caractéristiques des séries de nombres comptables. En particulier, il est nécessaire de vérifier si la variété des situations et les différences entre les politiques comptables suivies sont à la source de modèles distincts et propres à chaque firme. La recherche comptable a été particulièrement féconde dans ce domaine.

R. Ball et R. Watts (1972) ont étudié l'évolution des résultats d'entreprises américaines sur la période 1947-1966. Les coefficients d'autocorrélation calculés sur les variations annuelles sont en moyenne très proches de zéro et jamais significativement positifs ou négatifs. L'analyse des séquences des signes ne révèle aucune dépendance particulière. Au total, les auteurs indiquaient que le cheminement aléatoire décrivait le mieux l'évolution des résultats de ces entreprises.

Cependant, les résultats précédents et d'autres plus contemporains sont obtenus à partir de l'étude exclusive de moyennes. Il est possible que le modèle du cheminement aléatoire soit en moyenne le mieux adapté pour toutes les firmes, mais que des modèles variés et distincts soient supérieurs pour chacune d'entre elles.

R. Watts et R. Leftwich (1977) ont étudié trente-deux entreprises appartenant à trois secteurs d'activité (chemins de fer, pétrole et métallurgie) sur la période 1908-1974. Dans un premier temps, ils constatent que, pour près de 50 % des cas, les processus estimés sur la première moitié de la période retenue ne sont pas cohérents avec l'hypothèse de cheminement aléatoire. C'est en particulier le cas des entreprises de transport ferroviaire. Mais leur essai d'utiliser des modèles spécifiques obtenus à partir de la méthode de Box-Jenkins s'avère totalement décevant. En effet, les changements structuraux qui affectent les entreprises sur d'aussi longues périodes rendent inopérants ces modèles estimés sur le passé. Leur conclusion est que « le cheminement aléatoire est encore une bonne description du processus générant les résultats annuels en général et pour les entreprises individuelles ». Ces analyses chronologiques n'ont donc pas réussi à mettre en évidence des structures systématiques de comportement dues, entre autres, aux activités de manipulation des nombres comptables.

Les données annuelles, vu leur fréquence, sont nécessairement limitées. Ceci explique les difficultés rencontrées et l'obtention d'un résultat valable en moyenne pour un ensemble large d'entreprises sur une période limitée ou pour une entreprise en moyenne sur de très nombreuses années. Ces études ont été également menées sur les résultats trimestriels publiés par les entreprises cotées. L'avantage principal est de disposer de quatre fois plus de données. Cependant, les modèles obtenus doivent le plus souvent incorporer une composante saisonnière. Le nombre de coefficients à estimer est alors supérieur. Le modèle, généralement admis comme le plus performant, est celui de P. Brown et M. Rozeff (1979) qui est une combinaison multiplicative d'un processus autorégressif et d'une moyenne mobile. Ce modèle peut être considéré comme le prolongement de celui autorégressif simple de G. Foster (1977). L'utilisation de moyennes mobiles pour des données trimestrielles a été effectuée précédemment par P. Griffin. Le fait le plus remarquable est que, dans ce domaine, l'utilisation de la méthode Box-Jenkins a donné des résultats décevants. L'identification de modèles spécifiques à chaque firme ne permet pas par la suite d'obtenir de meilleures prévisions. Un modèle unique s'avère tout aussi efficace. Cette conclusion a été obtenue également dans le cas français par N. El-Midaoui (1987) pour les chiffres d'affaires trimestriels. Son étude porte sur 74 entreprises cotées de 1969 à 1984.

En conclusion, l'exploitation de données passées n'a pas encore permis la mise au point de modèles très élaborés. Les modèles les plus performants sont les plus simples, comme celui du cheminement aléatoire pour les résultats annuels. Les effets des différentes politiques comptables ne sont pas discernables à ce niveau. Peut-être sont-elles moins efficaces ou moins utilisées que certains commentaires le laissaient prévoir. Peut-être aussi, leur mise en œuvre est-elle discrète et les méthodes statistiques impuissantes.

3. L'utilisation : les modèles de prévision

Trois utilisations possibles des informations comptables ont été retenues. La prévision du bénéfice par action joue un rôle essentiel dans l'analyse financière. La décomposition du cours boursier d'une action en un produit d'un bénéfice par action (BPA) et d'un multiple boursier est pratique courante. Aussi, est-il admis que meilleure est l'anticipation concernant l'évolution du bénéfice, meilleure ne pourra qu'être la performance de l'investissement. La gestion de portefeuille ne peut pas être mise en œuvre en fonction seulement des rentabilités attendues. La prise en compte des risques est fondamentale. Afin d'évaluer les effets d'une bonne diversification, il est tout à fait indispensable de disposer d'estimations pour les mesures de risque : variances, covariances ou encore bêtas[1]. Il a été démontré empiriquement que ces mesures n'étaient guère stables au niveau individuel. Ici encore, une bonne gestion de portefeuille nécessite une connaissance fine de l'évolution de ces paramètres. Il peut sans aucun doute être utile d'exploiter les nombres comptables pour améliorer notre

---

1. Voir également dans cette Encyclopédie les articles de G. Charest, « Rendement, risque et portefeuilles », de G. Charreaux, « Théorie financière », de R. Cobbaut, « Théorie du marché financier », de B. Jacquillat, « Mesure de performance des SICAV » et de P. Fontaine, « Gestion des portefeuilles internationaux ».

connaissance des risques futurs. L'actionnaire n'est pas le seul acteur intéressé par l'évolution des risques de l'entreprise. Les banques, et plus généralement l'ensemble des prêteurs, sont soucieux de la solvabilité future d'une entreprise. Depuis la fin des années 1960, de nombreux modèles ont été construits afin de prédire à partir de l'information comptable le risque de défaillance d'un emprunteur [1]. Prévision de la rentabilité, prévision des risques boursiers et prévision de la solvabilité, tels sont les trois thèmes qui vont être abordés.

3.1. La prévision du bénéfice par action

Les méthodes de prévision de résultat peuvent être classées en trois catégories principales : les modèles statistiques, les prévisions des analystes financiers et les mesures de consensus. Les premiers sont des modèles relativement automatiques exploitant une connaissance objective de nombres comptables passés ou contemporains. Les secondes reposent en grande partie sur l'expérience personnelle d'un homme et son aptitude à agréger des données variées et souvent qualitatives. Les troisièmes constituent des produits de synthèse.

3.1.1. Les modèles statistiques

Ils exploitent les propriétés des séries chronologiques de nombres comptables. Il est possible de distinguer d'un côté les modèles univariés et de l'autre les modèles multivariés.

3.1.1.1. Les modèles univariés

Dans la section précédente, nous avons fait référence à différents modèles univariés. L'analyse de la seule série des bénéfices passés pour la prévision du résultat permet l'identification de tels modèles. Le modèle de cheminement aléatoire est l'exemple le plus simple. Il indique que la meilleure prévision du résultat à venir est le dernier réalisé. Les modèles de moyenne mobile, comme celui de P. Griffin, ou autorégressif comme celui de G. Foster, exploitent plusieurs réalisations passées pour fournir une prévision. Les modèles obtenus selon la méthode de Box-Jenkins sont certainement les plus élaborés dans ce genre.

3.1.1.2. Les modèles multivariés

Ils cherchent à expliquer l'évolution du résultat à l'aide de plusieurs variables économiques ou comptables. On trouve dans la recherche comptable des exemples simples de modèles de ce type. Le cas le plus courant est le modèle à indices. La variation du résultat net par action est expliquée par un indice sectoriel et par un indice de marché. L'indice sectoriel mesure les facteurs d'évolution communs des résultats des entreprises au sein d'un même secteur. L'indice de marché représente les

---

1. Voir également dans cette Encyclopédie l'article de J.F. Malécot, « Gestion financière de l'entreprise en difficulté ».

sources de fluctuation communes à toutes les entreprises d'une même économie. Cette décomposition a été utilisée en particulier par R. Ball et P. Brown (1967), N. Gonedes (1973) ou B. Lev (1980). Des modèles économétriques beaucoup plus complexes ont été aussi développés mais plutôt au niveau des prévisions sectorielles qu'individuelles. W. Hopwood (1980) fournit par ailleurs une synthèse entre les modèles à indices et ceux élaborés à l'aide de la méthode de Box-Jenkins.

3.1.2. *Les prévisions des analystes financiers*

Ces prévisions ne sont pas seulement le fruit de l'étude de séries passées. Elles incorporent aussi tout un ensemble d'informations qualitatives ou non sur la gestion de la firme. Selon le travail de suivi effectué par l'analyste, elles peuvent être progressivement révisées pour refléter les informations les plus fraîches. P. Brown, G. Foster et E. Noreen (1985) ont ainsi observé sur la période 1976-1980 que près d'un quart des estimations de résultat figurant dans la base de données IBES (de la société Lynch, Jones et Ryan) était révisé soit à la hausse soit à la baisse chaque mois. La conséquence principale de ce suivi est, comme l'ont constaté les trois auteurs précédents, que l'erreur de prévision a tendance à se réduire plus on approche de la date de réalisation (tableau 2).

Tableau 2
Effet de l'éloignement de l'horizon de la prévision sur sa qualité

(déciles de la distribution du ratio : moyenne de l'erreur absolue de la prévision divisée par la moyenne de la variation absolue du bénéfice par action)

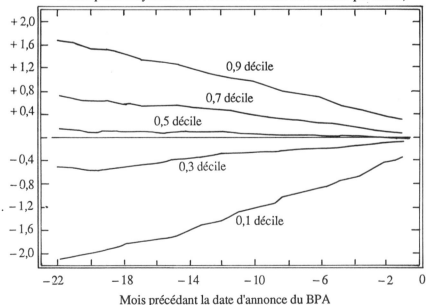

Source : Brown, Foster et Noreen, 1975.

Autre point intéressant noté par les chercheurs américains : lorsque les analystes effectuent des prévisions portant sur plusieurs exercices, ils ont tendance à réviser simultanément chacune des estimations dans le même sens. Enfin, E. Elton, M. Gruber et M. Gultekin (1984) ont décomposé les sources d'erreurs de prévision contenues dans la base IBES en trois composantes. Ils ont ainsi remarqué que si les analystes prévoyaient relativement bien l'évolution des résultats de toutes les entreprises dans leur ensemble, ils avaient beaucoup plus de difficultés à anticiper les mouvements spécifiques à un secteur et encore plus ceux spécifiques à l'entreprise.

P. Brown, P. Griffin, R. Hagerman et M. Zmijewski (1987) ont mesuré les performances relatives des prévisions effectuées par des analystes financiers et celles obtenues à partir de modèles statistiques. Comme l'illustre le tableau 3, la supériorité des analystes est évidente. Ceci n'est pas véritablement surprenant puisque ces derniers disposent de l'ensemble le plus vaste d'informations et surtout ils peuvent prendre en compte, au fur et à mesure de leur apparition, les nouvelles concernant les entreprises.

Tableau 3
Erreur moyenne absolue de prévision du résultat trimestriel

Horizon	Modèle	1er trim.	2e trim.	3e trim.	4e trim.
3 mois avant	Griffin	0,259	0,263	0,288	0,309
	Foster	0,268	0,268	0,302	0,322
	Brown-Rozeff	0,251	0,253	0,294	0,302
	Value Line	0,234	0,214	0,221	0,217
9 mois avant	Griffin	0,332	0,325	0,291	0,343
	Foster	0,335	0,336	0,301	0,337
	Brown-Rozeff	0,342	0,321	0,300	0,332
	Value Line	0,291	0,300	0,252	0,299

Source : P. Brown, P. Griffin, R. Hagerman, M. Zmijewski, 1987.

3.1.3. Les mesures de consensus

Plus récemment, il est apparu que des gains notables de précision pouvaient être obtenus en agrégeant des prévisions effectuées par des analystes différents. Ces mesures synthétiques sont le plus souvent désignées sous le terme de consensus. De tels services se sont développés aux Etats-Unis. Les grandes bases comme IBES ou ICARUS contiennent des prévisions qui ne sont que rarement le fruit d'un seul analyste, mais beaucoup plus des moyennes. Un service consensus a été proposé en mai 1987 à Paris par Associés en Finance. T. Coggin et J. Hunter (1982-1983) ont montré que dans le cas du service IBES la prévision selon le consensus était sur la période 1978-1979 supérieure à celle procurée par un analyste individuel.

Les prévisions des analystes sont également en concurrence avec celles réalisées par les responsables des entreprises. Ces dernières ne sont cependant ni répandues, ni régulières. En France, elles sont rares et prennent le plus souvent la forme de commentaires qualitatifs sur le chiffre d'affaires à venir. J. Hassel et R. Jennings (1984) ont pu étudier 116 cas sur la période 1979-1982. Ils ont montré qu'au moment de leur publication elles étaient plus précises que celles en provenance d'un service de consensus (dans ce cas ICARUS). Cependant, quatre mois plus tard, les prévisions des services d'analyse financière étaient, elles, réactualisées et devenaient aussi fiables et même supérieures par la suite. Les responsables d'entreprise ont accès à une information interne beaucoup plus riche et il est donc logique que leur prévision soit supérieure. Cependant, comme leur information n'est que périodique, les analystes externes reprennent vite un avantage, car ils mettent à jour de manière continue leur base de données.

3.2. La prévision du risque boursier

La théorie financière a mis en évidence l'importance de la prise en compte du risque dans la gestion de portefeuille. La mesure la plus courante du risque d'un titre financier est la variance ou l'écart type du taux de rentabilité attendu. Elle indique l'incertitude totale associée à l'attente de revenus. La composition d'un portefeuille bien diversifié permet de réduire ce risque dans de très grandes proportions. Seul le risque lié aux fluctuations du marché tout entier reste non diversifiable. La théorie financière a, par ailleurs, montré qu'à l'équilibre, il était le seul effectivement rémunéré. La mesure statistique la plus populaire de ce risque est le coefficient bêta. Variance et bêta sont donc les coefficients les plus utilisés pour traiter le risque d'une action.

Le coefficient bêta d'une action représente la sensibilité du cours du titre aux fluctuations du marché. Comme la gestion ne concerne bien évidemment que le futur, ce qui importe est la sensibilité attendue ou encore le bêta à venir. Il est facile de calculer le bêta sur le passé. On l'obtient à partir de la régression simple des taux de rentabilité du titre et de ceux d'un indice du marché. Le problème pratique est que ce coefficient bêta est peu stable dans le temps. Cette évidence empirique a été bien documentée aux Etats-Unis par M. Blume (1971) et en France par E. Altman, B. Jacquillat et M. Levasseur (1974). Diverses pratiques économétriques ont été proposées pour améliorer la prévision et tenir compte de la tendance à converger vers la moyenne qu'ont les bêtas (O. Vasicek, 1973 et M. Blume,1975).

Il paraît raisonnable de supposer que les fluctuations des mesures de risque sont en partie engendrées par l'évolution des caractéristiques financières des entreprises. On peut penser que, lorsqu'une entreprise diminue fortement son endettement, son coefficient bêta – toutes choses restant égales par ailleurs – devrait baisser. De même, ses investissements et ses désinvestissements devraient jouer un rôle considérable. Aussi, est-il apparu intéressant de tenter d'expliquer les évolutions de bêtas à l'aide des principaux ratios comptables. Le premier travail important dans le domaine est dû à W. Beaver, P. Kettler et M. Scholes (1970). En France,

B. Jacquillat, M. Levasseur et D. Pène (1976) ont montré à partir d'un échantillon de 75 entreprises sur la période 1964-1971 que plus la croissance des bénéfices, l'endettement permanent et la variabilité des bénéfices sont importants, plus le bêta est élevé. A l'inverse, plus le taux de distribution des bénéfices, le fonds de roulement et la taille sont grands, plus le bêta est petit. Ces constatations descriptives permettent-elles d'ouvrir la voie à des modèles prédictifs plus puissants ? Des éléments de réponse sont apportés par l'étude de S. Hochman (1983). Cet auteur a comparé les performances de trois prévisions de bêtas. La première est obtenue à partir d'une simple régression de données historiques. La deuxième est obtenue après une suite d'ajustements économétriques pour tenir compte des observations de M. Blume (1975). La troisième incorpore trois ratios d'analyse fondamentale. Les meilleurs résultats sont obtenus à partir de la troisième méthode.

L'information comptable apparaît donc utile à la prévision des risques. Ce point n'a pas manqué d'être pris en compte par les services commerciaux d'informations financières. Par exemple, des sociétés comme Barra, Wilshire Associates aux Etats-Unis, Associés en Finance en France, incorporent dans leurs modèles de prévision de bêtas des informations fondamentales en provenance de la comptabilité. Une évolution peut être attendue dans ce domaine. Elle concerne le risque total ou la variance du taux de rentabilité à venir. Cette mesure de risque, délaissée dans la gestion de portefeuille classique, joue un rôle primordial dans les modèles d'évaluation des options [1]. Vu le développement considérable de ces marchés, y compris en France avec l'ouverture du marché des options négociables de Paris (MONEP), les opérateurs ont besoin de prévisions de plus en plus fiables concernant ce paramètre. On peut raisonnablement penser que, comme pour le bêta, des modèles qui incorporeraient l'information comptable se révèleraient supérieurs.

3.3. La prévision de la solvabilité

La prévision du risque de défaillance d'une entreprise a été l'un des sujets d'étude et de recherche les plus traités au cours de ces vingt dernières années. L'analyse du risque de crédit avait notablement évolué à la suite de la grande crise financière des années 1930. Le développement de l'analyse par ratios y est consécutif [2]. Cette méthode a perdu, du moins en France au cours des années 1970, beaucoup de ses adeptes. Les méthodes fondées sur la construction de tableaux de flux de fonds l'ont très largement éclipsée. On ne peut cependant pas passer sous silence l'effort de rénovation qu'elle a connu avec l'apparition des techniques de *credit scoring*.

Le principe général de cette méthode est simple. Il part de la constatation qu'un analyste financier ne se contente pas de prendre en compte les valeurs

---

1. Voir dans cette Encyclopédie les articles de J.C. Augros, « Options » et de P. Fontaine, « Evaluation des actifs financiers dans le cadre international ».
2. Voir dans cette Encyclopédie l'article de E. Cohen, « Analyse financière ».

prises par chaque ratio comptable et financier individuellement. Il les considère simultanément et les pondère suivant son expérience. Avec le *credit scoring,* la mémoire de l'analyste est remplacée par un fichier de données qui retrace les caractéristiques financières de deux populations d'entreprises, les unes saines, les autres ayant connu des difficultés. La recherche des ratios les plus discriminants et surtout l'élaboration de la moyenne pondérée la plus performante est laissée à l'analyse automatique des données. La méthode la plus courante est l'analyse discriminante. Plus récemment, d'autres techniques ont été utilisées comme l'analyse probit (J. Ohlson, 1980) ou la partition récursive (H. Frydman, E. Altman et D. Kao, 1985).

Les travaux pionniers sont dus à W. Beaver (1966) et E. Altman (1968). Le modèle de E. Altman comportait cinq variables et se présentait de la manière suivante :

$$Z = 1,2 \times A + 1,4 \times B + 3,3 \times C + 0,6 \times D + 1,0 \times E$$

avec A = fonds de roulement / total de l'actif
     B = bénéfice mis en réserve / total de l'actif
     C = bénéfice avant charges financières et impôts / total de l'actif
     D = capitalisation boursière / total des dettes
     E = ventes / total de l'actif

E. Altman notait qu'un score inférieur à 1,8 indiquait une très forte probabilité de dépôt de bilan. Les études de ce genre se sont généralisées dans de nombreux pays (voir E. Altman, 1983). Des travaux ont été publiés au Japon, en RFA, en Suisse, au Brésil, en Australie, en Grande-Bretagne, aux Pays-Bas et bien évidemment en France. L'une des premières études françaises concernait le secteur du textile (E. Altman, M. Margaine, M. Schlosser et P. Vernimmen, 1974). Diverses recherches académiques ont été réalisées, en particulier celle de J. Conan et M. Holder (1978). Tant aux Etats-Unis qu'en France, ces recherches ont abouti à la mise en œuvre d'outils professionnels. Ainsi, le modèle de E. Altman, R. Haldeman et P. Narayanan (1977) est à la base du Zeta Service Inc. La Banque de France dispose de son propre modèle de prédiction.

4. L'évaluation : le jugement des marchés financiers

Si l'information comptable est utile aux investisseurs, elle doit, lorsqu'elle est rendue publique, avoir un impact sur l'évolution des cours boursiers. Si on suppose qu'avant sa publication, l'information des différents acteurs du marché est hétérogène, son arrivée doit avoir des conséquences différentes pour chacun. Certains seront amenés à réviser fortement, d'autres non, leurs anticipations initiales. Ainsi, des transactions devraient se nouer entre les différents acteurs et les prix devraient changer. La vérification de cette hypothèse a donné lieu à de nombreux travaux empiriques, principalement aux Etats-Unis. Ces recherches peuvent être classées en trois catégories. Les premières cherchent à mettre en évidence des réactions du marché aux annonces de résultats comptables. Les secondes s'efforcent de démontrer le lien qui peut exister entre la nature de la nouvelle et le sens de la variation du cours boursier. La troisième catégorie regroupe un ensemble de travaux récents qui paraissent indiquer que les marchés, même les plus grands, ne sont pas parfaitement efficients.

4.1. Les réactions du marché aux annonces comptables

L'étude pionnière dans ce domaine est due à W. Beaver (1968). Il étudia 143 entreprises sur la période de 1961-1965. Afin d'isoler l'effet d'information d'autres effets potentiellement concurrents (effet fiscal, effet dividende, par exemple), il ne retint que des entreprises dont l'exercice ne s'achevait pas le 31 décembre et dont aucun dividende n'avait été annoncé au cours de la semaine de la publication du résultat. Afin de mettre en évidence un effet quelconque de l'information comptable, il utilisa deux statistiques. La première a été calculée à partir de l'évolution des volumes de transactions. Afin de tenir compte des différences de taille, il calcula, pour chaque titre et chaque semaine étudiée, le ratio : nombre de titres échangés / nombre de titres émis. Le tableau 4 indique clairement que le volume d'activité croît notablement durant la semaine pendant laquelle le résultat annuel est annoncé. Ce résultat a été précisé par J. Patell et M. Wolfson (1984). Aux Etats-Unis, les entreprises cotées au New York Stock Exchange (NYSE) ou à l'American Stock Exchange (AMEX) ont l'obligation d'annoncer leur résultat d'abord par le canal de la *Broad Tape*. Il est donc possible de dater chaque publication à la minute près. J. Patell et M. Wolfson ont montré que le volume des transactions augmentait sensiblement dans les deux heures qui suivent l'annonce.

Tableau 4
Réaction du marché à l'annonce du résultat

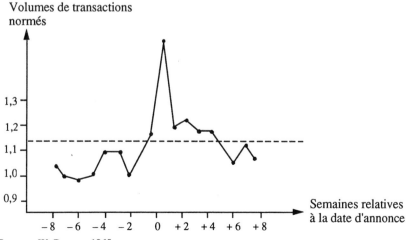

Source : W. Beaver, 1968.

La seconde statistique utilisée par W. Beaver a été calculée à partir des rendements boursiers. On peut penser qu'un accroissement d'activité est souvent accompagné de fluctuations plus ou moins importantes des cours. W. Beaver utilise le modèle de marché et décompose le rendement hebdomadaire d'une action en deux composantes. La première correspond aux mouvements du marché dans son ensemble. La seconde est caractéristique des mouvements spécifiques au titre. On s'attend qu'autour de la date de publication, la composante spécifique soit particulièrement importante. Cependant, les effets attendus peuvent aussi bien être à la hausse qu'à la baisse. Leur moyenne simple risque fort d'être dans tous les cas proche de zéro. Les fluctuations négatives annulent les effets positifs. Pour éviter ce problème, W. Beaver calcule le carré des termes d'erreur de la droite de régression. Il norme ces mesures par la variance des termes d'erreur calculée sur une période qui ne contient pas la phase d'annonce étudiée. En effet, les titres ont des volatilités plus ou moins élevées et il faut mesurer les écarts inattendus relativement au comportement normal de l'action. Le tableau 5 indique clairement que la volatilité du cours des actions s'accroît notablement autour de la publication des résultats comptables.

Tableau 5
Réaction du marché à l'annonce du résultat

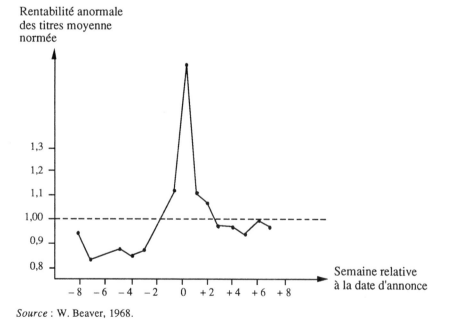

Source : W. Beaver, 1968.

G. Richardson (1984) a montré à partir d'un échantillon de 153 entreprises cotées au NYSE ou à l'AMEX entre 1976 et 1978 que la

variabilité du rendement de l'action augmentait d'autant plus autour de l'annonce du résultat comptable que :
- l'entreprise était petite ;
- qu'elle avait fait l'objet de peu de mentions dans *The Wall Street Journal* ;
- qu'elle était peu suivie par les services d'analyse financière prévisionnelle.

Ces conclusions ne sont guère étonnantes : l'annonce du résultat apporte beaucoup plus de nouvelles dans le cas d'une petite entreprise peu suivie par les spécialistes et la presse que dans le cas d'une très grande société.

Nous ne pouvons guère citer ici toutes les recherches dans ce domaine, mais elles ont été principalement réalisées aux Etats-Unis. Elles ont concerné le marché hors-cote (voir l'étude de E. Grant, 1980) ou d'autres informations comptables. G. Foster (1981), par exemple, a étudié les mouvements quotidiens associés à l'annonce des résultats trimestriels. Il a observé une augmentation de la volatilité les deux jours entourant l'annonce. L'explication est simple. L'information peut être communiquée avant l'ouverture du marché ou pendant son fonctionnement. Les effets doivent alors être contemporains. Elle peut être aussi donnée après l'heure de fermeture du marché et elle aura une influence sur les premiers cours cotés le lendemain.

4.2. *Bonne nouvelle, mauvaise nouvelle et cours en bourse*

La première recherche dans ce domaine est due à R. Ball et P. Brown (1968). Ils ont étudié 261 sociétés cotées au NYSE durant la période 1957-1965. L'échantillon a été divisé en deux groupes : d'une part, les sociétés pour lesquelles le dernier résultat net était supérieur à celui de l'année précédente ; d'autre part, celles qui connaissaient une diminution. Suivant le modèle théorique du cheminement aléatoire, ils supposèrent que la meilleure prévision que pouvait réaliser le marché en matière de résultat comptable était égale à la dernière réalisation. Aussi, cette distinction entre les résultats en croissance et les autres permet-elle de séparer les cas où l'annonce correspondait à une bonne nouvelle de ceux où l'annonce correspondait à une mauvaise nouvelle.

R. Ball et P. Brown ont montré que ces entreprises connaissaient une performance boursière inexpliquée par les facteurs de marché durant les douze mois qui précèdent l'annonce publique. Comme l'illustre le tableau 6, la hausse ou la baisse anormale se produit, pour la plus grande partie, préalablement à la publication. Le marché anticipe donc très largement le contenu informatif de l'annonce du résultat. Ceci n'est pas particulièrement étonnant, puisque les analystes financiers disposent de bien d'autres informations. Cependant, il reste une petite partie non encore anticipée.

De nombreux autres travaux ont confirmé ces résultats. Par exemple, G. Foster, C. Olsen et T. Shevlin (1984) ont étudié la relation qui pouvait exister entre l'annonce d'un résultat trimestriel et la performance boursière de l'action. Ils ont montré que non seulement les bonnes (mauvaises) nouvelles étaient associées à des taux de rendement anormaux positifs (négatifs), mais aussi que les effets étaient d'autant plus prononcés que la taille de l'entreprise était petite.

Des résultats similaires ont été obtenus sur d'autres marchés. P. Brown (1970) a étudié le cas de 118 sociétés australiennes sur la période 1959-1968. D. Emanuel (1984) a produit une étude sur le cas des entreprises de la Nouvelle-Zélande. A. Coenenberg et E. Brandi (1979) ont trouvé, dans le cas de la RFA, que les changements positifs de dividendes et de résultats sont reliés à des rendements anormaux positifs des cours boursiers.

Tableau 6
Association entre le signe de la variation du résultat annuel et les rendements anormaux

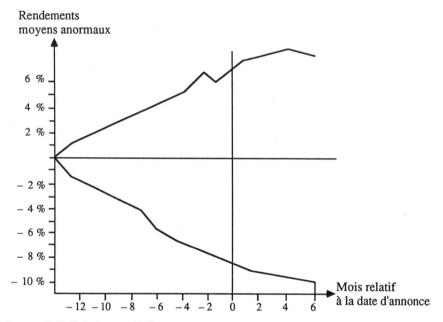

Source : R. Ball, P. Brown, 1968.

4.3. *Les limites à l'hypothèse d'efficience*

Les résultats précédents suggèrent que les marchés boursiers sont efficients et que l'information comptable est très largement anticipée lors de sa publication[1]. Son rôle apparaît ainsi fort diminué. Un tel jugement doit cependant être nuancé. D'une part, cette observation n'est pas uniforme. Dans le cas des sociétés les plus petites, les effets constatés sur les cours en bourse sont les plus importants. Moins biens suivies par les analystes

---

1. Voir également dans cette Encyclopédie les articles de G. Charreaux, « Théorie financière » et de J.F. Casta, « Politique comptable des entreprises ».

financiers, ces sociétés sont l'objet de l'attention de la communauté financière à ces dates particulières. D'autre part, les anticipations n'apparaissent pas totales. Des effets subsidiaires se manifestent encore quelques heures, voire quelques journées, après l'annonce.

Par exemple, R. Rendleman, C. Jones et H. Latane (1982) puis G. Foster, C. Olsen et T. Shevlin (1984) ont mis en évidence que les résultats trimestriels des entreprises affectent le comportement des cours boursiers au-delà du jour de leur publication. Dans les deux mois qui suivent, les performances anormales peuvent, pour les cas les plus négatifs, s'élever à – 3 ou – 4 % et, pour les cas les plus positifs, à + 3 ou + 4 %. Ces résultats ne sont pas cohérents avec l'hypothèse d'efficience semi-forte des marchés financiers.

Une autre anomalie a été mise en évidence par S. Basu (1983). Les sociétés à *Price Earning Ratio* (PER) élevé ont tendance à générer des rendements anormalement bas. A l'inverse, les PER bas sont associés à des rendements élevés. Ce résultat a été mis en évidence sur le marché de Paris par I. Girerd-Potin (1987). Il est étonnant qu'une information publique et disponible pour tous soit de nature à améliorer la performance d'un portefeuille. Ce premier résultat mériterait d'être confirmé. R. Banz et W. Breen (1986) ont en particulier montré qu'une partie du problème trouvait sa solution dans les biais propres aux bases de données utilisées.

*
*   *

La recherche en comptabilité est encore jeune. Le grand mérite de ces travaux est, à nos yeux, d'avoir posé les bases d'une réflexion scientifique dans ce domaine. Il est courant de lire des propositions normatives sur ce qui doit être fait en comptabilité. Il était plutôt rare de trouver des travaux où on se posait la question du pourquoi. Pourquoi telle technique est-elle préférée à telle autre ? Pourquoi telle entreprise retient une solution et telle autre une seconde ? Pourquoi certains choisissent de publier telle information et d'autres pas ?

Répondre à ces questions suppose que des modèles explicatifs soient développés. En considérant que la comptabilité est une activité économique comme une autre, la recherche moderne a fait un progrès. Le problème est alors d'isoler les déterminants de l'offre et de la demande d'informations. Les premières hypothèses théoriques ont pu être élaborées. Il revient surtout à la recherche universitaire d'avoir eu le mérite de les avoir soumises à la rigueur des tests empiriques. D'impressionnantes bases de données ont été utilisées. Des techniques statistiques de plus en plus puissantes ont été mises en œuvre. Certes, peu de résultats peuvent être considérés comme définitifs. La raison première de cet état de fait provient des difficultés considérables des conditions d'expérimentation. Dans le domaine de l'information financière, il est bien délicat d'isoler un phénomène parmi les autres, tant il est vrai que ce qui anime un marché est une multitude d'analyses et de rumeurs. Ceci ne doit pas nous désespérer mais, au contraire, souligne combien cette recherche est encore loin de nous avoir apporté tout de ce qu'on peut attendre d'elle.

Références

Altman E., « Financial Ratios, Discriminant Analysis and the Prediction of Corporate Bankruptcy », *The Journal of Finance* (September 1968).

Altman E., *Corporate Financial Distress : A Complete Guide to Predicting, Avoiding, and Dealing with Bankruptcy*, New York, John Wiley & Sons, 1983.

Altman E., Haldeman R., Narayanan P., « Zeta Analysis : A New Model to Identify Bankruptcy Risk of Corporations », *Journal of Banking and Finance* (June 1977).

Altman E., Jacquillat B., Levasseur M., « Comparative Market Analysis : France and the United States », *The Journal of Finance* (December 1974).

Altman E., Margaine M., Schlosser M., Vernimmen P., « Statistical Credit Analysis in the Textile Industry : A French Experience », *Journal of Financial and Quantitative Analysis* (March 1974).

Ball R., « Changes in Accounting Techniques and Stock Prices », *Journal of Accounting Research* Supplement 1972.

Ball R., Brown P., « Some Preliminary Findings on the Association Between the Earnings of a Firm, Its Industry, and the Economy », *Journal of Accounting Research*, Supplement 1967.

Ball R., Brown P., « An Empirical Evaluation of Accounting Income Numbers », *Journal of Accounting Research* (Fall 1968).

Ball R., Watts R., « Some Time Series Properties of Accounting Income », *The Journal of Finance* (June 1972).

Banz R., Breen W., « Sample Dependent Results Using Accounting and Market Data : Some Evidence », *The Journal of Finance* (September 1986).

Basu S., « The Relationship Between Earnings' Yield, Market Value and Return for NYSE Common Stocks : Further Evidence », *Journal of Financial Economics* (June 1983).

Beaver W., « Financial Ratios as Predictors of Failure », *Journal of Accounting Research*, Supplement 1966.

Beaver W., « The Information Content of Annual Earnings Announcements », *Journal of Accounting Research*, Supplement 1968.

Beaver W., « Accounting for Inflation in an Efficient Market », *International Journal of Accounting* 1979.

Beaver W., *Financial Reporting : An Accounting Revolution*, Englewood Cliffs, Prentice Hall, 1981.

Beaver W., Kettler P., Scholes M., « The Association Between Market-Determined and Accounting-Determined Risk Measures », *The Accounting Review* (October 1970).

Biddle G., « Accounting Methods and Management Decisions : The Case of Inventory Costing and Inventory Policy », *Journal of Accounting Research*, Supplement 1980.

Blume M., « On the Assessment of Risk », *The Journal of Finance* (March 1971).

Blume M., « Betas and their Regressions Tendencies », *The Journal of Finance* (June 1975).

Brown P., « The Impact of the Annual Net Profit on the Stock Market », *The Australian Accountant* (July 1970).

Brown P., Foster G., Noreen E., *Security Analyst, Multi-Year Earnings Forecasts and the Capital Market*, American Accounting Association, Sarasota, 1985.

Brown P., Hagerman R., Griffin P., Zmijewski M., « Security Analyst Superiority Relative to Univariate Time-Series Models to Univariate Time-Series Models in Forecasting Quarterly Earnings », *Journal of Accounting and Economics* (April 1987).

Brown P., Rozeff M., « Univariate Time-Series Models of Quarterly Accounting Earning per Share : A Proposed Model », *Journal of Accounting Research* (Spring 1979).

Coenenberg A., Brandi E., « The Information Content of Annual Accounting Income Numbers of German Corporations : A Review of German Accounting Standards and Some Preliminary Empirical Results », *The Annals of the School of Business Administration*, Kobe University, 1979.

Coenenberg A., Möller H., Schmidt F., « Empirical Research in Financial Accounting in Germany, Austria and Switzerland : A Review », Working paper, University of Augsburg, 1983.

Coggin T., Hunter J., « Analysts' EPS Forecasts Nearer Actual than Statistical Models », *The Journal of Business Forecasting* (Winter 1982-1983).

Conan J., Holder M., Thèse de Doctorat d'Etat, Université Paris-Dauphine, 1978.

Dawson J., Neupert P., Stickney C., « Restating Financial Statements for Alternative GAAPs : Is it Worth the Effort ? », *Financial Analysts Journal*, (November-December 1980).

El Midaoui N., « Les modèles de prévision des chiffres d'affaires trimestriels », Document de recherche du CEREG, Université Paris-Dauphine, septembre 1987.

Elton E., Gruber M., Gultekin M., « Professional Expectations : Accuracy and Diagnosis of Errors », *Journal of Financial and Quantitative Analysis* (December 1984).

Emanuel D., « The Information Content of Sign and Size of Earnings Announcements : New Zealand Evidence », *Accounting and Finance* (November 1984).

Foster G., « Quarterly Accounting Data : Time-Series Properties and Predictive-Ability Results », *The Accounting Review* (January 1977).

Foster G., « Accounting Policy Decisions and Capital Market Research », *Journal of Accounting and Economics* (March 1980).

Foster G., « Intra-Industry Information Transfers Associated with Earnings Releases », *Journal of Accounting and Economics* (March 1980).

Foster G., *Financial Statement Analysis,* 2nd ed., Englewood Cliffs, Prentice Hall, 1986.

Foster G., Olsen C., Shevlin T., « Earnings Releases, Anomalies and the Behavior of Security Returns », *The Accounting Review* (October 1984).

Frydman H., Altman E., Kao D., « Introducing Recursive Partitioning for Financial Classification : The Case of Financial Distress », *The Journal of Finance* (March 1985).

Girerd-Potin I., « L'effet PER et la bourse de Paris », Mémoire de DEA, Université Paris-Dauphine, CEREG, 1987.

Gonedes N., « Properties of Accounting Numbers : Models and Tests », *Journal of Accounting Research* (Fall 1973).

Grant E., « Market Implications of Differential Amounts of Interim Information », *Journal of Accounting Research* (Spring 1980).

Griffin P., « The Time-Series Behavior of Quarterly Earnings : Preliminary Evidence », *Journal of Accounting Research* (Spring 1977).

Guettat-Ehouman N., « Manipulation de résultats par les modifications des méthodes d'évaluation comptables et comportement boursier des entreprises », Thèse de Doctorat de troisième cycle, CEREG, Université Paris-Dauphine, novembre 1987.

Hassel J., Jennings R., « Relative Forecast Accuracy and the Timing of Earnings Forecast Announcements », *The Accounting Review* (January 1986).

Healy P., « The Effect of Bonus Schemes on Accounting Decisions », *Journal of Accounting and Economics* (April 1985).

Hochman S., « The Beta Coefficient : An Instrumental Variables Approach », in *Research in Finance,* JAI Press, Greenwich, 1983.

Hopwood W., « The Transfer Function Relationship Between Earnings and Market-Industry Indices : An Empirical Study », *Journal of Accounting Research* (Spring 1980).

Jacquillat B., Levasseur M., Pène D., « Les mesures de risque boursier et les mesures de risque comptable : quelques résultats préliminaires », *Banque* (mars 1976).

Lev B., « On the Use of Index Models in Analytical Review by Auditors », *Journal of Accounting Research* (Fall 1980).

Levasseur M., « Comptabilité et information des actionnaires », *Finance* (1982).

Moreira-Brundao E., « L'information comptable et financière publiée par les entreprises et le marché financier : une analyse économique de la réglementation », Thèse de Doctorat d'Etat, CEREG, Université de Paris-Dauphine, 1988.

Ohlson J., « Financial Ratios and the Probabilistic Prediction of Bankruptcy », *Journal of Accounting Research* (Spring 1980).

Paquet P., *L'entreprise face aux transferts inflationnistes,* Paris, PUF, 1986.

Patell J., Wolfson M., « The Intraday Speed of Adjustment of Stock Prices to Earnings and Dividend Announcements », *Journal of Financial Economics* (June 1984).

Rendleman R., Jones C., Latane H., « Empirical Anomalies Based on Unexpected Earnings and the Importance of Risk Adjustments », *Journal of Financial Economics* (November 1982).

Richardson G., « The Information Content of Annual Earnings for Large and Small Firms : Further Empirical Evidence », Working Paper, University of British Columbia (February 1984).

Schwartz K., « Accounting Changes by Corporations Facing Possible Insolvency », *Journal of Accounting, Auditing and Finance* (2nd Semester 1982).

Vasicek O., « A Note on Using Cross-Sectional Information in Bayesian Estimation of Security Betas », *The Journal of Finance* (December 1973).

Watts R., Lefwich R., « The Time-Series of Annual Accounting Earnings », *Journal of Accounting Research* (Autumn 1977).

Mots clés

Amortissements, analyse financière, bénéfice par action, cours boursiers, coûts (mesure des –), dividende, efficience des marchés financiers, information des actionnaires, méthodes comptables, multiple boursier (PER ratio), prévisions financières, provisions, résultat comptable, risques financiers, solvabilité, stocks (évaluation des –), transactions boursières.

74

Informatisation et problèmes posés par le facteur humain

Jean-François Phélizon

Un savant anglais dédicaça un de ses livres, traitant de la transformée de Fourier, « à Dirac qui devina que c'est vrai, à Schwartz qui le démontra, et à Temple qui montra combien c'est simple ». De même, on pourrait saluer un Babbage, qui devina que l'ordinateur était possible, et un Aiken, un Eckert ou un Mauchly qui le construisirent ; mais on serait bien en peine de trouver quelqu'un qui ait jamais montré que l'informatique, dans la globalité de ses composantes, est une chose simple.

De fait, il ne suffit pas de la connaître, ni même d'en connaître l'usage. Il faut *se situer* par rapport à elle. Car l'informatique est plus qu'une science. Quand on essaie de systématiser les différentes disciplines qui en participent, on arrive tout au plus à construire un univers clos, et l'on échoue.

On pourrait s'attacher à montrer que l'ordinateur a la qualité d'un outil. Il faudrait ajouter qu'il doit son existence au fait d'avoir toujours été présenté et vendu comme une machine ou, plus exactement, comme un appareil destiné à produire. Il y a là une transposition fondamentale. Car la productivité n'implique pas toujours l'utilité. Il se trouve qu'un système informatisé peut très bien fabriquer des informations complètement inutiles. D'autre part, l'utilité est toujours relative. Elle s'apprécie en fonction des hommes et des circonstances. L'intérêt d'un tableau de bord, par exemple, dépend tout à la fois du moment où il est édité et de la personne qui est susceptible de s'en servir. De ce point de vue, le tableau de bord est unique. Il appartient à celui qui sait l'utiliser. Il s'oppose à l'état (qu'on appelle encore état mécanographique) en ce que celui-ci s'apparente à un bien fongible. La perception que l'utilisateur peut avoir de l'informatique se manifeste dans cette relation de possession des résultats fournis. Elle interfère évidemment avec la prestation du programmeur.

Des trois composantes de l'informatique – matériel, logiciel et personnel – la seule qui ait un caractère évident de productivité est la première. Le logiciel, lui, peut difficilement être considéré comme productif. C'est une expression, un discours, un moyen de communication beaucoup plus qu'un moyen de production. Quant au personnel, il fabrique bien sûr des programmes, mais à travers un langage. C'est dire qu'il lui faut s'insérer, se fondre dans un moyen d'expression. Les programmes, lorsqu'ils sont exécutés, ne sont que des applications de raisonnements humains sur des matériels.

Le logiciel concerne des produits qu'en général on appréhende mal. Il est difficile à peser, à mesurer et, comme le dit F.H. Raymond, sa réalisation implique des règles d'organisation nouvelles, des talents nouveaux, et du métier là où l'expérience et l'imagination suppléent l'absence de science véritable (F.H. Raymond, 1969). Un programme dicte à l'ordinateur la succession précise des instructions qu'il doit accomplir. Dès lors que ces instructions se comptent par millions en une seconde, l'esprit humain se trouve bien entendu dérouté. Mais corrélativement, il est d'autant plus facile au programmeur de personnaliser sa prestation, surtout si ses moyens d'expression sont ouverts.

Le problème du langage se pose en informatique de gestion et en process. Il se pose moins en informatique scientifique ou en informatique fondamentale (le système), ou plutôt il se pose en des termes différents. Le chercheur scientifique et/ou l'ingénieur-système, de par la nature de leurs préoccupations, sont très proches des possibilités conceptuelles de l'ordinateur. Ils l'utilisent jusqu'à ses limites extrêmes. S'ils n'arrivent pas toujours à concrétiser leurs algorithmes, c'est par manque de moyens, parce que les fonctions mêmes de l'unité centrale sont trop peu diversifiées. Qu'ils programment en assembleur, pour bénéficier de toutes les possibilités du matériel, ou bien qu'ils choisissent un langage plus évolué, c'est en général en ressentant les limites de l'outil dont ils disposent.

Les informaticiens qui traitent des problèmes de gestion ou de process, au contraire, sont fort loin de ces limites. La notion d'algorithme est pour eux très réduite. Dans presque tous les cas, le traitement se rapporte à une succession de couples condition/action, et les programmes peuvent s'analyser d'une façon linéaire. Ainsi les langages disponibles sont, dans la pratique, trop riches en possibilités structurelles.

En informatique de gestion, on observe en quelque sorte une surabondance de moyens. La tendance qui doit prévaloir est de restreindre les possibilités de personnalisation soit en répandant l'usage de macro-langages rigides, soit en imposant des règles d'expression.

Nous partirons du constat que la nature profonde de la programmation est une projection au niveau psychologique. Cette projection dont on ne voit le plus souvent que l'ombre portée, mais qui conditionne jusqu'à des structures, résulte de la composante non scientifique de l'informatique. Nous analyserons ensuite les anomalies observées de cette projection. Nous montrerons comment elles conduisent à une forme de surprogrammation. Puis nous verrons comment l'absence de références concrètes peut conduire les informaticiens à entreprendre des applications « imaginaires », bien vite sublimées sous la pression de l'offre.

1. La programmation et la projection

La programmation consiste essentiellement en une prévision. Un programme est conçu et réalisé longtemps avant de rentrer en service. Il est le fruit d'une analyse qui peut durer plusieurs mois et même plusieurs années. Une des servitudes de l'informatique est d'être impraticable sans une préméditation rigoureuse. Le programmeur doit savoir précisément ce que l'utilisateur attend de l'informatisation. On ne lui demande pas seulement de confectionner des programmes avant que le projet démarre ; on lui demande aussi de mettre en évidence le classement des données et même leur collecte, parce qu'elles influencent les traitements qu'on a l'intention de leur faire subir. En réalité, toutes les occurrences doivent être prévues dans un programme. Tous les détails de la procédure à venir doivent y être anticipés. Ils doivent l'être d'autant plus que le taux d'indisponibilité est fixé bas.

Mais cette pré-vision n'est pas infaillible. Pour diverses raisons qui peuvent tenir aux erreurs de jugement de l'informaticien, il va de soi que la certitude du succès n'existe pas en informatique. Même pour un programme qui a une forte probabilité de bien fonctionner, l'utilisateur ne peut prétendre obtenir la garantie d'une marche régulière. Il est vrai que la fonction d'un traitement, à l'échelle macroscopique, est généralement simple. Cependant, son étude élémentaire est parfois si minutieuse qu'il est impossible (ou trop coûteux) d'envisager de le tester intégralement. Dans ce cas, les lois de la combinatoire rendent finalement illusoire toute constitution d'un jeu d'essai exhaustif.

Le simple fait qu'une procédure ou un processus puisse en principe être programmé n'assure en rien son délai de conception, son coût de réalisation, l'efficacité de son fonctionnement ou la possibilité d'intégrer le traitement qui en résulte dans une configuration existante. Cela n'assure même pas que ce traitement puisse être maintenable : il se peut qu'on le programme mal, c'est-à-dire qu'on ne sache pas anticiper ses effets.

On peut parler de la fiabilité d'un programme. Mais uniquement en termes de probabilités ; pas au sens où l'on emploie le mot à propos d'une machine. En mécanique ou en électronique, les diverses pièces, les divers composants, les différentes connexions sont soumis à l'usure, à l'oxydation. Ils se détériorent avec le temps. En matière de logiciel, il n'en est rien. Le temps n'altère pas une procédure. Les programmes ne s'usent pas. Seulement, si les calculs effectués par un ordinateur sont reproductibles et fidèles, les données qu'il traite ne le sont pas toujours. Et c'est pourquoi les résultats peuvent être entachés d'erreurs. La moindre imprécision en amont est capable de fausser complètement le cours des résultats en aval. On en voit la raison : c'est qu'en aucun cas un programme ne s'adapte par défaut.

Cette absence d'auto-adaptation est primordiale. Elle impose que le raisonnement du programmeur soit non seulement prospectif mais exhaustif, autrement dit qu'il s'applique aussi bien à l'objet du traitement qu'à son contexte. En informatique, une procédure n'est juste que par rapport à une certaine catégorie de données. Aussi bien, lorsqu'un programme ne fonctionne pas correctement, c'est parce qu'un certain nombre de distorsions en ont affecté l'analyse. Il se peut que l'environnement immédiat du programme ait été modifié (données, acceptation par les utilisateurs, volumes de traitement, etc.), mais alors il s'agit bien d'une analyse biaisée que nous pourrions qualifier d'introvertie parce que, étant dépendante du sujet qui l'a entreprise, elle résulte en somme d'une projection abusive du facteur personnel. L'informaticien doit se situer par rapport à l'objet même de l'informatisation ; il ne doit pas le déformer. Sa projection, consciente ou non, constitue une cause d'altération manifeste – et quelquefois irrémédiable – de la globalité et de la sagacité de son analyse.

C'est à C.G. Jung, on le sait, que l'on doit d'avoir découvert le principe de la projection (C.G. Jung, 1966). Il l'a définie comme ce phénomène singulier – mais essentiel – par lequel un individu imprime sur un objet ou un être du monde ambiant une caractéristique psychique qui est en réalité un trait de sa vie intérieure. Ce phénomène se révèle d'une importance égale à celle de la perception, si bien que l'individu a si l'on peut dire deux liens qui le rattachent psychiquement au monde : la perception et la projection. Ces deux liens, quoique s'exerçant en direction inverse, n'en sont pas moins d'une égale importance et d'une égale irrationalité.

La perception est ce que l'individu reçoit du monde par l'intermédiaire de ses sens. La projection est ce qu'il y investit. Ce sont les mirages, les chimères intérieures qui se plaquent sur l'objet et en altèrent la perception. La projection, dit C.G. Jung, estompe, modifie ou travestit la perception. Il lui arrive même de l'effacer : qu'on songe à ce propos au coup de foudre qui peut transfigurer à nos yeux un être humain banal, par projection sur celui-ci de l'image que nous portons de l'être idéal. Certaines projections sont conscientes. D'autres ne le sont pas : elles restent occultées. Mais elles ont des effets bien plus importants, bien plus efficaces et bien plus dévastateurs. Lorsque, à force de contact avec la réalité et le quotidien, la femme idéale se révèle n'être qu'une blonde insignifiante, l'homme lui en veut de décevoir son beau rêve et lui impute la responsabilité de cette déception, parce qu'il ne cherche pas à s'en prendre à lui-même et à ses fantasmes.

La projection du programmeur est d'autant plus trompeuse que le logiciel est un matériau immatériel, voire incorporel, qui se prête à toutes les sublimations. On connaît le célèbre mot de Faust : « Tu ressembles à l'esprit que tu conçois ». L'ordinateur exécutant un programme constitue un assemblage intelligent. Il ressemble un peu à un être animé. Seulement, c'est le programmeur qui lui insuffle cette brillante apparence. Le programmeur ressemble au traitement qu'il conçoit.

La programmation est donc beaucoup plus qu'une application dans le temps. C'est aussi (et surtout) une transposition structurelle entre, d'une part, un psychisme et tout ce qu'il représente d'aventures et d'expériences et, d'autre part, un matériel, ses aptitudes et ses contraintes. L'isomorphisme qui en résulte est spécifique de l'activité d'ordre artistique. La personnalité de l'écrivain se retrouve dans son œuvre parce qu'il s'agit d'une œuvre d'art. Si la personnalité du programmeur se retrouve dans ce qu'il écrit, c'est parce que la programmation n'est pas une science mais fondamentalement un art. L'informatique comporte une partie créative qui ressemble à celle que possèdent les artisans. Cette composante artisanale donne au logiciel une certaine caractéristique d'unicité. La programmation échappe en ce sens aux critères habituels de la production. Le programmeur, comme l'artisan, a une propension naturelle à travailler avec ses propres outils, et tout d'abord à se les forger. C'est pourquoi les programmes de consultation de tables ou d'inversion de matrice existent par milliers.

Schéma 1
Dysfonctionnement du facteur personnel

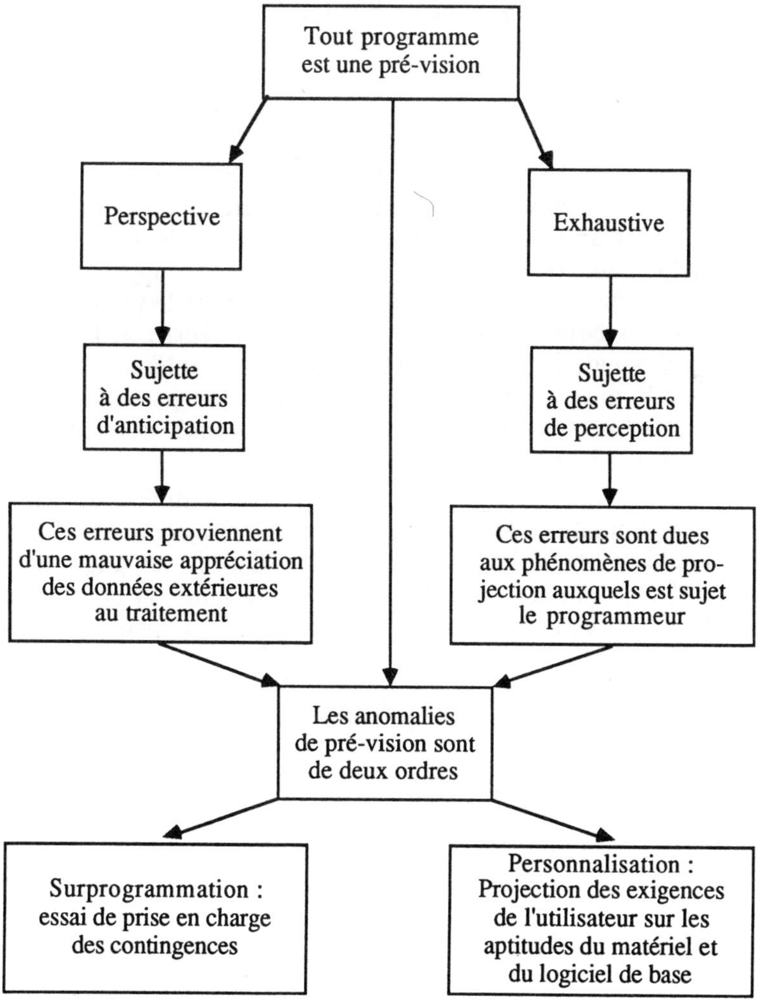

Ainsi, lorsqu'un traitement est inadéquat, ce peuvent être les qualités de l'informaticien qui sont à mettre en défaut. Il est clair qu'on ne fait pas à coup sûr de la bonne informatique en multipliant les analyses et les mois-hommes, et qu'il est peu réaliste de vouloir tenir les programmeurs pour gens interchangeables. Qu'on le veuille ou non, de leur personnalité dépend le traitement.

Cela est si vrai que la protection juridique s'exerçant sur les programmes est celle du droit d'auteur. Il apparaît en effet aux juristes qu'on retrouve dans le logiciel les éléments nécessaires et suffisants à cette protection : originalité de la composition et de l'expression. Les juristes considèrent que les dispositions de la loi sur la propriété littéraire et artistique s'appliquent en cas de reproduction de programmes. C'est ainsi qu'en France la loi du 2 janvier 1968 dispose que « ne constituent pas des inventions industrielles les méthodes financières ou comptables, les règles de jeux, et tous autres systèmes de caractère abstrait, notamment les programmes ou séries d'instructions pour le déroulement des opérations d'une machine calculatrice ».

Dans les organisations les plus avancées, c'est l'analyste lui-même qui se charge de la programmation. Les deux tâches d'analyse et de programmation se trouvent ainsi étroitement mêlées, et la situation suivant laquelle une bonne analyse serait suivie d'une mauvaise programmation est théoriquement éliminée. Car il va de soi qu'une analyse adéquate ne garantit aucunement la qualité de la programmation. On peut se rappeler à ce sujet la boutade que Racine se plut à faire après avoir achevé le plan d'une de ses pièces : « Ma tragédie est faite, je n'ai plus qu'à l'écrire ». De même, ce n'est que par boutade qu'on pourrait dire : « Mon problème est analysé, je n'ai plus qu'à le programmer ». Un bon plan ne fait pas obligatoirement une bonne tragédie, et une bonne analyse ne donne pas forcément un traitement informatique satisfaisant.

Par pure ignorance, on a trop souvent tendance à minimiser l'importance de la programmation. On juge un programmeur comme s'il était une sorte de machine à traduire ou, pis, à coder. On lui demande un travail d'automate. Dans les centres de traitement importants, la programmation est réservée à une population subalterne, mal formée et peu motivée. C'est alors la personnalité d'un personnel parfois dépourvu d'expérience qu'on retrouve *ex post* dans les listes des programmes. Admettre la projection intempestive d'un programmeur imaginatif, quel que soit son niveau, revient à pérenniser des procédures biaisées et à figer l'oganisation qu'elles sous-entendent. Un logiciel d'application n'est autre qu'un faisceau de contraintes. Celles-ci ne sont pas toujours objectives. Aussi faudrait-il pouvoir élaborer des méthodes permettant d'en apprécier la neutralité. En effet, les projections les plus manifestes donnent lieu bien souvent aux programmes les moins fiables.

Assez fréquemment, les programmes ou les analyses qui les sous-tendent ne sont pas clairs. Mais il est toujours plus facile de compliquer que de simplifier. Compliquer un programme, c'est satisfaire un certain goût pour le secret, c'est cultiver l'astuce technique. Dans tout informaticien sommeille l'esprit d'analyse, lequel prend place, comme l'a dit E.A. Poe, dans l'activité spirituelle qui consiste à se débrouiller : « Cet esprit tire du plaisir, même des plus triviales occasions qui mettent ses talents en jeu. Il raffole des énigmes, des rébus, des hiéroglyphes. Il déploie dans chacune des solutions une puissance de perspicacité qui, dans l'opinion vulgaire, prend un caractère surnaturel ». (E.A. Poe, 1939). Cet esprit d'analyse conduit directement à une forme de surprogrammation dont le mobile est de prendre en charge des procédures contingentes.

Une autre forme de surprogrammation provient de l'altération de la capacité d'innovation. On dit que l'homme ne comprend bien que ce qu'il retrouve, et l'on peut se demander si l'action de programmer consiste à modeler la réalité ou bien si elle ne se réduit pas inconsciemment à se retrouver soi-même. Nous sommes naturellement portés à supposer que le monde est comme nous le voyons, a fait remarquer C.G. Jung. Avec une égale légèreté, nous supposons que les hommes sont comme nous nous les figurons. Cela en l'absence de toute physique qui nous démontrerait le caractère adéquat de la représentation et de la réalité. Quoique la possibilité d'erreur grossière y soit beaucoup plus considérable que pour les perceptions des sens, nous n'en projetons pas moins avec une irréflexion totale notre propre psychologie dans autrui. Chacun se crée ainsi un ensemble de relations plus ou moins imaginaires. Une situation que l'on juge à partir d'une perception altérée devient porteuse de symbole. Tous les contenus de notre inconscient sont constamment projetés dans notre entourage (en réaction à la perception que nous en avons), et ce n'est que dans la mesure où nous discernons ces projections que nous parvenons à percevoir leurs attributs réels. Au contraire, quand nous ne sommes pas conscients de l'origine projective de telle qualité perçue dans l'objet, nous n'avons d'autre ressource que de croire sans examen qu'elle appartient réellement à l'objet.

On comprend dans ces conditions comment se manifeste la surprogrammation. Elle ressemble à un pouvoir de blocage. Elle oppose aux exigences de l'utilisateur la compétence du programmeur, mais sous le couvert des aptitudes du matériel et du logiciel de base. Ce que l'ordinateur ne peut pas faire, c'est ce que le programmeur ne veut pas entreprendre. Trop souvent, cependant, ces aptitudes ne sont pas mises en cause. Il en résulte une grave mésentente. Raisonner en termes d'aptitudes, en effet, revient à considérer que les besoins d'information doivent être alignés sur les moyens disponibles. Or, faut-il circonscrire l'existant par des traitements pré-établis ? Peut-on rendre le prestataire d'un service tout à la fois juge et partie de son activité ? Ne compromet-on pas ainsi la qualité des décisions, la capacité d'adaptation de l'organisation concernée ? La projection des aptitudes du matériel sur les exigences de l'utilisateur est une des anomalies les plus insidieuses des processus d'informatisation.

Transcrire une procédure ne revient pas à établir puis à figer un règlement mais plutôt un code, c'est-à-dire un ensemble de conditions, de raisonnements, de jugements. C'est pourquoi l'informatisation implique l'abandon d'une certaine forme d'organisation. Dans une facturation, la structure tarifaire est un reflet de la politique commerciale. Dans un traitement de production, les procédures d'ordonnancement conditionnent la bonne marche de l'atelier. Plus généralement, la structure de codification des produits, par les agrégations qu'elle permet ou qu'elle empêche, prédétermine une certaine forme de gestion. Elle trace l'enveloppe des actions possibles. Dans une large mesure, plus la programmation est figée, plus l'informatique devient facteur d'immobilisme. Ainsi, pour se prémunir contre la circonscription artificielle des exigences, on ne devrait laisser programmer une procédure qu'à la condition de pouvoir techniquement et fonctionnellement la remettre en cause.

On peut affirmer que l'un des meilleurs critères de qualité d'un logiciel est son aptitude à subir des modifications. Quand un programme est de nature à répondre rapidement à une modification de la structure à laquelle il s'applique, il dénote généralement une bonne vision prospective de la part de son auteur. On notera d'ailleurs que la souplesse est indépendante du langage utilisé, mais en revanche qu'elle dépend de l'expression, voire du style, de l'informaticien. Elle exige de lui d'être à l'écoute du monde extérieur, de le percevoir plutôt que de s'y projeter.

L'informatique conditionne des structures. Cette action indirecte se cache derrière une technicité rebutante, mais elle n'en est pas moins réelle. Comme son nom l'indique, l'ordinateur ordonne ; c'est-à-dire qu'il impose un ordre pré-établi. Tout dépend donc de cet ordre. D'un côté, l'informatique est de nature à faciliter les changements. On peut lui assigner un rôle oblique consistant à simplifier les actions administratives, à façonner les besoins des utilisateurs, à les ouvrir à de nouvelles méthodes. Etant donné leur puissance de calcul, les ordinateurs sont en effet capables de prendre en charge des traitements de toute nature. Pour de nombreux auteurs, le fait d'automatiser le cheminement de l'information entraîne une certaine clarification dans la façon de manipuler et d'utiliser les informations. Ce phénomène était déjà apparu avec la mécanographie classique, mais l'automatisation de celle-ci est toujours restée limitée, alors que la puissance et les capacités de l'ordinateur permettent d'aller beaucoup plus loin. Ainsi, l'informatique donne les moyens d'une profonde réforme de structure, dans la mesure où certaines contraintes qui existaient avec l'utilisation de ces techniques sont supprimées (P. Lhermitte, 1968 ; P. Benassouli, 1971).

D'un autre côté, on peut voir dans le logiciel un excellent moyen pour imposer non seulement une organisation mais aussi un mode de pensée. Le logiciel, a-t-on écrit en ce sens, permet d'exporter des structures sans qu'on y prenne garde. Au départ, il porte la marque de celle où il a été conçu ; à l'arrivée, lors de son application dans un autre contexte, il pousse à mettre en place des structures identiques, car le dialogue homme-machine qu'il exige conditionne la distribution des responsabilités dans l'organisme utilisateur. Ce dernier tend à ressembler à celui qui réalise le programme ou à celui pour lequel il est conçu (R. Armand et *al.*, 1970). Avec le logiciel, les structures se transmettraient donc par moulage.

Pour M. Janco et D. Furjot (1972), l'informatique serait spécifiquement un moyen d'asservissement. On peut s'attendre, soutiennent-ils, à un resserrement de l'emprise qu'exercent les grandes sociétés de service informatique sur la vie et l'organisation des petites et moyennes entreprises, qui finiront par être toutes calquées sur le même modèle pré-établi et réputé non modifiable. Cette crainte est d'autant mieux fondée que les décideurs ignorent tout de l'informatique et qu'ils appréhendent très mal ces contraintes que pourtant ils subissent. N'ayant pas été formés à l'informatique, ils n'ont pas appris à penser avec elle et considèrent effectivement leur centre de traitement comme un atelier mécanographique. Ils jugent l'ordinateur à son coût, mais sans se préoccuper de sa fonction.

Le danger de voir les informaticiens imposer des structures est latent, mais il ne faut pas en exagérer l'importance. D'abord, il serait bien naïf de croire que les excès constatés, par exemple outre-Atlantique, en matière d'organisation sont spécifiquement américains. Ils ne traduisent pas tous la culture, la mentalité, l'esprit de « management » particuliers des Etats-Unis. Si les pays industrialisés convergent vers un même modèle, c'est parce que leurs entreprises tendent à s'organiser à partir des mêmes principes, et non pas parce qu'elles utilisent les mêmes programmes.

D'autre part, les informaticiens n'ont pas toujours la compétence suffisante pour pouvoir sortir de leur centre de traitement. Ils manquent la plupart du temps de l'autorité nécessaire pour imposer les changements indispensables. Leur incorrigible ésotérisme les isole le plus souvent du reste du personnel de l'entreprise. Les dirigeants eux-mêmes leur témoignent quelque méfiance. Le danger, selon eux, est que l'informaticien, fort de sa technique, pose les problèmes de telle façon qu'il puisse les résoudre, négligeant des variables et trouvant finalement la solution d'un faux problème. Si cela était possible, il vaudrait d'ailleurs mieux apprendre l'informatique à des spécialistes de la gestion, de l'administration, de l'organisation, plutôt que de former des informaticiens à des disciplines beaucoup plus longues à maîtriser que l'analyse et la programmation. Pour P. Benassouli (1971), l'organisation a reculé dans les entreprises devant la pression croissante de l'informatique : « On s'est imaginé que l'informatique allait se substituer à tout. Cela allait permettre de tout faire, il n'y avait plus besoin de l'organisation ; ce n'était plus la peine d'étudier les analyses de poste, de faire des circuits de circulation de documents, etc. Toutes ces techniques, c'était bon pour les anciens organisateurs. L'informaticien, lui, avec son ordinateur, allait tout faire. Or, il faut bien reconnaître que ce n'est pas le cas. Comme il n'avait pas de formation d'organisateur, il a sorti du papier et il ne s'est pas préoccupé de ce qu'il allait en faire ».

Effectivement, l'informaticien a rarement une vocation d'organisateur. Il se contente le plus souvent d'automatiser des procédures ou des processus manuels, de les transcrire tels quels, avec toutes leurs imperfections, en y impliquant ses propres fantasmes. Dans le pire des cas, le programme devient un pur produit de l'imagination du programmeur : c'est le moyen par lequel il parvient à échapper à l'emprise de la réalité. Il semble finalement qu'on ait mal compris ce qu'on peut avoir à craindre d'une informatisation. Il semble qu'on ne mesure pas bien les anomalies qui résultent d'une perception introvertie de l'analyste. On se sert souvent sans élégance – et sans métier – d'un outil incomparable. C'est dommage. Plutôt que de subir de mauvaises structures, il vaudrait mieux essayer d'en projeter de saines.

2. Les systèmes de gestion

Fort en vogue durant les années 1960 et de nouveau d'actualité, les systèmes de gestion intégrés ont représenté l'aboutissement de l'implication du facteur personnel. Comme on le sait, l'objet de tels systèmes est de décrire les besoins d'une organisation grâce à des grandeurs mesurables théoriquement endogènes, puis de réaliser la conduite automatique de cette organisation en mettant en œuvre les mécanismes internes observés. Mais leurs promoteurs ne cherchaient pas vraiment à comprendre cette conduite. Ils voulaient se limiter, si l'on peut dire, à l'apprendre. Ce en quoi ils s'opposaient fondamentalement à la méthode du physicien. Au lieu de partir du phénomène observé, ils essayaient de le reproduire et ne l'admettaient que dans la mesure où il donnait lieu à des règles d'action programmables ou susceptibles d'être simulées. Observer, ne pas modifier, reproduire ce qui peut l'être : il s'est agi d'un essai de prise en charge des contingences pour elles-mêmes.

Une banque de données est en principe une bibliothèque de fichiers ordonnés (J. Bureau, 1982). En fait, la compréhension du terme est relativement imprécise, surtout quand on la rapporte à celle de la base de données. L'arrêté du 29 novembre 1973 définit celle-ci comme une « collection de données homogènes et tendant à la même fin », et la banque comme un « ensemble de collections de données, c'est-à-dire de fichiers voisins ou apparentés ». Cependant, pour A. Le Garff (1975), la base est un « ensemble structuré de fichiers (regroupant l'information nécessaire au traitement d'une ou plusieurs applications internes à une entreprise) », alors que la banque est un « ensemble de fichiers et programmes coordonnés et structurés ». Enfin, la définition officielle d'IBM (1987) est la suivante : une base est un « ensemble structuré de données logiquement associées » et une banque est un « ensemble de collections de données, exhaustif, non redondant et structuré ».

Les deux expressions recouvrent des réalités similaires, mais leurs connotations sont fort différentes. Une base est en effet un point de départ à partir duquel l'utilisateur est censé s'interroger. Une banque recèle, au contraire, la notion de fiabilité, de sécurité, d'opulence. Elle est un capital, une fin en soi.

Concrètement, une base de données se compose de descriptions d'objets (personnes, choses, faits, actions, livres, statistiques, etc.). Ces objets sont décrits dans une structure définie à l'avance, donc pré-vue (U. Thomas, 1971). Pour mettre en œuvre une base, il faut commencer par établir une classification générale susceptible de s'appliquer à chacun d'entre eux. Les données relatives aux objets faisant partie de la classification sont ensuite incorporées dans la structure de la base. Cependant, du fait que différents types d'objets peuvent être décrits au sein de la même base, on peut avoir à incorporer ces données dans plusieurs structures distinctes.

Sous sa forme la plus simple, la structure d'une base décrivant une seule catégorie d'objets consiste en la répétition d'un certain nombre de piles de valeurs (dénommées entités), qui contiennent les divers attributs des objets. Ainsi, les données bibliographiques d'un livre, pourvu qu'elles soient pré-déterminées, constituent une entité. Les entités sont liées entre elles par un ensemble de relations qui caractérisent la base et en font véritablement un système. Bien entendu, ces relations ont chacune un certain domaine de validité. S'il existe un ensemble d'entités décrivant des maisons, la relation maison a pour domaine les noms de rues, les numéros de rue, les noms des propriétaires ou des locataires de ces maisons. Les domaines peuvent être des ensembles dont les éléments sont des valeurs atomiques, c'est-à-dire des symboles indivisibles représentant des codes, des nombres, des mots ou des phrases. Ils peuvent être également des sous-ensembles d'un ensemble contenant des valeurs atomiques. On peut alors parler de valeurs multiples. Les gens qui louent un appartement forment un ensemble. Les personnes qui louent un appartement dans un certain immeuble forment un sous-ensemble de cet ensemble. Les sous-ensembles de locataires ayant loué des appartements dans tous les appartements référencés constituent quant à eux un ensemble de valeurs multiples.

Telle qu'elle est décrite jusqu'ici, la relation repose sur un certain domaine. Les éléments des domaines représentent soit des valeurs atomiques, soit des ensembles de valeurs atomiques. Il s'agit là de structures de données simples. Elles sont plus complexes lorsque le domaine d'une relation est en soi une relation, c'est-à-dire lorsque les entités contiennent des sous-entités. Comme exemple de cas où une relation est le domaine d'une autre, on peut citer la relation adresse (chaque entité adresse pouvant comprendre le nom d'une rue et le numéro de cette rue) qui est un domaine de la relation maison.

Une base contient des données placées dans une certaine structure. Pour pouvoir les utiliser, il faut les identifier et les extraire. L'opération est simple lorsqu'elle se résume à un traitement séquentiel. Elle se heurte en revanche à un problème de langage lorsque de nombreuses relations sont mises en jeu.

Il existe deux catégories de données : d'une part, celles qui, indépendantes, ressemblent à des variables ; d'autre part, celles qui, dépendant de ces variables, sont en réalité des fonctions. Les premières sont appelées descripteurs. Elles constituent les clés des entités, sachant qu'une entité peut comprendre plusieurs clés. Pour identifier une entité correspondant à une combinaison de descripteurs, il faut bien entendu déterminer un critère de recherche. Sous sa forme la plus élémentaire, celui-ci se présente comme un descripteur simplement contenu dans une entité. Mais il peut aussi satisfaire à plusieurs conditions. Par exemple, il peut devoir être inférieur ou égal à une valeur indiquée dans le critère de recherche. A un stade plus perfectionné, une entité doit satisfaire à une expression logique se composant de critères de recherche liés entre eux par des opérations logiques.

Lorsqu'on associe des expressions logiques aux différentes données enregistrées dans la base, on obtient un ensemble dont l'objet est ambitieux, puisqu'il revient non seulement à informer mais encore à préparer les décisions à prendre. On est alors en présence de banques de données, au sens où l'entend A. Le Garff, ou plus exactement de systèmes de gestion intégrés (en anglais, MIS, *Management Information Systems*)[1]. C'est dans les MIS que la projection du facteur personnel, relayée par la pression des constructeurs, est apparue la plus forte.

Voici ce qui était dit à propos des MIS en 1965 par un grand constructeur : « Avec les actuels ordinateurs à grande capacité, le management a désormais la possibilité de grouper toutes ses opérations en une seule mémoire : informations sur les produits, les ventes, les concurrents, l'environnement économique, etc. Au cours des précédentes générations d'ordinateurs, l'ensemble de l'informatique avait tendance à se concentrer sur les processus administratifs, c'est-à-dire sur les transactions et les contrôles, sans prêter suffisamment d'attention aux processus d'information du management. Aujourd'hui, le management est capable non seulement d'emmagasiner des quantités importantes de données, mais aussi de pouvoir y accéder directement et à distance ». Et de citer l'objectif que venait de se définir un client : « Il ne s'agirait plus de quelques maigres renseignements sur les ventes, les locations, les dates de livraison, les paiements, les crédits, etc. Ce que vise le client, c'est une information très détaillée portant sur les réclamations de livraison, les retards, la raison des retards, le lieu où est utilisé le matériel, par opposition à celui où il a été facturé, une connaissance au jour le jour des projets d'expansion ou de diversification de produits des clients, etc. Ce fichier de données devra inclure en bonne et due place un historique détaillé de chaque commande importante, depuis sa date d'enregistrement jusqu'à la date de l'installation du matériel. En outre, il devra comprendre une information complète sur les développements externes de l'économie et de la politique susceptibles d'influencer les opérations de la société ». (ADP, 1972). On voit que ce discours reste d'actualité.

---

1. Voir également dans cette Encyclopédie l'article de J.L. Peaucelle, « Systèmes d'information ».

Sur le plan commercial, les systèmes intégrés n'ont pas seulement pour ambition de structurer des ensembles d'information. Dans l'esprit de leurs promoteurs, il s'agit aussi de faciliter la gestion, d'instaurer de nouvelles méthodes de « management » plus rationnelles. A l'organisation scientifique du travail succède, en somme, l'époque du « management » scientifique. La dernière innovation, en l'occurrence, est ce que l'on a appelé le système d'information pour la direction en temps réel. J. Dearden le définissait ainsi en 1966 : « L'objectif est que chaque dirigeant ait dans son bureau un terminal connecté à un ordinateur de grande capacité équipé d'une banque de données renfermant toute l'information pouvant intéresser la société. A tout moment, le dirigeant peut interroger la banque de données. Les réponses aux questions apparaissent immédiatement sur un écran situé dans son bureau. En principe, le système doit permettre au manager d'obtenir une information complète et parfaitement à jour sur tout ce qui se passe dans la société ».

C'est dans l'objet des systèmes intégrés que se matérialisent le mieux les idées suscitées par l'emploi des ordinateurs dans le domaine de la gestion. Dans la réalité, ces idées s'avèrent souvent somptueuses. Les informaticiens ont découvert en effet que disposer de tous les résultats nécessaires *hic et nunc* était beaucoup plus difficile que prévu. Les données de gestion sont innombrables. Elles présentent un caractère d'actualité qui les périme rapidement. Et puis elles sont reliées entre elles selon des critères variables. L'état d'avancement d'une commande, par exemple, est à rapprocher des données budgétaires pour un gestionnaire, des données de production pour un producteur, et des données du marché pour un commerçant. Du temps de la mécanographie, on avait eu la prétention de fournir tous les renseignements disponibles sur des états. Les concepteurs des banques de données ont été beaucoup plus téméraires en affirmant avoir la possibilité de prévoir toutes les relations possibles existant entre des lots d'information.

Si les données présumées utiles se trouvent à foison, en revanche, d'autres données absolument indispensables manquent parfois totalement. C'est parce que dans la pratique la composante principale des informations est qualitative – et d'ailleurs parce qu'elle varie dans le temps – que les systèmes intégrés sont par nature inadéquats. Au cours de l'année 1970, nombreux furent ceux qui commencèrent à reconnaître dans les banques une fiction savamment entretenue par les partisans des grands ordinateurs, pour lesquels elles constituaient une excellente justification (H.R.J. Grosch, 1971 ; B. Lussato, 1972). En 1973, un rapport de l'OCDE (1973) affirmait que les conceptions de mise en œuvre des banques de données s'étaient rarement montrées applicables dans la pratique : « La déception actuelle relative à ces systèmes complexes ne se limite pas au secteur public et l'on s'est même posé la question de savoir si ces systèmes n'ont pas été conçus pour éviter leur utilisation, les problèmes n'ayant pas été nettement posés et l'énumération des succès n'ayant pas entraîné un accord ».

A l'heure actuelle, on ne parle plus guère de banques de données (si ce n'est de façon particulière à propos des systèmes documentaires). Les constructeurs préfèrent utiliser l'expression de base de données, moins sécurisante pour l'utilisateur, mais aussi moins sujette à critiques. Cette évolution du langage n'est pas sans importance. Hier, en somme, les informations devaient être utiles. On devait constituer des ensembles structurés, exploitables tels quels. Aujourd'hui, les informations sont proposées brutes. On dispose de fichiers qu'on peut certes manipuler ou rapprocher, mais au coup par coup. Chaque exploitation donne lieu à une interrogation spécifique. Entre les deux concepts, il y a donc une différence de nature et non pas de degré. C'est la différence qui existe entre comprendre et connaître.

Cependant, l'ambition des informaticiens n'a pas été réduite, et la tentation est toujours très forte de faire de l'ordinateur un appareil qui comprendrait un peu. Quand un fichier est structuré à des fins d'interrogation, et quand l'utilisateur dispose d'un mode de recherche pratique, on dit qu'il constitue une « petite » banque de données. Sans doute parce que la connotation du mot est large, on s'aperçoit qu'il s'applique à tout capital d'information considéré par rapport à un de ses contextes. Cette relativisation équivaut évidemment à une métaphore. Pouvoir interroger un fichier, ce n'est pas disposer d'un système d'information cohérent. De même, pouvoir rapprocher plusieurs fichiers ne laisse en rien préjuger l'évolution du phénomène qu'ils sont censés décrire. En effet, disposer d'une structure n'est pas une fin en soi. Tout le problème consiste à l'exploiter.

L'exploitation automatique des bases de données est sous-jacente dans le discours de la plupart des sociétés de service en logiciel. La projection revêt alors une forme accomplie qui tend à impliquer le prospect. On peut en vouloir pour exemple l'assimilation du chef d'entreprise au *skipper,* et de l'ordinateur au pilote automatique. Voici une publicité parue à ce sujet, sous la photographie du Club Méditerranée, dans *Le Monde* (9 juin 1976) : « Deux cent quarante tonnes. Quatre mâts. Soixante-douze mètres de long. Mille mètres carrés de voilure. Maîtrisés par un seul homme. Le projet le plus audacieux conçu par un marin est devenu réalité. Le grand bateau, rêvé par Alain Colas, est parti favori de la course transatlantique. Il a fallu pour ça la volonté farouche d'un homme d'une trempe exceptionnelle et le concours de 107 entreprises spécialisées, toutes confrontées à des problèmes nouveaux. La mission de « (ici, le nom de la société de service) » tenait en quelques mots : aider le barreur solitaire à gérer au mieux son navire en lui épargnant les tâches accessoires, de manière à le laisser mentalement et physiquement disponible pour maîtriser l'imprévisible. Pour ce faire, nous avons conçu et développé, autour d'un mini-ordinateur, un système informatique de surveillance en temps réel, unique en son genre. Il assure et coordonne quinze tâches distinctes, en dialogue interactif avec le *skipper,* qui connaît quand il le veut l'état de son bateau, de sa météo, de son point, de ses performances par rapport aux objectifs fixés, etc. Le système est en permanence à l'écoute du navire et déclenche des alarmes en cas de situation dangereuse ou anormale. Dans votre entreprise, l'homme de barre, c'est vous. Le département d'ingénierie informatique de... peut vous rendre les mêmes services qu'à Alain Colas : concevoir et développer un système informatique adapté à vos besoins spécifiques. Ce système regroupera vos informations, préparera vos tableaux de bord et surveillera les anomalies. Evidemment, pour vous comme pour Alain Colas, le plus dur restera à faire : atteindre l'objectif. Mais vous aurez mis toutes les chances de votre côté ».

Schéma 2
Système de gestion intégrée : la dialectique du MIS

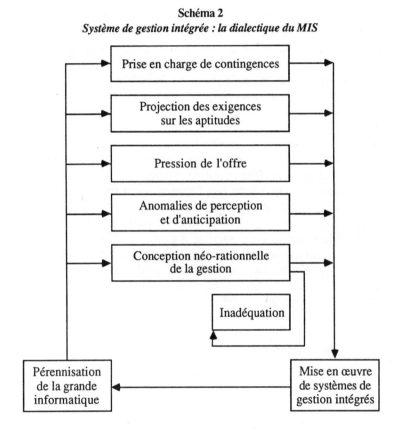

L'identification du chef d'entreprise au marin est habile, flatteuse, mais aussi fallacieuse : comment considérer que l'informatique épargne les tâches accessoires ; qu'elle est de façon normale à l'écoute de l'entreprise ; qu'elle est capable de surveiller les anomalies de la gestion. La fiction du pilote automatique découvre bien le fantasme de l'informaticien. Celui-ci assimile la conduite d'une entreprise à celle d'un bateau. Il croit qu'on peut lui assigner un but et un seul. Et surtout il ne craint pas de munir une organisation vivante d'un système de régulation inerte. Sa rationalité – son esprit de géométrie – lui fait tenir pour négligeable la propension de l'organisation à se développer, ses réactions de défense, ou encore son auto-adaptation aux circonstances extérieures.

La surprogrammation est en réalité déformante. Plus un système est ambitieux, plus l'informaticien est amené à le personnaliser. Dès lors, il en altère le sens. La seule chose que l'on puisse retenir de l'image du bateau est à l'opposé de l'argumentaire. En réalité, la gestion est un équilibre instable, il faut sans cesse redresser soi-même la barre pour maintenir le cap, et si l'on s'entoure de procédures de contrôle, elles sont en définitive secondaires par rapport à l'objectif que l'on se fixe.

C'est à l'épreuve des faits que la signification potentielle des banques de données s'est trouvée clarifiée. Cinq raisons au moins militaient en faveur de leur réalisation : la prise en charge de contingences résultant d'un certain esprit d'analyse, la projection des exigences sur les aptitudes du matériel et du logiciel de base, la pression de l'offre masquant ces aptitudes réelles par des considérations prospectives, les anomalies de perception et d'anticipation des informaticiens et, enfin, une certaine conception néo-rationnelle de la gestion. Les quatres premières de ces raisons s'auto-entretiennent. Elles résultent, comme nous l'avons montré, des composantes quasi permanentes de tous les processus d'informatisation. La cinquième, en revanche, peut être considérée comme transitoire.

Il est remarquable que tous ces facteurs aient incité à développer des moyens qui, à leur tour, ont eu pour effet de les justifier. La mise en œuvre des systèmes intégrés de gestion a en effet pérennisé l'usage des grands ordinateurs. Mais celui-ci a contribué à renforcer la pression de l'offre et les quatre autres raisons que nous venons de citer. Il y a eu une sorte de bou-clage où la grande informatique justifiait l'implantation des systèmes inté-grés et ceux-ci allaient justifiant la grande informatique. Toutefois, l'un de ces facteurs n'a pu résister au phénomène d'amplification. La perte en char-ge s'est portée sur la rationalité même de la démarche. Il en est résulté pour les informaticiens une leçon sévère, qu'ils n'ont pas toujours bien acceptée : c'est qu'on ne peut pas réussir sans s'humilier devant l'expérience.

3. Le complexe du programmeur

Les systèmes de gestion intégrés représentent aujourd'hui, pour tous les informaticiens, une tentation qui a été sublimée sous la pression des constructeurs. Les échecs essuyés ont constitué, pour reprendre un terme du langage psychanalytique, un complexe. C'est ce complexe que nous allons maintenant essayer de préciser.

L'une des premières composantes de l'inconscient du programmeur est sa difficulté potentielle d'expression. Les langages de programmation sont très peu naturels. Ils ont été conçus à partir du matériel. F.H. Raymond (1969) a raison de préciser que la programmation est un art selon lequel l'auteur s'exprime dans un langage artificiel. En informatique scientifique, l'artifice est relativement peu visible, car les langages sont pour la plupart très proches de l'expression algébrique (Fortran signifie *formula translator*). Par contre, en informatique de gestion ou de process, il est beaucoup plus contraignant. L'auteur d'un programme est en réalité obligé de transposer sa pensée, de la schématiser, de la comprimer. Qu'il soit le traducteur d'une procédure dans un langage dont la morphologie et la syntaxe sont extrêmement simples, ou bien qu'il pense et s'exprime directement dans ce langage – en effectuant si besoin est une traduction inverse pour expliquer la procédure à une tierce personne – dans les deux cas sa situation est inconfortable et il la ressent mal. Ou bien il perçoit, le plus souvent solitairement, les limites de ses moyens d'expression et il cherche à les repousser. Ou alors il essaie de réduire le monde extérieur à ce qu'il peut avoir de prévisionnel, et il se met à nier les préoccupations opérationnelles des utilisateurs. De toute façon, de par le langage qu'on lui fait manier, sa tendance naturelle est à l'isolement.

C'est en réaction à cet isolement – et finalement pour l'accomplir – que le programmeur éprouve inconsciemment le besoin de personnaliser son expression. Ce besoin, il lui est possible de le satisfaire parce que, s'il est vrai qu'on lui demande d'écrire des procédures rigoureuses, c'est en réalité avec des moyens sémantiquement peu structurés. Les langages sont pauvres en ce qui concerne leur morphologie, mais les phrases qu'ils permettent de composer peuvent être fort longues et compliquées : avec les quelques mots qui sont à sa disposition, le programmeur peut couvrir s'il le veut des pages et des pages de listing. Son style n'est régi par aucune contrainte. Il jouit en somme d'un assez grand degré de liberté. Suivant que la personnalisation de sa prestation est forte ou non, il en résulte des écarts de performance considérables (OCDE, 1974). A cet égard, on peut citer l'expérience déjà ancienne, mais toujours d'actualité, effectuée en 1968 par *System Development Corporation* (H. Sackman et *al.*, 1968). Elle consistait, pour 12 programmeurs ayant chacun 10 années de pratique, à résoudre indépendamment plusieurs types de problèmes. Les résultats, qui figurent sur le tableau 1, montrent à quel point les taux de productivité varient d'un individu à l'autre. Les écarts, qui sont voisins de 1 à 10, peuvent dépasser 1 à 20 dans certains cas (le temps de vérification notamment).

On a vu que pour diminuer la projection du programmeur et son implication au sein de ses programmes, il fallait d'abord améliorer sa perception du monde ambiant. On comprend qu'il est corrélativement très important de prendre en charge cette personnalisation, de la guider et, par voie de conséquence, de la restreindre. Il faut s'attacher à développer des langages sémantiquement structurés et par là même un peu moins artificiels.

L'inconscient du programmeur se manifeste ensuite par son irritation d'être jugé selon des critères quantitatifs, alors que ses propres critères sont généralement qualitatifs. Sa référence est à l'évidence moins industrielle qu'artisanale. Elle ne consiste pas tant à produire des instructions qu'à s'y retrouver, d'être en accord avec ce qu'il écrit. La mesure quantitative de son activité semble témoigner d'une sorte de mésintelligence de l'objet profond de la programmation, de son assimilation à une activité de type répétitif. De fait, l'organisation de certains services informatiques ne donne guère l'occasion aux programmeurs de s'extravertir. N'existant pas par principe, leur créativité s'exprime de façon incontrôlée, voire anarchique.

Schéma 3
L'ombre portée

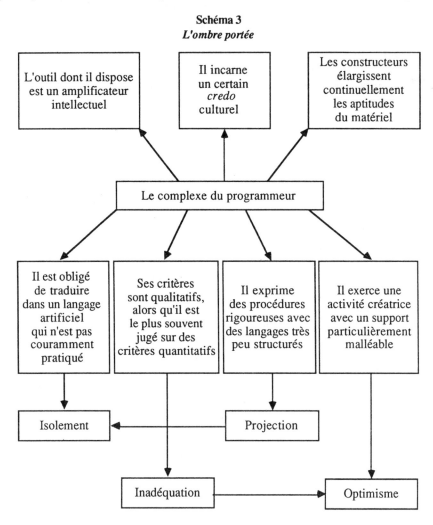

Le refus de prendre en compte l'aspect qualitatif de la programmation a pour conséquence évidente de diminuer l'adéquation des traitements. Lorsque l'impératif est de produire des instructions, peu importe la qualité de l'analyse. On en vient à n'attacher d'importance qu'à l'ordinateur proprement dit et la fonction qui lui est dévolue devient secondaire. On oublie qu'elle est en réalité inscrite dans la bibliothèque des programmes, et tout entière forgée par une profession. On oublie aussi que cette profession a quelque propension à l'obscurantisme, qu'elle a naturellement tendance à perpétuer le mythe selon lequel l'accès à l'ordinateur est difficile. Dès lors, l'usage de l'informatique ne peut pas s'élargir.

Tableau 1
*Ecarts de performances réalisés
par différents programmeurs*

Donnée mesurée	Rapport entre les résultats extrêmes	
	Problème 1	Problème 2
Temps de vérification	1 à 28	1 à 26
Temps d'unité centrale	1 à 8	1 à 11
Temps d'écriture	1 à 16	1 à 25
Taille du programme	1 à 6	1 à 5
Temps de passage du programme	1 à 5	1 à 13

Si l'on veut renforcer l'utilité et l'efficacité de l'informatique, il faut la juger de manière qualitative. En commençant par poser que la programmation est un service, et non pas une industrie, on tiendrait sans doute mieux compte de la satisfaction économique des utilisateurs. Mais pour améliorer l'adéquation des ressources aux besoins, il faudrait en outre pouvoir contrôler la qualité de l'activité informatique, autrement dit pouvoir apprécier l'attitude des informaticiens. A ce propos, on peut suggérer de mesurer la difficulté des problèmes à traiter selon des échelles, et de classer les programmeurs selon leur force. Ainsi, en affectant par exemple un programmeur de force B à un problème de complexité 2, on saurait que le travail prendra tant de semaines et qu'il coûtera tant. Si l'on prend un programmeur A, il mettra moins de temps mais coûtera plus cher. On pourrait alors commencer à planifier réellement la programmation. D'une façon plus générale, il faudrait aussi considérer que les besoins évoluent avec le temps et particulièrement au cours de l'informatisation elle-même. Le bon programmeur est peut-être celui qui sait s'adapter à cette évolution. L'implantation d'un traitement, de quelque ampleur qu'il soit, s'effectue *in vivo*. La prise en compte de l'aspect qualitatif de la programmation permettrait de mieux pallier les inévitables réactions que provoquent les automatisations, réactions qui sont loin d'être toujours positives. Elle donnerait lieu, de la part du chef de projet, à de multiples actions en retour. Une meilleure adéquation en ce sens aurait finalement pour conséquence de renforcer la crédibilité des informaticiens, que l'isolement tend à dégrader. Entre des utilisateurs qui ont l'esprit de l'escalier et des informaticiens qui ont l'esprit de système, aucune entente n'est en effet possible.

Enfin, la dernière composante résulte de l'aspect immatériel du logiciel. Inconsciemment, le programmeur est toujours inquiet. Le temps de recherche d'un *bug* et, bien souvent, la probabilité d'incident sont très difficiles à déterminer. Comme il s'engage en réalité sur un service, sa position est vulnérable. Mais il accepte mal cette vulnérabilité. Il ne croit guère à ses propres défaillances. Pour la plupart des informaticiens, l'essai actuel d'un programme est le dernier : « J'ai enfin trouvé ce qui n'allait pas... il restait juste ce petit problème... mais cette fois ça y est... ça va marcher... » La première erreur que l'on fait en cherchant à incorporer la programmation dans une prévision est certainement de croire que tout ira bien, c'est-à-dire que chaque tâche ne prendra que le temps normalement nécessaire à sa réalisation. L'explication de cette erreur a été bien décrite par F.P. Brooks. Dans de nombreuses activités créatrices, dit l'ancien chef du projet OS/360, le support d'exécution est indocile. Le bois se fend, la peinture coule, les circuits électroniques se détériorent. Les limites physiques du support brident les idées que l'on cherche à exprimer et créent des difficultés faciles à prévoir lors de la mise en œuvre. Celle-ci exige donc du temps et des efforts non seulement en raison de son objet mais à cause du support. On sait que celui-ci est résistant, et l'on en tient compte. En ce qui concerne la programmation, au contraire, le matériau est particulièrement malléable. Le programmeur part de sa matière grise pure. Il lui apparaît que les difficultés ne peuvent survenir que de son approche. Il prévoit peu d'aléas de mise au point, dès lors qu'il sait ce qu'il doit transcrire. Le support d'exécution ne lui résistant pas, il n'ent tient pas compte. Il est donc résolument optimiste (F.P. Brooks, 1975).

*

* *

En matière de gestion, et même de process, l'informatique peut réussir à déformer, puis transformer la fin qu'on lui a fixée. Elle peut se retrancher, se mettre en état de siège, n'être plus comprise, et échouer. Malheureusement, même lorsqu'elle a perdu toute assise (toute utilité), elle continue de produire. A l'ordinateur voué aux travaux dénués d'intérêt, les Américains, on le sait, ont décoché le sigle GIGO, formé par les initiales de *garbage in, garbage out* (ordure à l'entrée, ordure à la sortie).

Le psychisme du programmeur est pour beaucoup dans le rejet des informatisations. Les informaticiens, plutôt que d'avouer leurs lacunes, ont en effet coutume de charger ce qui est en définitive leur vis-à-vis : le matériel. Ils démontrent que l'ordinateur est trop petit. Encouragés par le discours des ingénieurs commerciaux, ils accroissent la mémoire de l'unité centrale, la vitesse de l'imprimante, le nombre des périphériques. Mais rien n'y fait. Les progrès du matériel ne compensent pas les insuffisances du facteur personnel.

Celui-ci a toujours été minimisé par les constructeurs parce qu'il en allait de leur croissance. Pour eux, l'informatique est évidemment un ensemble de machines d'abord, et ensuite un recueil de modes d'emploi permettant d'accomplir des tâches spécifiées (A. Lichnerowicz, 1969). Or, il n'en est rien. A. Lichnerowicz fait remarquer que justement le mode d'emploi préfabriqué est contraire à l'esprit même de l'informatique, et que l'intelligence doit continuer à se battre quotidiennement pour utiliser de manière optimale un matériel dont les fins sont indéterminées et sans cesse renouvelées.

Le personnel est donc la pierre d'achoppement qui détermine l'efficacité des systèmes informatiques. Non seulement les paramètres le concernant sont nombreux, mais ils sont difficiles à mesurer. De plus, il n'est généralement pas possible de les isoler du contexte dans lequel ils jouent, sans quoi ils perdraient toute signification. Ainsi, le comportement d'un individu tient d'abord à son caractère (donnée que l'on peut chercher à évaluer au moment de son recrutement), mais il est par la suite influencé par les nuisances auxquelles il est soumis dans l'exécution de son travail, ou par le climat psychosociologique de l'organisation à laquelle il participe.

Sur le plan du logiciel, on peut retenir quatre critères principaux de l'efficacité : le choix du langage (qui doit être d'autant plus proche du matériel que l'application est stable), l'habileté du programmeur (qui va conditionner notamment la durée de la programmation et la consommation de ressources), le degré de vérification du programme avant son exploitation (la fiabilité de l'exploitation dépend évidemment de la qualité et de la quantité des vérifications préalables), et enfin la qualité et l'exhaustivité de la documentation (mais sa rédaction est mal acceptée : elle est comprise par le programmeur comme une ingérence dans sa façon de penser).

En dernière analyse, la tâche du programmeur revient à appauvrir un message. Elle consiste à partir du souhait de l'utilisateur, à n'en garder que la partie prévisible, et à le transcrire dans un langage singulièrement frustrant. C'est en ce sens que le programmeur exerce un monopole radical. Les cinq ou six types d'instructions à sa disposition ressemblent à un carcan dont il n'a de cesse de se libérer.

On reste confondu lorsqu'on examine une architecture organique comme celle d'un chromosome. On se demande comment il est possible d'arriver à un agencement aussi complexe avec une douzaine de composants différents. Il existe des programmes qui forcent l'admiration pour les mêmes raisons. Les compilateurs, qui contiennent plusieurs dizaines de milliers d'instructions, les programmes de recherche opérationnelle, grâce auxquels la NASA a pu ordonnancer les millions d'opérations que nécessitaient l'envoi d'un homme sur la lune, les programmes de télé-informatique qui peuvent gérer, à l'échelle de la planète, l'activité de centaines d'ordinateurs interconnectés, dénotent à tout le moins beaucoup d'habileté (et aussi de métier) de la part de ceux qui les ont écrits. De fait, ce n'est pas si facile d'animer suffisamment une matière pour illusionner des esprits avertis. Autant les chromosomes sont d'intelligents assemblages de molécules, autant certains programmes peuvent être considérés comme d'intelligents assemblages d'instructions.

Mais cette comparaison est incomplète, ou plutôt elle est un peu spécieuse. Car les instructions sont aussi les mots d'un langage. Du coup, on voit apparaître nettement les limites de la programmation. Un programme, en effet, devient une phrase, assemblée avec un vocabulaire restreint. Comme l'ensemble des messages que peut émettre un programmeur est potentiellement contenu tout entier dans ce vocabulaire, il est clair que la plupart des discours humains sont impossibles à transcrire en instructions, faute de moyens. Toute proportion gardée, le programmeur se trouve un peu dans la situation de ces Papous qui ne savent pas compter au-delà de 27 et ne peuvent pas, à cause de leur vocabulaire arithmétique limité, imaginer un nombre plus grand.

Les informaticiens ont eu souvent la tentation de radicaliser leur discours. Surtout pendant la décennie 1970-1980, ils ont été nombreux à vouloir exprimer l'ineffable. C'est ainsi qu'ils ont fini par croire que l'ordinateur pourrait un jour mener une bataille, résumer une idée, traduire des poésies, et se mettre à penser. Comme on pouvait s'y attendre, les résultats ont été décevants. Aujourd'hui, on commence à mieux se rendre compte des limites du logiciel. On commence à savoir que le message élaboré par le programmeur, aussi long soit-il, ne permettra jamais d'exprimer certaines procédures, du moins tant que l'architecture du matériel ne sera pas améliorée.

Depuis la première génération d'ordinateurs, la nature des opérations élémentaires proposées par les constructeurs n'a pratiquement pas changé. C'est dire combien les premiers appareils avaient potentiellement la finalité de ceux que nous connaissons. Inversement, les ordinateurs actuels ne peuvent avoir d'autre fonction que le calcul et l'archivage, et toutes les autres fonctions qu'on est amené à leur assigner résultent d'une projection intempestive. Comme les instructions exécutables dépendent en dernier ressort du matériel, il est difficile de croire que le vocabulaire de la programmation sera jamais enrichi. Force est donc de penser que le logiciel, quelque peu élaboré qu'il puisse être par rapport au langage naturel, a depuis longtemps dépassé l'année zéro de son existence.

Références

ADP, « MIS, promesses et réalisations », *L'informatique* (décembre 1972).

Armand R., Lattes R., Lesourne J., *Matière grise année zéro*, Paris, Denoël, 1970.

Arsac J., *La science informatique*, Paris, Dunod, 1970.

Benassouli P., Interview à la Revue *L'informatique* (juin 1970).

Billes A., « Algorithmes et organigrammes », *Microsystèmes* (juillet-août 1979).

Boucher P., *Fortran IV*, Paris, Dunod, 1967.

Brooks F.P., « Le mythe du mois-homme », *L'informatique* (septembre 1975).

Bureau J., *Dictionnaire de l'informatique*, Paris, Larousse, 1982.

Dearden J., d'après ADP, *op. cit.* 1972.

Grosch H.R.J., « Why MAC, MIS and ABM Won't Fly », *Datamation*, XVII, 21, 1971.

IBM, *Terminologie du traitement de l'information*, Paris, 1987.

Janco M., Furjot D., *Informatique et capitalisme*, Paris, Maspéro, 1972.

Jung C.G., *L'homme à la découverte de son âme*, Paris, Payot, 1966.

Le Garff A., *Dictionnaire de l'informatique*, Paris, PUF, 1975.

Lhermitte P., « Le pari des nations industrielles : la création d'un état d'esprit informatique », *Le Monde Diplomatique* (décembre 1968).

Lussato B., « Les MIS, désirs et réalités », *IBM-Informatique*, VIII, 1972.

Malet N., « Le déclin des compilateurs », *01-Informatique* (janvier-février 1978).

OCDE, *L'évaluation de l'efficacité des systèmes informatiques*, Paris, 1974.

OCDE, *Gestion automatisée de l'information dans l'administration publique*, Paris, 1973.

Philippakis A.S., « Programming Language Usage », *Datamation* (October 1973).

Plaisant R., *Le droit des auteurs et des artistes exécutants*, Paris, Delmas, 1977.

Poe E., *Histoires extraordinaires*, Paris, Gründ, 1939.

Raymond F.H., *Les principes des ordinateurs*, Paris, PUF, 1969.

Robinet B., *Le langage APL*, Paris, Technip, 1971.

Sackman H., Erikson W.J., Grant E.E., « Exploratory Experimental Studies Comparing Online and Offline Programming Performance », Communications of the ACM, II, January 1968.

Sammet J.E., « Programming Language : History and Future », Communications of the ACM, July 1972.

Thomas U., *Les banques de données dans l'administration publique*, Paris, OCDE, 1981.

Vocabulaire de l'informatique, Arrêté du 29 novembre 1973, *Journal officiel* (12 janvier 1974).

Mots clés

Banques de données, base de données, données, droit d'auteur, fiabilité, logiciel, matériel, ordinateur, perception, personnel, process, productivité, programmation, projection, surprogrammation, systèmes de gestion.

75

Internationalisation de l'entreprise

Patrick Joffre

L'internationalisation représente pour l'entreprise une expansion de marchés ou une diversification d'activités de nature géographique. C'est une expansion de marché lorsqu'il s'agit de développer une activité existante dans un autre espace géographique ; c'est une diversification lorsqu'il s'agit de proposer des produits nouveaux (ou des activités nouvelles) sur des marchés géographiques nouveaux[1].

Au-delà du marché aval de l'entreprise – les clients – l'internationalisation peut affecter toutes les fonctions de l'entreprise : l'achat, la production, les finances, et même les ressources humaines. Au niveau classique de son analyse : les débouchés de l'entreprise, les formes d'internationalisation sont nombreuses et variées, l'exportation de produits n'étant que la version classique de la vente à distance. L'internationalisation ne se réduit évidemment pas à l'exportation de produits, ni même de capitaux (multinationalisation) mais revêt des formes nouvelles dites de coopérations interfirmes[2].

Nous avons volontairement gommé de l'introduction le terme de stratégie, car, loin d'être toujours issue d'un processus volontaire et planifié, l'internationalisation est avant tout un processus hétérogène où la motivation est offensive comme défensive, le style de management intuitif comme calculé, la pratique autonome comme induite, enfin le développement solitaire comme collectif.

Ceci n'exclut nullement les grandes manœuvres des firmes multinationales à la recherche du point d'équilibre de leurs vastes réseaux de filiales de fabrication, disséminés dans le monde, ou encore la politique empirique et patiente du chef d'entreprise d'une PME qui attendra une dizaine d'années avant de dégager quelques projets d'une implantation lointaine.

Nous pouvons définir en première approche l'internationalisation comme un processus de développement d'intensité variable, au plan de l'engagement des ressources, et hétérogène quant à la nature des flux qu'elle engendre : de produits, de capitaux, d'information et d'hommes.

---

1. Voir dans cette Encyclopédie l'article de Y. Morvan, « Diversification ».
2. Voir dans cette Encyclopédie l'article de B. Hugonnier, « Entreprise multinationale ».

Il apparaît cependant difficile de trouver des spécificités de nature et non seulement de degré à cette activité multiforme de l'entreprise hors de ses frontières d'origine. Il est en revanche possible d'identifier deux traits distinctifs de ce comportement de l'entreprise :
– la transmission de ressources à travers les frontières politiques ;
– la rencontre d'une organisation avec d'autres systèmes économiques, politiques et culturels.

La complexité croissante des flux engendrés par l'internationalisation et l'accroissement des risques liés aux « distances » entre pays permettent sans doute de caractériser les affaires internationales contemporaines (première section). Elles ne dispensent pas d'analyser, dans une deuxième section, les caractéristiques détaillées du processus d'internationalisation et encore moins les motifs très variés qui poussent l'entreprise hors de ses frontières. L'adhésion d'un nombre croissant d'entreprises à cette forme de développement montre à l'évidence que si la complexité et les risques caractérisent les affaires internationales, les avantages de l'internationalisation n'en sont pas moins évidents. Enfin, la variété des modalités d'internationalisation nous conduira à tenter d'en fournir une classification dans une troisième et dernière section.

1. Le processus d'internationalisation

Il peut être caractérisé selon trois dimensions : la séquentialité, l'hétérogénéité et l'universalité.

1.1. Un processus séquentiel

Qu'elle soit de nature « proactive » ou « réactive », plan élaboré ou saisie d'opportunité, l'internationalisation se présente le plus souvent comme un processus séquentiel dans le temps et dans l'espace.

1.1.1. Dans le temps

La littérature contemporaine analyse le processus de développement à l'étranger comme une séquence d'étapes au cours desquelles l'entreprise procède à l'apprentissage de l'environnement international et adapte progressivement son organisation à la dimension spatiale de son activité.

Différents auteurs reprennent donc, après des études empiriques sur des échantillons d'entreprises de nationalité différente, l'idée d'une courbe d'apprentissage s'inscrivant dans la durée, l'accomplissement d'une étape supposant que la précédente a été franchie complètement et avec un certain succès.

Ainsi W. Bilkey et G. Tesar (1977) proposent un processus en six étapes marquant une implication croissante de ressources et une accumulation croissante d'informations qui, principalement, permettent le franchissement successif de ces étapes (tableau 1).

Même si bon nombre d'entreprises brûlent des étapes et si certaines d'entre elles adoptent d'emblée une stratégie mondiale (cas actuel des entreprises des biotechnologies et de l'information en général), l'effet d'apprentissage international suppose une action dans la durée. Il est vrai que l'intensité de la concurrence dans certains secteurs industriels tend à réduire cette période probatoire au plus strict minimum.

La séquentialité, dans la durée, correspond donc à un engagement croissant de l'entreprise du point de vue des ressources mobilisées, comme l'indique le processus graduel désormais classique en quatre étapes :
– l'exportation occasionnelle,
– l'exportation par l'intermédiaire d'un agent,
– l'exportation par l'intermédiaire d'une filiale de vente,
– l'implantation productive qui se substitue (tout ou partie) au flux d'exportation.

Tableau 1
Les étapes du processus de développement de l'exportation

Etapes
1. La direction de l'entreprise n'est pas intéressée à exporter.
2. La direction de l'entreprise accepterait une commande d'exportation sollicitée, mais ne fait aucun effort pour explorer la possibilité d'exporter.
3. L'entreprise explore activement la possibilité d'exporter.
4. L'entreprise exporte sur une base expérimentale vers un pays psychologiquement proche.
5. L'entreprise devient un exportateur expérimenté vers ce pays.
6. L'entreprise explore la possibilité d'exporter vers des pays additionnels psychologiquement moins proches.

Source : W. Bilkey, G. Tesar (1977).

La période d'apprentissage peut être de durée très variable selon les entreprises et les marchés visés. Encore faut-il distinguer la courbe d'apprentissage du processus d'internationalisation de l'entreprise en général et les courbes d'apprentissage spécifiques de certains marchés qui requièrent, pour s'y implanter, une durée longue et ne procurent qu'une rentabilité différée : Bic a attendu 13 ans avant de retirer des liquidités nettes de son investissement productif aux Etats-Unis, malgré une expérience internationale déjà confirmée. Le Japon apparaît également comme un marché où la durée de l'apprentissage est longue, y compris pour des firmes solidement implantées aux quatre coins du monde (cas de la pharmacie).

Apprentissage général d'un processus graduel, apprentissage spécifique de pays et d'environnements réputés hermétiques, autant de raisons qui font de l'internationalisation une manœuvre séquentielle qui s'inscrit dans la durée. Au temps, il faut cependant ajouter l'apprentissage progressif de l'environnement géographique, qui, s'il se mondialise, n'en reste pas moins encore hétérogène.

1.1.2. Dans l'espace

L'effet de similarité entre les marchés géographiques est une des caractéristiques fondamentales du processus d'internationalisation, même si son influence semble s'être atténuée sur les récentes années du fait d'un raccourcissement universel des distances commerciales entre pays.

1.1.2.1. Le rôle de la « distance » dans le processus d'internationalisation

L'introduction du rôle de la distance dans l'analyse économique des échanges internationaux n'est pas nouvelle. Dès 1956, W. Beckerman introduisait la distance psychique dans son étude du commerce intra-européen. Plus récemment, les chercheurs suédois du Centre des affaires internationales de l'Université d'Uppsala ont développé une théorie de l'internationalisation des firmes suédoises qui repose sur la « distance psychique[1] » entre les marchés. Cette forme de distance agit plus particulièrement comme un facteur inhibiteur sur les flux d'information réciproques entre les marchés nationaux dont la mise en œuvre précède toute action internationale.

Il ressort de leurs études empiriques que le système d'information de l'entreprise exerce une influence majeure sur le processus d'ouverture internationale et, en particulier, que le mode d'ouverture est en partie déterminé par la qualité des informations recueillies. Le choix du réseau (importateur, filiale...) étant fonction du risque perçu, l'implantation la plus durable n'est décidée que sur la base d'un degré d'incertitude tolérable.

La distance psychique expliquerait à la fois la rigidité spatiale des nouveaux exportateurs (préférence pour les marchés culturellement les plus proches) et la rigidité de la politique de produits (préférence pour l'exportation de produits ne nécessitant qu'un faible transfert de connaissances), au moins dans les premières années de présence internationale. Une autre étude scandinave confirme le rôle de l'écart culturel sur le comportement initial des exportateurs finlandais : 96 % des entreprises qui débutent à l'exportation entreprennent leur action sur des marchés culturellement proches ou très proches de leur pays d'origine. Cependant, il semblerait que la politique de l'organisation s'assouplisse au fur et à mesure que l'entreprise accumule une expérience exprimée en nombre d'années de présence sur les marchés extérieurs.

La rigidité de l'expansion géographique des firmes n'est pas l'apanage exclusif des petites et moyennes entreprises des pays de petite dimension. Le

---

1. La distance psychique est généralement mesurée, à partir d'indicateurs variés, sur le degré d'éloignement ou de similitude des niveaux de développement économique, des canaux de distribution et de l'intensité des flux commerciaux antérieurs.

phénomène touche toutes les catégories d'entreprises, quelle que soit la dimension initiale de leur espace domestique. Dès les années 1960, R. Vernon a mis en évidence le processus d'expansion séquentielle des multinationales américaines dont près du tiers des investissements directs ont d'abord concerné trois pays : la Grande-Bretagne, le Canada et l'Australie. Par ailleurs, une investigation récente portant sur un échantillon de 954 nouveaux produits examine les choix de localisation par investissements directs de ces produits introduits initialement aux Etats-Unis entre 1945 et 1976. S'appuyant sur les techniques de regroupement par similarité, l'auteur met en évidence une corrélation forte et significative entre la similarité des marchés et les priorités de pays quant au lancement des produits.

1.1.2.2. L'« effet d'expérience internationale »

De nombreux auteurs ont fait l'hypothèse que la préférence spatiale pour les marchés proches tendait vraisemblablement à décliner au fur et à mesure de la réduction d'incertitude sur la connaissance des marchés. L'accroissement des capacités de saisie, de traitement et d'interprétation de l'information internationale provoque donc un affaiblissement de la démarche initiale, prudente mais anarchique, au profit d'une démarche plus hardie mais également plus calculée. Dans un second temps, l'effet d'expérience l'emportant sur les effets de similarité, la phase heuristique cède la place à une phase d'écrémage plus systématique des marchés, fondée sur les analyses économiques de coûts des facteurs de production ou de climats d'investissement.

Deux études importantes viennent confirmer d'une façon claire cette hypothèse : l'étude de W.H. Davidson (1983) et celle de R. Vernon [1] (1979), conduite dans le cadre du *Harvard Multinational Enterprise Project*. La première, s'appuyant sur un échantillon de 954 produits nouveaux, montre clairement l'élargissement géographique des choix de localisation industrielle des entreprises déjà implantées dans plusieurs pays. De même, la seconde met en évidence, à propos du lancement de produits à l'étranger de 18 firmes américaines avant 1946, que la probabilité que le Canada soit privilégié dans le temps sur l'Asie était de 79 %, mais seulement de 59 % après 1960. Ces modifications de comportements spatiaux se vérifient dans l'évolution de la distribution géographique des filiales. Avant 1946, 23 % des filiales étaient implantées au Canada ; 20 ans après, la proportion est tombée à 19 % au profit de trois régions mondiales : l'Asie, l'Afrique et le Moyen-Orient.

1.2. Un processus hétérogène

1.2.1. Des « vecteurs » de développements différents

L'internationalisation peut prendre des formes diverses en dehors même des modalités concrètes de vente ou d'implantation (voir troisième section).

---

1. Voir les références bibliographiques en fin d'article.

Ainsi, certains auteurs (H. de Bodinat et *al.* (1984)) distinguent-ils différents vecteurs d'internationalisation qui mettent en jeu trois dimensions : les pays visés, les marchés concernés (en terme de segments[1]) et les produits conçus. On obtient ainsi six vecteurs d'internationalisation supposant des processus différents quant aux ressources engagées, à la variété des pays touchés et au degré d'éloignement par rapport au savoir-faire initial. Le regroupement de ces vecteurs peut s'opérer selon plusieurs types :

– différents vecteurs d'internationalisation sur les segments produits-marchés du pays d'origine,

– un vecteur d'internationalisation avec de nouveaux produits pour les mêmes marchés que ceux d'origine,

– un vecteur d'internationalisation avec les mêmes produits sur des marchés différents,

– enfin, un vecteur d'internationalisation avec des produits nouveaux pour des marchés différents, que l'on pourrait qualifier « d'internationalisation-diversification ».

Ainsi, de la PME ne vendant qu'un ou deux produits de sa gamme sur des marchés proches à la vente d'une usine clés en main de pneumatiques en Yougoslavie par un fabricant français, le spectre du processus d'internationalisation est-il extrêmement ouvert.

1.2.2. *Des fonctions d'entreprise différentes*

Il est fréquent de remarquer qu'un des premiers contacts internationaux de l'entreprise s'opère par l'approvisionnement auprès d'un fournisseur étranger ou par l'intermédiaire d'une sous-traitance internationale dans le processus de production.

Ainsi, l'ouverture internationale de l'entreprise se présente de plus en plus comme un phénomène multiforme qui concerne traditionnellement les marchés clients (vente internationale), mais qui affecte également de plus en plus fréquemment le processus de l'entreprise (délocalisation, coopération et sous-traitance industrielle) ainsi que les marchés fournisseurs (achat international).

1.2.2.1. *L'achat international*

Le développement de l'achat international et l'apparition d'une conception active de la fonction approvisionnement à l'étranger relèvent fondamentalement de trois causes : l'accroissement de l'intensité concurrentielle, la spécialisation nationale et le phénomène de compensation[2].

– L'accroissement de l'intensité concurrentielle incite les entreprises à porter une attention accrue aux coûts de fabrication et les conduit à prospecter de nouvelles sources d'approvisionnement. Cette politique est d'ailleurs facilitée par la baisse relative des coûts de transport à longue

---

1. Voir dans cette Encyclopédie l'article de B. Ramanantsoa, « Pensée stratégique ».
2. Voir également dans cette Encyclopédie l'article de P. Joffre et G. Kœnig, « Achat industriel ».

distance par rapport à ceux à courte distance intracontinentaux. Elle est aussi facilitée par la standardisation des qualités des produits, du fait de la mondialisation des marchés de certaines marchandises et de la diffusion rapide de la technologie (cas, entre autres, de l'industrie chimique).

– Les processus de spécialisations nationales fines, intra-industrielles ou intraproduits conduisent l'entreprise à rechercher à l'étranger des produits industriels très différenciés à usage spécifique (cas d'une machine-outil en particulier).

– La compensation constitue une obligation de réciprocité dans l'échange : soit rachat de produits divers en contrepartie d'une exportation, soit rachat d'une partie de la production en contrepartie de la vente d'une usine clés en main. Dans tous les cas, l'acquisition de ressources précède (ce qui est de plus en plus fréquent) ou accompagne la vente. En dehors du développement de ces pratiques commerciales (de 10 à 20 % du commerce mondial), la compensation a pour effet de lier marchés clients et marchés fournisseurs et d'accroître involontairement le nombre de sources d'approvisionnement (cas de l'automobile et de l'aéronautique).

1.2.2.2. La production internationale [1]

Si l'ouverture internationale procède largement et universellement d'un mode contractuel (la vente à travers les frontières), dès la fin du XIXe siècle et tout au long du XXe, de grandes entreprises ont délibérément opté pour un mode de développement à l'étranger différent, un mode « internalisé » ou « hiérarchique » par exportation de capitaux et création de filiales commerciales et industrielles sur des territoires étrangers. Ce qu'il est convenu d'appeler la délocalisation de la production est désormais une pratique courante de toutes les entreprises du monde occidental, considérée cependant comme un indice de maturité internationale de l'entreprise. L'internationalisation de la production nécessite de distinguer des flux de produits de nature comptable différente : les flux réalisés à partir du territoire national (exportation), ceux qui sont engendrés à l'étranger par l'activité des filiales et, enfin, un troisième flux à l'évaluation délicate, concernant des transferts de produits entre les filiales nationales d'un même groupe industriel [2]. L'hétérogénéité comptable, mais également de nature, de ces flux (produits finis, intermédiaires ou composants) ajoute à l'hétérogénéité du processus d'internationalisation.

1.2.3. Des conceptions différentes de l'environnement international [3]

Il existe différentes conceptions de l'internationalisation eu égard à l'environnement marchand de l'entreprise. La plupart des auteurs s'accor-

---

1. Voir également dans cette Encyclopédie l'article de A. De Meyer, « Politique de production de l'entreprise multinationale ».
2. Voir dans cette Encyclopédie l'article de M. Gervais, « Prix de cessions internes ».
3. Voir également dans cette Encyclopédie l'article de J.M. De Leersnyder, « Marketing international ».

dent désormais à reconnaître trois états (outre l'état initial de nature uninational où l'entreprise ne considère que le marché national – schéma 1) :

– Dans l'environnement international, le marché domestique est prédominant, les marchés étrangers ne représentant que les satellites du marché national.

– Dans l'environnement « multinational » ou « multidomestique », le marché domestique n'est qu'un des nombreux marchés sur lesquels intervient l'entreprise. Chaque Etat nation recouvre presque exactement un marché pour l'entreprise. C'est une perspective cloisonnée du marché international, somme de marchés domestiques ayant leurs caractéristiques propres et leur importance relative spécifique.

– Dans un environnement « global », le monde n'est qu'un vaste marché où les frontières politiques s'effacent d'un point de vue économique au profit de cloisonnements commerciaux éventuels, perméables et fluctuants. Conséquence autant que source de la mondialisation des affaires, cet état peut ou non constituer l'étape ultime d'un processus d'internationalisation. De nos jours, de nombreux marchés de produits doivent être d'emblée appréhendés globalement sans distinction de frontières (cas de la fixation de ski, par exemple). La mondialisation des échanges et des entreprises, l'économie étant pour certains économistes non plus inter-nationale mais mondiale, résulte largement de facteurs techniques, économiques et culturels :

– les progrès déjà constatés dans les transports de longue distance et dans les communications (satellite) ;

– la diffusion plus rapide de la technique dans l'économie mondiale qui réduit les avances technologiques des concurrents et les conduit à diffuser simultanément leurs produits dans les quatre coins du monde ;

– la convergence des comportements des acheteurs industriels et individuels.

Si la globalisation des marchés est le phénomène marquant de cette fin de siècle, il ne date cependant pas d'aujourd'hui. En 1867, Singer fut le premier fabricant à diffuser un produit sous le même nom et la même forme dans le monde entier.

Forts de ces analyses, des économistes américains ont proposé, voilà plusieurs années, une classification des orientations du développement international en soulignant pour chacune d'elles leurs caractéristiques et leurs implications sur la conduite des affaires. Cette classification dite « ERPG[1] » comporte quatre orientations qui peuvent se situer sur un continuum allant de l'attitude ethnocentrique (centrée sur le marché domestique) jusqu'à l'attitude opposée qualifiée de géocentrique (le marché mondial ne constitue qu'un vaste marché non cloisonné), en passant par des orientations intermédiaires qualifiées de polycentrique (plusieurs marchés extérieurs importants) et régiocentrique (marché mondial découpé en grandes régions économiques). Cette classification, testée empiriquement par leurs auteurs permet de déduire des politiques d'internationalisation différentes ainsi que le traduit le tableau 2.

Schéma 1
Classification des entreprises selon leur conception des marchés internationaux

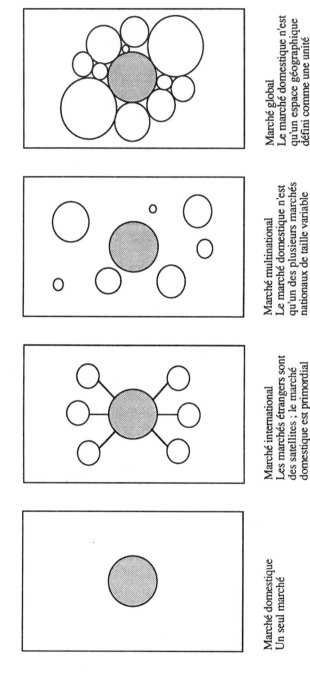

Marché domestique
Un seul marché

Marché international
Les marchés étrangers sont
des satellites ; le marché
domestique est primordial

Marché multinational
Le marché domestique n'est
qu'un des plusieurs marchés
nationaux de taille variable

Marché global
Le marché domestique n'est
qu'un espace géographique
défini comme une unité
de base d'un marché
mondial unifié

⬤ Marché domestique

Tableau 2

Les différentes orientations du développement international

	Orientations			
	Ethnocentrique	Polycentrique	Régiocentrique	Géocentrique
Approche	Opérations internationales secondaires par rapport aux opérations domestiques	Filiales indépendantes dans chaque pays	Filiales autonomes au niveau régional	Filiales au niveau mondial (multinationale)
Centre de planification	Siège social	Filiale (dans chaque pays)	Bureau régional	Etat-major central
Personnel de marketing	Citoyens du pays de la compagnie mère	Citoyens des pays en question	Personnes de la région	Personnes les plus qualifiées sans considération de nationalité
Raisons d'être	Marchés internationaux restreints. Petites entreprises (orientation vers la production)	Orientation vers le consommateur	Orientation vers le consommateur et les économies d'échelle	Economies d'échelle
Inconvénients	Pas d'orientation vers le consommateur	Gaspillage des ressources de marketing (coordination et contrôle)	Difficultés de mise en pratique (contraintes légales)	Difficultés de mise en pratique (contraintes légales)

Source : R.Y. Darmon et *al., Le marketing.fondements et applications,* 2e éd., Montréal, McGraw-Hill, 1983.

1.3. Un processus universel

L'internationalisation des entreprises apparaît comme un processus géographiquement universel, non limité à la grande organisation et qui affecte les entreprises privées et publiques[1].

1.3.1. En termes géographiques

Si l'on veut bien considérer que le commerce mondial est à proprement parler un commerce interentreprises, le taux d'ouverture internationale des pays doit fournir une indication de l'ouverture internationale des entreprises selon les pays et les régions du monde considéré.

A cet égard, le processus d'ouverture internationale, de degré variable selon les pays, a débouché sur une intégration économique internationale accrue surtout depuis 1950. Celle-ci s'est traduite par un développement des échanges de produits plus rapide que la production internationale (estimée à partir de la somme des produits intérieurs bruts nationaux). Ainsi, de 1960 à 1975, les échanges internationaux se sont développés deux foix plus vite que les économies nationales industrialisées dont le taux de croissance annuel était de 5 % environ. Au centre du développement du commerce mondial se trouvent les entreprises multinationales dont on estime que les cinq cents plus grandes réalisent à elles seules plus de la moitié de la valeur du commerce mondial.

Le processus d'internationalisation, initialement concentré dans les pays de l'OCDE et historiquement né dans les petits pays européens (Pays-Bas, Suisse, Suède...), s'est continuellement étendu à tous les espaces économiques au cours des dernières décennies :

– Aux vagues successives de multinationales européennes et nord-américaines ont succédé les multinationales japonaises, dont on estimait qu'en 1975 près de la moitié était des petites et moyennes entreprises.

– Plus récemment, l'internationalisation du commerce et du capital (investissement direct) a touché les pays socialistes et les pays en voie de développement. Ainsi, le stock d'investissement direct à l'étranger détenu par les pays socialistes à la fin des années 1970 s'élevait à 724 millions de dollars US et, sur les 10 000 entreprises multinationales recensées en 1980, 356 sont originaires des pays de l'Asie du Sud-Est et près d'un millier de l'Amérique latine et de l'Inde (W. Andreff, 1987).

Enfin, on notera que tous les pays du monde ont mis sur pied des politiques d'incitation à l'exportation pour l'ensemble de leur tissu industriel, y compris et surtout pour les PME.

Cependant, la propension à l'internationalisation des entreprises, eu égard à la taille de leur pays d'origine, est un problème complexe qui n'est qu'une des variables de cette grandeur. Quelques auteurs scandinaves ont proposé de mesurer la pression potentielle à l'internationalisation par un

---

1. Voir dans cette Encyclopédie l'article de S. Wickham, « Internationalisation des entreprises publiques ».

ratio rapportant le produit national, exempt de tout droit de douane, au produit national global. Ce ratio est, de tous les pays industrialisés, le plus élevé pour la Finlande. Il est pour ce pays deux fois plus élevé que celui de la Norvège et près du triple de celui de la Suède et de la Suisse. Il n'est pas étonnant que les entreprises de ces pays s'internationalisent d'une façon précoce et d'une manière intense en termes de taux d'exportation et en nombre d'entreprises concernées.

1.3.2. En termes de taille d'entreprise

La relation entre la grande dimension de l'entreprise et son degré d'internationalisation est largement démontrée. Cependant, un mouvement important d'internationalisation de la PME se développe depuis une quinzaine d'années dans de nombreux pays industrialisés, y compris la France. Ce phénomène doit conduire à ne pas surestimer le rôle de la taille de l'entreprise dans le processus de développement international.

1.3.2.1. La grande taille et l'internationalisation

Deux caractéristiques impriment une structure particulière aux échanges mondiaux : la concentration du commerce (et de la production) entre quelques centaines d'entreprises, d'une part, la corrélation évidente entre la grande dimension et la multinationalisation de l'entreprise, d'autre part. Sur ce second point, on note, en particulier, que la taille des entreprises apparaît comme une variable significative dans toutes les explications du degré de multinationalisation. Enfin, dans l'alternative exporter ou produire à l'étranger, la plupart des travaux empiriques concluent que plus l'entreprise est de grande dimension, plus elle tend à produire à l'extérieur plutôt que de se limiter à vendre à l'étranger.

1.3.2.2. La diffusion de l'internationalisation au tissu industriel des PME [1]

Il convient ici de distinguer deux tendances : la diffusion du comportement exportateur à un nombre croissant de PME et l'apparition, depuis le début des années 1970, d'une nouvelle espèce de multinationales : les « baby-multinationales », c'est-à-dire des PME qui possèdent plusieurs filiales de fabrication à l'étranger et dont le comportement ne diffère pas fondamentalement de celui de la grande entreprise. Les PME multinationales seraient légion : il y en aurait plusieurs milliers parmi les entreprises multinationales originaires du Japon, du Sud-Est asiatique et de l'Amérique latine. Leur croissance mettrait fin à l'assimilation de la multinationale à la grande entreprise (W. Andreff, 1987).

1.3.2.3. Le rôle de la taille de l'entreprise ne doit pas être surestimé

Différentes études empiriques ont permis de distinguer deux notions importantes : la probabilité d'exporter et la propension à exporter ou taux d'exportation.

---

1. Voir également dans cette Encyclopédie l'article de B. Saporta, « Stratégies des petites et moyennes entreprises ».

La première notion apparaît être fonction de la dimension de l'entreprise, alors que le taux d'exportation est relativement indépendant de la taille. En d'autres termes, si les PME interviennent dans une proportion moindre sur les marchés étrangers, en revanche, lorsqu'elles s'y portent, leur engagement international est au moins aussi important que celui des grandes entreprises. Cette tendance est d'autant plus exacte qu'il s'agit d'une propension à exporter (exprimée en termes de volume de vente) et non d'une propension à investir directement à l'étranger (exprimée en chiffre d'affaires réalisé par les filiales étrangères). Sur ce dernier rapport et malgré le développement des PME multinationales, la grande entreprise conserve une propension plus forte que la petite à investir à l'étranger, en particulier, dans des filiales de production.

2. Pourquoi s'internationaliser ?

Le problème des motifs qui poussent l'entreprise hors de ses frontières nationales peut paraître anachronique à l'heure du « village planétaire » et de la mondialisation de l'économie. Il peut également apparaître comme un exercice académique, peu utile au gestionnaire, dans la mesure où le comportement de l'entreprise permet sinon d'ignorer, du moins de déjouer les règles théoriques de l'économie mondiale. Cependant, l'importance de la littérature sur ce sujet impose un bilan synthétique des théories de l'internationalisation de l'entreprise, ne serait-ce que pour éclairer le choix des modes de développement à l'étranger qui sera présenté dans la troisième section de cet article.

Par simplification et commodité, nous classerons les grandes écoles explicatives selon qu'elles relèvent de l'économie, de la théorie de l'entreprise ou enfin des sciences de gestion.

2.1. Les explications des économistes

On oppose d'une façon classique les théories traditionnelles, et la plus connue d'entre elles le cycle international de vie du produit, et la théorie actuelle de l'internalisation.

2.1.1. Les schémas théoriques traditionnels

La théorie économique de l'échange international, dont il n'est pas question de proposer ici un résumé superficiel, place prioritairement l'Etat-nation et non l'entreprise au cœur du commerce mondial[1].

Par ailleurs, les théories qui se sont développées depuis 1950-1960, sans doute pour rééquilibrer la balance, proposent des explications centrées non pas sur l'échange et le commerce proprement dit, mais sur l'investissement direct extérieur et sur l'implantation à l'étranger. Après deux siècles

---

1. Voir à cet égard, D. Greenwald, *Encyclopédie économique*, Paris, Economica, 1984.

« d'immobilisme théorique » des facteurs de production, la mobilité internationale du capital concentre depuis 25 ans l'intérêt de la majorité des économistes et l'essentiel de leurs travaux. Ainsi, on comprend mieux qu'il n'existe pas à proprement parler de théorie économique de l'exportation des firmes, mais une floraison de théories macro et micro-économiques de la multinationalisation des entreprises. Plus précisément, les auteurs s'intéressent à deux thèmes, l'un statique, les facteurs de multinationalisation, l'autre dynamique, les motifs du passage d'un mode de développement à un autre, en particulier de la vente et des modalités contractuelles à l'implantation et aux modalités hiérarchiques ou « internalisées ».

Les différentes théories visant à expliquer la multinationalisation des entreprises peuvent être articulées autour de cinq déterminants majeurs de l'investissement direct à l'étranger (C.A. Michalet, 1986) :
– l'accès aux produits primaires,
– les entraves au commerce international,
– le jeu de la concurrence oligopolistique internationale,
– l'écart des coûts du facteur travail,
– la perte de l'avantage technologique.

Parmi ces déterminants, le jeu de l'oligopole, trop à l'étroit dans ses frontières nationales, et les mécanismes d'avantage puis de perte du facteur technologique ont donné naissance à une littérature abondante. La plus célèbre des thèses est incontestablement celle élaborée par R. Vernon sur le cycle de vie du produit.

2.1.2. La théorie du cycle du produit de R. Vernon

Elle vise à expliquer la multinationalisation des entreprises américaines dans les années 1960 et s'inspire du principe commercial du cycle de vie des produits selon quatre phases allant de la naissance à la mort, en passant par la croissance et la maturité[1]. La théorie indique que les produits nouveaux sont mis au point dans les entreprises des pays technologiquement avancés et pour lesquels existent des segments de consommateurs à haut pouvoir d'achat (les Etats-Unis). Dans un second temps, les entreprises exportent vers des zones économiques moins développées à des prix de monopole qui permettent d'amortir les frais commerciaux et de recherche-développement particulièrement élevés dans la phase de croissance. Lorsque les produits atteignent leur phase de maturité, la technologie s'est banalisée volontairement (par cession de licences) ou involontairement (par imitation). La concurrence par les prix s'avive et l'avantage monopolistique initial de l'entreprise disparaît progressivement. L'entreprise innovatrice délocalise alors sa production dans les espaces économiques où les coûts salariaux sont les plus faibles (l'Europe dans les années 1960, le Sud-Est asiatique dans la décennie 1970). Le pays exportateur d'origine peut même devenir importateur des produits initialement conçus dans son espace domestique.

---

1. Voir également dans cette Encyclopédie l'article de M. Carle, « Cycle de vie du produit ».

Le cycle est alors bouclé, imposant aux entreprises des pays développés de lancer de nouveaux produits pour retrouver leur avantage technologique.

Le graphique 1 retrace les étapes du cycle, les facteurs d'internationalisation, différents au fil du temps, et le mode de développement propre à chaque phase : exportation ou production à l'étranger.

Graphique 1
Cycle international de vie du produit

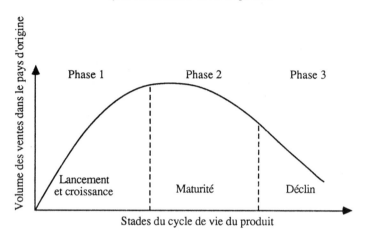

Stades du cycle de vie du produit

Point de force dans le marketing-mix	Nouveauté du produit	Distribution promotion publicité	Prix
Facteur expliquant le stade d'internationalisation	Avance technologique liée à un effort préalable de recherche et développement	Apparition de concurrents à l'étranger	Recherche de la source d'approvisionnement la moins chère
Stade de développement international	Exportation depuis le pays d'origine	Production à l'étranger	Production dans des pays à bas salaires et réexportation vers le pays d'origine

* Adapté de H. de Bodinat et *al.*, *Gestion internationale de l'entreprise, op. cit.*, p. 118.
Source : J.C. Usunier, *Management international*, Paris, PUF, 1985, p. 65.

On notera, pour finir avec ce schéma théorique dont le succès auprès des managers en explique la diffusion jusqu'en 1975, que les limites du cycle du produit sont aujourd'hui évidentes. Elles ont été reconnues récemment par R. Vernon lui-même. Les raisons majeures sont les suivantes :
– la diffusion plus rapide des innovations dans l'espace mondial,
– l'accélération du rythme d'introduction des produits nouveaux et l'obsolescence plus rapide de ceux-ci,

– les politiques de formation des prix initiaux volontairement bas par les entreprises japonaises (*Forward Pricing Strategies*) réduisant ou annulant parfois les avantages fondés sur un monopole technologique.

2.1.3. La théorie de l'internalisation

2.1.3.1. La résurgence d'une théorie ancienne

C'est aux économistes de l'école de Reading, au Royaume-Uni, que revient la paternité de la théorie de l'internalisation, même si elle puise ses origines dans les travaux déjà anciens de D.H. Robertson et R. Coase dans les années 1930, sur la nature de la firme « îlot de pouvoir organisé dans l'océan des mécanismes spontanés du marché ». Sa popularité actuelle est telle, pas seulement dans les milieux académiques, que les managers des multinationales s'y réfèrent pour expliquer la poursuite inlassable du développement mondial des entreprises. Reprenant S. Hymer à 20 ans d'écart, J. Maisonrouge (1985) dit : « L'entreprise apparaît comme un élément d'organisation du marché, indispensable à la production des biens complexes : ceux dont les coûts seraient trop élevés s'il fallait avoir recours à des transactions individuelles à chaque étape de la production. Elle devient ainsi source d'économie pour la société. Au niveau du marché international, marqué par un développement croissant des échanges, l'entreprise multinationale procède de la même nécessité. Son organisation et ses structures tendent à réduire les coûts de transaction ».

2.1.3.2. L'école de Reading et l'approche globalisante des théories de l'internalisation

L'école de Reading représentée par J. Dunning, J. Buckley et R. Casson soutient que les théories antérieures fondées sur les avantages monopolistiques de toute nature ne sont que des cas particuliers d'une théorie plus vaste dite de l'internalisation. Ils se fondent pour cela sur trois postulats :

– les entreprises cherchent à maximiser leurs profits sur des marchés imparfaits ;

– l'imperfection des marchés des biens intermédiaires incite les entreprises à les court-circuiter en créant des marchés internes ;

– l'internalisation de ces marchés, au-delà des frontières nationales, est la source du développement des multinationales.

J. Dunning précise la théorie développée par J. Buckley et R. Casson par l'approche dite « éclectique » de l'internationalisation. En ce sens, il admet qu'une seule explication ne peut rendre compte de toutes les formes d'internalisation. De plus, il place l'internalisation comme une des explications majeures de l'internationalisation. D'après J. Dunning, une entreprise investira à l'étranger si les trois conditions suivantes sont simultanément remplies :

– elle bénéficie d'avantages de propriété (technologique, par exemple) ;

– il est plus profitable d'internaliser ces avantages plutôt que de passer des contrats sur le marché avec des entreprises tiers ;

– la rentabilité de l'internalisation repose sur l'utilisation de facteurs de production localisés à l'étranger (ressources naturelles, énergie ou coûts salariaux).

J. Dunning résume ainsi sa théorie : « Plus les avantages de propriété des entreprises sont importants... plus celles-ci sont incitées à les exploiter elles-mêmes (par internalisation). Plus les conditions économiques de la production et de la commercialisation favorisent l'implantation à l'étranger, plus ces entreprises auront des chances d'investir directement à l'étranger. La propension d'un pays particulier à internationaliser sa production est ainsi fonction de la mesure dans laquelle ses entreprises jouissent de ces avantages et de l'attrait que représente la localisation géographique de sa dotation en facteurs par rapport à la situation d'autres pays ».

2.2. Les explications des théoriciens de l'entreprise

Les modèles développés par les auteurs adeptes des théories de l'entreprise ont deux caractéristiques en commun :
– des emprunts théoriques aux deux courants principaux de la théorie de l'entreprise : l'approche manageriale, d'une part, l'approche comportementale ou « behaviorale », de l'autre ;
– des vérifications empiriques nombreuses et des travaux de terrain relatifs à des entreprises de pays très variés, soit que l'observation empirique précède la théorisation (méthode inductive), soit que les tests statistiques sur des échantillons d'entreprises servent à vérifier la pertinence des hypothèses de la théorie de l'entreprise (méthode déductive).

2.2.1. Les implications de l'approche manageriale

La théorie manageriale, qui reconnaît aux managers et non plus seulement aux actionnaires un rôle majeur dans le développement et la conduite des entreprises, permet à certains auteurs de souligner le poids des dirigeants dans la décision d'internationalisation.

En s'éloignant des schémas théoriques qui privilégient les facteurs explicatifs macro-économiques (structure de marché, en particulier) et les avantages monopolistiques de l'entreprise considérés globalement, les tenants de l'approche manageriale mettent en évidence le rôle des dirigeants et de l'organisation dans la décision d'internationalisation. On retiendra de cette approche trois enseignements majeurs.

– Les premières firmes qui s'implantent à l'étranger sont fréquemment dirigées par des managers aimant le risque, a contrario celles qui ne se délocalisent pas ou peu ou tardivement le sont par des dirigeants ayant une forte aversion pour les opérations dont les résultats sont a priori très aléatoires.

– L'exploitation des marchés étrangers se fera plus spontanément par le canal de la production délocalisée (filiales) que par la vente de produits ou de licence, car les dirigeants de la maison mère conservent de cette façon un contrôle plus important de leurs opérations extérieures.

– Le choix des marchés étrangers résulte assez largement de l'« horizon spatial », éminemment subjectif, du manager. Cette dimension dépend fortement de la connaissance antérieure que les dirigeants ont des marchés étrangers et, de nouveau, de l'inertie plus ou moins intense à l'égard du risque que comportent des activités à distance.

2.2.2. *Les implications de l'approche « behaviorale »*

On sait que la théorie behaviorale de l'entreprise[1] rompt avec le principe néoclassique de maximisation pour lui substituer celui de satisfaction, se préoccupe des comportements individuels et collectifs et de la genèse des décisions au sein de l'organisation. Ces comportements sont marqués par une rationalité limitée, c'est-à-dire une incapacité de l'individu à stocker et à traiter toutes les informations disponibles.

Les travaux des adeptes du modèle « comportemental » du processus d'internationalisation de l'entreprise se répartissent en deux groupes :
– les modèles de comportement à l'exportation des PME ;
– le processus décisionnel interne de l'implantation à l'étranger de la grande firme.

Au-delà des différences obtenues dans les résultats, ces deux catégories de travaux s'intéressent également :
– au rôle du propriétaire-dirigeant (dans la PME) ou du leader (dans la grande entreprise) dans les différentes étapes du processus de développement à l'étranger ;
– corrélativement au poids relatif plus important des caractéristiques des dirigeants par rapport aux caractéristiques de l'entreprise et de l'environnement dans la décision internationale ;
– enfin, aux résultats d'un certain nombre de ces modèles testés empiriquement. Cependant, le caractère inductif de l'approche comportementale débouche fréquemment sur une kyrielle d'explications du processus d'internationalisation dans laquelle chaque cas est particulier, le réalisme prenant le pas sur la généralisation. A la limite, il y aurait autant de facteurs explicatifs de la décision d'exporter ou de se délocaliser qu'il y aurait d'entreprises étudiées.

Les modèles de comportement des PME à l'exportation sont à peu près tous fondés sur une hypothèse forte : le dirigeant de l'entreprise est exposé à un certain nombre de stimuli qui, filtrés par celui-ci, déclenchent ou ne déclenchent pas un processus de développement à l'étranger.

Les stimuli peuvent être internes (l'entreprise possède une capacité de production excédentaire, par exemple) ou externes (sollicitation de l'environnement par le biais de commandes étrangères, par exemple).

Ce sont les caractéristiques du dirigeant, socio-démographiques et psychographiques, qui vont déclencher ou non la décision d'ouverture internationale (voir schéma 2).

---

1. Voir dans cette Encyclopédie l'article de J. Rojot, « Théorie des organisations ».

Schéma 2
Formalisation de la structure des modèles intégrés de la décision d'exporter en PME

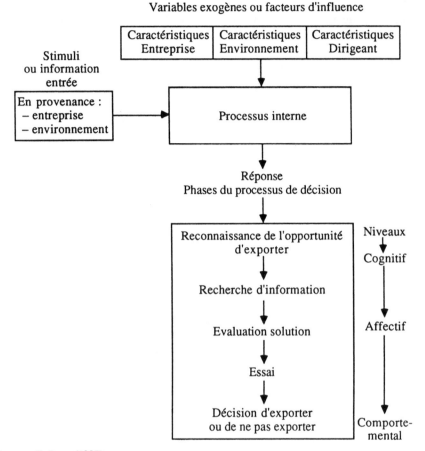

Source : E. Roux (1987).

2.3. Les explications des gestionnaires

Il existe une troisième série d'explications de l'internationalisation de l'entreprise qui puise ses sources dans la littérature empirique de gestion et dans l'observation sur longue période des pratiques des entreprises. Conformément aux intentions des sciences de gestion, ces écrits récents ont un caractère normatif important : ils visent à identifier les normes d'une bonne gestion et font peu référence aux modèles évoqués dans les paragraphes précédents. S'appuyant le plus souvent sur les performances des entreprises spécialisées fortement ouvertes sur les marchés étrangers, les analyses de ce type avancent deux postulats principaux :

– la supériorité supposée de la spécialisation sur la diversification des activités,

– une propension à s'internationaliser d'autant plus forte que la « formule stratégique » ou le métier relève des produits vendus ou des ressources naturelles ; ainsi, quand l'entreprise a assis sa compétitivité sur le plan national grâce à une gamme de produits (« formule stratégique » orientée sur les produits), elle cherchera à la commercialiser sur d'autres marchés du monde avant de s'aventurer dans d'hypothétiques diversifications d'activités.

Tableau 3

Tableau synthétique des variables individuelles reliées au fait d'exporter dans les études intégrées

		Socio-démographiques élargies					Psychographiques								
	ETUDES	Age	Niveau formation	Nombre de langues étrangères	Séjours à l'étranger	Exposition à cultures étrangères	Styles cognitifs	Personnalité	Valeurs	Attitudes	Attentes/export	Tolérance risque	Risque perçu	Orientation internationale ou vers l'étranger exportation	Niveau information exposition à médias
THÉORIQUES	1				(+)	(+)									
THÉORIQUES	2	}					(+)					(+)		(+)	
THÉORIQUES	3														
THÉORIQUES	4		(+)	(+)		(+)					(+)			(+)	(+)
THÉORIQUES	5												(+)	(+)	
THÉORIQUES	6		(+)			(+)	(+)	(+)	(+)				(+)	(+)	
THÉORIQUES	7												(+)	(+)	
EMPIRIQUES	8										+				
EMPIRIQUES	9										+				
EMPIRIQUES	10											(+)		(+)	
EMPIRIQUES	11										+				
EMPIRIQUES	12	0	0 +								+		+		

NB. Le signe plus + indique une liaison positive entre la variable et le fait d'exporter ou non.
Le signe zéro 0 indique une absence de liaison significative.
Les signes sont entre parenthèses ( ) quand la liaison est hypothétique (recherches théoriques) et quand il n'y a pas de test statistique effectué dans les études empiriques.
Les numéros du tableau [1] renvoient à des études dont les auteurs sont recensés dans la bibliographie de E. Roux (1987).

Les sciences de gestion posent donc le problème de l'internationalisation et analysent ses causes d'un point de vue stratégique, c'est-à-dire comme une manœuvre permettant d'atteindre les objectifs de l'entreprise et de modifier sa position dans l'environnement.

Le problème est de savoir si cette modalité stratégique est une option comme une autre et quel est le processus d'arbitrage explicite ou implicite qui conduit l'entreprise à adopter ou à refuser un mode de développement géographique. L'arbitrage le plus fréquemment avancé est celui qui oppose,

---

1. Ce sont les déterminants profonds du comportement (personnalité, style cognitif...), les valeurs et attitudes individuelles (vis-à-vis du risque, par exemple) et les variables d'information (degré de connaissance du domaine de l'export et exposition aux médias).

quasiment sous forme d'un dilemme, l'internationalisation des marchés et la diversification des produits.

2.3.1. La séquence optimale : s'internationaliser avant de se diversifier

La séquence optimale recommandée par S. Wickham (1979) repose sur une analyse conduite en trois temps[1].

– L'auteur part du postulat de base de l'économie classique sur les contraintes de spécialisation qui s'imposent aux nations comme aux firmes par la main invisible de la concurrence. Ainsi, « suivant une théorie classique : comme la dimension du marché conditionne la division du travail et limite la spécialisation optimale des fabricants, ouverture extérieure et spécialisation des tâches se conditionnent et s'entraînent réciproquement ».

– S. Wickham constate, en opposant, entre autres, le modèle Montedison des années 1960 et le modèle Coca-Cola de l'après-guerre, une divergence des pratiques d'entreprises par rapport à la norme séculaire de spécialisation (sauf pour Coca-Cola) et quelques déboires financiers qui s'en sont suivis.

– Après observation des échecs des grands mouvements de diversification domestique, en particulier en France et en Italie, l'auteur recommande donc de suivre une séquence optimale dans le développement de l'entreprise : s'internationaliser avant de se diversifier, c'est-à-dire épuiser les potentialités internationales de sa ligne de produits actuelle avant d'aborder le lancement de lignes nouvelles.

2.3.2. L'affinement de l'analyse

A.C. Martinet a récemment proposé un prolongement de l'analyse précédente en montrant que l'instruction du dilemme internationalisation ou diversification est un faux problème. Il reconnaît volontiers les avantages de la séquence optimale recommandée par S. Wickham et souligne que la PME est naturellement plus contrainte de suivre scrupuleusement la séquence. La spécialisation étroite de la PME dans un cadre domestique comporte à l'évidence des facteurs de vulnérabilité qu'une stratégie d'internationalisation sera à même de résoudre sans obliger l'entreprise à sortir de son métier d'origine. Ainsi, la séquence spécialisation-internationalisation résulterait d'un enchaînement de facteurs réduisant les manœuvres stratégiques de la PME (B. Saporta, 1986) et tel que le décrit le schéma 3.

Cependant, si l'analyse semble acceptable dans le cas de la PME, rien n'indique qu'elle demeure valable pour les grandes entreprises qui peuvent éventuellement conduire de front internationalisation et diversification domestique.

C'est à ce niveau qu'intervient le rôle de la formule stratégique telle que le suggère A.C. Martinet, qui énonce et vérifie l'hypothèse suivante : une

---

1. I. Ansoff dans sa célèbre matrice de développement produits-missions recommande également d'épuiser les possibilités de l'expansion avant de se diversifier.

entreprise petite ou moyenne aura une propension à l'internationalisation d'autant plus forte que sa « formule stratégique » sera du type « produit » et ressources naturelles. Inversement, elle aura une propension à la diversification domestique d'autant plus forte que sa formule stratégique sera des types « besoins du marché » et « technologie ». La formule stratégique peut se définir comme « le référentiel fondamental qui ordonne les critères de décision, leur donne une cohérence et participe à la construction de l'identité de l'entreprise ».

Schéma 3
La séquence spécialisation-internationalisation dans la démarche stratégique des PME-PMI

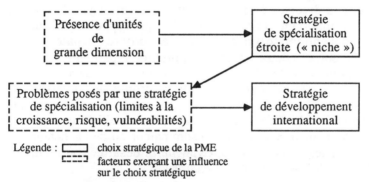

Légende : ▭ choix stratégique de la PME
⌐ ⌐ facteurs exerçant une influence
sur le choix stratégique

Source : B. Saporta, *Stratégies pour la PME, op. cit.*

3. Comment s'internationaliser ?

Economistes et gestionnaires s'accordent à distinguer deux grandes formes d'internationalisation : commerciale (mouvements de produits) et productive (mouvements de capitaux et éventuellement de produits). Ces deux grands modes d'expansion à l'étranger redoublent la distinction des deux modes d'organisation des relations entre les entreprises : le marché (exportation) et la hiérarchie (échange internalisé au sein de la firme).

Cette dichotomie, qui conduit le manager ou l'entrepreneur à arbitrer un choix binaire, exporter ou s'implanter, s'estompe nettement dans la réalité des affaires internationales au profit d'une troisième voie multiple et hybride, à mi-chemin entre le marché et l'entreprise, ce que certains appellent les nouvelles formes de développement ou d'investissement. Ces formes hybrides d'expansion à l'étranger peuvent se résumer en une formule « le contrôle sans la propriété ».

3.1. L'internationalisation commerciale

L'exportation, sous sa forme traditionnelle d'exportation de produits à partir du marché domestique, demeure, en dépit de l'augmentation de la variété des formes d'internationalisation, le vecteur privilégié du commerce international, le point de départ quasi inéluctable du parcours de l'entreprise qui s'ouvre sur les marchés étrangers. Cependant, elle peut revêtir des formes variées : c'est l'objet des paragraphes qui suivent que d'envisager les différentes modalités de l'internationalisation commerciale.

3.1.1. Exportation directe, intermédiée et concertée [1]

3.1.1.1. L'exportation directe

L'exportation directe ou encore « à part entière » constitue une vente directe avec appui à l'étranger soit avec une structure propre à l'entreprise exportatrice (succursale ou filiale commerciale), soit avec un agent exclusif, qui assure l'intégralité de son activité à son mandataire.

Dans ces diverses formules de vente à l'étranger, le contrôle sur le marché est important. Il l'est d'autant plus que l'appui logistique et informationnel de l'entreprise lui appartient en propre : filiale ou succursale. Juridiquement, ces deux formes d'exportation à part entière présentent des différences importantes. La succursale est un service décentralisé de l'entreprise et n'a pas de personnalité juridique propre. A l'inverse, la filiale de vente est une société de droit local, indépendante, dotée de l'autonomie juridique et fiscale. Elle a un caractère plus « stable » et plus « national » que la succursale aux yeux du consommateur ou de l'acheteur local. C'est sans doute une des raisons qui explique la désaffection relative à l'heure actuelle pour l'établissement de succursales.

3.1.1.2. L'exportation sous-traitée

C'est la forme la plus rudimentaire de la vente à l'étranger. Elle se réalise alors grâce à une intermédiation commerciale d'opérateurs spécialisés dans les différentes fonctions du commerce international.

Quels sont ces opérateurs ?

Le commissionnaire (à la vente ou à l'achat) est un négociant qui agit en son nom pour le compte d'un commettant. Le commissionnaire « à la vente » a pour commettant un producteur français (dans le cas d'une exportation à partir du territoire français), alors que le commissionnaire « à l'achat » agit pour le compte d'un commettant étranger pour lequel il effectue des achats en France.

L'importateur distributeur, exclusif ou non, achète et vend sous son propre nom les marchandises qui lui sont fournies par l'exportateur.

Les sociétés de commerce extérieur ont été pendant des siècles le vecteur unique et puissant du commerce mondial. Ces sociétés ne sont restées réellement actives que dans le domaine des matières premières [2] et dans certains pays, Japon [3] et RFA en tête. On assiste, après un déclin séculaire dans le monde, au renouveau de certaines sociétés de commerce ou encore à

---

1. Différentes classifications ont été proposées. On retiendra celle de P. Boissy, *Le choix des canaux de vente à l'étranger*, 1976 et celle de J.C. Usunier, *Environnement international et gestion de l'exportation*, 2e éd., Paris, PUF, 1987.
2. Voir dans cette Encyclopédie l'article de P. Chalmin, « Sociétés de négoce international de matières premières ».
3. Voir dans cette Encyclopédie l'article de P. Joffre, « Sôgô-shôsha ».

la création de toutes pièces de négociants affiliés ou non à des grands groupes industriels (cas de la Corée du Sud et du Brésil, entre autres).

La cession de licence. Dans l'exportation déléguée ou sous-traitée sans investissement particulier de l'exportateur, la cession de licence est, sans conteste, la forme la plus intangible de l'exportation au sens large, puisque l'entreprise est présente sur les marchés étrangers par le canal de son savoir-faire, sans qu'il y ait un quelconque mouvement de marchandises. Concéder une licence, c'est octroyer à un tiers le droit d'exploiter, dans des limites de temps et d'espace prévues par le contrat, une marque ou une tactique couverte légalement par un brevet ou un savoir-faire, moyennant le versement d'une certaine somme à la signature ou de règlement de redevances périodiques (*royalties*), ou enfin une combinaison des deux.

Le portage ou (*piggy-back*). En fort développement à l'heure actuelle, le portage correspond aux besoins symétriques de la PME aux ressources réduites pour exporter à grande échelle et de la grande entreprise dont certains réseaux d'information, de logistique ou de distribution ne sont pas utilisés au maximum de leurs possibilités sur les marchés étrangers. L'entreprise ou le groupe industriel confirmé et engagé à l'étranger va ainsi rendre des services « à la carte » à une entreprise généralement de petite taille, moyennant rémunération sous forme de commissions (variant de 3 à 10 % selon le matériel et les services annexes). La grande entreprise permet ainsi à la PME, par le biais d'un accès à un réseau de distribution, « d'exporter au-dessus de ses moyens ».

3.1.1.3. *L'exportation concertée*

On range dans cette catégorie hybride des formes variées, aux succès inégaux, de groupements à l'exportation. On entendra par concertation des accords, contrats, clubs, entre entreprises d'un même pays à l'inverse des nouvelles formes d'exportation dites coopératives qui scellent des liens contractuels de longue durée entre des partenaires de nationalité différente.

3.1.2. *La nécessité d'une conception élargie de l'exportation*

Le terme d'exportation est traditionnellement réservé à toute opération commerciale à partir d'un territoire national et à destination d'un marché étranger. Ce mode de développement avec mouvements de produits reste prépondérant dans l'entreprise. Cependant, les tendances nouvelles du commerce mondial en pondèrent à la fois l'importance relative et la pertinence dans les choix d'internationalisation. A tout le moins, il est nécessaire d'opter pour une conception plus large de l'exportation combinant le plus souvent des mouvements de marchandises, de services, de capitaux et d'hommes. A cela, deux raisons majeures :

– la part croissante des échanges de services « secs[1] » qui suppose des modalités contractuelles d'organisation des relations entre le client et le

---

1. Par opposition aux services liés qui accompagnent inévitablement l'exportation de marchandises (assurance, transport...).

fournisseur d'une nature différente de l'exportation traditionnelle de marchandises. La franchise est une de ces modalités dont le rythme de développement est très soutenu ;

– le développement du contenu en information des produits pour lesquels la part de ce qui est spécifique et sur mesure croît en valeur plus vite que le prix de la marchandise elle-même (cas du logiciel dans les ventes internationales de systèmes informatiques). Ainsi, en 1985, le matériel informatique assurait 77 % du chiffre d'affaires d'IBM, le logiciel et la maintenance 23 %. En l'an 2000, la part du premier pourrait descendre à 48 %, celle du second grimper à 52 % (RAMSES 1987/1988. Cette croissance des échanges immatériels nécessite des supports internationaux de distribution proches du client final, mais relativement différents d'une exportation traditionnelle de marchandises où des contraintes logistiques de base (transport, stockage...) l'emportent sur la gestion de relations étroites.

3.2. L'internationalisation productive

L'internationalisation du système de production de l'entreprise n'est pas un phénomène nouveau (les premières multinationales industrielles ont plus d'un siècle). Elle ne condamne pas non plus la vente classique à travers les frontières (il y a quelquefois complémentarité des deux modes de développement à l'étranger). Elle relève, cependant, d'une logique d'entreprise différente de l'exportation et revêt des formes différentes selon les objectifs de la firme.

3.2.1. La logique de l'internationalisation de la production

Quatre points caractérisent l'internationalisation de la production.
– Elle n'est pas une relation contractuelle entre opérateurs de nationalité différente, mais une relation dite « internalisée[1] » puisque la firme produit et vend elle-même des biens qui auraient pu, sous certaines conditions, être transférés à un tiers avec transmission de droits de propriété.
– Elle constitue une modalité de développement qui présente des avantages de proximité avec le marché-client (souci de contrôle commercial) et permet d'exploiter des avantages économiques de coûts de facteurs de production moins chers que sur le territoire national.
– Du fait d'obstacles douaniers sur des produits finis, elle est fréquemment la seule possibilité d'une entreprise qui souhaite opérer une diversification géographique. En cela, l'internationalisation de la production est présentée comme un substitut à l'exportation de marchandises.
– Elle est enfin une opération qui s'inscrit dans une séquence d'internationalisation dont elle serait l'étape ultime. Selon de nombreuses études empiriques, la séquence serait la suivante : Exportation indirecte → Exportation directe (par filiale commerciale) → Implantation par filiale industrielle (montage et production).

---

1. Voir dans cette Encyclopédie l'article de B. Hugonnier, « Entreprise multinationale ».

Doit-on systématiquement opposer l'exportation des produits et l'exportation de capitaux (par investissement direct à l'étranger) et accepter la substituabilité de la première au profit de la seconde au fur et à mesure de l'accroissement de l'engagement international de l'entreprise ?

La réponse doit être largement nuancée :

– On peut exporter une partie d'une gamme de produits et fabriquer à l'étranger une autre partie. Dans cette hypothèse, c'est la complémentarité des deux modes de développement qui l'emporte sur la substituabilité.

– Par ailleurs, il n'est pas rare que pour une même opération internationale (exportation de système industriel, par exemple) le mouvement des produits se combine avec le mouvement des capitaux (prise de participation) et le mouvement des services qui les accompagnent pour donner au mode de transmission des flux du commerce mondial un caractère de plus en plus hybride atténuant sensiblement la pertinence des classifications trop rigides.

3.2.2. La filiale industrielle, pivot de l'internationalisation productive

Diverses classifications ont été proposées concernant les filiales de production, traductions concrètes de l'internationalisation productive.

3.2.2.1. « Filiale-relais » et « filiale-atelier »

La classification désormais traditionnelle établie par C.A. Michalet et M. Delapierre (1976), à partir d'observations sur des entreprises multinationales d'origine française, est fondée sur des critères d'objectifs de l'entreprise.

Si la firme a pour but principal la satisfaction des besoins d'un marché national ou d'une région du monde, la préoccupation essentielle va être d'ordre commercial. La filiale implantée à l'étranger va reproduire, souvent en réduction, les techniques de fabrication et de marketing de la maison mère, la filiale jouant un rôle de relais productif et logistique entre la maison mère et les marchés étrangers.

A l'inverse, si l'objectif est d'optimiser au niveau mondial la fabrication d'un produit ou d'une famille de produits, l'entreprise va implanter des filiales en fonction de considérations de coût des facteurs de production, sans référence à une demande solvable pour le produit considéré dans le(s) pays d'implantation. On est alors en présence d'une filiale-atelier dont la production est destinée, par définition, à être réexportée vers d'autres points de fabrication et/ou de montage dans le monde. La filiale devient donc une unité spécialisée, dans un composant ou une partie d'un produit final, au sein d'un ensemble intégré à l'échelle mondiale.

3.2.2.2. L'élargissement de la palette des filiales

Deux auteurs canadiens, J. Poynter et R. White (1985), ont montré que la mission des filiales dépendait à la fois de pressions internes (de la maison mère et de la direction locale) et de pressions externes (de l'environnement international et du pays d'accueil). Ils distinguent cinq types de filiales (tableau 4) qui recouvrent, en l'affinant, la distinction entre la filiale-relais, appelée ici satellite commercial, et la filiale-atelier (dénommée ici point de rationalisation de la production). Les trois autres types de filiales sont : la réplique miniature (pour le marché local), le producteur-vendeur spécialisé (sur un produit) et, enfin, la filiale indépendante d'un point de vue stratégique qui développe une politique autonome : locale, régionale ou mondiale.

Tableau 4

Critère de différenciation — Types de filiales	Orientation géographique	Degré d'autonomie de la stratégie de la filiale	Exemples de pays
Type 1 : Réplique miniature	locale	faible-moyen	1 - Malaisie, Nigeria
Type 2 : Satellite commercial	régionale, mondiale	faible à nul	2 - Canada
Type 3 : Point de rationalisation de la production	mondiale	faible à nul	3 - Canada, Europe de l'Ouest
Type 4 : Producteur-vendeur spécialisé	régionale, mondiale	moyen à fort	4 - Brésil
Type 5 : Stratégie autonome	locale, régionale ou mondiale	fort	5 - Brésil

Adapté d'après J. Poynter, R. White, *International Studies of Management and Organization* (vol. XIX, n° 4, 1985).

3.3. Les nouvelles formes d'internationalisation

On désigne sous cette appellation des formes de développement international extrêmement variées, généralement à mi-chemin entre une relation purement contractuelle (la vente de produits) et une relation internalisée (l'implantation par filiale majoritaire).

3.3.1. Les caractéristiques des nouvelles formes d'internationalisation

Toutes ces nouvelles formes de développement, dont la liste s'allonge régulièrement, présentent au moins trois caractéristiques communes :
– un transfert de savoir-faire et non plus seulement de produits et/ou de services ;
– la personnalisation des relations internationales de l'entreprise : chaque contrat est, en général, adapté à une situation donnée et s'inscrit dans la durée ;

– le partage des responsabilités et des ressources, et donc des risques, entre des partenaires de nationalité différente.

3.3.2. *Les nouvelles modalités de l'internationalisation*

Les modalités les plus connues, et dont le rythme de développement est important, sont la coopération interfirmes, la franchise internationale et les contrats de gestion.

La coopération industrielle interfirmes constitue une relation économique découlant d'un ou de plusieurs contrats étalés sur plusieurs années et englobe des partages d'activités (production, commercialisation, recherche et développement) et des transferts de technologie.

La franchise industrielle internationale (ou *lifreding*) est un contrat complexe par lequel le franchiseur (industriel du pays A) transmet au franchisé (un industriel et/ou un commerçant du pays B) son savoir-faire, sa marque, ses techniques de fabrication et de commercialisation en contrepartie du versement de redevances régulières. Coca-Cola et Yoplait constituent deux exemples parmi les plus connus de franchise industrielle, c'est-à-dire de vente à l'étranger d'un « système global » (fabrication, commercialisation et gestion) à un opérateur capable de l'assimiler et de l'appliquer localement. Concrètement, la franchise peut être mise en œuvre selon trois possibilités :

– le recours à un chef de file local (*master*) de dimension comparable au franchiseur et auquel est confiée l'exclusivité de distribution ou de fabrication et qui organise lui-même le réseau de franchisés ;

– la création d'une filiale qui franchisera directement les franchisés locaux ;

– la signature directe du contrat de franchise avec les franchisés des pays choisis.

Les contrats de gestion sont un « montage au terme duquel un investisseur assure la construction et l'équipement d'un outil économique et en confie la gestion à une société de service au moyen d'un mandat » (J.M. De Leersnyder, 1986). Les contrats de gestion se sont développés considérablement ces dernières années dans le domaine des services (banque et hôtellerie, en particulier). Dans certains secteurs, comme les chaînes hôtelières, les contrats de gestion se sont même substitués aux traditionnels accords de franchise.

3.3.3. *Le cas particulier de la filiale conjointe (ou joint-venture)*

La filiale conjointe ou joint-venture, forme d'alliance entre des partenaires de nationalité différente, constitue certainement le modèle de l'internationalisation des années 1980 et vraisemblablement des années futures[1]. Son développement rapide s'inscrit symétriquement dans un moindre

---

1. Voir également dans cette Encyclopédie l'article de A. Chieng, « Entreprise chinoise : une gestion en système socialiste ».

recours aux filiales majoritaires. Ainsi, le département d'Etat du Commerce aux Etats-Unis estime que, depuis 1977, la moitié des investissements nouveaux directs à l'étranger, par des entreprises américaines, s'est effectuée sous forme de filiales conjointes, ce qui représenterait, aujourd'hui, environ un tiers du stock d'investissement direct américain à l'étranger. Dans le cas français, on estime que sur un échantillon de deux cent dix-sept projets de création de filiales communes par les entreprises françaises, sur la période 1980-1985, plus des deux tiers ont été scellés ou se scelleront avec un partenaire étranger.

Ce développement des alliances et de la coopération, quel qu'en soit le support juridique, traduit un affaiblissement du modèle alternatif classique, exportation ou internalisation totale, au profit d'une pluralité de modes d'orga nisation des transactions internationales qui s'inscrivent toutes sur un conti nuum allant du pôle du libre-échange classique (contrat de vente non person nalisé) au pôle opposé que représente la filiale détenue à 100 %. Le graphi que 2 retrace le spectre de ces modes d'organisation et souligne deux points :

Graphique 2
Formes de participations étrangères
et croissance du degré de contrôle des coûts de transaction et de contrôle

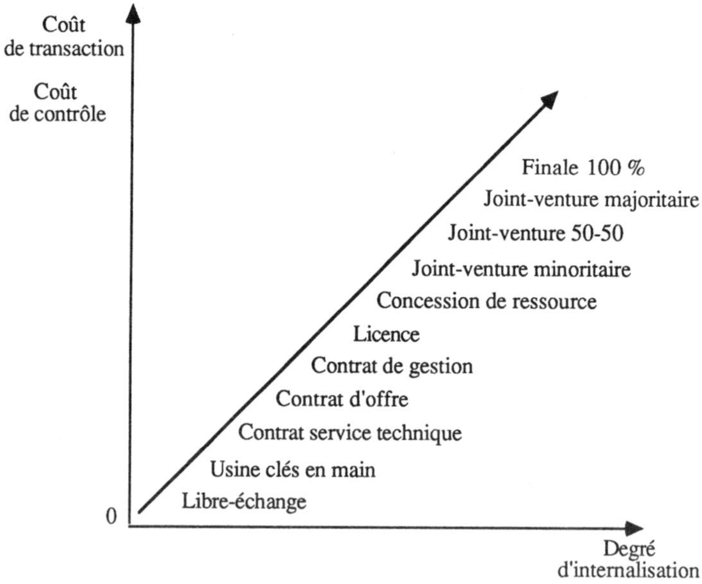

Coût
de transaction

Coût
de contrôle

Finale 100 %
Joint-venture majoritaire
Joint-venture 50-50
Joint-venture minoritaire
Concession de ressource
Licence
Contrat de gestion
Contrat d'offre
Contrat service technique
Usine clés en main
Libre-échange

0

Degré
d'internalisation

Source : J.L. Mucchielli (1985) cité dans les références bibliographiques

– La solution retenue devrait être d'autant plus « internalisée » que le coût de transaction[1] avec un opérateur étranger s'élève plus vite que le coût inéluctable du contrôle.

---

1. Le coût de transaction peut se définir comme le coût du face à face économique entre opérateurs. Il in clut le temps et les coûts de négociation, de formulation d'un contrat et prend en compte les risques de comportement déloyal d'un partenaire.

– La perte relative d'autonomie de direction consécutive à une action de coopération et la dépendance temporelle liée à la durée des engagements semblent compensées par le surcroît de sécurité issu du partage des risques.

Encore faut-il souligner que le mode d'organisation résulte d'une combinaison des pressions du pays importateur pour retenir une formule donnée et de la volonté du partenaire exportateur de partager *de facto* certaines ressources qu'il considère comme stratégiques.

*
* *

Cette troisième voie, dite de la coopération interfirmes, au sens large, semble ouvrir une période nouvelle de l'internationalisation des entreprises dont on a vu que le processus est complexe et hétérogène, les motifs nombreux, au point de se demander si l'abondance actuelle d'explications ne cache pas un désarroi des théoriciens devant le foisonnement des pratiques. Cependant, dans ce domaine comme dans d'autres, si l'imagination des managers semble souvent dépasser les modèles académiques, c'est bien à ces derniers que l'on doit les cadres conceptuels qui, le plus souvent d'une façon implicite et quasiment à leur insu, inspirent l'action des dirigeants internationaux.

Références

Andreff W., *Les multinationales repères*, Paris, Maspéro, 1987.

Bilkey W.J., Tesar G., « The Export Behavior of Smaller-Sized Wisconsin Manufacturing Firm », *Journal of International Business Studies* (Spring 1977).

Bodinat H. (de) et *al.*, *Gestion internationale de l'entreprise*, 2e éd., Paris, Dalloz, 1984.

Davidson W.H., « The Location of Foreign Direct Investment Activity », *Journal of International Business Studies* (Fall 1983).

De Leersnyder J.M., *Marketing international*, 2e éd., Paris, Dalloz, 1986.

Joffre P., *L'entreprise et l'exportation*, Paris, Vuibert, 1987.

Joffre P. (éd.), *L'exportation dans la turbulence mondiale*, Paris, Economica, 1986.

Joffre P., « De la vente internationale au partenariat mondial », *Chroniques d'Actualité de la SEDEIS*, (Tome XXXIV, n° 3, 15 mars 1986), repris dans *Problèmes Economiques* (n° 1986, 15 août 1986).

Maisonrouge J., *Manager international*, Paris, Robert Laffont, 1985.

Martinet A.C., « Internationalisation ou diversification, instruction d'un dilemme stratégique », Journées des IAE, Lille, 1985.

Michalet C.A., *Le capitalisme mondial*, Paris, PUF, 1986.

Mucchielli J.L., *Les firmes multinationales, mutations et nouvelles perspectives*, Paris, Economica, 1985.

Poynter J., White R., « Organizational Stock in Foreign Subsidiaries », *International Studies of Management and Organization* (n° 4, vol. XIV, 1985) : 11-106.

RAMSES, *Mondes en mouvement*, Paris, Atlas-Economica, 1987.

Roux E., « Les modèles intégrés de la décision d'exporter en PME-PMI », *Recherche et Applications en Marketing* (n° 3, 1987).

Saporta B., *Stratégies pour la PME*, Paris, Montchrestien, 1986.

Usunier J.C., *Environnement international et gestion de l'exportation*, 2e éd., Paris, PUF, 1987.

Usunier J.C., *Management international*, 2e éd., Paris, PUF, 1987.

Vernon R., « The Product Ayde Hypothesis on the New International Environment », *Oxford Bulletin of Economics and Statistics* (41, November 1979) repris dans *Problèmes Economiques* (n° 1714, 11 mars 1981).

Wickham S., « Internationalisation des fabricants spécialisés », *Economies et Sociétés*, Série Sciences de Gestion (avril-mai-juin 1979).

Mots clés

Achat international, concession de licence, contrats de gestion, coopération interfirmes, distance psychique (entre les marchés géographiques), diversification géographique, école de Reading, expansion de marchés, exportation, exportation concertée, exportation directe, exportation et taille de l'entreprise, exportation intermédiée, filiale atelier, filiale commerciale, filiale industrielle, filiale relais, franchise internationale, internationalisation, investissement direct, joint-venture, *lifreding*, licence, multinationalisation, portage international, processus d'internationalisation, production internationale, rigidité spatiale (des exportateurs), stratégie de développement international, stratégie de spécialisation, théorie behaviorale de l'entreprise, théorie de l'internalisation, théorie du cycle international de vie du produit, théorie éclectique de l'internationalisation, théorie manageriale de l'entreprise.

76

Internationalisation des entreprises publiques

Sylvain Wickham

Les entreprises publiques sont des unités de production autonomes, possédées entièrement ou au moins financièrement contrôlées par un Etat, qui leur assigne, sous des contraintes variables, la mission de vendre sur le marché certaines gammes de produits ou prestations. Elles ont proliféré à travers le monde durant un demi-siècle (notamment dans l'industrie lourde, les transports et la banque), d'abord en Europe, puis dans le Tiers Monde[1].

Les créations d'entreprises publiques originairement concurrentielles (vendant des prestations rigoureusement substituables à celles de firmes privées) sont moins fréquentes, sinon fortuites (en France, la Régie Renault, Générale Maritime ex Transatlantique, les sociétés d'assurances).

La plupart des grandes entreprises publiques, lors de leur création, ont été dotées d'une exclusivité technique ou chargées de l'exploitation d'une ressource rare sur le territoire national : réseaux ferroviaires, distribution d'électricité ou d'eau, charbonnages de France ou d'Angleterre, potasses d'Alsace, phosphates du Maroc, etc. Ceci leur a conféré un certain pouvoir de monopole (aucun monopole n'est absolu), pratiquement limité à l'intérieur des frontières nationales et variable dans le temps, et donnant sa spécificité au management public (10)[2].

Beaucoup de créations d'entreprises publiques (au lendemain de la Seconde Guerre mondiale, en Europe puis, durant la décolonisation des années 1950, dans le Tiers Monde) ont procédé de la nationalisation de grandes entreprises privées, jugées trop puissantes au regard de l'intérêt collectif.

Mais historiquement, les créations les plus anciennes et, sans doute, les plus nombreuses ont procédé non pas de la surpuissance privée, mais bien plutôt de la déficience d'initiatives privées dans des domaines jugés critiques pour le développement national. Cette dernière approche « colbertiste » de l'entreprise publique a compté au moins autant que les révolutions marxistes dans l'extension des secteurs publics industriels et financiers à travers le

---

1. Les experts des Nations Unies estimaient, au début des années 1980, la part des entreprises publiques dans le commerce mondial autour de 15 %. D'ici 1990, ce chiffre semble susceptible de revenir entre 5 et 10 %.
2. Ce chiffre renvoie aux références bibliographiques à la fin de l'article.

monde. Ce modèle d'industrialisation initialement français remonte au XVIIe siècle, mais préfigure les capitalismes d'Etat du XXe siècle. Le pôle d'entraînement majeur procède des initiatives du Prince, dont la main très visible (contrairement à celle invisible de la concurrence, commentée par A. Smith un siècle après Colbert) dessine par approximations successives une politique industrielle volontariste : distribuant différentes formes de brevets royaux, exclusivités techniques et concours financiers publics à des manufactures royales en charge d'industries nouvelles, telles que armement, tapisserie, porcelaine et mine. La Prusse d'abord, mais aussi les royaumes de Suède ou d'Espagne ont largement illustré cette démarche reprise aujourd'hui par de nombreux Etats du Tiers Monde. Si l'exploitation ainsi lancée réussit, elle se banalise avec le temps ou se démonopolise peu à peu et s'oriente logiquement vers une privatisation progressive et partielle ultérieure (12) : le Prince, despote éclairé, déplaçant sa main avec l'avance du front technologique. Historiquement, l'économie de marché dans l'Europe, hier, comme dans le Tiers Monde, aujourd'hui, s'est construite non pas contre le Prince (comme le scénario flamand des villes marchandes), mais grâce à son initiative qui permet de bâtir peu à peu un système concurrentiel qui est rarement un état de nature. Les entreprises publiques sont donc des agents anciennement à l'œuvre·dans nos systèmes économiques modernes, qui ont précédé d'un siècle au moins l'élaboration et la diffusion des doctrines socialistes, mais elles se trouvent toujours en régime transitoire par nature : suivant un cheminement imprévu sinon involontaire vers une situation concurrencée d'abord, vers des actions internationales ensuite.

1. L'internationalisation fortuite et les redéploiements extérieurs des entreprises publiques

Les nationalisations, comme le mot le suggère, ont procédé (en Europe comme dans le Tiers Monde) d'objectifs intérieurs concernant des opérations localisées au sein du territoire national. Les débats législatifs, exposés des motifs ou statuts d'origine, n'ont presque jamais pris en considération les initiatives extérieures des entités publiques créées. Bien après la guerre encore, le grand Rapport Nora sur la gestion des entreprises publiques, lancé en France par le gouvernement Pompidou au milieu des années 1960 (8), n'inscrivait au terme de son tour d'horizon aucune analyse ni prescription concernant des actions internationales considérées sans doute alors encore comme fortuites, momentanées et résiduelles pour des managers publics.

Aussi bien, selon une thèse largement reprise par certaines organisations professionnelles et certains gouvernements (aux Etats-Unis, notamment), les entreprises publiques, par principe, ne sauraient avoir de stratégie propre : ni à l'intérieur, car elles seraient contraintes de s'aligner strictement sur l'exécution du plan national, ni à l'extérieur, car les managers publics (d'Europe comme du Tiers Monde) n'interviendraient que comme exécutants de la politique extérieure nationale du moment, source chronique, par conséquent, de déséquilibres concurrentiels internationaux. En fait, la plupart des entreprises publiques à l'œuvre dans l'économie mondiale sur les 25 dernières années ont illustré, bien mieux que les entreprises privées, les thèses antérieures de théoriciens anglo-saxons (A. Berle et G. Means, Burnham, J. Mason, J.K. Galbraith) pour qui les objectifs prioritaires de la *managerial class,* c'est-à-dire des grands techniciens supérieurs salariés, effectivement en charge de la gestion des grandes firmes, concernaient leur pouvoir beaucoup plus que leurs profits :

– Croissance maximale du chiffre d'affaires, donc développement le plus rapide de l'organisation qui accroît sa puissance plus souvent que sa rentabilité, tout en facilitant les relations humaines et les promotions individuelles internes.

– Autonomie de gestion maximale par rapport aux propriétaires juridiques et aux tutelles financières, en vue de faciliter conjointement les adaptations rapidement nécessaires dans un monde instable et le développement interne socialement bénéfique de l'esprit d'entreprise (1).

De fait, les interventions extérieures des entreprises publiques se révèlent généralement des initiatives propres de leurs managers, tolérées plutôt qu'encouragées par leurs administrations nationales de tutelle. Celles-ci redoutèrent d'abord un affaiblissement du dynamisme intérieur de l'entreprise publique (ses investissements et ses recrutements) au bénéfice d'aventures lointaines plus profitables, mais indifférentes à l'intérêt national. Ainsi, les implantations d'Elf Aquitaine aux Etats-Unis, durant les années 1970, avaient été expressément mises en question par le ministère de tutelle ; les instances financières nationales redoutaient aussi (parfois avec raison) des pertes en devises fortes, par le fait de managers publics inexpérimentés s'aventurant hors de leurs champs géographiques de compétence dans des raids malheureux en terres inconnues. A l'exception des grandes compagnies aériennes et de quelques banques anciennement extraverties, l'élaboration par le management public d'une stratégie mondiale passe difficilement le cap des autorisations ministérielles officiellement nécessaires, voire même du conseil d'administration où les représentants syndicalistes du personnel se sont généralement révélés sur les récentes années légitimement obsédés par la défense à court terme de l'emploi intérieur.

Les objectifs des managers publics s'aventurant sur les marchés extérieurs se sont révélés doublement précis.

– D'une part, le manager public cherche à compenser l'érosion progressive et inévitable des positions commerciales intérieures de l'exploitation publique en conquérant, contre des concurrents privés (nationaux ou étrangers), des parts de marché au-dehors. Ici, le manager public, résistant aux facilités de la diversification dans lesquelles tombent trop de managers privés, s'en tient à ses vocations fonctionnelles et métiers d'origine en cherchant à capter des économies de dimension à l'échelle mondiale : approche d'ingénieur économiste qu'il est souvent à l'origine.

– D'autre part, en présence de l'alourdissement continu des contrôles internes cumulatifs et largement contradictoires, le manager public s'attache à récupérer, pour sa gestion des degrés de liberté, et à reconstruire, pour ses cadres, des marges d'initiatives qui préserveront la spécificité de l'entreprise, c'est-à-dire sa différence par rapport aux administrations nationales. L'implantation de réseaux étrangers par des compagnies pétrolières nationales illustre particulièrement ce deuxième objectif.

Ainsi, doublement contraintes par les contrôles internes redondants, sinon contradictoires, et par l'émergence de concurrents nouveaux sur son marché intérieur précédemment dominé, les initiatives extérieures des entreprises publiques ont le plus souvent témoigné d'une approche empirique, peu explicite, sinon discontinue, rarement compatible avec les prescriptions de l'analyse stratégique contemporaine. Libérés progressivement des plans nationaux (partout en voie de dépérissement au Sud comme à l'Ouest), les managers publics ne se sont pas pour autant assujettis aux rigueurs d'une logique propre, très formalisée : c'est leur faiblesse structurelle (bien apparente, notamment dans les affaires internationales des groupes publics italiens) ; ce peut être à l'occasion leur force dans un monde turbulent où la continuité et la cohérence ne se sont pas toujours révélées aussi payantes que l'assurent les experts et les théoriciens.

Ainsi, certaines entreprises publiques ont-elles marqué des succès inattendus au fil des affaires internationales : notamment dans le pétrole, la banque, le transport aérien et même la communication. Ces réussites ont été souvent conditionnées par une allégeance publiquement affirmée des managers publics aux instances professionnelles internationales (*International Airways Transport Administration*, IATA pour l'aviateur) ou à des réseaux mondiaux (dans la banque), alternative de fait à des obédiences administratives nationales que les managers publics ont été parfois jusqu'à contester publiquement : ainsi la Régie Renault, lors de sa prise de contrôle d'American Motors au début des années 1980, avait-elle insisté (à l'usage des dirigeants des Etats-Unis comme de l'opinion américaine) sur le fait que cette implantation était financée par ses propres moyens et décidée par ses propres instances (en dehors de l'Etat français).

Toutefois, le style d'action fortement personnalisé des managers publics qui ont, dès les années 1960, largement devancé les managers privés dans l'attention aux médias pour se construire un profil favorablement reconnu dans l'opinion et la nécessité pour une équipe en place, politiquement exposée, de surmonter les contradictions internes évoquées ci-dessus, contingentent en pratique sévèrement le temps disponible pour réussir des implantations industrielles ou commerciales au loin, lesquelles ont pris ainsi souvent une allure de débarquement. Comme le militaire (dont il participe à plus d'un titre), le manager public dispose souvent de ressources importantes (supérieures à celles de la plupart de ses rivaux privés nationaux ou étrangers) ; mais le temps lui est étroitement compté. Les diffusions internationales lentes et continues (souvent sur plus d'un demi-siècle) de grands groupes privés comme Nestlé, Philips, Michelin, Ford ou Bayer contrastent ainsi avec les assauts discontinus du management public (1).

Trois aventures extérieures, notamment aux Etats-Unis, de firmes publiques françaises au fil des années 1980 (parallèlement au flux et reflux des majorités politiques en France) offrirent quelque illustration aux propos ci-dessus, s'agissant de groupes internationalement renommés : Renault, Paribas et Thomson.

Dans les trois cas, les opérations (aux Etats-Unis ou en Allemagne) ont été largement étrangères aux préoccupations des gouvernements français de l'époque et publiquement initiées par de nouvelles équipes de direction générale, soucieuses de relancer l'image de leur groupe public industriel ou financier, en le différenciant des vieilles régies nationales cantonnées à l'intérieur de l'hexagone (de type RATP, SNCF, ou P&T). Dans les trois cas, le management public, conscient de ses limites et de la nécessité de réussir vite en essayant de créer l'irréversible, a pris le contrôle d'une grande société étrangère anciennement renommée : Telefunken, constructeur allemand d'électro-acoustique, par Thomson, la banque Becker établissement financier familial new-yorkais, par Paribas, American Motors, quatrième constructeur automobile américain, par Renault.

Ce faisant, des managers publics décidant, ou tentant d'associer des capitaux publics français et des capitaux privés étrangers, se référaient à leur expérience des sociétés d'économie mixte, anciennement implantées dans l'économie française, qui ne prend pas en compte les nouveaux aspects explicites de joint-ventures internationales permettant de conjuguer efficacement des partenaires institutionnellement différents. Faute d'avoir mesuré les précautions et limites afférentes à de tels exercices, les managers publics français ont affiché leur intention (fort rationnelle) d'intégrer rigoureusement les nouvelles unités étrangères au sein de leur ensemble pour en tirer toute la synergie souhaitable ; d'où, face à cette volonté de puissance extérieure de firmes publiques françaises, des réactions alarmées (en RFA) ou sarcastiques (à New York) des milieux professionnels. Dans le même temps, le personnel salarié « indigène » et les syndicats confirmaient leur vive appréhension de tomber sous une domination étrangère, notamment publique et particulièrement socialiste. Les relations entre les états-majors publics parisiens et le personnel, voire l'encadrement local, se sont alors avérées plus que difficiles. Elles semblent avoir beaucoup compté dans les pertes spectaculairement aggravées d'American Motors, en 1982 et 1983, après la prise de contrôle par Renault (à quoi s'ajoutait la vive méfiance de nombreux concessionnaires), ainsi que dans celles de Becker au premier semestre 1984 : Paribas devait ainsi racheter le capital en juillet 1984 dans un ultime effort, avant de tout revendre début août 1984, à forte perte, à Merryll Lynch contre une participation minoritaire : sortie précipitée autant qu'inattendue (5).

Dans les trois cas, la logique industrielle de l'aventure extérieure était d'ailleurs peu apparente, qu'il s'agisse de l'insertion de la technique allemande, haute fidélité musicale, dans une constellation Thomson fortement axée sur les radars et l'électronique militaire français, qu'il s'agisse de l'action boursière à New York, au regard des percées extérieures de l'industrie française, qu'il s'agisse enfin de la maîtrise des jeeps tout terrain (point fort d'American Motors) dans la gamme Renault de véhicules grand public. Aussi, dans chacun des trois cas, le manager public français a-t-il été soupçonné, sur place, comme un quelconque capitaliste étranger, de ne pas s'intéresser vraiment au *know-how* et aux capacités spécifiques des filiales acquises, mais plutôt d'acheter, à meilleur compte, un droit d'entrée sur le marché local sous une grande marque indigène, progressivement transformée en sous-traitant ou redistributeur.

Les aventures américaines de Paribas (banque aujourd'hui privatisée) sur Becker, puis de Renault sur American Motors (revendu en 1987 à Chrysler) semblent avoir été liquidées, notamment sur l'avis (ou l'injonction) du puissant ministère des Finances, dont les dirigeants conservent la défense d'une orthodoxie financière particulièrement opportune au sein d'une économie nationale relativement bureaucratique.

Dès l'été 1987, l'accord annoncé entre General Electric et Thomson approfondit l'engagement de la firme électronique nationale française en territoire américain : reprenant l'électrodomestique de General Electric pour lui céder son électronique professionnelle médicale, Thomson confirme son objectif d'occuper une part suffisante du marché international électrodomestique. Il appartient maintenant à ses dirigeants de procéder aux arbitrages géographiques nécessaires en termes de laboratoires, d'usines, et de réseaux commerciaux, pour que les employés et les clients américains d'une firme nationale française se sentent protégés par les normes de la concurrence internationale, tout en bénéficiant d'investissements technologiques français d'avant-garde (facilités par la forte vocation de Thomson dans l'armement en France, mais aussi aux Etats-Unis). Le management public est tenté de minorer son appartenance nationale dans ces aventures : telle la chauve-souris de la fable de La Fontaine mettant en évidence, sur les marchés occidentaux, son image d'entreprise concurrentielle de pointe pour souligner, au contraire, ses responsabilités propres d'établissement public à l'intention d'interlocuteurs anticapitalistes méfiants de l'Est ou du Sud.

2. Des politiques de prix relativement agressives de nouvel entrant sur les marchés extérieurs

Les stratégies de prix à l'exportation des managers publics font apparaître certains biais ou spécificités qui ne sont pas sans quelque analogie avec ceux imputés aux grandes industries japonaises. Pour deux raisons historiquement comparables :

– ce sont des nouveaux venus sur les marchés, des marginaux dans la communauté internationale, des grands professionnels concurrents reconnus ;
– ce sont des classiques, étrangers aux raffinements de la recherche marketing contemporaine [1].

Le négoce international est demeuré pendant des siècles le domaine réservé de quelques grands marchands, à la fois négociants, donneurs d'ordre et transporteurs (suivant d'anciens modèles chinois, arabes, vénitiens ou rhénans) : réseau restreint, fermé aux petits fabricants nationaux, étranger aux impératifs publics aussi bien qu'aux préoccupations du Prince et des jeunes Etats en formation.

Un tel cercle fermé de grands opérateurs privés demeure pour quelques négoces de matières premières [2]. Le schéma général des affaires internationales, en cette fin du XXe siècle, apparaît toutefois fort différent.

– Le nombre d'opérateurs en cause s'est multiplié, notamment par l'intervention directe des industriels qui assument directement leurs opérations internationales, réduisant les négociants à des fonctions résiduelles.

– Les connections interpersonnelles, tout en conservant de l'importance dans les opérations entre systèmes sociaux différents (sur l'Est ou le Quart Monde), cèdent, ailleurs, devant les techniques modernes de marketing à distance, qui pilotent et encadrent l'action de vente sur le terrain (modèle japonais).

Pourtant, les cercles fermés entre grands opérateurs internationaux (clubs plutôt que cartels) demeurent très apparents, voire institutionnalisés dans le raffinage pétrolier, la sidérurgie, le transport aérien, l'automobile, la chimie lourde et la banque.

Le manager public émergeant dans ces différents marchés mondiaux durant les deux dernières décennies s'est trouvé en situation de nouveau venu : soucieux, d'une part, d'être accepté comme partenaire fiable par des professionnels étrangers confirmés et, d'autre part, contraint de se tailler sa part de marché à la mesure de ses capacités et exigences de compétitivité globale.

Comme pour l'ENI, antérieurement trust public italien, la percée réussie d'Elf Aquitaine sur le marché pétrolier mondial et sur le territoire américain en particulier (contrôle de Texas Gulf), a illustré le comportement d'*outcast* de nombreux managers publics sur la scène internationale : impétrants ou challengers, tolérés plutôt qu'encouragés, et n'offrant pas à leurs partenaires étrangers éventuels (fournisseurs, distributeurs ou clients) les références habituelles.

Par ailleurs, le manager public, qui émerge de ses problèmes intérieurs (à forte composante socio-politique) pour se confronter à la compétition internationale, ne fait guère confiance ni aux modèles économiques de *non*

---

1. Voir dans cette Encyclopédie l'article de J.M. De Leersnyder, « Marketing international ».
2. Voir dans cette Encyclopédie l'article de P. Chalmin, « Sociétés de négoce international de matières premières ».

price competition, ni aux formulations contemporaines de recherche marketing, minorant le facteur prix dans la palette complexe du marketing-mix (2) (7) (11).

Beaucoup de managers publics, même et surtout au service de régimes collectivistes ou socialistes, se sont appuyés dans leurs percées internationales sur des convictions et normes classiques ; ils ont été confiants dans le mécanisme des prix, suivant en cela les analyses des grands auteurs du siècle dernier (J.B. Say ou A. Marshall) que personne n'enseigne ni ne lit plus depuis longtemps dans les *Business Schools* occidentales dont sont généralement issus leurs concurrents managers privés.

Dans cette voie, les industriels publics, dont les ressources en capital sont souvent moins strictement contingentées, voire moins onéreuses que celles de leurs concurrents privés, vont d'abord chercher à l'extérieur la concrétisation de leurs économies d'échelle, de leurs avantages propres de dimension, à savoir des débouchés larges, correspondant plutôt à des produits bas de gamme (ce qui n'implique évidemment point basse qualité) qu'ils offrent à des prix minimums, c'est-à-dire légèrement inférieurs aux prix couramment pratiqués, ainsi qu'il est de règle pour des nouveaux venus, quels qu'ils soient, sur un marché.

J'avais relevé moi-même, lorsque j'étudiais voici quelques années les opérations transeuropéennes Est-Ouest, que les managers de l'Est, libérés sur l'extérieur des contraintes et du discours communiste à usage interne, professaient une confiance d'autant plus aveugle dans le mécanisme des prix internationaux qu'ils ne pouvaient généralement pas manipuler librement leurs prix pour leurs ventes internes. Pour eux, comme pour beaucoup de managers publics d'Europe ou du Tiers Monde à l'origine, les variables autres que le prix, du marketing-mix (*design,* messages publicitaires, distribution et services), risquent souvent d'apparaître comme des pratiques suspectes, biais commerciaux de capitalistes décidés à ne pas baisser leurs prix pour ne pas réduire leurs profits. Ce biais, *a priori* légitime, ne va pas sans écueil dès que l'on s'écarte des marchés de grands produits de base, effectivement dominés par les seules conditions de prix.

Ainsi, les deux grands constructeurs automobiles publics européens attaquant le marché américain, Renault et Volkswagen (aujourd'hui en voie de dénationalisation en Allemagne), se sont-ils concentrés (avec des résultats inégaux) sur le segment des voitures légères, pour lesquelles ils se sont jugés mieux armés, avec un effort prioritaire sur les niveaux de prix plutôt que sur l'étendue et la qualité des réseaux de concessionnaires. Les options marketing dictées par la Régie Renault à sa filiale American Motors ont confirmé cette option.

Les sidérurgies publiques (d'Europe et du Tiers Monde) se sont révélées être des vendeurs agressifs sur les grands produits de base (plutôt que sur les aciers chimiques élaborés), suscitant ainsi des réactions protectionnistes de l'administration américaine (en 1984), alertée par les sidérurgistes américains formulant des plaintes de *dumping.*

Les compagnies publiques aériennes se sont tenues aux normes tarifaires de l'IATA, et se sont donc comportées en partenaires disciplinés du consensus professionnel international. Elles ont du moins les premières réduit ou allégé les services de première classe et très généralement le luxe à bord. En matière maritime, sur les trafics pondéreux en cargos non spécialisés, les flottes publiques du Tiers Monde ont été souvent en tête des pratiques de *dumping* dénoncées devant les instances internationales par les armateurs occidentaux. Enfin, certaines exportations publiques (italiennes, notamment) de produits chimiques de base ont été à différentes reprises inférieures aux coûts de revient.

Mais l'exportation à perte, qui préoccupe tant aujourd'hui les instances internationales, n'apparaît aucunement une pratique systématique et délibérée des managers publics européens. Des stratégies de prix agressives, mais strictement concurrentielles « à la japonaise », sont souvent difficiles à différencier du *dumping*. Les plus récentes analyses et observations des experts académiques américains de management ont disculpé les managers publics européens des accusations réitérées de *dumping* systématique (2) (7) (11).

En revanche, les managers publics du Tiers Monde, notamment pour les grands produits de base, apparaissent très exposés à de tels errements : d'abord, du fait de leur connaissance souvent imprécise des coûts unitaires complets des produits livrés sur le marché occidental, ensuite, à cause des pénuries aiguës de leurs gouvernements en devises fortes, justifiant des impératifs qui ressortent plus de l'art militaire que du marketing. De ce fait, les grands ensembles publics métallurgistes ou chimiques du Tiers Monde contribuent sans doute fortement aux déséquilibres persistant sur plusieurs marchés mondiaux de grands produits intermédiaires, tels que l'acier, les engrais, l'aluminium, et certains produits pétrochimiques.

3. Priorités pour des grands contrats et coopérations industrielles au Sud et à l'Est [1]

S'il n'est pas homme politique ou haut fonctionnaire (entretenant avec ses anciens collègues de l'administration centrale, devenus ses tuteurs, des relations inégalement confiantes), le manager public est souvent ingénieur d'origine : à ce titre, il révèle une forte propension au chauvinisme technologique.

L'élaboration et la promotion extérieure obstinée des « filières technologiques nationales » dans les principaux domaines contemporains (nucléaire, téléphone, espace, construction aéronautique ou ferroviaire) illustrent les convergences entre les politiques des Etats et le marketing international de leurs entreprises publiques. *A contrario,* l'achat de brevets et de technologies extérieures, dont la pratique systématique s'est révélée

---

1. Voir également dans cette Encyclopédie les articles de B. Hugonnier, « Entreprise multinationale » et de A. Chieng, « Entreprise chinoise : une gestion en système socialiste ».

pourtant sur les vingt dernières années une clé du miracle japonais (dans l'informatique et l'électronique, notamment), est très généralement tenu par nos exportateurs publics comme une pratique défaitiste et peu civique. Les produits et services exportés par des entreprises publiques sous image française apparaissent d'évidence devoir être entièrement issus de la matière grise nationale et, plus précisément, des propres laboratoires, généralement bien dotés, de nos grandes entreprises publiques.

Comme la logistique d'expéditions au loin et la distribution internationale offrent des méandres difficiles à maîtriser et plus encore à officialiser dans des comptes rendus officiels, et comme la diffusion maximale de nos techniques est supposée nous assurer la fidélité de futurs clients, les entreprises publiques européennes (britanniques, italiennes et françaises) ont été les premières à privilégier, dans le cadre d'accords complexes de coopération, leurs ventes de matière grise et leur assistance extérieure à destination, notamment, de l'Est et du Sud.

La création en France, voici vingt ans, des « Sofre » (Sofretu, Sofrelec, Sofrerail, Sofremer,…) correspondait à la recherche d'un montage institutionnel pour de telles actions concertées entre administrations centrales et entreprises publiques. Cette création a été marquée par des succès notables au cours des années 1970 (en matière de téléphone, de métro et d'aéroport). Cette approche non strictement marchande du transfert technologique présente des avantages évidents : vis-à-vis de l'administration de tutelle (contrepartie extérieure de concours financiers publics internes), mais aussi vis-à-vis des cadres et techniciens aux différents échelons hiérarchiques qui apprécient des ouvertures sur le grand large.

Une vocation spécifique du management public s'est dessinée ici, au-delà des exportations agressives à l'Ouest, permettant d'esquisser la notion de service public international.

Mais les aléas financiers se sont avérés importants ; le processus, largement inévitable, suivant lequel les anciens clients, assistés ou coopérants d'hier, deviennent les concurrents d'aujourd'hui, s'est trouvé accéléré par les clauses insuffisamment restrictives ou contrôlées des contrats de coopération antérieurement conclus. Aujourd'hui, dans les années 1980, Sofrerail rencontre une concurrence sévère des organismes de coopération des chemins de fer espagnols ou hindous qu'elle avait contribué à moderniser. Il en est de même pour les Sofretu. Si le transfert technologique peut être mutuellement avantageux, encore faut-il le facturer convenablement pour financer nos futures recherches et notre propre cycle de l'innovation (6). Nos entreprises publiques se sont avérées ici sympathiquement mais dangereusement plus généreuses que les entrepreneurs privés.

La limite, cruciale en management international, entre l'assistance technique bilatérale interétatique et les grands contrats de coopération industrielle marchande s'est trouvée souvent obscurcie ou estompée dans la pratique des entreprises publiques. Elle le fut d'autant plus que le processus de négociation avec des responsables politiques du Tiers Monde avait fait ressortir un avantage structurel ou institutionnel des entreprises publiques européennes, leur statut, similaire à celui de leurs interlocuteurs du Tiers Monde, les incitant à afficher leur identité nationale, leur différenciation par rapport aux concurrents privés étrangers.

Ces biais du marketing international, en s'accumulant, peuvent engendrer des « préférences de structure » fâcheuses à terme pour nos exportations nationales : essor continu de nos ventes à crédit sur grands contrats à des partenaires en devises faibles (central téléphonique ou métro en Amérique du Sud ou en Afrique), alors que seuls les exportateurs privés assurent nos ventes au comptant en devises fortes (par exemple, de parfums ou de médicaments à New York ou à Moscou).

De plus, cette propension des grandes entreprises publiques pour de grands contrats (souvent négociés dans leurs éléments cruciaux par les diplomates) s'est avérée suspecte, parfois, de résurgence impérialiste ; une nouvelle génération de responsables du Tiers Monde (et plus encore à l'Est) privilégie une approche strictement marchande de la coopération indus-trielle ; pour eux, nos managers publics ne peuvent apparaître ni comme des partenaires peu fiables, ni comme des fonctionnaires vraiment désinté-ressés, ni comme des *businessmen* dépolitisés.

Enfin, une pratique bénéfique de la coopération industrielle internatio-nale implique une bonne maîtrise à terme de la dynamique coût-technologie conforme, notamment, aux scénarios du Boston Consulting Group sur la courbe d'apprentissage (6). La coopération industrielle doit être non point symétrique, ce qui serait impossible, mais bilatérale, voire réversible, chacune des deux parties étant susceptible, suivant les moments de l'opération, d'y gagner de l'argent, du temps ou des informations. Ici, les entreprises publiques sont apparues, au fil des années, généralement moins ouvertes à l'écoute du partenaire, continuellement inspirées par une approche relativement hiérarchisée, sinon politisée de la coopération entre systèmes différents (3).

*
* *

Au cours des années 1970, les entreprises publiques à travers le monde ont été fortement concernées, avec retard, par le décloisonnement des marchés intérieurs et la globalisation de la compétition industrielle et financière. Les managers publics ont élargi leurs opérations extérieures pour se défendre, compenser l'érosion de leurs positions commerciales internes, mais aussi pour remédier à l'accumulation des contrôles adminis-tratifs et contraintes internes, cherchant à jouer empiriquement et irréguliè-rement au travers des rivalités internationales de leurs atouts spécifiques tels qu'économies de dimension, capacités financières et prix agressifs. A la limite, les entreprises publiques ont privilégié une approche directe ou néo-classique des affaires internationales sans marketing.

Durant la présente décennie, l'énorme courant de privatisations, initié en Grande-Bretagne, se diffuse rapidement depuis 1985 à travers l'Europe

(République fédérale d'Allemagne, France et Italie) et, aujourd'hui, jusque dans le Tiers Monde, voire même à l'Est. Le poids et le champ des entreprises publiques dans l'économie auront diminué de moitié au moins d'ici la fin des années 1980 avec une disparition complète d'entreprises publiques concurrentielles (les plus proches des affaires privées) dans plusieurs pays et secteurs.

Subsistera sur la prochaine décennie un noyau dur mondial de grandes régies nationales investies de missions intérieures de service public et pourtant délibérément engagées dans les affaires internationales : spécificité accrue d'un management public international débouchant à la limite sur l'éventualité de multinationales publiques (4).

Les champs d'activité et les marchés mondiaux en cause semblent devoir se regrouper sur trois secteurs lourds majeurs : le pétrole, la sidérurgie et la banque, avec des prolongements dans les techniques de pointe (nucléaire, spatial) et la commercialisation de prestations intellectuelles des grands laboratoires publics nationaux.

Références

1. Aharoni Y., « State Owned Enterprise as a Competitor on International Markets », *Columbia Journal of Business* (Spring 1980).

2. Aharoni Y., « Understanding the International Behaviour of SOE's », Working Paper, McGill University (June 1982).

3. Anastassopoulos J.P., Dussauge P., « Transformer les avancées technologiques nationales en avancées stratégiques mondiales », *Revue Française de Gestion* (septembre 1983) : 10-12.

4. Blanc G., « Entreprises multinationales publiques », in *Colloque international de management public,* Paris, CNRS, 1984.

5. Bleakey F.R., « Becker Paribas Sale to Merryll », *International Herald Tribune* (August 24, 1984) : 10-11.

6. Boyer L., « Le cycle international de l'innovation », *Cahiers de recherche du troisième cycle,* Université de Paris IX-Dauphine, 1978.

7. Lamont D.F., *Foreign State Enterprises : A Threat to American Business,* New York, Basic Books, 1979.

8. Nora S., *Rapport du groupe interministériel sur les entreprises publiques,* Paris, Documentation française (avril 1967).

9. Thomas H., *Strategic Management and State Owned Enterprise,* Mimeographed Communication to the Academy of Management, 1982.

10. Vernon R., Aharoni Y., *State Owned Enterprise in Western Economies,* London, Room Helm, 1981.

11. Walters K.D., « State Owned Business Abroad : New Competitive Threat », *Harvard Business Review* (March 1979).

12. Wickham S., « Gestion témoin de l'entreprise concurrentielle », *Revue Française de Gestion* (juin 1983).

Mots clés

Coopération (industrielle), *dumping,* entreprises publiques, internationalisation, joint-ventures (internationales), management public, managers publics, *non-price competition,* prix, prix à l'exportation, prix politique.

77

Intrapreneurship

Gérard Kœnig

Jusqu'à une époque récente, on acceptait volontiers la distinction établie par J. Schumpeter entre les activités économiques animées par l'esprit d'entreprise et celles dont la gestion était de type administratif ou bureaucratique. Cette distinction est remise en cause par les turbulences qui caractérisent le contexte industriel actuel. Si leur taille les contraint à formaliser leur fonctionnement, les grandes entreprises sont aujourd'hui obligées, pour maintenir leur croissance et parfois même simplement leur existence, d'envisager une recombinaison permanente des ressources qu'elles sont en mesure de mobiliser.

D'un côté, les investissements non seulement patrimoniaux mais aussi humains et organisationnels poussent à privilégier la continuité ; de l'autre, les mutations de l'environnement, les évolutions de la demande et de la concurrence imposent le changement.

Pour satisfaire à la fois ce besoin de continuité et de changement, afin de procéder à cette recréation permanente de l'entreprise sans attendre l'aiguillon de difficultés avérées, plusieurs firmes de taille mondiale, telles que 3M, IBM ou General Motors, ont adopté ces dernières années l'idée de l'intrapreneurship.

Lancée sur les bords de la Baltique à la fin des années 1970 par un groupe de consultants suédois, l'idée consiste à développer un climat entrepreneurial à l'intérieur d'organisations que le formalisme de leur fonctionnement menace de scléroser.

Mariage du feu et de l'eau, l'intrapreneurship constitue donc une tentative d'inoculer le virus entrepreneurial au corps engourdi des grandes firmes bureaucratisées. Nous allons voir comment il est possible d'articuler des logiques aussi différentes, puis nous nous intéresserons aux héros des politiques de régénération que sont l'intrapreneur, son équipe et ses sponsors, pour enfin examiner les aspects stratégiques et organisationnels des politiques d'intrapreneurship.

1. L'articulation de logiques divergentes

Après avoir pris la mesure des tensions qui existent entre la fougue entrepreneuriale et le fonctionnement bureaucratique des grandes organisations, nous analyserons les moyens dont dispose l'intrapreneur pour éviter que son projet ne tombe, victime d'une gestion routinière.

1.1. Les heurts de deux logiques

Parce qu'il accepte l'apprentissage par l'erreur et qu'il s'inscrit dans le long terme, parce qu'il s'implique profondément dans un projet dont il est l'homme-orchestre, l'intrapreneur contrarie le gestionnaire seulement soucieux d'une rigoureuse réalisation des prévisions budgétaires.

Entre le garant du renouveau et le gérant de la continuité, les points de friction, on va le voir, ne manquent pas.

1.1.1. Minimiser les variations ou progresser par essai-erreur

G. Pinchot (1985) estime que si les grandes entreprises rencontrent tant de difficultés à innover, c'est que la plupart des systèmes de planification sont incapables de faire leur place aux aspects imprévisibles de toute innovation. Le processus classique de planification débute par la fixation d'un objectif et se poursuit par une phase de définition des mesures à mettre en œuvre. Les actions à venir doivent s'inscrire dans le schéma qui a été arrêté. Si l'on n'est pas sans savoir que, par rapport aux prévisions, de petites variations ne peuvent manquer de se produire, il n'en demeure pas moins que la compétence du gestionnaire sera appréciée en fonction de sa capacité à minimiser ces variations.

Les processus innovants sont, bien sûr, dans l'incapacité de suivre une trajectoire aussi rigoureusement tracée. Pour réussir, l'intrapreneur ne cherche pas tant à éviter les risques inhérents à tout projet, qu'à surmonter les difficultés quand elles se présentent.

Alors que la logique de la planification met l'accent sur la prévision et le contrôle des réalisations, la dynamique de l'intrapreneur repose sur l'apprentissage par l'erreur ou l'échec et sur sa capacité à venir à bout des difficultés et surprises qu'il rencontre.

1.1.2. Tendance à la banalisation et temps de maturation des projets

A partir d'un échantillon d'entreprises tiré du classement réalisé par le magazine *Fortune* et de données provenant du projet PIMS (*Profit Impact of Market Strategies*), R. Biggadike a constaté qu'il fallait, en moyenne, de dix à douze ans pour que la rentabilité des investissements consacrés à une innovation à risque soit égale à celle d'une affaire mûre. Lancer une nouvelle affaire n'est assurément pas une activité pour les impatients ou les timides. L'impatience peut conduire à imposer à l'intraprise les exigences communes aux activités parvenues à maturité, la timidité peut amener une interruption précoce d'un projet prometteur.

R. Burgelman et L. Sayles (1987) estiment que l'un des principaux dilemmes posés par une nouvelle affaire réside dans le conflit entre la croissance forcée et le développement en profondeur. Pour juger d'une nouvelle affaire, les directions générales auraient tendance, selon ces auteurs, à prendre essentiellement en considération la rapidité de son démarrage. Ce type de comportement encouragerait les intrapreneurs à négliger la mise au point d'une structure de gestion durable et d'un système d'exploitation solide. Parce qu'ils ne sont pas facilement mesurables dans les premiers temps d'une affaire, ces atouts risquent d'être négligés en faveur d'une croissance accélérée. A terme, leur absence risque d'hypothéquer gravement la pérennité de l'intraprise.

L'intrapreneurship ne peut produire ses fruits que si un effort est fait pour que le rythme de l'organisation respecte la durée nécessaire au développement de toute innovation. Si l'intrapreneurship permet de réduire grandement les délais de l'innovation, G. Pinchot estime que les intrapreneurs ont besoin de davantage de patience qu'il ne leur en est généralement accordé.

Dans nombre de firmes, la défense d'une intraprise est une affaire politique qui suscite contestations et affrontements. Une telle situation a pour effet de détourner du projet innovant l'énergie et l'attention que l'intrapreneur doit déployer pour nouer les alliances nécessaires à la poursuite de son travail. Proposé par G. Pinchot, l'exemple de la Fiero, cette voiture de sport deux places que la division Pontiac de General Motors destinait à une clientèle jeune disposant de revenus moyens, illustre bien les menaces qui pèsent sur l'intraprise, tant qu'elle n'a pas été couronnée de succès.

La Fiero a été développée à une époque de grande turbulence pour l'ensemble de l'industrie automobile américaine. Tous les grands constructeurs essuyaient des pertes que les directions générales s'efforçaient par tous les moyens d'endiguer. Présenté en 1979 aux responsables de General Motors, le prototype de la Fiero emporta l'adhésion des responsables de la firme, tant en raison des qualités intrinsèques du projet que des réponses qu'il apportait aux problèmes posés par la concurrence étrangère et la hausse du prix du pétrole.

Il n'en demeure pas moins qu'entre avril 1980, date à laquelle la décision d'engager la production fut prise, et décembre 1983 il fut décidé à trois reprises d'interrompre le projet ! A chaque fois, l'intrapreneur refusa d'obtempérer dans l'heure et utilisa les délais qu'il s'était unilatéralement octroyé pour obtenir que la décision soit rapportée.

1.1.3. Distance et implication

« La vie peut trouver des solutions logiquement impossibles [1] » est une expression qui pourrait servir de devise aux intrapreneurs. Comme le notent R.A. Burgelman et L.R. Sayles, le « champion » d'un produit ou d'un procédé nouveau poursuit un objectif parfaitement clair : obtenir que son embryon d'opération soit reconnu comme une affaire nouvelle, démontrer qu'une chose réputée impossible par le raisonnement technique ou commercial classique est effectivement réalisable.

---

1. E. Morin, *Penser l'Europe*, Paris, Gallimard, 1987, p. 160.

La séparation entre la conception et l'action, la formulation et la mise en œuvre est une des caractéristiques du fonctionnement des grandes organisations. L'intraprise déroge nécessairement à ce principe et son responsable doit à la fois concevoir son projet et le réaliser. Ce faisant, il abolit la distance créatrice d'incompréhension et d'impossibilité.

Pour transformer en un produit commercialisable l'idée de signets autocollants (les *post-it notes*), qui lui était venue un jour où il avait du mal à retrouver la bonne page dans son livre de cantiques, Art Fry dut surmonter bien des obstacles. Lorsqu'il butta sur la conception d'un procédé permettant la réalisation industrielle des *post-it notes,* les services techniques de 3M lui répondirent que la machine qu'il envisageait était impossible à réaliser avec les techniques maîtrisées par l'entreprise. Après qu'il eut inventé la machine susceptible de faire le travail, les services d'études de 3M estimèrent à six mois les délais nécessaires à la réalisation d'un équipement jugé très onéreux. Art Fry dut alors entreprendre de construire lui-même une version grossière de la machine qu'il avait conçue, et le fit en une nuit dans le sous-sol de sa maison.

1.1.4. Division du travail et déspécialisation

Toute organisation repose sur l'agencement de deux mécanismes complémentaires : la division du travail et la coordination des tâches. Au moment où l'intraprise débute, personne n'a une compréhension suffisamment approfondie du projet pour y contribuer de manière efficace. Les intrapreneurs doivent donc passer outre les frontières fonctionnelles pour faire eux-mêmes ce qui incombe normalement à d'autres personnes au sein de l'entreprise.

Contrairement aux gestionnaires, qui ont pour ainsi dire un devoir de délégation, les intrapreneurs accélèrent souvent le développement de leur projet en réalisant les prestations dont ils ont besoin dans les domaines les plus variés : marketing, approvisionnement, production... Cette intégration des tâches possède un double avantage : elle est un gage que les choses seront effectivement faites et elle permet au responsable de projet de rester en contact avec tous les aspects de l'intraprise. Cette proximité favorise la flexibilité et permet une adaptation rapide aux phénomènes nouveaux. De manière analogue à ce que l'on observe dans le domaine cellulaire, l'intraprise s'accompagne d'une rétro-différenciation, d'une relative déspécialisation.

En retrouvant son autonomie, l'individu rétro-différencié est en mesure d'œuvrer pour l'intégrité de l'organisme, tout en échappant temporairement à son contrôle (E. Morin, 1980).

1.2. L'articulation comportementale de logiques distinctes

L'intraprise ne peut guère espérer réussir par voie de compromis. Il lui faut donc maintenir son identité et éviter la disparition dont elle est constamment menacée. Pour tenir le cap en dépit des vents contraires, l'intrapreneur évitera que son projet n'ait une trop grande visibilité. Il n'hésitera pas à transgresser la « loi » et à jouer du fait accompli. Enfin, il s'assurera le concours de protecteurs efficaces. Le rôle essentiel du sponsor est traité dans la deuxième section de cet article, aussi ce paragraphe-ci sera-t-il limité à l'examen des deux premiers mécanismes dont dispose l'intrapreneur pour protéger son projet contre les effets du fonctionnement bureaucratique de la grande entreprise.

1.2.1. Discrétion de rigueur

G. Pinchot estime que si l'on veut donner ses meilleures chances à une intraprise, il convient d'agir le plus longtemps possible avec discrétion. Il rejoint là J.B. Quinn (1979) qui recommande aux directions générales de réduire au minimum la publicité faite autour de leurs intentions stratégiques. J.B. Quinn estime, en effet, qu'une trop grande lisibilité des projets nuit à leur réalisation, car elle les fragilise et les pétrifie. Clairement annoncé, un projet se prête davantage à la critique qu'une idée ou un thème dont on ne perçoit pas avec précision les contours et les enjeux réels. De plus, une formulation détaillée et précise gêne l'évolution du projet, car elle décourage les contributions susceptibles de l'enrichir et rend plus délicats les changements d'orientation qu'il est parfois nécessaire d'opérer.

Une trop grande visibilité accroît la jalousie de ceux qui ne bénéficient pas des mêmes libertés que l'intrapreneur, par rapport aux contraintes et règles bureaucratiques. Elle suscite la crainte qu'un transfert de ressources ne s'opère au détriment des autres départements. Elle attire enfin l'attention sur le fait que le projet coûte davantage qu'il ne dégage de recettes. La localisation du projet à l'écart des activités opérationnelles permettra en général de maintenir une plus grande discrétion autour de l'intraprise.

Plus la période de discrétion entourant le projet est longue, et plus s'éloigne le moment où son promoteur devra rendre des comptes. Comme les délais nécessaires pour équilibrer l'exploitation d'un projet innovant excèdent largement la patience d'organisations habituées à planifier leur activité à trois ou cinq ans, on accroît les chances de l'intraprise en en post-datant le commencement.

Il arrive bien sûr un moment où il n'est plus possible de maintenir le secret, il convient alors de réduire au maximum les attentes des personnes qui seront amenées à juger du projet. Plutôt que de vanter les mérites de l'entreprise, G. Pinchot suggère au contraire d'en sous-évaluer les perspectives et d'augmenter du même coup la satisfaction tirée de résultats inespérés. Une démarche prudente consiste à introduire des degrés de libertés dans les prévisions et à ne s'engager qu'à concurrence de ce qui est strictement nécessaire pour obtenir les ressources dont le projet à besoin. Cette manière de procéder permet de réduire l'enjeu que constitue l'intraprise et minore de ce fait les risques de rejet ; elle a en outre pour effet d'accroître la crédibilité du responsable en charge du projet.

1.2.2. Transgression et tactique du fait accompli

Si l'intrapreneur respectait scrupuleusement l'ordre hiérarchique, il lui serait certainement impossible de faire progresser convenablement son projet. Pour faire œuvre utile, il lui faut au contraire transgresser à la fois les préjugés et les règles établies. Les préjugés dont il est question ici sont les propositions communément admises et jamais remises en question au sein d'un secteur, d'une profession ou d'une entreprise. C'est ainsi que, jusqu'à une époque récente, l'industrie automobile américaine tenait pour assuré l'aphorisme *mini cars, mini profits,* tandis que les banques commerciales des Etats-Unis estimaient peu rentable et, somme toute, dévalorisant de travailler avec des clients individuels.

La tactique du fait accompli consiste à opérer certains choix irréversibles, sans en avoir discuté auparavant avec ceux que ces décisions engagent. Elle est bien sûr susceptible d'ouvrir sur une brutale et grave détérioration des relations entre « co-obligés », mais l'intrapreneur type ne part-il pas chaque jour travailler avec l'idée qu'il va se faire licencier dans la journée ? (G. Pinchot, 1985). La tactique du fait accompli présente l'avantage d'éviter les délais d'une négociation préalable et, au prix de l'irrespect d'une règle générale, assure d'un résultat qui, en cas de désaccord explicite, n'aurait pu être obtenu que par la transgression d'un interdit récent et spécifique. Le succès qu'a connu General Mills avec les figurines inspirées du film *La Guerre des étoiles* trouve son origine dans le contrat d'achat de droits que Bernie Loomis, responsable de la division Kenner Toys, signa en 1977 sans en référer à sa hiérarchie, alors qu'il engageait le groupe à verser un minimum de 500 000 dollars de redevances annuelles !

2. Les acteurs

L'intraprise n'est pas le fait d'un individu, même si celui que l'on désigne comme l'intrapreneur y joue un rôle essentiel. Pour aboutir, le projet nécessite la constitution d'une équipe et doit bénéficier de protections au sein de l'entreprise. C'est à ces trois facteurs que sont consacrés les développements qui suivent.

2.1. L'intrapreneur : l'homme et son idée

Qu'est-ce qui différencie l'intrapreneur de l'entrepreneur ? Pourquoi vaut-il mieux développer certaines idées au sein plutôt qu'à l'extérieur d'une grande entreprise ? Telles sont les deux questions auxquelles le présent paragraphe va s'efforcer de répondre.

2.1.1. Intrapreneur versus entrepreneur

Au terme des enquêtes qu'il a réalisées sur le sujet, E. Roberts, qui enseigne au MIT, estime que les intrapreneurs et les entrepreneurs partagent de nombreuses caractéristiques psychologiques. Ils se démarquent des gestionnaires par leur goût pour la liberté, par une préférence plus forte pour le projet que pour le pouvoir. Ils s'en distinguent également par leur capacité à accepter des risques modérés et par la valeur qu'ils accordent à l'échec et à l'erreur comme aliments nécessaires à l'apprentissage. Cette similarité des attitudes est telle que de nombreux intrapreneurs poursuivent pour leur compte personnel la carrière de créateur qu'ils ont commencée au sein d'une grande entreprise.

En raison de la relation ambiguë qu'il entretient avec l'organisation qui le salarie, G. Pinchot estime que l'intrapreneur a tendance à être cynique à l'égard du système, mais qu'il se montre confiant dans sa capacité à utiliser les ressources de l'organisation au bénéfice des objectifs qu'il s'est fixé. L'impérieuse nécessité dans laquelle il se trouve de faire partager aux autres ses convictions exige de l'intrapreneur qu'il observe dans ses rapports interindividuels une patience qui n'est pas systématiquement exigée de l'entrepreneur.

2.1.2. Les avantages comparatifs de l'intraprise

Les grandes entreprises disposent de ressources qui peuvent faciliter et accélérer le développement d'idées nouvelles. De ce point de vue, l'existence de moyens financiers conséquents et les économies d'échelle que peuvent procurer d'importantes capacités de production ont aujourd'hui souvent moins d'impact que les investissements commerciaux, les savoir-faire spécifiques et les brevets dont peut bénéficier l'intrapreneur. Mais, au-delà de l'atout qu'a pu représenter le nom d'IBM, pour les promoteurs du *personal computer,* au-delà de l'avantage que les intrapreneurs d'Intel ont pu retirer pour développer les mémoires à bulle, des informations techniques et commerciales d'origine interne, la formule de l'intraprise s'impose dans toutes les situations où l'idée de base est en quelque sorte co-substantielle à l'activité de la « société mère ». C'est notamment le cas, lorsque l'intraprise entend tirer parti d'un processus de production existant au sein de la société mère, quand elle envisage de développer des produits complémentaires, comme cela a été fait pour les dérouleurs de Scotch, ou lorsqu'elle projette de concevoir un nouveau produit, à partir d'un produit existant, comme ce fut le cas pour la « création » du photocopieur 2 600 de Xerox.

2.2. L'équipe

Bien évidemment essentielle au succès de l'intraprise, l'équipe doit être composée avec soin et convenablement dirigée. Le présent paragraphe s'efforce d'éclairer ces deux points.

2.2.1. Les caractéristiques de l'équipe intrapreneuriale

L'identité de l'équipe intrapreneuriale se forge autour du projet spécifique qu'elle a charge de développer. Ceci a pour effet de limiter l'impact des cloisonnements disciplinaires. Dans la mesure où le développement d'une intraprise nécessite une grande capacité d'adaptation à des situations qu'il convient d'appréhender globalement, une des caractéristiques de l'équipe tiendra à l'absence de barrières entre les services fonctionnels de l'intraprise.

Bien qu'elle observe avec ceux-ci certaines similitudes, l'équipe intrapreneuriale ne doit pas être confondue avec les groupes d'intervention (*task forces*), ni même avec les équipes de projet (*project teams*), car elle possède des caractéristiques qui la distinguent de ces structures (G. Pinchot, 1985)[1].

2.2.1.1. *La complétude fonctionnelle*

Pour mener à bien sa mission, l'équipe intrapreneuriale n'a pas besoin d'une expertise affirmée dans chacun des domaines qui la concernent. En pratique, l'équipe doit seulement être en mesure d'apprécier convenablement les implications fonctionnelles des orientations retenues et elle pourra bien évidemment sous-traiter les tâches qu'il ne lui paraît pas souhaitable d'intégrer.

2.2.1.2. *Continuité et unité de commandement*

L'implication de ses membres est un des facteurs essentiels au succès de l'intraprise. De ce point de vue, les modes de fonctionnement habituels des grandes organisations présentent deux dangers qu'il convient d'éviter. Si l'intraprise confère son identité à l'équipe (voir *supra*), le projet est également indissociable de l'équipe qui s'y est investie. La prise en charge des étapes successives du projet par des équipes différentes est en forte contradiction avec l'idée d'intraprise. De manière équivalente, les phénomènes de double appartenance que l'on observe dans les structures matricielles ne permettent pas l'implication individuelle nécessaire au succès de l'intraprise.

2.2.1.3. *Liberté de choix*

L'idée de liberté est essentielle à la dynamique de l'équipe. Cette liberté s'apprécie à deux niveaux : au plan individuel, lors de la formation du groupe, et au niveau de l'équipe elle-même, en ce qui concerne son fonctionnement.

La constitution de l'équipe ne doit pas se faire par nomination. L'injonction hiérarchique est en effet un moyen inadéquat à la création d'un collectif de travail qui doit s'impliquer profondément. Aussi est-il nécessaire de procéder par recrutement, selon des modalités proches de celles qu'utilise l'entrepreneur individuel, lorsqu'il s'adresse au marché du travail. A la liberté de choix de l'intrapreneur, qui n'aura pas à se préoccuper de politique interne mais seulement de compétence, correspondra la liberté des personnels de l'organisation mère de refuser de participer ou, au contraire, de proposer spontanément leur candidature à l'intraprise.

---

1. Voir également dans cette Encyclopédie l'article de A. Desreumaux, « Structures de l'entreprise ».

Le fonctionnement de l'équipe intrapreneuriale ne doit pas davantage être soumis à un système de commandes hiérarchiques. Un dispositif de contrôle reposant sur l'ordre serait étranger à la notion d'intraprise, car il reproduirait les manières bureaucratiques précisément à l'origine du besoin de régénération que l'entreprise interne est censée satisfaire. L'intraprise n'échappe pas pour autant au contrôle, mais celui-ci doit intervenir *a posteriori* sur des objectifs négociés entre la société mère et le responsable de l'affaire. La différence majeure avec une « direction par objectifs » de type classique tient sans doute à l'allongement des délais nécessaires pour apprécier les résultats de l'intraprise.

2.2.2. Le leadership

La forte implication de l'intrapreneur dans son projet le conduit à se différencier du « manager 9:9 » de R.R. Blake et J.S. Mouton, que ces auteurs présentent comme un individu également préoccupé par la réalisation des tâches et la satisfaction des personnes. Même s'il reconnaît le caractère crucial de ces deux exigences, l'intrapreneur aura tendance, estime G. Pinchot, à donner la priorité aux exigences de l'intraprise plutôt qu'aux besoins des personnes.

Une des raisons de l'engourdissement des grandes organisations tient à la séparation existant entre la conception et la mise en œuvre des activités. L'articulation étroite de ces deux moments est une des caractéristiques de l'intraprise. Cette articulation se fait d'ailleurs dans les deux sens. Si son rôle d'animateur conduit l'intrapreneur à faire en sorte que l'équipe comprenne et partage la vision qui est à l'origine de l'intraprise, s'il lui appartient aussi de constamment resituer les décisions prises dans la perspective du projet d'ensemble, il est fréquent que l'intrapreneur, transgressant les règles de délégation et de division du travail en usage dans les grandes entreprises, réalise lui-même le passage de l'idée à la mise en œuvre.

2.3. Le sponsor

Même si les rôles peuvent être tenus par une même personne, il convient de distinguer la fonction de sponsor de celle de mentor. Le mentor s'intéresse davantage à la personne qu'il entend aider qu'aux projets innovants qu'elle est susceptible de développer. Le premier souci du mentor consiste à coordonner les besoins de son protégé et les exigences de l'organisation. Le sponsor se préoccupera donc essentiellement de problèmes techniques ou de choix commerciaux. Une fois convaincu de l'intérêt du projet qui lui est soumis, il aura à cœur d'en faciliter l'acceptation par les responsables concernés, puis d'en protéger l'existence contre les myopies et les appétits de toutes sortes.

2.3.1. Le rôle du sponsor

Le sponsor n'a pas à exercer une autorité hiérarchique, ni même à confier un mandat à l'intrapreneur. Il a pour fonction d'aider au développement d'un projet qui n'est pas le sien, mais qu'il juge intéressant, en faisant bénéficier l'intrapreneur de l'influence dont il dispose et de la connaissance qu'il possède du contexte organisationnel dans lequel le projet est amené à se développer. Son intervention à ce niveau aura notamment pour effet d'améliorer l'articulation de l'intraprise avec la politique générale de la société mère.

L'intrapreneur n'a pas seulement besoin d'être guidé et protégé dans un environnement inconnu et hostile, il lui faut discuter de ses intuitions et débattre des actions qu'il envisage d'engager ; c'est encore au sponsor qu'il revient d'assurer ce rôle.

2.3.2. Le profil du sponsor idéal

Le sponsor idéal est un homme arrivé, à la fois proche de la retraite et disposant de la confiance de la direction générale. Ainsi, les pouvoirs dont il dispose ne risquent pas d'être mobilisés au bénéfice d'une carrière personnelle qui touche à son terme. S'il a conservé le sens de l'urgence, le sponsor est relativement protégé de la pression des opérations quotidiennes et bénéficie d'une disponibilité dont il fait profiter les projets qu'il juge intéressants.

3. Les politiques d'intrapreneurship

S'il permet de lutter contre le danger d'engourdissement bureaucratique qui menace les grandes entreprises, le développement de politiques intrapreneuriales pose toutefois des problèmes. Certains sont d'ordre stratégique et touchent à la préservation par l'entreprise de la cohérence de son action extérieure, d'autres sont de nature organisationnelle. La présente section examine successivement ces deux types de question.

3.1. Les enjeux stratégiques des politiques intrapreneuriales

Apprécier les politiques d'intraprise en se plaçant du point de vue de la société mère conduit à s'interroger sur les points suivants. En quoi l'intraprise permet-elle une meilleure adaptation aux exigences de l'environnement ? Comment est-il possible d'éviter la dispersion des activités et la dilution de l'effort ? Corrélativement, comment peut-on exploiter les synergies potentielles entre les activités anciennes et nouvelles ?

3.1.1. L'amélioration des capacités d'adaptation ou la gestion de la turbulence

Les environnements d'une organisation se modifient peu ou profondément et le font de manière plus ou moins prévisible. Partant de ce constat, F.E. Emery et E.L. Trist (1965) élaborèrent, il y a une vingtaine d'années, une typologie dans laquelle ils qualifiaient de turbulents les environnements qui défient l'analyse et la prédiction. Peu de temps après, R.A. Peterson et

D.G. Berger (1971) étudiaient le cas de l'industrie du disque « grand public ». Celle-ci est en effet soumise à un environnement commercial extrêmement turbulent, en raison de la volatilité des préférences d'acheteurs, extrêmement nombreux et majoritairement jeunes. Il serait toutefois inexact de penser que la turbulence de l'environnement demeure toujours de même intensité. Les variations enregistrées permettent d'ailleurs de mieux apprécier les relations qu'entretiennent l'activité entrepreneuriale, la structure organisationnelle et le degré de turbulence rencontrée. En s'appuyant sur les travaux de P.R. Lawrence et J.W. Lorsch (1967), R.A. Peterson et D.G. Berger (1971) proposent de vérifier que l'accroissement de la turbulence conduit à mettre l'accent sur les rôles intrapreneuriaux et à réduire le degré de formalisation. Il peut sembler, à première vue, que les particularités de l'industrie du disque n'ouvrent guère la possibilité d'une généralisation des résultats susceptibles d'être obtenus. En fait, le théâtre, l'édition ou l'habillement se trouvent être dans des situations très proches et renforcent l'intérêt de cette recherche. R.A. Peterson et D.G. Berger distinguent essentiellement deux grandes périodes, correspondant à des niveaux de turbulence très contrastés.

Jusqu'au milieu des années 1950, les quatre plus grandes entreprises détenaient, sur le marché de la musique grand public, un contrôle oligopolistique qui leur permettait de maîtriser le rythme de l'innovation et d'obtenir sans grand risque une rentabilité satisfaisante. Leur préoccupation majeure consistait à lancer des vedettes et à assurer la pérennité de leur succès par un contrôle déloyal de la programmation des radios [1]. Conformément à ce qui était attendu, la recherche montra que la stabilité (acquise) de l'environnement conduit à une forte structuration des activités et ne laisse qu'une plage étroite aux activités intrapreneuriales.

Au milieu des années 1950, la musique rock est contemporaine d'un bouleversement des pratiques et d'un accroissement considérable de la turbulence. En quelques années, une horde de producteurs indépendants viennent à bout de l'hégémonie exercée par les grandes compagnies. En réaction à cette situation, celles-ci ont eu recours à des stratégies distinctes. Certaines ont choisi de se retirer des secteurs les plus turbulents. D'autres ont acheté aux producteurs indépendants des produits dont elles assuraient ensuite la commercialisation ou ont acquis des firmes qui réussissaient. Certaines enfin, comme MGM, ont offert à des indépendants de prendre la direction d'un département au sein même de l'entreprise. Comme on le voit, la montée de la turbulence du milieu des années 1950 à la fin des années 1960 a eu pour effet d'accroître sensiblement le rôle des intrapreneurs au détriment des structures opérationnelles classiques (R.A. Peterson et D.G. Berger, 1971).

---

1. L'argot américain réserve même un terme spécial à cette pratique : *Pay-o-la*. L'expression évoque une marque connue de piano mécanique : *Pianola*.

3.1.2. Canaliser les idées ou recomposer la vision stratégique

Pour être efficiente, l'entreprise a besoin de stabilité ; elle a besoin de changer pour être efficace. Il y a donc toujours un arbitrage à opérer entre la canalisation des efforts au bénéfice d'une conception stratégique stabilisée et la pleine expression d'idées amenant à reconsidérer la vision stratégique admise par la hiérarchie. La stratégie effectivement suivie par l'entreprise résulte, d'après R.A. Burgelman et L.R. Sayles, de la combinaison de comportements relevant de l'une ou l'autre de ces deux logiques. Lorsque le comportement est conforme à la formulation plus ou moins explicite des théories en usage au sein de l'entreprise, il est qualifié par ces auteurs de comportement stratégique « induit ». L'idée d'induction vient de ce que la direction générale dispose de différents mécanismes administratifs et symboliques pour influencer les individus et modifier leurs préférences, de sorte que tout en conservant une certaine indépendance créatrice les cadres soient amenés à entreprendre les actions stratégiques qui favorisent le développement de l'entreprise, sans en remettre en cause les orientations fondamentales.

Les comportements stratégiques « autonomes », à l'inverse des comportements induits, introduisent des concepts nouveaux pour la définition des opportunités. Ces initiatives stratégiques représentent une tentative pour échapper aux effets sélectifs de la culture stratégique prévalant dans l'entreprise. Elles conduisent à redéfinir l'environnement et à élargir le champ d'activité de l'entreprise.

3.1.3. L'exploitation des synergies

Le degré de parenté opérationnelle a des implications sur l'efficience de la gestion, tant de l'activité nouvelle que de l'affaire existante. L'entreprise doit chercher à organiser son exploitation de manière à tirer le plus grand parti des synergies en réduisant au minimum le coût des transactions internes. Ainsi, dans le cas où la parenté opérationnelle entre l'affaire existante et l'activité nouvelle est forte, le couplage de leurs exploitations devra être examiné. A l'inverse, une faible parenté opérationnelle pourra exiger que les exploitations soient totalement séparées, afin d'éviter les interférences et tous les processus nuisibles – car inutiles – de communication et de négociation (R.A. Burgelman et L.R. Sayles).

En fonction de sa parenté organisationnelle avec l'activité existante et de son importance stratégique, l'intraprise connaîtra donc une intégration plus ou moins forte au sein de la société mère. C'est ce que nous verrons plus en détail dans le prochain paragraphe.

3.2. Les aménagements organisationnels

La réussite d'une intraprise suppose que soit résolu un ensemble de problèmes de nature organisationnelle. Quelles relations doit-on instaurer entre la nouvelle affaire et la société mère ? Comment doit s'opérer la transition lorsque l'intraprise passe du stade de projet à celui d'activité opérationnelle ? Quels aménagements d'ordre général faut-il réaliser pour faire de la société mère un lieu favorable à l'émergence d'intraprises ?

3.2.1. Les relations à la mère

L'évaluation de l'importance stratégique détermine le degré de contrôle que la direction générale doit conserver sur le développement de l'affaire nouvelle. Si l'importance stratégique est élevée, il faudra des liaisons administratives très fortes. La direction générale souhaitera intervenir dans la gestion stratégique de l'intraprise en établissant des rapports hiérarchiques directs et en participant effectivement aux processus budgétaire et de planification. Elle interviendra également dans l'établissement des compromis indispensables entre les intérêts stratégiques de l'intraprise et ceux des activités existantes.

L'importance stratégique détermine donc l'intensité des relations administratives. Le schéma 1 donne une idée des différentes décisions qu'il convient de prendre dans ce domaine. De manière analogue, il convient de déterminer, en fonction des parentés opérationnelles, l'importance du couplage entre les opérations de l'intraprise et celles de la société mère. Comme l'indique le schéma 2, ce couplage opère au niveau des flux de travail et d'informations.

Schéma 1
*Jusqu'à quel point la direction générale doit-elle participer
à la gestion stratégique de l'affaire à risque ?*

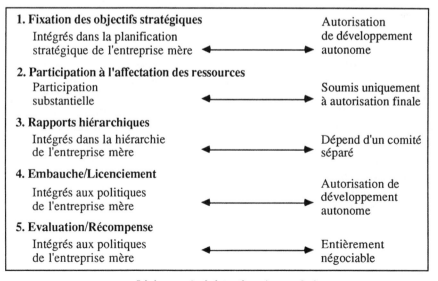

Liaisons administratives (exemples)

Schéma 2
Jusqu'à quel point les opérations de l'intraprise et de la société mère doivent-elles être couplées ?

Liaisons opérationnelles (exemples)

Source : R.A. Burgelman, L.R. Sayles, *Les intrapreneurs*, McGraw-Hill, 1987, pp. 143-144.

3.2.2. Du projet à l'opération

Nombreuses sont les affaires qui, à l'issue de leur phase de développement, doivent réintégrer la société mère, à l'instar de la Fiero, qui n'a pas été exploitée au sein d'une division nouvelle mais est redevenue un simple produit à l'intérieur de Pontiac.

Un des dangers à éviter consiste en une réintégration trop rapide de l'intraprise dans la structure de base. Certains observateurs ont estimé, par exemple, que le ralentissement du rythme d'innovation de l'IBM PC était imputable au choc provoqué par la brutale réinsertion, dans l'univers bureaucratisé d'IBM, d'un projet qui s'était remarquablement développé dans l'isolement d'un groupe autonome.

3.2.3. Entretenir le vivier

De manière quelque peu paradoxale, le succès de l'intraprise, c'est-à-dire la transformation du projet en une activité de nature opérationnelle, risque de conduire à l'élimination des individus qui en ont la paternité, car la maturation et la croissance de l'intraprise nécessitent, de la part du dirigeant, d'autres compétences que celles qu'exigeait le développement du projet. En d'autres termes, l'entrepreneur est appelé à changer d'attitude ou à céder la place.

Cette transition est à l'origine de la dissymétrie que l'on observe fréquemment entre les contributions individuelles et les avantages retirés par les promoteurs de l'intraprise. Ce déséquilibre alimente certainement l'image de héros tragique qui colle à la figure de l'entrepreneur interne. Comment la grande entreprise peut-elle susciter des vocations, éviter les aigreurs et les démissions ?

L'intrapreneur prend des risques que les autres membres de l'organisation refusent d'endosser il est normal qu'en cas de succès il recueille d'autres fruits qu'une mise en demeure de changer de comportement ou de quitter l'entreprise. Pour G. Pinchot, la solution à ce problème tient en trois points : éviter l'écueil de la promotion, consentir des avantages financiers, et accorder une liberté d'action accrue à l'intrapreneur qui a fait ses preuves. Reprenons ces trois points.

3.2.3.1. L'écueil de la promotion

Dans les grandes entreprises, la récompense la plus habituelle consiste à promouvoir les individus talentueux. Déjà inappropriée dans bien des situations, la promotion est souvent une grave erreur lorsqu'elle concerne des intrapreneurs. Ceux-ci ont trop besoin d'indépendance pour tenir convenablement des postes qui correspondent hiérarchiquement à leur mérite. Et même s'ils s'acquittent honorablement des tâches qui leur sont nouvellement confiées, la gestion des opérations va les absorber et stériliser leur capacité créatrice. La difficulté vient ici de ce qu'il faut à la fois récompenser les intrapreneurs et les laisser à leur place, alors que les avantages financiers et statutaires dépendent habituellement, dans les grandes entreprises, du niveau hiérarchique occupé.

3.2.3.2. Les récompenses financières

Si l'on veut éviter d'élever l'intrapreneur à un niveau où il va devenir sinon incompétent du moins stérile, et si l'on admet qu'il n'y a pas de raison de récompenser davantage les gestionnaires que les entrepreneurs, dont le talent est finalement plus rare, il est naturel d'offrir à ces derniers des récompenses financières non salariales d'un caractère exceptionnel, correspondant bien à la nature non répétitive du projet qu'ils viennent de réaliser. A côté de ces récompenses qui n'ont aucun lien avec l'activité entrepreneuriale, il est nécessaire d'envisager des avantages susceptibles d'avoir un effet de stimulation sur l'activité entrepreneuriale.

3.2.3.3. La liberté : une récompense intrinsèque

De même que l'entrepreneur, l'intrapreneur valorise grandement la liberté dont il dispose pour mener à bien son projet. Au sein d'une grande organisation, une des formes les plus tangibles de la liberté consiste à pouvoir investir sur de nouvelles idées, sans avoir à en obtenir la permission. Dans ces conditions, il est tentant de doter les intrapreneurs d'un capital dont ils puissent disposer librement. Abrité de l'annualité et des contraintes budgétaires, augmenté au fur et à mesure des succès remportés, ce capital, dont l'allocation échappe à la direction, ne risque cependant guère d'être investi à mauvais escient, car il s'accompagne d'un dispositif d'autocontrôle dont on a toute raison de penser qu'il devrait être particulièrement efficace. L'investissement est en effet réalisé par une personne qui a démontré sa capacité à repérer des opportunités et à les transformer en affaire rentable. Dans la mesure où ce capital représente en plus le gage pour l'intrapreneur de pouvoir s'affranchir des contraintes organisationnelles, il est raisonnable de penser que ce dernier veillera tout particulièrement à éviter un usage inefficient des fonds mis à sa disposition.

*
* *

L'intrapreneurship n'est pas seulement un moyen de lutter contre la sclérose des grandes entreprises par les vertus régénératrices de la déspécialisation de certains individus et la réinjection au sein des espaces hiérarchiques d'une dynamique de marché. En permettant aux individus de prendre des risques d'une ampleur inaccoutumée, la société mère n'accroît pas les siens propres dans un même rapport, car elle bénéficie en même temps d'un renforcement du contrôle exercé sur l'allocation de ses ressources.

Ceci signifie qu'une stratégie émergente, se nourrissant d'actions dont le détail n'a pas été planifié, n'est pas incompatible avec une amélioration du contrôle effectivement exercé sur l'allocation des ressources.

Références

Burgelman R.A., Sayles L.R, *Les intrapreneurs*, Paris, McGraw-Hill, 1987.

Emery F.E., Trist E.L., « The Causal Texture of Organizational Environments », *Human Relations* (vol. 18, 1985) : 21-32.

Macrae N., « The Coming Entrepreneurial Revolution : A Survey », *The Economist* (December 25, 1976) : 41-42.

Maidique M.A., « Entrepreneurs, Champions and Technical Innovations », *Sloan Management Review* (vol. XXI, n° 2, Fall 1980) : 59-76.

Peterson R.A., Berger D.G., « Entrepreneurship in Organizations : Evidence From the Popular Music Industry », *Administrative Science Quarterly* (n° 16) : 97-106.

Pinchot G., *Intrapreneuring*, New York, Harper and Row, 1985.

Roberts E.B., « New Ventures for Corporate Growth », *Harvard Business Review* (n° 57, July-August 1980) : 134-142.

Mots clés

Division du travail, équipe, intrapreneur, organisation, récompense-rémunération, risque, sponsor, stratégie.

78

Logistique

Philippe-Pierre Dornier

La fonction logistique s'est développée dans les entreprises avec le souci d'y réaliser une meilleure cohérence globale des opérations physiques liées à la vie du produit. Inspirée dans un premier temps des réflexions logistiques menées dans le domaine militaire, la logistique d'entreprise a développé depuis lors une démarche spécifiquement adaptée aux problèmes qu'elle est chargée de résoudre.

Les facteurs économiques favorables qui ont longtemps permis d'occulter les dysfonctionnements des organisations sont aujourd'hui déclinants. De nouveaux gisements de productivité ont dû être identifiés. Leur exploitation a été entreprise avec d'autant plus d'empressement qu'ils ont été rapidement désignés comme des causes majeures de l'amputation de la rentabilité des entreprises. Parmi les domaines susceptibles de connaître une amélioration de leur performance, il est possible de mentionner les frais financiers générés par des niveaux de stocks trop élevés, les contraintes nouvelles de mise à disposition des produits imposés par les grands distributeurs, les transferts entre usines et le développement de la sous-traitance.

Fédérées autour du concept commun de soutien du produit, les sources d'optimisation détectées ont été reconnues comme les éléments fondateurs du processus logistique qui englobe l'ensemble des activités de maîtrise des flux de produits et, plus généralement, de coordination des ressources et des débouchés.

Ainsi, la fonction logistique en charge de la maîtrise du processus logistique se présente-t-elle comme un vecteur d'analyse couplant les dimensions technologiques et managériales. Elle a pour objectif, en cherchant à réaliser la meilleure adéquation entre l'offre et la demande, de concevoir les arbitrages qui permettent d'atteindre, au moindre coût, un niveau de service donné pour le client.

1. La maîtrise des enjeux logistiques

Cette première section a pour objectif de situer la place de la logistique dans le management de l'entreprise, puis de présenter les différents stades de son développement.

1.1. Les trois dimensions de la démarche logistique dans l'entreprise

1.1.1. La logistique : outil stratégique au service du management

La logistique, grâce à la vision globale qu'elle porte sur les organisations, offre des critères décisionnels nouveaux sur lesquels peut s'appuyer le management de l'entreprise.

Cherchant une maîtrise conjointe et optimisée des flux physiques de matière (matières premières, produits semi-ouvrés, produits finis, pièces de rechange) et des flux informationnels, elle contribue à proposer des arbitrages entre des intérêts et des objectifs divergents (schéma 1).

Schéma 1
Le système logistique de l'entreprise

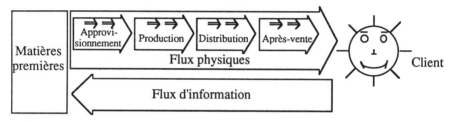

Pour ce faire, elle met en place une gestion des interfaces de nature conflictuelle entre les grandes fonctions de l'entreprise. Elle apporte des solutions globales, au mieux de l'intérêt général, afin d'intégrer la maîtrise de la circulation physique des marchandises dans les stratégies établies. La logistique contribue ainsi aux décisions engageant l'entreprise à moyen et long terme (tableau 1).

1.1.2. La logistique : technologie d'intégration

Pour atteindre ses objectifs, la logistique cherche à prendre en considération dans une démarche globale, le champ de contraintes dans lequel circulent les produits afin d'en faciliter l'écoulement vers le marché.

Par une approche transversale, elle met en œuvre une dynamique d'organisation intégrée qui permet de décloisonner les différentes fonctions de l'entreprise.

Face à un processus fractionné en démarches juxtaposées, où chaque acteur évolue en fonction d'objectifs divergents qu'il suppose être optimums pour lui-même et l'entreprise, la logistique cherche à créer une unité. Elle prend en compte l'ensemble des processus et les coordonne afin d'atteindre un optimum pour l'entreprise. Elle essaie parallèlement d'adapter les objectifs de chacun à cette mission. Par exemple, en organisant des systèmes de demande d'approvisionnement et de distribution physique coordonnés, elle comprime les niveaux des stocks qui peuvent s'accroître inconsidérément à différents points de l'entreprise par l'utilisation préventive qui en est faite (se prémunir face aux ruptures) : la production constitue des stocks de semi-ouvrés pour pouvoir répondre aux exigences du marketing qui, de son côté, se prémunit face aux contraintes de la production en créant des stocks de produits finis.

Tableau 1
La part de la logistique dans les décisions de nature stratégique

Degré de participation des responsables de la fonction logistique	Nature des décisions	Degré et durée d'impact des décisions stratégiques sur l'activité logistique
MOINS	• Localiser une nouvelle usine • Définir les standards de service à la clientèle • Changer la structure des prix par zones géographiques • Redistribuer entre usines les fabrications de produits • Redéfinir les territoires de vente • Négocier des contrats d'achat à long terme avec les fournisseurs importants • Introduire une nouvelle ligne de produits • Réorganiser les procédures de gestion des stocks • Réorganiser les procédures de traitement des commandes • Choisir un mode de transport • Localiser un entrepôt	PLUS
PLUS		MOINS

Source : J.L. Heskett, *Harvard-L'Expansion* (printemps 1978).

1.1.3. La logistique : nouvel avantage concurrentiel

Les contraintes du marché ont conduit à faire émerger deux types d'enjeux pour les entreprises :
– savoir répondre par une offre diversifiée à la multiplication des couples produit/marché,
– réduire le temps de réaction pour satisfaire les demandes du client.

La logistique, dans sa recherche permanente de l'adéquation optimale de l'offre et de la demande, apporte des moyens efficaces pour la maîtrise de ces enjeux. D'une part, en développant en aval de l'entreprise un système d'écoute des marchés, elle recueille puis traite des informations dont elle irrigue ensuite toute la structure d'aval en amont. La coordination des rythmes distribution/consommation, production/distribution, approvisionnement/production, donne ainsi à l'entreprise une réactivité globale parfaitement maîtrisée. D'autre part, elle permet d'aborder, dès la conception du produit, les paramètres favorisant une plus grande adaptabilité des produits aux demandes variées des clients afin d'en faciliter, le moment venu, la mise en œuvre. Elle contribue ainsi à doter l'entreprise d'un important avantage concurrentiel.

1.2. De la distribution physique à la logistique intégrée

Au fur et à mesure de son évolution, le système logistique a su intégrer les différentes facettes de la maîtrise de la circulation physique des matières.

Partant des opérations élémentaires de la distribution physique des produits (transport, manutention, stockage, traitement des commandes...)[1], la logistique se développe selon trois dimensions : planificatrice, opérationnelle et administrative (tableau 2).

Tableau 2
Les trois dimensions du processus logistique

Flux d'information	Opérations de planification	Opérations administratives	Opérations physiques	Flux physiques
	• Prévision de la demande de produits finis • Correction par suivi des commandes au plus tard • Ordonnancement des transports de livraison • Gestion des flux de produits finis • Planification opérationnelle de la production • Ordonnancement des moyens de production • Gestion des flux de semi-ouvrés • Programmation des approvisionnements	• Traitement administratif des commandes clients • Suivi du service rendu • Contrôle des tournées de livraison • Tenue des stocks de produits finis et inventaire • Commandes des magasins régionaux aux magasins centraux • Commandes à la production • Suivi du service rendu • Tenue des stocks de semi-ouvrés • Tenue des stocks de matières et composants • Traitement administratif des commandes fournisseurs • Suivi du service rendu	• Préparation physique des commandes • Réalisation de la livraison des commandes • Rangement et entretien des articles en magasin • Livraison des magasins régionaux depuis les magasins centraux • Transfert et manutention depuis la sortie de production jusqu'aux magasins centraux • Emballage et conditionnement en sortie d'usine • Transfert inter-usines et inter-ateliers • Transfert et manutention des matières et composants • Livraison des matières depuis leur origine jusqu'aux lieux de transformation • Préparation physique des commandes par les fournisseurs	

Source : H. Mathé, *L'entreprise logistique,* Vol. II, SOLE - Groupe ESSEC, printemps 1986.

1. Voir dans cette Encyclopédie l'article de J. Jallais, « Canaux de distribution ».

L'ensemble converge vers un système logistique intégré agissant selon ces trois axes tout au long de la chaîne partant du soutien après-vente pour aboutir aux approvisionnements.

1.2.1. La distribution physique

Pour le client d'une firme, l'indisponibilité du produit peut se traduire par un report de l'achat, par une annulation de la commande ou par une perte du client. Les coûts indirects ainsi générés peuvent être aisément réduits par une meilleure maîtrise de la distribution physique de l'entreprise et justifient l'intérêt tout particulier qui lui est porté.

Le champ d'application de la logistique dans le cadre de la distribution physique porte sur cinq domaines :
- la prévision de la demande dont la fiabilité conditionne la performance des systèmes de planification,
- le traitement des commandes,
- la gestion des stocks de distribution (niveau, stock de sécurité, commandes de réapprovisionnement),
- la gestion des magasins (répartition des produits...),
- la gestion des transports (flotte, emballage, programme de livraison...).

La dimension stratégique conduit la logistique à s'impliquer dans des prises de décisions portant par exemple sur :
- le nombre et l'implantation des entrepôts,
- le choix des modes de transport (achat de camions, wagons).

Mais l'optimisation de la distribution physique peut rétroagir :
- sur les systèmes de gestion de production afin de les rendre plus flexibles,
- sur les approvisionnements,
- sur la conception même du produit afin de mieux l'adapter aux contraintes de la distribution (taille).

Par cet effet rétroactif sur les secteurs amont de l'entreprise, la logistique est conduite naturellement à évoluer en une logistique intégrée.

1.2.2. La logistique intégrée

Elle associe dans une réflexion commune les séquences propres à la distribution physique, à la gestion de production et aux approvisionnements.

Procédant par l'agrégation de flux jusqu'alors fractionnés, la logistique se fixe pour objectif de lever les obstacles fonctionnels qui s'opposent à l'écoulement des produits vers le client. Elle recouvre alors :
- la gestion des stocks de semi-ouvrés et de matières premières,
- l'ordonnancement et le lancement des séries de production,
- la gestion des transferts inter-usines (et avec les sous-traitants),
- la programmation des achats.

Cette approche globale débouche sur des remises en cause de logiques sectorielles inadaptées. La logistique est alors conduite à veiller sur l'évolution des comportements et à réaliser l'adéquation entre les objectifs fixés et les motivations des individus. La logistique appliquée au domaine de la production cherche ainsi à résoudre le dilemme flexibilité/productivité, traduction, à l'échelle de ce secteur, de l'arbitrage à trouver entre niveau de service et coûts. La logistique de production propose des démarches tenant à développer les capacités d'anticipation ou d'adaptation de l'outil de production (minimiser le temps de transfert entre les ateliers ou le temps de reconversion des machines, gérer les files d'attente...).

1.2.3. Le soutien logistique intégré

Le soutien logistique, extension de la notion de soutien après-vente, est un élément complémentaire à la cohérence globale que recherche la logistique pour maximiser la satisfaction du client.

Issu des pratiques conduites dans les sociétés de matériels de haute technologie, le soutien logistique recherche la maîtrise des opérations qui concourent au soutien du produit, à des niveaux de coûts acceptables, durant le cycle complet de vie du produit. Il comprend quatre missions principales :

– l'intégration de l'aptitude à la maintenance dès la conception du produit,

– l'élaboration des politiques de service associées au produit,

– l'élaboration et la gestion des réseaux de distribution de pièces de rechange ou de kits d'équipements,

– l'élaboration de la documentation technique.

Ce développement de la démarche logistique repose essentiellement surle modèle de « coût complet de cycle de vie » (ou LCC : *Life Cycle Cost*) qui intègre pour le client, non seulement le prix de vente du produit mais également tous les coûts associés à son soutien (tableau 3).

1.3. La maîtrise de la chaîne d'informations

Si la logistique concourt à la maîtrise des flux physiques d'amont en aval de l'entreprise, elle s'appuie pour la réalisation de cette mission sur un système d'informations[1]. Ce système doit permettre d'organiser le pilotage des flux de matières et d'en évaluer les performances.

Grâce aux données recueillies sur le marché et à celles émanant de chaque étape du processus, le système doit être en mesure d'organiser les activités des secteurs opérationnels par la planification des opérations de distribution physique, de production et d'approvisionnement (schéma 2).

Ces activités de planification reposent sur la mise en place préalable d'un système de prévision de la demande[2].

---

1. Voir également dans cette Encyclopédie l'article de J.L. Peaucelle, « Systèmes d'information ».
2. Voir dans cette Encyclopédie l'article de A. Merlin, « Prévision dans l'entreprise ».

Enfin, les résultats doivent pouvoir être mesurés par un système d'évaluation de la performance logistique.

Tableau 3
Exemple de décomposition du coût complet d'un équipement radar sur dix ans

			Pourcentage du coût complet (*Life Cycle Cost* ou coût global de possession)
Recherche et développement			8
Fabrication et montage			45
Distribution et maintenance			47
Distribution commerciale et physique		4,5	
Soutien logistique après-vente		42,5	
– Personnel de maintenance	23,2		
– Pièces détachées, gestion des stocks	11,5		
– Test et équipement technique	5,3		
– Transport et manutention	1,6		
– Documentation technique	0,6		
– Formation à la maintenance	0,2		
– Installation de maintenance	0,1		
Total			100

Source : Document de la Society of Logistics Engineers (SOLE).

Schéma 2
Planification opérationnelle de la logistique

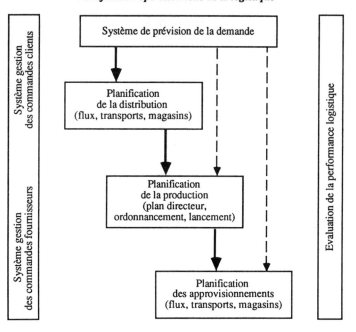

Confrontée à l'existence de systèmes d'informations lui préexistant, la logistique s'efforce de les adapter et de les compléter. Elle met ainsi en place des codifications attachées à chaque entité matérielle transitant en tout point de la chaîne logistique. Elle développe en parallèle des systèmes de saisie qui permettent de connaître à tout moment la position de n'importe quelle unité de matière.

2. La performance logistique

Cette section analyse les trois composantes, coûts, niveau de service et productivité, qui permettent de qualifier la performance logistique.

2.1. Une approche intégrée des critères de performance

Les systèmes classiques de gestion ont tendance à générer des critères d'évaluation des performances qui s'adaptent médiocrement à la démarche logistique.

Les notions de productivité, de minimisation des coûts ou de niveau de service n'ont de sens que si elles sont abordées dans une vision collective et dépendante. Une évaluation unidimensionnelle conduirait à privilégier le niveau de service au détriment des coûts, la productivité au détriment du niveau de service... La diminution systématique des coûts pourrait ainsi entraîner à terme une détérioration inacceptable par le client du niveau de service (graphique 1).

Graphique 1
Recherche de l'optimum logistique par une approche conjointe coûts-niveau de service

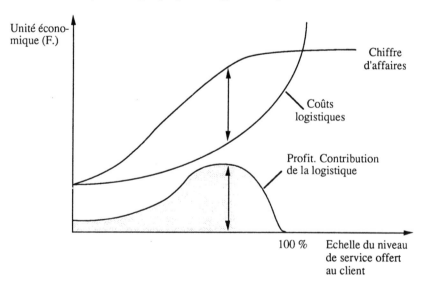

De même, une approche de la performance logistique par la seule notion de productivité est à relativiser. La maximisation de la productivité peut en effet engendrer des effets pervers si elle conduit à l'engorgement du système d'écoulement des flux physiques et si elle crée, par voie de conséquence, des stocks de produits semi-ouvrés.

La maîtrise de la performance logistique se base donc sur une approche conjointe des aspects : niveau de service, coûts et productivité. L'ensemble peut être consolidé dans une vision globale multi-critères concrétisée sous l'aspect d'un tableau de bord logistique.

2.2. Les coûts logistiques

2.2.1. La nature des coûts logistiques

Les systèmes classiques de contrôle de gestion ne permettent pas d'isoler facilement les coûts logistiques situés aux interfaces des processus ou répartis entre plusieurs fonctions. Les procédures opérationnelles étant spécifiques à chaque unité, les méthodes standard de gestion des coûts directs trouvent ici leur limite.

Si la maîtrise des coûts passe dans un premier temps par l'identification exacte des flux dans l'entreprise et donc des structures opérationnelles qui en assurent la conduite, elle doit, dans un second temps, se subordonner à l'obtention d'un niveau de service donné. Chaque étage de la chaîne logistique détient une partie du potentiel de satisfaction du client et représente donc un enjeu indirect important pour la vente ultérieure de nouveaux produits. A défaut de pouvoir s'appuyer sur l'évaluation de sources indirectes de revenus, générés par la logistique et difficilement quantifiable, les décisions prises sur la maîtrise des coûts doivent intégrer des indicateurs de niveaux de service offrant une visibilité suffisante sur les profits réalisés par les activités logistiques.

2.2.2. Le montant des coûts logistiques

S'il est possible, dans le cadre d'une approche en coût complet du cycle de vie d'un produit, de cerner les coûts de soutien, la connaissance des coûts logistiques est en général imparfaite. Elle porte aujourd'hui essentiellement sur les coûts de distribution physique dont la structure et le niveau sont plus faciles à définir (graphique 2).

Ces coûts de distribution physique se répartissent essentiellement entre trois postes :
– le coût physique des stocks et du traitement des commandes (environ 30 % des coûts logistiques d'une entreprise),
– les coûts d'entreposage (environ 25 %),
– les coûts de transport (environ 45 %).

Le niveau varie d'un secteur d'activité à l'autre et s'élève en moyenne de 13,6 % du chiffre d'affaires pour les sociétés industrielles à 25,6 % pour les sociétés commerciales.

Graphique 2
Evolution du coût total de distribution physique en fonction du nombre de magasins

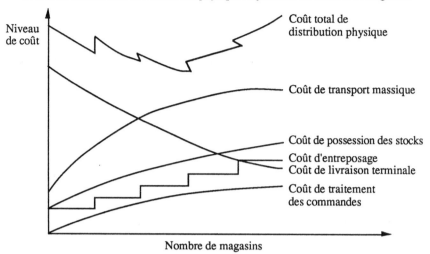

Niveau de coût

Coût total de distribution physique

Coût de transport massique

Coût de possession des stocks
Coût d'entreposage
Coût de livraison terminale
Coût de traitement des commandes

Nombre de magasins

Source : M. Christopher, *The Strategy of Distribution Management*, Brookfield, Grower Publishing Company, 1986.

2.3. Le niveau de service

2.3.1. L'offre globale produit-service

Le client, loin de se satisfaire de l'offre du seul produit tangible, souhaite se voir proposer une offre globale associant au produit un ensemble de services. L'attente face à ces services est non seulement de permettre une mise à disposition en temps et en quantité voulue des produits, mais également d'en offrir l'éventuel maintien en condition d'utilisation. Le consommateur est ainsi plus fréquemment à la recherche d'une fonctionnalité que du produit physique *stricto sensu*. Dans le cas du produit automobile, le client acquiert plutôt « des kilomètres à parcourir » qu'une voiture en tant que telle.

Pour répondre à ces nouvelles exigences, l'entreprise industrielle doit développer une offre globale visant à associer autour du produit les services nécessaires à la maximisation de la satisfaction du client. Dans certains secteurs industriels (informatique...), les services offerts en complément du produit tangible représentent entre 20 et 30 % du chiffre d'affaires.

La logistique joue dans la réalisation de cette offre un rôle prépondérant et influence très directement le niveau de qualité[1]. Par la maîtrise des réseaux d'écoulement de matières et d'informations, elle joue, d'une part, sur la régularité, la fiabilité, la rapidité de mise à disposition des produits et, d'autre part, sur leur disponibilité et leur maintien en condition d'utilisation chez le client.

---

1. Voir également dans cette Encyclopédie l'article de E. Collignon, « Qualité ».

2.3.2. *La qualité du service*

Les prix des produits ne représentent pas le facteur déterminant dans l'acte d'achat. Dans de nombreux cas, la qualité des prestations logistiques confère au produit son degré d'attractivité.

Les conséquences du niveau de service proposé peuvent jouer à trois niveaux sur la rentabilité de l'entreprise :
– la différenciation de l'offre par les services,
– la conquête de nouveaux clients et l'augmentation des parts de marché,
– la fidélisation des anciens clients.

Inversement, la mauvaise qualité des prestations offertes en complément du produit peut engendrer des conséquences négatives sur le niveau de profit (tableau 4).

3. La mise en œuvre de la fonction logistique dans l'entreprise

La fonction logistique, dans son développement, passe par trois phases bien déterminées :
– une logistique opérationnelle décentralisée,
– une logistique centralisée,
– un audit logistique centralisé permanent.

Tableau 4
Les coûts de non-qualité du service

	Bonne qualité	Mauvaise qualité
• Coût de prévention : (ex. : formation des transporteurs - procédures de livraison - standards)	100	400
• Coûts de défaillance interne (refaire deux fois la même chose)	100	50
• Coût de défaillance externe (• Report d'une vente • Perte d'opportunité • Perte de clients)	1 200	200
Coût total de la qualité	1 400	650
Gain dû au zéro défaut		750

Source : J. Horovitz.

3.1. *Une logistique opérationnelle décentralisée*

Au cours de cette première étape, les activités logistiques sont réparties entre différents secteurs opérationnels qui, s'ils s'efforcent chacun d'optimiser le segment du processus logistique sur lequel ils interviennent, n'en ont pas moins des difficultés à rendre ces segments cohérents entre eux. Les conflits qui en résultent ne trouvent pas d'arbitrage. Ils conduisent à l'établissement d'une logistique centralisée.

3.2. Une logistique centralisée

Elle a pour rôle de mettre en place une réflexion stratégique et d'autre part un système de planification des opérations logistiques, de manière à recomposer le processus logistique dans sa version d'organisation optimale. Nécessitant au préalable la décomposition et l'analyse des séquences logistiques, l'ensemble des activités de logistique opérationnelle sont, pour ce faire, regroupées au sein de cette direction centralisée.

Afin de pouvoir réorganiser l'ensemble des secteurs de l'entreprise, la direction logistique est généralement rattachée à la direction générale.

Elle devra porter un effort tout particulier sur « l'éducation logistique » de l'ensemble des parties prenantes au processus et donc sur leur formation.

3.3. Un audit logistique permanent

Lorsqu'un certain stade de maturité logistique est atteint dans l'ensemble de l'entreprise, les responsabilités opérationnelles logistiques sont séparées des responsabilités fonctionnelles. Les premières sont alors décentralisées dans chaque service concerné. Quant aux secondes, elles sont concentrées entre les mains d'une équipe d'audit logistique dont la mission est de nourrir des réflexions à caractère stratégique et de veiller au maintien de la cohérence établie dans les opérations logistiques.

*
* *

Enjeu essentiel de la compétitivité des entreprises, le développement de la logistique conduit à une meilleure maîtrise de la complexité des organisations. Elle permet ainsi de s'acheminer vers une vision de l'entreprise plus dynamique, en attendant de pouvoir l'analyser, grâce à son approche par les flux, comme une entité quasi « biologique ».

Références

Ballou R.H., *Basic Business Logistics,* New York, Prentice Hall, 1978.

Blanchard B.S., *Logistics Engineering and Management,* New York, Prentice Hall, 1978.

Christopher M., *The Strategy of Distribution Management,* Brookfield, Grower, 1985.

Dornier P.P., « Soutien après-vente et qualité-service », *L'entreprise logistique* (hiver 1986-1987) : 105-116.

Colin J., « Stratégies logistiques : analyse et évaluation des pratiques observées en France », Thèse de 3e cycle, Université d'Aix-Marseille II, 1981.

Hesket J.L., Irvie R.M., Glaskowsky N.A., *Business Logistics,* Ronald Press, 1973.

Mathe H., Tixier D., *La logistique,* Paris, PUF, « Que sais-je ? », 1987.

Tarondeau J.C., *Produits et technologies : choix politiques de l'entreprise industrielle,* Paris, Dalloz, 1982.

Tixier D., Mathé H., Colin J., *La logistique au service de l'entreprise,* Paris, Dunod, 1983.

Mots clés

Approvisionnement, après-vente, distribution physique, flux, gestion de production, intégration, logistique, qualité du service, service, soutien logistique.

79

Management de l'innovation technologique

Smaïl Aït-El-Hadj

Le management de l'innovation technologique constitue la première formalisation de la « fonction » technologique dans l'entreprise. Par cette intégration d'une dimension majeure de la vie économique, par sa préoccupation opératoire marquée, par son orientation initiale vers le mouvement, le paradigme de l'innovation a contribué à renouveler profondément les conceptions de la gestion de l'entreprise[1].

L'innovation technologique dans l'entreprise est devenue partie intégrante des sciences de gestion à partir du milieu des années 1970. La préoccupation technologique dominante de ce nouveau paradigme et sa liaison avec une situation de crise économique constitueront la première section de cette présentation, définissant ainsi le contexte.

Il s'agira, dans une deuxième section, de délimiter et reconnaître ce domaine, et de le situer dans la problématique de l'entreprise. L'innovation est ici présentée comme un processus dont on décrit les différentes étapes.

Le management de l'innovation technologique est un domaine mouvant, nous pensons même qu'il s'agit d'un domaine en voie d'éclatement au profit d'autres problématiques nées précisément des préoccupations qu'il a contribué à mettre à jour. La troisième section sera ainsi consacrée à dégager ces perspectives d'évolution.

Il y a quelque gageure à présenter un champ aussi immense dans un espace si limité : d'où cet angle d'approche par « thèses ». Pour ce qui est des méthodes, nous nous limitons à en présenter le contexte, l'utilité ou les finalités et les limites de validité ; nous renvoyons le lecteur aux références bibliographiques pour l'étude détaillée et opératoire des différents outils permettant de pratiquer effectivement l'innovation technologique.

1. L'innovation technologique : un « paradigme » issu de la crise

L'innovation technologique pose tout d'abord un problème de définition. Ce terme est souvent employé sans précision, soit en insistant sur son

---

1. Voir également dans cette Encyclopédie l'article de R. Le Duff et A. Maïsseu, « Le savoir ou la nouvelle révolution industrielle ».

aspect scientifique et technique et alors l'innovation n'est pas distinguée de l'invention, soit en le généralisant à partir de sa dimension de mouvement et alors l'innovation n'est pas distinguée de la notion de changement.

Ce problème de délimitation conceptuelle sera ici réglé d'une manière conventionnelle, mais généralement admise : l'innovation se distingue de l'invention par le fait que cette nouveauté scientifique ou technique a connu ou est en train de connaître une mise en valeur économique au sein de l'entreprise. L'innovation se distingue du simple changement par le fait que l'innovation s'appuie sur des dispositifs et des actions matérielles spécifiques d'ordre technologique au sens large.

1.1. Les origines : une préoccupation d'économiste dans une phase de crise

Le concept d'innovation technologique est apparu pour la première fois chez l'économiste J. Schumpeter dans les années 1930. L'innovation est à l'origine des fluctuations longues expliquant les grandes crises économiques. C'est donc un concept issu du champ de la science économique, destiné à rendre compte des phénomènes de discontinuité dans le mouvement du progrès technique. Le management de l'innovation est ainsi marqué de cette filiation à travers l'idée que la technologie est une composante majeure de la vie de l'entreprise, que son mouvement est marqué d'un foisonnement et d'une irrégularité qui requièrent une réponse spécifique.

Ce domaine de la gestion de l'entreprise garde encore des liens avec l'approche économique correspondante à travers les travaux sur la diffusion de l'innovation et sur les politiques d'innovation. Il s'en différencie par le caractère volontariste de l'approche d'entreprise, largement opératoire.

1.2. Le management de l'innovation technologique comme réponse à la turbulence technologique

La crise économique commencée au début des années 1970 possède les caractéristiques majeures d'une rupture technologique [1].

Cela signifie tout d'abord que les grands gisements technologiques (métallurgie-mécanique, chimie, électricité,...) sur lesquels s'apppuyait le mouvement économique depuis cent ans se sont épuisés. Plafonnement de la productivité, tarissement des flux de produits nouveaux, essoufflement des activités de recherche et développement (R & D) en furent les principales manifestations. Celles-ci entraînèrent une intensification de la concurrence et une érosion de beaucoup de positions parmi les plus solides. Les entreprises implantées dans ces secteurs durent renouveler leurs produits et leurs méthodes ou s'orienter délibérément vers de nouvelles activités.

Mais cette rupture signifiait aussi l'irruption de nouveaux domaines technologiques avec l'évolution rapide des technologies de l'information,

---

1. Sur ce point une des meilleures synthèses reste l'article : « Point de repères », dans « La révolution de l'intelligence, rapport sur l'état de la technique », N° spécial, *Sciences et Techniques* (1986) : 30, 45.

les matériaux nouveaux, les biotechnologies et la diversification énergétique. Cette rupture s'est manifestée en particulier par l'apparition et la croissance très rapide de nouvelles entreprises appuyées sur des produits de substitution qui bouleversaient les frontières sectorielles et les règles de la concurrence. L'occupation de nouveaux créneaux nécessite une grande souplesse d'évolution, car la technologie est émergente ; elle n'est donc pas encore stabilisée. De plus, l'ensemble des applications possibles à divers secteurs de la technologie émergente n'est pas prévisible *a priori ;* son investigation implique une écoute, des modes de gestion et d'exploration commerciale en rupture avec les règles traditionnelles.

La rupture technologique s'accompagne ainsi d'une période de turbulence caractérisée par la substitution rapide de produits et des modes de production, et par le déplacement des frontières des marchés. Les deux caractéristiques majeures de la compétition deviennent alors la technologie et la transformation des menaces qu'elle engendre en opportunités concurrentielles.

On comprend, dès lors, l'importance qu'a pu prendre dans cette période la gestion d'une variable technologique instable, la transformation par l'entreprise d'un mouvement technologique subi en une capacité d'initiative technologique, voulue et maîtrisée. C'est le sens profond de la construction du management de l'innovation technologique comme mode de gestion de l'entreprise.

Schéma 1
Du progrès technique linéaire à l'innovation rencontre

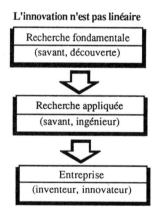

L'innovation n'est pas linéaire

Recherche fondamentale
(savant, découverte)

Recherche appliquée
(savant, ingénieur)

Entreprise
(inventeur, innovateur)

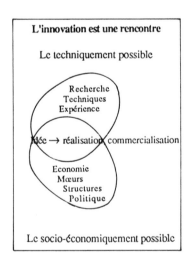

L'innovation est une rencontre

Le techniquement possible

Recherche
Techniques
Expérience

Idée → réalisation commercialisation

Economie
Mœurs
Structures
Politique

Le socio-économiquement possible

Ainsi, l'innovation s'appuie désormais sur une plus grande diversité de sources du changement technologique et a pour but d'accroître la capacité de réaction et d'adaptation de l'entreprise dans une période de turbulence technologique.

1.3. Une typologie de l'innovation technologique

Quelles formes peut prendre l'innovation technologique ? Ainsi se pose le problème d'une classification des innovations technologiques dans l'entreprise c'est-à-dire des différents lieux et des divers degrés que peut prendre l'innovation [1].

Il est habituel de distinguer l'innovation de produit de l'innovation de process, l'innovation de rupture de l'innovation d'adaptation, enfin l'innovation réactive de l'innovation proactive.

L'*innovation de produit* ou innovation externe permet à l'entreprise d'offrir de meilleurs produits que ceux présents sur le marché, car ils offrent plus de fonctionnalités ou remplissent ces fonctionnalités d'une manière plus efficiente en étant plus légers, moins encombrants, plus simples, etc. Il peut s'agir aussi de produits complètement nouveaux parce que différents dans leur concept même.

L'*innovation de process* ou innovation interne est destinée à améliorer les performances de rapidité, de souplesse et de qualité de l'entreprise. Elle s'appuie souvent sur une amélioration technique des processus matériels de production, soit par l'investissement, soit par le perfectionnement des

Graphique 1
La courbe du cycle de vie technologique

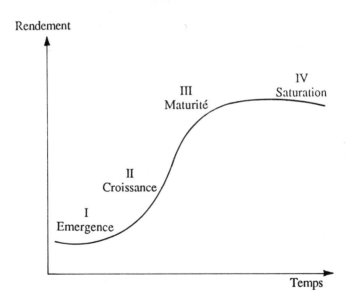

Commentaire : *La phase de saturation se manifeste par l'impossibilité d'obtenir des accroissements significatifs de rendement, sans accroissement plus que proportionnel des tailles ou de la complexité.*

---

1. P.Y. Barreyre, « Typologie des innovations », *Revue Française de Gestion* (janvier-février 1980) : 9-15.

matériels existants, soit par une capitalisation de l'expérience. Elle est inséparable des améliorations de nature immatérielle et humaine comme la simplification des procédures, l'approfondissement du savoir-faire...

La distinction entre l'*innovation de rupture* et l'*innovation d'adaptation* repose sur l'intensité technologique du changement introduit par l'innovation. Pour bien comprendre cette distinction il est nécessaire de faire référence au concept de « cycle de vie technologique » qui formalise le profil d'évolution de toute technologie. Selon cette conception, chaque technologie passerait par une phase expérimentale, puis de croissance forte, suivie de phases de maturité et de saturation[1].

C'est principalement dans cette dernière phase que se pose le problème de l'innovation : mobiliser des ressources pour essayer de déplacer la limite de la technologie considérée ou les affecter à créer une rupture en cherchant une nouvelle manière de remplir la fonction.

On distingue l'innovation *réactive* de l'innovation *proactive,* selon que l'entreprise lance une action d'innovation en réagissant à des menaces immédiates, ou qu'elle stimule l'innovation pour se donner une marge supérieure d'initiative. C'est surtout dans ce dernier cas que l'on constate la mise en place d'une politique d'innovation.

Les finalités de l'innovation sont de permettre à l'entreprise de :

– déjouer les menaces créées par la turbulence technologique et s'approprier toutes les opportunités qu'elle peut générer ;

– maximiser sa compétitivité et sa différenciation ainsi que sa souplesse d'adaptation, son « agilité ».

Le management de l'innovation est la technique du *surfing* sur la vague devenue tourbillonnante du changement technique.

2. Le management de l'innovation : un processus

On peut entendre le terme de management de l'innovation selon deux sens, qui représentent les deux niveaux selon lesquels les sciences de gestion traitent de la question du management. Il peut s'agir de la gestion au sens large, c'est-à-dire de l'ensemble des méthodes selon lesquelles une entreprise peut créer et maîtriser le processus d'innovation. Il peut s'agir aussi, dans un sens plus restrictif, de la gestion stratégique de l'innovation dans l'entreprise, comme une des dimensions de la politique technologique. C'est la première acception que nous choisissons en attendant d'aborder ultérieurement cette dimension de la gestion stratégique comme un sous-ensemble du management général de l'innovation.

Le management de l'innovation est un processus, qui a un début avec la génération des idées, qui a un ordre et un sens avec le filtrage et le choix des projets, qui a une durée avec la gestion du projet, qui pose aussi un problème de pérennité avec la question de la structure, des comportements et de la culture d'innovation.

---

1. R. Foster, *L'innovation, avantage à l'attaquant,* Paris, InterEditions, 1986.

2.1. La genèse de l'innovation

Poser le problème en ces termes est une manifestion de l'apport du paradigme de l'innovation, puisqu'il ne s'agit plus comme auparavant d'une simple question de programme de recherche.

2.1.1. La diversification des sources du progrès technologique

Le principal apport de la problématique de l'innovation est d'avoir diversifié les sources du changement technologique. Alors que dans les années 1960, seuls étaient pris en compte la recherche et le développement, la problématique de l'innovation féconde et valorise deux autres grands types de sources, l'écoute des besoins et des insatisfactions des usagers d'une part, l'expérience technologique de l'entreprise sur tous les plans d'autre part.

La mutation touche tout d'abord l'origine des changements technologiques. Ils ne sont plus forcément issus des seuls progrès de la science, fonction d'un service de recherche isolé. Ces changements technologiques sont le fait des groupes ou des individus travaillant dans les différents services de l'entreprise[1]. Cette démarche fait de l'innovation l'affaire de l'ensemble de l'entreprise.

Mais son apport fondamental est ailleurs : ne situant plus la source exclusive des innovations dans la recherche, cette approche permet à une multitude de petites et moyennes entreprises de se reconnaître capables d'initiatives dans ce domaine. De plus, elle leur fournit les méthodes adéquates pour y être créatives.

2.1.2. Une démarche de pensée et des méthodes

Le paradigme de l'innovation a engendré une culture qui s'appuie sur un mode de pensée particulier. Il a cassé la prééminence de la démarche linéaire-analytique de la découverte scientifique traditionnelle pour mettre à l'honneur les démarches d'écoute, d'intuition et d'association. Bissociation[2], pensée latérale, fertilisation croisée, démarches heuristiques sont les termes les plus souvent associés à ce qui est une manière d'être, parfois de certaines entreprises, toujours des personnalités créatives qui sont à l'origine des processus d'innovation. Cette approche a appris à les reconnaître et à les valoriser.

Cet état d'esprit a donné naissance à des méthodes de génération de l'idée qui constituent des sources actives de l'innovation. On en distingue généralement deux sortes :

– Les méthodes de *créativité,* dites aussi méthodes de *brain-storming,* font appel à la création libre et à l'absence de censure ou d'autocensure. Ces méthodes sont le plus souvent mises en œuvre au tout début d'un processus d'innovation.

---

1. Sur l'ensemble des sources internes et externes de l'innovation voir P. Drucker, « Vous voulez innover ? De la discipline ! », *Harvard-L'Expansion* (hiver 1985-86) : 20-27.
2. Terme dû à A. Koestler, qui désigne la capacité à mettre en contact d'une manière créative des plans qui habituellement sont considérés comme n'ayant pas de rapports entre eux. *Le cri d'Archimède,* Paris, Calmann-Lévy, 1965.

– Les méthodes d'*exploration systématique* consistent à décomposer une activité en ses éléments les plus simples pour détecter les redondances ou les possibilités de regroupement, ou à explorer les formes possibles d'un objet selon deux dimensions (exemples : les différentes consistances et différents goûts que peut prendre un produit alimentaire) pour examiner l'ensemble des croisements possibles par un processus matriciel. Il s'agit de l'*analyse morphologique* et des diverses formes de *matrices de découverte*. L'analyse de la valeur est incluse dans ces méthodes de génération de l'innovation. Ce second groupe de méthodes permet des innovations d'amélioration et d'extension, puisqu'il suppose un existant sur lequel s'appuyer.

2.2. La gestion du projet d'innovation : le cas du produit nouveau

Une fois les idées d'innovation mises en évidence, il s'agit de les filtrer pour retenir celles qui sont effectivement utiles et importantes pour l'entreprise, de les construire comme concepts et d'en organiser le développement[1].

Schéma 2
Les phases du processus d'innovation sur le cas du produit nouveau

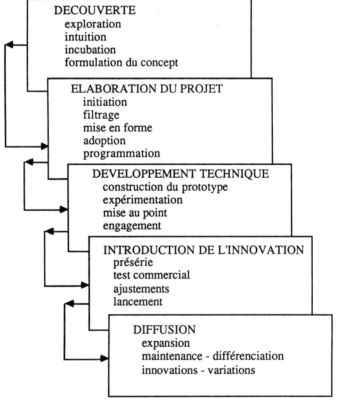

DECOUVERTE
exploration
intuition
incubation
formulation du concept

ELABORATION DU PROJET
initiation
filtrage
mise en forme
adoption
programmation

DEVELOPPEMENT TECHNIQUE
construction du prototype
expérimentation
mise au point
engagement

INTRODUCTION DE L'INNOVATION
présérie
test commercial
ajustements
lancement

DIFFUSION
expansion
maintenance - différenciation
innovations - variations

---

1. P.Y. Barreyre, ouvr. cité, 7- *Le pilotage du processus d'innovation*, pp. 117 à 140.

Le *filtrage* des idées fait appel à diverses méthodes de faisabilité et d'évaluation de nature multicritères et permet à l'entreprise de disposer d'un portefeuille de produits nouveaux.

La phase d'*élaboration et de lancement* qui consiste en la construction du concept, le développement du produit, son introduction sur le marché et sa diffusion, dépend d'un haut niveau de synergie entre la cellule d'innovation, les services marketing et ceux de la production. La réussite du projet d'innovation, à cette étape, repose sur l'implication des initiateurs, sur la finesse des informations quantitatives et qualitatives remontant du marché, en particulier en phase de test, sur la qualité des prototypes et des premières séries, et sur l'ouverture et la souplesse des services de production.

2.3. Le choix du projet d'innovation, une dimension stratégique

Le choix du projet d'innovation est conditionné par les options stratégiques de l'entreprise car le projet élaboré doit s'intégrer dans la ligne de développement général de l'entreprise. Ce choix peut entraîner, si ce n'est déjà fait, la définition d'une stratégie globale d'innovation.

Pour devenir un projet porteur de l'entreprise, l'innovation doit être passée au filtre du diagnostic stratégique, à deux niveaux :

• Le projet ou la stratégie d'innovation correspondent-ils à la vocation et aux métiers de l'entreprise ? Peuvent-ils les faire évoluer d'une manière harmonieuse ? L'innovation peut être passée au filtre d'un certain nombre de critères concernant :

– l'apport d'une différenciation et d'avantages compétitifs ;
– les questions de volume, de masse critique et d'économies d'échelle ;
– les synergies créées, sur le plan technologique, organisationnel ou commercial ;
– les niveaux de risque et de rentabilité escomptée ;
– l'influence de l'innovation sur la mobilité stratégique de l'entreprise.

Il reste une contradiction entre l'aspect intégrateur à long terme de la prévision stratégique et le caractère imprévisible de l'innovation, entre le besoin de prévision financière précise et le caractère aléatoire du processus d'innovation.

• Quels types de manœuvres stratégiques permet le projet ou la stratégie d'innovation ? On en distingue un certain nombre mis en évidence en particulier par I. Ansoff[1], concernant l'évolution de l'entreprise :

– stratégies d'expansion, d'élargissement de débouchés ou de gamme de produits ;
– stratégies de diversification ou d'intégration ;
– stratégies de désengagement ou de recentrage ;
ou les diverses attitudes de l'entreprise par rapport au marché :

– l'attitude du pionnier, fondée sur des innovations très originales ou de rupture, elle n'est que rarement à la portée des PME ;

---

1. *Stratégie de développement de l'entreprise,* Paris, Hommes et Techniques, 1971.

– l'attitude du suivi du leader ; elle permet une entrée plus judicieuse et moins risquée sur le marché en ayant laissé le pionnier « essuyer les plâtres » ;

– l'attitude de l'occupation des créneaux, centrée sur des innovations d'adaptation ; elle consiste à adapter un produit éprouvé pour des segments de clientèle spécifiques ;

– l'attitude *me too* ; celle qui consiste à apporter une innovation de coût, de fonctionnalité ou même de distribution à un produit mature.

Cette grille très globale des choix stratégiques, qui est issue de la doctrine stratégique classique, est affinée avec des approches spécifiques à la politique technologique que nous verrons dans la troisième section.

2.4. La pérennité de l'activité innovative

La génération d'idées d'innovation, la gestion du projet et son intégration à la politique générale de l'entreprise sont des problèmes permanents du management de l'innovation. Une question d'un autre ordre ne peut manquer d'être posée : quelles sont les structures d'organisation susceptibles de générer et d'entretenir un courant permanent d'innovation ?

Les principales caractéristiques dégagées des structures innovantes sont les suivantes :

– le projet doit être porté par une personnalité impliquée, créative et douée de grandes capacités d'animation ;

– il doit être confié à un groupe qui suscite l'adhésion forte de ses membres ;

– il doit se situer dans un contexte où les procédures sont peu formelles et où la circulation de l'information entre les personnes et les services est rapide ;

– l'unité chargée du projet doit avoir la plus grande proximité possible du marché.

Ces caractéristiques de structure et de comportement ont été longtemps attribuées exclusivement à la PME qui est apparue alors comme l'archétype de la structure innovante, ceci en opposition à la grande entreprise, réputée formelle et bureaucratique au point d'étouffer toute initiative. Mais on s'est aperçu que, sous réserve de respecter certaines conditions, ce modèle de la petite structure opérationnelle était transposable dans les grandes entreprises. Ces conditions organisationnelles de l'innovation dans les grandes entreprises [1] ont particulièrement mobilisé les auteurs américains sur le thème de l'« intrapreneurship ». Ils y développent les notions de *task-force,* de lignes, de groupes projets, qui possèdent les caractéristiques générales de structures souples et ouvertes, animées par des personnalités créatives dans une ambiance de liberté.

---

1. J.B. Quinn, « Gérer l'innovation, c'est ordonner le chaos », *Harvard-L'Expansion* (n° 39, hiver 1985-86) : 55-68.

La question de la permanence de l'innovation dans l'entreprise, et pas simplement dans les grandes, pose un problème général aigu : celui de l'entretien d'un flux de nouveautés à l'intérieur d'entreprises pérennes et complexes qui s'organisent naturellement autour de critères généraux, de procédures contraignantes et de normes de comportement conformistes. Archimède peut-il vivre durablement avec Parkinson ?

3. Un domaine en voie d'éclatement

L'émergence et l'affirmation du management de l'innovation technologique ont été, en leur temps, le signe de la prise en compte dans l'entreprise de la technologie comme facteur instable de mouvement. Le management de l'innovation technologique constitue ainsi un corps de méthodes et d'outils destiné à permettre à l'entreprise de se positionner positivement dans la turbulence technologique manifeste à partir des années 1970.

C'est le signe même de son succès que ce domaine soit aujourd'hui en voie d'éclatement. Le management de l'innovation connaît actuellement une dilution de ses limites et une fragmentation de son objet au profit de trois approches principales.

3.1. L'intégration de la technologie dans la stratégie de l'entreprise

La réflexion sur la dimension technologique de l'innovation a conduit à élargir la conception du rôle de la technologie dans l'entreprise, à la considérer comme une fonction majeure de la vie de l'entreprise, comme une variable stratégique dont on admet qu'elle a une action importante sur[1] :
– l'activité et le marché, au sens où l'apparition de produits, procédés, matériaux et composants nouveaux engendre l'apparition de concurrents nouveaux, ou condamne à l'obsolescence des pans entiers d'activité ;
– les variables de segmentation stratégique, de différenciation et de positionnement concurrentiel ;
– la validité de l'effet d'expérience conditionnée par la stabilité du contexte technologique.

Les effets stratégiques de la technologie

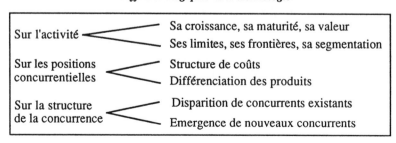

Sur l'activité — Sa croissance, sa maturité, sa valeur / Ses limites, ses frontières, sa segmentation

Sur les positions concurrentielles — Structure de coûts / Différenciation des produits

Sur la structure de la concurrence — Disparition de concurrents existants / Emergence de nouveaux concurrents

---

1. P. Dussauge, B. Ramanantsoa, « Technologies et stratégies », *Harvard-L'Expansion* (été 1986) : 62-81.

Ces développements systématisent à la gestion permanente des entreprises, des conceptions auparavant limitées à la situation d'innovation technologique.

3.1.1. Les premières tentatives

Cette intégration de la technologie comme variable stratégique a donné lieu à la conception de méthodes spécifiques d'analyse stratégique. D'eux d'entre elles – la méthode SRI (Stanford Research Institute) et surtout celle d'Arthur D. Little – ont intégré la technologie comme variable de gestion du portefeuille d'activité et des positionnements stratégiques qui en découlent. De telles approches ont conduit à l'élaboration de matrices spécifiquement technologiques de détermination d'un positionnement stratégique construites sur des critères tels que les *potentiels de différenciation de la technologie* et le *degré de maîtrise des technologies*.

Schéma 3[1]

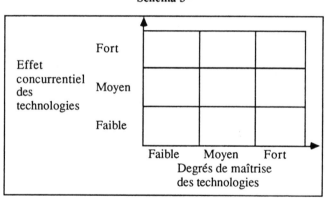

De plus, les méthodes d'Arthur D. Little et de McKinsey introduisent une variable de différenciation de la technologie selon son degré de maturité, à travers le concept de *cycle de vie de la technologie*. Cette dimension supplémentaire permet d'affiner la stratégie de l'entreprise sur les points suivants :

– Les apports de différenciation et les risques sont variables selon les degrés de maturité des technologies. C'est un critère pour optimiser le portefeuille de technologies de l'entreprise.

– Le degré de maturité de la technologie principale détermine un degré de maturité du secteur qui engendre des politiques technologiques différentes.

---

1. Voir : « Un apport récent : la gestion stratégique de la technologie » dans E. Ader, « L'analyse stratégique moderne et ses outils », *Futuribles* (n° 70, décembre 1983) : 16-21.

L'analyse de la situation de limite technologique, développée par R. Foster du cabinet McKinsey (voir références bibliographiques), est une des utilisations les plus dynamiques de l'approche du cycle de vie. Elle s'attache à étudier les situations où l'entreprise a beaucoup de difficultés à améliorer les performances de sa technologie (se reporter au graphique 1). La formalisation de ces situations sur les courbes en S (partie haute de la courbe), peut permettre à l'entreprise d'opérer les ruptures nécessaires avant la concurrence en investissant sur un nouveau gisement technologique.

Graphique 2
*Les critères de l'investissement technologique
en fonction de la maturité de la technologie*

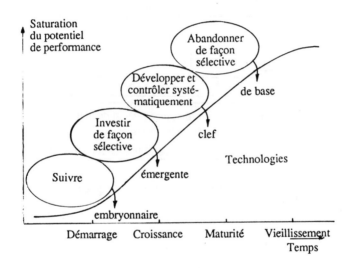

Source : Arthur D. Little.

Ainsi, l'étude systématique de la variable technologique dans l'entreprise a permis de développer des instruments d'analyse universels et incomparablement plus puissants que ceux que l'on rencontrait dans l'approche théorique de l'innovation. De plus, la politique d'innovation ne devient plus ici qu'une des réponses possibles de l'entreprise dans certaines situations particulières de maturité du secteur, de degré d'occupation du marché et de maîtrise technologique [1].

---

1. Un article synthétise l'ensemble de ces nouvelles tendances : M. Horwitch, « Les nouvelles stratégies technologiques des entreprises », *Revue Française de Gestion* (mars-mai 1986) : 157-174.

Schéma 4

L'innovation n'est qu'une des modalités de la stratégie technologique

Industrie en démarrage / en début de croissance
Position technologique

	Fort	Favorable	Défendable
Fort	Innovateur	Innovateur	Suiveur
Favorable	Innovateur	Suiveur / Créneau	Acquisition
Défendable	Créneau	Joint-venture	Rationali-sation

(Position concurrentielle)

Selon Arthur D. Little

Industrie en fin de croissance / début de maturité
Position technologique

	Fort	Favorable	Défendable
Fort	Innovateur	Suiveur	Acquisition
Favorable	Créneau	?	Réalisation
Défendable	Joint-Venture	Réalisation	Liquidation

(Position concurrentielle)

3.1.2. La méthode des « grappes technologiques »

Enfin la technologie peut devenir le cœur de la réflexion stratégique avec la méthode des *grappes technologiques* (voir bibliographie, GEST), méthode d'origine japonaise et connue sous le nom de méthode des « bonzaï ».

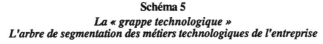

Schéma 5
La « grappe technologique »
L'arbre de segmentation des métiers technologiques de l'entreprise

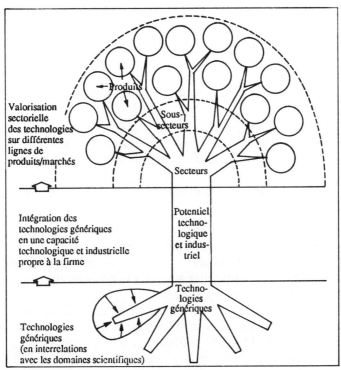

L'idée principale consiste à considérer l'ensemble des « métiers » technologiques de l'entreprise comme un vecteur dynamique de réorientation stratégique. Elle organise une segmentation du potentiel technologique de l'entreprise depuis les technologies génériques (les racines), ensemble de savoirs techniques proches de la science, jusqu'aux technologies d'application et technologies sectorielles (les branches), comparables aux « segments produits-marchés » de la stratégie traditionnelle. Une telle méthode permet à l'entreprise de visualiser clairement l'ensemble de son aire technologique maîtrisée et d'identifier son « cœur de savoir technologique ». Un tel instrument permet de construire des manœuvres stratégiques plus puissantes que celles qu'aurait permis une diversification à partir seulement des segments produits-marchés.

3.2. *Le management des ressources technologiques*

La problématique de la gestion de l'innovation technologique tend à s'élargir à une approche de gestion permanente du *patrimoine technologique de l'entreprise,* au *management des ressources technologiques*, comme l'appelle J. Morin.

Cette gestion peut être assurée en cherchant, en permanence dans l'entreprise, la réalisation de six fonctions. Les trois fonctions actives visent à :
– *optimiser* le patrimoine technologique, en veillant à ce que toutes les ressources technologiques soient utilisées au mieux ;
– l'*enrichir,* en le faisant fructifier et en le rendant actif ;
– le *sauvegarder,* en le préservant des menaces par une politique de protection.

Ces fonctions sont soutenues par trois fonctions d'appui, une fonction d'*inventaire,* une fonction d'*évaluation* et enfin une fonction de *surveillance,* centrée en particulier sur la veille technologique. La technologie n'est plus une source ponctuelle d'opportunités, telle que la formalisait le management de l'innovation technologique, mais une des composantes de la substance même de l'entreprise, à valoriser en permanence.

3.3. *La gestion des structures évolutives et la dynamisation de la gestion industrielle*

Nous avons vu qu'un des domaines du management de l'innovation technologique est la gestion des structures innovantes. Celui-ci a fait l'objet de développements féconds avec son élargissement systématique aux grandes entreprises, en particulier à travers la problématique de l'*intraprise* (voir bibliographie : les intrapreneurs).

Cette question de la mise en place de structures innovantes jouxte aussi un domaine connexe qui a connu récemment un fort développement : la *gestion de la qualité*[1]. Liée aux nouveaux modes de concurrence engendrés par la turbulence technologique, déplaçant les critères de performances de l'entreprise, cette nouvelle problématique de la qualité apparaît comme une des transmutations de la gestion des structures innovantes.

Il faut enfin mentionner la *dynamisation de la gestion industrielle.* La question de l'amélioration des structures et des méthodes de production a été posée par la problématique de l'innovation de process. Cette réflexion a régénéré la conception classique de la gestion de production limitée à un objectif d'optimisation de l'existant. Cette dernière est maintenant remplacée par la conception élargie de la « gestion industrielle », intégrant production, politique de produit et choix de process, gestion de production et logistique. De plus, l'ensemble de ces domaines est aujourd'hui regardé comme une arme active de compétitivité, souvent centrée sur la recherche de flexibilité (voir bibliographie : J.C. Tarondeau). Cette nouvelle dimension dynamique de la gestion productive n'est pas indépendante des avancées de la productique, de la construction d'une approche intégrée des systèmes d'information et des exigences de la qualité.

*
* *

---

1. Voir dans cette Encyclopédie l'article de E. Collignon, « Qualité ».

Que reste-t-il aujourd'hui du management de l'innovation technologique ? Il reste tout d'abord une démarche de pensée et un mode d'animation de la découverte dans l'entreprise. Le mode de pensée concerne l'ensemble des approches dites bissociatives, d'association libre, de fertilisation croisée et de pensée latérale. Cette conception mentale a contribué à valoriser la diversité des sources du progrès technique dans l'entreprise. Le mode d'animation de la découverte, qui y est d'ailleurs lié, s'organise autour de la valorisation des processus informels, des groupes de projets et des personnalités créatives. Il s'agit là du cœur persistant du « paradigme de l'innovation ».

L'innovation s'est transformée aussi en critère d'appréciation synthétique de la qualité d'une entreprise, d'un projet et d'une organisation. Appréciation d'une qualité ponctuelle lorsqu'une entreprise, un projet sont qualifiés d'*innovants*. Appréciation d'une qualité permanente lorsque l'on cherche à mettre en place des structures *innovatives*, souvent fondées sur des personnels et des comportements *innovateurs*.

Ainsi le dépérissement du management de l'innovation technologique et le fait que ce domaine se « vide » quelque peu de son contenu ne sont nullement le signe d'une mort ou d'une perte d'objet. Ils sont bien au contraire le signe d'une vitalité qui a permis à toute une série de domaines (stratégie technologique, management des ressources technologiques...) de se créer, de se développer et de s'autonomiser. Ceux-ci ont repris, construit et rationalisé des préoccupations, problèmes et approches que le management de l'innovation technologique avait initiés. Ce dernier a été ainsi le catalyseur d'une nouvelle approche multidisciplinaire du changement technologique dans l'entreprise. Mais n'est-ce pas le propre d'une démarche d'innovation de créer des domaines nouveaux et de permettre leur autonomisation ? La démarche même de l'innovation aurait ainsi suscité au sein de son propre domaine l'attitude évolutive qu'elle suggère dans son propos.

Références

Barreyre P.Y., *Stratégie d'innovation dans les moyennes et petites industries,* Paris, Hommes et Techniques, 1975.

Burgelman R., Sayles L., *Les intrapreneurs,* Paris, McGraw-Hill, 1987.

Choffray J.M., Dorey F., *Développement et gestion des produits nouveaux,* Paris, McGraw-Hill, 1983.

Foster R., *L'innovation, avantage à l'attaquant,* Paris, InterEditions, 1986.

GEST, *Grappes technologiques. Les nouvelles stratégies d'entreprise,* Paris, McGraw-Hill, 1986.

Libmann F., *Méthodes pour innover et se diversifier,* Paris, Les Editions d'Organisation, 1980.

Mahieux F., *La prévision de l'innovation dans l'entreprise,* Genève, Librairie Droz, 1975.

Morin J., *L'excellence technologique,* Paris, Publi-Union - Jean Picollec, 1985.

Tarondeau J.C., *Produits et technologies, choix politiques de l'entreprise industrielle,* Paris, Dalloz, 1982.

Mots clés

Crise, cycle de vie technologique, gestion industrielle, grappes technologiques, intrapeneurship, management des ressources technologiques, méthodes heuristiques, produit nouveau, qualité, rupture technologique, sources des innovations, stratégie d'innovation, turbulence technologique, typologie de l'innovation.

80

Marché des changes interbancaire

Yves Simon

Le marché des changes assure la confrontation des offres et des demandes de devises et révèle leurs cours en terme de monnaie nationale. Les monnaies étrangères sont échangées contre la monnaie nationale sur toutes les places financières du monde. Le marché des changes n'est pas limité géographiquement : le marché du franc français couvre non seulement les transactions en devises à Paris, mais également celles effectuées en franc contre les monnaies locales à New York, Zurich, Londres, Singapour, etc. Comme le dit C.P. Kindleberger, « les marchés des changes actuels suivent le trajet du soleil autour du globe par l'intermédiaire des satellites de télécommunications ».

1. Les participants au marché des changes

Le marché des changes est réservé aux banques et autres institutions financières. Ces opérateurs interviennent pour leur propre compte ou celui de leur clientèle, peuvent traiter directement entre eux ou passer par l'intermédiaire de courtiers.

1.1. Les banques et autres institutions financières

Les banques, les autres institutions financières et les filiales financières des grands groupes industriels prennent en charge les opérations de change pour leur propre compte ou celui de leurs clients. Pour faciliter leurs opérations, les banques ont des dépôts auprès d'institutions financières étrangères faisant office de correspondants.

Les banques sont les opérateurs les plus importants sur le marché des changes, mais les filiales financières ou bancaires des groupes industriels y jouent un rôle croissant. Les cas français les plus connus sont ceux de Renault, Thomson, Rhône-Poulenc, Saint-Gobain, la Compagnie française des pétroles et Roussel-Uclaf.

En France, tous les intermédiaires agréés sont habilités à traiter de façon habituelle des opérations de change. En pratique, peu de banques interviennent en permanence sur le marché. Parmi les banques françaises les plus importantes, on peut citer la Société Générale, le Crédit Lyonnais, la

Banque Nationale de Paris, Paribas, Indosuez, la Banque française pour le commerce extérieur. Ces banques opèrent par l'intermédiaire de spécialistes appelés cambistes.

Les banques, en théorie, ont pour politique de ne pas spéculer. En réalité, il arrive que certaines d'entre elles soient en position de change. Il se peut également qu'elles n'aient pas de position nette, mais une position relative. Elles ont alors autant d'avoirs que de dettes, mais les échéances des premiers diffèrent de celles des secondes.

L'importance de la spéculation induite par les banques est faible, comparée à celle qui est générée par la clientèle privée. Les banques ne refusent pas la spéculation de leurs clients, car ces opérations leur rapportent des commissions. Il leur est par ailleurs difficile de s'opposer aux désirs d'une clientèle qui passerait immédiatement à la concurrence si elle ne trouvait pas les services qu'elle exige.

Les banques centrales interviennent également sur le marché des changes. En opérant sur ce marché, la Banque de France remplit deux fonctions. Elle exécute, d'une part, les ordres de sa clientèle : administrations, banques centrales étrangères et organismes internationaux. Elle intervient, d'autre part, pour le compte du fonds de stabilisation des changes.

Les interventions des banques centrales sur le marché des changes visent à régulariser l'évolution du cours des devises. Elles font pourtant l'objet de vives controverses. Certaines banques centrales refusent d'intervenir, car elles estiment que ces achats et ventes déstabilisent le marché des changes. Cette position était celle que les autorités monétaires américaines ont suivie jusqu'en septembre 1985. Elle s'est sensiblement modifiée depuis la réunion à Washington, le 22 septembre 1985, des ministres des Finances des Etats-Unis, du Japon, du Royaume-Uni, de la République fédérale d'Allemagne et de France. Poussées par la nécessité de réduire le déséquilibre croissant de leur balance commerciale, les autorités monétaires américaines ont accepté d'intervenir sur le marché des changes pour faire baisser le dollar par rapport à l'ensemble des autres devises. Les banques centrales européennes se montrent moins hostiles à l'égard de ces interventions. Elles y recourent lorsque des turbulences et des incertitudes conduisent à des fluctuations erratiques des taux de change qui ne trouvent aucune justification économique.

Pour qu'elles soient couronnées de succès, les interventions des banques centrales doivent être massives et se produire à des moments opportuns. Ce fut le cas le 21 septembre 1984[1] et le 27 février 1985. Près de deux milliards de dollars furent, par exemple, vendus le 27 février 1985 par les banques centrales sur le marché des changes (la Bundesbank pour les deux tiers, les banques centrales de Grande-Bretagne, de France, d'Italie, des Pays-Bas, de Belgique et du Japon, pour le reste). Les conditions de l'intervention étaient propices, car le marché des changes était très étroit et le

---

1. Le succès est tout relatif, dans la mesure où la chute du dollar enregistrée le 21 septembre n'a pas empêché la devise américaine d'atteindre plus de 10,60 F le 26 février 1985.

cours du dollar avait déjà fléchi la veille, à la suite d'une déclaration du président de la Réserve fédérale devant une sous-commission du Sénat américain s'inquiétant de la hausse de la devise américaine.

1.2. La clientèle privée

N'intervenant pas directement sur le marché des changes, la clientèle privée passe par l'intermédiaire des banques. Elle regroupe trois catégories d'opérateurs : les entreprises industrielles et commerciales, les institutions financières ne participant pas directement au marché et les particuliers.

1.3. Les courtiers

Bien qu'il ne soit pas indispensable de passer par leurs services, les courtiers jouent un rôle essentiel sur le marché des changes en tant qu'informateurs et intermédiaires. Sans qu'eux-mêmes ou la banque soient obligés d'acheter ou de vendre des devises (ce qui n'est pas le cas lorsque les cambistes sont directement en rapport), ils informent les opérateurs des cours auxquels ils sont prêts à vendre ou acheter les différentes monnaies. Ils ont un rôle d'intermédiaire, dans la mesure où ils centralisent les ordres d'achat et de vente de plusieurs banques et qu'il est, en conséquence, plus facile pour un cambiste d'utiliser leurs services que de contacter plusieurs confrères susceptibles de vendre ou d'acheter la devise recherchée.

Leur rôle d'intermédiaire est plus général encore, car ils ne sont jamais obligés de dévoiler le nom des banquiers qu'ils mettent en rapport. Cette discrétion est un élément très appréciable pour les institutions financières qui ne veulent pas faire apparaître, à un moment donné, leur position acheteur ou vendeur dans telle ou telle devise.

La fonction d'un courtier consiste à améliorer l'efficacité et la fluidité du marché grâce à un contact permanent avec de nombreuses banques. La valeur d'un courtier s'apprécie à la qualité des liaisons qu'il entretient avec les institutions financières les plus actives sur le marché des changes.

Une maison de courtage est divisée en sections. Chacune d'elles travaille sur une devise ou un groupe de devises. A l'intérieur des sections, les courtiers se spécialisent dans les transactions sur le marché au comptant et les différentes échéances du marché à terme. Chaque courtier est de surcroît spécialisé sur certaines catégories de banques.

Les plus importantes maisons de courtage sont implantées à Londres, mais elles sont peu nombreuses. Il s'agit de maisons internationales disposant de nombreux bureaux ou filiales sur d'autres places financières. Elles peuvent compter plusieurs centaines de courtiers. A côté de ces grandes institutions, il existe des maisons plus modestes ou très spécialisées, qui ne regroupent que quelques courtiers. Les maisons de courtage ont contribué à l'essor du marché des changes en établissant, dès à la fin des années 1970, des liens directs avec les centres financiers non européens. Cette politique délibérée a eu pour conséquence d'accélérer l'intégration des différents marchés, ce qui, avec l'arrivée des banques étrangères, a permis l'essor du marché de New York.

2. Les actifs négociés sur le marché des changes

Le transfert télégraphique de dépôt bancaire est le principal actif utilisé dans les transactions sur le marché des changes. Le numéraire ne constitue qu'un élément accessoire.

2.1. Le transfert télégraphique de dépôt bancaire

Le transfert télégraphique de dépôt bancaire est un ordre envoyé par télex de débiter un compte libellé dans une devise A et de créditer simultanément un autre compte libellé en devise B. Les comptes débités et crédités peuvent appartenir à une même personne ou à deux opérateurs différents.

La rapidité d'exécution est le principal avantage du transfert télégraphique de dépôt bancaire. Un exemple permet d'illustrer ce qu'est le transfert de dépôt bancaire. Un exportateur français disposant d'un compte au Crédit Lyonnais à New York peut demander à cette banque de lui vendre par transfert télégraphique de dépôt bancaire USD 500 000 et de créditer simultanément son compte au Crédit Lyonnais de Paris. Il lui sera remis à Paris l'équivalent de USD 500 000 en francs français, au taux du marché, à la date de valeur de l'opération.

Le taux sur les transferts de dépôts bancaires est le taux directeur auquel est chevillé le taux de change portant sur le numéraire.

2.2. Le numéraire

Cet actif est peu utilisé, en comparaison des masses échangées par transfert de dépôt bancaire. La demande des touristes oblige cependant les banques à en détenir en permanence dans leurs caisses.

Toute personne entrant dans une banque pour acheter ou vendre des devises constate que les taux de change facturés sont très sensiblement différents des taux relatifs aux transferts de dépôts publiés dans la presse financière. Cet écart « représente principalement le coût en trésorerie de la détention de billets non productibles d'intérêt et les frais de transformation des instruments manuels de paiement en avoirs en compte (ou réciproquement), c'est-à-dire le transport et l'assurance des billets de banque étrangers vendus ou achetés contre crédit ou débit en compte [1] ».

2.3. Les principales devises négociées sur le marché des changes

Il existe une gradation dans l'importance des différentes devises utilisées sur le marché des changes.

---

1. Banque de France, *Le marché des changes de Paris : les opérations au comptant*, juillet 1983, p. 1.

Le dollar est la monnaie de référence. C'est en effet contre la devise américaine que s'effectue la plus grande partie des transactions sur toutes les places financières.

Depuis 1985, le yen et le deutsche mark ont acquis une véritable dimension internationale. Ces devises font l'objet d'une cotation contre le dollar sur pratiquement toutes les places financières internationales.

La livre sterling, le franc suisse, le florin et le franc français sont traités sur l'ensemble des places financières internationales, mais de façon plus ou moins continue.

Les autres devises convertibles ne sont cotées que lorsque la place financière émettrice est ouverte.

Les devises non convertibles ne font pas l'objet d'un véritable marché ; les cours sont déterminés par les pouvoirs publics ou par la banque centrale.

3. L'organisation et le fonctionnement du marché des changes au comptant

Sur le marché au comptant s'effectuent des achats et ventes de devises qui doivent être livrées au plus tard deux jours ouvrables après la date de conclusion du contrat.

3.1. La définition du taux de change au comptant

Si on considère deux monnaies A et B, le cours au comptant de la monnaie A exprime le nombre d'unités de la monnaie B qu'une unité de A peut acheter au comptant.

Les taux de change peuvent être cotés de deux manières différentes. Dans la première formulation, le taux de change est le prix d'une unité de devise étrangère en terme de monnaie nationale. Cette modalité de cotation dite « à l'incertain » est utilisée sur toutes les places financières du monde à l'exception de Londres. Dans la seconde formulation, dite cotation « au certain », le taux de change est le prix d'une unité de monnaie nationale en terme de monnaie étrangère. Ces deux formulations traduisent une même réalité et sont parfaitement symétriques : le produit de ces deux cotations pour une même devise à un instant donné est bien évidemment égal à 1.

Les cotations sur le marché au comptant sont faites sous la forme de deux prix : un cours acheteur et un cours vendeur. Le cours acheteur est le prix auquel la banque se propose d'acheter les devises ; le cours vendeur est le prix auquel la banque se propose de vendre les devises. La différence entre les deux cours représente la marge de la banque. Cet écart, qui varie légèrement d'un établissement à l'autre, s'explique par la plus ou moins grande agressivité commerciale de la banque et par sa position dans la devise considérée.

La fourchette entre le cours offert et le cours demandé est généralement très faible et inférieure à une « figure [1] ». Elle peut cependant s'accroître

---

1. La figure est un terme utilisé par les cambistes pour définir le deuxième chiffre après la virgule. Lorsque le taux de change passe de USD 1 = 10,25 FRF à USD 1 = 10,30 FRF, on dit qu'il a varié de cinq figures.

sensiblement lorsque les marchés deviennent nerveux et étroits. La fourchette peut alors atteindre une ou deux figures pour des devises comme le deutsche mark. Le 27 février 1985, lorsque le dollar a perdu en moins de deux heures 4 % de sa valeur contre les autres devises, certaines banques offraient à Paris une fourchette de dix figures pour la cotation du dollar en franc français [1].

Sur le marché des billets, les écarts entre les cours acheteur et vendeur appliqués aux particuliers sont très supérieurs à ceux du marché interbancaire. Ils peuvent être, par ailleurs, très différents d'une banque à l'autre à un même moment du temps.

3.2. Les caractéristiques du marché au comptant

Le marché des changes de Paris se tient tous les jours ouvrables par téléphone entre les établissements de la place, soit directement de banque à banque, soit par l'intermédiaire de courtiers. Les opérations se font avec les correspondants étrangers par téléphone ou télex. Le marché fonctionne en continu, ce qui veut dire qu'il est toujours possible pour un opérateur d'acheter ou de vendre des devises ou du franc pendant les heures d'ouverture du marché.

Le dollar occupe une place centrale, car cette devise sert de pivot à l'ensemble des transactions. Toutes les devises sont cotées contre le dollar, alors qu'elles ne sont pas nécessairement cotées entre elles, de sorte qu'un banquier vendant des lires pour acheter du franc belge doit nécessairement passer par le dollar. Il vend, dans l'exemple précis qui nous occupe, des lires contre le dollar et revend ces dollars pour obtenir des francs belges. Il est en effet pratiquement impossible de vendre directement des lires contre du franc, car il n'y a pas de marché direct entre ces deux devises. Cette procédure n'est pas spécifique aux monnaies retenues dans cet exemple. Elle est générale à l'ensemble des devises échangées.

Les transactions sur le marché des changes sont continues, mais il existe sur certaines places financières une procédure de *fixing*. Tel est le cas à Paris, où une séance de cotation de 30 minutes environ est organisée dans les locaux de la bourse des valeurs. Pendant cette séance, les cours des principales devises contre franc sont constatés par un représentant de la Chambre syndicale des agents de change de Paris. Ils sont ensuite publiés à la cote de la Compagnie des agents de change et au *Journal officiel*.

La détermination officielle des taux de change offre à la clientèle la certitude de ne pas être l'objet d'un traitement discriminatoire. Si la banque appliquait en effet à sa clientèle un taux supérieur dans le cas d'un achat de devises, ou un taux inférieur dans le cas d'une vente, l'entreprise pourrait objecter au cambiste qu'il lui était possible d'exécuter son ordre durant la séance officielle de cotation à des conditions plus satisfaisantes. Si une

---

1. Cela signifiait qu'à un instant donné une banque cotait la devise américaine USD 1 = 10,25 − 10,35 FRF. Cet écart était d'autant plus compréhensible… et justifié qu'en moins de deux heures le dollar a baissé de 40 centimes par rapport au franc.

banque ne respectait pas les taux officiels, sa clientèle la quitterait pour passer à la concurrence. Cette règle ne s'applique pas, bien évidemment, aux transactions effectuées après la cotation officielle.

De nombreuses places européennes et asiatiques – Paris, Francfort, Bruxelles, Amsterdam, Milan, Rome, Madrid, Tokyo – ont mis en place, sous une forme ou sous une autre, une séance durant laquelle les principales devises sont officiellement cotées, mais cette procédure n'est pas généralisée à l'ensemble des places financières. Les plus importantes d'entre elles, Londres, New York, Zurich, n'ont pas de cotation officielle des devises.

L'exécution des opérations de la clientèle diffère selon que les ordres sont « au mieux » ou à « cours limite ».

Les ordres au mieux reçus dans la matinée, avant la cotation officielle, sont généralement exécutés aux cours acheteur et vendeur déterminés par le *fixing*. Ceci n'implique pas que le cambiste les passera nécessairement lors de la séance de cotation. Il peut fort bien les exécuter avant, s'il pense obtenir des conditions plus avantageuses. Dans la mesure où ces ordres seront facturés aux cours acheteur et vendeur du *fixing,* le cambiste peut améliorer les résultats de la banque. Mais il peut les détériorer s'il se trompe dans ses anticipations.

Les clients effectuant des transactions importantes (supérieures à 500 000 dollars) peuvent toujours demander que leurs ordres soient exécutés aux cours prévalant sur le marché au moment précis où ils les passent.

Les ordres reçus après la cotation officielle sont obligatoirement exécutés aux cours du moment où ils sont exécutés. Ces derniers peuvent être sensiblement différents des cours officiels. Ces ordres peuvent être également reportés au lendemain.

Les transactions peuvent se faire à un cours limite. Dans ce cas, l'opérateur fixe un seuil au-delà ou en deçà duquel le cambiste ne doit pas aller. Quand la clientèle passe de tels ordres, les cours pris en compte sont les cours limites et non pas les cours acheteur et vendeur résultant du *fixing*.

Les devises qui jouent un rôle marginal dans le financement du commerce international ne sont pas cotées sur toutes les places financières. Elles font l'objet de transactions sur leur marché national et sur quelques places internationales entretenant des relations privilégiées avec le pays de la devise en question. Pour acheter ou vendre ces monnaies, les opérateurs s'adressent aux principales banques de la place financière nationale, ou aux établissements internationaux spécialisés dans leur cotation.

3.3. *Les opérations d'arbitrage sur le marché au comptant*

Quand une banque intervient sur le marché des changes pour le compte de sa clientèle, elle peut procéder à des achats et ventes directs de devises. Elle peut également passer par une devise tierce, dans la mesure où cet arbitrage lui donne la possibilité d'obtenir un profit supplémentaire. Un exemple permet d'illustrer cette opération triangulaire.

Une banque canadienne est chargée de vendre le 31 mars 1987 un million de francs français provenant d'exportations effectuées par une entreprise canadienne. Quand la banque reçoit l'ordre de vendre les francs, les taux sur le marché des changes sont les suivants :

1 CAD = 4,6055 FRF à Paris
USD 1 = 1,3045 CAD à New York
USD 1 = 6,0070 FRF à New York et Paris.

La première possibilité offerte à la banque est de vendre directement un million de francs. Elle obtient :

$$\frac{1\ 000\ 000}{4,6055} = 217\ 131,69\ \text{CAD}$$

La seconde solution est de passer par une devise tierce, en l'occurrence le dollar américain. Elle vend, dans ces conditions, un million de francs français contre dollars américains à New York et achète simultanément les dollars canadiens contre les dollars américains :

$$\frac{1\ 000\ 000}{6,0070} \times 1,3045 = 217\ 163,29\ \text{CAD}$$

Par rapport à la vente directe sur le marché des changes, le passage par une devise tierce dégage un profit de 31,6 dollars canadiens. De cette somme il faut déduire les frais de téléphone, de télex et les coûts administratifs. L'ensemble peut être estimé à 5 dollars canadiens. Au total, l'opérateur dégage un bénéfice net de 26,6 dollars canadiens.

La réalisation d'un arbitrage triangulaire exige une grande célérité, car les taux de change varient très rapidement et le cambiste risque de se faire « coller ». Si, en effet, pendant la première partie de l'arbitrage, la vente de francs français contre dollars américains, le taux de change dollar canadien/dollar américain se modifie et passe de 1,3045 à 1,3042, le résultat global de l'opérateur ressort à 217 113,35 dollars canadiens. Le cambiste ne peut plus solder son opération avec profit. Il reste collé avec du dollar américain. Deux solutions se présentent : soit il achète immédiatement des dollars canadiens, quitte à dégager une perte nette, soit il attend quelques minutes ou quelques heures en espérant une évolution favorable du taux de change dollar américain/dollar canadien..., mais en prenant, ce faisant, le risque d'accroître ses pertes au cas où l'évolution lui serait défavorable.

Dans l'exemple précédent, la banque était supposée recevoir un ordre de la clientèle. Il est évident que les cambistes effectuent ces arbitrages sur leur propre initiative et pour le compte de la banque, dès qu'ils décèlent la possibilité d'obtenir un gain. Ces opérations initiées par les cambistes constituent une partie significative des transactions du marché des changes. Elles dégagent des profits relativement faibles. Ils ne sont malgré tout pas négligeables, surtout lorsque les cambistes interviennent pour des sommes très importantes. Si au lieu d'opérer, en effet, sur un million de francs le cambiste travaillait avec dix millions, le solde de son opération ressortirait à 316 dollars auxquels il faudrait toujours enlever 5 dollars pour obtenir un profit net de 311 dollars canadiens.

Les opérations d'arbitrage direct et triangulaire ont tendance à régulariser les cours des changes, de sorte qu'il est aujourd'hui de plus en plus difficile pour les cambistes de réaliser des gains d'arbitrage.

Quand les différents taux de change sont en équilibre et quand les cambistes ne peuvent réaliser un gain d'arbitrage, il est possible de calculer le taux de change entre deux devises à partir des taux de ces deux devises exprimés dans une monnaie tierce. Un exemple permet de comprendre ce calcul des taux de change croisés.

Le 11 janvier 1983, le franc français valait à New York 0,1665 dollar américain et le dollar canadien se négociait sur la base de 0,7666 dollar américain. A partir de ces cours, il est possible de déterminer le taux du dollar canadien par rapport au franc en effectuant simplement le rapport des taux de change. Nous déterminons ainsi qu'un dollar canadien valait 4,6042 francs.

Les opérations sur le marché au comptant de Paris donnent lieu à une commission de change et à une commission de transfert auxquelles s'ajoutent des frais de dossier. Ces commissions et frais sont majorés de la taxe sur les activités financières au taux de 18,6 %, sauf la commission de change sur devises provenant de l'exportation.

4. L'organisation et le fonctionnement du marché des changes à terme

Sur le marché à terme, les opérateurs contractent des engagements d'achat et de vente de monnaie à un cours déterminé au moment du contrat, mais repoussent la livraison et le paiement à une date ultérieure fixée au moment de l'engagement.

4.1. La définition du taux de change à terme

Le taux de change à terme n'est jamais égal, sauf par hasard, au taux de change au comptant. Il lui est supérieur ou inférieur. Les taux à terme diffèrent suivant les échéances, mais ils ne sont pas rigoureusement proportionnels à la durée du terme. Des considérations techniques ou financières, et le fait que certaines échéances sont, à un moment donné, plus recherchées que d'autres, expliquent ces anomalies. Le taux à terme se définit de manière différente, selon que la cotation se fait à l'incertain ou au certain.

Dans le cadre d'une cotation à l'incertain, si on considère deux devises A et B, le cours à terme de A est en prime ou en report (*premium* en anglais) par rapport au cours au comptant quand il permet d'acheter davantage de monnaie B que le cours au comptant. De la même manière, le cours à terme de A est en perte ou en déport (*discount* en anglais) quand il permet d'acheter moins d'unités de la monnaie B. La devise est dite « au pair » quand le taux à terme est égal au taux au comptant.

Dans le cadre d'une cotation au certain, les résultats sont inversés : la plus-value d'une monnaie à terme est exprimée par un écart négatif et la moins-value par un écart positif.

Le report et le déport sont fréquemment exprimés en pourcentage annuel du taux au comptant. Si X_0 est le taux au comptant et X_t le taux à terme, le report ou le déport à t jours s'exprime :

$$\frac{X_t - X_0}{X_0} \times \frac{360 \times 100}{t}$$

Un report sur le dollar à Paris de 0,1900 pour un terme de trois mois, le cours au comptant du dollar étant 6,6550, s'exprime en pourcentage annuel de la manière suivante :

$$\frac{0,19}{6,6550} \times \frac{360 \times 100}{90} = 11,42\ \%$$

4.2. Les caractéristiques du marché à terme

Sur le marché des changes, les transactions se font pour des termes allant de 3 à 7 jours, 1, 2, 3, 6, 9, 12, 18 mois, et 2, 3, 5 ans.

Lors de la négociation d'une opération à terme, il est préférable de retenir l'une des échéances qui viennent d'être mentionnées. Les transactions peuvent néanmoins porter sur des échéances rompues ne correspondant pas précisément aux termes indiqués.

En principe, toutes les monnaies convertibles peuvent être négociées à terme.

– Pour des échéances comprises entre 3 jours et 6 mois, il est généralement possible d'obtenir des cours à terme pour toutes les monnaies utilisées dans les échanges internationaux.

– Entre 12 et 24 mois, il est quasiment impossible de traiter des devises de moindre importance comme le franc belge, la lire, la peseta espagnole, l'escudo portugais, le schilling autrichien et les devises scandinaves.

– Au-delà de 2 ans, seuls le dollar, le deutsche mark, le franc suisse, le yen et la livre sterling peuvent être négociés à terme.

Pour effectuer des opérations de change à terme, les banques exigent en général (sauf lorsqu'elles travaillent avec d'autres banques) un dépôt de garantie. Quand les fluctuations sont importantes, le banquier peut réclamer une garantie supplémentaire.

Les opérations à terme s'effectuent directement de banque à banque ou par l'intermédiaire de courtiers. Elles ne sont jamais cotées en bourse. Il n'existe donc pas de cours à terme officiel.

En période de stabilité, les opérations à terme sont moins importantes qu'au comptant et le marché est souvent à sens unique : les monnaies faibles sont peu demandées et les monnaies fortes sont peu offertes. Il est alors difficile de trouver une contrepartie.

Traditionnellement, les banques centrales ont pour politique de ne pas intervenir sur le marché à terme, même pour lutter contre la spéculation, car, en diminuant les reports et les déports, elles facilitent le jeu des spéculateurs en leur permettant d'opérer à des cours favorables.

5. Le développement du marché des changes

Depuis l'instauration des changes flottants, le marché des changes connaît un développement considérable. Les transactions atteignent des montants colossaux : plus de 200 milliards de dollars sont en moyenne échangés en une journée sur l'ensemble des places financières. Ce chiffre signifie qu'en deux semaines la valeur des transactions sur le marché des changes équivaut au commerce extérieur mondial d'une année. Avec de tels chiffres, il est compréhensible que la maîtrise des cours de change échappe aux autorités monétaires, car les réserves des banques centrales susceptibles d'être mobilisées sont largement insuffisantes pour espérer influencer durablement l'évolution des taux de change.

Les principaux marchés sont localisés dans trois zones géographiques différentes : l'Europe, l'Amérique du Nord et l'Extrême-Orient. En fait, les marchés de ces trois zones interagissent entre eux et sont étroitement interdépendants.

En Europe, le marché est actif à partir de 9 h-10 h et s'arrête de fonctionner vers 17 h. A Paris, il est ouvert entre 9 h 30 et 16 h 30. Quand le marché ferme en Europe, il démarre aux Etats-Unis. Lorsque le marché de la côte Ouest américaine s'arrête, les transactions débutent en Extrême-Orient où elles cessent quand elles commencent à Zurich, Paris et Londres. On comprend, dans ces conditions, que le marché soit continu et fonctionne 24 heures sur 24, successivement sur les différentes places financières, 5 jours sur 7. Pendant le week-end, les transactions sont ralenties ; seules les tables de change du monde arabe sont actives.

5.1. Les places financières européennes

Si les places européennes n'ont plus l'importance qu'elles avaient précédemment, elles demeurent de très grands centres pour le marché des changes. Les places les plus importantes sont celles de Londres, Francfort et Zurich[1]. Elles évoluent en étroite interdépendance et sont reliées à d'autres centres de moindre importance comme Amsterdam, Bruxelles, Copenhague, Dusseldorf, Genève, Hambourg, Luxembourg, Madrid, Milan, Oslo, Paris, Rome et Stockholm.

Malgré la concurrence croissante de New York et de Tokyo, Londres demeure, de très loin, le plus important marché des changes dans le monde, pour le volume des transactions et le nombre des participants. Toutes les devises convertibles sont activement négociées par la plus forte concentra-

---

1. Voir également dans cette Encyclopédie l'article de Y. Simon, « Place financière internationale ».

tion bancaire que l'on puisse imaginer. Ces transactions sont facilitées par la présence d'un marché des eurodevises très important.

En août 1986, la Banque d'Angleterre a publié les résultats de la première enquête générale entreprise sur l'activité du marché des changes de Londres. Cette enquête, réalisée entre le 3 et le 14 mars 1986 auprès de 347 banques et 8 courtiers de change, coïncidait avec deux études analogues conduites par la Réserve fédérale de New York et la banque centrale du Japon. L'enquête révèle que la moyenne quotidienne du volume des échanges réalisés sur le marché des changes londonien s'est élevée à 115 milliards de dollars au premier trimestre 1986. En excluant les doubles emplois dus aux transactions interbancaires, ce chiffre atteignait 90 milliards de dollars. Les transactions entre le dollar américain et la livre sterling représentaient 30 % du total, alors qu'elles en constituaient plus de la moitié cinq ans auparavant. Celles portant sur le dollar américain et le deutsche mark représentaient 28 % du total. Les transactions sur le marché au comptant représentaient 73 % de l'ensemble des échanges et celles dont le terme était inférieur à un an, 26 %.

Francfort est la principale place financière allemande, mais le marché des changes n'est pas concentré dans cette ville. Des transactions significatives ont lieu entre banques à Dusseldorf, Munich et Hambourg. Le marché de Francfort est dynamique et les transactions atteignent 20 milliards de dollars par jour, ce qui fait de cette place financière le principal marché des changes de l'Europe continentale. La banque centrale allemande est très présente sur le marché. Elle n'hésite pas à intervenir lors de la détermination du *fixing*. Les grandes banques allemandes et les filiales nationales des banques internationales sont très actives sur le marché des changes. Le marché du dollar-mark est le compartiment le plus actif. Les devises échangées sont moins nombreuses qu'à Londres, et les transactions impliquent très souvent le dollar ou le deutsche mark.

Zurich est, en importance, le troisième centre européen. A l'exemple de la République fédérale d'Allemagne, le marché suisse n'est pas concentré sur une seule place. Des échanges nourris se font à Bâle, Berne, Genève, Lausanne et Lugano. Le marché, très largement dominé par les trois grandes banques helvétiques, est étroitement contrôlé par la Banque nationale suisse. Le dollar et toutes les devises européennes sont négociés à Zurich.

5.2. *Les places financières de l'Amérique du Nord*

L'Amérique du Nord n'est devenue un centre significatif pour le marché des changes qu'au milieu de la décennie 1970 avec l'arrivée des banques étrangères à New York. Mais depuis cette époque, le développement est tout à fait impressionnant. Les statistiques publiées par la Banque fédérale de réserve de New York établissent que le volume des transactions a été multiplié par cinq entre avril 1977 et mars 1980. Depuis 1980, le développement ne s'est pas ralenti. La croissance est si spectaculaire que New York est aujourd'hui presque aussi important que Londres.

Tous les trois ans depuis 1977, la Banque fédérale de réserve de New York entreprend une enquête pour déteminer le volume des transactions sur le marché des changes de New York. La dernière enquête disponible a été réalisée en mars 1986 auprès d'un ensemble de banques, de firmes de courtage et d'institutions financières non bancaires.

Les déclarations des 123 institutions financières ayant participé à cette enquête révèlent que la moyenne des transactions quotidiennes s'est élevée à 63,1 milliards de dollars, ce qui représentait une hausse de 89 % par rapport à avril 1983. Après ajustement pour éviter les doubles emplois, le chiffre net est estimé à 50 milliards de dollars par jour, ce qui correspond à un accroissement de 92 % par rapport à avril 1983. Les échanges ont pratiquement doublé en trois ans. Cette étude indique qu'en 1986 comme en 1983 les trois principales devises négociées à New York étaient le deutsche mark, le yen et la livre sterling. Mais leur part de marché s'était sensiblement accrue, passant entre 1983 et 1986 de 32,5 % à 34,2 % pour le deutsche mark, de 22 % à 23 % pour le yen, et de 16,6 % à 18,6 % pour la livre sterling.

Si New York est le plus important centre nord-américain, il n'est malgré tout pas le seul. Des transactions significatives ont lieu à Chicago, Boston, Philadelphie, San Francisco et Los Angeles.

Au Canada, les transactions se sont progressivement concentrées à Toronto au détriment de Montréal. Ces deux places sont étroitement reliées au marché de New York.

5.3. *Les places financières en Extrême-Orient*

En Extrême-Orient, les principaux centres financiers sont Tokyo, Hong-Kong et Singapour.

Le volume des transactions sur le marché des changes de Tokyo a été multiplié par quatre entre 1983 et 1986. Telle est la conclusion d'une étude menée au premier trimestre 1986 par la banque centrale japonaise, parallèlement à celles entreprises par la Banque fédérale de réserve de New York et la Banque d'Angleterre sur leurs marchés respectifs. Les transactions nettes atteignaient 48 milliards de dollars par jour ouvrable. Plus de 80 % des échanges concernaient le yen contre le dollar. Seuls, le deutsche mark et la livre sterling faisaient l'objet d'échanges marginaux contre le dollar. Les principaux opérateurs sont les grandes banques japonaises et les filiales des banques américaines et européennes. La banque centrale japonaise est très active sur le marché des changes. S'il se développe dans les prochaines années au rythme qui fut le sien entre 1983 et 1986, le marché des changes de Tokyo dépassera très rapidement celui de New York.

Les échanges sur le marché de Hong-Kong sont moins concentrés sur une devise que ceux de Tokyo. Les principales transactions concernent le dollar-mark, le dollar américain-dollar de Hong-Kong, le dollar-yen, le sterling-dollar, et le dollar-suisse. Des marchés plus étroits sur les devises asiatiques et européennes se sont également développés.

A Singapour, les transactions les plus importantes portent sur le dollar-mark, le dollar-yen et le sterling-dollar. A un moindre degré, existent des marchés sur les devises asiatiques et les autres devises européennes. La banque centrale *(Monetary Authority of Singapore)* est très active sur le marché des changes. A ses côtés, les principaux opérateurs sont les filiales locales des banques japonaises, américaines et européennes.

*
* *

Le marché des changes est la première manifestation concrète de la réalité internationale. Toute entreprise qui exporte ou importe, tout particulier qui se rend à l'étranger est immédiatement confronté à un problème de change. Les transactions entre banques sont très importantes. Il serait cependant inexact de croire que le marché des changes se réduit aux transactions interbancaires. Depuis le début de la décennie 1970, de nouveaux compartiments se sont progressivement développés : les contrats à terme et les options sur devises ont considérablement élargi les possibilités d'intervention des opérateurs.

Sur le marché des changes, les cours des devises connaissent des fluctuations de grande ampleur. Ces variations sont à l'origine d'un risque dont les entreprises doivent se protéger grâce à des techniques spécifiques qui font de la gestion du risque de change une activité indispensable au développement des entreprises.

Références

Blanc J., *Le marché des changes*, Paris, Documentation française, 1984.

Champion P.F., Trauman J., *Mécanismes de change et marché des euro-dollars*, 3e éd., Paris, Economica, 1982.

Coulbois P., *Finance internationale : le change*, Paris, Cujas, 1979.

Galy M., Levy-Garboua V., Plihon D., « Description et fonctionnement du marché des changes », *Cahiers économiques et monétaires* (n° 8, 1978) : 5-25.

Prissert P., *Le marché des changes*, 2e éd., Paris, Sirey, 1977.

Tygier C., *Basic Handbook of Foreign Exchange*, London, Euromoney Publications, 1983.

Mots clés

Arbitrage, cambiste, change, cotation à l'incertain, cotation au certain, cours à terme en déport, cours à terme en perte, cours à terme en prime, cours à terme en report, cours de change à terme, cours de change au comptant, courtier, devise, discount, figure, fixing, maison de courtage, marché des changes, marché des changes interbancaire à terme, marché des changes interbancaire au comptant, numéraire, ordre à cours limite, ordre au mieux, place financière de Francfort, place financière de Hong-Kong, place financière de Londres, place financière de New York, place financière de Singapour, place financière de Tokyo, place financière de Zurich, places financières de l'Amérique du Nord, places financières de l'Extrême-Orient, places financières européennes, premium, spéculation, taux de change, taux de change à l'incertain, taux de change à terme, taux de change au certain, taux de change au comptant, taux de change croisé, transfert télégraphique de dépôt bancaire.

81

Marchés financiers internationaux

Hubert de La Bruslerie

Les marchés financiers internationaux ont connu au cours des dix dernières années un développement aussi prodigieux que spectaculaire. La croissance de ce que l'on appelle parfois l'industrie financière internationale s'est maintenue à un rythme de 20 à 50 % par an sur la période. Quel autre secteur économique peut en dire autant ?

Une telle expansion n'est pas le fait du hasard. Les marchés financiers internationaux ont apporté une réponse de qualité aux besoins manifestés par des emprunteurs et des investisseurs de plus en plus nombreux. Les banques internationales ont joué un rôle central dans cette évolution. Elles sont à l'origine du dynamisme et de la capacité d'innovation dont le marché financier international a fait preuve depuis près de 20 ans[1]. Elles sont aussi les premières touchées en cas de difficultés, ainsi que l'a mis en évidence la quasi-insolvabilité de nombreux pays en voie de développement, notamment d'Amérique latine.

Les marchés financiers internationaux sont au cœur des problèmes monétaires et financiers contemporains. Cependant, derrière une apparence d'unité, la réalité des marchés internationaux est fort complexe. Il existe dans les faits une mosaïque de compartiments très divers qui se distinguent les uns des autres par des procédures d'émission particulières ou par la référence à des actifs financiers de nature très différente. Pour s'y retrouver, le plus simple est de définir un à un les marchés dont l'ensemble constitue *le marché international des capitaux*.

• Le premier pilier à distinguer est le *marché euro-obligataire*. Une euro-obligation est un titre de créance bénéficiant d'un statut fiscal privilégié, émis en euro-devise par un syndicat international de banques et placé dans d'autres pays que celui dont la monnaie sert à libeller l'emprunt. La présence d'un syndicat d'émission réellement international est le point de départ qui permet d'assurer une diffusion des titres à travers le monde entier. C'est là une différence essentielle avec une émission obligataire

---

1. Voir également dans cette Encyclopédie les articles de J.L. Herrenschmidt, « Déréglementation et innovations financières internationales » et de J.F. Lepetit, « Comportement des agents financiers ».

domestique où les titres émis sont placés dans le pays d'origine. Le deuxième point important qui distingue les euro-obligations des obligations domestiques traditionnelles est leur statut fiscal dérogatoire. L'avantage dont bénéficient les euro-obligations est l'exemption de retenue à la source de la part du pays de l'émetteur. Ce régime est dérogatoire dans la mesure où, dans tous les pays du monde, de nombreuses obligations domestiques ne versent pas aux investisseurs la totalité des intérêts contractuels ; une partie de ceux-ci est retenue à la source par le fisc national. Etant donné la structure de placement des titres euro-obligataires dans le monde entier, et particulièrement dans certains pays à pression fiscale faible ou nulle, cela constitue un avantage déterminant pour ces titres. Ce statut fiscal particulier est une condition nécessaire à l'existence d'euro-obligations : les contrats d'émission contiennent une clause résolutoire selon laquelle une éventuelle modification du statut fiscal des titres peut entraîner le remboursement immédiat de l'emprunt par l'émetteur. Ainsi, en juillet 1987, la remise en cause momentanée par le fisc américain d'un traité fiscal avec les Antilles néerlandaises a conduit au remboursement par anticipation de près de 1,4 milliard de dollars d'euro-obligations, cela en l'espace d'un mois.

A l'inverse de ce que le bon sens laissait envisager, deux éléments que l'on s'attendait voir jouer un rôle dans la définition d'une euro-obligation n'ont guère d'importance :

– La devise de libellé est indifférente. Ce peut être la devise du pays de l'emprunteur ou une devise tierce. Il doit cependant s'agir d'une euro-devise, c'est-à-dire d'une monnaie disponible et négociée en dehors de son pays d'origine.

– Le caractère public de l'émission, même si c'est généralement le cas dans la pratique, n'est pas obligatoire pour caractériser une euro-obligation. La cotation publique des titres auprès d'une bourse de valeurs est usuelle ; elle ne joue cependant aucun rôle. Un titre émis dans le cadre d'un placement privé et présentant les éléments cités dans la définition, aura dans la suite de son existence, et jusqu'au remboursement final, le caractère d'une euro-obligation.

La définition de l'euro-obligation donnée plus haut accorde en effet une importance essentielle – et justifiée – à l'émission des titres. Il ne faut cependant pas oublier qu'après la phase transitoire du marché primaire, un titre vit et meurt, indépendamment de l'existence d'un marché secondaire.

• Les marchés *d'émissions étrangères* ne doivent pas être confondus avec les euro-obligations. Il s'agit d'émissions domestiques effectuées par un non-résident, souscrites par un syndicat de banques d'un pays donné, placées principalement dans ce pays et généralement libellées dans la devise de ce pays. Ce type d'émissions doit respecter les procédures en usage dans le pays et est soumis à la réglementation locale. Les obligations étrangères partagent avec les euro-obligations l'exemption de retenue à la source de la part du fisc du pays de l'émetteur. Si cela n'était pas le cas, il faudrait alors offrir aux souscripteurs un taux de rendement plus élevé que sur les autres obligations domestiques. Cela retirerait beaucoup d'intérêt à la formule de l'émission étrangère.

Les émissions d'obligations étrangères sont en parfaite continuité avec les euro-obligations. La définition donnée exprime d'ailleurs le flou qui sépare ces deux notions. Ainsi, les souscripteurs d'une émission étrangère peuvent-ils être parfois des non-résidents. La proportion des titres placés en dehors du pays d'émission peut atteindre 20 %, voire davantage. La devise de libellé n'est plus un critère absolu. On a vu des émissions étrangères s'effectuer aux Etats-Unis et au Japon tout en étant libellées en Ecu ! Une fois émis, ces titres ont d'ailleurs des caractéristiques financières très proches de celles des euro-obligations avec lesquelles ils se comparent.

Les différences les plus visibles se manifestent essentiellement dans la procédure d'émission. Le terme *d'obligations internationales* regroupe l'ensemble cohérent formé par les euro-obligations et par les émissions étrangères.

• Le marché des *émissions internationales d'actions* est proche des procédures en vigueur sur le marché euro-obligataire. La différence provient essentiellement de la nature des actifs financiers émis ; créances dans un cas, titres de propriété dans l'autre. Un syndicat bancaire international assure le placement et la diffusion internationale d'actions nouvelles émises par des entreprises privées. Ce type d'opérations se déroule souvent en parallèle à des émissions d'actions classiques effectuées sur le marché domestique de l'entreprise.

• Le marché des *prêts bancaires internationaux,* encore appelé *euro-crédits,* correspond à des crédits financiers à moyen ou long terme généralement non-garantis, accordés directement par un ensemble de banques internationales réunies dans le cadre d'un syndicat. Ces crédits sont le plus souvent libellés en dollar. Ils peuvent cependant avoir parfois un caractère multidevises. Il s'agit là d'une pure activité d'intermédiation où les banques prêteuses assument elles-mêmes le risque d'un éventuel défaut de l'emprunteur. Les euro-crédits sont à distinguer des prêts de nature commerciale qu'une banque peut accorder à un emprunteur étranger dans le cadre d'opérations d'exportation. Les *prêts bancaires étrangers* sont libellés dans la devise du pays auquel appartiennent les banques du syndicat[1].

• L'ensemble des marchés précédents partagent le fait qu'ils donnent lieu à des financements à long ou à moyen terme mis en place à l'aide d'un syndicat bancaire. Ils constituent le *marché international des capitaux à long et moyen termes.* Cette notion large est en continuelle évolution ainsi que le met en évidence l'émergence récente des *marchés des euro-notes et de l'euro-papier commercial.* Ces deux compartiments sont en parfaite continuité avec celui des euro-crédits.

Les facilités d'émission d'euro-notes consistent en l'émission renouvelée d'instruments monétaires à court terme dans le cadre d'un syndicat de

---

1. C'est le cas, par exemple, des crédits-acheteurs en franc accordés par les banques françaises à des importateurs étrangers.

garantie bancaire à moyen terme. Il s'agit bien, pour l'emprunteur, d'une source de financement stable fondée sur le recours assuré au marché euro-monétaire à court terme.

Ce dernier exemple illustre le caractère mouvant du marché international des capitaux qui recouvre des familles d'actifs financiers jamais identiques, mais toujours substituables. Les deux grands facteurs qui donnent à cet ensemble apparemment disparate une unité effective sont, d'une part, le rôle irremplaçable d'un groupe de banques internationales lors de l'émission et, d'autre part, la permanence du désir de l'investisseur de comparer à tout instant des actifs comparables puisque substituables.

Ces axes serviront de guide à l'analyse des marchés financiers internationaux. La première section, centrée sur le marché primaire, présentera la procédure d'émission des actifs financiers internationaux. La deuxième section mettra en évidence le rôle actif des banques dans le développement du marché financier international. Enfin, la troisième section s'attachera à montrer la globalisation croissante des marchés secondaires.

1. L'émission des actifs financiers internationaux

L'analyse de la procédure d'émission, ou plutôt des procédures d'émissions, met en avant le rôle essentiel joué par les banques internationales. Les caractéristiques des marchés secondaires, et notamment leur liquidité, s'expliquent en partie par la procédure d'émission des titres. Aussi est-il utile de rappeler les principales étapes d'une émission internationale. On illustrera la procédure suivie par une émission internationale en prenant l'exemple d'une émission euro-obligataire en dollar. Il s'agit du type le plus pur car il est exempt de toutes contraintes étatiques. Par ailleurs, la démarche suivie a été largement reprise après modifications dans les autres compartiments du marché. Enfin, en terme de volume, le marché euro-obligataire est de loin le plus important. La procédure d'émission aujourd'hui utilisée par l'ensemble des intervenants bancaires a été proposée à l'origine par les *investment banks* américaines qui se sont inspirées de certaines pratiques du marché financier de New York. L'originalité et l'innovation de la procédure internationale se manifestent au cours de l'étape de constitution d'un syndicat bancaire propre à chaque émission. Elles reposent sur l'existence d'une phase de pré-placement des titres, réservée aux banques internationales, qui précède le placement public à destination des investisseurs finaux. La gestion d'un syndicat bancaire créé à la demande, et qui peut compter jusqu'à 200 banques, est rendue possible par une claire définition des tâches.

On distingue quatre grandes phases lors d'une émission publique internationale :
– la phase de négociations préliminaires,
– la phase de pré-placement,

– la fixation des conditions et l'allocation des titres,
– le placement public et la clôture de l'émission.

1.1. La phase de négociations préliminaires

Cette première phase met clairement en évidence le rôle moteur des grandes banques internationales articulé sur un dynamisme commercial assez remarquable. Illustration sans ambiguïté d'une démarche marketing, c'est le futur chef de file qui recherche les emprunteurs potentiels dans le but d'obtenir le mandat de mener une euro-émission. Bien évidemment, la préparation d'une émission ne se fait pas sans la participation active de l'emprunteur. Cela est d'autant plus vrai si ce dernier a déjà l'habitude de ce type d'opération, ou s'il dispose d'un large éventail de possibilités de financement. La démarche de recherche de clientèle décrite ci-dessous illustre l'agressivité de la concurrence commerciale qui règne entre les banques candidates au chef de filat sur les marchés financiers internationaux.

1.1.1. Etape n° 1 : détermination de la qualité du débiteur

La première étape de démarcharge commercial ne vise à s'adresser qu'aux emprunteurs publics ou privés présentant une signature de bonne qualité. Pour ceux qui possèdent déjà un *rating* reconnu (c'est-à-dire établi par une agence telle Standard and Poor's ou Moody's[1]), il s'agit d'une opération assez simple. Pour pouvoir accéder aux marchés financiers internationaux, il faut avoir une note de qualité supérieure à BBB (selon la terminologie Standard and Poor's). Les émetteurs qui n'ont pas de *rating* doivent avoir une réputation et une situation financière qui les assimilent aux meilleures signatures mondiales. Même si cela n'est pas obligatoire, les banques conseillent au débiteur, au cours de discussions préliminaires, de demander l'attribution d'une note de *rating*. L'importance très grande, parfois excessive, accordée à cette note, s'explique par son caractère de résumé synthétique. Néanmoins, cela ne doit pas dispenser d'une analyse financière approfondie de la situation du débiteur. Dans le cas où l'emprunteur potentiel est un pays, ou un organisme para-étatique, il s'agit là d'une tâche complexe. Il existe une véritable barrière à l'entrée sur les marchés financiers internationaux : seules peuvent prétendre y accéder les meilleures signatures mondiales. Les autres en sont exclues, ce qui explique l'absence de la grande majorité des pays en voie de développement.

1.1.2. Etape n° 2 : définition du type de financement

Cette étape consiste à définir quel type d'emprunt répond le mieux aux besoins de l'émetteur. Faut-il retenir un euro-crédit à moyen terme ? un programme d'euro-notes à court terme ? Est-il préférable de se financer en émettant sur le marché international des actions ou des euro-obligations ? Même à l'intérieur de ce dernier compartiment, faut-il privilégier les

---

1. Voir dans cette Encyclopédie l'article de B. Thiry, « Rating ».

obligations traditionnelles, les obligations convertibles, les warrants ou les titres à taux flottant ? Par ailleurs, lorsque le type d'actif est fixé, il faut ensuite définir la devise de libellé.

Le choix du type de financement ne se laisse pas entièrement guider par les caractéristiques techniques du besoin à couvrir. La banque, à une date donnée, connaît les secteurs de marché où une émission peut être réalisée dans les meilleures conditions. Même si le besoin à financer est en deutsche mark, il peut être intéressant d'emprunter en dollar néo-zélandais car les conditions qui prévalent sur ce marché peuvent être ponctuellement très intéressantes. Dans le même ordre d'idées, il peut être judicieux de profiter d'un emprunt à taux variable même si l'entreprise avait initialement préféré des obligations à taux fixe.

1.1.3. Etape n° 3 : proposition de divers montages financiers

Le montage financier de diverses solutions de financement s'effectue en faisant appel aux techniciens des marchés pour résoudre les problèmes posés à l'étape précédente. C'est à ce niveau que les ingénieurs financiers conçoivent les swaps, c'est-à-dire les trocs de dettes, qui permettent de saisir des opportunités sur des compartiments de marché autres que ceux qui découlent directement des besoins financiers de l'emprunteur. Les swaps de devises rendent possible la conversion d'un emprunt en dollar néo-zélandais en euro-obligation traditionnelle en deutsche mark. Les swaps de taux d'intérêt permettent de réaliser l'échange d'une dette à taux variable contre une dette à taux fixe (et réciproquement).

Le montage financier consiste à élaborer des propositions concrètes concernant le montant, la durée, le coupon et le prix d'émission de quelques formules d'émission. Le chef de file présente alors par écrit des propositions sur lesquelles il est prêt à s'engager en se fondant sur les conditions actuelles du marché.

La réponse favorable de l'emprunteur se concrétise par le mandat donné à la banque d'organiser l'émission de la formule d'emprunt euro-obligataire choisie. Le mandat consacre la banque comme chef de file (*lead manager*) de l'opération.

L'émission elle-même d'un emprunt euro-obligataire dure entre deux à quatre semaines. Ce laps de temps est marqué par trois moments importants : la date de lancement (*announcement day*), la date de fixation des conditions (*pricing day*) et la date de clôture (*closing day*). Entre ces trois dates, se situent d'abord les phases de pré-placement bancaire, puis la phase de placement public (schéma 1).

Schéma 1
Déroulement d'une euro-émission

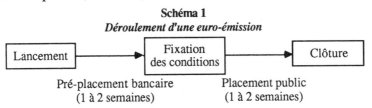

1.2. La phase de pré-placement bancaire

Au cours de la phase de pré-placement bancaire, l'emprunt ne concerne que les membres de la communauté bancaire internationale et le syndicat qu'ils créent pour l'occasion. La constitution de ce syndicat est centrale car c'est ce dernier qui prendra l'engagement de souscrire l'émission et la placera auprès des investisseurs finaux. Les rôles dans le syndicat sont définis avec précision. On en distingue trois :

– Le chef de file, éventuellement les co-chefs de file (*co-lead mana-gers*), et les *co-managers* forment le syndicat de direction (*management group*). Le *lead manager* est le maître d'œuvre des différentes étapes de la procédure d'émission. Il a la charge de constituer, de diriger et d'administrer le syndicat bancaire. Il conduit les discussions avec l'emprunteur lors de la fixation des conditions définitives de l'emprunt. Il surveille la phase de lancement public et organise la stabilisation du marché des titres pendant et après l'émission. La fonction essentielle de chef de file fait l'objet d'une rémunération spécifique. Le chef de file est souvent unique. Il arrive toutefois que, pour des émissions importantes, il y ait deux à quatre chefs de file. Ceux-ci se répartissent alors les tâches : l'un sera chargé du *book* (c'est-à-dire assurera la centralisation des demandes et le secrétariat de l'émission), tel autre sera l'agent financier de l'emprunt. Les *co-managers* sont un ensemble de quatre à vingt banques, choisies en général d'un commun accord avec l'emprunteur pour faire partie du syndicat de direction. Ces banques sont usuellement des institutions renommées sur l'euro-marché et souscrivent une part importante de l'emprunt. On considère que le syndicat de direction garantit de manière ferme la souscription d'au moins 40 % de l'émission.

– Les garants (*underwriters*) forment avec les banques du *management group* le syndicat de garantie. Les membres de ce syndicat garantissent ferme à l'émetteur la souscription publique de la totalité de l'emprunt projeté. Il s'agit d'une garantie de bonne fin de l'émission. En cas de mauvais placement dans le public, les placeurs de titres se retourneront vers le syndicat qui prendra alors les invendus. Le syndicat de garantie peut comprendre plusieurs dizaines de banques internationales, voire plus d'une centaine dans le cas d'une émission importante.

– Les membres du groupe de placement (*selling group members*) sont les banques invitées par le chef de file à participer au placement des titres. Leur rôle est de faire souscrire les investisseurs finaux à l'emprunt. Toutes les banques membres du syndicat de garantie ont un rôle de placement et font aussi partie du syndicat de placement.

Il est important de noter que les trois fonctions de direction, de garantie et de placement peuvent être remplies par une même banque. Chacun de ces rôles donne d'ailleurs lieu à une rémunération spécifique, qui peut ainsi être cumulée. Pour une émission standard (montant émis : 100 millions de dollars, durée : 5-7 ans), les frais totaux d'émission pourront être de 1 7/8 % du montant nominal de l'emprunt. Ils se répartiront de la manière suivante :

• commission de direction   : 1/4 %

- commission de garantie   : 3/8 %
- commission de placement : 1 1/4 %

Ainsi, les chefs de file qui agissent dans l'émission à la fois comme garants et comme placeurs percevront une rémunération au titre des trois commissions distinguées ci-dessus. Par ailleurs, la qualification de banque utilisée pour désigner les membres du syndicat est à prendre au sens large. Il peut s'agir de toute institution financière d'une certaine taille, qu'elle ait ou non le statut de banque. Le jour du lancement, le chef de file envoie des télex d'invitation à diverses banques sélectionnées pour que celles-ci se joignent au syndicat de direction, soit au syndicat de garantie, soit au syndicat de placement. Les télex d'invitation aux *underwriters* contiennent en particulier le montant qu'il est offert à chacun de garantir. La période de pré-placement bancaire permet aux banques contactées de tester l'émission auprès des investisseurs finaux. Elles informent en retour le chef de file de la quantité de titres dont elles désirent disposer afin de les placer. Il arrive, par suite de l'afflux de demandes provenant du syndicat de placement et devant la réaction favorable du marché, qu'une émission soit sursouscrite le jour même du lancement. Pendant la période de pré-placement bancaire, le chef de file enregistre les réponses des banques pour se joindre, soit au syndicat de garantie, soit au syndicat de placement. Ces réponses, avec le nombre de titres demandés, permettent d'avoir une idée précise de l'intérêt du marché pour l'émission.

1.3. La fixation des conditions et l'allocation de titres

Le *pricing day* est la date prévue pour fixer définitivement les conditions de l'emprunt. Jusqu'alors le prix d'émission et le montant émis n'étaient en effet donnés qu'à titre indicatif. Le chef de file détermine la demande totale pour l'emprunt à partir des réponses individuelles. L'analyse de ces dernières réclame une connaissance parfaite du marché et de ses participants, car il est usuel que les demandes de titres soient plus ou moins exagérées. Certaines banques n'hésitent pas à gonfler leur demande de titres pour en revendre immédiatement une partie sur le marché parallèle qui s'instaure entre institutions bancaires dès le début de l'émission et pendant toute sa durée (*grey market*).

L'analyse des demandes, et la comparaison des conditions initiales de l'emprunt avec celles régnant sur le marché, vont permettre au(x) chef(s) de file d'élaborer les conditions définitives qu'il va (qu'ils vont) soumettre à l'accord de l'emprunteur. Celles-ci peuvent être les mêmes que les conditions initialement prévues au jour du lancement. Elles peuvent aussi être modifiées par suite de l'évolution de la demande ou d'un changement des taux d'intérêt sur le marché. L'ajustement des termes d'une émission aux conditions du marché s'effectue le plus souvent par le prix d'émission ou par le montant émis (souvent révisé à la hausse) ou encore, mais de manière beaucoup plus rare, par une révision du coupon. Le prix d'émission est la variable d'ajustement la plus naturelle. Le chef de file doit cependant respecter un certain niveau-seuil de telle sorte que la différence entre le prix d'émission et le cours des titres sur le marché secondaire ne devienne pas inférieur aux commissions perçues par les banques du syndicat de placement. Si le prix chute en dessous de ce seuil, cela signifie que les banques placeuses supportent une perte dans l'opération.

Une fois que l'emprunteur donne son accord aux conditions définitives, le chef de file procède à la répartition des titres entre ceux qui ont déclaré vouloir les placer auprès du public. Cette opération s'appelle *allotment*. Les montants servis aux banques sont généralement inférieurs aux demandes. A partir de cette date, les banques placeuses qui acceptent l'offre sont tenues d'acheter les titres au prix d'émission fixé par le syndicat de direction, diminué des commissions qu'elles perçoivent.

1.4. La phase publique et la clôture de l'émission

La phase de placement public consiste à vendre effectivement les titres dont l'existence vient d'être constatée par la mise en place d'un syndicat de garantie. Le chef de file, pendant cette période, surveille l'activité des banques placeuses. Il contrôle le marché qui s'instaure, car déjà les transactions débutent pour acheter ou revendre des positions entre membres du syndicat. Au cours de cette période, le chef de file demande l'admission du titre à la cote d'une bourse de valeurs (généralement Luxembourg ou Londres).

La clôture de l'émission a lieu à la date fixée. Au jour du *closing day,* les membres du syndicat transfèrent en bloc les sommes correspondant aux titres qu'ils ont dû placer de telle sorte que le montant net de l'emprunt soit disponible pour l'émetteur. Les banques du syndicat reçoivent en contrepartie les titres souscrits qui seront ensuite transmis aux investisseurs finaux. Le chef de file procède après coup à la publication, dans les journaux financiers spécialisés, d'un placard publicitaire appelé *tombstone* qui annonce la réussite de l'opération et mentionne avec un protocole savamment dosé les banques qui y ont participé.

La procédure d'émission euro-obligataire décrite ci-dessus est d'une efficacité redoutable. Elle permet de collecter en l'espace de quelques semaines des sommes qui s'expriment en centaines de millions, voire en milliards de dollars. Il existe certes des différences d'un compartiment du marché international à l'autre ; le rôle central et actif joué par un noyau de banques internationales possédant un savoir-faire technique et connaissant bien les marchés se retrouve, néanmoins, dans tous les cas de figure.

2. Le développement du marché financier international et le rôle des banques

Le développement des marchés financiers internationaux peut s'appréhender quantitativement par le volume des émissions réalisées, et qualitativement par la sophistication croissante des actifs utilisés. Une analyse plus fine met en évidence, au-delà de la stagnation relative des obligations étrangères et de la contraction des euro-crédits, l'adaptation rapide des comportements des banques internationales qui ont, dans le passé récent, privilégié une plus grande sélectivité parmi les débiteurs et le recours aux *euro-notes*.

2.1. Le volume d'émissions d'obligations internationales

La croissance du volume des émissions est la meilleure illustration du développement du marché des obligations internationales (tableau 1).

Tableau 1
Emissions d'obligations internationales

	1984	1985	1986	1987 (6 mois)
Euro-obligations	81,7	135,4	187,0	86,3
Emissions étrangères	27,8	31,0	38,4	15,3
Placements spéciaux du Trésor américain	2,0	1,3	1,0	–
Total	111,5	167,7	226,4	101,6

Unité : Milliards de dollars.
Source : OCDE.

L'expansion du marché euro-obligataire a été prodigieuse au cours des dix dernières années : en 1977, le total émis ne s'élevait encore qu'à 16 milliards de dollars. Le dynamisme et le sens de l'adaptation des banques internationales expliquent un tel succès. Malgré un environnement économique, financier et monétaire marqué par les crises et les incertitudes (chocs pétroliers, hausse record des taux d'intérêt en 1980-82, mouvements de change brutaux du dollar...), les intermédiaires financiers ont globalement su promouvoir les devises et les types d'actifs qui convenaient aux besoins des investisseurs internationaux. Ainsi, lors de la hausse du dollar au cours des années 1980-85, l'écrasante majorité des émissions s'est-elle effectuée dans cette devise. Depuis mars 1985, une part croissante des euro-obligations est libellée en yen, en deutsche mark ou en livre sterling. En 1987, pour la première fois depuis les débuts du marché euro-obligataire en 1963, la part des émissions en dollar des Etats-Unis est tombée en dessous de 50 %. La chute du dollar est néanmoins à l'origine de la contraction du volume des émissions euro-obligataires qui n'a plus représenté que l'équivalent de 142 milliards de dollars en 1987.

2.2. Les catégories d'actifs financiers

La catégorie d'actif financier dominante reste toujours celle des obligations classiques à taux fixe. Toutefois l'innovation a consisté à amender le même squelette de base – une créance à taux fixe – par des innovations qui ont continué à attirer les investisseurs, même lors des périodes de remontée des taux : warrants obligataires, coupons zéro, options de change...

Les obligations à taux variables (*floating rate notes* ou FRN) sont des actifs financiers qui connaissent la faveur des investisseurs en cas de hausse des taux d'intérêt. La rémunération versée aux prêteurs est calculée à intervalles périodiques sur la base du taux des euro-dépôts en dollar à Londres (Libor à 3 ou 6 mois selon les cas). Les FRN s'assimilent à des instruments monétaires ; ils prolongent le marché euro-obligataire vers les actifs à court terme. Principalement libellées en dollar, les obligations à taux variable ont représenté plus de 50 milliards de dollars d'émission en 1986.

Les obligations convertibles en actions sont des actifs financiers traditionnels que l'on retrouve sur de nombreux marchés domestiques. Les grandes entreprises américaines, européennes ou japonaises ont eu recours à ce type de financement pour près de 6 milliards de dollars en 1986. Les émissions d'obligations assorties de warrants d'actions, ou de warrants d'actions isolés, connaissent un développement rapide depuis 1985. Il s'agit d'actifs d'esprit proche des obligations convertibles : le droit d'achat d'une certaine quantité d'actions d'une entreprise donnée à un prix donné est individualisé sous la forme d'un actif financier indépendant appelé warrant. Plus de 15 milliards de dollars ont été émis en 1986 à l'aide de warrants d'actions (isolés ou liés à des obligations). Les émissions internationales d'actions sont une nouveauté apparue en 1985. Leur croissance a été spectaculaire au point de représenter l'équivalent de près de 12 milliards de dollars en 1986. D'une manière générale, les émissions d'actions ou d'actifs liés à des actions ont été « aidées » par la bonne tenue des marchés boursiers domestiques aux Etats-Unis, en Europe et au Japon. L'engouement récent des investisseurs pour cette catégorie de titres s'est manifesté aussi sur les marchés financiers internationaux jusqu'à ce que la crise boursière d'octobre 1987 vienne interrompre le développement de ce type d'émission. Le tableau 2 met en évidence la décomposition par types d'investissement des émissions internationales d'actifs financiers [1].

Tableau 2

Répartition des émissions internationales par catégories d'instruments

	1984	1985	1986
Obligations à taux fixe	62,3	98,1	153,1
FRN	38,3	58,5	50,7
Obligations convertibles et warrants d'actions	10,9	11,5	22,3
Emissions internationales d'actions	–	2,5	11,7

Unité : Milliards de dollars.
Source : OCDE.

---

1. En 1985 et en 1986, les émissions de warrants obligataires ont représenté plus de 3 milliards de dollars

2.3. Les émissions d'obligations étrangères

Les émissions d'obligations étrangères respectent les procédures formelles des marchés financiers domestiques. Chaque marché obligataire national est susceptible d'accueillir des émissions étrangères. L'exemple historique des emprunts russes rappelle que Paris était la première place financière au monde pour les émissions internationales à la fin du XIXe siècle. Les marchés d'émissions étrangères se concentrent de nos jours sur essentiellement quatre devises :
  – les obligations étrangères en dollar émises à New York (appelées *yankee bonds*),
  – les obligations étrangères en franc suisse,
  – les obligations étrangères en deutsche mark émises en République fédérale d'Allemagne,
  – les obligations étrangères en yen (appelées *samurai bonds*).

Le tableau 3 présente les volumes d'obligations étrangères émises selon leur devise de libellé.

Tableau 3
Principaux marchés d'obligations étrangères

	1984	1985	1986	1987 (6 mois)
Yankee bonds	4,3	4,7	6,1	1,8
Obligations étrangères en CHF	13,1	15,0	23,4	10,3
Obligations étrangères en DEM	2,4	1,7	–	–
Samourai bonds	4,8	6,4	4,8	1,7
Obligations étrangères en NGL	0,9	1,0	1,8	0,5
Autres services	2,3	2,2	2,3	1,0
Total	27,8	31,0	38,4	15,3

Unité : Millions de dollars.
Source : OCDE.

Les émissions étrangères en franc suisse méritent une analyse particulière. On remarquera que cette devise représente à elle seule plus de la moitié de la totalité des émissions étrangères alors que, de manière simultanée, il n'y a pas d'euro-obligations en franc suisse. L'explication vient de l'interdiction des autorités monétaires suisses d'utiliser cette devise comme monnaie de libellé d'euro-émissions. Il ne reste alors plus aux emprunteurs étrangers que la solution d'émettre des obligations domestiques. Celles-ci doivent suivre la procédure usuelle des obligations domestiques : accord de la banque centrale, insertion dans un calendrier, choix d'une banque suisse chef de file. Le caractère domestique des émissions étrangères en franc suisse n'est cependant qu'une apparence. Ce marché financier ne fait que prêter sa structure à des émissions en réalité placées auprès d'investisseurs étrangers. La grande majorité des souscriptions ne proviennent pas des résidents suisses, mais plutôt de capitaux apatrides gérés par les banques suisses [1]. La place particulière des émissions étrangères en franc suisse explique pourquoi la comparaison des devises de libellé doit s'effectuer par référence à l'ensemble des émissions d'obligations internationales et non seulement par rapport aux seules euro-obligations (tableau 4).

Tableau 4
Répartition des émissions d'obligations internationales par devises

Devises	1984	1985	1986	1987 (6 mois)
Dollar américain	63,6 %	60,8 %	54,7 %	33,0 %
Franc suisse	12,0	9,0	10,4	10,1
Deutsche mark	6,2	6,7	7,5	9,5
Yen	5,5	7,8	10,4	18,6
Livre sterling	5,1	4,0	4,8	9,3
Ecu	2,7	4,2	3,1	5,2
Franc français	–	0,9	1,7	1,3
Florin	1,7	1,0	1,2	1,2
Dollar canadien	2,1	1,7	2,4	3,3
Dollar australien	0,3	1,8	1,4	6,0
Autres devises	0,8	2,1	2,4	2,5
	100 %	100 %	100 %	100 %

Source : OCDE.

On remarque une concentration des émissions sur cinq grandes devises : le dollar américain, le yen, le franc suisse, le deutsche mark et la livre sterling. Les autres devises semblent ne jouer qu'un rôle secondaire d'appoint. La place du dollar reste prépondérante, même si on note une tendance à un certain rééquilibrage notamment au profit du yen. Il faut cependant distinguer les mouvements de fond et les évolutions conjoncturelles. La répartition des émissions par devise est le reflet des tensions sur les marchés des changes. Les chiffres du premier semestre 1987 traduisent très clairement la faiblesse du dollar par rapport au yen au cours de cette période.

Le tableau 4 illustre les préférences des investisseurs en terme de devise de libellé. Ceux-ci ont bien évidemment une tendance à préférer les créances en monnaies fortes. A partir de 1985, la ventilation par devise correspond de moins en moins aux choix d'endettement des emprunteurs.

---

1. L'importance des émetteurs japonais sur le marché des émissions étrangères en Suisse mérite d'être signalée. Les entreprises japonaises collectent de 30 à 40 % du total de ces émissions, en proposant notamment des obligations convertibles.

Le mécanisme des swaps permet d'émettre dans une devise forte, recherchée par les prêteurs, des obligations qui seront ensuite échangées dans le cadre d'un swap contre une dette en dollar.

En 1986, près de 34,6 milliards de dollars d'émissions internationales ont fait l'objet d'un swap de devises simultané [1]. Ce chiffre n'était que de 19,3 milliards de dollars l'année précédente, et de 5,9 milliards en 1984. L'existence de swaps explique une large partie du succès du yen et du franc suisse comme devise d'émission [2]. Ce phénomène a pu prendre des proportions telles qu'il est à la base du développement du dollar australien et du dollar néo-zélandais comme devises de libellé internationale : en 1986 respectivement 69 % des euro-émissions de la première devise et 81 % de celles de la seconde étaient associées à des swaps.

Le développement rapide des swaps de devises accentue la dissociation de la structure des devises d'émissions internationales selon que l'on se place du point de vue de l'investisseur ou du débiteur. C'est là une autre illustration du rôle des banques internationales. Celles-ci ne sont pas seulement des intermédiaires actifs dans le succès d'une émission et la recherche de souscripteurs. Par leur savoir-faire technique, elles jouent aussi un rôle d'intermédiation entre les préférences de devises des souscripteurs et celles des emprunteurs.

2.4. *La sélectivité des émissions internationales et la contraction des euro-crédits*

Les banques internationales limitent de fait l'accès des marchés d'émissions internationales aux meilleurs débiteurs. A l'inverse de ce qui se passe sur les marchés des prêts financiers internationaux, il n'y a pratiquement pas de débiteurs insolvables sur les marchés obligataires internationaux. Cela s'explique par l'existence d'une barrière à l'entrée qui écarte les débiteurs de qualité moyenne ou médiocre, tels ceux provenant de nombreux pays en voie de développement. Le tableau 5 met en évidence la concentration des émetteurs parmi les pays les plus développés.

Les émetteurs originaires des pays en voie de développement n'ont pratiquement plus accès à ces marchés : la part des financements qui leur est destinée décroît depuis 1985. L'environnement financier international et la crise de l'endettement du Tiers Monde limitent dans la pratique les marchés d'obligations internationales aux gouvernements, aux entités publiques et aux entreprises des pays de l'OCDE.

La même sélectivité se retrouve maintenant au niveau des euro-crédits. Le marché des prêts bancaires internationaux ne s'est pas remis de la crise

---

1. Salomon Brothers, brochure citée, p. 11.
2. Le pourcentage d'émissions internationales simultanément liées à des swaps a été en 1986 de 46 % pour le yen, de 22 % pour le franc suisse et de 36 % pour l'Ecu.

d'insolvabilité de 1981-1982, date à partir de laquelle la plupart des pays débiteurs d'Amérique latine, d'Afrique et d'Europe de l'Est ont demandé une renégociation des termes de leur dette.

Tableau 5
Répartition des émissions internationales par origine des emprunteurs

	1984	1985	1986	1987 (6 mois)
Pays de l'OCDE	88,3	87,5	93,8	93,5
Pays exportateurs de pétrole	0,5	0,5	0,2	0,1
Autres PVD	2,8	4,3	1,8	1,1
Pays de l'Est	0,1	0,2	0,1	0,3
Organisations internationales	7,2	6,6	3,6	4,3
Autres	1,1	0,9	0,5	0,7
Total (pourcentage)	100	100	100	100
(milliards de dollars)	(109, 52)	(166, 45)	(225, 39)	(101, 57)

Source : OCDE.

Les euro-crédits sont émis en recourant à une procédure de syndication internationale semblable à celle utilisée pour les euro-obligations. La différence principale réside dans le syndicat de placement : celui-ci est remplacé par un pool de banques dont chacune s'engage à financer un certain montant du prêt. Les banques remplissent donc directement le rôle de prêteur. Elles prennent à leur compte un risque de crédit, alors que pour l'émission d'obligations elles jouent un rôle d'intermédiaire actif entre le débiteur et les souscripteurs. Le tableau 6 donne les volumes des prêts bancaires internationaux consentis au cours des dernières années ainsi que ceux des prêts bancaires étrangers.

Tableau 6
Prêts bancaires internationaux

	1984	1985	1986	1987 (6 mois)
Euro-crédits syndiqués	53,2	53,5	49,9	31,9
Prêts bancaires étrangers	8,8	6,6	8,4	3,8
Total	62,0	60,1	58,3	35,7

Unité : Milliards de dollars
Source : OCDE.

Le marché des euro-crédits apparaît sinistré. En 1981, un record historique avait été atteint avec plus de 90 milliards de dollars d'euro-crédits à moyen terme mis en place. A cette date, les montants d'euro-crédits représentaient près de trois fois le volume des émissions euro-obligataires. En 1986, avec un total de financement d'environ 50 milliards de dollars, le marché des euro-crédits ne représente même pas 30 % des émissions euro-obligataires. Encore faut-il faire une distinction entre les prêts librement consentis par les banques à de nouveaux débiteurs et les crédits « obligés ». Les accords de renégociation des dettes des pays du Tiers Monde, en particulier ceux du Brésil et du Mexique, prévoient non seulement le rééchelonnement des dettes en cours, mais aussi la mise en place de crédits complémentaires de la part des banques créancières (*new money*). Le montant de ces euro-crédits « non spontanés » s'est élevé à 11 milliards de dollars en 1984 et à 7 milliards en 1985, chiffres inclus dans le montant total des prêts bancaires internationaux.

La réaction des banques créancières a été, là encore, la sélectivité accrue des débiteurs (du moins tant qu'elles le pouvaient). Le faible montant d'euro-crédits consentis traduit la faiblesse de la demande émanant d'emprunteurs de qualité. Les euro-crédits, après avoir été dirigés en majorité vers les pays en voie de développement, se concentrent maintenant sur les débiteurs des pays développés, notamment sous l'impulsion des banques japonaises. Les euro-crédits ne sont donc pas un mode de financement moribond. Grandeurs et décadences se succèdent de manière cyclique sur le marché financier international. Les prêts bancaires syndiqués présentent l'inconvénient majeur de ne pas être négociables. La préoccupation de liquidité est ressentie de manière très profonde de la part de banques internationales dont une partie de l'actif est gelée dans des crédits dont l'éventuel remboursement apparaît dans le meilleur des cas très lointain...

2.5. *Le marché des euro-notes et l'innovation bancaire*

L'innovation a consisté à rendre liquide et négociable ce qui auparavant ne l'était pas. Le mouvement de fond vers la mobiliérisation (*securitization*) traduit cette exigence. Les actifs financiers recherchés sont les titres obligataires ou les instruments monétaires, car ceux-ci sont facilement négociables sur des marchés financiers ouverts à de nombreux acheteurs ou vendeurs.

Les émissions d'obligations à taux variable ont pu quelquefois apparaître comme des euro-crédits déguisés. Les banques qui procédaient à l'émission, agissaient en même temps comme prêteurs en conservant dans leurs portefeuilles-titres la plus grande partie de celle-ci. Techniquement, euro-crédits et FRN sont des actifs financiers très proches dont la rémunération est calculée sur la valeur du Libor augmentée d'une marge négociée (*spread*). La différence réside dans le fait que les titres à taux variable bénéficient d'un marché secondaire liquide.

Le récent marché des euro-notes est le résultat d'une innovation bancaire qui va dans le même sens. Il s'agit d'une technique combinant la sécurité d'un financement à moyen terme pour l'emprunteur avec le recours à la création de billets à ordre à court terme. Le montage d'une *facilité d'émissions internationales* s'effectue sous l'autorité d'une banque, l'« arrangeur », qui met en place un syndicat de garantie de souscription des notes à court terme. Cette garantie peut prendre la forme d'une ligne de crédit bancaire (*back-up facility*). A intervalles réguliers, la banque arrangeur procède au placement, souvent par enchères, des notes à court terme émises par l'emprunteur. Ces notes sont des billets à ordre de un à six mois de durée, elles sont négociables sur le marché euro-monétaire. En cas de placement difficile ou de demande insuffisante, le syndicat de garantie assure la sousciption totale des euro-notes.

Les banques commerciales ont rapidement été intéressées par ce mode de financement qui prend appui sur le marché monétaire à court terme. Inexistant au début des années 1980, le marché des facilités d'émissions internationales a rapidement atteint un volume de plus de 50 milliards de dollars. Il faut toutefois signaler que le montant d'une facilité d'émissions de notes est un plafond maximum. L'emprunteur est libre de fixer le montant de notes qu'il souhaite émettre. Les montants effectivement émis sont très inférieurs au total théorique des facilités.

Le *marché du papier euro-commercial* est très proche du précédent. Les banques d'investissement anglo-saxonnes ont proposé aux grands emprunteurs internationaux (Etats, entreprises publiques, firmes multinationales…) des programmes d'émission de papier euro-commercial. Ce marché est techniquement identique au précédent puisqu'il consiste aussi à émettre à intervalles réguliers des billets à court terme. La banque gérant le programme de papier commercial se charge de les placer auprès d'investisseurs institutionnels ou auprès d'autres banques. A la différence des facilités d'émissions internationales au sens strict, il n'y a pas de syndicat de placement pré-constitué. Le papier euro-commercial se place sur le marché euro-monétaire à court terme aux conditions prévalant sur le marché.

La formule plus récente et plus souple du papier euro-commercial a connu un succès très rapide qui dépasse celui des facilités d'émissions internationales (tableau 7).

Tableau 7
Les marchés d'euro-notes

	1984	1985	1986	1987 (6 mois)
Facilités d'émissions internationales	55,3	56,9	32,8	10,4
Programmes de papier euro-commercial	–	11,2	56,7	ND

Unité : Milliards de dollars.
Source : OCDE.

Le marché des euro-notes illustre la capacité des banques internationales à répondre au besoin de financement à moyen terme des emprunteurs en dépassant la formule traditionnelle du prêt. Déjà ces nouveaux compartiments, après seulement quelques années d'existence, semblent « faire le plein » de leurs utilisateurs potentiels. Une évolution vers d'autres actifs financiers est vraisemblable. Le savoir-faire des banques internationales consiste à disposer d'une créativité suffisante pour proposer au moment voulu le type d'actifs ou le type de montage financier qui convient aux emprunteurs (parmi lesquels elles figurent) et aux investisseurs (dont elles-mêmes).

Derrière l'appellation de banques internationales, on trouve donc des institutions de grande taille, qui doivent posséder tout à la fois :

– un savoir-faire professionnel et une renommée internationale de haut niveau,

– une capacité créatrice et des équipes de techniciens compétents dans tous les secteurs du marché,

– une grande capacité de placement après des investisseurs finaux et une implantation réellement internationale.

On dénombre une centaine d'institutions bancaires internationales remplissant ces conditions. Il faut souligner la concentration des acteurs bancaires sur le marché international des capitaux. Les emprunteurs comme les investisseurs se trouvent en face de banques que d'aucuns ont comparé avec justesse à des « supermarchés » financiers. Le tableau 8 donne quelques noms issus d'un classement des institutions les plus actives sur le marché euro-obligataire.

Tableau 8
Classement global 1986 des chefs de file

Noms	Montant	Nombre d'émissions
1 Crédit Suisse First Boston	60,7	474
2 Salomon Brothers	52,6	428
3 Morgan Stanley	36,3	285
4 Merrill Lynch	31,3	251
5 Goldman Sachs	26,6	218
6 Drexel Burnham	25,5	188
7 Shearson Lehman	17,4	240
8 Nomura Securities	16,8	144
9 Deutsche Bank	12,1	85
10 Daiwa Securities	10,8	99

Le marché international des capitaux doit l'essentiel de son développement et de son succès aux banques internationales. Celles-ci ne sont pas de simples intermédiaires passifs. Elles interviennent de manière directe à chaque instant dans le fonctionnement des marchés, en ne se limitant pas au marché primaire. Ce dynamisme mérite d'être signalé, car il se retrouve aussi au niveau du fonctionnement des marchés secondaires.

3. La globalisation des marchés secondaires

Le facteur unifiant le plus fondamental du marché international des capitaux est l'existence d'un marché secondaire bien organisé et intégré aux autres marchés domestiques. L'unité des marchés d'obligations internationales n'est pas une évidence qui s'impose d'elle-même. Au-delà des particularités institutionnelles de telle ou telle catégorie de titres, il faut adopter la vision globale qui est celle de l'investisseur international. Les titres internationaux ont certes des spécificités au moment de leur émission ; s'y arrêter reviendrait cependant à privilégier exagérément l'étape transitoire du marché primaire.

3.1. L'impératif de liquidité et d'évaluation

Une obligation est un actif financier qui a une durée de vie longue. Son comportement sur le marché s'inscrit dans le cadre d'offres et de demandes qui n'ont plus rien à voir avec les circonstances qui ont prévalu au moment de l'émission. Une obligation s'échange et s'apprécie par comparaison à d'autres titres, de devises, de maturités, de coupons ou de signatures différentes. Le marché secondaire euro-obligataire se nourrit de la diversité des actifs financiers disponibles.

L'encours des seules euro-obligations a dépassé 600 milliards de dollars fin juin 1987. Le schéma 2 montre la vive croissance de la taille du marché euro-obligataire. Le stock de titres disponibles dans le cadre d'une gestion de portefeuille internationale dépasse de loin le flux annuel des émissions. Ces dernières ne jouent qu'à la marge. La logique dominante sur les marchés financiers internationaux est celle de la gestion de portefeuille ; elle l'emporte sur la préoccupation de financement liée à l'émission de titres nouveaux par les emprunteurs.

Les 4 000 à 5 000 titres euro-obligataires offerts aux investisseurs sont en parfaite continuité avec les obligations domestiques libellées dans la même devise. Les euro-obligations en dollar se comparent aisément aux *US Treasury bonds* émis par le Trésor américain, celles en franc français sont dans le prolongement des Fonds d'Etat domestiques. Les obligations négociées sur les marchés nationaux sont de plus en plus couramment exonérées de retenues à la source[1]. Il se constitue ainsi un ensemble formé d'actifs financiers substituables dans le cadre d'une gestion obligataire internationale. Les titres qui en font partie sont non seulement les euro-obligations, mais aussi les compartiments des marchés domestiques accessibles sans inconvénient aux investisseurs étrangers. Ces derniers sont composés des actifs financiers qui ont un « statut » international : exemption de retenue à la source, marché liquide, encours unitaire des émissions important, débiteurs de grande qualité. Dans la pratique, il s'agit le plus souvent des emprunts d'Etat.

---

1. Tel est le cas aux Etats-Unis depuis 1984, en France, en Allemagne...

Schéma 2
Taille du marché euro-obligataire

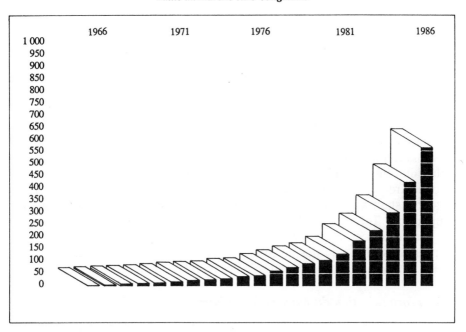

Unité : Milliards de dollars.
Source : AIBD.

Schéma 3
L'unification des marchés obligataires internationaux

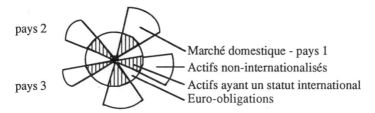

Le marché euro-obligataire apparaît comme le liant qui met naturellement en relation les marchés obligataires nationaux. La logique de la gestion de portefeuille consiste à s'interroger sur chaque titre et à évaluer l'opportunité de placement qu'il représente. Plus qu'une estimation absolue de sa valeur, ce qui compte est une appréciation relative. Le rôle économique du marché secondaire au travers des prix dont il permet l'affichage est d'être un lieu d'évaluation permanente et continue des actifs financiers. Le marché secondaire euro-obligataire ajoute une dimension supplémentaire à cette nécessité d'évaluation relative : il réalise dans la pratique l'intégration internationale des marchés financiers mondiaux. Un gérant de portefeuille français possédant une euro-obligation en dollar sur la firme XYZ sera naturellement amené à comparer le prix de cette dernière avec une euro-obligation du même débiteur, mais libellée en yen. Dans une étape ultérieure, le même gérant s'interrogera sur l'éventualité de vendre des obligations domestiques en yen pour acheter des *US Treasury bonds* en dollar. Le marché international des capitaux constitue l'univers de référence d'une gestion de portefeuille obligataire ouverte sur l'extérieur. Encore faut-il que ce marché soit suffisamment liquide pour que les titres qui s'y trouvent puissent faire l'objet de transactions dans le cadre d'une gestion dynamique. Il s'agit là d'un impératif technique sans lequel l'évaluation n'aurait pas de sens. Le marché secondaire est le lieu du retour à la liquidité pour l'investisseur qui veut sortir d'une position. Un marché secondaire performant est celui où les intervenants peuvent entrer et sortir à tout instant au cours affiché sur un titre, cela même pour des montants importants. Tel est globalement le cas des actifs financiers internationaux. L'organisation et les procédures du marché secondaire euro-obligataire en font un des plus liquides au monde. Celui-ci devient un modèle qui, par contact, tend à se reproduire au sein des marchés domestiques.

3.2. L'organisation du marché secondaire

L'organisation du marché secondaire euro-obligataire est fondée sur trois éléments :

– Les transactions se réalisent entièrement hors bourse par téléphone. Le marché est délocalisé, on qualifie cette situation d'*over the counter market*.

– L'existence reconnue d'une fonction de contrepartie permet de répondre immédiatement aux ordres des investisseurs. Cette contrepartie s'exerce de manière compétitive entre plusieurs *market makers*.

– La compensation des transactions est effectuée grâce à des centrales de *clearing* internationales partulièrement efficaces.

La conjonction de ces trois éléments aboutit à un fonctionnement performant du marché secondaire des actifs internationaux. Chacun d'entre eux mérite une analyse.

3.2.1. La délocalisation

Le marché est assuré par un réseau d'intervenants spécialisés, physiquement situés dans les grands centres financiers du monde. L'information et les transactions circulent entre eux par des moyens de communication divers : systèmes de messagerie en temps réel de type Reuter, téléphone, télex, réseaux de bases de données. Des intervenants spécialisés réalisent la quasi-totalité des transactions sur le marché international. Celles qui sont effectuées par l'intermédiaire des bourses de Londres ou de Luxembourg n'en représentent qu'une part infime.

En matière de titres internationaux, les détenteurs et les acquéreurs éventuels sont dispersés dans le monde entier. Les bourses de valeurs nationales ne sont pas, dans ces conditions, compétitives par rapport à des intermédiaires internationaux spécialisés dans un nombre restreint de titres. Les avantages d'un marché hors bourse par rapport à des cotations boursières localisées sont la disponibilité, la flexibilité et la discrétion. La disponibilité est un aspect important : elle signifie pouvoir effectuer des transactions à tout moment. C'est le cas des marchés hors bourse où la cotation est continue tout au long de la journée. Par ailleurs, si les intervenants contrepartistes sont judicieusement localisés autour du globe (Europe, Etats-Unis, Asie), il est possible que les transactions suivent les fuseaux horaires et se développent tout au long d'une journée ouvrable.

La flexibilité du marché secondaire international provient du faible poids contraignant des réglementations. Cela permet une adaptation rapide des procédures aux demandes des investisseurs.

La discrétion, enfin, est un élément auquel un donneur d'ordre, par exemple un investisseur institutionnel, est sensible lorsqu'il souhaite se défaire d'une position de titres. La possibilité de négocier directement avec un intermédiaire indépendant de l'émetteur permet de garantir l'anonymat de la transaction. Une discrétion totale est permise grâce à la forme au porteur de titres.

3.2.2. La contrepartie

Les intervenants spécialisés sur le marché secondaire sont ceux dont l'activité est consacrée à la réalisation des transactions. On distingue les contrepartistes (*market makers* ou *reporting dealers*) et les *dealers* non contrepartistes.

Les *market makers* sont des institutions financières qui s'engagent à assurer la fonction de contrepartie quelles que soient les conditions du marché. Chacun d'entre eux se déclare prêt à annoncer, pour une liste de titres déterminée par lui, un cours auquel il est acheteur et un cours auquel il est vendeur. Les cours affichés par le *market maker* s'entendent net de tous frais annexes, de commissions, ou de droits... La marge entre prix d'achat et prix de vente, appelée *trading spread*, est un élément essentiel de la rémunération du contrepartiste qui doit lui permettre de couvrir les frais liés à son activité. La permanence de l'activité de contrepartie est la donnée capitale qui garantit la liquidité du marché. Le caractère concurrentiel de la contrepartie assure que les prix affichés ont un caractère réaliste. Aucun *market maker* n'a en effet de monopole de transaction sur un titre donné. Plusieurs contrepartistes peuvent proposer des fourchettes de prix légèrement différentes. La concurrence assure que, par exemple, si l'un des *market makers* affichait des cours anormaux, les autres contrepartistes s'en apercevraient rapidement. Un *market maker* s'engage à traiter sur la base des prix qu'il annonce à son correspondant, quel que soit le sens de la transaction. Il se peut que cela se fasse parfois avec pertes. Il ne faut pas oublier que le contrepartiste, même s'il sert l'intérêt général du marché, agit pour son propre compte, en poursuivant des objectifs particuliers, notamment de rentabilité. Il est ainsi amené à prendre des positions risquées sur les titres qu'il traite.

Environ 120 institutions bancaires internationales ont le statut de *reporting dealers,* c'est-à-dire de contrepartistes déclarés auprès de l'AIBD (*Association of International Bond Dealers*). Il s'agit essentiellement des grandes banques internationales présentes sur le marché des émissions internationales. Pour les banques commerciales, le marché secondaire est le prolongement du marché primaire. Pour les banques d'investissement, le marché secondaire répond à la logique de gestion de portefeuille. La plus grande partie des *market makers* est physiquement installée à Londres.

Les intervenants non contrepartistes sont de simples *dealers* sur le marché secondaire. Ceux-ci proposent des prix ou sollicitent des affaires. Leur rôle consiste le plus souvent à être un intermédiaire pur entre le donneur d'ordres final (investisseurs ou débiteurs) et le contrepartiste le plus adapté. Le *dealer* est alors rémunéré par une commission de courtage. Il se peut néanmoins que certains *dealers* prennent des positions ponctuelles de titres pour leur propre compte et annoncent des prix à des clients.

L'ensemble des intervenants spécialisés sur les marchés internationaux se retrouvent au sein de l'AIBD. Cette association de droit suisse compte environ 800 membres répartis dans le monde entier. L'objet de l'AIBD est de développer la compétence de ses membres et d'apporter des solutions aux problèmes techniques rencontrés sur les marchés internationaux. Pour ce faire, l'AIBD a édicté un certain nombre de règles concernant le fonctionnement du marché et le déroulement des transactions. L'adhésion à l'AIBD implique le respect des règles et des procédures choisies par la communauté des intervenants. La nécessité d'une certaine auto-discipline est admise par l'ensemble des intervenants spécialisés sur les marchés internationaux. Deux associations particulières, regroupant des membres de l'AIBD, ont pour objet de définir un véritable code des usages et pratiques concernant respectivement le marché primaire (*International Primary Market Association*) et le marché secondaire (*Secondary Market Associa-tion*). Le caractère auto-régulateur du marché financier international est une de ses grandes caractéristiques. C'est aussi une de ses grandes forces. Les autorités chargées du contrôle des marchés financiers britanniques viennent d'en prendre acte en conférant un statut officiel au comité d'auto-réglementation concernant la négociation des titres internationaux à Londres, l'*International Security Regulation Organization*.

3.2.3. Les centrales de compensation

Le marché international a développé des institutions spécifiques qui sont des coopératives offrant des services aux intervenants spécialisés et aux investisseurs institutionnels. Deux centrales de *clearing* dont l'efficacité doit être soulignée assurent en effet la compensation de la quasi-totalité des transactions internationales de valeurs mobilières de toutes catégories. Euroclear à Bruxelles et Cedel à Luxembourg ne limitent cependant pas leur rôle au dépouillement des transactions. Ces deux centrales exercent les mêmes activités et proposent les mêmes services. La concurrence à laquelle se livrent ces deux organismes a eu l'effet bénéfique de rendre comparable la qualité de leurs services et de servir de stimulant à la recherche d'innovations techniques. Leur activité consiste non seulement à exécuter les transactions par virements scripturaux internes, mais aussi à permettre la conservation et la gestion des titres internationaux, le financement de positions de titres et les prêts/emprunts de titres. Le rôle des deux systèmes de *clearing* est d'assurer au mieux la logistique du marché financier international et d'être neutre dans les transactions qui s'y réalisent. Ni Cedel, ni Euroclear ne cherchent à concurrencer les diverses banques ou institutions financières dans leurs interventions sur le marché secondaire.

Chacun des deux systèmes compte environ 2 000 participants, l'adhésion y est gratuite. On retrouve comme membres :

– les banques actives sur le marché primaire international qui reçoivent les titres placés par l'intermédiaire des centrales de *clearing* et retournent le produit des émissions vers le chef de file par le même canal,

– les *market makers* et les *dealers* spécialisés dans les transactions sur le marché secondaire et qui sont les utilisateurs naturels du système de virement de titres par comptes-courants,

– les investisseurs institutionnels et les gérants de portefeuille internationaux professionnels : c'est le cas, par exemple, des compagnies d'assurances et des fonds d'investissement.

Chacun des deux systèmes peut traiter pratiquement tous les titres susceptibles d'être négociés sur les marchés internationaux, mais aussi sur les marchés domestiques. Le nombre de titres admis dans chacun des systèmes est impressionnant : près de 18 000 pour Euroclear, plus de 15 000 pour Cedel[1]. Au départ les centrales de *clearing* se limitaient aux euro-obligations. Cependant leur efficacité et la pression des utilisateurs les ont conduites à accepter aussi les obligations étrangères, notamment en franc suisse, les actions internationales, les euro-notes à court terme et même une fraction croissante d'obligations d'Etat domestiques.

Les valeurs mobilières internationales sont presque toujours matérialisées sous une forme au porteur. Elles sont physiquement déposées dans des chambres fortes gérées par chacun des deux systèmes de *clearing*. En contrepartie, Cedel et Euroclear créditent le compte-titres des institutions financières détentrices du nombre exact de titres déposés. La gestion courante des titres est assurée par les centrales de *clearing*. Les versements des coupons ou les remboursements sont crédités automatiquement et sans délai sur les comptes-espèces des participants. La conservation et la gestion

---

1. Données fin 1986.

courante des titres déposés donne lieu à la perception de droits de garde au profit de la centrale de *clearing* [1].

La réalisation des transactions est effectuée par un simple jeu d'écriture dans les comptes des deux parties. Lorsque l'acheteur et le vendeur sont tous deux membres du système, l'échange s'effectue simplement par virement de compte à compte des titres du vendeur vers l'acheteur et de manière symétrique par virement de la somme convenue du compte-espèces du second vers le compte-espèces du premier. Le mécanisme de *clearing* permet de réaliser automatiquement et simultanément la remise des titres et leur règlement en espèces au jour retenu pour exécuter la transaction. Le mécanisme du paiement contre livraison assure une sécurité absolue aux transactions. Les ordres d'exécution d'achat et de vente émanant des deux parties doivent parvenir sous une forme symétrique à la centrale de *clearing*. Un premier contrôle teste leur complémentarité. La compensation n'est ensuite effectuée au jour convenu que si les comptes-espèces et titres de l'un et de l'autre sont approvisionnés.

L'existence de deux systèmes concurrents n'a pas empêché le développement des transactions : un accord lie les deux centrales de manière à rendre cette dualité transparente pour les utilisateurs. Le *bridge* permet à deux parties, membres chacune d'un système, de dépouiller une transaction avec la même sécurité que si elles étaient toutes deux participantes au même système.

La grande efficacité des deux systèmes de *clearing* leur permet d'exécuter un nombre croissant de transactions. En 1986, Euroclear a procédé au dépouillement de près de 6 millions de transactions, Cedel en a pour sa part réalisé environ 4 millions. La très grande majorité de celles-ci parvient aux centrales de *clearing* par le biais de réseaux de communication informatisés permettant une compensation totalement automatique sans intervention humaine. La qualité du service offert à la communauté financière internationale est de très haut niveau et de coût nul. La compensation de transactions par virement interne (ou par le *bridge*) est gratuite, quel que soit le montant de celles-ci.

Les centrales de *clearing* proposent enfin l'organisation de prêts de titres qui permettent aux utilisateurs de vendre à découvert des titres qu'ils n'ont pas en les empruntant auprès de ces centrales. Cette facilité est essentielle pour les *market makers* et pour le fonctionnement général du marché financier international.

L'organisation particulièrement performante mise en place sur le marché financier international doit beaucoup aux centrales de *clearing*. La logistique d'un marché financier, les conditions pratiques d'exécution des transactions (que les praticiens appellent le *back-office*) ont une importance essentielle, souvent trop peu mise en valeur. Il s'agit pourtant d'une condition nécessaire au bon fonctionnement d'un marché financier.

---

1. Ceux-ci sont faibles. Euroclear prélève une somme égale à 0,14 pour mille par an de la valeur des titres déposés.

3.3. Le fonctionnement du marché secondaire

Bien organisé, le marché secondaire des valeurs mobilières internationales connaît un développement sans précédent. En l'espace d'une vingtaine d'années, ce marché est devenu l'un des plus liquides au monde. Le volume total des transactions effectuées en 1986 s'est élevé à l'équivalent de 3 500 milliards de dollars, soit près de 14 milliards de dollars par jour. Par son ampleur, il rivalise maintenant avec le marché domestique des fonds d'Etat américain (schéma 4).

Le développement du marché secondaire a été historiquement le plus rapide pour les titres libellés en dollar qui forment la majeure partie de l'encours et donc des transactions (environ 2 500 milliards de dollars). Le fait saillant des dernières années est la vive croissance du marché secondaire des actifs financiers internationaux en deutsche mark, en livre sterling et en yen. Les transactions de titres non libellés en dollar ont représenté environ 1 000 milliards de dollars en 1986. Ce chiffre impressionnant est l'illustration de l'intégration de plus en plus forte des différents compartiments du marché financier international.

Schéma 4
Volume de transactions sur les marchés financiers internationaux

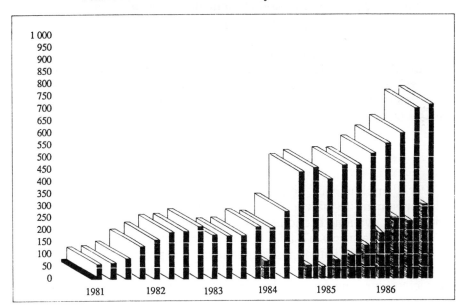

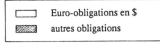

☐ Euro-obligations en $
▨ autres obligations

Unité : Milliards de dollars.
Source : AIBD.

Le bon fonctionnement du marché secondaire des valeurs mobilières internationales se mesure par le taux de rotation des actifs financiers. Celui-ci est en moyenne de l'ordre de cinq à six fois par an. Ce chiffre très élevé, qui peut paraître démesuré, est la conséquence du système de la contrepartie. Les intermédiaires spécialisés s'échangent de nombreuses fois les titres entre eux avant de pouvoir satisfaire un ordre émanant d'un investisseur final. La liquidité du marché trouve en partie son explication dans la rotation forte des actifs financiers : le volume d'activité étant élevé, l'offre ou la demande marginale trouve facilement à s'insérer dans le marché. La rotation élevée est aussi la marque d'une professionnalisation croissante des investisseurs. Les particuliers comptent peu sur les marchés secondaires internationaux. Les titres détenus par la clientèle privée, même s'ils représentent des sommes importantes, sont souvent conservés pour des périodes longues, parfois jusqu'à leur échéance finale. Ils participent peu au marché secondaire. A l'inverse, les investisseurs institutionnels (compagnies d'assurances, caisses de retraite, fonds d'investissement, banques commerciales, banques centrales...) ont une gestion par définition plus professionnelle. Or, les gérants de portefeuille comparent systématiquement les titres les uns aux autres, arbitrent tel compartiment contre tel autre. Se mettent ainsi en place des gestions actives portant sur des portefeuilles importants. Le *trading*, c'est-à-dire un mode de gestion actif qui consiste à faire « tourner » son portefeuille pour profiter des opportunités de marché, se développe et avec lui le volume d'activité des marchés secondaires. Le marché financier international est le lieu où s'expriment des gestions de portefeuille obligataires actives, ouvertes et diversifiées. L'arbitrage et la comparaison systématique des prix aux évaluations des investisseurs réalisent chaque jour l'intégration des marchés d'actifs financiers de devises ou de types différents.

*
* *

Par l'ampleur des sommes en cause et par la rapidité de son développement, le marché financier international peut apparaître comme une des innovations économiques importantes de la deuxième moitié du XXe siècle. Ce succès n'est pas le fruit des circonstances, il porte la marque de deux tendances de fond des économies contemporaines.

La première est l'émergence d'une catégorie nouvelle d'acteurs financiers que sont les grandes banques internationales. Ces institutions financières mettent clairement en évidence que les conditions de la réussite sur un marché, qu'il s'agisse de services financiers ou d'autres services, sont le dynamisme et le professionnalisme, la créativité et la technicité. L'alchimie de la gestion bancaire moderne consiste à concilier ces éléments.

La deuxième conclusion est la montée de la logique financière d'évaluation par rapport à la logique classique de financement. La couverture monétaire de besoins financiers, qui est la raison d'être initiale des actifs financiers, n'est plus la préoccupation dominante sur le marché international. L'entreprise qui cherche à se financer n'est qu'un partenaire sporadique. La gestion de portefeuille est à l'inverse une activité professionnelle permanente qui impose sa double logique d'évaluation et de liquidité des actifs financiers.

Références

Dufloux C., Margulici L., *Les euro-crédits,* Paris, Banque, 1984.

Dufloux C., Karlin M., « Le marché des obligations internationales : le temps des compromis » *Banque* (avril 1987), : 379-383.

Fisher F., *International Bonds,* London, Euromoney Publications, 1980.

Kertudo J.M., « Les marchés internationaux de capitaux : globalisation, sophistication, déréglementation », *Banque* (avril 1986) : 385-388.

La Bruslerie H. (de), *Euro-obligations et marché international des capitaux,* Paris, CLET, 1984.

La Bruslerie H. (de), « Tendance des marchés obligataires internationaux », *Banque* (mai 1985) : 451-460 ; (juin 1985) : 561-568.

Salomon Brothers, « New Issue Activity in International Bond Markets », *Review and Outlook Publication Bond Market Research* (February 1987).

Simon Y., *Techniques financières internationales,* 3e éd., Paris, Economica, 1988.

Union de Banques Suisses, « L'euro-marché : un marché sans frontières », *Etudes économiques,* n° 62, 1982.

Mots clés

Banques internationales, centrales de compensation de valeurs mobilières, émissions étrangères, euro-crédits, euro-notes, euro-obligations, euro-papier commercial, *market makers,* procédure d'émission internationale.

82

Marchés à terme de taux d'intérêt

Jean-Luc Alexandre

Les années 1970 marquent, aux Etats-Unis et dans la plupart des pays industrialisés, le début d'une période d'instabilité économique caractérisée par une hausse de l'inflation et un accroissement des déficits budgétaires. La dette, qu'elle soit d'origine publique ou privée, devient alors une véritable industrie de croissance, entraînant par là même un considérable développement des marchés monétaires et obligataires.

Ce phénomène s'accompagne d'importantes fluctuations des taux d'intérêt qui font office, avec l'application des théories monétaristes, d'instruments directeurs des politiques économiques[1].

Cette volatilité nouvelle ne va pas sans poser certains problèmes aux institutions financières qui doivent faire face à de fortes variations de la valeur de leurs actifs ou de leurs engagements dont le prix est fonction du niveau des taux d'intérêt.

Créés en 1975 sur les bourses de commerce de Chicago, et aujourd'hui développés sur la plupart des grandes places financières[2], les marchés à terme de taux d'intérêt apparaissent comme une réponse au besoin de gestion du risque de variation de taux d'intérêt que ressentent les différents acteurs de l'économie financière[3].

Basés sur le même principe de fonctionnement que les contrats à terme sur matière première, les contrats à terme sur instrument financier porteur de taux d'intérêt, plus communément appelés contrats à terme de taux d'intérêt, permettent de se protéger contre les variations du prix de la marchandise aujourd'hui la plus activement négociée : l'argent.

En prenant sur le marché à terme une position opposée à celle détenue sur le marché au comptant, autrement dit en vendant (dans le cas de protection d'un actif financier) ou en achetant (dans le cas de protection d'un passif financier) un contrat à terme, l'opérateur cherche à réaliser, en cas d'évolution défavorable du prix de l'argent, c'est-à-dire des taux d'intérêt, un gain sur les contrats à terme qui compense la perte constatée sur l'instrument financier couvert.

---

1. Voir également dans cette Encyclopédie l'article de R. Ferrandier, « Théorie des taux d'intérêt et gestion financière ».
2. Voir également dans cette Encyclopédie l'article de Y. Simon, « Place financière internationale ».
3. Voir également dans cette Encylcopédie l'article de C. de La Baume, « Risque de taux d'intérêt ».

Instruments de couverture mais aussi outils de spéculation, les contrats à terme de taux d'intérêt sont actuellement utilisés aussi bien par les institutions financières (banques, assurances, négociants en titres financiers) que par les entreprises commerciales et industrielles et même les particuliers.

Les principes généraux des contrats à terme de taux d'intérêt, leur mode de fonctionnement et leurs différentes formes d'utilisation seront successivement étudiés.

1. Les principes généraux d'un contrat à terme de taux d'intérêt

Des contrats à terme de taux d'intérêt sont aujourd'hui négociés sur la plupart des grandes places financières. Leurs caractéristiques et leur mode de fonctionnement marquent la spécificité de ces contrats par rapport aux instruments financiers du marché au comptant sur lesquels ils reposent.

1.1. La définition d'un contrat à terme de taux d'intérêt

Un contrat à terme ou *futures* est un engagement de livrer ou de prendre livraison d'une quantité déterminée d'un produit connu, à une date stipulée par le contrat et à un prix fixé lors de la transaction. Un contrat à terme de taux d'intérêt représente ainsi l'obligation de livrer ou prendre livraison, c'est-à-dire vendre ou acheter, à une date fixée dans le futur, un actif financier porteur de taux d'intérêt. Un tel contrat peut, par exemple, reposer sur 500 000 francs de nominal d'emprunt d'Etat français de taux facial 8 %, que le vendeur s'engage à livrer à l'acheteur à l'échéance du contrat, le 30 septembre 1988, à un prix égal à 98,50 % du nominal, soit 492 500 francs.

Ces contrats sont négociables, ce qui signifie que l'opérateur a la possibilité de dénouer sa position à tout moment avant la date prévue de livraison, en rachetant le contrat vendu initialement ou en revendant le contrat acheté.

1.2. Les caractéristiques d'un contrat à terme de taux d'intérêt

Instrument du marché financier, un contrat à terme revêt certaines caractéristiques qui marquent sa spécificité par rapport à un instrument du marché au comptant ou du marché de livraison différée (*forward* en anglais) :

– Les contrats se négocient à la criée sur une bourse organisée.

– Les contrats sont standardisés, tant au niveau du type d'actif financier livrable qu'au niveau de la quantité négociée et de la date de livraison.

– Les contrats ne sont négociables que durant une plage horaire limitée correspondant généralement aux heures d'ouverture de la bourse.

– A chaque contrat est associée une unité de variation de prix minimale, le *tick*, et dans certains cas une bande d'amplitude maximale journalière au-delà de laquelle les transactions sont suspendues.

– La liquidité d'un marché à terme s'avère généralement supérieure à celle du marché au comptant de l'actif sous-jacent et les frais de transaction sont plus faibles.

— Plusieurs échéances d'un même contrat sont cotées simultanément, mais les transactions tendent à se concentrer sur l'échéance la plus rapprochée.

— Seul un faible pourcentage des contrats négociés donne lieu à une livraison des titres financiers. La majorité des positions initiées sont dénouées par une transaction inverse à la transaction initiale.

1.3. La chambre de compensation et le système d'appel de marge

Organisme spécifique et indispensable à la sécurité des transactions et au bon fonctionnement d'un marché à terme, la chambre de compensation joue un triple rôle.

• Elle enregistre quotidiennement les contrats échangés sur le marché à terme, s'assurant qu'en face de chaque vendeur se trouve un acheteur, et confirme aux opérateurs membres de la bourse les transactions effectuées, ainsi que l'état général de leurs positions ouvertes.

• Une fois qu'un contrat est négocié, la chambre de compensation se substitue au cocontractant faisant office d'acheteur en face du vendeur et inversement. Elle garantit ainsi la bonne fin des opérations.

Cette substitution assumée par la chambre de compensation permet d'éliminer toute notion de risque de crédit lié à la nature de l'opérateur avec lequel est négocié un contrat. Elle permet également de dénouer une position sur le marché avec un opérateur autre que celui avec lequel avait été initié l'achat ou la vente du contrat.

En outre, c'est par l'intermédiaire de la chambre de compensation que sont réalisées, à l'échéance des contrats, les opérations de livraison. Le vendeur de contrat livre la chambre de compensation. Cette dernière fait parvenir à l'acheteur les titres financiers sur lesquels porte le contrat contre paiement du prix fixé lors de la transaction initiale.

Il faut souligner que depuis la création des premiers marchés à terme d'instruments financiers au milieu des années 1970 jamais la chambre de compensation d'un marché à terme n'a fait défaut à ses engagements.

• En dernier lieu, la chambre de compensation fixe le montant du dépôt de garantie ou « déposit » nécessaire à l'achat ou à la vente d'un contrat à terme, et procède, à l'issue de chaque séance, aux appels ou restitutions de marges en fonction de l'évolution du prix du contrat.

A titre d'exemple, dans le cadre du contrat à terme portant sur les emprunts d'Etat français, la chambre de compensation du MATIF a fixé le dépôt de garantie à 20 000 francs par contrat, chiffre à rapprocher du montant nominal de 500 000 francs.

Lorsqu'il initie une position sur le marché à terme, l'opérateur n'est tenu de verser à la chambre de compensation que le seul montant de ce dépôt de garantie. L'acheteur (comme le vendeur) doit régler à la chambre de compensation, à l'issue de chaque séance, le montant de sa perte potentielle calculée par rapport au cours de clôture du contrat de la veille. On dit qu'il y a appel de marge. A l'inverse, en cas de gain potentiel, il y a restitution de marge de la part de la chambre de compensation.

Le dépôt n'est quant à lui reversé à l'opérateur qu'après la livraison ou lors du dénouement de la position sur le marché.

En cas de non-paiement des appels de marge, la chambre de compensation procède, dès l'ouverture de la séance, à la liquidation de la position de l'opérateur défaillant.

Un exemple permet d'expliquer facilement le mécanisme des appels de marge.

Un opérateur achète au jour J 5 contrats de 500 000 francs de nominal, portant sur les emprunts d'Etat français au cours de 101,50 % (soit une valeur du contrat de $\dfrac{500\,000 \times 101,50}{100} = 507\,500$ francs.

Le dépôt de garantie s'élève à 20 000 francs par contrat soit un total de 100 000 francs. Les contrats sont revendus en J + 4 après avoir connu entre les dates J et J + 4 les variations de cours reproduites à la première colonne du tableau 1. Le montant quotidien des appels et des restitutions de marge est indiqué dans la dernière colonne du même tableau.

Tableau 1

Jour	Cours du contrat	Variation du prix du contrat par rapport à la veille	Variation en francs pour cinq contrats	Dépôt (–) ou restitution (+) du déposit	Appel (–) ou restitution (+) des marges
J (achat des contrats)	101,50	–	–	– 100 000	–
J + 1	101,30	– 0,20	– 5 000		– 5 000
J + 2	101,20	– 0,10	– 2 500		– 2 500
J + 3	102,40	+ 1,20	+ 30 000		+ 30 000
J + 4 (revente des contrats)	102,60	+ 0,20	+ 5 000	+ 100 000	+ 5 000
Total	–	+ 1,10	+ 27 500	0	+ 27 500

1.4. Le développement des marchés à terme de taux d'intérêt

C'est en octobre 1975 que fut créé le premier contrat à terme de taux d'intérêt. Négocié sur le Chicago Board of Trade (CBOT), la plus grande bourse de commerce de Chicago, il portait sur les titres hypothécaires américains, les « GNMA ».

En janvier 1976, s'ouvrait un contrat sur les bons du Trésor américain à 90 jours à l'International Monetary Market (IMM), division du Chicago Mercantile Exchange (CME), autre bourse de commerce de Chicago.

Le 22 août 1977 était mis en place au CBOT un contrat à terme portant sur les obligations à long terme du Trésor américain, le *US Treasury Bond Futures*. Ce contrat est aujourd'hui, avec un volume journalier moyen de plus de 270 000 lots échangés (chiffre du mois de mars 1988), le plus important contrat de l'industrie des *financial futures*.

Parmi les nombreux contrats créés dans les années 1980, il faut citer le contrat sur dépôt interbancaire en eurodollars à trois mois, l'*Eurodollar Futures*, négocié sur le CME, ainsi que celui sur les obligations à moyen terme du Trésor américain, le *US Treasury Note Futures* du CBOT.

Si la ville de New York fait indiscutablement figure de centre de l'industrie financière américaine en ce qui concerne les marchés du comptant, c'est Chicago qui a su très nettement affirmer son leadership en matière de marchés à terme d'instruments financiers, malgré les efforts importants des bourses de commerce et de valeurs de New York.

Deux raisons majeures expliquent le succès des bourses de Chicago :

– Tout d'abord, une tradition longuement établie en matière de marchés à terme. Les bourses sur lesquelles se traitent les principaux contrats à terme de taux d'intérêt américains sont celles où se négociaient dès la fin du XIXe siècle, et où se négocient encore aujourd'hui les principaux contrats à terme sur produits agricoles.

– Ensuite, la présence à Chicago d'une communauté importante et fortement capitalisée de spéculateurs professionnels, les *locals*, qui assurent la liquidité du marché.

Le succès des marchés à terme de taux d'intérêt aux Etats-Unis et le développement des marchés obligataires, parallèlement à un accroissement des déficits budgétaires dans les grands pays industrialisés, devaient conduire, à partir des années 1980, à un développement des marchés à terme de taux d'intérêt au-delà des frontières américaines. De tels marchés voient ainsi le jour en Nouvelle-Zélande, à Sydney, Toronto, Londres, Singapour, Tokyo, Paris et Amsterdam.

La création, le 20 février 1986, du MATIF (marché à terme d'instruments financiers), à Paris, s'inscrit dans le cadre d'un considérable essor du marché obligataire français, d'une forte hausse de la volatilité des taux d'intérêt et d'un véritable besoin de couverture des opérateurs qui avaient dû faire face avant l'ouverture du MATIF à d'importantes secousses sur le marché obligataire français.

1.5. *Les principaux contrats à terme de taux d'intérêt négociés dans le monde*

La plupart des places financières disposent aujourd'hui de marchés de contrats à terme de taux d'intérêt tant à court terme qu'à long terme (tableau 2).

Tableau 2

Les principaux contrats à terme de taux d'intérêt (juillet 1988)

Bourse [a]	Contrat	Principales caractéristiques du contrat	Volume de transactions (juillet 1988) en nombre de contrats	Montant de la position de place (juillet 1988)	Variation minimale du prix du contrat
CBOT	*US Treasury Bond*	USD 100 000 d'obligations du Trésor américain • taux facial 8 % • maturité 15 à 30 ans	5 132 874	472 970	1/32 % = USD 31,25
CBOT	*US Treasury Note*	USD 100 000 d'obligations du Trésor américain • taux facial 8 % • maturité 6 à 10 ans	327 446	94 607	1/32 % = USD 31,25
CBOT	*US Municipal Bond index*	USD 100 000 d'un indice d'obligations municipales américain • taux facial 8 % • maturité 15 à 30 ans	66 005	13 994	1/32 % = USD 31,25
CBOT	*Five Year Treasury Note*	USD 100 000 d'obligations du Trésor américain • taux facial 8 % • maturité 4,25 à 5,25 ans	55 580	13 024	1/64 % = USD 15,625
CBOT	*30 Day Interest Rate*	USD 5 000 000 d'un indice égal à la moyenne mensuelle du taux journalier des *fed funds*	ND (création du contrat le 3 oct. 1988)	ND	0,01 % = USD 41,67
CME	*Eurodollar*	USD 1 000 000 d'euro-dollars à 90 jours	1 604 466	466 081	0,01 % = USD 25
CME	*US Treasury Bill*	USD 1 000 000 de bons du Trésor américain à 90 jours	84 327	23 169	0,01 % = USD 25
FINEX	*Five Year Treasury Note*	USD 100 000 d'obligations du Trésor américain • taux facial 8 % • maturité 4,25 à 5,25 ans	72 375	10 281	1/64 % = USD 15,625

(Suite tableau 2)

Bourse [a]	Contrat	Principales caractéristiques du contrat	Volume de transactions (juillet 1988) en nombre de contrats	Montant de la position de place (juillet 1988)	Variation minimale du prix du contrat
LIFFE	*Long Gilt*	GBP 50 000 d'obligations du Trésor britannique • taux facial 9 % • maturité 15 à 25 ans	417 565	42 723	1/32 % = GBP 15,625
LIFFE	*Short sterling*	GBP 500 000 d'eurosterlings à 90 jours	340 184	40 599	0,01 % = GBP 12,50
LIFFE	*US Treasury Bond*	Contrat identique à celui du CBOT	159 508	7 019	1/32 % = USD 31,25
LIFFE	*Japanese Government Bond*	Contrat identique à celui du TSE	14 733	925	1/100 % = JPY 10 000
LIFFE	*Eurodollar*	Contrat identique à celui du CME	124 783	37 524	0,01 % = USD 25
LIFFE	*Bund*	DEM 250 000 d'obligations du Trésor allemand • taux facial 6 % • maturité 8,5 à 10 ans	ND (création du contrat le 29 sept. 1988)	ND	0,01 % = DEM 25
TSE	*Japanese Government Bond*	JPY 100 000 000 d'obligations du Trésor japonais • taux facial 6 % • maturité 7 à 10 ans	1 787 845	167 612	1/100 % = JPY 10 000
TSE	*Long-Term Japanese Government Bond*	JPY 100 000 000 d'obligations du Trésor japonais • taux facial 6 % • maturité 15 à 20 ans	ND (création du contrat le 8 juill. 1988)	ND	0,01 % = JPY 10 000
SFE	*Australian Government Bond*	AUD 100 000 d'un indice de rendement d'obligations du Trésor australien • taux facial 12 % • maturité 10 ans	175 190	38 143	0,005 % = AUD 30
SFE	*Bank Bills*	AUD 500 000 de certificats de dépôt australiens à 90 jours	186 222	67 842	0,01 % = AUD 11

(Suite tableau 2)

Bourse [a]	Contrat	Principales caractéristiques du contrat	Volume de transactions (juillet 1988) en nombre de contrats	Montant de la position de place (juillet 1988)	Variation minimale du prix du contrat
NZFE	*New Zealand Government Bond*	NZD 100 000 d'un indice de rendement d'obligations néo-zélandais • taux facial 14 % • maturité 5 ans	32 801	6 346	0,01 % = NZD 40
SIMEX	*Eurodollar*	même contrat que CME	149 615	33 299	0,01 % = USD 25
MATIF	*Emprunt d'Etat*	FRF 500 000 d'emprunt d'Etat français • taux facial 10 % • maturité 7 à 10 ans	748 283	90 589	0,02 % = FRF 100
MATIF	*Bons du Trésor*	FRF 100 000 de bons du Trésor français à 90 jours	630	342	0,01 % = FRF 125
MATIF	*Pibor*	FRF 5 000 000 de francs à 90 jours	ND [b] (création du contrat le 8 sept. 1988)	ND [b]	0,01 % = FRF 125

a. CBOT : Chicago Board of Trade
   CME : Chicago Mercantile Exchange
   LIFFE : London International Financial Futures Exchange
   FINEX : Financial Instruments Exchange (division financière du New York Cotton Exchange)
   TSE : Tokyo Stock Exchange
   SFE : Sydney Futures Exchange
   NZFE : New Zealand Futures Exchange
   SIMEX : Singapore International Monetary Exchange
   MATIF : Marché à Terme International de France.
b. ND : Non disponible.

On voit se dessiner une nouvelle tendance dans l'industrie des contrats à terme d'instruments financiers avec la mise en place de la cotation continue des principaux contrats.

Ainsi, les contrats à terme portant sur l'eurodollar à trois mois et sur les obligations du Trésor américain se négocient sur plusieurs bourses correspondant chacune à un créneau horaire différent.

Les contrats à terme sur emprunt d'Etat japonais sont quant à eux cotés après la fermeture du marché de Tokyo sur le London International Financial Futures Exchange (LIFFE).

2. Le fonctionnement et les concepts fondamentaux des contrats à terme de taux d'intérêt

L'importante gamme de contrats à terme de taux d'intérêt que reflète le tableau 2 peut se diviser globalement en deux grandes familles : celle des contrats de taux d'intérêt à court terme et celle des contrats de taux d'intérêt à long terme.

Ces deux types de contrat se distinguent non seulement par les caractéristiques du type d'actif financier sur lequel ils portent, mais également par leurs modes de construction et la nature de leurs relations avec le marché comptant de l'instrument financier sous-jacent au contrat.

2.1. Les contrats de taux d'intérêt à long terme

Les contrats de taux d'intérêt à long terme représentent le segment le plus actif des marchés de *financial futures*. Leur mode de construction, basé sur le principe de l'emprunt notionnel, et les mécanismes de livraison, à l'échéance du contrat, de titres issus du marché au comptant constituent leur principale originalité.

2.1.1. Le mode de construction du contrat

Les différents contrats sur actif financier porteur de taux d'intérêt à long terme reposent sur des emprunts à taux fixe issus du marché obligataire. Or un tel marché ne présente pas un caractère d'homogénéité dans la mesure où à chaque obligation sont attachées des caractéristiques propres qui sont sa maturité et son taux facial.

Le nombre important de titres échangés sur les différents marchés obligataires domestiques et la nécessité de préserver le caractère d'homogénéité d'un contrat à terme rendaient impossible la création de contrats à terme répondant chacun aux caractéristiques des différentes obligations négociées sur le marché comptant.

La plupart des contrats à terme de taux d'intérêt à long terme, et c'est le cas des marchés à terme sur *US Treasury Bond* aux Etats-Unis, sur *Long Gilt* au Royaume-Uni, sur *Japanese Government Bond* au Japon, et sur emprunt d'Etat en France, portent sur un titre que l'on peut qualifier d'abstrait puisqu'il n'est pas disponible sur le marché du comptant : « l'emprunt notionnel » qui se définit par son montant nominal, son taux facial et un espace de maturité représentatif de l'ensemble des titres livrables. Le contrat est coté, comme une obligation, en pourcentage du pair.

Exemple :

Les prix de négociation les plus représentatifs de la journée du 29 septembre 1987 relatifs au contrat MATIF de 500 000 francs de nominal sur emprunt d'Etat, notionnel 10 %, maturité 7 à 10 ans, sont reproduits au tableau 3.

Tableau 3

Echéance	Ouverture	Plus haut de la journée	Plus bas de la journée	Clôture	Variation par rapport à la veille
Décembre 1987	96,40	96,60	96,10	96,30	– 0,30
Mars 1988	95,95	96,25	95,70	95,85	– 0,35
Juin 1988	95,90	95,90	95,80	95,80	– 0,15

Système du facteur de concordance

Bien que les contrats à terme portent sur un titre notionnel, non disponible sur le marché au comptant, le lien entre le marché au comptant et le marché à terme est assuré par la possibilité de livrer, à l'échéance du contrat, des obligations issues du marché au comptant, dont la maturité correspond aux caractéristiques de l'emprunt notionnel. L'ensemble des obligations livrables compose le gisement.

La chambre de compensation associe à chaque obligation livrable sur le marché à terme un nombre appelé facteur de concordance qui représente la valeur de livraison de ce titre. Celui-ci se calcule par actualisation, à la date de livraison de chaque contrat et à un taux égal au taux facial de l'emprunt notionnel, des flux de paiement des coupons et de remboursement de l'obligation livrable. Le facteur de concordance d'un titre, fonction croissante de son taux de coupon, vise à rétablir en terme de valeur de livraison de chaque obligation la hiérarchie de prix que reflète le marché du comptant.

La valeur de livraison d'une obligation à l'échéance d'un contrat à terme est égale à :

$$L = (FC \times T \times N) + CC$$

où :

L = la valeur de livraison,
FC = le facteur de concordance de l'obligation,
T = le cours du contrat en pourcentage du pair,
N = le montant nominal de l'obligation,
CC = le coupon couru sur l'obligation livrée à la date d'échéance du contrat .

Exemple :

– Le contrat MATIF sur emprunt d'Etat notionnel 10 % échéance mars cote 96,55.

– L'obligation 13,20 % de 1983 cote 113,45 (pied de coupon).

– Le facteur de concordance de l'obligation 13,20 % est de 1,165 131.
– Le coupon couru à la date d'échéance du contrat s'élève à 5,25 %.

La valeur de livraison de 500 000 francs de nominal de l'obligation 13,20 % sur le contrat d'échéance mars est de :

$$500\,000 \times \frac{96,55}{100} \times 1,165\,131 + 500\,000 \times \frac{5,25}{100}, \text{ soit } 588\,717 \text{ francs.}$$

2.1.2. Les concepts de base et d'obligation la moins chère à livrer

2.1.2.1. La base

Le système du facteur de concordance permet de calculer à tout moment le différentiel entre le cours au comptant d'une obligation et sa valeur de livraison sur le marché à terme. Ce différentiel représentatif de l'écart de prix entre le marché comptant et le marché à terme est appelé base.

$$B = P - FC \times T$$

avec :
B = la base,
P = le prix de l'obligation au comptant,
FC = le facteur de concordance de l'obligation livrable,
T = le cours du contrat à terme.

Exemple :
– Le contrat à terme notionnel 8 % échéance juin sur *US Treasury Bond* cote 89,11/32.
– Le prix de l'obligation 7,50 % échéance 2016 est de 90,22/32.
– Le facteur de concordance de l'obligation 7,50 % échéance 2016 est de 0,9360.

La base entre l'obligation 7,50 échéance 2016 et le contrat à terme sur *US Treasury Bond* est égale à :

$$90,22/32 - (89,11/32 \times 0,9360)$$
$$= 90,22/32 - 83,20/32$$
$$= 7,02/32$$

2.1.2.2. Le titre le moins cher à livrer

Le titre qui à l'échéance d'un contrat à terme s'avère être le plus économique à livrer est celui qui maximise la différence entre sa valeur de livraison et sa valeur au comptant, c'est-à-dire qui minimise la base.

Si on se place à une date quelconque, et en tenant compte du coupon couru et du coût de financement de l'obligation entre la date de son achat et celle de sa livraison à l'échéance du contrat, l'emprunt le moins cher à livrer, également appelé *cheapest,* est celui qui maximise :

$$FC \times T - P + (CC_1 - CC_0) - \text{Fin}$$

avec :
$CC_1 - CC_0$ = le coupon couru entre la date d'achat de l'obligation et l'échéance du contrat à terme.

Fin   = le coût de financement de l'obligation achetée, calculé sur la même période.

La construction des contrats à terme sur emprunt notionnel prévoit qu'appartient au vendeur le droit de choisir l'emprunt qu'il livrera s'il conserve sa position jusqu'à l'échéance du contrat. Ayant pour objectif de maximiser son gain (ou minimiser sa perte) lors de l'opération de livraison, le vendeur aura donc tendance à livrer l'emprunt *cheapest*. C'est ce même emprunt que l'acheteur de contrat doit s'attendre à recevoir en livraison à l'échéance du contrat à terme.

2.1.2.3. *Le taux implicite de portage*

Il est également possible d'identifier l'obligation la moins chère à livrer en comparant, entre les différentes obligations livrables, les rendements obtenus dans le cadre d'une opération consistant en un achat d'obligations au comptant, une vente de contrats à terme, et la livraison de l'obligation à l'échéance du contrat vendu. Ce taux appelé taux implicite de portage ou *implied repo* est égal à :

$$\frac{FC \times T - P + CC_1 - CC_0}{P + CC_0} \times \frac{360}{J}$$

avec :

P = le prix comptant de l'obligation,
T = le prix du contrat à terme,
FC = le facteur de concordance de l'obligation livrable,
CC_0 = le coupon couru à la date d'achat de l'obligation,
CC_1 = le coupon couru à la date de livraison de l'obligation,
J = le nombre de jours sur lequel porte l'opération.

En cas de détachement de coupon avant la date de livraison, il faut prendre en compte les flux d'intérêts sur le placement du coupon jusqu'à l'échéance du contrat.

L'obligation qui maximise le taux implicite de portage est également la moins chère à livrer.

Exemple :

– A soixante-treize jours de son échéance, le contrat à terme sur emprunt d'Etat japonais notionnel 6 %, échéance juin, cote 112,04.

– L'obligation de coupon 6,20 % cote 114,08 (pied de coupon).

– Le coupon couru est de 1,75 %.

– Le facteur de concordance est de 1,0154.

– Le taux implicite de portage est égal à :

$$\frac{112,04 \times 1,0154 - 114,08 + 1,24}{(114,08 + 1,75)} \times \frac{360}{73} = 3,93 \ \%$$

2.1.3. La formation du prix d'un contrat à terme sur emprunt notionnel

A l'expiration du contrat, l'acheteur doit s'attendre à se voir livrer l'obligation *cheapest*. A cette date, le cours du contrat, pondéré par le facteur de conversion, est égal à celui de l'obligation la moins chère à livrer : en d'autres termes, la base est nulle. Il est donc équivalent d'acheter l'obligation *cheapest* ou le contrat à terme.

Si la base s'avérait négative, l'opérateur pourrait aisément acheter au comptant l'obligation et vendre le contrat à terme, ou réaliser l'opération inverse en cas de base positive. Plus généralement, et à tout moment où se négocie un contrat, il doit être équivalent à un opérateur agissant en tant qu'arbitragiste :

– d'acheter l'obligation la moins chère à livrer sur le marché comptant, de financer cet achat et de bénéficier du coupon couru jusqu'à la date de livraison du contrat à terme,

– ou d'acheter le contrat à terme.

Le prix théorique du contrat à terme est ainsi fonction du prix de l'obligation la moins chère à livrer et du montant net de portage sur l'obligation jusqu'à la date de livraison, c'est-à-dire :

$$FC \times T = P - (CC_1 - CC_0) + \text{Financement}$$

soit :

$$T = \frac{P - (C \times J/365) + (P + CC_0) \times I \times J/360}{FC}$$

avec :

T = le prix du contrat à terme,
P = le prix, pied de coupon, de l'obligation la moins chère à livrer,
C = le taux facial de l'obligation la moins chère à livrer,
CC_0 = le coupon couru sur l'obligation la moins chère à livrer,
J = le nombre de jours jusqu'à l'échéance du contrat,
I = le taux de financement de l'obligation la moins chère à livrer jusqu'à l'échéance du contrat.

Exemple :

– L'obligation la moins chère à livrer sur le contrat à terme notionnel 10 % sur emprunt d'Etat est la 9,90 % échéance 1997.
– Son cours est de 112,60 (pied de coupon).
– Le montant de coupon couru s'élève à 2,67 %.
– Le facteur de concordance est égal à 0,992992.
– Le taux de financement à 110 jours est de 6,50 %.

Le prix théorique du contrat à terme venant à échéance dans 110 jours est égal à :

$$\frac{112,60 - (9,90 \times \dfrac{110}{365}) + (112,60 + 2,67) \times 0,065 \times \dfrac{110}{360}}{0,992992} = 112,70$$

Lorsque le taux de financement de l'obligation achetée est inférieur à son taux de coupon, c'est-à-dire en structure croissante de la courbe de taux d'intérêt, le cours de l'obligation la moins chère à livrer est supérieur à celui du contrat multiplié par le facteur de concordance. Dans le cadre d'une courbe de taux inversée (taux à court terme supérieur au taux à long terme), on a une relation contraire. Dans le premier cas, la base est positive et dans le second elle est négative.

La relation d'arbitrage dont découle le prix théorique du contrat à terme sur emprunt notionnel implique en outre une relation d'égalité entre le taux implicite de portage de l'obligation la moins chère à livrer et son taux de financement jusqu'à l'échéance du contrat.

En pratique, on constate sur certains marchés, et tout particulièrement sur le contrat à terme sur *US Treasury Bond,* que le taux implicite de portage de l'obligation la moins chère à livrer est sensiblement inférieur à son taux de financement ou, en d'autres termes, que le prix du contrat à terme est inférieur à son prix théorique. Ce phénomène inhérent à la non-réalisation effective des opérations d'arbitrage décrites précédemment repose sur plusieurs explications :

– l'incertitude de l'acheteur quant à la nature du titre qui lui sera livré à l'échéance du contrat (l'obligation la moins chère peut changer d'un jour sur l'autre) ;

– les difficultés d'ordre technique ou réglementaire de réalisation de l'opération d'arbitrage entre le marché au comptant et le marché à terme, notamment lorsque celle-ci entraîne la vente à découvert de l'obligation *cheapest* ;

– la relative inexpérience ou le manque d'intérêt des opérateurs envers ce type d'opération.

2.2. Les contrats de taux d'intérêt à court terme

Les contrats de taux d'intérêt à court terme portent chacun sur un instrument unique du marché monétaire. A l'opposé des contrats de taux d'intérêt à long terme, ils se négocient sur la base du taux de rendement, et non du prix, de l'instrument sous-jacent au contrat.

2.2.1. Le mode de construction du contrat

Les contrats à terme portant sur des instruments financiers à court terme ou sur des taux de dépôt interbancaires sont construits sur la base d'un indice égal à la différence entre 100 et le taux de rendement de l'instrument traité.

L'achat d'un contrat à terme sur bons du Trésor français à 90 jours au prix de 91,10 implique l'engagement de prendre livraison à l'échéance du contrat de 5 000 000 de francs de bons du Trésor à 90 jours, à un prix correspondant à un rendement de 100 – 91,10, soit 8,90 % (taux précompté).

Une unité de variation du prix du contrat soit 0,01 représente

$$\frac{0,01}{100} \times 5\ 000\ 000 \times \frac{90}{360}, \text{ soit } 125 \text{ francs}$$

La vente d'un contrat à terme sur le taux de l'eurodollar à 90 jours au prix de 92,25 implique quant à elle l'engagement d'emprunter à l'échéance du contrat, 1 000 000 de dollars à 3 mois au taux de 100 − 92,25, soit 7,75 %.

L'unité de variation du prix du contrat soit 0,01 représente une somme de :

$$\frac{0,01}{100} \times 1\ 000\ 000 \times \frac{90}{360}, \text{ soit } 25 \text{ dollars}$$

Il existe deux types de livraison sur les contrats de taux d'intérêt à court terme.

La première s'applique aux contrats à terme dont l'actif sous-jacent est un instrument négociable comme le bon du Trésor à 90 jours. Dans ce cas, il y a, à l'échéance du contrat, livraison du titre physique sous-jacent au contrat, un bon du Trésor à 90 jours dans l'exemple précédent. La valeur de livraison du bon du Trésor sur marché à terme à l'échéance du contrat est égale à :

$$N - \frac{N \times D \times (100 - T)}{36\ 000}$$

avec :

N = le montant nominal des bons du Trésor livrés,
D = la maturité des bons du Trésor (en nombre de jours),
T = le prix du contrat à terme.

Exemple :

Si 5 000 000 de francs de nominal de bons du Trésor français à 90 jours sont livrés sur le marché à terme et si le contrat vaut 93,36, la valeur de livraison du bon du Trésor à 90 jours est de :

$$5\ 000\ 000 - \frac{5\ 000\ 000 \times 90 \times (100 - 93,36)}{36\ 000} = 4\ 917\ 000 \text{ francs}$$

La seconde modalité de livraison concerne les contrats à terme portant sur un actif non négociable comme les dépôts bancaires en francs français, en eurodollars ou en eurosterlings à 90 jours.

Il semblait difficile de prévoir à l'échéance de ces contrats une opération d'emprunt et de prêt entre l'acheteur et le vendeur de contrat, dans la mesure où il n'est pas équivalent de prêter de l'argent à une grande banque internationale ou à un particulier, et que toutes les catégories d'intervenants peuvent opérer sur le marché à terme. C'est l'une des raisons pour lesquelles les contrats à terme portant sur un taux de dépôt interbancaire prévoient à l'échéance un règlement en espèces. La valeur du contrat est déterminée à son échéance, sur la base du taux comptant de dépôt à 90 jours obtenu par sondage auprès d'un certain nombre de grandes banques de dépôt. L'opérateur règle alors la différence entre le prix d'achat (ou de vente) du contrat et sa valeur finale égale à 100 – le taux au comptant obtenu par sondage.

Exemple :

Un opérateur achète un contrat d'eurodollar le 30 août à 91,25.

Le 14 septembre, à l'échéance du contrat à terme, le taux de dépôt en eurodollar à 90 jours sur le marché comptant est de 9,63 %, soit une valeur du contrat de 90,37.

Dans ces cas, l'acheteur verse à la chambre de compensation le différentiel de valeur entre le cours d'achat et le cours de compensation du contrat, soit :

$$\frac{(91,25 - 90,37)}{100} \times 1\ 000\ 000 \times \frac{90}{360} = 2\ 200\ \text{USD}$$

Ce versement sera en fait étalé dans le temps du fait du système quotidien d'appel de marge.

Une autre façon de déterminer le montant de la perte réalisée sur l'opération consiste à calculer le produit de la variation du prix du contrat par la valeur de l'unité de variation du contrat, c'est-à-dire le *tick*. Le montant de la perte s'élève ainsi à :

$$(9\ 125 - 9\ 037) \times 25 = 88 \times 25 = 2\ 200\ \text{USD}$$

2.2.2. *Les concepts de base et de convergence*

La construction même du contrat à terme sur dépôt interbancaire et les opérations d'arbitrage dans le cadre d'un contrat prévoyant la livraison de titres physiques, impliquent à l'échéance de celui-ci une égalité entre le taux d'intérêt implicite du contrat à terme et celui de l'instrument financier sous-jacent. La base est nulle ; on dit alors qu'il y a convergence entre le marché au comptant et le marché à terme.

En dehors de cette date, la base n'est généralement pas nulle.

En structure croissante des taux sur le marché au comptant, lorsque le taux d'intérêt d'un actif financier est fonction croissante de sa maturité, le taux implicite du contrat à terme est supérieur à celui de l'actif sous-jacent. A l'opposé, en structure décroissante des taux d'intérêt, le taux implicite du contrat est inférieur à celui de l'actif sous-jacent.

Il existe autant de bases que d'échéances du contrat. Celles-ci se calculent par la différence entre le taux implicite du contrat à terme et le taux du marché comptant (tableau 4).

Exemple :

Le taux au comptant de l'eurodollar à 90 jours est de 7,05 %

Tableau 4

Echéance du contrat	Prix du contrat	Taux implicite du contrat	Base (taux implicite du contrat – taux du marché au comptant)
Décembre	92,75	7,25 %	0,20
Mars	92,55	7,45 %	0,40
Juin	92,02	7,98 %	0,93

2.2.3. La formation du prix d'un contrat de taux d'intérêt à court terme

La formation du prix d'un contrat à terme portant sur un actif financier à court terme négociable ou un taux de dépôt interbancaire répond à une relation d'arbitrage de nature identique à celle relative au contrat de taux d'intérêt à long terme. Cette relation d'arbitrage suppose que le prix du contrat à terme est tel qu'il rend équivalentes les deux opérations suivantes :

– acheter en J_0 un bon du Trésor de maturité n jours ($n > 90$ jours)

ou

– acheter en J_0 un bon du Trésor de maturité $n - 90$ jours et acheter simultanément un contrat à terme sur bon du Trésor à 90 jours venant à expiration dans $n - 90$ jours en se faisant livrer le bon du Trésor à l'échéance du contrat.

Dans le cadre d'un contrat à terme portant sur un taux de dépôt interbancaire à 90 jours, le prix du contrat doit être tel qu'il rend identiques les deux opérations suivantes :

• prêter en J_0 (respectivement emprunter) à n jours ($n > 90$ jours)

ou

• prêter (respectivement emprunter) en J_0 à $n - 90$ jours et acheter (respectivement vendre) en J_0 un contrat à terme sur eurodollar à 90 jours venant à échéance dans $n - 90$ jours afin de garantir le taux de prêt (respectivement d'emprunt) à 90 jours dans $n - 90$ jours.

Exemple :

Le taux de l'eurodollar à 30 jours est de 7 %. Le taux de l'eurodollar à 120 jours est de 7,80. Le taux implicite, t, du contrat à terme sur eurodollar à 90 jours venant à échéance dans 30 jours, doit être tel qu'il rend équivalentes les deux opérations suivantes :

Prêt à 120 jours à 7,80 %.

Prêt à 30 jours à 7 % et achat du contrat d'eurodollar à 90 jours venant à échéance dans 30 jours.

Si t est le taux d'intérêt implicite du contrat à terme on a la relation suivante :

$$\left(1 + \frac{7}{100} \times \frac{30}{360}\right)\left(1 + \frac{t}{100} \times \frac{90}{360}\right) = \left(1 + \frac{7,80}{100} \times \frac{120}{360}\right)$$

c'est-à-dire :

$$t = \left[\frac{\left(1 + \frac{7,80}{100} \times \frac{120}{360}\right)}{\left(1 + \frac{7}{100} \times \frac{30}{360}\right)} - 1\right] \times \frac{36\,000}{90}$$

soit $t = 8,02 \%$.

Le prix théorique du contrat à terme sur eurodollar à 90 jours venant à échéance dans 30 jours est égal à $100 - 8,02$, soit 91,98.

Plus généralement la valeur théorique d'un contrat à terme sur taux de dépôt interbancaire à 90 jours venant à expiration dans d jours est égale à $100 - t$, avec t :

$$t = \left[\frac{\left(1 + \frac{t_2}{100} \times \frac{d+90}{360}\right)}{\left(1 + \frac{t_1}{100} \times \frac{d}{360}\right)} - 1\right] \times \frac{36\,000}{90}$$

où :

d = le nombre de jours jusqu'à l'échéance du contrat à terme,
t_1 = le taux d'intérêt à d jours,
t_2 = le taux d'intérêt à $d + 90$ jours.

La formation du prix théorique d'un contrat à terme sur bons du Trésor répond au même principe que celui du contrat sur taux de dépôt interbancaire. Il est cependant nécessaire d'utiliser dans les calculs, non pas le taux précompté qui sert de base au calcul des rendements sur les marchés au comptant et à terme des bons du Trésor, mais un taux monétaire *in fine* déterminé par la relation

$$\text{taux monétaire} = \text{taux précompté} / 1 - \text{taux précompté} \times \frac{D}{36\,000}$$

où D représente la maturité du bon du Trésor exprimée en nombre de jours.

3. Les techniques d'utilisation des contrats à terme de taux d'intérêt

Si la fonction économique d'un contrat à terme de taux d'intérêt est de permettre, en tant qu'instrument de couverture ou *de hedging,* la gestion du risque de taux, les contrats de *futures* n'en demeurent pas moins des outils privilégiés de prise de position, c'est-à-dire de *trading* sur l'évolution absolue ou relative des taux d'intérêt. Parallèlement aux activités de *hedging* et de *trading* qui impliquent respectivement une réduction ou un accroissement du risque de taux, se développent sur les marchés à terme de taux d'intérêt des opérations d'arbitrage. Ce type d'opération permet de tirer profit d'anomalies de prix entre le marché au comptant et le marché à terme, ou entre différents contrats à terme de taux d'intérêt.

3.1. Les opérations de couverture

Instrument de couverture, un contrat à terme de taux d'intérêt permet d'annuler, ou du moins de minimiser, les risques financiers induits par la fluctuation des taux d'intérêt, en prenant sur le marché à terme une position opposée à celle détenue sur le marché comptant.

L'opération de couverture, qui se traduit par un achat ou une vente de contrat, vise à réaliser en cas de variation des taux d'intérêt un gain (respectivement une perte) sur le marché à terme qui compense la perte (respectivement le gain) constatée sur l'instrument financier couvert.

3.1.1. Les types d'opérations de couverture

On distingue deux formes de couverture :

3.1.1.1. La couverture contre la hausse des taux d'intérêt par vente de contrats à terme

Cette couverture concerne par exemple :

– un gérant de portefeuille d'obligations à taux fixe dont les cours baissent en cas de remontée des taux d'intérêt,

– un négociant en titres financiers qui craint une dépréciation de son en-cours de titres,

– une banque qui accorde un prêt à long terme et qui doit se refinancer sur le marché monétaire à trois ou six mois,

– un trésorier d'entreprise qui sait qu'il devra faire face à des besoins de financement d'ici à la fin de l'année,

– un émetteur obligataire qui souhaite lancer un nouvel emprunt dans un an.

3.1.1.2. La couverture contre le risque de baisse des taux d'intérêt par achat de contrats à terme

Ce type de couverture s'adresse par exemple à :

– un assureur qui va recevoir d'ici à quelques mois des liquidités qu'il désire placer sur le marché obligataire ou sur le marché des bons du Trésor à 90 jours,

– une banque qui a emprunté à long terme pour reprêter à trois mois ou six mois,

– un gestionnaire d'obligations à taux variable qui craint une diminution du coupon en cas de baisse des taux,

– un trésorier d'entreprise qui connaît ses excédents de trésorerie disponibles d'ici à six mois.

Exemple :

En janvier, une banque qui gère un portefeuille de 10 000 000 de francs de nominal d'emprunt d'Etat français de taux facial 10 % et de maturité 10 ans, désire se protéger contre la hausse des taux d'intérêt qui provoquerait une dépréciation de la valeur de son portefeuille.

Tableau 5

Marché au comptant des emprunts d'Etat	Marché des contrats à terme sur emprunt d'Etat
15 janvier – La banque craint une hausse des taux d'intérêt. – Le cours des emprunts d'Etat 10% 10 ans est de 98,50 %, soit une valeur du portefeuille de 9 850 000 francs.	15 janvier La banque vend 20 contrats à terme notionnel 10 % sur emprunt d'Etat de 500 000 francs de nominal, échéance mars, au cours de 98,25 %, soit une valeur totale des contrats de 9 825 000 (98,25 % x 500 000 x 20).
25 février – Les taux d'intérêt ont effectivement monté. – Le cours des obligations détenues n'est plus que de 97,45 %, soit une valeur du portefeuille de 9 745 000 francs.	25 février La banque achète 20 contrats à terme sur emprunt d'Etat échéance mars au cours de 97,20 %, soit une valeur totale des contrats de 9 720 000 francs.
La perte sur le portefeuille s'élève à 105 000 francs.	Le gain sur les contrats à terme s'élève à 105 000 francs. $\dfrac{(98,25 - 97,20)}{100} \times 500\,000 \times 20$
La vente de contrats à terme a permis de réaliser un gain de 105 000 francs qui compense la perte de même montant constatée sur le portefeuille obligataire.	

Exemple :

En février, un trésorier d'entreprise envisage de placer dans deux mois 50 000 000 de dollars, au taux des dépôts en eurodollar à 90 jours, et anticipe d'ici là une baisse des taux d'intérêt.

Tableau 6

Marché du dépôt en eurodollar à 90 jours	Marché des contrats à terme sur dépôt en eurodollar à 90 jours
17 février Le trésorier désire placer 50 000 000 de dollars à 90 jours dans deux mois. Le taux de placement en eurodollar à 90 jours est de 7,25 %. Le trésorier anticipe une baisse des taux d'intérêt.	17 février Le trésorier achète 50 contrats à terme sur eurodollar à 90 jours de nominal 1 000 000 de dollars, échéance juin, au prix de 92,50 (soit un taux implicite de 7,50 %).
17 avril Le trésorier place ses fonds à 90 jours au taux de 6,50 %.	17 avril Le trésorier revend les contrats sur eurodollar, échéance juin, au prix de 93,25 (soit un taux implicite de 6,75 %).
La perte due à la baisse du taux de dépôt à 90 jours s'élève à : $$\frac{(7,25 - 6,50)}{100} \times 50\,000\,000 \times \frac{90}{360}$$ soit 93 750 dollars.	Le gain réalisé sur les contrats à terme d'eurodollar s'élève à : $$(9\,325 - 9\,250) \times 50 \times 25$$ ou $$\frac{(7,50 - 6,75)}{100} \times 50\,000\,000 \times \frac{90}{360}$$ soit 93 750 dollars.
Le gain de 93 750 sur le marché à terme a compensé la perte de 93 750 dollars sur le marché du dépôt à 90 jours.	

3.1.2. Le risque de base

Les deux exemples précédents représentent des couvertures parfaites, dans la mesure où le gain réalisé sur les contrats à terme compense exactement la perte subie sur le marché au comptant.

Il est cependant peu fréquent, en pratique, de constater une évolution strictement identique des prix du contrat à terme et de l'instrument couvert. En effet, la différence entre le prix du comptant et celui du contrat à terme, c'est-à-dire la base, varie constamment. Ce sont les fluctuations de cette base qui expliquent le résultat financier d'une opération de couverture. Celui-ci, au lieu d'être nul comme dans les exemples précédents, laisse dans la grande majorité des cas apparaître, selon le sens de l'évolution de la base, un gain ou une perte.

Exemple :

L'opération de couverture suivante illustre l'influence de l'évolution de la base sur le résultat de l'opération de couverture.

Tableau 7

Marché du dépôt en eurodollar à 90 jours	Marché des contrats à terme sur dépôt en eurodollar à 90 jours
10 septembre – Une banque désire emprunter 10 000 000 de dollars à 3 mois d'ici 1 mois. – Le taux d'emprunt à 3 mois est de 8,45 %. – La banque craint une hausse des taux d'intérêt.	10 septembre La banque vend 10 contrats sur dépôt en eurodollar à 90 jours, de nominal 1 000 000 de dollars, échéance décembre, au prix de 91,32 (soit un taux implicite de 8,68 %).
10 octobre La banque emprunte 10 000 000 de dollars à 90 jours au taux de 8,25 %.	10 octobre La banque achète 10 contrats sur eurodol lar, échéance décembre, au prix de 91,48 (taux implicite de 8,52 %).
Le gain réalisé sur l'opération d'emprunt s'élève à : $$\frac{8,45 - 8,25}{100} \times 10\,000\,000 \times \frac{90}{360}$$ soit 5 000 dollars.	La perte réalisée sur les contrats à terme s'élève à : (9 148 – 9 132) x 10 x 25 soit 4 000 dollars.
L'opération de couverture se solde globalement par un gain de 1 000 dollars.	

Le résultat de l'opération de couverture peut s'analyser en terme de variation de la base, comme l'indique le tableau 8.

Tableau 8

• Le 10 septembre : taux comptant 8,45	Taux à terme 8,68	Base + 0,23
• Le 10 octobre : taux comptant 8,25	Taux à terme 8,52	Base + 0,27

Le gain de 1 000 dollars sur l'opération de couverture s'explique par l'évolution favorable de la base qui passe de 0,23 à 0,27 entre le 10 septembre et le 20 septembre, soit une variation de 4 *ticks* sur 10 contrats, ce qui représente un gain de 4 x25 x 10, soit 1 000 dollars.

L'opération précédente peut donc s'analyser comme un achat de la base le 10 septembre à 0,23 et une revente de celle-ci le 10 octobre à 0,27.

Si, le 10 octobre, le prix du contrat à terme avait été, toutes choses égales par ailleurs, de 91,55, soit un taux implicite de 8,45 %, le résultat de l'opération de couverture se serait soldé par une perte de 750 dollars. Ce résultat, là encore, s'analyserait en terme de variation de base, puisqu'elle passe de 0,23 le 10 septembre à 0,20 (8,45 − 8,25) le 10 octobre.

La plupart des opérations de couverture laissent donc subsister un risque lié aux fluctuations de la base. Cette incertitude n'enlève cependant rien à l'intérêt des contrats à terme en tant qu'instruments de couverture, dans la mesure où ce risque de base s'avère généralement faible par rapport au risque absolu de variation des taux d'intérêt.

Une bonne gestion du risque de base peut de plus permettre de générer systématiquement un produit sur les opérations de couverture.

3.1.3. La détermination du ratio de couverture

La multiplicité des instruments financiers porteurs de taux d'intérêt ne permet pas toujours de trouver un contrat à terme dont les caractéristiques concordent parfaitement avec celles de l'instrument à couvrir.

La mise en place d'une opération de couverture implique dès lors une analyse des comportements relatifs, face à une variation des taux d'intérêt, du prix de l'instrument couvert et de celui du contrat à terme. Il s'agit plus précisément de déterminer, pour un montant nominal donné de l'instrument à couvrir, le montant nominal de contrats à acheter ou à vendre tel que la variation du prix de l'instrument couvert soit égale à celle du contrat à terme.

Le ratio de couverture se définit comme étant le nombre de contrats à vendre (respectivement à acheter) pour protéger la valeur d'un actif (respectivement d'un passif) à montants nominaux égaux.

Ce ratio, h, doit en cas de variations identiques des taux d'intérêt du contrat à terme et de l'instrument couvert vérifier la relation :

$$\Delta P - h \, \Delta T = 0$$

soit $h = \dfrac{\Delta P}{\Delta T}$

avec :

$\Delta P =$ la variation du prix de l'instrument couvert pour une variation Δi de son taux d'intérêt.

$\Delta T =$ la variation du prix du contrat pour une variation Δi de son taux d'intérêt.

Le ratio de couverture représente donc le rapport des variations de prix de l'instrument couvert et du contrat à terme en cas de variations égales des taux d'intérêt des deux instruments.

Le nombre de contrats nécessaires à la couverture est égal au produit du ratio de couverture par le montant nominal de l'instrument couvert, divisé par le montant nominal unitaire du contrat à terme.

Diverses méthodes de calcul du ratio de couverture sont utilisées.

3.1.3.1. La méthode du point de base

Le ratio de couverture est calculé à partir du rapport entre la valeur du point de base de l'instrument couvert et celle du contrat à terme. Le point de base représente la variation de prix d'un instrument financier induite par une variation de 0,01 % de son rendement. Le nombre de contrats nécessaires à l'opération de couverture est égal à :

$$\frac{\text{Valeur du point de base de l'instrument couvert}}{\text{Valeur du point de base du contrat à terme}} \times \frac{\text{Montant nominal de l'instrument couvert}}{\text{Montant nominal du contrat à terme}}$$

Exemple :

Couverture de 5 000 000 de dollars de prêt à 1 an par un contrat à terme sur eurodollar à 90 jours de nominal égal à 1 000 000 de dollars.

La variation de 0,01 % des taux d'intérêt sur un prêt à un an implique pour un montant de 1 000 000 de dollars une variation en prix de :

$$\frac{0,01}{100} \times 1\ 000\ 000\text{, soit une valeur du point de base de 100 dollars.}$$

La variation de 0,01 % des taux d'intérêt sur contrat de 1 000 000 de dollars à 90 jours implique quant à elle une variation de prix de

$$\frac{0,01}{100} \times 1\ 000\ 000 \times \frac{90}{360}\text{, soit un point de base égal à 25 dollars.}$$

Le ratio de couverture d'un prêt à 1 an par un contrat sur eurodollar à 90 jours est dès lors égal à $\frac{100}{25} = 4$.

Le nombre de contrats à terme sur eurodollar à 90 jours à acheter s'élève, pour un prêt de 5 000 000 de dollars, à

$$4 \times \frac{5\ 000\ 000}{1\ 000\ 000}\text{, soit 20 contrats.}$$

Dans le cadre d'un contrat à terme sur emprunt notionnel, la valeur du point de base du contrat est égale à celle de l'emprunt le moins cher à livrer divisé par son facteur de concordance.

Exemple :

Couverture d'un montant nominal de 20 000 000 de dollars de *US Treasury Bond* 12 %, échéance 2 013, par un contrat à terme sur *US Treasury Bond* notionnel 8 %.

La valeur d'un point de base sur l'emprunt 12 % échéance 2 013 est de 11,64 dollars.

La valeur d'un point de base sur l'emprunt le moins cher à livrer, le 7,50 % échéance 2 016, est de 7,64 dollars.

Le facteur de concordance de l'emprunt 7,50 % est de 0,9654.

Le nombre de contrats à vendre est égal à $\dfrac{11,64}{7,64} \times 0,9654 \times \dfrac{20\,000\,000}{100\,000}$, soit 294 contrats.

3.1.3.2. *La méthode de la duration*

Cette méthode est utilisée principalement dans le cadre de la couverture d'obligations ou de titres porteurs de taux d'intérêt à long terme.

La duration d'une obligation correspond à la moyenne pondérée des valeurs actualisées des flux de paiement de coupon et de remboursement qui lui sont attachés.

c'est-à-dire : $D = \dfrac{1}{P} \sum\limits_{i=1}^{n} i \times \dfrac{\text{Flux}\,(i)}{(1+r)^{i}}$

avec :

P = le prix de l'obligation coupon couru,
r = le taux de rendement de l'obligation,
Flux (i) = le flux d'intérêt ou de remboursement de l'année i.

Le ratio de couverture est égal à :

$\dfrac{P \times D_p}{T \times D_t} \times \dfrac{1+r_t}{1+r_p}$

avec :

P = le prix de l'instrument couvert,
D_p = la duration de l'instrument couvert,
T = le prix du contrat à terme,
D_t = la duration du contrat à terme,
r_p = le taux de rendement de l'instrument couvert,
r_t = le taux de rendement du contrat à terme.

On considère généralement que la duration d'un contrat à terme portant sur un emprunt notionnel est égale au rapport de la duration du titre le moins cher à livrer par son facteur de concordance. De la même façon, on utilise comme taux de rendement d'un contrat à terme celui de l'obligation la moins chère à livrer.

Le ratio de couverture d'une obligation quelconque par un contrat à terme portant sur un emprunt notionnel est dès lors le suivant :

$\dfrac{P \times D_p}{P_c \times D_c} \times FC \times \dfrac{1+r_c}{1+r_p}$

avec :
P_c = le prix de l'obligation la moins chère à livrer,
D_c = la duration de l'obligation la moins chère à livrer,
FC = le facteur de concordance de l'obligation la moins chère à livrer,
r_c = le taux de rendement de l'obligation la moins chère à livrer.

Exemple :

Couverture de 40 000 000 francs de nominal de l'emprunt d'Etat français 15,30 %, échéance 1992, par le contrat MATIF sur emprunt d'Etat notionnel 10 %, échéance juin, de nominal 500 000 francs.

Cours de l'emprunt 15,30 %	= 131,15
Titre le moins cher à livrer	= 13,70 %
Cours de l'emprunt 13,70 %	= 125,80
Duration de l'emprunt 15,30 %	= 4,91
Duration de l'emprunt 13,70 %	= 4,93
Facteur de concordance de l'emprunt 13,70 % =	1,182 748
Prix du contrat MATIF échéance juin	= 106,50
Taux de rendement de l'emprunt 15,30 %	= 8,91 %
Taux de rendement de l'emprunt 13,70 %	= 8,38 %

Le nombre de contrats MATIF à vendre afin de couvrir le risque de taux sur 40 000 000 de francs de nominal de l'emprunt d'Etat 15,30 %, échéance 1992, est égal à :

$$\frac{131,15 \times 4,91}{125,80 \times 4,93} \times 1,182748 \times \frac{1,0838}{1,0891} \times \frac{40\,000\,000}{500\,000}$$

soit 97,76 contrats, chiffre arrondi à 98 contrats.

Il est important de noter que si le ratio de couverture de l'obligation la moins chère à livrer est par définition égal à son facteur de concordance, l'utilisation de ce facteur comme ratio de couverture pour les autres emprunts livrables n'est envisageable que s'il y a, lors de l'initiation de l'opération de couverture, décision de livraison des obligations à l'échéance du contrat. Dans le cas contraire, le facteur de concordance ne permet pas de couvrir efficacement le risque de taux.

3.1.3.3. *La méthode de la régression*

Cette méthode de détermination du ratio de couverture repose sur une analyse statistique du comportement de l'instrument couvert par rapport à celui du contrat à terme.

On cherche à exprimer, par la méthode de régression, le prix de l'instrument couvert comme étant une fonction linéaire du prix du contrat à terme, c'est-à-dire :

$$P = aT + b$$

Le ratio de couverture est dès lors égal à la valeur de la pente a de la droite représentative de la fonction linéaire. Cette pente se calcule par la méthode des moindres carrés

c'est-à-dire : $$\dfrac{\sum\limits_{i=1}^{n} (P_i - \overline{P})\,(T_i - \overline{T})}{\sum\limits_{i=1}^{n} (T_i - \overline{T})^2}$$

avec :

P_i = la série historique des prix de l'instrument couvert,
$\overline{P}$ = la moyenne de cette série,
T_i = la série historique des prix du contrat à terme,
$\overline{T}$ = la moyenne de cette série.

On peut également utiliser les séries de variations des prix du contrat à terme et de l'instrument couvert pour déterminer le ratio de couverture.

La méthode de détermination du ratio de couverture d'après la technique de régression est d'autant plus performante que le coefficient de corrélation entre les deux séries est élevé.

3.1.4. Le risque de corrélation

Les résultats obtenus quant à la détermination du ratio de couverture varient d'autant plus fortement selon les diverses méthodes utilisées que les caractéristiques de l'instrument couvert sont différentes de celles de l'instrument sous-jacent au contrat à terme.

Le risque de corrélation représente le risque d'une évolution non parallèle de l'instrument couvert et du contrat à terme en cas de non-homogénéité des deux instruments. Ce risque existe dès que l'instrument couvert n'a pas les mêmes caractéristiques en terme de taux de coupon, maturité ou qualité de la signature que l'instrument sous-jacent au contrat à terme. Tel est le cas par exemple d'une couverture de certificat de dépôt à 6 mois par un contrat à terme sur bons du Trésor à 90 jours ou d'une couverture d'un emprunt du secteur privé par un contrat à terme sur emprunt d'Etat.

Le risque de corrélation, poussé à son extrême, peut conduire à un résultat sur une opération de couverture qui laisse apparaître à la fois un gain (ou à la fois une perte) sur l'instrument couvert et sur le contrat à terme.

Exemple :

La mauvaise corrélation entre le taux des certificats de dépôt à 135 jours et celui des contrats sur bon du Trésor à 90 jours aboutit à une perte simultanée sur les deux marchés (tableau 9).

Tableau 9

Marché au comptant des certificats de dépôt à 135 jours	Marché des contrats à terme sur bon du Trésor à 90 jours
Le 7 juillet Une banque désire placer en septembre 80 000 000 de francs de certificats de dépôt à 135 jours. Le rendement des certificats de dépôt à 135 jours est de 7,70 %.	Le 7 juillet La banque achète 24 contrats (*) de 5 000 000 de francs de nominal sur bon du Trésor à 90 jours, échéance septembre, au cours de 93,00 (taux implicite de 7 %).
Le 17 septembre La banque place 80 000 000 de francs de certificats de dépôt à taux de 6,47 %.	Le 17 septembre La banque vend 24 contrats sur bon du Trésor, échéance septembre, au cours de 92,96 (taux implicite de 7,04 %).
La perte sur le marché des certificats de dépôt s'élève à $$\frac{(7,70 - 6,47)}{100} \times 80\,000\,000 \times \frac{135}{360}$$ soit 369 000 francs	La perte sur le marché des contrats à terme sur bon du Trésor s'élève à (9 300 – 9 296) x 24 x 125, soit 12 000 francs
L'opération de couverture se solde par une perte globale de 381 000 francs.	

(*) Ratio de couverture :

$$\frac{\text{Valeur du point de base d'un certificat de dépôt à 135 j}}{\text{Valeur du point de base d'un prêt à 90 j}} \times \frac{\text{Montant nominal des certificats de dépôt}}{\text{Montant nominal du contrat à terme sur bon du Trésor}}$$

soit $\dfrac{37,50}{25} \times \dfrac{80\,000\,000}{5\,000\,000} = 24$ contrats.

3.2. Les opérations de prise de position

Tout comme les instruments porteurs de taux d'intérêt négociés sur le marché au comptant, les contrats à terme permettent de prendre des positions spéculatives sur l'évolution absolue ou relative des taux d'intérêt.

3.2.1. La prise de position sur l'évolution absolue des taux d'intérêt

A l'opposé d'une opération de couverture, une opération de *trading* implique un achat de contrats en cas d'anticipation de baisse des taux d'intérêt et une vente de contrats dans le cas contraire.

Exemples :

– Anticipation de baisse des taux sur les emprunts d'Etat français
  • Le 7 janvier, le taux de rendement sur les emprunts d'Etat s'élève à 9,45 %.
    Achat de 100 contrats du MATIF, échéance décembre, sur emprunt d'Etat de 500 000 francs de nominal à 101,20 (rendement = 9,45 %).

- Le 1er février

  Le taux de rendement sur les emprunts d'Etat est passé à 9,20 %.
  Le contrat MATIF sur emprunt d'Etat vaut 102,50.

Gain sur l'opération $\dfrac{(102,50 - 101,20)}{100} \times 500\,000 \times 100 = 650\,000$ francs.

– Anticipation de hausse des taux sur les emprunts à long terme du Trésor américain.

- Le 1er janvier : vente de 50 contrats échéance mars de 100 000 dollars de nominal sur obligation du Trésor américain au prix de 89,23/32.
- Le 7 janvier : achat de 50 contrats au prix de 89,12/32.

Le gain sur l'opération s'élève à :

$$\dfrac{(89,23/32 - 89,12/32)}{100} \times 100\,000 \times 50 = 17\,187 \text{ dollars.}$$

L'utilisation d'un contrat à terme plutôt qu'un instrument du marché au comptant en tant qu'outil de *trading* comporte plusieurs avantages :
– une meilleure liquidité du marché à terme,
– des frais de transactions inférieurs à ceux du marché au comptant,
– la sécurité des transactions garantie par la chambre de compensation,
– la confidentialité des opérations,
– la flexibilité accrue des opérations notamment pour la vente de contrats à découvert, souvent difficilement réalisable sur le marché au comptant,
– un effet de levier lié au faible montant du dépôt de garantie,
– l'inscription des opérations sur les contrats en compte de hors bilan.

3.2.2. *La prise de position sur l'évolution relative des taux d'intérêt (notion de* spreading*)*

Moins risquée qu'une opération de spéculation sur l'évolution absolue du niveau des taux d'intérêt, les opérations de *spreading* consistent à prendre une position sur l'évolution de l'écart de prix entre deux contrats à terme, c'est-à-dire sur la variation relative du taux d'intérêt d'un contrat à terme par rapport à un autre. Une opération de *spreading* se traduit par un achat et une vente simultanés de deux contrats différents.

On distingue deux formes de prise de position sur l'évolution de l'écart de prix entre deux contrats :

3.2.2.1. *Le* spread *interéchéances*

Cette opération consiste en un achat et une vente simultanés de deux contrats portant sur un même support mais d'échéances différentes, suivis d'une vente et d'un achat simultanés des deux contrats quelques heures, quelques jours, voire quelques mois plus tard.

Exemple :

- Le 25 mars, un investisseur achète un contrat MATIF sur emprunt d'Etat échéance juin à 100,50 et vend un contrat MATIF sur emprunt d'Etat échéance septembre à 100,40.

La valeur du *spread* est de : 100,50 – 100,40 = 0,10.

- Le 28 mars, l'investisseur vend un contrat MATIF sur emprunt d'Etat échéance juin à 98,70 et achète un contrat MATIF sur emprunt d'Etat échéance septembre à 98,50.

La valeur du *spread* est de 98,70 – 98,50 = 0,20.

Le résultat de l'opération ressort à 500 francs par *spread*.

- Le 25 mars l'investisseur a acheté un *spread* (achat du contrat d'échéance rapprochée vente du contrat d'échéance éloignée) à 0,10.
- Le 28 mars, il a vendu un *spread* (vente du contrat d'échéance rapprochée et achat du contrat d'échéance éloignée) à 0,20.

Le profit s'élève à

$$\frac{0,10}{100} \times 500\,000 \times 1 = 500 \text{ francs par } spread.$$

3.2.2.2. *Le* spread *intercontrats*

Cette opération consiste à acheter et vendre simultanément deux contrats à terme portant sur des supports différents.

Un tel *spread* concerne par exemple l'achat d'un contrat sur eurodollar à 90 jours et la vente simultanée d'un contrat à terme sur bon du Trésor américain à 90 jours.

Exemple :

- Le 12 novembre, le contrat à terme sur bon du Trésor américain à 90 jours, échéance décembre, cote 92,65, soit un taux implicite du contrat de 7,35 %. Le même jour, le contrat à terme sur eurodollar à 90 jours, échéance décembre, cote 91,55, soit un taux implicite de 8,45.
- L'opérateur, qui anticipe un accroissement de l'écart de taux entre le contrat sur eurodollar et celui sur bon du Trésor, achète le contrat sur bon du Trésor et vend le contrat sur eurodollar. Il achète le *spread* entre le prix du contrat sur bon du Trésor à 90 jours et celui sur eurodollar à 90 jours. La valeur du *spread* est égale à 92,65 – 91,55, soit 1,10.
- Le 17 novembre, le contrat sur bon du Trésor américain cote 92,75, soit un taux implicite de 7,25. Le même jour, le contrat sur eurodollar vaut pour sa part 91,58, soit un taux implicite de 8,42. La valeur du *spread* est égale à 92,75 – 91,58, soit 1,17.
- L'opérateur réalise un profit en revendant le *spread* : il vend le contrat sur bon du Trésor et achète le contrat sur eurodollar. Le résultat de l'opération est indiqué au tableau 10.

Tableau 10
Résultat de l'opération de spread

	Contrat à terme sur bon du Trésor à 90 jours	Contrat à terme sur eurodollar à 90 jours	*Spread*
12 novembre	92,65 (achat)	91,55 (vente)	+ 1,10 (achat)
17 novembre	92,75 (vente)	91,58 (achat)	+ 1,17 (vente)
Variation	+ 0,10	– 0,03	+ 0,07

Le gain réalisé sur l'opération de *spreading* s'élève à 7 points de base, soit 7 x 25 = 175 dollars par *spread*.

3.3. Les opérations d'arbitrage

Contrairement aux opérations de *trading* qui impliquent une prise de position à risque, les opérations d'arbitrage visent à tirer profit d'écarts anormaux de prix ou de taux sur les contrats à terme de taux d'intérêt, et à bénéficier ainsi d'un profit sans risque. Une opération d'arbitrage implique l'achat et la vente simultanés d'un même actif financier, à des prix différents, et à des dates de règlement variant l'une par rapport à l'autre. On distingue deux formes d'arbitrage :

– l'arbitrage comptant-terme où l'opérateur achète (ou vend) au comptant un instrument financier et procède simultanément à sa vente (ou a son achat) à terme ;

– l'arbitrage terme-terme où l'opérateur achète (ou vend) un contrat à terme sur une certaine échéance et vend (ou achète) ce même contrat sur une échéance plus éloignée.

3.3.1. L'arbitrage comptant-terme

La relation théorique entre le prix d'un contrat à terme de taux d'intérêt et celui de son actif sous-jacent n'est, en pratique, pas toujours vérifiée sur les marchés à terme. Autrement dit, il n'y a pas toujours égalité entre la structure théorique et la structure réelle des cours des contrats à terme.

Il est donc possible, à certains moments, d'acheter (ou de vendre) un contrat à terme à un prix inférieur (ou supérieur) à son cours théorique. Une prise de position sur le marché au comptant inverse à celle prise sur le contrat à terme permet à l'opérateur de bloquer son profit d'arbitrage.

Dans la mesure où ces opérations donnent lieu à la perception d'un profit sans risque, ce type d'opportunité ne dure cependant que peu de temps. Il ne permet de dégager que des marges très réduites qui tendent à disparaître totalement lorsqu'un marché à terme atteint sa phase de maturité.

3.3.1.1. L'arbitrage comptant-terme dans le cadre d'un contrat à terme sur emprunt notionnel

Ce type d'arbitrage repose sur une comparaison entre le cours de l'obligation *cheapest* et sa valeur de livraison sur le marché à terme. Celle-ci s'effectue au travers du taux implicite de portage, c'est-à-dire du taux de rendement de l'opération d'achat de l'obligation la moins chère à livrer et de vente simultanée du contrat à terme.

Le taux implicite peut à tout instant être comparé au taux du marché monétaire sur la période restant à courir jusqu'à l'échéance du contrat.

– Si, à un instant donné, le taux implicite de portage de l'obligation *cheapest* est supérieur au taux du marché monétaire, l'opération d'arbitrage consiste à :
- acheter l'obligation la moins chère à livrer au comptant ;
- vendre le contrat à terme (en proportion FC du montant nominal de l'obligation achetée, avec FC = le facteur de concordance de l'obligation) ;
- livrer l'obligation achetée à l'échéance du contrat.

Cette opération qui porte le nom de *cash and carry* constitue un placement synthétique à un taux qu'il faut comparer à celui du marché monétaire sur la période de l'opération.

En effectuant une opération d'emprunt sur la durée de l'opération, l'opérateur va bloquer son profit d'arbitrage égal à la différence entre le taux implicite de portage et le taux de financement de l'opération.

– Si le taux implicite est inférieur à celui du marché monétaire, il faut :
- vendre les titres à découvert sur le marché comptant et placer les fonds de la vente sur le marché monétaire,
- acheter le contrat à terme (en proportion FC du montant nominal de l'obligation vendue),
- prendre livraison de l'obligation à l'échéance du contrat.

Ce type d'opération porte le nom de *reverse cash and carry*.

Deux facteurs viennent cependant limiter le profit espéré sur une telle opération :
- la difficulté de vendre à découvert l'obligation la moins chère à livrer,
- l'incertitude quant au titre qui sera livré à l'échéance du contrat ; ce titre peut être différent de l'obligation vendue à découvert, dans la mesure où il peut y avoir changement de l'obligation *cheapest* et que c'est au vendeur du contrat qu'appartient le choix du titre livré.

Exemple :
- Le contrat MATIF sur emprunt d'Etat notionnel 10 % échéance septembre cote 107,30 %.
- Le contrat expire dans 172 jours.
- L'obligation la moins chère à livrer est l'emprunt 13,20 % de 1983.
- Le cours de cet emprunt est de 126,65 (pied de coupon).
- Le montant du coupon couru est de 3,67 %.

– Le facteur de concordance de l'emprunt 13,20 est de 1,169856.
– Le taux du marché monétaire à 172 jours est de 8 %.

Le taux implicite de portage de l'emprunt 13,20 % est égal à :

$$\frac{\begin{array}{ccc}\text{Prix de livraison} & \text{Prix d'achat pied} & \text{Coupon couru} \\ \text{sur le marché à terme} & - \text{de coupon au comptant} & + \text{sur la période}\end{array}}{\text{Prix d'achat coupon inclus au comptant}} \times \frac{360}{\begin{array}{c}\text{Durée} \\ \text{de l'opération}\end{array}}$$

c'est-à-dire :

$$\frac{(107,30 \times 1,169856) - 126,65 + 13,20 \times 172/365}{(126,65 + 3,67)} \times \frac{360}{172} = 8,18 \%.$$

En achetant l'obligation au comptant et en vendant des contrats à terme, l'opérateur bénéficie d'un taux de rendement sur l'opération de 8,18 %, soit une marge de 0,18 % par rapport au taux de financement.

Pour 100 millions de francs de nominal d'emprunt d'Etat 13,20 %, il faudra vendre

$$\frac{100\,000\,000}{500\,000} \times 1,169856,$$

soit 234 contrats MATIF échéance septembre.

Le montant du profit réalisé sur une telle opération devrait s'élever à :

$$100\,000\,000 \times \frac{(126,65 + 3,67)}{100} \times \frac{0,18}{100} \times \frac{172}{360},$$

soit 112 075 francs.

Ce montant n'est cependant qu'approximatif dans la mesure où il n'inclut ni les frais de courtage sur la vente de contrats ni le coût de financement d'éventuels appels de marge en cas d'évolution à la hausse du cours du contrat.

3.3.1.2. *L'arbitrage comptant-terme dans le cadre d'un contrat à terme sur taux de dépôt interbancaire*

Le cours théorique d'un contrat sur taux d'intérêt à court terme est déterminé à partir de la structure des taux d'intérêt au comptant.

Le taux d'intérêt implicite théorique d'un contrat à terme portant sur l'eurodollar à 90 jours venant à échéance dans d jours est ainsi fonction du taux d'intérêt à d jours et du taux d'intérêt à $d + 90$ jours. Le taux qui correspond au taux à 90 jours dans d jours est appelé taux *forward-forward*.

Il y a opportunité d'arbitrage lorsque le taux implicite du contrat à terme sur eurodollar diffère du *forward-forward* à la date d'échéance du contrat.

Si le taux implicite du contrat à terme est supérieur à son niveau théorique, l'arbitrage consiste à emprunter à $d + 90$ jours, à prêter à d jours et à acheter un contrat à terme sur taux d'intérêt à 90 jours venant à échéance dans d jours afin de garantir le taux de placement à 90 jours dans d jours.

A l'opposé, si le taux implicite du contrat à terme est inférieur à son niveau théorique, l'arbitrage consiste à prêter à $d + 90$ jours, à emprunter à d jours et à vendre un contrat à terme venant à échéance dans d jours, afin de garantir le taux d'emprunt à 90 jours dans d jours.

Exemple :
- Le prix du contrat à terme sur eurodollar à 90 jours venant à échéance dans 60 jours est de 89,20, soit un taux implicite de 10,80 %.
- Le taux d'intérêt sur dépôt en eurodollar à 150 jours s'élève à 10 %.
- Le taux d'intérêt à 60 jours s'élève à 9 %.

Le taux théorique t du contrat à terme égal au taux *forward-forward* est défini par la relation :

$$\left(1 + \frac{10 \times 150}{100 \times 360}\right) = \left(1 + \frac{9 \times 60}{100 \times 360}\right) \times \left(1 + \frac{t \times 90}{100 \times 360}\right)$$

d'où $t = \left[\dfrac{\left(1 + \dfrac{10 \times 150}{100 \times 360}\right)}{\left(1 + \dfrac{9 \times 60}{100 \times 360}\right)} - 1\right] \times \dfrac{36\,000}{90}$

soit $t = 10,51$ %.

Le taux d'intérêt implicite du contrat, 10,80 %, étant supérieur à son niveau théorique, l'opération d'arbitrage consiste à :
- emprunter à 10 % sur 150 jours,
- prêter à 9 % sur 60 jours,
- acheter un contrat à terme sur eurodollar à 90 jours venant à échéance dans 60 jours, afin de garantir à l'échéance du contrat un taux de placement à 90 jours, égal à 10,80 %.

Le taux de placement de 10,80 % doit non seulement s'appliquer au montant de l'emprunt initialement réalisé mais aussi au montant des intérêts perçus sur le prêt à 60 jours. Le nombre de contrats sur eurodollar à vendre pour une opération portant sur 200 000 000 de dollars est dès lors égal à :

$$\frac{200\,000\,000 + \dfrac{200\,000\,000 \times 0,09 \times 60}{360}}{1\,000\,000},$$

soit 203 contrats.

L'opération d'arbitrage se solde par un gain net de 147 667 dollars, comme l'indiquent les calculs ci-joints.

- Les intérêts sur l'emprunt de 200 millions de dollars à 150 jours à 10 % s'élèvent à

$200\,000\,000 \times 0,10 \times \dfrac{150}{360}$, soit 8 333 333 dollars.

– Les intérêts sur le prêt de 200 millions de dollars à 60 jours à 9 % se montent à

$$200\,000\,000 \times 0,09 \times \frac{60}{360}\text{, soit } 3\,000\,000 \text{ dollars.}$$

– Les intérêts sur le prêt de 203 millions de dollars à 90 jours à 10,80 % s'élèvent à

$$203\,000\,000 \times 0,108 \times \frac{90}{360}\text{, soit } 5\,481\,000 \text{ dollars.}$$

$$3\,000\,000 + 5\,481\,000 - 8\,333\,333 = 147\,667 \text{ dollars.}$$

3.3.2. L'arbitrage terme-terme

Cet arbitrage consiste en l'achat et la vente simultanés de deux échéances d'un même contrat à terme sur emprunt notionnel.

On peut sur une telle opération calculer un taux implicite de portage entre les deux échéances du contrat, en supposant que l'opérateur prend livraison de l'obligation *cheapest* à l'échéance du contrat rapproché et livre celle-ci à l'échéance du contrat éloigné.

Le taux de portage entre deux échéances d'un même contrat à terme est égal à :

$$\frac{(T_2 \times FC_2) - (T_1 \times FC_1) + (CC_2 - CC_1)}{(F_1 \times FC_1) + CC_1} \times \frac{360}{J}$$

avec :

T_1 = le prix du contrat à terme sur l'échéance la plus proche,
FC_1 = le facteur de concordance de l'obligation la moins chère à livrer sur l'échéance la plus proche,
T_2 = le prix du contrat à terme sur l'échéance éloignée,
FC_2 = le facteur de concordance de l'obligation la moins chère à livrer sur l'échéance éloignée,
CC_1 = le coupon couru sur l'obligation la moins chère à livrer à l'échéance du premier contrat,
CC_2 = le coupon couru sur l'obligation la moins chère à livrer à l'échéance du second contrat.

Le taux implicite de portage entre deux échéances du contrat à terme sur emprunt notionnel doit être comparé au taux *forward-forward* du marché monétaire sur une durée allant de la date d'échéance du premier contrat à celle du deuxième contrat.

– Si le taux implicite de portage terme-terme est supérieur au taux du marché monétaire sur la période considérée, l'arbitrage consiste à :
- acheter le contrat sur emprunt notionnel d'échéance rapprochée et prendre livraison de l'obligation *cheapest* à l'échéance du contrat,
- vendre le contrat sur emprunt notionnel d'échéance éloignée et livrer l'obligation *cheapest* à son échéance,

- fixer le taux de financement sur le marché monétaire sur la période de l'opération, en vendant par exemple un contrat de taux d'intérêt à court terme.

– Si, à l'inverse, le taux implicite de portage terme-terme est inférieur au taux du marché monétaire sur la période, il faut :
  - vendre le contrat sur l'emprunt notionnel d'échéance rapprochée et livrer l'obligation la moins chère à l'échéance du contrat,
  - acheter le contrat sur emprunt notionnel d'échéance éloignée et prendre livraison de l'obligation la moins chère à l'échéance du contrat,
  - fixer le taux de placement des fonds issus de la vente des obligations sur la période de l'opération en achetant par exemple un contrat de taux d'intérêt à court terme.

L'arbitrage s'avère cependant plus aléatoire dans ce cas, dans la mesure où l'opérateur vendeur d'obligations à découvert n'est pas assuré de se faire livrer le même titre à l'échéance du contrat vendu.

Exemple :

Le 12 juillet :

Le contrat à terme sur *US Treasury Bond,* échéance septembre, cote 92,00.

Le même contrat d'échéance décembre cote 91,25/32.

La durée séparant l'échéance des deux contrats est de 92 jours.

L'obligation la moins chère à livrer est le titre de coupon 7,50 % et de maturité 2 016.

Le facteur de concordance de ce titre est de 0,9454 sur l'échéance septembre et 0,9463 sur l'échéance décembre.

Le coupon couru, sur l'emprunt 7,50 à la date d'échéance du contrat septembre, s'élève à 2,25 %.

Le prix du contrat sur eurodollar à 90 jours, échéance septembre, est de 92,95, soit un taux implicite de 7,05 %.

Le taux de portage implicite entre les échéances des deux contrats s'élève à :

$$\frac{(91,25/32 \times 0,9463) - (92,00 \times 0,9454) + (7,5 \times \frac{92}{365})}{(92,00 \times 0,9454) + 2,25} \times \frac{360}{92},$$

soit 7,74 %.

Le taux implicite de portage entre les deux contrats sur *US Treasury Bond,* soit 7,74 %, étant supérieur au taux de financement de l'opération de 7,05 %, il faut acheter le contrat à terme sur *Treasury Bond* échéance septembre, vendre le contrat à terme sur *Treasury Bond* échéance décembre, et vendre le contrat sur eurodollar échéance septembre (on suppose que l'échéance du contrat à terme sur eurodollar correspond à celle du contrat à terme sur *Treasury Bond*).

Le nominal du contrat à terme sur *Treasury Bond* étant de 100 000 dollars, et celui sur eurodollar à 90 jours de 1 000 000 de dollars, il faut vendre 1 contrat d'eurodollar pour 10 *spreads* sur les contrats sur *Treasury Bond*.

Une telle opération peut être dénouée avant l'échéance du contrat à terme si le taux implicite de portage terme-terme devient inférieur au taux de financement.

Exemple :

Le 19 juillet

Le contrat à terme sur *Treasury Bond*, échéance septembre, cote 94,12/32.

Le contrat à terme sur *Treasury Bond*, échéance décembre, cote 93,14/32.

Le contrat sur eurodollar à 90 jours, échéance septembre, cote 93,77.

Le taux implicite de portage terme-terme s'élève à :

$$\frac{(93,14/32 \times 0,9463) - (94,12/32 \times 0,9454) + (7,5 \times \dfrac{92}{365})}{(94,12/32 \times 0,9454) + 2,25} \times \frac{360}{92},$$

soit 4,65 %.

Le taux de portage est devenu inférieur au taux *forward-forward* du marché monétaire. L'opérateur peut dès lors améliorer la rentabilité de son opération d'arbitrage en

– revendant le contrat à terme sur *Treasury Bond* échéance septembre,

– rachetant le contrat à terme sur *Treasury Bond* échéance décembre,

– rachetant le contrat à terme sur eurodollar à 90 jours échéance septembre.

Le résultat global de l'opération pour 100 contrats à terme sur *Treasury Bond,* est décomposé au tableau 11.

Tableau 11

	Contrat sur *Treasury Bond* échéance septembre	Contrat sur *Treasury Bond* échéance décembre	Contrat sur eurodollar à 90 jours échéance septembre
Le 12 juillet	Achat de 100 contrats à 92,00	Vente de 100 contrats à 91,25/32	Vente de 10 contrats à 92,95
Le 19 juillet	Vente de 100 contrats à 94,12/32	Achat de 100 contrats à 93,14/32	Achat de 10 contrats à 93,77
	Gain de : $\dfrac{(94,12/32 - 92,00)}{100}$ × 100 000 × 100 = 237 500 dollars	Perte de : $\dfrac{(91,25/32 - 93,14/32)}{100}$ × 100 000 × 100 = 165 625 dollars	Perte de : (9 295 − 9 377) × 10 × 25 = 20 500 dollars
L'opération d'arbitrage se solde finalement par un gain net de 51 375 dollars.			

*
* *

Les marchés à terme de taux d'intérêt ont connu en un peu plus de dix ans un développement fulgurant. Ils sont devenus les meilleurs indicateurs de l'évolution des différents marchés monétaires et obligataires nationaux.

Le marché de *futures* sur emprunt à long terme du Trésor américain est aujourd'hui, en terme de volume de transactions, le plus important marché financier du monde. Les transactions sur le contrat à terme sur emprunt d'Etat français sont, quant à elles, cinq fois supérieures à celles réalisées sur le marché au comptant.

La coexistence d'opérations de couverture, de spéculation et d'arbitrage représente la condition *sine qua non* au bon fonctionnement d'un marché à terme. Ce sont en effet les spéculateurs qui créent la liquidité du marché et les arbitragistes qui garantissent l'efficacité des opérations de couverture en assurant le lien entre le marché au comptant et le marché à terme.

Les années 1980 ont été marquées par le développement progressif des marchés d'options sur les principaux contrats à terme de taux d'intérêt. Outils complémentaires aux contrats à terme, les options offrent sans aucun doute de nouveaux horizons aux gestionnaires du risque de taux.

Références

Aftalion F., Poncet P., *Le MATIF*, Paris, PUF, 1986.

Association Finance Futures, *Les marchés à terme d'instruments financiers*, Paris, Economica, 1987.

Fitzgerald D., *Financial Futures*, London, Euromoney, 1983.

Koprach R., « An Introduction to Financial Futures on Treasury Securities », Salomon Brothers Financial Futures Research, December 1982.

Labuszewski J., *Interest Rate Futures for Institutional Investors*, Chicago, Chicago Board of Trade, 1984.

Levasseur M., Simon Y., *Marchés de capitaux : options et nouveaux contrats à terme*, Paris, Dalloz, 1980.

Platt R., *Controlling Interest Rate Risk*, New York, John Wiley & Sons, 1986.

Ross S., Ingersoll J., Cox J., « The Relation Between Forward Prices and Futures Prices », CSFM Columbia Business School, May 1981.

Schwager J., *A Complete Guide to the Futures Markets*, New York, John Wiley & Sons, 1984.

Schwarz E., Hill J., Schneeweis T., *Financial Futures*, Homewood, Irwin, 1986.

Mots clés

Appel de marge, arbitrage, base, bourse de commerce, *cash and carry*, chambre de compensation, *cheapest*, Chicago Board of Trade, Chicago Mercantile Exchange, contrat à terme, convergence, couverture, déposit, duration, échéance (d'un contrat), emprunt d'Etat, emprunt notionnel, eurodollar, facteur de concordance, *financial futures*, *futures*, Implied Repo, *local*, MATIF, position de place, ratio de couverture, *spread*, taux implicite de portage, *Treasury Bond*, titre le moins cher à livrer.

83

Marketing direct

Dominique Xardel

Le marketing direct concerne l'ensemble des activités par lesquelles un vendeur effectue le transfert de biens matériels ou de services à un acheteur, sans utiliser d'intermédiaires autres que les différents médias actuellement disponibles.

La vente par correspondance, qui fait appel à l'imprimé sous toutes ses formes, le publipostage ou le catalogue, la vente par téléphone, la vente à domicile, mais aussi la vente par radio, par télévision.(sauf en France où la distribution n'a pas droit d'accès aux chaînes nationales) constituent les techniques essentielles du marketing direct. De même, l'utilisation du télex, de la téléinformatique, la télécopie, le télétraitement ou courrier électronique, les terminaux domestiques, le vidéotex et, d'une façon générale les nouvelles techniques des télécommunications accessibles au grand public, appartiennent aussi au vaste domaine du marketing direct [1].

Aujourd'hui, en France, les ventes directes, effectuent encore essentiellement par correspondance à l'aide des centaines de millions de publipostages ou mailings distribués chaque année par les services des P&T, des dizaines de millions de catalogues, et des annonces avec coupon réponse publiées toute l'année dans les divers supports de la presse quotidienne et périodique.

De même, les ventes directes ou prises de commande par téléphone, les ventes à domicile ou en porte-à-porte, les ventes réalisées grâce aux multiples supports que sont les emballages de toutes sortes ou les imprimés proposés en tous lieux à l'attention du public sont en plein essor. Enfin, la vente par terminal domestique et courrier électronique se développe aussi.

1. Les objectifs et les moyens du marketing direct

Toutes les techniques précédemment mentionnées poursuivent le même objectif : obtenir, par le recours à un, deux ou plusieurs médias, une réponse ou une commande du consommateur au vendeur. Il s'agit d'établir un dialogue, une interaction. Les bases de données constituent les moyens essentiels pour atteindre ces objectifs.

---

1. Voir dans cette Encyclopédie l'article de D. Roux, « Vidéotex ».

1.1. Les objectifs du marketing direct

Ceux-ci peuvent être de nature différente. Ils concernent la prospection, la vente et la fidélisation des clients.

1.1.1. Prospecter

Prospecter consiste à trouver de nouveaux clients avec des moyens et des méthodes nouvelles.

Le marketing direct permet une meilleure connaissance des clients et appuie les efforts de vente de l'entreprise.

La prospection est la démarche commerciale de toute entreprise qui veut se développer, augmenter ses ventes et ses parts de marché.

Pour transformer les prospects en acheteurs actifs, la vente par correspondance fait appel à deux modes de communication : l'écrit et l'oral.

La communication par écrit utilise l'imprimé sous toutes ses formes et plus ou moins personnalisé, ainsi que le publipostage (mailing), le catalogue, et les nouvelles techniques de télécommunication.

La communication par oral correspond à la vente par téléphone. Les banques et les compagnies d'assurances peuvent ainsi proposer leurs services, les éditeurs diffuser leurs ouvrages importants, les concessionnaires automobiles relancer leurs clients, etc.

1.1.2. Vendre

Aujourd'hui, vendre consiste à satisfaire les attentes de différents clients et à créer le besoin d'un service.

Il s'agit de satisfaire des acheteurs qui ont des besoins différents et, en priorité, de satisfaire ses propres clients.

La vente par correspondance, ou la vente à distance, permet de dépasser les limites d'une zone de chalandise habituelle, ou d'un territoire géographique, et d'atteindre de nouveaux clients. Elle permet aussi d'atteindre des petits clients qu'un vendeur ne peut pas visiter.

La création de trafic permet de rentabiliser les points de vente. L'intérêt d'une entreprise est de cumuler simultanément différentes méthodes de vente afin de créer des synergies entre différents circuits ou canaux de distribution[1].

1.1.3. Fidéliser

Toute entreprise doit rester à l'écoute de ses clients, c'est-à-dire connaître et comprendre leurs évolutions, leurs attentes, leurs besoins. Trouver un nouveau client est toujours coûteux. Il est souvent moins cher de conserver un bon client que d'en recruter un nouveau. Certains clients sont moins rentables que d'autres. On ne peut donc les visiter fréquemment. Mais il faut garder le contact avec eux.

---

1. Voir également dans cette Encyclopédie l'article de J. Jallais, « Canaux de distribution ».

Le marketing direct permet d'informer en permanence et de maintenir le contact avec l'ensemble de la clientèle.

1.2. Les fichiers ou bases de données

Les fichiers constituent l'élément essentiel de toute activité de marketing direct. On en distingue traditionnellement trois catégories : les fichiers de compilation, les fichiers administratifs et les fichiers de comportement.

Les fichiers de compilation sont obtenus en rassemblant un certain nombre d'adresses personnelles ou professionnelles et de normes diverses (annuaire téléphonique, INSEE, clientèle de magasins). Peu précis, peu documentés et ne disposant pas d'informations sur le comportement des individus, ces fichiers donnent en général des résultats décevants à cause de la difficulté à identifier une cible claire et adaptée aux opérations envisagées.

Les fichiers administratifs sont les fichiers des entreprises importantes ou des administrations qui ne se sentent généralement pas concernées par le marketing direct, mais qui disposent d'importants fichiers : EDF, banques, assurances.

Les fichiers de comportement contiennent en général les clients actifs et les prospects d'une entreprise. Les actifs sont ceux qui ont effectué un achat depuis moins d'un an ; les prospects sont constitués aussi bien des anciens clients que des individus susceptibles de le devenir un jour. Les fichiers de comportement sont les plus précieux pour l'entreprise, car ils peuvent être « renseignés » au fur et à mesure de la vie du client. Ils permettent ainsi de dresser un profil d'acheteur et donc de mieux cibler les opérations.

Un individu qui a déjà répondu à la sollicitation d'un appel téléphonique, d'un publipostage ou d'un catalogue est mieux disposé à répondre à une nouvelle offre qu'un autre.

La segmentation la plus simple et la plus connue en matière de fichiers s'effectue en appliquant la règle « Récence-Fréquence-Montant » (RFM).

La récence est la date du dernier achat effectué par le client.

La fréquence représente le nombre d'achats effectués par le même client pendant une période donnée.

Le montant correspond au chiffre d'affaires cumulé d'un client sur une période donnée.

Les meilleurs rendements sur un fichier sont obtenus la plupart du temps lorsque celui-ci présente une, deux ou plusieurs des caractéristiques qui constituent des règles bien connues des praticiens :

– Un fichier constitué d'adresses de clients qui ont déjà acheté par correspondance donne toujours de meilleurs résultats qu'un fichier de personnes n'ayant pas l'habitude de cette méthode d'achat.

– Un fichier élaboré à partir des adresses de l'entreprise est meilleur qu'un fichier extérieur.

– Les meilleurs clients ont en général plus de 30 ans.

– Les chances d'obtenir un meilleur rendement sur un fichier de clients sont d'autant plus grandes que ceux-ci ont acheté récemment. Les rendements sont en général inversement proportionnels à l'ancienneté du client.

– Plus grand est le nombre d'achats effectués par un client, plus celui-ci aura tendance à les renouveler.

– Plus importante est la valeur de l'achat déjà effectué par un client, plus grandes sont les chances de le voir réagir positivement à une nouvelle offre.

– Les périodes de l'année influencent les rendements. Les mois traditionnellement considérés les meilleurs sont : septembre-octobre et janvier-février.

– Les offres avec concours, loteries, *sweep-stakes,* primes ou périodes d'essai augmentent toujours les rendements initiaux, mais risquent aussi d'affecter le comportement du client dans ses achats ultérieurs.

– Les rendements diffèrent selon les zones géographiques et pas seulement en fonction de la densité urbaine.

2. Les domaines et les champs d'application du marketing direct

Aujourd'hui, le marketing direct est utilisé pratiquement dans tous les secteurs de l'économie. Certes, les moyens, les outils ou les méthodes peuvent varier d'une profession à l'autre, mais toute entreprise qui veut développer son volume d'affaires, prospecter de nouveaux clients ou simplement fidéliser sa propre clientèle, ne peut plus négliger les atouts que représente la pratique du marketing direct.

2.1. Le publipostage ou mailing

Outre un bon de commande avec ou sans enveloppe-réponse et d'éventuels additifs, tels que mémos ou échantillons, le publipostage est constitué de trois éléments principaux : une enveloppe porteuse, une lettre et un dépliant.

2.1.1. L'enveloppe a pour but non seulement de transporter le message, mais aussi d'attirer l'attention du lecteur. Elle porte une adresse imprimée dans une zone précise, délimitée par un rectangle dont les côtés sont situés à 40 mm du bord supérieur, 20 mm du bord inférieur et du bord latéral droit.

2.1.2. Quelle que soit la longueur de la lettre, on a intérêt à tenir compte des constatations ou recommandations suivantes :

– Une lettre de quatre pages est plus vraie si elle est imprimée sur deux feuilles séparées et non sur une double feuille.

– Il est rassurant de croire que quelqu'un vous a écrit personnellement. Il l'est encore plus d'imaginer que quelqu'un a relu cette lettre avant de vous l'envoyer. Soulignez donc certains passages à la main au crayon de couleur sans utiliser de règle.

– Une autre méthode pour souligner des mots dans une lettre est d'utiliser des petits bandeaux jaunes fluorescents imprimés sur des mots ou membres de phrases, comme si on avait utilisé un crayon feutre fluorescent.

– Pour être lu jusqu'au bout, mettez au bas de la première page de la lettre : « Tournez la page ! », « Voir au verso », « Suite au verso », « TSVP ».

– Si vous faites une énumération dans le corps de la lettre, mettez en face de chaque ligne une petite croix ou un petit trait oblique au crayon de couleur.

– Ne dépassez pas deux ou trois soulignés dans une même page, et limitez-vous à ce qui doit être réellement mis en valeur.

– Ajoutez quelques annotations manuscrites dans la marge ou en tête, imprimées en bleu.

– Sous la signature imprimée en bleu, indiquez le prénom, le nom et, si possible, le titre du signataire.

– Les quelques lignes du post-scriptum sont souvent celles lues en premier. Vous pouvez les utiliser pour répéter un argument important ou annoncer un avantage de dernière minute.

– Au début d'une lettre, avant de mettre les traditionnels « Cher Monsieur » ou « Chère Madame », ou « Cher Lecteur », vous pouvez prévoir quelques lignes, toujours en caractère machine à écrire, mais, dans ce cas, agrandi d'un tiers environ. L'offre ainsi présentée sera plus visible et le traditionnel de la lettre sera toujours respecté.

– Intéressez non seulement les yeux des lecteurs mais aussi les mains. Donnez-leur un papier agréable à toucher, papier pelure, papier légèrement teinté, filigrané, parcheminé.

2.1.3. Le dépliant constitue la vitrine dans laquelle est présenté le produit. Comme la lettre, le dépliant obéit à des règles précises. Il doit en effet :
– donner une idée exacte des dimensions du produit ;
– mettre en valeur les détails techniques ;
– montrer le produit dans ses différentes utilisations ;
– souligner les garanties proposées.

2.2. La vente par téléphone

La vente par téléphone s'est beaucoup développée ces dernières années ; soit par émission d'appels pour le réassortiment, la réactivation d'anciens clients, le suivi de clients actuels, la prise de rendez-vous pour la force de vente ; soit en réception d'appels : traitement de réclamations, demandes de renseignements, prises de commandes, etc.

L'utilisation du téléphone comme outil de marketing direct présente à la fois des avantages et des inconvénients.

2.2.1. Les avantages

Ils tiennent à sa facilité d'emploi, son impact psychologique positif et sa souplesse.

– Sa facilité d'emploi. Pour démarrer une campagne de prospection téléphonique, il suffit de connaître les coordonnées de la cible et de mettre au point un scénario d'appel. L'investissement de départ est donc peu élevé.

Le contact téléphonique appelle une réponse immédiate : l'acte de vente peut ainsi se réaliser avec rapidité. Le client peut aussi être renseigné et servi plus vite que par les voies écrites traditionnelles.

– Son impact psychologique positif. Considéré comme une parenthèse pour vendre, le téléphone est cependant prioritaire. Quand il sonne, toute autre activité est suspendue, et cette « parenthèse » doit être mise à profit par le vendeur. L'effet de surprise, le rayonnement d'une voix peuvent accroître l'efficacité d'un appel. Enfin, en utilisant ce mode de communication original, l'entreprise se démarque de la publicité traditionnelle, ce qui constitue un « plus » pour son image de marque.

– Sa souplesse. Les scénarios téléphoniques sont modulables en fonction de cibles et de réactions différentes. En dialoguant en direct avec son client, le vendeur peut s'adapter quasi instantanément à ses moindres objections.

2.2.2. Les inconvénients

Les principales limites du téléphone concernent les produits qu'il est susceptible de faire vendre. Le produit proposé doit d'abord être disponible, pour pouvoir répondre immédiatement à l'attente du consommateur. Il ne peut s'agir que d'un produit à marge brute importante : pour des produits bon marché, le coût du téléphone est souvent rédhibitoire.

Un des inconvénients majeurs du téléphone est le taux de retour important qu'il occasionne. Il est donc déconseillé pour tous les produits qui, en temps normal en vente par correspondance, ont par nature un taux de retour au-dessus de la moyenne.

Pour être vraiment efficace, une action de marketing téléphonique nécessite une préparation rigoureuse : mise en place de fichiers bien ciblés, construction d'un bon scénario, formation du personnel de vente.

2.3. Les catalogues

La vente par catalogues, dont la clientèle est essentiellement féminine, est aujourd'hui florissante. Quelque 50 millions de catalogues sont utilisés par quelque 10 millions de foyers français, dont un tiers demeure dans des villes de plus de 100 000 habitants.

Les catalogues peuvent se classer en trois catégories :
– les catalogues généraux des sociétés telles que La Redoute, Les Trois Suisses, Quelle, Habitat ;
– les catalogues spécialisés de France Loisirs, Yves Rocher, Damart, La Blanche Porte, Dial, La Camif, etc. ;
– les catalogues de promotion comme La Maison de Valérie, La Guilde, Sélection du Reader's Digest, qui proposent en général des produits d'équipement du foyer.

2.4. Les caractéristiques de la gestion des fichiers

Les fichiers étant à la base de toute action de marketing direct, il est utile d'en rappeler les caractéristiques essentielles :

– la nécessité d'enregistrer des adresses précises, exactes et complètes ;

– la manipulation de très grandes quantités d'informations pour pouvoir disposer des renseignements nécessaires permettant de segmenter le fichier ;

– l'obligation d'une mise à jour permanente, afin de conserver au fichier sa qualité ;

– la rapidité des opérations rendues nécessaires par la fréquence des actions portant sur l'utilisation des fichiers ;

– la duplication des adresses ; elle est pratiquement inévitable dans les fichiers importants, lorsque les actions promotionnelles entreprises sont plus fréquentes que les mises à jour.

3. Les offres ou propositions d'achat et les tests

Décider d'une offre ou proposition d'achat faite à un interlocuteur revient à choisir la façon de présenter le produit ou le service que l'on veut vendre. Les possibilités de choix sont multiples. L'expérience montre cependant que certains sont largement prioritaires. Nous en donnerons ici quelques exemples.

3.1. Les offres les plus fréquemment utilisées

La réaction d'un client est toujours fonction de la nature des propositions qui lui sont faites. C'est de la nature de la proposition ou de l'offre faite à un client éventuel que dépend le succès ou l'échec d'une opération.

Le langage du vendeur, notamment celui qui pratique la vente directe, est constamment travaillé, ajusté, modifié, afin d'identifier et de n'employer que les mots ou les phrases qui vont déclencher une réaction positive de la part du client, actuel ou prospect.

Voici l'exemple de dix offres utilisées par les professionnels de la vente directe, celles que l'on rencontre le plus souvent en France :

– L'offre de documentation. La proposition de documentation est en général valable pour des produits dont le prix et la complexité nécessitent une présentation détaillée qui ne peut trouver sa place dans un premier message. Le but de cette offre est d'identifier les personnes vraiment intéressées et de mieux préciser, dans un premier temps, la cible de la clientèle que l'on cherche à atteindre.

– La satisfaction garantie. Il n'est jamais inutile de rassurer un client potentiel sur l'intérêt de la proposition qui lui est faite. La garantie de satisfaction, de remboursement ou de renonciation n'a pas d'autre objectif. Ainsi, lorsque la revue *L'Express* offre un abonnement avec 50 % de réduction, sa proposition est assortie d'un certificat de garantie.

– Les cadeaux ou primes. Il est rare aujourd'hui de trouver une offre qui ne soit pas assortie de quelques cadeaux gratuits : cadeaux-surprises ou primes diverses. Car, bien souvent, le cadeau améliore les rendements de quelques dizaines de points qui assurent ou au moins améliorent la rentabilité d'une opération.

– La date limite. Une offre peut n'être valable que jusqu'à une date limite, ce qui permet de préserver le vendeur de toute surprise désagréable concernant le prix proposé, mais aussi et surtout d'inciter le client à se décider vite.

– Les concours. Au lieu d'être axée sur le produit lui-même, l'offre est orientée sur la possibilité de participer gratuitement à un concours, généralement doté de cadeaux intéressants. L'offre avec concours augmente sensiblement les rendements, parfois au-delà de 50 %, mais implique une organisation sans faille pour le traitement des réponses et, bien sûr, le respect de la législation en la matière.

– L'alternative OUI-NON. Il s'agit simplement de donner le choix au client entre une réponse positive ou négative. La plupart du temps, ce choix est stimulé par deux éléments :

• la présence d'une vignette sur laquelle sont imprimés les mots OUI et NON, qu'il faut coller sur le bon de réponse ;
• la disproportion entre l'aspect du mot OUI, imprimé en gros, en couleurs, et parfois assorti de l'illustration du lot à gagner en cas de participation à un concours, et du mot NON en noir et en petits caractères.

– Les choix multiples. L'offre à choix multiples repose sur le même principe qui veut qu'un client se décide facilement lorsqu'on lui propose un choix à faire. Celui-ci peut porter sur différents éléments : les primes ou cadeaux, les montants des garanties, les personnes assurées, les modalités de paiement, le nombre de versements échelonnés.

– Les facilités de paiement. Proposer à un client de régler par paiements échelonnés sur 12 mois et sans aucun frais est, par exemple, une offre qui suscite l'intérêt. D'autant qu'en plus elle permet de faire apparaître une prime bien plus modique.

– Le recrutement d'un « client-ami ». Cette offre consiste à proposer à un client qui vient de souscrire de convaincre (éventuellement par la promesse d'un cadeau) un de ses amis de devenir, lui aussi, un acheteur. C'est une méthode utilisée avec succès par France Loisirs ou Sélection, par exemple, qui trouvent ainsi chaque année et avec des coûts de recrutement extrêmement faibles un très grand nombre de nouveaux adhérents. Il faut savoir s'en inspirer.

– Les offres particulières. Il existe des offres spécifiques et très variées qui ne peuvent concerner que quelques produits ou services bien particuliers, ou qui sont propres à une profession donnée. C'est le cas des offres pour les cartes de crédit, les services bancaires ou la souscription à une police d'assurance.

3.2. *Les principes de base à appliquer avant l'élaboration d'une offre*

Ces principes de base concernent à la fois la mise à jour des fichiers et leur segmentation, mais aussi les attitudes à adopter dans la préparation d'une action commerciale. L'important est de tirer le meilleur parti du portefeuille de clients, actifs ou prospects.

– Utilisez toutes les informations que vous connaissez sur vos clients. Recueillez et gardez toutes les informations qui vous permettent de proposer les produits correspondant le mieux à leurs besoins.

– Cherchez à obtenir le maximum d'informations. Mieux vous connaîtrez votre client, mieux vous pourrez le servir.

– Segmentez soigneusement votre fichier. Utilisez toutes les informations disponibles pour classer et segmenter vos clients.

– Personnalisez vos relations avec vos clients. Chacun d'eux veut être reconnu comme une personne particulière, différente des autres.

– Faites une offre spéciale, chaque fois que vous le pouvez. Pour renforcer la relation privilégiée que vous créez avec vos clients, essayez toujours de trouver une offre spéciale.

– Testez chaque opération. Pour découvrir la meilleure façon de procéder, testez différentes options, offres ou segments de votre clientèle.

– Faites des actions de relance. Pour obtenir les meilleurs résultats, il faut souvent répéter la même offre plusieurs fois.

– Développez votre image. N'hésitez pas à mieux vous faire connaître. Votre client veut mieux savoir qui vous êtes et tous les avantages que vous pouvez lui apporter.

– Utilisez toutes les occasions de contact avec vos clients. Les résultats que vous obtenez sont en relation directe avec le nombre de contacts que vous avez avec vos clients.

– Travaillez avec un plan d'ensemble de vos actions. Toutes vos actions commerciales doivent s'inscrire dans un plan d'ensemble. Elles doivent être cohérentes entre elles.

3.3. Les tests en marketing direct

En marketing direct, trois domaines doivent faire l'objet de tests constants afin d'apprécier le bien-fondé des techniques utilisées et leurs chances de succès. Ce sont :
– l'offre ou la proposition d'achat ;
– les divers éléments de l'argumentaire utilisés par téléphone ou par publipostage (lettre, enveloppe, dépliant, bon de commande) ;
– les fichiers.

Les tests les plus nombreux et les plus probants restent du domaine du publipostage, étant donné l'importance des variables telles que le format, la couleur, la typographie, la nature du message, le niveau de prix, les modes de paiement, etc.

Bien qu'en marketing direct on ne puisse parler d'une approche rigoureusement scientifique des tests, on aura toujours intérêt à se servir des formules ou tables mathématiques disponibles pour concevoir et surtout analyser les résultats.

4. Le marketing direct et les forces de vente

Pour un vendeur, les synergies entre son action auprès d'un client et l'utilisation des méthodes du marketing direct ne sont pas toujours évidentes. Elles existent cependant et doivent être mises en valeur.

4.1. L'intégration nécessaire des outils du marketing direct par les vendeurs

Les forces de vente coûtent cher et il faut savoir les utiliser à bon escient pour assurer une action efficace et surtout rentable[1]. Enfin, les vendeurs ne peuvent plus ignorer les outils modernes de la communication.

La qualité du marketing et des méthodes de vente de toute entreprise est d'abord celle des relations qu'elle sait établir avec ses clients, actuels, passés et futurs. Le vendeur n'est plus le seul à assurer ces relations pour l'entreprise, mais il reste l'acteur privilégié. Progressivement, il devient le maître d'œuvre, le chef d'orchestre des multiples relations que toute entreprise doit chercher à développer avec sa clientèle. Les outils et méthodes du marketing direct sont donc nécessaires aux vendeurs pour les quatre raisons suivantes :

– Travailler plus efficacement avec différents segments de clientèle. Tout portefeuille de clients contient des segments d'inégale valeur. Il faut donc les traiter avec différents moyens, utiliser les outils les plus rentables, au moment le plus approprié.

– Assurer une fréquence de contacts supérieure au nombre possible de visites. La relation avec le client a besoin de répétitions et d'un certain rythme dans les contacts.

– Pouvoir susciter une réaction rapide du client. La qualité d'une relation est souvent proportionnelle non seulement à la fréquence, mais à l'intensité du dialogue avec le client.

– Accroître les chances de fidélité du client. L'historique du comportement de tout client, l'enrichissement progressif et continuel de la base de données clientèle sont des atouts essentiels pour fidéliser toujours davantage un client.

4.2. Les méthodes d'intégration

Pour que les forces de vente utilisent de façon efficace les outils du marketing direct, un certain nombre de règles doivent être respectées. Elles concernent le choix des méthodes, la planification des étapes d'utilisation et les calculs de rentabilité.

– Le choix des méthodes ou techniques est effectué en fonction de l'entreprise, de la nature des clients et du comportement de la concurrence.

– La planification des étapes d'utilisation se fait par la hiérarchisation des méthodes, l'utilisation rationnelle dans le temps des différents outils et la prévision des méthodes de contrôle.

---

1. Voir également dans cette Encyclopédie l'article de P. Joffre, « Force de vente ».

– Comme pour toute opération commerciale, on ne sous-estimera pas l'importance du budget, du calcul des points morts et les méthodes d'appréciation des résultats.

En outre, on parviendra à vaincre la résistance naturelle des vendeurs à l'utilisation de nouvelles méthodes de vente par une information, une formation, la valorisation des vendeurs et la reconnaissance des résultats obtenus.

L'information doit être simple, facilement compréhensible, mais aussi régulière et continue. L'implication de la direction générale est une nécessité.

La formation ne concerne pas seulement les vendeurs, mais tout le personnel qui est en relation avec le client. Elle doit être continue et répétée.

Tout vendeur doit ressentir qu'il valorise son action avec l'utilisation des outils du marketing direct. Il doit chercher à développer les synergies pour une meilleure efficacité.

– La reconnaissance des résultats obtenus permet également de vaincre la résistance des vendeurs aux nouvelles méthodes de ventes.

4.3. La vente à domicile

Contre l'attente ou l'avis de la grande majorité des spécialistes du marketing, la vente à domicile a connu un renouveau exceptionnel en France depuis les années 1970. Ce développement est dû à trois causes :

– Les nouveaux styles de vie incitent le consommateur à considérer avec intérêt les possibilités d'effectuer certains de ses achats à la maison.

– Les méthodes de vente par publipostage peuvent être facilement jumelées avec le démarchage à domicile.

– La ménagère accorde beaucoup d'intérêt à cette nouvelle forme de vente que constitue la vente par réunions privées à caractère commercial, surtout pour les produits d'entretien et d'équipement de la maison comme pour les produits de soin ou de beauté.

Les activités de vente à domicile peuvent être classées en quatre grandes catégories :

4.3.1. Les formes anciennes de la vente à domicile

– Certains artisans vendent individuellement le produit de leurs travaux sans être organisés en réseaux. Cette forme de vente, la plus ancienne, tend à disparaître, notamment en raison des limitations imposées par les lois en vigueur.

– Le commerce itinérant est pratiqué individuellement ou en très petites organisations dans les campagnes par des commerçants locaux qui proposent régulièrement des denrées périssables ou des articles de bazar. Ce type de vente perpétue la tradition des colporteurs.

4.3.2. Les réseaux classiques avec représentants exclusifs

L'animation des réseaux est dirigée de façon hiérarchique et les représentants travaillent à temps plein. Chaque représentant évolue dans un secteur déterminé et visite régulièrement chacun de ses clients.

4.3.3. La vente par délégués

Ce mode de vente est surtout utilisé pour des produits d'un coût peu élevé comme les cosmétiques ou les produits d'entretien.

L'entreprise est généralement organisée comme les sociétés à réseaux classiques, mais emploie des personnes désirant travailler à temps partiel ou occasionnel. Il s'agit souvent de femmes qui vendent à leur entourage immédiat ou dans le cadre d'un secteur proche de leur domicile. Elles sont rétribuées exclusivement à la commission.

Cette forme de vente permet de réelles opportunités de gains et de travail partiel à des personnes qui ne pourraient pas, sans cela, avoir accès au marché du travail.

4.3.4. La vente par réunions privées

Des représentants d'une entreprise pratiquant ce système suscitent l'organisation de réunions au domicile d'« hôtesses » qui invitent leurs amies et voisines afin que leur soient démontrés les produits de ladite entreprise. L'organisation la plus classique comporte un réseau de concessionnaires régionaux ou locaux employant des représentants.

5. Les technologies et les méthodes spécifiques

Les progrès constants de la technique permettent, dans certaines circonstances, l'utilisation de méthodes dont l'impact s'ajoute à d'autres méthodes ou techniques déjà en pratique.

5.1. Le télex

Les principales caractéristiques de l'utilisation du télex permettent de :

– Prospecter : par l'utilisation sous la forme de publipostage, la préparation de la visite d'un commercial, la recherche de fournisseurs ou encore de réaliser un appel d'offres.

– Vendre des cadeaux d'entreprise, des lots d'usines à prix exceptionnels, des voyages, etc.

– Informer sur de nouveaux tarifs, sur la conjoncture économique, sur la concurrence, sur le cours des matières premières ou sur l'état des stocks de certains produits.

– Collecter des fonds au moment d'une catastrophe ou pour tout autre problème humanitaire urgent.

5.2. *Le minitel*

Dès 1978, la direction générale des télécommunications (DGT) a mis en service le réseau national Transpac. La tarification de Transpac, qui est indépendante de la distance, favorise l'accès à un ordinateur éloigné.

Télétel est aujourd'hui un système vidéotex interactif qui permet, grâce à l'utilisation d'une ligne téléphonique et du réseau Transpac, un dialogue entre un abonné au téléphone équipé d'un terminal et un centre informatique.

La direction générale des télécommunication a mis en place un programme de développement très important du système minitel et l'annuaire électronique va rapidement remplacer l'annuaire papier. Ainsi, un terminal est offert gratuitement aux abonnés du téléphone sur simple demande. En 1987, la France était déjà équipée de trois millions de terminaux minitel.

Grâce au terminal minitel, l'abonné peut accéder 24 heures sur 24 au service de l'annuaire électronique proposé par les Télécommunications.

En règle générale, le prix que doit payer l'usager pour utiliser un service Télétel se décompose en deux : le prix du service lui-même et le coût de transport de l'information. Dans le cas de l'annuaire électronique, le service est gratuit, mais l'utilisateur paie le prix du transport.

5.3. *Le vidéodisque et la télévision*

Le vidéodisque se présente sous la forme d'un disque qui a la capacité de stocker des images, du texte et le son. Il n'est utilisable que s'il est lu par un lecteur de vidéodisques. Sa capacité de mémoire est étonnante : un vidéodisque peut contenir jusqu'à 10 puissance 10 bits par face. Le vidéodisque est donc un média de stockage de l'information. De plus, par rapport aux moyens de stockage habituels, le vidéodisque présente des temps d'accès nettement plus rapides.

Par rapport à un catalogue, le vidéodisque permet de faire vivre les produits en les montrant sous plusieurs angles et en les faisant évoluer dans leur contexte. On peut imaginer qu'une personne désirant acheter une échelle pliante par correspondance souhaite connaître comment cette échelle fonctionne, la place qu'elle prend lorsqu'elle est rangée, etc. Le vidéodisque peut apporter toutes ces informations très rapidement.

Le vidéodisque a un potentiel important, mais son développement reste entièrement subordonné aux taux d'équipement des foyers ou des entreprises en lecteur de vidéodisques.

La télévision est un bon support pour les actions de marketing direct, par l'intermédiaire de spots publicitaires qui proposent de façon systématique l'utilisation du réseau téléphonique pour obtenir de la documentation ou passer commande. Le développement en France des chaînes de télévision privées devrait permettre au marketing direct d'utiliser pleinement ce média dans les années futures.

*
* *

La plupart des entreprises utilisent aujourd'hui l'une ou l'autre des méthodes de vente propres au marketing direct pour lutter à armes égales avec la concurrence, pour améliorer l'efficacité de leurs méthodes de vente traditionnelles ou pour créer des synergies entre les différents circuits de distribution et améliorer ainsi la rentabilité de leurs opérations. Plus que des techniques, le marketing direct s'avère être un nouveau visage du marketing, développé à partir des bases de données disponibles et des nouvelles technologies[1].

Références

Bathelot P., *La télématique*, Paris, PUF, « Que sais-je ? », 1982.

Bellenger L., *Qu'est-ce qui fait vendre ?*, Paris, PUF, 1984.

Brochier P., Sibilia F., UFPD, Junior ESSEC, *L'entreprise et le marketing*, 1985.

Chirouze Y., *La vente à domicile*, Paris, Editions Cujas, 1981.

Dayan A. et *al.*, *Marketing*, Paris, PUF, 1985.

Fabre G., *Le marketing direct et la loi*, Intermail, 1983.

Lajouanie A., *Le marketing téléphonique*, Paris, Les Editions d'Organisation, 1983.

Lebatteux P., *La publicité directe*, Paris, Les Editions d'Organisation, 1976.

Lehnisch J.P., *Les secrets de la vente par correspondance*, Entreprise Moderne d'Edition, 1981.

Lehnisch J.P., *La vente par téléphone*, Paris, PUF, « Que sais-je ? », 1984.

Mendez M. (de), Lehnisch J.P., *Comment vendre plus et mieux*, Entreprise Moderne d'Edition, 1984.

Menthon S. (de), *Mieux utiliser le téléphone*, Paris, Les Editions d'Organisation, 1979.

Nash E., *Direct Marketing : Strategy, Planning, Execution*, New York, McGraw-Hill, 1982.

Roman M., *Le téléphone marketing*, Paris, Dunod, 1984.

Stone R., *Successful Direct Marketing Methods*, 3rd ed., Chicago, Cain Books, 1984.

Xardel D., *La vente*, Paris, PUF, « Que sais-je ? », 1984.

Mots clés

Client, fidéliser, personnaliser, prospecter, vendre.

---

1. Voir également dans cette Encyclopédie l'article de D. Tixier, « Marketing direct amont. Un nouveau concept né du marketing direct et de la technologie ».

84

Marketing direct amont

Un nouveau concept né du marketing direct et de la technologie

Daniel Tixier

Le marketing direct se pratique traditionnellement dans le sens de l'amont vers l'aval, c'est-à-dire qu'il est utilisé par des fournisseurs pour trouver des clients[1]. Son développement est spectaculaire, ses résultats sont remarquables, son avenir est assuré. Cependant, l'amorce d'un marketing direct de sens inverse, dirigé d'aval en amont, est déjà très visible et cette évolution sera à l'origine d'une véritable révolution dans les années à venir. Nous appelons ce phénomène marketing direct amont. Il ne s'agit pas d'un simple qualificatif ni d'une simple question de sens d'application. Né du marketing direct et de la mise à la disposition des consommateurs, sur une grande échelle, de moyens de communication et de traitement de l'information puissants et très faciles à utiliser, il s'agit d'un nouveau concept, car, à terme, le pouvoir aura changé de mains. La finalité du marketing direct amont ne sera pas classique. Il sera, au contraire, utilisé par des clients pour trouver des fournisseurs. Le phénomène est porté par une extraordinaire explosion technologique qui commence à toucher massivement le grand public et dont tout permet de penser qu'elle est encore loin de son terme. Le marketing direct amont sera sans doute une des clés du marketing en l'an 2000 et au-delà.

1. Le scénario du marketing direct amont

Le point central de ces affirmations est la question du contrôle ou du pilotage de la chaîne qui relie l'offre et la demande. Depuis que notre univers économique est régi par le marketing, le contrôle est censé appartenir aux consommateurs et donc à l'aval. En fait, dans une première étape, les consommateurs n'ont eu le pouvoir de déterminer la production que statistiquement par le biais de leurs achats et par celui de l'analyse des marchés qui étudiait leurs désirs et leur satisfaction, opérations dont la science continuait évidemment à appartenir aux producteurs. Dans une deuxième phase, avec le marketing direct, on est passé à une approche finement ciblée. L'exploitation intelligente des banques de données est alors

---

1. Voir dans cette Encyclopédie l'article de D. Xardel, « Marketing direct ».

susceptible de fournir un excellent rapport coût/efficacité au démarchage commercial. Mais c'est toujours l'offreur en amont qui décide d'aller voir en aval, même si par souci d'efficacité il est très réceptif à ce qu'il peut comprendre de la demande et cherche à s'adapter en conséquence. Avec le marketing direct amont, c'est le contrôle de cette chaîne qui va changer de sens.

Le souhait du consommateur d'avoir, au bout de ses doigts, le contrôle de la matérialisation de sa demande n'est évidemment pas nouveau. S'il doit y avoir une évolution drastique de la situation, c'est que les cartes entre les mains des partenaires en présence auront complètement changé. C'est cette nouvelle donne qui a été rendue possible par l'évolution technologique. Cette dernière a donné naissance à la fois aux réseaux numériques spécialisés de télécommunications accessibles par le réseau capillaire des branchements téléphoniques domestiques, à l'augmentation des débits des canaux de transmission et à la commutation par paquets qui ont permis de s'affranchir de la tarification à la distance, et surtout au vidéotex interactif mis massivement à la disposition du grand public [1]. Toutefois, dans l'immédiat, la grande majorité des consommateurs n'ont encore réalisé ni qu'ils avaient de nouvelles cartes en mains ni, qu'avec elles, ils pourraient jouer autrement.

Pour garder l'analogie de situation avec une partie de cartes qui serait jouée par les clients et leurs fournisseurs, il faut dire que les consommateurs connaissent encore peu ces nouvelles cartes et qu'ils éprouvent une crainte à les utiliser, tant par méconnaissance de leur valeur que par appréhension de l'inconnu dans lequel il faut plonger pour jouer autrement. Cette opération induit par ailleurs un risque d'échec qui correspond au cas où le résultat ne serait ni l'ancien, qui était prévisible, ni le nouveau que l'on peut espérer. En général, les consommateurs ne pensent pas pouvoir assumer ce risque. Jouer de façon non traditionnelle, c'est-à-dire autrement qu'en tenant son rôle de la façon transmise par ses pères ou acquise d'expériences similaires, est donc une opération naturellement anxiogène pour le consommateur dont le pouvoir d'achat est toujours limité. Sa situation est d'autant plus fragile qu'il ignore la valeur de son enjeu pour son partenaire ou qu'il est simplement incapable d'en tenir compte. C'est là que les changements les plus nets vont intervenir, car le handicap du consommateur dans le jeu va être considérablement diminué du fait de l'établissement d'une communication directe établie vers l'amont à l'initiative de l'aval.

Tous les éléments nécessaires sont réunis pour que la situation évolue rapidement. Depuis plusieurs années, on peut observer des changements profonds dans les attitudes, dans les styles de vie et dans les attentes des consommateurs [2]. Ces changements proviennent aussi de toute l'expérience

---

1. Voir dans cette Encyclopédie l'article de D. Roux, « Vidéotex ».
2. Voir dans cette Encyclopédie les articles de C. Pinson et A. Jolibert, « Comportement du consommateur » et de P. Grégory, « Segmentation des marchés. Variables socio-démographiques *versus* style de vie ».

de consommation accumulée par les consommateurs qui savent de ce fait de mieux en mieux anticiper ce que peuvent leur apporter les actes de consommation qu'ils sont amenés à envisager. C'est une des conséquences de ce que l'on appelle la société de consommation et qui est un phénomène très récent dans l'histoire de l'humanité. Cette évolution est parallèle à celle des moyens de télécommunications, de l'informatique et de la vidéo. C'est l'exploitation de toute cette connaissance et de toute cette technologie qui ne sera plus dans l'avenir l'apanage des fournisseurs cherchant des clients. Les consommateurs les utiliseront également comme des professionnels pour rechercher les meilleurs fournisseurs possibles en fonction de leurs besoins ou désirs.

Cette perspective du développement d'un marketing direct amont qui sera fait par les consommateurs eux-mêmes repose donc, d'une part, sur la disponibilité massive de systèmes de communication bidirectionnels fonctionnant en temps réel, faciles à utiliser et bon marché et, d'autre part, sur la capacité et la volonté des consommateurs de s'en servir systématiquement. Elle soulève d'importantes questions tant au sujet de la fidélité des consommateurs, qu'à terme, de la rentabilité d'un système de vente qui a traditionnellement fait payer au consommateur le coût de la communication de l'information nécessaire à l'achat en l'intégrant dans la marge prélevée lors de la vente. Elle soulève également la question de la nature et de l'intensité du lien psychologique qui apparaît dans les transactions commerciales et qui, par voie de conséquence, met en évidence un des aspects du problème de l'intermédiaire. Ce lien apparaît évidemment surtout, mais pas exclusivement, dans le cas d'une transaction de personne à personne. Historiquement, le consommateur a eu tendance à considérer que déjà il s'engageait en partie en demandant de l'information. Cet état de fait, hérité d'un système de distribution capillaire dans lequel le contact personnalisé avec le commerçant était systématique et incontournable a, d'évidence, beaucoup changé à l'époque de la société d'abondance, tant sous l'influence des grandes surfaces de vente que de celle de la publicité informative [1] et du marketing direct.

La « libération » psychologique du consommateur lors de la quête d'informations est toutefois encore loin d'être totale, en grande partie en raison d'une expérience insuffisante des approches commerciales qui ne créent pas de rapports impliquant un comportement social avec un fournisseur. Comment donc ne pas penser à l'impact, à terme, sur les mentalités, de la généralisation d'un système d'interrogation à distance d'un ordinateur à l'aide d'un clavier de téléphone à touches multifréquences avec réponse par voix de synthèse, comme il en existe déjà de nombreux dans les sociétés de vente par correspondance ? Cela fait maintenant une dizaine d'années, par exemple, que La Redoute travaille sur un tel système. Cela est resté embryonnaire pour des raisons à la fois techniques et psychologiques. Le système n'a d'ailleurs fonctionné qu'en test interne pendant plusieurs

---

1. Voir également dans cette Encyclopédie l'article de P.L. Dubois, « Publicité ».

années. Techniquement, il est freiné par la nécessité de disposer d'un poste téléphonique à touches multifréquences relié à un central public électronique temporel. Mais la croissance du parc est rapide, et une telle possibilité existe en 1988 pour près de 60 % des Français, ce qui, d'ailleurs, est un record mondial. Psychologiquement, un autre frein est l'impossibilité de répondre à une voix, fût-elle de synthèse, autrement qu'en appuyant sur des touches. L'avenir de ces systèmes sera peut-être plus dans des domaines spécialisés que dans la vente généraliste par correspondance en raison du développement parallèle du minitel qui est sans doute d'un accès matériel et psychologique plus facile. L'expérience de La Redoute dans le domaine de la commande par clavier multifréquences avec réponse vocale devrait néanmoins reprendre sous une forme plus étendue et plus sophistiquée dès 1989.

Tous les systèmes permettant un dialogue direct interactif avec l'ordinateur du fournisseur participent à la « libération » psychologique du consommateur et favorisent l'avènement du marketing direct amont. A La Redoute et aux Trois Suisses, le courrier n'a été utilisé en 1987 que pour 40 à 45 % des ventes. Le téléphone et les Rendez-Vous Catalogue pour encore 45 %. Le minitel représentait environ 7 % des ventes, mais ce pourcentage a doublé en un an. Si l'acheteur, typiquement une ménagère, a pris l'habitude d'entendre ou de voir une opératrice taper sur un clavier pour lui répondre, il n'aura pas grand chemin à faire pour penser que s'il pouvait le faire lui-même il n'aurait pas à attendre, sans compter qu'il pourrait le faire n'importe quand. Et, surtout, il pourrait le faire ici et ailleurs « pour voir », c'est-à-dire qu'il pourrait « faire comme si » et s'arrêter avant de confirmer sa commande, de façon à comparer des offres identiques dans ce qu'il percevrait alors comme le vrai absolu en matière de prix et de délais et revenir ensuite sur le fournisseur choisi pour passer réellement sa commande.

Le doublement en un an des ventes par minitel chez les leaders de la vente par correspondance (VPC) est donc très intéressant par la confiance qu'il manifeste. Certes, il y a un effet de parc. A la fin de l'année 1987, il y avait 3,4 millions de terminaux minitel en service contre 2,2 millions un an plus tôt[1]. Cet accroissement spectaculaire depuis le lancement du minitel dans le public à la suite de l'expérience de Vélizy, quatre ans auparavant, ne se reproduira pas indéfiniment. En effet, la diffusion des minitels gratuits dans les départements français a été étalée dans le temps pour des raisons industrielles. Néanmoins, un parc de 5 millions d'unités au début des années 1990 ne semble pas irréaliste. Au-delà de l'effet de parc, l'accroissement de la consommation par minitel hors consultation de l'annuaire téléphonique (trafic Télétel) est significative de l'usage qui en est fait.

Cette utilisation mensuelle a été de 93 minutes en 1987 (plus 20 minutes de consultation de l'annuaire électronique qui participent à l'apprentissage) contre 85 minutes en 1986. Certes, la prolifération des messageries sur le kiosque a fait l'objet de nombreux abus et, à côté de drogués du minitel, il y

---

1. Les statistiques minitel sont extraites de la revue *France Télécom*, n° 64, janvier 1988.

a semble-t-il un pourcentage non négligeable des terminaux qui sommeillent dans les placards à l'abri des enfants ou des tentations. Mais un tel phénomène fait lui aussi partie de l'apprentissage d'un moyen de communication nouveau et en 1988 les messageries s'essoufflent. L'usage qui nous intéresse ici, qui est celui de l'utilisation domestique à des fins de choix et d'achat, est plein d'avenir, car les ménagères auront, d'une part, appris à faire la police de l'utilisation du terminal, et, d'autre part, sauront à quoi il peut servir dans leur vie quotidienne.

Une de ces utilisations pourrait être l'interrogation de bases de données sur la disponibilité, les caractéristiques et les prix des produits concurrents. Certaines organisations de consommateurs commencent à le faire. Dans plusieurs régions, on trouve sur minitel les prix de quelques produits quotidiens, parfois relevés avec l'assistance des pouvoirs publics. Ne peut-on pas penser que la généralisation de tels systèmes aura un impact profond sur le comportement de l'acheteur et qu'elle est susceptible de provoquer cette nouvelle donne des cartes précédemment évoquée ? Ces évolutions sont-elles prévisibles à un horizon de temps assez rapproché et vont-elles entraîner l'avènement de systèmes de vente purement automatiques ? Y aurait-il donc nécessairement pour autant disparition du système de vente personnalisé que nous connaissons actuellement ? Les réponses les plus probables sont « oui » à la première question et évidemment « non » à la seconde. Nous ne savons pas encore ce que sera l'importance de ces ventes reposant sur la sollicitation directe d'un amont impersonnel à partir de l'aval. Pour illustrer le sens de cette phrase, on peut dire qu'une telle situation existe déjà lorsqu'un client dialogue par menus déroulants interposés avec un ordinateur par le biais d'un minitel. Les exemples actuels les plus connus sont les sociétés de vente par correspondance déjà mentionnées et celles qui comme Télémarket, Caditel ou les Grands Boulevards exploitent le concept appelé « Supermarché à domicile ».

Il ne faudrait surtout pas conclure que l'expression marketing direct amont soit synonyme de Télévente[1]. Quand les sociétés de VPC développent leurs ventes par minitel en complément de leurs ventes par catalogue ou par téléphone, elles exploitent un nouveau moyen de communication qui les intéresse directement. Quand les consommateurs remonteront systématiquement dans les arborescences des « menus » informatiques de plusieurs concurrents à la recherche d'informations sur le même sujet pour les aider à se faire une opinion avant de choisir, il y aura marketing direct amont. La vente interviendra alors après comparaison détaillée entre plusieurs offres sans qu'il y ait une intervention humaine directe pour apporter une réponse personnalisée.

Il est bien clair que le bon sens nous impose de penser que les ventes personnalisées ne disparaîtront jamais pour autant. Il restera toujours une partie importante de la population pour laquelle « le shopping » tradition-

---

1. Voir à ce propos les actes de la Journée Française de la Télévente organisée par les étudiants du mastère spécialisé en gestion marketing de l'ESSEC dans les références à la fin de cet article.

nel est une fête et un grand nombre de circonstances dans lesquelles tout un chacun préférera le contact personnalisé d'un être humain à celui d'un écran ou d'une voix de synthèse. Mais il ne faut pas croire pour autant que ceux ou celles qui sont prêts à s'en passer soient des marginaux ou que les circonstances dans lesquelles ils seraient heureux de le faire soient rares. Ainsi Christian Loviton, PDG du groupe FACEM, un des spécialistes de la prospective dans le domaine, cite des études faites aux Etats-Unis (Safeway) et en France qui montrent que pour bien plus d'une femme sur deux les courses traditionnelles sont plus une corvée qu'un plaisir[1]. Il n'y a pas de frein psychologique au développement du marketing direct amont sur une grande échelle, mais seulement un manque d'expérience et une insuffisance encore réelle de la densité du réseau de l'offre nécessaire à son fonctionnement.

Ces questions mettent d'ailleurs en lumière un problème qui va devenir de plus en plus pressant pour les agents économiques professionnels de l'amont. Dans la chaîne logistique classique producteurs-distributeurs-consommateurs, ces derniers vont demander aux techniques du marketing direct de leur fournir tous les moyens nécessaires pour piloter leur demande de l'aval vers l'amont, alors que le système a toujours été construit pour fonctionner dans l'autre sens. Il est à prévoir qu'il y aura de fortes résistances de la part des professionnels qui ne voudront pas se laisser déposséder d'un contrôle qui leur est évident, et qui ne feront rien pour faciliter le transfert de technologie dont il est question dans cet article. Car il s'agit bien d'un transfert de technologie de la part de ceux, peu nombreux, qui avaient les moyens de la développer et de l'utiliser, vers ceux, très nombreux, qui sont leurs interlocuteurs naturels et quotidiens. Le terme de technologie doit bien sûr être pris ici au sens de la connaissance qui sert à utiliser quelque chose et non au sens du matériel qui est déjà disponible pour le faire.

Au-delà de cette résistance prévisible plus ou moins passive, notre thèse est que ce transfert de technologie se fera et qu'il sera un avantage marketing considérable pour ceux qui le faciliteront. On peut même penser qu'avant que la généralisation du marketing direct amont ne l'impose et ne le banalise, ce sera pour les fournisseurs un élément de différenciation et de positionnement, et donc un facteur de compétitivité.

Deux conditions sont nécessaires pour que le marketing direct amont puisse se développer. L'une est que les consommateurs aient suffisamment d'expérience de consommation pour apprécier leur risque et aient un niveau économique suffisamment élevé pour en supporter les conséquences sans qu'une erreur soit catastrophique pour eux. Elle est à peu près remplie dans tous les pays développés. L'autre est qu'il existe un accès grand public très

---

1. Voir les actes du XXXIIe congrès du CIES, Washington, juin 1988. Le CIES regroupe dans son congrès les principaux distributeurs et producteurs de produits de grande consommation du monde entier. Son siège est situé 61, quai d'Orsay, 75007 Paris. Voir également les actes de la Journée Télévente du Mastère Marketing ESSEC.

diffusé, facile à utiliser et peu onéreux aux bases de données des ordinateurs des fournisseurs potentiels. Le développement du marketing direct amont se fait sur l'apprentissage de la liberté supplémentaire apportée par les moyens automatiques de recherche et d'aide à la décision mis à la disposition des consommateurs et utilisés à leur discrétion. Dans ce domaine, la France a « un avenir d'avance », pour reprendre une expression publicitaire de France Télécom qui gère les réseaux Télétel français et dont l'effort en faveur de la télématique grand public a commencé il y a plus de dix ans. Cette situation privilégiée ressort nettement dans le tableau suivant.

Télématique mondiale – Le phénomène français

Pays	Parc de terminaux	Principal opérateur
France	3 500 000	France Télécom
RFA	100 000	Bundespost
Grande-Bretagne	150 000	British Telecom
Espagne	30 000	Postes et banques privées
Canada	5 000	Bell Canada et Ceti
Etats-Unis	en projet	Quelques privés
Japon	40 000	NTT

Source : J.F. Guélain, « Le minitel français investit à l'étranger », *Médias* (n° 231, 27 mai 1988).

Dans les pays développés, les consommateurs ont maintenant derrière eux des années d'expérience de la société de consommation. Cela signifie que, quel que soit leur degré de richesse, ils sont devenus des acheteurs de plus en plus sophistiqués et qu'ils sont donc de plus en plus capables de s'abstraire d'une situation classique reposant pour partie sur le principe du charme. Ils sont aussi de plus en plus capables de s'extraire du système de distribution classique auquel ils peuvent ne demander qu'une partie de ce qu'il offre et qui est normalement destiné à préparer l'acte d'achat dans ce même système, à savoir l'information sur les caractéristiques des produits ou services, celle sur les disponibilités et celle sur les prix. Derrière cette indépendance en voie d'être gagnée, il y a le fait que les consommateurs sont de mieux en mieux capables de comprendre leurs propres problèmes et d'apprécier les opportunités qui s'ouvrent à eux.

Dans le passé, les consommateurs ne disposaient pas de moyens ou d'outils pour analyser systématiquement les solutions potentielles à leurs besoins. Dès maintenant, et encore plus dans l'avenir, les systèmes de communication bidirectionnels en temps réel déjà mentionnés permettront ce type de recherche dans d'excellentes conditions de coût et de facilité. Faire une sorte d'appel d'offres général auprès des fournisseurs potentiels était très compliqué, très long et en fait quasi impossible pour les consommateurs. La solution rêvée était donc un terminal d'ordinateur dans chaque foyer relié à tous les prestataires intéressant le ménage. Jusqu'ici, la question était de savoir si une telle situation était concevable et si un tel système était viable. Au-delà des questions philosophiques bien réelles, toutes les tentatives de mise en masse sur le marché de systèmes de haute technologie dans les foyers ont été des échecs pour des raisons de coût et de limitations de service, notamment aux Etats-Unis. On en restait donc à la science-fiction. L'histoire du minitel français est venue tout changer de ce point de vue [1].

2. Les facteurs de développement potentiel du marketing direct amont

Si le minitel repose sur une infrastructure de haute technologie, le terminal lui-même n'est guère compliqué et ses possibilités sont limitées. C'est d'ailleurs cet aspect des choses qui a suscité une certaine ironie dans la presse étrangère à ses débuts, alors que d'autres pays faisaient des paris publics ou privés sur des systèmes plus évolués. Mais rapidement, une conjonction de facteurs a favorisé le développement du minitel français et en a fait un succès unique dans la mesure où ce système est le seul à avoir trouvé la clé du marché de masse. Le premier, bien connu, a été le désir de la Direction générale des télécommunications, ancien nom de France Télécom, de remplacer l'annuaire papier par l'annuaire électronique. Cette opération était d'autant plus intéressante en France que l'augmentation très rapide du nombre de lignes de téléphone entraînait un énorme problème d'annuaires et un recours important à des services de renseignements débordés et inadaptés. Rappelons qu'en quinze ans la France est passée d'un parc de 5 millions à 25 millions de lignes principales et qu'aucun autre pays n'a connu un rattrapage aussi rapide. Mais il s'agissait, en fait, de rien moins que d'amener l'ensemble de la population française à utiliser un terminal d'ordinateur chez elle et sans en être forcément consciente. Pour cela, une production industrielle de masse a été mise en place, ce qui a permis d'obtenir un coût raisonnable pour chaque minitel.

Les statistiques sur le système minitel ont peu d'intérêt en elles-mêmes et sont très rapidement dépassées en raison de l'évolution très rapide à laquelle on assiste encore. Néanmoins, l'annuaire électronique est sans doute la plus grande base de données publique du monde et il fait maintenant l'objet d'importants développements dans le domaine de l'intelligence artificielle qui pourront avoir un jour un intérêt direct dans le domaine qui nous concerne dans cet article. A partir d'un simple mot, il pourrait amener l'utilisateur à préciser sa pensée et à structurer la recherche de solutions à son problème. Ce qui compte ici c'est que, déjà en son état, il a amené des millions de Français qui n'avaient jamais utilisé ou même simplement vu un ordinateur à se connecter dessus, à utiliser un clavier et un écran et à faire l'apprentissage d'un système interactif. La gratuité de la consultation de l'annuaire électronique a permis cet apprentissage sans risque financier.

Le deuxième facteur rendant possible le développement du marketing direct amont en France a été le développement du système du kiosque, par

---

1. Voir dans cette Encyclopédie l'article de D. Roux, « Vidéotex ».

ailleurs petite merveille administrative, quand on sait l'attitude naturelle des gardiens du service public en France et à ce titre gage d'espoir pour l'avenir. Le système du kiosque permet à tout individu disposant d'un minitel d'utiliser un système d'information qui l'intéresse sans abonnement préalable, donc de façon tout à fait spontanée. Dans les pays étrangers où des expériences ont été faites, la nécessité d'abonnement limitait *de facto* la télématique à un usage professionnel. Par ailleurs, et indépendamment du palier de tarification, le coût reste faible pour l'utilisateur dont le comportement est raisonnable, c'est-à-dire qui ne se connecte pas des heures durant sur des jeux ou des messageries.

Ce point du coût du minitel ayant fait l'objet de nombreuses controverses publiques, signalons qu'en 1987 l'utilisation des minitels a été facturée 2,4 milliards de francs par France Télécom, dont 1,3 milliard a été reversé aux fournisseurs de service au titre des redevances de kiosque [1]. L'ordre de grandeur est de 1 franc la minute et on peut considérer qu'en 30 minutes un consommateur devrait pouvoir acquérir une somme d'informations qui lui coûterait beaucoup moins cher que par tout autre moyen d'acquisition.

3. La filière inversée et ses conséquences probables

A partir de l'apprentissage effectué gratuitement par l'intermédiaire de l'annuaire téléphonique, de grandes masses de gens ont déjà appris à utiliser sans crainte un terminal d'ordinateur. Ils peuvent donc maintenant facilement l'utiliser pour autre chose, et donc, par exemple, pour se connecter directement aux ordinateurs des sociétés de vente directe et passer ainsi leurs commandes. Ils ont appris à répondre en temps réel à partir des indications données par ces ordinateurs des fournisseurs. Le développement des services d'achat d'épicerie est encore plus significatif. Le supermarché à domicile est le meilleur exemple de ce qui va être généralisé et des questions fondamentales qui se posent notamment sur l'avenir de la chaîne traditionnelle producteurs-distributeurs-consommateurs. Ce n'est d'ailleurs pas un hasard si les Grands de la distribution s'intéressent de très près à cette évolution.

Désormais, nous approchons probablement rapidement du point charnière. Les consommateurs ont appris en très grand nombre à utiliser des programmes d'ordinateur sans même les avoir jamais vus. Ils ont compris qu'ils peuvent en utiliser les résultats sous leur propre contrôle à partir du moment où ils ont confiance dans le système. Cela est important dans la mesure où, jusqu'à maintenant, les outils de marketing efficaces ont toujours été entre les mains des producteurs et des distributeurs et où, très bientôt, les mêmes systèmes de recherche de cible seront mis à la disposition des consommateurs qui les utiliseront vers l'amont pour rechercher les meilleurs fournisseurs en fonction de leurs propres exigences.

---

1. *Source* : voir note 1, p. 6.

Les organisations de consommateurs ont déjà commencé à travailler dans ce sens. Elles peuvent, à terme, offrir de véritables banques de données pour informer sur les produits et sur leurs prix. Un consommateur en recherche d'informations paiera simplement le prix du service sur sa facture téléphonique. Ainsi, les consommateurs pourront-ils dissocier la recherche d'informations sur les produits pour lesquels ils seront prêts à payer un montant peu élevé, par l'intermédiaire d'un système du genre minitel, ou qu'ils continueront simplement à aller chercher gratuitement, en prenant leur temps, auprès des distributeurs réguliers des marques qui les intéressent, de la recherche sur les prix et les lieux de disponibilité des produits pour lesquels ils seront aussi prêts à payer un petit montant d'argent. Et ils sont déjà en train d'apprendre à faire cela.

Les consommateurs vont, en un mot, pouvoir mettre leur demande sur le marché et en faire le marketing, parce qu'ils vont devenir en quelque sorte des fournisseurs actifs de demande. Des mécanismes comme le minitel pourront donc permettre aux consommateurs d'exiger une plus grande reconnaissance de leur position et de leur enjeu dans l'économie de marché et d'affirmer qu'ils sont plus que des pions sur un échiquier où la maîtrise du jeu appartient aux professionnels.

Ainsi, ces deux facteurs que sont la maturation des consommateurs du fait de leur accumulation d'expérience et la disponibilité de systèmes à la fois simples et bon marché pour piloter en sens inverse la chaîne producteur-distributeur-consommateur vont permettre l'émergence d'un marketing fournisseur fait par les consommateurs. Ce sera un marketing activé par les consommateurs et orienté en direction de leurs fournisseurs. Nous pouvons l'appeler le marketing direct des consommateurs, autre nom du marketing direct amont. Il est évident que cela changera un certain nombre de choses dans le rôle joué actuellement par les entreprises qui pratiquent le marketing direct et dans la façon dont elles le jouent, car elles auront davantage à répondre qu'à solliciter.

Pour nouvelle qu'elle soit, cette approche inversée résulte en fait d'un changement dans le poids relatif des positions des différents partenaires d'une chaîne économique déstabilisée. Le futur sera sans doute l'ère du niveau de service, non pas de celui entre producteurs et distributeurs qui est classique pour les logisticiens d'entreprise, mais celui qui se situe à l'interface distributeurs-consommateurs. Dans la mesure où ces derniers seront beaucoup mieux à même de contrôler cette interface, ils pourront réagir quasiment en temps réel à la révélation des vraies caractéristiques d'une offre qui se déroule et à leur comparaison avec la promesse. Ce sera aussi un nouveau rôle pour ce que l'on appelle globalement le consumérisme[1]. Si on part du principe que la définition moderne de la logistique est fondée sur l'information et qu'elle est chargée de fournir des niveaux de service négociés avec les clients, on peut dire que le consumérisme sera un des instruments de pilotage de la chaîne logistique globale. Il s'agit d'ailleurs

---

1. Voir également dans cette Encyclopédie l'article de F. Graby, « Consumérisme ».

simplement de respecter sa définition propre qui n'est pas celle d'un mouvement de combat, mais une volonté de la valorisation à un plus haut niveau de la position de consommateur.

Il ne faut pas s'étonner de cette descente en aval du centre de gravité de la chaîne économique. Elle a déjà été observée quand les distributeurs ont exigé un plus grand poids dans leurs relations avec les producteurs en amont. Les tensions entre producteurs et distributeurs qui en ont résulté sont énormes. Dans les repositionnements en cours entre les uns et les autres, on assiste, au-delà des affrontements, au développement de ce qui deviendra sans doute davantage un partenariat. Le sens en est encore vague, mais il faut se souvenir que, par rapport au Japon par exemple, les sociétés occidentales sont par essence antagonistes. Chacun cherche à négocier à partir d'une position de force qu'il entend bien affirmer. Le partenariat reste à inventer dans les relations producteurs-distributeurs, mais il est clair qu'il résultera de la reconnaissance d'une situation de force plus équilibrée que dans le passé. La même chose se reproduira avec le marketing direct des consommateurs. Le résultat en sera certes une société marchande plus complexe, mais cela est conforme au cours de l'histoire.

Il y a une différence fondamentale qu'il faut souligner maintenant. Si les conflits entre producteurs et distributeurs résultent bien d'une volonté de repositionnement des acteurs, les producteurs et les distributeurs sont des professionnels du marketing alors que les consommateurs ne le sont pas. De plus, les professionnels sont en nombre limité, tandis que les consommateurs sont des millions. Il peut donc sembler difficile de croire que des non-professionnels isolés puissent exercer un contrôle en amont autrement que statistique. Là encore, le grand changement provient de l'évolution technologique qui met les moyens et les outils des professionnels à la disposition de millions de consommateurs, qui auront la capacité intellectuelle et la volonté de les utiliser.

Mais c'est aussi là qu'apparaît le ferment révolutionnaire de ce qui rend possible un vrai marketing amont au niveau des consommateurs et l'aspect iconoclaste de l'affirmation qu'il s'agit bien de l'avenir. Quel que soit le niveau de la chaîne auquel ils opèrent, les professionnels ont toujours trouvé, par nature, un accord de partage entre eux. Ce partage pouvait du reste, comme nous l'avons évoqué, être inégal et fondé sur la force, que cette dernière soit active ou résulte simplement de la perception de la disproportion des positions. Dans l'avenir, ces accords tacites ou négociés devront se plier aux exigences de l'aval dans des proportions massives qui donneront aux consommateurs un pouvoir effectif considérable par rapport à la situation actuelle.

On peut sans doute même affirmer que par rapport au consumérisme de combat qui n'a concerné que peu d'acteurs directs, le minitel a le pouvoir de rendre possible la révolution du consumérisme tranquille dont l'efficacité sera sans commune mesure avec ce que l'on a connu, du simple fait que les échelles seront multipliées par un facteur de masse. Et comme pour d'autres mouvements en « isme » qui furent des mouvements de société sous-tendus par l'évolution de la technique et des mœurs – ou encore technologie d'un côté et éducation, mode d'emploi et légitimité de s'en servir de l'autre –, ce consumérisme activé par la maîtrise de l'amont en remontant à partir du réseau capillaire de l'aval, débouchera sur un repositionnement des acteurs, une fois reconnue et acceptée l'inéluctabilité du changement. C'est cette évolution qui rendra envisageable le dépassement de la phrase célèbre de J. Baudrillard citée par L. L'Allinec, en exergue à la première partie de son livre *Désaccord consommé* [1], consacrée au consumérisme au quotidien dont le sous-titre est « Du rapport de forces au rapport forcé » : « On reconnaît aux consommateurs la souveraineté pourvu qu'ils ne cherchent pas à en jouer comme tels sur la scène sociale ». Le « on » représentait ici l'alliance des professionnels, qu'ils soient ceux de l'économie ou ceux qui dirigent la société dans son ensemble. Il ne faut pas croire pour autant que l'avènement du marketing direct amont entraînera quelque chose qui ressemblera à un tremblement de terre. Si révolution il doit y avoir, ce sera par comparaison de l'état final et de l'état initial et non du fait d'une transition rapide et violente. Il faut bien voir que ce qui est apparu avec la fin de la croissance des années dites glorieuses, ou encore ce qui a été révélé par la crise énergétique du milieu des années 1970, c'est justement ce qui résulte de la maturation de la société de consommation. Les déplacements géographiques de production, pudiquement appelés « délocalisations » en espérant qu'une loi de la nature apportera le pardon aux erreurs marketing des nations anciennement industrialisées, reflètent une révolte des consommateurs contre un certain impérialisme de leurs producteurs locaux qui ont souvent agi comme des suzerains. Cette révolte a été rendue active par l'alliance objective que les consommateurs ont nouée avec de nouveaux distributeurs.

Cette observation n'est jamais que la preuve du fait que pour des produits plus ou moins implicants destinés aux masses, c'est-à-dire ceux pour lesquels les consommateurs ont réfléchi et comparé dans leur tête avant d'acheter, il faut être en permanence très près d'une demande extrêmement mouvante. Il s'agit d'une observation assez banale, mais elle rappelle que les écailles faisant la myopie des producteurs ne leur sont pratiquement jamais tombées des yeux, autrement que dans la souffrance. Dorénavant, la sanction, positive ou négative, pourra être quasiment immédiate alors que les consommateurs ont déjà clairement fait savoir qu'ils veulent toujours mieux et toujours moins cher, c'est-à-dire une amélioration constante du rapport qualité-prix, ce qui est tout à fait dans leur rôle. Ils ont également fait savoir par leur comportement collectif qu'ils ne sont plus du tout enclins à respecter les structures existantes, si elles s'y opposent, et ceci quelles qu'en soient les conséquences.

---

1. L. L'Allinec, *Désaccord consommé*, Paris, Robert Laffont, 1987. J. Baudrillard, *La société de consommation*, Paris, Gallimard, 1975.

On peut s'interroger sur le fait que ces commentaires concernent tout autant le marketing direct et le marketing en général. Parler de marketing direct amont est autant parler de marketing amont que de marketing direct. En effet, il ne peut pas y avoir de vrai pilotage de micro-demandes à partir de l'aval s'il n'y a pas des moyens sophistiqués pour le faire dans un univers très encombré. C'est cette absence de moyens fins de pilotage en aval qui a toujours partiellement protégé les professionnels de la rigueur de la théorie marketing. Le marketing direct a d'abord été essentiellement un instrument de distribution complémentaire qui n'a pas cherché à être vraiment autre chose. En tant que tel, il nécessitait une certaine interactivité, mais, en fait, il s'est surtout contenté d'enregistrer des réponses simples à ses offres. Il y a une grande différence entre la capacité de construction et d'émission d'une offre dotée d'un système de communication à des fins d'enregistrement de commandes, et un véritable système d'écoute. Il y a notamment de grands risques de distorsions, difficiles à détecter. Cela veut dire que le niveau de mesure de la satisfaction des consommateurs, pour important qu'il soit, n'est pas nécessairement significatif de la fidélité des clients.

4. Du marketing direct au marketing direct amont

Le marketing direct que nous connaissons aujourd'hui est à la fois porteur d'un potentiel d'évolution considérable vers un marketing amont et au carrefour de nombreux problèmes. Tout d'abord, à partir d'une origine essentiellement orientée vers la vente, il peut évoluer vers un système marketing total et a commencé à le faire dans bien des cas. Ce n'est déjà plus un simple système de distribution. Par sa capacité à faire faire et à trouver des fournisseurs, il devient un véritable multi-spécialiste s'il est capable d'un dialogue de qualité suffisante. Sinon, il devient un pilote de multi-entrepôt. Dans le premier cas de figure, il peut vendre sa capacité à résoudre des problèmes pour le consommateur, dans le second, il ne fait que fournir des prix attractifs ou un service de livraison particulier. On peut faire une analogie avec les transporteurs routiers, dont certains sont devenus de vraies entreprises de service logistique et d'autres de simples tractionnaires et rappeler que ceux qui se sont retrouvés tractionnaires ne l'avaient pas forcément voulu. Le marketing direct devra continuer à évoluer.

Le marketing direct traditionnel est cependant également porteur de nombreux problèmes potentiels, du fait de la surexploitation des cibles riches à laquelle il peut donner lieu. L'exploitation des banques de données relatives aux consommateurs a permis d'affiner considérablement les cibles et d'améliorer sensiblement la rentabilité du démarchage. Mais il y a un risque réel de rejet malgré la solution théorique du droit de l'individu à ne plus figurer sur un fichier. Pendant des années, les consommateurs ont été plus ou moins flattés de faire l'objet d'une communication personnalisée qui leur faisait oublier qu'ils étaient démarchés à des fins financières. Le risque est celui du développement d'une forte allergie des cibles les plus intéressantes. Il semble qu'il se manifeste déjà dans une baisse du rendement des mailings des associations caritatives. Il pourrait donc y avoir, dans l'avenir, une volonté du renforcement de la réglementation sur le démarchage, ce qui est peut-être un paradoxe pour une société libérale, mais qui peut devenir politiquement séduisant. Ce risque n'existe bien sûr que pour les démarchages non sollicités et peut-être plus particulièrement pour les méthodes de vente qui pénètrent le plus au cœur des foyers comme le démarchage par téléphone.

Un renforcement de la réglementation sur le démarchage personnalisé faciliterait le développement du marketing direct amont. En effet, l'outil très efficace mis en place pourrait être réorienté pour être un instrument de réponse plutôt que de sollicitation. Ce renversement est loin d'être improbable. On peut imaginer que les offreurs n'aient guère plus que le droit de faire des offres directes assez générales, mais qu'ils puissent en revanche répondre de façon détaillée à la requête d'informations d'un consommateur ainsi touché de façon non personnalisée. Une partie de la publicité générale pourrait aussi s'orienter plus nettement vers une offre de dialogue facile et non engageante pour le consommateur, dans la mesure où un acte d'achat n'interviendrait qu'éventuellement et seulement au terme du dialogue. Il peut en effet y avoir plusieurs niveaux de concrétisation dans un tel dialogue. On peut, par exemple, concevoir que soient condamnés les systèmes dans lesquels il faut décliner l'ensemble de son identité de façon à permettre la constitution d'un fichier avant même d'avoir le droit de poser sa première question. Le marketing direct amont doit être un facteur de liberté pour le consommateur. Ainsi, les professionnels seront peut-être amenés à renoncer à aller trop vite dans leur exploitation de cet or électronique que sont les fichiers bien ciblés et au contraire à permettre aux consommateurs de les cibler, eux, de façon anonyme ou du moins sans qu'ils aient à révéler leur identité pendant la première partie de leur démarche. Ce sera la rançon de la démocratisation de l'exploitation des bases de données.

Il reste à prouver que ces considérations sur le développement du marketing direct amont ne sont pas des élucubrations d'intellectuel. Il faut donc se tourner vers les professionnels pour voir ce qu'ils en pensent. Comme pour tout phénomène nouveau qui vient perturber le bon déroulement d'un mouvement en pleine expansion, il n'y a pas, semble-t-il, urgence à voir les choses sous un angle non traditionnel. Néanmoins, l'idée fait son chemin et commence à donner naissance à des applications pratiques.

La meilleure preuve de l'intérêt des professionnels pour le concept du marketing direct amont est le développement de ce que Lester Wunderman appelle *Consumer Initiated Advertising* (CIA). Considéré comme l'un des très grands noms du marketing direct et l'un des pères de son fabuleux développement, Lester Wunderman est président de la grande agence new-yorkaise spécialisée Young and Rubicam Direct et de Wunderman Worldwide. Dans le concept de « publicité déclenchée par le consommateur », expression qui pourrait être une traduction de *Consumer Initiated Advertising*, la publicité n'est émise qu'à la demande du consommateur potentiel. L'important est alors d'être présent dans les systèmes de références et de recherche d'informations qu'un client en puissance va utiliser pour se faire une opinion *a priori*. Cette opinion se forme à partir des projections qu'il fera dans sa tête sur la base de la communication des différents offreurs de solution à son problème ou à son attente. Il faut donc surtout répondre de façon intelligente et bien adaptée à cette demande de points d'informations qui serviront de supports de projection psychique, le prospect pouvant aller jusqu'à indiquer la nature de la communication qu'il sollicite. Avec la publicité déclenchée par le consommateur, le « chassé » peut donc bien devenir aussi un « chasseur ».

Nous ferons volontiers, sur la base de la CIA de Lester Wunderman, une analogie avec la XAO où AO signifie assisté par ordinateur et X la famille regroupant tout ce qui peut l'être, pour parler de notre conviction de l'avènement de la XDC (ou CIX en anglais). En effet, il n'y aura pas que la publicité qui sera « déclenchée par le consommateur ». Tout ce qui pourra servir à convaincre ou à séduire le consommateur, à l'informer ou à l'aider à comparer et à préférer ou encore à justifier des affirmations qui lui sont destinées, peut être déclenché directement par lui-même et présenté selon un format qu'en tant que prospect il indiquera comme le plus efficace en ce qui le concerne.

Cette dernière remarque doit bien faire comprendre que l'avènement du marketing direct amont n'est pas synonyme de communication triste limitée aux aspects matériels et éliminant le rêve. En quelque sorte, les consommateurs pourront choisir la façon dont ils veulent qu'on leur parle tout en indiquant ce qu'ils ont envie d'écouter. Ils voudront sans doute mener la chasse, mais il serait bien dommage de ne vouloir voir qu'un fusil là où de nombreux nouveaux chasseurs préféreraient voir des yeux de velours chez leurs interlocuteurs.

*
* *

Le marketing direct amont est le marketing direct fait par les consommateurs en direction de leurs fournisseurs qui répondent instantanément à leur demande. Il est porteur de l'achèvement de la théorie marketing qui veut que le pouvoir soit aux mains des consommateurs. Son avènement va donc fortement déstabiliser un système économique qui n'a jamais vraiment souhaité que les professionnels ne soient plus les gardiens de ce qui est bon et de ce qu'il faut faire pour le peuple des consommateurs. Mais au-delà du brin de revendication anarchiste d'une liberté échappant aux contraintes classiques, il ne s'agit pas de remettre en cause la société marchande et le rôle fondamental de ses différents acteurs. Il s'agit simplement d'utiliser le pouvoir que les développements de la technologie mettent entre les mains de tout un chacun pour améliorer le contrôle que tout consommateur souhaite avoir sur ce qui a une incidence directe sur la façon dont il vit. Il faut donc voir que le pouvant, les consommateurs le voudront et que le marketing direct amont sera une réalité dans les années qui viennent. Et il faut en tenir compte car, sans prétendre être prophète, il faut simplement rappeler qu'ignorer en temps voulu l'avenir prévisible se paie en général fort cher plus tard.

Références

Branche (de) E., « Téléachat : les chiffres clés », *Stratégies* (n° 601, 28 mars 1988).

LSA, Interview de C. Marchandise, « Christian Marchandise, pionnier de la vente à domicile », *LSA* (n° 1095-1096, 18-25 décembre 1987).

LSA, Journée IFLS, « Le commerce électronique : mythe ou réalité », *LSA* (19 février 1988).

LSA, Journée Mercatel. Enquête Mercatel / LSA sur le Téléshopping, *LSA* (n° 1109, 25 mars 1988).

Nantermoz P., Actes de la Journée française de la télévente, M.S ESSEC gestion marketing et CCII Val-d'Oise-Yvelines, ESSEC, Cergy-Pontoise, 16 juin 1988.

Tixier D., « The Advent of Upstream Direct Marketing and the Question of Consumer Loyalty », *Journal of Direct Marketing* (n° 1, Winter 1987) : 57-64.

Tixier D., Textes de conférences. Actes du First Direct Marketing International Strategic Forum, Deauville, juin 1988, édité par Direct Marketing Association, 6 E 43rd Street, New York, NY 10017, et actes du Direct Marketing Congress, Amsterdam, septembre 1986, édité par Direct Marketing Institute, Amsterdam.

Tixier D., « L'avènement du marketing direct amont. Une révolution qui n'est pas qu'une question de sens ». D.R 87017, CERESSEC, novembre 1987.

Mots clés

Amont, aval, consommateur, consumérisme, demande, démarchage, distributeur, logistique, marketing direct, minitel, offre, technologie, télétex, vente.

85

Marketing industriel

Philippe Haymann

« *Nous avons trouvé l'ennemi, c'est nous* »

POGO

Dans le domaine de la gestion, peu de termes ont attiré autant d'interprétations plus ou moins méprisantes ou plus ou moins idolâtres que celui du marketing. Ceci est encore plus vrai lorsque le qualificatif « industriel » lui est accolé. Il n'est qu'à consulter les auteurs qui ont écrit sur ce sujet, les professionnels qui tentent de le pratiquer, les experts qui s'y sont spécialisés, pour prendre conscience de la complexité du phénomène et de l'excitation qu'il déclenche chez beaucoup.

1. A la recherche d'une définition

La recherche d'une définition passe par l'exploration des données des écritures, puis par celle de la pratique courante.

1.1. Les écritures

Que nous enseignent-elles ? Du marketing « tout court », beaucoup de choses. Du marketing industriel, beaucoup moins. En fait, il semble qu'une des premières approches modernes du marketing ait eu pour auteur Henry Ford. Celui-ci déclarait en 1922 : « Notre politique consiste à réduire les prix, développer nos ventes et améliorer notre produit. Nous ne considérons jamais que les coûts fixes soient fixes. Par conséquent, nous commençons par ramener le prix de vente au niveau que nous croyons propre à stimuler la clientèle... Nous ne nous cassons pas la tête avec les coûts de production. Le nouveau prix les obligera à baisser... Car à quoi au monde peut-il bien servir de connaître les coûts si le fait de les connaître vous apprend que vous ne pouvez pas produire au prix où le produit pourrait se vendre ?... »

Ces réflexions trouvent un écho remarquable une cinquantaine d'années plus tard dans les propos tenus par François Legrand, directeur de la division hélicoptères de l'Aérospatiale lors de la présentation d'un nouvel appareil[1]. « Il ne sert à rien de gémir sur les variations des taux de change

---

1. « Hélicoptères, un nouvel atout pour la SNIAS », *Usine Nouvelle* (mars 1976).

et le bas niveau du dollar ; il faut s'arranger pour présenter des matériels compétitifs... L'objectif prioritaire est donc d'obtenir un abaissement des prix de revient et d'utilisation aussi poussé que possible ».

Apparaît donc déjà, dès 1922, la notion d'orientation de l'entreprise vers les besoins des consommateurs et leur traduction en termes de *produit* et de *prix*, non pas au sens habituel de produit *fabriqué* par l'entreprise et de prix de vente calculé à partir des *coûts* internes, mais bel et bien de produit *achetable* par le consommateur, à un prix qu'il accepte de payer. Depuis cette première appréhension du marketing, peu de progrès ont été accomplis ; seule l'expression a été améliorée et le nombre de mots réduits. Citons P. Converse dans sa définition du marketing (1935) : « Tout service, acte, opération accomplis au niveau de la production ou de la distribution dans le but de satisfaire les désirs du consommateur ».

P. Kotler propose, quant à lui, un contenu beaucoup plus détaillé du marketing : « Analyse, organisation, planification et contrôle des activités, stratégies et ressources d'une entreprise qui ont une influence directe sur le client, en vue de satisfaire les désirs et les besoins de clients sélectionnés de façon rentable ».

Une définition originale et anonyme doit retenir particulièrement l'attention : « Le marketing consiste à prévoir tous les changements qui peuvent survenir sur un marché et à déterminer la manière dont l'entreprise pourra en tirer le meilleur profit ». Quoique proposée vers 1960, cette définition a des résonances très actuelles et beaucoup de chefs d'entreprise devraient s'en inspirer utilement.

Ces définitions ont un intérêt dans la mesure où beaucoup d'idées clés sont énoncées : mais elles mettent souvent l'accent sur un ou quelques points particuliers et leurs difficultés d'application pratique dans l'entreprise sont quasiment éludées.

Le marketing industriel est-il mieux appréhendé ? Il est intéressant de constater que dans les définitions précédentes et dans la plupart de celles qui ont été énoncées parallèlement, la référence au marketing industriel n'est jamais faite. En fait, jusqu'à une époque récente, l'approche du marketing industriel a été gouvernée par deux phénomènes très contraignants : le poids de l'histoire, et un certain nombre d'idées reçues, dont quelques principes de base formulés par l'American Marketing Association dans les années 1960.

1.2. Le poids de l'histoire

L'évolution du marketing industriel dans les économies occidentales est très liée aux trois phases de l'histoire économique et industrielle depuis 1960.

1960-1973 : la croissance assoupie ; le développement continu des ventes des entreprises dans beaucoup de secteurs fait que l'entreprise produit et vend sans problème. Le marketing n'est guère pris en compte qu'à travers deux outils : l'étude de marché et la publicité. Peu à peu cependant, se dégagent une logique et une cohérence dans la démarche du marketing industriel et le raisonnement en termes d'investissements commerciaux fait son apparition.

1973-1980 : le réveil brutal ; les crises apparaissant à cette époque font brutalement disparaître les efforts entrepris lors de la période précédente. C'est la grande époque de l'amenuisement, sinon de la disparition de beaucoup de budgets commerciaux. La fonction marketing est fortement dominée par la fonction financière qui quelquefois la récupère en annexant et pervertissant ses méthodes [1].

Depuis 1980, le redémarrage, la pression de la concurrence et la nature de l'évolution des marchés entraînent une prise de conscience de plus en plus forte de l'importance des approches commerciales. Un nombre croissant d'entreprises sont amenées à mettre en œuvre une véritable politique marketing.

1.3. Les lois « scélérates »

Dans les années 1960, l'American Marketing Association (AMA) a énoncé, à propos du marketing industriel, les lois suivantes :
– l'acheteur industriel est un être rationnel ;
– il n'est donc mû que par l'intérêt supérieur de son entreprise : prix, qualité, délais sont les seuls critères qui lui indiquent le meilleur choix de fournisseur ;
– de ce fait, si vous voulez faire du marketing industriel, vendez un bon produit, au meilleur prix et dans les délais, ou encore : le marketing industriel n'existe pas : seules les caractéristiques technico-économiques du produit sont prises en considération.

Il en ressort trois types de problèmes qui sont autant de causes de dysfonctionnement du marketing industriel :
– il n'y a que peu ou pas d'évocation de l'industriel dans les définitions traditionnelles du marketing ;
– un certain nombre d'idées reçues font prévaloir que la spécificité du marketing industriel est liée à la nature des produits (techniques) et au comportement de l'acheteur industriel (rationnel) ;
– il s'ensuit que le marketing industriel est un marketing encore fragile et souvent le « parent pauvre » dans les entreprises de produits industriels.

1.4. Le marketing aux industriels

Le mot industriel accolé au marketing n'entraîne-t-il pas tout d'abord des idées fausses ? Une meilleure expression serait : le marketing aux industriels, et mieux encore le marketing aux organisations. En effet, le

---

1. Ainsi, dans une société fabriquant des roulements à billes, le directeur financier avait-il segmenté le marché en privilégiant le critère « délais de paiement » : trois segments avaient été déterminés, les acheteurs payant comptant, ceux payant à un mois, et les autres. Ces derniers étaient bien évidemment laissés pour compte lors des approches commerciales : on imagine les conséquences sur la présence, à terme, de l'entreprise sur certains marchés.

marketing s'exprime initialement en termes de type de consommation et non pas en type de technique ou de produit. Le consommateur concerné est l'organisation, ou, plus précisément, les personnes dans l'organisation qui ont des problèmes auxquels le produit ou la technique proposés peuvent apporter une solution.

D'ailleurs, vouloir privilégier l'optique produit génère des difficultés permanentes : un calculateur électronique de poche est-il un produit de grande consommation ou un produit industriel ? S'il est acheté comme cadeau à un enfant et/ou s'il est utilisé comme règle à calcul perfectionnée par un cadre ? Le problème est similaire en ce qui concerne le matériel de bureau, l'automobile... Pire encore, un produit risque de disparaître ou d'être complètement transformé dans ses passages successifs depuis l'état de matière première jusqu'au produit final : la chimie des plastiques fournit de nombreux exemples de cette transformation ; ou encore, à différents niveaux de consommation, un même produit peut avoir diverses utilisations : une huisserie métallique de fenêtre n'est-elle pas un produit « de consommation » ou un produit « industriel » suivant l'état de sa pose par le menuisier, puis de son utilisation par l'habitant de la maison ?

De ce fait, le produit acquiert une dimension complémentaire importante qui n'est pas assez souvent prise en compte dans la définition d'une politique de produit efficace par l'entreprise : le produit doit être considéré avant tout comme ce que des gens acquièrent et utilisent. Si un industriel conçoit, fabrique et vend une machine-outil, l'industriel client potentiel achète une technique d'usinage qui répond à des objectifs précis : dans l'automobile, il achètera « de la cadence », dans l'industrie aéronautique, « de la précision », etc. Cette définition et la bonne segmentation des besoins qui précède celle des marchés (qui, souvent, n'en est que la traduction quantifiée) sont importantes pour mieux appréhender un des apports fondamentaux du marketing qui s'applique au domaine industriel : le produit n'est pas acquis pour ses caractéristiques techniques ou économiques en tant que telles, mais en fonction des problèmes que l'entreprise et ses intervenants dans l'achat ont à résoudre.

Prenant du champ vis-à-vis des idées reçues sur la pseudo-« rationalité » du consommateur industriel, observant et analysant comme un entomologiste, dans l'entreprise, les processus de décision d'achat, depuis leur déclenchement jusqu'à l'acquisition et l'utilisation du produit, on doit reconnaître que les phénomènes sont complexes et souvent différents de ce que l'AMA de l'ancienne époque et certains professionnels imaginent (ou souhaiteraient).

Ainsi, dans beaucoup de cas, des critères de choix tels que la sécurité (tant professionnelle que sociale), le prestige, l'emportent ; par ailleurs, la notion de temps est très importante pour les acheteurs qui, ayant de multiples opérations à effectuer, sont obligés de sérier les problèmes, si bien que la recherche d'informations nécessaires est, dans certains cas, obérée. En fait, les critères de nature psychologique et sociologique existent et sont importants au même titre que les critères techniques et économiques[1]. Citons R. McKenna : « Beaucoup d'entreprises de technologie essaient de vendre leur produit en faisant valoir des spécifications quantitatives : temps d'accès de tant de nano-secondes ou une capacité de tant de kilo-octets. Or, les clients ont tendance à fonder leur choix sur des paramètres plus qualitatifs : le service, la fiabilité et la réputation par exemple. Si un constructeur se fait approuver par un observateur éclairé, il a toutes les chances de réussir, même si son produit est de quelques nano-secondes plus lent que celui de ses concurrents ».

La difficulté essentielle pour appréhender correctement le marketing industriel, cas particulier du marketing général, est que celui-ci n'est pas seulement une fonction, mais doit traduire la dynamique générale de fonctionnement de l'organisation. Ceci est bien exprimé par John Opel, le président d'IBM, qui déclarait en 1981 : « Vous devez vous rappeler qui paie les factures ; peu importe votre spécialité – finance, production, ... – vous devez connaître et faire l'expérience de l'émotion que procure la vente. C'est là que les choses se passent vraiment ».

Mais, comme l'écrivait à la même époque Lew Young, rédacteur en chef de *Business Week* : « Dans trop d'entreprises le client est devenu un empêcheur de tourner en rond dont le comportement imprévisible détériore les plans stratégiques mis au point avec soin, dont les activités déréglent les programmations, et qui réclame avec entêtement des produits qui marchent ».

C'est bien là *le problème essentiel* du marketing industriel : la primauté du marché, des clients et de leurs besoins, et la prise en compte des concurrences sont loin d'être « passées dans les mœurs ».

2. Le système marketing

Pour fonctionner correctement et contribuer efficacement à la pérennité de l'entreprise, le marketing doit intervenir à tous les niveaux : certaines décisions marketing doivent être prises au niveau de la direction générale, d'autres au niveau des directions marketing et commerciales, d'autres enfin, au niveau des forces de vente et d'après-vente (dites forces « terrain »).

L'attention permanente portée au marché doit ainsi pénétrer dans la culture, le devenir et le fonctionnement au jour le jour de toute l'organisation. Le marketing doit donc être « éclaté » dans l'entreprise aux trois grands niveaux de décision et d'action : stratégique, opérationnel et sur le terrain, avec, pour chacun de ces niveaux, un contenu, des activités et des interlocuteurs différents, mais aussi des interfaces bien assurées. Le marketing peut être ainsi considéré comme un système composé de sous-systèmes interactifs.

Le tableau 1 permet de définir ces différents niveaux.

---

1. Dans beaucoup d'entreprises, le choix de l'ordinateur n'a-t-il pas été initialement exprimé par l'alternative « IBM/non IBM », le choix de camions par « Mercedes/non Mercedes » ?

Tableau 1
Les trois niveaux du marketing

Niveau	Activité	Missions	Interlocuteurs
Marketing stratégique	• Apport d'informations nécessaires : – à l'élaboration d'un tableau de bord marketing – au diagnostic stratégique – à la planification stratégique • Apport d'informations pour la politique d'innovation	• Fourniture et relais d'information • Contribution à l'élaboration des segments stratégiques • Elaboration des couples « produits-marchés » • Passerelle	• Directions stratégiques : – Direction générale – Direction divisions – Direction filiales – ... • Recherche
Marketing opérationnel	• Méthode d'action en deux phases : – identification (décisions d'achat, segmentation, outils) – action : le mix et ses composantes • « Gardien de la doctrine »	• Gestion du système d'information marketing • Gestion des composantes du marketing • Elaboration et suivi : – des plans marketing – de la segmentation des marchés	• Fonctions : – développement – technique – production – finance – personnel – achat – contrôle de gestion
Marketing terrain	• « Bureau des méthodes commerciales »	• Contribution à l'élaboration des plans d'action • Remontée et redescente des informations • Apport de méthodes et d'outils	• Fonctions – vente – après-vente – applications

Bien que d'application générale, ce type d'approche a une importance particulière lorsqu'on s'attache au marketing industriel ; en effet, pour la plupart des entreprises de biens de grande consommation, le marketing est souvent bien intégré aux trois niveaux. En ce qui concerne le marketing industriel, en revanche, un certain nombre d'obstacles surviennent, puis retardent – et souvent sur longue période – son implantation efficace et durable dans l'entreprise.

Ces problèmes sont liés à la nature profonde du marketing dont la mission essentielle, rappelons-le, est d'orienter ou de réorienter *l'ensemble*

de l'entreprise vers le marché[1]. Il s'agit donc d'un véritable « état d'esprit » d'entreprise dont les caractéristiques ont été précisément définies par J. Lendrevie, professeur au Centre HEC-ISA :
- partir toujours du point de vue des consommateurs,
- admettre que la « vérité » est celle du marché,
- baser les décisions sur des faits, pas sur des opinions, des intuitions ou des velléités,
- être convaincu que la plus grande richesse d'une entreprise, c'est le capital de confiance et d'image.

En marketing industriel, ceci signifie que le marketing est un levier de changement culturel important. Il s'agit d'une nouvelle approche des problèmes qui remet en question beaucoup de modes de pensée, de schémas décisionnels, d'habitudes. Dans les entreprises où les techniciens et les financiers dominent, un certain nombre de décisions stratégiques et commerciales sont prises sans aucune référence à la dimension marketing.

La « spécificité » du marketing industriel est donc d'ordre interne à l'entreprise beaucoup plus que relative aux méthodes et aux techniques, qui sont universelles : qu'il s'agisse d'analyse – du consommateur, du marché, de la concurrence –, de segmentation, de planification, de gestion du mix..., l'adaptation aux marchés industriels est certes quelquefois délicate – surtout dans la mesure où le manque d'informations sur le marché se fait cruellement sentir – mais le problème essentiel n'est pas là. L'arbre des techniques marketing ne doit pas cacher la forêt des difficultés internes : implanter un marketing imprégnant l'ensemble de l'entreprise et efficace à tous ses niveaux d'intervention est une tâche de longue haleine, ingrate, assez peu considérée, comme toutes les missions à fort contenu intégrateur et contributif.

Plus l'entreprise est orientée vers la technologie de pointe, plus elle est obnubilée par les résultats financiers à court terme, plus la mise en place du marketing est difficile. Elle le sera d'autant plus que les résistances au changement classique – lorsque apparaît la menace de sérieuses remises en cause – se développeront fortement et généreront un certain nombre de dysfonctionnements dont certains sont décrits ci-après.

3. Les paramètres explicatifs du dysfonctionnement du marketing industriel

Les paramètres les plus explicatifs du dysfonctionnement du marketing industriel dans les organisations sont les suivants :
- le poids et la nature du système d'organisation existant,
- le rôle « officiel » et le rôle « réel » du marketing,
- les relations du marketing et de la recherche,
- le type d'implication de la direction générale,

---

1. Les dirigeants de General Electric déclaraient, à la fin des années 1970 : « Il faut tourner le cuirassé à 180°. Il nous faudra dix ans pour cela ».

– le degré d'importance des conflits inter et intrafonctionnels concernant le marketing opérationnel.

La grille permet, en les articulant, de rendre compte de ces différents paramètres, qui n'agissent pas indépendamment les uns des autres.

L'analyse est proposée aux différents niveaux :

– global : poids et nature du système existant ;
– stratégique, au travers de l'implication de la direction générale et de l'influence des grands cabinets d'organisation ;
– opérationnel et terrain : rôles et interface.

3.1. L'analyse globale : le système existant

Dans toutes les organisations, stratégie et structure sont intimement liées, sans que l'une ne puisse être vraiment dissociée de l'autre. Dans un certain nombre d'entreprises, les orientations stratégiques n'existent pas vraiment ou sont occultées par le système d'organisation, si bien que celui-ci pèse très lourdement sur la stratégie et peut même, dans une certaine mesure, la précéder et s'y substituer.

Les deux phénomènes qui en découlent intéressent le marketing : il s'agit du poids de la structure et du « vide » stratégique.

3.1.1. Le poids de la structure

Celui-ci est aggravé lorsque l'organisation est particulièrement formalisée et l'organigramme lourd, et si les définitions de fonctions privilégient la dimension attributive et entourent la dimension contributive d'un « flou artistique ».

Ceci se traduit souvent par l'existence d'une « superstructure » marketing, redoutablement vide de contenu, puisqu'à aucun des trois niveaux un marketing digne de ce nom n'est mis en œuvre, malgré et peut-être à cause de la prolifération des fonctions de chefs de produits, chefs de marché, directeurs de stratégie marketing, responsables d'études et de planification marketing...

Les risques graves qui découlent de cette situation sont les suivants :

– le marketing perd peu à peu sa crédibilité et se fragilise ;
– les personnels du marketing, en conséquence, s'enferment de plus en plus dans leur « splendide isolement » et ont des réactions uniquement défensives face à l'environnement interne ;
– le marketing devient un rectangle comme un autre, s'enfermant dans ses attributions, sa bureaucratisation (« les hommes de bureau ») ; sa fonction intégratrice se dissout, toutes ses sous-fonctions recouvrent une « coquille vide ».

3.1.2. Le vide stratégique

L'entreprise a horreur du vide stratégique. Cette constatation effectuée dans mainte entreprise signifie que si la stratégie n'est ni conçue, ni mise en œuvre où elle doit l'être (niveau stratégique de la grille ; voir le tableau 1), elle le sera au niveau inférieur et ainsi de suite (niveau opérationnel, puis éventuellement au niveau du terrain).

Ceci peut conduire à un déséquilibre important du portefeuille de clientèle qui peut être préjudiciable à l'avenir même de l'activité. Les premiers accusés sont très souvent les vendeurs. Ils sont soupçonnés d'avoir fait trop de prospection intensive auprès des clients avec lesquels ils s'entendent bien, et pas assez de prospection extensive à l'égard du reste de la clientèle.

Il s'agit en fait d'un phénomène normal découlant de l'horreur du vide : en effet, en l'absence d'orientations commerciales précises, et parce que la stratégie de l'entreprise ne tient pas compte du marketing, la « filière » activité – marché – clientèle est inexistante. Le dernier niveau (les forces de vente) devient, par force, autonome et choisit ses clientèles, générant des fragilités commerciales influant sur l'activité de l'entreprise. Par ailleurs, le système d'évaluation et de rémunération (chiffre d'affaires, marge globale) ne peut qu'amplifier ce phénomène.

Ces phénomènes sont sans doute liés, rappelons-le, à ce que les directions générales préfèrent souvent substituer à la définition d'une stratégie (acte très impliquant, à fort degré de risque personnel), la décision d'implanter des systèmes d'organisation comportant des organigrammes officiels et purement formels.

3.2. Le marketing au niveau stratégique [1]

Au niveau stratégique, le fonctionnement du marketing est lié :
– au degré d'implication des dirigeants,
– aux relations avec la recherche.

3.2.1. Le degré d'implication des dirigeants

La nécessité d'éclatement du marketing dans l'entreprise aux trois niveaux de décision et d'action et en particulier au niveau stratégique, implique que, sans l'intérêt ni la volonté de la direction générale, le marketing a peu de chances d'exister efficacement dans l'entreprise. L'implication de la direction générale doit s'exercer en termes de stratégie, de structure et surtout d'animation de cette structure. Sans données marketing, analyse et plan stratégique n'ont pas plus de valeur que si manquaient des données financières, sociales, techniques...

La structure marketing mise en place ou améliorée par rapport à l'existant doit tenir compte de la stratégie et fournir les conditions optimales de sa mise en œuvre : ceci signifie que le dilemme stratégie/structure doit être tranché en faveur de la stratégie, car c'est elle qui doit déclencher le mouvement.

---

1. Voir également dans cette Encyclopédie l'article de J.C. Larréché, « Marketing stratégique ».

3.2.2. La mise en place et l'animation marketing

C'est là sans doute le rôle le plus important des équipes dirigeantes en ce qui concerne le marketing : élaborer une stratégie s'inspirant du marketing et mettre en place les structures correspondantes sont une condition nécessaire de succès, mais elle n'est pas suffisante. En effet, en fonction :

– des pouvoirs des sous-cultures en place dans l'organisation (et qui, dans un certain nombre de cas, se sont érigées en féodalités, baronnies, clans...),

– des craintes que les responsables à tout niveau ont du marketing (menaces de déstabilisation, critères complémentaires et contraignants de jugement, arrivée d'intrus...),

– des habitudes et des types de raisonnement que beaucoup de responsables clés ont l'habitude de pratiquer et qu'ils ont peur de voir remis en question,

des blocages et des combats de retardement vont gêner l'implantation ou le développement du marketing, voire le marginaliser et même le rejeter. De plus, les interfaces entre les différents niveaux risquent de ne pas être convenablement assurées et les personnes en charge de ces interfaces peuvent être sérieusement contrées, neutralisées ou encore « phagocytées » pour mieux limiter l'impact de leur intervention.

Le succès de l'implantation du marketing dans toute l'organisation dépend donc, non seulement de la volonté stratégique du dirigeant, mais aussi, et peut-être surtout, du contrôle de sa mise en œuvre ; ceci d'autant plus que l'organisation est complexe et comporte un certain nombre d'échelons intermédiaires [1] à la mesure de la taille de l'entreprise, et qui peuvent être autant de maillons bloquants ou déviants.

Ainsi, l'une des premières responsabilités de la direction générale doit être d'éviter l'engluement et l'inefficacité du marketing par le redoutable phénomène « On fait comme si » qui peut exister aux trois niveaux.

Alors que souvent existe initialement, et quels qu'en soient les motifs (influence du conseil extérieur, le marketing comme phénomène de mode, « il faut du marketing dans l'entreprise », ...), une volonté du président de faire pénétrer le marketing dans le groupe, celle-ci ne se traduit pas par une implication suffisamment forte. Trois possibilités se présentent alors.

– Le président fait comprendre aux dirigeants que le marketing devient une nécessité et en reste là.

– Une division marketing est créée au niveau du groupe : c'est un cas très significatif de l'état d'esprit évoqué antérieurement ; pour résoudre un problème fondamental, on crée une fonction [2]. Trois cas existent :

• la personne nommée n'a ni les moyens, ni le temps, ni peut-être la compétence pour promouvoir le marketing dans l'organisation ;

---

1. C'est un phénomène très répandu dans l'entreprise française où le nombre d'échelons hiérarchiques de la tête à la base est souvent élevé.
2. Comme le font remarquer Peters et Waterman dans leur ouvrage : « taille et complexité vont de pair, hélas... la plupart des grandes entreprises... engagent plus de personnel pour faire face à cette complexité ».

- le marketing groupe devient rapidement un marketing « d'état-major » déconnecté des problèmes opérationnels de l'entreprise [1] ;
- le marketing groupe est redondant avec le marketing préexistant dans les branches, les divisions ou les filiales ; les conflits d'attribution n'en deviennent que plus aigus et se transforment rapidement en conflits d'influence.

– Un cas extrême est celui où la direction générale, après avoir opté pour l'introduction d'un marketing stratégique, y renonce peu de temps après.

Quelques exemples permettent d'illustrer l'existence de ces phénomènes, et souvent leur coexistence dans la même entreprise.

3.2.3. Quelques exemples

Il s'agit d'observations effectuées dans trois groupes internationaux : Prévoux (technologies de pointe et communication), Kipling (métallurgie), Monceau Garonne (transformation des métaux).

3.2.3.1. Le groupe Prévoux

Le groupe Prévoux, par son origine, son histoire et l'évolution de ses activités, a une culture essentiellement technique avec une caractéristique spécifique : sa partie « historique » et ses premières diversifications l'ont sorti de ce noyau dur de compétence et ont ajouté une dimension « produits » y compris de grande consommation, en général par association avec des partenaires. Les résultats de cette évolution sont assez divers. Le président-directeur général du groupe a décidé d'intégrer la dimension marketing dans le groupe. Par une note de service de 1983, sont annoncées la création d'une direction marketing groupe, et la nomination à sa tête de l'un des directeurs de branche [2]. La culture marketing du groupe est très hétérogène ; selon les branches, et à l'intérieur de chacune d'elles, selon les décisions, en fonction de l'activité et des personnalités en place, la maturité marketing peut être très différente.

De plus, la mise en place du marketing peut être considérée comme gênante par les directeurs de branche, car :

– ils ont édifié leur baronnie ;

– la seule contrainte acceptée jusqu'alors est la contrainte financière [3] ;

– on leur impose deux autres contraintes ; le marketing stratégique et sans doute la nécessité de travailler avec les autres branches ;

– la méfiance envers le « centre » est viscérale.

Les réactions peuvent être alors de deux sortes :

– les responsables d'activités bénéficiaires considéreront que le marketing est une charge supplémentaire ;

---

1. Voir « Industrial Marketing Planning », article de C. Ames dans *Harvard Business Review*.
2. Le groupe Prévoux est constitué de dix grandes directions opérationnelles, nommées branches, et de divisions fonctionnelles classiques.
3. Doublée depuis quelques années par la création d'un contrôle de gestion groupe et d'un département de politique industrielle.

– les responsables d'activités déficitaires y verront une sanction.

Or, sans l'adhésion ou la « neutralité bienveillante » des directeurs de branche, le marketing « ne passera pas », il risque de rester une juxtaposition d'actions commerciales indépendantes. Par ailleurs, le nouveau directeur nommé n'est que *primus interpares* et n'a que peu de moyens humains et budgétaires.

Un certain nombre de conditions sont ainsi réunies pour que les pouvoirs en place rejettent purement et simplement cette nouvelle fonction et la neutralisent. C'est ce qui s'est passé en 1984.

3.2.3.2. *Le groupe Kipling*

Au début des années 1980, est décidée la création d'une direction marketing au niveau du groupe. Est nommé à cette direction un jeune dirigeant de branche, l'un des « espoirs »[1] de l'entreprise qui, rencontré par l'auteur peu après sa nomination, avoue nourrir quelques craintes quant à l'acceptation du concept et de la fonction : « Les tromblons coudés sont nombreux dans les couloirs ».

Cette crainte s'est concrétisée par le fait que, tout en assumant la direction marketing, le dirigeant garde ses responsabilités opérationnelles à la tête d'une branche d'activité en plein développement. Il laisse de fait la petite équipe qu'il a mise en place seule pour assumer la tâche de faire pénétrer le marketing dans les esprits et les méthodes des différentes directions du groupe. Lui-même ne passe qu'une faible partie de son temps à diriger la fonction. Le risque de marginalisation est alors évident...

3.2.3.3. *Le groupe Monceau Garonne*

Une note du 1er janvier 1979 annonce la création du service conseil marketing (SCM) à la tête duquel est nommé le chef du service marketing d'une des branches. Les missions du SCM sont les suivantes :
– assistance et conseil auprès de la direction générale : l'intervention du SCM doit permettre à celui-ci d'introduire systématiquement dans ses décisions la référence au marché et aux concurrents ;
– assistance et conseil auprès des responsables d'unités : il peut en particulier attirer l'attention d'un responsable d'unité ou l'alerter sur une évolution défavorable de sa position concurrentielle, du marché de ses produits et envisager avec lui, s'il y a lieu, d'entreprendre une étude ou action ;
– assistance à l'égard des responsables marketing des unités dans l'exercice de leur métier (formation, recrutement...) ;
– coordination éventuelle des unités dans certains domaines (en particulier, alerter les responsables d'unités sur certaines incohérences).

On voit que les expressions « alerter », « permettre », « s'il y a lieu », « éventuellement » peuvent donner lieu à des interprétations

---

1. La personnalité et le « devenir possible » du responsable nommé à cette fonction sont, dans certains cas, des indicateurs significatifs de l'intérêt véritable que les directions générales portent ou non à cette nouvelle activité.

différentes en fonction des véritables désirs de coopération qu'ont ou non les dirigeants d'activités ou leurs responsables marketing avec le SCM.

La personnalité du chef de service, sa ténacité, sa crédibilité entrent considérablement en ligne de compte dans l'influence et dans l'efficacité de ce nouveau service. Ceci est d'autant plus vrai que par sa non-application concrète dans la pénétration du marketing, le directeur général délègue dans une certaine mesure une partie de ses responsabilités à un de ses subordonnés qui prend en charge une fonction peu reconnue et à statut fonctionnel ! Une note de service et une fausse délégation ne peuvent en aucun cas se substituer à la nécessité de gérer par exception.

3.2.4. Marketing stratégique et recherche : mêmes objectifs, mais... est-ce le même combat ?

Un partenaire privilégié du marketing stratégique est la recherche. Les deux fonctions n'ont-elles pas un objectif similaire : assurer le développement à moyen terme de l'entreprise, l'une par la détection et l'anticipation des besoins et des marchés nouveaux, l'autre par la création de produits nouveaux ? L'irrigation mutuelle des deux activités ne peut être que bénéfique à l'entreprise.

3.2.5. L'influence des grands cabinets d'organisation

Il est inutile d'insister sur l'influence considérable qu'ont eue les grands cabinets américains de conseil en organisation, sur la structure des entreprises françaises (et européennes) du début des années 1960 au milieu des années 1970.

Ce qui nous intéresse, à savoir l'impact du système d'organisation mis en place sur l'implantation et le devenir du marketing dans l'entreprise, est non moins considérable, en ce sens que la restructuration n'a fait qu'amplifier les problèmes évoqués antérieurement (le dilemme stratégie/structure). En effet, les « modèles » organisationnels, un peu toujours semblables à eux-mêmes, s'appuient sur une hypothèse implicite et tout à fait hardie : quelle que soit son activité, l'entreprise a atteint un degré de maturité suffisant pour pouvoir intégrer et assimiler des fonctions correspondant à des activités nouvelles, complexes et peut-être non encore mises en pratique, telles que le marketing. C'était le cas de nombreux grands groupes français de cette époque. En bref, ce qui était bon pour General Electric ou Dupont de Nemours devait parfaitement convenir à Creusot Loire ou à Rhône-Poulenc. D'où la prolifération de fonctions telles que chefs de produit, chefs de marché, responsables de planification marketing, évidemment sans grand contenu réel puisque le marketing n'existait pas, ou si peu...

Par ailleurs, toutes ces fonctions nouvelles ont été proposées à des personnes qui n'avaient aucune expérience, aucune culture marketing et dont l'inquiétude était forte. Un certain nombre d'entre elles suivirent donc des séminaires de formation, acte éminemment louable, mais dont le risque était, après coup, de frustrer considérablement les personnes impliquées qui, de retour dans l'entreprise, entrevoyaient fort peu de possibilités de mettre en pratique certains des concepts ou outils enseignés. Une « struc-ture d'accueil », correspondant à une stratégie explicite de marketing n'existant pas, les chefs de produit ou autres chefs de marché devenaient rapidement des cadres résignés ou en partance.

De nombreux grands groupes français ont été confrontés à ce problème. Dans les entreprises où devait s'exercer le marketing industriel, le phénomène était encore aggravé par la « culture » de la direction générale, totalement « hors d'atteinte » du marketing, à la fois en terme de fonction initiale et surtout en terme de prise de responsabilités successives, dont aucune ne s'effectuait dans le domaine commercial [1].

3.3. Le marketing opérationnel

Le marketing opérationnel, comme le marketing stratégique, fonctionne dans le cadre des principes antérieurement énoncés.

De plus, la structure des relations à l'interface marketing opération-nel/marketing terrain (vente, après-vente, applications...) est un paramètre explicatif très important du fonctionnement ; les conflits potentiels, latents ou existants entre les deux niveaux sont une constante observée dans un nombre important d'entreprises.

Les conflits entre le marketing et les autres fonctions de l'entreprise (technique, production, finance) passent au second plan derrière les querelles internes incessantes auxquelles se livrent les directions des ventes et les services marketing : les informations commerciales qui ne « remontent » ni ne « redescendent », les rapports de visite rédigés à la hâte et un peu n'importe comment, les études de marché qui finissent dans un tiroir sans être exploitées, les plans marketing incomplets et non suivis, les campagnes publicitaires « pour se faire plaisir » ou considérées comme un mal nécessaire au moindre coût, sont autant d'obstacles au bon fonction-nement de l'activité commerciale de l'entreprise.

*
* *

Pour améliorer cette situation et rendre, de ce fait, les entreprises plus ouvertes, plus compétitives [2], parce que plus préoccupées de leur avenir commercial, les analyses précédentes montrent qu'il est nécessaire de favoriser « l'éclatement » du marketing dans l'entreprise et d'avoir une meilleure connaissance des consommateurs et des marchés.

---

1. Au début des années 1970.
2. A l'exemple de nombreuses entreprises allemandes et scandinaves qui pratiquent le marketing « comme M. Jourdain fait de la prose » et pour lesquelles les notions de marché mondial, de stratégie et d' « agressivité » commerciale sont passées dans les mœurs depuis un certain temps.

L'ÉCLATEMENT DU MARKETING DANS L'ENTREPRISE

Le marketing ne doit pas être l'apanage de quelques cadres dans des bureaux : il doit « se faufiler » dans les structures, apporter des informations de fond là où elles doivent être exploitées et être un instrument d'action là où il doit être mis en œuvre :

– Les centres de décisions stratégiques (la direction générale, les directions de divisions et les directions régionales décentralisées) doivent être constamment irrigués par les informations vitales pour la survie à terme de l'activité : évolution des besoins, des marchés, des concurrences, des environnements significatifs... il s'agit là de paramètres de base pour l'élaboration d'un « tableau de bord marketing pour direction générale », auxiliaire indispensable pour assurer les meilleurs choix de développement.

– Les opérationnels doivent disposer d'outils et de méthodes clairs pour améliorer l'efficacité de leurs actions sur le terrain : plans d'actions cohérents (les composantes du marketing : produit, prix, distribution, communication, y sont bien articulées), méthodes de collecte d'informations et de vente efficaces et simples... Les rôles du vendeur et de « l'après-vendeur » dans le marketing industriel sont fondamentaux à ce niveau : combien d'entreprises savent-elles valoriser, optimiser ces forces importantes non seulement pour la vente et l'après-vente, mais aussi pour l'information et la communication ?

UNE MEILLEURE CONNAISSANCE DES CONSOMMATEURS ET DES MARCHÉS

Il faut se débarrasser d'un certain nombre d'idées reçues qui se transforment rapidement en stéréotypes[1] ; il faut avoir l'humilité et le courage de raisonner « à l'envers » des raisonnements traditionnels qui conduisent encore trop souvent le responsable du bureau d'études, le chef de fabrication, le financier, à avoir un poids trop important dans les politiques de produit et de prix de l'entreprise. L'étude des mécanismes de décisions des clients industriels et de leurs critères de choix[2], leur agrégation dans des segments de marché homogènes et significatifs justiciables d'actions commerciales spécifiques, doivent devenir autant de réflexes permanents[3]. Cette meilleure connaissance (et ceci pour un investissement en informations souvent dérisoire par rapport à d'autres investissements décidés sans études préalables) permet d'aiguiser les actions à court terme, de mieux définir les évolutions et d'avoir une politique de communication digne de ce nom.

Souvent, d'ailleurs, la connaissance du marché ne devra pas s'arrêter au premier niveau de consommation ; le client du client (et même encore plus loin dans la filière) devra être aussi analysé et il faudra accéder commercia-

---

1. Surtout sur les marchés mondiaux où un certain nombre de jugements faux sur certains pays persistent, en particulier sur certains pays en voie de développement dont on ne s'est pas aperçu assez tôt qu'ils devenaient de dangereux concurrents.
2. Voir à ce propos l'article de l'auteur : « Qui décide des achats industriels ? », *Le management* (juin 1973).
3. Le rôle de la force de vente, collectrice d'informations, paraît ici à l'évidence.

lement à son niveau (l'industrie chimique et l'industrie électronique en sont des exemples).

Les entreprises de produits ou de services industriels doivent sans tarder se pencher sur les problèmes de fond que nous avons évoqués : sur des marchés qui se mondialisent, face à des concurrences de plus en plus étendues et vives, l'entrepreneur, quelles que soient la nature et l'origine des produits qu'il fabrique et commercialise, doit être à l'écoute permanente des marchés et de leurs évolutions, en déduire des stratégies adaptées et rentables et s'organiser commercialement en conséquence.

En terme de marketing industriel, ceci signifie qu'il y a un retard à rattraper et non pas seulement une spécificité derrière laquelle se réfugier pour ne pas avancer.

Références

Ames C., « Substance vs Trappings in Industrial Marketing », *Harvard Business Review* (July-August 1970) : 93-102.

Bertrand K., « Marketing 87 : The Customer is King », *Business Marketing* (June 1987) : 85-89.

Blanc F., *Marketing industriel*, Paris, Vuibert, 1988.

Haymann P., Nemarq A., Badoc M., *Le marketing industriel*, Paris, Publi-Union, 1979.

Haymann P., « Y a-t-il de vraies spécificités du marketing de la haute technologie ? », *Revue Française de Gestion* (janvier 1989).

Haymann P., « Les niveaux de maturité du marketing : application à deux secteurs », *Working Paper*, Centre HEC-ISA, juin 1979.

Levitt T., *L'esprit marketing*, Paris, Les Editions d'Organisation, 1972.

Levitt T., *L'imagination au service du marketing*, Paris, Economica, 1985.

McKenna R., *Le marketing selon McKenna*, Paris, InterEditions, 1985.

Watzlawick P., *Faites vous-même votre malheur*, Paris, Seuil, 1984.

Mots clés

Besoins, capital de confiance et d'image, changements, concurrence, contributif, dysfonctionnements, marketing aux industriels, niveaux, relations interface, sécurité, segmentation.

86

Marketing international

Jean-Marc De Leersnyder

Aucune définition du marketing international ne s'est imposée jusqu'à présent. Les diverses approches rencontrées, dans la littérature comme dans la pratique, dans l'univers européen comme dans l'univers nord-américain, oscillent entre deux pôles extrêmes : celui de l'exportation et celui du marketing de l'entreprise multinationale. A mi-chemin entre ces deux caricatures du marketing international, plusieurs définitions ont été esquissées, tantôt pour les besoins de la cause académique, tantôt pour la justification, le plus souvent *a posteriori*, de stratégies commerciales internationales performantes, et qu'il fallait à tout prix codifier, comme pour éviter qu'elles n'échappent aux improbables historiens de la discipline.

Nous commencerons cette présentation du marketing international par une évocation des problèmes de définition, notamment par référence à la discipline mère. Ensuite, nous exposerons successivement trois approches caractéristiques du marketing international, retenues car elles ont donné lieu à des modèles ou méthodologies performants sur le plan pédagogique ou managérial. Pour chacune d'elles, nous donnerons les définitions, les problèmes centraux qu'elles prétendent résoudre et une description succincte des méthodes qu'elles proposent. Nous terminerons cette étude par une rapide évocation des tendances actuelles des pratiques de marketing international, particulièrement pour les entreprises européennes.

1. Les définitions du marketing international

Le marketing international, champ de réflexion ou domaine d'action, est le produit d'une culture, essentiellement mais non exclusivement économique. Il est donc légitime que les différentes approches (nord-américaines et européennes entre autres) reflètent les préoccupations des économies dont sont issus les auteurs et théoriciens qui les ont conçues. C'est ainsi que les Américains ont surtout vu dans le marketing international la problématique posée par la gestion multinationale des programmes de marketing ; les Français ont eu tendance à fondre le marketing international au sein d'une discipline plus diffuse baptisée « commerce international », et qui est à la gestion ce que la sacro-sainte « contrainte extérieure » est à l'économie nationale ; tandis qu'aux marges de l'Europe, les Suédois se posaient l'obsidionale et lancinante question de l'importance relative de la taille du marché national sur les chances de succès de leurs entreprises à l'étranger.

Pour les uns, marketing international signifie « comment gérer nos colosses », pour les autres « comment rétablir l'équilibre de notre balance commerciale », pour les troisièmes, enfin, « comment être un grand du commerce mondial quand on est petit ».

1.1. Le champ couvert par le marketing international

Le néophyte tenté, pour y voir plus clair, d'ouvrir la douzaine d'ouvrages, américains ou français (pour ne prendre que ceux-là), traitant de marketing international sera probablement déconcerté par l'abondance de sujets, plus ou moins en relation avec le thème, et très variables d'une publication à l'autre.

Le sujet est si fuyant que chaque auteur semble chercher à le circonvenir par un ou deux autres thèmes, faute de pouvoir en délimiter avec précision les contours. Notre néophyte ne devra donc pas s'étonner de rencontrer dans les ouvrages de marketing international un développement sur le système monétaire international et le rôle monétaire de l'or, ou le fonctionnement des institutions de la Communauté économique européenne (CEE)[1], ou encore une discussion sur les vertus relatives du matérialisme et du marxisme, dont la conclusion est d'ailleurs sans surprise[2].

A la lecture de cette littérature sur le marketing international, deux ensembles distincts peuvent être dégagés :
– un noyau dur de définitions et de problématiques communes en marketing international,
– un foisonnement de sujets périphériques qui peuvent être regroupés par thèmes.

On retrouve ici la distinction classique entre l'environnement international et le marketing management international proprement dit. Mais il arrive que dans certains ouvrages la première partie fasse l'objet de tels développements (débordements ?) qui égarent le lecteur plus qu'ils n'éclairent le sujet.

Que trouve-t-on dans ce que nous avons appelé le « noyau dur » des sujets de marketing international ? Outre des définitions, on rencontre essentiellement les thèmes suivants :
– les méthodes de sélection de marchés,
– les sources d'information et l'analyse des marchés étrangers,
– les systèmes d'observation des marchés étrangers à mettre en place dans les entreprises,
– la politique de produit internationale,

---

1. V. Terpstra, *International Marketing*, 4th ed., New York, The Dryden Press, 1987, chapitre 4.
2. V.H. Kirtpalani, *International Marketing*, New York, Random House Business Division, 1985, pp. 174-188.

– les problèmes de distribution et de réseau de vente à l'étranger (l'accent étant mis sur les modes de présence de l'entreprise à l'étranger),
– la publicité et la communication internationale,
– plus rarement les problèmes de prix et de tarification, ou encore d'évaluation et de contrôle des politiques de marketing international.

Les sujets périphériques peuvent être regroupés en six thèmes :
– des fondements d'économie internationale et d'analyse du commerce mondial,
– des aspects géographiques et géopolitiques,
– des aspects financiers internationaux (très souvent développés),
– des réflexions sur les dimensions culturelles, voire ethnographiques du marketing,
– des descriptions d'institutions internationales (CEE, Banque mondiale) ou nationales (Centre français du commerce extérieur, CFCE) par exemple,
– enfin, des thèmes de stratégie d'entreprise qui ne sont pas toujours faciles à séparer du marketing international.

1.2. Les définitions

Si, comme nous l'avons indiqué au début de cette étude, on ne peut réduire le marketing international à une seule définition, on peut, en revanche, dégager plusieurs familles de définitions.

Nous distinguerons d'abord les définitions que nous appelerons « totalisantes » et celles relevant d'approches « managériales ».

1.2.1. Les définitions totalisantes

On a choisi d'appeler totalisantes ces définitions, car elles cherchent à résumer en une seule proposition toutes les composantes du marketing international, quelles que soient les situations d'entreprises.

1.2.1.1. Le marketing « à distance »

P. Joffre définit le marketing international comme « l'action commerciale à distance », en précisant les composantes du concept de distance : la distance géographique (ou physique), la distance culturelle (ou psychique) mesurant l'écart socio-culturel entre les marchés, enfin la distance institutionnelle, née de l'existence de droits et réglementations différents selon les pays[1].

1.2.1.2. Le marketing comparé

Le marketing comparé est une branche du marketing international qui s'intéresse prioritairement aux différences entre les marchés et donc plus à l'environnement qu'à la pratique du marketing international.

---

1. P. Joffre, « Marché domestique, espace commercial de la firme et politique d'exportation », *Chroniques d'Actualité de la SEDEIS* (Tome 22, n° 8, 15-4-80) : 252-253.

Dans un célèbre article, il y a vingt ans, R. Bartels fondait les bases du marketing comparé en proposant la méthodologie suivante : « Une étude comparative n'est pas simplement la description de différences de processus marketing ou de différences environnementales, mais plutôt la comparaison du rapport entre processus marketing et environnement dans deux pays ou plus ». Il ne suffit pas de comparer les processus marketing de deux pays, ni leur environnement respectif, mais il faut comparer les relations qu'ils entretiennent entre eux. « Le marketing comparé est l'étude organisée des systèmes de marketing de plusieurs pays[1] ».

1.2.2. *Les définitions d'origine managériale*

Les trois approches que nous allons développer reposent sur trois conceptions du développement international, dérivées de trois sens possibles du mot international :
– à travers les frontières,
– dans un, deux ou plusieurs pays étrangers,
– sur le marché mondial.

Ces trois approches (selon J.M. De Leersnyder) recoupent partiellement une autre typologie connue en France (selon P. Joffre). On peut résumer et présenter ces deux découpages, désormais classiques, dans le tableau 1 :

Tableau 1
Les conceptions du marketing international

	A travers une frontière	Dans un, deux ou plusieurs pays	Sur le marché mondial
J.M. De Leersnyder	Marketing de l'exportation	Marketing à l'étranger	Gestion internationale du marketing
P. Joffre	Marketing adaptatif		Marketing multi-domestique

Ce découpage, probablement plus élégant qu'opérationnel, a l'avantage de la clarification. Il reste bien entendu que la vérité, comme la vertu, *in medio stat*. Il n'est pas de politique commerciale tout entière incluse dans une seule des catégories que nous allons définir. En revanche, il est possible de dire qu'un type de marketing relève d'une dominante plutôt que d'une autre.

Nous allons successivement envisager les trois grands types de marketing international.

---

1. R. Bartels, « Are Domestic and International Marketing Dissimilar ? », *Journal of Marketing* (vol. 32, July 1968).

2. Le marketing de l'exportation

La conception la plus simple et probablement la première apparue, notamment en Europe, est celle qui assimile marketing international et exportation. Cette approche, qui prévaut dans de nombreuses entreprises françaises, souvent moyennes ou petites, est également celle qui anime les intentions et actions des pouvoirs publics. Pour la Direction des relations économiques extérieures (DREE) ou le CFCE, par exemple, le marketing international est très largement synonyme d'exportation.

2.1. Définition

Appelé dans la littérature marketing adaptatif[1] ou marketing de l'exportation, ce type de marketing international est adopté par et adapté à l'entreprise qui exporte un produit qu'elle a conçu et qu'elle vend sur son marché national. Il vise à adapter les politiques commerciales élaborées sur le marché domestique aux exigences et réquisitions des marchés étrangers naturellement différents de l'environnement d'origine.

Très fréquente dans les entreprises débutant leur activité internationale et concentrant leurs ventes sur les marchés limitrophes, cette approche peut cependant durer bien au-delà de cette phase initiale.

Le raisonnement de base est le suivant : l'entreprise a réussi sur le marché national, elle peut donc (elle doit ?) exporter. A tout prendre, c'est mieux que de dire « l'entreprise exporte, car elle ne parvient pas à vendre en France ». L'exportation constitue alors un prolongement de l'activité domestique, et le marketing international une coda au marketing national. Et bien souvent, la préoccupation du responsable marketing est de minimiser les adaptations nécessaires en les limitant au respect des normes et à la fixation d'un prix de vente en devise locale.

La méthode la mieux adaptée à cette première approche du marketing international est probablement la méthode dite de « l'effet-prisme »[2].

2.2. L'effet-prisme

Cette méthode a pour but de définir une politique commerciale sur un marché étranger. Elle peut être résumée de la façon suivante. Lors du transfert d'une politique commerciale à l'étranger, les forces et faiblesses des composantes du marketing-mix (produit, prix, promotion et distribution) subissent un phénomène de distorsion baptisé effet-prisme.

Le concept d'effet-prisme permet de mesurer les conséquences des transpositions brutales d'un, de deux, ou de plusieurs éléments du mix d'un contexte national (le pays d'origine) à un autre (le marché étranger).

---

1. P. Joffre, *op. cit.*, p. 251.
2. J.M. De Leersnyder, M. Ghertman, « Comment bâtir un plan de marketing à l'exportation ? », *Revue Française de Gestion* (septembre-octobre 1976) : 77-87.

L'effet-prisme résulte, d'une part, de l'existence d'un environnement différent (par exemple, comportement du consommateur, structure de l'appareil de distribution, concurrence locale, etc.) et, d'autre part, du franchissement des frontières (par exemple, gains ou pertes de compétitivité dus aux parités de change, droits de douane, image induite de la perception stéréotypée du *made in...*).

D'après les auteurs, le prisme déformant les compétences de l'entreprise peut avoir des effets de quatre ordres :
– un effet transparent : qui garde intacte la compétence de l'entreprise,
– un effet obturant : qui supprime à l'étranger la force de l'entreprise,
– un effet grossissant : qui accentue une compétence de l'entreprise ou transforme une faiblesse en force,
– un effet réducteur : qui affaiblit les compétences de l'entreprise en accentuant une faiblesse ou en transformant une force en faiblesse.

2.3. La construction d'un plan de marketing à l'étranger

La notion d'effet-prisme est à la base d'une méthode qui permet de définir les modifications nécessaires pour mettre en place à l'étranger des politiques commerciales autonomes par rapport au marché d'origine.

Le schéma 1 présente les différentes phases de la démarche. Après avoir établi les forces et faiblesses de l'entreprise dans son pays d'origine, et mesuré les déformations que les caractéristiques de l'environnement étranger font subir aux éléments du mix, on en déduit un second bilan des compétences de l'entreprise, mais cette fois-ci évalué à l'étranger. Par l'analyse, on peut ensuite envisager les alternatives et dégager le plan marketing adapté au marché visé.

2.4. Conclusion sur le marketing international adaptatif

L'évaluation des « distances » entre l'entreprise et ses marchés (P. Joffre) ou la mesure de l'effet-prisme (J.M. De Leersnyder) sont deux approches du marketing international qui reposent sur l'idée que le marketing international introduit des différences par rapport au marketing domestique et que la bonne gestion du marketing passe par la mesure de ces écarts. Mais, comme le note judicieusement S. Biardeau : « Lorsqu'on parle de différences, on fait une référence implicitement constante au marché domestique... Les marchés diffèrent par rapport à ce qui est connu et familier. Cela conduit à dire que la seule différence véritablement importante est le degré de connaissance que l'entreprise a des autres marchés [1] ».

---

1. S. Biardeau, « Eléments sur le marketing-mix international », in *L'exportation dans la turbulence mondiale*, Paris, Economica, 1986.

Schéma 1
Les étapes de la construction d'un plan de marketing à l'étranger

(I)
Etablissement du bilan net des compétences de la firme sur le marché étranger

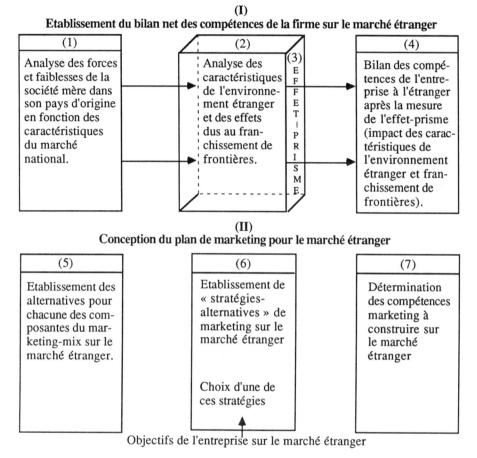

(1)	(2) (3)	(4)
Analyse des forces et faiblesses de la société mère dans son pays d'origine en fonction des caractéristiques du marché national.	Analyse des caractéristiques de l'environne- ment étranger et des effets dus au fran- chissement de frontières.	Bilan des compé- tences de l'entre- prise à l'étranger après la mesure de l'effet-prisme (impact des carac- téristiques de l'environnement étranger et fran- chissement de frontières).

E F F E T I P R I S M E

(II)
Conception du plan de marketing pour le marché étranger

(5)	(6)	(7)
Etablissement des alternatives pour chacune des com- posantes du mar- keting-mix sur le marché étranger.	Etablissement de « stratégies- alternatives » de marketing sur le marché étranger	Détermination des compétences marketing à construire sur le marché étranger
	Choix d'une de ces stratégies	

Objectifs de l'entreprise sur le marché étranger

Source : J.M. De Leersnyder, *Marketing international,* 2e éd. Paris, Dalloz, 1986.

3. Le marketing pluri-domestique

Les risques d'une atomisation excessive des politiques commerciales à l'étranger font naître, presque inévitablement, un besoin de cohérence et de rationalisation. Le marketing international adaptatif doit alors laisser la place à une conception plus homogène et plus structurante.

3.1. Définition

L'entreprise internationalisée, déjà présente sur plusieurs marchés, suit, dans chaque pays, des politiques commerciales parfois différentes car issues de décisions antérieures et qu'il n'est pas facile de modifier (collaboration avec un agent par exemple). Elle peut, par ailleurs, souhaiter se lancer sur de nouveaux marchés, dans de nouveaux pays. Elle peut disposer de filiales de commercialisation, voire de production, tout en continuant d'exporter vers d'autres destinations.

C'est pour l'ensemble de ces marchés qu'elle doit concevoir une ou des politiques de marketing, à la fois un marketing export, un marketing à l'étranger et un marketing international de coordination. C'est cet ensemble de tâches que l'on appelle marketing « pluri-domestique ».

3.2. Le rythme d'internationalisation

Etendre le champ international d'activité de l'entreprise suppose de sélectionner les marchés[1] et de fixer le rythme d'internationalisation, c'est-à-dire choisir entre pénétrer rapidement un grand nombre de marchés en diluant l'effort de marketing, ou au contraire chercher à prendre une part de marché substantielle sur un nombre restreint de marchés, avant d'en attaquer d'autres. Certains travaux ont montré que ces deux stratégies (dispersion ou concentration initiale) aboutissent à terme au même résultat, soit par écrémage, soit par augmentation progressive du nombre des marchés visés (voir graphique ci-dessous).

Le rythme d'internationalisation

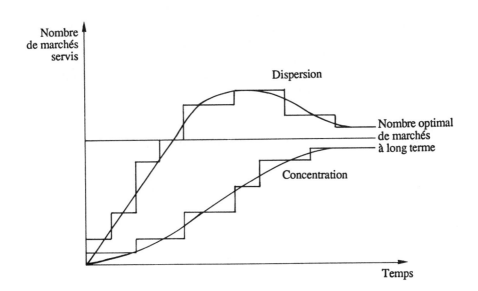

Source : I. Ayal, J. Zif, « Competitive Market Choice in Multinational Marketing », *Columbia Journal of World Business* (Fall 1978).

---

1. Pour une revue des méthodes de sélection de marchés, se reporter à P. Joffre, *L'entreprise et l'exportation,* Paris, Vuibert, 1987, pp. 63-68.

Sur ces marchés, plus ou moins nombreux, se pose rapidement le problème du juste compromis entre une suradaptation coûteuse et une standardisation à outrance de la politique commerciale.

3.3. La standardisation et l'adaptation

Un des problèmes centraux du marketing international, et sans doute le plus débattu, est celui du degré de standardisation à adopter dans les programmes internationaux de marketing. Il a fait l'objet, dans la littérature, de multiples avatars sous des appellations variables : standardisation/ adaptation, ou encore, moins modestement, « dialectique de l'intégration et de la différenciation ».

3.3.1. La position du problème

La lancinante question des responsables (et professeurs) de marketing dans les années 1970 était la suivante : jusqu'à quel point doit-on adapter les programmes de marketing selon les pays (= marchés) ? Ou encore, ce qui revient au même, dans quelle mesure les spécificités des marchés, les goûts et les préférences des consommateurs, les contraintes locales font-ils obstacle au lancement et à la pénétration de produits étrangers standardisés, supportés par des politiques commerciales homogènes, sinon identiques de par le monde ?

Les avantages d'une standardisation du marketing sont les suivants :
– les économies d'échelle réalisées et la réduction des coûts en général (frais de fabrication, dépenses de création publicitaire, etc.),
– la création d'une image internationale plus homogène,
– la diminution des risques de confusion d'image dans les zones où risquent de coexister plusieurs présentations du produit ou plusieurs images véhiculées par des campagnes différentes (zones frontalières par exemple).

Les inconvénients de la standardisation sont principalement :
– les coûts difficiles à chiffrer de cette politique commerciale : perte d'efficacité par manque d'adaptation et donc pertes de marché,
– la démotivation des responsables locaux qui déplorent très vite que « les bonnes idées ne peuvent venir que de la maison mère ».

3.3.2. Les solutions proposées

Une réflexion nourrie a été produite sur cette question. Le départ en a été donné, il y a vingt ans, par le célèbre article de R.D. Buzzell[1] dans *Harvard Business Review*. Dans cet article, R.D. Buzzell inventoriait les obstacles à la standardisation en les classant selon les variables du marketing-mix affectées. L'intérêt de cette méthode, ou de celles qu'elle a inspirées, est essentiellement d'aider la réflexion et d'éclairer les décisions.

---

1. R.D. Buzzell, « Can you Standardize Multinational Marketing ? », *Harvard Business Review* (November-December 1968).

Dans la pratique, on est étonné du nombre de situations rencontrées qui ne sont pas tout à fait conformes aux solutions que de telles méthodes auraient suggérées. Nous reproduisons au tableau 2 une traduction de la célèbre matrice de R.D. Buzzell.

3.3.3. Les limites de cette problématique

Cette problématique, cardinale, on l'a dit, dans les années 1970, est aujourd'hui très largement dépassée, même si l'écho littéraire qu'elle provoque continue de se faire entendre. Pourquoi cette révision intellectuelle conduisant à la mise à l'écart de cette illustre problématique ?

On a trop schématiquement posé cette question : est-il possible de vendre dans le monde entier le même produit ? Or, on est aujourd'hui persuadé que la réponse est largement fonction de la nature du produit. Elle est certainement positive si l'on vend des cigarettes, de l'essence et une boisson gazeuse de couleur brune ; elle est probablement négative si l'on vend des livres ou du cassoulet toulousain.

Ce que l'on présente comme le résultat d'une analyse logique et d'un processus de décision marketing conduisant à une standardisation poussée peut n'être parfois qu'une directive de la maison mère de centraliser davantage la gestion. La décentralisation et la délocalisation des pouvoirs au niveau des managers locaux peuvent, certes, améliorer le marketing, mais au prix d'une perte de contrôle du siège sur les établissements périphériques. La question n'est donc pas « peut-on standardiser le marketing ? » mais « quel degré d'autonomie est-on prêt à tolérer ? ».

Les adaptations sont à présent plus faciles à réaliser car les fabricants ont opté dans de nombreux secteurs (l'automobile par exemple) pour une politique de fabrication permettant l'obtention d'un nombre élevé de variantes d'un même produit par différenciations réalisées en fin d'assemblage [1].

Enfin, on sait aujourd'hui que l'offre crée dans une large mesure la demande. Ainsi, une étude préalable des goûts et attentes des consommateurs « le produit n'étant pas encore offert », ne donne pas les mêmes résultats qu'une étude réalisée, « le produit existant ». Il suffit, pour s'en convaincre, d'imaginer ce qu'aurait donné une étude de marché sur le Walkman avant l'apparition des appareils. Dès lors, la question est autant « comment imposer le concept de produit, le produit lui-même, la marque ou le message publicitaire ? » que « quel est le produit, la marque ou le message adapté à tel marché ? ». McDonald's serait-il plus performant sur le marché français si le Big Mac était accommodé à la sauce française ?

Peut-on conclure, sans paraître contourner la difficulté, qu'on assiste à un double phénomène :

– d'une part, une mondialisation des marchés qui n'est pas sans lien, du côté de l'offre, avec la prégnance technologique, et, du côté de la demande,

---

1. Sur ce problème de l'interface entre la politique de produit en marketing international et la politique de fabrication, le lecteur peut se reporter à la thèse d'Odile Deher citée en référence. Voir également dans cette Encyclopédie les articles de J.C. Tarondeau, « Produit » et de V. Giard, « Production ».

Tableau 2. *Les obstacles à la standardisation (selon R.D. Buzzell)*

Composantes du marketing-mix	Facteurs limitant la standardisation							
	Caractéristiques du marché			Caractéristiques de l'industrie		Institutions marketing		Contraintes légales
	Environnement physique	Stades du développement économique	Facteurs culturels	Stades du cycle de vie du produit dans chaque pays	Concurrence	Système de distribution	Médias et agences publicitaires	
Produit	– Climat – Conditions d'utilisation du produit	– Niveau de revenus – Rapport coût du capital et coût de la main-d'œuvre	– Coutumes et traditions – Attitude envers les produits étrangers	– Importance de la différenciation des produits	– Différence de qualité	– Existence de canaux		– Normes de production – Lois sur les brevets – Droits de douane et taxes
Prix		– Niveau de revenus	– Attitude face au marchandage et aux « pots de vin »	– Elasticité de la demande	– Coût locaux – Prix des produits de remplacement	– Marges habituelles		– Droits de douane et taxes – Réglementation de la concurrence – Protection des petits détaillants
Distribution	– Mobilité des consommateurs	– Habitudes d'achat des consommateurs		– Disponibilité des points de vente – Intérêt des marques de distributeurs	– Influence des concurrents sur les points de vente	– Nombre et types de points de vente	– Possibilité de pousser les produits dans les canaux de distribution	– Restriction sur les produits – Protection des petits détaillants
Force de vente	– Dispersion des consommateurs	– Niveau des salaires – Disponibilité de vendeurs locaux	– Attitude devant la vente	– Besoin d'effort missionnaire	– Force de vente des concurrents	– Nombre, taille et dispersion des points de vente	– Efficacité de la publicité, moyens de substitution	– Restrictions sur les conditions d'emploi des vendeurs – Restrictions sur la vente
Publicité, promotion, marque et emballage	– Audience des médias – Climat	– Achats en grand nombre	– Langue – Taux de scolarisation – Symbolisme	– Connaissance et expérience du produit	– Dépenses et messages de la concurrence	– Etendue du self-service	– Existence, coûts et recoupements des médias	– Restriction sur la nature des messages – Lois protégeant les marques

avec l'apparition de groupes culturels au style de vie homogène et universel (les jeunes et la culture du jean ou du hamburger) ;

– d'autre part, une volonté d'entretenir et de mettre en évidence la différence : résurgence des cultures régionales, refus de la standardisation des styles de vie, etc.

Pour le sociologue, ces deux phénomènes sont peut-être difficiles à réconcilier. Pour l'homme de marketing, en revanche, il en va plus simplement : l'une et l'autre de ces tendances créent des opportunités commerciales.

4. Le marketing international global

La conception la plus globale du marketing consiste, pour l'entreprise, à attaquer le marché mondial.

4.1. Définition

Dans cette approche qui a désormais tendance à prévaloir : « Il n'y a pas un marché étranger recouvrant un pays étranger, mais des marchés dans différents pays du monde à des niveaux de développement différents et présentant des caractères spécifiques. Un marché... ne s'arrête pas forcément à des critères extérieurs et à des frontières [1] ».

Mais l'existence d'un marché mondial a bien souvent été contestée. « Marché mondial ou marché cloisonné ? » est une interrogation qui a fait l'objet de nombreux débats dans lesquels chacun puise l'eau qu'il souhaite apporter à son moulin. En fait, l'un et l'autre des phénomènes peuvent être vrais. Il faut être persuadé que l'entreprise a, sinon les marchés qu'elle mérite, du moins les marchés qu'elle vise. C'est la conception que l'entreprise a de son marché qui rend ce dernier mondial ou cloisonné.

On a choisi de développer ici deux volets particulièrement importants de la gestion internationale du marketing. Le premier volet est relatif à la politique de produit, le second à la politique de prix.

4.2. Réconcilier les produits mondiaux et les produits locaux

L'attaque frontale du marché international se conçoit mal sans un produit dit mondial. Cela suppose donc que l'entreprise recherche quel est, dans son secteur d'activité, le produit à demande mondiale. Un produit mondial est un produit pour lequel il existe une demande internationale relativement homogène. Cette demande peut être induite par des besoins homogènes dans le monde (par exemple le marché mondial du ski ou du tennis), par une technologie mondialement dominante (l'informatique) ou par les nécessités d'une production à une telle échelle que seuls quelques centres de fabrication peuvent atteindre le niveau de compétitivité requis (téléviseurs ou magnétoscopes).

---

1. P. Joffre, « Marché domestique, espace commercial de la firme et politique d'exportation », *op. cit.*, p. 252.

Mais pour beaucoup d'entreprises, la recherche de ce produit à demande mondiale homogène se révèle plus complexe. On peut alors avoir intérêt à formuler différemment la question : « Quel est le standard international pour le produit fabriqué par l'entreprise ? ». Il faut entendre par standard international les caractéristiques techniques, de performance et d'aspect du produit. Prenons un exemple. La France produit quatre cents fromages, la Hollande en produit quatre. La Hollande est le premier exportateur mondial. Pourquoi ? Parce que le standard international en matière de fromage est un fromage de type Gouda.

Il existe presque toujours pour un produit un standard international dominant. On le prendra donc comme base dans la conception de la gamme de produit pour servir le développement international de l'entreprise. Mais, même quand ce produit existe et que l'entreprise parvient à l'identifier, il est fréquent de constater qu'il ne peut à lui seul assurer le chiffre d'affaires international. Il s'agit alors, dans la gamme de produits de l'entreprise, de réconcilier les deux approches : pluri-marché et mondiale. Cette coexistence de produits « internationaux » et de produits que nous qualifierons de « locaux » au sein du portefeuille international de produits est une situation extrêmement fréquente.

On peut réconcilier ces deux approches en assignant à chacune des deux catégories de produits un rôle particulier dans la stratégie commerciale internationale.

– Les produits internationaux servent de vecteur au développement international et permettent l'élargissement de la base géographique d'activité. Ils seront aussi ceux pour lesquels (sur lesquels et grâce auxquels) on bâtira une image internationale homogène, image de marque ou image de firme.

– Les produits locaux ont pour finalité l'approfondissement national, c'est-à-dire l'accroissement de la part de marché locale grâce à une gamme de produits plus étendue et mieux adaptée aux segments existants localement.

L'approche retenue peut être illustrée par le schéma 2.

Schéma 2
Produits internationaux et produits locaux dans la gamme internationale de produits

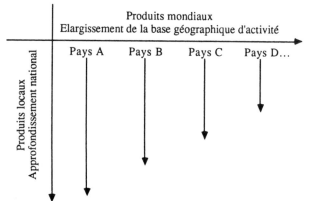

Tous les marchés ne donnent pas lieu au même approfondissement et le marché national d'origine est traditionnellement celui sur lequel la gamme de produits la plus riche a permis le plus grand approfondissement.

4.3. La politique de tarification internationale

A dire vrai, beaucoup d'entreprises n'ont pas de politique de tarification internationale au sens marketing du terme. Elles ont certes des prix de vente à l'étranger, mais l'ensemble de ceux-ci ne présente pas de caractères particuliers d'homogénéité ou de cohésion. Deux options s'offrent à celles qui tentent de donner à leur politique internationale de prix une cohérence marketing :
– soit rechercher une cohérence par un prix identique sur les marchés,
– soit rechercher une cohérence par un positionnement identique sur les marchés.

4.3.1. Le prix international identique

La politique de tarification peut être cohérente par l'adoption d'un prix identique (ou très voisin) sur tous les marchés. Certaines compagnies aériennes ont essayé d'y parvenir en mettant au point des modèles intégrant les variations de change, de façon que le même siège, sur le même vol, dans la même catégorie tarifaire, soit vendu au même prix, qu'il soit acheté par le client à Rome, Vancouver ou Lisbonne.

Certains fabricants de parfums, de leur côté, publient une liste de prix (*price list*) en dollars, applicable partout dans le monde. Ce tarif s'accompagne d'une grille de remises (*discount sheet*) qui fixe les ristournes à appliquer selon la qualité des clients (importateurs, grossistes, détaillants...). Les montres Swatch sont également vendues selon ce principe. Les écarts constatés au niveau des prix à la consommation peuvent provenir soit de différences de taxation, soit d'écarts de marges selon les circuits de distribution suivis.

Cette politique est finalement peu pratiquée, probablement parce qu'elle est difficile à mettre en œuvre, et, une fois réalisée, l'harmonisation risque d'être très éphémère, soit du fait des variations de change, soit du fait des contrôles des prix qui ne permettent pas partout les augmentations au même rythme et selon le même calendrier.

4.3.2. Le positionnement international identique

La seconde méthode, plus fréquemment employée, consiste à rechercher la cohésion de la tarification par un positionnement identique des prix sur les divers marchés servis. Etre partout le moins cher, s'aligner partout sur les prix du leader, être partout légèrement moins cher que le leader, sont autant de politiques de prix cohérentes, qui aboutissent cependant à des prix différents selon les marchés.

Un positionnement identique présente l'avantage de permettre la création d'une image internationale homogène : la clientèle touchée, la position relative par rapport aux concurrents internationaux sont partout les mêmes. Le risque inhérent à ces politiques de positionnement identique est l'apparition d'importations parallèles. Là où les produits sont les plus chers, on voit apparaître des produits importés par des négociants qui s'approvisionnent sur les marchés où les produits sont moins chers[1].

5. Les tendances du marketing international

Le marketing est une discipline vivante. Le marketing international l'est peut-être plus encore. Il subit de plein fouet les évolutions constatées dans les relations économiques internationales (menace de protectionnisme, stagnation du commerce mondial due pour partie à l'endettement, etc.). Il connaît également des enrichissements et des évolutions nées des répliques des entreprises à ces nouveaux obstacles et contraintes.

Parmi les tendances actuelles les plus significatives, on évoquera :
– l'internationalisation des services,
– la nécessité de solvabiliser la demande,
– l'apparition de flux parasitaires (contrefaçons et importations parallèles),
– le développement de procédés originaux de commercialisation,
– les perspectives de l'achèvement du marché intérieur européen pour 1993.

5.1. L'internationalisation des services

Les flux de marchandises et les flux de services sont désormais liés : technologies incorporées dans des fournitures d'équipements, formation, maintenance, service après-vente fourni à l'occasion d'un contrat, etc.

Mais des services s'échangent aussi seuls, sans le support de produits physiques : assurances, informatique, produits d'agences de publicité, etc. En France (deuxième exportateur mondial de services), la préoccupation d'engager davantage encore les entreprises de services dans le développement international est d'autant plus vive que c'est probablement là la seule voie possible de rétablissement de l'équilibre des échanges extérieurs (biens et services).

5.2. La nécessité de solvabiliser la demande

La demande internationale est souvent entravée par l'insolvabilité des Etats. On a traditionnellement solvabilisé la demande par apport de crédits bancaires aux acheteurs. Le montant de l'endettement international, les hésitations des banquiers à accroître leurs prêts et des assureurs-crédit

---

1. Voir également dans cette Encyclopédie l'article de J.C. Larréché, « Marketing stratégique ».

(Compagnie française d'assurance pour le commerce extérieur) à s'engager davantage obligent à trouver de nouvelles voies pour fournir aux clients les ressources financières nécessaires[1].

On citera, sans les développer, les trois façons principales de solvabiliser les clients, hors recours bancaire.

5.2.1. La compensation

Les estimations de l'importance des compensations dans le commerce mondial sont très fantaisistes : 1 % selon le Fonds Monétaire International (FMI), 8 % selon le General Agreement on Tariffs and Trade (GATT), 20 % selon l'Organisation de coopération et de développement économique (OCDE), et 30 % même à en croire certains chercheurs américains.

Par un contrat de contrepartie et la reprise de produits, le fournisseur donne à un client les moyens nécessaires à l'achat qu'il envisage. Ce phénomène qui prend des formes très variées touche les flux commerciaux entre toutes les catégories de pays : les relations Est-Est, Est-Ouest, Nord-Sud, Sud-Sud et Est-Sud, et maintenant les relations Nord-Nord : de nombreux contrats d'aéronautique ou d'armement entre pays développés font l'objet de compensations (appelées *offset*).

5.2.2. Les contrats de gestion

Certains pays proposent désormais que le fournisseur d'un équipement industriel ou d'un outil économique (route, central téléphonique) en assure la gestion après son installation, en se payant sur les recettes jusqu'au complet remboursement des fournitures.

5.2.3. Le financement de projet

Par cette technique, les banquiers ne prêtent plus aux acheteurs mais au projet lui-même. Pour ce faire, il est nécessaire de séparer les comptes du projet des comptes de l'entreprise et d'affecter avec certitude les recettes du projet au remboursement des prêts. On dira qu'il y a « déconsolidation » en ce sens que la rentabilité du projet ne risque pas d'être compromise par des pertes encourues par l'entreprise sur d'autres projets.

Le financement de projet, les compensations, les contrats de gestion sont trois visages d'une même évolution, trois avatars d'une même obligation : trouver au sein même des projets et transactions les ressources nécessaires à leur propre financement.

5.3. Les flux parasites

Les entreprises qui sont parvenues à créer une image internationale et à imposer leur marque et leurs produits dans le monde entier doivent faire face à des courants commerciaux indésirables contre lesquels il est difficile,

---

1. Voir dans cette Encyclopédie l'article de Y. Simon, « Financement des exportations ».

juridiquement, de se protéger : il s'agit d'importations parallèles ou de contrefaçons.

Dans l'un ou l'autre cas, la politique commerciale est mise en péril, soit que l'imitation du produit nuise à sa réputation (cas de la contrefaçon), soit que le prix et les circuits empruntés ne soient pas compatibles avec ceux que l'entreprise souhaite développer (cas des importations parallèles).

Pour certains produits (alcools, parfums, calculettes), ces importations parallèles font l'objet d'un négoce international très structuré et la part prise par ces importations « sauvages » peut atteindre 20 à 25 % de certains marchés nationaux. Les grandes entreprises internationales ont décidé de partir en guerre (en croisade ?) contre ces flux parasites. Le GATT s'empare lui aussi du sujet. On peut espérer disposer à l'avenir de nouveaux moyens juridiques et de nouvelles pratiques pour mieux protéger la propriété commerciale et mieux défendre les entreprises dans les cas de violation.

5.4. Des procédés originaux de développement international

L'exportation n'est plus la forme principale d'activité internationale. L'investissement direct n'est plus la seule alternative à l'exportation. En une quinzaine d'années, une palette de moyens et procédés d'accès aux marchés étrangers se sont fait jour. On citera en particulier :

– les accords de franchise internationale, qui constituent souvent le prolongement d'un réseau national de franchise ;

– les contrats de gestion, déjà cités, par lesquels un investisseur confie la gestion d'un outil économique (hôtel par exemple) à une société spécialisée (chaîne hôtelière)[1] ;

– le portage ou *piggy-back*, accord de distribution dans lequel une grande entreprise internationalisée met, contre rémunération, son réseau étranger à la disposition d'une entreprise plus petite ;

– la vente de licence, incluse le plus souvent dans une opération plus vaste de transfert de technologie.

L'ensemble de ces procédés, ajoutés aux moyens traditionnels (filiales, agents, etc.) permettent à l'entreprise de créer un réseau international sans pour autant le détenir en pleine propriété[2]. Les formules les plus attrayantes sont évidemment celles qui permettent un bon contrôle de la politique commerciale en minimisant l'investissement.

5.5. Les perspectives d'achèvement du marché intérieur européen

L'achèvement, pour 1993, du grand marché intérieur tel qu'il est prévu par l'Acte unique européen crée des perspectives nouvelles pour le marketing international. Face à un marché intérieur de 320 millions de consommateurs, les différences entre le marketing international et le marketing domestique s'estomperont-elles ? Pour l'instant, les entreprises

---

1. Cette formule permet un contrôle du marché sans investissement.
2. Voir également dans cette Encyclopédie l'article de P. Joffre, « Internationalisation de l'entreprise ».

qui se préparent à cette échéance semblent entreprendre deux types d'actions :
- le renforcement de leur compétitivité, par crainte de l'arrivée de concurrents européens,
- l'acquisition et l'établissement de réseaux d'alliance en Europe.

On peut penser que l'apparition future de médias véritablement paneuropéens (pour l'heure toujours inexistants), la libre circulation des services et des capitaux (très en retard sur la libre circulation des marchandises) vont modifier l'équilibre ente les marques nationales et les marques étrangères, entre les adaptations aux particularismes nationaux et la standardisation européenne qui risque, au moins dans un premier temps, d'être la règle, bref, entre le marketing international et le marketing domestique.

*
* *

Le marketing international a vingt ans. En deux décennies, il a su se détacher de la discipline mère, de ses disciplines mères, devrait-on dire : le marketing, l'économie et le commerce international. Il a connu des variantes dans le temps, mais, plus encore, dans l'espace (approche américaine, approche européenne). Si l'avenir est véritablement à un vaste marché intérieur européen, les stratégies de marketing des entreprises du Vieux Continent tendront probablement à se rapprocher. Le clivage entre la conception nord-américaine et la conception européenne du marketing international s'en trouvera accentué, tandis qu'au sein des entreprises européennes, de nouvelles frontières se dessineront entre ce qui restera de l'« exportation » et ce qui ne sera plus que de l'« expédition », pour reprendre la terminologie préconisée par les Communautés européennes.

Références

Deher O., « Politiques de produits et production de l'entreprise exportatrice de biens de consommation », Thèse de Doctorat, Programme Doctoral HEC, 1985.

De Leersnyder J.M., *Marketing international*, 2e éd., Paris, Dalloz, 1986.

Joffre P., « Stratégies commerciales des exportateurs de produits de consommation », Thèse d'Etat, Université Paris IX-Dauphine, 1978.

Joffre P., *L'entreprise et l'exportation*, Paris, Vuibert, 1987.

Joffre P. et *al.*, *L'exportation dans la turbulence mondiale*, Paris, Economica, 1986.

Keegan W.J., *Multinational Marketing Management*, New York, Prentice Hall, 1980.

Kirpalani V.H., *International Marketing*, New York, Random House, Business Division, 1985.

Terpstra V., *International Marketing*, 4th ed., New York, The Dryden Press, 1987.

Urban S., *Réussir à l'exportation*, Paris, Dunod, 1979.

Usunier J.C., *Management international*, Paris, PUF, 1985.

Mots clés

Commerce international, compensations, contrat de gestion, contrefaçons, effet-prisme, exportation, financement de projet, *franchising*, importations parallèles, marketing adaptatif, marketing international, marketing pluri-domestique, *offset, piggy-back*, portage, standardisation, tarification.

87

Marketing management pour la banque et l'assurance

Michel Badoc

Confrontées aux défis de nature multiple que sont la technologie, l'environnement, le marché, la concurrence…, pressurées par les problèmes de rentabilité, les banques et sociétés d'assurance doivent déjà préparer l'an 2000. Pour réussir cette tâche difficile, l'introduction de méthodes de gestion performantes est devenue une nécessité absolue. Dans ce contexte, la conception d'un système de marketing management s'impose peu à peu comme une des clés de voûte du futur édifice. Cette nouvelle conception du marketing, plus stratégique et davantage intégrée à la gestion de la banque ou de la société d'assurance que dans le passé, nécessite d'accorder des priorités à la résolution de problèmes tels que la rentabilité, l'appui aux hommes de terrain, la généralisation de l'informatique à tous les niveaux de l'action commerciale, la diversification des produits, services et canaux de distribution, le développement de meilleurs systèmes de communication interne et externe… Elle exige que soit élaborée une gestion plus rigoureuse de la politique commerciale tant au niveau du siège que des réseaux à partir d'une planification du développement. Elle conduit les états-majors à mettre en œuvre des structures adéquates pour affronter les marchés de demain et à transformer les mentalités de leur personnel. Elle réclame, enfin, de redéfinir le rôle et la place de la fonction marketing au sein de cette nouvelle organisation.

1. Le marketing de la banque et de l'assurance confronté aux défis de demain

Nombreux sont les défis auxquels devra se confronter le marketing de la banque et de l'assurance du futur. Nous retiendrons les deux principaux qui risquent de transformer profondément sa conception et son orientation. Il s'agit de l'évolution technologique, liée à l'introduction massive de l'informatique, et des changements de l'environnement avec, en particulier, l'émergence d'une clientèle de plus en plus exigeante et l'avènement d'une concurrence de plus en plus sévère[1].

---

1. Voir également dans cette Encyclopédie les articles de J.F. Lepetit, « Comportement des agents financiers » et de G. Valin, « Entreprise d'assurance ».

1.1. Le défi technologique ou l'émergence de la banque et de l'assurance robotisées

La pénétration de l'informatique dans la banque et l'assurance appartient au passé. Un dirigeant de la société Bull faisait remarquer que près de 30 % du marché mondial de l'informatique privée sont déjà détenus par le secteur bancaire. Toutefois, cette évolution, engagée à la veille des années 1980, risque de connaître une remarquable accélération au cours des deux prochaines décennies. Elle aura une répercussion de nature marketing dans trois grands domaines au moins : la création d'un nombre accru de produits et services nouveaux, le décuplement des forces commerciales des réseaux, la multiplication des moyens de paiement offerts à la population.

Au niveau de la création des produits et services, il n'est de jour où l'on assiste à l'annonce d'une nouvelle naissance dans ce domaine. Du système MOA, véritable compte bancaire électronique de la clientèle des jeunes, proposé en France par le Crédit Industriel et Commercial, au service *Cash Call* offert aux entreprises britanniques par la Lloyds Bank qui s'adresse à la gestion électronique internationale de la trésorerie, la plupart des banques européennes s'efforcent de proposer aux différents segments de leur clientèle un nombre accru de produits et services relevant de l'informatique.

Dans cette course à l'innovation la National Westminster, en Grande-Bretagne, après avoir fait concevoir les claviers de ses GAB (Guichets automatiques de banque) en braille pour sa clientèle d'aveugles, propose désormais des DAB (Distributeurs automatiques de billets) parlant. Le système s'appelle *Glen Gover,* il peut parler plusieurs langues et même prendre des accents régionaux.

Pour sa part, l'assurance ne reste pas en dehors de la compétition, notamment en s'efforçant d'élaborer des systèmes informatisés de *Risk Management,* à destination de sa clientèle.

L'évolution informatique et télématique doit aussi contribuer à renforcer la puissance commerciale du personnel en contact avec la clientèle. L'assistance apportée dans ce domaine sera multiple et variée : aide à la connaissance instantanée du client en temps réel favorisant une meilleure prospection intensive (*cross selling*), capacité d'apporter les services bancaires ou d'assurance 24 heures sur 24 dans des lieux divers et même à domicile, grâce au vidéotex pour leur présentation et à la carte à mémoire pour leur règlement, multiplication des systèmes de *direct marketing,* possibilité de décentraliser localement l'expertise des techniciens de la banque ou de l'assurance, grâce à l'ordinateur portable et au visiophone [1].

Le développement informatique, enfin, par la multiplication des cartes de toute nature, bouleversera sans doute l'ensemble des habitudes d'achat et de paiement dans le paysage de l'Europe du XXIe siècle. Aux Etats-Unis, près de la moitié des achats sont d'ores et déjà réalisés au moyen d'une carte.

---

1. Voir également dans cette Encyclopédie les articles de D. Roux, « Vidéotex » et de D. Xardel, « Marketing direct ».

En Europe, leur nombre, qui ne cesse de croître depuis plusieurs années, risque d'atteindre des chiffres spectaculaires d'ici dix ans. Certains experts pensent qu'à la fin du siècle la plupart des services rendus à l'heure actuelle par la monnaie, le billet ou le chèque seront effectués par ce moyen de paiement. L'avènement progressif d'une société sans espèces *Cashless Society* modifiera profondément le contexte traditionnel auquel s'adresse le marketing d'aujourd'hui dans ces deux professions.

Il est certain que pour faire face à ces trois grands bouleversements émanant de l'informatique, le marketing de demain sera appelé à jouer un rôle primordial, notamment en ce qui concerne l'adaptation des structures et des mentalités.

1.2. Le défi de l'environnement : restriction des marchés, avènement d'une concurrence exacerbée et déréglementation

Les marchés bancaires, qui ont connu entre les années 1960 et 1980 une croissance quasi ininterrompue grâce à l'évolution favorable de la conjoncture économique européenne et à l'augmentation du taux de bancarisation des ménages, commencent à se saturer. Dans la plupart des pays européens avancés, le taux de bancarisation frôle les 90 % et la crise économique fait ressentir ses effets partout. De plus, sollicitée par une concurrence interbancaire particulièrement âpre, cette clientèle devient chaque jour mieux informée et donc plus exigeante. Grâce à l'amélioration de leur gestion informatique, les entreprises s'efforcent de rechercher un état de trésorerie zéro et n'hésitent pas à se prêter directement de l'argent, quand la législation le permet, si les taux du « face à face » se révèlent avantageux. De leur côté, les particuliers sont de plus en plus exigeants à l'égard des conseils apportés par leur banquier et de la rémunération des dépôts. Confrontée à cette évolution, la banque de demain sera inéluctablement conduite à réviser sa politique de développement et de tarification. Ne pouvant plus compter sur un marché en développement, elle va devoir se lancer dans une stratégie de vente intensive auprès de sa propre clientèle et de diversification au niveau des produits et services proposés. Face à des demandes accrues de conseil et de rémunération des dépôts, il lui faudra aussi réviser sa politique tarifaire, notamment en s'habituant à faire payer les services à leur juste coût et à fonder davantage ses sources de profit sur des commissions.

S'agissant de l'assurance, le danger futur semble moins venir du marché, qui demeure en expansion dans la plupart des pays européens, que de la concurrence. Celle-ci provient de multiples horizons :

– interne, avec la pénétration de sociétés d'assurance étrangères au sein de la CEE et l'interpénétration des sociétés européennes dans chaque pays ;

– externe, avec l'arrivée d'autres professions sur le marché de l'assurance. C'est déjà le cas des banques, des cartes, de la grande distribution. Ce sera bientôt celui des *tours operators,* des chaînes hôtelières, des agents de change, des fabricants d'automobiles. La Régie Renault en France semblerait déjà avoir quelques projets dans ce domaine.

Toutefois, le défi le plus important proviendra sans doute des tendances gouvernementales vers la déréglementation qui est largement en vigueur aux Etats-Unis, alors qu'elle fait son apparition en Europe. L'ouverture du grand marché européen de la finance et de l'assurance, prévue en 1992, ne peut que contribuer à renforcer cette tendance.

Les marchés de la finance et de l'assurance s'ouvrent progressivement à de multiples professions : banques, agents de change, institutions financières et de crédit, sociétés d'assurance... entrent désormais en compétition. Elles seront de plus en plus suivies par la grande distribution. Ainsi, aux Etats-Unis, après Sears and Rœbuck qui a racheté plusieurs Savings and Loans Associations, J.C. Penney n'a pas hésité à acquérir la First National Bank of Harrington, et les chaînes de supermarchés Safeway et Kroger s'intéressent de leur côté aux services financiers. Tout ceci se matérialise par la création de points de vente bancaires intégrés aux grandes surfaces, concurrençant le réseau traditionnel. Au cours d'un colloque à Liverpool, un des responsables de la Lloyds Bank affirmait que les chaînes de magasins en Europe vont, elles aussi, devenir de sérieuses rivales pour les banques et les sociétés d'assurance. En Grande-Bretagne, la *Cooperative Bank* semble connaître un certain succès en faisant bénéficier la clientèle des magasins Coop de sa propre carte de crédit. D'autre part, la Boston Trust and Savings, filiale de la First National Bank of Boston, a également ouvert plusieurs *Money Shops* dans les magasins Debenhams. En France, certaines grandes surfaces ou entreprises de vente par correspondance, telles que Carrefour, la FNAC, Habitat ou La Redoute, commencent également leur pénétration sur le marché de l'assurance. Cette pratique, suivie dans quelques pays, risque bientôt de se généraliser en Europe.

2. Les banques et sociétés d'assurance européennes à l'aube du marketing management

Face aux multiples défis du futur, les banques et sociétés d'assurance européennes doivent acquérir une meilleure maîtrise de leur politique marketing. Elles seront progressivement obligées d'intégrer ce concept au cœur même de leur gestion. Certains experts parlent de *l'avènement d'un véritable marketing management* moins orienté vers les techniques, comme dans le passé, et davantage préoccupé par la définition des orientations stratégiques, l'adaptation des structures et l'animation du personnel [1]. Ce changement implique une nouvelle réflexion sur le rôle assigné au marketing au sein de la banque et de l'assurance de demain ainsi qu'une redéfinition de ses fonctions.

2.1. *Vers une gestion planifiée de la banque et de la société d'assurance européennes*

L'avènement du marketing management réclame d'abord la généralisation du processus de planification à long, moyen et court termes aux

---

1. Voir également dans cette Encyclopédie l'article de J.C. Larréché, « Marketing stratégique ».

différents niveaux de décision. Cette planification sera conçue à la manière américaine, c'est-à-dire davantage indicative que contraignante. La planification doit permettre à l'institution de voir plus loin, plus profondément et de mettre en place de véritables procédures de décision, de contrôle et d'audit internes. Comme le montre le schéma 1, elle suit un cheminement qui, à partir d'un recueil et d'un traitement d'informations internes (diagnostic des forces et faiblesses) et externes (analyse du marché, de l'environnement, de la concurrence), conduit d'une manière rationnelle l'institution à dresser un pronostic face à son avenir, à définir une politique à moyen et court termes (positionnement, stratégie, objectifs, cibles), à proposer des actions cohérentes avec cette politique (réformes structurelles, marketing-mix,...), enfin à mettre en œuvre des procédures de contrôle et d'audit internes. La planification marketing et commerciale doit s'élaborer à tous les niveaux opérationnels de la banque ou de la société d'assurance. Depuis quelques années, certaines institutions européennes s'efforcent d'adopter un système de gestion interne, entre le siège et les réseaux, fondé sur la planification. A titre d'exemple non exhaustif, la Société Générale ou le Groupama (Assurances mutuelles agricoles) en France, la Banco de Bilbao en Espagne, la société d'assurance Helvetia en Suisse... s'attachent à gérer leurs groupes régionaux mais aussi parfois leurs filiales étrangères et leurs agences à partir de plans de marketing décentralisés. L'avenir ira probablement dans le sens d'une multiplication d'initiatives de cette nature. La planification marketing et commerciale deviendra de plus en plus, tant au niveau des sièges que des entités décentralisées nationales ou internationales, un complément indispensable de la traditionnelle gestion budgétaire.

2.2. Des réformes à prévoir au niveau des structures

Le développement du marketing management dans la banque et l'assurance de l'an 2000 réclamera d'importantes réformes de structures. Pour rapprocher la banque et l'assurance de sa clientèle, il est prévisible qu'elles devront se réorganiser autour de la notion de chef de marché ou de produit. On risque ainsi de retrouver dans la banque et l'assurance de demain les structures traditionnelles que l'on rencontre dans les entreprises fabriquant des biens industriels ou de grande consommation. La Citibank fut la première institution du système bancaire ou de l'assurance à s'orienter dans cette direction il y a plus de dix ans. Elle réorganisa à l'époque sa structure autour de cinq grands marchés (les entreprises internationales, les grandes entreprises, les PME, les clientèles de particuliers « haut de gamme », la clientèle de masse). A chacun de ces marchés, elle fit correspondre des responsabilités spécifiques ainsi qu'un système de distribution différent. Le succès remporté par cette banque, en dépit des multiples critiques formulées par ses confrères, semble faire à l'heure actuelle un nombre accru d'émules en Europe. Les expériences dans ce domaine engagées par la Générale de Banque en Belgique ou encore par les sociétés d'assurance Skandia et Baltica en Scandinavie... sont sans doute à suivre. Toutefois, même si elles ne se

Schéma 1

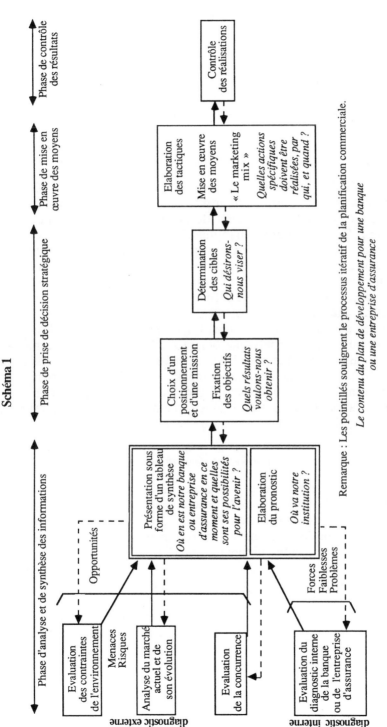

Phase de contrôle des résultats

Phase de mise en œuvre des moyens

Phase de prise de décision stratégique

Phase d'analyse et de synthèse des informations

Contrôle des réalisations

Elaboration des tactiques

Mise en œuvre des moyens

« Le marketing mix »

Quelles actions spécifiques doivent être réalisées, par qui, et quand ?

Détermination des cibles

Qui désirons-nous viser ?

Choix d'un positionnement et d'une mission

Fixation des objectifs

Quels résultats voulons-nous obtenir ?

Présentation sous forme d'un tableau de synthèse

Où en est notre banque ou entreprise d'assurance en ce moment et quelles sont ses possibilités pour l'avenir ?

Elaboration du pronostic

Où va notre institution ?

Opportunités

Menaces Risques

Forces Faiblesses Problèmes

Evaluation des contraintes de l'environnement

Analyse du marché actuel et de son évolution

Evaluation de la concurrence

Evaluation du diagnostic interne de la banque ou de l'entreprise d'assurance

diagnostic externe

diagnostic interne

Remarque : Les pointillés soulignent le processus itératif de la planification commerciale.

Le contenu du plan de développement pour une banque ou une entreprise d'assurance

Source : M. Badoc, *Marketing management pour la banque et l'assurance européennes,* Paris, Les Editions d'Organisation, 1986.

réorganisent pas totalement en fonction des segments du marché, il apparaît fort probable que la plupart des banques et sociétés d'assurance européennes performantes à la veille de l'an 2000 auront adopté une structure décentralisée et appliqué les principes de la segmentation marketing au niveau de l'organisation de leur politique commerciale. Cette politique réclamera de doter d'une gestion autonome les nouvelles antennes commerciales, conçues en centres de profit et orientées par une planification de leur développement.

2.3. *Faudra-t-il aussi réformer les banquiers et les assureurs ?*

Toute évolution des structures allant dans le sens d'une plus grande décentralisation ne pourra s'avérer pleinement efficace que si elle s'accompagne d'un profond changement de l'état d'esprit des banquiers et des assureurs. Trop longtemps habitués à une gestion centralisée de type pyramidal, les cadres des sièges vont devoir admettre que leur rôle est désormais d'être au service des opérationnels. La transformation de cet état d'esprit nécessitera de la part des directions générales beaucoup de tact, mais également une certaine fermeté. L'une des tâches prioritaires du marketing management consistera à faire pénétrer cette réforme des mentalités au sein des institutions. Pour cela, le marketing devra d'abord apporter aux opérationnels une bonne méthodologie leur permettant de formuler auprès du siège leurs besoins, en les présentant d'une manière plus organisée, plus rationnelle, plus pertinente et dans le cadre de perspectives à moyen terme. Il lui faudra aussi savoir utiliser les puissants moyens de communication, jusqu'ici trop exclusivement orientés vers l'extérieur, à des fins de sensibilisation et de motivation internes du personnel.

2.4. *Le nouveau rôle du marketing dans la banque et l'assurance du futur*

Dans un contexte de décentralisation accélérée du pouvoir de décision vers le terrain, le marketing de la banque et de l'assurance est probablement amené à jouer un rôle moins hiérarchique et plus fonctionnel. Il doit progressivement devenir une source destinée à éclairer, informer, animer, assister, auditer et communiquer (schéma 2).

– Eclairer la direction générale sur la réalisation de choix stratégiques à moyen et long termes, à partir du plan central de marketing mais également sur la politique à suivre en matière de diversification, d'image et de qualité. Eclairer aussi les directions financières et actuariales dans leur politique d'adaptation des produits et services aux besoins des marchés et du réseau.

– Informer l'ensemble du personnel, grâce à l'élaboration d'un système de communication interne, sur les choix stratégiques décidés en haut lieu et faire part à l'état-major de ses réactions sur ces choix.

– Animer les réseaux en leur apportant des méthodologies de travail et en les aidant à les mettre en application. Assister le terrain par un appui technique local dans le domaine marketing et commercial.

– Auditer d'une manière préventive et curative les politiques suivies afin d'apporter des remèdes rapides et efficaces aux écarts négatifs.

– Communiquer avec la clientèle en s'appuyant non seulement sur les médias, mais également en orientant vers elle d'une manière positive l'ensemble des forces internes de l'institution.

Schéma 2
Le rôle du marketing management dans la banque et l'assurance de demain

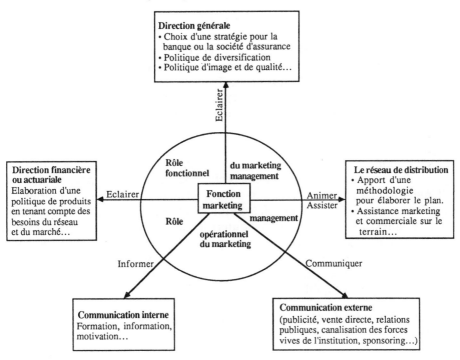

3. Quelles priorités pour les politiques marketing et commerciales dans la banque et l'assurance de demain ?

L'ensemble des défis préalablement exposés et liés aux impératifs de rentabilité vont également imposer de fixer des priorités nouvelles aux politiques marketing et commerciales de la banque et de l'assurance de demain.

3.1. D'un marketing orienté vers la vente à un marketing dirigé vers le profit

Aucun bon marketing ne peut se faire au détriment de la rentabilité. On ne voit pas pour quelles raisons les banques et les sociétés d'assurance européennes feraient exception à la règle. C'est pourtant ce qui s'est largement produit dans le passé. A force d'être globalement bénéficiaires, les institutions financières et les sociétés d'assurance ont trop faiblement investi dans la connaissance de leur rentabilité interne et négligé d'élaborer des systèmes performants de comptabilité analytique et de contrôle de gestion. Le rôle du marketing dans la banque et l'assurance du futur ne se limitera plus à la vente mais devra contribuer à la réalisation du profit. Pour cela, il lui faudra fonder ses recommandations non seulement sur les besoins du marché, mais également sur une meilleure appréhension des sources de rentabilité internes.

Cette démarche conduira les spécialistes à acquérir une bonne connaissance d'éléments tels que :

– la rentabilité actuelle et future de la clientèle, individuelle ou regroupée par segment, des particuliers ou des entreprises ;

– la rentabilité des produits et services proposés ;

– la rentabilité des points de vente et des différents centres de profit ;

– la rentabilité des actions marketing et commerciales engagées.

Dans certaines banques européennes, plus rarement dans l'assurance, il est désormais demandé aux responsables du marketing de chiffrer les résultats escomptés des actions envisagées et d'en rendre compte à la direction générale. Cette préoccupation de la rentabilité deviendra de plus en plus un élément fondamental d'évaluation des performances pour les opérationnels tant au niveau des sièges qu'à celui des réseaux. Ainsi, après leurs homologues américains, les banquiers et les assureurs européens vont devoir à leur tour intégrer dans leur gestion courante les notions de ROI (*Return On Investments*), ROA (*Return On Assets*), ROE (*Return On Equity*) et s'efforcer de donner la meilleure valeur ajoutée possible aux produits et services qu'ils désirent commercialiser.

3.2. *Les hommes du terrain à la conquête du pouvoir*

La restriction des marchés et le développement de la concurrence rendent les clientèles des banques et des assurances chaque jour plus exigeantes. Pour répondre à leurs attentes, les hommes du terrain sont appelés à jouer un rôle de plus en plus important. En effet, lorsque la bataille fait rage, la qualité défensive des premières lignes s'avère toujours primordiale. Il importe donc de les organiser et de leur procurer les meilleures armes. Face à cette nécessité, deux grandes orientations sont susceptibles d'être retenues : rapprocher le terrain du marché, rapprocher le siège du terrain.

Rapprocher le terrain du marché impliquera de mieux adapter les politiques et structures de la banque et de l'assurance aux différents besoins des clientèles recherchées. Cela conduira à introduire largement la segmentation au sein des banques européennes. Deux tendances sont alors prévisibles : la création de véritables chefs de marché, une plus large décentralisation des pouvoirs de décision aux échelons locaux. Une telle réforme est déjà engagée dans un nombre limité de banques européennes. Ainsi, à la Générale de Banque, est actuellement mise en place une structure fondée autour de la création de chefs de marché et de technico-commerciaux spécialisés à partir des grands critères de segmentation retenus par l'institution (clientèle « haut de gamme » (*upscale*), PME, grandes entreprises, marché institutionnel, particuliers,...). Dans l'assurance, les pays scandinaves semblent suivre le mouvement. Ainsi, la Skandia et la Baltica s'intéressent depuis plusieurs années à la mise en œuvre d'une structure fondée sur les produits et les marchés.

A la Banque Nationale de Paris en France, on assiste à une véritable décentralisation régionale de la plupart des pouvoirs de décision. Une telle décentralisation semble être de plus en plus le souci des grandes sociétés d'assurance françaises, telles que par exemple les AGF, le GAN ou l'UAP.

Rapprocher le siège du terrain constitue une seconde préoccupation. Pour avoir trop vite grossi, certains sièges sont devenus de véritables monstres administratifs, fonctionnarisés à outrance et complètement déconnectés des besoins et problèmes rencontrés par les opérationnels des réseaux. Une telle situation risque d'évoluer dans le sens d'un renversement du pouvoir en faveur des hommes de terrain. Le nouveau slogan prononcé par le responsable marketing d'une grande banque allemande, « les agences au service du client, le siège au service des agences », sera probablement repris par un nombre accru d'institutions financières et de sociétés d'assurance européennes. Dans ce contexte, le rôle du marketing devra s'attacher à faire des opérationnels, jadis bons techniciens et bons commerçants, de véritables managers. Pour cela, ils devront eux aussi apprendre à travailler à l'échelon local et régional à partir de plans marketing de développement dans le cadre d'une gestion budgétaire décentralisée. Ils devront aussi savoir utiliser à leur niveau les outils commerciaux permettant de vendre d'une manière rentable. Il leur faudra enfin assurer la pérennité de l'image de l'institution par la mise en œuvre d'une politique locale de la qualité. Cette évolution réclamera un changement profond des habitudes et mentalités des personnels des sièges. Elle impliquera notamment que des décisions, jadis aussi centralisées que la création des produits et services, l'élaboration des études de marché, la mise en œuvre des campagnes publicitaires, le choix des implantations..., tiennent compte des nécessités exprimées par les hommes du terrain. Enfin, la traditionnelle DPO (direction par objectifs) entre le siège et son réseau devra progressivement se transformer en une véritable DPPO (direction participative par objectifs).

3.3. Vers un marketing informatisé

L'informatique va devenir la compagne journalière du banquier et de l'assureur de demain. Sur le plan marketing et commercial, il devra apprendre à l'utiliser dans son travail quotidien. Comme nous l'avons déjà vu, elle lui permettra d'acquérir une connaissance instantanée de sa propre clientèle, tant au niveau de la possession de produits et services que de celui de son risque ou encore de sa rentabilité. Cette information sera transmise grâce à la mise en place de véritables SIM (systèmes d'informations marketing) (schéma 3), au sein des institutions du futur. Liée à la télématique, l'informatique permettra également aux banquiers et aux assureurs de renforcer la qualité de leur prospection en amenant, grâce à l'ordinateur portable et au visiophone, les techniques et les experts chez le client. A travers la mise en œuvre de systèmes de *direct marketing* commandés par l'ordinateur, elle multipliera la capacité de vente des réseaux. Enfin, grâce à la généralisation du micro-ordinateur dans les entreprises ou du vidéotex chez les particuliers, le client pourra désormais être en relation permanente avec sa banque ou sa société d'assurance. En République fédérale d'Allemagne, la société d'assurance Iduna n'a pas hésité à relier sa clientèle à son réseau d'agences par le moyen du vidéotex.

Schéma 3
La configuration d'un SIM dans une banque ou une société d'assurance

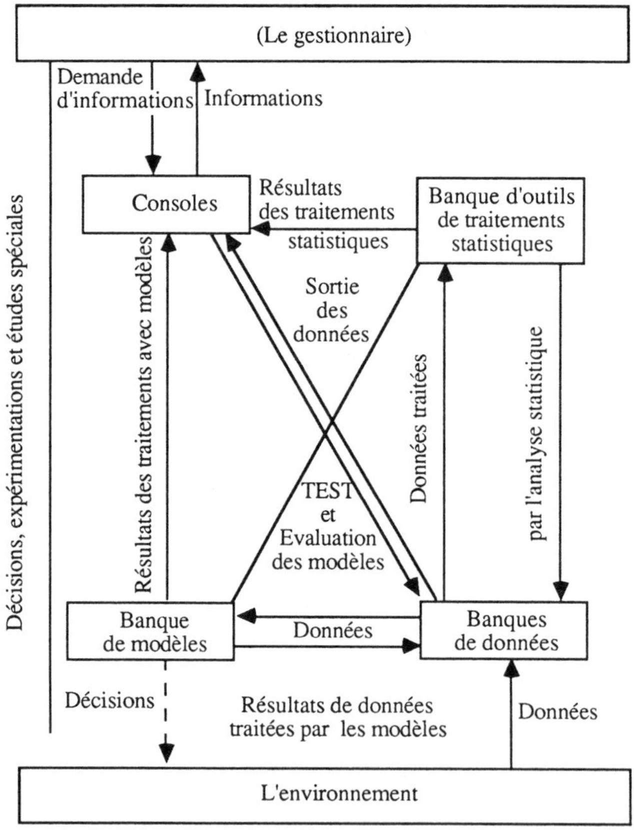

Source : *Marketing management pour la banque et l'assurance européennes*, Paris, Les Editions d'Organisation, 1986.

L'informatique permettra aussi aux institutions financières et sociétés d'assurance européennes de s'engager dans une véritable politique de diversification des services. Certaines institutions présentent déjà une gamme élargie de services informatiques à des clientèles aussi différentes que les grandes entreprises, les PME, les agriculteurs, les commerçants, les artisans, les professions libérales, les particuliers,... Cette gamme sera sans doute amenée à se développer dans le futur, notamment à travers la proposition de systèmes de trésoreries nationale et internationale[1], systèmes experts, systèmes de *risk management*[2],...

Il est aisé de prévoir qu'une telle évolution quasi inéluctable ne manquera pas d'entraîner auprès de l'ensemble du personnel des banques et de l'assurance une nécessaire adaptation. Celui-ci devra se former en permanence pour comprendre les systèmes proposés et pouvoir les expliquer à la clientèle. Le marketing devra lui aussi savoir s'organiser autour de cette nouvelle configuration informatique.

3.4. *La diversification ou l'acquisition d'un autre métier pour les banquiers et les assureurs*

La diversification vers des produits et services nouveaux répond à un triple souci. Le premier est relatif à la volonté de commercialiser un nombre accru de produits ou services facturables et porteurs de marges élevées, sous réserve que cette vente soit compatible avec les capacités techniques des hommes du terrain et ne compromette pas l'image de l'institution. Le deuxième est lié au désir de rentabiliser un personnel qui, de plus en plus déchargé des tâches de routine par l'informatique, risque bientôt de se retrouver sans emploi. Le troisième correspond à la préoccupation de répondre aux multiples attentes de la clientèle des particuliers et surtout des entreprises envers les banques et les sociétés d'assurance dans ce domaine. Plusieurs études récemment réalisées auprès de PME européennes montrent clairement une grande multiplicité de ces attentes[3]. Elles vont de la formation financière des cadres et dirigeants à l'assistance en matière de gestion du risque, en passant par l'aide à l'exportation ou à l'équipement informatique, la prospection des marchés étrangers, l'acquisition de banques de données, le conseil en fiscalité, l'apport de logiciels, la réalisation de la publicité financière,... Pour obtenir ces services, les entreprises se disent disposées à payer un juste prix. Les banques américaines installées en Europe n'hésitent pas à trouver dans cette diversification une réelle source de profit. Dans ce triple contexte, les services marketing de certaines institutions réfléchissent sur de nouveaux axes de diversification. Certains se révèlent intéressés par l'expérience actuellement mise en œuvre à la Citicorp. La première banque mondiale a décidé de ne plus se limiter aux traditionnelles opérations de dépôts et de crédits pour s'ouvrir vers d'autres marchés. Sa nouvelle stratégie de diversification internationale décrite par la formule des 5 I *(Institutions, Individuals, In-*

---

1. Voir également dans cette Encyclopédie les articles de D. Dubois, « Trésorerie » et de B. Marois, « Trésorerie internationale ».
2. Voir également dans cette Encyclopédie l'article de G. Kœnig, « Gestion du risque ».
3. *Goût, besoins et attentes des PME à l'égard des banques*, Etudes SOFRES, 1985.

vestments, Insurance, Information) qu'elle applique désormais en Europe, vise des marchés aussi différents que les institutions, l'Etat et les grandes entreprises, les services aux particuliers (chèques de voyage, cartes, crédit à la consommation, ...), la banque d'affaires (activités bancaires classiques, courtage, capital-risque...), l'assurance, l'industrie de l'information (banques de données, logiciels et progiciels, systèmes d'information...).

3.5. L'ouverture de la banque et de l'assurance à d'autres canaux de distribution

Le système actuel de distribution, reposant en priorité sur un réseau d'agences multiproduits et services, aura certainement disparu dans la banque et l'assurance à l'horizon de l'an 2000. Le souci de traiter différemment les divers segments du marché conduira à mieux différencier les circuits de distribution du futur selon la plus ou moins grande complexité des produits et services à commercialiser[1]. Certains experts font déjà une distinction entre trois grandes catégories de produits et services, selon leur niveau de banalisation pour le client.

A une première catégorie, qui regroupe les produits banaux, le « prêt-à-porter » (cartes, comptes courants, assurance automobile, assurance vie, assistance), correspondra probablement une forme de distribution peu spécialisée, largement implantée sur le territoire. Ce sera certainement l'apanage de la grande distribution (grands magasins, hypermarchés, sociétés de vente par correspondance,...), mais aussi de la distribution électronique (distributeurs bancaires ou d'assurance automatiques, commandes à domicile à partir du vidéotex,...) et de la vente directe (sur catalogue, par courrier, par téléphone, vidéotex ou visiophone,...). Un tel système de distribution ne pourra réussir que s'il s'appuie sur des produits très standardisés ; une forte proximité du client et surtout une politique de bas prix. Il sera inéluctablement lié aux capacités de la banque ou de la société d'assurance qui l'engage et à sa possibilité de réaliser de forts gains de productivité.

Pour les produits semi-banaux, la « mesure industrielle » (prêt immobilier, assurance capitalisation, fonds communs de placement, actions, obligations,...), la vente se fera probablement soit dans des boutiques financières (*money shops,* agences bancaires ou d'assurance classiques,...), soit par des systèmes de commercialisation à domicile ou encore de *direct marketing*. Ces deux premières catégories de produits et services concernent essentiellement le marché des particuliers mais également celui des commerçants, artisans, petites entreprises, agriculteurs, professions libérales. Face à la concurrence des robots, la réussite de ce deuxième type de distribution sera liée à la capacité de conseil global du client de la part des commerciaux. Les agents bancaires ou d'assurance doivent progressivement devenir de véritables médecins généralistes de l'approche patrimoniale

---

1. Voir également dans cette Encyclopédie les articles de D. Xardel, « Marketing direct » et de D. Tixier, « Marketing direct amont ».

du client. Ce sera probablement là leur chance de pouvoir se révéler plus efficaces que les automates informatisés de demain.

La troisième catégorie, qui comprend les produits et services complexes, le « sur mesure » (gestion de fortune , vidéotex et micro-ordinateur à usage professionnel, services de gestion de trésorerie, du risque, service à l'exportation, assurance de groupe ou d'entreprise...), sera sans doute commercialisée par de véritables technico-commerciaux bancaires spécialisés par segment de marché ou type de produit. Elle concerne principalement le marché des entreprises et des professionnels mais aussi celui des particuliers aisés. Cette distribution sera probablement assurée directement à partir des sièges, des succursales régionales ou des filiales spécialisées. Certaines banques comme Barclays ou Paribas ont déjà créé des chefs de produit informatique ou export. A la Société Générale, on s'oriente vers des agences en appartement spécialisées dans la gestion de fortune. Dans d'autres banques, à l'image de la BRED (Banque Régionale d'Escompte et de Dépôts), on préfère opter pour la nomination de responsables de marchés. De son côté, l'assurance semble elle aussi s'orienter vers la création de technico-commerciaux hautement spécialisés.

3.6. *Vers une nouvelle forme de communication*

La politique de communication de demain devrait se concrétiser par un large abandon des campagnes d'image générales et tous azimuts appuyées par des budgets fort onéreux. Celles-ci ont connu leur apogée en France dans le monde bancaire avec des slogans aussi vagues que « la Société Générale, le bien-être a sa banque », « la Banque Populaire : la banque de ma vie », « en route avec la BNP »,... Un spécialiste de la communication faisait justement remarquer que la banalité de ces slogans était telle que l'on pourrait les inverser sans affecter le moins du monde la communication de chaque enseigne. La nouvelle communication pour les banques et sociétés d'assurance sera dirigée par le souci de mieux s'intégrer à la stratégie de l'institution et de concerner davantage le personnel des réseaux et des sièges par son action. La première préoccupation réclamera de la part des directions générales un engagement clair sur le positionnement de l'institution. La seconde préoccupation visera à mieux intégrer l'ensemble des éléments pouvant jouer sur l'image et la qualité (présentation des produits, aspect des agences, niveau de l'accueil, après-vente,...) dans le processus même de la communication. Pour cela, il s'avérera sans doute nécessaire de se préoccuper autant de communication interne que de communication externe. Certaines banques et sociétés d'assurance européennes, telles que le Crédit Lyonnais ou le Groupama (Mutualité d'Assurance Agricole) en France, la Barclays Bank en Grande-Bretagne,... ont déjà mis en œuvre d'importants programmes d'équipement vidéo de leurs agences, dans le but d'améliorer leur système de communication interne.

La communication, comme le marketing de demain, se verra également assigner l'impératif d'appuyer les actions du terrain. Devenant plus régionalisée, elle sera conduite à faire appel à des supports différents de ceux utilisés à l'heure actuelle (presse, radios et télévisions locales), mécénat, sponsoring, relations publiques régionales. Enfin, il apparaît évident pour la banque et l'assurance comme pour l'ensemble des entreprises que la communication du futur aura besoin de s'adapter à la phénoménale évolution des médias qui se prépare à l'aube du XXIe siècle (télévision par satellites, câbles et fibres optiques permettant les chaînes à péage, visiophone, vidéodisque, terminaux vidéotex ou de micro-ordinateurs. Tout ceci nécessitera de la part des spécialistes une réforme profonde de leur savoir-faire et de leurs méthodes de travail.

*

* *

L'ensemble des transformations décrites ci-dessus implique de la part des banques et sociétés d'assurance européennes de profondes modifications au sein de leurs structures et de leurs mentalités. Cela nécessite incontestablement un grand courage au niveau des états-majors, car il n'est rien de plus difficile que de préparer le changement et de réussir les modernisations d'une entreprise. Malheureusement, l'importance des défis du futur est telle que la survie des banques et sociétés d'assurance européennes à l'échéance de l'an 2000 dépend en grande partie de la réussite de leur modernisation qui passe inéluctablement par l'introduction du marketing management au cœur de leur organisation.

Références

Badoc M., *Marketing management pour la banque et l'assurance européennes*, Paris, Les Editions d'Organisation, 1986.

Chaunon D.F., *Bank Strategic Management and Marketing*, New York, John Wiley and Sons, 1985.

Cheese J., *Insight in Bank Marketing*, MCB University Press, 1984.

Donnelly J.H., Berry L.L., Thompson T.W., *Marketing Financial Services, a Strategic Vision*, Dow Jones Irwin, 1984.

Handbook of Marketing and Selling Bank Services, MCB University Press, 1984.

Le Golvan Y., *Marketing bancaire et planification*, Paris, CLET, 1982.

Zollinger M., *Marketing bancaire : vers une banque du troisième type*, Paris, Dunod, 1985.

Mots clés

Assurance, banque, canaux de distribution, chef de marché, chef de produit, communication, concurrence, DAB (Distributeurs automatiques de billets), déréglementation, diversification, fichier, GAB (Guichets automatiques de banque), management, marketing, marketing direct, marketing management, mécénat, organisation, planification, plan marketing, profit, prospection intensive, publicité, relations publiques, SIM (Système d'informations en marketing), sponsoring, structures, vidéotex.

88

Marketing politique et social

Denis Lindon

Les réactions négatives que suscitent encore parfois les termes de « marketing politique et social » ont pour origine une conception erronée, ou du moins trop restrictive, de ce qu'est le marketing : si, comme le croient encore certains, le marketing se définit comme « les moyens qu'utilise une entreprise pour vendre des produits aux consommateurs en réalisant des profits », on ne voit pas comment il pourrait s'appliquer à des organisations à vocation politique ou sociale, qui ne sont pas des entreprises, qui n'ont pas de produits à vendre, qui ne s'adressent pas aux consommateurs et dont l'objectif n'est pas le profit. Mais, depuis quelques années, cette définition traditionnelle du marketing a été élargie et généralisée ; on considère désormais plutôt le marketing comme « l'ensemble des moyens dont dispose une *organisation* pour influencer, dans un sens favorable à la réalisation de ses propres *objectifs, les attitudes et les comportements des publics* auxquels elle s'intéresse ». Ainsi défini, le marketing peut s'appliquer à n'importe quelle organisation dès lors que, pour atteindre ses objectifs, elle a besoin de l'adhésion ou du concours de certains publics et que, par conséquent, elle est amenée à exercer sur eux une certaine influence.

Les organisations politiques et sociales ont pour vocation déclarée de servir les intérêts de la société dans son ensemble ou de certaines catégories sociales. On peut les ranger en trois grandes catégories : les partis politiques, les pouvoirs publics et les causes sociales. Ces catégories se distinguent les unes des autres par leurs objectifs, par les publics auxquels elles s'intéressent et par la nature des comportements et des attitudes qu'elles cherchent à influencer, mais elles peuvent toutes avoir recours utilement aux démarches et aux méthodes du marketing.

1. Le marketing des partis politiques ou marketing électoral

Le but déclaré des formations politiques est de servir l'intérêt général en faisant prévaloir leurs idées et en mettant en œuvre leurs programmes ; d'autres motivations plus ou moins avouables, telles que le goût du pouvoir ou des honneurs, viennent en outre souvent renforcer ces nobles préoccupations. Pour atteindre leurs objectifs, et en particulier pour conquérir et conserver le pouvoir, les partis politiques ont besoin du soutien de l'opinion et du vote des électeurs. Le marketing politique (ou électoral) est l'ensemble des moyens modernes qu'utilisent les partis politiques pour tenter d'influencer l'opinion et, en particulier, les électeurs ; ces moyens concernent en premier lieu l'étude du corps électoral, en second lieu l'élaboration des stratégies de communication, et en troisième lieu l'organisation et la conduite des campagnes électorales.

1.1. L'étude du corps électoral

L'étude du corps électoral est l'équivalent, pour le marketing politique, de ce qu'est l'étude du marché pour le marketing commercial : elle consiste à recueillir et à analyser des informations sur les caractéristiques des électeurs, leurs opinions, leurs attentes, leurs motivations et leurs processus de choix électoral ; elle constitue normalement la première étape de toute action de marketing politique car, si l'on se propose d'exercer une influence sur les électeurs, il est nécessaire d'abord de bien les connaître. De tous temps, les hommes politiques ont été conscients de cette nécessité et se sont informés sur l'état et les tendances de l'opinion par leurs contacts personnels avec des « notables », par la lecture de la presse, par les rapports de leurs militants ou même par des conversations informelles avec leurs chauffeurs de taxi ou leur coiffeur. Ces méthodes grossières et peu fiables ont désormais fait place à des méthodes plus scientifiques.

Les principales techniques utilisées pour l'étude du corps électoral, à savoir les enquêtes par sondage, l'analyse statistique des données et la construction de « modèles » explicatifs et prédictifs, ne sont pas différentes de celles qu'utilisent les entreprises pour l'étude des consommateurs : elles ne seront donc pas décrites ici[1]. En revanche, ce qui caractérise l'étude du « marché électoral », c'est la nature des informations recherchées. On peut les classer en cinq grandes familles qui concernent respectivement :

– les attitudes politiques fondamentales des électeurs ;
– les opinions des électeurs sur les problèmes d'actualité ;
– l'image des partis et des hommes politiques ;
– les intentions de vote ;
– les processus de choix électoral et de vote.

1.1.1. Les attitudes politiques fondamentales des électeurs

On sait depuis longtemps que le vote des électeurs n'exprime pas seulement leur humeur du moment, leurs préoccupations et aspirations immédiates, la perception par eux de leurs intérêts économiques ou encore le jugement qu'ils portent sur les candidats en présence, mais qu'il reflète

---

1. Le lecteur intéressé par ces techniques peut se reporter à certains ouvrages spécialisés référencés dans la bibliographie qui clôt cet article. Voir également dans cette Encyclopédie l'article de A. Jolibert, « Etudes de marché ».

aussi certaines attitudes profondes, générales et stables à l'égard de la politique et de l'organisation de la société.

Lorsqu'on dit par exemple de quelqu'un qu'il est réactionnaire, libéral, « de gauche » ou « de droite », on ne se réfère pas à une simple prise de position conjoncturelle de l'individu sur des problèmes d'actualité, mais à ses attitudes politiques fondamentales, ou encore à ce qu'on pourrait appeler son « tempérament politique ». S'il est vrai que le tempérament politique, ainsi défini, exerce une influence sur les votes, il est important, pour les candidats, de connaître celui de leurs électeurs. Les enquêtes par sondage permettent de le faire et de suivre l'évolution de ces attitudes politiques fondamentales au cours du temps.

Une première dimension importante du tempérament politique est *l'intérêt pour la politique.* Il est clair, en effet, que pour un candidat ou un parti la connaissance du degré d'intérêt des électeurs pour la politique à un instant donné est utile, dans la mesure où ce n'est pas le même langage et la même stratégie électorale qu'il faut adopter, selon qu'on s'adresse à des électeurs très intéressés ou peu intéressés par la politique. Les enquêtes menées à ce sujet en France montrent que l'intérêt pour la politique varie fortement selon le sexe, l'âge et le niveau d'instruction des individus. Elles montrent aussi que, contrairement à une idée répandue, l'intérêt des Français pour la politique a augmenté régulièrement et fortement depuis une vingtaine d'années.

D'autres composantes importantes du tempérament politique d'un individu sont l'attitude à l'égard du *changement social* (ou le degré de conservatisme), l'attitude à l'égard de *la liberté et de l'autorité,* et les attitudes à l'égard des grands *principes d'organisation du système économique* : libéralisme ou dirigisme, capitalisme ou socialisme, etc.

Enfin, à côté des attitudes politiques au sens strict du terme, les « valeurs socio-culturelles » d'un individu, et notamment ses attitudes à l'égard du travail, de l'argent, de la réussite, de la consommation, des loisirs, de la morale, etc., peuvent être considérées comme des composantes de son tempérament politique et méritent à ce titre d'être étudiées [1].

Au-delà de l'étude analytique de chaque composante du tempérament politique prise isolément, il est intéressant de classer les électeurs en un nombre restreint de « types », « segments », ou « familles », aussi homogènes que possible du point de vue de *l'ensemble* de leurs attitudes politiques et culturelles fondamentales. La classification la plus pertinente, en France, est celle que l'on établit à partir des croisements de deux critères : l'intérêt pour la politique, d'une part, et l'autopositionnement de l'individu sur l'axe « gauche-droite », d'autre part. En combinant ces deux critères, on définit six grandes *familles politiques* dont les attitudes apparaissent assez homogènes : la gauche, le centre-gauche, le centre, le

---

1. L'évolution des valeurs socio-culturelles est suivie, en France, sous le nom de « courants socio-culturels » ou de « styles de vie », par des instituts d'études tels que la COFREMCA ou le Centre de communication avancée (CCA).

centre-droit, la droite, et le *marais,* cette dernière famille étant caractérisée par son absence presque totale d'intérêt pour la politique et représentant, en 1985, plus de 20 % du corps électoral[1].

1.1.2. Les opinions des électeurs sur les problèmes d'actualité

La deuxième catégorie d'informations dont les hommes politiques ont besoin pour orienter leur stratégie de marketing concerne les opinions des électeurs sur les problèmes politiques, économiques et sociaux d'actualité.

Il est important, par exemple, de connaître *« l'humeur des électeurs »,* c'est-à-dire leur degré de satisfaction ou de mécontentement, d'optimisme ou de pessimisme. Il faut aussi savoir quels sont, à un instant donné, les principaux *sujets de préoccupation* des électeurs, c'est-à-dire les problèmes qui leur paraissent les plus importants. Enfin, à propos de chacun des principaux problèmes politiques ou économiques d'actualité, il est important, pour un homme politique, de savoir quelles sont les *opinions, les attentes et les préférences* des électeurs. Bien entendu, l'homme politique n'est pas tenu d'aligner ses propres positions sur celles de la majorité des électeurs ; mais, qu'il s'agisse pour lui de les soutenir ou au contraire d'essayer de les modifier, il a, de toute manière, intérêt à les connaître.

1.1.3. L'image des partis et des hommes politiques

« Que sait-on, que pense-t-on de moi ? » Telles sont peut-être, de toutes les questions auxquelles les enquêtes par sondage peuvent apporter une réponse, celles qui préoccupent le plus les hommes politiques. Le président de la République et le Premier ministre suivent avec attention l'évolution de leurs « cotes de confiance » ; les leaders nationaux des partis ont en permanence l'œil fixé sur leur « courbe de popularité » ; tous, enfin, se préoccupent de connaître et d'analyser avec précision leur « image » dans l'opinion publique, c'est-à-dire les aptitudes, les qualités et les défauts qui leur sont prêtés, ainsi que la sympathie ou l'antipathie qu'ils inspirent.

1.1.4. Les intentions de vote

A l'approche des consultations électorales, et pendant toute la durée des campagnes, les formations politiques et les candidats font procéder régulièrement à des enquêtes sur les intentions de vote des électeurs. L'objet de ces enquêtes n'est pas tant de prévoir l'issue du scrutin que de permettre aux hommes politiques de contrôler l'efficacité de leur campagne et de détecter les « segments » du corps électoral vers lesquels ils ont intérêt à orienter leurs efforts. Bien que ce type d'enquête comporte d'importants risques d'erreur, notamment en raison de la réticence de certains électeurs à

---

1. Voir E. Deutsch, D. Lindon, P. Weill, *Les familles politiques aujourd'hui en France,* Paris, Editions de Minuit, 1967.

dévoiler leurs véritables intentions, les instituts de sondage, grâce à l'amélioration de leurs techniques, obtiennent le plus souvent des résultats d'une précision remarquable.

1.1.5. Les processus de choix électoral et de vote

Pour pouvoir influencer les électeurs – ce qui est l'objectif essentiel du marketing politique – il ne suffit pas de *connaître* leurs attitudes, leurs opinions et leurs intentions de vote, il faut aussi *comprendre* comment elles se forment et se modifient. En d'autres termes, il faut compléter les études *descriptives* par des études *explicatives*. Tel est l'objet des « modèles explicatifs du comportement électoral » qui ont été développés depuis quelques années et qui se proposent d'inventorier les principaux facteurs qui déterminent le vote des électeurs, d'en mesurer l'importance relative et d'en analyser les interactions[1].

1.2. L'élaboration des stratégies de communication politique

L'étude du « marché électoral », à l'aide des méthodes descriptives et explicatives qui viennent d'être exposées, n'est pas pour les hommes politiques un exercice intellectuel gratuit, ni une fin en soi. Elle n'est qu'un préalable nécessaire à l'élaboration rationnelle de leurs stratégies de communication, notamment au moment des campagnes électorales. Les deux principales décisions à prendre, dans l'élaboration d'une stratégie de communication, concernent le choix des *cibles prioritaires* et celui des *thèmes majeurs* de la campagne.

1.2.1. Le choix des cibles prioritaires

Dans une campagne électorale, le temps, l'énergie et les ressources dont disposent les candidats et les partis ne sont pas illimités. Il est donc généralement souhaitable pour eux, dans un souci d'efficacité, de les concentrer sur certains segments du corps électoral qui présentent pour eux une importance particulière ou qui peuvent jouer un rôle déterminant dans l'issue du scrutin. L'identification précise de ces segments, qui constitueront pour le candidat considéré des « cibles prioritaires », peut se faire en fonction de divers critères.

Un candidat peut, en premier lieu, décider de concentrer ses efforts sur ses cibles *naturelles*, c'est-à-dire sur les segments du corps électoral qui lui paraissent devoir être les plus perméables à ses idées ou les plus favorablement disposés à l'égard de sa personne, et par conséquent les plus faciles à conquérir. Il peut aussi décider d'orienter sa campagne, d'une manière prioritaire, vers ceux qu'on appelle les *leaders d'opinion*, c'est-à-dire les personnes qui, de par leur statut social ou leur personnalité,

---

1. Voir D. Lindon, P. Weill, *Le choix d'un député : un modèle explicatif du comportement électoral*, Paris, Editions de Minuit, 1974.

exercent une forte influence sur leur entourage. Toutefois, dans la majorité des cas, un candidat a intérêt à choisir pour cible prioritaire le segment des *électeurs critiques*, c'est-à-dire ceux qui ne sont ni décidés d'avance à voter pour lui ni irrévocablement décidés à ne pas le faire. Le nombre et les caractéristiques socio-démographiques des électeurs critiques ainsi définis peuvent être déterminés par des enquêtes sur les intentions de vote et par l'utilisation de modèles du comportement électoral.

1.2.2. Le choix des thèmes de campagne

Au cours d'une campagne électorale, un candidat est généralement amené à parler d'une multitude de questions et à prendre position sur une multitude de problèmes, d'une part, parce que les préoccupations des électeurs sont nombreuses et variées, d'autre part, parce que les adversaires du candidat font campagne, eux aussi, et qu'il est nécessaire de répondre à leurs arguments. Cependant, pour qu'une campagne électorale soit efficace, il est souhaitable qu'elle s'articule d'une manière cohérente autour d'un petit nombre d'orientations maîtresses, de thèmes majeurs sur lesquels le candidat concentrera l'essentiel de ses efforts de communication. Les thèmes possibles d'une campagne électorale sont innombrables. Ils peuvent être, en premier lieu, de nature *idéologique :* gauche contre droite, libéralisme contre socialisme, lutte contre les inégalités sociales, retour aux valeurs traditionnelles, etc. Ils peuvent être de caractère *programmatique,* c'est-à-dire concerner les solutions que propose le candidat aux problèmes politiques, économiques ou sociaux d'actualité : nationalisations ou privatisations, lutte contre le chômage, réforme de l'enseignement, amélioration des équipements collectifs, impôts, etc. Ils peuvent enfin être liés à la *personnalité des candidats en présence* et consistent alors à renforcer et à exploiter au maximum l'image de compétence ou la sympathie dont jouit un candidat auprès des électeurs, et inversement à tirer parti des faiblesses dont souffrent ses adversaires.

Les spécialistes de la communication politique croient parfois pouvoir énoncer certaines règles, prétendument générales, quant à la valeur relative de tel ou tel type de thèmes. Certains affirment, par exemple, qu'il vaut mieux s'adresser aux sentiments et aux passions des électeurs qu'à leur raison ou à leurs intérêts. D'autres pensent au contraire que, dans nos sociétés matérialistes, les électeurs sont plus sensibles aux avis de leur portefeuille qu'à ceux de leur cœur. D'autres encore assurent qu'à une époque où, dans tous les domaines, règne le culte de la personnalité, il vaut mieux « vendre » des candidats que des idées ou des programmes, et personnaliser les campagnes électorales plutôt que les politiser. En vérité, ces prétendues règles n'ont pas de valeur universelle parce que chaque élection, et même chaque candidat, est un cas particulier. C'est pourquoi, à l'occasion de chaque consultation, un candidat devra se demander quels seront pour lui, parmi les multiples thèmes possibles qu'il pourrait envisager de retenir, ceux qui seront les plus *efficaces,* c'est-à-dire les plus susceptibles de lui faire gagner des voix. L'efficacité d'un thème de campagne, pour un candidat déterminé, peut être considéré comme le produit de deux facteurs, à savoir :

– *l'importance* de ce thème aux yeux de l'électorat (ou du moins des cibles électorales visées par le candidat) ;

– la *crédibilité* de ce thème dans la bouche du candidat considéré, c'est-à-dire la probabilité pour que ce candidat, en utilisant ce thème, puisse se doter d'une supériorité sur ses adversaires.

C'est en s'appuyant sur des enquêtes par sondage et, parfois, sur des modèles explicatifs du comportement électoral, qu'un candidat pourra mesurer l'importance et la crédibilité relatives des différents thèmes qui s'offrent à lui.

1.3. L'organisation et la conduite des campagnes électorales

Une stratégie électorale bien conçue, en termes de cibles prioritaires et de thèmes majeurs, est sans doute une condition nécessaire du succès ; mais elle est loin d'être suffisante. Il reste en effet, au cours de la courte période pendant laquelle se déroule la campagne, à mettre en œuvre la stratégie adoptée. A ce stade, les méthodes du marketing peuvent être utiles aux formations politiques sous deux aspects principaux : l'organisation matérielle de la campagne et l'utilisation des médias (ou moyens de communication) modernes.

1.3.1. Les méthodes d'organisation

Les méthodes d'organisation et de planning d'une campagne électorale ne sont pas, par nature, différentes de celles qu'appliquent les entreprises dans la mise en œuvre de leurs stratégies de marketing. On n'en parlera donc pas ici en détail[1]. On mentionnera seulement une fonction particulière à l'organisation des campagnes électorales, celle de « directeur de campagne ».

De plus en plus, en France comme dans les autres pays occidentaux, les candidats à des élections d'une certaine importance se font assister, pour les tâches organisationnelles, par un directeur de campagne (ou *campaign manager*). La création de ce poste se justifie par le fait que, dans une campagne, il est difficile pour une même personne de jouer à la fois le rôle d'acteur principal, de metteur en scène et de régisseur. Pour bien jouer son rôle de « vedette » du spectacle, le candidat doit éviter d'être submergé par les innombrables décisions quotidiennes qu'implique la conduite de la campagne. En outre, dans le feu de l'action publique, il a parfois du mal à conserver un esprit froid et objectif. C'est pourquoi, il est très utile pour lui de pouvoir déléguer à un directeur de campagne compétent les principales tâches d'organisation et de coordination de la campagne, à savoir :

---

1. Quelques ouvrages américains décrivant les principales techniques d'organisation et de planning utilisées à des fins électorales figurent dans la bibliographie qui complète cet article.

– la création du matériel de campagne ;
– les relations avec la presse ;
– la collecte des fonds et le contrôle des dépenses ;
– la coordination des actions militantes sur le terrain ;
– les études et enquêtes ;
– les relations avec les prestataires extérieurs de services, et notamment les professionnels de la communication.

1.3.2. L'utilisation des médias modernes

L'époque où une campagne électorale se limitait à quelques réunions dans des préaux d'école, à l'affichage sur les panneaux officiels et à l'envoi d'une « profession de foi » aux électeurs est révolue. Désormais, qu'on le déplore ou non, il faut utiliser des moyens plus puissants : la télévision, l'affichage, les réunions à grand spectacle, les conférences de presse, les journaux électoraux, le publipostage (ou « mailing »), les visites personnelles aux électeurs et même la propagande par téléphone (ou « phoning »). Pour utiliser efficacement ces moyens coûteux, les partis et les candidats font appel de plus en plus fréquemment à des professionnels de la communication et, notamment, aux spécialistes de la communication télévisée qui, par leurs conseils et par la formation qu'ils dispensent aux candidats, peuvent aider ceux-ci à tirer pleinement parti d'un média dont l'importance est souvent décisive.

1.4. Légitimité du marketing politique

L'utilisation des méthodes du marketing par les hommes politiques suscite encore, dans certains milieux, des craintes et des critiques. Le premier chef d'accusation concerne l'utilisation des enquêtes d'opinion qui, selon leurs détracteurs, inciteraient les hommes politiques à la démagogie en leur donnant une connaissance précise des attentes et des préférences des électeurs. Ce reproche ne résiste guère à l'examen : si la démagogie existe, ce n'est pas la faute du marketing, mais celle des démagogues, qui n'ont pas attendu l'invention des sondages pour la pratiquer. Le fait de bien connaître les désirs ou les opinions des électeurs n'oblige pas, par lui-même, les hommes politiques à s'y rallier : il n'est pas nécessaire à un homme politique d'être inconscient pour être courageux, ni d'être ignorant pour être honnête ; il vaut mieux, lorsqu'on veut faire triompher ses idées, savoir à quelles résistances elles risquent de se heurter que de pratiquer la politique de l'autruche.

On reproche aussi parfois aux enquêtes sur les intentions de vote d'exercer, par leur publication, une influence nocive sur les électeurs. Cette critique, elle non plus, ne semble guère pertinente. Tout d'abord, les études faites sur ce sujet suggèrent que cette influence est généralement très faible ; en outre, quand bien même il serait avéré que certains électeurs sont amenés à modifier leur vote, dans un sens ou dans l'autre, en se basant sur les informations que leur donnent les sondages quant aux chances respectives des candidats en présence, ce phénomène ne serait pas nécessairement malsain : ne vaut-il pas mieux que les électeurs soient informés sur l'état et les tendances de l'opinion par des enquêtes objectives plutôt que par des rumeurs incontrôlables ou par des affirmations subjectives et intéressées émanant de journalistes ou de politiciens [1] ?

Enfin, les adversaires du marketing politique lui reprochent parfois d'utiliser des moyens de communication et de persuasion trop puissants : grâce au marketing, il deviendrait désormais possible de faire croire n'importe quoi aux citoyens et de les manipuler sans qu'ils s'en aperçoivent. Ce reproche, lui non plus, n'est pas fondé. En premier lieu, d'un point de vue logique, il est contradictoire par rapport à celui de démagogie qui vient d'être examiné : on ne peut pas simultanément reprocher au marketing d'inciter les hommes politiques à se soumettre servilement aux désirs de l'opinion et de leur donner sur elle un pouvoir excessif. En second lieu et surtout, c'est faire trop d'honneur au marketing que de le présenter comme une nouveauté révolutionnaire et un instrument tout-puissant de manipulation. Pour se faire élire et pour faire triompher leurs idées, les hommes politiques ont toujours cherché, et c'est tout à fait légitime, à convaincre, à séduire et à influencer l'opinion. Sans doute disposent-ils aujourd'hui pour le faire de moyens de communication plus puissants ; mais, dans la mesure où ces moyens sont à la disposition de toutes les formations politiques et non au service exclusif d'une seule, ils ne modifient pas fondamentalement la nature du débat politique et peuvent, au contraire, l'enrichir en permettant aux électeurs d'être mieux informés sur les projets des partis en présence et sur la personnalité des candidats.

2. Le marketing des pouvoirs publics et de l'administration

La deuxième catégorie d'organisations à vocation sociale susceptibles d'utiliser les méthodes du marketing est constituée par les pouvoirs publics et l'administration : ministères, collectivités locales, agences publiques et administrations à vocation spécialisée, telles que l'Agence pour la maîtrise de l'énergie, le Comité français d'éducation pour la santé, la Direction de la sécurité routière, etc [2]. Pour remplir les missions d'intérêt général qui leur sont confiées, les organisations de ce type sont, et ont toujours été amenées à tenter d'influencer les comportements et les attitudes de certains publics : pour mieux recouvrer les impôts, le ministère des Finances doit inciter les contribuables à ne pas frauder ; pour améliorer la situation de l'emploi, le ministère du Travail doit inciter les chefs d'entreprises à embaucher des jeunes ; pour améliorer le niveau culturel de la population, le ministère de la Culture doit inciter les gens à lire plus et à fréquenter les musées ; pour améliorer le niveau sanitaire, le Comité français d'éducation pour la santé

---

1. Voir A. Lancelot, « Sondages et démocratie », in SOFRES, *Opinion publique*, Paris, Gallimard, 1984.
2. Voir également dans cette Encyclopédie l'article de C. Quin, « Marketing public ».

doit inciter les gens à boire moins d'alcool et à ne pas fumer ; pour réduire le nombre et la gravité des accidents de la route, la Direction de la sécurité routière doit inciter les conducteurs à rouler moins vite et à porter une ceinture de sécurité... Pendant longtemps, les pouvoirs publics et les administrations se sont contentés, pour obtenir du public les comportements souhaités, du pouvoir réglementaire dont ils disposaient. Mais de plus en plus souvent, et dans de nombreux domaines, la réglementation et la coercition ont cessé d'être suffisantes ou même sont devenues tout à fait inefficaces : il n'est guère possible, par exemple, d'obliger les gens, par décret, à cesser de fumer, à lire plus de livres, ou à se brosser les dents deux fois par jour ; l'expérience montre que les règlements interdisant de jeter des papiers gras dans les forêts, ou de laisser les chiens déposer leurs excréments sur les trottoirs, ou encore de faire repeindre un appartement par des travailleurs au noir ne sont pas à eux seuls suffisants pour dissuader les citoyens de telles pratiques. C'est pourquoi, depuis quelques années, les pouvoirs publics et les administrations ont de plus en plus fréquemment recours, à la place ou en complément des moyens réglementaires, à des moyens d'influence inspirés du marketing. L'application de la démarche marketing par les organisations de ce type comporte deux volets principaux : l'étude des attitudes et des comportements du public et le choix des stratégies d'influence.

2.1. L'étude des attitudes et des comportements du public

Pas plus que le marketing commercial, le marketing public ne se conçoit sans « étude de marché » : si l'on prétend influencer les attitudes et les comportements d'un public, il faut au préalable bien les connaître et bien les comprendre. Cette étude du marché comporte normalement trois aspects complémentaires : la description, l'explication et la segmentation.

2.1.1. La description des comportements

La première étape de l'étude du marché consiste à décrire, le plus précisément possible, les attitudes et les comportements actuels du public, dans le domaine auquel s'intéresse l'administration considérée. Si, par exemple, on veut lutter contre le tabagisme, il faut connaître le nombre, les caractéristiques et les habitudes des fumeurs, ainsi que les opinions et les attitudes du public à l'égard du tabac ; si on veut lutter contre le travail clandestin, il faut connaître l'ampleur de cette pratique, les caractéristiques de ceux qui s'y livrent, les diverses modalités qu'elle peut revêtir et les attitudes du public à son égard. Cette étude descriptive se fait, de plus en plus fréquemment, à l'aide d'enquêtes par sondages.

2.1.2. L'explication des comportements

Pour pouvoir agir efficacement sur les comportements des individus, il est nécessaire de connaître les causes de ces comportements : pourquoi les Français consomment-ils trop d'alcool, pourquoi lisent-ils peu de livres, pourquoi n'ont-ils pas une bonne hygiène bucco-dentaire, pourquoi beaucoup de gens ont-ils recours au travail clandestin, pourquoi beaucoup de conducteurs n'utilisent-ils pas leur ceinture de sécurité ? Dans chaque cas, il convient de se doter d'un « modèle explicatif » des comportements auxquels on s'intéresse, modèle dans lequel on s'efforcera de décrire l'influence des facteurs d'*environnement* (économiques, sociaux, technologiques, publicitaires, réglementaires, etc.) et des facteurs *psychologiques* (croyances, préjugés, valeurs, motivations, images, etc.).

2.1.3. La segmentation du public

Au terme de l'étude descriptive et explicative des comportements et des attitudes, il convient presque toujours de procéder à une *segmentation* du public auquel on s'intéresse, c'est-à-dire à un découpage de ce public en sous-ensembles homogènes et justiciables de « traitements » distincts[1] : il conviendra, par exemple, dans l'étude du tabagisme de distinguer le segment des jeunes adolescents de celui des fumeurs adultes, dans la mesure où les raisons qui les poussent à fumer, ainsi que celles qui pourraient les dissuader de le faire, ne sont pas les mêmes ou du moins n'ont pas les mêmes poids relatifs.

2.2. L'élaboration d'une stratégie de marketing

L'élaboration d'une stratégie de marketing par une organisation publique consiste à s'appuyer sur l'étude du marché pour, d'une part, formuler précisément les cibles et les objectifs de l'action à entreprendre et, d'autre part, choisir des moyens d'influence efficaces.

2.2.1. Le choix des cibles et des objectifs

Une organisation publique peut être amenée à orienter son action d'une manière exclusive, ou du moins prioritaire, vers certaines *cibles* spécifiques, c'est-à-dire vers des segments particulièrement importants, ou plus facilement influençables, du public auquel elle s'intéresse. C'est ainsi qu'une action contre l'alcoolisme devra peut-être s'orienter de préférence vers les « gros buveurs » ; ou qu'une action contre le tabagisme devra être menée surtout en direction des adolescents, dont les comportements sont encore relativement faciles à influencer ; ou encore qu'une action en faveur de l'hygiène bucco-dentaire devra être menée surtout en direction des jeunes enfants et de leurs parents, dont les attitudes à l'égard du brossage des dents sont *a priori* favorables, même si elles ne se traduisent pas toujours par des comportements conséquents.

Pour chacune des cibles retenues, il convient ensuite de se fixer des objectifs précis. Il ne faut pas se contenter, à cet égard, de rappeler en

---

1. Voir dans cette Encyclopédie l'article de P. Grégory, « Segmentation des marchés. Variables socio-démographiques *versus* style de vie ».

termes vagues la vocation générale de l'organisation, telle que « la lutte contre l'alcoolisme », ou « l'amélioration de l'hygiène bucco-dentaire », mais définir d'une manière opératoire les attitudes ou les comportements que l'on se propose d'encourager ou de combattre. Il pourra s'agir, par exemple, de promouvoir chez les enfants le brossage régulier des dents et la visite annuelle de contrôle chez le dentiste ; ou de réduire le pourcentage d'adolescents fumeurs ; ou encore d'inciter les consommateurs réguliers de boissons alcoolisées à ne pas en abuser, en leur faisant prendre conscience « qu'un verre ça va, mais que trois verres, bonjour les dégâts ».

L'une des caractéristiques distinctives du marketing public est que les objectifs qu'il vise sont généralement plus difficiles à atteindre que ceux du marketing commercial. Cela provient de ce que les comportements et les attitudes que les organisations publiques s'efforcent d'influencer sont souvent profondément ancrés chez les individus, et que les avantages (ou bénéfices) que ces organisations peuvent promettre sont souvent lointains plutôt qu'immédiats, collectifs plutôt qu'individuels, et probabilistes plutôt que certains. Il est plus difficile d'amener un fumeur à renoncer au tabac que de lui faire fumer des Marlboro plutôt que des Camel, car loin de pouvoir lui promettre un plaisir immédiat, on exige de lui un sacrifice, une frustration, avec pour seule contrepartie une réduction possible de risques futurs et lointains ; de même, lorsqu'au nom de « l'intérêt général » on cherche à dissuader les gens de pratiquer le travail clandestin, on se heurte à des intérêts et à des motivations individuels nombreux et puissants.

2.2.2. Le choix des moyens d'influence

Pour obtenir de la part des cibles visées les changements de comportements souhaités, les organisations publiques disposent de deux grandes catégories de moyens d'influence qu'on peut appeler les moyens « externes » et les moyens « internes ».

Les moyens externes consistent à modifier, dans un sens favorable aux comportements qu'on souhaite promouvoir, *l'environnement* économique, réglementaire, commercial ou physique dans lequel vivent les individus auxquels on s'intéresse. Par exemple, pour réduire la consommation d'alcool, on peut envisager d'augmenter les taxes frappant les boissons alcoolisées, d'interdire la publicité en faveur de ces boissons, de réduire le nombre ou les heures d'ouverture des débits de boissons.

Les moyens internes (ou de communication) consistent à émettre des messages en direction des personnes visées, en vue de les *convaincre* de modifier leur comportement. Ces messages pourront, selon le cas, faire appel à la raison et à l'intérêt individuel (*logos*), aux sentiments de peur ou d'amour propre (*pathos*), ou au sens du devoir (*ethos*).

Il n'existe pas de règles générales concernant l'efficacité relative des moyens externes et des moyens internes, ou celle des messages fondés sur le *logos*, le *pathos* et l'*ethos*. Il en résulte que la combinaison de moyens à mettre en œuvre par une organisation publique, c'est-à-dire son

« marketing-mix », doit être choisie cas par cas, à partir de l'analyse « explicative » des comportements qu'elle se propose d'influencer : tantôt, lorsqu'il sera apparu que ces comportements sont fortement influencés par l'environnement, il faudra mettre l'accent sur les moyens de caractère réglementaire ; tantôt au contraire, lorsque les facteurs psychologiques jouent un rôle prédominant, il faudra compter surtout sur la communication. Le plus souvent, on aura intérêt à pratiquer des stratégies mixtes ou intégrées, combinant un grand nombre de moyens externes et internes qui se renforceront mutuellement.

3. Le marketing des causes sociales

On appellera ici « causes sociales » les organisations de statut privé ayant une vocation philanthropique, culturelle ou caritative : la Ligue nationale contre le cancer, la Croix-Rouge, l'Unicef, la Fondation de France, les centres de transfusion sanguine en sont quelques exemples. Par leur vocation désintéressée et non lucrative, les causes sociales se rapprochent des organisations publiques qui ont été étudiées dans la section précédente. Mais elles s'en distinguent par deux particularités importantes : en premier lieu, elles ne disposent jamais du pouvoir réglementaire et ne peuvent donc guère espérer influencer les comportements du public par des actions sur l'environnement ; en second lieu, elles ne disposent pas d'un financement public et doivent donc se procurer elles-mêmes les ressources en hommes, en argent ou en nature dont elles ont besoin : pour aider l'enfance malheureuse, l'Unicef doit collecter de l'argent ; pour restaurer des châteaux, la Fondation de France doit faire appel à des travailleurs bénévoles ; pour remplir leur mission, les centres de transfusion sanguine doivent faire appel au « don du sang ». Il en résulte qu'une part importante des efforts des causes sociales est consacrée à la recherche des ressources qui leur sont nécessaires. Pour cela, elles empruntent de plus en plus fréquemment au marketing son esprit et ses méthodes d'action.

3.1. L'esprit marketing au service des causes sociales : la notion d'échange

Le marketing commercial est fondé, en grande partie, sur le concept d'échange : pour obtenir de l'argent d'un acheteur potentiel, il faut lui offrir, en contrepartie, des satisfactions. Ce concept est applicable, mutatis mutandis, au marketing des causes sociales, en ce sens que pour obtenir un don, qu'il s'agisse d'argent, de temps ou de sang, il faut aussi offrir une « récompense » au donateur ; mais cette récompense ne peut pas être de même nature que celles que proposent les producteurs de biens et de services à leurs acheteurs : une cause sociale peut offrir à ses militants bénévoles, en échange de leur temps, une occupation intéressante, le sentiment de participer à une entreprise noble et importante, la possibilité de contacts sociaux, ou même l'espoir d'une décoration ; elle peut offrir, aux donateurs dont elle sollicite la générosité, la satisfaction de remplir un devoir moral (aider l'enfance malheureuse, lutter contre la faim...) mais aussi, parfois, l'espoir plus égoïste de bénéficier un jour eux-mêmes des retombées de leur contribution : « En donnant votre sang, sauvez une vie... peut-être la vôtre ».

3.2. *Les méthodes du marketing appliquées à la collecte des dons*

Une fois qu'elle a défini les satisfactions qu'elle offrira aux donateurs en contrepartie de leurs dons, une cause sociale peut utiliser, pour déclencher « l'échange » souhaité, les méthodes d'action du marketing. Ici encore, une combinaison efficace doit être trouvée entre les moyens « externes » et les moyens « internes ».

Les moyens « externes » ont pour objet de faciliter au maximum le don souhaité en réduisant les freins matériels qui peuvent y faire obstacle : c'est ainsi, par exemple, que pour faciliter le don du sang il est très utile d'envoyer des centres mobiles de collecte dans les entreprises, les écoles, les centres commerciaux, plutôt que d'imposer aux donateurs une initiative personnelle et un déplacement.

Quant aux moyens « internes » des causes sociales, c'est-à-dire la communication, ils doivent s'inspirer des mêmes principes que ceux qu'appliquent les entreprises commerciales ou les pouvoirs publics, tant dans l'élaboration des messages que dans le choix des médias. Toutefois, la pondération souhaitable des médias doit tenir compte des spécificités des causes sociales : les médias ne sont généralement pas, pour les causes sociales, le véhicule privilégié de la communication, d'une part parce que leur emploi est très coûteux, d'autre part parce qu'ils ne sont guère capables, à eux seuls, de déclencher le « passage à l'acte », c'est-à-dire le don. Plus efficaces et plus rentables, à cet égard, sont les médias « personnalisés », c'est-à-dire le publipostage et les contacts personnels ou téléphoniques directs établis avec des donateurs potentiels par les militants de la cause sociale.

*
* *

Entre le marketing politique, le marketing public et le marketing des causes sociales, il existe des différences importantes qui tiennent à la nature des publics et des comportements auxquels s'intéressent ces différentes catégories d'organisations, ainsi qu'à la nature et à l'importance des moyens d'action et des ressources dont elles disposent. Mais en dépit de ces différences, ces trois formes de marketing s'inspirent d'un même état d'esprit, que l'on peut caractériser par deux attitudes mentales complémentaires : le souci d'efficacité et ce qu'on pourrait appeler « l'altro-centrisme ».

Le souci d'efficacité dans les relations de l'organisation avec son public est une attitude relativement nouvelle chez beaucoup de responsables d'organisations politiques, publiques et sociales. C'est ce souci qui conduit désormais, de plus en plus fréquemment, les responsables de ces organisations à se fixer des objectifs précis et opératoires, à asseoir leurs stratégies d'influence sur des études scientifiques ou du moins objectives, plutôt que sur des *a priori* subjectifs, et enfin à se doter d'instruments de contrôle permettant de mesurer systématiquement les résultats de leurs actions, en termes de changements d'attitudes et de comportements.

Quant à « l'altro-centrisme » qui s'oppose à l'égocentrisme, c'est l'attitude mentale qui consiste à s'ouvrir sur « les autres » et à attacher une importance primordiale, dans la gestion d'une organisation, à la connaissance des publics dont elle dépend ou sur lesquels elle cherche à agir. L'altro-centrisme ainsi défini n'a pas toujours été une caractéristique dominante des hommes politiques, des fonctionnaires ou des dirigeants des causes sociales, dont la tendance naturelle est de croire qu'ils détiennent la vérité et de supposer que le reste du monde partage nécessairement leurs vues ; ils comprennent aujourd'hui de mieux en mieux qu'on ne peut influencer les hommes que si on les connaît bien.

Références

Evrard Y., Lemaire P., *Information et décision en marketing*, Paris, Dalloz, 1976.

Fine S., *The Marketing of Ideas and Social Issues*, New York, Praeger, 1981.

Kotler P., « A Generic Concept of Marketing », *Journal of Marketing* (April 1972).

Kotler P., *Marketing of Non-Profit Organizations*, Prentice Hall, 1982.

Lindon D., *Marketing politique et social*, Paris, Dalloz, 1976, (épuisé).

Lindon D., *Le marketing politique*, Paris, Dalloz, 1986.

Lovelock-Weinberg, *Marketing for Public and Non-Profit Managers*, John Wiley and Sons, 1984.

Permut M., *Government Marketing, Theory and Practice*, New York, Praeger, 1981.

Rados D., *Marketing for Non-Profit Organizations*, Boston, Auburn House, 1981.

Mots clés

Attitudes politiques, campagnes électorales, causes sociales, communication politique et sociale, familles politiques, influence, marché électoral, marketing administratif, marketing électoral, marketing politique, marketing public, marketing social, moyens d'influence.

89

Marketing public

Claude Quin

L'événement est récent, mais il ne cesse de prendre de l'ampleur : le marketing investit peu à peu le secteur public et celui-ci s'investit de plus en plus dans le marketing. Ainsi, sous nos yeux une « guerre de religion » s'achève. Le marketing cesse de s'identifier – exclusivement – à l'économie de marché, à l'activité commerciale privée, pour tout dire à la recherche du profit. Comme les techniques publicitaires, qui en sont une composante, le marketing apparaît, de plus en plus, pour ce qu'il est : un outil d'analyse des besoins et d'adaptation de l'offre qui peut être utilisé par les gestionnaires du secteur public sans que ceux-ci y perdent leur âme.

Pour autant, la référence au marketing n'est pas neutre. Même débarrassé de son enveloppe idéologique, qui suscite tant de malentendus, le marketing demeure un instrument de pouvoir. Il s'inscrit nécessairement dans des stratégies de conquête ou de défense qui tendent toujours à modifier les rapports de forces existant entre l'organisation qui l'utilise et son environnement économique et social. Le champ de bataille n'est plus seulement celui du marché. Il peut être – il est de plus en plus – celui de la société civile dans sa totalité. Le domaine du marketing ne cesse dès lors de s'élargir. Il s'applique aujourd'hui à toutes les relations d'une organisation à son public.

Certes, toutes les organisations ne sont pas en mesure d'influencer leur environnement. Certaines, parce que trop faibles, vont, avant tout, tenter de s'adapter à l'aide du concept classique de marketing. D'autres, à l'inverse, vont chercher à se remettre en cause pour mieux prendre en compte ou influencer le système économique et social dans lequel elles s'insèrent en mettant en œuvre un marketing d'attraction ou de persuasion. D'autres encore vont vouloir utiliser leur position de force pour peser sur leur entourage en développant un marketing de subordination, voire de coercition. Toutes ces démarches donnent une nouvelle dimension au marketing : celui-ci devient public et global, parce que le public est devenu le miroir de ce marketing dans une société où toutes les organisations veulent être actrices à part entière.

Cependant, ce n'est pas dans ce sens universel que nous analyserons ici le concept de marketing public. Nous l'envisagerons exclusivement comme le marketing appliqué aux seules grandes organisations (administrations, institutions et entreprises) relevant du secteur des activités publiques contrôlées par l'Etat. Cette approche spécifique n'exclut pas seulement le secteur des entreprises privées, petites ou grandes, qui développent de plus en plus, au-delà de la commercialisation proprement dite, un marketing institutionnel à base de responsabilité sociale et de confiance, mais également le vaste secteur des organisations professionnelles et des associations à but non lucratif qui se situent aussi aujourd'hui de plus en plus ouvertement dans le champ du marketing.

Nous ne perdrons pas de vue, pour autant, les passerelles nombreuses existant entre le champ restrictif du marketing public ainsi limité et les conceptions plus larges de celui-ci. La notion de service public est, en effet, au carrefour de ces différents champs. Or, le secteur public n'a pas le monopole de l'exécution du service public. Des missions de service public peuvent être et sont confiées à des organisations privées. Il n'y a pas ici de muraille de Chine. Il existe cependant une différence fondamentale entre secteurs privé et public, au niveau des objectifs poursuivis comme des critères de gestion, qui donne nécessairement une coloration propre au marketing mis en œuvre, même s'il s'agit, dans les deux cas, de marketing d'institutions.

1. Le marketing public : avant tout un marketing de la légitimité

Par nature, le marketing des organisations publiques ne peut se limiter à un marketing commercial, même enrichi de préoccupations d'intérêt général. Il relève d'autres motivations. C'est, en fait, une tentative de réponse à la crise de légitimité, aujourd'hui largement admise, des organisations publiques. Nous en examinerons quelques éléments dans un premier paragraphe, afin de mieux cerner ensuite les divers aspects du marketing du secteur public et la place prise aujourd'hui par les organisations publiques dans les dépenses de communication sociale.

1.1. La crise de légitimité des organisations publiques

Longtemps l'action publique a trouvé sa justification naturelle dans la souveraineté populaire, fondement du rôle central – et centralisateur – de l'Etat. Cette conception de l'Etat, expression indiscutable de l'intérêt général, n'est plus universellement admise aujourd'hui. L'opposition des intérêts particuliers place l'Etat au centre d'un jeu de forces contradictoires où il est lui-même acteur déchiré. Dès lors, ses décisions et leur mise en œuvre ne peuvent qu'être contestées. Les lois elles-mêmes sont devenues si nombreuses et d'une complexité telle qu'on ne peut plus légitimement prétendre que nul n'est censé les ignorer après qu'elles aient été publiées.

Les principes qui fondent les services publics sont eux-mêmes mis en cause. L'égalité de tous les utilisateurs n'est plus aussi strictement appliquée. Comme la demande privée, la demande de service public fait l'objet d'approches segmentées. Les tarifs « bleu, blanc, rouge » se multiplient.

Usagers individuels et utilisateurs collectifs bénéficient de traitements de plus en plus différents. La continuité et la régularité du service public sont également malmenées. Les modes de satisfaction des besoins se transforment, en effet, au même rythme que les besoins eux-mêmes, alors que les réponses sociales tendent à prendre de nouvelles formes. Le pouvoir discrétionnaire de l'administration est lui-même d'autant plus contesté que les appréciations de fait l'emportent souvent sur les situations de droit et que la finalité des actes administratifs devient ainsi moins évidente.

Les entreprises publiques ont été les premières à saisir l'importance de ces changements. Au contact direct du public, qui utilise souvent et parfois quotidiennement leurs prestations, elles ont mieux pris – et plus tôt – la mesure de la distance qui se creusait entre les besoins du public et les réponses qu'elles apportaient à ceux-ci. Elles y ont été encouragées par un ensemble de réflexions que le rapport rédigé par S. Nora en 1967 a présenté, pour la première fois, de manière cohérente et globale. Dès le début des années 1970, le marketing est devenu l'une de leurs préoccupations majeures. EDF, stimulée par un énorme programme nucléaire qui heurtait de front les susceptibilités écologiques, et la Régie autonome des transports parisiens (RATP), confrontée à la concurrence de l'automobile en zone urbaine, ont ouvert la voie. En une quinzaine d'années, tout le secteur public, administrations centrales et collectivités territoriales incluses, a suivi. Même s'il est encore contesté, le marketing a désormais droit de cité au sein d'un management public qui lui-même se renouvelle.

1.2. Du marketing produit au marketing de la relation

La crise de légitimité des organisations publiques qui explique l'importance prise par le marketing dans le secteur public en quelques années ne doit pas conduire à une vision unilatérale de ce marketing. Il ne s'agit pas seulement de mieux répondre à une demande insistante de dialogues. Il s'agit d'abord de mieux diffuser des produits et des services. Il ne faut pas oublier, en effet, que le secteur public comprend un nombre très important d'établissements de statuts divers qui ont d'abord recours au marketing, de manière tout à fait classique, pour améliorer et mieux diffuser leurs prestations.

C'est le cas des grandes entreprises publiques. Qu'elles opèrent ou non sur un marché concurrentiel, aucune n'est vraiment en situation de monopole. Aucune n'est assurée d'un développement sans limite. Sans doute la concurrence est-elle souvent indirecte, mais elle est bien réelle. EDF a sans doute le monopole de la distribution de l'électricité et les Charbonnages de France de la production de houille en France. Pour autant, la concurrence entre les sources d'énergie est une réalité. Comme elle l'est entre les modes de transport. Aucune part de marché n'est acquise avec certitude. Les monopoles institutionnels, lorsqu'ils existent, sont eux-mêmes limités ; pour la poste, par exemple, aux seuls envois par lettre de moins d'un kilogramme.

Aussi le marketing public est-il tout naturellement d'abord un marketing de produits et de services. Il s'agit certes d'un marketing inscrit dans une perspective de service public. Ce qui appelle une démarche en grande partie spécifique, car on ne « vend » pas les transports collectifs, les services de la météorologie ou les économies d'énergie comme une lessive, des yaourts ou du mobilier. Mais la différence principale n'est pas là. Le marketing public a une ambition plus vaste. Les organisations publiques ne peuvent pas limiter leurs relations avec le public à la seule partie de celui-ci intéressée par les prestations qu'elles offrent. La partie de la population non concernée par ces prestations doit être aussi considérée comme un public auprès duquel les organisations publiques doivent légitimer leur existence. Cela conduit à faire le marketing de l'organisation et non plus seulement celui des biens et services qu'elle offre.

Or, toute organisation se présente, le plus souvent, comme une « boîte noire ». On connaît ce qui rentre et ce qui sort de cette mystérieuse boîte, mais on ignore ce qui se passe dedans. Comme l'indique R. Laufer et A. Burlaud, « le marketing de la "boîte noire" correspond de façon quasi pure à un schéma idéal de communication entre l'organisation et son public [1] ». Cette communication suppose un flux d'informations du public vers l'organisation indiquant à celle-ci l'état de son image auprès du public et les besoins de celui-ci. En retour, un flux d'informations part de l'organisation vers le public centré sur l'appellation et les finalités de l'organisation ainsi que sur son mode de fonctionnement. Ce schéma de communication repose enfin sur une structure de contacts permettant d'établir concrètement la relation entre l'organisation et le public.

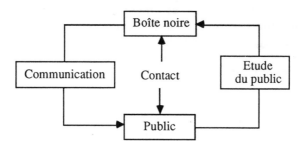

Les quatres fonctions essentielles de ce marketing sont l'étude du public, l'accueil, l'information et la communication.

Le marketing public répond donc à un besoin grandissant de légitimation de l'action des organisations publiques elles-mêmes. Il n'est pas seulement un marketing de « prestations ». Mais il s'enrichit aussi de la plus grande part du marketing social [2]. On peut citer, parmi beaucoup d'autres exemples de marketing social, les campagnes antitabac ou celles pour le port de la ceinture de sécurité, les limitations de vitesse, l'hygiène dentaire, les contraceptifs, dans la lutte contre le SIDA, sans oublier Bison

---

1. R. Laufer, A. Burlaud, *Management public : gestion et légitimité*, Paris, Dalloz, 1980, p. 109.
2. Voir également dans cette Encyclopédie l'article de D. Lindon, « Marketing politique et social ».

futé, l'énergie solaire, les stages de conversion, etc. La palette est large et il n'est guère de ministères ou de secrétariats d'Etat qui ne conduisent, dans l'année, au moins deux ou trois campagnes de ce type.

Pour autant, le marketing social n'est pas, par essence, une exclusivité des organisations publiques. L'expérience montre, néanmoins, que les acteurs publics interviennent de manière prééminente aujourd'hui sur le terrain du marketing social. Du moins en France, car, en d'autres pays, ce que l'on appelle aussi les « grandes causes nationales » peuvent être, comme aux Etats-Unis, l'objet d'importantes actions de mécénat privé.

1.3. Le marketing public : 20 % de la communication grand public

Qu'il se présente sous forme de marketing de produits ou de services, de marketing de légitimation ou de marketing social, le marketing des organisations publiques a aujourd'hui largement droit de cité. Pratiquement inexistant il y a une vingtaine d'années, il occupe aujourd'hui une place importante et spécifique dans la communication des institutions, des produits et des services. Si on mesure cette place à l'importance de l'investissement publicitaire, on constate que les entreprises et administrations publiques représentaient en France, en 1985, environ 20 % de toute la communication grand public des firmes les plus ouvertes à la publicité[1]. Sur les 123 groupes ainsi répertoriés, 15 étaient publics. Et, parmi eux, on peut citer, dans les premiers rangs : la Loterie nationale, les P&T, la SNCF, la SEITA, l'EDF, les caisses d'épargne, etc.

La qualité et l'efficacité des campagnes conduites par les organisations publiques ont parallèlement beaucoup progressé, au point d'être souvent citées en exemple par les professionnels du marketing. C'est le cas, notamment, des opérations menées par la RATP avec ses actions spectaculaires « deuxième voiture », puis « ticket chic - ticket choc ». Mais on peut citer également la campagne de la direction générale de la Poste : « Bougez avec la Poste », qui a renouvelé le thème de l'Opéra, ou celle – extrêmement simple et efficace – de TF1, avant privatisation : « Il n'y en a qu'une, c'est la une ! ». Des slogans sont aujourd'hui dans toutes les têtes qui valent bien le vieux : « Dubo - Dubon - Dubonnet ». Citons, entre autres, la petite phrase qui vante le loto : « C'est facile, c'est pas cher et ça peut rapporter gros », ou celle percutante de la sécurité routière : « Un verre ça va, deux verres, c'est trop, trois verres, bonjour les dégâts ! ».

Non seulement l'imagination publicitaire a été stimulée par ces nouvelles frontières publiques de la communication, mais l'outil marketing se trouve ainsi de mieux en mieux utilisé, dans le secteur public, comme une arme dans des stratégies de pouvoir et de contre-pouvoir globales qui lui donnent toute sa signification pratique sans l'identifier pour autant à une idéologie. La mise en œuvre d'une démarche marketing au sein des organisations

---

1. Il s'agit de celles ayant investi en information au moins 300 000 F dans l'ensemble des supports publicitaires dans l'année. Source : Panel SECODIP, 1985.

publiques ne paraît donc plus incompatible avec les missions de service public de ces organisations. Certes, les critiques demeurent, mais elles reculent progressivement. La démarche marketing présente, en effet, deux avantages qui renforcent l'efficacité du service public : elle permet une meilleure adaptation à la demande latente ou exprimée ; elle contribue à réduire le coût global des prestations publiques. Les stratégies marketing des organisations publiques s'en trouvent naturellement confortées.

2. Les stratégies marketing des organisations publiques

Pour apprécier la portée concrète de ces stratégies, il est utile d'examiner, dans un premier paragraphe, comment fonctionne en pratique le marketing public. Nous verrons ensuite en quoi il se distingue effectivement du marketing privé, enfin comment s'inscrivent, sur le terrain, ces stratégies.

2.1. Le fonctionnement actuel du marketing public

Une première distinction s'impose : le marketing public ne fonctionne pas de la même manière dans les administrations centrales ou locales et dans les entreprises et établissements publics. Dans l'administration, le marketing est d'introduction récente. Son rôle est encore souvent contesté. Son objet est essentiellement la légitimation de l'administration et de ses décisions. Dans les entreprises et établissements publics, le marketing a déjà une histoire. Il n'est guère contesté et son objet est généralement double : légitimation et commercialisation.

Dans leur livre sur le management public [1], R. Laufer et A. Burlaud évoquent, à propos des administrations centrales, le concept de « marketing éclaté ». Ils souhaitent marquer par là qu'il existe bien une démarche marketing comportant des études et recherches sur le public, une diffusion d'informations et une communication de masse, mais que chacune de ces fonctions est traitée séparément. Et il en est souvent effectivement ainsi. Cette absence de coordination et de stratégie globale est évidemment néfaste à l'efficacité des actions entreprises. Elle en affaiblit la portée.

Cet inconvénient est aujourd'hui largement perçu. Et on voit s'étoffer et se regrouper les services d'études, d'information et de communication des administrations centrales. C'est ainsi qu'a été créé au ministère de l'Economie et des Finances, depuis plusieurs années, un service, élevé en 1981 au niveau d'une direction générale pour les relations avec le public. Même si cette direction a été récemment réduite aux dimensions d'un service, elle n'en demeure pas moins le centre d'élaboration et de mise en œuvre du marketing pour tout le ministère. Ses attributions sont très larges. Elles vont de la refonte et de la simplification des formulaires à la rédaction de brochures de vulgarisation et à l'organisation de grandes campagnes de communication. Largement décentralisé, ce service cherche à répondre aux

---

[1]. R. Laufer, A. Burlaud, *Management public : gestion et légitimité*, Paris, Dalloz, 1980, p. 140 et s.

spécificités des demandes locales, notamment en matière d'impôts, de manière vivante et efficace.

Le besoin de recentrage et de coordination du marketing des administrations centrales a conduit le gouvernement à charger de missions particulières un organisme spécifique : le Service d'information et de diffusion, le SID. L'histoire de celui-ci est longue. Il trouve son origine dans les tentatives renouvelées de création d'un ministère de l'Information dont le dernier titulaire fut Alain Peyrefitte. L'échec pratique et les inconvénients politiques d'une telle ambition ont conduit, dans les années 1970, à une conception plus limitée. Placé sous la tutelle du Premier ministre, le Service d'information et de diffusion n'en a pas moins un rôle important. C'est lui qui est chargé de faire connaître au grand public toutes les décisions gouvernementales importantes et d'en expliquer le sens. Il fait aussi réaliser les sondages d'opinion susceptibles d'éclairer l'action des pouvoirs publics. Il coordonne également toutes les campagnes des administrations centrales qui utilisent les grands moyens d'information et joue, en quelque sorte, le rôle de conseiller en communication auprès des ministères et de conseil en marketing pour le gouvernement.

Les entreprises et établissements publics ne connaissent pas les mêmes problèmes d'élaboration et de coordination de leur démarche marketing. L'étude et l'information du public relèvent habituellement des mêmes services. Les techniques d'études de marché et de sondage sont depuis longtemps utilisées soit directement au sein de divisions spécialisées, soit par contrats en sous-traitance. Leurs résultats servent à élaborer des politiques de produits et de services ainsi que des politiques tarifaires et de distribution spécifiques, dans la mesure toutefois où le permet la tutelle ministérielle. Les tarifs « bleu, blanc, rouge » d'Air Inter ou de la SNCF sont l'une des conséquences les plus connues de ces études commerciales. Mais on pourrait en citer beaucoup d'autres. Cette démarche tend à réunifier ce que le marketing « éclaté » des administrations centrales avait tendance à séparer. Etude, information et communication de masse sont ainsi généralement traitées par les mêmes équipes.

Il n'en est pas de même, en revanche, de deux autres aspects du marketing : l'information interne et les relations publiques ; l'information interne, parce qu'elle paraît inséparable des politiques de personnel ; les relations publiques, parce qu'elles sont considérées comme relevant de l'image globale des entreprises et établissements publics et de la responsabilité de leurs dirigeants. Une évolution est cependant en cours, plus grandit l'idée que le personnel de l'entreprise publique est aujourd'hui le principal support de l'image de celle-ci. Si tel est le cas, celui-ci doit être non seulement informé, mais partie prenante de la stratégie marketing, c'est-à-dire à la fois supporter et acteur de celle-ci. De même, la spécificité des relations publiques tend à s'estomper. La reconnaissance du rôle accru des grands médias et des leaders d'opinions conduit à pleinement intégrer l'action en direction de ceux-ci au sein d'une stratégie marketing globale.

2.2. Marketing public et marketing privé

Dans la mesure où les entreprises et établissements publics n'ont pas seulement une légitimité à justifier mais des produits et services à vendre, leur marketing paraît se rapprocher de celui développé par les firmes privées. Des différences importantes demeurent néanmoins. Entreprises et établissements publics ont toujours une mission de service public à remplir. Et cela n'est pas sans conséquence sur leur marketing. Celui-ci est toujours plus ou moins porteur d'intérêt général et comporte en conséquence un souci de protection des intérêts des collectivités publiques et du public. Il en résulte souvent des contradictions parfois mal résolues, comme le montrent les exemples de l'alcool ou du tabac. N'oublions pas, en effet, que le marketing s'inscrit en permanence dans des rapports de force et que sa neutralité est seulement celle d'un outil.

Même s'il est, pour partie, un marketing de produits et de services, le marketing public est surtout un marketing de la légitimation. La vente des produits et des services est souvent la reconnaissance d'une légitimité acquise des organisations publiques. A l'inverse, l'amélioration de l'image globale de l'organisation publique, la meilleure connaissance de ce qui se passe dans la « boîte noire » aident à la diffusion des produits et des services. Le marketing public comporte, en conséquence, deux aspects principaux : d'une part, une tendance au déplacement vers le haut de la limite produits/boîte noire par l'identification des produits à l'image globale de l'organisation, ce dont témoignent, par exemple, clairement les campagnes « ticket chic - ticket choc » de la RATP ; d'autre part, une prééminence accordée aux actions de légitimation par un marketing de la relation au public qui comprend, comme le marketing de produits ou de services, études, contacts et communication.

Il faut se garder toutefois d'oppositions trop absolues. Le marketing administratif peut n'être pas seulement de légitimation. Une loi, une procédure, une « grande cause » peuvent devenir objet spécifique de marketing comme l'est tel service, voire tel produit. Surtout lorsqu'ils portent sur des problèmes de société, les textes législatifs sont de plus en plus souvent précédés de sondages et d'études auprès du public dont les travaux parlementaires rendent compte. Des analyses sociologiques et psychosociologiques sont versées au dossier. Il en est de même lorsqu'il s'agit de modifier des comportements par des campagnes publiques. L'étude du public et de ses réactions devient ainsi le premier élément d'une démarche marketing centrée autour de la loi ou du règlement, l'information sur les textes en est un second. Nous avons déjà souligné les limites du *Journal officiel*. Aujourd'hui, la presse, la radio et la télévision viennent au secours de la loi ou du règlement dans le cadre de leur mission normale d'information, mais aussi sous forme de messages spécifiques attirant l'attention sur les limitations de vitesse, le port de la ceinture de sécurité ou... l'usage des préservatifs. Enfin, le contrôle de l'application des textes réglementaires tend aussi à faire l'objet d'études socio-économiques de plus en plus fréquentes.

Mais ce qui distingue surtout le marketing public du marketing privé, c'est la nature des différents chaînons qui les constituent. Côté privé, on a des entités telles que entreprise, distribution, marché et des flux financiers, matériels et d'informations qui les réunissent. L'information descend vers le public et en remonte. Les produits descendent, l'argent remonte. Nous sommes en plein marketing-mix où produit, prix, distribution, communication sont examinés ensemble. Côté public, le marketing se présente comme l'analyse du système des relations entre l'organisation publique et son public avec d'incontestables similitudes. Il y a bien étude du public et de ses besoins, mais celle-ci est souvent partielle et insuffisante pour ajuster réellement les flux d'informations et de services. Il y a bien information, mais celle-ci est souvent conçue comme une charge sans que l'on s'inquiète suffisamment de ce qu'elle peut apporter en retour. Il y a bien un système de distribution, mais il est dépendant des localisations administratives et on mesure rarement l'effet de celles-ci sur la fréquentation du service public.

Pleinement développée et adaptée aux spécificités publiques, l'approche marketing permet de dépasser ces limites. Elle rend possible la définition de politiques cohérentes liant l'étude du public, la définition du service rendu, la politique de localisation, la communication, et éventuellement la politique tarifaire. L'approche marketing favorise également l'identification de l'environnement influençant de façon significative l'existence des services publics et conduit à reconnaître effectivement la primauté du public dans le fonctionnement de ceux-ci.

2.3. Les stratégies de communication

Elles comportent classiquement deux phases principales : une phase d'élaboration stratégique axée sur un marketing global et une phase de mise en œuvre centrée sur la communication. La phase stratégique se décompose elle-même en deux temps. Premier temps : la définition des objectifs de l'organisation, l'étude de son public et la segmentation éventuelle de celui-ci ; second temps : la définition de la stratégie à mettre en œuvre, qui comprend elle-même une double politique d'accueil et d'information. Tous les éléments sont alors réunis pour conduire avec efficacité une stratégie concrète de communication. Si on cherche alors à décomposer celle-ci, on constate qu'elle comporte également plusieurs moments à partir d'une définition claire des objectifs associés à cette communication. Il s'agit d'identifier successivement une ou des cibles, un axe central, des thèmes, des messages, enfin des supports médiatiques.

Généralement, les organisations publiques poursuivent plus ou moins parallèlement trois types d'objectifs : un objectif général d'identification de l'organisation, des objectifs fonctionnels d'information et de conformation, des actions sur les comportements. Le choix d'une dominante va dépendre des missions de l'organisation et de l'autorité morale qu'elle exerce. Elle peut avoir pour ambition de gérer dans sa totalité un service public – c'est le cas de la sécurité routière – ou, plus modestement, d'affirmer une existence ou un rôle. La définition des cibles part de là. Plus la responsabilité et l'autorité de l'organisation publique sont grandes, plus ces cibles ont de chance d'être diversifiées, mais elles ne pourront jamais être indifférenciées. S'agissant de stratégies de communication dont l'objet est la légitimation d'organisations publiques ou le changement de comportements, une place importante sera nécessairement faite aux « leaders d'opinion », aux prescripteurs et aux « relais », qui peuvent démultiplier la communication, ainsi qu'à l'administration elle-même et au pouvoir politique.

En tout état de cause, le contenu de cette communication sera généralement centré sur un thème unique exprimant la convergence de tous les messages autour d'un même axe de signification. C'est une condition essentielle d'efficacité indispensable pour échapper aux risques d'ambiguïté, de dispersion, d'affaiblissement des messages dans les médias. L'axe défini, il faut choisir un concept évocateur, ce qu'en terme de produits ou de services on appelle aussi thème publicitaire. S'agissant de changer des comportements, celui-ci doit nécessairement suivre un cheminement marketing le plus complet possible et par conséquent chercher, classiquement, à attirer l'attention, développer l'intérêt, susciter le désir, inciter à l'action. Pour les mêmes raisons, la stratégie de communication publique ne peut généralement se limiter à un seul média, si puissant soit-il. Les plans de communication incluent, en conséquence, à la fois des techniques promotionnelles (par exemple, des concours), des supports spécifiques (brochures ou livrets), des opérations de relations publiques, en créant des « événements » permettant à la communication rédactionnelle de compléter l'action publicitaire, enfin des actions locales d'animation participative, etc. L'efficacité des grands médias en sera largement amplifiée.

Malgré son caractère professionnel de plus en plus affirmé, la communication publique n'en demeure pas moins considérablement affectée par sa signification politique. Celle-ci conduit à multiplier les avis et les contrôles souvent jusqu'au niveau ministériel et même au-delà avec l'intervention du service d'information et de documentation dépendant du Premier ministre pour ce qui concerne les administrations centrales. Les pressions diverses qui en résultent sont souvent le reflet de deux approches contradictoires : celle plus politique des effets sur l'opinion de l'image gouvernementale, et celle plus administrative de l'efficacité opérationnelle. Il est rare que ces deux approches se recouvrent complètement.

3. Le marketing participatif, avenir du service public

Il n'est plus aujourd'hui possible d'opposer marketing et service public. Le service public ne peut plus se passer du marketing [1]. En économie publique, il doit même être poussé plus loin qu'on ne le fait généralement en économie marchande. L'étude des besoins peut y être conduite, en effet, de

---

1. Voir également dans cette Encyclopédie l'article de R. Le Duff et J.C. Papillon, « Gestion du non-marchand ».

manière différente. Le cycle ascendant et descendant du marketing peut y être pleinement développé. L'usager peut devenir partenaire. Quelques organisations publiques ont commencé à explorer ces voies nouvelles en intégrant à leur management un marketing de type nouveau. Nous décrirons ces évolutions dans les trois paragraphes ci-après.

3.1. Le cycle complet du marketing

Les activités de service public présentent quelques caractères spécifiques au regard de l'étude des besoins qu'il importe de bien prendre en compte. Les services publics ne peuvent se contenter de mesurer des besoins individuels. Ils ont tout autant besoin d'apprécier la qualité des relations qu'ils entretiennent avec le public. La recherche de meilleurs résultats pour l'organisation publique est par là même inséparable d'une amélioration des rapports entre le service public et ses usagers. Plus les projets publics sont importants, et plus il faut tenir compte des réactions et souhaits du public. En pratique, cette double démarche – connaissance des besoins et amélioration des relations – ne présente pas de difficultés particulières. Elles est d'autant plus facile à mettre en œuvre que la volonté de coopération du public est généralement grande, en raison du caractère de service public des activités concernées. Encore faut-il apprendre à bien tirer parti de cette bonne volonté.

Pour cela, on ne peut en rester à l'expression spontanée des besoins. Certes, l'information directe qu'elle apporte doit être attentivement analysée et l'expression des réclamations et des suggestions encouragée. De même, les relations avec les associations d'usagers peuvent être une source importante de réflexion et d'orientation. Lorsque l'on reçoit des milliers de lettres, même si elles sont pour l'essentiel critiques, il est certain que des enseignements précieux peuvent en être extraits. Mais il faut aussi solliciter l'expression des besoins, notamment en interrogeant, au-delà des usagers, les utilisateurs potentiels et en testant les nouveaux services au fur et à mesure de l'élaboration des projets. Ce faisant, le marketing public est conduit à pratiquer concurremment deux approches complémentaires, l'une classique, descendante, explicative de la décision prise et facilitant son application concrète, l'autre plus novatrice, ascendante, cherchant à faire de l'utilisateur un partenaire de l'élaboration de la décision et sollicitant son concours actif pour sa mise en œuvre.

Dès lors, le marketing n'intervient plus seulement en bout de chaîne pour des ajustements techniques ou pour susciter l'adhésion du public. Il est présent au commencement même de la démarche qui débute par un double temps de consultation, pour bien connaître les besoins, et de concertation pour prendre la mesure des différents choix à faire. C'est seulement après que peut intervenir la décision qui se présente d'abord comme un arbitrage entre des plans et des projets concurrents pour conduire ensuite à leur mise en œuvre[1].

---

1. Voir J. Bon, A. Louppe, *Marketing des services publics*, Paris, Les Editions d'Organisation 1980, p. 58 et 59.

3.2. De l'administré au partenaire

Le marketing public bénéficie par là même d'un champ d'application considérablement élargi. Il exige des consultations du public rigoureuses et bien adaptées. Il induit la recherche des zones d'intérêts aux projets et l'identification des principaux groupes sociaux concernés. Il implique la sensibilisation du public aux avantages d'un débat associatif et appelle la création de groupes de travail par thèmes ou secteurs d'activité, avec des moyens d'investigation et d'analyse adaptés pouvant aller jusqu'à déléguer des missions d'intérêt public à telle ou telle association d'usagers, voire jusqu'à l'intégration du bénévolat à l'action publique. L'originalité de cette double démarche ascendante et descendante est d'intégrer volontairement une phase de négociation concertée au plan marketing des services publics. Il faut bien être conscient qu'il y aura de toute façon, à un moment ou à un autre, négociation. Il vaut donc mieux aller au-devant de celle-ci afin qu'elle soit éclairée par une référence sérieuse aux besoins réels et ne soit pas le champ clos de luttes opposant des minorités entre elles dans une confusion souvent préjudiciable aux intérêts du plus grand nombre.

Cette démarche marketing conduit nécessairement à modifier les relations existant entre les organisations publiques et les usagers. Un nouveau type de rapport peut être mis en place qui tend à faire de l'usager un interlocuteur ayant un droit de regard sur la gestion des affaires publiques. L'administré devient partenaire. Il doit être consulté. Son concours est sollicité pour l'élaboration de certains projets. Les organisations publiques peuvent négocier avec lui, ou les représentants qu'il s'est donné, les choix les plus importants et solliciter leur participation pour l'accomplissement de certaines missions. Sans doute, la pratique des organisations publiques est-elle encore loin de ce schéma idéal, mais elle a déjà commencé, ici et là, à progresser dans cette direction. Entre 1982 et 1984, le secrétaire d'Etat à la fonction publique, Anicet Le Pors a fait faire un pas important en ce sens en officialisant l'existence de centres administratifs au service des usagers. A peu près à la même date, un rapport de l'Assemblée nationale rédigé par M. Sapin dressait le bilan des relations entre les usagers et les entreprises publiques en soulignant certains progrès réalisés.

Cette prise en compte du marketing conduit aussi à s'interroger sur les mots utilisés. Faut-il conserver le terme d'usager ou lui substituer celui de client ? Le débat n'est pas seulement de vocabulaire. Il touche à la signification même du marketing public. On ne peut oublier, en effet, que le mot d'usager n'est d'emploi courant que depuis une cinquantaine d'années et qu'il n'a été officialisé dans un texte légal qu'à une date très récente. C'est, en effet, la loi d'orientation des transports intérieurs du 31 décembre 1982, qui consacre, pour la première fois à notre connaissance, ce terme. P. Laroque en a donné, dans une thèse de 1930 sur les usagers des services publics, la première définition : « L'usager est la fin du service public et c'est ce qui le distingue du client ». C'était déjà dire beaucoup en donnant comme but au service public la satisfaction de ceux qui y ont recours.

Longtemps, en effet, on utilisa les termes de « particulier », d'administré, d'assujetti (à l'impôt, puis à la Sécurité sociale), d'abonné (au gaz, à l'électricité, au service des eaux). Ces mots signifiaient clairement que le citoyen n'avait qu'à se soumettre aux décisions publiques. Les notions d'intérêt général et d'Etat étaient identifiées. Il n'en est plus de même aujourd'hui, comme nous l'avons montré.

Le terme d'usager n'en a pas moins pris, peu à peu, une signification passive, jugée peu motivante pour les organisations publiques. Lui substituer la notion de client ne change pas fondamentalement l'approche. L'utilisateur d'un service public n'est ni juridiquement ni économiquement dans un rapport de clientèle avec le service dont il fait usage. Cela saute aux yeux pour les grandes administrations centrales : impôts, justice, éducation nationale, armée, hôpitaux, etc. Cela peut déjà mieux se concevoir pour certaines entreprises publiques, mais avec d'évidentes limites : on ne peut discuter ni les prix ni l'offre de la SNCF, de l'EDF ou des P&T. Le service et son prix sont à prendre ou à laisser. Pour ces entreprises non plus, le terme de client ne peut être, par lui-même, stimulant. Traiter le client de roi est souvent le prendre pour fou. En empruntant au marketing privé la notion de clientèle, on masque en réalité la véritable difficulté : celle de nouveaux rapports entre les agents et les utilisateurs des services publics. Il faut incontestablement valoriser ces derniers et pour cela faire preuve d'imagination. Le terme de partenaire convient certainement mieux, mais il n'est pas encore accepté. L'essentiel est qu'apparaisse bien cette caractéristique nouvelle du marketing des services publics qui est d'être interactif, les organisations publiques et leurs utilisateurs étant, dans un dialogue constant, à l'écoute les uns des autres.

3.3. *Marketing et management publics*

Le débat sur la place et la signification du marketing concerne aujourd'hui toutes les organisations publiques. Sa nécessité n'est plus mise en cause. Des résistances n'en existent pas moins. Elles tiennent, d'une part, à des cultures d'entreprises ou d'administrations centrées à l'excès sur des préoccupations techniques, ou sur des procédures ; d'autre part, aux contraintes qu'implique une démarche marketing conduite jusqu'au bout. Celle-ci exige, en effet, des responsables, des remises en cause – au moins partielles –, des qualités pédagogiques d'écoute et une grande patience, qui font souvent défaut et prennent à contre-pied les processus de direction habituels. La voie courte du décret reste toujours une tentation pour les impatients ou les dominateurs. Mais elle est aux antipodes d'une démarche marketing poussée jusqu'à son terme, sauf à concevoir le marketing comme essentiellement coercitif. Ce qui est la négation d'un véritable marketing public.

Ces difficultés n'ont pas été partout surmontées. Mais là où elles l'ont été, chacun peut constater aujourd'hui un profond renouvellement non seulement de l'image globale, mais du fonctionnement même des organisations publiques concernées. Deux exemples en attestent particulièrement : ceux de la RATP et de la direction générale des postes. La RATP a maintenant une expérience de quinze ans d'action marketing systématique. Celle-ci a eu, dans un premier temps, une dominante d'information sur les services offerts. Puis elle a peu à peu inclus cette information dans un marketing plus large, axé sur la relation entre l'entreprise et ses « voyageurs ». C'est le terme valorisant un moment retenu. Cette démarche a conduit à de grandes campagnes largement connues. La force et la qualité de cette stratégie marketing expliquent, pour une part importante – la moitié environ –, la progression du trafic constatée entre 1975 et 1986. La direction générale des postes a suivi un chemin analogue, une dizaine d'années après la RATP, en imaginant une politique commerciale entièrement nouvelle reposant sur un marketing également percutant déjà évoqué. Produits et services offerts sont remodelés ; la relation avec le public est repensée ; l'appareil de distribution (les bureaux de poste) commence à être modernisé ; une identification (logo et couleurs) a été adoptée qui signe la cohérence de la démarche.

Ces deux exemples montrent bien les liens existant entre le management et le marketing. Le marketing n'est pas une potion magique. Il ne remplace pas une réflexion stratégique. Un marketing n'a d'efficacité que s'il se fonde sur des objectifs de développement, des critères de gestion et une volonté de conquête de positions clairement affirmée. Si l'organisation qui recourt au marketing n'a pas, au préalable, élaboré un management dynamique, elle ne peut espérer faire longtemps illusion. L'absence de management ruinera les efforts, si intelligents soient-ils, des hommes de marketing. Dans ce cas, la « mousse » de la communication se dissipera vite. Mais le marketing ne doit pas seulement bien s'inscrire dans une stratégie globale, il doit aussi – seconde condition d'efficacité – être l'affaire de toutes les composantes de l'organisation. Le marketing, surtout lorsqu'il cherche à être interactif, ne peut être le seul souci des directions. Il doit irriguer toute l'organisation. Dès lors, il concerne non seulement la politique de formation, mais toute la politique sociale de l'organisation afin qu'il soit clair que chacun de ses membres puisse avoir un intérêt personnel à concourir à l'amélioration de l'offre des services et des relations avec les utilisateurs. De ce point de vue, marketing et progrès social sont inséparables. Ils participent d'une même démarche d'efficacité.

*
* *

Marketing de services ou de produits, d'une part, marketing de la relation ou de la légitimation, d'autre part, marketing social ou de changement des comportements enfin, le marketing public est aujourd'hui, à tous ses titres, généralement admis et reconnu dans les entreprises et les administrations publiques. Il faut nuancer cependant : accepté, mais pas toujours – et d'assez loin – pleinement mis en œuvre. Et souvent encore critiqué ou mal interprété par les nostalgiques du secret de la « forteresse administrative ». Le marketing est par ceux-ci l'objet du même procès qu'en son temps la publicité. Le marketing créerait des besoins – de faux besoins – et manipulerait l'usager. C'est oublier que le marketing ne peut pas tout et qu'il ne faut pas « jeter le bébé avec l'eau du bain » comme le suggère un vieux proverbe russe. Certes, s'il ne crée pas le besoin, le marketing peut en orienter la satisfaction dans un monde aux possibilités limitées, où tout est rapport de forces.

Le marketing peut donc solliciter les désirs existants en cherchant à les canaliser vers une demande particulière. Le constater, c'est rappeler une évidence. L'outil n'est pas responsable de la main qui s'en sert. Il en découle néanmoins une conséquence importante : le marketing public ne peut avoir comme objet la définition des besoins sociaux collectifs et encore moins leur hiérarchisation. C'est le domaine de l'action politique et la responsabilité des hommes politiques. Et ce niveau de décision doit conserver sa spécificité et son autonomie. En revanche, un marketing public bien conduit peut légitimement contribuer à éclairer les décideurs dans un processus démocratique. C'est dire la portée de cette discipline dont l'objet est finalement l'intérêt public lui-même.

Références

Bloch P., Hababou R., Xardel D., *Service compris,* Paris, Hachette-l'Expansion, 1986.

Bon J., Louppe A., *Le marketing des services publics,* Paris, Les Editions d'Organisation, 1980.

Hoflack J., Dubois P. L., « Les métamorphoses du marketing », *Revue Française de Gestion* (janvier-février 1983).

Laufer R., « Le marketing du service public » : *Revue Française de Gestion* (mars-avril 1977).

Laufer R., Burlaud A., *Management public : gestion et légitimité,* Paris, Dalloz, 1980.

Lendrevie J., Lindon D., Laufer R., *Mercator. Théorie et pratique du marketing,* Paris, Dalloz, 1983.

Lindon D., *Marketing politique et social,* Paris, Dalloz, 1983.

Saias J., Montebello B., « Service public et service du public », *Revue Française de Gestion* (mai-août 1977).

Mots clés

Administré, assujetti, axe, cible, client, marketing, marketing éclaté, marketing public, marketing social, message, partenaire, Service d'information et de diffusion (SID), service public, supports, thème, usager.

90

Marketing stratégique[1]

Jean-Claude Larréché

Le marketing a progressivement évolué d'une fonction spécialisée, nouvelle, souvent mal connue et mal aimée, en un élément essentiel de la stratégie de développement de l'entreprise. Cette évolution, commune à l'ensemble des industries, a été plus ou moins rapide dans différents secteurs. Elle s'est déroulée, par exemple, sur plus de deux décennies dans la plupart des entreprises de produits de grande consommation. Dans ces entreprises, une certaine maîtrise et maturité de la gestion marketing a été acquise au cours des années, une partie importante de l'organisation a été sensibilisée à divers aspects du marketing, et l'importance donnée aux facteurs marketing dans la formulation de la stratégie globale de l'entreprise est naturelle.

Dans les secteurs industriels et les activités de service, certaines entreprises ont dû, souvent sous la pression des forces concurrentielles, essayer d'effectuer une transformation similaire seulement en quelques années. Une modification aussi brutale des pratiques de gestion peut être rejetée par l'organisation ou avoir des conséquences néfastes, si le rôle et la nature du marketing stratégique sont mal compris ou mal communiqués.

L'intensification de la concurrence internationale et les modifications structurelles de l'industrie sont quelques-uns des facteurs ayant amené une plus grande professionnalisation de la gestion là où autrefois les considérations techniques ou financières étaient dominantes. Une telle évolution ne peut se faire sans problèmes. Mais alors que, dans certaines sociétés, cette évolution a permis un renforcement de la position concurrentielle et des perspectives de croissance plus favorables, elle a eu, dans d'autres cas, des conséquences négatives affectant le développement futur de l'entreprise : services techniques frustrés et démotivés, rejet des considérations marketing, isolement d'un département marketing aux actions limitées et inefficaces, pour n'en nommer que quelques-unes.

La mise en œuvre effective du marketing nécessite certainement une maîtrise des outils appropriés. Il est cependant probable que les problèmes marketing majeurs rencontrés par les entreprises viennent moins d'une

---

1. Une version modifiée de cet article est parue dans l'encyclopédie *Marketing pharmaceutique,* coordonnée par René Châtain et publiée par Technique et Documentation-Lavoisier, Paris, 1986.

incompétence dans la gestion des outils que de l'ignorance ou de la mauvaise compréhension du rôle stratégique du marketing dans l'entreprise. Ce sont ces aspects stratégiques du marketing, par opposition aux aspects opérationnels, qui seront essentiellement développés ici autour des quatre thèmes suivants :

1. La gestion marketing : quelles sont les composantes essentielles de la gestion marketing ?

2. De la gestion marketing à la stratégie marketing : la nature et les raisons de cette évolution.

3. Les quatre niveaux de la stratégie marketing : stratégie de mission, stratégie de portefeuille d'activités, stratégie de produit-marché et stratégie fonctionnelle.

4. Les canons de la stratégie marketing : caractéristiques d'une stratégie bien pensée.

1. La gestion marketing

La lecture de différents ouvrages de marketing montre une grande variété dans la définition du marketing. Les plus pragmatiques de ces définitions lient le marketing à la vente d'un produit et il est certain qu'un marketing efficace doit actuellement avoir un impact sur les ventes d'un produit. Les plus globales de ces définitions se rapportent au rôle du marketing dans l'économie et au processus d'échange entre les producteurs et les consommateurs. Entre ces deux extrêmes, différentes définitions mettent l'accent sur différents aspects du marketing.

La définition du marketing préconisée par le présent auteur repose sur l'observation des différences entre la gestion des entreprises ayant une compétence généralement reconnue en marketing et celle des entreprises n'ayant pas encore développé une telle compétence. Ces différences permettent d'isoler trois composantes essentielles de la gestion marketing.

1.1. Une philosophie commune de gestion

L'entreprise doit suivre son marché, choisir les opportunités de marché les plus appropriées, et être capable de les exploiter. Plus spécifiquement, cette philosophie de gestion consiste à satisfaire les besoins du marché à un niveau acceptable de rentabilité par un effort intégré des différents services de l'entreprise.

1.1.1. La satisfaction des besoins du marché

La raison d'être d'une entreprise commerciale est de satisfaire les besoins du marché par la production de produits ou de services. La réalisation d'usines modernes, l'avancement des connaissances techniques, l'amélioration des produits, l'augmentation des effectifs n'ont jamais en eux-mêmes assuré la survie de l'entreprise. Ces facteurs n'ont de valeur que s'ils permettent de satisfaire les besoins du consommateur définis au sens large et comprenant de manière générale les utilisateurs (utilisant le produit), les payeurs (décidant de l'achat du produit), les prescripteurs (recommandant l'achat du produit) et les distributeurs d'une catégorie de produits. Un produit très avancé technologiquement pourra être un échec commercial s'il ne permet pas de satisfaire réellement les besoins du marché. L'exemple type en est probablement l'avion supersonique Concorde, mais la plupart des entreprises ont également leurs propres Concordes dans leurs tiroirs.

L'entreprise commerciale ne pourra survivre que si ses produits ou services se vendent ; les consommateurs, par ailleurs, n'achèteront ces produits ou services que s'ils satisfont leurs besoins ou, exprimé d'une manière différente, s'ils apportent une solution à leurs problèmes.

1.1.2. La réalisation d'un niveau de rentabilité acceptable

Il ne suffit pas que l'entreprise puisse vendre ses produits et services pour survivre, encore faut-il qu'elle dégage des bénéfices. Les besoins existant dans un marché sont souvent en nombre illimité et beaucoup d'entre eux ne peuvent, compte tenu des technologies disponibles à une époque donnée, être satisfaits de manière rentable. Un marketing efficace doit donc détecter les besoins correspondant à une opportunité commerciale. Cela sera le cas seulement si, pour satisfaire ces besoins, les consommateurs, au sens large, sont prêts à payer un prix tel que, étant donné les coûts de recherche, de production et de commercialisation et les volumes de vente anticipés, l'entreprise puisse espérer un niveau acceptable de rentabilité.

1.1.3. Un effort intégré de l'entreprise

L'orientation marché de l'entreprise ne peut être efficace si elle est comprise seulement par le département marketing. La satisfaction des besoins du marché à un niveau acceptable de rentabilité nécessite en effet la collaboration de tous les services de l'entreprise : recherche, production, force de vente, finance, logistique, personnel. Tous ces services contribuent en effet à satisfaire les besoins des différents éléments du marché au niveau du produit, de l'information, de la sécurité médicale, des conditions de paiement ou des livraisons. Ces différents services doivent comprendre le rôle et l'importance de leurs activités dans l'orientation marché de leur entreprise et leurs efforts doivent être intégrés dans cette direction.

1.2. La gestion d'outils marketing

La seconde caractéristique des entreprises ayant une compétence généralement reconnue en marketing concerne l'efficacité avec laquelle elles gèrent les outils marketing tels que la communication média[1], la force de vente[2], les études de marché[3], les tests marketing et les actions promo-

---

1. Voir dans cette Encyclopédie l'article de P.L. Dubois, « Publicité ».
2. Voir dans cette Encyclopédie l'article de P. Joffre, « Force de vente ».
3. Voir dans cette Encyclopédie l'article de A. Jolibert, « Etudes de marché ».

tionnelles [1] ou de relations publiques. La compétence marketing à ce niveau est toute la différence entre une publicité complexe et une publicité communiquant un message clair, entre un réseau qui tourne et un réseau qui informe, entre des études qui génèrent des statistiques et des études qui aident l'action. C'est la gestion efficace des outils marketing qui vise à obtenir le meilleur rendement du franc investi dans différentes actions marketing.

1.3. Le processus de prise de décision

Il est souvent frappant de constater comment des entreprises à orientation marketing et des entreprises à orientation technique, production ou financière peuvent aborder les mêmes problèmes de manière si différente. Les entreprises plus traditionnelles mettront surtout l'accent sur des facteurs principalement internes (coûts, budgets, capacités de production, réaction de la hiérarchie...) alors que l'entreprise à orientation marketing donnera plus d'importance à des facteurs externes (marché, concurrence, environnement socio-économique...). Ce phénomène n'est pas limité aux seules décisions de marketing. Il est généralement visible à tous les niveaux : recherche, production, personnel ou finance. Par exemple, la détermination du salaire lors d'un nouveau recrutement tiendra traditionnellement compte de la structure salariale de l'entreprise et de l'âge du candidat. L'entreprise à orientation marketing donnera plus d'importance à la valeur du candidat par rapport au marché et aux salaires pratiqués par la concurrence, afin de pouvoir attirer les meilleurs éléments.

Ces trois caractéristiques de l'entreprise à orientation marketing (philosophie commune de gestion, gestion efficace des outils marketing, processus de prise de décision intégrant les facteurs externes) sont les trois piliers de la gestion marketing. Bien qu'il soit aisé de comprendre ces fondements de la gestion marketing, leur mise en œuvre dans une entreprise demande des efforts soutenus. Créer un département marketing ou investir en publicité ne suffit pas à créer une orientation marketing. Les actions marketing ne pourront être efficaces que si les deux autres piliers de la gestion marketing sont également solides. L'acquisition d'une philosophie commune de gestion et la considération systématique de facteurs externes dans la prise de décision demandant souvent des changements d'attitude au niveau de l'organisation dans son ensemble. De tels changements ne sont possibles que par des programmes d'action et de formation explicites entrepris sous l'impulsion de la direction générale, et ils demanderont souvent plusieurs années d'efforts.

2. De la gestion marketing à la stratégie marketing

Alors que les mots « gestion » ou « management » ont été largement usités depuis les années 1960, le mot « stratégie » semble aujourd'hui les avoir en partie remplacés dans les discours des dirigeants, des conseillers ou

---

1. Voir dans cette Encyclopédie l'article de P.L. Dubois, « Promotion commerciale ».

des professeurs. Est-ce là un phénomène de mode ou un phénomène plus fondamental ? Il est certain qu'au cours des années 1960, les mots de gestion et management étaient récents, méconnus et valorisants pour l'orateur. L'impact des mots s'estompant avec leur utilisation répétée, ils ont probablement perdu de leur valeur. Le mot stratégie est d'utilisation plus récente dans les entreprises et bénéficie bien entendu du prestige des campagnes militaires et des salles d'état-major.

Au-delà de ce phénomène de mode, l'évolution du vocabulaire gestion vers le vocabulaire stratégie représente un changement d'attitude fondamental. Depuis le début des années 1970, un certain nombre de facteurs ont considérablement évolué dans l'environnement des entreprises. De cet ensemble de facteurs, deux d'entre eux nous semblent avoir eu le plus d'impact sur la philosophie de l'administration des affaires :

– le ralentissement des taux de croissance dans la plupart des marchés, en particulier dû aux chocs pétroliers successifs et à la crise économique mondiale ;

– la plus grande sophistication de la gestion des entreprises, en particulier sous l'impulsion du transfert de dirigeants entre entreprises, l'accession de nouvelles générations aux postes de dirigeants et le développement des méthodes d'éducation en gestion.

Ces deux facteurs ont eu pour conséquence une intensification substantielle de la concurrence. La croissance des marchés permettait à toutes les entreprises de croître, même si cela était de façon inégale. Dans des marchés en stagnation, le seul moyen pour certaines entreprises de continuer à croître a été de prendre du chiffre d'affaires à leurs concurrents. De même, les entreprises ayant amélioré leurs méthodes de gestion peuvent détecter plus rapidement des changements dans la situation concurrentielle d'un marché et y réagir plus efficacement. Cette intensification de la concurrence a été renforcée dans certaines industries par divers autres facteurs tels que la diminution des marges, l'automatisation, la réduction des coûts de transports, l'expiration des brevets ou le ralentissement de l'innovation « produit ».

Au sens strict, la stratégie est un concept applicable uniquement dans des conditions de forte concurrence. Il trouve ses origines dans le monde militaire et a été depuis utilisé dans nombre de domaines concurrentiels : la politique, la diplomatie, les jeux, les sports. Toutes ces situations mettent en opposition ce que l'on appelle sur un plan plus théorique des acteurs stratégiques, c'est-à-dire des éléments qui, dans leurs actions, essaieront d'anticiper les actions et réactions de leurs opposants. Par exemple, la nature n'est pas pour l'homme un acteur stratégique. Elle réagit aux actions de l'homme, mais ne peut les anticiper. En essayant de contrôler la nature, l'homme peut mettre en place des systèmes de gestion mais n'a pas à développer des stratégies vis-à-vis de ses adversaires.

L'évolution de vocabulaire de la gestion marketing vers la stratégie marketing ne représente donc pas seulement un phénomène de mode, mais traduit la nécessité de donner une plus grande part aux facteurs concurrentiels dans les activités marketing. La philosophie de la gestion marketing exposée dans les pages précédentes ne prend pas explicitement en compte la concurrence. Dans le contexte des années 1960 où cette philosophie a d'abord été adoptée dans les produits de grande consommation, il était inutile de mettre l'accent sur la concurrence. Dans des marchés en croissance où la plupart des concurrents étaient à orientation technique, production ou financière, l'entreprise parvenant par un effort intégré de son organisation à satisfaire les besoins du consommateur à un niveau acceptable de rentabilité n'avait en effet que peu à se soucier de ses concurrents. La philosophie de la gestion marketing était, dans ces situations, une condition suffisante de succès. Les entreprises à orientation marketing prirent des parts de marché importantes aux entreprises traditionnelles refusant ou n'étant pas capables d'effectuer rapidement un changement d'orientation.

Dans un environnement de plus en plus concurrentiel, le concept de gestion marketing n'est-t-il pas devenu caduc et inutile ? Bien au contraire, la philosophie marketing est aujourd'hui essentielle pour les entreprises commerciales dans la plupart des marchés. Aucune entreprise ne pourra survivre dans un environnement concurrentiel sans satisfaire les besoins du consommateur, sans un niveau acceptable de rentabilité, ou sans un effort intégré de son organisation. La philosophie de la gestion marketing est devenue une condition nécessaire de succès. L'évolution de la concurrence fait qu'elle n'est plus aujourd'hui une condition suffisante.

La différence d'attitude fondamentale entre la gestion et la stratégie est que la gestion concerne une relation absolue entre l'entreprise et le marché, alors que la stratégie se réfère à des relations entre l'entreprise, le marché et la concurrence (voir schéma 1). En d'autres termes, l'objectif de la gestion marketing est de faire bien par rapport à des normes absolues, alors que celui de la stratégie marketing est de faire mieux que la concurrence. Cela nous amène à reformuler la philosophie marketing dans une perspective stratégique de la manière suivante :

satisfaire les besoins du marché mieux que la concurrence,
réaliser un niveau de rentabilité meilleur que la concurrence,
atteindre une intégration de l'organisation meilleure que la concurrence.

Schéma 1
Gestion marketing et stratégie marketing

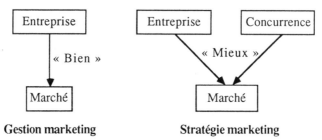

Gestion marketing   **Stratégie marketing**

3. Les quatre niveaux de la stratégie marketing

L'utilisation du terme stratégie est beaucoup plus ambiguë en marketing que dans le monde militaire. Dans ce dernier, la stratégie peut être définie comme l'art d'organiser une séquence de batailles dans le but d'atteindre les objectifs de la guerre. Bien que différentes définitions existent, elles sont en général très similaires. Elles distinguent en particulier la stratégie des objectifs (fixés par le gouvernement), des tactiques (art d'organiser une bataille spécifique) ou de la logistique (organisation de l'approvisionnement). Par ailleurs, les responsabilités sont clairement définies et la stratégie militaire est exclusivement du ressort de l'état-major militaire.

Dans le monde des affaires, la distinction entre les termes objectifs, stratégie, tactique et logistique est souvent floue, de même que les niveaux de responsabilité correspondants. La raison essentielle de cette confusion est qu'il n'existe pas dans l'entreprise un seul, mais plusieurs niveaux de stratégie. Tout cadre de l'entreprise doit avoir une stratégie correspondant aux lignes directrices de ses actions. Ces stratégies répondent cependant à des niveaux différents de préoccupations et ce qui est une stratégie pour le chef des ventes peut être une tactique pour le directeur de la division, et ce qui est une stratégie pour la direction générale peut devenir un objectif à atteindre pour la direction marketing.

Il y aura donc autant de stratégies possibles dans une entreprise qu'il y a de niveaux hiérarchiques. Sur un plan pratique, il est évident que ces différentes stratégies devront être coordonnées et intégrées par l'intermédiaire d'objectifs successifs. Sur un plan sémantique, il apparaît que la définition de la stratégie dans une entreprise doive être relative à un niveau donné. Dans la conclusion de cet article, nous développerons plus en détail les caractéristiques d'une stratégie bien pensée, mais nous définirons pour le moment la stratégie pour une position hiérarchique donnée de l'entreprise comme étant l'organisation de la séquence des actions principales permettant d'atteindre les objectifs qui lui ont été fixés.

Il existe donc dans une entreprise autant de stratégies qu'il existe de positions. Dans un but de simplification, nous pourrons cependant distinguer les quatre niveaux principaux de la stratégie marketing représentés sur le schéma 2 et développés dans les paragraphes suivants.

3.1. La stratégie de mission

Au niveau le plus élevé, un choix doit être fait des domaines dans lesquels l'entreprise acceptera d'avoir des activités. Le nombre d'opportunités qu'une entreprise peut considérer est pratiquement illimité. L'entreprise ayant, elle, des ressources limitées, ne peut exploiter de manière efficace qu'un certain nombre de ces opportunités. De plus, pour que l'entreprise puisse être concurrentielle dans un certain domaine, il faut qu'elle ait les compétences techniques, commerciales et humaines requises.

Schéma 2

Les quatre niveaux de la stratégie marketing

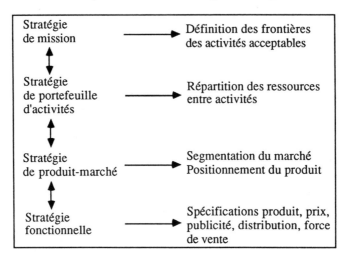

S'aventurer dans des activités où ces compétences ne sont pas suffisantes amènera l'entreprise à s'exposer dans des situations d'infériorité par rapport à la concurrence.

Le but de la stratégie de mission est de permettre aux différentes composantes de la firme de résister à la tentation de se disperser dans des activités multiples qui, bien entendu, apparaissent toujours prometteuses individuellement, mais dont le nombre excessif réduira l'efficacité de l'ensemble. Au cours des années 1960, un grand nombre de conglomérats internationaux se sont développés à travers le monde par l'absorption de sociétés. Dans la situation plus concurrentielle des années 1970, plusieurs de ces conglomérats ont réalisé qu'ils ne pouvaient gérer efficacement des activités dans des domaines aussi variés et ont été amenés à se séparer de bon nombre d'entre elles. De même, la plupart des entreprises ont dû recentrer leurs ressources sur un nombre plus limité de produits et de marchés, prenant la décision de se retirer explicitement de certains domaines.

3.2. La stratégie de portefeuille d'activités

Compte tenu d'une stratégie de mission, l'entreprise va, au cours des années, se développer dans un certain nombre de domaines et constituer un portefeuille d'activités. Au niveau stratégique le plus élevé des activités existantes, le problème essentiel concerne la répartition des ressources entre ces activités. Si un investissement important est réalisé dans plusieurs activités, les ressources disponibles pour les autres seront moindres. Il est même possible qu'un effort de rentabilité supplémentaire soit exigé de certaines activités, afin de pouvoir financer l'investissement.

La stratégie de portefeuille consiste à répartir des ressources (financières ou autres) limitées entre les activités de l'entreprise afin d'atteindre des objectifs globaux de croissance et de rentabilité. Une telle stratégie demande une compréhension du rôle spécifique de chaque activité. Certaines devront en particulier générer des ressources financières à court terme qui seront investies dans d'autres activités dont le rôle immédiat sera principalement de contribuer à une croissance du chiffre d'affaires. Ces mêmes activités devront éventuellement, à moyen terme ou long terme, générer à leur tour des ressources financières suffisantes pour financer de nouvelles activités en croissance.

Divers outils d'analyse ont été développés, principalement par des sociétés de conseil en stratégie, pour guider les entreprises dans leurs stratégies de portefeuille d'activités. Le plus connu de ces outils est probablement la matrice croissance du marché/part de marché relative développée par le Boston Consulting Group (BCG). D'autres approches ont également été mises au point par diverses sociétés telles que McKinsey ou Arthur D. Little[1]. Bien qu'il ne soit pas ici possible d'exposer ces méthodes de manière suffisamment complète, nous indiquerons à titre d'illustration les principes de base de la matrice du BCG représentée sur le schéma 3.

Cette matrice permet de classer les activités de l'entreprise en quatre catégories en fonction de la croissance du marché et de leur part de marché relative (part de marché divisée par la part de marché du concurrent le plus important) :

Schéma 3
La matrice croissance du marché/part de marché relative du BCG

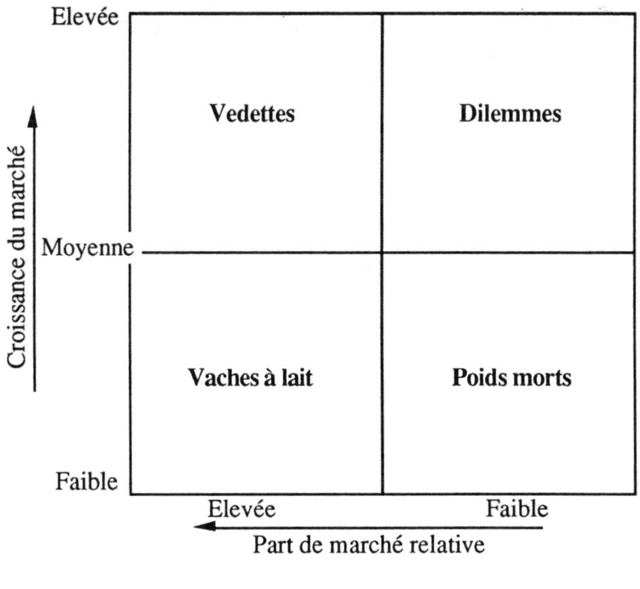

---

1. Voir également dans cette Encyclopédie l'article de B. Ramanantsoa, « Pensée stratégique ».

– Les produits « dilemmes » sont des activités ayant des parts de marchés relatives faibles dans des marchés en forte croissance. Le terme dilemme indique qu'un choix difficile doit être fait : soit investir suffisamment pour augmenter la part de marché relative et avoir des chances d'acquérir une situation suffisamment forte pour générer des fonds dans le futur ; soit abandonner ces activités avant qu'elles ne deviennent des poids morts pour la société lorsque la croissance se ralentira.

– Les « vedettes » se trouvent dans des marchés en croissance où l'entreprise est leader. Si cette situation est conservée ou consolidée, ces activités deviendront des « vaches à lait » lorsque la croissance diminuera.

– Les « vaches à lait » ont des positions de leader dans des marchés en maturité. Elles bénéficient en général de marges financières confortables et, ne nécessitant que peu d'investissements de croissance, peuvent générer des fonds importants.

– Les « poids morts » ont de faibles parts de marché relatives dans des marchés en maturité. Ils absorbent en général des ressources tangibles ou intangibles (temps et attention des dirigeants) telles qu'il est parfois préférable de s'en séparer.

Parmi ces quatre catégories, le rôle des « vaches à lait » est de générer des fonds. Ceux-ci sont investis en particulier dans des activités dilemmes sélectionnées, afin d'accroître leur part de marché relative et de les transformer en vedettes. Les activités vedettes contribuent à la croissance de l'entreprise en attendant de fournir des fonds lorsque les besoins en investissements de croissance auront diminué.

L'utilisation judicieuse de tels outils d'analyse doit tenir compte d'un certain nombre de problèmes provenant de leur simplicité. Citons ici les problèmes de définition des activités, des taux de croissance, des parts de marchés relatives ainsi que des interdépendances entre les différentes activités. Ces approches ont néanmoins l'intérêt d'attirer l'attention sur l'importance, pour le développement de l'entreprise, d'une répartition explicite des ressources entre les différentes activités.

3.3. La stratégie de produit-marché

La stratégie d'un produit donné dans un marché donné repose essentiellement sur deux composantes : la stratégie de segmentation du marché et la stratégie de positionnement du produit.

Segmenter un marché consiste à le diviser en groupes de consommateurs présentant des caractéristiques plus homogènes que la population dans son ensemble [1]. Divers critères pourront être considérés pour effectuer cette segmentation. Par exemple, dans le domaine pharmaceutique, les médecins généralistes peuvent être regroupés en fonction de leur âge, de leur situation géographique, de leur pratique en milieu rural ou urbain, ou de

---

1. Voir également dans cette Encyclopédie l'article de P. Grégory, « Segmentation des marchés. Variables socio-démographiques *versus* style de vie ».

leur nombre moyen de prescriptions par jour. De même, pour une certaine classe thérapeutique, les patients peuvent être regroupés suivant leur âge, leur situation géographique, leur sensibilité à divers traitements, la nature de leur activité, ou la forme chronique ou aiguë de leur affection. Diverses méthodes d'études de marché permettent de générer différents critères de segmentation et d'identifier ceux sur lesquels les différences de besoins et de comportement les plus significatives peuvent être observées.

Supposons que, par les études et l'analyse, tel critère ait été identifié, permettant, dans un certain marché, de regrouper les consommateurs en quatre segments distincts. La stratégie de segmentation consistera alors à spécifier les priorités dans la répartition des ressources allouées au produit entre les différents segments du marché. Une telle stratégie pourra, par exemple, concentrer ces ressources dans un unique segment à l'exclusion de tous les autres, ou d'avoir un impact majeur dans un segment et une présence soutenue dans deux autres. La formulation d'une telle stratégie de segmentation sera basée sur une évaluation de l'attrait relatif des différents segments du marché pour l'entreprise.

Cette évaluation devra tenir compte de divers facteurs tels que la taille et la croissance de ces segments, la force de la concurrence, la rentabilité, les opportunités de pénétration, ou la capacité de l'entreprise à satisfaire les attentes de ce segment.

Une décision étant prise au sein d'une stratégie de segmentation de servir un certain segment du marché, la stratégie de positionnement consistera à déterminer les lignes directrices afin que le produit puisse être perçu dans l'esprit des consommateurs de ce segment comme satisfaisant avantageusement leurs besoins par rapport à la concurrence [1]. Comme pour la segmentation, il faut ici aussi distinguer l'analyse de la stratégie. Au niveau de la phase d'analyse, diverses méthodes d'études de marché sont disponibles pour obtenir les informations suivantes pour une catégorie de produits donnée :
– les dimensions clés utilisées par les consommateurs (utilisateurs, acheteurs, prescripteurs ou distributeurs) dans le choix d'un produit ;
– la manière dont les produits actuels ou des concepts de nouveaux produits sont perçus par les consommateurs ;
– la nature des besoins des consommateurs en fonction des dimensions clés de choix des produits.

L'exemple fictif du graphique 1 permet d'illustrer le type de résultats obtenus par une de ces méthodes dans le domaine pharmaceutique. Cette carte perceptuelle indique tout d'abord que les deux dimensions considérées comme les plus importantes par l'échantillon de médecins généralistes consultés et pour la classe thérapeutique étudiée sont l'efficacité et les effets secondaires. Les cinq points indiqués par des lettres A à E représentent la manière dont sont perçus cinq produits différents. Le produit A est, par

---

1. Voir également dans cette Encyclopédie l'article de P. Joffre, « Différenciation du produit ».

exemple, perçu comme le plus efficace, mais aussi comme celui provoquant le plus d'effets secondaires.

Les deux croix marquées des chiffres 1 et 2 représentent les « points idéaux » de deux segments, ou la combinaison recherchée des deux dimensions par deux groupes de médecins. Le segment 1 est constitué d'individus ayant commencé leur pratique médicale depuis plus de vingt ans. Ils préfèrent, tout d'abord, une efficacité maximale et sont prêts à accepter un certain niveau d'effets secondaires. Le segment 2 se compose d'individus ayant terminé leurs études à une époque plus récente. Ils semblent être très concernés par les effets secondaires tout en demandant bien entendu une certaine efficacité de la thérapeutique.

Graphique 1
Exemple de carte perceptuelle

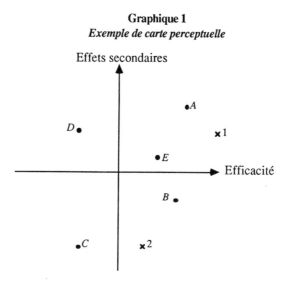

La carte perceptuelle met donc en évidence des besoins, ou des choix, significativement différents pour les deux segments de médecins généralistes considérés. Il est bon de noter au passage que, dans la plupart de ces études, les désirs des consommateurs exprimés par les points idéaux observés représentent souvent des compromis intégrant la réalité des produits existants et des possibilités scientifiques. Dans l'exemple du graphique 1, les médecins interrogés ne semblent pas exiger la combinaison « parfaite » d'une très grande efficacité et de l'absence d'effets secondaires sachant que, dans la classe thérapeutique considérée, cette combinaison est irréaliste.

Cette analyse étant disponible, elle offre une base solide pour la formation d'une stratégie de positionnement ou de repositionnement. Elle peut, tout d'abord, identifier des différences entre la perception des produits et leur réalité scientifique. Cette distorsion pourra parfois provenir d'un manque d'informations, d'expériences passées ou d'interférences erronées. Dans le cas du graphique 1, les produits *B* et *C* ont en fait, sur la base de tests contrôlés, le même niveau d'effets secondaires, bien que le produit *B* soit perçu comme en provoquant plus... La raison de cette distorsion dans la perception pourrait ici provenir du fait que *B* est plus efficace que *C* et que, dans l'esprit des médecins et en l'absence d'informations contraires, efficacité et effets secondaires sont fortement corrélés. Dans un tel cas, le produit *B* pourrait être repositionné dans une direction plus cohérente avec ses caractéristiques réelles, c'est-à-dire plus proche du point idéal du segment 2. Un tel positionnement amènerait une augmentation des prescriptions de *B* par le segment 2, probablement au détriment de *C*. Un tel repositionnement pourrait être réalisé par une campagne de communication efficace centrée essentiellement sur l'objet de la distorsion perceptuelle, le faible taux d'effets secondaires de *B*.

Cette analyse sera également utile pour guider le développement de nouveaux produits dans cette classe thérapeutique. Il est bon de noter en particulier que, dans le cas du graphique 1, un produit ayant une efficacité moyenne et un taux d'effets secondaires moyen ne sera probablement pas bien reçu par le marché. Il est clair que dès le stade du développement, un choix devra être fait entre deux orientations bien distinctes pour l'avantage concurrentiel à offrir à un nouveau produit potentiel.

3.4. *Les stratégies fonctionnelles*

Un choix clair de segmentation et de positionnement ayant été fait pour un produit donné dans un marché donné, il faut mettre en œuvre les différents outils marketing permettant d'atteindre les objectifs de la segmentation et du positionnement. Des stratégies devront donc être définies pour chaque fonction marketing : stratégie de produit[1], stratégie de prix[2] ou stratégie de communication[3]. Des choix devront être faits compte tenu de l'efficacité relative des différents outils pour différents objectifs. Dans l'exemple précédent, le repositionnement du produit *B* nécessitera une communication efficace du faible taux d'effets secondaires du produit. Il faudra considérer l'efficacité relative de la publicité prévue et de la visite médicale pour communiquer ce message, afin de déterminer les allocations à réaliser dans chacune de ces approches. Diverses autres décisions devront être prises au niveau de chaque outil de marketing, compte tenu de l'objectif de la communication. Par exemple, il faudra choisir entre une publicité technique contenant beaucoup de texte ou une publicité d'impact centrée sur un message simple. Ces décisions ne pourront être prises de manière cohérente que si des stratégies claires de segmentation et de positionnement ont d'abord été définies.

En conclusion de cette section sur les différents types de la stratégie marketing, il est bon d'insister sur le fait qu'une stratégie marketing globale de l'entreprise ne pourra être efficace que si des décisions explicites sont

---

1. Voir dans cette Encyclopédie l'article de J.C. Tarondeau, « Produit ».
2. Voir dans cette Encyclopédie l'article de H. Simon, « Politique de prix ».
3. Voir dans cette Encyclopédie l'article de P.L. Dubois, « Publicité ».

prises à chacun des quatre niveaux indiqués : la mission de la firme, le portefeuille d'activités, les produits-marchés et les fonctions marketing. Les décisions fonctionnelles marketing seront toujours prises, car elles sont nécessaires au fonctionnement quotidien de la société. Elles seront malheureusement trop souvent prises de manière individuelle et en l'absence de stratégies claires à des niveaux plus élevés. Une stratégie fonctionnelle sera inefficace si elle ne contribue pas au positionnement recherché dans le segment du marché servi en priorité. Une stratégie de segmentation et de positionnement ne peut être définie de manière valable sans connaître le rôle du produit/marché dans le portefeuille d'activités de l'entreprise. La stratégie de portefeuille doit elle-même être guidée par un choix général de la mission de l'entreprise.

L'absence de stratégie marketing explicite à un ou plusieurs des niveaux décrits ci-dessus conduira à une dispersion des ressources et à une inefficacité dans leur utilisation. Même si les effets négatifs de cette absence de stratégie marketing ne sont pas toujours visibles à court ou moyen terme, ils donneront à l'entreprise un handicap qui, dans une situation normalement concurrentielle, pourrra être fortement préjudiciable.

4. Les canons de la stratégie marketing

Différents niveaux de stratégies marketing pouvant être identifiés dans une entreprise, quelles sont les caractéristiques générales d'une stratégie marketing bien pensée, quel que soit le niveau considéré ? Ces caractéristiques générales, nous les avons appelées de manière consciemment provocatrice « canons » de la stratégie marketing pour simultanément évoquer deux notions différentes : les « canons » de la beauté et le caractère esthétique d'une bonne stratégie ; les « canons » de l'artillerie et la puissance d'une stratégie efficace.

Nous avons identifié au cours de nos expériences six caractéristiques générales pour évaluer une stratégie marketing, au moins sur le plan de la forme.

– Des objectifs clairs à atteindre. Une stratégie n'a pas de raison d'être, si elle ne poursuit pas un but précis. Il est cependant surprenant parfois d'observer les ressources importantes engagées lorsque les seuls objectifs semblent être « faire mieux qu'avant ».

– Le niveau de préoccupation le plus élevé. La stratégie doit se concentrer sur les aspects les plus importants d'un problème, d'une activité ou d'une position hiérarchique donnés. Elle ne doit pas s'empêtrer dans des détails dont la considération, loin de contribuer à enrichir la perspective, nuit à l'efficacité de l'ensemble.

– Le long terme. La stratégie doit considérer une perspective à long terme pour un problème, une activité ou une position hiérarchique donnés. Pour l'assistant chef de produit, le long terme du plan media prévu pour un certain produit peut être de six mois. Pour la direction générale, le déploiement des ressources d'un laboratoire pharmaceutique sur différentes classes thérapeutiques et différents territoires nationaux doit considérer une perspective de dix ans au minimum.

– Le marché et la concurrence. La stratégie marketing doit explicitement prendre en compte le marché et la concurrence. Ne pas considérer le marché est bien entendu une hérésie en marketing. Ne pas considérer la concurrence revient à faire preuve de beaucoup de complaisance et est une négation de la stratégie.

– Des implications claires concernant la répartition des ressources. Au bout du compte, la stratégie doit résulter en une certaine répartition des ressources. C'est cette répartition qui va provoquer l'impact attendu de la stratégie. Sans cela, la formulation d'une stratégie marketing n'est qu'un simple exercice intellectuel.

– La simplicité. Une stratégie efficace doit être une stratégie simple. La mise en œuvre d'une stratégie nécessite la coopération de plusieurs personnes. Ces personnes devront avoir cette stratégie clairement en tête sur une certaine période de temps et cela ne sera pas possible si la formulation de la stratégie est soit trop longue, soit trop complexe.

$$* \quad *$$

Pour conclure, nous avons observé, au cours des dernières années, une évolution de la gestion marketing vers la stratégie marketing, sous l'influence de l'intensification des pressions concurrentielles. Une stratégie marketing efficace au niveau de l'entreprise nécessite tout d'abord une bonne gestion marketing. Elle requiert ensuite des décisions explicites et coordonnées à différents niveaux de la hiérarchie. Ces décisions stratégiques ont tendance à ne pas être prises automatiquement sous la pression des tâches quotidiennes, et doivent donc être induites par des processus, des systèmes de motivation ou des programmes de formation. Un changement dans la conduite d'une entreprise, d'une orientation technique vers une orientation marketing stratégique, demande la coopération de l'ensemble des services de la société.

Références

Aaker D.A., *Strategic Market Management*, New York, John Wiley and Sons, 1984.

Aaker D.A., Shansby J.G., « Positioning Your Product », *Business Horizons* (May-June 1982) : 56-62.

Bonoma T.V., Shapiro B.P., *Segmenting the Industrial Market*, Lexington, Mass., Lexington Books, 1983.

Day G.S., « Diagnosing the Product Portfolio », *Journal of Marketing* (April 1977) : 29-38.

Henderson B.D., *The Logic of Business Strategy*, Cambridge, Mass., Ballinger, 1984.

Kotler P., Dubois B., *Marketing Management*, 5e éd., Paris, Publi-Union, 1984.

Lambin J.J., *Le marketing stratégique*, Paris, McGraw-Hill, 1986.

Larréché J.C., *Markops : The Simulation for Marketing Training,* Veneux, Strat *X, 1988.

Larréché J.C., Gatignon H., *Markstrat : A Marketing Strategy Game,* Palo Alto, California, The Scientific Press, 1977.

Ries A., Trout J., *Positioning : The Battle for Your Mind,* New York, Warner Books, 1982.

Mots clés

Gestion marketing, marketing stratégique, mission, positionnement, portefeuille d'activités, produit-marché, rentabilité, satisfaction des besoins, segmentation, stratégie de mission, stratégie de portefeuille d'activités, stratégie de positionnement, stratégie de produit-marché, stratégie de segmentation, stratégie marketing.

91

Mesure de performance des SICAV

Le cas français 1982-1988[1]

Bertrand Jacquillat

Les Sociétés d'Investissement à Capital Variable (SICAV) sont des sociétés anonymes créées par la loi du 24 juillet 1966 et qui ont pour objet la gestion de portefeuilles de valeurs mobilières.

Après avoir connu un développement lent et régulier, le montant des actifs gérés par les SICAV et les Fonds Communs de Placement (FCP) a véritablement explosé à partir de 1981. Le nombre des SICAV a connu la même évolution. Ainsi, entre 1981 et juin 1988, celui-ci est passé de 135 à 727, tandis que leurs actifs sous gestion étaient multipliés par plus de dix, passant de 72 milliards à 821 milliards de francs.

Ce phénomène illustre le fait qu'un nombre croissant d'institutions financières, d'entreprises et de personnes physiques délèguent la gestion d'une part de plus en plus forte de leurs actifs.

Compte tenu de l'importance des sommes en jeu, on pourrait s'attendre à ce que le choix de ces gestionnaires s'effectue selon des procédures aussi objectives et scientifiques que possible. A ce titre, la mesure de performance constitue un exercice de première importance comme aide à la décision pour les clients et comme outil de contrôle interne pour les gérants de portefeuille.

Cependant, force est de constater que la plupart des mesures couramment utilisées et publiées jusqu'à présent sont notoirement insuffisantes, dans la mesure où elles présentent de graves lacunes méthodologiques.

L'accroissement du nombre des SICAV et des actifs qu'elles gèrent s'est accompagné d'une plus grande diversité de leurs objectifs et de leur politique de placement. Afin de tenir compte de ce phénomène et par souci

1. Cet article est tiré d'une étude réalisée par Associés en Finance avec le concours de la Commission des Opérations de Bourse (COB) dans le cadre du Comité Technique de l'Association des Sociétés de Fonds d'Investissement (ASSFI). Cette étude représente une contribution à la mesure de performance des SICAV de juin 1982 à juin 1988, et constitue la première étape d'un service de mesure de performance des OPCVM en temps réel, susceptible d'accroître la transparence de la gestion collective des valeurs mobilières en France. Cette étude collective a associé un certain nombre de personnes que nous tenons à remercier : Michel Camoin, Patrick Mordacq, François Veverka, de la Commission des Opérations de Bourse, Pierre Balley de l'ASSFI, Hubert Jousset et Guillaume Rosenwald d'Associés en Finance, ainsi que Naïm Kocer et Brigitte Laboisse.

de transparence, la Commission des opérations de bourse (COB) a divisé la population des SICAV en classes. L'un des objectifs de cet article est d'apprécier dans quelle mesure cette classification répond à l'impératif d'information du public quant aux objectifs des diverses SICAV.

La classification de la COB ayant été modifiée au 1er janvier 1988, nous établissons, tout d'abord, des correspondances entre les anciennes et les nouvelles classes. Le reste de cet article est organisé de la manière suivante. Les sections 2, 3 et 4 sont respectivement consacrées aux mesures de la rentabilité, du risque et de la performance. La section 5 montre en quoi les choix méthodologiques exprimés dans les parties précédentes sont susceptibles d'affecter les classements de performance des SICAV. La dernière section propose une classification tenant compte du risque et qui viendrait en complément de la nouvelle classification proposée par la COB. L'article s'achève par une conclusion rappelant les principaux choix méthodologiques nécessaires à une mesure adéquate des performances des OPCVM et les résultats concrets auxquels ils ont permis d'aboutir.

1. La classification des SICAV par la COB

Pour respecter la réglementation de la COB, chaque SICAV est identifiée selon sa caractérisation sommaire, la durée minimale de placement recommandée et le type de gestion déclaré.

Cette classification ayant été modifiée à dater du 1er janvier 1988 et ne devenant cependant obligatoire pour les SICAV anciennes qu'au 31 décembre 1988, il a donc fallu établir des correspondances entre les anciennes et les nouvelles classes.

Le tableau 1 présente, tout d'abord, l'ancienne classification.

La nouvelle classification COB sur laquelle est fondé cet article conserve la logique de l'ancienne classification et comprend :
– une caractérisation sommaire du contenu de la SICAV,
– une durée minimale de placement recommandée,
– un type de gestion déclaré.

La nouvelle classification (tableau 2) simplifie la caractérisation sommaire et lui rend la cohérence qu'elle a perdue au fil des ans en intégrant certains renseignements d'ordre fiscal notamment. Les SICAV ont été prises en compte suivant le tableau de correspondance reproduit au tableau 2.

Nous obtenons finalement pour les nouvelles classes les effectifs indiqués au tableau 3 et représentés sur le graphique 1.

Tableau 1
L'ancienne classification des SICAV

	Code COB
I. Caractérisation sommaire	
– Sans caractérisation sommaire	1-00
– Court terme	1-01
– Court terme association	1-02
– Revenu obligataire – Valeurs françaises	1-03
– Revenu trimestriel	1-04
– Gestion obligataire – Valeurs françaises	1-05
– Long terme première catégorie	1-06
– Monory – CEA – PER	1-07
– Foncier immobilier	1-08
– Valeurs françaises diversifiées	1-09
– Valeurs françaises spécialisées	1-10
– Valeurs françaises et étrangères diversifiées	1-11
– Actions étrangères	1-12
– Obligations étrangères	1-13
– Valeurs étrangères diversifiées	1-14
– Valeurs étrangères spécialisées	1-15
– Risquées	1-16
II. Durée minimale de placement recommandée	
– De 1 jour à 3 mois	2-01
– De 3 à 9 mois	2-02
– De 9 mois à 2 ans	2-03
– Moyen et long terme : supérieure à 2 ans	2-04
III. Type et objectif de gestion	
– Si la durée recommandée de placement est inférieure à 9 mois :	
• Priorité à la régularité de la valeur liquidative	3-01
• Sensibilité de la valeur liquidative à la variation des cours	3-02
– Si la durée recommandée de placement est supérieure à 9 mois :	
• Priorité à la prudence	3-03
• Priorité au dynamisme	3-04

Tableau 2
La nouvelle classification des SICAV
et les correspondances avec l'ancienne classification

Nouvelles classes	Code COB	Anciennes classes associées
I. Caractérisation sommaire		
A. SICAV court terme		
– Court terme priorité à la régularité de la valeur liquidative	1-50	Court terme et court terme association avec priorité à la régularité de l'évolution de la valeur liquidative ou priorité à la prudence
– Court terme sensibilité de la valeur liquidative aux variations des cours	1-51	Court terme et court terme association avec sensibilité de la valeur liquidative aux variations des cours ou priorité au dynamisme
– Court terme monétaire	1-52	–
B. SICAV obligations à moyen et long terme		
– Obligations françaises	1-60	Revenu obligataire valeurs françaises, Revenu trimestriel, Gestion obligataire valeurs françaises, Long terme première catégorie
– Obligations étrangères	1-61	Obligations étrangères
– Obligations françaises et étrangères	1-62	–
C. SICAV actions		
– Actions françaises	1-70	Monory – CEA – PER, Foncier immobilier, Valeurs françaises spécialisées
– Actions étrangères	1-71	Actions étrangères, Valeurs étrangères spécialisées
– Actions françaises et étrangères	1-72	–
D. SICAV actions et obligations diversifiées		
– Diversifiées françaises	1-80	Valeurs françaises diversifiées
– Diversifiées étrangères	1-81	Valeurs étrangères diversifiées
– Diversifiées françaises et étrangères	1-82	Valeurs françaises et étrangères diversifiées
II. Durée minimale de placement recommandée		
– Inférieure à 3 mois	2-11	De 1 jour à 3 mois
– De 3 mois à deux ans	2-12	De 3 à 9 mois et de 9 mois à 2 ans
– Supérieure à 2 ans	2-13	Moyen et long terme : supérieure à 2 ans
III. Type et objectif de gestion		
– Priorité à la prudence	3-90	Priorité à la régularité de l'évolution de la valeur liquidative ou priorité à la prudence
– Priorité au dynamisme	3-91	Sensibilité de la valeur liquidative aux variations du cours ou priorité au dynamisme

Tableau 3

Ventilation des SICAV selon la nouvelle classification COB

	Juin 1982	Juin 1983	Juin 1984	Juin 1985	Juin 1986	Juin 1987	Juin 1988
I. Caractérisation sommaire							
A. SICAV court terme							
– Court terme priorité à la régularité de la valeur liquidative	6	18	32	52	80	127	161
– Court terme sensibilité de la valeur liquidative aux variations monétaires	7	19	35	45	50	55	65
– Court terme	1	1	4	4	6	9	23
Total	14	38	71	101	136	191	249
B. SICAV obligations							
– Obligations françaises	31	37	52	77	106	135	166
– Obligations étrangères	3	3	4	4	6	7	7
– Obligations françaises et étrangères	3	3	3	3	5	7	12
Total	37	43	59	84	117	149	185
C. SICAV actions							
– Actions françaises	32	34	36	38	39	50	66
– Actions étrangères	3	3	3	7	8	13	15
– Actions françaises et étrangères	1	1	1	1	1	1	10
Total	36	38	40	46	48	64	91
D. SICAV actions et obligations diversifiées							
– Diversifiées françaises	5	8	9	9	13	16	31
– Diversifiées étrangères	5	5	5	5	5	5	5
– Diversifiées françaises et étrangères	53	54	68	84	104	134	166
Total	63	67	82	98	122	155	202
II. Durée minimale de placement recommandée							
– Inférieure à 3 mois	4	11	23	45	72	118	165
– De 3 mois à 2 ans	17	35	65	80	99	118	142
– Supérieure à 2 ans	129	140	164	204	252	323	420
III. Type et objectif de gestion							
– Priorité à la prudence	57	74	107	147	197	268	363
– Priorité au dynamisme	93	112	145	182	226	291	364

Graphique 1
Effectifs des nouvelles classes COB

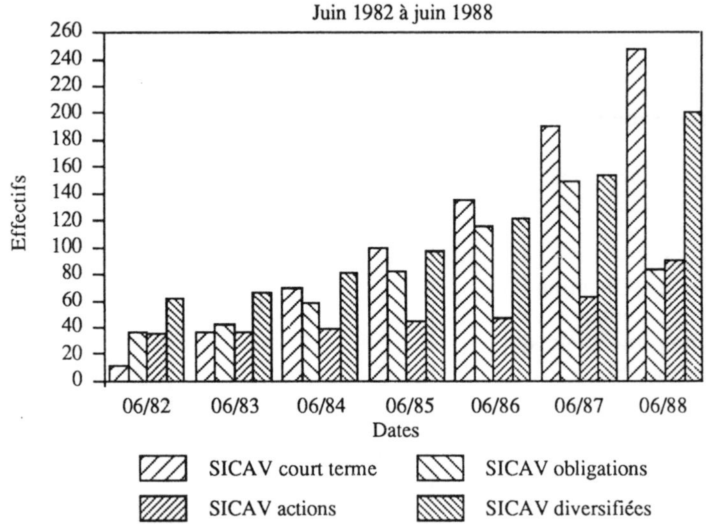

Juin 1982 à juin 1988

| | SICAV court terme | | SICAV obligations |
| | SICAV actions | | SICAV diversifiées |

2. La mesure de la rentabilité

Si la rentabilité n'est pas le seul critère d'appréciation de la performance d'une gestion, elle en constitue cependant un facteur primordial. Il existe plusieurs méthodes de calcul de la rentabilité.

2.1. Le traitement des coupons

Le calcul de la rentabilité pose tout d'abord la question de la prise en compte des coupons. Trois méthodes peuvent être envisagées. La rentabilité peut être calculée hors coupon, avec coupon non réinvesti, avec coupon réinvesti.

2.1.1. *Pour calculer la rentabilité hors coupon*, il suffit de prendre la différence entre la valeur liquidative de la part d'une SICAV entre la fin et le début de la période rapportée à sa valeur initale.

$$R = \frac{V_f - V_i}{V_i}$$

avec :
V_f : la valeur finale,
V_i : la valeur initiale.

2.1.2. *Pour déterminer la rentabilité avec coupon non réinvesti*, il faut reporter en fin de période la valeur du coupon détaché pendant la période, quelle que soit la date exacte de détachement du coupon.

$$R = \frac{V_f + C - V_i}{V_i}$$

avec :
V_f : la valeur finale,
V_i : la valeur initiale,
C : la valeur du coupon.

2.1.3. La rentabilité avec coupon réinvesti correspond à la rentabilité enregistrée en fin de période par l'épargnant réinvestissant le coupon dans la même SICAV dès le lendemain de son détachement.

$$R = \frac{V_f + C \times (1 + R_c) - V_i}{V_i}$$

avec :
V_f : la valeur finale,
V_i : la valeur initiale,
C : la valeur du coupon.

R_c est la rentabilité enregistrée entre le lendemain du détachement du coupon et la fin de la période.

$$R_c = \frac{V_f - V_c}{V_c}$$

avec :
V_f : la valeur finale
V_c : la valeur le lendemain du détachement du coupon.

La rentabilité avec coupon réinvesti est donc égale à :

$$R = \frac{V_f - V_i + C \dfrac{V_f}{V_c}}{V_i}$$

2.1.4. Le coupon représentant pour certaines SICAV la quasi-totalité de la rémunération, la méthode hors coupon est bien évidemment à exclure. En revanche, les méthodes avec coupon réinvesti ou non réinvesti ont chacune leurs avantages et leurs inconvénients :

— La méthode avec coupon réinvesti est la plus juste arithmétiquement, mais elle n'est pas homogène selon les fiscalités qui s'appliquent aux coupons. Peut-on considérer que l'on réinvestit l'avoir fiscal ou le crédit d'impôt ? Evidemment non. Doit-on pour autant l'éliminer dans le calcul de la rentabilité ? Comment, dans ces conditions, en tenir compte ? De plus, cette méthode nécessite la connaissance des dates exactes des valeurs liquidatives du jour de détachement du coupon.

— La méthode avec coupon non réinvesti avantage en période de hausse les SICAV détachant sur la fin de la période (et inversement). Elle est cependant d'une utilisation beaucoup plus aisée et a la faveur de la plupart des professionnels.

Les erreurs *relatives* entre les mesures avec coupons réinvestis et avec coupons non réinvestis, c'est-à-dire le rapport de la différence entre les deux valeurs sur la première d'entre elles, sont négligeables. L'erreur *relative* moyenne est de 0,30 %, ce qui représente par exemple pour une rentabilité de 10 % une différence de 3 point de base (0,03 %). Les erreurs relatives par type de SICAV sont respectivement : 0,07 % (SICAV court terme), 0,365 % (SICAV obligations), 3,12 % (SICAV actions), 0,31 % (SICAV diversifiées).

Les erreurs obtenues, très faibles et du même ordre pour toutes les catégories de SICAV, plaident donc en faveur de la méthode la plus simple à employer. De plus, les calculs avec glissement permettent de diminuer l'approximation de la méthode avec coupon non réinvesti.

2.2. *La méthode du glissement*

Pour le moment, les mesures publiées :
– se limitent le plus souvent à la seule rentabilité (plus-values et coupon),
– sont calculées date à date, c'est-à-dire avec deux observations seulement,
– sont évaluées sur courte période, généralement un an, voire moins.

Ces renseignements, tout en étant essentiels, sont largement insuffisants pour permettre une comparaison valable des portefeuilles dans l'espace et dans le temps et plus encore pour en estimer le comportement futur. Le simple exemple suivant permet de s'en rendre compte.

Soit trois SICAV : Placement court terme, Laffite Tokyo et Paramérique, ayant enregistré chacune au cours de la période allant du 30 juin 1987 au 30 juin 1988 une rentabilité voisine de 10 %. Doit-on les considérer comme équivalentes ? La réponse vient d'elle-même si l'on sait que la première opère sur le marché obligataire, la deuxième est spécialisée sur les actions japonaises et la troisième sur les marchés français et américain.

L'idée viendra bien sûr de les comparer non pas l'une par rapport aux autres, mais chacune par rapport à son actif de référence, soit dans ce cas : le taux du marché monétaire, l'indice Nikkei 225 et un indice composé pour moitié du CAC et pour moitié du Standard and Poor's 500.

Considérons l'évolution des cours des trois SICAV (graphique 2). Il apparaît clairement que Placement court terme a permis d'obtenir un taux de 10 % l'an, de façon à peu près régulière, bien que non uniforme et continu, alors que pour les deux autres, le taux ne résulte que du hasard des dates choisies pour la mesure. A un mois près (par exemple juillet 1987), Laffite Tokyo obtenait un taux de 14 % et Paramérique un taux de 8 %.

Or, rares sont les épargnants qui constituent un portefeuille le 1er janvier pour le revendre le 31 décembre. Le taux de rentabilité de l'année civile n'a donc guère de signification et moins encore celui du mois ou de la semaine. Beaucoup plus important pour eux est de connaître la tendance moyenne du portefeuille, ce qui, dans le cas présent, est impossible à déterminer pour Laffite Tokyo et Paramérique. Ce taux de 10 % n'a donc pas la même signification ni la même qualité dans les trois cas de figure. Il ne permet en aucun façon de comparer ces trois SICAV, ni d'augurer de leur évolution respective ultérieure.

Graphique 2

Variation des cours

Juin 1987/juin 1988

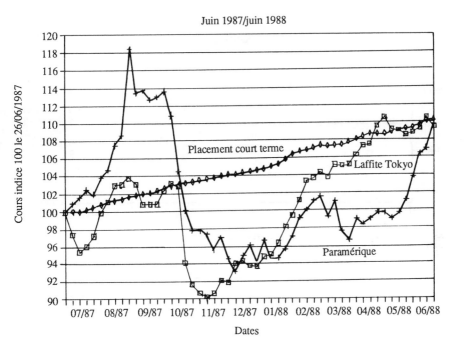

C'est la raison pour laquelle des mesures en glissement ont été effectuées. Elles consistent à calculer les rentabilités annuelles successives avec un pas d'un jour, d'une semaine ou d'un mois, puis à en faire la moyenne. Le schéma 1 illustre la méthode. A chaque jour de bourse successif (date d'achat et pas journalier) correspond un investissement de même montant dans la SICAV. A chaque jour de bourse successif identique, une année plus tard, correspond une date de vente. Sur une période de deux ans, où chaque année comprend environ 220 bourses, 220 taux de rentabilité successifs sont obtenus avec un pas journalier. La moyenne de ces taux est la rentabilité en glissement à cheval sur deux années.

Schéma 1
Calcul de rentabilité avec glissement

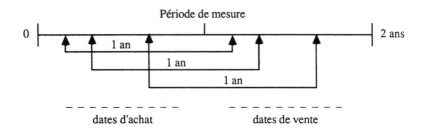

Schéma 2

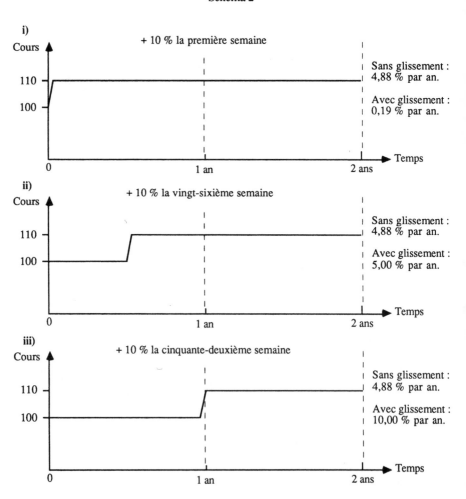

Nous pouvons, comme dates d'achat et de vente, considérer :
– les jours ouvrables (220 par an), il s'agit alors d'un glissement quotidien ;
– les fins de semaine, il s'agit alors d'un glissement hebdomadaire ;
– les fins de mois, il s'agit alors d'un glissement mensuel.

Outre la qualité du calcul lié à l'utilisation d'une moyenne, la méthode en glissement comporte deux avantages :
– la date de détachement du coupon se trouvant successivement en début et en fin de période, le calcul en glissement rend plus juste la méthode avec coupon non réinvesti et plus appropriée la comparaison entre les SICAV ;
– le calcul avec glissement attribue un poids moindre au début et à la fin de la période, comme le montre l'exemple suivant.

Considérons un actif dont le cours est stationnaire sur deux ans, sauf pendant une semaine où il enregistre une hausse de 10 %. La rentabilité annuelle de cet actif calculée sans glissement est de :

$$(1,10) \ 1/2 - 1 = 4,88 \text{ \% par an.}$$

Calculons maintenant la rentabilité avec glissement hebdomadaire de cet actif. Considérons trois cas :

i) La hausse de 10 % a été enregistrée la première semaine, elle n'est donc prise en compte qu'une seule fois dans la moyenne (voir le schéma 2 i), le calcul de rentabilité avec glissement hebdomaire donne donc :

$$10 \text{ \%}/52 = 0,19 \text{ \% par an.}$$

ii) La hausse de 10 % a été enregistrée la vingt-sixième semaine, elle est donc prise en compte vingt-six fois dans la moyenne (voir le schéma 2 ii), le calcul de rentabilité avec glissement hebdomadaire donne donc :

$$10 \text{ \%} \times 26/52 = 5 \text{ \% par an.}$$

iii) La hausse de 10 % a été enregistrée la cinquante-deuxième semaine, elle est alors prise en compte dans chaque rentabilité de la moyenne (voir le schéma 3 iii), et la rentabilité avec glissement hebdomadaire est de :

$$10 \text{ \%} \times 52/52 = 10 \text{ \% par an.}$$

Par cette pondération, les variations de cours sont donc considérées comme moins significatives aux extrémités de la période de calcul qu'au milieu de celle-ci.

Pour ces deux raisons (moindre poids donné au début et à la fin de la période, plus grande justesse du calcul de la rentabilité avec coupon non réinvesti), le calcul avec glissement apparaît comme une méthode plus juste et plus riche de renseignements. Mais ce n'est pas un véritable calcul de rentabilité sur une période donnée, et il ne peut pas être directement comparé à cette dernière. Le calcul avec glissement doit être considéré comme une mesure de performance tirée des rentabilités de la période.

La différence relative entre les glissements quotidiens et hebdomadaires étant toujours inférieure à 1 % (ce qui représente 10 points de base pour une rentabilité de 10 %), l'utilisation d'un pas quotidien apparaît donc superflue. En revanche, la question se pose pour le choix d'un glissement hebdomadaire ou mensuel. Le tableau 4 indique les erreurs *relatives* obtenues entre les mesures avec glissements hebdomadaires et mensuels. Ces erreurs restent faibles. Cependant, les valeurs hebdomadaires étant indispensables à la mesure du risque (voir la section 3), il serait dommage de ne pas utiliser la précision qu'elles apportent dans la mesure de la rentabilité.

Tableau 4
*Erreurs relatives entre les mesures de rentabilité
avec glissements hebdomadaires et avec glissements mensuels* [a]

Période	Erreur moyenne	Erreur maximale
1982-1984	0,44 %	2,89 %
1983-1985	0,50 %	1,93 %
1984-1986	0,39 %	2,63 %
1985-1987	1,08 %	3,34 %
1986-1988	0,29 %	1,60 %

a. Les calculs sont effectués en prenant en compte toutes les SICAV. Le calcul de la rentabilité est effectué avec coupon non réinvesti.

On trouvera dans la section 5, et plus précisément au paragraphe 5.2.2., un aperçu des conséquences pratiques, pour le classement des SICAV, de l'utilisation de la méthode avec glissement.

3. Le risque

Risque, liquidité et perspectives de rentabilité sont étroitement liés. A titre d'exemple, pour les SICAV existant depuis juin 1982, le classement sur les rentabilités obtenues entre juin 1982 et juin 1987, et le classement sur les rentabilités obtenues entre juin 1987 et juin 1988, ont une corrélation (test de Spearman) de $-0,42$ (le coefficient de corrélation des rangs de Spearman est de 1 lorsque les deux classements sont identiques et de -1 lorsqu'ils sont totalement inversés, voir le paragraphe 5.1). Globalement, les SICAV affichant les meilleures rentabilités sur la première période obtiennent donc les plus mauvaises sur la seconde. Un épargnant cherchant en juin 1987 un placement à un an serait trompé par le premier classement.

On ne peut espérer de brillants résultats qu'en prenant des risques. Si l'on souhaite la sécurité ou si l'on recherche un placement liquide dont l'on peut sortir à tout moment sans perte en capital, il faut se contenter de résultats plus modestes.

Bref, rentabilité, risque et liquidité ne sont pas indépendants. En moyenne et à long terme, les taux de rentabilité obtenus par des actifs financiers risqués sont plus élevés que ceux obtenus avec des actifs financiers peu risqués.

Les composantes de la rentabilité d'une SICAV sont à la fois les coupons qu'elle verse et les variations de valeur liquidative de la part. Les coupons peuvent être estimés sans trop de risques d'erreurs ; ils sont en effet fonction des dividendes et coupons versés par les titres en portefeuille dont la régularité est grande. La valeur liquidative de la part peut être sujette à des variations importantes à cause des risques inhérents aux fluctuations du cours des valeurs en portefeuille.

Dans le domaine des actions, certaines valeurs sont très volatiles, d'autres moins. En outre, il existe des titres de nature particulière qui atténuent ou accentuent les fluctuations du cours des actions. Certains marchés d'actions sont plus risqués que d'autres.

Pour ce qui concerne les obligations, le risque est en principe plus faible ; il dépend avant tout de l'évolution des taux d'intérêt avec une sensibilité différente selon la duration de l'obligation.

Les SICAV présentent la même diversité : certaines sont investies en actions, d'autres en obligations, françaises ou étrangères, d'autres encore dans des titres de nature particulière.

3.1. La mesure du risque

Pour comparer les SICAV, encore faut-il avoir une mesure synthétique du risque. Le risque est la probabilité que le taux de rentabilité qui était anticipé ne se produise pas, voire même qu'il soit négatif.

Si cette définition est acceptée, une mesure naturelle de risque sera la variabilité ou la dispersion des taux de rentabilité. Le risque financier est donc généralement défini comme la variance ou l'écart type des taux de rentabilité. La variance est définie comme la déviation carrée moyenne des taux de rentabilité périodiques des titres par rapport à leur moyenne. La racine carrée de la variance est l'écart type.

Nous intéressant à des périodes de un à cinq ans, et pour disposer d'un nombre suffisant d'observations, nous calculons l'écart type des rentabilités hebdomadaires. Le résultat peut être annualisé ($\sigma' = \sqrt{52} \times \sigma$) afin de le lire en « pourcentage par an ».

Observons la distribution suivant le risque des différentes classes COB, sur la période de juin 1985 à juin 1988.

Les graphiques 3 à 6 montrent les effectifs par niveaux de risque des quatre grandes catégories : SICAV court terme, SICAV obligations, SICAV actions et SICAV diversifiées.

Les graphiques 7 à 9 indiquent les effectifs par niveaux de risque suivant les durées de placement recommandées (inférieure à 3 mois, de 3 mois à deux ans, supérieures à 2 ans).

De plus, la politique de gestion déclarée (priorité à la prudence ou priorité au dynamisme) est représentée par une différence de graphisme (plus sombre pour les SICAV déclarées risquées).

L'observation de ces graphiques appelle un certain nombre de commentaires.

Les SICAV court terme et les SICAV de durée de placement recommandée inférieure à 3 mois représentées sur les graphiques 3 et 7 affichent un risque globalement faible. On note cependant la présence de quelques exceptions.

Le groupe des SICAV obligations (graphique 4), de risque plus fort, se révèle très étalé selon la variable risque. Les risques maxima apparaissent bien sûr parmi les SICAV actions (graphique 5). Les SICAV diversifiées (graphique 6) affichent un risque intermédiaire entre les SICAV obligations et les SICAV actions.

La distinction des classes COB par le risque apparaît faible mais significative. Elle le sera bien davantage à partir du moment où la règle de « l'obligation de l'obligation » qui rend à peu près semblable 30 % des portefeuilles entres les classes aura été supprimée.

A l'intérieur des classes, on remarque (particulièrement sur les graphiques 5, 6 et 9) la présence de SICAV à risque déclaré faible (graphisme clair) parmi les SICAV les plus risquées et réciproquement, la présence de SICAV à risque déclaré fort (graphisme sombre) parmi les moins risquées. La déclaration de type de gestion est donc fort mal respectée et il apparaît nécessaire d'inciter les gérants à mieux suivre leurs politiques déclarées de risque, ou à afficher une autre politique de gestion, plus conforme à leurs décisions d'investissement.

Graphique 3
SICAV court terme

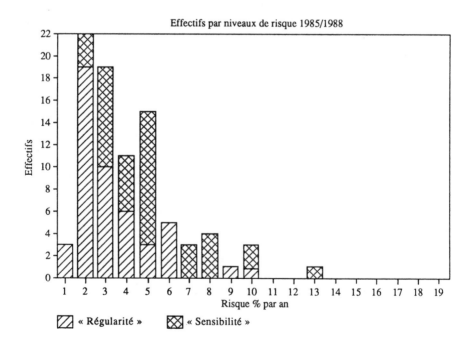

Effectifs par niveaux de risque 1985/1988

Graphique 4
SICAV obligations

Effectifs par niveaux de risque 1985/1988

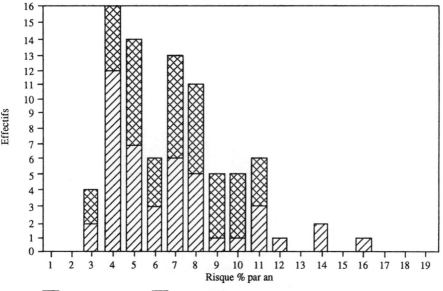

Graphique 5
SICAV actions

Effectifs par niveaux de risque 1985/1988

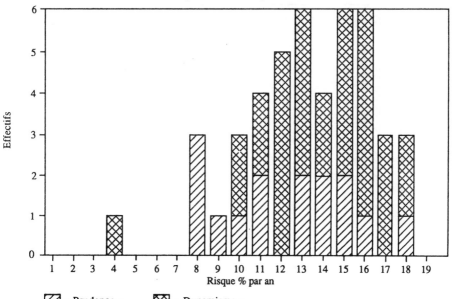

Graphique 6
SICAV diversifiées

Effectifs par niveaux de risque 1985/1988

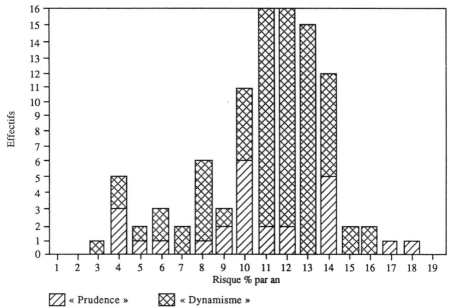

« Prudence »   « Dynamisme »

Graphique 7
Placement inférieur à 3 mois

Effectifs par niveaux de risque 1985/1988

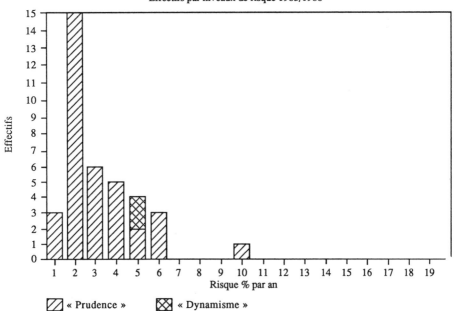

« Prudence »   « Dynamisme »

Graphique 8
Placement de 3 mois à 2 ans

Effectifs par niveaux de risque 1985/1988

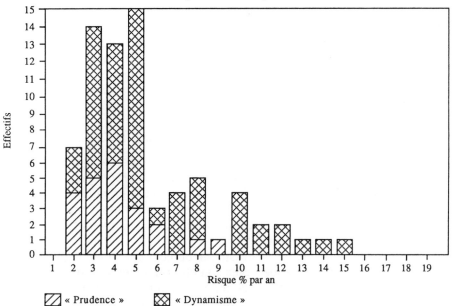

Graphique 9
Placement supérieur à 2 ans

Effectifs par niveaux de risque 1985/1988

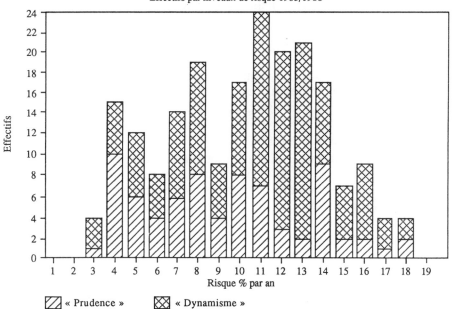

3.2. *La relation risque/rentabilité, l'effet du krach d'octobre 1987*

La mesure du risque est intéressante par son information sur les espérances de rentabilité.

Il existe sur le marché des actions une relation quasi linéaire entre le risque et la rentabilité [1]. D'autre part, un taux d'intérêt à long terme, donc risqué, sera différent d'un taux à court terme, moins risqué. Existe-t-il pour les SICAV, regroupant plusieurs types d'actifs, une relation simple entre le risque et la rentabilité ? Pour répondre à cette question, examinons les corrélations entre le risque et la rentabilité autour de l'année 1987, période agitée et donc propre à l'expérimentation.

3.2.1. *La relation risque/rentabilité à moyen terme (trois ans)*

Sur les graphiques 10 et 11, les SICAV sont représentées en abscisse par leur risque et en ordonnée par leur rentabilité. Le graphique 10 concerne les trois années allant de juin 1984 à juin 1987 et le graphique 11 les trois années allant de juin 1985 à juin 1988. Les positions moyennes des quatre classes de SICAV (court terme, obligations, actions, diversifiées) sont de plus indiquées par des ronds noirs.

Sur les deux graphiques se dessine nettement une pente, représentative de la rémunération du risque (avec toutefois une certaine dispersion des SICAV risquées sur la première période). Sur la période allant de juin 1984 à juin 1987, la rémunération du risque a été forte (pente de 1,28) alors que sur la période allant de juin 1985 à juin 1988 elle se trouve fortement réduite (pente de 0,44). On remarque que le krach d'octobre 1987 a amélioré la linéarité de la relation rentabilité/risque en touchant les SICAV à forte rentabilité plus fortement que les autres, produisant en quelque sorte un rééquilibrage.

3.2.2. *La relation risque/rentabilité à court terme (un an)*

Les graphiques 12 à 14, construits suivant le même principe que les précédents, concernent les années :
– juin 1985 à juin 1986 (graphique 12),
– juin 1986 à juin 1987 (graphique 13),
– juin 1987 à juin 1988 (graphique 14).

Nous observons que la rémunération du risque est passée d'une rémunération très positive (pente 1,67) à une rémunération négative (pente – 0,94). Mais cette évolution ne s'est pas faite exactement au même moment pour toutes les SICAV. En effet, nous remarquons sur le graphique 13 que, dès la période allant de juin 1986 à juin 1987, la rémunération du risque est devenue négative pour les SICAV peu risquées (court terme et obligations),

---

1. Voir également dans cettte Encyclopédie les articles de G. Charreaux, « Théorie financière », de G. Charest, « Rendement, risque et portefeuilles » et de R. Cobbaut, « Théorie du marché financier ».

Graphique 10
Juin 1984/juin 1987
Toutes SICAV

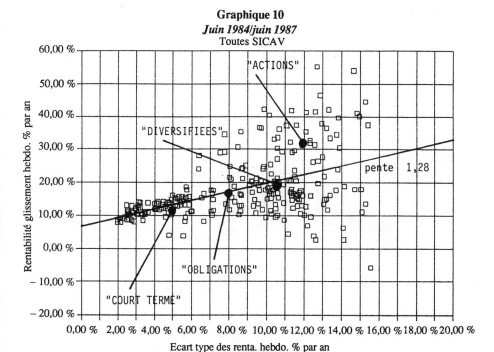

Ecart type des renta. hebdo. % par an

Graphique 11
Juin 1985/juin 1988
Toutes SICAV

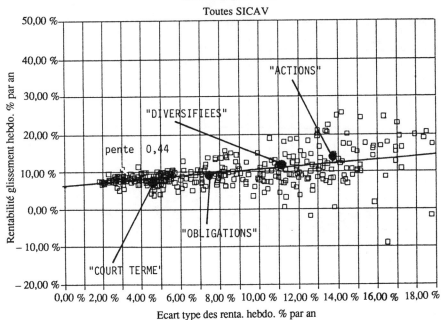

Ecart type des renta. hebdo. % par an

Graphique 12
Juin 1985/juin 1986

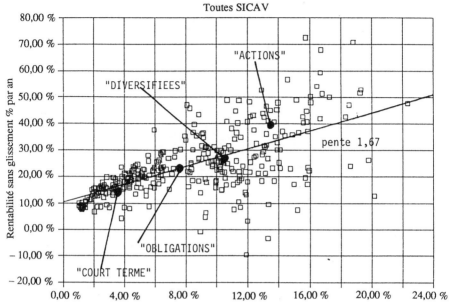

Graphique 13
Juin 1986/juin 1987

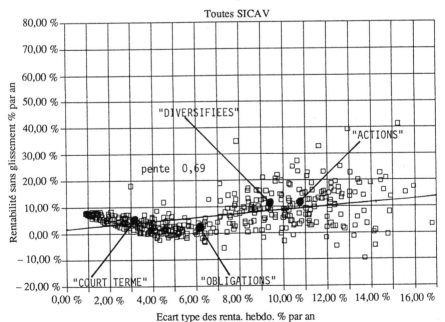

Graphique 14
Juin 1987/juin 1988
Toutes SICAV

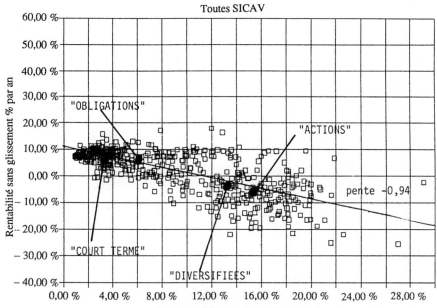

Ecart type des renta. hebdo. % par an

Graphique 15
Rentabilité/risque année précédente

Toutes SICAV existantes en juin 1986

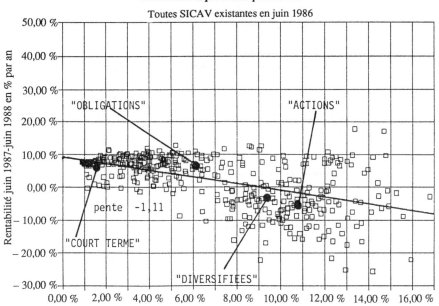

Risque de juin 1986-juin 1987 en % par an

alors qu'elle est encore positive pour les SICAV risquées (actions et diversi-fiées). Cette évolution correspond, bien sûr, au comportement des marchés sous-jacents.

Même si la relation entre le risque et la rentabilité est plus délicate pour les SICAV que pour des marchés homogènes, l'influence du risque sur les rentabilités obtenues ne paraît pas discutable.

3.3. La stabilité du risque

Pour pouvoir exploiter la relation risque/rentabilité, il faut qu'une mesure de risque faite dans le passé soit une bonne estimation du risque futur de la SICAV. Etudions donc la stabilité du risque.

Les tableaux 5 et 6 fournissent les corrélations intertemporelles de la rentabilité et du risque entre les trois années de la période allant de juin 1985 à juin 1988.

– Comme nous l'avons déjà remarqué, la rentabilité ne présente aucune stabilité. Les coefficients de corrélation négatifs du tableau 5 montrent, au contraire, qu'une bonne rentabilité en 1985 ou 1986 augurait d'une mau-vaise rentabilité en 1987.

– En revanche, les coefficients positifs et proches de + 1 du tableau 7 indiquent que les SICAV ayant un risque fort en 1985 et 1986 restent globalement les SICAV de risque élevé les années suivantes. Cette stabilité ne pourra qu'augmenter lorsque les gérants disposeront d'une mesure leur permettant de mieux contrôler leurs objectifs de risque.

Tableau 5

Stabilité temporelle de la rentabilité : corrélations entre les rentabilités annuelles avec coupon non réinvesti de la période juin 1985-juin 1988

Périodes	Juin 1985-juin 1986	Juin 1986-juin 1987	Juin 1987-juin 1988
Juin 1985-juin 1986	1,00	0,37	– 0,43
Juin 1986-juin 1987	–	1,00	– 0,47
Juin 1987-juin 1988	–	–	1,00

Tableau 6

Stabilité temporelle du risque : corrélations entre les risques calculés annuellement sur la période juin 1985-juin 1988

Périodes	Juin 1985-juin 1986	Juin 1986-juin 1987	Juin 1987-juin 1988
Juin 1985-juin 1986	1,00	0,72	0,69
Juin 1986-juin 1987	–	1,00	0,72
Juin 1987-juin 1988	–	–	1,00

Il est donc possible de tirer d'une mesure du risque passé des informations sur la rentabilité future d'une SICAV. Le graphique 15 montre par exemple que la relation entre la rentabilité sur la période allant de juin 1987 à juin 1988 et le risque de l'année précédente est très semblable à la relation existant entre cette même rentabilité et le risque calculé sur la période allant de juin 1987 à juin 1988 (graphique 14).

4. La mesure de performance

Que faut-il entendre par mesure de performance ?

Il existe en général une confusion entre la performance et la rentabilité obtenue au cours d'une période passée. L'utilisation du critère de la rentabilité est très incomplète [1]. Tout placement a des caractéristiques propres qui le rendent adapté à la satisfaction de certains objectifs. Le placement idéal n'existe pas. Un tel placement serait le plus rentable, parfaitement liquide, permettrait de récupérer sans délai ni frais les sommes investies, serait d'une sécurité absolue et infiniment divisible sans exiger de montant minimum. Toute forme de placement résulte d'un compromis entre des intérêts divergents selon ces critères : rentabilité, risque, frais, montant et liquidité.

Afin de pouvoir comparer des SICAV entre elles, nonobstant leur diversité, il est souhaitable de pouvoir disposer d'un instrument synthétique.

Il est clair qu'à rentabilité égale les investisseurs préfèrent placer leurs fonds dans l'actif qui offre la plus grande chance de réaliser sa rentabilité espérée. Si le résultat escompté n'est pas acquis à coup sûr, ceux-ci exigent que leur placement rémunère leur prise de risque par un surcroît de rentabilité attendue. Inversement, sur longue période, un moyen d'augmenter la rentabilité de son portefeuille serait de choisir des actifs risqués, mais ceux-ci exposent l'investisseur à des pertes importantes sur certaines sous-périodes.

C'est pourquoi nous considérons comme instrument de mesure de performance l'indice de Sharpe qui est un ratio rentabilité/risque.

Le ratio de Sharpe est défini par la relation :

$$S_p = \frac{R_p - R_f}{\sigma}$$

avec :

– R_p : la moyenne des taux de rentabilité périodiques pendant la période de mesure ;

– R_f : le taux de rentabilité de l'investissement sans risque calculé de la même façon que R_p ;

– σ : l'écart type des excès des taux de rentabilité hebdomadaires au-delà du taux sans risque calculé sur la période.

Nous prenons pour R_f le taux du marché monétaire.

---

1. Voir également dans cette Encyclopédie l'article de P. Fontaine, « Gestion des portefeuilles internationaux ».

4.1. L'analyse théorique

Nous montrons sur un cas simple comment le ratio de Sharpe norme la rentabilité d'une stratégie de gestion par le risque.

Imaginons un investisseur qui aurait le choix entre deux actifs : un actif sans risque de rentabilité R_f et un actif risqué de rentabilité R et de risque σ. Soit X la fraction du portefeuille détenue en actif risqué.

La rentabilité du portefeuille sera $XR + (1 - X) R_f$, le risque du portefeuille vaudra :

$$[\text{var } (XR + (1 - X) R_f]^{1/2}$$
$$= [X \text{ var } R + (1 - X) \text{ var } R_f + X (1 - X) \text{ cov } (R, R_f)]^{1/2}$$
$$= X (\text{var } R)^{1/2} = X\sigma.$$

Ainsi, quelle que soit la part investie en actif risqué pourvu qu'elle soit non nulle, le ratio de Sharpe vaut, indépendamment de X :

$$S_p = \frac{[XR + (1 - X) R_f] - R_f}{X \sigma} = \frac{R - R_f}{\sigma}$$

Quel que soit le niveau de risque pris par l'investisseur, le ratio de Sharpe est le même. Ce ratio est donc plus juste que la seule rentabilité, dans la mesure où il ne pénalise pas le gérant dont les contraintes de gestion limitent la prise de risque.

4.2. L'analyse expérimentale

Dans le calcul du ratio :

$$S_p = \frac{R_p - R_f}{\sigma},$$

R_p et R_f, pour les raisons expliquées à la section 2, sont calculés avec glissement pour toute période supérieure à un an, ce qui permet, en plus, une mise en parallèle sur les mêmes périodes des classements par rentabilité et des classements selon le ratio de Sharpe.

Examinons globalement les résultats donnés par le ratio de Sharpe sur la période allant de juin 1985 à juin 1988 (329 SICAV en juin 1985).

Sur les graphiques 16 à 19, les SICAV regroupées dans leurs classes COB sont représentées, en haut de page, par leurs rentabilités et, en bas de page, par leurs ratios de Sharpe [1]. Les graphiques 16, 17 et 18 correspondent aux trois années suivantes :

– juin 1985-juin 1986 : graphique 16,
– juin 1986-juin 1987 : graphique 17,
– juin 1987-juin 1988 : graphique 18,

périodes présentant des conjonctures très différentes.

Le graphique 19 couvre l'ensemble des trois années allant de juin 1985 à juin 1988.

---

1. Dans ces graphiques, les chiffres 50, 51, 52, 60, 61, 62, etc., se réfèrent à la classification COB reproduite au tableau 2.

Graphique 16
Juin 1985/juin 1986

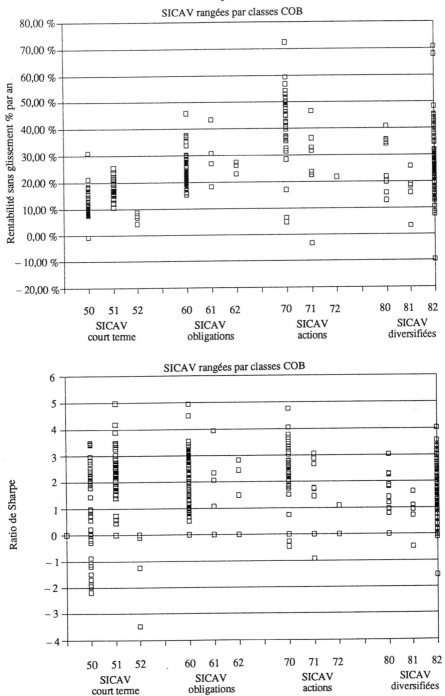

SICAV rangées par classes COB

Graphique 17
Juin 1986/juin 1987

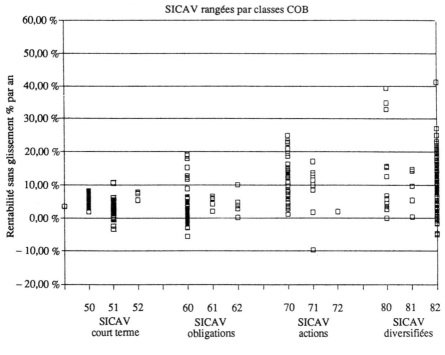

SICAV rangées par classes COB

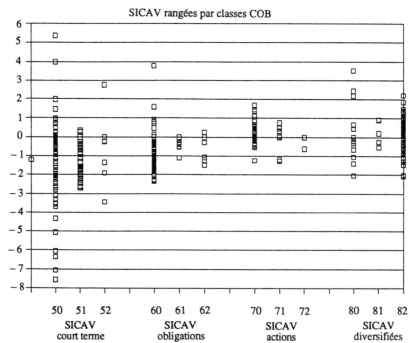

SICAV rangées par classes COB

Graphique 18
Juin 1987/juin 1988

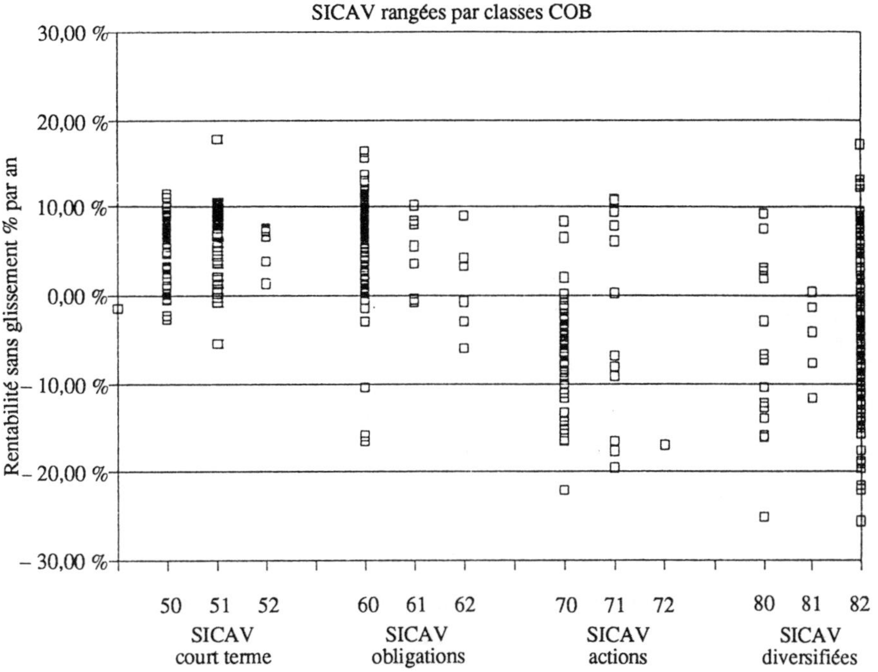

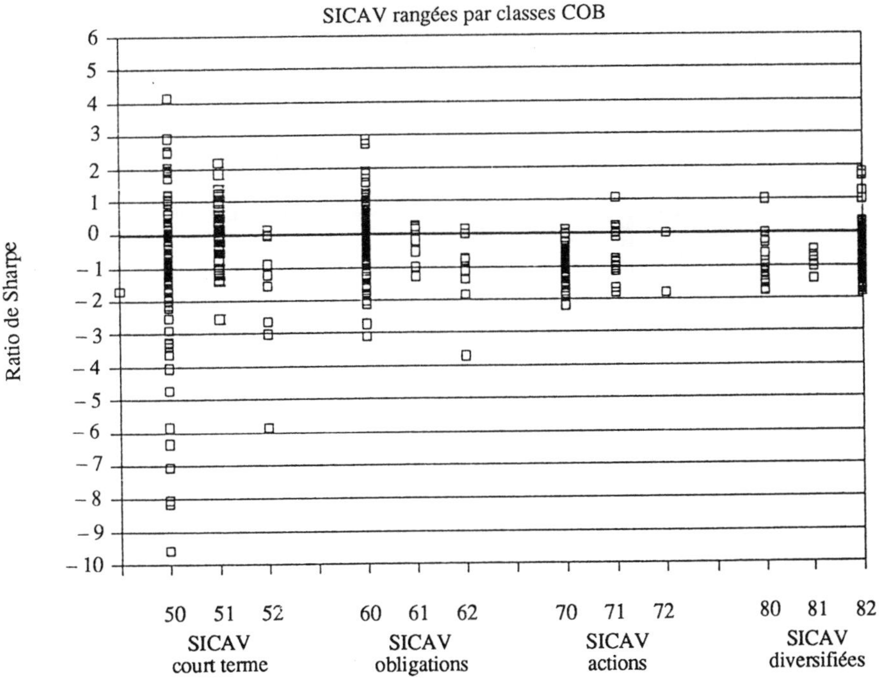

SICAV rangées par classes COB

SICAV rangées par classes COB

Graphique 19
Juin 1985/juin 1988
SICAV rangées par classes COB

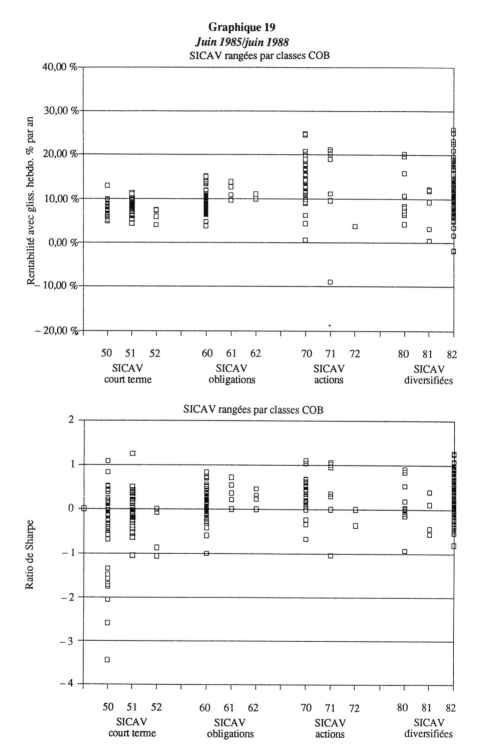

SICAV rangées par classes COB

Sur certaines périodes, les rentabilités des SICAV de classes différentes apparaissent à des niveaux fort éloignés comme l'attestent par exemple les positions des SICAV court terme et des SICAV actions sur les périodes allant de juin 1985 à juin 1986 et de juin 1987 à juin 1988 (graphiques 16 et 18).

Le ratio de Sharpe, en pondérant la rentabilité par le risque, a un double intérêt :

– Il ramène les différentes classes à des niveaux proches, ce qui permet de comparer directement des SICAV de types différents.

– Il permet, de plus, une meilleure différenciation à l'intérieur des classes peu risquées (voir par exemple les SICAV court terme sur la période allant de juin 1986 à juin 1987, graphique 17). Cependant, sur des périodes délicates comme celle allant de juin 1987 à juin 1988 (graphique 18), on observe un écrasement des SICAV très risquées.

Le ratio de Sharpe apparaît donc comme une mesure de performance efficace, tenant compte du risque et autorisant les comparaisons entre SICAV de catégories différentes. Il faut cependant s'abstenir de tirer des conclusions hâtives de mesures effectuées sur de trop courtes périodes.

4.3. Influence de la taille de la SICAV

De nombreuses idées circulent à propos de l'influence de la taille d'une SICAV sur ses performances. Pour certains, une petite SICAV est meilleure car plus mobile. Pour d'autres, au contraire, une grosse SICAV est mieux armée pour traverser les périodes difficiles comme le krach d'octobre 1987, ou mettre à profit des avantages informationnels dont bénéficieraient des équipes de gestion plus importantes. En réalité, il n'existe pas de relation simple entre la taille de l'actif et les divers critères de performance.

L'influence de la taille est facilement occultée par l'influence d'autres critères tels que les catégories d'actifs détenues, ou les spécialisations géographique et sectorielle. C'est pourquoi, dans l'exemple suivant, nous traitons un échantillon de 85 SICAV diversifiées, investies sur le marché de Paris et non spécialisées sectoriellement.

Sur les graphiques 21, 22 et 23, ces SICAV sont représentées en abscisse par leurs actifs totaux et en ordonnée par :

– leurs rentabilités : graphique 20,
– leurs risques : graphique 21,
– leurs ratios de Sharpe : graphique 22.

Les performances sont mesurées sur la période allant de juin 1987 à juin 1988 et les actifs sont évalués à la date du 31 décembre 1987.

Ces graphiques montrent que les performances des SICAV de grande taille ne sont ni plus élevées, ni plus faibles que les performances des SICAV de petite dimension. Cependant, on remarque que leurs résultats sont plus groupés et plus proches de la moyenne. Les SICAV de grande taille n'obtiennent pas de résultats extrêmes, c'est-à-dire ni très bons, ni très mauvais.

Graphique 20
SICAV diversifiées

Juin 1987/juin 1988

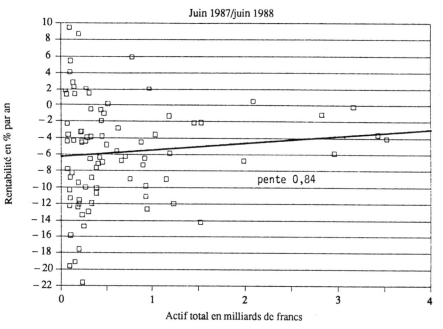

pente 0,84

Rentabilité en % par an

Actif total en milliards de francs

Graphique 21
SICAV diversifiées

Juin 1987/juin 1988

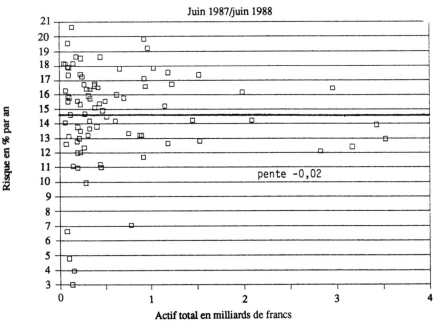

pente -0,02

Risque en % par an

Actif total en milliards de francs

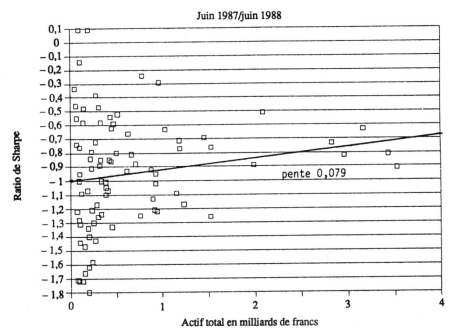

Graphique 22

SICAV diversifiées

Juin 1987/juin 1988

5. Le classement des SICAV

Nous avons vu dans les sections précédentes diverses mesures de performance intégrant ou non le risque. Elles sont souvent utilisées pour comparer les SICAV entre elles. Il apparaît donc utile de mesurer l'incidence sur le classement des SICAV de l'utilisation d'une mesure ou d'une autre. Nous évaluons les corrélations entre les classements à l'aide du test de Spearman dont nous expliquons d'abord la signification. Nous procédons ensuite à l'analyse des résultats.

5.1. Les problèmes méthodologiques et le test de Spearman

Le test de Spearman entre deux classements R_1 et R_2 se définit par la corrélation entre les rangs :

$$t = \left| \frac{[\text{cov}\,(R_1, R_2)]}{(\text{var}\,R_1)^{1/2}\,(\text{var}\,R_2)^{1/2}} \right|^{1/2}$$

formule qui se simplifie, R_1 et R_2 étant des rangs, en :

$$t = 1 - \frac{6 \sum\limits_{i=1}^{N} d_i^2}{N^3 - N}$$

avec :
d_i : la différence de rang pour la SICAV i,
N : le nombre total de SICAV.

Ce qui donne, en première approximation, l'équation suivante :

$$\left| \frac{\sum\limits_{i=1}^{N} d_i^2}{N} \right|^{1/2} = \left| \frac{1-t}{6} \right|^{1/2} \times N$$

Le test de Spearman donne des résultats indépendants du nombre de SICAV considérées. Cependant, pour une lecture plus parlante des résultats, on peut estimer, en première approximation, que l'écart moyen des rangs d'une SICAV entre deux méthodes de classements est égal à :

$$\left| \frac{1-t}{6} \right|^{1/2} \times N$$

avec :
t : le test de Spearman,
N : le nombre de SICAV classées.

Pour un exemple de 100 SICAV classées, nous obtenons :

Test de Spearman	Ecart moyen des rangs
0,9994	1
0,9976	2
0,9946	3
0,9904	4
0,9850	5
0,9400	10
0,8650	15
0,7600	20
0,4600	30

5.2. L'analyse des résultats

Nous examinons successivement l'influence sur le classement du réinvestissement du coupon, de l'utilisation d'une technique en glissement et, enfin, de la prise en compte du risque à travers le ratio de Sharpe.

5.2.1. Le réinvestissement du coupon

Le tableau 7 reproduit les corrélations de classement pour les mesures de rentabilité sans glissement avec coupon réinvesti, et avec coupon non réinvesti (voir le paragraphe 2.1.).

Tableau 7

Périodes	1 an						3 ans	5 ans
	1982-1983	1983-1984	1984-1985	1985-1986	1986-1987	1987-1988	1985-1988	1983-1988
Corrélation entre les classements	0,999	0,995	0,996	0,997	1,000	0,998	0,995	0,995

L'analyse du tableau 7 établit que l'ordre entre les SICAV est peu modifié par l'emploi d'une méthode ou de l'autre.

5.2.2. Les mesures avec glissement

Il existe une grande différence de méthode entre les mesures de rentabilité à date fixe et avec glissement (voir le paragraphe 2.2.). Le tableau 8 reproduit les corrélations entre les classements tirés de mesures avec glissement hebdomadaire et de mesures sans glissement.

Tableau 8

Périodes	2 ans					3 ans	5 ans
	1982-1984	1983-1985	1984-1986	1985-1987	1986-1988	1985-1988	1983-1988
Corrélation entre les classements	0,892	0,888	0,911	0,975	0,808	0,903	0,941

Les résultats du test de Spearman reproduits au tableau 8 reflètent des variations de rang significatives. Ils montrent que l'utilisation du glissement provoque une modification importante de la hiérarchie des SICAV sur une période donnée.

5.2.3. Le ratio de Sharpe

Evaluons maintenant l'importance de la prise en compte du risque sur le classement des SICAV. On trouve au tableau 9 les corrélations entre les classements par rapport aux rentabilités et par rapport aux ratios de Sharpe (tous les calculs de rentabilité sont réalisés avec coupon non réinvesti et avec glissement hebdomadaire).

Tableau 9

Périodes	2 ans					3 ans	5 ans
	1982-1984	1983-1985	1984-1986	1985-1987	1986-1988	1985-1988	1983-1988
Corrélation entre les classements	0,628	0,917	0,852	0,865	0,552	0,943	0,941

La prise en compte du risque ne bouleverse le classement que sur quelques périodes. Mais, dans tous les cas, elle apporte sans conteste une information supplémentaire, décisive pour évaluer globalement la performance d'une SICAV.

A titre d'illustration, on trouvera aux tableaux 10 et 11 les têtes de classement selon la rentabilité et selon le ratio de Sharpe pour la période allant de juin 1985 à juin 1988 (329 SICAV). Les SICAV du tableau 10 sont classées par ordre de rentabilité. Leur classement en regard du critère rentabilité/risque est indiqué dans la dernière colonne. Les SICAV du tableau 11 sont classées par ordre selon le ratio de Sharpe. Leur classement en regard du seul critère de la rentabilité est indiqué dans la dernière colonne.

L'observation de ces deux tableaux suggère deux commentaires.

– Seules deux SICAV, Stratégie Internationale et Cardival, ont le même classement selon les deux critères, rentabilité et rentabilité/risque.

– Dans certains cas, particulièrement pour des SICAV à risque faible, l'ordre des classements est très différent suivant les critères. Mobiplus, Clairval et Optirente, notamment, obtiennent une excellente performance, alors que leur classement suivant le seul critère de la rentabilité est médiocre.

Analysons plus en détail, sur trois exemples, l'importance de la prise en compte du risque. Le graphique 23 indique l'évolution des cours des SICAV Stratégie Internationale, MGF Valeurs et Clairval sur la période allant de juin 1985 à juin 1988, les coupons étant réintégrés au cours à la date de détachement et l'indice 100 étant fixé au 30 juin 1985.

Un investisseur ayant acheté des parts de SICAV le 30 juin 1985 et les revendant en fin de période aurait obtenu des résultats très voisins avec Stratégie Internationale et avec MGF Valeurs (respectivement 1re et 5e du classement suivant les rentabilités). En revanche, s'il avait acheté en avril 1987 et vendu en janvier 1988, il aurait enregistré une perte de 34 % avec MGF Valeurs, et seulement de 16 % avec Stratégie Internationale. Les variations de cours étant plus accentuées pour MGF Valeurs, cette SICAV est plus risquée. Cette dimension de la mesure de performance est intégrée dans le classement selon le ratio de Sharpe où MGF Valeurs chute à la 19e place, alors que Stratégie Internationale se maintient à la première (voir le tableau 10).

Tableau 10

Classement des 20 premières SICAV selon le critère de la rentabilité,
toutes catégories confondues, sur la période allant de juin 1985 à juin 1988.
Mesures effectuées avec coupon non réinvesti et en glissement hebdomadaire

Intitulé	Caractérisation sommaire	Classement / rentabilité	Classement / Sharpe
Stratégie Internationale	Diversifiées	1	1
Gestion Orient	Diversifiées	2	3
AGF 5000	Actions	3	9
Cardival	Actions	4	4
MGF Valeurs	Diversifiées	5	19
Japacic	Diversifées	6	6
Laffite Tokyo	Actions	7	10
Haussmann Europe	Diversifiées	8	11
Agépargne	Actions	9	32
Laffite Japon	Actions	10	13
Gestion Uni Japon	Actions	11	14
Sélection Avenir	Actions	12	20
France Entreprise	Diversifiées	13	36
Uni Régions	Actions	14	18
Via Investissement	Actions	15	33
Sélection Valeurs Françaises	Diversifiées	16	40
Monceau France Asie	Diversifiées	17	8
Saint-Honoré PME	Actions	18	16
Victoire Valeurs	Actions	19	15
Saint-Honoré Bio-Alimentaires	Actions	20	22

Tableau 11

Classement des 20 premières SICAV selon le ratio de Sharpe,
toutes catégories confondues, sur la période allant de juin 1985 à juin 1988.
Mesures effectuées avec coupon non réinvesti et en glissement hebdomadaire

Intitulé	Caractérisation sommaire	Classement / Sharpe	Classement / rentabilité
Stratégie Internationale	Diversifiées	1	1
Mobiplus	Court terme	2	92
Gestion Orient	Diversifées	3	2
Cardival	Actions	4	4
Clairval	Court terme	5	138
Japacic	Diversifiées	6	6
Optirente	Diversifiées	7	81
Monceau France Asie	Actions	8	17
AGF 5000	Actions	9	3
Laffite Tokyo	Actions	10	7
Haussmann Europe	Diversifiées	11	8
Victoire Obligations	Diversifiées	12	34
Laffite Japon	Actions	13	10
Gestion Uni Japon	Actions	14	11
Victoire Valeurs	Diversifiées	15	19
Saint-Honoré PME	Diversifiées	16	18
Victoire	Diversifiées	17	21
Uni Régions	Diversifiées	18	14
MGF Valeurs	Diversifiées	19	5
Sélection Avenir	Diversifiées	20	12

Graphique 23
Evolution des cours

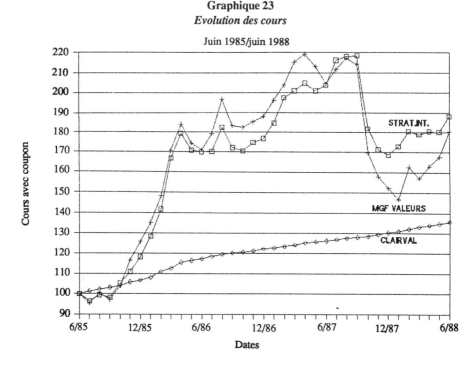

Juin 1985/juin 1988

La SICAV Clairval recherche la régularité et, comme en témoigne le graphique 23, elle l'obtient parfaitement. La 138e place occupée par cette SICAV dans le classement selon la seule rentabilité (voir le tableau 11) ne reflète absolument pas la qualité de sa gestion. Par la prise en compte du risque, elle est promue à la 5e place et devance, par exemple, MGF Valeurs.

6. Une classification tenant compte du risque

Les résultats de la section 5 démontrent la nécessité de la prise en compte du risque dans l'évaluation des SICAV. Il serait donc intéressant d'introduire ce paramètre dans le classement. Quelle méthode doit-on employer pour en tirer une information maximale ? Et comment mettre en correspondance la mesure du risque avec la déclaration de type de gestion communiquée à la COB par les gérants de SICAV.

6.1. Une tentative de classification par le risque

Le risque est une grandeur caractéristique de la SICAV. Cependant, comme le montre le graphique 24, sur des périodes de 1 et 3 ans, il comporte deux composantes distinctes :
– le risque caractéristique du type de SICAV, représenté par le niveau global de la classe COB (SICAV court terme, SICAV obligations, SICAV actions, SICAV diversifiées) ;

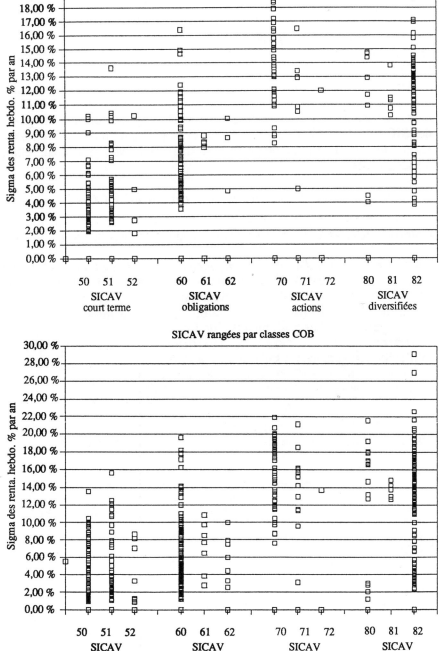

Graphique 24
Juin 1985/juin 1988
SICAV rangées par classes COB

– le risque caractéristique du type de gestion, représenté par le niveau relatif de la SICAV à l'intérieur de la classe COB.

Une classification élaborée sur l'ensemble des SICAV refléterait nécessairement ces deux composantes :

– de par la première composante, elle serait redondante de la classification COB (voir le paragraphe 3.1.) ;

– de par la deuxième composante, elle préciserait la classification COB et révélerait les « anomalies ».

Une telle classification ne serait donc pas sans intérêt et permettrait, pour le moins, une lecture moins abstraite de la mesure du risque. Cependant, elle n'apporterait que peu d'informations sur la politique de gestion des SICAV à l'intérieur de leurs classes et ne pourrait donc pas être mise en regard de la déclaration de type de gestion qui a un caractère local, relatif à la classe COB.

6.2. Le risque comme complément de la classification COB

Il apparaît donc plus pertinent d'effectuer des classifications locales à l'intérieur des classes COB. Construisons une telle classification.

6.2.1. *Considérons d'abord les catégories COB* provenant de la caractérisation sommaire : SICAV court terme, SICAV obligations, SICAV actions, SICAV diversifiées. Etablissons dans chaque catégorie trois classes de risque d'effectifs égaux, « risque faible », « risque moyen » et « risque fort » à partir des mesures annuelles de risque.

Testons la stabilité d'une telle classification sur les SICAV existant en juin 1985 à travers les trois classifications effectuées :

A : sur la période allant de juin 1985 à juin 1986.
B : sur la période allant de juin 1986 à juin 1987.
C : sur la période allant de juin 1987 à juin 1988.

Le tableau 12 indique, pour chaque catégorie et pour l'ensemble, le pourcentage de SICAV ne changeant pas de classe entre deux périodes :

Tableau 12

Classes	Restent stables entre A et B	B et C	A et C	Restent stables entre (A et B) et entre (B et C)
SICAV court terme	61 %	43 %	48 %	31 %
SICAV obligations	47 %	56 %	43 %	29 %
SICAV actions	65 %	59 %	70 %	50 %
SICAV diversifiées	55 %	52 %	50 %	32 %
Total	56 %	51 %	50 %	33 %
[Hasard pur]	[33 %	33 %	33 %]	[11 %]

Sur une période où les gérants ne sont encore que peu sensibilisés au respect de leurs politiques de gestion (voir section 3), une telle classification présente tout de même une stabilité entre deux années consécutives supérieure à 50 %.

6.2.2. Testons maintenant une classification semblable élaborée sur les trois catégories provenant de la durée de placement : durée inférieure à trois mois, durée comprise entre trois mois et deux ans, durée supérieure à deux ans. Sur les mêmes périodes, nous obtenons les résultats reproduits au tableau 13.

Tableau 13

Classes	Restent stables entre A et B B et C A et C	Restent stables entre (A et B) et entre (B et C)
Durée de placement inférieure à 3 mois	55 % 41 % 46 %	25 %
Durée de placement comprise entre 3 mois et 2 ans	55 % 53 % 50 %	35 %
Durée de placement supérieure à 2 ans	67 % 66 % 61 %	48 %
Total	62 % 59 % 56 %	42 %
[Hasard pur]	[33 % 33 % 33 %]	[11 %]

La stabilité est sensiblement meilleure que celle obtenue au paragraphe 6.2.1.

6.2.3. Ces classifications, effectuées sur des périodes d'un an peuvent bien sûr être élaborées sur des périodes plus longues (deux ans et plus), ce qui comporte deux avantages :
– par effet d'inertie, les résultats sont plus stables et laissent un « droit à l'erreur » plus important aux gérants de SICAV ;
– la période de calcul et de classement peut correspondre aux périodes de calcul avec glissement des rentabilités et des ratios de Sharpe.

Testons de telles classifications effectuées sur deux ans :
D : sur la période allant de juin 1985 à juin 1987,
E : sur la période allant de juin 1987 à juin 1988.

Nous obtenons, pour le premier système de classification, les résultats suivants :

Tableau 14

Classes	Restent stables entre D et E
SICAV court terme	58 %
SICAV obligations	57 %
SICAV actions	78 %
SICAV diversifiées	61 %
Total	62 %

Les résultats pour le deuxième système de classification sont reproduits au tableau 15.

Tableau 15

Classes	Restent stables entre D et E
Durée de placement inférieure à 3 mois	57 %
Durée de placement comprise entre 3 mois et 2 ans	61 %
Durée de placement supérieure à 2 ans	70 %
Total	66 %

Une telle classification pourra être utilisée comme vérification *a posteriori* de la politique de gestion suivie par le gérant et sera donc une information précieuse pour le public.

*
* *

Des classements de SICAV apparaissent périodiquement dans la presse spécialisée. Ils ne présentent pas toujours toute la rigueur souhaitable, dans la mesure où ils ne prennent pas en compte toutes les données nécessaires. De plus, ils distinguent rarement les divers types de SICAV et ne permettent pas de rendre compte de la qualité relative d'une SICAV dans sa catégorie.

Or, la mesure de performance des SICAV constitue un exercice de première importance, à la fois comme aide à la décision pour les épargnants et comme outil d'évaluation et de contrôle pour les gérants de portefeuille et les organismes de gestion. A l'égard des premiers, il s'agit de trouver une mesure à la fois transparente et objective, permettant de juger des opportunités et des risques que présente l'investissement dans telle ou telle SICAV. Les seconds doivent pouvoir apprécier l'opportunité des choix de placement du gérant à la fois de manière synthétique et compte tenu des différentes phases de la décision d'investissement : la diversification entre les divers marchés géographiques, d'une part, le choix entre les classes d'actifs et la sélection des titres à l'intérieur de chaque marché, d'autre part.

La mesure de performance passe tout d'abord par la mesure de la rentabilité. Pour effectuer cette mesure, il apparaît superflu de supposer le coupon réinvesti à la date de son détachement, le report du coupon en fin de période n'entraînant qu'une faible erreur. En revanche, l'utilisation d'une méthode de calcul en glissement, intégrant mieux le coupon et modifiant les pondérations sur la période de mesure, doit être prise en considération.

Le risque, mesuré par la volatilité, reflète de manière satisfaisante la caractérisation sommaire des SICAV. En revanche, la politique de gestion déclarée par les SICAV semble fort peu respectée. La relation risque/ rentabilité présente une bonne linéarité à moyen terme.

La prise en compte du risque dans une mesure synthétique de performance est faite à travers le ratio de Sharpe qui permet une meilleure comparaison entre des SICAV de contenus et d'objectifs différents. Le classement des SICAV se trouve grandement modifié par l'utilisation des méthodes en glissement, d'une part, et par la prise en compte du risque, d'autre part. En revanche, le critère de la taille ne semble pas un facteur explicatif de la performance des SICAV.

L'importance décisive du risque nous amène à l'intégrer dans la classification des SICAV. Cependant, pour avoir une information utile, il convient de n'effectuer ce classement qu'à l'intérieur de catégories suffisamment homogènes. On obtient finalement des classes de risque d'une stabilité satisfaisante.

Cette étude met en évidence trois points méthodologiques importants :
– la faible différence entre les mesures de la rentabilité avec coupon réinvesti et avec coupon non réinvesti, d'une part, et l'intérêt de l'utilisation d'une technique de glissement, d'autre part ;
– l'importance du risque et son caractère déterminant dans l'évaluation des performances et le classement des SICAV ;
– la possibilité de mettre en place une classification des SICAV intégrant le risque et pouvant servir au contrôle *a posteriori* de la politique de gestion déclarée par les SICAV.

Plus généralement, il apparaît nécessaire, pour pouvoir comparer des SICAV, de disposer d'un faisceau d'informations respectant trois impératifs :
– les calculs doivent être effectués sur plusieurs périodes de longueur différente ;
– les calculs doivent comporter des mesures de la rentabilité et du risque ainsi que des classements prenant en compte ces deux critères ;
– les classements doivent être effectués pour l'ensemble des SICAV et pour des catégories plus homogènes.

Références

Associés en Finance, « La mesure de performance des portefeuilles », *Lettre Financière* (n° 13, 1988).

Associés en Finance, *La mesure de performance des SICAV, 1982-1988,* 1988.

Fama E., « The Behavior of Stock Market Prices », *Journal of Business* (January 1965).

Henriksson R.D., « Market Timing and Mutual Fund Performance : An Empirical Investigation », *Journal of Business* (January 1984).

Henriksson R.D., Merton R.C., « On Market Timing and Investment Performance II. Statistical Procedures for Evaluating Statistical Skills », *Journal of Business* (October 1981).

Jacquillat B., « La mesure de performance et le contrôle des gérants de portefeuille », *Analyse financière* (5, 2e trimestre 1971).

Jacquillat B., Solnik B., *Marchés financiers, gestion de portefeuille et du risque,* Paris, Dunod, 1989.

Jensen M., « The Performance of Mutual Funds in the Period 1945-1964 », *Journal of Finance* (May 1968).

McDonald J.G., « Objectives and Performance of Mutual Funds, 1960-1969 », *Journal of Financial and Quantitative Analysis* (June 1964).

Merton R.C., « On Estimating the Expected Return on the Market : An Exploratory Investigation », *Journal of Financial Economics* (December 1980).

Peterson D., Rice M.L., « A Note on Ambiguity in Portfolio Performance Measures », *Journal of Finance* (December 1980).

Roll R., « A Critique of the Asset Pricing Theory's Tests ; Part I. On Past and Potential Testability of the Theory », *Journal of Financial Economics* (March 1977).

Roll R., « Ambiguity when Performance is Measured by the Security Market Line », *Journal of Finance* (September 1978).

Roll R., « Performance Evaluation and Benchmark Errors (I) », *Journal of Portfolio Management* (Summer 1980).

Roll R., « Performance Evaluation and Benchmark Errors (II) », *Journal of Portfolio Management* (Winter 1981).

Sharpe W.F., « A Simplified Model for Portfolio Analysis », *Management Science* (January 1963).

Sharpe W., « Mutual Fund Performance », *Journal of Business* (January 1966).

Treynor J.L., « How to Rate Management of Mutual Funds », *Harvard Business Review* (February 1965).

Treynor J.L., Mazuy K.K., « Can Mutual Funds Outguess the Market », *Harvard Business Review* (July-August 1966).

Mots clés

Caractérisation sommaire, classement des SICAV, Commission des opérations de bourse (COB), dynamisme, Fonds commun de placement (FCP), horizon de placement, mesure de la rentabilité, mesure de performance, mesure du risque, objectifs de gestion, organisme de placement collectif en valeurs mobilières (OPCVM), rapport rentabilité/risque, ratio de Sharpe, régularité, rentabilité coupon non réinvesti, rentabilité coupon réinvesti, risque, sensibilité, SICAV (Société d'Investissement à Capital Variable), SICAV actions, SICAV court terme, SICAV diversifiée, SICAV obligations, type de gestion.

92

Mesure des ressources humaines

Eric Vatteville

> *« Le conseil "Chercher le nombre" n'est sage*
> *que s'il n'est pas interprété comme signifiant*
> *il faut trouver un nombre dans chaque chose. »*
> N. Georgescu-Roegen

Les spécialistes de la gestion n'intègrent qu'avec beaucoup d'hésitations les ressources humaines dans leurs modèles. Le calcul économique, en ce domaine, est souvent incomplet ou défaillant par manque d'information précise et quantifiée. Les hommes sont pourtant l'élément clé de la flexibilité d'une entreprise, sa principale réserve de productivité, mais ils sont aussi une force d'inertie redoutable. Les décisions les concernant sont d'une portée particulièrement longue.

Leur gestion nécessite des instruments de mesure. La mesure n'est jamais une donnée. Il s'agit de la construire en se référant à des objets observables. Cette démarche est inséparable d'une théorie des phénomènes étudiés. Elle aboutit tout naturellement à une application du nombre aux éléments continus ou discontinus qu'il importe d'évaluer. Le recours au nombre n'est pas le signe d'un quelconque primat accordé à la quantité. Il s'impose en raison de sa commodité. Il fait participer le phénomène à la quantification du réel, une des sources principales du progrès scientifique. Le quantitatif, en outre, est le moyen privilégié d'expression des modèles de décision. Les ressources humaines ne peuvent pas y échapper. Leur intégration dans la politique générale exige une harmonisation des méthodes et des langages.

L'appel à la mesure se justifie d'autant mieux que la qualité des choix effectués dépend plus de la précision des informations que de la sophistication des modèles. L'exécution d'une mesure n'est simple que si la notion cherchée a été définie de façon précise et si l'observateur dispose d'une grandeur finie pour l'estimer. La possibilité de découvrir un étalon en matière humaine et sociale est parfois contestée. Mais il n'est pas nécessaire de disposer d'un étalon unique et invariable (la température, par exemple, connaît plusieurs unités selon les échelles adoptées : Celsius, Fahrenheit, Kelvin). En outre, cet écueil peut être partiellement contourné par l'usage de grandeurs sans dimensions, comme les ratios. Il faut souligner néanmoins qu'en matière de ressources humaines plus qu'ailleurs l'acte même de mesurer perturbe les faits et les sujets observés.

Toute mesure présente des spécificités liées à l'essence du phénomène examiné. Les instruments évoqués seront de nature statistique et collective comme le sous-entend l'usage du mot « ressources ». Leur capacité à fournir une information exacte et précise commande l'efficacité de la stratégie. Pour maîtriser son développement et préserver sa sécurité, la direction de l'entreprise a besoin de renseignements détaillés et permanents sur l'état de ses ressources humaines, mais également sur leur potentiel. La lutte contre l'incertitude du futur commence par la connaissance du présent.

1. L'état des ressources humaines

Sa description ne peut pas s'appuyer sur une discipline autonome dotée de ses méthodes et avec son objet particulier (comme la comptabilité générale, par exemple). Deux grandes familles d'observations sont utilisables, relevant de deux visions complémentaires. La première, analytique, s'appuie sur le bilan social et ses indicateurs. La seconde, plus ambitieuse, est synthétique ; la comptabilité des ressources humaines tend à harmoniser la valeur des choses et celle des hommes.

1.1. La vision analytique : le bilan social [1]

Instrument d'action collective, l'entreprise procède à d'innombrables échanges avec son environnement. A côté de ses buts économiques, on tend aujourd'hui à lui reconnaître une responsabilité sociale. Cette attitude s'accompagne très logiquement d'un compte rendu périodique au reste de la société. Les tiers intéressés aux divers aspects du fonctionnement de la firme seront ainsi informés. La définition du cercle des intéressés peut être plus ou moins étendue et, par conséquent, l'inventaire et les mesures qui s'y adjoignent peuvent être plus ou moins larges. Deux conceptions se distinguent.

– La première est la plus vaste possible. Elle s'intéresse à l'ensemble des relations avec l'environnement. Les prélèvements sur la nature, les rejets polluants seront estimés aussi bien que les obligations fiscales ou encore les rémunérations et les conditions de travail des salariés. L'étude tend principalement à mettre l'accent sur la responsabilité sociale externe de l'entreprise. Le champ à observer déborde largement les ressources humaines.

– La seconde est restrictive. Elle se concentre sur les rapports « patronat-salariés ». L'attention se porte sur la responsabilité sociale interne. Le législateur français, avec la loi du 12 juillet 1977 sur le bilan social, a retenu cette façon de voir. Il a voulu créer, dans le prolongement du Code du travail, un outil d'information principalement à l'usage des salariés [2].

Une tentative de quantification de l'état des ressources humaines s'est ainsi propagée dans notre pays. Elle est malheureusement limitée dans son étendue et dans sa méthode. Seules les entreprises dont l'effectif habituel

---

1. Voir également dans cette Encyclopédie l'article de R. Danziger, « Bilan social ».
2. En fait, le principal destinataire du nouveau document est le comité d'entreprise.

dépasse 300 personnes sont soumises à la nouvelle obligation. Plus de la moitié de la population active salariée du secteur privé demeure en dehors du champ d'application de la loi. Une telle situation est inévitable, dès lors qu'on souhaite retenir un seuil raisonnable du point de vue de la signification statistique.

L'obligation a eu une conséquence regrettable. Elle a stérilisé un certain nombre d'efforts spontanés de mesure du social engagés au début des années 1970. Remplir le lourd document officiel est devenu le principal souci. Après dix années de pratique, le contenu du bilan social est désormais bien connu. Le tableau 1 résume le plan de classement des principales informations.

Tableau 1

Emploi	Rémunérations et charges accessoires	Conditions d'hygiène et sécurité	Autres conditions de travail	Formation	Relations professionnelles	Autres conditions de la vie relevant de l'entreprise
11. Effectifs	21. Montant des rémunérations	31. Accidents du travail et de trajet	41. Durée et aménagement du temps de travail	51. Formation professionnelle continue	61. Représentants du personnel et délégués syndicaux	71. Œuvres sociales
12. Travailleurs extérieurs	22. Hiérarchie des rémunérations	32. Répartition des accidents par élément matériel	42. Organisation et contenu du temps de travail	52. Congés formation	62. Information et communication	72. Autres charges sociales
13. Embauches	23. Mode de calcul	33. Maladies professionnelles	43. Conditions physiques de travail	53. Apprentissage	63. Différences concernant l'application du droit du travail	
14. Départs	24. Charges accessoires	34. CHS	44. Transformation de l'organisation du travail			
15. Promotions	25. Charges salariales globales	35. Dépenses en matière de sécurité	45. Dépenses d'ACT			
16. Chômage	26. Participation financière des salariés		46. Médecine du travail			
17. Handicapés			47. Travailleurs inaptes			
18. Absentéisme						

Les rubriques retenues montrent clairement que le mot « bilan » ne doit pas être pris dans son sens juridique et comptable. La notion d'équilibre en est absente et le calcul de grandeurs synthétiques, comme une situation nette sociale ou une valeur ajoutée sociale, est hors de question. Le mot « bilan » est pris au sens figuré (l'expression médicale « bilan de santé » en éclaire la portée). Il s'agit avant tout de présenter une information ordonnée et aussi exhaustive que possible (plus de 170 indicateurs, selon la liste établie par le décret du 8 décembre 1977).

Du point de vue de la mesure des ressources humaines et de son utilisation, les options retenues par le législateur viennent compliquer la tâche des interprètes. Les problèmes proviennent principalement de la conception des indicateurs, du niveau de la saisie de l'information et de la comparabilité des données. Quel que soit l'instrument envisagé, ces difficultés doivent être surmontées. Nous allons les reprendre successivement en critiquant la réglementation française en vigueur.

1.1.1. La conception des indicateurs

Les indicateurs sont des instruments de mesure. Ils servent à révéler des informations. Une réflexion sur les données nécessaires est un préalable indispensable à leur élaboration. Il n'y a pas de bonne mesure sans identification précise des phénomènes dont on envisage l'étude, sans recherche des grandeurs propres à conduire à une évaluation numérique. L'existence d'étalons multiples (nombre d'éléments sont réfractaires à une quantification fondée sur l'unité monétaire habituelle en gestion) impose le respect de procédures strictes. Le moment et le lieu où le fait devient chiffre doivent être clairement définis. « Il est nécessaire de réfléchir pour mesurer et non de mesurer pour réfléchir », écrivait G. Bachelard dans *Le nouvel esprit scientifique*.

Un instrument de mesure doit présenter des qualités techniques. Tout d'abord, l'indicateur, pour restituer le mieux possible la réalité et fournir une information pertinente, doit être voisin des phénomènes à observer (fidélité, objectivité). Ensuite il lui faut être homogène dans le temps et dans l'espace ; deux personnes effectuant la même mesure dans une entreprise doivent trouver la même valeur (permanence, stabilité). Enfin, il doit posséder une acuité suffisante pour saisir et rendre compte de toutes les finesses des variables étudiées (sensibilité, précision).

La réunion de ces diverses qualités peut seule conduire à de bonnes mesures et à des résultats significatifs. Les conséquences sont importantes. Les représentations numériques de phénomènes serviront de base à des analyses, c'est-à-dire à des argumentations, des raisonnements susceptibles de conduire à la connaissance ou à la décision.

Les exigences des praticiens s'ajoutent aux contraintes techniques pesant sur les outils d'observation. Pour un gestionnaire, la création d'un indicateur n'a de sens que s'il est une aide à la décision (pour maîtriser son domaine d'activité, le mettre sous contrôle). C'est un moyen et non une fin.

Aujourd'hui, la surabondance de l'information est tout aussi redoutable que ses lacunes. Elle risque de paralyser le décideur.

Toute batterie d'indicateurs présente un inconvénient d'autant plus sensible qu'elle est plus développée. Elle confronte l'utilisateur à une multitude de nombres correspondant chacun à un aspect partiel de la réalité. Noyer le lecteur sous un flot de 150 ou 200 informations ponctuelles, nonobstant leur élaboration quantitative, n'est pas le moyen le plus sûr de le conduire à un jugement synthétique ni de faciliter ses choix.

Dans sa présentation actuelle, le bilan social présente une autre faiblesse. Il mélange des informations nominales (valeurs absolues, nombre d'unités), ordinales (classement de certains éléments), statistiques (moyennes, pourcentages, rarement), binaires (réponses « oui ou non »). Des ratios auraient été plus clairs dans bien des cas. Il existe de nombreux domaines où des rapprochements peuvent être révélateurs. Naturellement, mettre deux grandeurs sous forme de fraction n'augmente pas leur signification ni leur précision. Mais lorsque certaines liaisons ou causalités sont vraisemblables entre elles, l'interprétation s'en trouve facilitée. Une collection d'indicateurs ne devient pas automatiquement un système d'observation et d'information.

La sélection des indicateurs soulève une difficulté qualitative. Elle ne peut pas faire l'objet d'un traitement général. Les données utiles sont variables avec l'entreprise, avec la période... Le système doit être clair et simple, complet et synthétique, évolutif et flexible. Ses maladies, ses dysfonctionnements entravent l'adaptation de l'entreprise à son environnement et menacent sa survie.

Les préférences de l'administration ont pesé trop lourd dans le choix des indicateurs figurant dans le document officiel. Bon nombre d'entre eux sont marqués par le souci de contrôler le respect de la législation du travail. Les autres reflètent les priorités du moment (conditions de travail et formation, par exemple). Enfin, la volonté d'utiliser des informations déjà disponibles limite la portée de l'innovation. Tout cela réduit la pertinence du bilan social pour les responsables de la gestion. La conception des indicateurs n'est pas le seul élément susceptible de perturber la mesure ; l'échelle d'observation doit également être définie.

1.1.2. L'échelle de l'observation

Le niveau de saisie de l'information le plus utilisé dans la loi est l'établissement. Le bilan social d'établissement est le plus développé ; sécurité, conditions de travail, relations professionnelles sont souvent discutées à cet échelon. Dans les entreprises à établissements multiples, il faut donc consolider les données élémentaires et additionner en évitant les doubles comptes. L'opération inverse de décontraction des faits saisis directement pour l'ensemble de l'entreprise (participation, aide au logement, dépenses de formation...) n'exige qu'un effort d'organisation. Etablissement ou entreprise, le choix de l'une ou de l'autre de ces échelles est commandé par la nature des phénomènes à mesurer. Le passage entre elles ne pose pas trop de problèmes.

L'évolution de notre système économique conduit en revanche à poser une question de fond. L'entreprise est-elle toujours un niveau pertinent d'observation ? Cette interrogation est provoquée par deux difficultés.

– Les entreprises ont de plus en plus souvent recours à la sous-traitance. Elles peuvent ainsi expulser de leur bilan social une partie de leurs activités (par exemple, l'entretien, tâche souvent dangereuse et mal payée). Les effets de ce type de contrat sont parfois pervers. Ils se révèlent à l'occasion de conflits sociaux (le nettoyage des installations de la RATP en a fourni une bonne illustration). Un bilan social exhaustif ne devrait pas négliger les conditions de travail de la main-d'œuvre extérieure.

– La croissance des firmes s'effectue aujourd'hui par des prises de participation, des créations de filiales, y compris à l'étranger. Ainsi naissent des « groupes » dont l'existence vient tout juste d'être reconnue en France. Une loi du 28 octobre 1982 a institué, avec le Comité de groupe, une instance supplémentaire de représentation du personnel ; mais surtout, une loi du 3 janvier 1985 a réglementé les comptes consolidés.

La délimitation de cette entité est toujours délicate. L'exercice du pouvoir ne s'inscrit pas nécessairement dans les cadres juridiques soumis aux publicités légales. Les communautés d'intérêt résultant d'actions menées de concert, la sous-traitance, les contrats de concession, de franchise, les prêts, sont plus contraignants parfois qu'un contrôle exercé par le jeu d'une participation. Définition juridique et réalité économique ne coïncident pas. La réglementation actuelle n'a pas surmonté cet obstacle.

Le souci de respecter la territorialité de notre législation est à l'origine d'une autre faiblesse. Faire en 1988 le bilan social d'une entreprise sans tenir compte de ses implantations à l'étranger est illusoire ou fallacieux. Le risque d'évasion de l'information n'est pas négligeable. Il s'agit malheureusement d'un aspect de la réalité pour le moment insaisissable. La détermination minutieuse des limites de l'ensemble observé est une des conditions de la validité de toute comparaison, opération qui se heurte à d'autres problèmes.

1.1.3. *Les difficultés de comparaison*

Une connaissance en profondeur de l'état des ressources humaines suppose des références externes et internes. La fiabilité des indicateurs, c'est-à-dire leur capacité à fournir des mesures avec de faibles erreurs relatives, est subordonnée à leur cohérence dans l'espace et dans le temps. La validité des études comparatives en dépend. Celles-ci ont un intérêt indiscutable ; l'objectif dernier de la mesure est l'amélioration de la gestion. Dans une telle perspective et en période de mutations rapides, il est de plus en plus utile pour les chefs d'entreprises de trouver des points de comparaison dans leur environnement professionnel ou régional.

Les références spatiales et sectorielles sont d'utilisation fréquente dans de nombreux domaines. Malheureusement, le législateur français a voulu éviter que le bilan social puisse devenir un instrument de comparaison automatique. Les informations retenues, et surtout la présentation choisie, rendent difficile la formulation d'un jugement d'ensemble. Tous les indicateurs n'ont pas la même importance, mais comment les pondérer pour parvenir à une appréciation synthétique ?

Les comparaisons dans le temps sont également malaisées. La dimension historique est pourtant fondamentale dans l'établissement d'un diagnostic, dans la révélation de successions causales. Une mesure sur une seule période ne permet jamais de se faire une idée précise de la situation. Une grandeur considérée isolément est toujours d'interprétation délicate. Elle peut avoir été influencée par un événement exceptionnel survenu pendant l'année examinée. En revanche, une étude sur trois à cinq ans fournit une description plus satisfaisante. Il ne faut pas oublier néanmoins que sur un tel espace de temps l'environnement se transforme, les conditions de production de l'entreprise se modifient (investissements, changements dans la gamme des produits, adoption de nouvelles méthodes de gestion...).

Le traitement du temps soulève en notre matière une sérieuse difficulté théorique. Comment comparer des résultats enregistrés au cours de périodes successives ? En matière financière, des bénéfices peuvent venir compenser des pertes. L'actualisation et la capitalisation autorisent la transformation de tout revenu futur ou passé en un revenu immédiat. Il est impossible de concevoir ici un coefficient d'équivalence permettant, par exemple, de convertir des licenciements passés en embauches présentes, ou un taux futur d'accidents du travail en dépenses de formation actuelles. Les études de longue période sont très malaisées.

La détermination de la période d'analyse est toujours délicate en matière économique et plus encore sociale. L'année est souvent une période trop courte pour que les effets d'une décision concernant les ressources humaines aient le temps de se manifester. La période d'analyse ne sera pas la même pour tous les phénomènes. Les coûts de l'appel à des travailleurs intérimaires peuvent être appréciés à très court terme, alors que les incidences d'une action de formation des cadres aux techniques de gestion ne seront perceptibles que plusieurs années plus tard. Les phénomènes sociaux n'ont pas tous la même périodicité. Cela n'est pas une originalité ; en finance, il n'en va pas différemment, le cycle de l'exploitation et celui de l'investissement ne coïncident pas. Néanmoins, une telle particularité exige de l'observateur une attention soutenue et impose beaucoup de prudence dans la mise en évidence de correspondances temporelles. Les précautions sont indispensables dans un domaine où la mesure ne renvoie que rarement à des constructions théoriques claires.

Comme instrument d'évaluation, le bilan social n'est donc pas à l'abri de toute critique. Il ne faut pas méconnaître cependant qu'il a partiellement comblé une lacune. Les données chiffrées, même imparfaites, appellent des commentaires, des explications, une recherche des causes. Il y a là une promesse de progrès de la connaissance. Mais pour intégrer le personnel dans la politique générale, il faut un outil qui, au sens propre de l'expression, le prenne en compte. Telle est l'ambition de la comptabilité des ressources humaines tournée vers l'agrégation de toute l'information en une valeur unique et synthétique.

1.2. La vision synthétique : la comptabilité des ressources humaines

La comptabilité des ressources humaines est un effort pour donner un contenu concret à un programme de recherche théorique sur le capital humain, initié par T. Schultz et G. Becker au début des années 1960. Ainsi pourrait s'incorporer dans une vision économique cohérente un des clichés les plus utilisés par les dirigeants d'entreprises : « Notre personnel est notre actif le plus important ».

Le capital humain – ensemble des aptitudes, connaissances et savoir-faire des travailleurs – est le poste manquant dans les comptes. Cette lacune est d'autant plus regrettable que nous assistons à une dépréciation relative des biens matériels par rapport aux actifs intangibles. Les membres du personnel sont l'objet de dépenses voisines par nature de celles consacrées aux équipements et non moins importantes : formation, soins médicaux, apprentissage des circuits d'information, des procédures de régulation, des modes de règlement des conflits... Ils fixent en eux-mêmes une certaine valeur. Une telle présentation des choses conduit à l'adoption de l'étalon de mesure traditionnel en matière comptable : l'unité monétaire. Ce choix ne règle pas le problème de fond préalable à toute inscription d'une donnée chiffrée dans un compte, celui de la méthode d'évaluation. Au plan des principes, trois démarches sont envisageables : du passé vers le présent (solution habituelle du coût historique), du présent vers l'avenir (coût de remplacement), ou enfin de l'avenir vers le présent (solution économique fondée sur l'actualisation d'une séquence de revenus futurs).

1.2.1. Le coût historique

L'évaluation du capital humain s'appuie sur les dépenses nécessitées par son acquisition ou sa production. Cette méthode suppose l'existence d'un lien entre le coût de production d'un travailleur et sa valeur en tant que capital susceptible de rendre des services pendant un certain nombre de périodes. Pour une entreprise soucieuse avant tout d'utiliser les aptitudes professionnelles de ses salariés, une telle mesure est approximative sans être absurde. Pratiquement, elle conduit l'observateur à identifier toutes les charges susceptibles d'être considérées comme des investissements en ressources humaines. Il est courant d'y ranger :

– les coûts de recrutement ;

– les coûts de formation (frais occasionnés par la diffusion de connaissances de base et la création de capacités nouvelles) ;

– les coûts d'intégration et d'organisation, indirects et indivisibles mais souvent importants (un nouvel employé n'atteint sa pleine efficacité qu'une fois intégré à son groupe de travail et après avoir terminé son apprentissage sur le tas).

Le recensement de ces trois catégories de coûts est plus ou moins difficile. Les uns sont directs, ils sont identifiables et leur montant aisément déterminé lorsqu'ils correspondent à des sorties de fonds (factures réglées à des agents extérieurs, cabinets de recrutement, organismes de formation...). Certains, tout en demeurant directs, sont plus délicats à mesurer lorsqu'ils se rapportent à l'utilisation du temps de certains salariés de l'entreprise (service du personnel lors de l'embauche...) ou à l'occupation des locaux. La solution de ce problème relève de l'organisation de la comptabilité analytique. Enfin, un dernier ensemble de coûts est indirect. Il ne concerne pas un investissement particulier, mais des opérations générales d'amélioration des ressources humaines et des conditions dans lesquelles elles sont utilisées (cela peut aller jusqu'à l'établissement des règles juridiques encadrant l'exercice du travail ; la terminologie la plus récente désigne ce type de dépense comme un investissement de forme). La mesure, ici, n'est pas facile. Il faut se résoudre à retenir une quote-part des frais généraux, et donc renoncer à atteindre une grande précision.

L'évaluation par les coûts historiques, conforme aux traditions comptables, est la plus facile à mettre en œuvre. Elle n'est pas exhaustive. Elle présente au moins deux lacunes :

– les travailleurs peuvent augmenter leur habileté et leur productivité (leur valeur) par des expériences en dehors de leur lieu de travail, gratuites pour l'entreprise ;

– l'apprentissage sur le tas peut n'entraîner aucune dépense de la part de l'employeur.

Le passé, le plus souvent, n'étant pas la meilleure base pour la détermination des objectifs stratégiques d'une firme, il a été suggéré de s'appuyer sur le coût de remplacement.

1.2.2. *Le coût de remplacement*

La notion de coût de remplacement a été utilisée par R. Likert aux origines des recherches sur la comptabilité des ressources humaines. Sa portée peut être saisie à partir d'une situation imaginaire : une entreprise a perdu tout son personnel hormis sa direction ; combien faudrait-il dépenser pour reconstituer une nouvelle population d'employés efficaces ? A cette question, un échantillon de chefs de firmes fournit comme réponse des chiffres allant de un à vingt fois le montant de la masse salariale annuelle. La diversité des activités explique ces écarts ; une société d'ingénierie et une entreprise de nettoyage ne rencontreront pas les mêmes problèmes.

Une construction comptable ne peut pas s'appuyer sur des estimations aussi grossières et subjectives. La meilleure justification du coût de remplacement se trouve dans la nécessité de corriger les coûts historiques pour tenir compte des changements de prix. La quatrième Directive communautaire (1978), qui a servi de cadre à l'harmonisation des comptabilités en Europe et inspiré dans notre pays le plan comptable 1979-1982, n'écarte pas la valeur de remplacement comme fondement des mesures patrimoniales. Mais elle ne fournit pas de moyens d'application.

Le coût de remplacement est lié non seulement aux prix à un instant, mais également aux circonstances de l'opération. Son évaluation est de nature plus complexe en matière de ressources humaines que d'équipements. En toute rigueur, un remplacement doit s'effectuer à l'identique. Le remplaçant doit pouvoir fournir les mêmes services que le remplacé. Dans le cas de machines, la chose est déjà difficile à concevoir, car les modèles changent. Pour les hommes, il faut tenir compte des interactions entre tout individu et le groupe. Par ailleurs, l'équivalence doit-elle s'apprécier pour les services présents ou futurs ? Dans le dernier cas, on n'échappe pas à la nécessité de définir une période d'observation.

Une fois ces questions de principe résolues, il faut recenser les coûts spécifiques du remplacement et les estimer. Une démarche globale consiste à valoriser le remplacement par le coût de la rupture. C'est-à-dire la somme des indemnités de licenciement susceptibles d'être versées au personnel. Elles contiennent malheureusement un élément de réparation du dommage subi par les salariés qui nous éloigne singulièrement du coût de reproduction de son actif humain pour l'entreprise. Une solution analytique est préférable. Elle mène à une évaluation anticipée des coûts de recrutement, formation et intégration. Ce sont des coûts d'opportunité, puisque le remplacement n'est jamais qu'une éventualité. Leur mesure précise se heurte très vite à de sérieux problèmes de prévision, notamment dans le domaine de l'évolution des prix. Pour intégrer le temps, il a été proposé une démarche plus conforme à la théorie économique.

1.2.3. La valeur économique

Dans cette perspective, le capital humain se définit très logiquement comme la somme actualisée des revenus futurs qu'il est susceptible de produire. Un tel calcul peut être envisagé à plusieurs niveaux : individu par individu, par groupes, ou globalement pour tout le personnel.

L'évaluation individuelle est la plus immédiate. En avenir certain, elle se résume à l'opération suivante :

$$Kx = \frac{Sx_1}{1+i} + \frac{Sx_2}{(1+i)^2} + \ldots\ldots\ldots\ldots + \frac{Sx_n}{(1+i)^n}$$

(Kx, mesure du capital représenté par le salarié x)

L'application pratique exige la connaissance de trois éléments : la séquence des salaires futurs ($Sx_1 \ldots\ldots\ldots Sx_n$), l'horizon de calcul ($n$), le taux d'actualisation (i).

Les salaires futurs d'un individu ne sont pas connus, mais ils peuvent être estimés par comparaison avec les rémunérations distribuées dans l'entreprise à des personnes de même qualification, mais plus âgées ou plus anciennes. La liaison « salaire réel - âge » se résume par une courbe dont la forme est susceptible d'intégrer les modifications anticipées de la politique en cette matière. Le coût des capitaux permanents doit être recommandé comme taux d'actualisation. La solution est logique ; si l'on veut intégrer le capital humain au patrimoine, il faut le soumettre au même critère d'appréciation. Les salaires étant mesurés en francs constants, le taux devra être lui aussi réel.

L'horizon, enfin, dépend de la durée de vie active du travailleur dans l'entreprise. En cas de fidélité totale, (n) correspondra à l'âge légal de la retraite. En dehors de cette éventualité, des départs tiennent à la mortalité et à la mobilité interentreprises. Le premier phénomène est bien connu grâce aux tables de survie établies par les actuaires pour les sociétés d'assurances. Le second est beaucoup moins stable. On peut calculer cependant la durée moyenne du passage dans l'entreprise poste par poste. La projection d'une probabilité pour l'individu de rester au service de son employeur est donc concevable, encore que délicate. De nombreux facteurs perturbateurs existent : la conjoncture économique, les innovations techniques, les modifications de la législation...

En avenir incertain, la mesure s'effectue en termes d'espérance mathématique. La formulation de l'opération n'est que peu modifiée. Il suffit d'affecter à chaque salaire annuel la probabilité pour l'entreprise d'avoir à le verser :

$$Ex = \frac{P_1 Sx_1}{(1+i)} + \frac{P_2 Sx_2}{(1+i)^2} + \ldots\ldots\ldots + \frac{P_n Sx_n}{(1+i)^n}$$

(Ex, espérance de valeur du capital représenté par le salarié x ; P_1, P_2, ... P_n, sa loi de survie).

Au-delà des problèmes de collecte de l'information, l'évaluation individuelle soulève des difficultés plus théoriques. Tout d'abord, l'actualisation des salaires espérés d'un employé fournit sa valeur pour lui-même à un moment donné de sa carrière, plutôt que sa valeur en capital pour son employeur. Ensuite, hormis la situation théorique de concurrence pure et parfaite (où le salaire versé à chaque travailleur correspond à sa productivité marginale), rémunération et contribution ne coïncident pas.

Enfin, tout système de production efficace vaut plus que la somme des hommes qui le composent. La valeur économique d'un membre du personnel dépend de ses caractéristiques propres, mais également de celles de ses collègues, de leurs interactions dans le groupe qu'ils forment. S'il est quasiment impossible d'isoler la contribution d'un salarié à la production, un calcul au niveau des groupes a parfois été proposé. En distinguant trois catégories de ressources humaines : décisionnelles (qui ont en charge la fonction d'entreprise), créatives (recherche) et d'exécution, on aboutirait par exemple à :

$$K = \alpha K_d + \beta K_c + \gamma K_e$$

Le problème est alors de déterminer les pondérations (α, β, γ) à attribuer aux évaluations des différents groupes et leurs apports aux revenus futurs de l'entreprise.

Une dernière solution traite la firme de manière globale. Dans quelques cas exceptionnels (achat, fusion), le *goodwill*, différence entre la valeur comptable des actifs et leur prix d'acquisition, peut être considéré comme une approximation de l'évaluation cherchée. Elle ne vaut naturellement que pour l'instant de la transaction. En situation normale, il faut estimer les revenus futurs de l'entreprise, les actualiser et finalement attribuer une part de ce résultat aux ressources humaines. Ce sera la mesure de leur valeur. On se heurte cette fois au problème de l'imputation.

Chacune des méthodes d'évaluation présente ses limites. Il ne faut pas considérer qu'elles s'excluent l'une l'autre. Elles sont complémentaires ; prises ensemble, elles constituent un véritable système d'observation. L'annexe du plan comptable 1979-1982 pourrait parfaitement accueillir la plupart des informations dont les principes d'estimation ont été évoqués. L'assimilation des hommes aux autres biens capitaux sera toujours contrariée par une hétérogénéité fondamentale. Les travailleurs font des choix quant à leurs performances. La production ne dépend pas seulement de la quantité d'heures ouvrées et de la qualification du personnel, mais aussi du degré d'effort fourni, de la volonté de coopérer. Les plans de la main-d'œuvre se heurtent souvent à ceux de l'entrepreneur. Les économistes présentent le capital comme un ensemble organisé. Cette organisation est le résultat du plan d'un agent économique : l'entrepreneur, soucieux d'obtenir un flux de revenus par un amalgame de biens hétérogènes. En l'absence de cette combinaison intentionnelle qui unifie ses constituants, il n'y aurait pas de capital. Une telle conception s'applique bien aux machines et mal aux salariés. Ceux-ci ne perdent pas leur individualité, leur identité culturelle. Le « capital » humain est donc difficilement additionnable aux autres composantes du patrimoine. Le langage financier trouve ici ses limites. Le mot « ressources » recouvre d'ailleurs, au sens figuré, les forces de l'esprit, du caractère, les capacités, les facultés. Il conduit à l'idée de potentiel et ouvre à l'observateur un autre champ d'investigation.

2. Le potentiel du personnel

Le personnel en place n'est jamais un facteur de production parfaitement mobile et malléable. L'évaluation de son potentiel est la clé de voûte de la stratégie en matière de ressources humaines. Le mot « potentiel » recouvre une capacité de production et d'action. La notion, par nature, est dynamique. La recherche de la compétitivité et de la flexibilité est un pari sur son utilisation future.

La connaissance des évolutions à venir est la condition première du succès. La population d'une entreprise est soumise à des forces internes et autonomes. Sa gestion exige le respect de certains équilibres entre les âges, les anciennetés, les qualifications... Une estimation, même approximative, de ses transformations est indispensable. Elle permettra de répondre à quelques questions cruciales : comment évolueront les points forts et les points faibles des salariés actuels ? Les structures de l'organisation tiennent-elles compte des attentes et des possibilités des travailleurs ? Qui pourra faire quoi demain ? Le « stock » existant donnera-t-il naissance aux « flux » nécessaires ?

Des réponses claires permettront seules de prévenir et de gérer les risques courus par l'entreprise en matière de ressources humaines. Ceux-ci résultent toujours d'une inadéquation entre les besoins et les moyens. La difficulté vient de la nécessité de procéder à cette confrontation de manière anticipée. Le futur probable importe plus que la situation présente. La prévision, c'est-à-dire l'analyse d'un état à venir daté et quantifié avec une précision suffisante pour l'action, est le seul moyen permettant à l'entreprise de disposer au moment voulu de l'effectif utile (en nombre et en qualité).

Les disparités, sources de potentiels ou de risques, n'auront de sens pour orienter les décisions que si elles sont exprimées de façon collective, statistique. L'appréciation individuelle ne peut intervenir qu'à un stade ultérieur du processus de gestion. Elle est surtout qualitative, fondée sur la manière dont un poste a été tenu, sur des performances et des comportements passés. Les destins personnels relèvent d'une gestion des carrières. Cet aspect de la pratique se soumet difficilement à une mesure directe. Il peut être laissé de côté sans grand inconvénient, car une fois encore, la somme des potentiels individuels ne coïncide pas avec celui de l'entreprise globalement considérée. A ce niveau, la capacité de réaction est commandée par deux phénomènes majeurs : le potentiel démographique et le potentiel de compétences. Le problème de leur estimation mérite de retenir l'attention.

2.1. *Le potentiel démographique*

Les travailleurs se différencient par les postes qu'ils occupent dans l'organisation et par certaines caractéristiques personnelles dont la plus évidente est l'âge. La structure par âges est facile à étudier. Les démographes en donnent une présentation graphique classique : la pyramide des âges. La transposition pour une entreprise est aisée et donne une image synthétique du potentiel démographique. Il peut être précisé par la mesure des mouvements du personnel[1].

2.1.1. *La pyramide des âges*

La distribution des âges s'inscrit entre deux limites évidentes, vers le bas la fin de la scolarité obligatoire, vers le haut l'âge légal de la retraite. La

---

1. Voir également dans cette Encyclopédie l'article de R. Ribette, « Gérer "à temps" les ressources humaines ».

répartition des salariés sur le graphique est un des déterminants principaux de l'efficacité future de l'entreprise. Des indentations prononcées sur la figure ne sont jamais favorables : elles traduisent des déséquilibres entre les classes d'âges et laissent présager une succession de cycles massifs de mises à la retraite et de recrutements toujours difficiles à contrôler.

Les disproportions entre classes d'âges sont préjudiciables au bon fonctionnement économique de l'entreprise et à son équilibre psycho-sociologique. Le vieillissement risque d'affaiblir la productivité de la main-d'œuvre par obsolescence des connaissances, par diminution de la créativité et de l'innovation, par recul de la mobilité (du moins selon les stéréotypes dominants ; les relations âge-efficacité mériteraient un examen empirique approfondi, elles ne sont pas les mêmes pour tous les postes de travail). Il ne faut jamais oublier que si les jeunes sont l'avenir de l'entreprise, les plus anciens en sont la mémoire. Les contrats de solidarité préretraite utilisés parfois comme modalité de gestion démographique ont permis de confirmer l'importance d'une pyramide des âges équilibrée. Après le départ massif des plus vieux, on a observé une baisse de la production, une augmentation des taux de rebut. Les savoir-faire accumulés n'ont pas pu être transmis. Il n'en reste pas moins que certaines entreprises meurent de vieillissement faute d'avoir renouvelé en temps voulu leur potentiel humain. D'autres se trouvent confrontées à des difficultés graves pour avoir mal recruté, c'est-à-dire négligé les contraintes démographiques. Une population jeune peut sembler pleine de promesses ; elle rend plus aisée la mise en place de techniques nouvelles ; elle est également lourde de tensions futures. Les possibilités de promotion seront rapidement très restreintes.

Il n'y a pas de pyramide des âges idéale recommandable dans toutes les situations. Chaque entreprise doit établir son propre modèle, compte tenu de ses perspectives économiques (technologies, produits, marchés), et sociales (règles de promotion, de mise à la retraite). Il n'est pas d'outil prévisionnel d'usage plus aisé. A mesure que le temps passe, le personnel en place s'élève sur le graphique. En laissant vieillir par anticipation la population de l'entreprise, on détectera les blocages éventuels et les possibles ruptures de potentiel. La simulation conduit directement à de nouvelles politiques destinées à contourner les obstacles précédemment révélés.

Un tel travail est d'autant plus important que les effectifs concernés sont modestes. Les possibilités d'ajustement interne sont alors réduites. En sens contraire, dans les très grandes firmes, la pyramide d'ensemble sera insuffisante. Elle peut être très facilement complétée par des sous-ventilations plus ou moins détaillées : par sexe, par établissement[1], par métier, par poste de travail..., chaque rubrique donnant lieu à la construction d'un graphique. La comparaison des pyramides permet alors une analyse beaucoup plus fine des potentiels en révélant des forces ou des faiblesses masquées par l'étude globale. Une analyse des anciennetés peut être un complément utile. Ce

---

1. A EDF, par exemple, le modèle « PRESAGE » est capable de fournir pour chaque centre de distribution la pyramide des âges année par année jusqu'à la fin du siècle.

phénomène influe sur le comportement des travailleurs et le plus souvent sur leur statut. Il se prête à la même représentation schématique. Un premier éclairage se trouve ainsi jeté sur la fidélité, la stabilité du personnel. Ses mouvements ne sont pas sans conséquences, ils exigent d'autres instruments d'observation.

2.1.2. Les mouvements du personnel

Le dynamisme qui anime le personnel n'est pas exclusivement gouverné par la loi du vieillissement pesant sur tous les êtres vivants. La population d'une entreprise est un ensemble perpétuellement renouvelé. Elle est caractérisée en premier lieu par son taux d'évolution (croissance ou déclin), lui-même commandé par des entrées et des sorties périodiques.

Pour mettre en évidence la relation mobilité-effectif, on utilise la notion de rotation du personnel. Elle se mesure par le ratio :

$$\frac{\text{Effectif final}}{\text{Effectif initial} + \text{Entrées} + \text{Sorties}}$$

Cette présentation conduit à des valeurs numériques simples et d'interprétation évidente. Le rapport sera égal à l'unité en cas de stabilité totale du personnel, ou lorsqu'il ne se produit que des entrées. Dans ce cas, l'effectif final est égal à l'effectif initial augmenté des entrées. Il n'y a pas à proprement parler rotation, l'entreprise embauche pour faire face à la croissance nécessaire de sa population. Le rapport diminue avec l'importance relative des sorties. Ce phénomène est ordinairement considéré comme défavorable. Le ratio de rotation est un indicateur du degré d'insatisfaction du personnel. La dégradation évoquée sera, en général, accompagnée d'une baisse du potentiel. L'interprétation, cependant, n'est jamais facile. Les sorties sont un régulateur spontané du mécontentement des travailleurs. Dans un marché du travail déprimé, elles diminuent ; cela peut annoncer une élévation dans l'entreprise du nombre de personnes insatisfaites. Dans ce cas, l'amélioration du ratio de rotation n'est pas nécessairement suivie de celle du potentiel.

L'examen du comportement des nouveaux embauchés ne lèvera que partiellement cette ambiguïté. Le rapport :

$$\frac{\text{Embauches de l'année}}{\text{Salariés de moins d'un an d'ancienneté}}$$

montre approximativement le nombre d'employés qu'il faut recruter pour en conserver un. Les variations de ce chiffre sont révélatrices de la capacité attractive de l'entreprise, de son adaptation aux caractéristiques récentes de la main-d'œuvre, de sa plus ou moins grande facilité à reconstituer ses potentiels.

Dans une optique prévisionnelle, le recrutement change de nature. Il ne consiste pas seulement à recruter à un instant donné l'individu le mieux capable de remplir un poste précis. Il faut découvrir celui qui sera le plus apte à suivre le développement de l'entreprise. La connaissance des mouvements internes, des itinéraires praticables (promotionnels, fonctionnels, géographiques) est nécessaire pour se prémunir contre des erreurs difficilement réversibles. Elle n'est pas suffisante. En matière de potentiel humain, l'observation conduit très directement à la stratégie. La dimension de l'effectif n'est pas seule en cause, mais également sa qualité, son niveau de formation, fondement de son potentiel de compétences.

2.2. *Le potentiel de compétences*

Chaque travailleur possède un certain degré de qualification. Ses capacités ne sont utilisables que dans un champ d'activité limité. L'hétérogénéité, conséquence de grandes disparités dans les investissements en formation, est ici le trait le plus marquant. La qualification est une notion multiple, aux dimensions difficilement commensurables. Elle ne recouvre pas seulement une qualité intrinsèque des salariés, elle est aussi le fruit de son articulation avec les exigences d'une organisation productive. Cette combinaison est la source principale de la compétence d'une entreprise.

2.2.1. *Les dimensions de la qualification des travailleurs*

La qualification suppose de plus en plus un niveau de raisonnement et de logique acquis avant l'embauche. La tentation est donc forte de la mesurer par l'intermédiaire des diplômes. Malheureusement, le grade conféré par un examen n'est qu'un indicateur très imparfait des connaissances maîtrisées et de la qualification possédée. On pourrait essayer de le remplacer par le nombre d'années passées dans des établissements d'enseignement (instruction initiale), augmenté de la durée des stages de formation suivis durant l'activité professionnelle. La précision diminue très vite. Néanmoins, le recrutement sur échec scolaire observé à quelques moments pour certaines catégories de personnel montre que cette mesure n'est pas complètement dénuée de signification[1].

Elle présente l'inconvénient de laisser de côté l'apprentissage sur le tas. Comment intégrer l'expérience professionnelle dans un indicateur simple ? La question ne comporte pas de réponse satisfaisante. Le rôle joué en France par l'ancienneté – indicateur indirect de l'expérience accumulée – dans la fixation des rémunérations révèle la reconnaissance implicite de ce phénomène. Mais l'élargissement du savoir et des aptitudes ainsi obtenu peut emprunter des chemins variés.

Du point de vue individuel, l'expérience a une dimension technique. Les connaissances acquises par la pratique du travail donnent au salarié une plus grande efficacité. Elle présente aussi un aspect social : l'apprentissage de la discipline inhérente au fonctionnement d'une organisation (la ponctualité,

---

1. « Fonctionnement des marchés locaux de l'emploi. Analyse du cas de Rouen », enquête de la mission d'études pour l'aménagement de la Basse Vallée de la Seine, 1978.

par exemple ; et lorsqu'un employeur demande à l'embauche une expérience non spécifiée, il a en vue cette deuxième dimension).

La qualification, enfin, doit s'envisager sous l'angle collectif. En travaillant, l'employé fait l'apprentissage de l'interdépendance des rôles et des comportements. Simultanément, toute une part de l'activité collective des travailleurs consiste à construire un savoir commun, une qualification de groupe non directement remplaçable. Les individus peuvent être non qualifiés et apparemment interchangeables, leur complet remplacement serait coûteux. L'ensemble qu'ils constituent a une qualification appréciable [1]. C'est la conséquence de toute une culture orale et semi-clandestine qui permet le fonctionnement de l'entreprise en marge des procédures officielles. Une évaluation en termes de coût d'opportunité est concevable, mais serait bien hasardeuse.

La qualification est la quantité et la qualité de l'information déposée dans le système nerveux du travailleur par l'apprentissage sous toutes ses formes. Elle s'améliore, moins par l'addition de doses successives de connaissances nouvelles que par mutation. Il existe des seuils de compréhension, et donc de réelles discontinuités dans le potentiel humain. Il ne trouvera sa pleine expression que si l'entreprise lui ouvre un espace qualifiant. L'information la plus révélatrice est la confrontation des travailleurs et des postes de travail.

2.2.2. L'agencement « Qualifications des postes - qualifications du personnel »

Il n'y a jamais parfaite coïncidence entre le niveau culturel des salariés et les fonctions occupées, décrites, en général, de façon précise dans la nomenclature des postes. Une image de la situation, sinon une mesure à strictement parler, peut être obtenue par une représentation graphique. Le diplôme étant choisi comme l'indice le moins ambigu de la qualification minimale requise par le poste de travail et de celle possédée par le travailleur, il est possible de bâtir un histogramme pour chaque ensemble. Leur superposition met en évidence la disparité existant entre les deux aspects de la qualification.

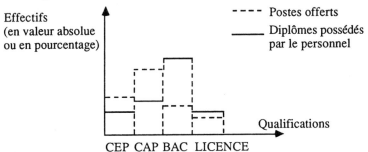

1. L'argument a une portée encore plus grande pour une équipe de recherche dont l'efficacité varie en fonction de la fréquence des rencontres entre chercheurs.

Le graphique ci-avant traduit un déficit de titulaires de diplômes techniques et un excédent de diplômes généraux. Le cas est souvent décrit comme une déqualification d'une partie au moins de la main-d'œuvre. Elle peut être subie ou voulue. Dans cette dernière hypothèse, elle traduit le désir de se constituer en matière de ressources humaines une capacité excédentaire oisive. Celle-ci contribue à la stabilité économique de l'organisation en accroissant sa faculté d'adaptation. En revanche, une accumulation excessive de qualifications inexploitées risque de perturber l'équilibre social (démotivation). Une recherche d'optimum est hors de portée, en raison de l'imprécision de ces informations. Une disparité inverse (surqualification) serait tout aussi préoccupante : risque d'incompétence. Les aires sous les courbes, ou leur rapport, pourraient résumer la situation.

La qualification ne doit pas être seulement mesurée de façon instantanée. Elle est attachée, pour le salarié, à une trajectoire professionnelle et pour l'entreprise, à un projet de développement. La relation future entre l'une et l'autre est capitale pour l'appréciation du potentiel. Excès et pénurie peuvent se prolonger selon les métiers, sans compensation envisageable entre eux. Un risque de rupture de compétences pèse en permanence sur la firme qui ne parvient pas à articuler dans le temps les exigences des postes de travail et le niveau de leurs titulaires.

Le potentiel est une notion dynamique, mais fuyante. Toute promotion le réduit, toute formation contribue à l'accroître. Le chiffrer par une grandeur synthétique n'aurait pas grand sens. Il révèle néanmoins des risques de dysfonctionnement dont il faut assurer la couverture. Une analyse de type socio-économique, découvrant par anticipation des coûts destinés à demeurer cachés, est susceptible d'en mesurer l'ampleur. Cet effort de clarification n'est jamais superflu. Dans la recherche de la compétitivité, le développement du potentiel humain est appelé à prendre de plus en plus d'importance ; même imparfaite, son estimation est utile.

*
* *

En matière de ressources humaines, comme dans beaucoup d'autres domaines, la mesure constitue l'assise indispensable de la stratégie. Elle rend seule possible une gestion prévisionnelle du personnel et le contrôle des performances impliqué par une telle démarche. Le chiffre a ses limites. Les comportements des intéressés interfèrent avec les nécessités de la quantification. Le respect des disciplines de la mesure n'est jamais une condition suffisante du succès, mais il ne faut pas pour autant oublier qu'il en est une condition nécessaire. Depuis dix ans, les recherches sur la valorisation des ressources humaines ont été quelque peu délaissées. On peut le regretter, car les conditions nouvelles de la compétition internationale soulignent de manière pressante le rôle du facteur humain. Les instruments permettant son observation ne sont pas des outils secondaires dans la culture du gestionnaire.

Références

Candau P., *Audit social*, Paris, Vuibert, 1985.

Duyck J.Y., « La comptabilité sociale d'entreprise », *Enseignement et Gestion* (n° 25, automne 1985).

Lotter F., « L. Walras, de la mesure observée à la mesure imaginée », *Economie et Société* (mars 1985).

Marquès E., *La comptabilité des ressources humaines*, Paris, Hommes et Techniques, 1974.

Mathis L., *Gestion prévisionnelle et valorisation des ressources humaines*, Paris, Les Editions d'Organisation, 1982.

Ordre des experts-comptables, *L'évaluation des avantages et coûts sociaux*, Paris, 1980.

Rey F., *Introduction à la comptabilité sociale. Domaines, techniques et applications*, Paris, Entreprise Moderne d'Edition, 1978.

Reynaud J.D., « Qualification et marché du travail », *Sociologie du Travail* (n° 1, 1987).

Savall H., *Reconstruire l'entreprise. Analyse socio-économique des conditions de travail*, Paris, Dunod, 1979.

Vatteville E., *Mesure des ressources humaines et gestion de l'entreprise*, Paris, Economica, 1985.

Mots clés

Bilan social, comptabilité des ressources humaines, indicateurs, mesure, mouvements du personnel, potentiel du personnel, pyramide des âges, qualification, ressources humaines.

93

Méthode comptable

Techniques d'enregistrement et comptabilité en partie double

Edmond Marquès

La comptabilité moderne est un art difficile et ses techniques sont inévitablement complexes.

La comptabilité est censée :

– représenter la situation économique et financière de l'entreprise et permettre de déterminer périodiquement ses résultats,

– décrire le patrimoine de l'entreprise qui est le « gage commun de ses créanciers »,

– suivre avec beaucoup de précision les relations avec les tiers et connaître à tout instant l'état des dettes et des créances,

– permettre d'asseoir les principaux impôts votés par le gouvernement,

– donner aux dirigeants les informations résumées nécessaires à une bonne gestion.

En un mot, la comptabilité est LA source d'informations quantifiées dont la fiabilité doit être garantie, et qu'un nombre impressionnant d'utilisateurs appartenant ou non à l'entreprise sont appelés à connaître.

La qualité économique des résultats repose sur un système correct d'évaluation des biens et sur un repérage judicieux des charges et des produits conduisant au résultat d'une période de temps parfaitement définie (généralement une année).

La qualité juridique de l'information dépend du système de description de la propriété et des différents contrats liant l'entreprise à des tiers. Un auteur connu (Pierre Garnier) se plaisait à décrire la comptabilité comme étant une « algèbre du droit ».

La qualité « sociologique » de l'information comptable est liée à la clarté des moyens de communication mis en œuvre : vocabulaire accessible à des non-spécialistes, présentation simple et correcte des tableaux de chiffres, mise en exergue des grandeurs les plus significatives, explications et commentaires.

Mais les qualités économique, juridique et « sociale » de l'instrument comptable ne peuvent être garanties que dans la mesure où les procédures de saisie, de mise en œuvre, et d'agrégation de l'information sont sans faille. Que l'on essaie d'imaginer ce qui arriverait si les réseaux câblés du téléphone n'étaient plus correctement connectés, si les véhicules automobiles pouvaient circuler au gré de la fantaisie des conducteurs dans les grandes agglomérations, si, lors d'un concert, chacun des musiciens d'un orchestre jouait la partition de son choix...

La tenue d'une comptabilité rigoureuse s'impose par ailleurs à la totalité des entreprises, de la plus petite à la plus grande, à celle dont le marché est strictement local comme à celle opérant sur les cinq continents. Cette universalité du besoin rend inéluctable l'universalité du système. Le « langage » comptable est parfaitement international. Tous les comptables du monde « parlent » la même langue (entendez par là qu'ils utilisent les mêmes techniques). L'adoption d'une langue universelle créée de toute pièce est toujours restée au rang des utopies. Ce fut le cas de l'espéranto. Un « langage » ne s'impose pas par décret. Il naît spontanément, se répand peu à peu, se structure progressivement, et parvient à développer une logique cohérente que l'on comprend, explique et enseigne *a posteriori*. C'est exactement ce qui s'est passé pour la technique comptable dont les premiers rudiments remontent à la nuit des temps et que des siècles de pratique ont modelée, raffinée. Cette technique qui concerne en fait les modalités d'enregistrement des opérations de l'entreprise, quelle qu'en soit la nature, est connue sous le terme habituel de système de comptabilité en partie double (les Anglo-Saxons disent « en double entrée » : *double-entry system*).

Quelle est l'origine probable de ce système ? Quelle explication moderne peut-on en donner ?

1. Les origines de la partie double

L'évolution que nous allons décrire est quelque peu schématique. Les repères historiques sont en effet peu nombreux, et en particulier avant la fin du XVe siècle. (Quelques documents existent cependant, tels les livres comptables des frères Massari, commerçants à Gênes au XIIe siècle). Il nous apparaît qu'avant d'en arriver à la vision moderne de la partie double, deux grandes étapes avaient été franchies. La partie double décrivait à l'origine les relations avec les tiers, puis, par une habile extension de la technique, on en est venu à traiter de façon comparable les « personnes » et les « choses ». C'est ce que nous allons tenter d'expliquer.

1.1. La relation aux tiers

Il semble bien que les techniques de comptabilité « en partie double » (que nous décrirons sur des bases modernes plus avant dans cet article) soient nées de la nécessité d'enregistrer de façon correcte les dettes et les créances résultant de l'activité d'exploitation de l'entreprise. Le vocabulaire en témoigne : les expressions « débit » (*debere* : devoir) « crédit » (*credere*...croire, faire confiance) ou bien encore « doit » et « avoir » (devenues désuètes, mais fort utilisées il y a encore quelques décennies) évoquent irrésistiblement les relations avec les tiers. Le premier ouvrage de théorie comptable paru (un incunable écrit à la fin du XVe siècle par le moine italien Luca Paciolo) décrit d'ailleurs longuement la façon d'enregistrer dans des comptes ce que nous devons aux tiers et ce que les tiers nous doivent.

L'idée est de simple bon sens :

• Consacrer à chaque tiers un document, un « compte », décrivant une suite chronologique de transactions commerciales, et permettant de dire à l'issue de chacune d'elles la « position » de l'entreprise vis-à-vis de ce tiers : Nous doit-il de l'argent ? Si oui, combien ? Lui doit-on de l'argent ? Si oui, combien ?

• Organiser le compte de façon rationnelle, c'est-à-dire classer les transactions en deux catégories :

— celles qui sont source de dettes (ou de diminution de créances),
— celles qui sont sources de créances (ou de diminution de dettes).

• Décider d'une convention d'écriture et de présentation, par exemple en séparant la feuille représentative du compte en deux colonnes et en décidant que les créances seront mises dans la colonne de gauche et les dettes dans la colonne de droite ou inversement.

Pourvu que les tiers adoptent les mêmes principes, les mêmes conventions, la « réciprocité » des comptes est assurée. Ce qui est une dette pour l'un des partenaires est une créance pour l'autre et ce que l'on aura inscrit « à droite » chez l'un sera inscrit pour un même montant « à gauche » chez l'autre (ou inversement).

Dans un tel système, l'entreprise doit toujours se « positionner » par rapport aux tiers, voir les choses « de son point de vue » (et non avec les yeux du tiers) en un mot dire à partir du compte de « X » :

« J'ai une créance sur "X" »

et non pas :

« "X" a une dette envers moi ».

Cette vue des choses étant acceptée, il faut encore que chacun adopte la même convention d'écriture… et c'est ce que l'usage a consacré !… sans que l'on sache très bien ce qui a présidé au choix de « ce que l'on mettrait à gauche » et de « ce que l'on mettrait à droite »[1]. Dans le monde entier, la convention est la suivante :

le débit (doit M. « X »…) est à gauche, et
le crédit (dû à M. « X »…) est à droite.

Ainsi si l'on suppose que « X » doit 1 000 F à « Y », le « compte » de « Y » tenu par « X » pourra être ainsi schématisé :

Débit	M. « Y »	Crédit
	Notre dette :	1 000 F

---

1. Notre hypothèse est que dans un symbolisme à la fois religieux et ésotérique la gauche (« senestra », « sinistre »…) est le mauvais côté, le côté maléfique. C'est le côté du débit : « Doit Monsieur X… ».

Et le « compte » de « X » tenu par « Y » :

Débit	M. « X »	Crédit
Notre créance : 1 000 F		

Il y a réciprocité des comptes.

1.2. De la comptabilité vis-à-vis des personnes à la comptabilité des « choses » [1]

Supposons toujours que l'entreprise « X » doive 1 000 F à Monsieur « Y » et que cette dette soit réglée en espèces. En réglant Monsieur « Y », la dette disparaît. On ne soustraira pas 1 000 F du côté des crédits dans le compte « Y ». On inscrira 1 000 F du côté des débits, et le compte sera « soldé ».

Débit	M. « Y »	Crédit
Notre paiement en espèces : 1 000 F	Notre dette : 1 000 F	

Et la caisse ?

N'importe quelle ménagère bien organisée tient un petit livre de recettes et de dépenses. Si c'est le cas dans l'entreprise, et si (comme par hasard...) l'on a décidé que les dépenses s'inscriraient à la droite d'un « compte caisse » et les recettes à gauche, le schéma suivant apparaîtra lors du règlement de 1 000 F ci-dessus évoqué :

Débit	M. « Y »	Crédit
Notre paiement en espèces : 1 000 F	Notre dette : 1 000 F	

Recettes	Caisse	Dépenses
....	.... Paiement à « Y » 1 000 F	

De là à assimiler la caisse à une personne et à dire que, lorsque l'on retire de l'argent de la caisse, on doit la somme retirée à la caisse, le pas est facile à franchir. On peut alors remplacer « recettes » et « dépenses » par « débit » et « crédit », et le tour est joué. Cela donne encore plus schématiquement :

Débit	Caisse	Crédit		Débit	M. « Y »	Crédit
		1 000			1 000	

---

1. Nous pourrions appeler ce paragraphe « Et si l'on personnalisait la caisse ? ».

D'ailleurs, s'il s'était agi de la banque, la logique eût été parfaite. Le banquier est bien un tiers !

Ce qui est vrai pour la caisse l'est aussi pour tout élément matériel : une immobilisation, un stock, etc. En inscrivant une machine dans un compte d'« immobilisations » on peut dire que le compte « doit » cette machine et qu'il faut ainsi le débiter.

C'est bien ainsi que peu à peu les choses se sont faites et l'on en est arrivé à un système « bouclé », chaque transaction donnant toujours lieu à l'inscription d'une même somme au débit d'un compte et au crédit d'un autre.

Débit	A	Crédit	Débit	B	Crédit
		X	X		

C'est le fondement historique de la partie double. Quant à la personnalisation des comptes, elle a été fort longtemps la base de la pédagogie comptable, à tel point que certains enseignants, plutôt que d'essayer d'expliquer le pourquoi des choses, faisaient apprendre à leurs élèves de véritables « recettes de cuisine » pour savoir comment enregistrer une transaction. Ainsi apprenait-on : « Qui reçoit doit ».

« La caisse reçoit, donc elle doit, donc je débite la caisse... ».

2. Une vision moderne de la partie double

Les comptabilités sont devenues incroyablement complexes ; les comptes utilisés sont de plus en plus nombreux et spécifiques : ils ne représentent pas nécessairement des tiers ou des choses, mais aussi des flux, et l'explication de leur fonctionnement par la « personnalisation » devient vite ridicule. Comment expliquer à quiconque, profane ou averti, que l'on débite un compte appelé « Dotations aux provisions pour dépréciation des actifs circulants » ou un compte appelé « Perte de change » parce que l'un ou l'autre de ces comptes « doit » quelque chose à quelqu'un qui pourrait s'appeler par exemple « Provision pour dépréciation des comptes clients » ou « Différence de conversion » ?

2.1. *Les fondements économiques de la comptabilité en partie double*

Une nouvelle vision des chose s'impose, et elle est fondée sur quelques idées particulièrement simples :

– L'entreprise est considérée comme une entité économique clairement identifiée.

– Cette entité exerce une activité qui doit l'enrichir... ce qui, en fonction de l'environnement socio-politique dans lequel elle opère, contribuera à l'enrichissement de ses propriétaires, de l'Etat, des salariés...

– Cette entité ne peut créer de richesse sans richesse préalable. Il a fallu au moins une mise de fonds initiale, immédiatement employée en biens d'équipement, marchandises, dépôts en banque...

– Cette entité est le siège permanent de deux flux complémentaires :
- elle reçoit (ou voit disparaître) des fonds (sources ou ressources, ou origines de fonds) ;
- elle emploie (ou cesse d'employer) les fonds reçus pour mettre en œuvre divers moyens matériels, financiers, techniques, humains, qui sont à la base de la création de richesse.

On peut alors schématiser les fondements économiques de la comptabilité en partie double comme suit :

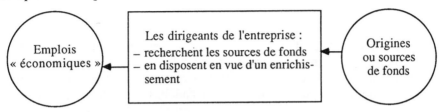

Cela implique bien évidemment que tout franc reçu soit employé « quelque part » et qu'il y ait donc, *de façon constante*, égalité obligatoire en valeur entre les origines et les emplois.

A tout instant :

TOTAL DES EMPLOIS = TOTAL DES ORIGINES

Notons immédiatement qu'il n'y a pas d'affectation particulière d'une origine donnée à un emploi donné. Ainsi, l'on ne peut dire si 1 F provenant de l'apport en capital des actionnaires se retrouve employé dans un immeuble, un stock, ou un crédit à un client, ou si 1 F investi dans un immeuble provient d'un apport en capital, d'un emprunt à long terme ou d'un crédit accordé par un fournisseur.

2.2. Les conventions expliquant la « mécanique » comptable et leurs conséquences

2.2.1. Les conventions

Chaque origine de fonds identifiée est suivie au moyen d'un compte. Chaque emploi identifié est également suivi au moyen d'un compte.

Un compte est toujours organisé en deux parties : l'une d'elles représente les augmentations du poste correspondant, l'autre les diminutions.

Par convention :

– Dans les comptes représentatifs d'une origine de fonds, les augmentations sont inscrites à droite, et les diminutions à gauche.

– Inversement, dans les comptes représentatifs d'un emploi de fonds, les augmentations sont inscrites à gauche et les diminutions à droite.

– Les termes de débit (la gauche du compte) et crédit (la droite du compte) sont appliqués à tous les comptes, en dépit du fait que cela n'a vraiment de sens (du point de vue du contenu sémantique) que lorsqu'il s'agit de comptes de tiers.

On notera que, du fait de cette convention, les mots débit et crédit signifient soit « plus » soit « moins » suivant qu'il s'agit d'un compte représentatif d'un emploi ou d'un compte représentatif d'une origine.

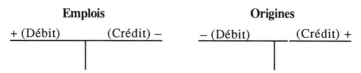

Emplois		Origines	
+ (Débit)	(Crédit) –	– (Débit)	(Crédit) +

2.2.2. Les conséquences

Nous serions tenté d'insister sur le caractère « merveilleux » ou plus simplement éminemment pratique d'une telle convention : il en résulte qu'une transaction quelle qu'elle soit donnera toujours lieu à l'inscription d'une somme, d'une part, au débit (à la gauche) d'un compte, et, d'autre part, au crédit (à la droite) d'un compte. En effet, quatre types de cas et quatre seulement peuvent se produire.

2.2.2.1. Premier cas

Une nouvelle origine de fonds apparaît, et l'argent reçu trouve un emploi immédiat.

Exemple : un emprunt est contracté (augmentation des origines de fonds) et l'argent reçu permet d'acquérir un bâtiment (augmentation des emplois) : un compte d'emplois est débité, un compte d'origines est crédité.

	Emplois			Origines	
D	Immeuble	C	D	Emprunt	C
X					X

2.2.2.2. Deuxième cas

De l'argent, jusqu'ici affecté à un emploi précis est retiré (l'emploi disparaît en tout ou partie) et est affecté à la diminution (ou à la disparition) d'une origine.

Exemple : de l'argent qui était déposé dans une banque est retiré (diminution d'un emploi), et un fournisseur à qui l'on devait de l'argent est payé (diminution d'une origine) :

	Emplois			Origines	
D	Banque	C	D	Fournisseurs	C
		X	X		

2.2.2.3. Troisième cas

Une origine disparaît... une autre apparaît.

Exemple : des créanciers de l'entreprise renoncent à leur droit à remboursement pour devenir actionnaires :

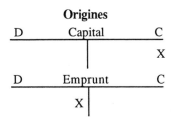

2.2.2.4. *Quatrième cas*

Un emploi disparaît, un autre apparaît.
Exemple : des espèces sont retirées du coffre-fort et sont versées au compte bancaire de l'entreprise.

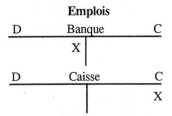

Dans chacun des cas présentés, la transaction se traduit par l'inscription d'une somme au débit d'un compte et au crédit d'un autre compte. Cette transaction est datée dans chaque compte. L'ensemble de ces opérations représente ce que les professionnels appellent une « écriture ».

Les écritures comptables retracent chronologiquement la totalité de la vie économique de l'entreprise.

3. La généralisation du système aux notions de « flux » et de « stocks »

Comme par le passé, on cherche toujours en comptabilité à connaître, à tout instant (et en particulier à la fin de chaque année) :
• Ce que l'on possède ou les droits dont on dispose :
  – stock d'immobilisations,
  – stock de marchandises ou de produits,
  – stock de créances,
  – stock d'argent...
Ces éléments constituent l'actif du bilan.

• A qui l'on doit l'existence de ces biens :
  – stock de capital apporté ou de bénéfices laissés à la disposition de l'entreprise,
  – stock de dettes non encore remboursées.
Ces éléments constituent le passif du bilan.

Cela n'est évidemment pas suffisant. On veut également savoir si, au cours de la dernière période écoulée (habituellement une année), l'entreprise s'est enrichie ou appauvrie, si elle a fait un bénéfice ou une perte. Il est bien évidemment possible de le faire en comparant, d'une part, les stocks de biens immatériels et matériels et de créances en début et en fin d'année (l'actif), et, d'autre part, les stocks de capital et de dettes en début et en fin d'année (le passif). Une augmentation relative de l'actif plus importante que celle du passif signifie obligatoirement un bénéfice, et la situation inverse une perte.

Mais il est aussi possible de doubler cette analyse en mesurant les flux qui ont affecté les stocks. A titre de comparaison, rappelons qu'il y a deux façons de connaître la quantité de liquide qui s'est écoulé d'un réservoir au cours d'une période :

– ou bien en jaugeant le réservoir au début et à la fin de la période,

– ou bien en plaçant sur les canalisations d'écoulement un appareil mesurant directement l'écoulement des fluides (les compteurs d'eau, d'électricité, les volumètres des pompes à essence en sont un exemple).

La convergence des deux méthodes offre une quasi-certitude de la qualité arithmétique des enregistrements.

Un système de comptabilité en partie double assure non seulement l'équilibre arithmétique que nous avons décrit plus haut, mais il permet de déterminer le résultat économique (bénéfice ou perte) :

– par une comparaison des stocks,

– par une mesure des flux.

Les comptes de stock permettent d'établir le bilan de l'entreprise en début et en fin de période, mais aussi à tout instant de la vie de l'entreprise. Ils indiquent un état à un moment donné (une sorte de photographie instantanée).

Les comptes de flux permettent d'établir le compte de résultat de la période observée. Ils établissent le lien entre des stocks de début de période et des stocks de fin de période. Ils ne représentent donc pas un état, mais décrivent un mouvement et son importance.

Deux cas peuvent se produire :

• Les flux observés et mesurés ne modifient pas la richesse de l'entreprise. C'est le cas lorsque l'on règle une dette, lorsque l'on encaisse une créance, lorsque l'on achète un bien d'équipement par exemple.

• Les flux mesurés contribuent :

– soit à l'appauvrissement de l'entreprise : on les appelle des *charges*,

– soit à l'enrichissement de l'entreprise : on les appelle des *produits*.

Un exemple (bien évidemment caricatural) va nous aider à comprendre comment le système de la partie double permet à la fois de s'assurer de tous les équilibres arithmétiques que nous avons décrits, et de déterminer de façon précise le résultat obtenu par une entreprise au cours d'une période.

Supposons qu'une entreprise réalise au cours de sa première année d'existence les opérations suivantes (à l'exclusion de toute autre) :

Début janvier : les fondateurs créent l'entreprise ; ils apportent 100 000 F versés à un compte banque.

Courant mars : achat de 600 000 F de marchandises (50 000 F réglés au comptant par chèque, 550 000 F à crédit).

Courant mai : vente à crédit des 2/3 en valeur des marchandises achetées (soit 400 000 F) au prix de 500 000 F.

Courant juillet : encaissement de la moitié de ce que nous doivent les clients (chèques remis à la banque).

Courant octobre : règlement par chèque d'une partie de ce que l'on doit aux fournisseurs, soit 220 000 F.

Un calcul arithmétique banal montre qu'en fin d'année l'entreprise dispose :
- d'un compte banque dont le solde sera de :
  100 000 − 50 000 + 250 000 − 220 000 =   80 000 F
- d'un stock de marchandises valant, en coût d'achat :
  600 000 − 400 000 =   200 000 F
- d'une créance de :
  500 000 − 250 000 =   250 000 F

Soit au total :   530 000 F

Mais elle doit :
600 000 − 50 000 − 220 000 =   330 000 F

Sa richesse en fin d'année est donc de 200 000 F contre les 100 000 F qu'elle possédait en fin d'année, soit un enrichissement de 100 000 F. (Peu d'affaires sont aussi rentables !...)

De tels calculs s'avéreraient vite difficiles et les erreurs seraient nombreuses si l'entreprise réalisait des centaines d'opérations par jour. L'utilisation de comptes tenus en partie double évitera bien des difficultés et sera source de beaucoup de clarté. Voici, au moyen de quelques schémas, comment ces opérations seront transcrites dans des comptes.

• Janvier : création de l'entreprise.
Il n'y a aucun flux d'enrichissement ou d'appauvrissement.

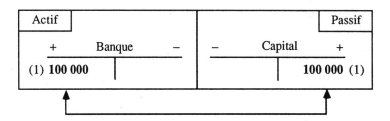

- Mars : achat des marchandises.

Toute marchandise étant normalement destinée à être revendue, la totalité des marchandises achetées sera considérée comme « consommée » en vue de l'exploitation. C'est un flux correspondant à un appauvrissement, une *charge* de l'exercice. L'on commet bien sûr une erreur provisoire, car les marchandises non consommées vont rester en stock. Cette « erreur » sera rectifiée en fin de période comme on le verra ci-après. En effet, à la fin de la période, l'on procédera à l'inventaire et à la valorisation des marchandises restantes. (Cette façon de procéder, la plus usuelle, est appelée méthode de l'« inventaire intermittent ».)

Du fait de l'achat à crédit, un « stock » de dettes apparaît.

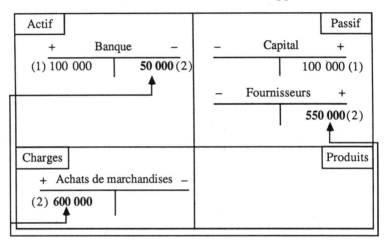

- Mai : vente de marchandises.

La vente représente un flux d'enrichissement, un *produit* (que l'encaissement ait lieu ou non). Un « stock » de créances apparaît.

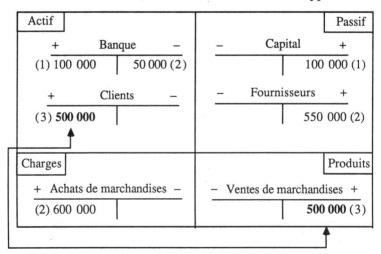

• Juillet : encaissement partiel des créances.

Le « stock » de créances diminue, le « stock » d'argent en banque augmente. Il s'agit d'un simple flux de liquidités, pas d'un flux d'exploitation. L'entreprise ni ne s'enrichit, ni ne s'appauvrit.

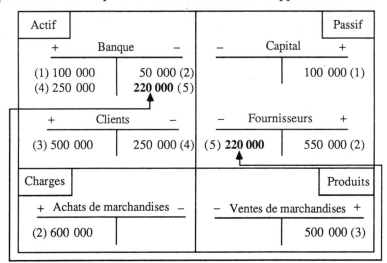

• Octobre : règlement partiel des fournisseurs.

Le « stock » de dettes diminue, et avec lui le « stock » d'argent en banque. Il s'agit là encore d'un flux de liquidités, pas d'un flux d'exploitation. L'entreprise ni ne s'enrichit, ni ne s'appauvrit.

Actif			Passif
+	Banque	–	– Capital +
(1) 100 000		50 000 (2)	100 000 (1)
(4) 250 000		**220 000** (5)
+	Clients	–	– Fournisseurs +
(3) 500 000		250 000 (4)	(5) **220 000** | 550 000 (2)
Charges			Produits
+ Achats de marchandises –		– Ventes de marchandises +
(2) 600 000			500 000 (3)

Les opérations de l'entreprise sont à ce stade toutes enregistrées, mais l'hypothèse retenue pour la deuxième opération (l'achat de marchandises), conduirait, si l'on n'y prenait garde, à un résultat inexact. En effet, en admettant que les marchandises achetées ont été consommées, l'on aboutirait à comparer 500 000 F de ventes à 600 000 F d'achats, ce qui fait apparaître une perte de 100 000 F, alors que l'on a pu calculer que l'entreprise a réalisé un bénéfice de 100 000 F. Le flux d'appauvrissement n'est pas le flux d'achat, mais le flux de consommation en vue de la vente. Or, il est facile de connaître en valeur le flux de consommation qui (en l'absence d'un stock de début de période) est égal au flux d'achat diminué de la valeur, en coût d'achat, du stock restant. Il suffira donc à l'entreprise d'inventorier ses stocks en fin d'année, de constater que le stock qui était nul en début d'année est passé à 200 000 F (1/3 de 600 000 F), qu'il y a donc eu une « variation de stock » de 200 000 F, et de corriger les comptes, en utilisant une dernière fois le jeu de la partie double pour :

– faire apparaître au bilan un stock final de marchandises de 200 000 F,

– ramener les charges (le flux d'appauvrissement) au seul coût d'achat des marchandises vendues, soit le montant des achats diminué du stock restant.

Un sixième et dernier schéma montre cette écriture.

On fait apparaître le *stock de marchandises en fin d'année* (stock disponible pour la vente au cours des prochaines périodes), et l'on ramène les charges au niveau des consommations réelles – en coût d'achat – des marchandises vendues au cours de la période.

A l'issue de ces opérations, le bénéfice apparaît de deux façons :
• En résumant l'actif et le passif sous forme d'un nouveau bilan (bilan de fin d'année), on voit que l'actif est plus fort que le passif. La différence (ce qu'a gagné l'entreprise : le bénéfice), tant qu'elle n'est pas distribuée, constitue une origine de fonds. Nous la placerons donc au passif, ce qui conservera l'équilibre du bilan, mais, surtout, correspondra à sa logique.

Bilan de l'entreprise au 31 décembre

Actif		Passif	
Banque	80 000	Capital	100 000
Stock de marchandises	200 000	*Bénéfice*	*100 000*
Clients	250 000	Fournisseurs	330 000
	530 000		530 000

• En comparant les produits et les charges qui constituent ce que l'on appelle le « compte de résultat », et que nous pourrons présenter de deux façons différentes :
  – Soit sous forme d'un compte en plaçant le bénéfice (pour équilibre) du côté des charges :

Compte de résultat de l'entreprise pour l'année

Charges		Produits	
Achats	600 000	Ventes	500 000
– Variation de stocks	200 000		
Coût d'achat des marchandises vendues	400 000		
Bénéfice	*100 000*		
	500 000		500 000

  – Soit sous forme d'une « liste » (une série de soustractions), ce qui, pour des non-spécialistes, est plus simple à comprendre :

Compte de résultat de l'entreprise pour l'année

Ventes de marchandises			500 000
– coût d'achat des marchandises vendues			
Achats		600 000	
– Variation de stocks		200 000	
			400 000
Bénéfice			*100 000*

*

* *

On voit à quel point les principes de tenue de comptabilité en partie double sont élémentaires. C'est peut-être cette simplicité qui en fait un procédé très sûr et très performant de tenue des comptes. Des siècles de pratique en ont démontré l'utilité, et les moyens électroniques les plus puissants n'ont pas apporté le plus petit changement à ces principes. Ils ont simplement été programmés, et... digérés par les machines.

Références

Boussard D., Cossu C., Spehner A., *Pratique et analyse de la comptabilité*, Paris, Istra, 1985.

Cibert A., *Comptabilité générale*, Paris, Dunod, 1983.

Claverane J.P., Darne J., *Comptabilité et entreprise*, Paris, Economica, 1983.

Colasse B., *Comptabilité générale*, Paris, Economica, 1988.

Corre J., *Comment utiliser la comptabilité. Comprendre les différents bilans*, Paris, Dunod, 1975.

Colette C., Richard J., *Le nouveau plan comptable. Comptabilité et gestion*, Paris, Dunod, 1982.

Detrie J.P., Jordan H., *La comptabilité générale*, Paris, Dalloz, 1982.

Fontanel B., *Comptabilité générale et dictionnaire de gestion*, Paris, Nathan, 1985.

Launois S., *Comptabilité financière*, Paris, PUF 1985.

Marquès E., *Comptabilité générale*, 2e éd., Paris, Nathan, 1987.

Ordre des experts-comptables et des comptables agréés, *La comptabilité financière et le plan comptable général*, Paris, Economica, 1983.

Mots clés

Actif, bilan, charges, compte de résultat, conventions comptables, écriture comptable, emplois de fonds, enregistrement comptable, flux, origines de fonds, partie double, passif, produits, stocks, système comptable, technique comptable.

94

Monopole naturel

Guy Terny

Il a été de longue date démontré que sous un ensemble d'hypothèses précises et nombreuses, une économie de marchés parfaitement concurrentiels est un mode d'organisation des activités et décisions économiques susceptible de réaliser un équilibre général correspondant à une affectation optimale des ressources.

L'une des hypothèses centrales sur laquelle repose le fonctionnement satisfaisant d'une économie de marchés concurrentiels est que, pour tout type quelconque de biens ou services, il existe un nombre suffisant d'agents, de producteurs notamment, tel qu'aucun d'eux ne peut, par ses décisions, avoir une action sur les prix de marché des biens correspondants, prix qui sont alors, pour chaque agent, des paramètres (et non des variables) de décision.

Dans toutes les situations où, d'une part, les producteurs sont nombreux (et dans lesquelles aucun d'eux n'a une position dominante sur un marché) et où, d'autre part, les techniques de production des biens ou services sont à rendements à l'échelle constants ou décroissants (donc les coûts unitaires constants ou croissants) il existe, pour chaque producteur, un volume de production qui, par l'égalisation du coût marginal au prix (paramétrique) de marché, permet la maximisation du profit de l'entreprise. Si toutes les « bonnes » hypothèses sont satisfaites, notamment celles qui viennent d'être rappelées ci-dessus, on peut démontrer qu'une décentralisation des décisions des agents économiques, guidées par un système de prix de marchés, est une bonne procédure de coordination des comportements des agents dans la mesure où elle permet de réaliser un équilibre général et une affectation optimale des ressources au sens de Pareto.

Mais l'observation de la réalité nous enseigne que la production de certains biens, et surtout de nombreux services, résulte de processus de production à rendements croissants avec l'échelle (ou processus à rendements dimensionnels croissants) c'est-à-dire à coûts unitaires ou moyens décroissants sur l'ensemble des volumes de production permis par la taille et les caractéristiques du processus mis en œuvre.

L'objet de cet article est de montrer que l'existence, dans une industrie, de tels processus de production à rendements dimensionnels croissants soulève de redoutables problèmes dus au fait qu'elle peut être à la source d'une divergence entre les choix résultant de comportements économiques rationnels de l'industrie (maximisation du profit) et la réalisation d'un maximum de rendement social pour la collectivité. Il peut être démontré, en effet, que lorsque des rendements dimensionnels croissants caractérisent la production de biens et services, un tel phénomène est incompatible avec une structure de marchés concurrentiels et que les industries mettant en œuvre de tels processus ne peuvent (ni ne doivent) être composées d'une multiplicité d'entreprises adoptant spontanément des comportement concurrentiels. En d'autres termes, l'existence de processus de production dimensionnels croissants peut être à l'origine de ce que les économistes appellent une source possible de « défaillance (ou d'échec) des marchés » en matière d'affectation optimale des ressources et, donc, être une cause d'interventions de la puissance publique (dans des formes qui seront étudiées), ayant pour objet de promouvoir le maximum de rendement social. Même si tout monopole public ne peut être assimilé, quant à son origine et à sa nature, au concept de rendements dimensionnels croissants (et à son corollaire, celui du monopole dit naturel) il n'en reste pas moins vrai qu'en analyse économique, tout au moins, la notion de monopole public est étroitement liée à celle de rendements dimensionnels croissants.

Après avoir défini et illustré, dans une première section, la notion de rendements dimensionnels croissants, cet article s'ordonnera autour des axes d'analyse suivants : dans une deuxième section, il sera démontré, à l'aide d'un modèle simple, que les conditions nécessaires de premier ordre d'une affectation optimale des ressources ne sont pas modifiées dans une économie comportant une industrie à rendements dimensionnels croissants ; dans une troisième section, une analyse sera faite des raisons pour lesquelles des entreprises à rendements dimensionnels croissants n'ont aucune incitation à adopter spontanément des comportements concurrentiels (vente au coût marginal à prix de marché paramétrique) et par conséquent, à promouvoir, lorsqu'elles sont libres de leurs choix, les conditions d'une affectation optimale des ressources ; enfin, dans une quatrième section, constatant l'incompatibilité entre les rendements croissants avec l'échelle et les comportements concurrentiels d'entreprises (ou industries) décentralisées, seront examinées les politiques publiques susceptibles d'assurer une gestion (production-tarification, etc), de la part de firmes ou d'industries à rendements dimensionnels croissants, conforme aux conditions d'une affectation optimale des ressources au sens de Pareto[1].

1. Les rendements dimensionnels croissants : définition, facteurs explicatifs et exemples

Après avoir défini la notion de rendements dimensionnels croissants, nous tenterons de recenser les facteurs explicatifs et de préciser les caractéris-

---

1. Voir également dans cette Encyclopédie l'article de R. Le Duff et J.C. Papillon, « Gestion du non-marchand ».

tiques des processus de production à rendements dimensionnels croissants. Quelques exemples permettront de souligner l'importance de ce phénomène.

1.1. Définition

Dans l'analyse de longue période de la production, on considère que la combinaison de tous les facteurs (inputs) peut être modifiée. Il est, bien évidemment, possible d'envisager des modifications différenciées des quantités de facteurs utilisées, mais d'une façon générale, les économistes s'intéressent aux situations où, dans la longue période, les quantités de tous les inputs varient simultanément et dans une même proportion. La relation établie entre la variation de production finale et la variation simultanée et identique de tous les facteurs est désignée par l'expression « rendements à l'échelle » ou « rendements dimensionnels » d'un processus de production.

Soit la fonction de production :

$$q = f(y_1 \ldots\ldots y_i \ldots\ldots y_n) = f(y_i) \ (i = 1 \ldots\ldots n)$$

fonction dans laquelle :

q : désigne la quantité d'un bien (unique) produit par une entreprise ou une industrie.

$f(\ )$ la fonction de production de cette entreprise ou de cette industrie.

$y_1 \ldots y_i \ldots\ldots y_n$: les quantités de facteurs utilisées par celle-ci.

Si les quantités de facteurs, y_i, varient simultanément dans une même proportion, λ, il en résulte :

$$q^* = f(\lambda \cdot y_i)$$

Si $q^* > \lambda \cdot q$, on dit alors que les rendements dimensionnels de l'entreprise ou de l'industrie sont croissants avec l'échelle de la production. (Si $q^* = \lambda \cdot q$ ou si $q^* < \lambda \cdot q$, ils sont respectivement constants ou décroissants).

Même si cette hypothèse n'a pas un absolu caractère de généralité, les économistes supposent, dans la plupart de leurs travaux théoriques et empiriques, que la fonction de production est homogène, de sorte que alors par définition :

$$f(\lambda \cdot y_i) = \lambda^\beta \cdot f(y_i) = \lambda^\beta \cdot q$$

expression dans laquelle β est le degré d'homogénéité de la fonction $f(\ )$.

Des rendements dimensionnels croissants impliquent que $\beta > 1$: l'accroissement (ou la diminution) simultané(e) et identique, par un même coefficient λ, de tous les facteurs, y_i, se traduit par une augmentation (diminution) plus que proportionnelle (λ^β, $\beta > 1$) du volume de biens ou services produit.

Si la fonction de production est homogène et de degré β, les fonctions de production marginales $\dfrac{\partial q}{\partial y_i} = f'(y_i)$ sont homogènes et de degré $\beta - 1$.

On peut facilement démontrer que les coûts moyens (ou unitaires) de production d'un bien ou d'un service résultant d'un processus de production homogène à rendements croissants avec l'échelle de la production diminuent de façon continue lorsque les quantités de facteurs augmentent simultanément et dans une même proportion.

D'une façon plus générale, la décroissance des coûts unitaires (ou moyens) étant l'aspect dual du phénomène physique ou réel de la croissance des rendements à l'échelle de la production, ces deux expressions seront, par la suite, utilisées de façon synonyme.

1.2. *Facteurs explicatifs et exemples de rendements dimensionnels croissants*

La littérature économique donne une longue liste de facteurs susceptibles d'expliquer l'existence de rendements dimensionnels croissants caractéristiques de certains processus de production. Une décroissance des coûts unitaires peut résulter soit d'une combinaison progressivement plus efficiente des facteurs dus, par exemple, à l'apprentissage (*learning by doing*), aux économies dues à une utilisation plus spécialisée des ressources (une meilleure division du travail par exemple) ; soit d'une diminution des prix des facteurs résultant de l'augmentation de la demande de ces derniers par l'entreprise ou l'industrie (économies d'échelle) ; soit de « régularités statistiques » (W. Sharkey, 1982) qui caractérisent des volumes d'opérations ou de transactions croissants : ainsi, le volume des stocks ne doit pas nécessairement croître proportionnellement au volume des ventes pour obtenir une même probabilité de satisfaction de la demande, etc.

Si les facteurs précédemment mentionnés jouent indéniablement un rôle, il n'en reste pas moins vrai que, dans de nombreux cas, la décroissance des coûts moyens avec l'échelle de la production résulte principalement des caractéristiques mêmes du processus de production et de la combinaison des facteurs. L'observation nous enseigne que, d'une façon générale, les processus de production à rendements dimensionnels croissants se singularisent par une forte intensité capitalistique, c'est-à-dire par des équipements et, donc, des coûts fixes initiaux très élevés et par des coûts variables faibles sur tout ou partie du domaine des productions réalisables ne provoquant pas une saturation des équipements initiaux mis en place. Une combinaison de coûts fixes élevés et de coûts marginaux faibles se traduit par une diminution des coûts unitaires (ou moyens) au fur et à mesure que le nombre d'unités produites ou d'usagers servis augmente.

De tels rendements dimensionnels croissants caractérisent généralement les processus de production et de distribution nécessitant un « réseau ». A.C. Pigou (1932) signalait ainsi les transports par chemin de fer, les transports urbains par tramway, la distribution du gaz, de l'eau potable, de l'électricité. A ces exemples cités par A.C. Pigou, et systématiquement repris par tous les auteurs, bien que les preuves empiriques et économétriques restent parfois contestables, on peut ajouter les services du téléphone, les télécommunications, le ramassage des ordures ménagères, certains services de loisirs (plages, parcs), la radio, la télévision, etc.

De tous ces exemples, la télévision est l'un des plus représentatifs de ce phénomène de rendements croissants. Produire, transmettre et assurer la réception d'un programme de télévision supposent la mobilisation de ressources considérables. Mais, une fois que les installations sont en place et que le programme est produit, le coût de satisfaction d'un téléspectateur supplémentaire (marginal) est nul. Le nombre de spectateurs étant l'unité de mesure pertinente de la production, il est clair que les coûts unitaires ou moyens diminueront de façon continue avec l'accroissement du nombre d'usagers et ce sans limite, puisque la capacité de production est illimitée. Il est évident que cet exemple correspond à un cas extrême et que, s'agissant des autres illustrations précédemment citées, les coûts marginaux de production sont, sans aucun doute, positifs mais restent relativement faibles, tant que les capacités de production ne sont pas saturées, comparés aux coûts fixes initiaux élevés nécessaires à la production de la première unité du bien ou du service[1].

Les économistes ont de longue date pris conscience du fait que l'existence de rendements croissants à l'échelle peut exercer des effets potentiellement dommageables sur l'efficacité économique d'une économie de marchés concurrentiels. Ainsi, dès 1870, A. Marshall, en recourant à l'argument erroné des effets externes, tentait, pour « sauver » l'économie de marchés, d'expliquer la compatibilité d'une courbe d'offre à long terme d'une industrie à pente négative et d'une courbe d'offre marginale croissante de la firme représentative de cette industrie. Ce faisant, son argumentation, reprise par A.C. Pigou, témoignait d'une très nette perception du caractère non satisfaisant du mécanisme concurrentiel en présence de non-convexités dans la production. Des travaux ultérieurs développés notamment, par A. Lerner, O. Lange, puis par H. Hotelling, J.E. Meade, R. Coase, ainsi que par des ingénieurs économistes français (en particulier M. Allais et M. Boiteux) ont permis d'affiner l'analyse, de poser les fondements de la théorie de la tarification au coût marginal et de celle du monopole naturel. Mais, bien que les problèmes soulevés par l'existence de rendements dimensionnels croissants aient été recensés relativement tôt dans l'histoire de l'analyse économique, ils ont soulevé d'âpres polémiques et controverses entre théoriciens ; ils sont par ailleurs loin, même encore aujourd'hui, de donner lieu à la formulation de principes théoriques et de recommandations unanimement acceptés.

---

1. Il est vrai que les coûts marginaux peuvent augmenter de façon significative au voisinage de la saturation de la capacité de production des services correspondants. L'usage d'une route, d'une autoroute, d'un parc de loisirs peut engendrer un effet de congestion, mais la congestion ou l'encombrement est un exemple d'effet externe qui n'a aucun rapport avec le phénomène de rendements croissants étudié ici.

2. Les rendements dimensionnels croissants et les conditions d'une affectation optimale des ressources au sens de Pareto

Ainsi que le rappelle F.M. Bator (1959, p. 366) « Lorsque des rendements régulièrement croissants à l'échelle constituent la seule variété de non-convexité existant dans l'économie, ... il est théoriquement possible de définir, en termes de taux marginaux de substitution entre facteurs et/ou produits, le lieu des combinaisons efficientes entre facteurs et un optimum ». Pour ce faire, considérons une économie constituée d'un consommateur et d'une entreprise.

Le consommateur « représentatif », pour satisfaire ses besoins, consomme un seul bien x, produit à l'aide d'un seul facteur travail, T, offert par ce consommateur. Ce dernier est doté d'une fonction d'utilité qui s'écrit :

$$U = U(x, T) \tag{1}$$

avec $U'x > 0$

$\qquad U'_T < 0$

Conformément aux conventions habituelles, T figure négativement dans la fonction d'utilité U et $U'_T < 0$ traduit, pour le consommateur, la désutilité associée à tout accroissement marginal de son offre de travail T.

L'entreprise produit un bien final x à l'aide d'un seul facteur, T. La fonction de production de cette entreprise,

$$x = f(T) \tag{2}$$

est une fonction homogène à rendements dimensionnels croissants de telle sorte que :

$$\frac{\partial f}{\partial T} \ \left(\text{ou} \ \frac{\partial x}{\partial T}\right) \equiv f'(T) > 0 \tag{2'}$$

$$\frac{\partial^2 f}{\partial T^2} \ \left(\text{ou} \ \frac{\partial^2 x}{\partial T^2}\right) \equiv f''(T) > 0$$

$$f(o) = 0$$

Le prix du bien (p_x) et celui du facteur (p_T) sont des paramètres de décision communs aux deux agents.

Les optima de Pareto sont dès lors caractérisés par le programme :

Max $U = U(x, T)$

sous la contrainte :

$x = f(T)$

En substituant dans la fonction U, x par $f(T)$, le programme d'optimisation peut s'écrire :

$$\text{Max } U = U[f(T), T] \tag{3}$$

Une condition nécessaire de premier ordre de la maximisation du bien-être s'écrit alors :

$$\frac{\partial U}{\partial f} \cdot \frac{\partial f}{\partial T} + \frac{\partial U}{\partial T} = 0 \leftrightarrow U'_x - f'_T + U'_T = 0$$

soit :

$$U'_x \cdot f'_T = - U'_T \qquad [4]$$

Cette relation, tout à fait classique, montre que l'existence de rendements croissants avec l'échelle de la production ne modifie pas les conditions nécessaires du premier ordre d'un optimum. Elle indique, en effet, que l'utilisation du travail, T, affectée à la production du bien x serait, si toutes les autres conditions étaient satisfaites, poussée jusqu'au point où l'utilité marginale de x ($U'_x \cdot f'_T$) serait égale à la désutilité marginale du travail ($- U'_T$). Mais, ainsi qu'il nous faut le montrer, la condition [4] est, en l'espèce, une condition nécessaire, mais non systématiquement suffisante, de l'optimum. L'existence de rendements croissants avec l'échelle de la production exige que l'on s'assure que les conditions du second ordre de l'optimum sont satisfaites.

En effet, ainsi que l'illustrent les graphiques 1 et 2, les courbes d'indifférence du consommateur et la fermeture de l'ensemble de production (non-convexe) représentatif de rendements croissants avec l'échelle ont une même courbure générale. Par conséquent, rien ne permet d'affirmer, au seul vu des conditions nécessaires du premier ordre (condition [4]) que l'utilité du consommateur est maximisée. Pour s'en assurer il convient nécessairement de vérifier que la dérivée seconde, par rapport à T, de la relation [4] :

$$U'_x \cdot f'_T = - U'_T$$

est négative.

Il faut donc que :
$$\frac{d\left(f'_T + \dfrac{U'_T}{U'_x}\right)}{dT} < 0$$

ou
$$\frac{df'_T}{dT} + \frac{d\left(\dfrac{U'_T}{U'x}\right)}{dT} < 0 \qquad [5]$$

(avec $U'_T < 0$).

Il est évident que la condition [4] ne correspond à un maximum d'utilité du consommateur (à un optimum) que si, et seulement si,

$$\frac{d\left(\dfrac{U'_T}{U'x}\right)}{dT} < \frac{df'_T}{dT}$$

donc que si, et seulement si, la courbure des courbes d'indifférence entre x et T est supérieure à celle de la fermeture de l'ensemble de production de l'entreprise (graphique 1). Si, en revanche, (graphique 2), la courbure de la fonction de production, $f(T)$, est supérieure à celle des courbes d'indifférence du consommateur, alors la condition [4] d'une affectation des ressources Pareto-optimale correspond à la minimisation de l'utilité du consommateur le long de la fermeture de l'ensemble de production non-convexe. Il est clair que le point 0 (graphique 2) satisfait la condition nécessaire du premier ordre [4] mais n'est pas un optimum de Pareto.

Graphique 1
La maximisation de l'utilité

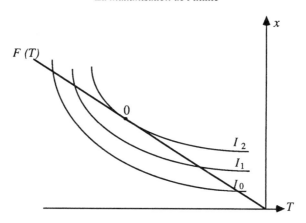

Graphique 2
La minimisation de l'utilité

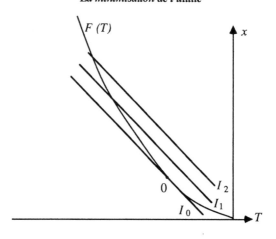

3. Les rendements croissants avec l'échelle de la production et les comportements concurrentiels des agents

Il est aisé maintenant de montrer qu'une entreprise (ou une industrie) à rendements dimensionnels croissants n'a aucune incitation, dans le cadre de structures concurrentielles à prix paramétriques, à adopter des comportements et des plans de production correspondant aux conditions de l'optimum, à la maximisation de l'utilité du consommateur.

En effet, une entreprise, confrontée à des prix paramétriques donnés, p_x et p_T et adoptant des comportements concurrentiels, chercherait à résoudre le programme suivant :

$$\text{Max } \pi(T) = p_x \cdot f(T) - p_T \cdot T \tag{6}$$

Elle maximiserait son profit, $\pi(T)$, en réalisant l'égalité marginale :

$$p_x \cdot \frac{\partial f}{\partial T} - p_T = 0$$

ou

$$p_x \cdot f'_T = p_T \tag{7}$$

ou encore

$$p_x = \frac{p_T}{f'_T} = \text{coût marginal de } x \ (Cm_x) \tag{7'}$$

Ces conditions, bien connues, nous rappellent qu'une entreprise (ou une industrie), respectant les conditions d'un comportement concurrentiel, emploierait une quantité de travail telle que la valeur du produit marginal du travail serait égale au prix de ce dernier (relation [7]) ou offrirait une quantité de bien x telle que le prix et le coût marginal de production de x soient égaux (relation [7']).

Cette condition d'un comportement concurrentiel de l'entreprise est également compatible avec celle (relation [4]) d'une affectation optimale des ressources au sens de Pareto. On sait, en effet, que le consommateur maximise son utilité sous une contrainte de budget en procédant à l'égalité marginale ;

$$\frac{U'_x}{p_x} = -\frac{U'_T}{p_T} \tag{8}$$

ou encore :

$$p_x = -\frac{U'_x}{U'_T} \cdot p_T \tag{9}$$

En substituant, dans la relation [7], p_x par la valeur donnée par la relation [9], on obtient :

$$-\frac{U'_x}{U'_T} \cdot p_T \cdot f'_T = p_T \qquad [10]$$

ou encore :

$$U'_x \cdot f'_T = -U'_T \qquad [11]$$

relation qui est, effectivement, celle de l'optimum (relation [4]).

Mais l'égalisation du prix du travail (p_T) et de la valeur du produit marginal de celui-ci $(p_x \cdot f'_T)$, (relation [7]) ne peut pas être un comportement économique concurrentiel spontanément adopté par une entreprise à rendements dimensionnels croissants. Cette égalisation ne correspond pas, en effet, à un programme de production qui maximiserait son profit. Puisque $p_x > 0$ et, surtout que $f''_T > 0$ (condition [2']), il est clair que les conditions du second ordre $(p_x \cdot f''_T < 0)$ de la maximisation dudit profit ne seront jamais satisfaites par une firme à rendements dimensionnels croissants. La relation [7] (ou [7']) correspond donc, non pas à une condition de maximisation du profit de l'entreprise, mais à une condition de minimisation des pertes de celle-ci. Etant donné un système de prix, une telle entreprise, libre de ses choix, fermerait ses portes ou maximiserait son profit en produisant une quantité infinie (voir graphique 3).

Graphique 3
Comportement économique rationnel d'une entreprise à rendements dimensionnels croissants

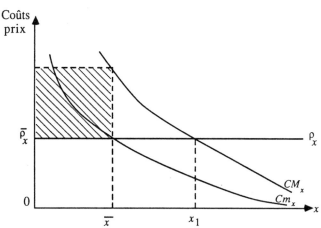

Puisque les coûts marginaux de l'entreprise décroissent de façon continue, celle-ci subit une perte marginale pour tout volume de production inférieur à $0\bar{x}$ $(CM > p_x)$. Pour un volume de production $0\bar{x}$ qui correspond à la condition [7'] d'un comportement concurrentiel de l'entreprise

$(P_x = \dfrac{P_T}{f'_T} = Cm_x)$, cette dernière minimise ses pertes (aire hachurée, graphique 3). Ce n'est qu'à partir d'une production $0x_1$ que ses profits marginaux deviennent positifs. Pour un volume de production $0x_1$, correspondant à la vente du produit x au coût moyen (CM_x), l'entreprise couvre l'intégralité de ses coûts complets (y compris le coût du capital et le profit normal de l'entrepreneur). Elle réalise un profit positif, toujours croissant, pour toute quantité, produite et vendue au prix paramétrique p_x, supérieure à $0x_1$.

Il apparaît donc qu'une organisation parfaitement concurrentielle des marchés n'est pas de nature, dans une industrie dont les entreprises mettraient en œuvre des processus de production à rendements dimensionnels croissants, à induire de la part de celles-ci des comportements de type concurrentiel. « Il est parfaitement clair, souligne J.J. Laffont (1982, p. 61) qu'il ne peut exister d'équilibre concurrentiel pour lequel l'entreprise a un niveau d'activité non nul ». « Dans le meilleur des cas, ajoute F.M. Bator (1985, p. 367), c'est-à-dire dans l'hypothèse où, au voisinage de l'optimum, les coûts marginaux seraient croissants, certains producteurs seraient confrontés à des pertes permanentes et, par conséquent, exclus du marché ; il y aurait donc nécessairement échec des marchés concurrentiels par manque d'incitation ».

Si, dans une telle configuration, une entreprise bénéficie, au sein de l'industrie, d'un « avantage comparatif » momentané par rapport à toutes les autres et si son domaine des productions possibles à rendements dimensionnels croissants correspond à une très large partie, voire à la totalité, de la demande sur le marché du bien ou du service correspondant, il est clair qu'en produisant des quantités croissantes à moindre coût, elle éliminera progressivement les autres firmes du marché et acquérera, peu à peu, une situation de monopole qui, en l'espèce, sera qualifiée de « monopole naturel » [1]. Une entreprise pourra à elle seule, satisfaire la totalité de la demande. Concurrence, rendements dimensionnels croissants et affectation optimale des ressources apparaissent donc véritablement incompatibles et ce pour des raisons qui tiennent, non pas aux comportements des agents, mais aux caractéristiques techniques du processus de production. « Si les prix ne sont pas administrés, la concurrence peut ne pas être apte à assurer sa propre sauvegarde et, dès lors, les marchés peuvent être défaillants par structure » R.M. Bator (1958, p. 307).

Par ailleurs, même si par un moyen ou par un autre (des subventions, par exemple, versées aux entreprises déficitaires produisant chacune une quantité $0\bar{x}$) il était possible de conserver la structure du marché et les

---

1. Les rendements dimensionnels croissants peuvent, à eux seuls, constituer une condition nécessaire et suffisante d'un monopole naturel à produit unique. En revanche, cette caractéristique n'est ni une condition nécessaire ni une condition suffisante d'un monopole naturel à produits multiples. Une caractéristique de « subadditivité » des fonctions de coûts doit être simultanément associée à celle d'économies d'échelle pour qu'un monopole à produits multiples soit un monopole naturel. Seul le cas le plus simple est étudié ici. Sur les notions de « subaddivité » des fonctions de coût et de monopoles naturels à produits multiples, on consultera, par exemple : W.W. Sharkey (1982).

comportements concurrentiels des entreprises, la collectivité ne retirerait aucun avantage d'une telle politique. Pour que les conséquences bénéfiques, sur les coûts, de rendements dimensionnels croissants soient exploitées jusqu'à leur terme au profit des consommateurs et des usagers, une seule entreprise doit, sous des conditions et des réserves qui seront énoncées ultérieurement, satisfaire la totalité de la demande du marché. En sauvegardant, ainsi, la concurrence entre de nombreuses entreprises, la collectivité des usagers ne bénéficierait qu'incomplètement de la décroissance des coûts. C'est indéniablement le constat que faisait A.C. Pigou (1932) lorsqu'il écrivait : « Au vu du coût très élevé de la construction [d'une ligne de chemin de fer]... il sera, à l'évidence, beaucoup moins onéreux d'avoir une, ou au pire, quelques lignes seulement assurant la totalité du service de transport que d'avoir ce service produit par un grand nombre de compagnies de chemins de fer dont chacune n'assurerait qu'une faible partie du trafic total. Des remarques similaires s'appliquent à la distribution du gaz, de l'eau, de l'électricité et des transports urbains par tramway. L'existence de compagnies distinctes et nombreuses impliquerait la mise en place d'un grand nombre de canalisations, fils et rails... donc d'une importante quantité de capital qui ne serait employée que dans une faible proportion de ses capacités de production. Eviter un tel investissement est, à l'évidence, une source d'économie ».

4. Les rendements dimensionnels croissants et les options de politique économique

Ce qui précède montre que s'il existe, dans une économie, des entreprises à rendements dimensionnels croissants pour tout volume quelconque de la production satisfaisant la demande du marché, on peut conclure qu'elles adopteront nécessairement un comportement non concurrentiel et que l'équilibre du marché, s'il existe, ne sera probablement pas un optimum de Pareto. Le problème se pose de savoir quelles politiques économiques publiques seraient de nature à « restaurer » la maximisation du rendement social de cette économie.

4.1. L'équilibre d'un monopole naturel non réglementé et l'affectation optimale des ressources

Supposons, pour les raisons énoncées précédemment, qu'une entreprise à rendements dimensionnels croissants détienne le monopole naturel de production d'un bien ou d'un service x. En l'absence de toute intervention extérieure, cette entreprise, bénéficiant de la maîtrise des quantités et des prix, adoptera, dans le but de maximiser son profit de monopole, un plan de production et une politique de tarification, tels qu'à la marge son coût marginal (Cm) soit égal à sa recette marginale (Rm). Elle produira donc une quantité $0x_m$ qu'elle offrira sur le marché au prix $0p_m$ (graphique 4). Pour ce vecteur prix-quantité (p_m, x_m) son profit (positif) résultera du produit de la quantité vendue et de la différence entre la recette moyenne et le coût moyen correspondant à la quantité $0x_m$ (aire $ABCp_m$,). Ce comportement, économiquement rationnel de la part d'un « monopole libre », est à l'évidence non optimal pour la collectivité.

Graphique 4
Monopole naturel non réglementé et affectation optimale des ressources au sens de Pareto

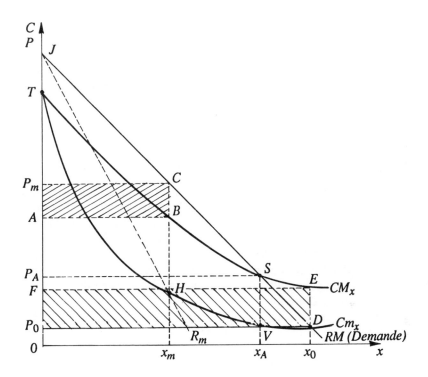

On sait en effet que, dans une économie décentralisée, les conditions d'une affectation optimale des ressources seront satisfaites si toutes les entreprises vendent leurs biens ou services au coût marginal. Ce n'est, comme nous l'avons montré précédemment à l'aide d'un modèle simple,

que si $p_x = \dfrac{p_T}{f'_T} = Cm_x$ qu'alors $U'_x f'_T = -U'_T$

(condition de maximisation de l'utilité du consommateur). Pour que le monopoleur maximise le rendement social, il conviendrait donc qu'il produise une quantité $0x_0$ vendue au prix $0p_0$. Pour ce vecteur prix-production, le coût moyen (CM_x) est supérieur au coût marginal (Cm_x) et, par conséquent, les coûts totaux de production ($0x_0EF$) excèdent les revenus totaux du monopole ($0p_0Dx_0$).

Si le monopole adoptait une tarification au coût marginal (ce qu'il ne saurait faire spontanément), il réaliserait une perte optimale, pour la collectivité, représentée par l'aire p_o *FED*.

Il apparaît donc clairement que tout comportement quelconque autre que ce dernier, et notamment le choix d'une production $0x_m$ et d'un prix $0p_m$, est à l'origine d'une perte de bien-être collectif qui peut être, approximativement, évaluée de la façon suivante, en termes de coûts et avantages totaux : la perte totale subie par les consommateurs, auxquels on offre une quantité de bien $0x_m$ au lieu de la quantité $0x_o$ correspond à l'aire $(x_m CDx_o)$ comprise sous la courbe de demande entre ces deux quantités. L'économie de coût de production résultant de la réduction des quantités produites de x_o à x_m correspond à l'aire $(x_m HDx_o)$ comprise sous la courbe de coût marginal entre ces deux mêmes quantités. Par conséquent, le coût net pour la collectivité résultant du comportement du monopole est égal à :

$$x_m CDx_o - x_m HDx_o = CDH$$

4.2. Les politiques économiques en présence : portée et limites

Si l'objectif premier de la collectivité est la recherche du maximum de rendement social de l'économie, ce que nous supposerons ici[1], le problème qui se pose est de savoir quelles sont les diverses modalités possibles d'intervention de la puisance publique destinées à pallier l'inefficacité économique de monopoles naturels non réglementés, libres de leurs décisions. Ainsi que nous l'avons précédemment remarqué, les pouvoirs publics ont le choix entre trois options possibles, qu'illustrent d'ailleurs les multiples expériences nationales en ce domaine :

– La non-intervention : en présence d'un monopole quelconque, naturel en particulier, l'Etat peut décider de ne pas intervenir, auquel cas il laisse porter à la collectivité dans son ensemble le poids de l'inefficacité dû au comportement du monopole ; ladite collectivité peut cependant espérer qu'elle bénéficiera des avantages que le monopole pourrait, de par sa taille, créer grâce à la mise en œuvre d'innovations diverses dans la production ou dans la distribution du bien ou du service.

– La réglementation (*regulation*) : ce mode d'intervention, le plus couramment utilisé dans des pays tels que les Etats-Unis, le Canada, la

---

1. Une telle hypothèse permet de simplifier l'analyse mais n'est pas, en toutes circonstances, admissible et ce pour deux raisons ; la première tient au fait, ainsi que R. Guesnerie (1975) l'a montré, qu'il peut exister des cas où, dans une économie de propriété privée, aucune production, compatible avec une décentralisation des décisions guidées par la règle de la vente au coût marginal, n'est associée à une affectation optimale des ressources au sens de Pareto ; dans ces cas il est possible de montrer qu'il existe certaines distributions des revenus réels pour lesquelles un optimum de Pareto ne peut pas être réalisé par un équilibre concurrentiel avec des entreprises à rendements dimentionnels croissants. La seconde raison résulte d'un double constat ; la réglementation ou la nationalisation d'un monopole naturel peut avoir pour objectif explicite de contribuer à la modification d'une distribution des revenus jugée inéquitable ; par ailleurs, tout écart par rapport au principe d'une tarification au coût marginal et/ou les prélèvements obligatoires nécessaires au financement du déficit optimal d'un monopole naturel ont nécessairement des conséquences sur la distribution des revenus.

République fédérale d'Allemagne, etc., consiste à sauvegarder le caractère privé de la production mais à imposer aux décideurs un certain nombre de contraintes dans la gestion, lesquelles peuvent affecter la tarification (au coût marginal, voire au coût moyen), la nature des biens ou services produits, le taux minimal de rendement du capital, etc.

– La nationalisation : on a souvent fait remarquer que l'analyse néoclassique des rendements dimensionnels croissants et du monopole naturel constituait l'une des rares justifications théoriques d'une appropriation publique des activités correspondantes. Bien qu'une telle interprétation soit contestable, elle a indéniablement été favorablement entendue dans des pays tels que la France, la Grande-Bretagne, l'Espagne, l'Italie et nombre de pays en voie de développement où, du moins jusqu'à une période récente, la nationalisation des monopoles naturels semble avoir été la règle (ou presque). Dans cette hypothèse, la puissance publique décide une appropriation des droits de propriété et gère le monopole en tant qu'entreprise publique. Elle peut alors mettre en œuvre des politiques, de tarification notamment, conformes aux principes de la maximisation de l'efficacité économique et non à ceux de la rentabilité financière.

S'agissant du choix entre les deux dernières options, que nous examinerons ici de façon quelque peu détaillée (la réglementation ou la nationalisation), il est bien évident, qu'en dehors de considérations de nature politique, celui-ci peut être éclairé par la prise en compte de divers éléments de nature technico-économique : la nature même des entreprises ou industries concernées (alors que les compagnies aériennes sont fréquemment soumises à réglementation, les services locaux sont très généralement gérés par la puissance publique), la perception réelle ou effective que peuvent avoir les décideurs des avantages nets associés aux diverses options en présence, l'efficacité comparée des structures d'incitations-sanctions caractéristiques d'un monopole privé réglementé et d'une entreprise publique qui peut n'avoir aucune incitation à minimiser les coûts de production (inefficience « X » de H. Leibenstein)[1].

Mais, quelle que soit l'option de politique d'intervention retenue, les possibilités en présence posent, analytiquement, un ensemble de problèmes communs que nous examinerons d'abord. Ce n'est qu'ensuite que seront succinctement abordés quelques aspects spécifiques de la gestion publique d'un monopole naturel.

---

1. La théorie de l'inefficience « X » de H. Leibenstein est une analyse « micro-microéconomique » de l'entreprise et, plus généralement, des organisations privées et publiques. Contestant l'hypothèse selon laquelle une entreprise est supposée procéder systématiquement à une combinaison techniquement efficiente des facteurs et, ce faisant, minimiser les coûts de sa production, H. Leibenstein procède à une analyse des modes d'affectation des ressources internes à l'entreprise et, ce faisant, démontre que les degrés de liberté dont les salariés peuvent bénéficier dans le choix de leur « position d'effort » ne garantissent pas que l'entreprise produira systématiquement au moindre coût. L'écart entre le coût minimal et le coût effectif de production est un indice de l'inefficience « X » de l'entreprise ou de l'organisation.

4.2.1. Les problèmes analytiques communs à une gestion économiquement efficace des monopoles naturels

L'un des premiers auteurs qui, à notre connaissance, a explicitement recommandé l'intervention publique, directe ou indirecte, dans la conduite des activités d'un monopole naturel, semble être l'économiste américain H.C. Adams qui en 1887 écrivait : « Le contrôle par l'Etat des industries devrait donc être le corollaire de l'application dans ces industries de processus de production à rendements croissants... S'il est de l'intérêt des hommes de s'unir, aucune loi ne saurait les obliger à se faire concurrence ».

Si H.C. Adams ne précisait pas les modalités de ce contrôle, on sait, aujourd'hui, que celui-ci se traduit, quasi inévitablement, par une intervention de la puissance publique dans le domaine de la tarification des biens ou services finals d'une part ou, notamment dans le cas d'un monopole naturel réglementé, par la fixation d'un taux de rendement donné du capital, d'autre part.

4.2.1.1. La tarification au coût marginal et le financement du déficit

Qu'il s'agisse d'une entreprise publique ou d'un monopole privé à rendements dimensionnels croissants, l'obligation d'une politique de tarification au coût marginal se traduit nécessairement, dans une économie « idéale » par ailleurs, par un déficit optimal pour la collectivité (aire p_oDEF du graphique 4). Si ce déficit associé à l'application d'un principe d'optimalité pour la collectivité existe, son existence même résulte du fait que les dispositions marginales à payer des consommateurs sont insuffisantes à la couverture de l'ensemble des coûts complets encourus par le producteur. Ce déficit devant être nécessairement financé, le problème se pose de savoir quelles ressources peuvent être prélevées et affectées à cet usage.

Il existe, certes, un principe théorique dont l'application permettrait d'éluder ce problème de financement du déficit. En effet, si une discrimination parfaite par les prix pouvait être opérée entre chaque consommateur (ou groupe homogène de consommateurs), l'entreprise pourrait prélever un prix correspondant à la totalité de la disposition marginale à payer de chacun et, ainsi, percevoir un revenu total égal aux avantages totaux des consommateurs (aire $OJDx_o$, graphique 4), réaliser un profit et satisfaire les conditions d'une affectation optimale des ressources. Autrement dit, si le monopoleur peut procéder à une discrimination parfaite par les prix, sa courbe de recette marginale se confond avec la courbe de demande et le volume de production qui maximise son profit s'établit à la quantité $0x_o$; les surplus des consommateurs sont appropriés par le producteur. Séduisante dans son principe, cette solution théorique pose, en dehors de son impact sur la distribution, d'insurmontables difficultés d'application, mais elle a le mérite d'être un point de comparaison utile à l'égard d'autres solutions.

En l'absence d'une possibilité concrète et réelle de discriminer parfaitement par les prix, les principales propositions formulées consistent à recommander que le financement du déficit soit assuré par les recettes générales du budget de l'Etat ou des collectivités publiques directement concernées (régions, communes, etc...). Depuis que cette suggestion a été formulée par A. Lerner et H. Hotelling, les théoriciens de l'économie du bien-être ont montré que les seuls taxes ou impôts qui n'auraient aucun effet non recherché ou « pervers » sur les conditions d'une affectation optimale des ressources sont du type « forfaitaire » c'est-à-dire des prélèvements qui seraient assis sur un objet quantitativement invariable quel que soit l'individu concerné. De telles taxes pourraient être, par exemple, une taxe sur les salaires (à la condition que l'offre de travail soit impérativement fixée) ou, plus généralement, une taxe par tête d'un montant identique pour tous. N'étant pas reliées à des variables susceptibles de modifier le comportement des agents en matière de production, d'offre de travail, d'épargne, etc., ces taxes auraient la caractéristique d'être neutres et de constituer des formes idéales de prélèvement du point de vue de l'efficacité économique.

La seule difficulté est qu'il n'existe aucun type de prélèvements observables dans la réalité qui réponde à ces caractéristiques : les impôts et les taxes couramment prélevés sont, directement ou indirectement, assis sur des grandeurs ou des variables économiques (le revenu, l'épargne, les transactions, etc.) et exercent donc des effets sur le comportement des agents (réduction de l'offre de travail, de l'épargne, évasion, fraude, etc.) dommageables pour l'affectation des ressources. Qui plus est, même si de telles taxes forfaitaires existaient, le gouvernement pourrait se montrer réticent à l'égard de leur utilisation : non progressives par nature, elles pourraient se révéler peu conformes à un objectif de redistribution par la fiscalité.

Il apparaît donc que le financement du déficit d'un monopole assujetti à la tarification au coût marginal ne peut, au mieux, être réalisé qu'à l'aide de prélèvement « imparfaits » par rapport aux exigences de la norme. En dehors de leurs effets pervers possibles sur le rendement social maximal, on peut également remarquer que le financement public de ce déficit a, en outre, pour conséquence de provoquer une redistribution du revenu de l'ensemble des contribuables vers les seuls consommateurs bénéficiaires ou usagers du service déficitaire. Par conséquent, si la tarification au coût marginal peut correspondre à des gains collectifs (un accroissement net du bien-être global), il n'en reste pas moins vrai que, si les contribuables (les « perdants ») ne reçoivent pas une compensation, la distribution du revenu s'en trouvera modifiée à leur détriment. Il apparaît donc que toute méthode de financement du déficit a des conséquences distributives ; ce constat sera important lorsqu'il s'agira de comparer la tarification au coût marginal et la tarification au coût moyen.

Au-delà des problèmes posés par le financement du déficit résultant d'une tarification au coût marginal, il est enfin nécessaire de remarquer qu'il est des cas où l'application d'un tel principe de tarification ne peut être envisagée, ou si elle l'était, conduirait à des conséquences dommageables pour la collectivité. Si les indivisibilités caractéristiques du processus de production d'un bien ou d'un service et des rendements dimensionnels croissants correspondants sont particulièrement importantes, il peut parfaitement apparaître que les courbes de coût et de demande soient telles qu'alors le volume de production correspondant à l'égalisation du prix et du coût marginal se traduise par un « surplus collectif » négatif. Le graphique 5 illustre une telle situation.

Graphique 5
Tarification au coût marginal et perte de rendement social

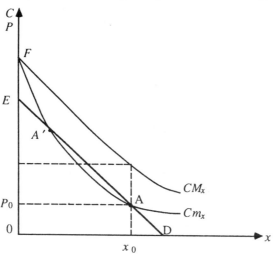

Sur ce graphique 5, la courbe de demande du bien x est telle, qu'en tout point, les dispositions marginales à payer des consommateurs sont inférieures au coût moyen. Dans une situation de ce type, aucun monopole naturel privé ne parviendrait à couvrir ses coûts de production : il n'existe aucun prix susceptible d'être mis en œuvre tel que $p = CM$. Pour une production x_o, qui correspondrait à une égalisation du coût marginal Cm et des dispositions marginales à payer, donc au prix p_o (point A), les avantages totaux de cette production pour les consommateurs (aire $OEAx_o$) sont inférieures aux coûts totaux de production (aire $OFAx_o$) : une tarification au coût marginal, qui en l'espèce ne pourrait être réalisée que par une entreprise publique très largement subventionnée, provoquerait donc une perte nette collective correspondant approximativement à l'aire EFA'. L'application du principe de la tarification au coût marginal n'est donc pas ici l'instrument adapté à la réalisation décentralisée d'un optimum alors même qu'il est évident que l'existence de surplus positifs des consommateurs impliquerait que le bien x soit produit. Si une évaluation marginale est inopérante ici pour déterminer le volume de bien à produire, en revanche, une évaluation non marginale permettrait, à l'entreprise publique chargée d'assurer cette production, de comparer les coûts de celle-ci à une estimation de la somme des dispositions à payer des consommateurs pour ce bien.

Chaque consommateur peut certes acheter des quantités différentes du bien, mais en vue de déterminer la quantité totale à produire, l'entreprise doit découvrir la forme de la courbe totale de demande. On aura reconnu ici une démarche analytique qui est comparable à celle nécessaire à la détermination de la demande concernant un service collectif pur dont la production est, justement, caractérisée par des indivisibilités extrêmes.

4.2.1.2. Les autres modes possibles de tarification

Il existe d'autres modes possibles, mais non « parfaits » (par rapport à la norme d'efficacité maximale), de prélèvements de ressources permettant de couvrir les coûts complets d'une entreprise ou industrie à rendements dimensionnels croissants. Dans une littérature abondante, riche en propositions, souvent théoriques et complexes, parfois opérationnelles, nous retiendrons, pour notre part, les quelques idées directrices suivantes.

4.2.1.2.1. La tarification au coût moyen [1]

Son principe est le suivant : une entreprise privée réglementée ou une entreprise publique détentrice d'un monopole naturel se voit intimée l'obligation, par l'autorité de tutelle, de vendre le bien ou le service qu'elle produit à un prix égal au coût moyen. Elle produira donc une quantité x_A au prix p_A (graphique 4). Pour ce vecteur prix-quantité, le produit de ses ventes correspondant à ses coûts totaux de production (aire $0p_A Sx_A$ – graphique 4), son compte d'exploitation est équilibré. Par une analyse comparable à celle que nous avons faite, il est clair que l'équilibre financier de l'entreprise n'est réalisé qu'au prix d'une perte de rendement social ou d'efficacité représentée par l'aire SVD.

Alors même que ce mode de tarification au coût moyen n'est pas conforme à la norme du rendement social maximal, force est de constater que, dans de nombreux pays, il bénéficie indéniablement de la faveur des gouvernements. Ainsi, en France, le rapport dit Nora (1967) en préconisait la quasi-généralisation aux entreprises publiques. De même, les gouvernements américains, fédéral et des Etats, semblent avoir massivement adopté, jusqu'à une période récente, une stratégie de tarification au coût moyen tant à l'égard des services publics (*public utilities*) que des entreprises privées réglementées. Cette attitude peut sembler surprenante dans un pays où l'entreprise privée bénéficie d'un très large appui populaire et où les engagements théoriques en faveur d'une tarification au coût marginal avec intervention gouvernementale semblent, eux aussi, bien admis. Pourquoi alors une tarification au coût moyen est-elle si largement utilisée ? De façon très sommaire, on peut penser que cette attitude trouve son origine dans les arguments suivants :

• L'impopularité des déficits continus des entreprises publiques ou réglementées, déficits souvent perçus comme résultant moins d'une gestion optimale que de gaspillages des ressources rendus possibles par un affaiblissement des incitations-sanctions caractéristiques d'une altération des droits de propriété.

---

1. Voir R. Freixas et J.J. Laffont (1983), A. Bernard (1980).

• L'attachement que les consommateurs-citoyens-contribuables semblent avoir à l'égard d'un principe d'équité suivant lequel chaque consommateur devrait payer un service en proportion directe des avantages (ou bénéfices) que la consommation de celui-ci lui procure ; un corollaire naturel de ce principe est que ceux qui ne retirent aucun avantage direct d'un service n'ont pas à contribuer au financement de la production et de la distribution de celui-ci. Or, comme nous l'avons vu, l'application d'une tarification au coût marginal génère un déficit optimal pour la collectivité dont le financement doit être assuré, généralement, par des impôts ou taxes. Ce faisant, il n'y a aucune garantie que les coûts complets seront financés par les utilisateurs en proportion de leur utilisation du service. Or, comme la plupart des services issus de processus de production à rendements dimensionnels croissants sont repérables et individualisables (« exclusifs »), il est aisé de distinguer les utilisateurs des non-utilisateurs et de repérer le degré individuel d'utilisation de tels services. On peut donc raisonnablement soutenir que la tarification au coût moyen répond aux exigences d'un principe d'équité fondé sur les avantages reçus, alors que la tarification au coût marginal ne satisfait pas ce principe. Par conséquent, si « gouvernants et gouvernés » adoptent ce point de vue et considèrent que les gains en équité associés à une tarification au coût moyen compensent les pertes d'efficacité par rapport à une tarification au coût marginal, alors la tarification au coût moyen apparaît comme étant un principe « raisonnable ».

• On peut, enfin, mais alors dans une optique idéologique, soutenir que la perte collective, en termes d'efficacité, résultant d'une tarification au coût moyen, est le prix à payer pour que l'entreprise ou l'industrie, à rendements dimensionnels croissants, reste dans le secteur privé de la production, équilibre son compte d'exploitation tout en faisant l'objet d'une réglementation publique.

En tout état de cause, si la puissance publique applique une politique de tarification au coût moyen à toutes les entreprises dotées d'un monopole naturel, cette politique conduit à instaurer un ensemble de distorsions entre les prix et les coûts marginaux dans tout le secteur public ou privé réglementé. Fixer des prix supérieurs au coût marginal a, d'un point de vue théorique ou analytique, pour résultat indirect mais effectif d'imposer aux industries concurrentielles du secteur privé une taxe sur les biens ou services produits par les monopoles naturels publics ou réglementés. Pour trancher entre une tarification au coût moyen et une tarification au coût marginal, il faut donc nécessairement procéder à une comparaison entre les pertes de rendement social caractérisant chacune d'elles, donc entre les distorsions résultant de la taxe sur les biens et services précitée (tarification au coût moyen) et celles associées au prélèvement des impôts ou taxes, autres que forfaitaires, nécessaires au financement d'un déficit optimal pour la collectivité (tarification au coût marginal).

4.2.1.2.2. Les tarifs multiples

Ils correspondent à des formes imparfaites de discrimination par les prix. Diverses formes de tarification comportant plusieurs parties, généralement deux (tarif binômes), sont possibles et effectivement utilisées. La plus couramment mise en œuvre combine une tarification au coût marginal et un droit fixe d'abonnement (électricité, téléphone, transport, etc.). Si un tel système de tarification n'engendre pas, en principe, de distorsions dans l'usage marginal du service, il n'en reste pas moins vrai qu'il peut générer une distorsion infra-marginale dans la mesure où le droit fixe est, pour certains consommateurs, supérieur à l'avantage total qu'ils retireraient de l'utilisation du service. De ce fait, ces consommateurs sont exclus de la consommation du service alors même que le coût marginal qui résulterait de leur consommation est faible, voir quasi nul.

D'autres formes de discrimination (imparfaites) par les prix sont à l'origine de distorsions infra-marginales comparables à la précédente. Ainsi, certaines formules de tarification emploient des modes de discrimination par les prix fondés soit sur les quantités consommées soit sur le type de consommateurs (particuliers ou industriels, par exemple) ou les deux. Ainsi, le prix correspondant aux x premières unités du service fourni peut être supérieur à celui des y unités suivantes, etc. (barème par tranches de consommation). Ou bien les consommateurs domestiques sont tarifés à un prix différent des consommateurs industriels dans la mesure où l'élasticité de leur demande par rapport au prix est estimée différente. De telles formules de tarification, qui en tout état de cause s'éloignent du principe d'une tarification des dernières unités au coût marginal, sont, selon la théorie économique, plus efficaces qu'une tarification uniforme (au coût moyen notamment) et favorisent une plus grande utilisation des services correspondants. En exigeant un prix plus faible à la marge, les procédures de discrimination ont ainsi le mérite général de développer l'usage des services produits, mais elles ne peuvent pas être systématiquement utilisées. Elles nécessitent en effet que le marché puisse être segmenté en catégories homogènes de consommateurs et que le service offert à un prix différentiel ne puisse être revendu à d'autres qui ne répondent pas aux conditions d'obtention de ce prix.

Quels enseignements peut-on tirer de ces diverses pratiques et suggestions rappelées ici de façon sommaire ?

– Il n'existe aucune solution générale unique de tarification. Toutes les solutions pratiques ou opérationnelles proposées provoquent, sous une forme ou sous une autre, une distorsion des conditions d'un rendement social maximal ou d'une allocation des ressources Pareto-optimale.

– Les attitudes politico-administratives, au regard des déficits publics, sont fondamentalement commandées par les contraintes pesant sur les politiques susceptibles d'être mises en œuvre, dans un pays et à une époque donnés. Ces contraintes sont également variables selon les biens ou services considérés.

4.2.1.3. *L'intervention publique par le taux de rendement du capital*

Certaines formes d'interventions de la puissance publique à l'égard de monopoles naturels (plus particulièrement gérés en entreprises publiques) se traduisent, certes, de la part d'une autorité de tutelle, par une action sur les prix, mais ces derniers ne sont pas déterminés en fonction du coût moyen ni du coût marginal du service ; ils sont fixés dans le but de permettre à l'entreprise (ou à l'industrie) de réaliser un taux de rendement déterminé de son capital net investi. On désigne généralement cette politique par l'expression « réglementation (ou régulation) par le taux de rendement ».

Son principe général est, en bref, le suivant : une autorité de tutelle publique assigne, à une entreprise ou industrie détentrice d'un monopole naturel, l'obligation de réaliser un taux de rendement, s, jugé « correct » ou « convenable », sur son stock de capital net investi, k ; le prix réglementé, p, du bien ou du service produit Q par celle-ci est fixé à un niveau tel que :

$$\frac{p \cdot Q - w \cdot T}{k} \leq s \text{ ou } \frac{(R - C)}{k} \leq s$$

expression dans laquelle w est le taux de rémunération du travail (ou taux de salaire) du marché et T la quantité de main-d'œuvre employée, où R désigne le chiffre d'affaires de l'entreprise, C l'ensemble des coûts d'exploitation autres que la rémunération du capital. Pour que la fixation du taux-objectif de rendement du capital assigné à l'entreprise soit contraignant, il est clair que la valeur de s doit être telle que :

$$s_{max} > s \geq p_k$$

expression dans laquelle s_{max} correspond au taux maximal possible de rendement du capital que réaliserait le monopole en l'absence de réglementation et p_k le coût d'opportunité du capital, c'est-à-dire la rémunération minimale nécessaire à assurer au capital pour que celui-ci reste investi dans l'industrie ou l'entreprise réglementée.

Deux types de critiques sont généralement faits à l'encontre de ce mode d'intervention de la puissance publique.

a) La première est connue sous le nom de « théorème d'Averch-Johnson », théorème qui, fondé sur le modèle classique d'une entreprise maximisant son profit, s'énonce comme suit : un monopole naturel maximisant son profit, soumis à une réglementation par le taux de rendement du capital, produira le bien ou le service en recourant à une combinaison inefficiente des facteurs de production. Cette entreprise sera notamment incitée, pour tout niveau quelconque de sa production, à utiliser trop de capital.

La démonstration de ce théorème dépassant l'objet de cet article, nous n'en énoncerons ici que le principe général : l'intervention de l'autorité de tutelle sur le taux de rendement du capital revient à limiter le rendement par franc en capital que l'entreprise peut réaliser mais elle ne limite pas, directement, le profit total de l'entreprise. Par conséquent, cette dernière sera incitée à exploiter au maximum la contrainte régulatrice en développant son stock total de capital de manière à accroître, pour un taux de rendement assigné, le rendement total de ce stock. Ainsi que W.J. Baumol et A. Klerovick l'ont montré (1970), l'entreprise est induite à utiliser davantage de capital et à mettre en œuvre une technique de production plus capitalistique que celle qui minimiserait les coûts de production. En d'autres termes, elle choisira un rapport capital-travail tel que le taux marginal de substitution technologique entre le capital et le travail différera du rapport salaire-coût du capital auquel elle est confrontée. Conformément à l'objectif recherché au travers d'une intervention sur le taux de rendement, la quantité de bien ou service produite sera supérieure à celle d'un monopole non réglementé, mais cette production accrue sera réalisée à un coût trop élevé. Par conséquent, une procédure destinée à éliminer une distorsion se traduit par l'introduction dans le système d'une autre sorte d'inefficacité en matière d'affectation des ressources.

Dans une perspective plus générale, il faut remarquer que le théorème de Averch-Johnson constitue une bonne illustration de l'échec possible d'une procédure d'intervention publique ou collective (non marchande), échec à rapprocher, bien évidemment, des causes possibles de défaillance des procédures marchandes. Il nous enseigne qu'un type particulier de réglementation (par le taux de rendement du capital) peut être à la source d'une perte de bien-être collectif. Mais ce théorème ne nous donne aucune information ni sur l'importance effective de l'imperfection ainsi engendrée, ni sur l'inefficacité comparée d'une réglementation par le taux de rendement par rapport à celle provoquée par d'autres alternatives possibles d'intervention ou de non-intervention (monopole libre, entreprise publique, autres formes de réglementation, par les prix uniquement, etc.). L'efficacité et l'inefficacité de ces interventions dépendent principalement des comportements effectifs des membres de la commision exerçant la tutelle sur l'entreprise.

b) C'est en se référant à ces comportements effectifs des membres de la commission que les tenants de la « théorie de la capture » analysée, par exemple, par R. Noll (1971) ont formulé les arguments les plus critiques à l'encontre d'une réglementation par le taux de rendement du capital. Pour eux, cette procédure est inefficace car les membres de la commission sont « prisonniers » des firmes ou industrie qu'ils sont supposés contrôler. Ces formes de « capture » ou « d'accaparement » peuvent être diverses :

– Les membres de la commission peuvent considérer que l'intérêt collectif coïncide avec les objectifs d'une industrie non contrainte maximisant son profit.

– Ils peuvent être, consciemment ou inconsciemment, freinés dans leur action régulatrice par la perspective pour eux, en se montrant coopérants avec les représentants des entreprises ou industries contrôlées, d'obtenir ultérieurement au sein de celles-ci, lors de leur sortie du service public (« pantouflage ») des emplois attractifs, de haut niveau et bien rémunérés.

– En dehors de tout biais résultant d'un comportement personnel et intéressé, les membres exerçant la tutelle peuvent n'avoir à leur disposition que des informations fortement biaisées qui font que tout se passerait comme si, lors des décisions prises, ils étaient déjà captifs de l'entreprise. Cet argument, que l'on retrouve dans la théorie économique moderne de la bureaucratie, repose sur le fait que l'entreprise ou l'industrie monopolistique bénéficie, par rapport à la tutelle, d'un énorme avantage en matière d'information. Elle connaît, et elle seule, ses structures de coût et toutes les caractéristiques de la demande de son produit. Or, en l'absence d'entreprises multiples et donc de sources alternatives d'information, les membres de la commission ne peuvent se dispenser de la firme ou de l'industrie pour collecter les renseignements dont ils ont besoin pour formuler leurs directives. L'entreprise réglementée a donc une incitation à ne révéler et à ne communiquer que l'information qui est la plus favorable à sa propre position ou stratégie. Même si les membres de la commission souhaitent honnêtement faire leur travail et imposer le taux de rendement du capital qui leur paraît « correct et raisonnable » d'un point de vue collectif, ils ne peuvent le faire, en général, que sur le fondement d'informations unilatérales, partielles et biaisées. On a ainsi constaté (R. Noll (1971)) que, dans de telles conditions, les décisions prises sont généralement « généreuses » à l'égard du monopole naturel et peu contraignantes pour lui. Cette remarque s'appliquant de façon générale à de nombreuses formes de réglementation, sinon à toutes, quelques théoriciens proposent que le gouvernement leur substitue une procédure de vente du droit à exploiter un monopole naturel fondé sur un système d'enchères concurrentielles et/ou de passation de contrats entre l'entreprise et la puissance publique. De tels mécanismes, intellectuellement et analytiquement séduisants, ne sont cependant pas sans faille et, eux aussi, peuvent donner lieu à différentes formes de « capture ».

4.2.2. Quelques aspects spécifiques de la gestion d'un monopole naturel par une entreprise publique

S'agissant du choix entre réglementation et gestion publique d'un monopole naturel, il est souvent avancé que la perte de rendement social associée à la gestion libre d'un monopole naturel privé ou à une réglementation de ce dernier lui assignant la vente au coût moyen (perte SVD, graphique 4) justifierait la « nationalisation » et sa gestion en entreprise publique ; cette perte pouvant être supprimée, il est dit que le gain de la collectivité serait au moins égal à la valeur de celle-ci, augmentée des surplus qui résulteraient d'une tarification au coût marginal du monopole public. Cette argumentation semble devoir faire l'objet de deux remarques.

– En premier lieu, un monopole public peut, nous l'avons vu, ne pas être assujetti à un principe de vente au coût marginal en raison du coût d'opportunité des ressources prélevées par des taxes et impôts, non « parfaits », nécessaires au financement du déficit optimal, donc des distorsions et pertes d'efficacité engendrées par ces prélèvements obligatoires.

– En second lieu, il peut exister, pour une même entreprise utilisant une technique de production donnée, une divergence entre les courbes de coût marginal suivant que cette entreprise est gérée privativement ou publiquement. De nombreux auteurs soutiennent qu'en raison de l'absence d'un objectif de maximisation du profit, donc de minimisation des coûts de production, qui caractérise les entreprises publiques, ces dernières seraient systématiquement moins efficientes que des entreprises ou industries privées réglementées. Ce type d'inefficience, dite « inefficience X » dont l'analyse est principalement due à H. Leibenstein résulterait d'une altération des principales caractéristiques des droits de propriété (exclusivité, transférabilité) et d'une atténuation corrélative des incitations-sanctions caractéristiques du management privé des ressources. Une importante difficulté résultant du recours aux fonds publics pour financer le déficit tient au fait que de telles méthodes ont nécessairement une influence sur l'efficience et les incitations managériales. De nombreux analystes font remarquer que des subventions générales versées à des entreprises nationalisées comportent un risque de laxisme dans l'efficience managériale. C'est en partie pour cette raison que des suggestions ont été faites visant, autant que faire se peut, à exiger des entreprises publiques qu'elles équilibrent leurs comptes, d'une façon ou d'une autre.

Dans la mesure où il est impossible de procéder ici à l'analyse précise et complète de la théorie de « l'inefficience X » et, de rendre compte des résultats de très nombreuses études comparées de la productivité et des coûts de production d'entreprises produisant des biens ou des services semblables mais placées dans des structures juridiques et institutionnelles différentes, nous nous bornerons à formuler deux considérations de nature générale :

– Le choix entre la réglementation d'un monopole naturel privé et la création d'une entreprise publique n'est, du seul point de vue de l'efficacité, ni systématique ni prédéterminé ; il dépend de circonstances spécifiques et d'une comparaison des avantages et des coûts sociaux qui sont nécessairement associées à des politiques alternatives inévitablement imparfaites par rapport à la norme théorique du maximum de rendement social.

– Il est cependant une circonstance où le choix de la nationalisation semble devoir prévaloir sur toute autre politique ; ainsi, lorsque les dispositions marginales à payer (la demande) des consommateurs sont, pour tout volume quelconque, systématiquement inférieures au coût moyen, il n'existe, nous l'avons vu, aucun prix qui pourrait couvrir le coût moyen de production correspondant à la quantité demandée à ce prix (graphique 6).

Si une discrimination par les prix ne peut être mise en œuvre, aucune entreprise privée ne produira le bien sauf à être largement subventionnée. La puissance publique peut, en ce cas, décider de gérer publiquement l'entreprise : le problème d'investissement qui se pose alors est de savoir s'il est ou non collectivement bénéfique de créer, de maintenir l'entreprise en activité ou de la développer.

Graphique 6
Situation de perte d'un monopole naturel privé non réglementé

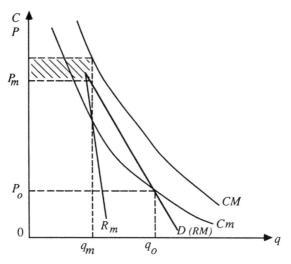

*

* *

Il faut, pour conclure, ajouter que dans toutes les pages qui précèdent, nous n'avons (trop rapidement d'ailleurs) esquissé l'analyse que de quelques-uns des problèmes posés par la gestion des monopoles naturels. Nous n'avons, par exemple, envisagé que quelques instruments de politique économique et étudié leurs mérites respectifs que dans le cadre d'une approche théorique de l'optimum du premier rang. Sans les éluder complètement, nous n'avons que marginalement pris en compte les aspects de toute politique de tarification liés à l'équité ou à la distribution des revenus. A aucun moment, nous n'avons pu traiter les problèmes de choix d'investissement, ceux posés par la tarification d'un service dont les capacités de production peuvent être saturées, aux heures ou périodes de pointe, etc. C'est dire que si le décideur public se trouve simultanément confronté à ces divers problèmes (rendements dimensionnels croissants, non-optimalité généralisée, indivisibilités, demandes variables, etc.), la conception et la mise en œuvre des politiques deviennent d'une rare complexité, et ce d'autant plus qu'il ne disposera que rarement des informations qui lui permettraient de prendre pleinement en compte tous les aspects pertinents des problèmes à résoudre. En ce domaine, l'analyse peut établir quelques principes généraux susceptibles de guider un décideur curieux et bien informé. Il n'est pas en son pouvoir d'aller beaucoup plus loin.

Références

Averch H., Johnson L., « Behavior of the Firm under Regulatory Constraints », *American Economic Review* (vol. 52, December 1962) : 1 053-1 069.

Bator F.M., « The Anatomy of Market Failures », *Quarterly Journal of Economics* (August 1958) : 457-476.

Baumol W.J., Klevorick A., « Input Choices and Rate of Return Regulation : An Overview of the Discussion », *Bell Journal of Economics and Management Sciences* (Autumn 1970).

Baumol W.J., « On the Proper Cost Tests for Natural Monopoly in a Multiproduct Industry », *American Economic Review* (vol. 67, 1977) : 809-822.

Bernard A., « La vérité des prix : tarification au coût marginal ou tarification à l'équilibre budgétaire », *Bulletin RCB* (n° 43, décembre 1980) : 33-47.

Bernard P., « Principes économiques, théoriques et appliqués de la tarification des services publics », in Terny G., Prud'homme R. (eds), *Le financement des équipements publics de demain*, Paris, Economica, 1986, 263-278.

Boiteux M., « La vente au coût marginal », *Revue Française de l'Energie* (vol. VIII, n° 81, 1956) (reproduit dans : Morlat G. et Bessières F. (eds), *op. cit.*, 265-273).

Boiteux M., « Sur la gestion des monopoles publics astreints à l'équilibre budgétaire », *Econometrica* (vol. XXIV, n° 1, janvier 1956) : 22-40.

Demsetz H., « Why Regulate Utilities ? », *Journal of Law and Economics* (vol. XI, April 1968) : 55-66.

Finsinger J., *Public Sector Economics*, London, Macmillan, 1983.

Freixas X., Laffont J.J., « Tarification au coût marginal ou équilibre budgétaire ? », *Annales de l'INSEE* (n° 51, juillet-septembre 1984) : 65-88.

Guesnerie R., « Pareto-Optimality in Non-Convex Economies », *Econometrica* (vol. 43, n° 1, 1975) : 1-30.

Morlat G. et Bessière F., *Vingt-cinq ans d'économie électrique*, Paris, Dunod, 1971.

Noll R., *Reforming Regulation*, Washington DC, The Brookings Institution, 1971.

Nora S., *Rapport sur les entreprises publiques*, Paris, Documentation française, 1967.

Pigou A.C., *The Economics of Welfare*, 4 th ed., London, Macmillan , 1932.

Sharkey W.S., *The Theory of Natural Monopoly*, Cambridge, Mass., Cambridge University Press, 1982.

Mots clés

Financement du déficit, inefficience « X », laxisme managérial, monopole naturel, monopole naturel non réglementé, non-correspondance entre équilibre concurrentiel et optimum, optimum de Pareto, rendements dimensionnels croissants (définition des –, exemples des –, facteurs explicatifs des –), tarification au coût marginal, tarification au coût moyen, tarifs multiples, taux de rendement du capital, théorème d'Averch et Johnson, théorie de la capture.

95

Négociation d'affaires

Christophe Dupont

La notion « d'affaires » dans la gestion de l'entreprise ou des organisations est difficile à cerner tant est grande la variété des situations qu'elle englobe. Un dénominateur commun est qu'une « affaire » est une opportunité pour la partie qui s'y engage de réaliser un objectif grâce à la rencontre fortuite ou provoquée de son intérêt propre et de l'intérêt d'un tiers (individu, entreprise ou organisation).

Cette rencontre peut prendre diverses formes dont beaucoup n'entrent pas dans le champ d'une négociation : ainsi en est-il, par exemple, des situations d'adjudication par le marché. Mais dès qu'il s'agit d'une activité mettant en présence – généralement en « face à face » – deux (ou plusieurs) interlocuteurs interdépendants s'efforçant d'obtenir simultanément la satisfaction de leurs objectifs propres et l'accord de la partie adverse sur une solution qui lui est acceptable, on se trouve dans une situation de négociation. Celle-ci se caractérise par son champ d'action (ni affrontement pur, ni pure résolution de problèmes), sa dynamique (en termes d'un processus relativement régulier), ses mécanismes (confrontation – à propos d'un « objet » – d'enjeux, de rapports relativement maîtrisés de force et d'influence et de phénomènes relationnels), ses techniques (stratégiques et tactiques) et ses exigences d'efficacité.

Le présent article est articulé autour de ces caractéristiques envisagées d'abord sous l'angle de la structure et de la dynamique de la négociation d'affaires en général (section 1), et ensuite en distinguant les négociations mettant l'accent sur les aspects tactiques de celles qui sont fondées sur les approches stratégiques (section 2).

1. Structure et dynamique de la négociation d'affaires

Qu'elle concerne la conclusion d'un contrat commercial (vente, achat, louage de biens ou de services) ou financier, d'un accord (par exemple, de coopération technique) ou de création d'une entreprise commune à risques partagés (capital-risque), du montage d'un projet ou plus généralement de transactions bi- ou multilatérales, la négociation d'affaires se moule dans des structures ou dans des dynamiques assez similaires. Car elle fait apparaître des traits communs et spécifiques qu'observation quotidienne et études empiriques permettent de décrire par des schémas à peine réducteurs en dépit de leur simplicité (contrastant avec la complexité réelle de la plupart de ces situations).

1.1. Les éléments de la négociation d'affaires : l'aspect théorique ou général

Depuis une vingtaine d'années, les chercheurs ont essayé de décrire et d'expliquer la nature de la négociation par le recours à des modèles. La tentative s'est révélée difficile pour une triple raison.

– En premier lieu, les négociations sont tellement diverses que toute généralisation se heurte à la variété des circonstances particulières. Ceci concerne aussi bien le domaine, le lieu, l'objet et la complexité de la situation que l'infinie diversité des comportements d'acteurs.

– En deuxième lieu, l'observation des faits et l'expérimentation simplifiée en « laboratoire » (à partir de « jeux » de type psycho-sociologique comme le « dilemme des prisonniers » ou le « jeu des camions », ou de type économique comme les jeux du monopole bilatéral ou à partir de simulations ou de cas) ont mis en évidence un nombre tellement élevé de variables et une telle complexité d'interactions que l'élaboration de modèles simples n'en est guère facilitée.

– Enfin, les recherches se sont essentiellement développées sur une « base disciplinaire » sans que l'on soit parvenu jusqu'à présent à intégrer ces différentes démarches (psycho-sociologiques, théorie des jeux, théorie du processus, recherches pragmatiques, etc.) dans une approche commune, un « paradigme » fédérateur [1].

Aussi constate-t-on un décalage important entre les concepts et les mécanismes utilisés par les théoriciens et les pratiques des négociateurs en situation. Mais depuis quelque temps les uns et les autres deviennent de plus en plus conscients de l'intérêt de réduire et même de dépasser ce décalage. C'est ainsi que des représentations simplifiées du phénomène de la négociation peuvent être désormais considérées comme « opérationnelles »: elles sont un compromis temporaire entre les ambitions de la recherche (strictement rigoureuse et généralisatrice) et les préoccupations du praticien (réalisme, simplicité, pertinence, facilité d'adaptation et d'application immédiate).

Pour la négociation d'affaires – comme pour d'autres types de négociation – le repérage de quelques variables clés se révèle à la fois utile et suffisant. De tels modèles simplifiés existent et le fait qu'ils diffèrent sur

---

1. Une des meilleures synthèses sur cette question a été l'objet d'une communication (« In search of common elements in the analysis of the negotiation process ») par le professeur W. Zartman de Johns Hopkins University School of Advanced International Studies à l'occasion de la Conférence sur les processus de la négociation internationale organisée par l'IIASA (International Institute of Applied Systems Analysis) à Laxenburg (Autriche) en mai 1987. Les communications feront l'objet d'un ouvrage publié par l'IIASA.

certains aspects ou sur l'accent qu'ils mettent sur telle ou telle démarche (éléments de processus, comportements, etc.) n'atténue pas en réalité leurs possibilités d'application pour le négociateur concret.

Un exemple de ces modèles simples est le recours à trois grandes catégories de variables pour expliquer la progression d'une négociation et mieux en comprendre le résultat. La négociation est appréhendée comme une activité qui met en œuvre la confrontation entre négociateurs – à propos d'une situation (explicite ou non) – d'enjeux (c'est-à-dire de l'ensemble des intérêts, des préoccupations, des attentes, des contraintes et des risques liés au processus et à l'issue de l'affaire négociée), de rapports d'influence et de pouvoir, et d'interactions comportementales (interpersonnelles et inter-groupes, ou même à l'intérieur de ces groupes). Cette confrontation (enjeux, rapports de force, comportements) est certes difficile à décoder car les interactions sont évidentes et nombreuses entre ces facteurs, et entre ceux-ci et l'objet même de la négociation. Par exemple, le comportement des négociateurs ne dépend pas seulement de leur personnalité, ou de leur « style » ou de leur habileté et de leur expérience, mais il est aussi fonction de la situation de dominance relative vis-à-vis de la partie adverse (voire vis-à-vis de son propre groupe ou « délégation ») ou encore vis-à-vis de l'importance ou au contraire de l'indifférence relative vis-à-vis du résultat (enjeux élevés ou faibles, enjeux de groupe ou personnels, enjeux à court ou à long terme, etc.).

Cette analyse simplifiée de la négociation peut être rendue plus complexe par l'adjonction de paramètres pertinents. Certains modèles y ajoutent spécifiquement la « culture » comme élément sous-jacent de l'ensemble du mécanisme [1] ; d'autres – comme le modèle de Rubin [2] – y ajoutent le processus lui-même (en d'autres termes, le résultat est aussi fonction du déroulement même de la négociation, indépendamment de son objet, des phénomènes de pouvoir, et de la personnalité et du style du négociateur).

Une telle représentation abstraite de la négociation pourrait paraître éloignée de la manière d'opérer des négociateurs et risquerait alors de ne pas avoir de portée opérationnelle. Or, il n'en est rien comme le démontre l'enseignement de séminaires dont les participants sont souvent des négocia-teurs expérimentés. Bien qu'ils agissent instinctivement sans référence à un modèle, les négociateurs retrouvent après coup les points d'ancrage que montre le modèle [3]. Cette explication est pour eux d'un grand intérêt car elle permet de mieux structurer leur expérience, de leur donner du recul par rapport à leurs pratiques et de faciliter – entre autres – la préparation de leurs négociations futures.

---

1. A. Jolibert, « La négociation commerciale : ses fondements et ses variables culturelles », Miméogra-phe, Université des sciences sociales de Grenoble, janvier 1987.
2. J. Rubin, B. Brown, *The Social Psychology of Bargaining and Negotiation,* London, Academic Press, 1975.
3. Voir l'Epilogue (p. 357 et suiv.) de l'ouvrage fondamental du professeur H. Raiffa, *The Art and Science of Negotiation*, Cambridge, MA, Harvard University Press, 1982.

Si ce qui précède est généralement valable pour la plupart des négociations – quels que soient leur domaine et leur « orientation » (conflictuelle ou concertative) –, en quoi la négociation d'affaires est-elle spécifique ?

Au moins quatre éléments donnent à la négociation d'affaires une « spécificité ».

– Premièrement, l'omniprésence de données techniques, non seulement fortement économiques (prix, délais, montages financiers, etc.) mais aussi technologiques (spécifications, services associés) et juridiques (clauses contractuelles, par exemple, « protocoles annexes », etc.). La négociation d'affaires fait appel – surtout dans les négociations d'une certaine ampleur – à la complémentarité de compétences très diverses : l'ingénieur s'y retrouve en compagnie du technico-commercial ou du commercial pur, du juriste ou de l'expert financier.

– Deuxièmement, la prise en compte – dans une bonne proportion de cas – de l'avenir, de la répétitivité (quasi certaine ou simplement envisagée) de l'opération, de la probabilité « de se revoir », de traiter de nouveau ensemble. Certes ceci ne se produit pas toujours et certains négociateurs considèrent même que l'affaire est « un coup » et que la traiter comme telle est une démarche opportune – mais, outre que cette approche est aujourd'hui considérée avec beaucoup plus de nuances, voire de méfiance qu'auparavant, elle devient moins caractéristique de la négociation d'affaires en général.

– Une troisième spécificité est la complexité (par rapport à la « petite » négociation d'achat-vente quotidienne, à la transaction banale et uniforme). Complexité est aussi associée au besoin de « personnaliser », de faire du sur mesure, souvent pour le matériel, le bien ou le service, mais à coup sûr quant aux besoins et aux circonstances particulières du client. Complexité veut souvent dire aussi durée, alternances de séquences lentes et floues, et d'intermèdes rapides et précis avec tout ce que cela entraîne : nécessité de faire entrer la dimension du temps, des aléas, des retournements, des surprises et des opportunités qu'il faut être prompt à saisir, interruptions et reprises, re-négociations.

– Et enfin, quatrièmement, la négociation d'affaires a ceci de particulier qu'elle s'efforce de dépasser les seules techniques de vente – c'est-à-dire d'actes et d'attitudes qui, sur la base d'une efficacité passée et généralement partagée, sont destinés à infléchir le comportement d'achat de l'interlocuteur[1]. La négociation d'affaires n'ignore pas de telles techniques qui ont leurs mérites et aussi leurs limites ; mais elles les situent dans une démarche plus globale et moins unilatérale. Plutôt que d'infléchir le comportement d'achat par une série d'initiatives séquentielles et calculées (démarche AIDA qui consiste à éveiller l'Attention du client, puis à susciter son Intérêt et son Désir d'achat, et enfin à provoquer l'Accord ; démarche DIPADA dans laquelle les trois premières étapes sont la Définition du

---

1. La question des techniques de vente est rapidement abordée dans la deuxième partie de cette section et un certain nombre de références bibliographiques y sont données.

besoin, l'Identification du produit et la Preuve de l'intérêt de la transaction pour le client, et d'autres « techniques » de ce genre), elle se développe en s'appuyant sur les principes de la négociation elle-même : reconnaissance de l'interdépendance, mise en évidence des intérêts convergents comme des intérêts opposés, recherche créative, réaliste et pertinente des solutions par l'ouverture d'alternatives et d'options, maîtrise des dérapages émotionnels. Un courant de pensée va jusqu'à ajouter : pré-accord sur une manière de négocier fondée sur quelques principes destinés à faciliter l'obtention d'un gain commun[1].

1.2. La dynamique de la négociation d'affaires. Quelques points de repère essentiels pour la conduite et la stratégie

Les modèles évoqués ci-dessus ont le mérite de fournir au négociateur d'affaires une clé de compréhension générale d'une activité qui lui paraît souvent confuse, contradictoire, aléatoire et circonstancielle. Derrière ce désordre apparent, des forces agissent cependant qui structurent une situation d'une manière assez fortement déterminée : la confrontation des enjeux, des pouvoirs et des relations. Ce jeu de forces génère des mécanismes que l'on peut analyser d'une manière dynamique et que révèlent a posteriori les stratégies suivies (parfois explicites et stables, souvent implicites et fluctuantes) et les tactiques qui apparaissent au stade de l'exécution.

Un aspect capital de cette dynamique est le phénomène de « progression » et de « mouvement » bien connu des négociateurs. Or, progression et mouvement sont moins arbitraires et moins aléatoires qu'il n'y paraît. Pour prendre une vue assez haute du phénomène, il est bon de distinguer plusieurs phases dans la négociation d'affaires. Assez naturellement, il faudra examiner séparément l'amont de la négociation de son déroulement proprement dit. Il est nécessaire aussi de ne pas négliger l'après-négociation et les problèmes du suivi. On peut aborder chacune de ces grandes séquences d'une manière descriptive (ce que l'on observe, ce qui se fait) ou d'une manière prescriptive (ce qu'il faudrait faire et pourquoi).

1.2.1. L'amont de la négociation d'affaires

Deux moments clés situent cette phase de pré-négociation (en supposant résolue la question de la prospection qui fait partie de la démarche marketing, plate-forme de lancement de la négociation) : les premiers contacts (qui peuvent être informels) et les problèmes de la préparation. Nous n'abordons pas ici le premier aspect si ce n'est la nécessité de souligner le rôle souvent crucial de cette phase dont la réussite est d'ailleurs en partie affaire de préparation.

---

1. Voir, par exemple, le courant de pensée (H. Raiffa, R. Fisher, J. Rubin, etc.) qui anime le Programme de négociation d'Harvard. Une excellente présentation de ces approches nouvelles est celle de A. Lax et J. Sebenius dans leur ouvrage *The Manager as a Negotiator*, New York, The Free Press, 1986.

La préparation d'une négociation d'affaires, est-ce important ou secondaire ? Tout négociateur d'affaires est censé bien connaître son dossier, c'est-à-dire essentiellement l'objet de la négociation, les objectifs et les grandes lignes d'action qui généralement définissent aussi des butoirs ou points de rupture. Faut-il aller plus loin et, si oui, comment organiser une bonne préparation[1] ?

Un point de départ étonnamment simple et pratique pour bien se préparer à une négociation est de se souvenir du conseil du philosophe F. Bacon qui avait, il y a déjà bien des siècles[2], résumé la négociation par la triple formule « réfléchir ; explorer ; prendre des risques ». Si « prendre des risques » fait partie intégrante de l'action dans le déroulement même de la négociation (et explorer – comme on le verra – fait aussi partie du processus central), les deux premiers termes « réfléchir » et « explorer » paraissent bien devoir être le fil conducteur d'une bonne préparation.

1.2.1.1. Réfléchir

Avant la négociation, mais même dès avant les premiers contacts et les premières propositions, il faut exercer sa réflexion sur au moins trois points :

– ce sur quoi vont porter les entretiens. Il est bon aussi de s'interroger sur les « pourquoi » de cette négociation en devenir et de même se poser quelques questions sur les limites de cette négociation (notamment sur ce qui est – pourrait être ou devenir – non négociable pour chacune des parties en présence) ;

– la partie adverse, c'est-à-dire celle avec qui on va négocier ;

– de quels moyens dispose chacun des négociateurs ?

Cette base de données – en partie « objective » et relativement bien cernée, en partie subjective et floue – va permettre d'enclencher la démarche subséquente essentielle de l'exploration. Or, beaucoup de négociateurs ont tendance – souvent par manque de temps, parfois de moyens – à « réfléchir » insuffisamment ; ils se mettent alors dans une posture relativement inconfortable pour entreprendre avec succès les tâches suivantes qui sont « explorer » et « prendre des risques ». Car comment prendre les (bons) risques si ce n'est alors que sous le coup – parfois génial – de l'improvisation ou du flair qu'a accordés la nature ou qu'a aiguisés l'expérience (ou dans une mesure variable la formation) ?

---

1. Sur cette question, les avis diffèrent car une préparation lourde est consommatrice de temps et de ressources et peut rigidifier le comportement du négociateur. Les partisans d'une préparation légère (essentiellement axée sur l'étude du dossier et la définition de grandes orientations) soulignent que la négociation est une activité remplie d'imprévus qui exige surtout un sens de l'improvisation et une flexibilité de comportement et de conduite pour s'adapter avec rapidité et à propos aux réactions inattendues de la partie adverse. Le consensus actuel est cependant que le négociateur doit être bien préparé à la négociation même si cela représente un surcoût apparent et sous réserve que la préparation ne sera toujours fondée que sur des hypothèses et anticipations à explorer, à tester et donc à réviser constamment en cours de négociation.
2. F. Bacon, *On Negotiation* (1597).

• *Cerner l'objet de la négociation,* c'est en comprendre les composantes connues et apparentes mais c'est aussi découvrir les éventuels éléments inconnus, cachés ou masqués ; c'est aussi s'interroger sur la différence des interprétations et des perceptions ; c'est encore rechercher les liens possibles entre les éléments constitutifs de la situation et aussi avec les antécédents ou les analogies. C'est procéder le plus exactement possible à la visualisation des positions (affichées, souhaitables, non négociables) des parties, et apprécier de cette manière la plage possible de négociation. C'est enfin (en tenant compte des contraintes et des potentialités) essayer d'avoir une première idée de l'importance relative des points en discussion et priorités possibles. Un double intérêt s'attache à cette phase qui, selon les données propres à chaque cas, sera rapide ou lente et méticuleuse, relativement formalisée (quantitativement) ou formulée uniquement en termes qualitatifs. Le premier intérêt est de bien préparer le jeu des questions qu'il faudra soulever pour améliorer l'information disponible (et d'ailleurs aussi bien préparer le jeu des réponses – grâce à quoi pourra s'enclencher un processus d'information réciproque qu'il faudra manier en fonction des stratégies éventuelles). Le second intérêt est de tirer les premiers enseignements de nature stratégique : quel type de négociation (projet ? conflit ?)[1], (concertative, conflictuelle ?), quelles grandes techniques choisir (voir ci-dessous, etc.) ? Il faut ajouter aussi que cette étape va permettre au négociateur d'avoir une première idée de la zone possible d'accord et en tout cas d'établir une comparaison entre l'intérêt et les avantages d'un résultat espéré et ceux de solutions alternatives à la négociation. Ainsi apparaît dès le départ la notion essentielle « d'opportunité de la solution négociée ».

• *Cerner les moyens et les ressources* dont les parties disposent, c'est procéder à l'analyse (constat ? anticipation ? transformations ?) des jeux de pouvoir ou d'influence que la négociation mettra inévitablement en œuvre. Sous sa forme la plus catégorique, il s'agit là de l'évaluation du rapport de force, c'est-à-dire du degré de dépendance relative des parties[2], notamment en raison de la confrontation des ressources et des contraintes. Le pouvoir dans la négociation (et il ne faut pas oublier que la négociation se différencie de « l'affrontement » en ce qu'elle admet une maîtrise de ce pouvoir compte tenu de la « réalité de l'autre ») n'est pas seulement capacité de coercition (ou de « punition ») – ce qui s'observera dans des négociations même commerciales, conflictuelles – mais aussi capacité de gratification, capacité normative de définir les règles du jeu et capacité de compétence, d'expérience, d'habilité ou de séduction. Comment évaluer les pouvoirs potentiels, leur évolution possible ? Comment en modifier la balance, que faire en cas

---

1. Il existe en effet une grande différence entre la négociation à propos de la mise au point d'un projet et la négociation destinée à trouver une solution à une situation conflictuelle ou quasi conflictuelle.
2. La notion de dépendance mutuelle comme élément d'analyse du rapport de force a bien été mise en lumière par S. Bacharach et E. Lawler dans leur ouvrage *Bargaining,* San Francisco, Jossey-Bass Publishers, 1981.

de déséquilibre marqué ? Toutes ces questions méritent réflexion, même si très souvent il faut les aborder en situation d'information imparfaite et en comprenant bien que la réalité n'est jamais ce que l'on imagine.

• *Cerner la psychologie, les manières de faire, le style, la culture des parties* constitue un troisième volet de réflexion. Ou la partie adverse est connue directement ou indirectement, ou il s'agit de nouveaux interlocuteurs. Comment en cerner les motivations, les traits, les styles, l'efficacité ? Question qu'il n'est pas toujours facile d'élucider mais que la connaissance de certains réflexes, de certains profils, de certaines typologies pourrait éclaircir, en se disant que la prudence est de rigueur, qu'il faut éviter de juger prématurément et de tomber dans des stéréotypes et les erreurs d'attribution[1].

1.2.1.2. Explorer

Ayant accompli ce premier « devoir » – comme le définissait ainsi un auteur sur la négociation – le négociateur (et son équipe) a créé des conditions favorables pour l'éclosion des idées et des solutions. Il est vrai que parfois il ne dispose à cet égard que de peu ou pas de marge de manœuvre car certaines situations (comme les faits) sont « têtues ». Mais trop souvent le négociateur ne consacre pas suffisamment d'énergie et de temps à cette exploration qu'il faudra d'abord conduire hors du champ de l'action pour tenter d'en appliquer les enseignements dans l'action : car le déroulement est un moment qui va imposer une confrontation rapide et souvent inattendue avec le réel, qui va faire apparaître des rythmes et des émotions qui, pour une minorité, sont le ferment et l'occasion de la solution remarquable mais qui, pour beaucoup, vont tarir l'idée novatrice ou provoquer l'inertie ou le caractère peu approprié de l'attitude. Mieux vaut donc souscrire à l'avance à cette prime d'assurance contre l'inévitable incertitude et comme le soutient D. Chalvin[2] – en caricaturant quelque peu – rechercher la trente-sixième solution quand on en a déjà essayé trente-cinq.

Explorer, c'est donc – face au diagnostic – s'interroger sur les mérites respectifs de solutions alternatives, sur la possibilité d'introduire au moment voulu des options susceptibles de débloquer une situation compromise, sur la solidité et l'opportunité de positions de rechange ou de repli. L'école de négociation d'Harvard a mis en lumière la notion de « meilleure solution de rechange » c'est-à-dire de la meilleure alternative qui reste ouverte au négociateur en cas d'échec de la négociation. Une telle circonstance replacerait le négociateur dans une situation de prénégociation (mais qui n'est plus désormais tout à fait la même). Pour les négociateurs d'Harvard cette « BATNA » *(best alternative to a negotiated agreement)* – que l'on pourrait peut-être traduire par le sigle AAA, Alternative en cas d'Absence d'Accord – est un élément capital de la préparation du négociateur. Car la négociation sera le jeu dans lequel les

---

1. Ces problèmes revêtent une importance cruciale dans les négociations internationales.
2. D. Chalvin, *L'Expansion* (avril 1981) : 39.

participants vont essayer de se situer le plus loin possible de ce point (ou plus exactement de cette zone-limite). Une bonne connaissance de son AAA – pour son camp comme pour la partie adverse – donne au négociateur une maîtrise fondamentale, notamment sur le point de savoir s'il doit d'abord s'efforcer de modifier par l'action ou par la persuasion « les trois A » (AAA) de la partie adverse. Un des apports les plus novateurs de la récente contribution de A. Lax et J. Sebenius (voir note de renvoi 2, p. 6) porte précisément sur ce point.

La phase d'exploration ne serait pas complète sans une interrogation (plus ou moins poussée) sur les stratégies envisageables et envisagées que ce soit pour son camp ou par anticipation – sujette à révisions éventuellement rapides et répétées – pour celles de la partie adverse. Certains ont décrit la stratégie dans la négociation comme la décision pour une partie d'écrire à l'avance un scénario dans une pièce dont l'intrigue échappera néanmoins – pour partie – à l'auteur. Aussi ses limites sont-elles évidentes, mais l'exercice n'en est pas moins utile si on sait se contenter des grandes lignes d'action et si on a en tête quelques scénarios d'ajustement ou de rechange.

Pour les uns la stratégie est « vision, visée, vecteurs », pour les autres elle est surtout « moyens » – à la limite, elle se réduit au choix préférentiel de quelques grandes techniques. Les principales de celles-ci sont le choix entre technique de salami (point par point) ; technique d'échange (accord sur un paquet ou négociation de « donnant-donnant » liant les priorités différentes des acteurs) ; technique de globalisation de tous les points en jeu (comme dans une affaire où les parties mesureraient dans un calcul global l'ensemble des avantages et des coûts et en déduiraient une formule de partage) ; techniques d'élargissement, de compensation ou de transformation et enfin une technique – plus souvent employée qu'il n'y paraît mais dont les implications doivent être bien comprises – celle du faux-pivot[1]. Elaborer une stratégie n'est pas synonyme de pouvoir l'exécuter : nous le verrons plus loin au moment du déroulement. Toutes ces techniques s'insèrent dans le temps et on connaît à cet égard des méthodes diverses dont quelques illustrations non exhaustives sont le pas-à-pas, le jalonnement, le choc frontal et dans des circonstances spéciales, la « plate-forme minimale »[2].

« Explorer » veut enfin dire que le négociateur d'affaires ne doit pas négliger de mettre au point les multiples décisions qui touchent soit à la logistique et à l'organisation matérielle, soit aux procédures, soit au fonctionnement interne de l'équipe de négociation (y compris l'importante question du « mandat »[3]).

---

1. Une illustration classique de la technique du faux-pivot est celle décrite (avec un grand art) par F. Walder dans *Saint-Germain ou la négociation,* Paris, Gallimard, 1959.
2. Voir H. Raiffa, *op. cit.,* notamment chapitre 10 (« AMPO-CITY », un exercice devenu classique de négociation) et chapitre 18 (utilisation de cette technique dans la négociation sur le « droit de la mer »).
3. La question du mandat du négociateur (seul ou en délégation) a de nombreux aspects. Il ne faut pas en exclure les aspects psychologiques. Voir H. Touzard, *La médiation et la résolution des conflits,* Paris, PUF, 1977.

1.2.2 La négociation proprement dite

Beaucoup d'écrits et de commentaires sur la négociation insistent sur l'observation de phases plus ou moins nettement délimitées au cours du déroulement. En prendre conscience donne au négociateur d'affaires un recul qui favorise cette « prise de risques » constituant la négociation. Après avoir rapidement survolé ces phases, on insistera surtout sur l'exécution des stratégies, le problème des concessions et la conclusion (et le suivi) de l'accord.

1.2.2.1. Les phases typiques d'une négociation d'affaires classique

Comme dans presque toutes les négociations – même si on a affaire à un interlocuteur direct et pressé – un début de négociation commerciale s'ouvre sur une phase d'accueil se prolongeant à la manière d'un rite. Le négociateur débutant est souvent désorienté par cette phase qui lui semble aller à l'encontre de l'efficacité. C'est oublier d'une part que la négociation est une prise de risque dans une situation d'information imparfaite, qu'elle met en présence des acteurs dont les intérêts, les pouvoirs et les personnalités sont différents, que le climat de l'entretien se structure très rapidement au point que ces premières minutes créent souvent une ambiance qui influencera durablement la tournure des débats ; c'est d'autre part ignorer le poids des facteurs culturels lesquels font que dans certains pays ou chez certains interlocuteurs la prise de contact est une étape essentielle pour tester le négociateur adverse et en déduire le degré de confiance que l'on pourra lui accorder.

La phase d'accueil est suivie – avec plus ou moins de formalisme, de rapidité et de transition – par une phase généralement assez confuse que l'on peut résumer par « l'exploration ». Cette phase sera aussi plus ou moins longue et plus ou moins élaborée selon la nature de la négociation, (notamment selon qu'il y a eu ou non pré-négociation et contacts informels), la culture et le style du négociateur. Ce qu'il y a d'essentiel n'est cependant pas là : l'essentiel est que ces premiers moments vont permettre aux deux parties de découvrir – même si le processus est (délibérément ou non) faussé par des biais – le type de négociation qui va s'ouvrir. C'est en d'autres termes, le moment où vont se superposer deux (ou plusieurs) scénarios que chacun s'efforcera de mettre en place et d'interpréter. Cette phase est celle de l'échange d'information. C'est donc à ce moment que le négociateur devra faire preuve d'écoute, devra utiliser sa capacité de poser les bonnes questions ; c'est le moment des reformulations, de l'envoi et de la compréhension réciproques de signaux, c'est l'exécution de tests où derrière quelques justifications ou mises en question apparaît en réalité la confrontation des volontés qui se superpose à la confrontation des faits et des intérêts.

Dans une négociation d'affaires le déroulement de cette phase devrait normalement être facilité par l'abondance de l'information à échanger, le problème étant de trouver l'équilibre entre la fourniture de renseignements

– processus favorable au mouvement – et la nécessité de réciprocité et du dévoilement conditionnel et progressif – condition de la maîtrise du processus. Résoudre ce problème consistant à enclencher un échange équilibré d'information tout en ne se perdant pas dans les détails et en évitant de se dévoiler trop ou trop vite, s'assurer de la crédibilité de l'information adverse, ne pas confondre information et argumentation, préparer le terrain pour la maîtrise du scénario, telles sont les exigences délicates qui différencieront souvent les bons négociateurs des négociateurs ordinaires. C'est souvent vers la fin de cette phase que se dessine la « formule » de la négociation : le champ est désormais mieux cerné, les règles du jeu (voire un ordre du jour) sont établies mais la partie ne fait que commencer.

La troisième phase peut à bon droit être considérée comme le cœur de la négociation. On y verra dominer l'argumentation qu'elle soit offensive (justification d'une position) ou défensive (objections), et poindre les premiers ajustements. Graduellement, aux arguments succéderont – et même se substitueront (ou plus exactement : devraient se substituer) – les propositions, les options, les réciprocités, l'échange de concessions. Inévitablement il y aura des difficultés, voire des impasses, des retours à la phase précédente, parfois des accélérations (accord sur tel ou tel point, etc.).

Enfin, viendra la phase de dénouement quand le progrès des discussions, l'exigence du temps ou une certaine saturation conduiront les négociateurs à mettre sur table leurs « dernières propositions ». Le négociateur qui aura su conserver quelques atouts, qui a pu décoder assez exactement les positions de repli acceptables de son interlocuteur, qui a l'habilité de préparer la conclusion – et de manier des tactiques appropriées à ce stade – a toute chance de réussir une bonne négociation. Mais l'accord n'est pas la seule issue possible : l'accord peut n'être que partiel ; il peut y avoir renvoi à l'avenir ou même rupture.

On peut considérer que, dès le moment de décision sur les termes du contrat, les négociateurs ouvrent déjà la phase de l'après-négociation. Dans les négociations d'affaires, un rôle extrêmement important est joué à ce stade par les juristes. Quelques précautions sont, en effet, indispensables telles que la certitude sur les éléments essentiels du contrat clarifiés en tant que besoin avant la clôture formelle des pourparlers. De très nombreuses questions se posent aussi à ce moment, concernant la mise au point des calendriers, l'explicitation éventuelle des conditions de re-négociation, le mode de règlement des différends, les modalités d'exécution d'un contrat international, etc. L'après-négociation est aussi le suivi de réalisation et la préparation de l'avenir. Bien des négociations ne sont que des jalons dans une aventure à plus long terme et la négociation qui s'achève est souvent le début d'une nouvelle négociation qui s'ouvre.

1.2.2.2. *L'exécution des stratégies*

L'exécution des stratégies pose, en particulier, deux problèmes importants au négociateur d'affaires. Comment traduire « l'intention stratégique » en acte ? Comment insérer le mouvement des concessions dans une stratégie d'ensemble ? [1].

Un certain désaccord existe chez les professionnels entre les partisans d'une stratégie explicitée et rigoureuse et ceux qui préfèrent réduire la stratégie à quelques grandes orientations. Le débat n'est pas réellement entre rigidité et souplesse ; il concerne plutôt la décision de s'efforcer dans la négociation d'imposer son scénario (avec les ajustements tactiques minimaux) ou de passer d'un scénario à l'autre selon les circonstances. Le choix n'est pas toujours simple. Dans une situation défensive, par exemple, la première voie peut se révéler en définitive plus sûre que la seconde où la flexibilité pourrait être interprétée comme une démonstration de faiblesse que le négociateur en position de force serait tenté d'exploiter.

Il peut être intéressant pour le négociateur d'affaires de prendre conscience du degré de compatibilité des stratégies possibles. On peut à cet égard distinguer des stratégies dominantes et des stratégies dominées. Si, par exemple, dans une négociation de projet ou de contrat, il apparaissait que la partie adverse ait recours à une « stratégie de salami » tandis que la stratégie préférée aurait été celle d'une négociation basée sur l'échange des priorités ou des avantages, il faudrait que le négociateur comprenne qu'en jouant son scénario, il n'aurait que peu de chances d'obtenir le résultat escompté : clairement, une stratégie domine l'autre dans ce cas. En revanche, si les deux négociateurs ont pu se mettre d'accord dès les phases initiales sur une formule de négociation axée sur les convergences et/ou l'échange (y compris la possibilité de compenser le moins favorisé que ce soit partiellement ou temporairement), les stratégies individuelles sont compatibles et devraient conduire à un bon accord.

Le maniement des concessions est un autre problème qui fait partie des dilemmes auxquels se confronte à tout moment le négociateur. Peut-être le négociateur d'affaires a-t-il par rapport à d'autres situations l'avantage de pouvoir le plus souvent évaluer l'échange des concessions sur une base monétaire : il peut y avoir dans les négociations d'affaires « des questions de principe » (et certaines – par exemple, en matière internationale – sont délicates), mais en général il y a un langage commun qui est tout simplement le profit escompté par l'une et l'autre partie. Concéder en affaires revient la plupart du temps à conserver ou échanger un avantage monétaire dans un domaine (prix, par exemple) contre l'acceptation d'un surcoût dans un autre domaine (conditions de crédit, délai de livraison, amélioration des prestations SAV, etc.), ou encore « troquer » le manque d'intérêt d'une opération unique contre l'intérêt de mettre en place des opérations multiples, ou encore échanger le présent contre l'avenir. La gamme des concessions d'affaires a l'avantage d'être extrêmement ouverte et – avec de l'imagination – extensible et variée.

---

1. Il faudrait y ajouter la question de savoir dans quelle mesure la stratégie du négociateur doit s'inscrire dans une stratégie globale de l'entreprise. Sur ce point : C. Dupont, « Un modèle stratégique de la négociation commerciale », Les Cahiers de recherche, IAE de Lille, 83/2.

Reste que la stratégie des concessions est à la fois cruciale et délicate. Les problèmes sont bien connus : Concéder le premier ? Comment s'assurer de la crédibilité de la partie adverse ? Quelles contreparties ? Concéder en une fois (au début, à la fin) ? Ou en plusieurs fois ? Que faire en cas de tentative de la partie adverse d'imposer des concessions « de laminage » lors des « dix dernières minutes » (ou heures...) ? Ce qu'il faut de toute façon comprendre est que – sauf exceptionnellement dans les cas où il faut savoir dire « non » – la négociation d'affaires met nettement en exergue la réciprocité, la crédibilité (qui comprend aussi la réputation) et le sérieux de la proposition commerciale. C'est avec ces trois « armes » que le négociateur doit aborder la mise en place d'une stratégie de concessions. Et – faut-il conclure – il est une série d'alternatives souvent possibles à la concession ponctuelle : la recherche de complémentarités, de liens entre problèmes et situations, l'élargissement, les compensations (au sens principal du mot), voire la transformation de l'objet initial de la négociation.

2. Variété de la négociation d'affaires et conditions d'efficacité

Les remarques qui précèdent ont été nécessairement générales car elles concernaient la très grande variété des situations rencontrées. Il est donc opportun d'examiner quelques catégories typiques de négociations d'affaires. L'efficacité du négociateur est en partie fonction des particularités de ces différents types de négociation.

Deux remarques préliminaires s'imposent :

La première concerne la distinction qui est faite dans cette section entre deux grandes catégories de négociations d'affaires : celles portant sur des ventes « courantes », « classiques », « traditionnelles » et celles portant sur des ventes « complexes » ou « stratégiques ». Cette différenciation – qui reprend sous une autre forme la séparation entre « petites » et « grandes négociations » dans le domaine commercial – n'est pas sans fondement réel ; mais il faut reconnaître que dans la réalité elle peut parfois paraître arbitraire et en tout cas quelque peu simpliste. C'est, en effet, moins la nature des biens et services ou l'appartenance à une branche d'activité donnée qui fournit le critère de discrimination, que d'autres éléments plus difficiles à définir, et parfois qualitatifs ou subjectifs.

En outre, le déroulement d'une action commerciale peut comprendre des phases alternées où, à tour de rôle, apparaîtront des caractéristiques appartenant à l'une ou l'autre des catégories décrites. La présentation suivie est donc une simplification qui ne rend pas toujours bien compte des situations intermédiaires ou plus ou moins floues rencontrées dans le monde réel de la pratique.

La seconde remarque est que le terme de « négociation d'affaires » est plus pertinent pour la deuxième catégorie décrite que pour la première. Cela est dû, en particulier, au fait que la « négociation d'affaires » évoque une notion de complexité et de stratégie tandis que la vente courante fait plus appel à des notions de « techniques de vente » et de tactiques ou « recettes » traditionnelles. Aussi l'accent est-il mis dans cette section sur la « vente stratégique » qui forme l'objet de la seconde sous-section. La première sous-section est consacrée à la « vente traditionnelle » : elle sera surtout un rappel des techniques de vente sur lesquelles il existe, par ailleurs, une abondante littérature.

2.1. La négociation de vente traditionnelle – la vente « tactique » – les techniques de vente

Il n'y a pas – loin de là – que des « grands contrats », de « grandes affaires », de « grands projets » caractérisés par de « grandes négociations » et une conduite stratégique. La vie économique de tous les jours est faite de « centaines de milliers de vendeurs face à leurs clients et tentant de leur vendre une idée, un produit, un service »[1]. D. Xardel parle des « 700 000 professionnels de la vente en France »[2]. La plupart de ces professionnels s'engagent dans des transactions de montant faible ou moyennement élevé ; les gammes de produits et les conditions de vente sont relativement standardisées ; s'il y a certes souvent recherche de « fidélisation », la prise de commande est la préoccupation essentielle du vendeur.

Ces ventes s'inscrivent dans des négociations dont la caractéristique principale est la confrontation d'intérêts, de rôles et de pouvoirs autour d'un échange dont chacun cherche à ce que les termes lui soient le plus favorables[3]. Cette rencontre s'inspire essentiellement de techniques ou procédés souvent codifiés en règles et dont les promoteurs assurent qu'elles conduisent au succès[4]. Et il est bien vrai que leur application intelligente – en particulier par l'adaptation aux différents types de vente et aux circonstances – donne au vendeur comme à l'acheteur un pouvoir supplémentaire dans la négociation.

Ces règles vont des principes aux recettes. Certaines sont parfois contradictoires d'un auteur à l'autre, tant il est vrai qu'inspirées par la pratique elles en reflètent aussi l'étonnante variété et que « vérité en deça des Pyrénées, erreur au-delà ». Elles ont ceci en commun qu'elles mettent plus en évidence des aspects véritablement tactiques (centrés sur l'exécution immédiate) que des approches stratégiques (centrées sur la vision globale de la situation, la sélection de choix majeurs et la mobilisation des moyens vers l'objectif). Elles sont généralement articulées autour « d'étapes clés » dans le déroulement de la rencontre ou de l'entretien. Ces étapes sont définies d'une manière classique (au-delà de la variété des langages) comme « l'accueil et la prise de contact, la recherche des besoins et l'écoute, l'argu-

1. M. Corcos, *Les techniques de vente qui font vendre*, Paris, Garnier, 1982, p. 13.
2. D. Xardel, *La vente*, Paris, PUF, 1984, p. 7.
3. G. Chandezon, A. Lancestre, *Les techniques de vente*, Paris, PUF, « Que sais-je ? », 1985, p. 18.
4. Voir, par exemple, G. Karrass, *Marché conclu*, Rivages/Les Echos, 1986 ; M. Corcos *op. cit.* ; H. Goldmann, *L'art de vendre*, Delachaux et Niestlé, 1978 ; P.H. Whitting, *Les cinq grandes règles de la vente*, Paris, Dunod, 1981 ; G. Kahn, *Les règles d'or de la vente*, Montréal, Les Editions de l'Homme, 1978.

mentation et la démonstration, la conclusion[1] ». Certaines de ces techniques ont été aussi rendues populaires par des conduites codifiées comme l'AIDA, la DIPADA et autres approches similaires.

Parmi les contributions récentes, M. Corcos a le mérite de relier les techniques de vente à quelques principes. Il distingue à cet égard quatre principes fondamentaux dans la négociation de vente en général (mais qui nous paraissent surtout valables pour la négociation de vente tactique) :

– techniques favorisant le dialogue (centrées sur les problèmes des questions et de l'écoute) ;

– techniques favorisant l'empathie (l'art « d'essayer de comprendre, de raisonner comme l'autre, de percevoir ses attentes, ses besoins, ses désirs, ses préoccupations, ses motivations », *op. cit.,* p. 34) ;

– techniques susceptibles de créer un climat de confiance (qu'il analyse dans les propositions suivantes : « avoir confiance en soi, en son entreprise, en ses produits ; être ferme ; savoir dire non ; respecter la parole donnée et connaître le langage client » complétées par des conseils sur les expressions qui engendrent la méfiance et sur les mots qui font naître le doute et l'agressivité) ;

– techniques de présentation des arguments qu'il centre sur les avantages par rapport aux caractéristiques techniques[2].

Ces principes reprennent ce que l'auteur appelle les six conditions essentielles de la vente (qui sont au fond six « savoir-faire » du vendeur) : savoir réussir le contact, savoir découvrir les besoins du client, savoir argumenter, savoir utiliser les objections, savoir présenter le prix, savoir conclure au bon moment.

Il est intéressant de mettre en parallèle ces recommandations et celles de G. Karrass (*op. cit.*)[3]. Celui-ci a fait porter son analyse sur la manière de « conclure un marché » – qu'il dénomme « stratégies de la négociation en affaires » mais qui sont en fait des tactiques ou des techniques – par une prise à contrepied de nombreuses « vérités courantes ». C'est ainsi qu'il soutient que « l'acheteur est rarement, pour ne pas dire jamais, tout-puissant ; qu'il ne sait pas toujours ce qu'il veut ; qu'il n'y a pas dans une négociation de vente d'élément aussi surestimé, et à tort, que le prix » (et donc que baisser ses prix n'est rien de plus qu'un moyen entre des dizaines d'autres qui sont à disposition et dont beaucoup ont plus d'efficacité), que la concurrence propose rarement des produits de meilleure qualité à moindre prix et que, dans la plupart des négociations, le vendeur est en meilleure position s'il dispose de moins d'autorité » (*op. cit.,* p. 15). L'analyse de G. Karrass est intéressante par les questions provocantes qu'elle oblige à se

---

1. G. Chandezon, A. Lancestre, *op. cit.,* p. 20.
2. R. Miller, S. Heiman, T. Tuleja – dans un ouvrage généralement considéré aux Etats-Unis comme l'un des plus originaux en matière de négociation commerciale – va une étape plus loin, en mettant en avant l'intérêt personnel de l'acheteur (envisagé d'une manière très large). La distinction porte sur une explicitation plus nette de cet aspect. Voir la section suivante.
3. G. Karrass est le fils de Chester Karrass, auteur en particulier de *Negotiating Game,* New York, World Pub. Co, 1970.

poser. Son analyse des pouvoirs du négociateur est également originale, tout en étant plus classique. G. Karrass étudie, en outre, ce qu'il appelle des « tactiques anti-tactiques ». Sa philosophie générale de la négociation de la vente classique est un compromis entre la conception de la vente considérée comme un échange antagoniste entre les deux parties au cours duquel le vendeur « assène un passage en force argumentatif »[1] à l'acheteur potentiel et celle qui envisage la vente comme un jeu à somme positive centrée sur le concept de double-gagnant, c'est-à-dire la recherche du gain joint et de la satisfaction mutuelle[2]. Cette dernière conception – base de ce que l'on appelle souvent « la nouvelle vente » ou « les nouveaux vendeurs » – est le produit d'une évolution sur laquelle nous reviendrons dans la conclusion.

La variété des analyses, des opinions et des recommandations relatives à la vente classique s'explique par la diversité des contextes ainsi que par l'évaluation qui est faite des comportements efficaces du vendeur. L'existence de contextes infiniment variés est mise en lumière par la différenciation de types de vente[3], mais aussi par les priorités que les vendeurs choisissent de mettre en valeur : priorités à l'entreprise, au produit, aux services ou à la compétence. Dans le même ordre d'idées se pose la question de savoir si la négociation d'achat se différencie – et de quelle manière – de la négociation de vente et il faut reconnaître que sur ce point aussi les avis diffèrent[4]. Quant aux comportements des vendeurs et à l'efficacité de leurs styles comparés, un grand nombre de contributions[5] aboutissent, en revanche, à des évaluations assez semblables. La plupart des études de style s'appuient sur – ou modernisent – l'approche bi-dimensionnelle classique de R. Blake et J. Mouton[6].

2.2. La négociation d'affaires : la vente stratégique ou complexe

Plusieurs traits distinguent – en simplifiant quelque peu – ce type d'affaires de la catégorie précédente[7] :

– Le vendeur se trouve face à une pluralité de décideurs qui interviennent – à un moment ou à un autre – dans la négociation. Celui-ci ne peut espérer conclure l'affaire qu'après avoir obtenu l'accord des « responsables d'achats influents » : ceux-ci ont dans l'entreprise une fonction bien définie : un responsable de l'achat, le responsable financier influent, les responsables utilisateurs influents et les responsables-techniciens influents. Il a

1. L. Bellenger, *Qu'est-ce qui fait vendre*, Paris, PUF, 1984, p. 20.
2. L. Bellenger, *op. cit.* ; D. Xardel, *La vente*, Paris, PUF, « Que sais-je ? », 1984.
3. Voir, par exemple, le tableau (pp. 12-13) dans G. Chandezon et A. Lancestre, *op. cit.*, ou encore D. Xardel, *op. cit.*, pp. 13 et 19.
4. La thèse de la différenciation est, en particulier, soutenue par J. Jardin dans *Techniques de l'achat industriel*, Paris, Hommes et Techniques, 1974.
5. Voir l'analyse de W. Cunningham dans D. Xardel, *op. cit.*, pp. 65-69.
6. R. Blake, J. Mouton, *Les deux dimensions de la vente*, Paris, Les Editions d'Organisation, 1980. Voir aussi M. Corcos, *op. cit.*, pp. 15-22 ; G. Chandezon, A. Lancestre, *op. cit.*, pp. 14-17. Voir aussi L. Bellenger, *op. cit.*, pp. 132-141.
7. Voir aussi L. Bellenger, *op. cit*, pp. 240-243 et pour la négociation internationale, C. Dupont, *op. cit.*, pp. 275-298.

été suggéré d'ajouter à cette liste un rôle plus ambigu : celui de «conseiller», c'est-à-dire de toute personne dans l'organisation ayant, de par son statut ou ses relations, la capacité d'influencer les décideurs précédents[1]. D'une manière similaire, la vente fait intervenir plusieurs fonctions et plutôt que d'un vendeur individuel, il s'agit le plus souvent, d'une équipe de négociateurs.

– «L'affaire» est de nature très complexe car aux spécifications techniques (elles-mêmes compliquées) se mêlent des aspects contractuels et financiers nombreux et importants ; par opposition aux ventes plus traditionnelles qui se réfèrent souvent à des normes ou conditions «standard», ces ventes sont souvent sur mesure et les termes, conditions et clauses annexes sont susceptibles d'avoir des formulations très diverses d'un cas à l'autre. Souvent aussi entrent en jeu des clauses d'imprévision, de révision et de re-négociation.

– Il s'agit souvent de montants élevés.

– La durée de la négociation est le plus souvent assez longue et même parfois très longue, pouvant s'étendre sur plusieurs années. Le rythme de la négociation est fait de phases très lentes avec des accélérations brutales ; les entretiens face-à-face alternent avec des communications écrites ou des contacts téléphoniques et par télex ; des temps morts peuvent exister suivis de reprises et de l'apparition d'éléments nouveaux.

– Les négociations font parfois l'objet d'interventions administratives ou gouvernementales, et pour les contrats internationaux le facteur politique peut être extrêmement important.

De telles négociations mettent en avant des considérations de stratégie. Ceci résulte de la structure décrite ci-dessus : prise en compte de la pluralité de décideurs, dimension importante de la durée et du temps, complexité, impact élevé sur le développement de l'entreprise (ou de l'organisation, s'il s'agit par exemple d'une administration), interventions politiques. Dans ces conditions l'approche de l'équipe de vente ne peut se résumer au bon usage des techniques de vente habituelles. Certes, l'un des objectifs reste toujours la conclusion d'un accord axé sur une vente, c'est-à-dire une prise de commande. Mais d'autres considérations vont entrer en ligne de compte : établissement d'une relation à long terme, préparation d'opérations futures, établissement ou renforcement d'une confiance et d'une crédibilité réciproques, création ou renforcement d'une réputation, recherche d'alliances ou de recommandations, pressions politiques. La structure des objectifs de la vente stratégique est donc particulièrement complexe car elle reflète une grande diversité d'enjeux dont certains sont formulés par référence au long terme et à la création de liens privilégiés entre les deux parties concernées. En ce sens elle répond assez fidèlement aux exigences de l'activité de négociation.

L'approche du vendeur est, en effet, dans ce cas beaucoup moins unilatérale que dans celui de la vente traditionnelle. L'affaire n'a de chance

---

1. R. Miller, S. Heiman, T. Tuleja, *Stratégie de la vente,* Paris, Les Editions d'Organisation, 1986.

d'aboutir et de contribuer à un courant futur que si le vendeur se comporte en vrai négociateur : soucieux de ses intérêts propres mais s'efforçant de tenir compte des préoccupations fondées et des contraintes réelles de la partie adverse. Le critère du succès est alors un degré suffisant de satisfaction mutuelle basée sur le respect réciproque des enjeux, réalistes et pertinents, y compris l'intérêt personnel de chacun des participants.

C'est pourquoi la « vente stratégique » est aussi appelée « vente consultative » car elle substitue à l'attitude unidimensionnelle du vendeur (persuader ou faire pression pour susciter la décision d'achat) une approche bidimensionnelle : trouver ensemble les moyens et les conditions susceptibles de faire de la négociation une activité à somme positive et non pas à somme nulle. A l'objection qui consiste à dire que la négociation ne peut se faire qu'au bénéfice de l'une ou de l'autre partie mais pas des deux (car ce que gagne l'un, l'autre le perd), plusieurs réponses sont possibles. La première est qu'il faut distinguer le gain d'une opération et celui d'un courant d'affaires régulier fondé sur la répétitivité et la confiance. La deuxième est que très souvent les négociateurs n'explorent pas suffisamment les potentialités de solutions imaginatives [1]. La troisième est une question d'attitude et de mentalité. Le bon négociateur sait trouver par ses qualités stratégiques un point d'équilibre satisfaisant entre l'intransigeance (qui peut permettre un « gain » élevé mais qui entraîne le risque de la rupture, de la « revanche », ou de l'hypothèque de l'avenir) et la conciliation (qui annule ou limite les gains propres et peut être interprétée comme une démonstration de faiblesse).

Les conditions du succès d'une négociation d'affaires stratégique tiennent à la fois à des circonstances spécifiques (qualité particulièrement adaptée de l'offre par rapport aux besoins, aux attentes et aux intérêts propres de la partie adverse) et à des facteurs plus généraux. Parmi ceux-ci, deux peuvent être mis en évidence en raison de leur pertinence quasi universelle : la mise au point d'une stratégie appropriée et l'efficacité des négociateurs.

• La négociation d'affaires complexes exige une réflexion appropriée sur les stratégies envisageables, ce qui peut aboutir à l'élaboration d'un « schéma directeur » pour la négociation. Un tel schéma définit un certain nombre d'étapes et d'orientations mais il ne formule pas une ligne de conduite rigide. Certes il met en lumière des limites ou des conditions qui ont la nature de points de rupture ou de recherche de solutions de rechange. Il donne au négociateur un guide d'action jalonné par un certain nombre d'étapes et de résultats partiels qui, confronté au déroulement réel, donnera lieu à des ajustements successifs. L'idée de base d'un schéma directeur d'une vente stratégique est qu'il s'agit d'un processus à plusieurs étapes. Ce processus n'est pas tellement éloigné d'une gestion de projets.

---

1. Cet aspect est particulièrement bien mis en lumière dans l'ouvrage de H. Raiffa, *The Art and Science of Negotiation*, Cambridge, MA, Harvard University Press, 1982. L'approche de H. Raiffa – généralisée dans le programme de négociation d'Harvard – insiste sur la non-efficience (ou sous-optimisation) de beaucoup de négociations.

Une illustration typique de ce genre d'approche est la mise en évidence de huit étapes successives :

1. recherche systématique d'information,
2. sélection des cibles à retenir[1],
3. planification stratégique de la vente (identification des responsables influents, de leurs enjeux et réactions, analyse et recherche de rapprochement des positions respectives, recherche d'options),
4. justification de l'affaire et argumentaire,
5. mise au point des propositions,
6. organisation de l'équipe de négociation,
7. mise en route d'une dynamique (contacts, signaux, réalisation progressive de l'accord, ajustements, conclusion),
8. organisation du suivi et développement de la relation.

Chacune de ces étapes conduit à s'interroger sur l'organisation du travail, le type d'approche et de démarche, le résultat à obtenir. Un certain nombre de considérations pratiques ont été dégagées dans la littérature récente sur la vente stratégique[2].

• L'efficacité du négociateur stratégique est le résultat combiné de qualités tenant à sa personnalité, de capacités intellectuelles et de sa connaissance professionnelle de la démarche dans une négociation[3]. Il est, en général, admis que ces trois dimensions sont importantes et que le bon négociateur les possède à un assez haut degré. Il est bien évident qu'ensemble elles représentent un nombre considérable d'exigences, mais on notera que, si les deux premières sont relativement lentes et difficiles à modifier, la dernière permet la réalisation de progrès rapides par l'expérience d'abord, par la formation ensuite. Peut-être le rôle essentiel de celle-ci est-elle la prise de conscience du processus, le repérage de comportements et de blocages, et la sensibilisation à certaines situations particulières, dont l'une des principales est l'imprégnation transculturelle.

En effet, la négociation d'affaires stratégique s'applique en particulier aux grands contrats et aux grands projets internationaux ainsi qu'à la multiple activité recouvrant les négociations d'implantations, de transferts technologiques, de relations entre maison mère et filiales et d'accords commerciaux, juridiques ou financiers de toute sorte. La capacité d'être à l'aise dans des relations transculturelles devient alors une qualité essentielle du négociateur. On a souvent dit à cet égard que tout négociateur internatio-

---

1. R. Miller, S. Heiman, T. Tuleja (voir note 3, p. 21) parlent à cet égard de « l'entonnoir » des ventes : beaucoup d'affaires peuvent se présenter ; il s'agit de trier dans ce grand nombre celles qui, d'une part, présentent un intérêt réel pour l'entreprise (rentrent dans sa stratégie globale, en général) et, d'autre part, ont des probabilités suffisantes de succès. Les auteurs proposent à cet égard une recherche systématique de « compatibilité » entre les deux parties prenantes.
2. Voir les références bibliographiques en fin d'article.
3. Sur ces divers points, il existe aussi une abondante documentation reposant, en particulier, sur l'observation des performances de vendeurs et sur la pertinence des tests d'évaluation. On trouvera un rapide bilan de ces questions dans : C. Dupont, *La négociation : conduite, théorie, applications*, 2e éd., Paris, Dalloz, 1986. Citons aussi l'article de J. Nyerges, « Ten Commandments for a Negotiator », *Negotiation Journal* (vol. III, n° 1, January 1987) : 21-26.

nal devait faire preuve « d'empathie », c'est-à-dire d'une capacité à se mettre à la place de l'autre en ne tombant ni dans la projection, ni dans l'identification. Mais le négociateur international doit répondre aussi à beaucoup d'autres exigences et de contraintes. Quelques références sélectives sur ce vaste – et difficile – sujet sont données dans la bibliographie à la fin de cet article.

*

* *

La négociation d'affaires est-elle sur le point d'évoluer ? La conception même de ce qu'est une vraie négociation (par rapport à une situation de pur rapport de force), de ce qui – en définitive et à long terme – en constitue l'efficacité et le succès, cette conception est-elle remise en question ?

Il est frappant de constater que, tant en France qu'aux Etats-Unis, des efforts considérables sont faits pour renouveler le contenu conceptuel de la négociation et pour définir plus précisément ce qui pourrait constituer dans l'avenir une véritable « déontologie » du négociateur, qu'il soit vendeur ou acheteur. Les études empiriques semblent aussi montrer qu'il y a de nombreux lieux communs et habitudes qui ne sont pas – ou plus – justifiés au plan de l'efficacité. Enfin de nombreux facteurs vont dans la même direction : modification des mentalités, meilleure éducation des consommateurs et conscience plus exigeante de leur défense et de leurs intérêts, apport de nouvelles techniques d'aide à la décision, expérience japonaise en matière de relations entre clients et fournisseurs, langages nouveaux, influence du marketing, apparition de nouvelles formes de vente, approfondissement des études sur les processus d'influence et sur les réactions émotives et irrationnelles des protagonistes, internationalisation et omniprésence des phénomènes culturels – les éléments ne manquent pas qui font s'interroger sur la genèse progressive d'une nouvelle manière de négocier.

Mais il est vrai que le jeu – et dans une certaine mesure – la logique de la concurrence, de même que le poids des habitudes et la persistance de certains stéréotypes dans la formation, peuvent rendre plus difficile l'adaptation des concepts et des méthodes aux conditions nouvelles. Sans doute verra-t-on coexister deux grands types de négociation, deux types de négociateurs et deux types d'efficacité : ceux centrés sur les aspects quasi conflictuels et ceux centrés sur une coopération raisonnée. Ce sera une des tâches les plus délicates du négociateur de décrypter avec lucidité la situation et d'y adapter conduite et stratégie.

Références

Bellenger L., *Qu'est-ce qui fait vendre,* Paris, PUF, 1984.

Chandezon G., Lancestre A., *Les techniques de vente,* Paris, PUF, « Que sais-je ? », 1985.

Corcos M., *Les techniques de vente... qui font vendre,* Paris, Garnier, 1982.

Dupont C., *La négociation : conduite, théorie, applications*, 2e éd., Paris, Dalloz, 1986.

Fisher R., Ury W., *Comment réussir une négociation*, Paris, Seuil, 1982.

Miller R., Heiman S., Tuleja T., *Stratégie de la vente*, Paris, Les Editions d'Organisation, 1986.

Lax A., Sebenius J., *The Manager as Negotiator*, New York, NY, The Free Press, 1986.

Posses F., *The Art of International Negotiation*, London, Business Books Ltd, 1978.

Raiffa H., *The Art and Science of Negotiation*, Cambridge, Mass., Harvard University Press, 1982.

Xardel D., *La vente*, Paris, PUF, « Que sais-je ? », 1984.

Zartman W., Berman M., *The Practical Negotiator*, New Haven, CT, Yale University Press, 1982.

Mots clés

Affaires, modèles de négociation, modèles de négociation concertative, modèles de négociation conflictuelle, négociation d'affaires (alternative en l'absence d'accord, concession, définition, efficacité et styles du négociateur, évolution, phases typiques, préparation, références bibliographiques, spécificité, stratégies, vente complexe, vente consultative, vente stratégique), techniques de vente.

96

Options

Jean-Claude Augros

Une option est un contrat qui permet à son acquéreur d'acheter (option d'achat) ou bien de vendre (option de vente) un actif financier ou physique à un prix – dit d'exercice – et à une date future préalablement fixés, moyennant le règlement immédiat au vendeur du contrat d'une prime – ou premium – dont le montant est librement débattu par les cocontractants.

Depuis leur apparition en Angleterre, au XVIIe siècle, jusqu'à une période récente, les marchés d'options sur actions n'ont consisté qu'en des marchés primaires, les opérateurs étant pratiquement privés de la possibilité de se défaire de leurs contrats sur un marché secondaire actif. La création, en 1973, à Chicago, du premier marché d'options négociables est à l'origine du formidable développement des marchés d'options. Depuis lors, des marchés semblables ont été créés dans la plupart des grandes places financières du monde et, notamment à Paris, en 1987. La nature des contrats s'est également diversifiée puisque, désormais, il existe également des options sur des taux d'intérêt, des devises, des matières premières ou des indices boursiers.

Du fait de leur simplicité, les options sur actions ont été choisies pour illustrer cet exposé. Après avoir défini les caractéristiques d'un marché moderne d'options, nous décrirons les déterminants de la valeur d'un contrat, puis les modèles d'évaluation. Nous terminerons cette analyse en examinant le rôle des options dans la gestion de portefeuille.

1. Les caractéristiques d'un marché d'options

Le marché parisien est choisi comme référence pour définir la nature des contrats et décrire l'organisation d'un marché d'options négociables.

1.1. La nature des contrats

Sur un marché moderne d'options, les contrats sont parfaitement standardisés. La liste des valeurs servant de support aux contrats est fixée par l'autorité du marché. Ces actions doivent être négociées sur le marché à règlement mensuel et faire l'objet d'une cotation continue. Chaque contrat porte sur cent actions, le cours coté représentant 1 % de la valeur du contrat. Le règlement du prix de l'option intervient le premier jour ouvré qui suit la date de négociation.

Les options de même type (options d'achat ou *calls,* d'une part, et options de vente ou *puts,* d'autre part) portant sur le même titre de base forment une *classe* d'options. Il existe, pour chaque classe, un nombre limité de dates d'échéance et de prix d'exercice, les options d'une même classe ayant la même date d'échéance et le même prix d'exercice constituant une *série* d'options.

Il y a, pour chaque classe, quatre dates d'échéance par an, correspondant au dernier jour ouvré des mois de mars, juin, septembre et décembre. Chaque jour, sont cotées les séries portant sur les trois ou les quatre prochaines échéances. En effet, le premier jour ouvré du mois d'échéance trimestrielle est ouverte une nouvelle série à dix mois d'échéance (ouverture, par exemple, le 1er mars de l'échéance décembre).

A l'ouverture des séries sur une nouvelle échéance, il est proposé trois prix d'exercice, l'un proche du cours de l'action et les deux autres respectivement supérieur et inférieur à ce cours. Si ce dernier varie de manière importante, il est introduit de nouvelles séries dont le prix d'exercice est proche du cours de l'action. L'écart entre deux prix d'exercice est fixé par l'autorité du marché.

Les options négociables sont des options de type « américain » ; elles peuvent donc être exercées à n'importe quel moment avant leur échéance. Elles peuvent ainsi présenter un avantage par rapport aux options dites « européennes » qui ne sont exerçables qu'à leur date d'échéance.

Les termes d'un contrat sont modifiés chaque fois que le cours du titre support est affecté par une opération sur le capital de la société : il est procédé à l'ajustement simultané du prix d'exercice et du nombre de titres de base sur lequel porte le contrat. En revanche, par souci de simplification administrative, il n'est prévu aucune protection en cas de distribution de dividendes en numéraire.

1.2. L'organisation du marché

La fongibilité des contrats est à la base du fonctionnement satisfaisant d'un marché secondaire d'options. Elle est assurée non seulement par la standardisation des dates d'échéance et des prix d'exercice, mais aussi par l'existence d'une chambre de compensation qui s'interpose obligatoirement entre les acheteurs et les vendeurs de contrats. Ainsi, à Paris, la Société de compensation de marchés conditionnels (SCMC), filiale de la Société des bourses françaises, constitue l'émetteur exclusif des contrats. Il n'existe donc plus de lien direct entre les acheteurs et les vendeurs. Le vendeur d'un contrat est engagé vis-à-vis de la SCMC, et d'elle seule, tandis que celle-ci prend un engagement formel vis-à-vis de l'acheteur du contrat.

Si le titulaire d'une option décide d'exercer son droit, la SCMC choisit au hasard, parmi les vendeurs ayant une position ouverte dans la série correspondante, celui qui devra s'exécuter. En fait, dans la plupart des cas, les opérations se dénouent avant leur date limite d'échéance, sans que les options soient nécessairement exercées par leurs acheteurs. En effet, l'acheteur (ou le vendeur) d'une option peut à tout moment fermer sa position en effectuant l'opération inverse de celle qu'il a réalisée initialement.

L'exercice d'une option ouvre une position sur le marché à règlement mensuel. La livraison et le règlement des titres interviennent à la liquidation qui suit la date d'exercice, dès lors que l'exercice est signifié au plus tard la veille du jour de réponse des primes.

L'organisme de compensation a également pour rôle d'assurer la sécurité financière du marché en contrôlant notamment les procédures spécifiques de couverture imposées aux opérateurs. Le principe retenu est celui du maintien constant, au compte des opérateurs, de la couverture éventuellement nécessaire à la liquidation de leur position en options, dans l'hypothèse de l'évolution la plus défavorable de la valeur du titre support lors de la séance de bourse suivante. Au total, la sécurité des marchés modernes d'options semble totale puisque aucune défaillance n'a jamais été constatée [1].

2. Les déterminants de la valeur d'une option

La valeur d'une option dépend à la fois des caractéristiques du titre de base, du taux d'intérêt à court terme, de la durée de vie et du prix d'exercice de l'option.

2.1. Les caractéristiques du titre de base

Outre le cours du titre support, sa volatilité, le montant et la date de versement des dividendes susceptibles d'être distribués pendant la durée du contrat déterminent la valeur du premium d'une option.

2.1.1. Le cours

La valeur d'une option peut être décomposée en deux éléments : sa valeur intrinsèque, d'une part, représentant la valeur de l'option si celle-ci était exercée immédiatement, et sa surcote par rapport à sa valeur intrinsèque, d'autre part, correspondant à un supplément de valeur de l'option pour le temps qui lui reste à courir.

Comme l'indique le graphique 1, la valeur intrinsèque d'une option d'achat est nulle lorsque le cours, S, de l'action est inférieur (option « en dehors ») ou égal (option à « parité ») au prix d'exercice, E, de l'option. Elle devient positive et égale à $S - E$ dès lors que S dépasse E (option « en

---

1. Un incident sérieux s'est toutefois produit sur le marché des options sur l'or du Commodity Exchange de New York (COMEX), lorsqu'un membre de la chambre de compensation fut dans l'impossibilité de répondre à un important appel de marge. Cet incident n'a cependant pas mis en danger la sécurité financière du marché.

dedans »). En dehors du cas extrême où le cours de l'action viendrait à s'annuler, la valeur de la surcote est toujours positive. A la limite, pour des valeurs de l'action très largement supérieures au prix d'exercice, acheter un *call* revient en fait à acheter le titre ; compte tenu du règlement différé du prix d'exercice, et en l'absence de dividende, on en déduit, dans ce cas, que la valeur, *C*, d'un *call* obéit à la relation suivante :

$$C + \frac{E}{1+i} = S$$

quand $S \longrightarrow \infty$

soit $\quad C = S - \dfrac{E}{1+i}$

où *i* représente le taux d'intérêt à court terme en vigueur pendant la durée de vie de l'option.

Graphique 1
Valeur d'une option d'achat (call)

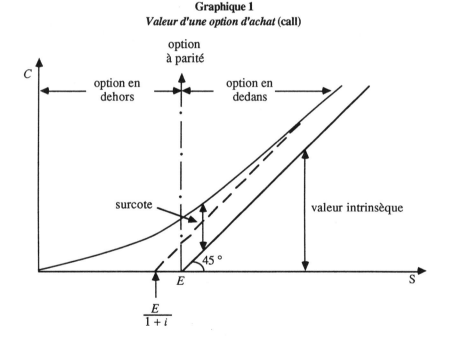

Il est clair qu'en l'absence de dividende, un investisseur rationnel n'a pas intérêt à exercer une option d'achat négociable avant son échéance limite. En effet, en cas d'exercice, le titulaire de l'option perd le montant de la surcote.

Le graphique 2 représente, de même, la valeur intrinsèque et la surcote d'une option de vente négociable en fonction du cours du titre support. Il ressort que la valeur, *P*, d'un *put* est d'autant plus importante que le cours de l'action est faible ; elle est maximale et égale au prix d'exercice de l'option lorsque le cours de l'action s'annule. Signalons qu'à l'inverse d'une option de vente européenne une option de vente américaine ne peut jamais être inférieure à sa valeur intrinsèque. Il peut donc être opportun d'exercer une option de vente négociable avant son échéance limite, dès lors qu'à la suite d'une baisse suffisante de l'action sous-jacente la valeur de son homologue européenne devient inférieure à sa valeur intrinsèque.

Graphique 2
Valeur d'une option de vente (put)

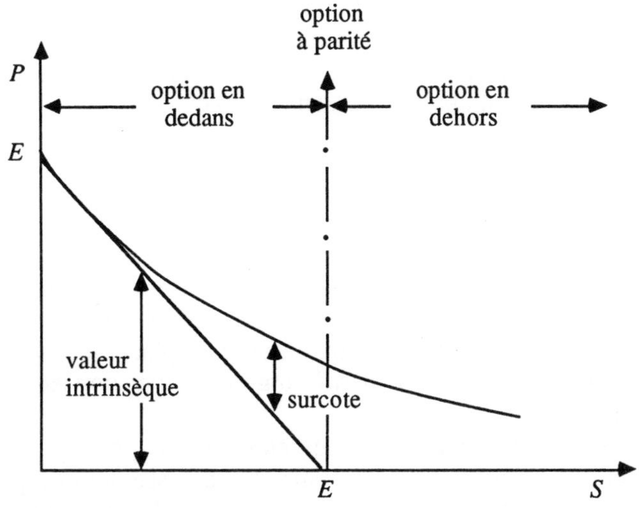

2.1.2. La volatilité

L'acheteur d'une option est un spéculateur à la hausse (option d'achat) ou à la baisse (option de vente) du titre support. Aussi est-il prêt à payer un premium d'autant plus élevé que l'amplitude des fluctuations du titre de base – ou, en d'autres termes, sa volatilité – est importante et, donc, que l'option a des chances de finir en dedans. En cas d'évolution défavorable de l'action, la perte de l'acheteur de l'option est, de toute façon, limitée au montant du premium, et ce, quelle que soit l'amplitude de la variation du titre de base. Si, en revanche, le cours de l'action évolue favorablement, le gain de l'acheteur est d'autant plus élevé que l'amplitude de la variation est elle-même importante. Les opérateurs d'un marché d'options doivent donc s'efforcer d'anticiper la volatilité de chaque titre support en terme de variance ou d'écart type de leur rendement et valoriser les différents contrats en fonction de ces anticipations.

2.1.3. Les dividendes

Lorsqu'une société procède à une distribution de dividendes, le cours de ses actions, toutes choses étant égales par ailleurs, diminue d'un montant équivalent à la valeur du coupon. Les contrats d'options négociables n'étant pas ajustés à la suite d'une distribution de dividendes, celle-ci peut donc profiter au vendeur d'un *call* ou à l'acheteur d'un *put* qui, en cas d'exercice, auront à livrer des titres dépréciés. Par contre, une distribution de dividendes peut être défavorable à l'acheteur d'un *call* ou au vendeur d'un *put* qui, en cas de levée de ces options, devront, quant à eux, prendre livraison de titres dévalués. On peut donc admettre que toute distribution de dividendes devant intervenir avant son échéance a pour effet de réduire la valeur d'une option d'achat et d'augmenter celle d'une option de vente.

Il convient d'observer que l'acheteur d'un *call* peut exercer son option juste avant la distribution d'un dividende si, à ce moment-là, la valeur intrinsèque de l'option est supérieure à sa valeur anticipée, telle qu'elle doit ressortir immédiatement après le versement du dividende.

2.2. Le taux d'intérêt à court terme

L'achat d'une option d'achat exige moins de capitaux que l'achat ferme des actions support. Les capitaux provisoirement épargnés peuvent ainsi être investis dans un actif sans risque pendant toute la durée du contrat. L'avantage de l'option par rapport à l'achat ferme des actions est donc d'autant plus important que la rémunération d'un placement sans risque est elle-même élevée. La valeur d'un *call* augmente, par conséquent, avec le taux d'intérêt à court terme.

A l'inverse, l'achat d'une option de vente, en comparaison avec la vente ferme des actions de base, entraîne, outre le décaissement du premium, un retard dans l'encaissement du montant de la vente des titres qui n'intervient qu'au moment de l'exercice de l'option. La valeur d'un *put*, toutes choses étant égales par ailleurs, est donc d'autant plus faible que le taux d'intérêt à court terme est élevé.

2.3. La durée de vie de l'option

La surcote et, par là même, la valeur totale d'une option est d'autant plus élevée que sa durée de vie est importante. Le pari sur l'évolution du cours de l'action de base fait par l'acheteur d'une option, qu'il s'agisse d'un pari à la hausse (acheteur d'un *call*) ou à la baisse (acheteur d'un *put*), a, en effet, d'autant plus de chances d'être gagné que l'échéance du contrat est éloignée.

2.4. Le prix d'exercice de l'option

Une option d'achat risque d'autant plus de finir « en dedans » que son prix d'exercice est faible. Son premium est donc une fonction décroissante de son prix d'exercice.

A l'inverse, la probabilité d'exercice d'une option de vente est d'autant plus importante que son prix d'exercice est élevé. La valeur d'un *put* est, par conséquent, une fonction croissante de son prix d'exercice.

3. Les modèles d'évaluation

Depuis les travaux initiaux de L. Bachelier de la fin du XIXe siècle, il a fallu attendre près de trois quarts de siècle avant que F. Black et M. Scholes (1973) élaborent le premier modèle complet d'évaluation d'une option. Le modèle de Black et Scholes (BS) apparaît toutefois assez indadapté au cas des options négociables. Il suppose, en effet, que les actions servant de base aux options ne détachent pas de dividende pendant toute la durée des contrats et que les options sont de type « européen » et ne peuvent donc pas être exercées avant leur échéance.

Plus simple dans sa formulation, le modèle binomial proposé par W. Sharpe (1978) et popularisé par J.C. Cox, S.A. Ross et M. Rubinstein (1979) peut être facilement adapté au cas des options américaines non protégées lors d'une distribution de dividendes.

Le modèle binomial, comme le modèle de BS, repose sur le même raisonnement d'arbitrage. Tandis que, dans le premier, les arbitrages s'opèrent de manière discrète, dans le second, ils sont supposés intervenir de façon continue. Le modèle de BS apparaît d'ailleurs comme la limite du modèle binomial lorsque le nombre des arbitrages tend vers l'infini[1].

3.1. Le modèle binomial

Les hypothèses principales du modèle binomial sont, en dehors de l'efficience des marchés financiers, l'absence de coûts de transaction, la possibilité d'acheter et de vendre à découvert sans limitation, celle de pouvoir prêter ou emprunter au même taux et, enfin, le fait, pour le cours d'une action, d'évoluer selon un processus binomial multiplicatif.

Considérons le cas élémentaire d'un horizon à une période. Si S représente le cours d'une action en début de période, celui-ci pourra prendre, en fin de période, la valeur favorable, uS, avec la probabilité q ou la valeur défavorable, ds, avec la probabilité $1 - q$.

Désignons par C la valeur, en début de période, d'une option d'achat portant sur l'action précédente et dont le prix d'exercice est égal à E. Si l'échéance de l'option intervient en fin de période, la valeur de l'option sera alors égale à sa valeur intrinsèque. Elle pourra donc prendre la valeur :

$C_u = \text{Max } [O, uS - E]$ avec la probabilité q

ou $\quad C_d = \text{Max } [O, dS - E]$ avec la probabilité $1 - q$

selon que la valeur de l'action aura respectivement monté ou baissé.

Il est possible de constituer un portefeuille d'arbitrage constitué par la vente d'une option d'achat (position courte) et par l'achat de Δ actions (position longue) ou vice versa.

---

1. Voir également dans cette Encyclopédie les articles de P. Fontaine, « Evaluation des actifs financiers dans le cadre international » et de G. Charreaux, « Théorie financière ».

L'évolution de la valeur du portefeuille peut être illustrée par le schéma suivant :

$$\Delta S - C \begin{cases} \Delta uS - C_u \text{ avec la probabilité } q \\ \Delta dS - C_d \text{ avec la probabilité } 1 - q \end{cases}$$

valeur du portefeuille
d'arbitrage en début
de période

valeur du portefeuille en
fin de période

Δ, le ratio de couverture, doit être choisi de telle manière que la valeur du portefeuille d'arbitrage en fin de période soit la même, quelle que soit celle de l'action. Il n'existe qu'une seule valeur de Δ, telle que :

$$\Delta\, uS - C_u = \Delta\, dS - C_d \qquad \text{d'où} \quad \Delta = \frac{C_u - C_d}{(u - d)\, S}$$

Le portefeuille étant alors sans risque, sa rentabilité doit être strictement égale au taux d'intérêt sans risque. Si l'on désigne par $\hat{r} = (1 +$ le taux d'intérêt sans risque), tel que 1 franc placé dans un actif sans risque au début de la période devient $\hat{r}$ francs en fin de période, il vient :

$$\Delta\, S - C = \frac{\Delta\, uS - C_u}{\hat{r}} = \frac{\Delta\, dS - C_d}{\hat{r}}$$

En retenant, par exemple, la première égalité, on déduit que :

$$C = \frac{\hat{r}\,\Delta\, S - \Delta\, uS + C_u}{\hat{r}}$$

soit

$$C = \frac{1}{r}\, [\Delta\, S\, (\hat{r} - u) + C_u]$$

En remplaçant Δ par sa valeur et en posant

$$p = \frac{\hat{r} - d}{u - d} \quad \text{et} \quad 1 - p = \frac{u - \hat{r}}{u - d}, \text{ on obtient :}$$

$$\boxed{C = \frac{1}{\hat{r}}\, [p\, C_u + (1 - p)\, C_d]}$$

La formule d'évaluation d'une option peut facilement être généralisée à n périodes, à l'aide d'un simple raisonnement récursif.

Comme dans les développements précédents, nous admettons que le cours d'une action peut être affecté, au cours de chaque période successive, par un coefficient multiplicateur favorable, u, avec la probabilité q ou par un coefficient multiplicateur défavorable, d, avec la probabilité $1 - q$.

Désignons $\hat{r} = (1 +$ le taux sans risque), tel que 1 F placé au début de chaque période devient $\hat{r}$ francs en fin de période et posons, de même,

$p = \dfrac{\hat{r}-d}{u-d}$. La formule d'évaluation d'une option d'achat, dans un univers
a deux périodes, l'échéance de l'option étant fixée à la fin de la deuxième
période, est alors la suivante :

$$C = \frac{1}{\hat{r}^2} \left\{ p^2 \text{Max} \left[O, u^2 S - E \right] + 2p \left(1 - p \right) \text{Max} \left[O, ud S - E \right] \right.$$
$$\left. + \left(1 - p \right)^2 \text{Max} \left[O, d^2 S - E \right] \right\}$$

On en déduit, par extension, la formule générale d'évaluation d'une
option d'achat dans un univers à n périodes. Il vient alors :

$$C = \frac{1}{\hat{r}^n} \left\{ \sum_{j=0}^{n} \left(\frac{n!}{j!\,(n-j)!} \right) p^j \left(1 - p \right)^{n-j} \text{Max} \left[O, u^j d^{n-j} S - E \right] \right\} \qquad [1]$$

La formule générale d'évaluation d'une option de vente P s'écrit de
même :

$$P = \frac{1}{\hat{r}^n} \left\{ \sum_{j=0}^{n} \left(\frac{n!}{j!\,(n-j)!} \right) p^j \left(1 - p \right)^{n-j} \text{Max} \left[O, E - u^j d^{n-j} S \right] \right\} \qquad [2]$$

Ces formules se prêtent bien à une procédure de calcul numérique. Il
suffit, en effet, de construire tout d'abord le diagramme d'évolution de
l'action en partant de son cours initial. On élabore ensuite celui de l'option,
mais en sens inverse, c'est-à-dire en partant des différentes valeurs possibles
de l'option à l'échéance.

Les diagrammes ci-après représentent, à titre d'illustration, l'évolution
du cours de l'action et du *call*[1] dans le cas où $S = 50$, $E = 50$, $u = 1,5$, $d = 0,7$, $r = 1,05$ et $n = 3$.

De toute évidence, les calculs deviennent rapidement considérables
lorsque la valeur de n augmente, ce qui ne représente plus guère d'inconvénients du fait de la présence généralisée de l'outil informatique.

La méthode binomiale convient également pour évaluer de manière
rigoureuse une option américaine. En effet, il peut être rationnel d'exercer
une option américaine avant son échéance : immédiatement avant la distribution d'un dividende, s'il s'agit d'un *call*, et à n'importe quel moment, s'il
s'agit d'un *put*. Contrairement au modèle de Black et Scholes, la méthode
binomiale permet d'intégrer rigoureusement cette éventualité[2].

---

1. $p = \dfrac{1.05 - 0,7}{1,5 - 0,7} = 0,4375 \qquad\qquad 1 - p = \dfrac{1,5 - 1,05}{1,5 - 0,7} = 0,5625$

$64,88 = \dfrac{1}{1,05} \left[0,4375 \times 118,75 + 0,5625 \times 28,75 \right]$

2. Le logiciel Evaloption cité dans les références bibliographiques permet ainsi de calculer avec la plus
grande précision la valeur d'une option négociable, en présence ou non d'un dividende, ainsi que les
principaux paramètres de gestion d'une position en option. Pour l'analyse de la méthode, on se réfère à
J.C. Augros et P. Navatte (1987) et à J.C. Augros (2e éd., 1987).

Diagrammes

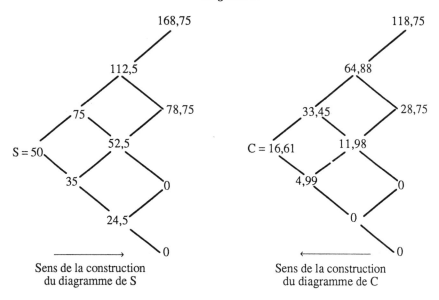

Sens de la construction
du diagramme de S

Sens de la construction
du diagramme de C

3.2. Le modèle de Black et Scholes, limite du modèle binomial

Il est possible de modifier les formules [1] et [2] afin de faire apparaître la fonction de répartition de la loi binomiale. Considérons, par exemple, le cas d'une option d'achat.

Soit a, le nombre minimum de hausses du cours de l'action permettant à l'option d'être « en dedans » à l'échéance. Dans cette hypothèse, le cours de l'action à l'échéance doit dépasser le prix d'exercice de l'option.

Soit : $u^a d^{n-a} S > E$

En posant $p' = \dfrac{u}{\hat{r}}\, p$, J.C. Cox, S.A. Ross et M. Rubinstein (1979) ont démontré que la formule d'évaluation d'une option d'achat s'écrit :

$$C = S\, \emptyset\, [a\,;\, n, p'] - E\,\hat{r}^{-n}\, \emptyset\, [a\,;\, n, p]$$

où $\emptyset\, [k\,;\, n, p]$ désigne la fonction de répartition de la loi binomiale.

La formule d'évaluation d'une option de vente peut s'écrire de même :

$$P = -S\, \{1 - \emptyset\, [a\,;\, n, p']\} + E\,\hat{r}^{-n}\, \{1 - \emptyset\, [a\,;\, n, p']\}$$

J.C. Cox, S.A. Ross et M. Rubinstein ont démontré que la formule binomiale admet celle de BS comme limite, quand le nombre de périodes qui composent la durée de vie d'une option tend vers l'infini.

Il existe, en effet, une équivalence entre les paramètres u et d de la loi de distribution binomiale et l'écart type du rendement instantané du processus de Wiener retenu par Black et Scholes pour décrire les fluctuations du cours d'une action. On a en effet :

$$u = e^{\sigma\sqrt{\frac{\tau}{n}}} \quad \text{et} \quad d = \frac{1}{u} = e^{-\sigma\sqrt{\frac{\tau}{n}}}$$

où σ est l'écart type du rendement instantané de l'action et où τ représente la durée de vie de l'option.

En outre, lorsque n tend vers l'infini,

$$\emptyset\,[\,a\;;\,n,p'\,] \longrightarrow \Phi\,[d_1]$$
$$\emptyset\,[\,a\;;\,n,p'\,] \longrightarrow \Phi\,[d_2]$$

$\Phi\,(d)$ représentant la fonction intégrale de la loi normale centrée réduite cumulée de $-\infty$ à d,

avec

$$d_1 = \frac{\text{Log}\left(\dfrac{S}{E}\right) + \left(r + \dfrac{1}{2}\,\sigma^2\right)\tau}{\sigma\sqrt{\tau}}$$

$$d_2 = \frac{\text{Log}\left(\dfrac{S}{E}\right) + \left(r + \dfrac{1}{2}\,\sigma^2\right)\tau}{\sigma\sqrt{\tau}} = d_1 - \sigma\sqrt{\tau}$$

où r représente le taux sans risque instantané [1].

Dès lors, la formule de *BS* apparaît comme la limite du modèle binomial, lorsque $n \longrightarrow \infty$, telle que :

$$\boxed{C = s\,\Phi(d_1) - Ee^{-r\tau}\,\Phi(d_2)} \qquad [3]$$

De même, la valeur d'une option de vente européenne, selon la formule de BS, s'écrit :

$$\boxed{P = s\,\Phi(-d_1) - Ee^{-r\tau}\,\Phi(-d_2)} \qquad [4]$$

A partir des relations [3] et [4], il est possible d'établir la relation existant entre un *call* et un *put,* telle que :

$$C - P = S - Ee^{-r\tau}$$

Soulignons toutefois que cette relation de parité ne concerne que les options de type européen et non pas celles de type américain.

En dépit de ses hypothèses restrictives, la formule de BS a fait l'objet, de la part des praticiens, d'aménagements sommaires permettant d'évaluer une option négociable en présence d'un dividende. Cette méthode *ad hoc* ou

---

1. Puisque $\hat{r}$ désigne : 1 + le taux sans risque discontinu d'une période de durée $\dfrac{\tau}{n}$, on a pour toute valeur de n : $\hat{r}^{\,n} = e^{r\tau}$.

méthode dite d'évaluation d'une option « pseudo américaine » conduit à une valeur qui ne peut être assimilée à celle de l'option américaine correspondante. Cette méthode approchée consiste à retenir comme valeur d'une option d'achat américaine en présence d'un dividende la valeur la plus forte des deux options européennes suivantes :

– La première est une option européenne non protégée, de même échéance que l'option américaine à évaluer. L'évaluation de cette option s'effectue à l'aide de la formule de *BS* en prenant soin d'introduire dans la formule non pas le cours, S, de l'action tel qu'il ressort au moment de la négociation du contrat, mais le cours, S', obtenu en retranchant de S le montant actualisé du dividende prévisionnel.

– La seconde est une option européenne dont l'échéance se situe immédiatement avant la distribution du dividende.

Cette méthode manque de rigueur, car choisir l'une ou l'autre de ces deux évaluations revient à affirmer, par avance, qu'il n'y aura pas d'exercice anticipé (choix de la première valeur) ou qu'au contraire l'option sera exercée avant son échéance (choix de la seconde valeur). Or, en tout état de cause, il est impossible de prédire s'il y aura ou non exercice anticipé.

Les praticiens ont également proposé une méthode *ad hoc* d'évaluation d'une option de vente américaine à partir de la formule de *BS*. Ils suggèrent ainsi de retenir la plus forte des trois valeurs suivantes :

– celle de l'option européenne de même durée fournie par la formule de *BS* sur la base du cours de l'action ex droit,

– celle de l'option européenne dont l'échéance se situerait immédiatement après le détachement du dividende,

– enfin, la valeur intrinsèque de l'option en cas d'exercice immédiat.

Cette méthode peut conduire à un résultat très éloigné de la valeur fournie par le modèle binomial, surtout lorsque l'option est en dedans. On lui préférera, par conséquent, la méthode binomiale.

4. Le rôle des options dans la gestion de portefeuille

Le développement important des marchés d'options s'explique par l'intérêt considérable qu'offrent les options pour la gestion de portefeuille. Elles constituent un instrument idéal tout aussi bien pour les stratégies de spéculation que pour les opérations de couverture. Elles peuvent également faire l'objet de nombreuses opérations d'arbitrage.

4.1. Les options et la spéculation

Les options étant toujours plus volatiles que les actions qui leur servent de support, elles permettent aux spéculateurs de démultiplier le rendement attendu de ces titres. Les stratégies de spéculation les plus simples consistent à acheter ou à vendre un *call* ou un *put* non couvert par une position sur le titre de base. Comme le révèle le graphique 3 représentant le profit ou la perte réalisés en fonction du cours de l'action à l'échéance, ces stratégies offrent une structure de résultat et de risque dissymétrique.

Tandis que le risque de perte de l'acheteur d'une option est limité au montant du premium, son profit peut être très important en cas d'évolution favorable du cours de l'action. Inversement, le vendeur d'une option ne peut espérer réaliser qu'un profit limité correspondant au montant du premium encaissé, alors que son risque de perte peut être considérable en cas d'évolution défavorable du cours du titre support.

A côté de ces opérations élémentaires d'achat ou de vente d'options, il est possible de réaliser des stratégies plus élaborées par la combinaison de plusieurs séries d'options portant sur le même titre de base. Il est possible, par exemple, de combiner l'achat et la vente de deux options de même nature (*calls* ou *puts*), mais n'ayant pas le même prix d'exercice et/ou la même date d'échéance. Ces combinaisons constituent ce qu'il est convenu d'appeler des stratégies « d'écart » ou *spread*. Il est possible, par ailleurs, de combiner l'achat (ou la vente) de *calls* et de *puts*. Parmi ces combinaisons, celles qui associent une option d'achat et une option de vente ayant le même prix d'exercice et la même date d'échéance constituent des stellages ou *straddles*. Ces stratégies complexes exigent de la part des investisseurs des anticipations très précises sur l'évolution du cours du titre sous-jacent. Si celles-ci se confirment, la rentabilité obtenue peut alors être supérieure à celle procurée par l'achat ou la vente d'une option simple [1].

Graphique 3
Résultat à l'échéance d'une stratégie d'achat ou de vente d'une option non couverte

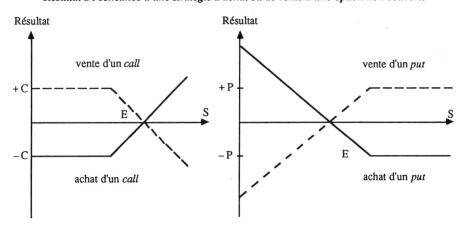

De toute évidence, sur un marché moderne d'options, il n'est pas nécessaire au spéculateur d'attendre l'échéance de ses contrats pour réaliser son bénéfice ou limiter sa perte. Une position en options peut donc être

---

1. On trouvera une description détaillée de ces stratégies complexes dans M. Levasseur et Y. Simon (1980) et J.C. Augros et P. Navatte (1987).

gérée au jour le jour de façon dynamique. Afin d'assurer la surveillance d'une position et faciliter la prise de décision, trois paramètres de gestion ont été définis : il s'agit des coefficients delta, gamma et thêta.

Le coefficient delta d'une option, ou d'une position complexe comprenant des options, représente la sensibilité de la valeur de la position à une faible variation de la valeur de l'action support[1]. Alors que le delta d'un *call* est toujours positif, mais inférieur à l'unité, celui d'un *put* est toujours négatif, mais supérieur à moins un. Par définition, le delta d'une action est égal à l'unité. Ainsi, tandis qu'un spéculateur à la hausse cherchera à donner un delta positif à sa position par une composition appropriée de celle-ci, un spéculateur à la baisse affectera, au contraire, sa position d'un delta négatif.

Le delta d'une position varie à chaque instant au gré des variations du titre support et de l'écoulement du temps. Le coefficient gamma (Γ) représentant la sensibilité du delta à une légère variation du cours de l'action permet précisément d'apprécier la fréquence des réajustements nécessaires pour maintenir le delta d'une position au niveau souhaité. Alors que le gamma d'un *call* ou d'un *put* est toujours positif, le gamma d'une action est nul. La restructuration d'une position sera d'autant plus fréquente que le gamma de la position sera différent de zéro.

Le coefficient thêta (θ) représente enfin la sensibilité de la valeur d'une position à l'écoulement du temps. Alors que le thêta d'une action est nul, le thêta négatif d'un *call* ou d'un *put* traduit l'érosion de la valeur d'un contrat à mesure que son échéance approche.

Au total, la nature spéculative d'une position comprenant des options dépend du niveau de ces trois paramètres instantanés. Le choix d'une stratégie et, par là même, celui de la valeur de ces paramètres est lié à la fois aux anticipations du gestionnaire et à ses objectifs en matière de risque. Si ce dernier est volontairement accepté par le spéculateur, il est courant qu'un gestionnaire de portefeuille prudent cherche, au contraire, dans certaines circonstances, à l'éliminer.

4.2. Les options et la couverture

Les options peuvent être utilisées à des fins de couverture chaque fois que le gérant redoute la baisse des valeurs qui composent son portefeuille[2].

Il est possible, en premier lieu, de se protéger sélectivement contre la baisse éventuelle d'une action en achetant une option de vente sur ce titre. En cas de baisse, l'action pourra être vendue au prix d'exercice pendant toute la durée du contrat, garantissant à l'investisseur un capital au moins égal à ce prix. Le coût de l'assurance représenté par le prix de l'option est

---

1. Les paramètres de gestion Δ, Γ et θ sont assimilables à des dérivées. Nous déconseillons cependant leur calcul à partir de la formule de Black et Scholes et préconisons plutôt leur détermination à partir du modèle binomial à l'aide du logiciel EVALOPTION. Pour un *call* en présence d'un dividende, ou pour un *put*, l'utilisation du modèle de Black et Scholes pour le calcul de ces paramètres peut, en effet, conduire à des erreurs importantes, surtout lorsque les options sont en dedans.
2. Voir également dans cette Encyclopédie les articles de G. Charest, « Rendement, risque et portefeuilles », de P. Fontaine, « Gestion des portefeuilles internationaux » et de C.A. Vailhen, « Risque de change ».

d'autant plus élevé que le prix d'exercice de l'option est important, que le risque de l'action est grand et que la durée de l'option est longue. L'avantage de cette couverture consiste à limiter la perte éventuelle de l'investisseur sans le priver complètement de la possibilité de réaliser un profit en cas de hausse de l'action. L'association d'un *put* à une position longue sur le titre revient ainsi à synthétiser un *call*. D'un point de vue dynamique, cette couverture se traduit par une diminution du delta de la position. La réduction du delta est d'autant plus grande que les *puts* utilisés sont en dedans et que leur nombre est important. Dans le cas d'une couverture totale à delta nul, la valeur de la position est indépendante de l'évolution du cours du titre. Dans un marché en équilibre, le rendement de la position est alors égal au taux d'intérêt sans risque.

Il est possible, en second lieu, grâce aux options, de couvrir globalement un portefeuille. Or, il n'est pas rationnel de couvrir individuellement à l'aide de *puts* sur actions tous les titres qui le composent. Cette démarche reviendrait en effet à s'assurer inutilement contre le risque spécifique des actions, déjà éliminé par une bonne diversification. Il est donc préférable de couvrir globalement le portefeuille par l'achat d'options de vente sur indice boursier, comme il en existe maintenant sur la plupart des grandes places financières.

4.3. Les options et l'arbitrage

Des arbitrages peuvent être réalisés sur un marché d'options chaque fois que des contrats apparaissent sur ou sous-évalués par rapport à leur valeur théorique donnée par les modèles d'évaluation. Le principe de ces arbitrages consiste à acheter les options sous-évaluées et à vendre celles qui sont surévaluées, tout en maintenant nul le delta global de la position. L'arbitrage peut ainsi profiter de tout mouvement de rééquilibrage du marché, sans supporter le risque lié aux fluctuations du cours de l'action support. De tels arbitrages supposent des réajustements d'autant plus fréquents que le gamma de la position est important. Les coûts de transactions qui en résultent contribuent naturellement à réduire le profit de l'arbitragiste.

*
* *

L'apparition des options négociables marque incontestablement une étape importante dans l'évolution des méthodes de transaction boursière dont elles représentent, à l'heure actuelle, la forme la plus élaborée. Cependant, les options négociables ne constituent pas seulement une technique de transaction. Elles contribuent surtout à compléter la panoplie des actifs conditionnels offerts par le marché financier et permettent à tout investisseur d'atteindre, dans les meilleures conditions de coût, l'objectif de rentabilité et de risque qu'il s'est fixé. Elles présentent, enfin, un intérêt scientifique exceptionnel dans la mesure où la théorie des options est désormais appliquée à l'évaluation de la plupart des actifs financiers.

Références

Associés en Finance, *Les options sur actions*, Paris, PUF, 1987.

Augros J.C., *Finance, options et obligations convertibles*, 2e éd., Paris, Economica, 1987.

Augros J.C., Navatte P., *Bourse : les options négociables*, Paris, Vuibert, 1987.

Black F., Scholes M., « The Pricing of Options and Corporate Liabilities », *Journal of Political Economy* (May, June, 1973) : 399-418.

Cox J.C., Ross S.A., Rubinstein M., « Option Pricing : A Simplified Approach », *Journal of Financial Economics*, 7 (September 1979) : 229-263.

Cox J.C., Rubinstein M., *Options Markets*, Englewood Cliffs, Prentice Hall, 1985.

Jarrow R.A., Rudd A.T., *Option Pricing*, Homewood, Irwin, 1983.

Levasseur M., Simon Y., *Marchés de capitaux : options et nouveaux contrats à terme*, Paris, Dalloz, 1980.

Merton R.C., « Theory of Rational Option Pricing », *Bell Journal of Economics and Management Science* (Spring 1973) : 141-183.

Sharpe W.F., *Investments*, Englewood Cliffs, Prentice Hall, 1978.

Logiciels

Associés en Finance, Augros J.C., Auray J.P., *EVALOPTION*, Associés en Finance (12, rue de Castiglione, 75001 Paris), 1987.

Associés en Finance, *FORMOPTION*, 1987.

Mots clés

Call, couverture, delta, écart, évaluation d'une option, gamma, option, *put*, stellage, thêta.

97

Organigramme :
organisation pratique de l'entreprise

Michel Kalika

L'organigramme constitue un aspect important de la structure organisationnelle de l'entreprise. Cette structure peut être appréhendée soit par ses éléments constitutifs, soit par les objectifs qu'elle doit satisfaire [1].

Du premier point de vue, la structure organisationnelle se définit, dans une acception large, par sa forme structurelle, son degré de formalisation (recours à l'écrit) et de standardisation (importance des procédures), le niveau de prise des décisions (centralisation/décentralisation), ainsi que par ses systèmes de planification et de contrôle [2]. L'organigramme caractérise ce que l'on appelle la forme structurelle de l'entreprise, puisqu'il définit les grandes lignes de la répartition des responsabilités, le nombre de niveaux hiérarchiques ainsi que les critères de départementalisation.

Du second point de vue, toute structure se doit de remplir deux missions à la fois complémentaires et antinomiques : la différenciation et l'intégration [3]. En effet, le bon fonctionnement d'une entreprise implique une spécialisation des tâches et des rôles, la création de départements, de services autonomes..., autant d'éléments conduisant l'entreprise à se « différencier », c'est-à-dire à développer des comportements et des pratiques différentes au sein de l'entreprise. Il est ainsi trivial de souligner que les hommes, les méthodes de gestion, les horizons temporels, les objectifs sont très différents d'un service de marketing ou de publicité à un service de comptabilité. Mais, pour que l'entreprise ne devienne pas une constellation de baronnies indépendantes et rivales, il est indispensable pour sa survie que la structure organisationnelle remplisse sa fonction « d'intégration ». Par intégration, on entend non seulement la coordination des parties de l'entreprise, mais également l'adhésion des personnes aux objectifs de l'entreprise.

L'organigramme apparaît donc, d'abord, comme un élément de différenciation des rôles dans l'organisation. Il précise, en effet, la partition de l'entreprise en services et les rattachements hiérarchiques. On peut

---

1. Voir dans cette Encyclopédie l'article de A. Desreumaux, « Structures de l'entreprise ».
2. Voir M. Kalika, *Structures d'entreprises : réalités, déterminants, performances,* Paris, Economica, 1988.
3. Voir P.R. Lawrence, J.W. Lorsch, *Adapter les structures des entreprises*, Paris, Les Editions d'Organisation, 1973.

également considérer que la représentation par écrit de l'organigramme constitue un facteur d'intégration, dans la mesure où il permet à chaque membre de l'entreprise de se situer au sein du groupe.

Il est à noter que toutes les entreprises ne définissent pas un organigramme écrit ; ainsi, sur un échantillon de 79 entreprises, 57 % possédaient un organigramme écrit. Il est intéressant de constater que cette proportion s'élevait à 65 % dans les entreprises de plus de 500 salariés, tandis qu'elle n'était que de 35 % dans la tranche d'effectif 50-100. Mais la taille de l'entreprise n'est pas le seul élément déterminant de l'existence d'un organigramme. La formation des dirigeants, leur volonté organisatrice et stratégique, et leur attitude à l'égard de l'écrit exercent également une influence.

Traditionnellement, l'organisation est décrite en termes d'organigramme. Cette approche est très controversée en raison de la nature de l'organigramme. Celui-ci ignore en effet beaucoup du fonctionnement réel de l'organisation : les relations informelles et les circuits d'information en sont absents. Il fournit cependant, lorsqu'il existe, un schéma global de la division du travail et de la répartition formelle des responsabilités, tel qu'il a été voulu par la direction. C'est pourquoi, après avoir rappelé la typologie généralement retenue par les auteurs en organisation, nous décrirons les organigrammes observés dans les entreprises, en considérant qu'ils traduisent une volonté organisatrice de ces dernières.

1. Les différents organigrammes

Les organigrammes sont classés en fonction du critère de départementalisation retenu au plus haut niveau de l'entreprise. Les auteurs s'accordent pour identifier deux formes principales (fonctionnelle et divisionnelle) et une forme hybride (matricielle).

1.1. La forme fonctionnelle

Elle consiste à regrouper les activités de l'entreprise en privilégiant la spécialisation par fonction. C'est, historiquement, le premier schéma d'organisation utilisé par les entreprises, et il demeure très répandu (schéma 1).

Cet organigramme offre l'avantage de spécialiser les compétences. Cette organisation, qui repose sur un découpage en fonction de l'activité de l'entreprise, présente deux inconvénients principaux : des difficultés de coordination et une capacité limitée d'adaptation à l'environnement.

Cependant, comme le souligne H.I. Ansoff, « la forme fonctionnelle est historiquement importante et représente encore pour certaines firmes un mode d'organisation efficace. Il s'agit des firmes situées dans des contextes opérationnellement et stratégiquement stables, fabriquant un nombre limité de produits peu différents les uns des autres ». Les entreprises qui ne remplissent pas ces conditions se sont orientées vers les formes divisionnelles.

Schéma 1
La forme fonctionnelle

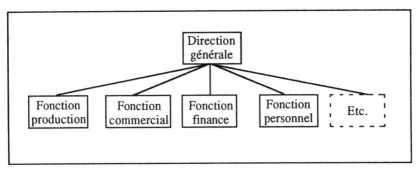

1.2. La forme divisionnelle

Pour J.G. Mérigot, la structure divisionnelle présente deux traits essentiels : « Une séparation très nette entre direction générale et divisions opérationnelles, une semi-autonomie entre celles-ci ». Les critères de séparation des divisions peuvent être : les produits, les marchés, les zones géographiques (schéma 2). Cette organisation limite les problèmes de coordination portant sur un produit, dans la mesure où le chef de division est responsable de l'ensemble de la vie d'un produit. Cela permet à la direction générale de s'occuper de formulation des stratégies, de fixation d'objectifs et de contrôle.

Schéma 2
La forme divisionnelle

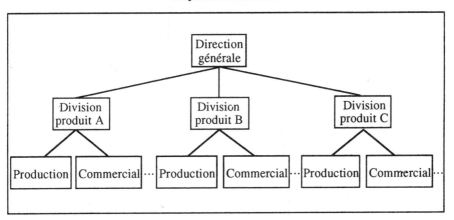

L'adoption de cette organisation est cependant coûteuse quand elle conduit à répartir entre plusieurs divisions des moyens communs permettant des économies d'échelle. En outre, le gain en coordination et en motivation est parfois limité par une perte en expertise. Cela explique le recours à une troisième forme hybride combinant les deux précédentes.

1.3. La forme matricielle

H.I. Ansoff la qualifie de « forme adaptable ». Elle est composée de départements fonctionnels et de directeurs de produits. Les premiers prennent en charge les objectifs de spécialisation, les seconds ceux de coordination. La combinaison au plan vertical des fonctions et au plan horizontal des produits fait apparaître une dualité d'autorité. Cette dernière se trouve en effet répartie entre les services fonctionnels (commercial, production, etc.) et les départements dont chacun est responsable de la vie d'un produit.

Lorsque les activités de l'entreprise sont temporaires, il s'agit de structure par projets. Cette forme d'organisation est bien adaptée aux entreprises ayant besoin de souplesse stratégique, structurelle et opérationnelle. Ce type d'organisation (schéma 3) présente naturellement des risques de conflits entre les services fonctionnels et les responsables produits. Il engendre généralement des coûts administratifs plus élevés que les structures plus conventionnelles.

Schéma 3
La forme matricielle

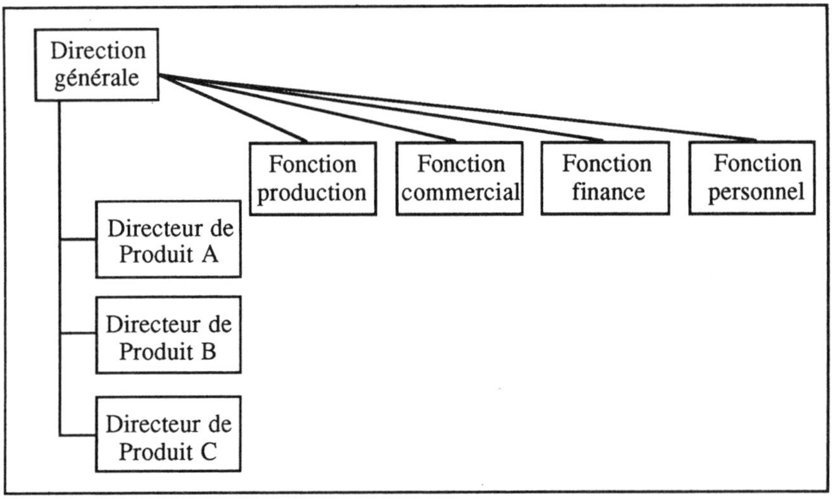

Chaque forme connaît des adaptations en fonction des besoins des entreprises. L'observation des structures montre, par exemple, que la forme fonctionnelle est parfois complétée par des emprunts partiels aux formes plus élaborées.

Les formes de base étant précisées, il convient d'étudier les organigrammes effectivement rencontrés dans les entreprises.

2. Les organigrammes observés dans les entreprises

Dans un échantillon de 79 entreprises[1] appartenant à tous les secteurs, dont les 3/4 ont entre 50 et 500 salariés, les organigrammes observés peuvent être rattachés à trois formes fondamentales types : entrepreneuriale, fonctionnelle, divisionnelle par produits.

Tableau 1
Répartition des entreprises selon la forme de l'organigramme

Forme entrepreneuriale	Forme fonctionnelle	Forme divisionnelle par produits
10 [12,6 %]	63 [79,8 %]	6 [7,6 %]

Cette classification repose en fait sur le critère de spécialisation du travail et de départementalisation retenu au plus haut niveau de l'organigramme. Aucune forme véritablement matricielle n'a été rencontrée. Nous précisons le détail de chacun des types d'organigramme.

2.1. La forme entrepreneuriale

Cette forme d'organigramme est assez peu décrite dans la littérature et c'est pourquoi nous ne l'avons pas présentée comme un modèle de base. On peut en fait s'interroger sur l'existence même de cet organigramme dans la mesure où son adoption est généralement implicite et sa représentation graphique exceptionnelle. La forme entrepreneuriale constitue une étape qui précède la forme fonctionnelle. Il ne s'agit plus d'une organisation artisanale où le chef d'entreprise est en prise directe sur l'ensemble des salariés de l'entreprise, et il ne s'agit pas encore d'une structure fonctionnelle où les principales fonctions sont dotées d'un responsable. La forme entrepreneuriale est caractérisée par :
– l'absence de cadre responsable des principales fonctions : le chef d'entreprise dirige directement ou presque ses employés, sauf en production où il est généralement secondé par un chef d'atelier ;
– l'absence de volonté d'organisation : elle se manifeste notamment par l'inexistence de l'organigramme (dans 7 cas sur 10) ;
– la polyvalence des compétences : les responsabilités ne sont pas définies précisément ;
– le nombre de subordonnés supervisés par le chef d'entreprise est très élevé, souvent supérieur à 6.

Toutes les entreprises présentant cette forme d'organigramme ont dans notre échantillon moins de 120 salariés ; 7 sur 10 possèdent un effectif inférieur à 80 personnes. Elles sont généralement dirigées par le propriétaire.

---

1. Enquête réalisée par interview. Pour le détail de la méthodologie, voir M. Kalika, *Structures d'entreprises : réalités, déterminants, performances,* Paris, Economica, 1988.

En clarifiant et en regroupant les schémas établis avec les responsables d'entreprise, il est possible de classer ces formes d'organigramme en deux catégories types : la forme simple et la forme pré-fonctionnelle.

2.1.1. La forme simple

Le président-directeur général (PDG) assure toutes les responsabilités de direction fonctionnelle (personnel, commercial, financier, comptable, production). Il est secondé par du personnel administratif peu qualifié et par un ou plusieurs contremaîtres autodidactes. Le PDG s'occupe lui-même du commercial (schéma 4).

Schéma 4
La forme entrepreneuriale simple

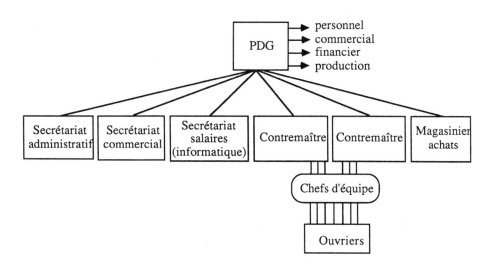

2.1.2. La forme pré-fonctionnelle

Le chef d'entreprise est secondé par un responsable comptable qui constitue un embryon de la fonction administrative et comptable, et par un directeur commercial qui est, en fait, le plus souvent un directeur des ventes (schéma 5). Du côté de la production, il n'y a pas encore de chef de production, mais on voit apparaître une multiplication de petits services (contrôle-qualité, montage, méthodes) qui rendront nécessaire la création d'un poste de responsable de production.

Lorsque l'entreprise se développe et/ou ressent le besoin de structurer davantage la répartition des responsabilités, elle adopte une forme fonctionnelle.

Schéma 5
La forme entrepreneuriale pré-fonctionnelle

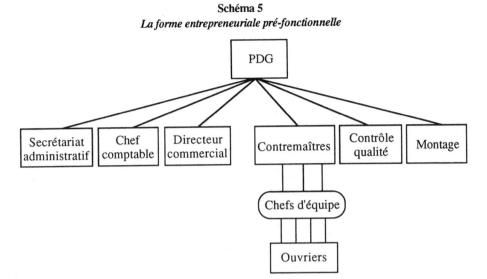

2.2. *La forme fonctionnelle*

Dans notre échantillon, près de 80 % des entreprises ont adopté une forme fonctionnelle. Trois raisons peuvent expliquer cette prépondérance.

– Cette organisation apparaît de façon naturelle comme un prolongement de la structure entrepreneuriale dans le processus de croissance de l'entreprise.

– Cette forme est susceptible de croître progressivement, par adjonction successive de fonctions dont la création devient nécessaire. Le développement de l'entreprise peut donc se faire sans bouleversement de structure.

– Dans cette organisation, la coordination de l'activité des différentes fonctions est assurée par le chef d'entreprise lui-même. Cela lui permet de garder le contrôle complet d'une entreprise qu'il a créée, ou dont il a la charge.

Cependant, la principale faiblesse de la forme fonctionnelle réside dans les problèmes de coordination qu'elle pose. Le découpage fonctionnel de l'organisation ne correspond pas à la réalité systémique de l'entreprise : la vie des produits nécessite une coordination fréquente entre les fonctions. Les « passerelles horizontales » prévues par H. Fayol sont de nature informative et ne règlent pas le problème de l'interdépendance décisionnelle des responsables de fonction. C'est pourquoi un certain nombre d'entreprises complètent la forme fonctionnelle de base afin de pallier ses insuffisances.

Nous avons identifié cinq moyens tentant de résoudre les problèmes de coordination soit interfonction, soit intrafonction. Ils sont présentés après l'examen des formes fonctionnelles types.

2.2.1. *Les formes fonctionnelles types*

Elles reposent toutes, par définition, sur une spécialisation par fonction au plus haut niveau de l'organigramme. Il est possible de les différencier en distinguant les critères de départementalisation retenus à l'intérieur des principales fonctions. On distingue habituellement six méthodes pour re-grouper les activités : la nature des tâches, les produits, les clients, les zones géographiques, les circuits de distribution et le type d'équipement.

Au sein des fonctions, nous avons observé les quatre différenciations reproduites au tableau 2.

Tableau 2
Critères de départementalisation des formes fonctionnelles

Critères de départementalisation			
Nature des tâches	**Géographique**	**Produit**	**Client**
44 (69,8 %)	25 (39,7 %)	15 (23,8 %)	2 (3,2 %)

Les pourcentages sont calculés par rapport au nombre d'entreprises [63] ayant une forme fonctionnelle. Une même entreprise peut utiliser plusieurs critères de différenciation dans une même fonction ou dans des fonctions différentes.

2.2.1.1. La départementalisation selon la nature des tâches

Cette spécialisation par fonction est très courante et s'observe notam-ment dans les usines ou dans les filiales de production. Une entreprise de 170 salariés ayant une activité de papeterie sur un secteur géographique limité illustre ce type de départementalisation, chaque fonction étant subdivisée selon la nature des tâches (schéma 6). Cette entreprise est une filiale d'un groupe français comptant 4 800 personnes.

Schéma 6
Exemple de départementalisation selon la nature des tâches

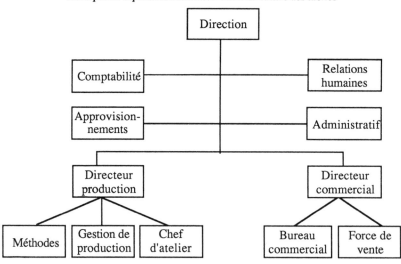

Cette répartition est très fréquemment rencontrée dans les services de production. Elle est d'ailleurs, dans ce cas, voisine d'une différenciation par technique ou par équipement. Cette spécialisation devient insuffisante, notamment dans les services commerciaux, lorsque l'entreprise grandit.

2.2.1.2. La départementalisation géographique

Parmi les 25 entreprises qui ont recours à une départementalisation géographique intrafonctionnelle, 4 l'utilisent au sein du service production et 21 au sein du service commercial. Parmi ces dernières, 6 sont des entreprises de services (conseil en gestion, installation électrique, assurances...) qui ont choisi d'organiser leurs prestations par zone géographique. Lorsque l'entreprise exporte une partie de sa production, le service commercial est alors fréquemment subdivisé en secteurs France et secteurs export. Suivent deux illustrations de ce type d'organisation observée au sein d'un service production (schéma 7) et d'un service commercial (schéma 8).

Schéma 7
Exemple de départementalisation géographique
Etablissement de 850 personnes d'une entreprise d'installation électrique

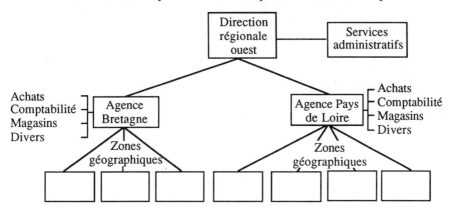

Schéma 8
Exemple de départementalisation géographique
Filiale d'un groupe étranger de 170 salariés – distribution de cosmétique

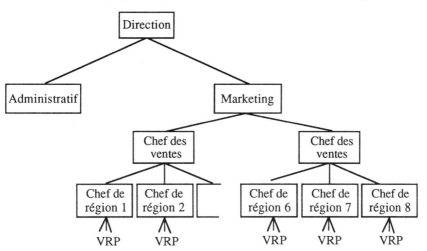

2.2.1.3. La départementalisation par produit

La spécialisation par produit intrafonctionnelle concerne soit les services de production, soit les services de commercialisation, soit les deux.

Schéma 9
Exemple de spécialisation par produit au sein du service production
Entreprise de 260 salariés fabriquant des accessoires pour l'habillement

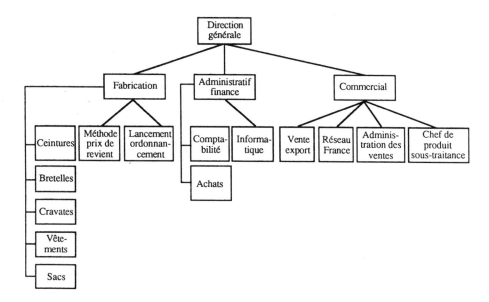

Lorsque les entreprises ont recours à une spécialisation par produit dans les services de production, celle-ci peut prendre deux formes : soit le service production est subdivisé par produit, soit les services de production proprement dits restent communs, des postes de chef de produit étant créés afin de suivre les activités de chaque produit.

La départementalisation par produit du service production crée des services opérationnels, tandis que la fonction de chef de produit rattaché au directeur commercial définit un rôle plutôt fonctionnel. La subdivision des ateliers par produit suppose que la fabrication des divers produits soit techniquement différente.

Le service commercial utilise à la fois une subdivision par groupe de produits (tables et chaises, meubles de cuisine) et une subdivision par circuit de distribution, les deux premières directions des ventes étant spécialisées dans le commerce traditionnel.

Schéma 10
Exemple de spécialisation par produit au sein du service commercial
Filiale d'un groupe étranger du secteur de l'ameublement

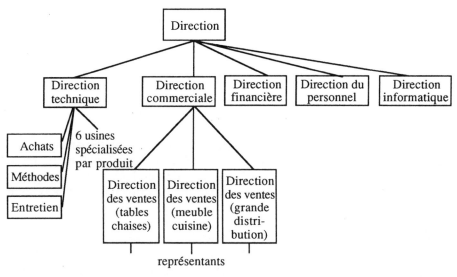

2.2.1.4. La départementalisation par client

Cette organisation permet pour des produits identiques ou voisins de spécialiser les interlocuteurs de l'entreprise par type de clientèle (schéma 11).

Schéma 11
Exemple de départementalisation par client
Banque de 700 salariés

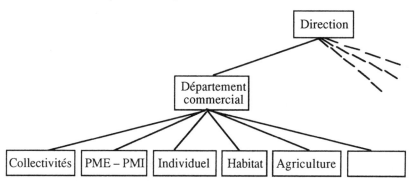

Quel que soit le type de spécialisation retenu au sein des fonctions de l'organigramme, la structure fonctionnelle pose toujours un problème de coordination. Selon l'acuité de celui-ci, on constate que les entreprises doivent procéder à plusieurs ajouts à l'organigramme initial. Il s'agit d'intégrer à l'organisation des mécanismes de coordination possédant une traduction formelle. Nous considérons ces éléments comme des auxiliaires de coordination dont le but est de pallier les insuffisances naturelles de la forme fonctionnelle.

2.2.2. Les auxiliaires de coordination de la forme fonctionnelle

Trois moyens de coordination intégrés dans l'organigramme peuvent être observés dans les entreprises : le comité de direction, le directeur adjoint, et le responsable du projet.

2.2.2.1. Le comité de direction

L'organigramme fonctionnel est fréquemment complété par un comité de direction composé du PDG et de tous les directeurs de fonction. En règle générale, ce comité n'équivaut pas à une direction collégiale de l'entreprise. Il est avant tout une instance de coordination et d'information, qui évite la reproduction de relations bilatérales PDG – responsable de fonction.

Les fréquences des réunions du comité de direction partagent les entreprises en deux groupes égaux : celles où les réunions sont hebdomadaires et celles ou elles sont mensuelles. Selon la périodicité des réunions, le comité de direction préfère traiter soit des problèmes de coordination à court terme, soit des projets de l'entreprise. On constate que ce sont plutôt les grandes entreprises qui ont recours aux réunions hebdomadaires, tandis que dans les plus petites le comité se réunit moins souvent.

Le comité de direction a également, parfois, qualité de comité de planification. Il traite alors des questions stratégiques et de moyen terme dans des réunions qui sont souvent mensuelles.

La présence d'un comité de direction n'exclut pas l'existence d'un poste de directeur adjoint.

2.2.2.2. Le directeur adjoint

Le poste d'adjoint au PDG est un moyen de coordination interfonctions utilisé dans un cinquième des entreprises présentant une forme structurelle fonctionnelle.

Cette coordination est ainsi assurée de façon permanente par un supérieur hiérarchique des responsables des fonctions. Le rôle du directeur adjoint est variable selon les entreprises. Plusieurs cas apparaissent.

– Tous les services peuvent lui être rattachés et, dans ce cas, il assure la coordination totale interfonctions, le PDG se chargeant des problèmes de politique générale et de relations extérieures.

– Le directeur adjoint peut superviser les services opérationnels (commercial et production), les services fonctionnels (contrôle, personnel, recherche…) étant directement rattachés à la direction.

– La répartition des responsabilités peut également dépendre des formations respectives des intéressés, un PDG technicien conservant la supervision directe de la production et de la recherche et laissant à son adjoint la coordination des autres fonctions.

La fonction de directeur adjoint répond, dans certains cas, à un objectif de préparation d'une succession.

Alors que la coordination assurée par le directeur adjoint est généralement globale, celle dont est chargé le responsable de projet est spécifique.

2.2.2.3. *Le chef de projet*

La création d'un poste de chef de projet permet d'assurer une coordination temporaire pour un produit.

Dans certains cas, le projet considéré concerne l'ensemble de l'entreprise. Ainsi, dans une banque comptant 800 salariés, un responsable fonctionnel est chargé de la création et de la mise en œuvre d'un nouveau produit. A titre d'illustration, citons le cas du projet de création d'une carte restaurant dont le directeur informatique a été responsable. Il lui appartenait de négocier avec les services la mise en place de ce nouveau produit, celui-ci devant ensuite s'intégrer dans la structure existante. Dans une entreprise de fabrication et de distribution de boissons (280 salariés), l'étude et le lancement d'un nouveau produit sont confiés systématiquement à un chef de fonction ; il en est de même lorsque les résultats d'un produit ne sont pas satisfaisant. Ce système semble introduire dans l'entreprise une souplesse et un dynamisme qui provoque une émulation parmi les cadres.

Il est assez fréquent que les entreprises nomment un responsable du développement d'une nouvelle activité et que cette personne soit directement rattachée à la direction générale. Le souci de la direction générale est alors de donner à cette nouvelle activité toutes ses chances de développement, en évitant qu'elle soit étouffée par les procédures et les structures existantes.

Dans d'autres cas, les projets concernent exclusivement la fonction production. Ainsi, dans une entreprise de fabrication de matériel de précision pour l'aéronautique, chaque commande correspond à un contrat qui est confié à un responsable de projet au sein du service de production. Celui-ci doit négocier les spécifications techniques et les délais avec les services opérationnels, les conflits étant arbitrés par la direction de la production. Il s'agit, en fait, d'une structure matricielle limitée au service de la production.

L'observation des faits montre que les entreprises dotées d'une structure fonctionnelle ont recours aux trois moyens de coordination précités pour satisfaire des besoins distincts. Lorsqu'il existe un besoin permanent de coordination entre les fonctions, du fait notamment de la taille de l'entreprise, celui-ci est satisfait par un comité de direction ou, plus rarement, par la création d'un poste de directeur adjoint. Lorsque le besoin de coordination est temporaire ou transitoire (lancement d'un produit ou d'une activité nouvelle), l'entreprise, souvent importante, crée un poste de responsable ayant le titre de chef de projet ou de responsable de ladite activité. Notons que dans ces derniers cas, la spécificité structurelle correspond à une volonté stratégique de l'entreprise de promouvoir, à côté de l'activité traditionnelle, un axe de développement.

D'autres entreprises ont choisi, pour la mise en œuvre de leur stratégie, une structure différente : la forme par produit.

2.3. La forme par produit

La distinction entre la forme fonctionnelle avec des responsables par produit et la forme par produit n'est pas toujours évidente. Nous pouvons considérer qu'un organigramme correspond à une « forme par produit » quand le critère de départementalisation retenu sous le PDG (ou le directeur général) est la nature du produit (ou de l'activité). La difficulté provient du fait que, dans des PME, il n'est pas rentable d'éclater toutes les fonctions entre les divisions produits. Certaines activités, comme la finance, la comptabilité, le personnel, demeurent donc sous une forme fonctionnelle et sont rattachées à la direction.

Des organigrammes par produit s'observent dans la distribution, dans la production et dans les services.

2.3.1. La forme par produit dans la distribution

Des hypermarchés appartenant à des groupes différents adoptent une forme voisine reproduite au schéma 12.

Cette forme structurelle s'accompagne d'une autonomie assez large des responsables et d'une décentralisation poussée jusqu'au chef de rayon. Celle-ci porte sur les choix de produits, les prix, l'animation des ventes, et le personnel. La coordination de l'ensemble est assurée par une direction par objectifs, des budgets prévisionnels et une analyse mensuelle des résultats.

Schéma 12
La forme par produit dans la distribution

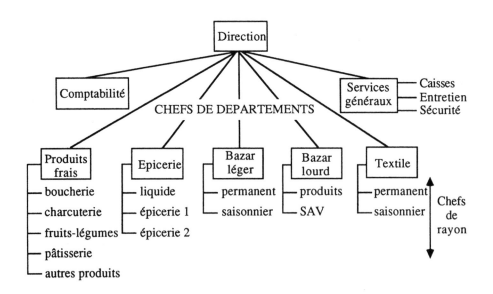

2.3.2. *La forme par produit dans la production*

Les entreprises présentant un tel organigramme sont souvent des filiales d'entreprises étrangères et se situent dans des secteurs à technologie avancée.

Schéma 13
La forme par produit dans la production
Exemple 1 : entreprise de 340 salariés, spécialisée dans l'étude et la fabrication de moteurs électriques à haute performance

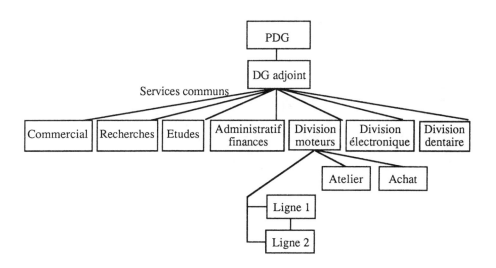

Cet organigramme qui distingue services communs et divisions-produit a été introduit après la prise de contrôle de l'entreprise par l'actionnaire étranger. Ce changement correspondait à une volonté de diversification vers de nouveaux clients (à partir de produits actuels) et vers de nouvelles activités. La création récente de la division dentaire témoigne de la réussite de cette stratégie.

Les relations entre le commercial et les divisions sont particulières. Le rôle du service commercial est, en effet, de découvrir de nouveaux marchés et de réaliser des prototypes. Ce sont ensuite les divisions qui sont responsables de l'ensemble de la relation clients-entreprise. Ces divisions présentent une organisation de type matriciel dans laquelle chaque chef de ligne-produit doit négocier avec les services fonctionnels (atelier, achats...) la réalisation de ses produits et la livraison aux clients dans les délais prévus.

Schéma 14
La forme par produit dans la production.
Exemple 2 : entreprise de 130 salariés, spécialisée dans la fabrication de
composants électroniques, filiale d'un groupe de 100 000 personnes

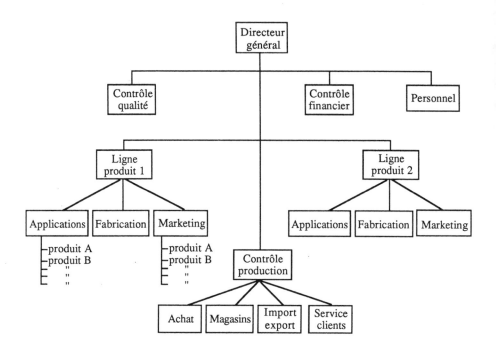

Les responsables des deux lignes de produits ont chacun la complète responsabilité de la recherche et du développement, de la fabrication et de la commercialisation de leurs produits. A l'intérieur même de chaque division, on retrouve une structure par produit sauf pour la fabrication.

Sont rattachés à la direction les services fonctionnels de contrôle et du personnel et quelques services restés communs. Chaque ligne de produit est constituée en centre de profit.

Cette structure a été mise en place pour répondre à une volonté de la direction « de séparer le stratégique, le fonctionnel et l'opérationnel ».

2.3.3. La forme par produit dans les services

Dans le premier cas (schéma 15), l'adoption de cette forme résulte d'une volonté de réorganiser l'ensemble d'une structure qui était au stade préfonctionnel. Dans le second cas (schéma 16), l'adjonction d'une nouvelle activité (clientèle différente) a provoqué le passage d'une forme fonctionnelle à une forme par produit.

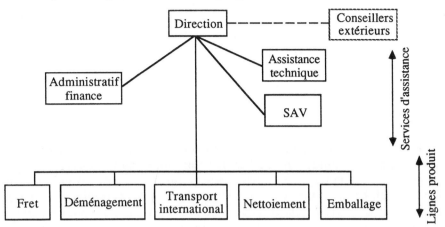

Schéma 15
La forme par produit dans les services
Exemple 1 : entreprise de 150 salariés, logistique de distribution et services annexes

Les services d'assistance ont des relations de « fournisseurs » avec les lignes produit ; chacune d'elles possède son propre compte d'exploitation, son matériel affecté, et le chef de ligne a l'autonomie de gestion du personnel. Les relations entre les chefs de ligne sont des relations de sous-traitance. La mise en ligne produit a permis le développement de l'activité nettoiement, auparavant mineure dans l'ancien organigramme. L'autonomie des lignes est telle qu'elle a permis la création d'une entité juridique indépendante pour l'une d'elles.

Schéma 16
La forme par produit dans les services
Exemple 2 : entreprise de 1500 salariés exerçant des activités
de conseil en gestion sur tout le territoire français

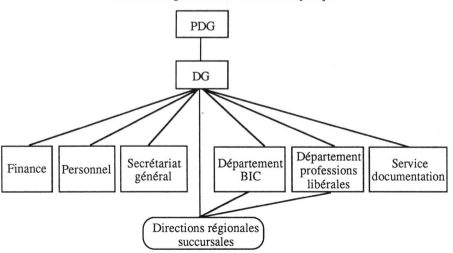

L'activité commerciale et technique est scindée en deux départements correspondant à deux clientèles différentes. La départementalisation par produit correspond ici, également, à une départementalisation par clientèle. Celle-ci est apparue avec la diversification de l'activité de l'entreprise et la création d'un nouveau département (professions libérales). Auparavant, la structure était fonctionnelle, le département BIC correspondant à un service « production ».

*

* *

Le choix entre une structure entrepreneuriale et une structure fonctionnelle semble être guidé par la taille de l'entreprise : au fil de sa croissance, l'organigramme entrepreneurial s'étoffe progressivement jusqu'à devenir fonctionnel. La structure fonctionnelle s'adapte à des entreprises de nature et de taille très différentes, et dispose de plusieurs palliatifs pour assurer la coordination interfonctionnelle. En revanche, la forme par produit s'accompagne très nettement d'une décentralisation des responsabilités et semble mise en place, notamment dans les entreprises de production et de services, afin de faciliter la réalisation d'une stratégie de diversification dynamique.

Même si tous les auteurs s'accordent à considérer que l'organigramme ne traduit pas l'intégralité de l'organisation réelle de l'entreprise, il n'en reste pas moins qu'il constitue un indicateur du degré de formalisation de la structure. La question de savoir si la présence d'un organigramme dans une entreprise est un facteur d'efficacité se pose nécessairement au responsable d'entreprise. Plusieurs travaux (M. Kalika, 1985, 1987) laissent à penser que les entreprises formalisant leur organisation par un organigramme ont tendance à être plus performantes que les autres. Cela ne signifie pas que la seule définition d'un organigramme soit synonyme de performance, mais que celle-ci constitue un indicateur pertinent du degré de formalisation de l'organisation de l'entreprise et de réflexion des dirigeants sur leurs structures.

Références

Ansoff H.I., Brandenbourg R.G., « Repenser l'organisation : problème de langage », in *Prospective et politique*, Jantsch E., Paris, OCDE, 1969.

Child J., *Organization, A Guide to Problem and Practice*, London, Harper & Row, 1977.

Fayol H., *Administration industrielle et générale*, Paris, Dunod, 1979.

Kalika M., « L'efficacité des entreprises est-elle liée à leurs structures ? », *Revue Française de Gestion* (n° 50, janvier-février 1985) : 93-104.

Kalika M., *Structures d'entreprises : réalités, déterminants, performances*, Paris, Economica, 1988.

Koontz H., O'Donnel C., *Management*, Paris, McGraw-Hill, 1980.

Lawrence P.R., Lorsch J.W., *Adapter les structures des entreprises*, Paris, Les Editions d'Organisation, 1973.

Mérigot J.G., Labourdette A., *Eléments de gestion stratégique des entreprises*, Paris, Cujas, 1980.

Mintzberg H., *Structure et dynamique des organisations*, Paris, Les Editions d'Organisation, 1982.

Mots clés

Chef de projet, comité de direction, coordination, décentralisation, départementalisation, différenciation, formalisation, forme structurelle, intégration, organisation, organigramme, organigramme par produit, performance (et structure), produit, spécialisation, standardisation, stratégie de diversification, structure, structure de l'entreprise, structure divisionnelle, structure entrepreneuriale, structure matricielle, taille de l'entreprise.

98

Les organisations

François Bourricaud

Le temps est révolu où les sociologues parlaient de la société avec un grand S, sans prêter attention aux caractères propres aux différentes formes de société. Une théorie générale – à supposer qu'elle soit possible – n'est pas nécessairement une théorie unitaire. Mais s'il y a une pluralité de sociétés, non pas seulement historique mais morphologique, il y a lieu de classer ces formes différentes. Pour distinguer une société comme la famille d'une société comme l'entreprise, le sociologue a été amené à mettre en lumière certaines intentions des acteurs, les « logiques » différentes qui régissent leurs rapports, et les processus au cours desquels se déroule leur interaction. C'est en cherchant à identifier chacune mais aussi et corrélativement en reconnaissant la pluralité des formes sociales, en les comparant entre elles que le sociologue a le plus de chances de saisir la nature du « fait social » dont on a trop longtemps cherché, et toujours vainement, la définition dans un seul attribut, par exemple la contrainte.

De toutes les formes de société dont nous avons l'expérience comme membres de nos modernes sociétés industrielles, celles que l'on appelle « organisations » sont les plus inévitables. C'est en travaillant pour le compte d'organisations publiques ou privées que nous gagnons notre vie. Si nous sommes trop jeunes, ou trop vieux, ou frappés d'incapacité, ce sont des organisations comme la Sécurité sociale ou les Associations pour l'emploi dans l'industrie et le commerce (ASSEDIC) qui nous fournissent tout ou partie du revenu dont nous avons besoin pour survivre. Intuitivement nous voyons bien que ces organisations sont différentes les unes des autres. Un bureau de poste n'est pas la même chose qu'un atelier. Une première distinction s'impose ainsi entre les organisations publiques (celles qui sont financées par l'Etat, dont le personnel est géré par un statut) et les organisations privées (qui paient leurs salariés sur leur chiffre d'affaires et négocient, en partie au moins, avec les représentants du personnel, les conditions de travail et de rémunération). Par ailleurs, la nature de leurs activités différencie les organisations. Une entreprise gagne – ou perd – de l'argent. Mais la rentabilité, ou la simple solvabilité, ne sont pas les seuls critères qui jugent la performance d'une université, d'une église, ou même d'un journal. En dépit de toutes les différences de critères et de finalités, les organisations ont-elles en commun un certain nombre de traits qui permettent de les constituer comme une forme sociale distincte et typique[1] ?

1. La division du travail : différenciation et intégration

1.1. Le concept de différenciation

Toute société est organisée – à moins qu'il ne s'agisse d'une simple collection, d'une pure « série » comme une foule. Au fond quand on parle d'organisation, on se réfère à une forme sociale dont la division du travail nous offre une idée incomplète mais instructive. Commençons par une fable. Imaginons que sur un chemin creux la tempête ait abattu un arbre dont la chute interdit l'accès aux champs de trois voisins. Ces voisins, lassés d'appeler en vain la mairie, décident de joindre leurs ressources. L'un a un cheval ; l'autre a une charrue et des chaînes ; le troisième dispose de force et d'adresse : il est chef d'équipe dans une entreprise de construction. Les ressources des trois voisins sont donc complémentaires. Il suffit de les associer. Plusieurs problèmes risquent d'entraver et de retarder leur association. D'abord des questions de calendrier : les éventuels associés peuvent n'être pas libres en même temps. Ensuite le travail à entreprendre ne revêt pas la même urgence pour chacun : la présence de l'arbre est simplement gênante pour le premier, alors qu'elle rend impossible l'accès aux champs du second et par conséquent l'indispensable labour. Enfin, le troisième homme qui est plus libre, ne l'est qu'après son retour du chantier.

La division du travail se définit par la différenciation des rôles. Tout le monde ne fait pas la même chose et les obligations qui dérivent pour chacun de l'exécution de sa tâche, les droits que corrélativement confère cette exécution, sont différents. Dans notre fable, cette différenciation est évidemment moins marquée que dans une entreprise où sur le vu de leurs compétences réelles ou supposées, classes et catégories se voient attribuer des responsabilités et des récompenses hiérarchisées. N'empêche que de nos trois paysans l'un est plus adroit, l'autre plus disponible et le troisième mieux équipé. Les ressources, et sans doute les intérêts et les intentions de chacun étant différents, à supposer qu'ils ne soient pas inconciliables, il faut définir une règle commune à laquelle les trois compères se reconnaissent tenus d'obéir.

1.2. La problématique de l'intégration

Le fait de la différenciation conduit à la problématique de l'intégration. Les sociologues n'ont pas toujours été très clairs sur le sens qu'ils attachent au terme d'intégration. Ils l'ont parfois pris comme synonyme de totalité – ou de totalisation. Très proches de cette acceptation, d'autres synonymes comme celui d'unité ou d'unification nous invitent à voir dans toute société un tout parfaitement unifié. Or, la division du travail nous propose une tout

---

1. Voir également dans cette Encyclopédie l'article de J. Rojot, « Théorie des organisations ».

autre vue des choses. Le groupe constitué par nos trois paysans n'est ni une église, ni une secte, ni une fraternité. Il ne représente pas la référence unique pour ses membres. Ceux-ci appartiennent à d'autres groupes, exercent d'autres rôles. En outre, même concernant l'activité qui les réunit – déplacer l'arbre abattu par la tempête – chacun a sa propre manière de la concevoir. Le paysan fortuné, pour qui le champ ne constitue qu'une propriété éloignée, de peu de rapport, est moins concerné que celui qui n'a pas d'autre ressource que la parcelle qu'il ne pourrra ensemencer qu'une fois la route dégagée.

La Règle qui rendra possible la confédération des trois associés n'est-elle faite que pour assurer l'unité sans faille du groupe, pour en faire une totalité où viendraient se perdre les contributions et les rétributions de chacun ? Plus prosaïquement, elle permet de résoudre trois sortes de problèmes spécifiques qui se posent au groupe et dont la solution détermine son efficacité. D'abord la Règle fixe les conditions auxquelles sont combinées les ressources mises en commun. Ainsi seront déterminés les horaires, l'utilisation des divers équipements et de la force de travail. En deuxième lieu, la Règle impose une discipline minimale aux participants. La discipline peut être volontairement acceptée. Dans l'exemple que je cite, il va de soi que rien ne peut être fait si tout le monde n'est pas là en même temps. Dans beaucoup de cas – les plus nombreux – il n'y a pas de discipline sans agent disciplinaire. Celui-ci peut agir par la vertu de sa seule présence. L'« œil du maître » suffit alors à assurer l'exécution régulière des tâches. Mais lorsque des conflits surgissent entre les participants, ou encore si certains « tirent au flanc », l'agent disciplinaire est amené à faire jouer les sanctions qui ont été explicitement prévues contre les défaillants ou les délinquants, ou à menacer d'y recourir, dès que l'infraction atteint un certain degré de gravité.

La discipline est assurée soit par une socialisation préalable des membres du groupe, soit par des responsables désignés d'une manière plus ou moins explicite. Pour en revenir à notre fable, on peut supposer que nos trois paysans ont été bien élevés. Ils ont du cœur à l'ouvrage, ils ont appris à travailler ensemble. Mais au moment le plus délicat, c'est le plus fort ou le plus habile qui prendra les initiatives – ou le plus vieux. On peut appeler « leaders naturels » les gens qualifiés à un titre ou à un autre par ce qu'ils sont ou par ce qu'ils font. Mais on peut imaginer des procédures explicites qui aboutissent à la désignation des leaders : citons l'élection, la cooptation, le recrutement sur concours. Enfin, la Règle répartit d'une manière équitable le produit de l'action collective. Cette répartition peut se faire *ex post* ou *ex ante* lorsque la répartition des charges qui incombent à chacun est déterminée par avance à la lumière de la répartition des résultats jugée désirable et probable.

1.3. La définition de l'organisation

A partir de cette fable, qui fait apparaître la division du travail comme un processus à la fois différencié et intégré, on peut définir une organisation comme la forme sociale qui, par l'application d'une Règle et sous l'autorité de leaders, assure la coopération des individus à une œuvre commune, dont elle détermine la mise en œuvre et répartit les fruits. Cette définition, si imparfaite soit-elle, suffit à rendre sensible la complexité et la fragilité de l'organisation qui résulte de l'association de nos trois paysans. Il s'agit d'une forme sociale construite par agrégation de choix individuels, dont le lien est constitué par l'engagement – ou l'obéissance volontaire – des parties. Naturellement certaines organisations, comme l'armée, se distinguent du type strictement individualiste et contractualiste qui se dégage de notre petite fable. Dans de telles organisations, la contrainte collective constitue le principe d'intégration sinon unique du moins prépondérant. J'ai cité l'armée ; le cas extrême est fourni par la prison, baptisée par E. Goffman *total institution*. Le milieu carcéral exerce sur le prisonnier une emprise à peu près sans contrepoids. Il est clair que le prisonnier ne va pas en prison par l'effet d'un choix personnel et délibéré. Il va y purger une peine dont la durée lui a été imposée. Toute tentative pour se soustraire à l'emprisonnement constitue un nouveau délit.

Mais il est tout à fait arbitraire d'englober dans une seule et même catégorie comme celle de *total institution* des organisations aussi différentes qu'une prison, une école ou une entreprise. Même s'il est soumis à l'obligation scolaire, l'étudiant, ou même le pensionnaire du collège le plus « répressif », jouit d'une autonomie qui est refusée au prisonnier. Il est vrai que le salarié sans qualification n'est pas « libre » de choisir son emploi. Pour parler comme Max Weber, le salarié n'est que « formellement » libre. S'il refuse de s'embaucher, il se prive lui-même de ses moyens de subsistance. Mais une liberté formelle n'est pas toujours une liberté vide – ou une absence de liberté. A condition de s'associer, de s'organiser, les salariés peuvent, en refusant l'embauche, obliger les employeurs à améliorer leur offre.

Toute organisation dépend pour sa survie de la participation de ses membres. Il y a sans doute une manière strictement objective de poser le problème de la participation, c'est de confondre participation et appartenance. Mais je peux appartenir à un groupe sans participer à sa vie. On peut dire que d'une certaine manière les prisonniers « appartiennent » à la prison. Le registre d'écrou recense leur nombre à un moment donné. Le directeur de l'établissement connaît leur répartition dans les cellules. Mais ils ne *s'identifient* point à l'institution pénitentiaire. Ils y sont seulement stockés ou entreposés.

1.4. Satisfaction et motivation

En posant le problème de la participation, on en soulève deux autres qui lui sont liés : celui de la satisfaction et celui de la motivation. La satisfaction est un état subjectif plus ou moins intense. Même si on ne peut pas la mesurer directement, si on ne peut la traiter comme une grandeur cardinale, elle est susceptible de plus ou de moins. Elle permet de juger une situation comme préférable à une autre. Et cette évaluation des situations auxquelles nous sommes confrontés, nous conduit à les comparer les unes aux autres. Nous avons parlé d'état subjectif à propos de la satisfaction. Le mot est justifié si nous voulons dire que nous pouvons être satisfaits sans avoir de bonnes raisons de l'être. Mais notre niveau de satisfaction est autre chose qu'un état d'âme. Il est doublement lié à ce qui se passe dans le monde extérieur. Il exprime le retentissement sur nous de certains événements auxquels, à tort ou à raison, nous attribuons de l'importance. En outre, il prépare notre intervention sur le milieu extérieur que nous entendons corriger lorsqu'il dément et déçoit nos attentes, et dont nous nous contentons de nous faire une niche protectrice lorsque nous nous y sentons à notre aise.

La congruence ou la dissonance entre ce qui est attendu et ce qui est réalisé n'affecte pas seulement notre niveau de satisfaction. Elle nous encourage ou nous décourage. Elle nous incite à l'effort ou au contraire à l'indifférence et à la résignation – à moins qu'elle nous inspire un sentiment de rejet actif et d'agression. On peut appeler « motivation » l'ensemble de ces orientations qui concourent à former notre attitude vis-à-vis de la Règle sociale. Revenons à nos trois paysans. L'un deux s'acquitte au mieux de la tâche qui lui a été confiée et du succès de laquelle dépend la réussite de l'entreprise collective. Il en vient à bout aux moindres frais. Les deux autres font leur petit bonhomme de chemin ni plus ni moins vite que prévu. Pourtant, vaille que vaille, ils arriveront au terme. Supposons maintenant qu'un des trois associés ait préjugé de ses forces ou qu'une circonstance imprévue et malheureuse survienne. Il perd courage et va rentrer chez lui. Son retrait peut entraîner l'échec du groupe. Heureusement, ses deux associés, pour lui « remonter le moral », lui représentent que le plus dur est fait, qu'il ne peut pas les « laisser tomber ». Celui qui allait déclarer forfait reprend alors courage et se sent à nouveau impliqué dans la tâche collective. Les variations de son niveau de satisfaction affectent ainsi le niveau de performance du groupe tout entier à travers les variations qu'elles induisent dans le niveau de satisfaction et de participation de lui-même et des autres.

Il n'y a pas d'organisation sans la participation à la tâche commune des individus qui composent l'organisation. Cette proposition n'est pas une platitude comme il semble tout d'abord. En fait, elle est ignorée ou contestée par tous ceux qui négligent la dimension individuelle dans la vie des organisations. L'emploi d'un terme comme celui de motivation souligne l'importance d'une bonne implication des participants dans leur tâche si l'on veut que l'activité collective soit performante. Cette implication dépend à son tour de plusieurs conditions. Il faut que la norme bénéficie d'un préjugé de légitimité. Il faut que nos trois paysans se tiennent pour obligés de déblayer le chemin encombré dans les meilleurs délais. En deuxième lieu, l'implication des associés dépend des rapports qu'ils ont les uns avec les autres. Si les trois paysans ne cessent de se chamailler, chacun se sentira faiblement concerné par l'entreprise commune. Enfin, l'implication dépend d'un degré de congruence minimale entre les finalités du groupe et les finalités des participants.

2. Portée et limites des métaphores sur la nature de l'organisation

Si l'on distingue bien les trois références principales qui affectent la motivation des individus (légitimité de la norme, qualité de l'interaction, compatibilité – ou du moins consonance – des valeurs individuelles et des valeurs collectives), la complexité des organisations devient pour le sociologue leur caractère principal. Aussi faut-il écarter un certain nombre de métaphores ou d'analogies qui entravent plus qu'elles ne facilitent la compréhension du phénomène organisationnel.

2.1. La métaphore organiciste

D'abord une organisation n'est pas un organisme – ou du moins un organisme au sens où l'entend la tradition organiciste. Celle-ci caractérise l'être vivant par le fait qu'il constituerait une « totalité ». Mais ce terme est ambigu. Ou bien le tout est la somme des parties qui le composent, ou bien il est « plus que » cette somme. Mais comment entendre l'espèce de valeur ajoutée par le tout à la somme des parties ? On parlera de synergie. Le résultat net de l'effort coopératif de nos trois paysans est plus grand que la somme de leurs efforts individuels s'ils avaient travaillé chacun de leur côté. Soit. Mais comment se représenter ce principe et son *modus operandi* ? Une citation de Leibniz dans le *Vocabulaire technique et critique de la philosophie* à l'article « entéléchie » illustre la difficulté. Les êtres organisés, en tant qu'ils sont doués d'entéléchie « possèdent une suffisance (…) qui les rend sources de leurs actions internes, et pour ainsi dire, des automates spirituels [1]. Les deux derniers termes méritent d'être relevés. « Automatisme » renvoie à l'idée d'un mouvement dont la cause est intérieure à l'être qui se meut. Mais le texte de Leibniz contient une deuxième connotation : c'est qu'une telle autosuffisance ne se trouve que chez les êtres spirituels que Leibniz appelle « monades », et qu'il nous décrit comme « impénétrables à toute action extérieure », mais « soumises à un changement continuel qui vient de leur propre fonds ». « Il n'y a que des êtres spirituels, c'est-à-dire conscients et doués d'Appétition et de Perception [2] » qui soient capables d'autosuffisance, qui possèdent en eux-mêmes le principe de leur régulation. En somme, l'organicisme se rend coupable d'une double confusion. Il prête aux êtres vivants les propriétés des êtres spirituels. Il attribue aux organisations sociales les attributs préalablement confondus du spirituel et du vivant.

Il en résulte un biais qui nous amène à surévaluer la dimension intégrative des organisations, en même temps qu'à nous représenter cette

---

1. *Op. cit.*, p. 286.
2. *Ibid.*, p. 646.

intégration sur le mode conscient et volontaire. « L'armée veut...
L'université désire... » Le deuxième biais organiciste consiste à exagérer la
continuité de la vie organisationnelle, à se représenter l'histoire des
organisations comme l'histoire d'un être vivant. Pourtant les organisations
ne naissent pas, ne grandissent pas, ne meurent ni ne se reproduisent comme
des plantes ou des animaux. Les organisations ont des fondateurs, mais la
paternité des fondateurs n'est qu'une image.

La plus grave des malfaçons organicistes est qu'elle déforme notre
conception de l'individualité des organisations. On peut définir l'individualité comme une différence ou un ensemble de différences localisables et
datables. Cette définition s'applique aux individus historiques (une société,
une nation), aux êtres vivants, aux êtres humains. Elle signifie avant tout
que ces ensembles de différences peuvent être distingués non pas seulement
abstraitement mais concrètement. Pour que cette distinction soit possible, il
n'est pas nécessaire que l'individu ait une conscience subjective de son
individualité. Cette condition n'est réalisée ni dans le cas de tous les êtres
vivants ni dans le cas des individus historiques. Il ne l'est pas non plus dans
le cas des organisations. Personne n'a jamais vu le Crédit Lyonnais se
promener boulevard des Italiens. Mais il est possible de distinguer le Crédit
Lyonnais de la Société Générale.

Comment procéder à cette distinction ? Je considérerai d'abord comment les services de ces deux banques sont définis, l'importance relative des
diverses directions. Ces deux banques constituent des milieux d'action différents, par exemple si les opérations avec l'étranger sont plus importantes
dans l'une que dans l'autre, si la gestion des actifs industriels est une priorité
plus élevée que la gestion des liquidités déposées par les clients. Outre ce milieu intérieur des organisations, il faut aussi considérer le milieu externe,
par exemple les réseaux qui relient les caisses de la banque aux tirelires des
déposants et des épargnants. Alors apparaissent des interdépendances de
plus en plus compliquées, d'abord parce que les banques sont concurrentes,
ensuite parce que l'offre et la demande de monnaie dépendent des anticipations des innombrables chefs de famille, chefs d'entreprise, boursiers, financiers et spéculateurs – sans oublier les autorités monétaires elles-mêmes.

L'individualité d'une organisation est fuyante, et fictive dans de
nombreux cas. Elle nous échappe de deux manières. D'abord, bien souvent
elle défie une stricte localisation. Une entreprise a bien un siège social. Mais
le compte consolidé d'une multinationale récapitule des opérations qui ne
sont rapportées au groupe que par des procédures d'imputation parfois
discutables. L'individualité de l'organisation est encore menacée par le
développement des *externalités* positives ou négatives. Quelles que soient ses
prétentions à l'autosuffisance, aucune organisation n'est jamais totalement
autorégulée.

Aussi est-il dangereux de parler, comme on le fait trop souvent, d'un
« acteur collectif » comme si cet acteur était doué d'« appétence et de
perception ». En fait, ce que l'on appelle « acteur collectif » n'est, si j'ose

dire, qu'un processus de processus, dans lequel se trouvent engagés des acteurs individuels impliqués dans des rôles très différents, parfois coopératifs, parfois conflictuels, et dont la compatibilité est assurée par l'équilibre du milieu extérieur et du milieu intérieur et grâce à l'intervention délibérée des responsables de l'organisation. L'unité de « l'acteur collectif » est donc largement fictive. Tantôt elle est artificiellement construite à des fins d'imputation ou d'incrimination. Tantôt elle est de nature symbolique, quand elle s'élabore autour d'un projet qui donne vie à l'organisation et dans lequel ses membres se reconnaissent.

L'interprétation organiciste de l'organisation illustre bien ce que A.N. Whitehead appelait *fallacy of misplaced concreteness*. Au nom du concret, nous attribuons une réalité substantielle à un ensemble de relations dont nous affirmons dogmatiquement le caractère à la fois unitaire et fermé. C'est cette conception qui inspire les développements classiques sur le « moral » des organisations, ou ce que certains sociologues américains dans les années 1950 appelaient « l'esprit de corps ». La métaphore organiciste dérivait d'une interprétation quasiment totalitaire du « moral », valorisait excessivement l'« unité », l'« esprit d'équipe », l'*intégration*. Ainsi se trouvait contesté le droit de chacun des groupes qui composent l'organisation à penser d'abord à ses propres intérêts. Il est vrai qu'un des plus grands théoriciens de l'organisation, Chester I. Barnard, plaidait pour une conception moins ambitieuse mais plus réaliste de l'intégration morale. Bien qu'il ait souligné la force des liens d'interdépendance entre les divers éléments de l'organisation, C.I. Barnard met en garde les responsables et les dirigeants contre l'illusion de traiter l'entreprise comme une « grande famille » et s'efforce de déterminer le seuil de tolérance au-delà duquel les participants ressentent comme insupportable la pression de l'organisation et en deçà duquel la cohésion de celle-ci est irrémédiablement affaiblie. Le point d'équilibre est atteint lorsque les instructions des dirigeants, même si elles imposent des contraintes particulièrement pénibles, ne sont pas automatiquement rejetées par des subordonnés, mais sont au contraire accueillies avec un préjugé favorable. Tous ceux qui participent à la vie de l'organisation se voient ainsi reconnaître une marge d'autonomie à l'intérieur de laquelle ils sont libres de poursuivre leurs intérêts propres dans le cadre de l'organisation.

2.2. *La métaphore artificialiste*

A la métaphore organiciste, s'oppose la métaphore artificialiste qui nous représente toutes choses comme produites à la manière dont sont fabriqués les ustensiles et les outils. On peut distinguer des formes très différentes de l'artificialisme. Le *scientific management* à la Taylor en constitue une forme extrême [1]. Selon F.W. Taylor, pour améliorer la productivité physique d'un atelier, il faut commencer par se demander si, telle qu'elle se présente à

---

1. Voir également dans cette Encyclopédie l'article de J. Rojot, « Théorie des organisations ».

l'observateur, la performance de ce groupe est conforme ou non aux normes de production et au modèle de fonctionnement fixés par les ingénieurs en organisation. S'il s'en écarte, le groupe doit être reconstruit par réduction ou augmentation des effectifs, par formation du personnel à de nouvelles techniques, par définition de nouvelles tâches et de nouvelles activités. L'art de l'organisateur consiste à déconstruire et à reconstruire. « Déconstruire » fait apparaître comme inefficaces les « vieilles » techniques des artisans. « Reconstruire » revient à formuler un ensemble de consignes opératoires à l'usage de chaque catégorie de participants, de manière que le produit – le chiffre d'affaires ou la valeur ajoutée – soit maximisé. Le résultat serait de rendre le fonctionnement de l'organisation aussi conforme que possible à l'épure ou à l'organigramme élaboré par l'ingénieur. Mais toutes les activités qui se déroulent dans l'organisation ne sont pas organisables selon le modèle taylorien. Ce modèle n'est pertinent que s'il s'agit d'activités simples ou plutôt simplifiables, chronométrables, répétitives, qui peuvent être facilement apprises. Aussi une tâche sur un poste de travail à la chaîne est-elle plus facilement organisable selon les procédures tayloriennes que les tâches d'un responsable placé au sommet de la hiérarchie d'une multinationale.

L'artificialisme taylorien rencontre plusieurs difficultés. Intrinsèquement les tâches parcellaires auxquelles il condamne les exécutants sont en raison de leur répétitivité, et même si elles ne sont pas excessivement pénibles, très ennuyeuses. Aussi ne sont-elles motivantes – si elles le sont – qu'indirectement. Un travail mieux organisé permet d'épargner l'effort – à moins que des « cadences infernales » n'aggravent la fatigue des travailleurs. Il bénéficie souvent d'une meilleure rémunération. Mais surtout l'artificialisme taylorien introduit un dualisme radical dans l'organisation. En distinguant et en opposant les exécutants et les « concepteurs », F.W. Taylor pose sous une forme brutale le problème de la hiérarchie. Ceux qui organisent l'entreprise sont-ils, comme certains le croient, les vrais patrons de l'entreprise ? Ou bien sont-ils, quoiqu'ils en aient, au service des propriétaires ? En tout cas, à l'égard du personnel de production le moins qualifié, le *thinking department* taylorien exerce de fait, ou est censé exercer, une dictature. « Faites ce que l'on vous dit de faire et tout le monde s'en portera mieux » : tel est le message des organisateurs. Message qui est de moins en moins bien reçu.

Mais le taylorisme n'est qu'un demi artificialisme. Tout n'est pas organisé – ou planifié – selon les règles de la parcellisation et de la répétitivité. D'ailleurs ce qui est parcellisable et répétitif relève des tâches d'exécution. Une nouvelle étape est franchie quand les décisions elles-mêmes, et les décisions du plus haut niveau, peuvent être planifiées. On pourrait dire que le taylorisme, en automatisant une partie importante des activités de production a retiré aux exécutants la qualité de décideurs. Par ce terme, on entend des individus qui, dans un domaine donné, si étroit soit-il, sont à même de choisir ; et dont le choix produit des conséquences non seulement pour eux-mêmes mais pour l'organisation. En fait, si l'exécutant taylorien ne coopère pas avec les organisateurs, il peut quitter l'organisation ou « saboter » les instructions qui lui sont communiquées. Dans la plupart des cas, il agit – à peu près – conformément au programme. Il reste deux catégories de décideurs non programmés. D'abord les patrons dont le comportement n'est pas strictement déterminé par les organisateurs : appelons-les managers. En deuxième lieu, *quid* des « organisateurs » eux-mêmes ? Ces organisateurs – ou « programmeurs » – ne sont pas programmés, ou du moins ils ne le sont pas comme ceux qu'ils programment – et ne constituent qu'une fraction de la population engagée dans l'organisation.

2.3. *La métaphore cybernétique*

La métaphore cybernétique propose l'image d'une organisation *totalement* artificielle. Les « managers » eux-mêmes ne sont plus exempts du contrôle qu'exerceront maintenant les « organisateurs » sur l'organisation tout entière. Les différentes techniques d'« aide à la décision », le développement de l'informatique renforcent formidablement le pouvoir des « managers ». Mais en même temps, le rôle de ceux-ci change. Dans les temps anciens, les managers étaient des capitaines d'industrie, des « meneurs d'hommes ». On les représentait comme des inspirés, des génies. Certes, on parle encore de leur charisme. Mais il ne s'agit plus en fait que d'une confusion lexicale. Quand aujourd'hui nous parlons de charisme, nous voulons dire popularité. Cela est surtout vrai des hommes politiques. On ne voit parmi eux plus beaucoup d'authentiques marcheurs à l'étoile, mais une foule d'habiles gens qui cherchent à se mettre sur orbite grâce à leur bonne mine. Quant au chef d'entreprise, plus qu'un inspiré il est devenu un expert. Mais c'est un expert assisté, qui compte sur une profusion d'esclaves informatiques. Ceux-ci lui permettent de se tenir constamment au courant de l'évolution d'une masse de données, anticipant pour lui d'une manière fiable l'état futur d'une variable ou d'un ensemble de variables lui permettant de fixer les termes de l'alternative entre lesquels il aura à choisir, d'en mesurer la probabilité, d'en évaluer la désirabilité. A la limite, ce contrôle sur l'organisation et son environnement – s'il était parfait – transformerait l'organisation elle-même en un artefact parfaitement maîtrisable. C'est ici qu'intervient la fameuse métaphore du thermostat. Une norme de performance ayant été fixée, les variations en plus ou en moins par rapport à cette norme déclenchent sans intervention de l'utilisateur des corrections automatiques. Le système est autorégulé.

Les organisations peuvent-elles être autorégulées grâce à des sortes de thermostats qui assureraient que le niveau de performance fixé par les organisateurs soit effectivement atteint ? Au risque de faire quelque peu violence au vocabulaire, pouvons-nous dire que l'organigramme – ou la constitution – est une sorte de thermostat ou encore de code génétique ? Les progrès réalisés en matière d'aide à la décision sont impressionnants.

Mais au fur et à mesure que ces progrès s'accomplissent, l'idéal d'autorégulation recule. En effet le nombre des possibilités que doit envisager le manager augmente. Les mesures des probabilités s'affinent. La structure des choix se complique. Comme la perception de l'environnement s'enrichit, la stabilité du milieu (technique, économique, politique) devient de plus en plus fragile. A son tour, le raccordement entre la prévision à moyen/long terme et le court terme dans le cadre duquel les décisions les plus urgentes sont prises, se fait de plus en plus problématique. Aussi le contrôle peut prendre deux formes contrastées. Ou bien, pour assurer le fonctionnement de l'organisation, le manager cherche à abaisser la complexité de l'environnement sur lequel il opère, à réduire le nombre des alternatives entre lesquelles il aura à choisir, à en expliciter aussi strictement que possible la forme et le contenu. Dans ce cas, on parlera d'une stratégie de simplification. Ou bien, ce que le manager cherchera à obtenir, c'est pour lui une agilité, une disponibilité maximale par rapport à toutes les éventualités. Il compte ainsi s'éviter les mauvaises surprises, devenir capable d'intervenir sans délai, de tirer le meilleur parti de toutes les occasions. En fait, la métaphore cybernétique en recouvre deux autres, bien différentes et potentiellement opposées : celles du thermostat mais aussi celle du pilote.

La référence au pilote réintroduit la dimension volontariste. Celle-ci n'a jamais été tout à fait absente de la réflexion sur l'organisation. Elle atteint sa forme extrême et tout à fait excessive dans les tentatives pour faire de l'organisation une association de type autogestionnaire. Ce qui caractérise une association c'est qu'on y entre et qu'on en sort par un acte volontaire. Même si l'entrée et la sortie ne sont pas entièrement libres, la participation à l'organisation dépend des motifs et des dispositions des participants. Mais on peut se donner de la liberté de ceux-ci une vue beaucoup plus extensive. Non seulement ils sont libres d'entrer et de sortir au vu de leur intérêt tel qu'ils le comprennent, mais à tout instant ils pourraient faire ce qu'ils ont décidé. La forme parfaite de cette souveraineté suppose que les associés peuvent à tout moment décider de toutes les questions qu'ils ont choisies dans les formes qu'ils ont préalablement fixées.

Ce serait mettre entre parenthèses quatre contraintes, celle du capital, celle de la hiérarchie, celle de l'environnement, celle du temps et de la durée. J'entends ici capital au sens le plus large, c'est-à-dire l'ensemble des ressources matérielles actuellement disponibles. La hiérarchie est également prise d'une manière très extensive. Les diverses ressources, qu'il s'agisse d'équipements, de personnel, de connaissances théoriques ou de simples savoir-faire n'ont ni la même efficacité ni la même dignité. Quant à l'environnement, il n'est ni constant ni passif. Enfin, la référence au temps oblige à accepter des délais, à tenir compte de ce qui a été fait, et par conséquent, si on entend préserver pour le futur un certain stock de ressources, à les amortir. Aussi l'autogestion n'assure-t-elle que d'une manière fictive la souveraineté du groupe sur sa tâche. Tout au plus promet-elle une souveraineté indirecte. Je veux dire que les membres de l'association, ayant accepté les quatre contraintes mentionnées plus ou moins explicitement, se réservent le droit de définir le fonctionnement de l'association selon les règles qu'ils ont eux-mêmes choisies, de fixer leur propre constitution. Tel est le principe des associations démocratiques, et l'on peut d'ailleurs se demander si ce principe est compatible avec nos quatre contraintes. A supposer qu'il le soit, la liberté des participants n'en est pas moins très réduite : une fois la constitution acceptée, elle est la loi pour tous. Mais surtout, on voit bien deux différences entre une constitution et un organigramme. D'abord, l'organigramme n'est pas toujours le résultat d'une délibération et d'une décision démocratiques. Très souvent il est imposé, un peu comme le règlement d'un service public auquel l'usager est censé adhérer par l'acte, condition de sa demande de branchement au réseau d'EDF par exemple. En outre, la constitution politique concerne des procédures spécifiques, la manière dont les lois sont votées, promulguées ou exécutées. Ce n'est que d'une manière indirecte, notamment par le contrôle de constitutionnalité qu'elle qualifie comme licites ou illicites des actes particuliers. Il n'en va pas de même avec l'organigramme qui, à chaque position hiérarchique, assigne un ensemble de droits et de devoirs [1].

S'agissant des organisations qui sont ou se prétendent des associations, leur souveraineté est indirecte. Elle est donc limitée. Leur capacité de s'autogérer est réduite. Ni la totalité des participants, ni même leur majorité ne peuvent à tout moment faire ce qu'ils veulent. A moins qu'on introduise dans le concept de cette volonté des contraintes et une discipline qui en limitent la spontanéité. De même, la solidarité entre les participants n'établit pas entre eux une communauté, une fusion effective des intérêts et des sentiments, mais tout au plus un consensus réfléchi sur une hiérarchie de droits et de devoirs. Au fond, pas plus l'Art que la Nature ne parviennent à produire des organisations parfaitement unifiées et intégrées. La métaphore organiciste dévoile ses illusions lorsqu'il s'agit d'identifier la vie et la volonté des acteurs concrets auxquels les organisations sont imprudemment identifiées. Les limites de l'artificialisme sont atteintes lorsque l'artisan ou l'artiste livre à l'utilisateur un artefact dans lequel il ne se reconnaît plus. C'est bien ce qui arrive dans le cas des organisations. Ni le schéma taylorien, ni le schéma cybernétique, ni le schéma de l'association autogestionnaire, ne satisfont pleinement les attentes des participants s'ils prétendent se retrouver dans le fonctionnnement et les produits de l'organisation. Celle-ci résiste aux volontés individuelles. Elle n'est pas entièrement réductible et assimilable à celles-ci.

3. Le rapport entre organisation et institution

Revenons à notre fable des paysans. Elle nous a permis de dégager des propositions importantes et de poser, pour terminer, la question du rapport

---

1. Voir dans cette Encyclopédie l'article de M. Kalika, « Organigramme : organisation pratique de l'entreprise ».

entre organisation et institution. La cohésion du groupe dépend de la nature des rapports entre les participants ou, comme diraient les sociologues, de la qualité de leur interaction. Cette qualité, dans des termes plus convention-nels, on peut l'appeler la Justice. Pour que nos trois paysans continuent à travailler d'une manière concertée, il faut qu'aucun n'ait le sentiment d'être exploité. Et dans le cas où la répartition des tâches aurait, à un moment donné, lésé tel des participants, il faut que la personne lésée se sente fondée à attendre qu'une réparation intervienne dans des délais convenables.

La justice est une condition de la cohésion sociale, et plus particulière-ment de la cohésion des organisations comme celle constituée par nos trois paysans. Celle-ci suppose une division minimale du travail, et elle a une finalité explicite : dégager la route encombrée. Elle est *task-oriented*[1], et le motif qui pousse les trois paysans à entrer dans l'association est la recherche d'un résultat qui les motive pour des raisons différentes. Si l'un d'eux avait le sentiment que l'effort commun auquel il coopère ne lui apporterait aucun bénéfice, que son travail à lui n'avantagerait que les deux autres, il est probable qu'il ne serait pas entré dans le groupe ; ou s'il y était entré par mégarde, il ne tarderait pas à en sortir. Supposons que pour une raison quelconque, il ne puisse tirer son épingle du jeu. Il a donné sa parole, ou il craint des représailles de la part d'un de ses associés. Mais la présence d'un *free rider* – un tricheur qui exploite ses associés en s'appropriant une partie indue du fruit du travail collectif – par les réactions d'agressivité qu'elle suscite contre le mauvais partenaire, empoisonne le moral de l'équipe. Une répartition juste, ou du moins conforme à l'équité telle qu'elle est entendue par les participants affecte le niveau de satisfaction et le niveau de performance du groupe.

Mais la détermination de ce qui est juste dans la répartition des résultats de l'action collective n'est pas toujours aussi facile que dans le cas de la fable de nos trois paysans. La grosse affaire, c'est la pondération des produits de l'action collective. Ce ne sont pas seulement des avantages matériels qui sont répartis entre les participants. Il y a aussi l'estime que se gagne le compa-gnon débrouillard, fiable et obligeant. Mais surtout, il y a le plaisir de faire ensemble les choses dont on était convenu, de les avoir bien faites et d'avoir atteint les objectifs qu'on s'était fixé. Dans ce dernier cas, justice et solidarité se mêlent. Ce n'est pas seulement le sentiment d'avoir chacun reçu en fait de dividende matériel ou de reconnaissance symbolique ce à quoi on avait droit. C'est aussi le sentiment que tous ensemble « on a gagné ».

Un groupe qui a réussi à se donner à lui-même la preuve de son efficacité en même temps qu'à répartir d'une manière satisfaisante les résultats de son activité, est un peu plus qu'une organisation. Il est déjà une institution – ou il est en train d'en devenir une. Ce qui caractérise ce passage, c'est d'abord l'identification au moins partielle des participants à leur organisation. Nos trois paysans constituent une équipe. Non seulement, ils passent beaucoup de temps ensemble dans leur entreprise commune, mais

---

1. C'est-à-dire orientée vers une tâche.

il leur arrive de prendre de concert la route du retour et de s'arrêter chez l'un ou chez l'autre pour « boire un coup ». Autour du noyau constitué par leurs activités coopératives se tisse un réseau de relations périphériques « informelles » en ce qu'elles ne se rattachent pas d'une manière explicite à la tâche qui les avait d'abord rassemblés. Naturellement cette identification n'est pas une assimilation. Mais dans le statut de chacun des participants, entrent à la fois leur appartenance au groupe et les relations de chacun avec ses deux compagnons. Une autre condition pour que l'organisation devienne une institution c'est qu'elle possède un signe d'identification, ce que Durkheim appelle un « emblème » : un drapeau, un tatouage, un lieu de réunion, un hymne ou une chanson. A travers cet emblème, les participants se reconnaissent et sont reconnus. Mais cette condition n'est pas la seule. Sous le nom d'« intériorisation », psychologues et sociologues ont mis en évidence un processus d'interaction (qui concerne à la fois les rapports interpersonnels et les rapports de l'organisation avec environnement extérieur) au cours duquel est élaborée une « culture » ou, plus modestement, une « compétence » commune [1].

Le terme de compétence paraît préférable à celui de culture, parce qu'il désigne non pas des acquis pour ainsi dire figés et immuables, mais des orientations actives, des virtualités communes, constituées pour les acteurs par des références symboliques. Une organisation peut « fonctionner » avec un minimum d'éléments symboliques communs. Sans doute nos trois paysans doivent-ils avoir une « compétence » technique minimale. Il faut qu'ils sachent conduire un tracteur, scier et débiter l'arbre qui encombre la route. Mais il n'est même pas nécessaire que le mécanicien soit un bûcheron. Tout au plus faut-il que chacun en sache assez sur les compétences des deux autres pour être en mesure de coordonner ses activités spécifiques avec les leurs. Mais il peut arriver que le centre d'intérêt des participants se déplace. Autant que de dégager la route, il importera à nos paysans de se rencontrer, de passer un moment ensemble. C'est le groupe, sa survie, son bon fonctionnement qui en viendront à acquérir une valeur prioritaire par rapport à la tâche qui, initialement, avait donné naissance à l'organisation coopérative.

Toutes les activités ne sont pas organisables. Si certaines le sont, c'est qu'elles nous permettent de tirer parti des avantages de la division du travail sans nous infliger des pénalités excessives en nous imposant une discipline trop rigoureuse, ou en nous infligeant des injustices intolérables. Mais toutes les activités organisables ne sont pas institutionnalisables. Celles qui le sont doivent posséder certains caractères particuliers. Elles doivent se prêter à une stylisation, à une schématisation capable d'assurer la coexistence paisible des participants. Cette coexistence paisible suppose leur reconnaissance mutuelle, laquelle ne va pas de soi.

C'est en se demandant à quelles conditions un certain complexe d'activités est organisable, et de plus institutionnalisable, qu'une comparaison entre les divers types d'organisations pourrait être envisagée. L'entreprise

---

1. Voir également dans cette Encyclopédie l'article de R. Reitter, « Culture et identité ».

capitaliste par exemple est certainement *organisable* et diverses techniques éprouvées, même si leur efficacité et leur champ d'application sont limitées, prétendent y parvenir. Est-elle *institutionnalisable* ? La question déborde le cadre de l'analyse organisationnelle. Elle touche partiellement au moins au système de valeurs qui régit la société tout entière. Même si l'entreprise n'est pas totalement institutionnalisable, elle peut l'être sous certains de ses aspects. Une entreprise n'est pas une institution au même sens qu'une église. Mais quelle que soit l'intensité de la lutte des classes, cadres, ingénieurs, patrons d'une part, ouvriers d'autre part, pratiquent les uns vis-à-vis des autres quelques règles de bonne conduite – de civilité – sans lesquelles leur coexistence serait simplement impossible. Une des difficultés de la vie en société tient à ce que la logique organisationnelle et la logique institutionnelle sont complémentaires et cependant partiellement opposées. C'est pourquoi, nous éprouvons le besoin d'une théorie unitaire de l'organisation et l'extrême difficulté d'en élaborer une qui soit satisfaisante.

Références

Barnard C.I., *The Functions of the Executive,* Cambridge, Harvard University Press, 1938.

Crozier M., Friedberg E., *L'acteur et le système, les contraintes de l'action collective,* Paris, Seuil, 1977.

Hirschman A.O., *Face au déclin des entreprises et des institutions*, Paris, Editions ouvrières, 1972, traduction de *Exit, Voice and Loyalty. Responses to Decline in Firms, Organizations and States,* Harvard University Press, 1972.

Homans G.C., *Social Behavior : Its Elementary Forms,* New York, Harcourt, Brace and World, 1961.

Olson M., *Logique de l'action collective,* Paris, PUF, 1978, traduction de *The Logic of Collective Action* (Public Goods and the Theory of Groups), Harvard University Press, 1966.

Simon H.A., *The New Science of Management Decision,* New York, Harper and Row, 1960.

Mots clés

Contrôle, différenciation, division du travail, fait social, institution, intégration, métaphores (artificialiste, cybernétique, organiciste), modèle taylorien, motivation, norme, organigramme, règle, satisfaction.

99

Pensée stratégique [1]

Bernard Ramanantsoa

S'interroger sur l'évolution de la pensée stratégique revient certes à tenter une mise en perspective des différents courants et des différentes démarches, mais présuppose avant tout un choix des auteurs à retenir. Malheureusement, lorsqu'on examine la littérature consacrée à la stratégie des entreprises, on a beaucoup de peine à échapper à une impression de grande confusion. Cette confusion est due, avant tout, au fait qu'il est de bon ton de dire que tout problème est stratégique, dès lors qu'on en a la charge ; de la gestion quotidienne du petit atelier aux politiques de désinvestissement, de la maîtrise du plan comptable aux techniques financières les plus sophistiquées, rien ne semble devoir échapper au qualificatif de « stratégique ». La multiplicité des paradigmes et de leurs présupposés idéologiques risque de compliquer encore notre tâche, si nous ne prenons pas le temps de préciser ce qui nous semble devoir être entendu par « stratégie d'entreprise » et dans quel système de pensée nous croyons devoir inscrire notre réflexion. A partir de là, nous montrerons comment se sont modifiées les approches stratégiques en essayant de proposer quelques explications possibles à ces évolutions.

1. Qu'est-ce que la stratégie ?

1.1. *Définition*

Nous proposerons comme lemme qu'il ne saurait y avoir stratégie s'il n'y a pas « allocation de ressources » et si cette allocation n'engage pas « de façon durable, voire définitive, le devenir de l'entreprise » (1)[2]. Cette définition met en évidence deux points.

— Il faut que l'enjeu soit significatif pour qu'on puisse parler de stratégie ; on retrouve là la dimension « cruciale », liée communément à l'utilisation habituelle du terme de stratégie.

---

1. Le titre original de cette contribution était « Evolution de la pensée stratégique ». Ce titre a été modifié sous la seule responsabilité des éditeurs de l'Encyclopédie.
2. Ce chiffre renvoie aux références bibliographiques à la fin de l'article.

– Mais, point trop souvent oublié, il doit y avoir allocation de res-sources, matérielles, financières et humaines pour qu'on puisse parler de stratégie. Une stratégie doit pouvoir se décliner en chiffres. Dans le cas con-traire, il s'agit au mieux d'un projet (avec la dimension souvent un tantinet visionnaire que sous-entend la notion même de projet), ou, plus prosaïque-ment, d'un discours servant de support aux fantasmes du dirigeant ou à l'idéologie de l'entreprise (16). L'allocation de ressources passe par le choix, par l'entreprise, de ses domaines d'activité, c'est-à-dire des « demandes que l'entreprise veut satisfaire et des offres qu'elle produira à cet effet » (1). Les notions de « demande » et d'« offre » dépassent l'ac-ceptation première des termes : au-delà des biens marchands et consomma-bles, on trouve d'autres types de demandes (la protection de l'emploi peut dans certains cas apparaître comme une demande). De même, les offres dépassent la production de biens physiques, pour concerner la production de services, marchands ou non.

1.2. *Les logiques sous-jacentes*

A ce stade de notre propos, un certain nombre de remarques s'imposent, permettant de préciser à quel paradigme nous nous référerons.

– Il existe toujours, par définition, une stratégie *ex post* de toute entreprise. En effet, on peut toujours *a posteriori* parler d'une allocation de ressources et considérer que cette allocation a été cruciale, dans la mesure où il est facile d'imaginer que toute entreprise aurait pu commettre une erreur irréversible. Mais notre analyse se centrera sur la façon dont les entreprises « décident » *a priori* de leurs allocations de ressources.

– La stratégie est pour nous une réflexion qui concerne la relation entreprise-environnement. Bien sûr, cette réflexion doit prendre en compte l'intérieur de l'entreprise et s'assurer que le choix des activités est cohérent avec les structures, les systèmes de gestion et les modes de décision ainsi qu'avec la culture et l'identité de l'entreprise. Mais nous préférons ne pas parler de stratégie interne. Ceci nous conduit à différencier clairement ce qui est du ressort du stratégique : le choix des activités et l'allocation de ressources de ce qui appartient à la politique générale de l'entreprise : l'articulation entre la stratégie, les structures, le processus de décision et l'identité (1).

– Le but de cette allocation de ressources n'est pas nécessairement le profit ; certaines organisations peuvent avoir d'autres objectifs que la maximisation du résultat financier. Dit autrement, le choix de l'objectif nous paraît ne pas ressortir du domaine strict de la stratégie, mais de la liberté de l'équipe dirigeante ; toute stratégie n'est évaluable que par rapport à l'objectif que s'est assigné, explicitement ou non, la direction ou le groupe d'actionnaires. C'est un autre problème de qualifier les objectifs et de savoir si les personnes concernées ont fait un bon usage de leur liberté.

Retenons que, pour nous, toute entreprise, grande ou petite, publique ou privée, peut avoir (et devrait avoir) une stratégie. Allant plus loin, nous considérons qu'on ne peut parler d'entreprise, et plus généralement d'organisation, que pour autant qu'on puisse envisager de façon raisonnable et pertinente une stratégie de l'unité en question. Pour revenir à l'exemple précédemment évoqué, il est à nos yeux impropre de parler de la gestion stratégique d'un atelier au sein d'une multinationale.

– L'objectif une fois fixé, « faire de la stratégie » revient en fait à chercher à tirer avantage des règles du jeu. Ce point signifie que « tout est permis », dans le cadre desdites règles du jeu ; en particulier, si cela est possible, le « jeu » peut consister à refuser le combat frontal, à minimiser la concurrence, même s'il n'est pas de bon ton d'avouer une telle stratégie. De même, imposer aux concurrents et à l'environnement des règles du jeu favorables à l'entreprise est bel et bien une stratégie.

– Dans le cadre de notre propos, l'unité d'analyse est l'entreprise ; exprimé autrement, nous poserons que l'on « quitte le domaine de la stratégie dès que l'on cesse de considérer l'entreprise comme un objet unique de décision » (1). D'autre part, l'acteur unique qu'est l'entreprise est parfaitement raisonnable, c'est-à-dire qu'il agit sans arrière-pensée pour atteindre l'objectif. Le lecteur se demandera peut-être comment cela est conciliable avec le rôle privilégié que nous avons accordé à la direction ou à la tutelle. En fait, nous considérons que lorsque nous parlons de stratégie, il y a appropriation de la stratégie du groupe dirigeant par l'ensemble du corps social que constitue l'entreprise. Que l'on ne nous accuse pas trop vite de naïveté : nos expériences de terrain nous ont trop souvent montré que cet état d'harmonie était rare et en tout cas instable, mais la résolution de ce type de problème sort du cadre de la stratégie, pour s'inscrire dans celui de l'organisation ou de l'identité de l'entreprise et de leur compatibilité avec la stratégie.

– La remarque précédente conduit à distinguer stratégie et planification stratégique. Cette dernière n'est en effet qu'un des moyens de prendre des décisions stratégiques ; elle est en fait « une procédure organisationnelle visant à anticiper les changements stratégiques » (1). Par ailleurs, la planification stratégique a d'autres fonctions, notamment celle d'assurer une intégration entre les différentes parties d'une entreprise, et celle de mobiliser le personnel par rapport aux objectifs de l'entreprise. Il est donc pertinent de séparer conceptuellement stratégie et planification stratégique.

1.3. Les paradigmes

Il est toujours difficile de cerner le cadre conceptuel dans lequel on cherche à inscrire une démarche, mais ceci se trouve accentué dès que l'on parle de stratégie, car la rigueur scientifique des différents auteurs est inégale et leurs points de vue sensiblement divergents, selon qu'il s'agit de dirigeants, de consultants ou de chercheurs.

Il est, dans un premier temps, clair que notre réflexion ne s'inscrit pas dans le cadre de la théorie micro-économique : l'entreprise n'est pas nécessairement une machine à maximiser le profit et, surtout, nous avons vu que l'entreprise ne saurait être considérée comme un système de transformation « réduit à une boîte noire ou plus exactement à un point sans dimension » (11). Pour utiliser la même terminologie, notre but est au contraire d'analyser la démarche de cet objet réel qu'est l'entreprise. Reste à savoir dans quel schéma de pensée doit s'inscrire notre analyse de l'évolution de la pensée stratégique.

Grosso modo, on peut distinguer deux grands courants (11, 4) chez les auteurs ayant abordé le domaine de la stratégie.

– L'école managériale privilégie les approches rationnelles : il s'agit de « mettre au point des systèmes théoriques sophistiqués, canalisant l'action des managers vers le résultat souhaité » (4). Il s'agit d'approches normatives, s'appuyant sur toutes les théories disponibles pour dégager les solutions possibles.

– L'école se rapprochant de la pensée behavioriste cherche à analyser les rapports de force au sein de l'entreprise, afin de prendre en compte les intérêts des différents intervenants. Il s'agit d'une démarche plus explicative. La théorie est souvent absente du raisonnement. Pour les tenants de cette école, « l'homme d'entreprise se débat au milieu d'une marée de problèmes, il essaie d'éviter toute forme de conflit en ne retenant que des solutions entraînant les changements les plus marginaux possibles et révise constamment ses objectifs pour les adapter aux moyens dont il dispose à un moment donné (4) ».

La polémique entre ces deux écoles n'est pas close, mais nous paraît sous certains aspects artificielle : prendre en compte les contraintes structurelles et la dimension socio-politique ne devrait pas empêcher une réflexion stratégique structurée et formalisée. Ce qui constituerait une erreur serait de considérer la stratégie comme l'alpha et l'oméga de la politique d'entreprise et de penser que tout peut au fond se terminer par des équations. Mais tout aussi grave et irréaliste serait, à nos yeux, la négation de toute possibilité de démarche volontariste et réfléchie. Compte tenu des prémisses que nous évoquions plus haut et de la formulation même du thème, il nous semble préférable de nous situer ici dans la mouvance de la première démarche ; encore une fois, pratiquement par définition sémantique, la deuxième école ne nous paraît pas ressortir de la stratégie au sens pur, mais de problèmes de structures, de décision et d'identité.

2. Les prophètes

Si la notion de stratégie doit beaucoup à la stratégie militaire, force est de reconnaître qu'avant les années 1960 le terme apparaît peu dans la littérature managériale et dans le monde des affaires. Tout au plus, voit-on les entreprises s'initier progressivement à ce qui peut s'apparenter pour partie à de la stratégie, à savoir le marketing. Elles vont s'interroger sur ce que pensent les différents segments de clientèle du produit proposé ; mais, paradoxalement – car nous sommes dans un système qui se dit libéral –, on notera que ces approches marketing font peu référence, au moins de façon formelle, à la concurrence. C'est en cela que l'on ne peut vraiment parler de stratégie : on agit comme si, en connaissant mieux les besoins de la clientèle, on était sûr d'être meilleur que le concurrent. Il ne s'agit à aucun moment d'une guerre de mouvement pour contourner ou encercler le concurrent. (Reconnaissons que le fait de s'adapter au marché suffit le plus souvent à se différencier de concurrents « imperméables » au marketing.)

2.1. I. Ansoff (2) et Harvard (10)

On peut considérer que c'est I. Ansoff et la Harvard Business School qui ont popularisé la notion de stratégie telle que nous l'avons présentée. Nous ne nous attarderons pas pour savoir à qui revient vraiment cette paternité (les textes de référence datent de la même année), préférant mettre en exergue les points essentiels de ces premières formulations de la stratégie d'entreprise.

Plutôt que de longs développements, nous avons préféré reprendre les principales étapes de la démarche de Harvard dans le schéma 1[1].

Les principales étapes de cette démarche sont les suivantes :
– analyse de l'environnement ;
– étude des forces et faiblesses de l'entreprise qui doit permettre de distinguer les compétences distinctives de l'entreprise, c'est-à-dire ce qu'elle sait mieux faire que les autres ;
– délimitation des actions possibles en confrontant cette compétence distinctive à l'analyse de l'environnement (d'où ont été déduites les règles du jeu, ou de ce qu'il est convenu d'appeler les facteurs clés de succès) ;
– passage des actions au crible des objectifs généraux pour formuler une stratégie.

I. Ansoff, quant à lui, propose un schéma très voisin :
– dans un premier temps, il s'agit de repérer les opportunités et les menaces liées à l'environnement ;
– dans un deuxième temps, les forces et les faiblesses de l'entreprise sont isolées ; en fait, point important, il s'agit d'évaluer ces forces et ces faiblesses par rapport au potentiel des concurrents ;
– enfin, dans un troisième temps, des objectifs sont formulés.

2.2. Les racines de la démarche stratégique

Les deux approches que nous venons de rappeler brièvement possèdent en commun ce qui constitue encore aujourd'hui les fondements de la plupart des démarches stratégiques, notamment :
– la notion de facteur clé de succès, c'est-à-dire d'opportunités dont il faudra tenir compte et de menaces qu'il conviendra d'éviter ou dont il faudra savoir limiter la portée ;

---

1. Nous reprenons des tableaux dus à notre collègue M. Santi et que nous avions présentés dans un article « Voyage en stratégie », *Revue Française du Marketing,* 1984/4, Cahier 99 *bis* ; cette revue nous a autorisé à reprendre certaines de nos analyses : nous la remercions.

Schéma 1
Le modèle LCAG (Learned, Christensen, Andrews et Guth : Harvard)

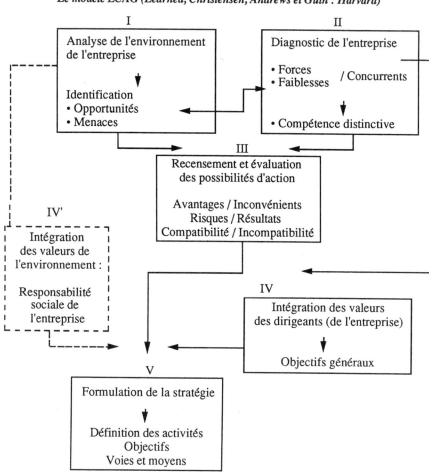

Source : *Revue Française du Marketing*, 1984/4, Cahier 99 *bis*.

– la notion de compétence distinctive que toutes les approches reprendront, sous une forme ou sous une autre. A titre d'exemple, la notion de métier (5) rejoint le concept de compétence distinctive. Ce point peut sembler banal au lecteur non averti ; en fait, trop souvent encore les entreprises procèdent à des analyses introverties, où sont évaluées les forces et les faiblesses de l'entreprise sans référence à l'extérieur. « Etre bon » n'a pas beaucoup de sens si les concurrents sont meilleurs ;
– la nécessité de confronter les facteurs clés du succès et la compétence distinctive de l'entreprise.

Ces premières approches stratégiques présentaient cependant – du moins dans leur forme originale – un certain nombre de lacunes, sinon de défauts, surtout lorsqu'il s'agit de passer au stade opérationnel, ce qui est pourtant le but de ces démarches. En particulier, il n'y avait aucun moyen de s'assurer que la liste des forces et des faiblesses était exhaustive. *A posteriori,* il est toujours facile de repérer ce qui constituait la force principale de l'entreprise ou sa faiblesse essentielle. Mais pour le chef d'entreprise, confronté à une analyse stratégique, il est plus difficile de s'assurer qu'il a bien mis en évidence ce qui constitue la force de son entreprise ou sa faiblesse. Un oubli risque en effet d'être fatal et, à ce jour, aucun moyen d'éviter une telle erreur n'a pu être trouvé !

C'est pour pallier ces écueils qu'un certain nombre de modèles, dus essentiellement à des cabinets de conseil, ont vu le jour dans les années 1970.

3. L'ère des matrices

Notre titre volontairement caricatural a pour objectif de caractériser cette deuxième période de l'évolution de la pensée stratégique. En fait, il s'agit d'une époque où chacun va chercher des outils pour positionner ses différents couples produits-marchés d'une entreprise par rapport à ceux des concurrents. On verra alors émerger à profusion des modèles d'analyse stratégique, la plupart d'entre eux comportant l'usage de matrices.

3.1. Le Boston Consulting Group (3)

Il est incontestable que la matrice qui a le plus marqué cette période est celle du Boston Consulting Group (BCG). On hésite à en parler encore aujourd'hui du fait de son extrême popularité.

Force est de reconnaître que c'est grâce à la démarche développée à l'époque par le BCG que la stratégie a acquis ses lettres de noblesse[1]. Attardons-nous un peu sur les trois points clés de cette approche.

– La « loi de l'expérience » permet d'établir une relation entre la production cumulée d'un produit et son coût unitaire complet, du moins pour les entreprises gérées de manière optimale.

– Toute la logique du modèle conduit les entreprises à chercher à maximiser leur production cumulée et donc leur part de marché. C'est en effet le seul espoir pour ne pas faire de pertes (ou, en tout cas, « pas trop ») en période de développement du marché et pour espérer dégager des profits substantiels, une fois les positions établies. Selon ce modèle, la structure finale du marché ne saurait être qu'oligopolistique.

– Il convient enfin d'équilibrer son portefeuille d'activités pour que, à tout moment, on puisse s'appuyer sur les liquidités générées par les « vaches à lait » pour développer les « dilemmes » que l'on a décidé de maintenir et renforcer les « stars » ou produits « vedettes » face à l'agressivité de la concurrence. A terme, ces « stars » et ces « dilemmes » doivent devenir des « vaches à lait »… et la pérennité de l'entreprise est ainsi assurée.

---

1. Voir également dans cette Encyclopédie l'article de J.C. Larréché, « Marketing stratégique ».

Graphique 1
Le modèle BCG : La variable part de marché

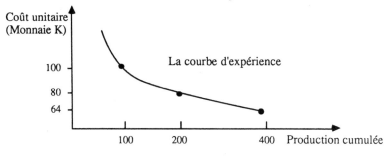

SES CAUSES

L'effet d'apprentissage (main-d'œuvre)
Les économies d'échelle (frais généraux)
Les possibilités de substitution (achat)
L'innovation (production)

SES IMPLICATIONS

Le concurrent qui bénéficie de la production cumulée
la plus importante détient un avantage sur les coûts

REGLE DU JEU

Sur un segment d'activité donné soumis au phénomène d'expérience
il est vital d'investir en part de marché et de devenir le leader

L'indicateur de part de marché relative traduit la position
relative en terme de coût

$$\text{Part de marché relative} = \frac{\text{Part de marché de l'entreprise}}{\text{Part de marché du concurrent principal}}$$

Schéma 2
Le modèle BCG : le tableau stratégique

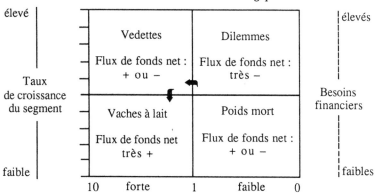

3.2. Les autres approches : ADL, McKinsey

Ne serait-ce que pour se démarquer dans le jeu concurrentiel des consultants, chaque grand cabinet de conseil y est allé, à cette époque, de son propre modèle et de sa propre matrice. En fait, les fondements du modèle BCG se retrouvent dans tous ces modèles, même si certaines nuances sont apportées. A nos yeux, le critère de différenciation de toutes ces approches réside dans l'opposition « exhaustivité ↔ opérationnalité simplificatrice » (tableau 1). Ce qu'un modèle gagne en simplicité, il le perd en exhaustivité et inversement.

Tableau 1
BCG, ADL, McK : Différences
La conception et les modes d'évaluation des variables d'analyse

		B C G	A D L	McKinsey
Position concurrentielle	**Indicateur**	**Part de marché concurrentielle**	**Position relative sur les KFS**	
• Capacité relative à détenir les KFS du segment	Principes et concepts	Ne retient qu'un seul KFS le coût total	Evaluer tous les KFS significatifs	
			La compétitivité ne se fonde pas uniquement sur les prix	
• Corrélation position concurrentielle/ rentabilité	Résultat	Loi de l'effet d'expérience Mesure de la force instantanée de l'entreprise	Mesure, de façon dynamique, les forces détenues par l'entreprise	
Valeur du secteur	**Indicateur**	**Taux de croissance**	**Degré de maturité**	**Valeur intrinsèque et relative du secteur**
• Intérêt du secteur pour l'entreprise	Principes et concepts	Seule la croissance crée une dynamique concurrentielle et financière dans la notion de cycle de vie	Richesse de cycle de vie A chaque stade correspondent des implications financières et concurrentielles	La valeur intrinsèque d'un secteur est insuffisante. Elle doit être rapportée aux capacités de l'entreprise (KFS/Synergie) Permet le tri
• Corrélation valeur du secteur/ Intensité des efforts à réaliser	Résultat	Mesure instantanée	Mesure dynamique	

◄— Opérationnalité...................................... Exhaustivité —►

KFS : *Key Factor of Success.* Facteur clé de succès.

En tout état de cause, tous ces modèles mettent, eux aussi, certains points en évidence :

– l'importance de l'expérience, et au-delà, du savoir-faire : on retrouve, de façon plus ou moins formalisée, le germe de la notion de métier (5) et certains de ces modèles, notamment celui de McKinsey, insistent sur l'importance de la synergie (reprenant en cela un apport de I. Ansoff) ;

– la nécessité de segmenter : c'est en effet à travers ces modèles qu'apparaît un des noyaux essentiels de toute démarche stratégique, le besoin de définir les activités de l'entreprise de façon pertinente. C'est sur ce point que nous voudrions nous arrêter maintenant.

3.3. *Les problèmes de segmentation*

Cette définition des activités conditionne le positionnement de l'entreprise, non seulement par rapport au marché, mais aussi et surtout par rapport aux concurrents. Dit autrement, le succès d'une entreprise résulte souvent de sa capacité à définir son métier et son savoir-faire. A l'inverse, il peut se révéler catastrophique de retenir un regroupement trop vaste d'activités ou une définition trop floue d'un savoir-faire. Un autre écueil souvent rencontré est la confusion entre segmentation stratégique et segmentation marketing (tableau 2)[1]. Cette dernière est souvent plus facile

Tableau 2
La segmentation stratégique

Segmentation marketing	Segmentation stratégique
• Concerne un secteur d'activité de l'entreprise	• Concerne les activités de l'entreprise prises dans leur ensemble
• Vise à diviser les consommateurs en groupes caractérisés par les mêmes besoins, les mêmes habitudes, les mêmes comportements d'achat	• Vise à diviser ces activités en groupes homogènes qui relèvent : – de la même technologie – des mêmes marchés – des mêmes concurrents
• Permet d'adapter les produits aux consommateurs, de sélectionner des cibles privilégiées, de définir le marketing-mix	• Permet de révéler – des opportunités de création ou d'acquisition de nouvelles activités – des nécessités de développement ou d'abandon d'activités actuelles
• Provoque des changements à court et moyen terme	• Provoque des changements à moyen et long terme

Permet de révéler des besoins pas ou mal satisfaits par les produits ou services actuels

---

1. Voir également dans cette Encyclopédie l'article de J.C. Larréché, « Marketing stratégique ».

parce qu'elle se cantonne à des couples produit-marché. Aussi voit-on beaucoup d'entreprises se contenter, avec plus ou moins de bonheur, d'une telle segmentation. Cette attitude les conduit souvent à oublier ce qui peut constituer leur compétence (ou leur incompétence) distinctive ; nous pensons en particulier à la dimension technologique. Pis encore, ce comportement peut les amener à oublier la dimension concurrentielle. La définition apparemment objective du produit ou du marché occulte souvent le fait que c'est peut-être justement dans la redéfinition de leur spécificité que peut résider une source de différenciation et de succès.

On voit l'aspect crucial de cette segmentation, à partir de laquelle se déroule la démarche stratégique, mais aussi la difficulté de donner une dimension objective à cette opération. Nous avons écrit ailleurs [1] que, si le succès d'une stratégie résidait dans la segmentation, il était illusoire de chercher une approche scientifique à la segmentation. Nous dirions aujourd'hui que la segmentation est réellement le cœur de toute stratégie. On peut même considérer que la stratégie c'est la segmentation ; mais aujourd'hui plus qu'hier encore, le choix d'une segmentation stratégique nous semble de nature politique. Le choix d'une segmentation est du ressort de la direction générale.

3.4. Une façon d'échapper à la segmentation ou... le PIMS

Une mention particulière doit être faite au PIMS (*Profit Impact of Marketing Strategies*). Se voulant très quantitatif, ce modèle cherche à établir, à partir des résultats d'entreprises d'un même secteur, une relation entre différentes variables de gestion et le ROI (*Return on Investment*). Chaque entreprise peut ensuite se situer par rapport aux autres et comparer pour chacune des variables significatives sa politique à celle des autres.

Privilégiant une approche statistique, le PIMS semble échapper au problème de la segmentation stratégique. C'est semble-t-il parce que ce genre d'approche se cantonne aux premiers stades de l'analyse stratégique. Parler d'entreprises d'un *même* secteur, c'est déjà faire une hypothèse sur la segmentation stratégique : encore faut-il la vérifier ! Plus généralement, le PIMS reflète bien la difficulté que nous soulignons et une des faiblesses de tous ces modèles : ils insistent, à juste titre, sur la nécessité de positionner l'entreprise par rapport aux concurrents, mais ils sont discrets ou muets sur la façon de réaliser finement ce positionnement. Or, c'est probablement dans la capacité à se positionner avec plus de finesse que les autres que réside le succès. On comprend alors le formidale succès rencontré par ces modèles, lorsque rares en étaient les utilisateurs et leur déclin dès que « tout le monde » a pu s'en servir de manière souvent grossière.

Quoi qu'il en soit, retenons qu'ils constituent encore maintenant de remarquables grilles d'analyse et qu'ils permettent souvent de se poser les bonnes questions. Se demander par exemple si la « courbe d'expérience est

---

1. B. Ramanantsoa, « Voyage en stratégie », *Revue Française du Marketing*, 1984/4, Cahier 99 *bis*.

un outil d'analyse adéquat dans un cas précis » et se demander, le cas échéant, pourquoi il ne l'est pas, constitue incontestablement l'ossature d'un bon raisonnement stratégique. Si on ne se laisse pas abuser par la terminologie et si on ne cherche pas à « tordre » la réalité pour qu'elle soit conforme au « modèle », celui-ci demeure un bon outil d'analyse, à partir duquel on peut construire des démarches plus sophistiquées.

4. L'importance croissante attribuée aux concurrents

L'analyse des modèles développés au cours des années 1970 révèle que la relation entreprise-concurrents constitue de plus en plus l'ossature de la réflexion stratégique, le marketing demeurant essentiellement concerné par la relation avec le marché. Cette tendance va s'accentuer au cours de l'actuelle décennie. Il est certain que la crise économique et les différentes récessions ont accru la dimension concurrentielle de toute analyse : dans des marchés stagnants ou en récession, c'est sur la part de marché du concurrent que l'on peut espérer croître. Dans des secteurs en perpétuel bouleversement, on ne peut plus utiliser les matrices avec autant de facilité et il faut trouver autre chose.

4.1. L'analyse de M. Porter (13)

La progression de la réflexion stratégique doit incontestablement beaucoup à M. Porter, professeur à la Harvard Business School. En particulier, c'est lui qui le premier a cherché à articuler l'analyse sectorielle avec la stratégie des entreprises. Les principaux cabinets de conseil : BCG, McKinsey et d'autres suivront cette voie apparemment prometteuse. Elle permet en effet de définir des stratégies génériques (différenciation, domination globale au niveau des coûts ou concentration) qui doivent correspondre à l'environnement sectoriel (dispersé, naissant, mature, en déclin ou mondial) et au système concurrentiel (schéma 3). Le BCG définira, pour sa part, quatre systèmes concurrentiels (schéma 3). On assiste donc à une analyse plus fine que précédemment des systèmes concurrentiels, et la relation aux concurrents est clairement un des paramètres essentiels. M. Porter considère très précisément que l'intensité concurrentielle est une des données caractéristiques d'un secteur.

Cette attention accrue portée aux concurrents se manifeste également par la définition de ce que M. Porter appelle les groupes stratégiques. Un groupe stratégique est constitué des « firmes d'un secteur qui suivent la même stratégie, ou une stratégie voisine, selon toutes les dimensions stratégiques » (13). Ce découpage du secteur selon la stratégie de l'ensemble des concurrents nous semble tout à fait révélateur de ce souci d'analyser finement le jeu concurrentiel et de proposer systématiquement un « cadre de référence intermédiaire entre l'ensemble du secteur et chacune des firmes » (13). On peut y voir aussi une aide à la segmentation, encore que M. Porter sache éluder avec élégance ce délicat problème. (On ne commettra pas l'impertinence de lui demander comment il définit les limites d'un secteur.)

Schéma 3
Les stratégies concurrentielles du BCG (1980)...

Avantage concurrentiel

		Faible	Elevé
Sources de différenciation concurrentielle	Multiples	Fragmenté	Spécialisation
	Limitées	Impasse	Volume

... et celles de M. Porter (1980)

Avantage stratégique

		Le caractère unique du produit est perçu par la clientèle	La situation de la firme se caractérise par des coûts faibles
Cible stratégique	Le secteur tout entier	Différenciation	Domination globale au niveau des coûts
	Un segment particulier	Concentration	

Source : Revue Française du Marketing, 1984/4, Cahier 99 bis.

Cette analyse concurrentielle et les stratégies génériques qui en découlent s'inscrivent ainsi dans une démarche stratégique générale.

Tableau 3
La démarche générale de l'analyse stratégique

1re étape	:	Définition des domaines d'activité ou segments stratégiques de l'entreprise.
2e étape	:	Analyse concurrentielle de chacun de ces domaines identifiés.
3e étape	:	Choix d'une stratégie générique pour chaque domaine identifié.
4e étape	:	Détermination des voies de développement stratégique vers de nouvelles activités.
5e étape	:	Management d'un portefeuille diversifié d'activités.

Source : Technologie et stratégie d'entreprise, McGraw-Hill, 1987.

4.2. La dimension technologique

L'ensemble des réflexions sur la dimension technologique dans la stratégie s'inscrit également dans ce mouvement d'accentuation de l'analyse concurrentielle. L'accent mis sur la nécessité de gérer la technologie (en se constituant par exemple un portefeuille technologique combinant des technologies de base, des technologies clés et des technologies émergentes) répond clairement à la volonté d'obtenir un avantage concurrentiel plus grand et plus durable, les innovations technologiques semblant à cet égard plus efficaces que les approches se centrant sur les besoins du marché.

Nous ne nous étendrons pas sur les différents développements en cours à l'heure actuelle sur ce thème. Outre les points qui viennent d'être évoqués, nous retiendrons trois conclusions (7).

– La technologie n'est plus aujourd'hui considérée comme un facteur externe et non maîtrisable.

– Les lois habituelles du jeu concurrentiel semblent être sensiblement modifiées à cause du rôle de plus en plus déterminant de la technologie ; on assiste notamment à l'accroissement de la fonction de l'Etat dans la définition de la stratégie des entreprises.

– Enfin, la technologie va jusqu'à induire des comportements plus complexes dans les affrontements concurrentiels ; elle apparaît ainsi comme à la fois cause et conséquence des modifications des jeux concurrentiels, dont on comprend encore une fois l'importance cruciale dans les démarches stratégiques.

5. Les tendances et les perspectives

Nous ne pouvons terminer notre « voyage en stratégie » sans chercher à discerner les frémissements auxquels on peut assister aujourd'hui, en ce qui concerne la pensée stratégique. Notre but n'est pas de conclure de façon artificielle notre propos, mais de montrer que la nature même de la stratégie, qui consiste à toujours se déplacer par rapport aux concurrents et à toujours penser comme ils ne s'attendent pas à vous voir penser, conduit à un renouvellement permanent des approches. Qui plus est, les modifications de l'environnement – nous pensons à la globalisation[1] des marchés et de nombreux systèmes concurrentiels – conduisent à certaines remises en cause qui risquent de représenter un tournant significatif.

5.1. Les stratégies de rupture

On assiste peut-être là à un des stades les plus avancés de la réflexion stratégique. Alors que, traditionnellement, les démarches stratégiques évoquées s'inscrivent dans des domaines d'activité et des systèmes concurrentiels aux frontières fixes, les stratégies de rupture se caractérisent au

---

1. Le terme consacré semble être globalisation, même s'il s'agit le plus souvent d'une mondialisation. Voir également dans cette Encyclopédie les articles de P. Joffre, « Internationalisation de l'entreprise » et de S. Wickham, « Internationalisation des entreprises publiques ».

contraire par des modifications, à l'initiative de certains concurrents, des segments stratégiques et des règles du jeu concurrentiel. « Jouer autrement » devient l'axe, alors qu'implicitement il s'agissait jusqu'alors de jouer mieux que les autres. Les stratégies de rupture sont d'autant plus efficaces qu'elles perturbent complètement les capacités de réaction des concurrents et en particulier des plus forts. McKinsey est probablement le cabinet qui est à l'origine du développement de ces stratégies qui correspondent aussi à une rupture dans la façon de penser les problèmes stratégiques. Il ne s'agit plus de réfléchir dans un cadre donné mais au contraire de sortir des schémas de pensée habituels. McKinsey propose de s'appuyer sur la recherche d'analogies pour développer de tels systèmes de pensée. C'est également dans cette perspective que nous paraissent s'inscrire les développements sur la notion de chaîne de valeur. Cet outil « décompose la firme en activités pertinentes au plan de la stratégie, dans le but de comprendre le comportement des coûts et de saisir les sources existantes et potentielles de différenciation »(14). En comparant la chaîne de valeur de l'entreprise à la chaîne de valeur généralement rencontrée dans le secteur, on peut repérer les sources possibles de différenciation. Modifier la structure de la chaîne de valeur revient à mettre en place une stratégie de rupture.

5.2. *Les stratégies relationnelles et les stratégies d'alliance*

Les nouvelles caractéristiques de l'environnement et notamment l'impact accru de la technologie conduisent les entreprises à mettre en œuvre des stratégies relationnelles pour mieux tirer parti des interventions de l'Etat, et des stratégies d'alliance pour partager avec d'autres les risques et les coûts liés à certains investissements. Ce genre d'approche conduit à des réflexions nouvelles où il convient de ne plus considérer la concurrence frontale et le combat sans merci comme les seules possibilités offertes aux entreprises.

Sur ce sujet aussi, s'esquissent certains rapprochements avec l'économie industrielle, et les auteurs (1, 7, 9) qui se penchent actuellement sur ces nouvelles modalités stratégiques sont conduits à développer de nouveaux concepts ou à en affiner de plus anciens. C'est ainsi que la distinction traditionnelle entre le marché et la hiérarchie est réétudiée et atténuée par certains chercheurs [1] (9), tandis que d'autres (7, 6) engagent un débat pour savoir si les alliances sont une nouvelle forme de concurrence (une forme de « baiser qui tue, d'étreinte mortelle ») ou au contraire un moyen de détourner ou d'éviter la concurrence et d'accroître la sécurité de tous les partenaires, comme dans le cas des stratégies relationnelles. On notera cependant que les notions clés comme la segmentation stratégique restent déterminantes : à titre d'exemple, signalons que certaines ententes reposent sur une segmentation et un système concurrentiel donnés à un moment précis. Toute modification dans les frontières des segments peut remettre en cause de telles alliances. On retrouve ici l'importance de la segmentation stratégique.

---

1. Voir dans cette Encyclopédie l'article de P. Joffre, « Entreprise et marché ».

*

* *

Au terme de notre propos, nous avons conscience d'avoir délaissé de nombreux auteurs qui ont, eux aussi, apporté leur pierre à l'édification de la pensée stratégique. Que ceux-ci ne nous en veuillent pas : notre objectif n'était pas d'établir un palmarès, mais de jalonner la progression de la démarche stratégique. De même, avons-nous choisi de ne pas illustrer notre propos de trop d'exemples ; essentiellement parce que nous aurions dû, par honnêteté, reprendre le plus souvent ceux donnés par les auteurs eux-mêmes, n'apportant ainsi rien de plus et risquant, faute de place, de trop simplifier certains développements. Ainsi, espérons-nous avoir pu dégager les points essentiels et ne pas avoir laissé dans l'ombre les aspects les plus difficiles des différentes démarches stratégiques. Enfin, nous savons bien que ce genre d'exercice peut conduire à l'irrespect : nous espérons ne pas avoir donné dans la polémique, nos critiques ayant pour seul but de situer les démarches les unes par rapport aux autres.

Références

1. Anastossopoulos J.P., Blanc G., Nioche J.P., Ramanantsoa B., *Pour une nouvelle politique d'entreprise*, Paris, PUF, 1985.

2. Ansoff I., *Corporate Strategy*, New York, McGraw-Hill, 1965.

3. Boston Consulting Group, *Les mécanismes fondamentaux de la compétitivité*, Paris, Hommes et Techniques, 1980.

4. Carrance F., « Les outils de planification stratégique au concret », Thèse de Doctorat, Ecole Polytechnique, 1986.

5. Detrie J.P., Ramanantsoa B., *Stratégie de l'entreprise et diversification*, Paris, Nathan, 1983.

6. Doz Y., Harel G., Prahalad C.K., « Strategic Partnerships : Success or Surrender ?, Travail préparé pour le meeting annuel AIB, EIBA, Londres, novembre 1986.

7. Dussauge P., Ramanantsoa B., *Technologie et stratégie d'entreprise*, Paris, McGraw-Hill, 1987.

8. Foster R.N., *L'innovation, avantage à l'attaquant*, Paris, InterEditions, 1986.

9. Joffre P., Kœnig G., *Stratégie d'entreprise. Antimanuel*, Paris, Economica, 1985.

10. Learned E.P., Christensen C.R., Andrews K.R., Guth W.D., *Business Policy, Text and Cases*, Homewood, Ill., Richard D., Irwin, 1965.

11. Martinet A. C., *Management stratégique, organisation et politique*, Paris, McGraw-Hill, 1984.

12. Martinet A. C., *Stratégie, Paris*, Vuibert, 1983.

13. Porter M., *Choix stratégiques et concurrence*, Paris, Economica, 1982.

14. Porter M., *L'avantage concurrentiel*, Paris, InterEditions, 1986.

15. Porter M. (ed.), *Competition in Global Industries*, Boston, Harvard Business School Press, 1986.

16. Reitter R., Ramanantsoa B., *Pouvoir et politique : au-delà de la culture d'entreprise*, Paris, McGraw-Hill, 1985.

17. Thietart R.A., *La stratégie d'entreprise*, Paris, McGraw-Hill, 1984.

Mots clés

ADL, alliance (stratégie d'), Ansoff, *Boston Consulting Group* (BCG), chaîne de valeur, compétence distinctive, différenciation, domaine d'activité, facteur clé de succès, globalisation, groupe stratégique, Harvard (modèle d'), McKinsey, métier, *Profit Impact of Marketing Strategies* (PIMS), planification stratégique, Porter, relationnelle (stratégie), rupture (stratégie de), systèmes concurrentiels, technologie.

100

Place financière internationale

Yves Simon

Les places financières jouent un rôle capital dans le fonctionnement des marchés internationaux de capitaux. Elles exercent par ailleurs un rôle économique de premier plan pour l'économie du pays dans lequel elles sont localisées. Ce qui est vrai de Londres l'est également de New York, Chicago, Zurich, Amsterdam, Paris, Genève, Luxembourg et de nombreuses autres places dont l'importance et l'impact économique ne cessent de croître.

Une grande place financière réunit des marchés de capitaux et des activités financières internationales, mais elle repose en premier lieu sur un ensemble de compétences et le savoir-faire des hommes qui l'animent.

Les caractéristiques essentielles et les conditions de développement d'une place financière internationale sont exposées dans les deux premières sections. Cette analyse est illustrée par la présentation des grandes places internationales dans la troisième section de cet article.

1. Les caractéristiques d'une place financière internationale

Une place financière internationale a pour vocation de constituer un pôle d'attraction et de redistribution des capitaux disponibles au niveau mondial. Pour assurer cette mission, une place financière doit offrir une gamme étendue de marchés et réunir des activités financières et bancaires internationales.

1.1. Une gamme étendue de marchés de capitaux

Une place internationale est d'abord un marché financier, capable de satisfaire les besoins de capitaux à long terme des entreprises. Mais une place financière est aujourd'hui beaucoup plus qu'un marché financier. Elle doit rassembler de nombreuses institutions et un ensemble diversifié de marchés de capitaux permettant de satisfaire les différents objectifs des investisseurs et les multiples besoins des emprunteurs.

1.1.1. Le marché des titres financiers à long terme

L'ouverture du marché financier aux non-résidents et aux opérateurs internationaux est une condition primordiale pour assurer le développement d'une place internationale. Pour les titres financiers à long terme, il existe deux types de places internationales. Les unes sont de simples centres d'enregistrement ; tel est le cas de la bourse de Luxembourg. Les autres sont de véritables marchés internationaux, car elles collectent et redistribuent les capitaux à l'échelle internationale ; tels sont les cas de Londres, Francfort, Amsterdam et Zurich.

Le nombre d'actions étrangères inscrites à la cote n'est pas un critère tout à fait satisfaisant, mais il fournit malgré tout une indication précieuse sur le degré d'internationalisation d'un marché financier. Le marché de Londres présente le caractère international le plus marqué. Les places européennes sont, en général, plus ouvertes que celles de New York et Tokyo, dans la mesure où le nombre de valeurs étrangères inscrites à la cote du New York Stock Exchange et à celle de la bourse de Tokyo est très inférieur à celui des bourses européennes.

1.1.2. Le marché monétaire et les marchés de capitaux à court terme

Une place financière doit posséder un vaste marché monétaire où les différents agents bancaires et financiers (et les entreprises, directement ou indirectement) s'alimentent en ressources liquides d'origine nationale ou étrangère et apportent leurs excédents de trésorerie. Ce marché doit, par ailleurs, fournir aux banques les facilités requises pour mobiliser en permanence leurs actifs financiers. Il doit cependant dépasser la simple fonction de refinancement pour devenir un marché des capitaux à court terme impliquant la présence d'une grande diversité de titres financiers : bons du Trésor, billets de trésorerie, certificats de dépôt, acceptations bancaires.

En complément au marché monétaire, il est souhaitable d'avoir un marché hypothécaire permettant une mobilisation de certaines créances à long terme.

Parallèlement au marché monétaire, il est par ailleurs nécessaire de disposer d'un marché des changes actif, sur lequel se négocient au comptant et à terme toutes les devises utilisées dans le commerce international [1].

1.1.3. Les marchés à terme

Certaines places financières ont pour origine une vocation commerciale ancienne qui explique l'émergence de marchés à terme de marchandises. Leur présence renforce et accentue l'impact international d'une place financière, car ces marchés sont des instruments de gestion indispensables aux sociétés de négoce qui sont par nature internationales. Ces marchés élargissent par ailleurs l'éventail des possibilités de placement offertes aux investisseurs.

---

1. Voir dans cette Encyclopédie l'article de Y. Simon, « Marché des changes interbancaire ».

Il est sans doute impossible de développer une place financière uniquement à partir des marchés à terme de marchandises, mais il est intéressant de constater que les trois grandes places de New York, Londres et Chicago disposent d'une gamme étendue de marchés à terme et déploient des efforts considérables pour en créer de nouveaux.

Les nouveaux marchés de capitaux reprennent les techniques des marchés à terme de marchandises en les appliquant à des actifs financiers : or et autres métaux précieux, titres financiers à revenu fixe, indices boursiers et options négociables [1]. Ces différents marchés, qui existent désormais sur toutes les grandes places financières, connaissent un développement remarquable.

1.2. Des activités financières et bancaires internationales

La présence d'activités bancaires internationales est la deuxième caractéristique d'une place financière.

Le caractère international d'une place financière est d'autant plus développé que les banques étrangères y sont nombreuses. La prééminence de Londres s'explique, en partie, par la présence de 600 banques étrangères directement représentées dans la *City*. L'essor de New York a été accentué par l'installation de nombreuses institutions financières non américaines. Des banques étrangères sont directement ou indirectement représentées à Paris, mais elles sont moins actives qu'à Londres et New York. L'ampleur des contrôles est une des raisons invoquées pour expliquer cette moindre activité. L'entrée des banques étrangères est en effet assez strictement surveillée, et le contrôle des institutions financières est, d'une manière générale, assez rigide.

Avant les années 1960, le fait pour une devise de ne pas être utilisée dans le commerce international était un handicap rédhibitoire au développement de la place financière qui émettait cette monnaie. Depuis le début de la décennie 1970, l'essor du marché des eurodevises a beaucoup contribué au développement de plusieurs places financières. Elles purent en effet participer au financement du commerce international, grâce aux dépôts en devises (essentiellement en dollars) effectués par des non-résidents, et remédier ainsi au fait que la monnaie du pays ne présentait pas de caractère international très marqué. Londres est la place financière qui a le mieux tiré profit de cette situation en devenant le plus important centre mondial du marché des eurodevises.

2. Les conditions requises pour qu'une place financière puisse jouer un rôle international

Deux conditions sont requises pour qu'une place puisse exercer un véritable rôle financier international. Il est souhaitable qu'elle bénéficie de

---

1. Voir dans cette Encyclopédie les articles de J.L. Alexandre, « Marchés à terme de taux d'intérêt » et de J.C. Augros, « Options ».

la liberté des changes la plus large possible. Il est, en outre, indispensable qu'elle adapte sa réglementation et ses procédures de contrôle.

2.1. Le rétablissement de la liberté des changes

La tendance naturelle de nombreux responsables politiques à utiliser le contrôle des changes comme première ligne de défense (et parfois la seule) de leur monnaie est un obstacle important à l'essor d'une place financière internationale. Il ne s'agit pas malgré tout d'un obstacle insurmontable, puisque Londres s'est développé depuis 1945, en dépit d'un redoutable contrôle des changes. Mais cette place possédait une tradition et des atouts dont ne disposent pas toutes les autres places financières.

La liberté des changes doit permettre aux résidents du pays d'acquérir, de détenir et d'utiliser des devises étrangères pour quelque motif que ce soit : financement d'activités commerciales, opérations de placement et d'investissement financier. Cette liberté doit également permettre aux résidents de prêter ou de vendre des devises et leur monnaie nationale à des non-résidents.

La théorie de la parité des pouvoirs d'achat établit que sur longue période l'ajustement entre le différentiel d'inflation et la variation du taux de change est, sinon parfait, du moins satisfaisant. Elle explique que l'évolution du taux de change est déterminée à long terme par le taux d'inflation différentiel. Pour maintenir la valeur d'une devise, il n'est donc pas nécessaire d'avoir un contrôle des changes. Il est, en revanche, indispensable de mettre en place une politique monétaire adéquate. Très concrètement, la croissance de l'offre de monnaie doit être ramenée à un niveau qui permette au taux d'inflation du pays d'être identique à celui de ses principaux partenaires.

2.2. L'adaptation de la réglementation et des procédures de contrôle

La seconde condition requise pour assurer l'essor d'une place financière concerne le contrôle des activités financières. Une place ne peut véritablement se développer que dans un contexte réglementaire libéral. Le libéralisme ne signifie pas cependant, pour autant, laisser-aller et laxisme.

Il est souhaitable que le contrôle soit compréhensif, pragmatique et proche des réalités. La surveillance d'une autorité extérieure doit être complétée par des procédures d'autoréglementation. Des modifications de l'esprit du contrôle n'impliquent pas un assouplissement de sa rigueur. Un ancien gouverneur de la Banque d'Angleterre n'affirmait-il pas que « les sourcils du gouverneur sont le plus puissant instrument de contrôle de la City ».

3. Les grandes places financières internationales

De toutes les places financières internationales, celles de Londres et de New York sont les plus importantes. Ce sont les seules à pouvoir offrir toute la gamme des services exigés par les entreprises et les investisseurs. Cette section présente les places de Londres et New York, puis le renouveau de la place de Paris.

3.1. La place financière de Londres

La *City* est l'exemple le plus achevé de ce qu'est une place internationale. Elle est organisée autour de cinq pôles : la Banque d'Angleterre, le Stock Exchange, les marchés de matières premières, les marchés à terme d'instruments financiers et le marché des eurodevises.

3.1.1. La Banque d'Angleterre

La Banque d'Angleterre exerce un contrôle efficace, mais discret, sur l'ensemble des opérations financières de la *City*. La supervision s'étend bien au-delà des banques et des institutions financières. Elle concerne les marchés à terme de matières premières et de produits financiers, les opérations financières internationales, le marché des eurodevises et des émissions internationales, le marché des obligations publiques et les différents compartiments du marché monétaire.

La *City* s'est vu dotée, au début de l'année 1985, d'un nouvel organisme de régulation, le *Securities and Investment Board* (SIB), dont les membres sont nommés par le ministre du Commerce et de l'Industrie et le gouverneur de la Banque d'Angleterre. L'objectif assigné à cet organisme est de protéger les opérateurs intervenant sur les différents marchés financiers et boursiers londoniens. L'autorité du SIB a été renforcée par le *Financial Services Act*, voté en 1986 par le Parlement britannique.

3.1.2. Le Stock Exchange

Pilier essentiel de la *City*, troisième marché mondial après New York et Tokyo, premier marché européen, le London Stock Exchange (LSE) s'est adapté aux profondes modifications du système financier international en entreprenant, à la fin des années 1970, une réflexion approfondie sur ses modalités de fonctionnement qui devenaient, aux yeux de nombreux observateurs, un frein à son propre dynamisme.

Le 4 juin 1985, les 4 500 membres du LSE approuvaient à une majorité de 80 % les propositions du Livre Blanc de Sir Nicholas Goodison, alors président en exercice de la bourse. Deux résolutions essentielles furent adoptées. La première autorisait les firmes de contreparties (*jobber*) et de courtage (*broker*) à ouvrir leur capital en leur permettant de céder la totalité de leurs parts à des investisseurs britanniques ou étrangers. La seconde permettait aux sociétés de devenir membres du Stock Exchange, alors que cette possibilité était auparavant réservée à des individus.

L'adoption de ces mesures devait permettre aux banques et sociétés d'assurance, désireuses d'offrir à leur clientèle une gamme élargie de produits financiers, de devenir membres du LSE et de prendre le contrôle de firmes de contrepartie et de sociétés de courtage. Les grands courtiers américains et japonais ont, eux aussi, l'intention de prendre des participations majoritaires dans le capital des firmes de courtage britanniques afin d'accéder directement au LSE. Ces nouvelles dispositions auront pour conséquence d'accroître l'internationalisation du LSE.

3.1.3. Les marchés de matières premières

Londres a toujours occupé une place importante dans le secteur des matières premières, qu'il s'agisse du courtage, du négoce, du financement, du change ou du fret. D'où la présence de grandes sociétés de négoce international et l'émergence de marchés à terme de matières premières. De nombreux courtiers, plusieurs bourses de commerce et plus de vingt marchés à terme assurent à Londres un rôle déterminant dans le négoce de nombreuses marchandises et un leadership européen incontesté.

Les marchés à terme de produits agricoles sont installés au London Futures and Options Exchange (London Fox) et au Baltic Futures Exchange. Le London Fox regroupe plusieurs marchés. Les plus importants portent sur le cacao, le café et le sucre roux. Situé à St Mary Axe, le Baltic Futures Exchange abrite les transactions à terme sur l'orge, le blé, la pomme de terre, les animaux, les oléagineux et les indices de fret.

Malgré les vicissitudes de l'économie britannique et la crise de l'étain, Londres est demeuré la grande place financière internationale pour les métaux. Cause et conséquence de cet état de fait, c'est au London Metal Exchange que se fixent les cours mondiaux des principaux métaux non ferreux : cuivre, plomb et zinc. L'argent y est, par ailleurs, négocié depuis 1968, l'aluminium depuis 1978 et le nickel depuis 1979.

Les transactions sur les produits pétroliers ont débuté à l'International Petroleum Exchange le 6 avril 1981. Les contrats, libellés en dollars américains, portent sur du gazole et du pétrole brut.

3.1.4. Les marchés à terme d'instruments financiers

Les marchés d'options et les marchés à terme d'instruments financiers, qui ont connu un fulgurant succès aux Etats-Unis, ont été acclimatés avec un moindre succès en Grande-Bretagne. Mais il est à porter au crédit de Londres d'avoir essayer d'ouvrir tous les types de marchés à terme de produits financiers.

En 1981, à la suite de la remise d'un rapport préconisant l'ouverture de ce qui allait devenir le London International Financial Futures Exchange (LIFFE), la Banque d'Angleterre donnait un accord de principe à l'introduction de marchés à terme d'instruments financiers. Le 30 septembre 1982, le gouverneur de la Banque d'Angleterre inaugurait en personne la mise en place des marchés du LIFFE, localisés au Royal Exchange.

Quatre marchés de contrats de devises cotés en dollars américains furent ouverts entre le 30 septembre et le 1er décembre 1982. Ils portaient sur la livre sterling, le deutsche mark, le franc suisse et le yen. En janvier 1986, le

LIFFE ouvrait un marché à terme portant sur le dollar américain coté en deutsche mark. Les transactions ont toujours été réduites et, pour l'instant, ces marchés sont un échec.

S'agissant des titres financiers à revenu fixe, les dirigeants du LIFFE ont ouvert trois marchés en septembre et novembre 1982. Les contrats avaient pour support des dépôts en livres sterling à 90 jours, des dépôts en eurodollars à 3 mois et un emprunt notionnel d'obligations publiques.

Après un démarrage assez difficile, ces marchés connaissent depuis le quatrième trimestre 1984 une progression satisfaisante et régulière du volume des transactions. La volonté de développement des responsables du LIFFE les a conduits à introduire deux nouveaux contrats portant respectivement sur les obligations du Trésor américain et les titres publics britanniques à moyen terme.

Le 1er mai 1984 s'ouvrait un marché à terme portant sur un indice boursier : le Financial Times Stock Exchange 100, (FTSE 100), élaboré à partir des cours des 100 plus importantes sociétés cotées à la bourse des valeurs de Londres.

Des options sont également négociées à Londres. Au London Stock Exchange, le marché des options sur valeurs mobilières, inauguré en 1978, a eu beaucoup de difficultés à démarrer. Mais depuis 1985, les transactions ont tendance à se développer avec vigueur. Des options sur devises et sur l'indice FTSE 100 sont également offertes au London Stock Exchange. Le LIFFE a, quant à lui, ouvert six options sur instruments financiers.

3.1.5. La marché des eurodevises

La *City* est la terre d'élection du marché des eurodevises. C'est là que le marché a prix naissance et s'est développé. Londres demeure aujourd'hui le plus grand centre mondial du marché des eurodevises. A la fin de l'année 1983, les dépôts interbancaires atteignaient près de 500 milliards de dollars, ce qui représentait 50 % du marché européen des eurodevises. De nombreuses innovations ont été introduites : euro-certificats de dépôts, *euro-commercial paper*, euro-crédits syndiqués, etc. C'est à Londres que sont montés les grands crédits et les opérations les plus complexes.

L'essor du marché des eurodevises s'explique par l'importante concentration de banques étrangères, conjuguée à la compétence acquise pendant plusieurs dizaines d'années en matière de financement des activités internationales. Plus de 600 banques étrangères sont installées à Londres. Elles étaient moins d'une centaine en 1965. A ce chiffre de 600, il faut ajouter près de 200 établissements financiers britanniques regroupant les grandes banques de dépôt, les maisons d'escompte, les *merchant banks*, etc.

Londres s'est fait une spécialité du marché des émissions euro-obligataires [1]. La complexité de ces opérations exige, en effet, un savoir-faire qui ne pouvait guère se trouver en dehors de Londres. Les principales

---

1. Voir dans cette Encyclopédie l'article de H. de La Bruslerie, « Marchés financiers internationaux ».

institutions financières participant au marché euro-obligataire secondaire sont localisées dans la capitale britannique. L'installation de nombreux opérateurs spécialisés et de *market makers* performants traduit la force d'attraction d'une place très bien structurée.

3.1.6. Les autres activités

La présence de la plus importante concentration bancaire imaginable explique que Londres soit le premier marché des changes dans le monde. L'abolition du contrôle des changes, en 1979, a renforcé son leadership et son rôle dans le monde.

Les 4 600 courtiers du Lloyd's et les très importantes compagnies d'assurance britanniques font de Londres le premier marché mondial de l'assurance et de la réassurance. La *City* maintient sa place, malgré les difficultés qui ont assailli le Lloyd's depuis 1982 et les efforts de New York pour développer, avec succès, un marché de l'assurance.

Réminiscence de la gloire ancienne, Londres est demeuré le premier marché mondial de fret maritime et a conquis une part significative du fret aérien. Près de 80 % de ces activités sont négociées au Baltic Exchange.

C'est sans doute « par hasard » que le principal marché secondaire des œuvres d'art se trouve à Londres, grâce à la présence de Christies et Sotheby's, mais « le hasard fait parfois bien les choses ».

Ces activités annexes permettent d'élargir la gamme des services offerts. Leur présence contribue à faire de cette place financière un véritable centre international.

3.2. La place financière de New York

New York est une place internationale très importante, mais elle n'est pas encore dotée de l'ensemble des services offerts par Londres. Son caractère international est par ailleurs moins affirmé.

New York est une grande place bancaire. Le récent développement des banques étrangères est la manifestation la plus éclatante de son développement international.

Le New York Stock Exchange est de très loin la plus importante bourse de valeurs dans le monde pour le volume des transactions quotidiennes et la capitalisation. Si, depuis quelques années, le volume des émissions obligataires étrangères est inférieur à celui effectué sur les places suisses, il n'en demeure pas moins très important. La prééminence du dollar et l'ampleur des marchés de capitaux américains font de New York le véritable centre de redistribution des capitaux de la planète. Si la suprématie de New York est incontestable pour les actions et obligations, elle est encore plus accentuée pour les titres à court terme comme le *commercial paper*.

Le marché des changes américain n'est pas concentré sur une seule place financière, pour des raisons géographiques et techniques tenant à l'organisation bancaire. Mais la plus grande partie des transactions s'effectue à New

York. L'importance de ce marché ne cesse de s'affirmer, même s'il n'a pas encore atteint le niveau et la compétence de celui de Londres. Pour expliquer cette moindre performance, il convient de souligner que la part des échanges internationaux de biens et services dans le produit national brut est plus faible aux Etats-Unis que dans l'ensemble des pays européens, et surtout que le développement du marché des changes de New York est récent puisqu'il date de 1975.

New York est également une grande place financière pour certaines matières premières, comme l'or, le sucre, le café, le cacao et le pétrole. Ce fait justifie l'importance de certains marchés à terme et leur essor depuis la fin de la décennie 1970.

Dans le domaine des nouveaux produits financiers, New York n'a pas fait preuve d'un très grand esprit d'initiative. Les marchés à terme de contrats de devises et de taux d'intérêt lui ont échappé au bénéfice de Chicago. Dans le domaine des options et des marchés à terme d'indices boursiers, elle a mieux tiré son épingle du jeu grâce aux efforts de l'American Stock Exchange et du New York Futures Exchange.

Le secteur de l'assurance était l'une des grandes faiblesses de New York. Aussi, pour pallier cette lacune, des efforts considérables ont été accomplis depuis 1980 par la capitale financière américaine. La densité de certaines activités périphériques caractéristiques de la place de Londres, comme le fret et le négoce, font toujours défaut à New York.

3.3. *Le renouveau de la place financière de Paris*

Cette modernisation s'est amorcée en 1983. Il faut porter au crédit des gouvernements, et plus spécialement des ministres de l'Economie et des Finances, Messieurs Bérégovoy et Balladur, d'avoir entrepris tout ce qui était en leur pouvoir pour développer et moderniser la place financière de Paris.

3.3.1. *La création de nouveaux marchés de capitaux*

La modernisation de la place financière de Paris s'est concrétisée par l'adaptation du marché monétaire et celui des bons du Trésor, et par l'ouverture du marché des certificats de dépôt et celui des billets de trésorerie.

Le marché des certificats de dépôt permet aux banques d'obtenir des ressources à court terme en émettant des titres acquis par des particuliers ou des investisseurs institutionnels. La première émission a été effectuée en mars 1985.

Le marché des billets de trésorerie permet aux entreprises de satisfaire des besoins de financement en leur évitant de s'adresser à des banques [1]. Elles émettent des titres à court terme qui sont placés auprès d'investisseurs institutionnels, de banques ou de particuliers. L'avantage de ce marché est

---

1. Ce marché est équivalent au marché américain du *commercial paper*.

de réduire le coût de l'intermédiation financière. Les premières émissions de billets de trésorerie ont été effectuées en décembre 1985.

Le marché hypothécaire a été, lui aussi, profondément modernisé grâce à des mesures mises en œuvre durant l'année 1985.

3.3.2. La modernisation de la bourse des valeurs

Cette modernisation se traduit en premier lieu par la volonté de créer un marché continu. Aussi curieux que cela puisse paraître, il n'existait pas, jusqu'en 1985, de cotation continue des valeurs mobilières à la bourse des valeurs de Paris. Les cotations s'effectuaient uniquement par un système de *fixing* pendant une séance de bourse (de 12 h 30 à 14 h 30), durant laquelle tous les titres faisaient à tour de rôle l'objet d'une cotation.Une décision de principe a été prise en juillet 1985 d'expérimenter une cotation en continu, comme cela se pratique sur toutes les grandes places boursières. Il ne s'agit néanmoins que d'une expérience portant sur un nombre restreint de valeurs mobilières.

Afin d'assurer le développement du marché des « blocs » qui sont de gros paquets de titres échangés entre investisseurs institutionnels, une séance spéciale de cotation est organisée chaque jour ouvrable, de 10 h à 11 h 30, depuis le 6 mars 1986, sur une trentaine de titres négociés sur le marché à règlement mensuel. Il s'agit là d'une heureuse initiative qui doit aboutir à une cotation continue de toutes les valeurs mobilières pendant une durée journalière au moins égale à cinq heures.

Autre élément de la modernisation de la bourse des valeurs : la création de sociétés de contrepartie capables d'améliorer la liquidité du marché. Si le principe de ces sociétés est bien acquis, les conditions de leur mise en œuvre semblent poser des problèmes.

Au printemps 1987, le ministre de l'Economie et des Finances a annoncé une profonde réorganisation du fonctionnement de la bourse des valeurs. Les banques, maisons de courtage et autres institutions financières, françaises ou étrangères, pourront prendre le contrôle des charges d'agents de change et avoir directement accès, de ce fait, au marché boursier. Cette modernisation, identique sous certains aspects à la réorganisation du London Stock Exchange, devrait permettre au marché boursier de Paris d'accroître sa dimension internationale.

3.3.3. Le développement des marchés à terme d'instruments financiers et des options sur valeurs mobilières

Les transactions sur le marché à terme des titres financiers ont débuté le 20 février 1986 avec l'ouverture d'un contrat négocié portant sur des titres obligataires publics à 10 ans d'échéance. Le 25 juin 1986, un marché portant sur des bons du Trésor à 90 jours a été introduit.

A l'exemple de ce qui se fait dans plus de quinze places dans le monde, les responsables de la bourse des valeurs de Paris ont ouvert en septembre 1987 un marché d'options sur valeurs mobilières.

*
* *

Le développement d'une place financière résulte d'efforts continus, mais lents à se concrétiser. Plusieurs années sont en effet nécessaires pour obtenir les résultats escomptés. La présence d'une place internationale a toutefois des conséquences positives dans trois domaines au moins :
– la concentration en un seul endroit d'activités financières multiples et de compétences diversifiées permet d'offrir aux entreprises et aux investisseurs des services de meilleure qualité ;
– une place financière est créatrice de revenus et à l'origine de rentrées invisibles qui améliorent les soldes de la balance des paiements ;
– une place financière internationale est créatrice d'emplois à forte valeur ajoutée. Le secteur des activités financières compte 400 000 emplois à New York, dont 150 000 au sein des activités bancaires. A Londres, près de 30 000 emplois sont assurés par les banques étrangères installées dans la *City*.

Références

Ah-kane, « Les places financières internationales », Thèse de Doctorat, Université d'Orléans, 1986.

Clark W.M., *Inside the City*, London, George Allen and Unwin, 1979.

Kendrick D.W., « The Future of London as an International Financial Center », *Long Range Planning* (February 1980) : 45-48.

Lepetit J.F., « Les places bancaires off-shore », *Banque* (mars 1981) : 291-300.

Marois B., Lessard M., « Paris, place financière internationale », *Banque* (décembre 1982) : 1433-1440.

Redslob A., *La Cité de Londres*, Paris, Economica, 1983.

Simon Y., « Paris, place financière », *Défense Nationale* (juin 1980) : 109-118.

Spray D.E. (ed.), *The Principal Stock Exchanges of the World*, Washington, D.C., International Economic Publishers, 1984.

Mots clés

Baltic Futures Exchange, banque d'Angleterre, bourse de commerce de Paris, bourse des valeurs de Londres, bourse des valeurs de Paris, *City*, International Petroleum Exchange (IPE), liberté des changes, Lloyds, London Futures and Options Exchange, London International Financial Futures Exchange (LIFFE), London Metal Exchange (LME), marché à terme de matières premières, marché à terme d'instruments financiers, marché de capitaux, marché de capitaux à court terme, marché des billets de trésorerie, marché des certificats de dépôt, marché des eurodevises, marché d'options, marché monétaire, New York Stock Exchange, place financière de Londres, place financière de New York, place financière de Paris, place financière internationale, *Securities and Investment Board*.

101

Planification financière

Aimable Quintart

La planification financière est la version, en termes financiers, du plan stratégique général de l'entreprise, lequel a pour objet de préparer l'avenir dans la flexibilité, en cherchant à ne pas enfermer cet avenir dans des schémas rigides qui ne sauraient correspondre à l'évolution de l'entreprise et de l'environnement.

Elle concerne en premier lieu les choix financiers qui sont réputés fondamentaux parce qu'ils engagent l'entreprise pour plusieurs années : il s'agit des décisions d'investissement, de désinvestissement et de financement (à long terme) qui requièrent des analyses spécifiques, souvent considérées distinctement avant d'être envisagées simultanément.

Elle concerne en second lieu les destinées financières de l'entreprise dans son ensemble ou, en d'autres termes, la répercussion des choix financiers fondamentaux sur le comportement financier global de l'entreprise : il s'agit en fait d'anticiper ou de prédire la situation financière de l'entreprise, à long ou moyen terme d'une part, à court terme d'autre part.

Dans cet article, on indiquera comment la direction financière doit organiser sa réflexion et sa démarche dans les attributions de planification qui lui reviennent à ces deux niveaux. On expliquera que la planification financière est un travail d'intégration et de synthèse dont la qualité suppose des données fiables, une méthode rigoureuse et une bonne organisation d'entreprise [1].

1. Les fondements de la planification financière

Les décisions d'investissement, de désinvestissement et de financement à long terme ne sont que le reflet et le premier corollaire de l'orientation stratégique générale que les dirigeants se proposent de suivre pour donner à l'entreprise une assise pour plusieurs années.

Toutefois, sans être contradictoire avec la lecture stratégique, la finance éclaire ces décisions de manière spécifique en les considérant selon une logique centrée sur les concepts de rentabilité et de risque.

---

1. Voir également dans cette Encyclopédie l'article de J.L. Ardoin, « Plans et budgets ».

1.1. La politique d'entreprise et les correspondances entre les perceptions stratégiques et financières des décisions fondamentales

Comme le montre le schéma 1, c'est une bonne connaissance de son identité (portefeuille de produits, équilibre des fonctions, structure financière, ...) et une adroite perception ou anticipation du contexte (économique, social, ...) qui permettent à l'entreprise d'établir un diagnostic et de détecter des opportunités stratégiques.

Pour exploiter au mieux ces opportunités, la direction générale implique l'ensemble de la hiérarchie des pouvoirs et des responsabilités dans l'entreprise en définissant des objectifs et des politiques générales.

– Les objectifs déterminent des points de repère dans l'horizon de planification : les uns sont qualitatifs (survie, développement, pouvoir, ...), tandis que les autres sont chiffrés ou quantifiables (avance technologique, occupation du marché, indépendance financière, ...).

– Les politiques générales dont l'idée et la mise en œuvre répondent au besoin d'atteindre les objectifs assignés, concrétisent des concepts de croissance, de diversification, de rationalisation, de conversion, etc.

En communiquant ces orientations fondamentales, les dirigeants notifient que tous les projets, programmes ou plans d'investissement, de désinvestissement et de financement (recueillis ou sollicités à quelque échelon que ce soit dans l'entreprise) doivent être avant tout conformes à l'impulsion stratégique qu'ils entendent donner à l'entreprise.

La planification financière doit ainsi au préalable se calquer sur les dimensions, souvent qualitatives, de la planification stratégique globale de l'entreprise ; elle doit par la suite s'envisager par référence à un environnement, à un objectif et à un système de choix et de décisions qui sont libellés dans des termes spécifiquement financiers : la convergence de ces deux points de vue constitue l'indispensable principe de cohérence entre la finance et la stratégie.

1.1.1. Au niveau de l'environnement, le regard stratégique se porte sur la conjoncture, l'état de l'économie, le marché commercial, la concurrence, la technologie, etc. Parallèlement, la finance se préoccupe du climat du marché des capitaux et, en particulier, du comportement du marché financier sur lequel de nombreux intervenants arbitrent entre la rentabilité et le risque de chaque titre et, compte tenu de leurs exigences et en supposant une attitude d'aversion envers le risque, cherchent à maximiser la rentabilité pour un risque donné ou à minimiser le risque pour une rentabilité donnée. Ce raisonnement incite tout pourvoyeur de fonds à exiger de l'entreprise une rémunération qui comprend le taux sans risque et une prime de risque.

1.1.2. Sur le plan des objectifs, la stratégie met en évidence des concepts tels que la survie ou la croissance, la diversification des activités, le taux de pénétration et d'occupation du marché, l'avance technologique, etc. La finance, quant à elle, est dominée par l'objectif de la maximisation de la

Schéma 1

Cohérence des plans et projets financiers avec les politiques générales

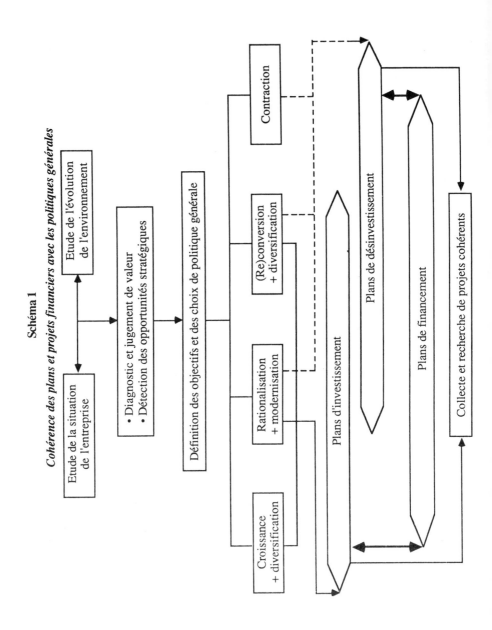

valeur boursière (ou valeur de marché) de l'entreprise, en supposant souvent que, si cet objectif est atteint, on maximise par la même occasion la valeur des actions et, dès lors, la richesse des actionnaires.

1.1.3. Au stade des décisions, tous les choix à opérer doivent se conformer aux attentes de l'environnement et contribuer aux objectifs. Sous l'angle stratégique, il s'agit par exemple de se composer un portefeuille de « produits-marchés » qui se démarque de la concurrence de manière à atteindre la part de marché-cible et à assurer le développement du chiffre d'affaires de l'entreprise. Sous l'angle financier, il s'agit entre autres de retenir un projet d'investissement dont le profil rentabilité-risque répond valablement à celui qu'en attend le marché financier, de sorte que la décision d'investir contribue à l'objectif de maximisation de la valeur de l'entreprise.

1.2. L'intégration des décisions financières fondamentales

Il résulte des réflexions précédentes que les grandes décisions financières doivent à leur tour former un ensemble cohérent. Le schéma 2 représente l'articulation de cet ensemble.

– Les investissements dont la planification oblige de collecter des projets, de regrouper ces projets dans des programmes et de combiner ces programmes dans un plan, doivent être soumis à un contrôle *a posteriori* dès lors que la décision de les exécuter est prise.

– Le contrôle *a posteriori* vise à la fois la période de réalisation et la période d'exploitation des investissements : bien organisé, il permet à tout moment de savoir si les réalisations sont dans la ligne des prévisions établies à l'origine et de prendre, en cas d'écarts jugés significatifs, des mesures de correction ou de redressement.

– Les désinvestissements qui méritent d'être gérés aussi rationnellement que les investissements, constituent une des conséquences « stratégiques » possibles du contrôle *a posteriori*. Le désinvestissement n'est pas nécessairement la meilleure solution à un problème de défaut de rentabilité mais il n'est pas, *a contrario,* une solution résiduelle, c'est-à-dire la dernière réponse à envisager[1].

– Les financements méritent également d'être planifiés aussi bien en termes de natures de sources de fonds disponibles ou accessibles (à l'intérieur ou à l'extérieur de l'entreprise) qu'en termes de coûts (dans le cadre des enveloppes budgétaires et de la structure financière de la firme). C'est toutefois dans les situations de rationnement de capital que cette planification est spécialement précieuse car de telles situations conduisent à :

• rejeter des projets d'investissement qui sont *a priori* rentables et qui, en d'autres circonstances, auraient été acceptés ;

• abandonner des activités dont l'exploitation est encore jugée rentable mais qui sont moins rentables que d'autres (nouvelles ou existantes) dont le développement requiert des fonds.

---

1. Voir également dans cette Encyclopédie l'article de B. Marois, « Désinvestissement international ».

Schéma 2

Intégration des décisions financières fondamentales

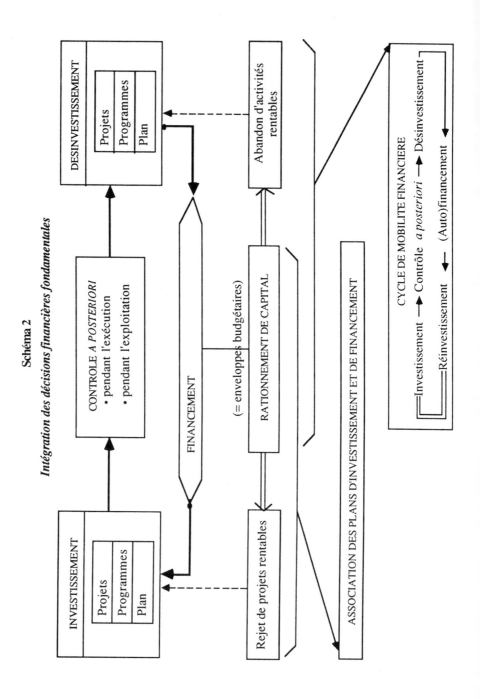

L'intégration des décisions financières fondamentales débouche sur deux recommandations primordiales :
– il faut veiller à coupler les plans d'investissement et les plans de financement ;
– il ne faut pas oublier que tout investissement sera tôt ou tard un projet de désinvestissement qui, pour autant qu'il soit décidé à temps, procurera des fonds qui pourront être avantageusement réinvestis dans d'autres initiatives : reconnaître l'existence de ce cycle de mobilité financière revient à estomper le mythe de l'irréversibilité des investissements.

2. La planification financière des décisions stratégiques

Les décisions d'investissement, de désinvestissement ou de financement (à long terme) définissent les premiers axes de la planification financière et correspondent à la convention selon laquelle la fonction financière dans l'entreprise comporte trois missions fondamentales :
– Quels sont les actifs à acquérir et quels sont, en conséquence, les capitaux à engager ?
– Quels sont les actifs à désengager et quelles sont les opportunités de réallocation des ressources ainsi libérées ?
– Quels sont les moyens ou modes de financement possibles des besoins de fonds de l'entreprise ?

Ces problèmes ont été étudiés dans plusieurs contributions[1] ; nous rappellerons cependant les éléments indispensables à la construction d'une planification financière dont nous avons souligné, en introduction, qu'elle a un rôle d'intégration et de synthèse.

2.1. La planification des investissements

Selon la logique financière, un investissement est une dépense engagée à un « moment donné » (en une ou plusieurs fois) dans l'espoir de la récupérer (et au-delà) par une série de recettes attendues et échelonnées dans le temps. Cette conception suppose un processus d'étude relativement vaste que le schéma 3 relate dans ses grandes lignes.
On remarque que la planification financière des investissements se concrétise au travers d'une succession d'analyses et d'actions :
– sur le plan des niveaux d'importance (auxquels sont presque toujours associés, dans la réalité, des niveaux différents de responsabilités et de pouvoirs), on va de l'idée de projet à l'idée de plan en passant par l'idée de programme ;

---

1. Voir dans cette Encyclopédie les articles de J. Bessis, « Capital-risque et financement des entreprises », de R. Cobbaut, « Politique de dividende », de M. Dietsch, « Crédit interentreprises », de J.P. Jobard, « Gestion financière à court terme », de G. Hirigoyen et J.P. Jobard, « Financement de l'entreprise : évolution récente et perspectives nouvelles », de M. Nussenbaum, « Prises de contrôle, fusions, acquisitions », de Y. Simon, « Financement des exportations » et de P. Vernimmen, « Politique financière de l'entreprise ».

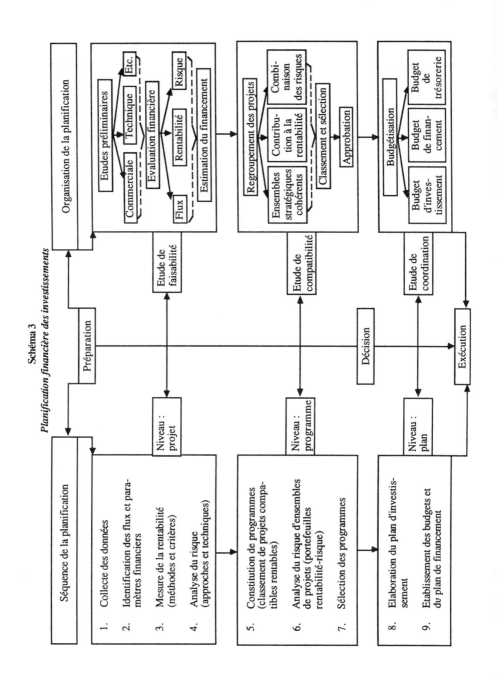

Schéma 3
Planification financière des investissements

– sur le plan des procédures (et, dès lors, de l'organisation matérielle des travaux), des études de faisabilité, de compatibilité et de coordination interviennent successivement ;

– sur le plan de la méthodologie, on distingue une phase de préparation (qui inclut le contrôle *a priori* au sens d'anticipation des conséquences prévisibles d'un investissement), une phase de décision et une phase d'exécution (qui suscite le rôle du contrôle *a posteriori*).

2.1.1. L'évaluation financière d'un projet

L'étude de faisabilité débute par la collecte, principalement auprès des différents départements de l'entreprise, de multiples données commerciales, techniques, etc. Les informations ainsi recueillies doivent alors être globalisées dans des agrégats économiques qui sont significatifs à l'échelle de la planification financière d'un projet.

– Les capitaux investis recouvrent le coût de tous les actifs immobilisés à acquérir pour réaliser matériellement le projet ainsi que le montant des besoins en fonds de roulement supplémentaires requis par la mise en exploitation de l'investissement. Il est utile de les ventiler :

• selon leur nature, pour identifier notamment les biens amortissables et les plans d'amortissement correspondants,

• selon leur cadence d'engagement dans le temps, pour établir des concordances entre les besoins de fonds et la recherche de financements.

– Les flux annuels de revenus, souvent appelés cash-flows, sont formés de deux éléments :

• l'excédent brut d'exploitation après impôts qui indique la véritable contribution économique d'exploitation du projet et qui constitue une source directe d'autofinancement ;

• l'économie fiscale sur amortissements qui indique que, grâce aux nouveaux actifs fixes impliqués par le projet, des amortissements supplémentaires peuvent être effectués et permettre des gains d'impôts.

– La valeur résiduelle, souvent assimilée à une valeur de récupération des capitaux investis à la fin de la durée de vie, inclut la valeur de revente (après impôts) des immobilisations et la récupération des besoins en fonds de roulement.

L'identification correcte des flux financiers de chaque projet est la phase la plus délicate et peut-être la plus importante dans la planification des investissements.

La détermination de la rentabilité d'un projet se fonde sur l'articulation de ces trois paramètres et sur la mise en œuvre de méthodes aptes à mesurer la performance financière du projet[1].

Le principe des calculs de rentabilité consiste à comparer, pour toute la durée de vie estimée de l'activité projetée, deux séries de flux : d'une part,

---

1. Voir dans cette Encyclopédie l'article de J.R. Sulzer, « Critères de choix des investissements ».

les capitaux investis, d'autre part, les flux de revenus (majorés de la valeur résiduelle en fin de parcours).

Pour appliquer ce principe, il importe toutefois de déterminer un taux d'actualisation ou de rejet qui tient compte du risque économique et du risque financier du projet.

– Le risque économique tient à la variabilité possible des résultats d'exploitation, en raison de modifications susceptibles d'intervenir dans la conjoncture, la technologie, la concurrence, ... Il peut être décrit à l'aide de techniques telles que l'analyse de sensibilité, la simulation probabilisée ou encore l'arbre de décision. Si cette variabilité, appréciée par exemple par le coefficient de variation, est la même que celle de l'entreprise dans son ensemble, on peut estimer que le projet est de même risque économique que l'entreprise.

– Le risque financier est lié à la présence de dettes dans la structure de financement du projet ou de l'entreprise. Ainsi, s'il est financé dans les mêmes proportions et au même coût que l'entreprise ou, bien que financé différemment, s'il est d'importance marginale (par rapport, par exemple, au total du bilan de l'entreprise), on peut estimer que le projet est de même risque financier que l'entreprise dans son ensemble.

Dans ces conditions, si le projet est de même risque économique et financier que l'entreprise, le coût des fonds qui servent à le financer est le même que le coût des fonds de toute l'entreprise ; le taux d'actualisation est alors tout simplement le coût moyen pondéré du capital de l'entreprise. Dans tous les autres cas de figure, il faut rechercher un taux spécifique au projet.

Sur cette base, on applique finalement les méthodes de la valeur actuelle nette et du taux de rentabilité interne pour mesurer la rentabilité du projet. Quand la valeur actuelle nette est positive ou – ce qui est équivalent – quand le taux de rentabilité interne est supérieur au taux de rejet, le projet est jugé rentable et *a priori* acceptable : en effet, cela signifie que les capitaux investis sont récupérés, que les fournisseurs de fonds sont rémunérés à concurrence du taux d'actualisation ou de rejet et qu'il existe un surplus en faveur de l'entreprise.

2.1.2. *La constitution des programmes et d'un plan d'investissement*

Dès lors que plusieurs projets ont été retenus en raison de leur conformité aux options stratégiques de l'entreprise et en fonction de leur « validité » sur le double plan de la rentabilité et du risque, il s'agit d'élaborer des programmes.

A ce stade, la planification consiste à regrouper des projets mutuellement compatibles entre eux dans des ensembles cohérents, selon une démarche très proche de la constitution de portefeuilles d'actifs financiers. Toutefois, certains projets peuvent être exclusifs entre eux, tandis que d'autres peuvent être complémentaires ; de ce fait, et surtout quand des situations de rationnement de capital existent, on peut être amené à composer plusieurs programmes qui sont, à leur tour, mutuellement exclusifs : il importe alors de sélectionner le programme qui répond le mieux aux orientations stratégiques et qui paraît le meilleur dans l'espace rentabilité-risque.

Lorsque le programme le plus opportun a été identifié et approuvé, il reste à élaborer le plan d'investissement. Ce plan n'est qu'une ventilation du programme retenu, selon divers critères pratiques : la taille des projets, leur répartition par divisions, sièges ou filiales, etc.

Dès ce moment, le plan d'investissement doit être concerté et coordonné avec un plan de financement : on établit des budgets d'investissement (ou d'équipement) pluriannuels auxquels on essaie de faire correspondre des budgets de financement eux aussi pluriannuels. Cette phase de budgétisation ne peut être réellement effectuée que dans le cadre général de la planification financière de l'entreprise, comme nous le verrons dans la section 3.

2.2. La planification des désinvestissements

La préparation, la décision et l'exécution d'un désinvestissement sont similaires à celles d'un investissement ; le schéma 3 est donc applicable *mutatis mutandis.*

En termes de planification, il convient en effet que le désinvestissement soit raisonné « à froid » et donc approché selon une démarche stratégique et réfléchie [1].

Située dans le cadre du contrôle *a posteriori* des investissements et consistant ainsi le plus souvent à arrêter l'exploitation, ou même la construction, d'un investissement, la décision de désinvestir doit correspondre à un choix volontaire qui justifie une étude financière pour pouvoir apprécier son opportunité dans l'espace rentabilité-risque ; cette conception implique les deux idées suivantes.

– Le désinvestissement est une réponse parmi d'autres à un problème qui, de façon générale, concerne une activité dont la rentabilité est insuffisante (eu égard au taux de rejet). Dans le cas spécifique d'un rationnement de capital dans l'entreprise, le problème provient en plus d'une activité dont la rentabilité est inférieure à celle d'une autre activité existante ou d'une nouvelle activité qui a besoin de fonds pour se développer ou pour se réaliser. Il est capital de comprendre qu'un investissement d'agrandissement, un investissement de rationalisation, etc. peuvent aussi très bien convenir pour résoudre un problème de rentabilité et que le désinvestissement n'est la solution à adopter que si c'est la plus rentable de toutes.

– Par ailleurs, la décision de désinvestir est, surtout quand les capitaux sont limités, associée au cycle de mobilité financière : le problème est alors de désinvestir pour réinvestir. Dans ces circonstances, le désinvestissement implique un redéploiement des actifs et une redistribution des ressources au sein de l'entreprise.

---

1. Voir dans cette Encyclopédie l'article de B. Marois, « Désinvestissement international ».

2.2.1. L'évaluation financière d'un projet de désinvestissement

Le principe du désinvestissement consiste à comparer la valeur récupérable d'une activité à un moment donné à la valeur actuelle des flux de revenus que rapporterait l'activité si elle était poursuivie au-delà de ce moment (et, en principe, jusqu'à la fin de la durée de vie initialement prévue).

Les paramètres financiers de la décision sont donc :

– la valeur récupérable « aujourd'hui », c'est-à-dire au moment où l'on se demande s'il faut ou non désinvestir ;

– la durée de vie restante de l'activité abandonnable ;

– les flux de revenus futurs (égaux aux excédents bruts d'exploitation nets d'impôts augmentés des économies fiscales sur amortissements) perdus dans le cas où il serait décidé de désinvestir aujourd'hui ;

– la valeur résiduelle à la fin de la durée de vie restante, elle aussi perdue si l'on désinvestit aujourd'hui ;

– le taux d'actualisation ou de rejet applicable à l'activité abandonnable en fonction de ses caractéristiques de risque.

Alors que le problème de l'investissement se résume à une seule question – faut-il investir ? – le problème du désinvestissement comporte deux questions fondamentales : faut-il désinvestir et quand faut-il le faire ?

En fait, puisque le désinvestissement s'inscrit dans la logique du contrôle *a posteriori* d'une activité, il importe que la règle de décision, capable de répondre à ces deux questions, se fonde sur les données et estimations nouvelles que l'on peut réunir « aujourd'hui » ou, en d'autres termes, chaque fois qu'au cours de la durée de vie de l'activité, on s'interroge pour savoir s'il faut ou non désinvestir cette activité.

Le problème doit dès lors se traiter de manière séquentielle, selon une logique qui est très proche de la structure d'un arbre de décision :

– Si la valeur récupérable aujourd'hui est inférieure à la valeur actuelle des flux de revenus liés à la poursuite de l'activité jusqu'à la fin de la durée de vie prévue à l'origine, il y a lieu de maintenir l'activité pendant, par exemple, une année de plus au terme de laquelle la question sera réétudiée avec les données qui seront disponibles à ce moment-là.

– Si, au contraire, la valeur récupérable aujourd'hui est supérieure à l'autre terme de la comparaison, cela signifie uniquement que, sur la base des informations actuellement disponibles, l'activité ne doit pas être exploitée jusqu'à son terme ; il s'agit alors de confronter cette valeur récupérable à la valeur actuelle des flux de revenus associés à une durée de vie restante plus courte (par exemple, un an de moins).

– En suivant cette procédure itérative, il faut désinvestir au moment (nécessairement optimal) où la valeur récupérable est supérieure à chacune des valeurs actuelles de flux futurs qui correspondent à toutes les durées possibles de poursuite de l'activité.

2.2.2. *Le choix conjoint des désinvestissements et des réinvestissements*

La planification de la mobilité financière est extrêmement complexe à formuler dans des règles de décision.

En l'absence de rareté ou de limitation des capitaux pour l'entreprise, il y a par hypothèse assez d'argent dans l'entreprise pour financer tous les projets d'investissement rentables. On désinvestit par conséquent les seules activités qui ne sont plus rentables et les fonds récupérés sont réinvestis là où ils peuvent être rentabilisés.

En revanche, quand il y a rationnement de capital, l'entreprise est sous contrainte car, pour diverses raisons, le marché des capitaux ne lui est pas ou plus accessible à des conditions raisonnables et sa capacité d'autofinancement est insuffisante. Dans ces conditions, l'entreprise est tenue de libérer des ressources « internes » et, pour ce faire, elle doit envisager de déclasser des activités dont la valeur actuelle nette, par exemple, est pourtant encore positive, dans le seul but de dégager des fonds dont elle a besoin pour promouvoir d'autres activités jugées plus rentables.

Cette problématique suppose que l'entreprise connaisse les dimensions de rentabilité et de risque de chacune de ses opportunités de réinvestissement : lancement d'activités nouvelles, expansion d'activités existantes, renforcement du fonds de roulement en général, remboursement d'emprunts, etc.

La règle de décision est sensiblement plus compliquée car il s'agit à présent :

– d'incorporer un paramètre supplémentaire : le profil rentabilité-risque des opportunités de réinvestissement ;

– de traiter simultanément deux décisions qui ne sont simples qu'en apparence : quelle activité faut-il désinvestir et dans quelle autre activité faut-il réinvestir ?

La logique financière impose de se dégager d'une activité au profit d'une autre dès lors que, compte tenu de leurs risques comparatifs et « spécifiques », la valeur actuelle nette de la première est inférieure à celle de la seconde. Ce raisonnement suppose que les rentabilités évoquées soient positives car, si tel n'était pas le cas, il faudrait considérer que le meilleur usage des fonds est théoriquement le remboursement du capital : une telle opération rapporte en effet ce qu'elle coûte, c'est-à-dire le coût du capital.

Cette règle de décision est cependant chargée de simplifications abusives car, dans la réalité, la comparaison peut être perturbée par des différences entre le montant des capitaux démobilisés par un désinvestissement et le besoin de fonds requis par un réinvestissement, ou entre la durée de vie restante d'une activité abandonnable et la durée de vie pressentie d'une opportunité de réinvestissement.

Ces disparités appellent un raisonnement en termes de programmes et un rapprochement indispensable entre des plans pluriannuels de désinvestissement (où les capitaux récupérés sont une source d'autofinancement) et de réinvestissement.

2.3. La planification des financements

La planification des financements a pour cadre la structure financière de l'entreprise, compte tenu d'un levier (soit un rapport fonds empruntés/fonds propres) qui est retenu comme objectif à respecter.

Son importance n'apparaît en fait clairement qu'au niveau de la planification financière d'ensemble de l'entreprise lorsqu'il s'agit, sur plusieurs années et notamment en situation de rationnement de capital, de trouver des concordances entre les enveloppes budgétaires et les besoins de fonds requis par les programmes d'investissements.

Il est néanmoins utile de l'examiner séparément et préalablement car elle consiste au départ à inventorier les différentes sources internes et externes de financement auxquelles l'entreprise peut accéder, et à déterminer le coût de chacune d'elles [1].

2.3.1. La nature et le coût des sources de financement à long terme

En considérant que les financements stratégiques ne concernent que les ressources permanentes, l'inventaire des capitaux revient à distinguer les fonds propres et les fonds empruntés (ou dettes financières) à plus d'un an.

2.3.1.1. Dans les fonds propres, on identifie principalement :

– les augmentations de capital en numéraire ;
– l'autofinancement sous trois formes : les réserves de liquidité actuelles et non encore utilisées, les fonds récupérables des projets de désinvestissement et l'autofinancement (au sens de bénéfice net augmenté des amortissements et diminués des dividendes) futur de l'entreprise qui sera alimenté par les flux de revenus liés, pour les uns, à la poursuite des activités actuelles (non désinvesties) et, pour les autres, au lancement de nouveaux investissements ou de réinvestissements.

2.3.1.2. Les fonds empruntés peuvent se répartir en trois grandes catégories :

– les crédits d'investissement ou d'équipement que l'entreprise obtient auprès d'organismes spécialisés ou auprès de banques (qui se refinancent le plus souvent auprès des organismes spécialisés) ;
– les emprunts obligataires dont les variantes sont nombreuses : obligations ordinaires à taux fixe, à taux variable, convertibles en actions, avec droit de souscription, etc. ;
– les financements « hybrides » dans lesquels nous classons principalement les prêts participatifs et le crédit-bail.

Ajoutons que l'inventaire des sources de fonds à long terme doit également permettre de repérer des financements spécifiques de projets et des avantages occasionnels (taux préférentiels, bonifications d'intérêts, subsides, etc.).

---

1. Voir également dans cette Encyclopédie l'article de M. Albouy, « Structure financière et coût du capital ».

Chacune de ces sources de financement comporte un coût qui résulte de la comparaison à établir entre, d'une part, le montant net que l'entreprise encaisse au moment où le financement lui parvient, d'autre part, le montant des décaissements que l'entreprise doit effectuer année par année dans le futur pour rémunérer et rembourser ceux qui ont fourni les fonds.

Ce principe indique que le coût d'une source de financement est un taux actuariel équivalent au taux de rentabilité interne dans l'optique d'un investisseur. C'est également un taux de rendement exigé par le fournisseur du financement et, en ce sens, il est un taux d'opportunité car il rémunère le prêteur pour son abstention de consommer et pour les risques qu'il prend en plaçant son épargne dans l'entreprise ; ainsi, globalement, le taux de rémunération est un taux d'intérêt sans risque majoré d'une prime de risque. Pour l'entreprise, le coût du financement doit être net, c'est-à-dire calculé en considérant la déductibilité fiscale de certaines charges.

La connaissance du coût de chaque source de financement est indispensable en planification financière, notamment pour la détermination du coût moyen pondéré du capital de l'entreprise et pour la fixation des taux de rejet des projets d'investissement.

2.3.2. *Les limites dans la planification des financements*

Le travail de recensement des capitaux permanents et de calcul de leurs coûts respectifs est confiné dans un espace de liberté qu'il y a lieu de borner par quelques considérations.

2.3.2.1. La recherche de fonds à long terme est d'abord tenue au respect de l'équilibre de la structure financière ou d'un objectif de structure financière que l'entreprise se donnerait ou que le marché financier lui imposerait plus ou moins explicitement. Comme le coût des fonds propres est toujours plus élevé que le coût des fonds empruntés (pour des raisons de fiscalité et de risque financier), l'entreprise pourrait se financer exclusivement par emprunts. Or, dans la réalité, deux considérations empêchent que l'entreprise s'endette à 100 %.

– D'une part, les prêteurs sont attentifs aux risques économiques et financiers des entreprises ; ils ne sont donc pas *a priori* disposés à accorder des crédits à une entreprise qui ne présenterait pas assez de garanties ou une surface financière suffisante pour être jugée solvable et sûre.

– D'autre part, l'endettement se heurte à la contrainte technique de l'effet de levier : au-delà d'un certain seuil, le recours aux emprunts « désenrichit » l'entreprise car, coûtant plus qu'ils ne rapportent, ils finissent par offrir aux actionnaires une rentabilité inférieure à celle qui est attribuée à l'ensemble des capitaux investis.

2.3.2.2. L'entreprise doit constamment veiller à déjouer deux pièges dont on sait par expérience qu'ils sont souvent complémentaires.

– La « fuite en avant » : trop soucieuse de la croissance de son chiffre d'affaires, l'entreprise est tentée d'accepter tous les projets d'investissement qui lui paraissent rentables, quel qu'en soit le risque. Elle est aussi tentée de financer cette croissance par des emprunts parce que c'est une solution fiscalement attrayante ou parce qu'il est moins difficile de convaincre un « banquier » que de solliciter la communauté des actionnaires ou parce qu'elle ne comprend pas que son autofinancement (par bénéfices réservés) peut être tout à fait fictif, car le besoin en fonds de roulement éponge trop de liquidités.

– Le « sous-investissement » : quand elle a pris trop de risques dans la croissance, quand elle a trop « tiré » sur l'endettement, quand elle a « gaspillé » son autofinancement et quand elle a oublié de se recapitaliser à temps, l'entreprise se retrouve vite en situation de rationnement de capital. L'inadéquation de la structure financière et la hausse du coût du capital, à la suite de l'élévation des risques, limitent l'accès aux capitaux extérieurs et conduisent à renoncer à des investissements intrinsèquement rentables.

2.3.2.3. Enfin, comme on l'expliquera dans la section 3, la planification financière de l'entreprise peut révéler, surtout à court terme, des zones ponctuelles ou renouvelables de trésorerie nette négative. Des financements à court terme (crédits d'escompte, facilités de caisse, crédit de trésorerie, crédits relais, etc.) doivent alors être planifiés en complément des financements à moyen et long terme.

3. La planification financière de l'entreprise

La planification financière de l'entreprise est l'aboutissement et la synthèse de toutes les planifications partielles qui ont été réalisées dans l'entreprise, telles que nous les avons exposées dans la section 2.

Elle a pour objectif fondamental de préfigurer la situation financière de l'entreprise, en termes de rentabilité, de liquidité, d'équilibre structurel, etc., de mois en mois et d'année en année pour une période déterminée.

L'idée de base de la planification peut concrètement se résumer à trois questions : L'entreprise est-elle capable d'absorber le choc des investissements et des désinvestissements jugés opportuns ? Peut-elle concilier ses plans d'investissement et ses plans de financement ? Comment se comportera-t-elle *a priori* dans les tout prochains mois et d'ici à un, deux ou trois ans ?

3.1. Les axes méthodologiques de la planification

L'organisation de la planification financière demande une méthode de travail rigoureuse dont nous exposons ci-après les principaux aspects.

3.1.1. Le concept de plan suppose au préalable la connaissance de données précises et standardisées.

– Par données précises, nous entendons qu'il doit exister dans l'entreprise un système comptable analytique capable d'identifier les flux (et toutes les autres informations utiles) propres à chaque activité actuelle, à chaque activité à désinvestir, à chaque projet d'investissement à réaliser, etc.

– Par données standardisées, nous voulons dire que, pour une même catégorie de décisions, les informations doivent être de même nature et présentées de la même manière. Ainsi, si l'entreprise demande que tout projet d'investissement soumis à la direction générale comporte une analyse rentabilité-risque, il faut, pour des raisons évidentes de comparabilité, que les mesures de la rentabilité et du risque soient les mêmes dans le dossier de chaque projet. Pour faciliter la standardisation, il est recommandé de « systématiser » les données au moyen de fiches.

3.1.2. Il importe ensuite de définir la voie d'approche de la planification.

– Sous l'angle théorique, on peut considérer que l'entreprise est un portefeuille d'activités dont on peut actuellement mesurer la performance en termes de rentabilité et de risque, notamment sur la base des corrélations qui existent entre les activités ; on peut dès lors se dire que ce portefeuille évoluera du fait de l'adoption de projets d'investissement et de désinvestissement, plus ou moins corrélés entre eux et avec le portefeuille actuel. La planification revient alors à imaginer différents nouveaux portefeuilles-entreprise pour les trois années à venir par exemple, et à choisir celui qui paraît le plus « efficient ». Cette façon de procéder est totalement théorique, voire inapplicable.

– Sous l'angle pratique, on se dit que c'est par les états financiers que l'on a une bonne représentation de la situation financière de l'entreprise et que c'est donc par l'établissement de budgets, de comptes de résultats et de bilans prévisionnels que l'on pourra le mieux augurer de l'avenir. Cette approche, qui permet de jeter une large passerelle entre la finance et la comptabilité, est extrêmement commode et largement répandue ; nous l'adopterons dans les développements de cette section.

3.1.3. Il s'agit encore de délimiter le contenu de la planification en fonction de la période pour laquelle la planification est effectuée. A cet égard et comme c'est d'ailleurs déjà nettement la tendance dans la pratique, il faut que la planification financière comprenne un volet pluriannuel et un volet annuel.

– Le volet pluriannuel est ce que l'on appelle le « plan financier stratégique » : il contient essentiellement des comptes de résultats et des bilans prévisionnels établis année par année et à moyen terme, c'est-à-dire le plus souvent pour trois à cinq ans.

– Le volet annuel est le « plan financier tactique » (ou encore ce que l'on désigne fréquemment sous le nom de « budget annuel ») qui détaille en fait, mois par mois, la première année du plan pluriannuel : il consiste à convertir toute une série de budgets partiels (ventes, achats, salaires, investissements de l'année, etc.) en comptes de résultats et bilans mensuels et surtout en un état de synthèse qui se présente sous la forme d'un budget de trésorerie dont les données de fin d'année doivent recouper celles de la première année du plan pluriannuel.

3.1.4. Le concept de plan, qui concrétise le souci de « maîtriser » l'avenir de l'entreprise, implique aussi le besoin de contrôler *a priori* et *a posteriori* la planification ; c'est à ce stade que se manifeste la flexibilité de la planification financière.

– Le contrôle *a priori* est justifié par la fréquente nécessité d'établir plusieurs plans. En effet, dans la construction des états financiers prévisionnels, on peut être amené à imaginer différents scénarios de financement, ce qui donne autant d'états financiers différents, ou on peut aussi réaliser une étude de sensibilité en modifiant les variables cruciales du plan (chiffre d'affaires, besoins en fonds de roulement, ...), ce qui aboutit à d'autres états financiers. Ces multiples séries de bilans et comptes de résultats doivent être étudiées à l'aide des méthodes et techniques classiques d'analyse des états financiers (masses, ratios et tableaux de flux) de manière à sélectionner le plan financier qui paraît le meilleur aux points de vue de la rentabilité, de la liquidité, etc.

– Le contrôle *a posteriori* est justifié quant à lui par l'impérieuse obligation de revoir régulièrement la planification en raison des écarts qui apparaissent à un moment donné, soit entre les réalisations et les prévisions initiales, soit entre les prévisions initiales et les nouvelles prévisions qui peuvent être faites. Dans la pratique, il est habituel de réviser le plan financier stratégique tous les ans ou tous les six mois et le plan financier tactique tous les deux ou trois mois, voire tous les mois dans les cas de fortes « turbulences ».

Finalement, on s'aperçoit que la planification financière de l'entreprise est une démarche longue et précise qui mérite une organisation très soignée représentée dans ses grandes lignes par le schéma 4. On devine aussi l'ampleur qu'elle peut prendre et, dès lors, l'intérêt qu'il y a à l'élaborer au moyen d'un ordinateur en utilisant les possibilités offertes par un tableur.

3.2. La planification à moyen ou long terme

La planification financière pluriannuelle est avant tout une question de coordination entre des besoins et des sources de fonds. Nous en présenterons la logique générale avant d'en décrire la construction, selon des principes que nous avons défendus dans un précédent ouvrage [1].

3.2.1. La logique du plan financier stratégique

Cette logique, qui est d'ailleurs la représentation globale de la problématique de la planification financière sur longue période, correspond à l'élaboration d'un tableau de financement prévisionnel analogue à celui du schéma 5.

---

1. A. Quintart, R. Zisswiller, *Investissements et désinvestissements de l'entreprise, pratiques et méthodes,* Paris, Dalloz, 1982, chapitre 4.

Schéma 4
Configuration de la planification financière de l'entreprise

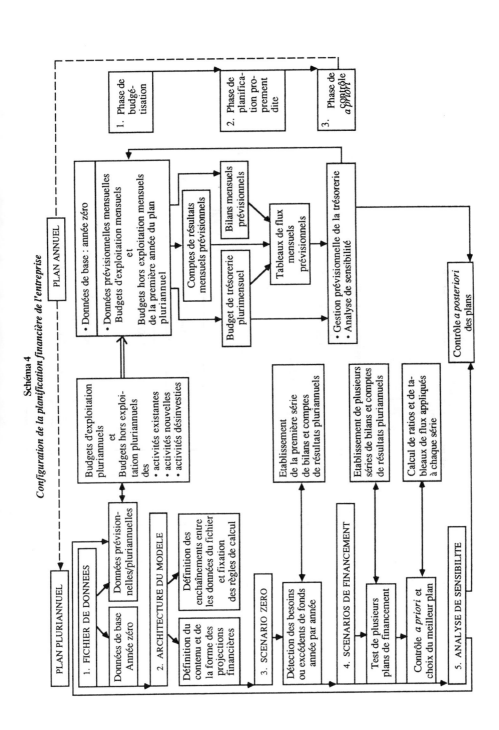

Schéma 5

Tableau de financement prévisionnel

BESOINS DE FINANCEMENT	19..	19..	...	TOTAL
• Immobilisations				
– Terrains				
– Bâtiments				
– Equipements				
– Actifs incorporels				
– Participations				
• Besoins en fonds de roulement				
– Activités existantes				
– Nouveaux investissements				
• Remboursement de dettes				
• Frais financiers				
• Impôts				
• Dividendes				
• Autres				
Total				

BESOINS DUS AUX PROPOSI-TIONS DE FINANCEMENT	19..	19..	...	TOTAL
• Remboursement de dettes				
• Frais financiers				
• Dividendes				
• Différences d'impôts (–)				
Total				

RESSOURCES DE FINANCEMENT	19..	19..	...	TOTAL
• Excédents bruts d'exploitation				
– Activités existantes				
– Nouveaux investissements				
• Cessions d'immobilisations				
• Récupérations de besoins en fonds de roulement				
• Subventions				
• Produits financiers				
• Autres				
Total				

SOLDE DE FINANCEMENT

PROPOSITIONS DE FINANCEMENT	19..	19..	...	TOTAL
• Capital				
• Endettement à long terme				
• Crédits bail				
• Endettement à court terme				
Total				

Le tableau donné en exemple comprend deux parties distinctes qui illustrent les deux phases essentielles de la réalisation de la planification.

— La première partie, soit le haut du tableau, regroupe tous les flux de besoins et sources de fonds que l'on peut prévoir dans l'état actuel des choses et compte tenu uniquement des financements existants. Ainsi, on voit que :

• du côté des besoins, il y a des investissements en immobilisations et en besoins en fonds de roulement qui sont dus à la poursuite des activités actuelles non désinvesties ou au lancement de nouvelles activités ;

• du côté des ressources, on trouve les excédents bruts d'exploitation issus des activités existantes ou des nouveaux investissements, des cessions d'immobilisations et des récupérations de besoins en fonds de roulement qui sont, les unes et les autres, liées aux désinvestissements projetés.

La première partie du tableau contient également des remboursements de dettes, des frais financiers, des dividendes, etc. ; ces éléments se rapportent exclusivement aux financements dont l'entreprise est actuellement dotée.

— La seconde partie du tableau fait apparaître un excédent des besoins sur les ressources, c'est-à-dire un solde à financer. Dès ce moment, la planification va consister à imaginer et à proposer différentes formules de financement pour résorber la différence, année par année : nouveaux emprunts, augmentation de capital, ... (selon l'inventaire qui en a été fait auparavant, comme dans la section 2). Ces choix de financement vont à leur tour engendrer des besoins de fonds supplémentaires à incorporer dans le plan : remboursement des nouveaux emprunts, paiement des intérêts y afférents, paiement des dividendes aux nouvelles actions, ... Il reste à procéder à quelques ajustements successifs pour établir l'équilibre entre tous les besoins et toutes les sources et pour stabiliser ainsi la planification financière.

3.2.2. La construction d'un modèle de planification financière pluri-annuelle

Conformément au schéma 4, cinq étapes doivent être distinguées dans l'organisation générale du plan financier stratégique.

3.2.2.1. La première étape consiste à collecter les données et à les « enrôler » dans un fichier. Ces données se répartissent en deux catégories :

— Les données de base concernent la situation de l'entreprise au moment de la conception du plan. On les appelle souvent les données de l'année « zéro » : elles se rapportent à la dernière situation connue de l'entreprise et, de ce fait, elles sont presque toutes contenues dans le plus récent bilan (officiel ou interne) arrêté par la direction générale.

— Les données prévisionnelles se réfèrent à l'évolution de l'entreprise et il y a lieu à ce titre de les ventiler selon qu'il s'agit :

• de flux liés à la poursuite de l'exploitation des activités existantes ;

• ou de flux associés à la mise en œuvre des programmes d'investissement et de désinvestissement qui ont été, lors de leur planification respective, considérés comme acceptables.

Ces données prévisionnelles, établies année par année pour toute la durée du plan, concernent principalement les comptes d'exploitation, les dépenses d'investissement (en immobilisations et en besoins en fonds de roulement) et les montants récupérables (par désinvestissement) de chaque activité incorporée en plus ou en moins dans le plan. Les autres données prévisionnelles importantes sont relatives, d'une part, à d'autres postes de résultats (charges financières liées aux dettes existantes, produits financiers issus des participations existantes, ...), d'autre part, à plusieurs rubriques bilantielles (remboursement des emprunts existants, estimation des montants des débiteurs et créanciers divers, fixation d'un minimum de trésorerie active ou de disponible, ...).

Toutes les données nécessaires au plan doivent être incluses dans un fichier. Il importe que ce dernier soit organisé de manière à permettre aux données prévisionnelles de se brancher sur les données de base et de manière aussi, et surtout, à permettre de construire des comptes de résultats et des bilans prévisionnels. C'est pourquoi certaines données prévisionnelles, au lieu d'être chiffrées en francs, sont souvent exprimées en jours ou en pourcentages pour des motifs de simplification ou de commodité : c'est le cas par exemple des stocks, des clients, des fournisseurs, des dividendes, ...

3.2.2.2. La deuxième étape a pour objet de conférer au modèle de planification une structure de calcul et de production des états financiers prévisionnels, en l'occurrence quand ce modèle est conçu sur support informatique. Cette étape sollicite de préciser deux points avec le plus grand soin possible :

– La nature, la forme et le contenu du compte rendu de la planification : concrètement, il s'agit de stipuler les états financiers que l'on veut projeter (par exemple, des comptes de résultats et des bilans annuels), de définir leur présentation (par exemple, des schémas différents de ceux qui sont prescrits par la loi) et de mentionner le degré de détail dans lequel on souhaite entrer (par exemple, l'apparition du montant de la production, de la consommation intermédiaire et de la valeur ajoutée dans les comptes de résultats).

– Le mode de détermination des enchaînements entre les données, les flux et les états financiers : en clair, il faut déclarer à l'ordinateur tous les travaux qu'il doit effectuer. Ainsi, il faut lui dire comment il doit additionner algébriquement les chiffres d'affaires respectifs des activités existantes maintenues, des nouvelles activités engagées et des activités actuelles désinvesties. De même, il faut lui indiquer comment il doit déterminer chaque année le montant des stocks, des clients et des fournisseurs pour en déduire le montant du besoin en fonds de roulement ou encore comment il doit calculer la production et la consommation intermédiaire de manière à identifier la valeur ajoutée. Enfin, il faut lui expliquer comment, par itérations ou par tâtonnements et à la suite d'ajustements dus par exemple au recours à de nouveaux financements, il doit en fin de parcours présenter, d'une part, des comptes de résultats et des bilans équilibrés, d'autre part, des ratios et des tableaux de flux utiles pour le contrôle *a priori*.

C'est encore dans cette deuxième étape qu'il faut choisir les paramètres du modèle, c'est-à-dire les éléments clés (tels que le chiffre d'affaires, la consommation de matières, etc.) dont on pourra par la suite modifier à souhait la valeur numérique pour réaliser une étude de sensibilité de la planification.

3.2.2.3. La troisième étape est la construction elle-même de la première planification, dans l'optique de ce que nous appelons l'« hypothèse zéro » ou le « scénario zéro » : compte tenu des données reprises dans le fichier et selon les règles de calcul qui viennent d'être évoquées, il revient au modèle de dégager, année par année sur la période du plan, les besoins ou excédents globaux de fonds et de « sortir » des états financiers prévisionnels préliminaires en supposant que les éventuels besoins à financer, repérés à cette occasion, soient comblés par un découvert bancaire ou un crédit de trésorerie (à coût nul, par exemple) ; *a contrario,* s'il y avait des surplus, on supposerait que des placements puissent être effectués (et, par analogie, à rendement nul).

En fait, cette planification initiale est un « tour pour rien » ; mais elle est absolument indispensable car c'est la seule manière de cerner l'importance des surplus à placer ou l'ampleur des montants de financement à trouver.

3.2.2.4. La quatrième étape consiste à « essayer », tour à tour, plusieurs plans de financement et à tester leur validité en termes de rentabilité, de liquidité, ...

Cette étape est prépondérante dans le processus de planification financière à long terme ; en effet, elle impose de :

– connaître les besoins de fonds restant à financer année par année, selon les résultats obtenus à l'issue de la troisième étape ;

– se référer à l'inventaire des sources de financement disponibles (y compris les crédits bancaires « renouvelables », tels que les crédits d'escompte direct et indirect, le crédit de mobilisation de créances commerciales), à leur coût et aux obligations qui en découlent année par année ;

– concevoir l'application de divers plans de financement (différents selon leur nature, selon le moment où on entend les mettre en œuvre, selon les conséquences « comptables » qui en résultent année par année) ;

– sur la base des scénarios de financement ainsi imaginés, dériver autant de séries d'états financiers prévisionnels équilibrés ;

– évaluer ces séries par des techniques adaptées (comme les ratios ou, mieux encore, les tableaux de flux) en vue de retenir le meilleur scénario : c'est le premier aspect du contrôle *a priori* dont nous avons souligné l'importance sous le point 3.1.4., car ce meilleur scénario correspondra en réalité à la série d'états financiers qui paraîtra la meilleure – compte tenu implicitement de ce que la théorie appelle la fonction d'utilité ou l'attitude envers le risque des dirigeants – aux multiples points de vue de la rentabilité, de la liquidité, etc. Il importe donc, pour réaliser ce choix, qu'une liste de ratios (visant l'équilibre financier, la liquidité et la rentabilité) et un tableau de flux accompagnent les états financiers prévisionnels.

3.2.2.5. La cinquième étape, dont la réalisation sera facilitée par l'usage d'un tableur, a pour objet d'effectuer une analyse explicite du risque de la planification. Globalement, il s'agit de modifier certaines données prévisionnelles (jugées pertinentes) contenues dans le fichier, de mesurer l'incidence de ces modifications au niveau des besoins ou excédents de fonds annuels et, par la suite, de tester d'autres scénarios de financement : c'est le second aspect du contrôle *a priori* qui vise ici directement le risque ; à cette fin, sur le plan technique, on recourt le plus souvent à l'analyse de sensibilité et, accessoirement ou dans des cas exceptionnels, à la simulation probabilisée.

3.3. La planification à court terme

Le plan financier tactique a pour objectif majeur de déceler des écarts potentiels entre les besoins et les sources de fonds dans une optique de gestion de la trésorerie à court terme, de manière à prévoir les financements temporaires ou renouvelables qui seront prochainement nécessaires ou, au contraire, à envisager les placements que l'on pourrait faire de liquidités ponctuellement excédentaires [1].

Sur courte période, la planification financière de l'entreprise se résume pour l'essentiel à construire un plan-budget de trésorerie qui détaille, mois par mois et pour la première année du plan stratégique, les encaissements et les décaissements. Dans certaines grandes entreprises, elle se double de la production de comptes de résultats, de bilans et de tableaux de flux prévisionnels qui sont eux aussi établis mois par mois et dont les « résultats » en fin d'année doivent coïncider avec ceux de la première année du plan pluriannuel.

Trois phases principales marquent son processus général d'organisation, ainsi que l'indique le schéma 4.

3.3.1. La phase de budgétisation

Les fondements de la planification financière à court terme sont constitués par l'établissement de budgets que l'on répartit habituellement en deux catégories : les budgets des opérations d'exploitation et les budgets des opérations hors exploitation.

– Les budgets d'exploitation se rapportent, de façon générale, aux éléments que l'on retrouve conventionnellement dans un compte de résultats, sauf les rubriques exceptionnelles qui sont imprévisibles. Ces budgets sont en fait organisés autour d'une hiérarchie.

• Le budget des ventes est le point de départ de la construction ; c'est lui en effet qui reflète le niveau d'activité attendu de l'entreprise, compte tenu des activités existantes maintenues, des activités existantes abandonnées et des activités nouvelles.

---

1. Voir également dans cette Encyclopédie l'article de D. Dubois, « Trésorerie ».

• Les budgets des charges ou frais « variables » d'exploitation sont commandés par le budget des ventes : il s'agit notamment du budget des achats de matières premières, du budget des salaires, du budget des services et biens divers (frais de transport, TVA, ...), etc., dont l'importance est « directement » liée au volume des affaires.

• Les budgets des charges fixes ou de structure sont théoriquement dissociés du budget des ventes mais le degré d'activité de l'entreprise n'est pas en réalité sans rapport avec des frais commerciaux comme la publicité, des frais administratifs tels que les fournitures de bureau, les factures de poste et de téléphone, ... ou encore des frais industriels dont les primes d'assurances, les charges de réparations et d'entretien, etc.

• D'autres budgets dont on retrouve l'incidence dans un compte de résultats classique et qui peuvent dès lors être qualifiés d'exploitation, sont cependant largement, sinon totalement, indépendants du budget des ventes. Il s'agit en l'occurrence du budget des amortissements qui est tributaire de la politique d'investissement, du budget des charges financières dont l'importance est liée à la politique de financement (existante et, en partie, raisonnablement prévisible) et du budget des produits financiers qui est en relation avec la politique de participation. Ces budgets sont donc en bonne partie dépendants de choix stratégiques qui ont des incidences à court terme et qui font également l'objet de budgétisations en courte période.

– Les budgets hors exploitation consignent les données relatives aux opérations stratégiques de l'entreprise, c'est-à-dire les mouvements de fonds qui doivent survenir dans les prochains mois ou dans l'année à venir, en raison des décisions d'investissement, de financement à long terme, ... qui sont retenues dans le plan financier à long terme. Ils comprennent le budget des investissements (qui est le plan annuel d'équipement) dans lequel on regroupe les acquisitions prévues de terrains, de bâtiments, de machines, etc., le budget des désinvestissements et le budget des financements (principalement à moyen ou long terme) dans lequel on indique notamment les tranches de remboursement des emprunts existants et des nouveaux emprunts prévus dans le plan stratégique, le montant de ces nouveaux emprunts, le montant des éventuelles augmentations de capital, ...

3.3.2. La phase de planification proprement dite

Sur la base des budgets ainsi établis, la planification à court terme consiste alors à dresser des comptes de résultats prévisionnels mois par mois (selon la même structure que ceux du plan pluriannuel de manière à uniformiser les présentations) en vue de dégager les résultats prévisionnels et, ce faisant, les impôts, les dividendes et les bénéfices réservés.

Dès ce moment, on dispose, grâce aux budgets et aux comptes de résultats prévisionnels, de toutes les informations nécessaires pour élaborer, d'une part, des bilans mensuels prévisionnels (selon la même présentation que les bilans pluriannuels), d'autre part, un budget de trésorerie.

Le schéma 6 expose un modèle de budget ou plan de trésorerie découpé en micro-périodes d'un mois sur un horizon d'un an.

Schéma 6
Architecture d'un budget de trésorerie

Flux \ Mois	Jan-vier	Fé-vrier	Mars	Avril	----	Décem-bre	Totaux
A. EXPLOITATION							
(1) RECETTES							
• Sur ventes de produits finis							+
• Sur ventes de produits accessoires							+
• Subsides récurrents							+
• • •							• • •
(2) DÉPENSES							
– *Variables*							
• Sur achats de matières premières							–
• Sur acquisitions de fournitures d'énergie							–
• Salaires							–
• TVA							–
• • •							• • •
– *Fixes*							
• Publicité							
• Entretien							–
• • •							–
– *Diverses*							• • •
• Charges financières							–
• Impôt des sociétés							–
• • •							• • •
B. HORS EXPLOITATION							
(3) RECETTES							
• Augmentation de capital							+
• Subsides d'investissement							+
• Nouveaux emprunts à moyen ou long terme							+
• Cessions d'immobilisations							+
• • •							• • •
(4) DÉPENSES							
• Remboursement d'emprunts							–
• Acquisitions d'immobilisations							–
• • •							• • •
(5) = (1) – (2) + (3) – (4) = Flux mensuels nets de trésorerie							=
+ Situation initiale de la trésorerie active							/
– Encaisse minimale							/
(6) = Solde de trésorerie							/
(7) = (6) + (5) = Soldes de trésorerie cumulés							
– Découvert initial							
= Déficits ou excédents totaux de trésorerie							

– On observe que le budget de trésorerie se fonde sur les diverses estimations et prévisions contenues dans les budgets d'exploitation et hors exploitation. Il se démarque toutefois de la logique comptable qui raisonne en termes de produits et de charges car il s'agit ici de recenser des flux monétaires réels, c'est-à-dire des encaissements et des décaissements : ainsi, au chiffre d'affaires dans un compte de résultats se substituent les recettes sur ventes dans un budget de trésorerie, les dotations aux amortissements qui figurent dans un compte de résultats sont ignorées dans un budget de trésorerie parce qu'elles sont des charges non décaissées, etc.

Certaines données du budget de trésorerie ne sont pas facilement identifiables dans la réalité : c'est le cas par exemple des recettes sur ventes qui peuvent être théoriquement déterminées pourvu que l'on connaisse, d'une part, soit la rotation moyenne des clients, soit les fourchettes globales de recouvrement des créances (20 % au comptant, 30 % à 30 jours, ...) et, d'autre part, les montants mobilisables par escompte ou par CMCC ; c'est nettement moins évident dans la pratique et c'est sans doute une des raisons pour lesquelles les prévisions à trois mois sont parfois plus délicates que des plans à trois ans. C'est dire aussi qu'un budget de trésorerie doit être régulièrement « suivi » et révisé.

– Le modèle présenté comporte deux volets.

• Le premier, correspondant au haut du tableau, recense tous les flux réels qui surviennent mois par mois et qui se rapportent respectivement et exclusivement à chacune de ces périodes. Pour déterminer – si on le souhaite – des totaux intermédiaires, on distingue les flux d'exploitation et les flux hors exploitation ; par la suite et pour chacune de ces rubriques génériques, on identifie les mouvements de recettes et de dépenses. Il faut noter que les recettes et les dépenses sont calculées, quand c'est le cas, après utilisation des crédits bancaires « renouvelables ».

• Le second, localisé dans le bas de la construction, établit le décompte des flux mensuels. La somme algébrique de tous les éléments d'exploitation et hors exploitation (mentionnés ci-dessus) permet de déterminer les « flux mensuels nets de trésorerie ». Pour la commodité des calculs, on ajoute au flux net de trésorerie du premier mois la « situation initiale de la trésorerie active » (c'est-à-dire la valeur des postes de disponibles et de placements de trésorerie au bilan de la fin de l'année zéro) et on déduit le montant de l'« encaisse minimale », c'est-à-dire le montant dont l'entreprise souhaite disposer en caisse en permanence pendant toute l'année pour des raisons de précaution, de transaction, voire de spéculation (même si, entre-temps et quand les disponibilités l'autorisent, elle se permet d'en placer une partie pendant quelques jours) : on obtient ainsi le « solde de trésorerie » du premier mois. Ce solde est alors cumulé avec le flux net de trésorerie du mois suivant de manière à établir le « solde de trésorerie » à la fin du mois suivant et ainsi de suite jusqu'à la fin de l'année. A ces soldes cumulés, il suffit de retrancher, quand c'est le cas, le « découvert initial » (c'est-à-dire les encours de crédits de trésorerie qui restaient à rembourser à l'année zéro et que l'on peut appeler la situation initiale de la trésorerie passive) en vue de déterminer le profil des « déficits ou excédents totaux de trésorerie » sur toute l'année : ce profil permet de découvrir, par exemple, le montant maximum du découvert pour lequel l'entreprise devrait solliciter un « crédit de caisse » auprès de son banquier.

Pour « boucler » la construction du plan financier tactique et pour vérifier la cohérence des projections financières qui viennent d'être effectuées, on peut dresser un tableau de flux (éventuellement plurimensuel) soit à partir du budget de trésorerie, soit à partir des bilans et comptes de résultats.

3.3.3. La phase de contrôle a priori

L'aboutissement du processus de planification est la mise en évidence, mois par mois et notamment grâce au budget de trésorerie, des déficits ou des excédents de liquidité. Ces écarts appellent une nouvelle planification qui pourrait porter le nom de gestion prévisionnelle de la trésorerie : en effet, il faut prévoir les modes de financement des déficits et les possibilités de placement des excédents ; comme on le voit, cette gestion consiste en une série d'ajustements (par rapport au plan financier pluriannuel) qui demandent par exemple de recourir à des crédits bancaires complémentaires. Quand les écarts sont importants, les ajustements peuvent conduire à modifier certaines données budgétaires comme les charges financières, et à recomposer un nouveau scénario de planification à court terme ; de la même manière, on peut encore améliorer la qualité du contrôle *a priori* du plan tactique en réalisant une étude de sensibilité axée sur la modification de quelques variables clés. Il arrive parfois qu'à cause des décalages à court terme et de certaines contraintes – comme le refus d'un banquier d'augmenter même temporairement la ligne de crédit de caisse – il soit nécessaire de réviser le plan financier pluriannuel ; il est donc manifeste que le plan financier à court terme doit se situer dans le cadre du plan financier pluriannuel.

$$*$$
$$*\quad *$$

La planification financière est en fin de compte une construction très vaste dont la réussite paraît tributaire en grande partie d'une excellente circulation des bonnes informations au sein de l'entreprise. Sa crédibilité, son intérêt et son succès dépendront pour le reste – et ce n'est pas une fatalité – du soin que l'on aura apporté à son organisation.

Les repères stratégiques que nous avons signalés ainsi que les jalons méthodologiques que nous avons posés pour « diriger » la démarche financière sont valables dans la plupart des situations concrètes de planification ; ils sont par exemple généralisables au cas des entreprises dont les politiques d'expansion et/ou de diversification sont concrétisées par des prises de participations.

Toute planification financière doit avoir le souci de traduire scrupuleusement l'identité propre de l'entreprise ; la standardisation actuellement véhiculée par de nombreux logiciels informatiques « impersonnels », est à cet égard dangereuse.

Références

Capet M., Causse G., Meunier J., *Diagnostic, Organisation et Planification d'Entreprise*, 2e éd., Paris, Economica, 1986.

Donaldson G., *Strategy for Financial Mobility*, Graduate School of Business Administration, Boston, Harvard University, 1969.

Gervais M., *Contrôle de gestion et planification de l'entreprise*, 3e éd., Paris, Economica, 1988.

Lovejoy F., *Disinvestment for Profit*, New York, Financial Executive Research Foundation, 1971.

Paul D., Viollier B., *Adapter la planification d'entreprise*, Paris, Les Editions d'Organisation, 1976.

Quintart A., *La décision de désinvestir dans l'entreprise*, Louvain-la-Neuve, Université Catholique de Louvain, 1979.

Quintart A., Zisswiller R., *Investissements et désinvestissements de l'entreprise*, Paris, Dalloz, 1982.

Mots clés

Budgets d'exploitation, budgets de trésorerie, budgets hors exploitation, cohérence (avec la politique générale), contrôle *a posteriori*, contrôle *a priori*, coordination (des besoins et sources de fonds), coût du capital, coût et sources de financement, désinvestissement, financement, intégration (des décisions financières), investissement, mobilité financière, plan d'investissement, plan financier stratégique (pluriannuel), plan financier tactique (annuel), programme d'investissement, projet d'investissement, rationnement de capital, réinvestissement, risque, scénarios de financement, structure financière, tableau de financement, valeur de l'entreprise.

102

Plans et budgets

Jean-Loup Ardoin

Toute direction d'entreprise essaie de définir des objectifs et s'efforce de mettre en œuvre les moyens de les atteindre : elle fait de la gestion prévisionnelle. Sauf exception (cas de certaines PME), les entreprises formalisent cette gestion prévisionnelle dans le cadre de plans et de budgets[1].

Plans et budgets correspondent en fait à :

– un acte de management, puisqu'ils traduisent des décisions aujourd'hui sur ce qui va être fait demain et les conséquences de ces décisions ;

– des outils de management, puisqu'ils permettent d'impliquer l'encadrement dans la préparation et l'étude de ces décisions et définissent les bases de la coordination entre les différents centres de responsabilité de l'entreprise ;

– des outils de contrôle de gestion, puisque les opérationnels s'engagent sur les objectifs et les plans d'actions qui sont inclus dans les plans et budgets. Ces derniers vont ensuite servir de base pour le suivi des réalisations. Ils sont les outils de référence pour les tableaux de bord et le système de *reporting* de l'entreprise.

Ces trois aspects des plans et des budgets feront l'objet des trois sections de cet article.

1. Les plans et les budgets sont un acte de management

Elaborer des plans et des budgets est un acte de management qui consiste à définir la course future de l'entreprise. La planification sert à choisir des orientations sur un horizon à plus ou moins long terme, en tout cas supérieur à un an. Ceci est une nécessité, car l'entreprise qui a atteint une certaine taille ne peut pas facilement changer de cap à court terme, du fait de nombreuses inerties : les actifs immobilisés conditionnent les métiers et la

---

1. Voir également dans cette Encyclopédie l'article de A. Quintart, « Planification financière ».

technologie de l'entreprise, les financements à long terme impliquent des engagements de remboursement, le personnel est en place avec des qualifications et un savoir-faire spécifiques, la gamme des produits et la sélection des marchés sont lentes à changer, compte tenu des coûts de lancement de nouveaux produits, de la lenteur de prospection de nouveaux marchés, de l'inertie de l'image de marque de l'entreprise, et de l'habitude des clients.

L'élaboration d'un plan s'appuie sur une prévision de l'évolution de l'environnement. Il faut, en effet, choisir des orientations pour les prochaines années, qui devront à leur tour être ultérieurement ajustées si l'environnement évolue. Loin d'être un travail de rigidité, la planification est, au contraire, un apport de souplesse dans la gestion de l'entreprise, car elle permet d'anticiper les situations futures que va connaître l'entreprise. Sur le fond, planifier consiste à choisir une ou des stratégies et à formaliser leur mise en œuvre.

Sur le plan opérationnel, la planification doit répondre aux questions suivantes :

– Comment assurer la viabilité de l'entreprise et la rentabilité à moyen ou long terme des capitaux apportés par les actionnaires ?

– Quel portefeuille d'activités ou de couples produits-marchés choisir pour qu'ils soient porteurs d'avenir ?

– Quels investissements entreprendre pour maintenir la compétitivité de l'entreprise, adapter sa capacité de production en fonction de l'évolution des marchés et de l'approvisionnement, et assurer son équilibre financier ?

– Comment adapter les structures de l'entreprise, former et motiver son personnel ?

– Comment équilibrer les financements à moyen et long terme, les apports en capitaux propres, les dividendes et les cash-flows prévisibles de l'entreprise ?

Les réponses à ces questions sont fondées sur des projets chiffrés que proposent les différents responsables opérationnels à la direction générale. Celle-ci choisit à la fois sur les mérites propres de ces projets et sur la base de l'équilibre d'ensemble de l'activité de l'entreprise. Ils sont alors incorporés dans le plan de l'entreprise et correspondent à une allocation d'hommes et de ressources financières entre les différents secteurs d'exploitation et les fonctions.

Dans le processus d'élaboration des budgets, le travail concerne le prochain exercice. Il faut alors définir la manière dont l'activité courante est mise en œuvre et la façon dont les nouveaux projets sont insérés. Le budget définit opérationnellement tout ce qui va être fait au cours de l'année à venir, les objectifs à atteindre et les moyens pour y parvenir.

Les décisions prises dans le cadre de la planification et des budgets doivent être cohérentes pour articuler la stratégie à long terme, la programmation des décisions pour les deux ou trois ans à venir, et la définition des actions pour le court terme.

2. Les plans et les budgets sont un outil de management

Jusqu'à la période des années 1970, la majorité des entreprises utilisaient un plan à cinq ans qui couvrait à la fois la stratégie et la programmation, avec une articulation plus ou moins souple entre le plan et les budgets à un an. Le schéma 1 illustre un processus qui intègre la planification stratégique, la planification opérationnelle et les budgets, pour une entreprise à la structure multidivisionnelle.

Progressivement, la réflexion stratégique et les études correspondantes ont été privilégiées et sorties du processus classique de planification, pour tenir compte des opportunités qui se présentent à l'entreprise et sélectionner les projets prioritaires. Des équipes spécifiques, souvent plurifonctionnelles, sont alors constituées pour étudier ces projets stratégiques et proposer des alternatives à la direction générale. Le schéma 2 présente ce processus.

Ces projets stratégiques sont ensuite intégrés à la planification opérationnelle et aux budgets, de sorte qu'aujourd'hui l'accent est mis sur le plan opérationnel ayant un horizon de deux ou trois ans et sur le budget, dont l'horizon est d'un an.

Les plans opérationnels et les budgets sont élaborés par les centres de responsabilité, sur la base des orientations de la direction générale qui définit les objectifs à atteindre, les grands équilibres stratégiques et les hypothèses économiques dans lesquelles l'entreprise doit fonctionner. Le travail de planification démarre par une définition claire des critères de performance des centres de responsabilité : excédent brut d'exploitation ou contribution au profit, croissance du chiffre d'affaires, gains de productivité, réduction du besoin en fonds de roulement, etc.

Les principaux centres de responsabilité démarrent la planification opérationnelle à partir d'une analyse des principaux segments stratégiques de couples produits-marchés et identifient les variables clés d'action pour réussir. Cette analyse se fonde sur un diagnostic commercial et technique par rapport à la concurrence et sur la dynamique prévisible de ces marchés. Les variables clés d'action sont les facteurs économiques essentiels qui conditionnent l'atteinte de l'objectif. Les centres de responsabilité proposent alors des programmes d'action sur ces variables pour les deux ou trois prochaines années.

Chaque programme, ou plutôt chaque projet de programme d'action, est évalué en fonction de son impact sur les variables clés au cours des années à venir, de ses besoins en fonds de roulement et en investissements, et des résultats financiers prévus (augmentation du chiffre d'affaires, réduction des coûts, impact sur la marge bénéficiaire). Le choix entre ces différents programmes ayant été effectué, un compte de résultat prévisionnel est établi en intégrant l'évolution de la situation actuelle et les programmes retenus. Des formulaires standard pour chaque entreprise sont établis pour permettre à chaque centre de responsabilité de communiquer ses propositions de plan opérationnel et faciliter la consolidation. Fréquemment, un support informatique est utilisé pour faciliter les opérations de calcul et de simula-

Schéma 1

Système intégré – Plan stratégique – Plan opérationnel – Budget

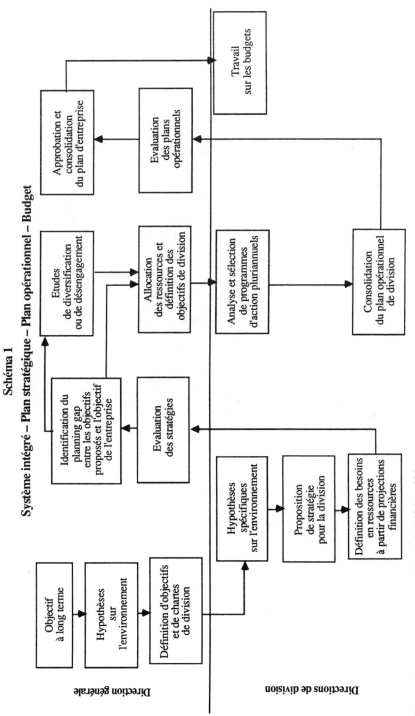

Source : Le contrôle de gestion, 2e éd., Paris, Publi-Union, 1986.

Schéma 2

Processus « ouvert » de réflexion stratégique

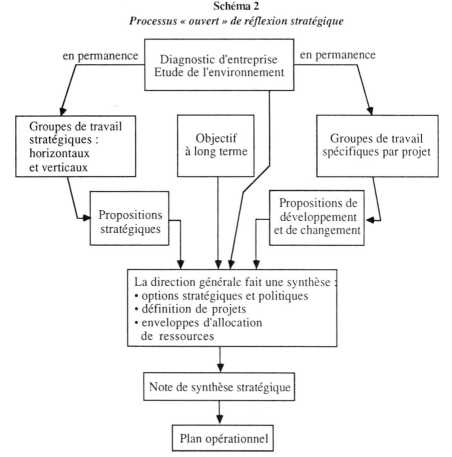

Source : *Le contrôle de gestion*, 2e éd., Paris, Publi-Union, 1986.

tion des centres de responsabilité et la consolidation au niveau global de l'entreprise.

Ces outils permettent une sélection des projets de développement de l'entreprise et une allocation des ressources en hommes et en argent. Ils permettent donc de couvrir les choix d'investissement et de désinvestissement[1], le lancement de nouveaux produits, la pénétration de marchés, l'équilibrage financier et l'évolution des ressources humaines.

Suivant les problèmes rencontrés par l'entreprise, l'accent est mis sur le côté opérationnel de ces travaux ou sur le côté financier.

Normalement, on utilise la technique des plans glissants, qui implique que les plans des trois prochains exercices soient refaits chaque année. Ainsi, une même année est retravaillée trois fois : la première fois, elle est l'année la plus lointaine du plan ; la deuxième fois, elle est l'année intermé-

---

1. Voir dans cette Encyclopédie l'article de B. Marois, « Désinvestissement international ».

diaire ; la troisième fois, elle est à la fois la première année du plan et l'année du budget. Au fur et à mesure que l'horizon se rapproche, les travaux sont affinés et la fiabilité s'améliore.

Les budgets sont des plans d'action détaillés pour atteindre les objectifs fixés dans le cadre de la première année du plan. Alors que seuls les principaux centres de responsabilité participent aux travaux du plan opérationnel, l'élaboration des budgets est, en revanche, l'occasion de faire participer un grand nombre de centres de responsabilité, compte tenu de la délégation d'autorité.

Dans un premier temps, les objectifs d'ensemble sont découpés pour que chaque centre de responsabilité ait ses propres objectifs quantifiés. Celui-ci définit alors son plan d'action détaillé, en cohérence avec les choix retenus dans le plan, et le valorise pour établir son budget d'exploitation. En parallèle, il définit son budget d'investissement dans le cadre des enveloppes d'investissement approuvées lors de l'examen de la première année du plan opérationnel. Les budgets annuels sont découpés en fonction des prévisions d'activité mensuelle.

Un aspect très important de l'élaboration des budgets est le processus de dialogue qui doit s'établir entre les différents niveaux de centres de responsabilité. Chacun d'eux doit avoir l'occasion de présenter et de « défendre » son budget vis-à-vis de son supérieur hiérarchique. Ces présentations formelles sont l'occasion d'évaluer si le plan d'action proposé est réaliste, s'il est efficace par son utilisation des hommes, du matériel et de l'argent, et s'il permet réellement d'atteindre l'objectif. Certaines entreprises demandent, en particulier, que le plan d'action soit décrit dans un document à part pour faciliter ce dialogue. A l'issue de cette évaluation, le responsable hiérarchique accepte le budget proposé sous réserve de son approbation par la direction générale ou demande d'en retravailler certains aspects. Le schéma 3 illustre ce processus.

Le contrôleur de gestion a un triple rôle dans l'élaboration des budgets. Il établit les procédures, le calendrier et les formulaires d'élaboration des budgets pour l'ensemble des centres de responsabilité, constituant ainsi la « bible budgétaire ». Il assiste les centres de responsabilité dans la définition des plans d'action et la valorisation de leurs budgets. Il assure la consolidation des budgets élémentaires pour élaborer le compte de résultats prévisionnel et aide la direction générale à évaluer les budgets. Son rôle est de faciliter le travail entre le responsable hiérarchique et son collaborateur. Dans ce dialogue, il ne doit pas être un obstacle par sa rigidité ou un filtre par sa présence [1]. En tout état de cause, ce n'est pas lui qui établit les budgets pour le compte des responsables opérationnels.

Les outils prévisionnels, plans et budgets, varient d'une entreprise à l'autre. Leurs formes et leurs procédures dépendent de l'histoire de l'entreprise, du comportement des managers et des contrôleurs de gestion, des

---

[1]. Voir, à ce sujet, G.H. Hofstède, *Contrôle budgétaire, les règles du jeu,* Paris, Hommes et Techniques, 1977.

Schéma 3

Exemple de processus budgétaire

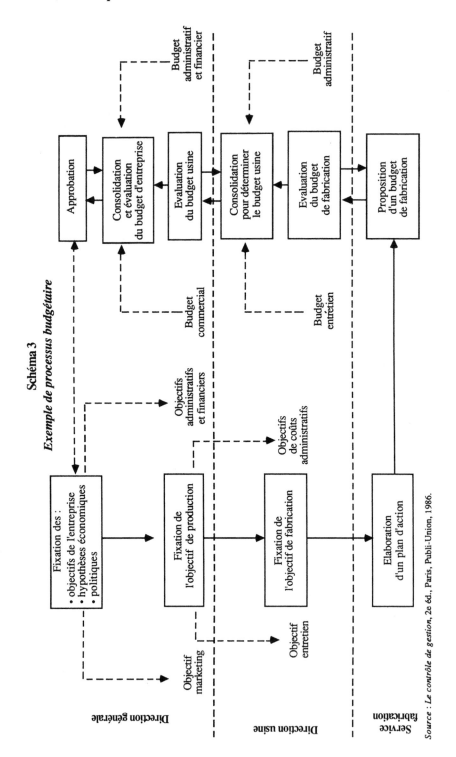

variables clés de l'entreprise, de sa situation économique, etc. La vérité n'est pas dans un « beau » système ou dans un système idéal, mais dans la qualité du travail des opérationnels, la communication entre les niveaux hiérarchiques, le réalisme et l'ambition des plans et budgets, la motivation à les atteindre.

3. Les plans et les budgets sont un instrument de contrôle de gestion

Le contrôle de gestion consiste à maîtriser la gestion de l'entreprise pour atteindre les objectifs. Il s'appuie donc sur l'élaboration du plan opérationnel et des budgets, et leur suivi, pour aider les opérationnels et la direction générale à maîtriser leur gestion[1].

Le processus de contrôle de gestion repose sur le fait que les opérationnels s'engagent sur les objectifs annuels, ou à deux ou trois ans. Le plan opérationnel et le plan d'action budgétaire définissent la manière dont ils vont les atteindre. En ce sens, le budget représente un engagement du responsable opérationnel à atteindre l'objectif. Un budget ne devrait pas être imposé à un responsable opérationnel, même pour des raisons financières, mais doit être le fruit d'un dialogue si l'on souhaite que son engagement soit réel.

Plans et budgets servent de référence pour le suivi des réalisations : suivi budgétaire et tableaux de bord et comptabilité analytique, suivi des engagements des investissements. Dans ce suivi, l'accent est mis autant sur les réalisations en cours d'année que sur les résultats prévisibles en fin d'année du budget. L'analyse des résultats est fondée sur le calcul des écarts entre la réalisation et le budget de la même période. Chaque responsable opérationnel essaie alors d'identifier les causes de ces écarts pour prendre les décisions correctives nécessaires. L'essentiel de ce processus de suivi est d'évaluer en permanence si l'objectif va être atteint en fin d'année et si le budget va être tenu.

L'engagement du responsable opérationnel à respecter son plan opérationnel et à atteindre son objectif est donc fondé sur le dialogue initial qu'il a eu avec son responsable hiérarchique lors de l'approbation du budget et l'utilisation permanente de son budget pour le suivi mensuel de sa réalisation.

De nombreuses entreprises demandent d'ailleurs aux responsables opérationnels de faire à la fin de chaque trimestre une estimation des résultats prévisibles. Celle-ci ne remet pas en cause l'objectif et le budget approuvé, mais permet d'avoir une vision du futur proche, au lieu de se contenter de l'analyse des réalisations du passé. Les décisions correctives peuvent être alors prises en tenant compte de leur impact sur le résultat en fin d'année.

Le contrôleur de gestion joue un rôle très important d'aide auprès des responsables opérationnels pour les aider dans le suivi de la mise en œuvre

---

1. Voir également dans cette Encyclopédie l'article de H. Bouquin, « Contrôle ».

des plans et budgets. Il est chargé de définir les procédures, le calendrier et les documents du suivi. Surtout, il doit assister ces opérationnels dans l'interprétation des écarts et la prise de décisions correctives. Il s'appuie pour le faire sur une bonne compréhension des choix et des plans d'action inclus dans les budgets, et sur une bonne connaissance de leur *business*.

*
* *

Plans et budgets sont les instruments fondamentaux de la gestion prévisionnelle. Ce ne sont pas des prévisions incertaines sur le futur, mais des instruments de prise de décision. Ils sont l'outil essentiel des responsables opérationnels et de la direction générale qui décident du futur de l'entreprise et mènent l'action présente.

Références

Abtey B.H., *Comptabilité analytique de gestion*, Paris, CLET-Banque, 1978.

Abtey B.H., *Contrôle de gestion : évaluation, contraintes, décisions*, Paris, CLET, 1980.

Ardoin J.L., Jordan H., *Le contrôleur de gestion*, Paris, Flammarion, 1979.

Ardoin J.L., Michel D., Schmidt J., *Le contrôle de gestion*, 2e éd., Paris, Publi-Union, 1986.

Boulot J.L., Crétal J.P., Jolivet J., Koskas S., *Analyse et contrôle des coûts*, Paris, Publi-Union, 1975.

Burlaud A., Simon C.J., *Coûts-Contrôle*, Paris, Vuibert, 1981.

Causse G., Lacrampe S., *Analyses et contrôle des coûts : principes et systèmes*, Paris, Masson, 1981.

Darolles Y., Klopfer M., Pierre F., Turq F., *La gestion financière*, Paris, Publi-Union, 1985.

Gervais M., *Contrôle de gestion et planification de l'entreprise*, 3e éd., Paris, Economica, 1988.

Heude R., *Comptabilité et informatique*, Paris, Publi-Union, 1976.

Parenteau J., Charmont C., *Calcul des prix de revient et comptabilité industrielle*, Paris, Hommes et Techniques, 1967.

Mots clés

Allocation de ressources, budget, centre de responsabilité, contrôleur de gestion, objectif, plan glissant, plan opérationnel, plan stratégique, programmation, programmes, responsable opérationnel, suivi budgétaire, variable clé.

103

Politique comptable des entreprises

Jean-François Casta

Le concept de « politique comptable » peut sembler, au premier abord, relativement paradoxal. En effet, le terme de politique fait référence au discrétionnaire, voire au contingent ; au contraire, le qualificatif comptable paraît renvoyer au normatif.

En fait, l'évolution récente de la recherche comptable permet de poser le problème en termes de choix comptables et de mesure de leurs conséquences économiques.

En pratique, les entreprises ont la possibilité, en utilisant au mieux les différentes méthodes comptables et en restant dans un cadre licite, de modifier la présentation et le contenu de leurs états financiers. Une telle action vise à atteindre les objectifs que s'assignent leurs dirigeants dans le domaine de la communication financière externe [1]. Dès lors, l'image qu'elles donnent de leur situation financière résulte d'un ensemble de signaux véhiculés par des variables comptables, puis interprétés par les analystes [2].

Une série de questions se pose à ces entreprises :
– Quel est le domaine d'application de la politique comptable ?
– Quelles sont les contraintes réglementaires qui en limitent le jeu ?
– Quels sont les instruments de la politique comptable ?
– Quelles réactions peut-on attendre du marché à une action sur ces variables comptables ?

C'est à ces quatre questions que les différentes sections de cet article visent à donner une réponse.

1. La problématique de la politique comptable

L'ensemble des choix effectués par les dirigeants sur des variables comptables (choix de méthodes d'évaluation, de méthodes de présentation)

---

1. Voir également dans cette Encyclopédie l'article de M. Levasseur, « Information comptable et marchés financiers ».
2. Voir dans cette Encyclopédie les articles de G. Charreaux, « Théorie financière », de G. Hirigoyen et J.P. Jobard, « Financement de l'entreprise : évolution récente et perspectives nouvelles », de R. Cobbaut, « Politique de dividende » et de P. Raimbourg, « Asymétrie d'information, théorie de l'agence et gestion de l'entreprise ».

et visant, dans le respect des contraintes réglementaires, à modifier le contenu ou la forme des états financiers publiés, représente l'expression de la politique comptable de l'entreprise. Celle-ci peut résulter d'une action concertée ou, au contraire, de choix implicites, voire incohérents.

1.1. Les objectifs

Suivant le cas, les objectifs de la politique comptable mise en œuvre par l'entreprise pourront être :
– le lissage des bénéfices, de façon à réduire le risque perçu par l'environnement financier,
– la minimisation des pertes publiées,
– la minimisation des bénéfices imposables [1],
– la minimisation des bénéfices distribuables.

Selon qu'il s'agit d'une petite ou moyenne entreprise (PME) à contrôle familial, d'une société candidate à l'introduction en bourse, ou d'une société faisant déjà appel public à l'épargne, la nature des motivations sera différente. Ces deux dernières accorderont une importance majeure aux objectifs purement financiers par rapport à la seule optimisation de leur gestion fiscale.

1.2. Le domaine d'application

Les instruments de la politique comptable sont variés et leur diversité élargit encore l'influence de celle-ci. Dans une acception extensive [2], nous pouvons retenir au nombre de ces instruments :
– le choix des méthodes et des principes comptables,
– le choix des méthodes de présentation des états financiers,
– la détermination du volume d'informations publiées,
– l'insertion d'états financiers facultatifs (par exemple, le tableau de financement),
– le choix (ou le changement) d'auditeur.

Le champ d'application de la politique comptable peut être défini de façon plus ou moins large. Il comprend l'ensemble des états financiers publiés : c'est-à-dire les comptes annuels, mais aussi les comptes consolidés, voire les publications intérimaires à la charge des sociétés cotées. Il est possible d'y ajouter les documents de gestion prévisionnelle [3] qui, bien que

---

1. Le bénéfice imposable est déterminé, après retraitements, à partir du bénéfice comptable (avant impôt sur les bénéfices). Ces retraitements permettent de tenir compte de la différence de définition donnée aux concepts de charges et produits par le droit comptable et la législation fiscale.
2. L'acception la plus classique ne retient que les deux premiers instruments.
3. Leur établissement résulte de la loi du 1er mars 1985 relative à la prévention des difficultés des entreprises. Les sociétés commerciales d'une certaine importance doivent établir :
– une situation de l'actif réalisable et du passif exigible,
– un tableau de financement,
– un compte de résultat prévisionnel,
– un plan de financement.

non publiés, sont communiqués au commissaire aux comptes et au comité d'entreprise.

2. Le cadre réglementaire de la politique comptable

Afin d'assurer la comparabilité des informations financières, le droit comptable repose sur un principe fondamental : la permanence des méthodes comptables d'un exercice sur l'autre, et sur son corollaire : l'obligation d'information sur les changements de méthodes comptables[1].

Le principe de permanence des méthodes est un principe de base nullement discuté dans son fondement. La sécurité en matière d'information comptable et financière dépend largement de l'application de méthodes comptables constantes d'un exercice à l'autre.

Il s'agit cependant du principe le plus exposé lorsque l'entreprise met en œuvre une politique comptable active. L'état de la pratique en ce domaine est très largement dépendant de la réglementation.

2.1. L'effet de la normalisation comptable internationale

En la matière, cette réglementation résulte des normes n° 1 et n° 8 de l'*International Accounting Standards Committee* (IASC)[2].

La norme IAS n° 1 (1974) prévoit qu'un changement de méthode ou une modification dans l'application d'une méthode comptable ayant des conséquences importantes sur l'exercice en cours ou sur les exercices ultérieurs, doit être révélé et justifié. Son effet sur le résultat doit être précisé.

La norme IAS n° 8 (1977) examine les principes relatifs à la modification d'une méthode ou d'une évaluation comptable. Elle restreint les modifications à celles imposées par un organisme de normalisation (ou par la loi) et à celles permettant une plus juste représentation des états financiers. L'information sur une modification, ainsi que sa justification, sont tempérées par l'application du concept d'importance relative. Enfin, elle différencie la comptabilisation des modifications d'évaluation :

– selon qu'elles ont une incidence sur l'exercice en cours ou sur les exercices ultérieurs,

– selon qu'elles affectent l'activité courante ou les éléments exceptionnels.

2.2. La réglementation relative aux comptes annuels

Cette réglementation résulte du plan comptable général 1982, de la loi comptable du 30 avril 1983, du décret du 29 novembre 1983 et de la recom-

---

1. Voir également dans cette Encyclopédie les articles de E. du Pontavice, « Droit comptable » et de D. Pham, « Principes comptables fondamentaux ».
2. Les normes de l'IASC ne sont pas directement applicables en France. Elles ne s'imposent aux membres de l'Ordre des experts-comptables qu'après leur adoption par celui-ci ; c'est le cas des normes n° 1 et 8.

mandation n° 15 de l'ordre des experts-comptables 1984. Elle affirme de façon plus nette que précédemment le principe de permanence des méthodes comptables. Dès lors, les changements de méthode, dérogations à ce principe, sont soumis à des conditions d'application strictes. De plus, l'entreprise est tenue de préciser dans l'annexe les méthodes comptables retenues et d'isoler celles qui sont pratiquées en vue de l'application de la législation fiscale.

La réglementation prévoit que les changements de méthode de présentation (ou d'évaluation) des états financiers ne sont admis que dans des cas exceptionnels. Ils ne peuvent avoir comme objectif que de donner une image fidèle plus conforme à la réalité, ce qui exclut tout changement de pure opportunité. Les dérogations au principe de permanence doivent être signalées dans l'annexe et motivées, avec indication de leur influence sur la situation financière et le résultat. De plus, ces modifications doivent être mentionnées dans le rapport du commissaire aux comptes.

La réglementation prévoit enfin que les changements de méthode d'évaluation à finalité purement fiscale peuvent être pratiqués dès lors qu'ils n'affectent pas le résultat courant.

La Commision des opérations de bourse (COB) précise que, sous cette condition, les amortissements et provisions régis par des règles fiscales pourront être libérés de la règle de permanence des méthodes. A titre d'exemple, la décision de reprise anticipée (ou de non dotation) de la provision pour hausse des prix n'est pas considérée comme un changement de méthode comptable, bien qu'elle affecte le résultat net comptable.

En fait, l'interaction de la fiscalité et de la comptabilité, particulière à la pratique française, a imposé un traitement différencié des changements de méthode à finalité fiscale. Ceci permet :

– de laisser toute liberté aux entreprises en matière de gestion fiscale [1],

– et d'affirmer la recherche de l'image fidèle dans un domaine strictement comptable.

2.3. La réglementation relative aux comptes consolidés

La réglementation résulte de la loi du 3 janvier 1985 et du décret du 17 février 1986 [2]. Sont tenus d'établir depuis 1986 des comptes consolidés [3] (bilan, compte de résultat, annexe) :

– les sociétés qui émettent des valeurs mobilières inscrites à la cote officielle des bourses de valeurs,

– les entreprises qui émettent des billets de trésorerie,

– les établissements publics ayant une activité industrielle ou commerciale, répondant à certains critères de taille.

---

1. Voir dans cette Encyclopédie les articles de J.C. Parot, « Stratégie d'optimisation fiscale », de P. Rassat, « Fiscalité et gestion de l'entreprise », de J.C. Parot, « Fiscalité et choix de financement de l'entreprise » et de J.P. Trésarrieu, « Droit fiscal international ».
2. Il s'agit de l'application de la VIIe directive européenne.
3. Dès 1990, pour les autres sociétés à la tête d'un groupe et dépassant certains critères de taille.

L'annexe consolidée doit comporter toutes les informations d'importance significative permettant une juste appréciation de la situation et du résultat du groupe consolidé. Elle mentionne les principes comptables et méthodes d'évaluation retenus, les principes et méthodes de consolidation utilisés [1].

Le principe de permanence et l'obligation d'information sur les changements de méthode s'appliquent aux comptes consolidés.

En pratique, les états financiers consolidés apparaissent de plus en plus, en matière de communication financière, comme les véritables comptes d'une société placée à la tête d'un groupe. Cependant, une plus grande souplesse dans le choix des méthodes d'évaluation et l'absence d'interférence des règles fiscales leur confèrent une place privilégiée dans la mise en œuvre d'une politique comptable.

3. Les instruments de la politique comptable

Une politique comptable active trouve en premier lieu ses limites dans la réglementation comptable, mais peut aussi entrer en conflit avec l'application des règles fiscales. Cependant, même en l'absence de changement de méthode, l'interprétation des principes d'évaluation engendre une latitude suffisamment importante pour permettre une modulation du résultat, et rendre délicate toute comparaison directe [2] des états financiers d'entreprises menant des politiques comptables marquées.

3.1. Au niveau des comptes annuels

Les différences constatées dans la mise en œuvre des principes d'évaluation [3] sont nombreuses. Sans être exhaustif, nous nous limiterons aux variables les plus importantes.

3.1.1. La distinction entre charges et immobilisations

Une dépense considérée comme une charge de l'exercice s'imputera directement sur le résultat ; au contraire, traitée comme une immobilisation, elle sera intégrée dans le résultat de façon étalée dans le temps, au rythme de son amortissement. Dans la plupart des cas, des critères de choix existent, mais leur application pratique suscite des divergences importantes. Il s'agit par exemple :

– du traitement des frais accessoires d'acquisition et des dépenses de réparation en ce qui concerne la détermination de la valeur d'entrée des immobilisations,

– de l'évaluation des immobilisations produites par l'entreprise, dont le coût de production est initialement saisi en comptabilité dans les charges,

---

1. Voir également dans cette Encyclopédie les articles de B. Colasse, « Comptes de groupe » et de J. Richard, « Analyse financière des groupes ».
2. C'est-à-dire sans retraitement visant à neutraliser l'effet des politiques comptables.
3. Sur la pratique des 100 premiers groupes industriels et commerciaux, voir Association technique d'harmonisation (ATH), *L'information financière en 1986*, Paris, CLET, 1987.

– du traitement des dépenses de recherche et développement (en pratique, celles-ci sont majoritairement comptabilisées en charge par les entreprises),

– du traitement des frais d'établissement,

– du traitement des charges à répartir sur plusieurs exercices (par exemple, une campagne publicitaire exceptionnelle).

3.1.2. La politique d'amortissement

L'amortissement des immobilisations corporelles est une méthode de répartition des coûts des investissements qui, du point de vue comptable, peut être calculée selon des méthodes variées (mode linéaire, dégressif, progressif...) en fonction de la dépréciation. Une fois cette méthode définie, toute modification est traitée comme un changement de méthode comptable. Au contraire, l'amortissement fiscal résulte de dispositions spécifiques. La différence entre l'amortissement comptable (c'est-à-dire l'amortissement pour dépréciation) et l'amortissement fiscal (amortissement dégressif, voire exceptionnel) est comptabilisée sous la forme d'un amortissement dérogatoire pour satisfaire aux obligations fiscales[1]. Cet amortissement dérogatoire n'affecte que les éléments exceptionnels du résultat. Pour cette raison, les changements de rythme de l'amortissement fiscal ne sont pas soumis au formalisme du changement de méthodes comptables, dès lors que l'amortissement pour dépréciation n'est pas remis en cause.

En fait, la fixation de l'amortissement pour dépréciation n'est pas neutre. Dans leur majorité, les sociétés choisissent le mode linéaire. Il leur est donc possible, sans obligation d'information sur les changements de méthode :

– de pratiquer l'amortissement dégressif une année puis d'y renoncer,

– de n'utiliser l'amortissement dégressif que partiellement,

– de rattraper globalement les amortissements dégressifs non pratiqués dans la mesure où l'entreprise était fiscalement déficitaire,

– et donc en définitive de réguler leur résultat net comptable[2].

3.1.3. La politique de constitution de provisions

Contrairement aux autres enregistrements comptables, la constitution des provisions laisse une grande latitude à l'entreprise[3] pour l'application du principe de prudence. Celui-ci conduit à évaluer :

– les dépréciations d'actif subies, mais non définitives : il s'agit alors de provisions pour dépréciation,

– les risques et charges prévisibles : il s'agit alors de provisions pour risques et charges.

---

1. Pour être déductible du résultat imposable, l'amortissement fiscal doit être enregistré en comptabilité.
2. Cependant, le résultat courant n'est pas affecté par cette pratique.
3. La différence d'appréciation du risque par rapport au montant fiscalement déductible peut éventuellement donner lieu à réintégration extra-comptable dans le résultat fiscal.

Parallèlement, tout changement de méthode sera soumis aux prescriptions du droit comptable.

Au contraire, les provisions réglementées (il s'agit essentiellement de la provision pour hausse des prix et de la provision pour fluctuation des cours) sont constituées en vertu de textes fiscaux spécifiques. Leur dotation est facultative et n'affecte que les éléments exceptionnels du résultat. En revanche, l'absence de dotation et la reprise anticipée de ces provisions constituent des décisions de pure opportunité fiscale, qui ne sont pas soumises à la réglementation des changements de méthode. Là encore, cette pratique est souvent utilisée à des fins de régulation du résultat comptable.

3.1.4. L'évaluation des stocks

Les problèmes concernent essentiellement le coût d'entrée dans le patrimoine. Il s'agit en particulier :
– du choix de la modalité d'évaluation ; deux possibilités sont retenues par la réglementation française : le coût moyen pondéré et la méthode « premier entré/premier sorti » (FIFO) [1],
– de l'évaluation des produits et en cours, notamment en ce qui concerne la détermination de la part des charges de production incorporée dans les stocks.

3.1.5. La comptabilisation des contrats à long terme

Les contrats à long terme bénéficiaires (ce sont ceux pour lesquels la marge prévisionnelle sur coût de revient est positive) peuvent être traités selon deux méthodes différentes : celle de l'achèvement des travaux ou celle du bénéfice à l'avancement des travaux.

Avec la méthode de l'achèvement des travaux, pendant l'exécution du contrat, les encours sont valorisés à la clôture de chaque exercice, mais aucun résultat n'est comptabilisé avant la livraison. Avec la solution du bénéfice à l'avancement des travaux, l'entreprise peut constater, sous des conditions au demeurant très strictes, des bénéfices nets partiels en cours d'exécution.

3.1.6. La comptabilisation des retraites et engagements assimilés

Le montant des engagements de l'entreprise en matière de pensions, de compléments de retraite doit être indiqué dans l'annexe. Par ailleurs, les entreprises peuvent décider d'inscrire au bilan, sous forme de provision, le montant correspondant à tout ou partie de ces engagements. En pratique [2], il existe une grande hétérogénéité dans les solutions retenues (provision, assurance, simple information dans l'annexe), au niveau de l'assiette

---

1. La méthode FIFO (*first in, first out*) valorise chaque sortie au prix du lot le plus ancien encore en stock. La méthode LIFO (*last in, first out*) valorise chaque sortie au prix du lot le plus récent. La méthode LIFO n'est pas retenue par la réglementation française pour les comptes annuels.
2. Voir ATH (1987).

(ensemble des salariés ou personnel retraité) et dans les méthodes de calcul (actualisation ou non de la dette). Mais les entreprises qui constituent des provisions restent minoritaires.

D'une façon générale, selon une enquête menée par P. Kienast (1984) au niveau des comptes annuels, les méthodes retenues par les sociétés françaises ayant une politique comptable cohérente varient selon les objectifs qu'elles s'assignent en matière de régulation du résultat. En effet :
– pour lisser leurs résultats, les entreprises joueraient sur les constitutions de provisions, la répartition immobilisations/charges, les dotations aux amortissements,
– afin d'augmenter leurs résultats, elles utiliseraient plutôt les méthodes d'évaluation des stocks,
– pour réduire leurs résultats, elles s'appuieraient sur les dotations aux amortissements et provisions et, dans une moindre mesure, sur l'évaluation des stocks.

3.2. Au niveau des comptes consolidés

La réglementation élargit considérablement le champ des méthodes d'évaluation utilisables pour l'établissement des comptes consolidés. En effet, il est possible de faire usage de règles d'évaluation différentes de celles retenues pour l'établissement des comptes annuels, mais plus proches des pratiques internationales.

Les comptes consolidés peuvent être établis en utilisant :
– la méthode du coût historique indexé, afin de procéder à une réévaluation sur la base de la perte de pouvoir d'achat de l'unité monétaire,
– la méthode de la valeur de remplacement pour l'évaluation des immobilisations corporelles et des stocks (au lieu de la méthode du coût historique),
– la méthode LIFO pour l'évaluation des stocks (au lieu de la méthode FIFO ou de celle du coût moyen pondéré),
– l'incorporation des frais financiers dans l'évaluation des stocks (au lieu d'une évaluation strictement limitée au coût de production),
– l'inscription en immobilisation des biens faisant l'objet d'un contrat de crédit-bail (au lieu de l'enregistrement de l'annuité en charges)[1],
– l'inscription en résultat des écarts de conversion (actif et passif) sur dettes et créances en devises (au lieu d'une absence de comptabilisation dans le résultat de ces pertes et gains latents).

De plus, la conversion des comptes (en devises) de sociétés étrangères peut être réalisée selon deux méthodes principales : celle du taux de clôture ou par la méthode mixte : taux historique/taux de clôture.

Pour ces raisons, les comptes consolidés établis pour 1986[2] mentionnent trois types de référentiels (les normes étrangères, les principes posés par la

---

1. Selon ATH (1987), cette méthode n'était retenue que par 22 % des groupes en 1986.
2. Selon ATH (1987).

nouvelle réglementation, les principes anciens) et utilisent de nombreuses variantes pour chaque principe d'évaluation.

Ainsi, pour les comptes annuels et plus encore pour les comptes consolidés, indépendamment du principe de permanence et de l'obligation d'informer des changements de méthodes comptables, il existe un ensemble très complet d'instruments qui peuvent être utilisés par l'entreprise à des fins de politique comptable. Cependant, les différents instruments d'analyse financière ont une sensibilité très variable à ce type d'action. Le bénéfice net est, par exemple, affecté par les modifications de politique d'amortissement, de provision et d'évaluation des stocks, mais l'excédent de trésorerie d'exploitation n'est nullement influencé par de telles modifications.

4. Les facteurs déterminant le choix des méthodes comptables

A la suite des travaux de R. Watts et J. Zimmerman (1978), différentes recherches se rattachant au courant positiviste ont été menées afin :
– de mettre en évidence les motivations de la politique comptable menée par les dirigeants,
– de rendre compte des facteurs expliquant le choix de méthodes particulières,
– éventuellement, d'inférer les techniques comptables retenues par les entreprises en fonction des caractéristiques de celles-ci [1].

4.1. Les motivations des dirigeants en matière de politique comptable

Les travaux empiriques, en particulier ceux de R.W. Holthausen et R. Leftwich (1983), réalisés dans le contexte économique anglo-saxon, font apparaître quatre motivations essentielles.

Les grandes entreprises recherchent le profil le plus neutre dans leurs rapports avec le grand public ou la classe politique. Ce comportement est observé notamment en matière de rentabilité de leurs activités afin :
– de ne pas susciter l'émergence de réglementations fiscales ou administratives restrictives (par exemple : loi anti-trust),
– de ne pas attirer des concurrents dans le secteur.

Les choix comptables de ces entreprises privilégient les techniques minimisant le résultat.

La deuxième motivation est la mise en œuvre d'un système de rémunération des dirigeants se référant, le plus souvent, au bénéfice comptable. Les choix comptables se portent alors sur les techniques maximisant le résultat.

La réduction des fluctuations du résultat perçues par les investisseurs comme un facteur de risque est la troisième motivation. Les techniques comptables sont alors utilisées de façon alternative afin de « lisser » le résultat.

---

1. Voir également dans cette Encyclopédie l'article de M. Levasseur, « Information comptable et marchés financiers ».

La dernière motivation est liée à la politique d'endettement de l'entreprise, elle-même soumise à des normes se référant aux ratios comptables.

De plus, ces différentes motivations sont souvent corrélées avec la taille de l'entreprise, la concentration dans le secteur ou le degré de diffusion du capital social.

4.2. Quelques exemples de facteurs déterminant le choix des méthodes comptables[1]

La théorie des conséquences économiques des choix comptables exposée par R.W. Holthausen et R. Leftwich a fait l'objet de tests empiriques portant sur l'utilisation alternative de techniques comptables. Les auteurs utilisent le plus souvent la régression linéaire multiple pour étudier le lien existant entre les choix comptables de l'entreprise et les variables explicatives.

4.2.1. La décision de « capitaliser » les intérêts à l'actif dans le coût des immobilisations en cours (au lieu de les comptabiliser en charges). Cette solution, qui a pour conséquence de majorer le bénéfice de l'exercice, est pratiquée par :
– les entreprises dont les ratios financiers sont les plus proches des contraintes imposées par les contrats de prêts,
– les firmes de grande taille.

4.2.2. La décision d'immobiliser à l'actif les coûts de recherche et développement (au lieu de les comptabiliser en charges)[2]. Cette solution est retenue par les entreprises de plus petite taille :
– utilisant un fort levier financier,
– distribuant la plus grande proportion de leur bénéfice.

En effet, cette technique, augmentant le résultat comptable, permet de mieux satisfaire aux contraintes qui leur sont imposées contractuellement, lors de la négociation des emprunts, sous la forme de ratios financiers. A l'inverse, pour les entreprises de plus grande taille, cet objectif reste secondaire au regard de la recherche d'une minoration de leur bénéfice comptable.

4.2.3. Le choix de la méthode d'amortissement (linéaire ou accéléré). La technique d'amortissement linéaire est de préférence pratiquée par les entreprises :
– utilisant un fort levier financier,
– à structure de capital diffuse, sans bloc de contrôle,
– à gestion managériale.

---

1. Ces exemples se réfèrent aux techniques comptables à la disposition des entreprises américaines.
2. Depuis lors, la norme n° 2 du FASB prévoit que ces dépenses doivent être systématiquement comptabilisées dans les charges de l'exercice.

En effet, dans de telles entreprises, les dirigeants déterminant totalement la politique d'information financière, ce choix technique permet de majorer le résultat publié.

D'autres études ont établi une relation entre ces modifications de la méthode d'amortissement (passage de l'amortissement accéléré à l'amortissement linéaire) et la politique de distribution de dividendes, notamment dans le cas de sociétés pour lesquelles cette distribution est limitée par les clauses de contrat de prêt.

4.2.4. Le choix d'une méthode d'évaluation des stocks (LIFO ou FIFO)[1]. En période inflationniste, le choix de la méthode FIFO a pour conséquence de minorer le coût des sorties de stock et fait donc ressortir un résultat comptable plus élevé que celui qui correspond à l'application de la méthode LIFO. Différentes études montrent qu'afin de réduire leur résultat, cette technique est retenue de préférence par les entreprises :
– de grande taille,
– exerçant dans un secteur à fort taux de concentration.

Ces quelques exemples tirés d'une rapide revue des études empiriques mettent en évidence que les choix comptables des entreprises aux Etats-Unis sont notablement influencés par leur taille, leur structure financière, la nature des clauses insérées dans les contrats de prêt, la structure de leur capital et le système d'intéressement de leurs dirigeants.

5. La réaction du marché aux changements de méthode

De nombreuses recherches empiriques[2] traitent de l'impact sur le marché d'une action sur les variables comptables. Le cadre théorique d'analyse est fourni par le modèle de marché et, plus particulièrement, par l'hypothèse d'efficience des marchés de capitaux[3].

5.1. L'hypothèse d'efficience des marchés de capitaux

Cette hypothèse correspond à une représentation simplifiée mais réaliste du marché parfait. De façon générale, l'hypothèse d'efficience implique, selon E.F. Fama (1970), que sur un marché le cours reflète entièrement et instantanément toute l'information pertinente disponible. Elle n'implique pas que tous les intervenants disposent de toute nouvelle information. Il suffit que ceux qui font le marché (investisseurs institutionnels, analystes financiers...) soient informés pour que le marché suive. Selon la nature de

---

1. Ce sont deux méthodes d'évaluation des sorties de stock au cours d'une période utilisant la technique dite « de l'épuisement des lots ». Les lots correspondent aux entrées successives en stock à prix identique.
2. Pour une revue de ces travaux, voir J.F. Casta (1985).
3. Voir dans cette Encyclopédie les articles de G. Charest, « Rendement, risque et portefeuilles », de G. Charreaux, « Théorie financière », de R. Cobbaut, « Théorie du marché financier » et de M. Levasseur, « Information comptable et marchés financiers ».

l'information prise en compte, trois formes d'efficience sont généralement définies : faible, semi-forte et forte.

5.1.1. La forme faible

Dans cette hypothèse, l'investisseur informé de l'évolution historique des cours n'est pas plus apte à prédire les mouvements futurs du cours que celui qui ignore tout de cette évolution. Le cours actuel reflète toute l'information liée aux séries historiques de cours. Les études empiriques réalisées aux Etats-Unis et au Royaume-Uni valident généralement l'hypothèse sous sa forme faible.

5.1.2. La forme semi-forte

Dans ce cas, les cours actuels reflètent toute l'information publique, qu'elle soit historique ou actuelle (augmentation des dividendes, projet de fusion, information économique et financière...). Un certain nombre de recherches empiriques aux Etats-Unis et en Grande-Bretagne démontrent la validité de l'hypothèse sous sa forme semi-forte. Cette forme de l'hypothèse d'efficience concerne particulièrement l'information comptable diffusée à travers les états financiers (annuels, consolidés, ou intérimaires) et les rapports des commissaires aux comptes. Ces états financiers constituant l'essentiel de l'information publique, tout changement de pure forme n'apportera aucune information supplémentaire au marché dans la mesure où les investisseurs procèdent à tous les retraitements utiles.

5.1.3. La forme forte

Elle concerne l'information publique et privilégiée. Cette forme de l'hypothèse d'efficience n'est pas validée par les études empiriques.

5.2. Rappels méthodologiques

Les études empiriques traitant de l'effet des changements de méthodes comptables reposent sur l'analyse du résidu calculé à partir du modèle de marché. Pour un titre i, à la date t, la variable résiduelle $\in_{it}$, est la différence entre :
– la rentabilité observée sur le marché R_{it},
– et la rentabilité estimée à partir du modèle de marché,
soit :

$$\overline{R}_{it} = \hat{\alpha}_i + \hat{\beta}_i R_{mt}$$

Eliminant l'effet de marché, le résidu $\in_{it}$ mesure la rentabilité anormale due à l'apparition d'une information ou d'un événement durant la période étudiée. Son traitement permet de déterminer l'impact d'une information sur le marché. Pour ce faire, deux méthodes analysées ci-dessous peuvent être utilisées.

5.2.1. La méthode de l'indice de performance anormale : Abnormal Performance Index (API)

Cette indice mesure, à une date T, la rentabilité anormale cumulée moyenne procurée par un portefeuille de N titres, soit :

$$\text{API}_T = \frac{1}{N} \sum_{i=1}^{N} \prod_{t=t_0}^{T} (1 + \in_{it})$$

La valeur de l'indice API est calculée pour chacune des dates situées autour de la période d'annonce du changement de méthode.

5.2.2. La méthode du résidu moyen cumulé : Cumulative Average Residual (CAR)

Pour une entreprise, il est calculé la moyenne des résidus pour chacune des périodes comprises entre la date t_0 (date de l'annonce) et une date T. Le CAR est la somme des rendements anormaux moyens pour l'ensemble du portefeuille, soit :

$$\text{CAR}_T = \frac{1}{N} \sum_{i=1}^{N} \sum_{t=t_0}^{T} \in_{it}$$

Il est à noter, pour le CAR comme pour l'API, que cette méthodologie d'analyse d'événements nécessite l'utilisation d'un modèle de prévision du bénéfice par action.

5.3. La réaction du marché aux modifications de méthodes comptables

Le marché se laisse-t-il abuser par des changements d'ordre comptable visant à améliorer artificiellement la situation de l'entreprise ? Parmi les études les plus significatives menées aux Etats-Unis traitant de ce problème, nous distinguerons les modifications :
– sans incidence sur la valeur de l'entreprise,
– ayant un double effet, de sens inverse, sur le résultat comptable et sur la valeur de l'entreprise,
– effectuées à titre obligatoire ou volontaire.

5.3.1. Les modifications n'ayant pas d'incidence sur la valeur de l'entreprise

Ce sont des modifications de pure forme qui engendrent une hausse mécanique du résultat comptable, sans incidence sur le cash-flow, les méthodes fiscales étant inchangées.

Il peut s'agir, par exemple :
– de la possibilité de comptabiliser sur un seul exercice le crédit d'impôt lié à un investissement au lieu de l'étaler sur la durée d'amortissement. La première étude a été faite par R.S. Kaplan et R. Roll (1972),

– du remplacement de l'amortissement dégressif par l'amortissement linéaire sans changer l'amortissement fiscal [1], étudié par R.S. Kaplan et R. Roll (1972) et R.W. Holthausen (1981).

Si le marché appréhendait correctement la signification de l'augmentation du résultat comptable, il ne devrait en résulter aucune évolution significative de la rentabilité anormale des titres. Au contraire, R.S. Kaplan et R. Roll, observèrent dans les deux cas un même phénomène : l'augmentation provisoire de la rentabilité anormale suivie plus ou moins rapidement d'une baisse des cours, comme le montre le graphique 1.

Les entreprises ayant étendu le changement de méthode de comptabilisation du crédit d'impôt aux investissements antérieurement réalisés enregistrèrent un fléchissement de leur rentabilité (malgré l'augmentation du bénéfice comptable).

Ces études mettent en évidence :

– que le marché, dans un premier temps, peut être influencé par une augmentation artificielle du résultat comptable, sans modification du cash-flow, mais qu'il n'est pas très longtemps abusé par ce type de manipulation,

– qu'au contraire, de telles modifications peuvent entraîner une baisse importante de la rentabilité du titre.

Graphique 1
Modifications n'ayant pas d'incidence sur la valeur de l'entreprise

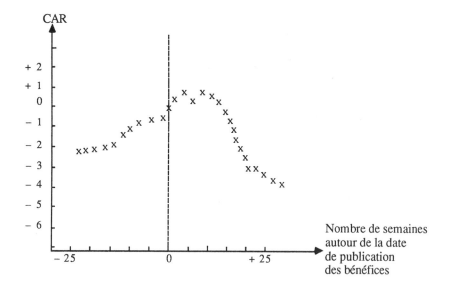

---

1. Cette situation n'est pas envisageable en France en raison du formalisme comptable imposé par les règles fiscales.

5.3.2. Les modifications ayant un double effet, de sens inverse, sur le résultat et sur la valeur de l'entreprise

Le passage, en période d'inflation, de la méthode FIFO à la méthode LIFO pour l'évaluation des stocks illustre bien cette situation puisqu'il diminue le résultat comptable, induit une économie d'impôt si la modification est admise du point de vue fiscal (ce qui n'est pas le cas en France) et donc augmente la valeur de l'entreprise. Ce cas a été abondamment traité en raison de son intérêt théorique : il devrait en principe entraîner une augmentation de la rentabilité anormale malgré la diminution du résultat comptable.

Certaines études font ressortir que les entreprises qui pratiquent de telles modifications enregistrent une augmentation de la rentabilité de l'ordre de 5 % à 7 % dans les douze mois précédant l'adoption de la méthode LIFO. Le graphique 2 illustre ce phénomène.

Graphique 2
Modifications ayant une incidence sur la valeur de l'entreprise

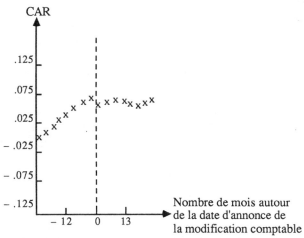

Source : S. Sunder (1975).

Au contraire, d'autres recherches plus récentes (W. Ricks, 1982) tendent à montrer que la même modification engendre une baisse de rentabilité de l'ordre de 8 % dans les mois suivant l'opération.

Il semble donc que la réaction du marché à ce type complexe de modification soit ambiguë et qu'en conséquence la manipulation de l'information soit moins « transparente ».

En conclusion, bien que l'ensemble des tests ne soit pas convergent, nous retiendrons que le marché semble :

– « voir » au-delà des manipulations d'information, dès lors que celles-ci sont simples ; le marché peut même pénaliser les entreprises qui les pratiquent,

– se laisser abuser, dès lors que les modifications sont de nature complexe.

5.3.3. *Les modifications comptables obligatoires et les modifications volontaires*

Certaines recherches étudient la réaction du marché aux modications comptables imposées par la réglementation par opposition aux changements de méthodes volontaires des dirigeants d'entreprise. Il apparaît que les modifications comptables laissées à la discrétion des dirigeants et ayant pour effet d'accroître les bénéfices ont un impact négatif sur les cours. Les mêmes modifications effectuées à titre obligatoire auraient un effet positif.

Ces résultats semblent indiquer que le marché pénalise les firmes adoptant des modifications comptables volontaires, soit parce que celles qui les pratiquent ont les plus mauvais résultats, soit parce que ces modifications sont perçues comme le signe de difficultés futures.

5.4. *La réaction du marché et la certification des états financiers*

La mission de l'auditeur légal (en France, le commissaire aux comptes) est d'exprimer une opinion [1] sur les comptes annuels et, s'ils sont établis, sur les comptes consolidés. Cette certification des états financiers est un élément essentiel qui accroît la crédibilité de l'information publiée.

5.4.1. *Le contenu informatif du rapport de l'auditeur*

Les recherches [2] traitant du contenu informatif des réserves ou du refus de certification [3] mettent en évidence un effet très variable sur le marché :
– les réserves graves (par exemple : surévaluation de l'actif, non-continuité de l'exploitation) s'accompagnent d'un fléchissement important (supérieur à 30 %) des cours,
– les autres réserves ne provoquent pas de variation significative.

Si le marché réagit de façon différenciée selon le motif des réserves, il est cependant difficile d'attribuer les importantes baisses constatées avant la publication du rapport d'audit à une anticipation de ce dernier par le marché. En effet, l'opinion de l'auditeur ne fait en général que confirmer des informations économiques déjà connues des investisseurs. C'est par exemple le cas de risque portant sur la pérennité de l'entreprise.

5.4.2. *L'émergence de l'effet de signature*

Les recherches [4] sur l'effet de signature attaché au rapport de l'auditeur mettent en évidence :
– la sensibilité du marché à la qualité de la signature, c'est-à-dire à la notoriété de l'auditeur,

---

1. Cette opinion peut s'exprimer par : une certification sans réserve, une certification avec réserve(s), un refus de certifier.
2. La plus représentative est celle de P. Dodd, N. Dopuch, R. Holthausen et R. Leftwich (1984).
3. Il s'agit essentiellement d'une information négative, la certification sans réserve étant la situation la plus fréquente.
4. Voir L. de Angelo (1981).

– l'importance des changements d'auditeur, visant à rechercher une signature plus prestigieuse et se manifestant souvent :

- lors de graves difficultés internes (par exemple : conflits entre les actionnaires et les managers),
- lors des actes importants de la vie des sociétés (par exemple : accès au marché financier).

5.5. La transposition au marché français

Il est toujours délicat de transposer les conclusions de recherches menées dans un contexte économique et financier différent, d'autant qu'en ce domaine la validité de l'hypothèse d'efficience n'a jamais été nettement établie sur les marchés français. En tout état de cause, sa portée pratique ne peut être que limitée eu égard à la proportion certes croissante, mais encore relativement faible, des entreprises faisant appel au marché financier[1]. Malgré ces réserves, un certain nombre d'aménagements techniques et une amélioration constante de la qualité de l'information financière concourent à une plus grande efficience des marchés français. C'est essentiellement cette tendance qu'il convient de retenir.

Qu'en est-il de la pratique des changements de méthode ?

Malgré une réglementation plus stricte, les rapports les plus récents de la Commission des opérations de bourse (COB) mettent en évidence :

– des changements de méthode donnant lieu à des explications techniques sans aucune justification d'une situation nouvelle,

– des applications rétroactives de changements de méthode,

– la persistance de méthodes comptables non conformes à la réglementation actuelle[2].

La COB reconnaît dans ses rapports annuels que l'application du principe de permanence reste hésitante. Elle relève même de nombreux cas de changements de méthode intempestifs, injustifiés et souvent mis en œuvre de façon rétroactive.

*
* *

La politique comptable de l'entreprise se développe dans le cadre d'une réglementation de plus en plus stricte, exigeante certes, mais généralement peu contraignante au niveau des méthodes retenues.

A l'intérieur de cet espace de liberté, l'entreprise a la faculté d'exercer de véritables choix, implicites ou explicites, qui conditionnent la présentation des états financiers. En pratique, ces choix ont souvent pour objet de procéder à une certaine régulation du résultat comptable.

---

1. Il convient de rappeler qu'aux Etats-Unis 80 % de l'activité économique est cotée en bourse.
2. Par exemple, la dotation de provisions pour risques généraux non justifiés et l'amortissement de la totalité d'une immobilisation dès sa mise en service.

Cependant, le marché (ou tout au moins les analystes financiers) paraît peu sensible, au-delà de l'effet immédiat, à toute manipulation comptable ayant un effet purement artificiel. Il semble même pénaliser, plus ou moins fortement, les sociétés qui abuseraient de telles pratiques.

Ces enseignements devraient s'imposer de plus en plus à l'entreprise pour la mise en œuvre de sa politique comptable. Ils impliquent pour celle-ci la nécessité d'élaborer une information financière de qualité, c'est-à-dire pertinente, transparente, significative et auditée par des signatures « reconnues ».

Références

Angelo (de) L., « Auditor Size and Quality », *Journal of Accounting and Economics* (December 1981) : 183-200.

Association technique d'harmonisation (ATH), *L'information financière en 1986*, Paris, CLET, 1987.

Casta J.F., « Défaillance des entreprises, information financière et audit légal », Thèse de Doctorat, Université de Paris-Dauphine, 1985.

Dodd P., Dopuch N., Holthausen R., Leftwich R., « Qualified Audit Opinion and Stock Prices : Information Content, Announcement Dates and Concurrent Disclosures », *Journal of Accounting and Economics* (April 1984) : 3-38.

Fama E.F., « Efficient Capital Markets : A Review of Theory and Empirical Work », *Journal of Finance* (vol. 25, 1970) : 383-417.

Holthausen R.W., « Evidence on the Effect of Bond Convenants and Management Compensation Contracts on the Choice of Accounting Techniques. The Case of the Depreciation Switchback », *Journal of Accounting and Economics* (March 1981) : 73-109.

Holthausen R.W., Leftwich R., « The Economic Consequences of Accounting of Costly Contracting and Monitoring », *Journal of Accounting and Economics* (# 5, 1983) : 77-117.

Kaplan R.S., Roll R., « Investor Evaluation of Accounting Information : Some Empirical Evidence », *The Journal of Business* (April 1972) : 225-257.

Kienast P., « La politique des entreprises et l'analyse financière », Cahier de recherche # 242, Centre HEC-ISA, 1984.

Ricks W., « The Market Response to the 1974 Adoptions », *Journal of Accounting Research* (Autumn 1982) : 367-387.

Sunder S., « Stock Price and Risk Related to Accounting Changes in Inventory Evaluation », *The Accounting Review* (April 1975) : 305-380.

Watts R., Zimmerman J., « Towards a Positive Theory of the Determination of Accounting Standards », *The Accounting Review* (January 1978) : 112-134.

Mots clés

Amortissement, auditeur, certification des états financiers, changements de méthodes comptables, choix des méthodes comptables, communication financière, comptes annuels, comptes consolidés, contrats à long terme, courant positiviste, efficience des marchés de capitaux, évaluation des stocks, information financière, politique comptable, principe de permanence des méthodes, principes d'évaluation, provisions, réaction du marché aux modifications des méthodes comptables, retraites et engagements assimilés, théorie des conséquences économiques des choix comptables.

104

Politique de dividende

Robert Cobbaut

L'expression « politique de dividende » désigne traditionnellement l'ensemble des règles de conduite dont une firme s'est dotée en matière d'allocation de son profit net entre la distribution en espèces aux détenteurs d'actions (dividende) et la rétention ou mise en réserve[1].

Avant d'exposer les diverses théories élaborées à cet égard, il y a lieu de présenter les principales études descriptives du comportement des firmes en la matière, afin de pouvoir évaluer l'aptitude des différentes théories à rendre compte des comportements observés.

Les théories maintenant classiques en matière de politique de dividende ont pour trait commun d'être fondées sur l'hypothèse qu'il n'existe pas de conflit d'intérêts entre diverses catégories d'actionnaires ou, dans un langage plus approximatif, que ce qui est bon pour la firme l'est aussi pour la totalité de ses actionnaires. Dans ce cadre s'est installée une controverse entre les tenants de la « neutralité » de la politique de dividende, dont les chefs de file sont M.H. Miller et F. Modigliani, et ceux qui estiment, plus traditionnellement, qu'il existe une relation positive entre le taux de distribution et la valeur de l'action.

Les élaborations théoriques récentes considèrent explicitement qu'il existe entre les catégories d'actionnaires, et plus généralement entre les diverses catégories de participants au marché financier, des différences de niveau d'information et/ou des divergences d'intérêt qui nécessitent des développements conceptuels nouveaux et plus sophistiqués, tels les théories des signaux et de l'agence. Sans résoudre tous les problèmes et lever toutes les ambiguïtés, la mise en œuvre de ces concepts nouveaux en matière de politique de distribution a ouvert de nouvelles pistes de réflexion et contribué à rendre intelligibles des pratiques financières dont n'avaient pu rendre compte les constructions théoriques antérieures.

1. Le comportement de distribution des entreprises

De nombreuses études ont été effectuées dans différents contextes spatiaux, sur le comportement des entreprises en matière de distribution. La

---

1. Voir également dans cette Encyclopédie l'article de P. Vernimmen, « Politique financière de l'entreprise ».

très grande majorité de ces travaux sont des variantes, souvent très proches, du fameux modèle d'ajustement partiel de J. Lintner (1956). Basé sur une large campagne d'interviews auprès des firmes américaines, ce modèle vise à rendre compte de politiques de distribution fondées sur la conviction que « la plupart des actionnaires préfèrent un dividende raisonnablement stable, et que le marché sanctionne positivement la stabilité ou la croissance graduelle du dividende » [1]. En conséquence, les directions d'entreprise adoptent ce que l'auteur appelle un *target payout ratio* [2], c'est-à-dire un pourcentage fixe des bénéfices nets, considéré comme un taux de distribution normal, ou encore idéal. La plupart des dirigeants d'entreprise éprouvent par ailleurs une grande répulsion à réduire le dividende, ce qui leur fait apparaître comme exagérément risquée l'attitude qui consiste à ajuster immédiatement le dividende à toute variation positive des profits. Ils adoptent par conséquent une stratégie d'« adaptation continue, partielle et progressive », qui se traduit en termes opérationnels par des standards plus ou moins précis de vitesse d'ajustement du dividende à la croissance bénéficiaire.

En termes formels, le modèle comporte les deux relations suivantes :

$$\Delta D_t = D_t - D_{t-1} = a + c\,(D^*_t - D_{t-1}) + \varepsilon_t \tag{1}$$

$$D^*_t = r\,B_t \tag{2}$$

Les variables introduites dans le modèle sont :
- D_t = le montant du dividende par action de l'exercice t ;
- B_t = le montant du bénéfice net par action de l'exercice t.

Les paramètres à estimer sont :
- a = un terme constant ;
- c = le coefficient de vitesse d'ajustement du dividende à la croissance bénéficiaire ;
- r = le *target payout ratio*.

D^*_t est par conséquent une grandeur inobservable, à savoir le dividende qui serait effectivement payé si l'adaptation du dividende à la croissance bénéficiaire, au lieu d'être partielle et progressive, était immédiate et se traduisait par un coefficient de vitesse d'ajustement égal à l'unité.

En combinant [1] et [2], on obtient une équation qui peut faire l'objet d'une estimation par régression multiple :

$$D_t - D_{t-1} = \alpha + \beta_1 B_t + \beta_2 D_{t-1} + v_t \tag{3}$$

où
$$\alpha = a$$
$$\beta_1 = cr$$
$$\beta_2 = -c$$

---

1. J. Lintner (1956), p. 99.
2. La traduction la plus exacte du terme anglais *target* est le mot cible.

L'estimateur de la vitesse d'ajustement est donc la valeur absolue de l'estimateur du coefficient de régression β_2 (puisque $\beta_2 = -c$), tandis que l'estimateur du *target payout ratio* est donné par l'expression $(\beta_1 / |\beta_2|)$.

Cette équation de régression est compatible avec plusieurs logiques explicatives. Outre la logique d'ajustement partiel développée par J. Lintner, on peut également transformer cette expression en un modèle à « retards distribués » où le dividende courant est fonction des valeurs passées du bénéfice par action. On peut également l'interpréter en termes d'une logique d'adaptation progressive, où r peut être interprété comme la propension de long terme à distribuer, tandis que c peut, à l'inverse, être défini comme une propension de court terme à la rétention des bénéfices[1].

La mise en œuvre de ce modèle donne en général de bons résultats pour les firmes individuelles. Ce qui frappe le plus, c'est la grande dispersion des estimations obtenues. Ainsi, dans une étude effectuée sur des échantillons pairés[2] de sociétés belges et américaines, on a obtenu pour le *target payout ratio* les distributions suivantes :

Tableau 1
Dispersion des coefficients de distribution

Target payout ratio	Pourcentages du total des entreprises	
	américaines	belges
0,200 – 0,299	–	3
0,300 – 0,399	3	9
0,400 – 0,499	17	16
0,500 – 0,599	23	3
0,600 – 0,699	30	25
0,700 – 0,799	10	13
0,800 – 0,899	7	22
0,900 – 0,999	10	9

Source : R. Cobbaut (1969), p. 211.

On observe par ailleurs que les entreprises américaines ont des vitesses d'ajustement à la croissance bénéficiaire beaucoup plus basses que leurs homologues belges. Les premières pratiquent donc une politique de dividendes beaucoup plus stables que les secondes, car elles s'exposent beaucoup moins au risque de devoir réduire leur dividende. Il n'est pas question de s'attacher ici à l'analyse de causes de cette différence structurelle. On se bornera à mentionner deux conclusions communes à la plupart des études empiriques consacrées à cette question :

– quelle que soit l'interprétation qu'on en donne (*target payout ratio* ou propension de long terme à distribuer), la grande majorité des firmes dont

---

1. Pour un développement formalisé de ces trois logiques, voir R. Cobbaut (1969), chapitre II.
2. Les échantillons pairés sont des échantillons constitués de paires de firmes aussi semblables que possible, à une caractéristique près (ici, la nationalité).

les actions sont cotées sur un marché boursier possèdent un « taux standard de distribution » dont elles s'efforcent, en circonstances normales, de ne pas s'écarter ;

– on constate une grande dispersion de ces standards, même à l'intérieur des diverses branches d'activité.

Ce sont là deux faits incontestables, auxquels il faut s'efforcer maintenant de donner un sens.

2. La controverse sur la neutralité de la politique de dividende

Après avoir exposé sur un plan purement théorique, et par conséquent dans un contexte extrêmement simplifié, les bases de la thèse de la neutralité de la politique de dividende, on se demandera dans un second temps si la prise en compte de la fiscalité implique nécessairement l'abandon de cette thèse.

2.1. Les fondements théoriques

La question théorique fondamentale qui se pose à propos de la politique de dividende est celle du lien existant entre celle-ci et la valeur de l'entreprise pour ses actionnaires. B. Graham et D.L Dodd, dont le traité d'analyse financière, plusieurs fois réédité et remanié, a fait autorité pendant plus d'un quart de siècle, ont avancé l'affirmation, maintes fois répétée et paraphrasée, qu'un dollar distribué en dividendes a, en moyenne, sur le prix de l'action un impact quatre fois supérieur à celui d'un dollar de bénéfices mis en réserves [1]. La littérature théorique, assez peu développée, qui avait cours à ce moment, se contentait de l'affirmation d'un assez vague « principe marginal » prescrivant que les bénéfices doivent être distribués aux détenteurs de parts aussi longtemps que ceux-ci peuvent en obtenir ailleurs un rendement plus élevé, les risques relatifs étant pris en considération. En l'absence d'une mesure de risque permettant des tests empiriques d'une telle proposition, le débat, d'ailleurs assez flou, suscité par les affirmations radicales de B. Graham et D.L. Dodd, n'avait jamais été tranché avant la décennie soixante. Les résultats, à cet égard surprenants, de la mise en œuvre du modèle de comportement de J. Lintner, présenté au paragraphe précédent, n'avaient pas suffi à déclencher une controverse d'envergure. Il fallut donc attendre que M.H. Miller et F. Modigliani (MM ; 1961) réitèrent leur coup de force de 1958 à propos de la politique d'endettement et affirment avec éclat la thèse de la neutralité de la politique de dividende pour que le débat soit effectivement lancé. On s'en tiendra ici à ce qui constitue le cœur de ce débat, sans en développer les aspects plus techniques. Dans ce cas précis, ceux-ci ne sont pas directement impliqués dans l'argumentation de fond. Ils concernent plutôt la question de la généralité des propositions énoncées. MM ont, en effet, démontré l'équivalence fondamen-

---

1. B. Graham, D.L. Dodd, S. Cottle, C. Tatham (1962), p. 486. Ces auteurs ont contribué à populariser dans le monde de la finance le dicton : *A bird in the hand is worth more than two in the bush.*

tale des formules d'évaluation de l'action, qu'elles consistent à capitaliser le flux de dividendes, de bénéfices, ou encore de revenus nets d'exploitation. Ils ont également montré que cette conclusion peut être étendue au cas où la croissance est explicitement prise en compte.

Pour bien comprendre la portée de la thèse de la neutralité du dividende, il importe de se rendre compte qu'il faut dissocier l'effet de la politique de dividende sur la valeur de l'action d'autres effets concomitants. En effet, une société peut envisager d'abaisser son dividende pour réaliser sur base de l'autofinancement des projets d'investissement intéressants. Mais, dans ce cas, la politique de dividende n'est qu'un sous-produit de la politique d'investissement. De même, une société peut envisager d'accroître son dividende parce qu'elle vient de réviser à la hausse son taux d'endettement. Mais, dans ce dernier cas, la politique de dividende n'est qu'un sous-produit de la politique d'endettement. Ce sur quoi il convient de raisonner, c'est l'effet sur la valeur de la firme de la politique de dividende, les politiques d'investissement et d'endettement étant données et ne subissant aucune modification en cas de changement de la politique de dividende. Dans ces conditions, les fonds nécessaires à une augmentation du dividende ne peuvent provenir que de la vente de nouvelles actions. Si on se trouve sur un marché financier efficient, de nouveaux actionnaires n'accepteront d'acheter ces actions que si elles valent exactement ce qu'on leur en demande. Mais, si ses actifs, ses bénéfices et ses possibilités d'investissement sont, par hypothèse, inchangés, la société n'a aucune possibilité de créer cette valeur. Celle-ci ne peut donc être que transférée des anciens actionnaires vers les nouveaux [1]. Sur un marché efficient, ce transfert sera exactement égal au montant nécessaire à l'augmentation du dividende. On peut donc dire que, dans cette hypothèse, les actionnaires en place ne peuvent financer un accroissement de dividende qu'en vendant une part de leurs droits de propriété dans la firme.

Dans un univers sans fiscalité, ou du moins où la fiscalité est strictement neutre au mode de réalisation du revenu, il sera indifférent pour chaque actionnaire individuel que la firme réalise cette opération pour lui ou qu'il l'effectue lui-même pour son compte personnel en vendant une partie des titres qu'il détient.

En résumé :

– les actionnaires en place seront indifférents à ce que l'accroissement du dividende se réalise par une dilution de la valeur de chacune des parts qu'ils détiennent ou par une réduction proportionnelle du nombre de ces parts [2] ;

---

1. Cette formulation suppose implicitement que les nouvelles actions sont vendues au prix d'équilibre du marché. Sur les marchés où les émissions se font avec décote, ce qui entraîne un droit de préemption au profit des anciens actionnaires, le procès de transfert de valeur est évidemment plus complexe.
2. En vertu de la même logique, les actionnaires doivent être indifférents à ce que la société consacre une somme donnée à accroître le dividende ou à racheter ses propres actions. On sait que cette dernière opération est prohibée dans certains pays, et réglementée dans d'autres à un point tel que le coût d'une opération est réellement prohibitif. Dans ces deux cas, le souci du législateur est de préserver l'égalité de tous les actionnaires devant une proposition de rachat. Là où on observe une prohibition pure et simple du rachat, c'est que l'opinion prévaut qu'il est impossible d'assurer cette égalité.

– la réduction de la part de la fortune des actionnaires en place investie dans les parts de la société sera exactement compensée par l'accroissement de leurs avoirs en monnaie.

Sur un marché efficient, les actionnaires n'ont pas besoin de percevoir des dividendes pour se procurer des liquidités. Plus exactement, la perception de dividendes n'est pas pour eux la voie la moins coûteuse pour se procurer des liquidités [1]. Il n'y a donc pour eux aucune raison d'accepter de payer des prix plus élevés pour des sociétés à *payout* élevé, toutes autres choses étant égales. Les sociétés peuvent donc ne pas se soucier de leur politique de dividende, et laisser en conséquence leurs dividendes fluctuer en fonction des besoins internes de liquidités engendrés par leurs décisions en matière d'investissement et d'endettement.

A ce stade de la réflexion, on se doit de faire remarquer que cette dernière conclusion ne cadre pas avec les constatations de la majorité des études de comportement en matière de distribution qui font apparaître, pour la grande majorité des sociétés cotées en bourse, des standards assez précis en matière de *payout*. Est-il vrai pour autant, comme d'aucuns le prétendent, que ces constatations infirment la thèse de MM ? Deux arguments principaux sont avancés en ce sens. Le premier a trait au contenu d'information du dividende. Il paraît, en effet, indéniable que, confrontés à l'incertitude de l'avenir, les actionnaires accorderont plus de poids à une hausse des dividendes qu'à la simple affirmation par les dirigeants que les perspectives de la société sont favorables. Plus exactement, ils accueilleront avec d'autant plus de confiance une telle affirmation qu'elle se trouve corroborée par une hausse du dividende. Toutefois, MM font remarquer qu'à moins de perdre toute signification, cet effet d'information ne peut être que transitoire. Après quelque temps, les actionnaires pourront recouper cette information et réajuster leur évaluation s'il s'avère qu'ils ont été, volontairement ou involontairement, induits en erreur. De manière plus fondamentale encore pour ce qui nous occupe, ce sont, font observer MM, les changements de niveau du *payout* qui possèdent une contenu d'information, et non ce niveau lui-même. L'existence d'un effet d'information, porté par les changements de niveau, n'a rien d'incompatible avec leur théorie, qui affirme l'absence de signification du niveau même du *payout* et se trouve d'ailleurs corroborée par la large dispersion, même intra-sectorielle, des *target payouts* révélés par les études de comportement.

Le second argument a trait à ce qu'on a pris l'habitude de nommer les « effets de clientèle ». Il ne semble pas niable que la préférence des actionnaires situés dans les tranches élevées de taux d'imposition sur le revenu va vers les actions à bas rendement [2] sur cours, tandis que celle des actionnaires moins imposés – disposant donc d'un moindre revenu et ayant, par conséquent, un besoin plus marqué d'un revenu régulier de leurs placements

---

1. Dans de nombreux *textbooks* américains, le paragraphe qui contient cette affirmation est intitulé *The Bird in Hand Fallacy*.
2. Ce terme désigne le *dividend yield*, rapport du dividende par action au cours de bourse.

financiers – va vers des titres à rendement plus élevé. Comme cela avait été le cas en matière d'endettement, le contre-argument de MM est que les sociétés ont effectivement intérêt à jouer sur l'effet de clientèle, mais que le choix de cette clientèle est indifférent. La constance des *target payouts* ne provient donc pas de ce qu'ils ont un effet en soi sur la valeur de marché des actions de la firme, mais bien du fait que tout changement risque de provoquer des effets d'information éventuellement indésirables ou des déplacements de clientèle absolument inutiles.

2.2. La prise en compte de la fiscalité

Les premiers auteurs qui ont pris systématiquement en compte le phénomène de la fiscalité ont rejeté radicalement la thèse de la neutralité du dividende. Des études ultérieures ont présenté une reformulation de cette thèse, notamment en élaborant des stratégies complexes qui permettent aux personnes physiques de neutraliser le désavantage fiscal lié à la perception de leur revenu imposable sous la forme de dividendes.

2.2.1. La thèse radicale

La prise en considération du système fiscal dans l'examen des problèmes de politique de dividende amena certains auteurs, et notamment M.J. Brennan (1970) à prendre le contrepied de la position traditionnelle. Pour eux, le traitement fiscal plus favorable des plus-values par rapport aux dividendes doit normalement entraîner une moindre évaluation, toutes autres choses étant égales, des firmes à *payout* élevé. Pour construire cet argument, on considérera, selon une procédure familière, deux entreprises en tous points identiques, à l'exception de la politique de dividende. L'entreprise A ne paie aucun dividende, tandis que l'entreprise B a un *payout* élevé. Ces deux entreprises, étant identiques, ont le même bêta et doivent

Tableau 2
Impact de la fiscalité sur la rentabilité attendue avant impôt

	Société A	Société B
Cours de bourse initial	100	97,45
Cours de bourse un an plus tard	113,15	105,–
Plus-value	13,15	7,55
Dividende	–	10,–
Taux de rentabilité avant impôt	13,15/100 = 0,1315	17,55/97,45 = 0,18
Impôt sur dividende (à 60 %)	–	10 x 0,60 = 6
Impôt sur la plus-value (à 24 %)	13,15 x 0,24 = 3,15	7,55 x 0,24 = 1,81
Revenu après impôt	13,15 – 3,15 = 10	17,55 – 6 – 1,81 = 9,74
Taux de rentabilité après impôt	10/100 = 0,10	9,74/97,45 = 0,10

par conséquent présenter le même taux de rentabilité après impôt[1]. Il est possible de démontrer que ces deux sociétés doivent pour cela présenter une différence de rentabilité avant impôt et que le cours de bourse de l'action de B doit pour cela être inférieur à celui de l'action de A. Plutôt que la démonstration formelle de ce raisonnement, on se bornera à présenter ici un exemple numérique qui illustre cette affirmation. Les taux d'imposition ont été choisis de manière réaliste : pour que les prix mentionnés soient des prix d'équilibre, il doit s'agir de la moyenne pondérée des taux marginaux d'imposition des investisseurs.

L'imperfection de marché systématique due au système fiscal est sans nul doute un déterminant important de toute politique de dividende élaborée dans l'intérêt des actionnaires. Il n'est toutefois pas douteux qu'il est loin d'être le seul. En effet, s'il en était ainsi, on voit mal quelle justification acceptable une société cotée en bourse pourrait donner à une distribution de dividendes. Cette conclusion radicale peut être nuancée s'il existe des investisseurs exonérés d'impôt sur le revenu. Ceux-ci constituent une « clientèle fiscale » pour la mise en paiement de dividendes que certaines firmes peuvent leur procurer sans encourir un surcoût. De même, il est possible que certaines catégories d'investisseurs, les retraités par exemple, qui financent systématiquement des dépenses de consommation par leurs revenus mobiliers, souhaitent obtenir ces revenus sous la forme de dividendes. Il faut toutefois abandonner dans ce cas l'hypothèse que les acteurs économiques ont un comportement en tous points rationnel. Toutefois, sur le plan micro-économique, il n'y a pour les firmes aucune indication quant au choix d'une clientèle, et il reste donc impossible d'expliquer leur comportement individuel. En outre, sur le plan macro-économique, l'offre globale de dividendes excède manifestement la demande ainsi définie.

2.2.2. *Les reformulations de la thèse de la neutralité*

Entre temps, les partisans de la thèse de la neutralité du dividende ne demeuraient pas inactifs. F. Black et M. Scholes (1974) ont testé empiriquement un modèle d'équilibre du marché financier qui consistait à ajouter au modèle à deux facteurs aléatoires[2] un terme permettant de mesurer l'influence de la politique de dividende sur la valeur du titre :

$$E\,(\tilde{R}_i) = E\,(\tilde{R}_o) + [E\,(\tilde{R}_M) - E\,(R_o)]\,\tilde{\beta}_i + \gamma_1\,(\delta_i - \delta_M)\,/\,\delta_M \qquad [4]$$

où $E\,(\tilde{R}_o)$ = espérance de rentabilité du portefeuille de bêta nul de variance minimale.

$E\,(\tilde{R}_M)$ = espérance de rentabilité du portefeuille de marché[1].

---

1. Le taux de rentabilité mesure l'accroissement global de la fortune de l'investisseur pour une période donnée. Il est le rapport du revenu global (dividende et plus-value) au cours de bourse initial. Le taux de rentabilité diffère donc du taux de rendement, qui ne prend en compte que le seul dividende.
2. Voir dans cette Encyclopédie l'article de R. Cobbaut, « Théorie du marché financier ».

δ_i = le rendement sur cours (*dividend yield*), c'est-à-dire le rapport dividende sur cours de l'action i.

δ_M = le rendement sur cours du portefeuille de marché
$(\delta_M = \sum X^M_i \, \delta_i)$.

Il est clair que si la politique de dividende n'influence pas l'évaluation du titre, l'estimateur du γ_1 doit être nul ou non significativement différent de zéro. S'il est supérieur à zéro, cela signifie que le marché a une préférence pour les gains réalisés par le biais d'une plus-value ; s'il est en revanche inférieur à zéro, cela signifie que le marché a une préférence pour la distribution[2]. Pour toutes les sous-périodes examinées par eux entre 1936 et 1966, les auteurs obtiennent une valeur de γ_1 non significativement différente de zéro.

Dans leur conclusion, les auteurs passent en revue les raisons qui poussent à maintenir la thèse de la neutralité de la politique de dividende, même si on prend en compte les imperfections systématiques du marché engendrées par le système fiscal :

1) La première est ce qu'ils appellent un « effet d'offre » : les phénomènes de clientèle étant relativement stables, l'équilibre est par conséquent stable en ce sens que demandes et offres sont ajustées pour chaque niveau de rendement. Une société qui déciderait de changer de clientèle n'a donc pas à attendre de ce mouvement une élévation de la valeur de son action.

2) L'investisseur qui envisage de concentrer son portefeuille soit sur les actions de haut rendement, soit sur les actions de bas rendement, doit savoir que, ce faisant, il construira un portefeuille imparfaitement diversifié. Cet « effet de diversification », comme l'appellent F. Black et M. Scholes, doit détourner nombre d'investisseurs de profiter d'un gain fiscal, puisqu'ils ne peuvent l'obtenir qu'au prix d'un accroissement du risque total de leur portefeuille.

3) La troisième raison consiste dans ce que les auteurs appellent l'« effet d'incertitude », puisque les méthodes les plus sophistiquées de l'économétrie ne permettent pas d'établir si un investisseur qui concentre son portefeuille sur des valeurs à bas rendement augmente ou diminue son espérance de rentabilité après impôt. La solution la plus sage consiste donc pour lui à construire son portefeuille en considérant que les conséquences fiscales de son choix n'affecteront pas son espérance de rentabilité ou, ce qui revient au même, que les politiques de dividendes menées par les firmes dont il acquiert les actions n'auront pas d'impact sur sa fortune finale.

D'autres chercheurs, tels R. Litzenberger et K. Ramaswamy (1979), aboutissent à des résultats opposés à ceux de F. Black et M. Scholes. Leur

---

1. Pour une définition du concept de portefeuille de marché, voir dans cette Encyclopédie l'article de R. Cobbaut, « Théorie du marché financier ».
2. Pour bien saisir cette déduction, on se rappellera qu'à une rentabilité plus élevée correspond un prix plus bas. C'est donc si sa rentabilité est plus basse qu'un titre à rendement élevé sera préféré à un titre à rendement faible de même risque systématique, et inversement.

méthodologie diffère toutefois de celle de ces derniers auteurs sur des points importants :
— le modèle de base est le MEDAF ou CAPM standard [1] ;
— la variable destinée à mesurer l'impact du dividende est construite différemment [2] ;
— le dividende y est considéré comme perçu en totalité à la fin du mois où il est mis en paiement, alors que F. Black et M. Scholes considéraient fictivement le dividende total annuel comme perçu par douzièmes égaux à la fin de chaque période mensuelle.

La thèse de la neutralité du dividende, après un retour en force, se trouvait à nouveau battue en brèche. Des vérifications empiriques plus poussées étaient donc indispensables. Comme elles ont été effectuées dans un cadre théorique modifié, il n'en sera rendu compte que dans la dernière partie de cet exposé.

En tout état de cause, les explications de F. Black et M. Scholes n'apportent aucune réponse à la question toujours pendante : pourquoi les entreprises pratiquant une politique de dividende « généreuse » sont-elles à l'évidence en excès par rapport à la demande de dividendes que représentent les investisseurs qui auraient des raisons logiques de préférer ceux-ci aux plus-values ? M.H. Miller et M. Scholes (1978) apportent à cette question un élément de réponse important : la législation fiscale fournit aux personnes physiques une panoplie de moyens leur permettant de neutraliser les impôts sur les dividendes ou de transformer ceux-ci en plus-values : l'endettement pour compte personnel (*homemade leverage*), l'endettement en vue de consentir un prêt à une institution exonérée d'impôt qui achète des actifs financiers sans risque, l'endettement en vue de souscrire une police d'assurance vie ou de participer à un plan de pension. On se bornera ici à décrire brièvement les deux premiers de ces moyens. Supposons qu'un individu désire investir 100 000 F en actions d'une société dont le rendement sur cours est de 5 %, et qui procure également une plus-value de 5 %, soit 5 000 F dans chaque cas. Il peut emprunter 200 000 F, à 7,5 % par exemple, et consacrer au total 300 000 F à l'achat de l'action en question. Sur le plan fiscal, le dividende de 15 000 F sera neutralisé par les 15 000 F d'intérêts sur l'emprunt contracté en vue d'obtenir ce revenu. L'investisseur obtient par ailleurs une plus-value qui ne sera imposable [3] qu'en cas de réalisation. Certes, la position d'investissement globale est ainsi devenue plus risquée, ce que de nombreux investisseurs peuvent ne pas souhaiter. Il existe alors – en tout cas dans le contexte des Etats-Unis – une solution équivalene au point de vue de ses effets et qui ne modifie pas le risque de la position. Elle consiste à emprunter 66 667 F et à les prêter à une institution exonérée d'impôt qui les réinvestit elle-

---

1. Voir dans cette Encyclopédie les articles de R. Cobbaut, « Théorie du marché financier » et de G. Charest, « Rendement, risque et portefeuilles ».
2. Cette variable est constituée par la différence $(\delta_i - R_f)$, où R_f est le taux financier sans risque.
3. Dans certains pays, elle ne l'est même pas du tout.

même dans des actifs financiers sans risque. La contrepartie de l'emprunt est maintenant un actif financier sans risque. Tant qu'aucun gain n'est réalisé sur l'opération avec l'institution exonérée d'impôt, aucun impôt personnel n'est dû sur cette opération. Là encore, les intérêts sur la dette contractée (5 000 F) neutralisent dans l'immédiat les dividendes perçus (5 000 F), et on réalise de la sorte une économie fiscale sans accroissement de risque. Encore faut-il que le système légal et institutionnel permette cette opération. Il est clair, toutefois, que des moyens de ce genre existent dans tous les pays. M.H. Miller et M. Scholes ont donc apporté un élément d'explication non négligeable de la situation de fait observée partout. Ils ont montré, en même temps, et cela aussi paraît beaucoup plus réaliste, que les considérations fiscales sont loin d'être absentes des calculs financiers effectués par les actionnaires. Les entreprises doivent, dans cette perspective, comprendre que certains actifs financiers sont, pour certaines catégories d'investisseurs, dominés par d'autres pour des motifs fiscaux et tenir compte à la fois, dans leurs décisions financières, des rentabilités avant et après impôt. Cela implique, bien entendu, qu'elles aient une connaissance relativement précise de leurs diverses clientèles.

Bien que les moyens de neutraliser l'impact de la fiscalité sur les dividendes au niveau de l'impôt sur les revenus des personnes physiques ne soient pas négligeables, il n'en reste pas moins que l'offre de dividendes est significativement excédentaire par rapport à la demande. Avant de faire le point sur les études récentes consacrées à cette question, il convient d'exposer les élaborations théoriques nouvelles qui sont venues élargir la problématique désormais classique dont M. Miller et F. Modigliani avaient été les initiateurs au début des années soixante. Celle-ci se fondait sur l'hypothèse forte d'efficience du marché financier, selon laquelle tous les participants à ce marché possèdent toute l'information pertinente et ne présentent entre eux aucune divergence d'intérêts. Il convenait à l'évidence de tempérer l'irréalisme de ces présupposés.

3. L'apport des théories nouvelles

Les formulations théoriques exposées dans la section précédente étaient basées sur les hypothèses qui fondent le concept d'efficience du marché [1]. Deux de ces hypothèses sont particulièrement peu réalistes. Il s'agit, d'une part, de l'hypothèse d'information parfaite, qui postule que tous les participants au marché disposent de la totalité de l'information pertinente. Or, il existe manifestement une asymétrie d'information entre les actionnaires internes (*insiders*) et les autres catégories de personnes intéressées à la performance de l'entreprise. Cette asymétrie est formellement prise en compte par la théorie des signaux. D'autre part, la théorie de base postule qu'il n'y a pas de divergences d'intérêts entre les diverses catégories de

---

1. Voir dans cette Encyclopédie l'article de R. Cobbaut, « Théorie du marché financier ».

participants à l'entreprise : actionnaires internes (*insiders*) et externes (*outsiders*), prêteurs, etc. Ces divergences sont prises en compte de manière formalisée par la théorie dite de l'agence. Cette section exposera les principales conclusions auxquelles ont abouti à ce jour les chercheurs qui ont mis en œuvre les concepts de ces deux théories à propos de la politique de dividende.

3.1. La politique de dividende et la théorie des signaux

Après avoir exposé brièvement le principe fondamental de la théorie des signaux, fondée sur la prise en considération de l'asymétrie d'information entre catégories de participants à l'entreprise, nous présenterons de manière non formalisée un certain nombre de modèles dans lesquels le dividende est traité comme un signal émis par les *insiders* à destination du marché financier[1].

3.1.1. La théorie des signaux

La décennie soixante-dix a vu se développer un important courant de recherche sur le calcul économique en situation d'information imparfaite, dont l'un des pionniers dans le domaine financier a été S. Ross (1977). Insatisfait, comme beaucoup d'autres, de ce que les « théorèmes de neutralité » de M.H. Miller et F. Modigliani (1958, 1961) aient conduit à une forme d'agnosticisme qui risquait à la longue d'anesthésier la recherche ; constatant par ailleurs que ces propositions ne suffisaient pas à rendre compte d'un grand nombre de comportements observables, Ross décida de reprendre les choses à la base. Se fondant sur les travaux de G. Akerlof (1970), de K.J. Arrow (1972) et surtout de A.M. Spence (1973, 1974 a et b), il résolut d'appliquer à la théorie financière le concept de « signal » élaboré par ces chercheurs pour les marchés des produits et de l'emploi.

Le point de départ de la réflexion de S. Ross est la reconnaissance de ce que les « théorèmes de neutralité » se fondent sur l'hypothèse implicite que le marché connaît le flux aléatoire des retours d'argent à la firme, et évalue celle-ci en actualisant ceux-là au moyen d'un taux d'escompte approprié[2]. Sa thèse de base est que ce qui est réellement évalué par le marché ce ne sont pas des taux de rentabilité connus, mais des taux de rentabilité perçus. Autrement dit, certains participants au marché financier, en l'occurrence les actionnaires œuvrant activement à la gestion de la firme, et qu'on appellera par la suite les *insiders*, possèdent sur les éléments qui déterminent la valeur des titres des informations que ne détiennent pas les autres participants au marché. Les premiers peuvent donc développer vis-à-vis des

---

1. Voir également dans cette Encyclopédie les articles de G. Charreaux, « Théorie financière », de G. Hirigoyen et J.P. Jobard, « Financement de l'entreprise : évolution récente et perspectives nouvelles » et de P. Raimbourg, « Asymétrie d'information, théorie de l'agence et gestion de l'entreprise ».
2. M.H. Miller et F. Modigliani font, comme tous les auteurs qui les avaient précédés, l'hypothèse implicite qu'on se trouve en situation d'incertitude idéalisée. On entend par là que les agents connaissent la vraie distribution de probabilité des taux de rentabilité futurs.

seconds des activités de signalisation en vue de modifier la perception qu'ont ceux-ci de la valeur de l'action. Il va de soi qu'il ne peut y avoir de signal valable que si les dirigeants des firmes ne possédant pas les caractéristiques que ce signal est censé manifester, n'ont pas intérêt à se signaler de manière fallacieuse. Dans cette hypothèse, on peut établir un équilibre de signalisation, c'est-à-dire définir les conditions dans lesquelles le comportement des dirigeants constituera un signal valable pour le marché. Le premier signal à avoir été examiné dans la littérature est le niveau du taux d'endettement de la firme. Un autre signal est constitué par la fraction des fonds propres que les promoteurs d'un projet se réservent lorsque celui-ci est financé par recours au marché financier, à la fois par actions et obligations.

3.1.2. Signal et contenu d'information du dividende

On a montré plus haut que les diverses explications proposées du comportement des firmes en matière de distribution de dividendes sont loin de faire l'unanimité. En particulier, il est loin d'être évident que la différenciation des clientèles suffit à expliquer la dispersion des taux de distribution, même si on sait qu'il est possible de neutraliser de diverses manières le biais fiscal en faveur des plus-values, et par conséquent au détriment de la distribution. Plus concrètement, il paraît incontestable que la proportion des firmes à *payout* relativement élevé est significativement plus grande que celle des clients fiscaux pour les taux de distribution élevés. Il faut, en outre, rendre plausible que des firmes procèdent simultanément à des distributions parfois importantes et à des augmentations de capital contre espèces particulièrement onéreuses en frais de transaction.

Il était donc normal que l'on s'efforce de caractériser la distribution de dividende comme une activité de signalisation. A. Kalay a élaboré, en 1980, un modèle fondé sur l'hypothèse que les dirigeants de société ne se résolvent qu'avec la plus grande réticence à diminuer le dividende par action, et *a fortiori* à le passer. Une augmentation du dividende n'a donc lieu que si les dirigeants escomptent un accroissement durable et significatif de la rentabilité. De même, une réduction volontaire [1] du dividende traduit la résignation à une contraction inéluctable de la rentabilité de la société. Ces considérations ne suffisent pas à fonder un équilibre de signalisation. Elles ne sont que l'expression de la thèse, déjà présente chez F. Modigliani et M.H. Miller (1961), du contenu informatif de la politique de dividende. Il faut donc montrer, comme le fait S. Bhattacharya (1979, 1980), que les *insiders* d'une entreprise non performante seront pénalisés s'ils émettent un signal fallacieux. Un cas typique est celui où une société non performante qui augmente son dividende doit recourir à l'endettement pour payer ce dividende.

---

1. C'est-à-dire une réduction qui n'est pas imposée par les statuts de la société ou par une clause d'un contrat passé avec un tiers (par exemple, un prêteur).

3.1.3. Le signal dividende et le concept de dilution

Les premiers modèles de signalisation élaborés en matière de politique de dividendes sont loin de fournir une explication satisfaisante du comportement des firmes en la matière. Tout d'abord, les hypothèses restrictives sur lesquelles ils sont fondés ne portent pas la marque d'un très grand réalisme. Ensuite, ils suggèrent l'existence de politiques optimales de distribution, mais ne fournissent pas de critères permettant de fonder une explication des différences observées entre les firmes. Enfin, ils créent une série de difficultés et de confusions en présentant des structures explicatives où le niveau de l'endettement et celui du dividende apparaissent comme des signaux interdépendants. Il n'en reste pas moins que des études statistiques sophistiquées, comme celle de J. Aharony et I. Swary (1980), confirment que les changement non attendus du dividende par action véhiculent une information que le marché n'aurait pu anticiper d'une autre façon. Fort heureusement, des études apportant un fondement plus spécifique à un équilibre de signalisation par les dividendes ont été proposées très récemment. Ainsi, K. John et J. Williams (1985) ont établi un modèle de signalisation fondé sur le concept de dilution. A la base de ce concept se trouve le fait qu'indépendamment de sa valeur de marché une action représente un droit à la perception du dividende. Cette constatation revêt toute son importance si on se remémore le fait, déjà plusieurs fois mentionné, que les directions d'entreprise témoignent d'une aversion caractérisée pour toute réduction de dividende. Si plusieurs solutions de financement peuvent être envisagées pour un projet ou un programme d'investissement, la préférence des actionnaires existants ira sans conteste vers celle qui limite le plus possible – voire supprime – l'effet de dilution, c'est-à-dire l'accroissement du nombre de droits au dividende en circulation. Il est clair, en effet, que les dirigeants hésiteront d'autant moins à accroître subséquemment le dividende que le capital est moins dilué (autrement dit : qu'il aura fallu émettre un moindre nombre d'actions pour financer un investissement de montant donné). Quand l'information détenue par les *insiders* sur l'amélioration des perspectives de la firme suite à la mise en œuvre du projet est favorable, ceux-ci peuvent réduire la dilution en distribuant un dividende accru, à condition que le marché réagisse à ce type de signal en haussant le prix de l'action. De ce fait, les *insiders* exercent un contrôle optimal par le dividende [1], tandis que les *outsiders* paient un prix correct pour le titre de la société. Il y a possibilité d'un équilibre de signalisation, c'est-à-dire de discrimination correcte entre sociétés performantes et non performantes, parce que le bénéfice marginal tiré par les *insiders* de la distribution de dividendes varie de firme à firme. Pour celles dont l'information interne a le plus de valeur [1], la réduction de la dilution est assez forte pour compenser le désavantage fiscal de la distribution accrue de

---

1. Cela ne signifie toutefois pas qu'il existe en soi une politique optimale de distribution. Celle-ci apparaît comme un « sous-produit » de la politique d'investissement.
1. C'est-à-dire celles où l'asymétrie de l'information entre *insiders* et *outsiders* est grande.

dividende. Il n'en va pas de même pour les autres firmes, dont les *insiders* n'ont par conséquent pas intérêt à émettre ce genre de signal.

3.1.4. Le signal dividende et la politique d'investissement

M.H. Miller et K. Rock (1985) partent du fait que l'application des modèles classiques d'évaluation, qui supposent une parfaite diffusion de l'information, crée pour les *insiders* la tentation d'investir moins que le montant impliqué par ces modèles et d'accroître en conséquence la distribution et, partant, le prix de l'action. Si les *insiders* possèdent – comme c'est généralement le cas – une marge de manœuvre par rapport au nombre d'actions requis pour garder le contrôle de la société, ils peuvent négocier ces actions et obtenir un gain en capital qui leur est définitivement acquis, alors qu'il va s'avérer purement artificiel lorsque le caractère fallacieux de l'information émise sera reconnu par le marché. Le même gain « indû » aura été réalisé par les *outsiders* qui auront vendu leurs actions à ce moment, une fois encore au détriment de ceux qui les auront gardées. Les auteurs montrent toutefois que cet ensemble de considérations ne serait vrai que si les principes comptables permettaient une mesure exacte des bénéfices réels de la firme. En réalité, on peut montrer que les séries chronologiques de bénéfices comptables comportent une composante transitoire aléatoire. En conséquence, le marché tient compte, dans ses évaluations, de la possibilité d'être « déçu » *a posteriori*, lorsque l'information correctrice sera disponible. Il se crée de la sorte un équilibre de signalisation : une fois encore, les *insiders* n'ont pas intérêt à émettre des signaux fallacieux. M.H. Miller et K. Rock montrent que cet équilibre a tendance à s'établir à un niveau d'investissement inférieur et un niveau de distribution supérieur à ceux qui prévaudraient en cas de parfaite diffusion de l'information.

R. Ambarisch, K. John et J. Williams (1987) précisent certaines des conditions qui peuvent amener les *insiders* d'une firme à utiliser le dividende comme signal alors que des mécanismes moins coûteux – principalement sur le plan fiscal – permettent d'apporter au marché une information crédible. Leur thèse est que le dividende seul ne peut être un signal efficient. Il faut nécessairement considérer l'usage simultané de multiples signaux. Ils envisagent quant à eux le cas où les firmes se signalent simultanément par le dividende et la diffusion d'informations relatives aux projets d'investissement ou, ce qui revient au même, par les dividendes, d'une part, et par la vente ou le rachat d'actions ordinaires, d'autre part. L'information connue des seuls *insiders* porte sur la rentabilité future soit des actifs déjà détenus (entreprises en phase de maturité), soit des nouveaux projets à entreprendre (entreprises en phase de croissance). Ils démontrent qu'à l'équilibre, le comportement optimal consiste pour certaines firmes à utiliser simultanément les deux signaux. Le contenu d'information de l'annonce du dividende est, dans ce cas, positif lorsque l'investissement est considéré comme fixé. A l'inverse, lorsque c'est le dividende qui est considéré comme fixé, le contenu d'information des annonces relatives à l'investissement – qui

consiste en fait en une émission nette d'actions au cours de la période considérée – a une valeur négative lorsque l'information connue des seuls
insiders a trait à la rentabilité des actifs déjà détenus, et une valeur positive
lorsque cette information concerne principalement la rentabilité des opportunités d'investissement. Le comportement optimal des dirigeants consiste,
dans le premier cas, à rejeter des projets dont la valeur actuelle nette est
positive, et, dans le second, à accepter des projets dont la valeur actuelle
nette est négative.

3.2. La politique de dividende et les relations d'agence

Après un bref exposé des principaux concepts de la théorie de l'agence [1],
ce paragraphe exposera les principales conclusions auxquelles ont abouti les
chercheurs qui, en matière de politique de dividende, ont examiné les
conséquences des divergences d'intérêts existant entre catégories d'actionnaires, d'une part, et entre actionnaires et prêteurs, d'autre part.

3.2.1. La théorie de l'agence

Dans la presque totalité des modèles de la micro-économie, et en
particulier de la micro-économie financière, la firme est considérée comme
un acteur mettant en œuvre des critères de décision qui lui sont spécifiques.
Au mieux, on la considère comme une « boîte noire ». Et si on qualifie
dans ce cas les décisions qui s'y prennent de décisions de compromis, on les
traite néanmoins comme s'il s'agissait de décisions prises par un sujet
unique ou un groupe unanime, et on revient par conséquent au cas de figure
précédent. Dans la ligne du travail de pionniers fourni par des auteurs
comme R.H. Coase (1936) ou A.A. Alchian et H. Demsetz (1972), on s'est
rendu compte de l'intérêt qu'il peut y avoir à ne pas traiter la firme comme
un individu, mais bien comme « une fiction légale qui sert de point focal à
un processus complexe dans lequel les conflits entre les objectifs des
individus (dont certains peuvent "représenter" d'autres organisations) sont
résolus par la mise en place d'un réseau de relations contractuelles [2]. Le
comportement de la firme est dès lors comparable à celui d'un marché, en
ce sens qu'il est la résultante d'un processus complexe d'équilibrage ».
Telle est la nouvelle manière de considérer la firme proposée par
M.C. Jensen et W.H. Meckling (1976) dans l'article où ils jettent les
fondements de l'application à la firme de ce qu'on appelle *agency theory*,
expression qu'on a pris l'habitude de traduire par celle de « théorie de
l'agence », qui rend mal compte du caractère dynamique du vocable anglo-
saxon. Cette nouvelle manière de considérer les choses fait entrer de
manière formelle dans la théorie le fait qu'il existe une multiplicité de

---

1. Voir également dans cette Encyclopédie les articles de G. Charreaux, « Théorie financière », de M.
Albouy, « Structure financière et coût du capital » et de P. Raimbourg, « Asymétrie d'information,
théorie de l'agence et gestion de l'entreprise ».
2. Voir également dans cette Encyclopédie l'article de P. Joffre, « Entreprise et marché ».

catégories de participants à l'organisation et qu'à l'intérieur même d'une catégorie, il peut exister des différences de position qui engendrent des divergences d'intérêt. Ainsi, le groupe des actionnaires peut être subdivisé en deux sous-catégories :

– les « actionnaires de contrôle » exerçant leur droit de vote et intervenant par conséquent dans l'exercice du pouvoir de décision économique ;

– les « petits porteurs », récepteurs passifs de revenus s'abstenant de toute implication dans la gestion.

Un autre cas de figure, encore plus révélateur, est celui où il y a « séparation de la propriété et du contrôle », et où des managers non propriétaires exercent le pouvoir de décision économique par délégation des actionnaires. C'est peut-être là le cas où on se trouve le plus typiquement devant ce que les deux auteurs appellent une relation d'agence. Celle-ci est une relation contractuelle dans laquelle une ou plusieurs personnes, les mandants (*principals* en anglais), engagent une ou plusieurs autres personnes, les mandataires (*agents* en anglais), en vue d'effectuer pour leur compte une ou plusieurs activités, dont l'exercice implique nécessairement qu'on leur délègue un pouvoir de décision. Il y a de bonnes raisons de croire que si les deux types d'acteurs sont des maximiseurs rationnels d'utilité, les agents ne vont pas toujours agir spontanément au mieux des intérêts de leurs mandants. Ceux-ci peuvent alors limiter les divergences par rapport à leurs intérêts, d'une part, en établissant un système approprié d'intéressement pour le ou les agents, et, d'autre part, en consentant à subir des coûts de surveillance (*monitoring costs*) en vue de limiter les activités « aberrantes » du ou des agents. Ceux-ci, en revanche, peuvent avoir intérêt à consentir des coûts de « dédouanement » (*bonding costs*) afin de garantir qu'ils n'entreprendront pas certaines actions de nature à porter préjudice aux mandants ou, du moins, de garantir que ceux-ci seront dédommagés si les mandataires viennent à entreprendre de telles actions. Il existe également des « coûts résiduels », qui sont des coûts d'opportunité. Dans certains cas, en effet, les coûts de surveillance ou de dédouanement, qu'ils soient pécuniaires ou non pécuniaires, seront supérieurs à l'espérance de la perte que le mandant devra subir en cas de comportement inadéquat de la part de l'agent. Il subsistera de la sorte une différence irréductible entre ce que serait la fortune des mandants au cas où ils exerceraient eux-mêmes toutes les activités de prise de décision dans la conduite de la firme, et ce que cette fortune sera s'ils confient tout ou partie de ces tâches à des mandataires. On appelle coûts d'agence la somme des trois catégories de coûts qui viennent d'être définis.

La théorie de l'agence contient, en quelque sorte, la théorie de la signalisation exposée au paragraphe précédent. En effet, dans cette dernière théorie, on considère deux types de participants : les *insiders* et les *outsiders*, qui se différencient entre eux de manière exclusive par la quantité d'information pertinente dont ils disposent à propos de facteurs ayant une incidence sur la valeur de la firme. Les systèmes d'intéressement à mettre en place pour que les *insiders* se livrent à une signalisation appropriée constituent des coûts de surveillance. La théorie de la signalisation peut être considérée, à la limite, comme un cas particulier de la théorie de l'agence. Il ne fait en tout cas pas de doute que les deux approches sont fortement complémentaires.

3.2.2. *La politique de dividende et les relations d'agence entre actionnaires*

La théorie de l'agence fournit des hypothèses explicatives intéressantes à des questions demeurées sans réponse claire en matière de politique de dividende. On se rappellera notamment qu'on s'était heurté à l'impossibilité de répondre à la question de savoir pourquoi la masse des firmes pratiquant un *payout* élevé est en disproportion manifeste avec celle de la clientèle fiscale pour une telle politique. M. Rozeff (1982) et F.H. Easterbrook (1984) suggèrent que cette politique, multipliant la fréquence du recours aux augmentations de capital, soumet par conséquent plus fréquemment les firmes à la « discipline du marché financier » en raison de la nécessité d'émettre à cette occasion des prospectus détaillés et de se livrer à une intense activité de « marketing financier ». Le fait de multiplier ces occasions est pour les managers une activité de « dédouanement » qui réduit les coûts d'agence de leur divergence d'intérêt avec les actionnaires externes. Cette hypothèse reçoit une confirmation indirecte dans le fait que les firmes en forte croissance, qui se trouvent en tout état de cause obligées d'aller fréquemment au marché pour des augmentations de capital, pratiquent dans leur immense majorité une politique de bas *payout*. Il faut alors expliquer pourquoi les entreprises de service public (*utilities*) combinent une politique de *payout* élevé et des recours très fréquents au marché. Ce comportement se justifie par le souci des managers de ces firmes de réduire par le recours à la « discipline du marché » les coûts d'agence de leur conflit d'intérêt avec leurs autorités de contrôle.

3.2.3. *La politique de dividende et les relations d'agence entre actionnaires et obligataires*

Il reste à se demander en quoi et pourquoi la politique de dividende est un instrument de gestion de la relation d'agence entre actionnaires et obligataires, ce que manifestent clairement les nombreuses clauses restrictives de la distribution de dividendes figurant dans les contrats obligataires, au risque d'ailleurs d'inciter les dirigeants à des investissements insuffisamment rentables. G. Handjinicolaou et A. Kalay (1984) ont observé que les taux de rentabilité des obligations d'entreprises à taux d'endettement modéré ne réagissent pas de manière significative à l'annonce d'un changement inattendu de politique de dividende, tandis que les actionnaires enregistrent des « rendements anormaux » statistiquement significatifs, de même signe que le changement de dividende. Pour les firmes dont l'endettement est élevé, l'accroissement du dividende engendre les mêmes effets, mais, par contre, la baisse du dividende provoque une baisse sensible du prix des obligations, tandis que le changement observé dans le prix des actions est insignifiant. On sait que deux théories explicatives ont été avancées en ce qui concerne le comportement des prix des actifs financiers lors de l'annonce des dividendes. La première, fondée sur l'hypothèse du « contenu d'information » de la politique de dividende, affirme que les changements inattendus de dividende véhiculent de l'information sur la rentabilité future de la firme, le marché considérant l'accroissement des dividendes comme une bonne nouvelle, et leur réduction comme une mauvaise nouvelle. La seconde, fondée sur l'hypothèse de « redistribution de ressources », considère que des dividendes plus élevés que prévu provoquent un transfert de ressources des obligataires vers les actionnaires, tandis que des dividendes plus bas que prévu opèrent le transfert inverse [1]. Les implications des deux hypothèses sont identiques en ce qui concerne le comportement des prix des actions, mais elles diffèrent en ce qui concerne les prix des obligations : l'hypothèse du contenu informatif prédit une réaction favorable (défavorable) des prix des obligations à une hausse (baisse) inattendue du dividende, tandis que l'hypothèse de redistribution prédit le contraire. En effet, le prix des obligations s'établit sur la base de l'hypothèse que les actionnaires établiront le niveau du dividende à la limite de ce qui est possible [2]. S'ils ne le faisaient pas, ils provoqueraient un transfert de ressources d'eux-mêmes vers les obligataires, ce dont ils s'abstiendront évidemment. Les actionnaires ont donc la possibilité de capter pour eux seuls les gains de valeur engendrés par un accroissement de la rentabilité de la firme. Ils peuvent même, comme le montre A. Kalay (1982), éviter la redistribution de ressources sans changer la politique d'investissement en finançant l'accroissement du dividende par l'émission d'une nouvelle dette ! Le fait que les prix des obligations ne réagissent pratiquement pas à l'annonce inattendue d'une hausse du dividende montre donc que les deux explications avancées agissent en sens contraire. Cette neutralisation est rendue possible par le comportement de captation des actionnaires.

Dans le cas de la réduction des dividendes, l'ajustement s'opère de manière tout à fait différente. La réduction des profits entraîne nécessairement – en vertu des dispositions restrictives des contrats obligataires – une réduction des dividendes. La perte est alors partagée par les actionnaires et les obligataires. Toutefois, la perte de ces derniers est d'autant plus grande que l'endettement de la firme est important. Alors que, pour les firmes modérément endettées, l'effet d'information (négatif) et l'effet de redistri-

---

1. Cette redistribution s'opère par une modification du risque des obligations. L'accroissement de celui-ci peut résulter de l'accroissement de la variance de la valeur future de la firme, provoquée par les actionnaires en vue d'accroître la valeur de l'option que constitue leur ation.
2. Tout en maintenant, comme le montre A. Kalay (1982), un « réservoir » de moyens qu'ils peuvent utiliser de manière discrétionnaire et qui fonctionnera comme fonds de stabilisation du dividende, afin d'éviter une signalisation intempestive en cas de baisse du bénéfice comptable qui n'est en rien indicative d'une tendance pour l'avenir. Telle est notamment la signification de la pratique comptable du report à nouveau d'une partie du bénéfice affectable.

bution (positif) de la réduction de dividende sur le prix de l'obligation se neutralisent, il n'en va plus de même pour les firmes fortement endettées, où l'effet d'information est alors dominant. Quant aux actionnaires, l'asymétrie de la fonction de résultat joue en leur faveur [1], à tel point que, dans le cas d'un endettement élevé, la perte de valeur est pour eux quasi nulle.

*
* *

L'examen attentif des nombreuses études théoriques et empiriques consacrées dans un passé récent à la distribution des dividendes, permet d'éliminer sans hésitation les thèses extrêmes. Que l'on considère les choses du point de vue de l'investisseur – est-il ou non indifférent entre dividende et plus-value ? –, du point de vue de l'entreprise – le niveau du *payout* est-il indifférent ? –, ou encore sous l'angle de l'évaluation opérée par le marché financier – évalue-t-il plus favorablement les entreprises à *payout* élevé ? –, les thèses radicales présentées à la section 2 ne résistent pas à l'épreuve des faits.

La théorie de l'agence montre clairement que la structure de propriété de nombreuses entreprises occasionne des coûts d'agence liés à la gestion des divergences d'intérêts entre les *insiders* et les *outsiders*, et que la mise en distribution de dividendes, à des taux de *payout* parfois élevés, contribue de manière significative à la réduction de ces coûts. En outre, les situations observées sont spécifiques à chaque firme, ce qui explique la très grande dispersion, même intrasectorielle, des taux de distribution observée. Cette théorie permet également d'expliquer certains comportements de distribution comme une manière de régler les conflits d'intérêt entre actionnaires et obligataires.

L'application à la politique de dividende du concept de signal est, comme on a pu s'en rendre compte, beaucoup plus problématique. Certes, le dividende est pour les *insiders* un signal relativement peu coûteux et relativement crédible. Il est toutefois difficile d'isoler le signal-dividende d'une série de faits concomitants qui constituent eux aussi des signaux. On vise ici, en particulier, des éléments d'information relatifs aux politiques d'endettement et d'investissement. Sans aller jusqu'à considérer, comme M.H. Miller et F. Modigliani (1961), la politique de dividende comme n'étant le plus souvent qu'un « sous-produit » de politiques considérées comme plus fondamentales, on doit reconnaître qu'il est extrêmement malaisé de distinguer, dans de nombreuses situations concrètes, un effet-dividende spécifique et, surtout, mesurable de manière simple et dépourvue d'ambiguïté. Il serait néanmoins excessif de dénier à la politique de dividende tout potentiel de signalisation. Il ne serait alors plus possible de donner sens à l'abondante littérature empirique établissant l'adoption par un

---

1. Les obligataires voient s'élever le risque de faillite de leurs débiteurs, tandis que le prix d'exercice de l'option que ceux-ci ont implicitement achetée à leurs créanciers demeure inchangé.

grand nombre de firmes d'un comportement dit de stabilisation du dividende.

Une explication satisfaisante des comportements de distribution doit également rendre compte, comme on l'a vu, de l'incidence de la fiscalité. Au cours des quelques dernières années, de nombreuses études ont été consacrées à cet aspect du problème. La majorité d'entre elles incorporent dans leurs hypothèses et leur méthodologie des éléments d'interprétation fondés sur les théories de l'agence et des signaux[1]. Ces études confirment dans leur majorité que le taux de rentabilité des actions de sociétés pratiquant un *payout* élevé est supérieur à celui des sociétés qui ne distribuent qu'une faible part de leurs bénéfices, de telle manière qu'à risque systématique égal les taux de rentabilité après impôt s'égalisent. Il reste à expliquer pourquoi les entreprises pratiquant un *payout* élevé acceptent de subir un surcoût fiscal. Bien que les vérifications empiriques ne soient encore ni complètes ni entièrement satisfaisantes, il semble très plausible que cette manière de procéder soit pour elles le moyen de minimiser certains coûts d'agence et de signalisation.

Alors que la théorie fondée sur l'hypothèse forte d'efficience du marché ne permettait pas d'expliquer bon nombre de comportements observés, on se trouve aujourd'hui en présence de plusieurs schémas explicatifs partiellement complémentaires, mais aussi partiellement concurrents. Il appartiendra aux travaux de recherche futurs d'élaborer une théorie intégrée du comportement des firmes en matière de distribution.

Références

Aharony J., Swary I., « Quarterly Dividends and Earnings Announcements and Stockholders' Returns : An Empirical Analysis », *Journal of Finance* (vol. 35, n° 1, March 1980).

Akerlof G., « The Market for « Lemons » : Quantitative Uncertainty and the Market Mechanism », *Quarterly Journal of Economics* (August 1970).

Alchian A.A., Demsetz H., « Production, Information Costs, and Economic Organization », *American Economic Review* (vol. 62, 1972) : 777-795.

Ambarish R., John K., Williams J., « Efficient Signalling with Dividends and Investments », *Journal of Finance* (vol. 42, n° 2, June 1987).

Ang J.S., « Do Dividends Matter ? A Review of Corporate Dividend Theories and Evidence », New York, Salomon Brothers Center for the Study of Financial Institutions, *Monograph Series in Finance and Economics*, Monograph 1987-2.

Arrow K.J., « Some Models of Racial Discrimination in the Labor Market », *in* : Pascal A.H., *Racial Discrimination in Economic Life*, Lexington, Mass., Heath, 1972.

Battacharya S., « Imperfect Information, Dividend Policy, and the "Bird in the Hand" Fallacy », *Bell Journal of Economics* (vol. 10, n° 1, Spring 1979).

Battacharya S., « Nondissipative Signalling Structures and Dividend Policy », *Quarterly Journal of Economics* (vol. 95, n° 1, August 1980).

Black F., Scholes M., « The Effects of Dividend Yield and Dividend Policy on Common Stock Prices and Returns », *Journal of Financial Economics* (vol. 1, n° 1, May 1974).

---

[1]. Il est évidemment impossible de rendre compte ici de ces travaux. On se référera utilement au travail de synthèse de J.S. Ang (1987) et à l'abondante bibliographie qui l'accompagne.

Black F., « The Dividend Puzzle », *Journal of Portfolio Management* (vol. 2, n° 4, Winter 1976).

Brennan M.J., « Taxes, Market Valuation and Corporate Financial Policy », *National Tax Journal* (vol. 23, December 1970).

Coase, R.H., « The Nature of the Firm », *Economica*, New Series, IV (1936) : 386-405.

Cobbaut R., *La politique de dividende des entreprises belges et américaines*, Bruxelles, La Renaissance du Livre, Paris, Dunod, 1969.

Easterbrook F.H., « Two Agency-Cost Explanations of Dividends », *American Economic Review* (vol. 74, 1984) : 650-659.

Graham B., Dodd D.L., Cottle S., Tatham C., *Security Analysis : Principles and Technique*, 4th ed., New York, McGraw-Hill, 1972.

Handjinicolaou G., Kalay A., « Wealth Redistribution or Changes in Firm Value : An Analysis of Returns to the Bondholders and to the Stockholders around Dividend Announcements », *Journal of Financial Economics* (vol. 13, n° 1, March 1984).

Jensen M.C., Meckling W.H., « Theory of the Firm : Managerial Behavior, Agency Costs and Ownership Structure », *Journal of Financial Economics* (vol. 3, 1976) : 305-360.

John K., Williams J., « Dividends, Dilution and Taxes : A Signalling Equilibrium », *Journal of Finance* (vol. 40, n° 4, September 1985).

Kalay A., « Signalling, Information Content, and the Reluctance to Cut Dividends », *Journal of Financial and Quantitative Analysis* (vol. 15, n° 4, November 1980).

Kalay A., « Stockholder-Bondholder Conflict and Dividend Constraints », *Journal of Financial Economics* (vol. 10, n° 2, June 1982).

Lintner J., « Distribution of Incomes of Corporations among Dividends, Retained Earnings and Taxes », *American Economic Review* (vol. 46, n° 2, May 1956).

Litzenberger R.H., Ramaswamy K., « The Effect of Personal Taxes and Dividends on Capital Asset Prices : Theory and Empirical Evidence », *Journal of Financial Economics* (vol. 7, n° 2, June 1979).

Miller M.H., Modigliani F., « Dividend Policy, Growth and the Valuation of Shares », *Journal of Business* (vol. 34, n° 4, October 1961).

Miller M.H., Rock K., « Dividend Policy under Asymmetric Information », *Journal of Finance* (vol. 40, n° 4, September 1985).

Miller M.H., Scholes M.S., « Dividends and Taxes », *Journal of Financial Economics* (vol. 6, n° 4, December 1978).

Ross S., « The Determination of Financial Structure : The Incentive-Signalling Approach », *Bell Journal of Economics* (vol. 8, n° 1, Spring 1977).

Rozeff M., « Growth, Beta and Agency Costs as Determinants of Dividend Payout Ratios », *Journal of Financial Research* (vol. 5, 1982) : 249-259.

Mots clés

Adaptation progressive (logique d'-), agence (théorie de l'-, coût d'-, relations d'- entre actionnaires et politique de dividende, relation d'- entre actionnaires et obligataires et politique de dividendes), clientèle (effet de -), coûts de surveillance, coûts résiduels, demande de dividendes, dédouanement (coût de -), dilution, dilution et signal-dividende, distribution (comportement de -, taux de -), diversification (effet de -), *dividend yield*, échantillons pairés, efficience du marché, évaluation de l'action (équivalence des formules d'-, MEDAF ou CAPM, modèle à deux variables aléatoires), fiscalité (absence de -, clientèle fiscale, influence sur le taux de rentabilité, neutralisation de la -, prise en compte de la -, traitement des plus-values), incertitude (effet d'-), information (contenu d'-), *insiders*, mandants, mandataires, neutralité (principe de -), offre de dividendes (notion, effet d'-), *outsiders*, *payout* (notion, *target payout ratio*, impact sur le taux de rentabilité), politique d'investissement, politique de stabilisation, principe marginal, propension à distribuer (propension de court terme, propension de long terme), redistribution des ressources, retards distribués (structure à -), signal-dividende, taux de rendement (notion, influence sur le taux de rentabilité), taux de rentabilité (notion, impact de la fiscalité sur le -, perçu), théorie des signaux, vitesse d'ajustement.

Imprimé en France. - JOUVE, 18, rue Saint-Denis, 75001 PARIS
N° 220674T. - Dépôt légal : Septembre 1994